ommaire
Livret

Vocabulaire ensembliste et **logique**

Formulaire

Calculatrice **Casio**

Calculatrice **TI**

Calculatrice **NumWorks**

Écriture d'un **programme**

Vocabulaire ensembliste et logique

a Ensembles de nombres

Les réels et les entiers

- $\mathbb{N}$ est l'ensemble des **entiers naturels** : $\mathbb{N}=\{0;1;2;\ldots\}$.
- $\mathbb{Z}$ est l'ensemble des **entiers relatifs** : $\mathbb{Z}=\{\ldots;-1;0;1;\ldots\}$.
- $\mathbb{D}$ est l'ensemble des **nombres décimaux**, c'est-à-dire l'ensemble des nombres qui s'écrivent sous la forme $\frac{k}{10^n}$ avec $k\in\mathbb{Z}$ et $n\in\mathbb{N}$.
- $\mathbb{Q}$ est l'ensemble des **nombres rationnels**, c'est-à-dire l'ensemble des nombres qui s'écrivent comme quotient de deux entiers $\frac{a}{b}$ avec $a\in\mathbb{Z}$ et b un entier relatif non nul.
- $\mathbb{R}$ est l'ensemble des **nombres réels**, c'est-à-dire l'ensemble de tous les nombres connus en seconde.
- $\mathbb{R}\setminus\{a\}$ est l'ensemble des réels autres que a. On lit « $\mathbb{R}$ privé de a ».

Les intervalles de $\mathbb{R}$

- $[a;b]$ est l'ensemble des réels **compris entre** a **et** b inclus :
$$x\in[a;b]\Leftrightarrow a\leqslant x\leqslant b$$
- $[a;+\infty[$ est l'ensemble des réels **supérieurs ou égaux** à a.
- $]-\infty;b[$ est l'ensemble des réels **strictement inférieurs** à b.

b Géométrie

En géométrie plane

AB : **distance** entre les points A et B, longueur du segment $[AB]$.

$[AB]$: **segment** d'extrémités A et B.

(AB) : **droite** passant par A et B.

$[AB)$: **demi-droite** d'origine A passant par B.

$\overrightarrow{AB}$: **vecteur** d'origine A et d'extrémité B.

ABC : **triangle** de sommets A, B et C.

$\widehat{ABC}$: **angle** de sommet B et de côtés $[BA)$ et $[BC)$.

Avec des coordonnées

▶ $(O;I;J)$ désigne un repère :
- le point O est l'origine du repère.
- la droite orientée $(O;I)$ est l'axe des abscisses ; le point I définit l'unité sur cet axe.
- la droite orientée $(O;J)$ est l'axe des ordonnées ; le point J définit l'unité sur cet axe.

▶ Les **coordonnées d'un point** dans un repère se notent $(x;y)$.

▶ Les **coordonnées d'un vecteur** dans un repère se notent $\begin{pmatrix}x\\y\end{pmatrix}$.

c Fonctions

- $f:x\mapsto f(x)$ ou $f:x\mapsto y$ est la **fonction** qui à x associe $f(x)$ ou y.
- $f(x)$ est l'**image** du réel x par la fonction f.
- D_f est l'**ensemble de définition** de f, c'est-à-dire l'ensemble des réels ayant une image par f.
- $\mathscr{C}_f$ est la **représentation graphique** ou la **courbe représentative** de la fonction f dans un repère du plan. C'est l'ensemble des points dont les coordonnées $(x;y)$ sont telles que $x\in D_f$ et $f(x)=y$.
- $y=f(x)$ est l'**équation** de la courbe $\mathscr{C}_f$.

Exemples

- 59 appartient à $\mathbb{N}$, $\mathbb{Z}$, $\mathbb{D}$, $\mathbb{Q}$ et $\mathbb{R}$.
- -13 n'appartient pas à $\mathbb{N}$ mais appartient à tous les autres ensembles.
- $\frac{4}{5}$ appartient à $\mathbb{D}$, $\mathbb{Q}$ et $\mathbb{R}$.
- $\frac{1}{3}$ n'appartient pas à $\mathbb{D}$ mais il appartient à $\mathbb{Q}$ et $\mathbb{R}$.
- $\sqrt{2}$ n'appartient pas à $\mathbb{Q}$ mais il appartient à $\mathbb{R}$.

Remarque

On note aussi $\mathbb{R}^*$ l'ensemble $\mathbb{R}\setminus\{0\}$ des réels non nuls, $\mathbb{R}_+$ l'ensemble $[0;+\infty[$ et $\mathbb{R}_-$ l'ensemble $]-\infty;0]$.

Remarque

Pour exclure de l'intervalle une de ses extrémités, on tourne le crochet vers l'extérieur de l'intervalle. Par exemple :
$$x\in]a;b]\Leftrightarrow a<x\leqslant b$$

Remarque

Pour nommer un polygone, on nomme consécutivement ses sommets en suivant ses côtés. Par exemple, les **côtés** du quadrilatère $ABCD$ sont $[AB]$, $[BC]$, $[CD]$ et $[DA]$.

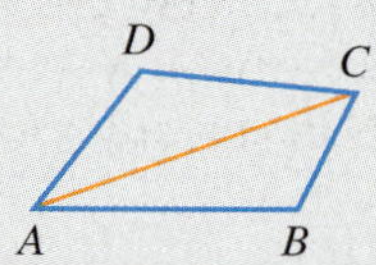

Le segment $[AC]$ est une **diagonale** de ce quadrilatère.

Remarque

Un repère du plan peut être :
① défini par trois points non alignés O, I et J. Ce repère est alors noté $(O;I;J)$.
② défini par un point O et deux vecteurs $\vec{i}$ et $\vec{j}$ non colinéaires. Ce repère est alors noté $(O;\vec{i};\vec{j})$.

Exemple

$f:x\mapsto\frac{1}{x-1}$ est la fonction qui à $x\neq1$ associe $\frac{1}{x-1}$.

$$D_f=\mathbb{R}\setminus\{1\}\ ;\ f(2)=1$$

Le point de coordonnées $(2;1)$ appartient à $\mathscr{C}_f$, car $f(2)=1$.
La courbe de f a pour équation :
$$y=\frac{1}{x-1}$$

d Relations et ensembles

Appartenance $\in$ se lit « appartient à » ou « est élément de » et s'utilise entre un élément et un ensemble.
Négation : $\notin$.

Exemples
- $-4 \in \mathbb{Z}$ mais $-4 \notin \mathbb{N}$.
- $A \in (AB)$
- $0 \notin]2;4]$

Inclusion $\subset$ se lit « est contenu dans » ou « est inclus dans » et s'utilise entre deux ensembles.

Lorsque deux ensembles A et B vérifient $A \subset B$, on dit que A est un **sous-ensemble** de B ou encore que A est une **partie** de B.

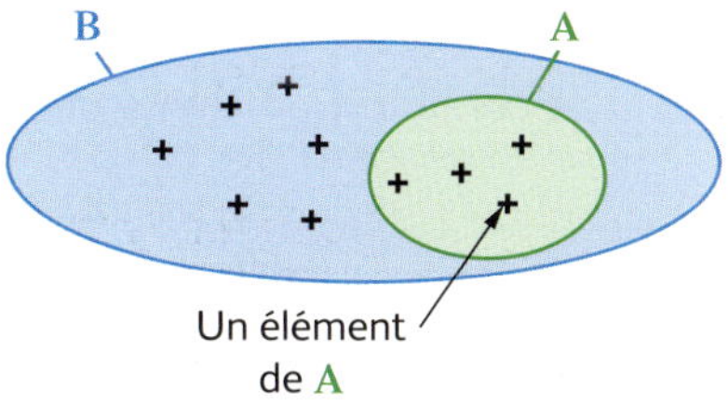

Pour montrer l'inclusion $A \subset B$, on montre que tout élément de l'ensemble A appartient à l'ensemble B.

Exemples
- Tout entier naturel est également un entier relatif. Ainsi :
$$\mathbb{N} \subset \mathbb{Z}$$
$\mathbb{N}$ est un **sous-ensemble** (ou une **partie**) de l'ensemble $\mathbb{Z}$.
Plus généralement, on a les inclusions des ensembles de nombres :
$$\mathbb{N} \subset \mathbb{Z} \subset \mathbb{D} \subset \mathbb{Q} \subset \mathbb{R}$$
- Tout point du segment $[AB]$ appartient à la droite (AB). Ainsi :
$$[AB] \subset (AB)$$

Intersection et réunion Soient I et J deux ensembles.
- **L'intersection** de I et de J, notée $I \cap J$, est l'ensemble des éléments appartenant à la fois à l'ensemble I et à l'ensemble J.
- La **réunion** (ou l'union) de I et de J, notée $I \cup J$, est l'ensemble des éléments appartenant à **au moins l'un** des deux ensembles I et J.

Lorsque les ensembles I et J n'ont aucun élément en commun, leur intersection est vide, on note $I \cap J = \varnothing$. On dit alors qu'ils sont **disjoints**.

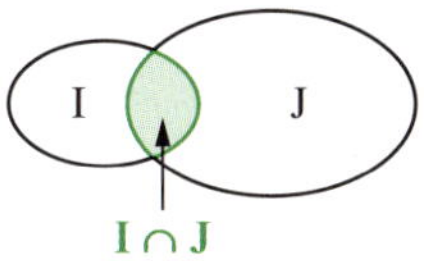

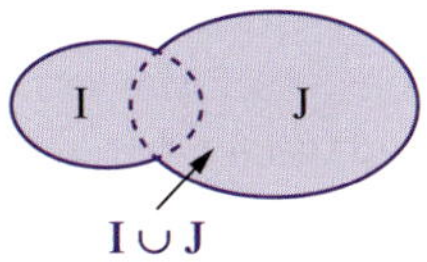

Exemples
- Soient $I = \{0;2;4;6;8\}$ et $J = \{0;1;2;3;4;5\}$ alors :
$$I \cap J = \{0;2;4\}$$
et
$$I \cup J = \{0;1;2;3;4;5;6;8\}$$
- L'ensemble des réels x vérifiant $x \leqslant 3$ ou $x > 4$ s'écrit :
$$]-\infty;3] \cup]4;+\infty[$$
- L'ensemble I des entiers pairs et l'ensemble J des entiers impairs sont disjoints. On a ainsi :
$$I \cap J = \varnothing \text{ et } I \cup J = \mathbb{N}$$

Complémentaire Soit A un sous-ensemble d'un ensemble E. On appelle **complémentaire de A dans E** l'ensemble, noté $\bar{A}$, de tous les éléments de E qui n'appartiennent pas à A.

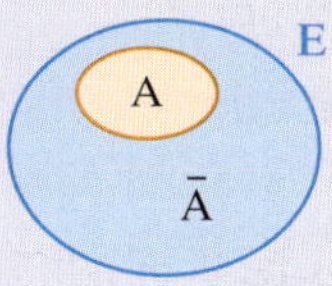

- Si $E = \mathbb{N}$ et A est l'ensemble des entiers pairs alors son complémentaire $\bar{A}$ dans E est l'ensemble des entiers impairs.
- Si $E = \mathbb{R}$ et $A =]-\infty;4[$ alors :
$$\bar{A} = [4;+\infty[$$

e Proposition, conjonctions « et » et « ou »

Définition Une **proposition** est une phrase (comportant un verbe) qui est soit vraie soit fausse.

Exemples
- La proposition « dans un triangle, la somme des angles vaut 180° » est vraie.
- La proposition « tout entier pair est multiple de 4 » est fausse. En effet 6 est pair sans être multiple de 4.

Conjonction « et » « et » entre deux propositions (ou entre deux événements) signifie que les deux propositions doivent être **simultanément vraies** (ou les événements réalisés tous deux).

Exemples
- « $x > -5$ **et** $x < 1$ » signifie « $-5 < x < 1$ ».
- Lors du tirage d'une carte dans un jeu de 32, obtenir « un roi » et « un pique » signifie « obtenir le roi de pique ».

Conjonction « ou » « ou » entre deux propositions (ou entre deux événements) signifie que **l'une des propositions au moins** (ou l'un des événements) **et peut-être les deux** doivent être vraies (ou réalisés).

Exemples
- « $x \in [-1;2]$ **ou** $x \in]0;3]$ » signifie « $x \in [-1;2] \cup]0;3]$ », soit « $x \in [-1;3]$ ».
- Lors du lancer d'un dé cubique, « obtenir un multiple de 3 » ou « obtenir un numéro supérieur à 4 » signifie « obtenir 3, 4, 5 ou 6 ».

Remarque
Contrairement à l'utilisation fréquente en français du « ou » comme « ou bien », le « ou » en mathématique est « inclusif », c'est-à-dire qu'il inclut le cas où les deux propositions sont vraies simultanément.

f Implication et équivalence

Implication Une **proposition conditionnelle** ou une **implication** est une propriété de la forme suivante :
« **Si** la phrase P_1 est vraie, **alors** la phrase P_2 est vraie. »

Remarque
On dit dans ce cas que :
• P_1 est vraie est une **condition suffisante** pour que P_2 soit vraie.
• P_2 est vraie est une **condition nécessaire** pour que P_1 soit vraie.

Exemples
• Si x est un entier, alors x est un réel.
• « n est un multiple de 2 » est une condition nécessaire pour « n est un multiple de 6 ».
• Deux élèves sont dans la même classe est une condition suffisante pour qu'ils soient dans le même lycée.

Équivalence Le symbole $\Leftrightarrow$ se lit « **équivaut à** » ou « **si, et seulement si** ». Il se place entre deux propositions P_1 et P_2 et signifie que l'on a simultanément : $\begin{cases} \text{Si } P_1 \text{ est vraie, alors } P_2 \text{ est vraie.} \\ \text{Si } P_2 \text{ est vraie, alors } P_1 \text{ est vraie.} \end{cases}$

Remarque
On dit dans ce cas que « P_1 est vraie » est une **condition nécessaire et suffisante** pour que P_2 soit vraie (et réciproquement).

Exemples
• ABC est un triangle rectangle en $A \Leftrightarrow BC^2 = AB^2 + AC^2$.
• $\overrightarrow{AB}$ et $\overrightarrow{AC}$ sont colinéaires est une condition nécessaire et suffisante pour que A, B et C soient alignés.

Contraposée d'une implication La contraposée de l'implication « **Si** la phrase P_1 est vraie, **alors** la phrase P_2 est vraie. » est **l'implication équivalente** :
« **Si** la phrase P_2 est fausse, **alors** la phrase P_1 est fausse. »

Remarque
Dès lors qu'une implication est vraie, sa contraposée l'est également.
En pratique, il peut être parfois plus simple de démontrer qu'une implication est vraie en démontrant sa contraposée.

Exemples
• La contraposée de « si n est un multiple de 6, alors n est un multiple de 3 » est « si n n'est pas un multiple de 3, alors n n'est pas un multiple de 6 ».
• La contraposée de « si deux élèves sont dans la même classe, alors ils sont dans le même lycée » est : « si deux élèves ne sont pas dans le même lycée, alors ils ne sont pas dans la même classe ».

Réciproque d'une implication La réciproque d'une implication est l'implication obtenue en permutant hypothèse et conclusion. La réciproque de l'implication « **Si** la phrase P_1 est vraie, **alors** la phrase P_2 est vraie. » est :
« **Si** la phrase P_2 est vraie, **alors** la phrase P_1 est vraie. »
Cette réciproque **n'est pas équivalente** à la propriété initiale : elle peut être vraie ou fausse.

Remarque
On retiendra que la réciproque d'une implication vraie n'est pas systématiquement vraie.
Lorsqu'une implication et sa réciproque sont simultanément vérifiées, on a alors une équivalence.

Exemples
• La réciproque de « si n est un multiple de 6, alors n est un multiple de 3 » est « si n est un multiple de 3, alors n est un multiple de 6 ». Cette réciproque est fausse.
• La réciproque de « si $\overrightarrow{AB}$ et $\overrightarrow{AC}$ sont colinéaires, alors A, B et C sont alignés » est « si A, B et C sont alignés, alors $\overrightarrow{AB}$ et $\overrightarrow{AC}$ sont colinéaires ». Cette réciproque est vraie.

g Quantificateurs « pour tout… », « il existe… »

• On considère les propositions vraies suivantes.
P_1 : « **Pour tout** réel $x \geqslant 1$, on a $x^3 \geqslant x^2$. »
P_2 : « **Quel que soit** le triangle considéré, ses hauteurs sont concourantes en un point appelé orthocentre du triangle. »
Les locutions « **Pour tout**… » et « **Quel que soit**… » sont appelées **quantificateurs universels**. Les propositions P_1 et P_2 sont appelées **propositions universelles**.

Remarque
P_1 s'énonce également « Quel que soit le réel $x \geqslant 1$, on a $x^3 \geqslant x^2$ ».
P_2 s'énonce également « dans un triangle, les hauteurs sont concourantes ». Le quantificateur universel est sous-entendu ici.

Pour montrer qu'une proposition universelle est vraie, on montre qu'elle est vraie dans **tous les cas (un exemple ne suffit pas !)**.
Pour montrer qu'elle est fausse, il suffit de trouver un cas où elle est mise en défaut. On parle alors de **contre-exemple**.

- On considère la proposition suivante.

« **Il existe** un nombre entier à la fois pair et multiple de 3. »
Cette proposition est vraie : 6 est un entier pair et multiple de 3.
La locution « il existe… » est appelé **quantificateur existentiel**.
Pour montrer qu'une proposition existentielle est vraie, il suffit d'**exhiber un exemple**.
En revanche, pour montrer qu'elle est fausse, il faut montrer qu'elle n'est **jamais** satisfaite.

Exemple
La proposition universelle « Pour tout réel x, on a $x^3 \geqslant x^2$ » est fausse. En effet, $x = 0,5$ est un contre-exemple.

Remarque
La locution « il existe… » signifie « il existe **au moins un…** ».

h Des outils pour démontrer

Contre-exemple Pour montrer qu'une proposition universelle est fausse, il suffit de donner un exemple qui la met en défaut. Un tel exemple est alors appelé un **contre-exemple**.

Exemple
Pour montrer que la proposition universelle « Tous les élèves de la classe sont nés la même année » est fausse, il suffit de citer deux élèves particuliers qui n'ont pas la même année de naissance.

Raisonnement par l'absurde Pour montrer qu'un énoncé est vrai, on peut supposer qu'il est faux et aboutir à une absurdité (une contradiction, un résultat faux).

Exemple
Pour montrer que 0 n'a pas d'inverse, on suppose qu'il en a un que l'on note a.
Par la définition d'un inverse, on a $0 \times a = 1$, ou encore $0 = 1$.
Cette égalité est fausse, donc 0 n'a pas d'inverse.

Raisonnement par contraposition Pour démonter l'implication « **Si** la phrase P_1 est vraie, **alors** la phrase P_2 est vraie. », on peut la remplacer par sa contraposée « **Si** la phrase P_2 est fausse, **alors** la phrase P_1 est fausse. »

Exemple
Pour démontrer la proposition « Si n^2 est pair alors, n est pair », on peut montrer que « Si n est impair, alors n^2 est impair » :
n étant impair, il existe un entier k tel que $n = 2k+1$; on a alors :
$$n = 4k^2 + 4k + 1 = 2(2k^2 + 2k) + 1$$
$2k^2 + 2k$ est un entier, donc n^2 est impair.

Raisonnement par disjonction des cas Pour montrer qu'une proposition universelle est vraie, on peut envisager différents cas de figure et montrer qu'elle est vraie dans chacun de ces cas.

Exemple
Pour montrer que, pour tout entier naturel n, $A = (n+1)(n+2)$ est pair, on peut envisager deux cas : le cas où n est pair et le cas où n est impair.

1er cas : soit n un entier naturel pair.
Alors $n+2$ est également pair et donc $(n+1)(n+2)$ est le produit de l'entier pair $(n+2)$ et d'un autre entier, donc A est également pair.

2e cas : soit n un entier naturel impair.
Alors $n+1$ est pair et donc $(n+1)(n+2)$ est le produit de l'entier pair $(n+1)$ et d'un autre entier, donc A est également pair.

Conclusion : on a montré que pour tout $n \in \mathbb{N}$, $(n+1)(n+2)$ est pair.

Formulaire

Calcul numérique et littéral

Opérations sur les fractions

Modification ou simplification	Addition et soustraction	Multiplication	Division
$\dfrac{a\times k}{b\times k}=\dfrac{a}{b}\quad \begin{pmatrix} b\neq 0 \\ k\neq 0\end{pmatrix}$	$\dfrac{a}{b}\pm\dfrac{c}{b}=\dfrac{a\pm c}{b}\quad (b\neq 0)$	$\dfrac{a}{b}\times\dfrac{c}{d}=\dfrac{ac}{bd}$ $(b,d\neq 0)$	$\dfrac{a}{b}\div\dfrac{c}{d}=\dfrac{a}{b}\times\dfrac{d}{c}=\dfrac{ad}{bc}$ $(b,d,c\neq 0)$

Opérations sur les puissances

Pour n et p entiers et a et b réels (a et b non nuls)	$a^0=1,\ a^1=a$	$a^n\times a^p=a^{n+p}$	$\dfrac{a^n}{a^p}=a^{n-p}$	$a^{-n}=\dfrac{1}{a^n}$	$(a\times b)^n=a^n\times b^n$	$\left(\dfrac{a}{b}\right)^n=\dfrac{a^n}{b^n}$

Opérations sur les racines carrées

Pour a et b deux nombres positifs (b non nul)	$\sqrt{a\times b}=\sqrt{a}\times\sqrt{b}$	$\sqrt{\dfrac{a}{b}}=\dfrac{\sqrt{a}}{\sqrt{b}}$	$\sqrt{a^2}=\lvert a\rvert,\ \sqrt{a}^2=a$	$\sqrt{a+b}\neq\sqrt{a}+\sqrt{b}$

Calcul littéral

Développement

$$k(a+b)=ka+kb$$

Factorisation

Développement

$$(a+b)^2=a^2+2ab+b^2$$
$$(a-b)^2=a^2-2ab+b^2$$
$$(a+b)(a-b)=a^2-b^2$$

Factorisation

Évolution et pourcentage

Pourcentage

Prendre p % de A revient à multiplier A par $\dfrac{p}{100}$.

Coefficient multiplicateur et évolution

Augmenter de t % revient à multiplier par :

$$CM=1+\frac{t}{100}$$

Diminuer de t % revient à multiplier par :

$$CM=1-\frac{t}{100}$$

Taux d'évolution

$V_d \xrightarrow{\times CM} V_a$

$$CM=\frac{V_a-V_d}{V_d}\text{ et } t=CM-1$$

Évolutions successives

$V_d \xrightarrow{\times CM_1} V_1 \xrightarrow{\times CM_2} V_2 \ \dots \xrightarrow{\times \dots} V_a$

$V_d \xrightarrow{\times CM_g} V_a$

$$CM_g=CM_1\times CM_2\times\dots\text{ et } t_g=CM_g-1$$

Évolution réciproque

$V_d \xrightarrow{\times CM} V_a$

$V_a \xrightarrow{\times \frac{1}{CM}} V_d$

$$CM_{rec}=\frac{1}{CM}\text{ et } t_{rec}=CM_{rec}-1$$

Règles de calcul sur les égalités

$a=b \Leftrightarrow a+c=b+c$ ($+c$)

$a=b \Leftrightarrow a-c=b-c$ ($-c$)

si $c\neq 0$

$a=b \Leftrightarrow a\times c=b\times c$ ($\times c$)

$a=b \Leftrightarrow \dfrac{a}{c}=\dfrac{b}{c}$ ($\div c$)

Règle du produit nul

$A\times B=0 \Leftrightarrow A=0$ ou $B=0$

Règle du quotient nul

$\dfrac{A}{B}=0 \Leftrightarrow A=0$ et $B\neq 0$

Règles de calcul sur les inégalités

$a<b \Leftrightarrow a+c<b+c$ ($+c$)

$a<b \Leftrightarrow a-c<b-c$ ($-c$)

si $c>0$

$a<b \Leftrightarrow a\times c<b\times c$ ($\times c$)

$a<b \Leftrightarrow \dfrac{a}{c}<\dfrac{b}{c}$ ($\div c$)

si $c<0$

$a<b \Leftrightarrow a\times c>b\times c$ ($\times c$)

$a<b \Leftrightarrow \dfrac{a}{c}>\dfrac{b}{c}$ ($\div c$)

Notion de fonction – Sens de variation

Soit f une fonction définie sur D et $\mathscr{C}$ sa courbe représentative. Il est équivalent de dire :

- y est l'image de x par f
- x est un antécédent de y par f
- $f(x) = y$
- $M(x\,;y)$ est un point de la courbe $\mathscr{C}$.

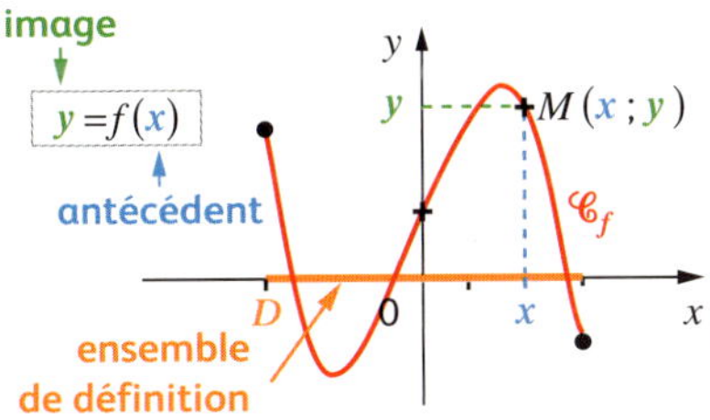

Fonction croissante sur un intervalle I

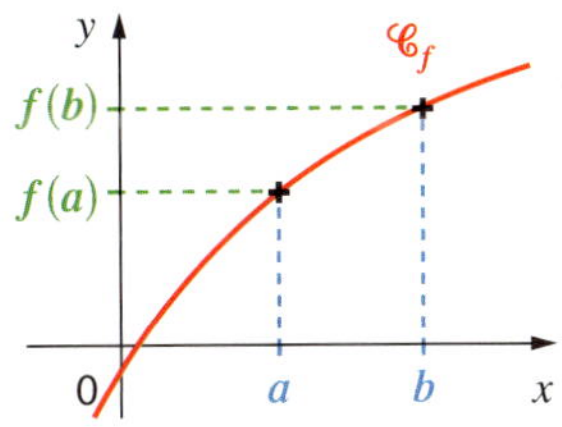

$f(a)$ et $f(b)$ sont **dans le même ordre** que a et b.

Fonction décroissante sur un intervalle I

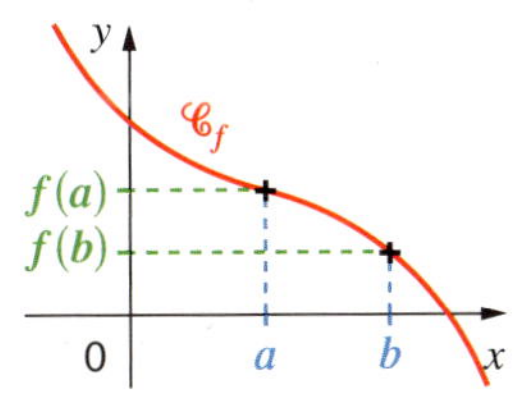

$f(a)$ et $f(b)$ sont **dans l'ordre contraire** à l'ordre de a et b.

Fonctions affines – Variation et signe

f est une fonction affine définie sur $\mathbb{R}$ par :

$$f(x) = ax + b$$

Pour tous $x_1 \neq x_2$, on a :

$$a = \frac{f(x_2) - f(x_1)}{x_2 - x_1}$$

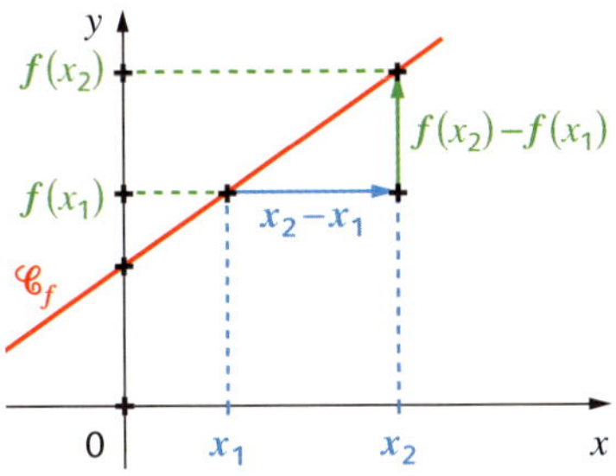

Cas $a > 0$

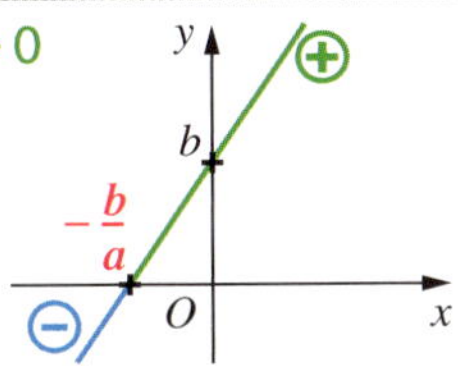

Sens de variation de $f : x \mapsto ax + b$

x	$-\infty$ → $+\infty$
$ax+b$	↗

Signe de $ax + b$

x	$-\infty$		$-\frac{b}{a}$		$+\infty$
Signe de $ax+b$		$-$	0	$+$	

Cas $a < 0$

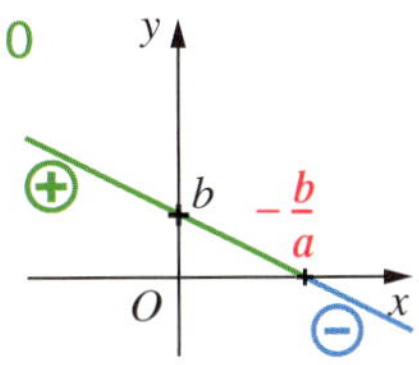

Sens de variation de $f : x \mapsto ax + b$

x	$-\infty$ → $+\infty$
$ax+b$	↘

Signe de $ax + b$

x	$-\infty$		$-\frac{b}{a}$		$+\infty$
Signe de $ax+b$		$+$	0	$-$	

Fonctions de référence

Fonction carré

x	$-\infty$	0	$+\infty$
x^2	↘	0	↗

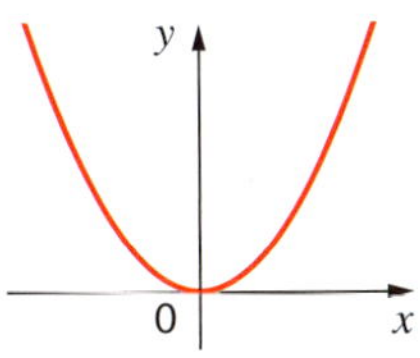

- Si $0 \leqslant a \leqslant b$ alors $a^2 \leqslant b^2$.
- Si $a \leqslant b \leqslant 0$ alors $a^2 \geqslant b^2$.

La fonction carrée est **paire**.

Fonction inverse

x	$-\infty$	0	$+\infty$
$\frac{1}{x}$	↘	‖	↘

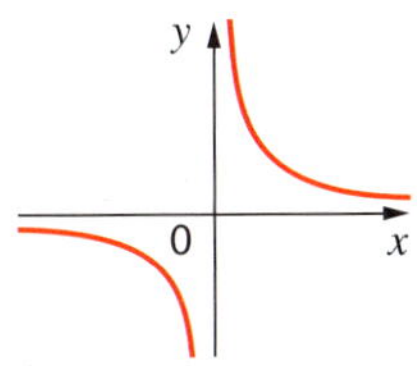

- Si $0 < a \leqslant b$ alors $\frac{1}{a} \geqslant \frac{1}{b}$.
- Si $a \leqslant b < 0$ alors $\frac{1}{a} \geqslant \frac{1}{b}$.

La fonction inverse est **impaire**.

Fonction cube

x	$-\infty$ → $+\infty$
x^3	↗

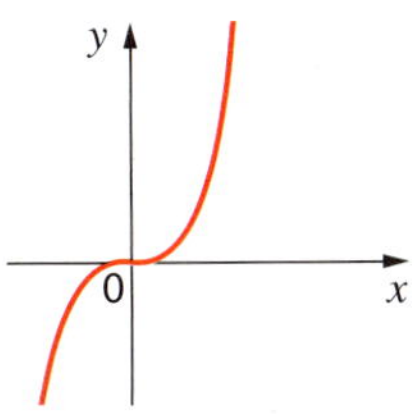

- Si $a \leqslant b$ alors $a^3 \leqslant b^3$.

La fonction cube est **impaire**.

Fonction racine carrée

x	0 → $+\infty$
$\sqrt{x}$	0 ↗

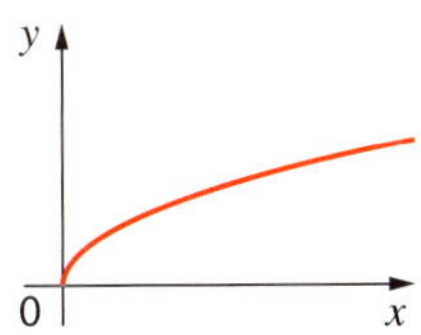

- Si $0 \leqslant a \leqslant b$ alors $\sqrt{a} \leqslant \sqrt{b}$.

Géométrie

Caractérisation des quadrilatères particuliers

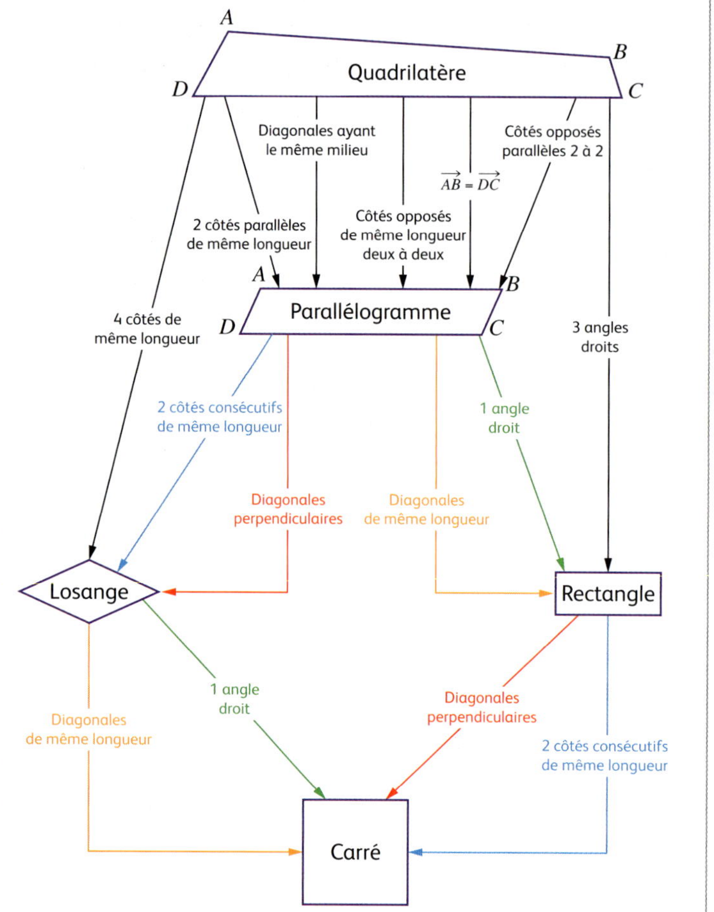

Droites remarquables du triangle

- **Médiatrices**
Les médiatrices des côtés d'un triangle sont concourantes. Ce point de concours est le **centre du cercle circonscrit** au triangle.

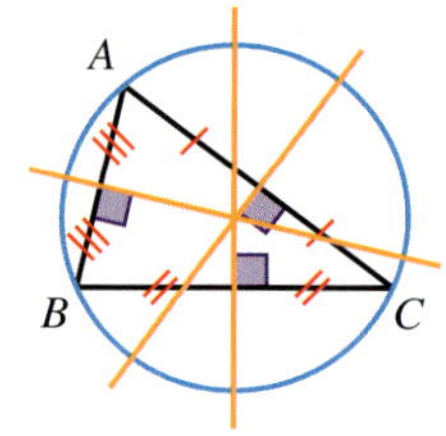

- **Hauteurs**
Les hauteurs d'un triangle sont concourantes en un point appelé **orthocentre** du triangle.

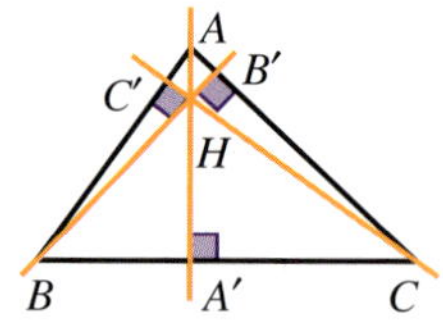

- **Médianes**
Les médianes d'un triangle sont concourantes en un point appelé **centre de gravité** du triangle.

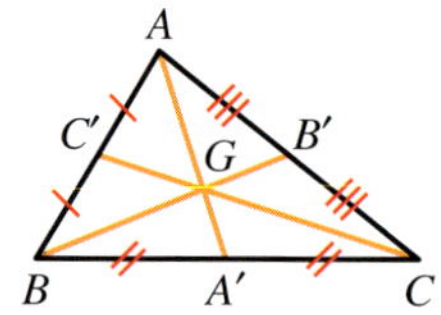

- **Bissectrices**
Les bissectrices des trois angles d'un triangle sont concourantes en un point qui est le **centre du cercle inscrit** dans le triangle.

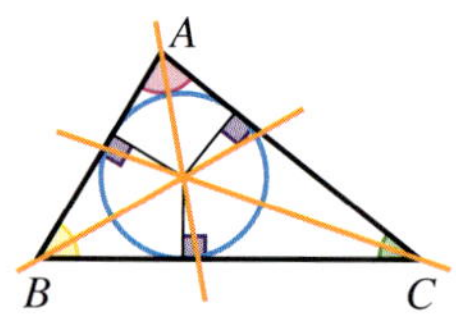

Triangle rectangle

- **Théorème de Pythagore**
Si ABC est un triangle rectangle en A alors,
$BC^2 = BA^2 + AC^2$.

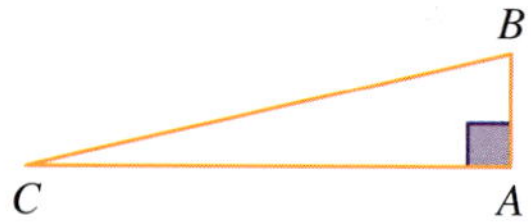

- **Réciproque du théorème**
Si dans un triangle ABC, on a $BC^2 = BA^2 + AC^2$ alors il est rectangle en A.

- **Contraposée du théorème**
Si dans un triangle ABC, on a $BC^2 \neq BA^2 + AC^2$ alors ce triangle n'est pas rectangle en A.

- **Trigonométrie dans le triangle rectangle**
Soit ABC un triangle rectangle en A. On a :

$$\cos\widehat{B} = \frac{BA}{BC} = \frac{adj}{hyp}$$

$$\sin\widehat{B} = \frac{AC}{BC} = \frac{opp}{hyp}$$

$$\tan\widehat{B} = \frac{AC}{BA} = \frac{opp}{adj}$$

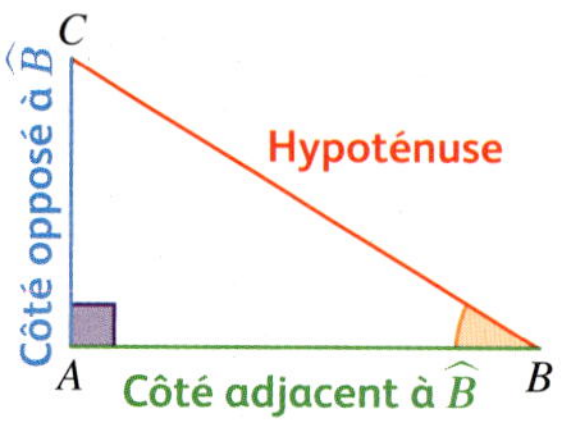

Situation de Thalès

- **Théorème direct**
Les droites (BC) et (EF) sont sécantes en un point A. Si les droites (BE) et (CF) sont parallèles, alors :

$$\frac{AB}{AC} = \frac{AE}{AF} = \frac{BE}{CF}$$

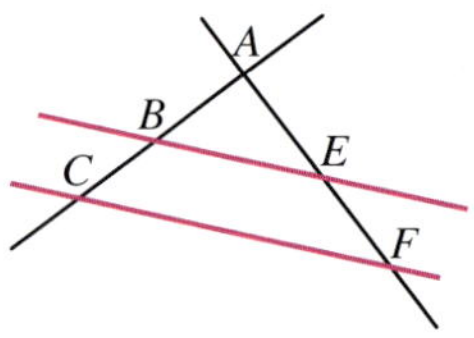

- **Théorème réciproque**
Si les points A, B, C d'une part et A, E, F d'autre part sont alignés dans cet ordre et si $\frac{AB}{AC} = \frac{AE}{AF}$, alors les droites (BE) et (CF) sont parallèles.

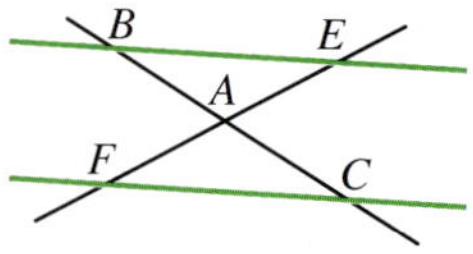

Droite des milieux

- Dans un triangle, la droite passant par les milieux de deux des côtés est parallèle au troisième.

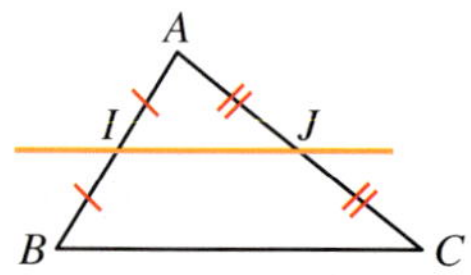

- Réciproquement, dans un triangle, toute droite passant par le milieu d'un côté et parallèle à un autre côté coupe le troisième en son milieu.

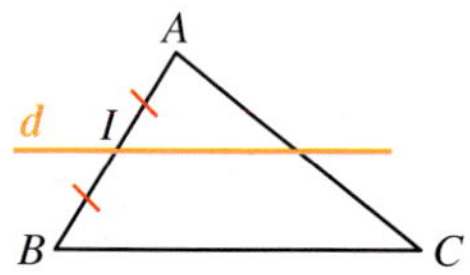

Géométrie repérée et configurations

Vecteur et coordonnées

• Soient $A(x_A\,;y_A)$ et $B(x_B\,;y_B)$ deux points, alors :

$$\overrightarrow{AB}\begin{pmatrix}x_B-x_A\\y_B-y_A\end{pmatrix}$$

• Le milieu I du segment $[AB]$ a pour coordonnées :

$$I\left(\frac{x_A+x_B}{2}\,;\frac{y_A+y_B}{2}\right)$$

• Soient $\vec{u}\begin{pmatrix}x\\y\end{pmatrix}$, $\vec{v}\begin{pmatrix}x'\\y'\end{pmatrix}$ et $k\in\mathbb{R}$:

$$\vec{u}+\vec{v}\begin{pmatrix}x+x'\\y+y'\end{pmatrix} \text{ et } k\vec{u}\begin{pmatrix}kx\\ky\end{pmatrix}$$

Distance en repère orthonormé

• La norme du vecteur $\vec{u}\begin{pmatrix}x\\y\end{pmatrix}$ en repère orthonormé est égale à :

$$\|\vec{u}\|=\sqrt{x^2+y^2}$$

• La distance AB est donnée par :

$$AB=\|\overrightarrow{AB}\|=\sqrt{(x_B-x_A)^2+(y_B-y_A)^2}$$

Colinéarité et configurations

• $\vec{u}\begin{pmatrix}x\\y\end{pmatrix}$ et $\vec{v}\begin{pmatrix}x'\\y'\end{pmatrix}$ sont colinéaires si, et seulement si, $\det(\vec{u}\,;\vec{v})=0$

$$\Leftrightarrow\begin{vmatrix}x & x'\\y & y'\end{vmatrix}=0\Leftrightarrow xy'-yx'=0.$$

• Trois points A, B et C distincts sont alignés si, et seulement si, $\overrightarrow{AB}$ et $\overrightarrow{AC}$ sont colinéaires.

• Deux droites (AB) et (CD) sont parallèles si, et seulement si, $\overrightarrow{AB}$ et $\overrightarrow{CD}$ sont colinéaires.

Formules d'aire et de volumes

Carré	Rectangle	Parallélogramme	Triangle	Trapèze	Disque
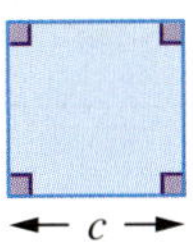	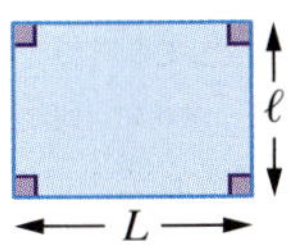	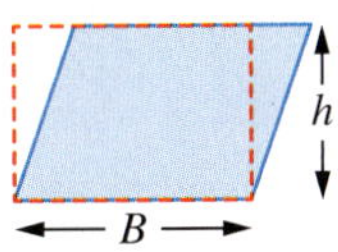	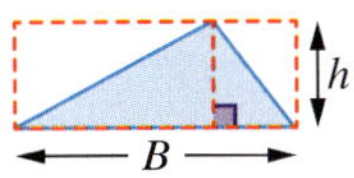	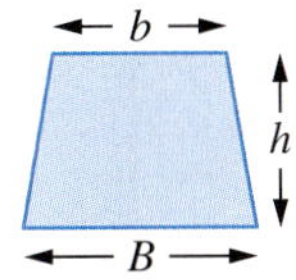	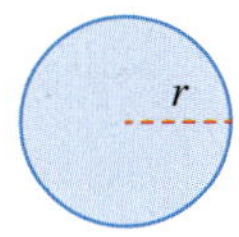
$\mathcal{A}=c^2$	$\mathcal{A}=L\times\ell$	$\mathcal{A}=B\times h$	$\mathcal{A}=\dfrac{B\times h}{2}$	$\mathcal{A}=\dfrac{(b+B)\times h}{2}$	$\mathcal{A}=\pi r^2$

Pavé droit	Cylindre (de révolution)	Sphère	Pyramide	Tétraèdre	Cône (de révolution)
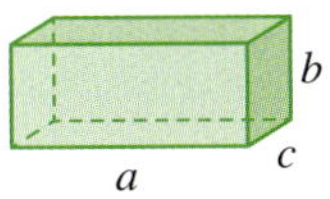	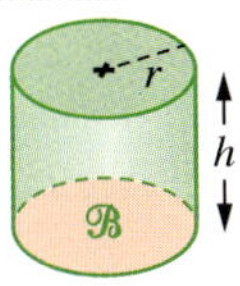	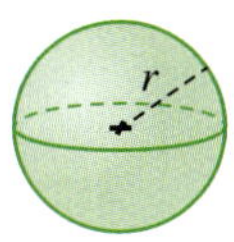	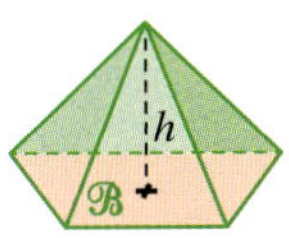	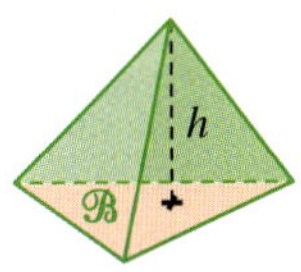	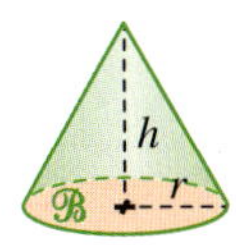
$\mathcal{V}=a\times b\times c$	$\mathcal{V}=\mathcal{B}\times h=\pi\times r^2\times h$	$\mathcal{V}=\dfrac{4}{3}\pi\times r^3$	$\mathcal{V}=\dfrac{1}{3}\mathcal{B}\times h$	$\mathcal{V}=\dfrac{1}{3}\mathcal{B}\times h$	$\mathcal{V}=\dfrac{1}{3}\mathcal{B}\times h=\dfrac{1}{3}\pi\times r^2\times h$

Probabilités & statistiques

Indicateurs statistiques

Soient N valeurs $x_1, x_2, \ldots, x_N$ rangées dans l'ordre croissant. La moyenne $\overline{x}$, la variance V et l'écart-type σ de cette série sont définis par :

$$\overline{x}=\frac{1}{N}(x_1+x_2+\cdots+x_N)$$

$$V=\frac{1}{N}\left((x_1-\overline{x})^2+\cdots+(x_N-\overline{x})^2\right) \text{ et } \sigma=\sqrt{V}$$

La médiane M_e est une valeur telle qu'au moins 50 % lui soient inférieures et au moins 50 % lui soient supérieures.

Le premier quartile (resp. le troisième), noté Q_1 (resp. Q_3) est la plus petite valeur de la série telle qu'au moins 25 % (resp. 75 %) des valeurs de la série lui soient inférieures ou égales.

$E=Q_3-Q_1$ est l'écart interquartile.

Probabilités

• Soit un univers $\Omega=\{e_1\,;e_2\,;\ldots;e_n\}$. Pour tout entier $1\leqslant i\leqslant n$, soit p_i la probabilité de l'issue e_i. On a :

$$0\leqslant p_i\leqslant 1 \text{ et } p_1+p_2+\cdots+p_n=1.$$

• La probabilité $P(\mathrm{A})$ d'un événement A est la somme des probabilités des issues qui réalisent A.

Dans un cas d'équiprobabilité :

$$P(\mathrm{A})=\frac{\text{nombre d'issues réalisant } A}{\text{nombre total d'issues de } \Omega}$$

• $\overline{\mathrm{A}}$ est l'événement contraire de A :

$$P(\overline{\mathrm{A}})=1-P(\mathrm{A})$$

• Soient A et B deux événements de Ω, alors :

$$P(\mathrm{A}\cup\mathrm{B})=P(\mathrm{A})+P(\mathrm{B})-P(\mathrm{A}\cap\mathrm{B})$$

Calculatrice **Casio**

Je retiens les principales touches de la GRAPH 35+ E

pour choisir le menu :
- pour calculer
- pour utiliser les fonctions de statistiques et de probabilités
- pour tracer des courbes et utiliser le solveur graphique
- pour tabuler une fonction
- pour écrire et exécuter un programme

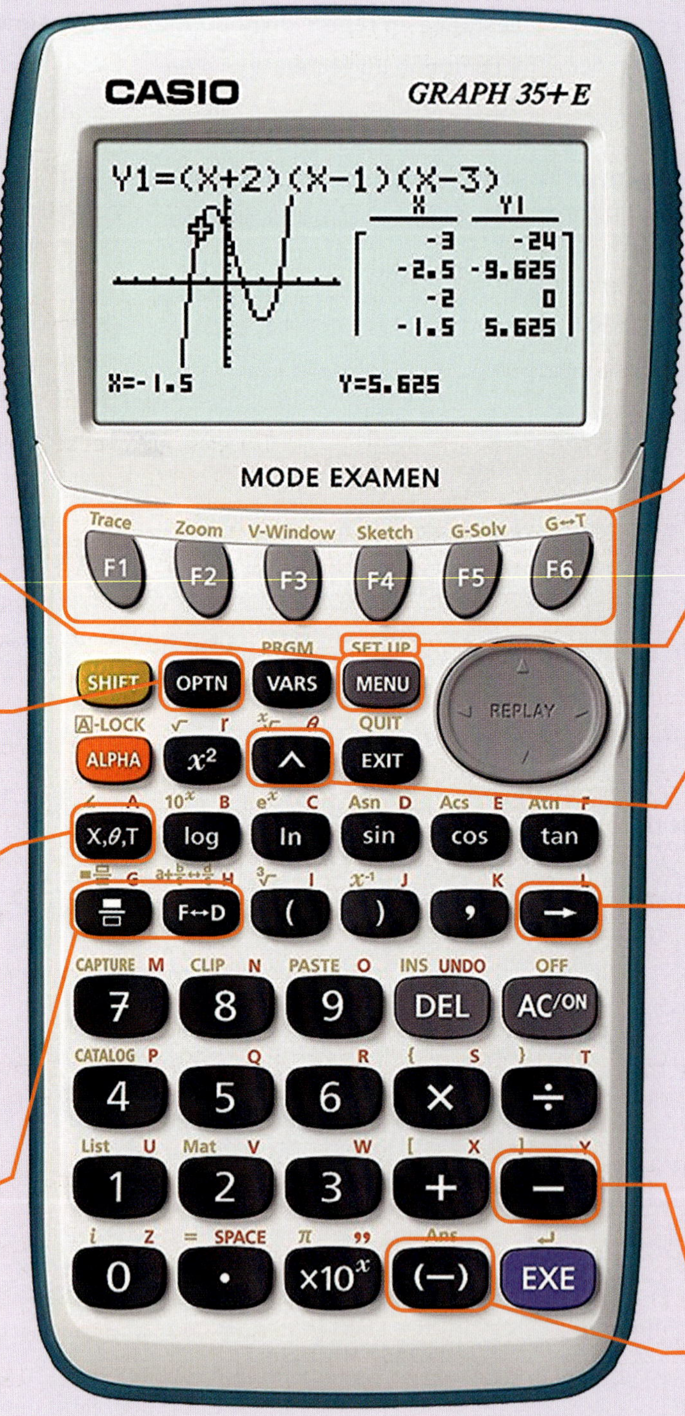

pour choisir une commande écrite en bas de l'écran

pour paramétrer la calculatrice : angle en degré, quadrillage affiché ou non, …

pour accéder à des commandes, classées par grands thèmes : **LIST**, **STAT** ou **PRB**

pour élever à une puissance, exemple 2^3

la variable « x » lorsqu'on définit une fonction dans les menus et

pour stocker une valeur dans une variable

pour calculer avec des fractions

⚠ ne pas confondre ces deux touches :
(–) pour le signe négatif d'un nombre
– pour l'opération soustraction

J'étudie une fonction

On traite l'exemple de la fonction f définie par :
$f(x) = -0{,}25x^2 - x + 1$ sur $[-6\,;3]$

1. Saisir l'expression de f : menu GRAPH ou TABLE

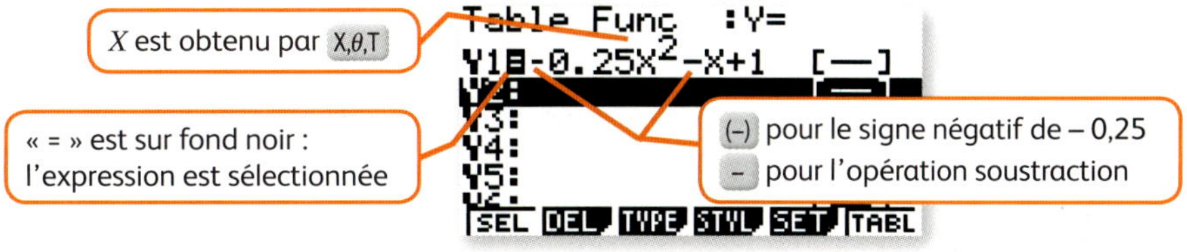

2. Dresser le tableau de valeurs de f : menu TABLE

a. Définir les paramètres de tabulation : SET

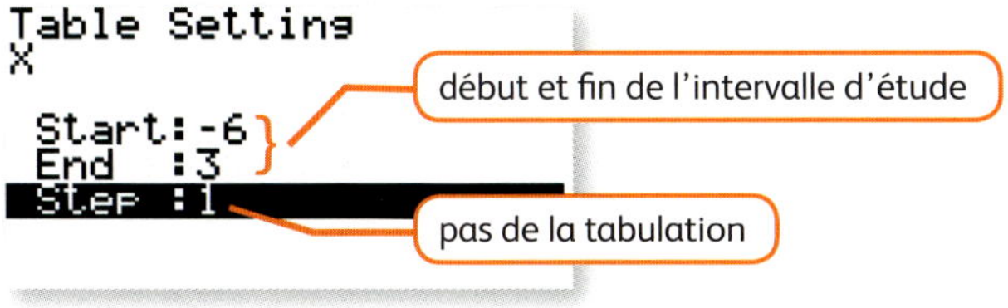

b. Afficher le tableau de valeurs : TABL

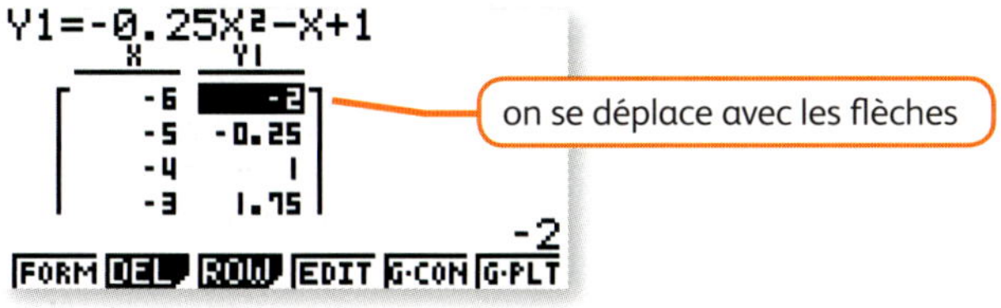

3. Tracer $\mathscr{C}_f$ et se déplacer sur $\mathscr{C}_f$: menu GRAPH

a. Définir la fenêtre d'affichage : SHIFT V-WIN

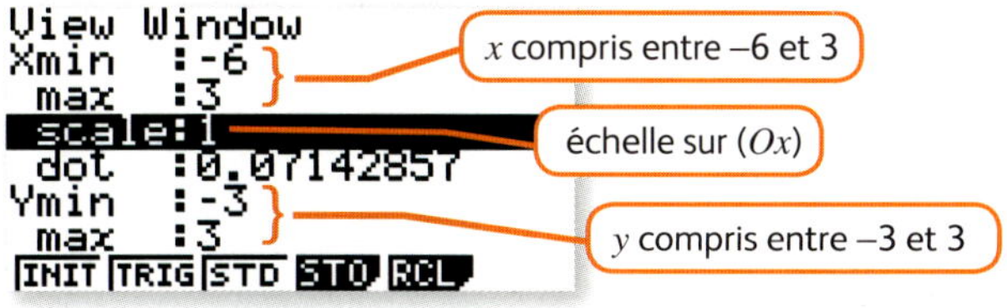

b. Tracer $\mathscr{C}_f$ DRAW et se déplacer sur $\mathscr{C}_f$ SHIFT TRCE

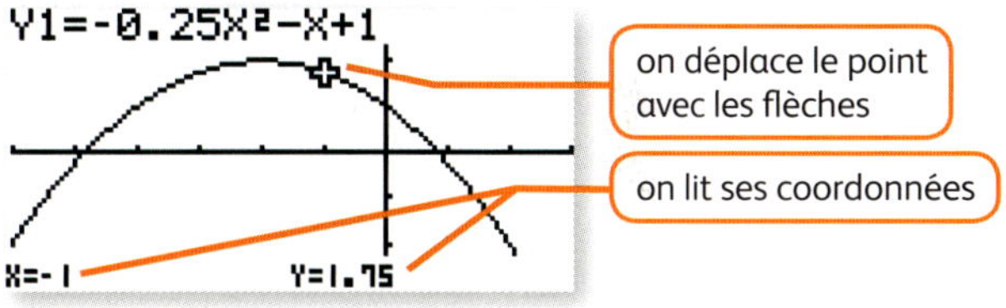

4. Utiliser le solveur graphique dans le menu GRAPH

a. Le sélectionner : SHIFT G-SLV

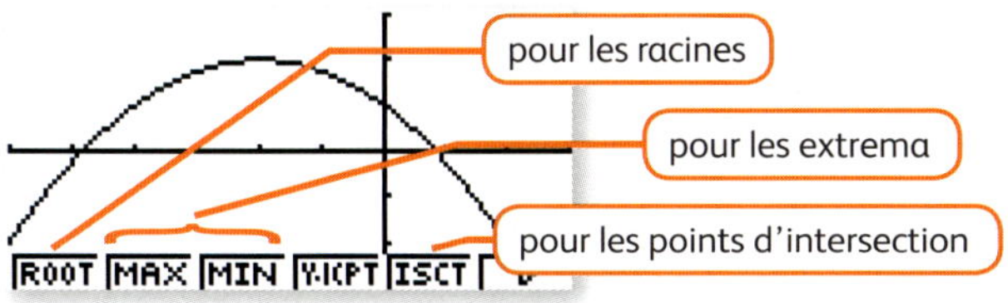

b. Choisir l'instruction souhaitée et lire la solution.

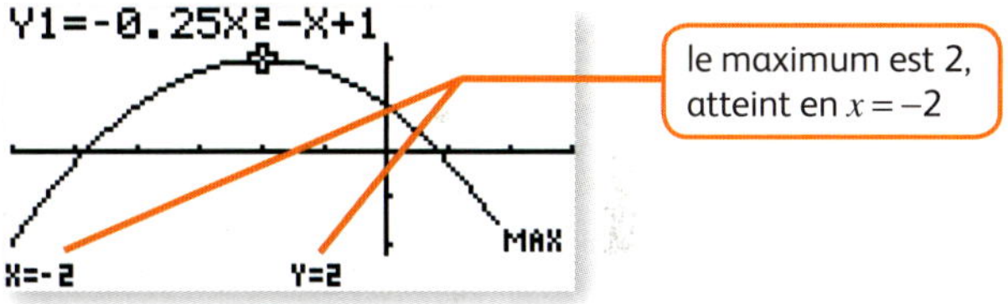

J'étudie une série statistique

On traite l'exemple de la série suivante :

Valeurs x_i	3	5	8	10	13
Effectifs n_i	26	34	20	12	8

1. Entrer la série : menu STAT

2. Calculer les paramètres statistiques

a. Définir les paramètres de calculs : CALC SET

b. Obtenir les paramètres de la série : CALC 1VAR

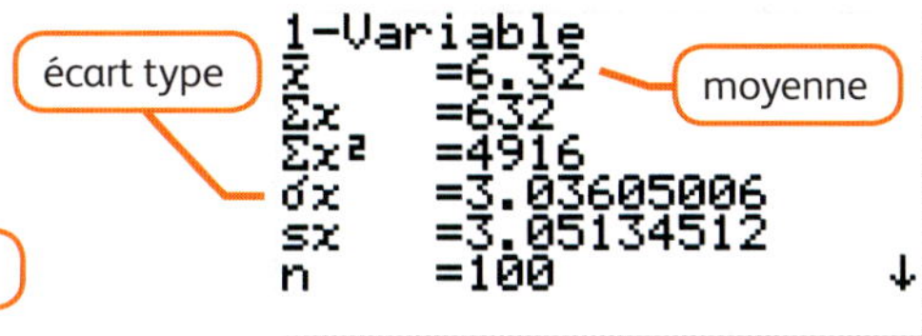

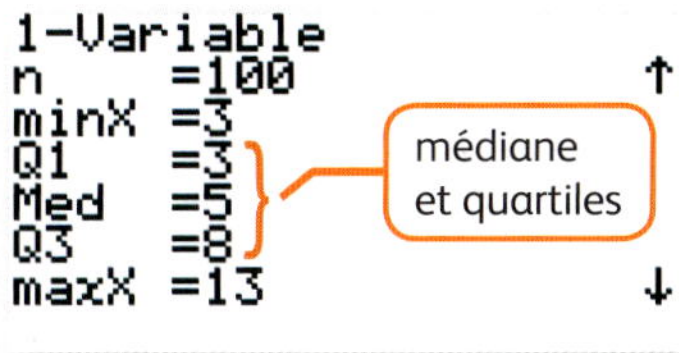

Calculatrice
TI

Je retiens les principales touches de la TI 82-Advanced

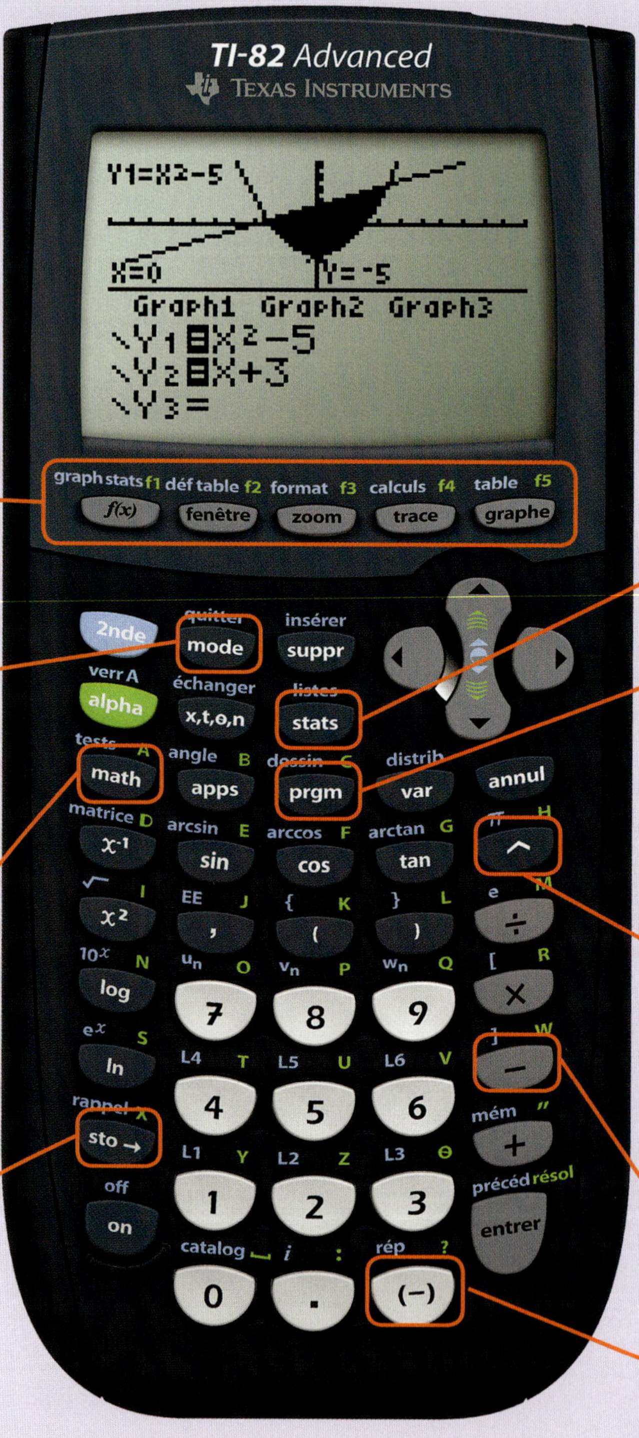

pour accéder aux commandes liées aux graphiques ou aux tabulations

pour paramétrer la calculatrice : angle en degré, quadrillage affiché ou non, …

pour accéder à d'autres commandes, classées par grands thèmes : MATH, NUM ou PRB

pour stocker une valeur dans une variable

pour accéder aux commandes liées aux statistiques

pour accéder aux commandes liées à la programmation

pour élever à une puissance, exemple 2^3

⚠ ne pas confondre ces deux touches :
(−) pour le signe négatif d'un nombre
− pour l'opération soustraction

J'étudie une fonction

On traite l'exemple de la fonction f définie par :
$f(x) = -0{,}25x^2 - x + 1$ sur $[-6\,;3]$

1. Saisir l'expression de f dans $f(x)$:

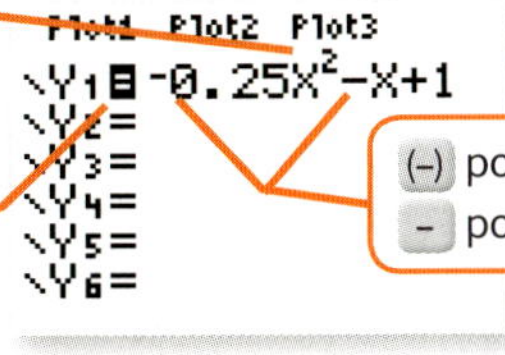

- X est obtenu par x, t, θ, n
- « = » est sur fond noir : l'expression est sélectionnée
- (–) pour le signe négatif de – 0,25
- – pour l'opération soustraction

2. Dresser le tableau de valeurs de f.

a. Définir les paramètres de tabulation : 2nde déf table

- début de l'intervalle d'étude
- pas de la tabulation

b. Afficher le tableau de valeurs : 2nde table

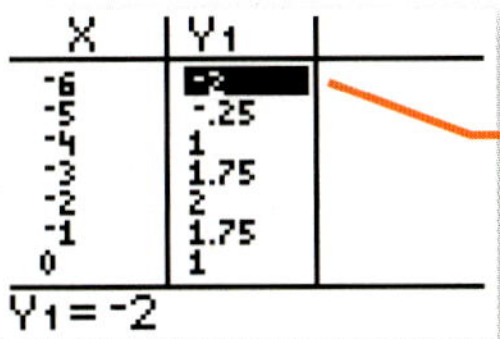

- on se déplace avec les flèches

3. Tracer $\mathscr{C}_f$ et se déplacer sur $\mathscr{C}_f$:

a. Définir la fenêtre d'affichage : fenêtre

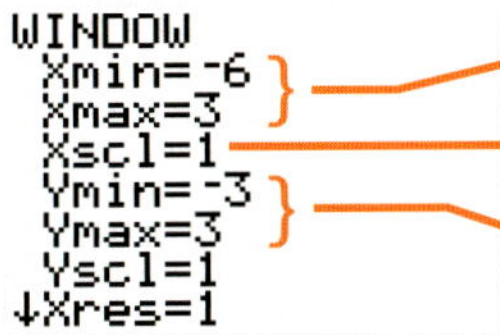

- x compris entre –6 et 3
- échelle sur (Ox)
- y compris entre –3 et 3

b. Tracer $\mathscr{C}_f$ graphe et se déplacer sur : $\mathscr{C}_f$ trace

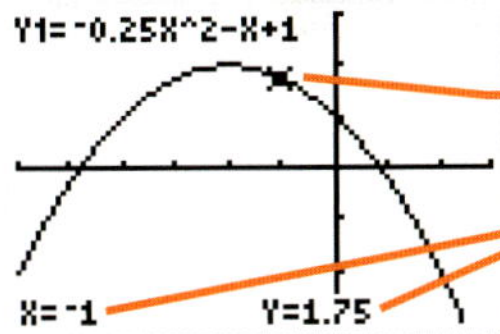

- on déplace le point avec les flèches
- on lit ses coordonnées

4. Utiliser le solveur graphique dans le menu : graphe

a. Le sélectionner : 2nde calculs

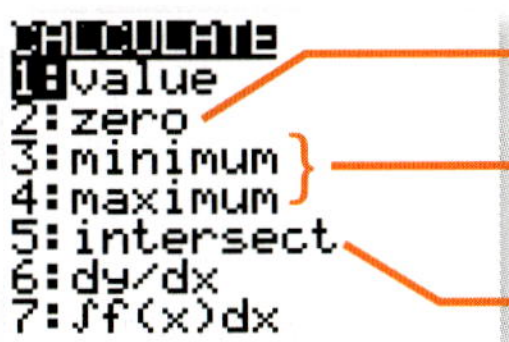

- pour les racines
- pour les extrema
- pour les points d'intersection

b. Choisir l'instruction souhaitée et lire la solution :

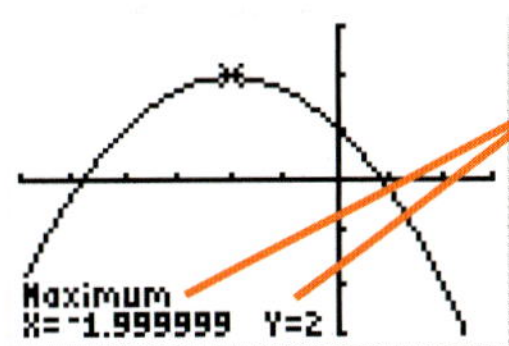

- le maximum est 2, atteint en $x \approx -2$

J'étudie une série statistique

On traite l'exemple de la série suivante.

Valeurs x_i	3	5	8	10	13
Effectifs n_i	26	34	20	12	8

1. Entrer la série : stats **1 : Modifier**

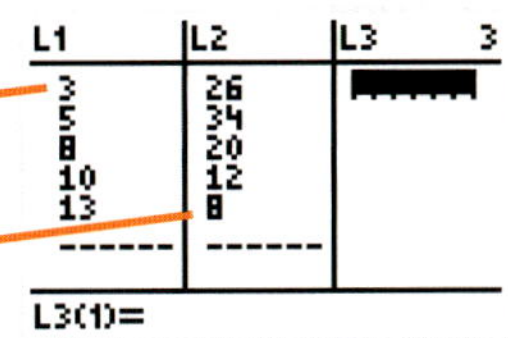

- les valeurs x_i en List 1
- les effectifs n_i en List 2

2. Calculer les paramètres statistiques.

a. Définir les paramètres de calculs : stats **CALC** **1 : Stats 1 Var**

- L1 et L2 s'obtiennent par 2nde L1 et 2nde L2

b. Obtenir les paramètres de la série en validant

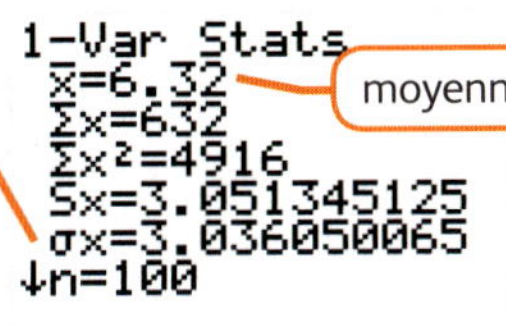

- moyenne
- écart type

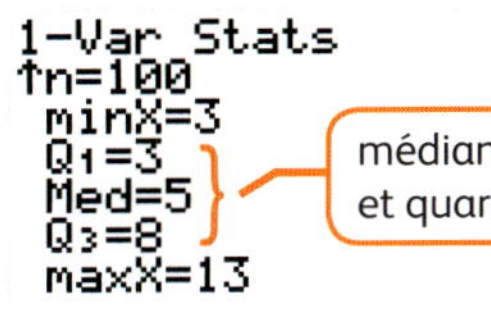

- médiane et quartiles

Je retiens les principales touches de la NumWorks

pour choisir le menu :

- pour calculer
- pour utiliser les fonctions
- pour faire des statistiques
- pour programmer en Python
- pour paramétrer les calculs

la variable « x » lorsqu'on définit une fonction

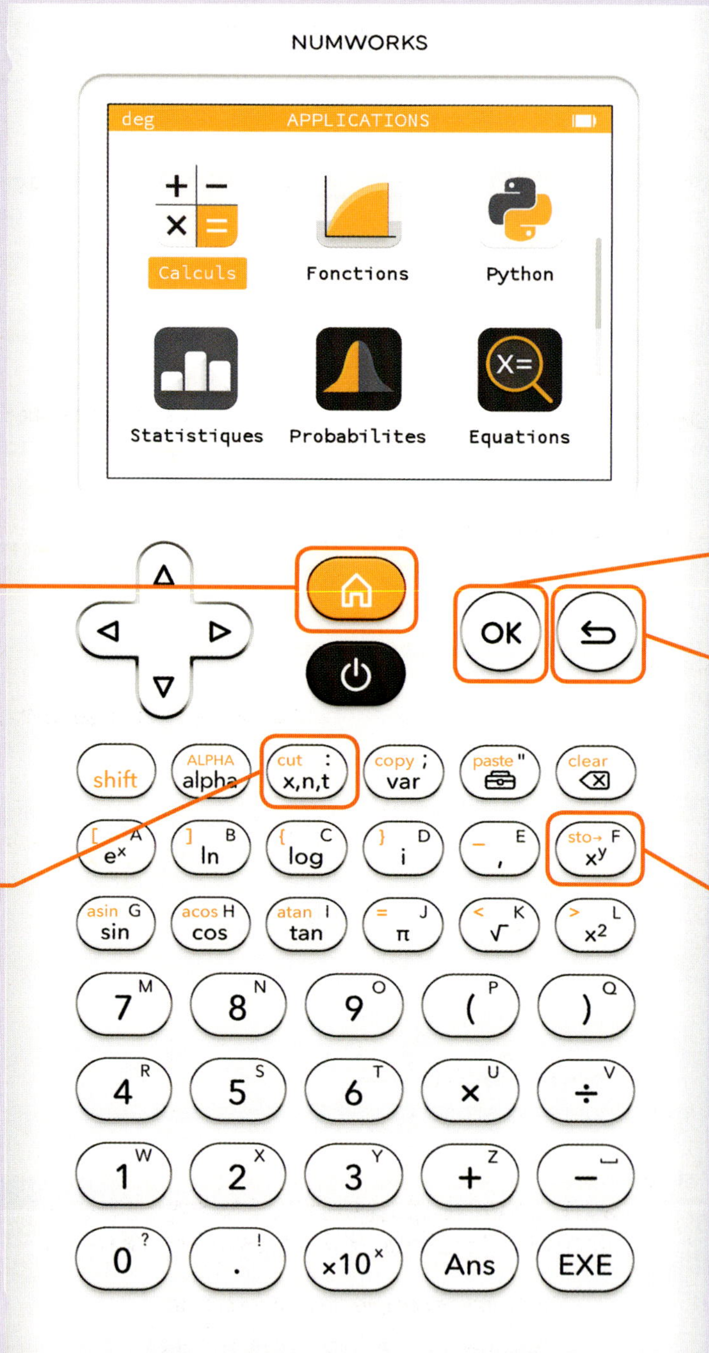

pour valider une instruction

pour revenir au menu ou à l'instruction précédente

pour élever à une puissance, exemple 2^3

J'étudie une fonction

On traite l'exemple de la fonction f définie par :

$$f(x) = -0{,}25x^2 - x + 1 \text{ sur } [-6\,;3]$$

1. Saisir l'expression de f dans :

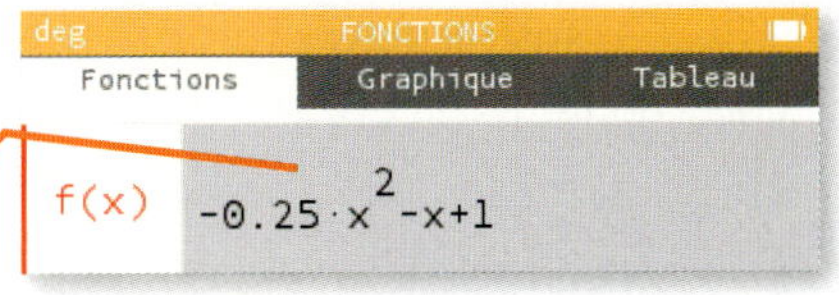

x est obtenu par x, n, t,

2. Dresser le tableau de valeurs de f : **Afficher les valeurs** OK

a. Définir les paramètres de tabulation : **Régler l'intervalle**

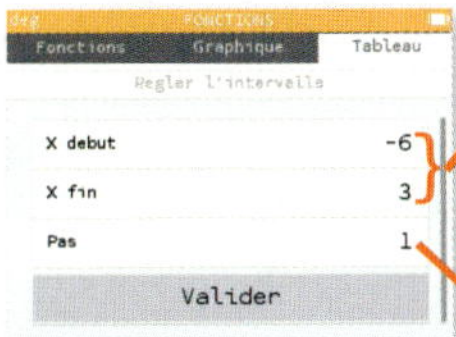

début et fin de l'intervalle d'étude

pas de la tabulation

b. Afficher le tableau de valeurs :

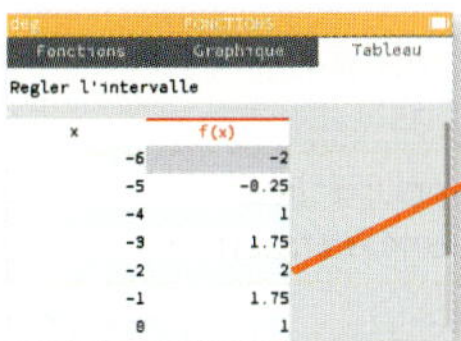

on se déplace avec les flèches

3. Tracer $\mathscr{C}_f$ et se déplacer sur $\mathscr{C}_f$: **Tracer le graphique** OK

a. Définir la fenêtre d'affichage : **Axes**

x compris entre –6 et 3

(Oy) réglé de façon automatique

b. Tracer $\mathscr{C}_f$ et se déplacer sur $\mathscr{C}$:

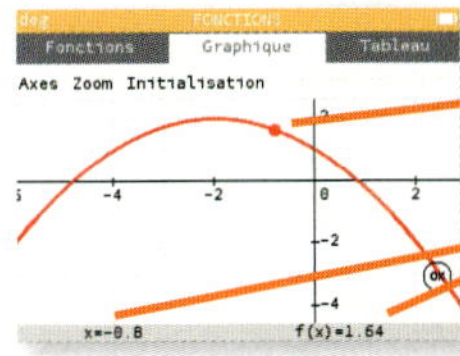

on déplace le point avec les flèches

on lit ses coordonnées

4. Utiliser le solveur graphique

a. Le sélectionner : OK

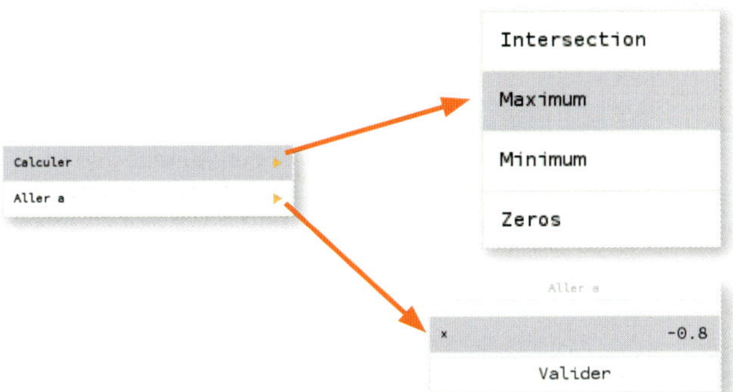

b. Choisir l'instruction souhaitée et lire la solution :

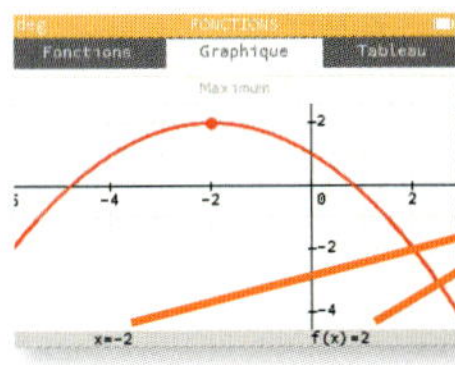

le maximum est 2, atteint en $x = -2$

J'étudie une série statistique

On traite l'exemple de la série suivante.

Valeurs x_i	3	5	8	10	13
Effectifs n_i	26	34	20	12	8

1. Entrer la série : menu

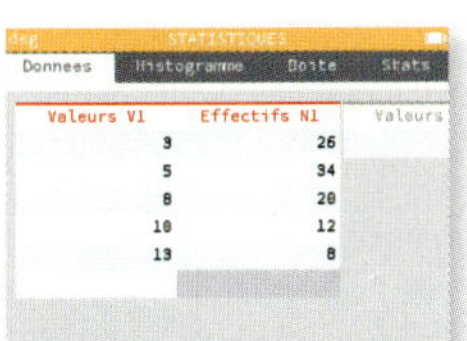

2. Calculer les paramètres statistiques : **Stats**

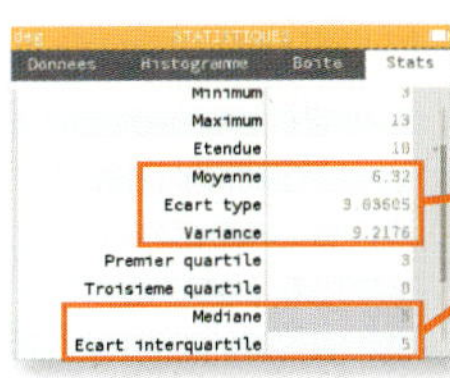

On lit les paramètres de la série

Tableau récapitulatif

Instructions	CASIO	TI	Python
Créer un nouveau programme	Mode programmation PRGM depuis le menu principal, puis NEW	Mode programmation PRGM, puis, menu Nouveau	On lance un éditeur, puis on enregistre le fichier avec l'extension .py

Entrées
Demander une valeur à l'utilisateur et la stocker dans la variable A
	Menu SHIFT VARS **[Prog]**
	COM CTL JUMP ? ◢ ▷
	On sélectionne ?
	Syntaxe : ? → A
	ou «A=»? → A
		Touche PRGM puis menu **E/S**, 1 :Input ou 2 :Prompt
		Syntaxe : Input "A=",A
		ou Input A
		ou Prompt A
			• si A est un entier
			`A=int(input(«Saisir A»))`
			• si A est un réel
			`A=float(input(«Saisir A»))`
			• si A est une chaîne de caractères
			`A=input(«Saisir A»)`

Affectation A ← 5	Touche → 5 → A	Touche STO▸ 5 → A	Symbole d'affectation = `A=5`
Sorties Afficher du texte et le contenu de la variable A	Menu SHIFT VARS **[Prog]** COM CTL JUMP ? ◢ ▷ On utilise ◢ «la valeur de A est»↵ A◢	Touche PRGM puis dans le menu **E/S**, 3 : Disp Disp «la valeur de A est» Disp A	On utilise la fonction `print(texte)` `print(«la valeur de A est»,A)`
Exprimer une condition (opérateurs de tests)	Menu SHIFT VARS **[Prog]** COM CTL JUMP ? ◢ ▷ puis ▷ et REL = ≠ > < ⩾ ⩽	2ND MATH **[test]** 1:= 2: ≠ 3: > 4 : ⩾	<, > <= (inférieur ou égal à) >= (supérieur ou égal à) == (égal à) != (différent de)
Structure conditionnelle **Si** *condition* **Alors** | *instructions si vrai* **[Sinon** | *instructions si faux*] **Fin Si** Le bloc ***Sinon*** est facultatif.	Menu **[Prog]** puis menu COM, If Then Else I-End **If** *condition* ↵ **Then** ↵ … **[Else** ↵ …] **IfEnd** ↵	PRGM puis, dans le menu CTL, 1 :If 2 :Then 3 :Else :**If** *condition* :**Then** : … [:**Else** ↵ : …] : **End**	L'indentation des blocs est symbolisée par ⭾. `if` *condition* **:** ⭾ *bloc si condition vraie* [`elif` *condition 2* **:** ⭾ *bloc alternatif 2*] [`else`**:** ⭾ *bloc sinon*]
Boucle *Pour* **Pour** K **allant de** 1 **à** 10 **Faire** : | *bloc d'instructions* **Fin Pour**	Menu **[Prog]**, COM puis ▷ For To Step Next **For** 1 → K **To** 10 ↵ … **Next** ↵	PRGM puis, dans le menu CTL, 4 :For(7 :End : **For**(K,1,10) : … : **End**	**L'indentation** marque le début et la fin du bloc. `for k in range(1,11):` ⭾ *bloc d'instructions*
Boucle *Tant que* **Tant que** *condition* **Faire** | *bloc d'instructions* **Fin Tant que**	Menu **[Prog]**, COM puis deux fois ▷ Whle WEnd Do Lp-W **While** *condition* ↵ … **WhileEnd** ↵	PRGM puis dans le menu CTL, 5 :While 7 :End : **While** *condition* ↵ : … : **End** ↵	**L'indentation** marque le début et la fin du bloc. `while condition :` ⭾ *bloc d'instructions*

`def` permet de construire une fonction.

```
def nomFonction(paramètres):
    #bloc d'instructions
    ...
    return ...
```

Les paramètres (ou *arguments*) sont des variables. Certaines fonctions n'admettent aucun paramètre.

`return` renvoie un contenu. Il n'est pas obligatoire.

importer une bibliothèque.

```
from math import sqrt # Importe la fonction racine carrée.
from random import * # Importe toutes les fonctions de random.
import pylab as pl # Définit un raccourci pour utiliser pylab.
```

Info

`help(fonction)` donne une documentation sur la fonction saisie.

Déclic 2de
Maths

Jean-Paul Beltramone

Frédéric Boure

Frédéric Léon

Claudine Merdy

Christophe Plas

Raphaël Tosetti

Conception et réalisation des vidéos

Geoffroy Laboudigue

hachette
ÉDUCATION

Les auteurs remercient Françoise Chaix-Tholozan, Odile Chazalviel, Sanders Herrada, Fabrice Perrin, Yann Tholozan pour la qualité et la pertinence de leur contribution.

Crédits photographiques

Plat 1 © Heydar Aliyev Centre by Zaha Hadid Architects. Photograph by Hufton+Crow. ; **Plat 3 : A.** © Francis Artigue ; **B.** © CC-BY-SA-3.0 via Wikimedia Commons ; **E.** © STDI ; **F.** © Stefan Zachow/CC-BY-SA-3.0 via Wikimedia Commons ; **I.** © Archives Charmet/Bridgeman Images ; **J.** © Leo Koenigsberger/CC-BY-SA-3.0 via Wikimedia Commons ; **M.** © Mandelbrot/Wikimedia ; **N.** © CC-BY-SA-3.0 via Wikimedia Com-mons ; Rabat intérieur arrière : C. © CC-BY-SA-3.0 via Wikimedia Commons ; D. © Mondadori Publishers/CC-BY-SA-3.0 via Wikimedia Commons ; **G.** © Nikolay Bogdanov-Belsky/CC-BY-SA-3.0 via Wikimedia Commons ; **H.** © CC-BY-SA-3.0 via Wikimedia Commons ; **K.** © Jean-Pierre Petit ; **L.** © Ben Barnhart ; **O.** © DR ; **P.** © Gunther~commonswiki/CC-BY-SA-3.0 via Wikimedia Commons ; **Rabat extérieur arrière : Q.** © Zeeshan313b/CC-BY-SA-3.0 via Wikimedia Commons ; **R.** © Rev. J. Silas Evans/CC-BY-SA-3.0 via Wikimedia Commons ; **S.** © DR ; **T.** © www-history.mcs.st-andrews.ac.uk/ ; **U.** © www.math.kth.se ; **V.** © Patrick Imbert/Collège de France ; **W.** © Klaus Barner/CC-BY-SA-3.0 via Wikimedia Commons ; **X.** © Gottlieb Friedrich Riedel ; **Y.** © Mathematical Association of America/Wikimedia ; **Z.** © CC-BY-SA-3.0 via Wikimedia Commons ; **6-7** © DeAgostini/Akg-images ; **8** © photo Courtesy Terence Tao ; **9** © Thomas Hobbes, Quadratura circuli, 1669. ; **10** © Basheera Designs/Shutterstock ; **14** © Christoff Rudolff, Die Coss, 1553. ; **19** © Zdenek Sasek/Shutterstock ; **25** © Martin Gardner ; **29** © Christoff Rudolff, Die Coss, 1553. ; **31** © Bill Casselman ; **33** © Sam Loyd, The Cyclopedia of puzzles, 1914 ; **36-37** © Alain Riaruelo/IAP-CNRS ; **39** © « Joos van Wassenhove-licence CC by sa » ; **44** © SocialButterflyMMG/Pixabay ; **47** © Zdenek Sasek/Shutterstock ; **53** © "Mallowtek-licence CC by sa " ; **54** © CC-BY-SA-3.0 via Wikimedia Commons ; **56** © CC-BY-SA-3.0 via Wikimedia Commons ; **58** © DR ; **60** © "François de Poilly-licence CC by sa " ; **61** © CC-BY-SA-3.0 via Wikimedia Commons ; **64-65** © J. Barande/Ecole Polytechnique ; **66** © JB Ramos/Shutterstock ; **67** © CC-BY-SA-3.0 via Wikimedia Commons ; **77** © Zdenek Sasek/Shutterstock ; **85** © Andrey_Popov ; **88** © Diophante/CC-BY-SA-3.0 via Wikimedia Commons ; **94** © Agefotostock ; **98-99** © S-F/Shutterstock ; **101** © Hulton Archive/Gettyimages ; **109** © Zdenek Sa-sek/Shutterstock ; **116** © Nasa ; **116** © Pic-Cartoonbase/Photononstop ; **117** © ADV OLIN ; **123** © BnF ; **125** © mrganso/Pixabay ; **126-127** © Richard Semik/Shutterstock-Fosters and Partners ; **139** © Zdenek Sasek/Shutterstock ; **152** © Ros Roberts/Gettyimages ; **157** © Tatiana Po-pova/Shutterstock ; **160-161** © Alvov/Shutterstock ; **162** © Google Earth ; **169** © Zdenek Sasek/Shutterstock ; **181** © tratong/ShutterStock ; **186-187** © totajla/ShutterStock ; **188** © Descartes/Wikisource ; **189** © Alain Le Bot/Photononstop ; **197** © Zdenek Sasek/Shutterstock ; **205** © Xavier Richer/Photononstop, © Adagp, Paris, 2019 ; **207** © Rasulov ; **209** © Fabien Monteil ; **216-217** © Mircea Iancu/Pexels ; **218** © Jakob Emanuel Handmann- licence CC by sa ; **229** © Zdenek Sasek/Shutterstock ; **237** © Bibhash Banerjee/Pexels ; **238** © Association AAHDE ; **239** © NASA Goddard Space Flight Center/flickr ; **246-247** © Mimadeo/Shutterstock ; **248** © Pexels/Pixabay ; **257** © Zdenek Sasek/Shutterstock ; **265 g.** © Gilles Role/REA ; **265 d.** © Pexels ; **268** © Syda Productions/Shutterstock ; **269** © DR ; **274-275** © Roberto Caucino/Shutterstock ; **281** © maxpixel ; **283** © Jean-Marc Favre-WOOlOOmooLoo/Shutterstock ; **285** © Zdenek Sasek/Shutterstock ; **295** © CC-BY-SA-3.0 via Wikimedia Commons ; **302-303** © Alexander Gerst/Flickr ; **304** © Agence Meurisse/CC-BY-SA-3.0 via Wikimedia Commons ; **307** © Delmi Alva-rez/ZUMA/REA ; **309** © tlegend/Shutterstock ; **311** © katielittle/Shutterstock ; **312** © Bryan Schneider/Pexels ; **313** © Flickr/Pexels ; **315** © Zdenek Sasek/Shutterstock ; **318** © Valeria Boltneva/Pexels ; **320** © Raphaël Tosetti ; **321** © Sergiy Palamarchuk/Shutterstock ; **322 h.** © stock_shot/Shutterstock ; **322 b.** © Voicu Oara/Pexels ; **323** © Bettmann/Getty ; **326** © Joseph-Arnold Demannez/CC-BY-SA-3.0 via Wikimedia Commons ; **328** © Laying floortiles/Shutterstock ; **332** © FEP/Panoramic ; **333** © Planet Observer/UIG/Agefotostock ; **334-335** © Joseph Sohm/Shutterstock ; **335 d.** © George3973/Shutterstock ; **336 h.** © Undorik/Shutterstock ; **336 b.** © franz12/Shutterstock ; **345** © Zdenek Sasek/Shutterstock ; **349** © timquo/Shutterstock ; **352** © Picsfive/Shutterstock ; **358** © severija/Shutterstock ; **362-363** © LP2 Studio ; **366** © Pixabay/Pexels ; **371** © Zdenek Sasek/Shutterstock ; **377** © Alex_Alekseev/Shutterstock ; **378** © Studio Morellet/ADAGP, Paris, 2019. ; **379** © Alexey Stiop/Shutterstock ; **838-383** © Rawpixel ; **384** © Daniel Stroud-licence CC by sa ; **386** © CC-BY-SA-3.0 via Wikimedia Commons ; **395** © www.wooden-blocks.co.uk

Édition : Garance Abadie et Corinne Lafont
Relecture orthographique et typographique : Florence Renout
Couverture et rabats avant : Gabriel Rebufello
Maquette intérieure : ADN
Mise en page : STDI
Schémas : STDI (sauf p. 146 Gabriel Rebufello)
Illustrations : Ysope
Recherches iconographiques : Brigitte Hammond
Fabrication : Miren Zapirain

www.hachette-education.com
ISBN 978-2-0139-5471-6

avant-propos

Fidèle à son image, la collection « **Déclic** » souhaite avec ce manuel de Seconde permettre aux élèves et à leurs professeurs de bénéficier d'un instrument de travail accessible, agréable à utiliser, qui donne des mathématiques un panorama le plus large et le plus motivant possible dans le respect strict des programmes officiels.

L'activité mathématique est le fil conducteur de cet ouvrage, à travers la résolution de problèmes, l'acquisition de méthodes, le travail du raisonnement, l'exercice des automatismes, l'approche algorithmique…

Un soin tout particulier a été porté à certains aspects mis en évidence dans le rapport « 21 mesures pour l'enseignement des mathématiques », synthèse des travaux de la commission pilotée par Cédric Villani et Charles Torossian.

Le **cours** a été conçu avec le souci de clarté, de la rigueur et de l'accessibilité, éclairé de nombreux exemples.

La **place de la preuve**, réaffirmée, est confortée par de nombreuses démonstrations dans le cours, dans les exercices, mais aussi par une page dédiée dans chaque chapitre, qui a pour vocation d'accompagner les élèves dans la démarche déductive au travers de ses différentes étapes.

Le **travail du calcul et des automatismes** est abordé de façon systématique, dans les activités et exercices proposés, mais aussi avec une page dédiée dans chaque chapitre, destinée à exercer la pratique régulière des automatismes et leur réinvestissement fréquent.

L'**exploitation des outils numériques** est présente dans l'ensemble du manuel et bénéficie dans chaque chapitre d'une page de travaux pratiques « Utiliser les outils numériques ».

La **démarche algorithmique** est également mobilisée de façon très régulière, chaque chapitre proposant également une page de travaux pratiques dédiée.

Outre la frise historique et l'abécédaire proposés dans le manuel, **l'histoire des mathématiques** est abordée de façon très régulière, afin de permette aux élèves de replacer les notions travaillées dans leur contexte historique et de comprendre leur évolution.

Les rubriques habituelles à la collection sont par ailleurs largement maintenues, dans l'objectif de permettre aux élèves de mener des **travaux de recherche**, mais aussi de **s'autoévaluer**, de trouver dans leur manuel des ressources détaillées concernant méthodes et démarches, de disposer de bilans de positionnement, de réfléchir à l'approche orale pour présenter certains résultats… L'exercice de **l'autonomie des élève**s est également régulièrement mobilisé, avec des rubriques « méthodes », des pages de synthèse de cours, des aides méthodologiques…

Les auteurs souhaitent que le manuel qu'ils ont conçu soit un outil efficace et motivant pour les élèves et leurs professeurs, leur permettant d'apprécier tout au long de l'année scolaire la richesse et la variété de l'activité mathématique.

Les auteurs

Sommaire

TP Pratiquer l'algorithmique et programmer

PYTHON

Les pictogrammes

LOGICIEL GÉOMÉTRIE *Logiciel géométrique nécessaire*

TABLEUR *Feuille de calcul sur tableur nécessaire*

PYTHON *Exercice avec programmation Python*

PYTHON *Exercice avec rédaction d'un programme python*

ALGO *Exercice avec programmation algorithmique*

ALGO *Exercice avec rédaction d'algorithme*

Exercice nécessitant l'ordinateur

Exercice nécessitant la calculatrice

Calculatrice non autorisée

1 *Exercice corrigé en fin de manuel*

Démo 1 *Exercice avec démonstration*

ACTIVITÉS MENTALES RAPIDES

Diaporama pour s'exercer

Exercices INTERACTIFS kwyk

Plateforme d'exercice Déclic

CHAPITRE

1 Nombres réels et inégalités

Les capacités du chapitre

- CAPACITÉ 1 Utiliser la droite des réels
- CAPACITÉ 2 Représenter un intervalle
- CAPACITÉ 3 Donner un encadrement d'un réel par des décimaux
- CAPACITÉ 4 Arrondir au nombre de chiffres significatifs adapté
- CAPACITÉ 5 Résoudre une inéquation du premier degré

Au fil du temps

Les nombres ont accompagné le développement de l'activité humaine depuis la plus haute Antiquité, sous la forme de fractions dans un premier temps (Sumériens et Égyptiens).
Cependant, très tôt, les mathématiciens de la Grèce antique ont su que les fractions ne suffiraient pas : l'irrationalité de $\sqrt{2}$ est connue d'Euclide (autour de 300 av. J.-C.).
La construction des nombres réels sera le fruit d'un long processus jusqu'au XIXe siècle, qui verra le développement de « l'analyse réelle ».

Des maths partout !

La tablette YBC7289 date du début de IIe millénaire av. J.-C. (vers 1 800 av. J.-C.).
C'est la plus ancienne pièce archéologique à contenu mathématique connue.
On y trouve une approximation des décimales de $\sqrt{2}$ … au cent-millième !

Tablette d'argile
Yale Babylonian Collection, n° 7289
(Taille réelle : diamètre ≈ 6cm)

Ressources du chapitre disponibles ici : www.lycee.hachette-education.com/declic/2de

Partir d'un bon pied

A Diaporama pour tester les bases

ACTIVITÉS MENTALES RAPIDES

B Des ensembles de nombres

1. Dans chaque cas, résoudre l'équation considérée, puis préciser la nature de la solution obtenue : entière, décimale, rationnelle ou non (plusieurs réponses sont possibles).

a. $2x+3=4$ **b.** $-5x+2=-13$

c. $4x+\sqrt{2}=0$ **d.** $7x+1=4x-6$

2. Préciser si les affirmations suivantes sont vraies ou fausses, en argumentant.

a. Tout nombre entier naturel est un nombre décimal.

b. Tout nombre entier relatif n'est pas rationnel.

c. Tout nombre décimal est un nombre rationnel.

C Des nombres en géométrie

1. a. Construire un triangle ABC rectangle en A tel que :

$$AB = 2\text{ cm} \text{ et } AC = 4\text{ cm}$$

b. Calculer la valeur exacte de la longueur BC.

c. Mesurer la longueur BC sur la figure. Cela confirme-t-il le résultat de la question **1. b.** ?

2. a. Reproduire en vraie grandeur la figure ci-dessous où $MN = 10$ cm, $MA = AB = BC = 2$ cm et les droites (AP) et (CN) sont parallèles.

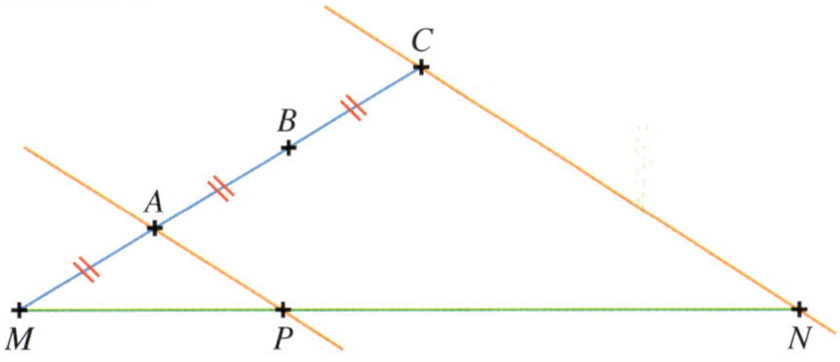

b. Quelle est la longueur exacte du segment $[MP]$? Vérifier sur la figure.

D Lire des abscisses sur une droite

On considère la droite graduée ci-dessous d'origine le point O.

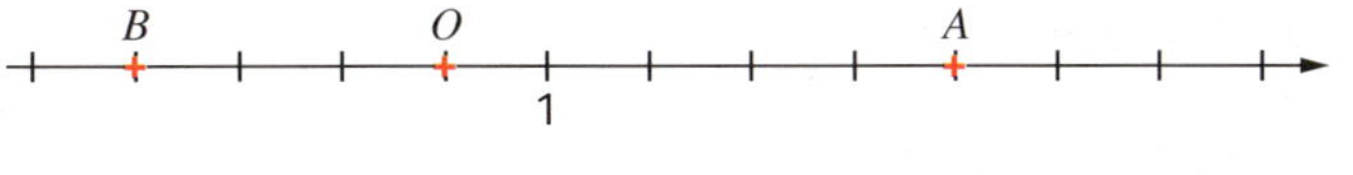

1. Quelle est l'abscisse du point A ? Et celle du point B ?

2. a. Reproduire la figure et placer les points C, D et E d'abscisses respectives 2 ; –1 et 7.

b. Préciser les distances AC, CD, BD et AB.

3. a. Quelle est la distance AE ? L'exprimer en fonction des abscisses des points A et E.

b. Quelle est la distance AB ? L'exprimer en fonction des abscisses des points A et B.

c. L'affirmation suivante est-elle vraie ?
« Si les points M et N sont d'abscisses respectives m et n, alors la distance MN est égale à $n-m$. »

Activités

1 Une conjecture d'Erdös

Objectif
Calculer avec des fractions.

Le mathématicien hongrois Paul Erdös (1913-1996) a émis la conjecture suivante : « Tout nombre rationnel de la forme $\frac{4}{n}$, avec n entier supérieur ou égal à 2, peut être écrit comme somme de trois fractions unitaires, c'est-à-dire qu'il existe trois entiers naturels non nuls x, y et z tels que :

$$\frac{4}{n}=\frac{1}{x}+\frac{1}{y}+\frac{1}{z}$$

On peut présenter les premiers triplets dans le tableau suivant (en rangeant les entiers x, y et z dans l'ordre croissant).

n	x	y	z	
2	1	2	2	$\frac{4}{2}=\frac{1}{1}+\frac{1}{2}+\frac{1}{2}$
3	2	2	3	$\frac{4}{3}=\frac{1}{2}+\frac{1}{2}+\frac{1}{3}$
4	2	4	4	$\frac{4}{4}=\frac{1}{2}+\frac{1}{4}+\frac{1}{4}$

1985, Paul Erdös avec Terence Tao, alors âgé de 10 ans. En 2006, Terence Tao reçoit la médaille Fields.

Info
La conjecture de Paul Erdös n'est toujours pas démontrée en 2019. S'il existe un nombre entier n pour lequel elle n'est pas vraie, on sait que n s'écrit avec plus de 14 chiffres…

1 Trouver deux autres triplets $(x\,;y\,;z)$ pour $n=3$ et un autre pour $n=4$.

2 Poursuivre et compléter le tableau jusqu'à $n=12$. On pourra au choix tester différents triplets $(x\,;y\,;z)$ et donner la valeur de n associée ou se donner une valeur de n et chercher des triplets associés.

2 Réel ou décimal ?

Objectif
Découvrir la différence entre nombre réel et nombre décimal.
Rappel sur la partie entière, la partie décimale.
Travailler des inégalités larges ou strictes.

Les tableurs possèdent une fonction ALEA() qui donne au « hasard » un nombre « réel » compris entre 0 (inclus) et 1 (exclu) et une fonction ENT qui renvoie la partie entière d'un nombre.

1 Le nombre obtenu à l'aide de la fonction ALEA() est issu d'un algorithme, ce n'est donc pas un « vrai » hasard. Ce nombre peut-il être n'importe quel réel compris entre 0 (inclus) et 1 (exclu) ?

2 Soit A le nombre donné par la fonction ALEA().

a. Parmi les inégalités suivantes, quelle est celle qui caractérise A ?

$0<A<1$ $\quad 0\leqslant A<1$ $\quad 0<A\leqslant 1$ $\quad 0\leqslant A\leqslant 1$

b. Énumérer les six parties entières possibles des décimaux obtenus en calculant $6\times A$.

c. Justifier que la formule de tableur ENT(6*ALEA()) + 1 permet de simuler un lancer de dé à 6 faces.

d. Stéphanie a mal recopié la formule, elle a tapé : ENT(ALEA()* 6 + 1). Cette autre formule est-elle équivalente à la précédente ?

3 Supposons que le tableur calcule avec des nombres de 15 décimales.

a. Si on compte en base 10 (c'est-à-dire en utilisant les chiffres de 0 à 9), déterminer le nombre d'éléments de l'ensemble $\mathscr{E}$ qui représente les nombres de décimaux compris entre 0 (inclus) et 1 (exclu).

b. Si on compte en base 2 (c'est-à-dire en utilisant uniquement les chiffres 0 et 1), déterminer le nombre d'éléments de l'ensemble $\mathscr{F}$ des nombres de décimaux compris entre 0 (inclus) et 1 (exclu).

c. Pour chacun de ces deux ensembles, calculer la probabilité que le nombre aléatoire soit égal à 0.

3 Quadrature du cercle

Objectif
Découvrir la nature d'un nombre.
Calculer en utilisant des fractions et des racines carrées.

Dans son opuscule *Quadratura circuli, cubatio sphaerae, dupplicatio cubi, una cum responsione ad objectiones geometriae*, édité en 1669, le philosophe Thomas Hobbes affirme :

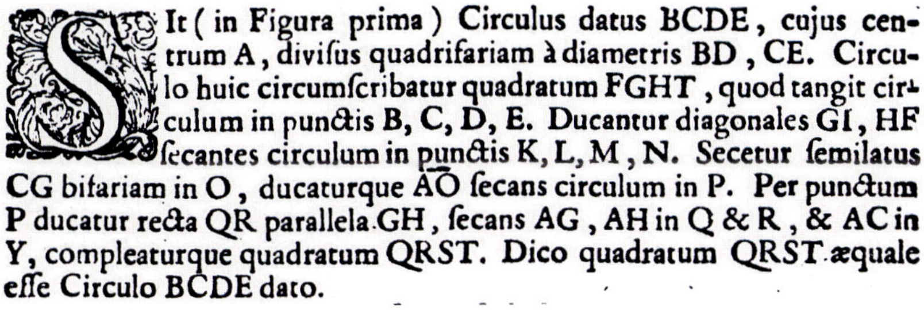
Sit (in Figura prima) Circulus datus BCDE, cujus centrum A, divisus quadrifariam à diametris BD, CE. Circulo huic circumscribatur quadratum FGHT, quod tangit circulum in punctis B, C, D, E. Ducantur diagonales GI, HF secantes circulum in punctis K, L, M, N. Secetur semilatus CG bifariam in O, ducaturque AO secans circulum in P. Per punctum P ducatur recta QR parallela GH, secans AG, AH in Q & R, & AC in Y, compleaturque quadratum QRST. Dico quadratum QRST æquale esse Circulo BCDE dato.

« … que l'aire du carré $QRST$ est égale à celle du cercle $BCDE$. »

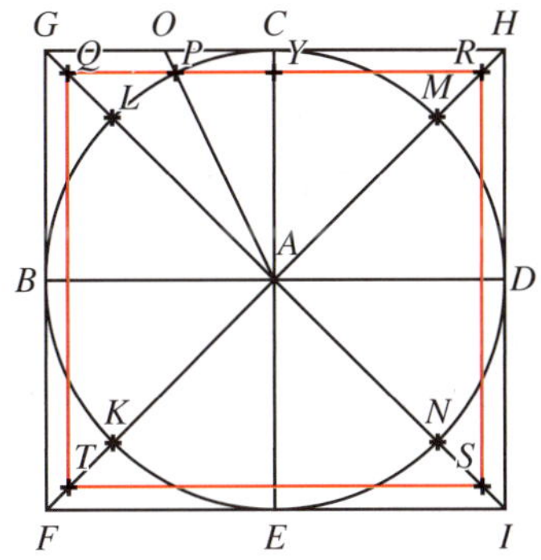

La figure ci-contre reproduit celle présentée au début de l'ouvrage.
$FGHI$ est un carré de côté 2, O est le milieu de $[GC]$ et la droite (QY) est parallèle à la droite (GC).

1 **a.** Calculer la valeur exacte du rapport $\frac{AP}{AO}$.
b. Les triangles AGC et AQY sont homothétiques. En déduire la valeur exacte de la longueur QY.
c. Calculer l'aire du carré $QRST$.

2 On suppose vraie l'affirmation de Hobbes.
Déduire des questions précédentes une expression de π sous forme d'un quotient, puis d'un décimal. Conclure.

Info
La « quadrature du cercle » est la recherche de la construction, à l'aide de la règle et du compas, d'un carré dont l'aire est égale à celle d'un disque. En 1882, Lindemann démontre que cette construction est impossible.

4 Marge d'erreur

Objectif
Utiliser un algorithme.
Découvrir la valeur absolue.
Utiliser les puissances de 10, comparer des décimaux.

Dans certaines disciplines scientifiques, les mesures expérimentales doivent être validées à l'aide d'un protocole.
Un de ces protocoles est expliqué par le logigramme ci-contre, dans lequel :
- s_r est un seuil correspondant à une marge d'erreur.
- les valeurs x_1, x_2 et x_3 sont des valeurs expérimentales.
- $|x_1 - x_2|$ est la **valeur absolue** de la différence entre x_1 et x_2 (c'est l'écart, la distance entre x_1 et x_2).
- le résultat est la valeur validée par le protocole.

Voici les données expérimentales de trois élèves.

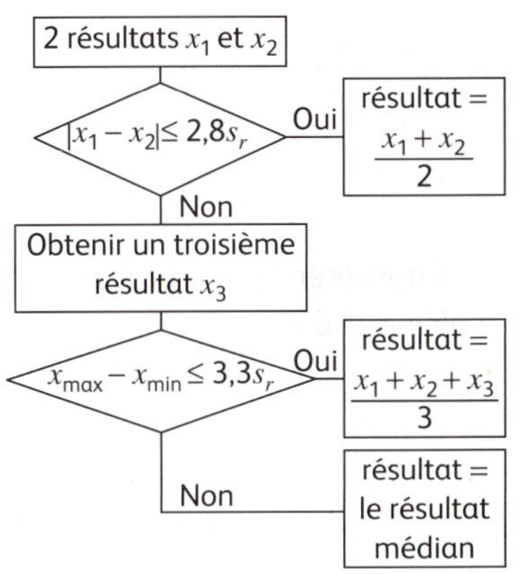

Élève	Seuil s_r	Valeur x_1	Valeur x_2	Valeur x_3 si besoin
Claude	0,32 mmol/L	0,051236 mol/L	0,051245 mol/L	
Raphaëlle	0,21 mmol/L	0,053036 mol/L	0,053683 mol/L	0,053438 mol/L
Aurélien	0,21 mmol/L	0,051981 mol/L	0,051236 mol/L	0,051225 mol/L

1 Déterminer, pour chaque élève, la valeur du résultat final.

2 Samia a obtenu, pour un seuil de 0,25 mmol/L, les valeurs :

$$x_1 = 0{,}05348 \text{ mol/L} \text{ et } x_2 = 0{,}0514 \text{ mol/L}$$

Doit-elle obtenir une troisième valeur ?

Cours

1 L'ensemble des réels

a Droite des réels

Notations Les nombres sont classés dans des ensembles en fonction de leurs propriétés.

- $\mathbb{N}$: l'ensemble des entiers naturels.
- $\mathbb{Z}$: l'ensemble des entiers relatifs.
- $\mathbb{D}$: l'ensemble des nombres décimaux.
- $\mathbb{Q}$: l'ensemble des nombres rationnels.
- $\mathbb{R}$: l'ensemble des nombres réels.

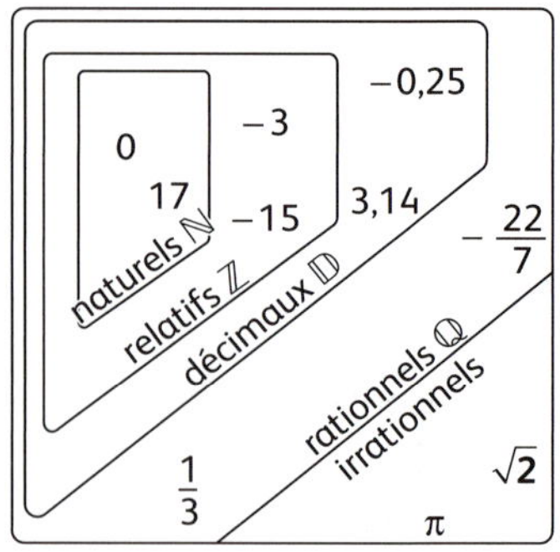

Commentaire

- Ces ensembles sont inclus les uns dans les autres. On écrit :

$$\mathbb{N} \subset \mathbb{Z} \subset \mathbb{D} \subset \mathbb{Q} \subset \mathbb{R}$$

- L'ensemble des réels est généralement représenté par une droite graduée : « la droite des réels ». À chaque point de cette droite est associé un unique réel représentant son abscisse et à chaque réel est associé un unique point de la droite.

Info
Le symbole $\in$ se lit « appartient à ».
Le symbole $\subset$ se lit « est inclus dans ».

b Intervalles

Définition Soient a et b deux nombres réels tels que $a < b$.

- **L'intervalle** $[a\,;b]$ est l'ensemble des réels x tels que $a \leqslant x \leqslant b$.

Il est représenté sur la droite des réels par un segment dont les extrémités sont les points d'abscisses a et b.

- **L'intervalle** $]a\,;+\infty[$ est l'ensemble des réels x tel que $x > a$.

Il est représenté sur la droite des réels par une demi-droite dont l'origine est le point d'abscisse a.

Commentaires

- On définit de la même façon les intervalles $]a\,;b]$, $]a\,;b[$, $[a\,;b[$, $[a\,;+\infty[$, $]-\infty\,;b]$ et $]-\infty\,;b[$.
- Les intervalles sont des parties de $\mathbb{R}$ « d'un seul tenant », « sans trou ».

Commentaires

- Le sens des crochets indique si x peut être égal à valeur de la borne.
- On peut se représenter les crochets comme une main qui contient la valeur et indique de quel côté elle se situe.

Cet intervalle est fermé en a et ouvert en b, il représente l'ensemble des réels x tels que $a \leqslant x < b$.

c Valeur absolue

Soient A et B deux points de la droite des réels d'abscisses respectives a et b. La **distance entre les réels a et b** est la distance AB, elle se calcule à l'aide de la fonction valeur absolue. On a $AB = |b-a|$.

Si M est un point quelconque d'abscisse x et si O est l'origine (c'est-à-dire le point d'abscisse 0), alors $OM = |x-0| = |x|$.

Définition Soit un nombre réel x et M le point d'abscisse x de la droite des réels. La **valeur absolue de** x, notée $|x|$, est égale à la distance OM.

- Si $x \geqslant 0$, alors $|x| = x$.
- Si $x < 0$, alors $|x| = -x$.

Remarque

Si r est un réel strictement positif, alors pour tout réel x :

$$|x-a| \leqslant r \text{ signifie que } a-r \leqslant x \leqslant a+r.$$

La distance entre le point M d'abscisse x et le point A d'abscisse a est inférieure ou égale à r.

Exemple

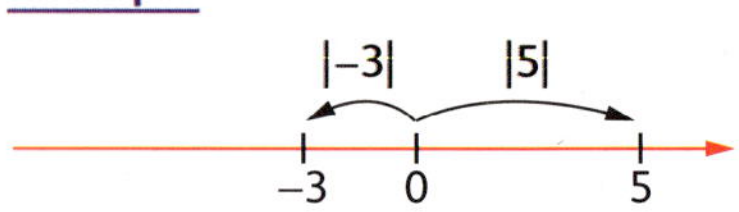

$|-3| = 3$ et $|5| = 5$

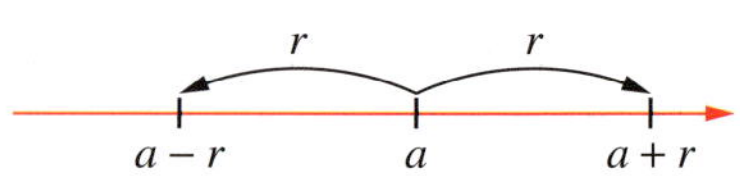

Méthode

VIDÉOS
Capacités 1, 2

CAPACITÉ 1 Utiliser la droite des réels
CAPACITÉ 2 Représenter un intervalle

Énoncé

1. Avec la précision permise par l'axe suivant, placer les points d'abscisses :

$$2{,}34\ ;\ 2{,}158\ ;\ 2{,}7\ ;\ \frac{13}{5}\ ;\ \frac{127}{51} \text{ et } 1{,}5\sqrt{2}$$

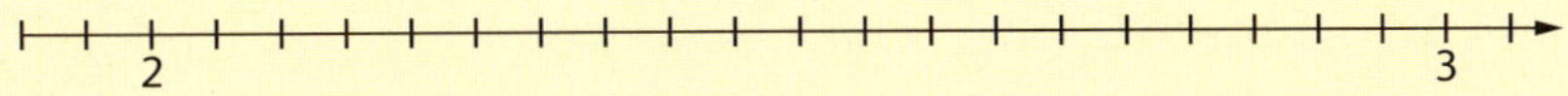

2. Représenter les intervalles suivants sur la droite des réels.

a. $I=[-2;6]$ **b.** $J=[4;+\infty[$ **c.** $K=]-\infty;5[$

3. Représenter les inégalités suivantes sous forme d'intervalles sur la droite des réels.

a. $x \geqslant 8$ **b.** $-2<x<11$ **c.** $4>x$

4. Représenter sur un axe les inégalités suivantes.

a. $|x-3|<1$ **b.** $|x+4|<0{,}2$ **c.** $|x-5| \leqslant 10^{-2}$

Solution

1. La calculatrice donne des valeurs approchées, attention à comparer correctement les parties décimales :

$$2{,}34>2{,}158 \text{ car } 2{,}34=2{,}340$$

De plus $\frac{13}{5}=2{,}6$; $\frac{127}{51} \approx 2{,}49$ et $1{,}5\sqrt{2} \approx 2{,}12$.

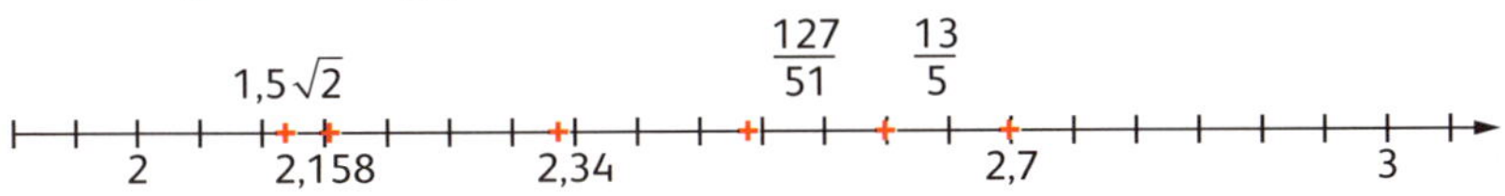

Pour les exercices suivants, la partie colorée en rouge correspond aux solutions.

2. a.

b.

c.

Pour J et K : l'infini n'est pas un réel, il n'y a pas de crochet dessiné.

3. a.

b.

c.

Rappel : l'intérieur du crochet indique de quel côté le nombre est situé.

4. a.
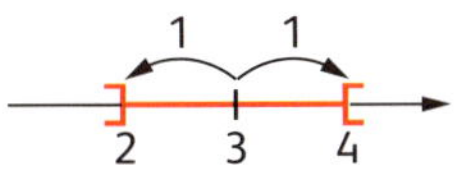

b.
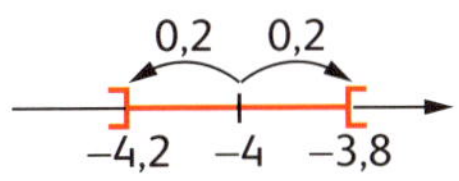

c.
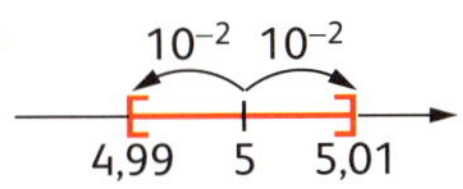

Pour **b.** revenir à la définition du cours : $|x+4|=|x-(-4)|$.
Pour **c.**, l'inégalité est large.

> **Point méthode**
> **1.** Le plus important est de comparer les nombres de façon visuelle, il arrive que parfois l'échelle ne soit pas respectée.

> **Point méthode**
> **1.** Pour **comparer des décimaux,** il est conseillé de compléter les parties décimales par des 0 afin qu'elles aient le même nombre de chiffres.

> **Point méthode**
> **4.** Pour les valeurs absolues, l'écriture sous la forme $x-a$ permet de centrer correctement l'intervalle sur a.

J'applique

1 Représenter les intervalles suivants sur la droite des réels.

1. $I=]-\infty;\pi[$ **2.** $J=\left[\sqrt{2};\sqrt{3}\right[$ **3.** $K=]-\infty;+\infty[$

2 Déterminer le centre de chaque intervalle, puis l'interpréter comme une inégalité avec une valeur absolue.

a.

b.

c.

3 Représenter chacun des intervalles I et J sur le même axe.
Déterminer l'ensemble des réels appartenant à la fois à I et à J puis l'ensemble des réels appartenant à I ou à J.

a. $I=[2{,}5;7{,}5]$ et $J=[5;10]$
b. $I=]1{,}41;1{,}732[$ et $J=\left[\sqrt{2};\sqrt{3}\right]$
c. $I=]3{,}14;\pi]$ et $J=]\pi;3{,}142]$

Cours

2 Ensembles $\mathbb{D}$ et $\mathbb{Q}$

a Les décimaux

Définition d est un **nombre décimal** s'il existe un entier relatif a et un entier naturel n tel que $d = \dfrac{a}{10^n}$.

Remarque

Tous les nombres écrits sous forme de fraction ne sont pas décimaux !

Démo

Démonstration : $\dfrac{1}{3}$ n'est pas décimal

On raisonne par l'absurde en supposant que $\dfrac{1}{3}$ est un nombre décimal.

Dans ce cas, il existe un entier relatif a et un entier naturel n tel que $\dfrac{1}{3} = \dfrac{a}{10^n}$.

Alors $a = \dfrac{10^n}{3}$. Or une puissance de 10 n'est jamais divisible par 3 : la fraction $\dfrac{10^n}{3}$ n'est pas entière. Ainsi, le nombre a ne serait pas entier, ce qui contredit l'hypothèse ! On en déduit que $\dfrac{1}{3}$ n'est pas un nombre décimal.

Propriété Un nombre décimal admet une partie décimale qui peut s'écrire avec un nombre fini de chiffres.

Propriété Pour tout réel x et tout entier naturel n, il existe un nombre décimal d tel que $|x-d| \leqslant \dfrac{1}{10^n}$.
d est alors appelé **valeur approchée** de x à 10^{-n} près.

Commentaire

Pour x fixé, le nombre d n'est pas unique (il en existe même une infinité). Souvent, lorsqu'on cherche une valeur approchée de x à 10^{-n} près, on choisit un décimal avec une partie décimale s'écrivant avec n chiffres.

Rappels

$10^0 = 1$; $10^1 = 10$

Exemples

- 1,25 peut s'écrire $\dfrac{125}{100}$. C'est donc un nombre décimal.
- −98 peut s'écrire $-\dfrac{98}{10^0}$. C'est donc un nombre décimal.

Rappel

Un entier est un multiple de 3 si la somme de ses chiffres est égale à un multiple de 3.
Et la somme des chiffres de 10^n vaut toujours… 1.

Exemples

Un encadrement de π à 10^{-3} près est :

$$3{,}141 \leqslant \pi \leqslant 3{,}142$$

Un encadrement de $-\dfrac{1}{7}$ à 10^{-2} près est :

$$-0{,}15 \leqslant -\frac{1}{7} \leqslant -0{,}14$$

b Les rationnels

Définition Un nombre q est **rationnel** s'il existe deux entiers relatifs a et b avec $b \neq 0$, tels que $q = \dfrac{a}{b}$.

Remarque

Tous les nombres réels ne sont pas des rationnels !

Démo

Démonstration : $\sqrt{2}$ n'est pas rationnel

On raisonne par l'absurde en supposant qu'on peut écrire $\sqrt{2} = \dfrac{a}{b}$ sous forme irréductible. Alors $\left(\sqrt{2}\right)^2 = \left(\dfrac{a}{b}\right)^2$, soit $2 = \dfrac{a^2}{b^2}$. Donc $a^2 = 2b^2$.

Puisque ces nombres entiers sont égaux, ils ont le même chiffre des unités. À l'aide des deux tableaux ci-contre, on déduit qu'il est donc ***nécessaire*** que le chiffre des unités de a^2 et de 2 b^2 soit égal 0.

- Le chiffre des unités de a^2 étant 0, celui de a est aussi 0 ; a est donc un multiple de 10.
- Le chiffre des unités de $2b^2$ étant 0, celui de b est 0 ou 5 ; b est donc un multiple de 5.

Donc la fraction $\dfrac{a}{b}$ peut être simplifiée par 5 ; elle n'est pas irréductible, ce qui contredit l'hypothèse ! On en déduit que $\sqrt{2}$ n'est pas rationnel.

Commentaire

Les entiers et les nombres décimaux sont des rationnels !
Par exemple, 12 peut s'écrire $\dfrac{12}{1}$; 37,5 peut s'écrire $\dfrac{375}{10}$ ou encore $\dfrac{75}{2}$.

Rappel

$$\left(\frac{a}{b}\right)^2 = \frac{a^2}{b^2}$$

Chiffre des unités de			
a	a^2	b	$2b^2$
0	0	0	0
1	1	1	2
2	4	2	8
3	9	3	8
4	6	4	2
5	5	5	0
6	6	6	2
7	9	7	8
8	4	8	8
9	1	9	2

méthode

VIDÉO Capacité 3

CAPACITÉ 3 Donner un encadrement d'un réel par des décimaux

Énoncé On considère la fonction f définie sur $\mathbb{R}$ par :

$$f(x)=x^2-8x+1$$

1. Calculer l'image de $\frac{1}{3}$ par f. En donner un encadrement à 0,01 près à l'aide de la calculatrice.

2. Même question pour l'image de $-\sqrt{2}$ par f.

3. Calculer $f(10^6)$ à l'aide de la calculatrice. En donner une valeur approchée à 10^6 près.

Solution

1. On a $f\left(\frac{1}{3}\right)=\left(\frac{1}{3}\right)^2-8\times\frac{1}{3}+1=\frac{1}{9}-\frac{8}{3}+1$.

On met au même dénominateur et on réduit : $f\left(\frac{1}{3}\right)=\frac{1}{9}-\frac{8\times3}{3\times3}+\frac{9}{9}$.

Donc $f\left(\frac{1}{3}\right)=-\frac{14}{9}$.

On obtient le résultat ci-contre à la calculatrice.

Casio

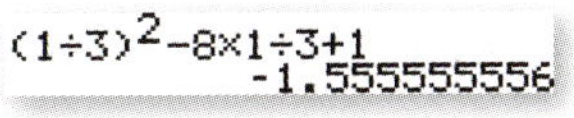

En s'aidant de la droite réelle ci-contre, on obtient :

$$-1{,}56\leqslant f\left(\frac{1}{3}\right)\leqslant-1{,}55$$

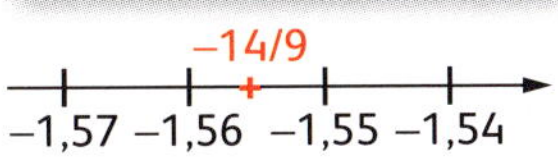

2. On a $f(-\sqrt{2})=(-\sqrt{2})^2-8\times(-\sqrt{2})+1=2+8\sqrt{2}+1$.

Donc $f(-\sqrt{2})=3+8\sqrt{2}$.

On obtient le résultat ci-contre à la calculatrice, ce qui permet de vérifier le résultat obtenu.

NumWorks

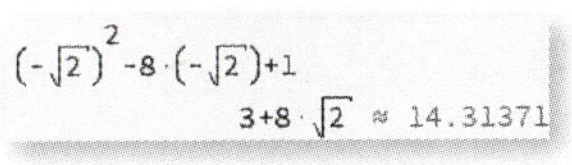

En visualisant la droite des réels, on obtient :

$$14{,}31\leqslant f(-\sqrt{2})\leqslant 14{,}32$$

3. On obtient la capture d'écran ci-contre. Cela signifie que :

$$f(10^6)\approx 9{,}99992\times10^{11}$$

TI

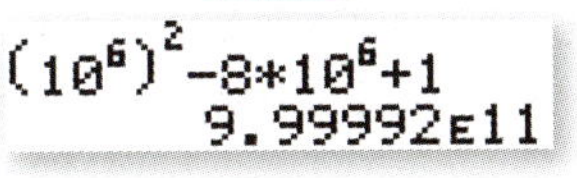

En utilisant le tableau des puissances de 10, on obtient :

	10^{11}	10^{10}	10^9	10^8	10^7	10^6	10^5	10^4	...
$f(10^6)\approx$	9	9	9	9	9	2	0	0	...

Ainsi à 10^6 près, $f(10^6)\approx 999\,992\,000\,000$.

On peut calculer la valeur exacte « à la main » :

$$f(10^6)=(10^6)^2-8\times10^6+1=10^{12}-8\times10^6+1$$

Ainsi $f(10^6)=999\,992\,000\,001$, ce qui est cohérent avec la valeur approchée.

Point méthode

1. 2. 3. Pour calculer l'image d'un nombre réel a par une fonction f, on remplace x par a dans l'expression $f(x)$.

Point méthode

1. 2. Donner un encadrement d'un nombre x à 0,01 près signifie déterminer des nombres a et b tels que $a\leqslant x\leqslant b$ et tels que la distance entre a et b est inférieure ou égale à 0,01.

J'applique

4 On considère le triangle rectangle ABC ci-contre.

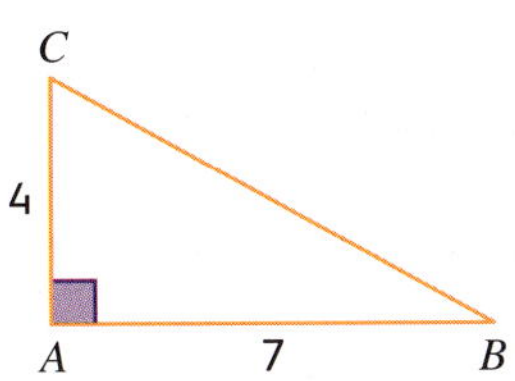

1. Calculer la longueur exacte de l'hypoténuse du triangle rectangle.

En donner un encadrement à 10^{-3} près.

2. Déterminer les valeurs arrondies des angles $\widehat{ABC}$ et $\widehat{ACB}$ à 1° près.

5 Dans chaque cas, déterminer un encadrement à 10^{-2}, puis à 10^{-3} près du nombre considéré.

1. $A=\sqrt{3}-\sqrt{2}$

2. $B=\frac{1}{7}\times\frac{8}{9}-3$

3. $C=\frac{4}{5}-\left(\frac{2}{3}\right)^2+1$

4. $D=\pi+1$

5. $E=\pi-4$

6. $F=\frac{\sqrt{2}}{2}$

7. $G=\frac{\pi}{3}$

8. $H=-1{,}50321$

Cours

3 Règles de calcul

a Puissances entières relatives

Définition Soit a un nombre réel et n un entier.

Si $n=0$ et $a\neq 0$, alors $a^n=1$; si $n=1$, alors $a^1=a$.

Pour $n\geqslant 2$, $a^n=\underbrace{a\times a\times \ldots \times a}_{n \text{ facteurs}}$.

Pour $n\geqslant 1$ et $a\neq 0$, $a^{-n}=\dfrac{1}{a^n}$.

Rappels

$10^0=1$

$10^1=10$

Règles de calcul a et b sont des réels non nuls, n et p deux entiers relatifs.

$$a^n\times a^p=a^{n+p}\ ;\ a^{-n}=\frac{1}{a^n}\ ;\ \frac{a^n}{a^p}=a^{n-p}\ ;\ \left(a^n\right)^p=a^{n\times p}$$

$$(a\times b)^n=a^n\times b^n\ ;\ \left(\frac{a}{b}\right)^n=\frac{a^n}{b^n}$$

Exemples

- $3^{12}\times 3^{-10}=3^{12-10}=3^2=9$
- $\dfrac{(-5)^7}{(-5)^4}=(-5)^{7-4}=(-5)^3=-125$
- $\left(2^3\right)^4=2^{3\times 4}=2^{12}=4096$
- $(2{,}5)^3\times 4^3=(2{,}5\times 4)^3=10^3=1000$

b Racines carrées

Règles de calcul Soient a et b deux réels positifs.

$$\sqrt{a\times b}=\sqrt{a}\times\sqrt{b} \text{ et si } b\neq 0 : \sqrt{\frac{a}{b}}=\frac{\sqrt{a}}{\sqrt{b}}$$

Exemples

- $\sqrt{12}=\sqrt{4\times 3}=\sqrt{4}\times\sqrt{3}=2\sqrt{3}$
- $\dfrac{\sqrt{6}}{\sqrt{3}}=\sqrt{\dfrac{6}{3}}=\sqrt{2}$

Démo

Démonstration de $\sqrt{a\times b}=\sqrt{a}\times\sqrt{b}$

Étape 1 : On démontre d'abord que pour tous réels strictement positifs p et q : $p^2=q^2 \Leftrightarrow p=q$.

$$p^2=q^2 \Leftrightarrow p^2-q^2=(p-q)(p+q)=0 \Leftrightarrow p-q=0 \text{ ou } p+q=0$$

Or $p+q=0$ implique $p=-q$, ce qui est impossible car p et q sont strictement positifs.

Ainsi, pour p et q strictement positifs : $p^2=q^2 \Leftrightarrow p-q=0$, c'est-à-dire $p=q$.

Conclusion : si p et q sont deux réels strictement positifs, $p^2=q^2 \Leftrightarrow p=q$.

Étape 2 : Si a ou b est nul, l'égalité est vraie : $\sqrt{ab}=0$ et $\sqrt{a}\times\sqrt{b}=0$ et pour tous réels a et b strictement positifs, on sait que $\left(\sqrt{a\times b}\right)^2=a\times b$ et que $\left(\sqrt{a}\times\sqrt{b}\right)^2=\left(\sqrt{a}\right)^2\times\left(\sqrt{b}\right)^2=a\times b$.

Les deux nombres strictement positifs $\sqrt{a\times b}$ et $\sqrt{a}\times\sqrt{b}$ ont donc des carrés égaux (à $a\times b$).

D'après l'étape 1, avec $p=\sqrt{a\times b}$ et $q=\sqrt{a}\times\sqrt{b}$, on conclut :

$$\sqrt{a\times b}=\sqrt{a}\times\sqrt{b}$$

Rappel

Les identités remarquables se lisent dans « les deux sens » !
On peut les utiliser pour factoriser une expression.

- $a^2+2ab+b^2=(a+b)^2$
- $a^2-2ab+b^2=(a-b)^2$
- $a^2-b^2=(a-b)(a+b)$

Info

Le symbole $\Leftrightarrow$ signifie que l'expression de gauche est équivalente à l'expression de droite. C'est un lien logique ; ce n'est pas une abréviation.

Exemple

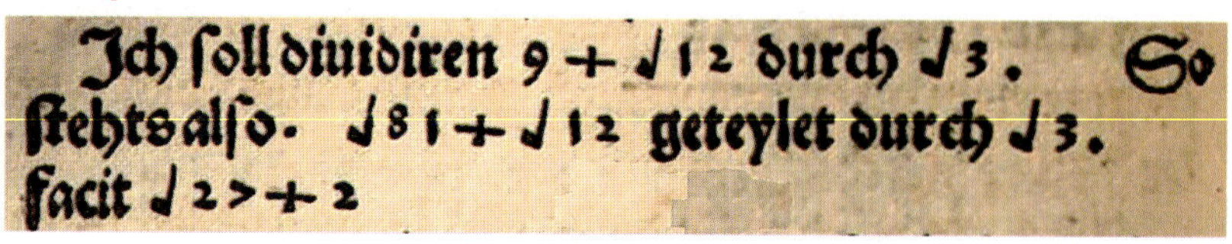
Ich soll dividiren 9 + √12 durch √3. So stehts also. √81 + √12 geteylet durch √3. facit √27 + 2

Extrait *Die Coss*, 1553, Christoff Rudolff, folio 115, verso.

« Je dois diviser $9+\sqrt{12}$ par $\sqrt{3}$, ce que j'écris $\sqrt{81}+\sqrt{12}$ divisé par $\sqrt{3}$. »
« Ce qui donne $\sqrt{27}+2$. »

En effet, $9+\sqrt{12}=\sqrt{9^2}+\sqrt{12}=\sqrt{81}+\sqrt{12}$.

D'où $\dfrac{\sqrt{81}+\sqrt{12}}{\sqrt{3}}=\dfrac{\sqrt{81}}{\sqrt{3}}+\dfrac{\sqrt{12}}{\sqrt{3}}=\sqrt{\dfrac{81}{3}}+\sqrt{\dfrac{12}{3}}=\sqrt{27}+\sqrt{4}=\sqrt{27}+2$.

méthode

CAPACITÉ 4 Arrondir au nombre de chiffres significatifs adapté

Énoncé **Situation 1** : Pour son travail, Corinne doit faire régulièrement le trajet Paris-Avignon. Une compagnie de train lui propose d'adhérer gratuitement à un programme de fidélité : à partir de 20 trajets ou de 800 € dépensés, elle aura droit à certains avantages. Le trajet Paris-Avignon coûte 112 €.
Quel est le minimum de trajets que Corinne devra faire pour bénéficier des avantages ?
Situation 2 : À chaque rebond, une balle rebondit au cinquième de la hauteur précédente. Si elle est lâchée d'une hauteur de 1,60 mètres, quelle distance totale (en mètre) la balle aura-t-elle parcourue avant de rebondir pour la cinquième fois ?

Solution

Situation 1 : soit t le nombre de trajets à effectuer. Il faut trouver une valeur de t telle que $t \geqslant 20$ (au moins 20 trajets) ou $112t \geqslant 800$ (au moins 800 € dépensés).

Or $112t \geqslant 800 \Leftrightarrow t \geqslant \dfrac{800}{112} > 7{,}14$.

Comme le nombre de trajets est entier, il faut donc $t \geqslant 8$.

La condition $t \geqslant 20$ ou $t \geqslant 8$ est vérifiée pour $t \geqslant 8$, donc Corinne pourra profiter des avantages du programme de fidélité au bout de 8 trajets.

Point méthode

1. Le « ou » mathématique est inclusif : il suffit qu'au moins une des deux propositions soit vraie, mais les deux propositions peuvent être vraies simultanément (au restaurant le « ou » est exclusif, il signifie « ou bien » : « fromage ou dessert » signifie qu'on ne peut avoir qu'une seule des deux propositions).

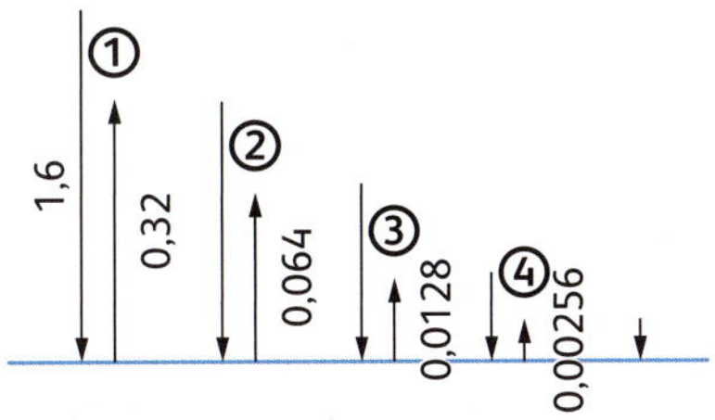

Situation 2 : le schéma ci-contre (qui n'est pas à l'échelle) permet de mieux comprendre la situation.
La distance totale parcourue par la balle est :

$$1{,}6 + 2\times 0{,}32 + 2\times 0{,}064 + 2\times 0{,}0128 + 2\times 0{,}00256 = 2{,}39872$$

C'est-à-dire 2,39872 mètres.
Mais cette précision n'a pas de sens pratique et avec du bon sens implicite, la réponse attendue est « La distance parcourue par la balle est de 2,40 mètres (en arrondissant au centième, c'est-à-dire au centimètre près) ».

Point méthode

2. Donner un résultat avec un nombre de décimales en cohérence avec le contexte.

J'applique

6 L'aire d'un carré est 740 cm^2. Quelle est la mesure (en cm) de son côté ?

7 Un compte d'épargne est rémunéré à 0,75 % par an. Cela signifie que pour chaque année complète de dépôt, le montant de la somme qui est sur le compte est multiplié par 1,0075.
S'il y a 874,52 € sur le compte le 1er janvier 2020 et qu'aucun retrait n'est effectué pendant les 10 années suivantes, quel sera le montant du compte au 1er janvier 2030 ?

8 Une étude a montré que 77 % des élèves de Seconde comptaient choisir la spécialité maths en Première. Si un lycée compte 258 élèves en Seconde, combien devraient choisir la spécialité maths en Première ?

9 Un relevé des tirages quotidiens d'un journal a été effectué jusqu'à 2019. L'année 2019 est l'année de rang $x = 0$.
1. Quel est le rang de l'année 2022 ? Et celui de l'année 2027 ?
2. L'étude montre que sur cette période, si y est le nombre de millions d'exemplaires imprimés quotidiennement, alors $y = -0{,}12x + 1{,}8$ où x est le rang de l'année. En supposant ce modèle valable sur une longue période, en quelle année ce nombre sera-t-il inférieur à un million ?

10 La lumière partant du Soleil met 8 minutes et 19 secondes pour atteindre la Terre, à une vitesse d'environ 300 000 km/s. En déduire une valeur approximative de la distance Terre-Soleil.

Cours

4 Inégalités

a Ordre dans $\mathbb{R}$

Propriété Si a, b et c sont des réels tels que $a < b$ et $b < c$, alors $a < c$.

b Somme

a, b, x et y sont des réels.

Propriété Ajouter (ou soustraire) le même réel à chaque membre d'une inégalité conserve l'ordre : $a < x \Leftrightarrow a + b < x + b$

$$a < x \Leftrightarrow a - b < x - b$$

a, b, x et y sont des réels.

Propriété On peut additionner les inégalités **de même sens** membre à membre :

Si $a < x < b$ et $c < y < d$, alors $a + c < x + y < b + d$.

Exemples

$$7 + x > 5 - 2x$$

En ajoutant $2x$ à chaque membre de l'inéquation :

$$7 + x + 2x > 5 - 2x + 2x$$
$$\Leftrightarrow 7 + 3x > 5$$

En soustrayant 7 à chaque membre de l'inéquation :

$$7 + 3x - 7 > 5 - 7$$
$$\Leftrightarrow 3x > -2$$

c Produit

Propriété Multiplier (ou diviser) chaque membre d'une inégalité par le même réel **strictement** positif, conserve l'ordre :

Si $b > 0$, alors $a < x \Leftrightarrow a \times b < x \times b$.

Multiplier (ou diviser) chaque membre d'une inégalité par le même réel **strictement** négatif change l'ordre :

Si $b < 0$, alors $a < x \Leftrightarrow a \times b > x \times b$.

Exemple

$$3x > -2$$

En divisant par 3 chaque membre de l'inéquation :

$$\Leftrightarrow \frac{3x}{3} > \frac{-2}{3}$$

(3 est positif : l'ordre est conservé)

$$\Leftrightarrow x > -\frac{2}{3}$$

Conséquences

- $0 < a < b \Leftrightarrow 0 < \frac{1}{b} < \frac{1}{a}$
- Si $0 \leqslant a < x < b$ et $0 \leqslant c < y < d$, alors $ac \leqslant xy \leqslant bd$.
- Pour tout entier naturel n, si a et b sont des réels positifs :

$$a \leqslant b \Leftrightarrow a^n \leqslant b^n$$

Remarque

En calcul littéral, on ne connaît pas le signe du nombre que remplace la lettre !

Ainsi, pour $b = -7$, le nombre $(-b)$ est positif :

$$-b = -(-7) = 7$$

d Réunion – intersection d'intervalles

Définition • L'intersection de I et J, notée $I \cap J$, est l'ensemble des réels x appartenant à I **et** à J ; le symbole $\cap$ se lit « inter ».

• L'union ou la réunion de I et J, notée $I \cup J$, est l'ensemble des réels x appartenant à I **ou** à J ; le symbole $\cup$ se lit « union ».

Remarques

• En mathématiques, le « ou » est **inclusif**. Il ne signifie pas « ou bien » mais il « inclut » la possibilité du « et ».

• En notation symbolique, on a :

x appartient à $I \cap J$ équivaut à x appartient à I ET x appartient à J.

x appartient à $I \cup J$ équivaut à x appartient à I OU x appartient à J.

Exemples

Si $I = [-3 ; 6]$ et $J = [1 ; 9]$, alors $I \cup J = [-3 ; 9]$ et $I \cap J = [1 ; 6]$.

Si $I = [-5 ; 2]$ et $J =]2 ; 8]$, alors $I \cup J = [-5 ; 8]$ et $I \cap J = \varnothing$ (l'ensemble vide).

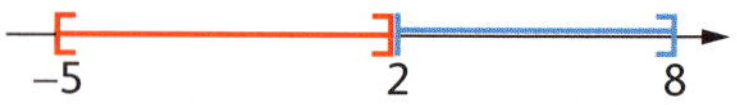

Sur les représentations ci-dessus de la droite réelle, $I \cup J$ correspond à la partie colorée par au moins une couleur, $I \cap J$ à la partie colorée par les deux couleurs.

méthode

VIDÉO Capacité 5

CAPACITÉ 5 Résoudre une inéquation du premier degré

Énoncé Résoudre chacune des inéquations suivantes et préciser l'intervalle solution.

1. $3x+5<13$ **2.** $2x+\frac{5}{7}\geqslant 6x+\frac{1}{3}$ **3.** $(x+4)(x-1)\leqslant(x+7)(x-1)$

Solution

Dans tous les cas, la méthode consiste à isoler x dans l'un des membres de l'inéquation. Dans un premier temps, on peut par exemple choisir d'isoler toujours x dans le membre de gauche.

Remarque

Une opération s'applique toujours sur **chaque** membre de l'inégalité.

1. $3x+5<13$

Lorsque l'inégalité est de cette forme, on peut schématiser le calcul ainsi :

$$x \xrightarrow[\xleftarrow{\div 3}]{\times 3} 3x \xrightarrow[\xleftarrow{-5}]{+5} 3x+5$$

Soustraire 5 à chaque membre :

$$3x+5-5<13-5$$
$$\Leftrightarrow 3x<8$$

Diviser chaque membre **par 3**, c'est **multiplier par l'inverse de 3** :

$$\Leftrightarrow 3x\times\frac{1}{3}<8\times\frac{1}{3}$$
$$\Leftrightarrow x<\frac{8}{3}$$

Donc $x\in\left]-\infty;\frac{8}{3}\right[$.

2. $2x+\frac{5}{7}\geqslant 6x+\frac{1}{3}$

Pour isoler x dans le membre de gauche, il faut **soustraire $(6x)$** à chaque membre :

$$2x+\frac{5}{7}-6x\geqslant 6x+\frac{1}{3}-6x$$
$$-4x+\frac{5}{7}\geqslant\frac{1}{3}$$

On retrouve le schéma du cas **1.**

$$-4x+\frac{5}{7}-\frac{5}{7}\geqslant\frac{1}{3}-\frac{5}{7}\Leftrightarrow -4x\geqslant-\frac{8}{21}$$

Diviser par (-4), c'est multiplier par **l'inverse de (-4)**, c'est-à-dire $\frac{1}{-4}$.

Multiplier une inégalité par un nombre **négatif** change l'ordre.

$$-4x\times\left(-\frac{1}{4}\right)\leqslant-\frac{8}{21}\times\left(-\frac{1}{4}\right)\Leftrightarrow x\leqslant\frac{2}{21}$$

Donc $x\in\left]-\infty;\frac{2}{21}\right]$.

3. $(x+4)(x-1)\leqslant(x+7)(x-1)$

Méthode : égaliser le membre de droite à 0 et préférer factoriser si possible.

$$(x+4)(x-1)-(x+7)(x-1)\leqslant(x+7)(x-1)-(x+7)(x-1)$$
$$\Leftrightarrow(x-1)(x+4-(x+7))\leqslant 0\Leftrightarrow(x-1)\times(-3)\leqslant 0$$

Diviser par (-3), c'est multiplier par **l'inverse de (-3)**, c'est-à-dire $\frac{1}{-3}$.

Multiplier une inégalité par un **négatif** change l'ordre.

$$(x-1)\times(-3)\times\frac{1}{-3}\geqslant 0\times\frac{1}{-3}\Leftrightarrow x-1\geqslant 0\Leftrightarrow x\geqslant 1$$

Donc $x\in[1;+\infty[$.

Point méthode

2. et **3.** Ne pas confondre **inverse** et **opposé** !

L'inverse de $a\neq 0$ est $\frac{1}{a}$: le signe ne change pas.

L'opposé de a est $(-a)$: le signe change.

Point méthode

2. et **3.** Le changement du symbole d'ordre s'effectue en **même temps** que la multiplication par un négatif (pas à l'étape suivante !).

Point méthode

3. Pour multiplier ou diviser par un nombre dans une inégalité, il faut qu'il soit non nul et connaître son signe.

Donc, on ne peut pas diviser chaque membre de l'inégalité par $(x-1)$ car il est possible que $(x-1)$ soit nul ; le signe de $(x-1)$ n'est pas connu, il change selon les valeurs de x.

J'applique

Pour chaque exercice, résoudre les inéquations et donner l'intervalle solution.

11 **1.** $8x+9>-5$ **2.** $4-12{,}5x<-3{,}7$

3. $9+\frac{2}{3}x\leqslant\frac{20}{7}$ **4.** $11>4-2{,}5x$

12 **1.** $130+34x>128-43x$

2. $25x+489\leqslant 37x+309$

13 **1.** $(8x+1)(5-2x)>(7-8x)(5-2x)$

2. $x^2+3x-12<x^2+5x-13$

Je **fais** le **point**

Je revois mon cours

L'ensemble des réels

La droite des réels permet de visualiser des intervalles :

$\text{I} =]-5;12]$

$\text{J} = [3;+\infty[$

La valeur absolue

La valeur absolue peut s'interpréter comme une distance.
Si le point M a pour abscisse x et A a pour abscisse a, alors :

$$MA = |x-a|$$

L'inéquation $|x-a| < 3$ signifie que la distance MA doit être inférieure à 3.

Décimaux – Rationnels

Tous les nombres réels peuvent être encadrés aussi précisément que l'on veut par deux nombres décimaux :

$$3{,}1415 < \pi < 3{,}1416$$
$$1{,}41 < \sqrt{2} < 1{,}42$$
$$1{,}41421 < \sqrt{2} < 1{,}41422$$
$$-0{,}4 < -\frac{1}{3} < -0{,}3$$

Un nombre qui peut s'écrire comme quotient de deux entiers relatifs est un nombre rationnel.
$\frac{7}{9}$ est un rationnel, mais $\sqrt{5}$ n'est pas un rationnel.

Règles de calcul

Puissances

a réel, b réel non nul, n et p entiers relatifs :

$$b^0 = 1\ ;\ a^1 = a\ ;\ a^n \times a^p = a^{n+p}$$
$$\frac{b^n}{b^p} = b^{n-p}\ ;\ \left(\frac{a}{b}\right)^n = \frac{a^n}{b^n}$$
$$\left(a^n\right)^p = a^{n \times p}$$

Racines carrées

a réel positif et b réel positif non nul :

$$\sqrt{ab} = \sqrt{a} \times \sqrt{b}\ ;\ \sqrt{\frac{a}{b}} = \frac{\sqrt{a}}{\sqrt{b}}$$

Inégalités

Ajouter ou soustraire le **même nombre** à chaque membre d'une égalité conserve l'ordre :

$$3 < 4 \Leftrightarrow 3+9 < 4+9 \Leftrightarrow 12 < 13$$

Multiplier ou diviser chaque membre d'une inégalité par un **réel positif** conserve l'ordre :

$$3 < 4 \Leftrightarrow 3 \times 2 < 4 \times 2 \Leftrightarrow 6 < 8$$

Multiplier ou diviser chaque membre d'une inégalité par un **réel négatif** change l'ordre :

$$3 < 4 \Leftrightarrow 3 \times (-5) > 4 \times (-5) \Leftrightarrow -15 > -20$$

Je m'exerce à démontrer

Démo pas à pas

Résultat à démontrer ▶ **Soient a et b deux nombres réels positifs ou nuls. Comparer $\sqrt{a+b}$ et $\sqrt{a}+\sqrt{b}$.**

Analyse des termes j'étudie l'énoncé

Pour montrer qu'une propriété universelle est FAUSSE, un contre-exemple suffit !

- Comparer deux nombres X et Y, c'est déterminer dans quel ordre ils sont rangés : a-t-on $X \leqslant Y$ ou $X \geqslant Y$? J'examine quelques exemples.
- Pour $a=b=1$: $\sqrt{1+1}=\sqrt{2}\approx 1{,}41$ et $\sqrt{1}+\sqrt{1}=2$. Donc $\sqrt{1+1}<\sqrt{1}+\sqrt{1}$.
- Pour $a=1$ et $b=0$: $\sqrt{1+0}=\sqrt{1}=1$ et $\sqrt{1}+\sqrt{0}=1$. Donc $\sqrt{1+0}=\sqrt{1}+\sqrt{0}$.
- Avec ces deux exemples, je sais que la propriété générale $\sqrt{a+b}>\sqrt{a}+\sqrt{b}$ est FAUSSE.
- Il reste à examiner si la propriété générale $\sqrt{a+b}\leqslant\sqrt{a}+\sqrt{b}$ est vraie ?

De l'hypothèse vers la conclusion j'organise mon raisonnement

Pour comparer deux nombres, je peux étudier le signe de leur différence :
Quel est le signe de $\sqrt{a+b}-\left(\sqrt{a}+\sqrt{b}\right)$? — C'est une excellente idée, mais...
Je ne sais pas trop quoi faire... — Un peu difficile à exploiter ici !

La racine carrée et le carré vont bien ensemble, puisque $\sqrt{x}^2=x$. — Pour $x \geq 0$!
Je vais comparer $\sqrt{a+b}$ et $\sqrt{a}+\sqrt{b}$; ils sont positifs, donc ils sont rangés dans le même ordre que leurs carrés. — Très bien !

Rédaction

a et b sont deux réels positifs ou nuls. $\sqrt{a+b}^2=a+b$ par définition.

De plus : $\left(\sqrt{a}+\sqrt{b}\right)^2=\sqrt{a}^2+2\sqrt{a}\sqrt{b}+\sqrt{b}^2=a+2\sqrt{a}\sqrt{b}+b$ (avec l'identité remarquable).

Comme $2\sqrt{a}\sqrt{b}\geqslant 0$, on en déduit tout de suite que : $\sqrt{a+b}^2\leqslant\left(\sqrt{a}+\sqrt{b}\right)^2$.

Les nombres $\sqrt{a}+\sqrt{b}$ et $\sqrt{a+b}$ sont positifs, donc ils sont rangés dans le même ordre que leurs carrés.

On peut conclure que pour a et b réels positifs ou nuls quelconques : $\sqrt{a+b}\leqslant\sqrt{a}+\sqrt{b}$.

J'aurais aussi pu avoir une vision géométrique du problème : on applique le théorème de Pythagore, puis l'inégalité triangulaire.

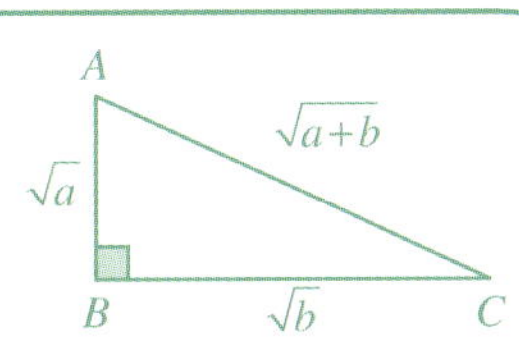

Démo à moi de jouer

Résultat à démontrer ▶ **Deux nombres positifs sont rangés dans le même ordre que leurs carrés.**

Démontrer la propriété utilisée ci-dessus : « Deux nombres positifs sont rangés dans le même ordre que leurs carrés. »

Je fais le point

J'évalue mes connaissances

VERSION INTERACTIVE ET CORRIGÉE

Voir corrigés

QCM

Pour chacune des questions, indiquer la (ou les) bonne(s) réponse(s).

	a	b	c
1. L'intersection des intervalles $]-\infty;7]$ et $[-5;21[$ est :	$\varnothing$	$]-\infty;21[$	$[-5;7]$
2. Soit $I=]-\infty;a]$ et $J=]b;+\infty[$, alors il existe des réels a et b tels que :	$I\cup J=\mathbb{R}$	$I\cap J=\mathbb{R}$	$I\cap J=\varnothing$
3. Le nombre $\frac{5}{7}$:	est un nombre rationnel	est un nombre décimal	est un nombre réel
4. Soit $A=\frac{22}{7}$ et $B=\frac{23}{7}$:	il n'existe pas de rationnel Q tel que $A<Q<B$	il existe une infinité de rationnel Q tel que $A<Q<B$	il existe un unique rationnel Q tel que $A<Q<B$
5. La résolution de l'inéquation $-8x+5>x+6$ conduit à :	$x<-\frac{1}{9}$	$x<-8$	$x>\frac{1}{9}$
6. Quels que soient les réels a et b, l'inéquation $a^2-b^2>a-b$ est équivalente à :	$a+b>0$	$a+b-1>0$	$(a-b)$ et $(a+b-1)$ sont de même signe
7. Dire que $6x+9$ est positif, signifie que :	$x>0$	$x>-\frac{3}{2}$	$x<\frac{3}{2}$
8. $\sqrt{25+36}=\ldots$	$\sqrt{25}+\sqrt{36}$	$5+6$	$\sqrt{61}$
9. 2^8 est égal à :	$(2^4)^2$	$2^3\times 2^5$	$2^2\times 2^2\times 2^2\times 2^2$

vrai ou faux ?

Indiquer pour chaque affirmation si elle est vraie ou fausse. Justifier.

1. L'ensemble des solutions de $7x-5>0$ peut être représenté par :

a. $x>-2$

b. 

c.

x	$-\infty$	$-\frac{5}{7}$	$+\infty$
Signe de $7x-5$	$-$	0	$+$

2. On définit la fonction f sur $\mathbb{R}$ par :

$$f(x)=4x^2+8x-7$$

a. $f(\sqrt{3}-1)=f(\sqrt{3}+1)$

b. L'image de $\frac{1}{2}$ par f est un entier naturel.

c. $f\left(\frac{1}{3}\right)\in[-3{,}88;-3{,}87]$

d. 0 est une solution de $f(x)<0$.

3. $ABCD$ est un rectangle.

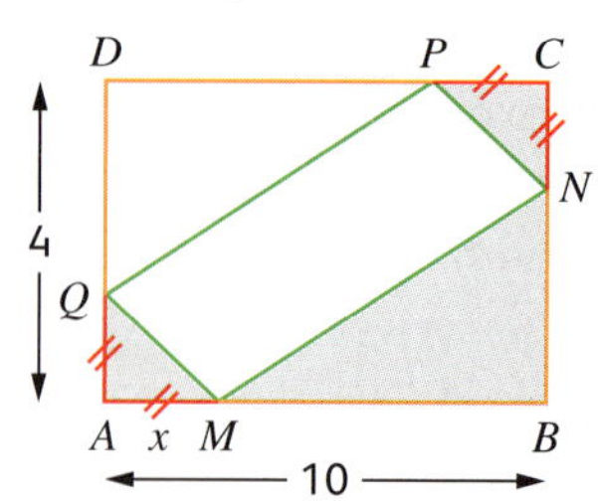

La figure ne respecte pas les proportions.

Avec les indications données par la figure :

a. $x\in[0;10]$

b. $x\in[0;4]$

c. $MNPQ$ est un rectangle.

d. Chercher les valeurs de x telles que l'aire de la partie grisée soit supérieure ou égale à celle du triangle ABC revient à résoudre l'inéquation $40-14x\geqslant 20$.

automatismes et calculs

Compétence **Calculer**

14 Donner la valeur décimale des fractions suivantes.

1. $\frac{1}{2}$ **2.** $\frac{3}{2}$ **3.** $-\frac{5}{2}$ **4.** $\frac{1}{4}$ **5.** $\frac{3}{4}$

15 Donner la valeur décimale des fractions suivantes.

1. $\frac{1}{5}$ **2.** $\frac{3}{5}$ **3.** $-\frac{5}{5}$ **4.** $\frac{2}{5}$ **5.** $\frac{6}{5}$

Pour les exercices **16** à **18**, utiliser l'algorithme suivant pour effectuer les divisions par 5.

> Écrire la division sous forme fractionnaire.
> Multiplier le numérateur et le dénominateur par 2.
> Donner le quotient de la division par 10.

16 **1.** $12 \div 5$ **2.** $24 \div 5$ **3.** $62 \div 5$

17 **1.** $53 \div 5$ **2.** $31 \div 5$ **3.** $48 \div 5$

18 **1.** $4{,}2 \div 5$ **2.** $0{,}21 \div 5$ **3.** $3{,}62 \div 5$

19 Pour chaque question, donner une valeur approchée du quotient à la précision indiquée.

1. $\frac{1}{4}$ au dixième près.

2. $\frac{1}{3}$ au millième près.

3. $\frac{2}{3}$ au dix-millième près.

20 Dans chaque cas, donner pour le quotient proposé un encadrement de l'amplitude indiquée.

1. $-\frac{9}{4}$ d'amplitude 1 unité.

2. $\frac{2}{3}$ d'amplitude 10^{-2}.

3. $\frac{-1}{3}$ d'amplitude 10^{-4}.

Pour les exercices **21** et **22**, on considère un nombre **entier** n compris entre les nombres a et b. Déterminer les valeurs possibles de n.

21 **1.** $a = \frac{5}{4}$ et $b = \frac{26}{5}$

2. $a = -2{,}1$ et $b = \frac{3}{4}$

3. $a = -\frac{1}{3}$ et $b = 4{,}5$

22 **1.** $a = -5{,}1$ et $b = \frac{56}{5}$

2. $a = \frac{3}{4}$ et $b = \frac{5}{4}$

3. $a = \frac{1}{3}$ et $b = \frac{9}{5}$

Pour les exercices **23** à **27**, effectuer les opérations et donner la valeur décimale exacte du résultat ou arrondie au centième si nécessaire.

23 **1.** $\frac{1}{5} - 2$ **2.** $\frac{12}{7} \times \frac{14}{20}$ **3.** $2 \times \frac{1}{5}$

24 **1.** $\frac{1}{2} - \frac{3}{8}$ **2.** $4 \times \frac{1}{3}$ **3.** $6 - \frac{28}{5}$

25 **1.** $\frac{-1}{4} + \frac{3}{2}$ **2.** $\frac{3}{4} \times \frac{8}{15} - 1$ **3.** $2 - \frac{4}{3}$

26 **1.** $\dfrac{1}{1+\frac{1}{4}}$ **2.** $\dfrac{1}{1+\dfrac{1}{1+\frac{2}{3}}}$

27 **1.** $\dfrac{1}{1+\frac{3}{2}}$ **2.** $\dfrac{1}{1+\dfrac{1}{1+\frac{4}{3}}}$

28 Calculer mentalement.

1. $154 \times 0{,}01$ **2.** $0{,}025 \times 1000$

3. $\frac{1{,}04}{0{,}1}$ **4.** $\frac{0{,}02}{10}$

29 Calculer mentalement.

1. $1001 \times 0{,}01$ **2.** $0{,}004 \times 10^2$

3. $\frac{201}{0{,}1}$ **4.** $\frac{2{,}05}{100}$

30 On considère l'expression :

$$A(x) = 0{,}1x^2 + 2x - 1$$

1. Calculer $A(0{,}1)$.

2. Calculer $A(-1)$.

31 On considère l'expression :

$$A(x) = \frac{1}{5}x^2 + \frac{2}{5}x - \frac{3}{5}$$

1. Calculer $A(2)$ et donner le résultat sous sa forme décimale.

2. Calculer $A(-3)$.

32 Développer les expressions ci-dessous.

1. $A(x) = 0{,}01(10x + 2)$

2. $B(x) = (0{,}1x + 2)(5x - 20)$

33 Développer les expressions ci-dessous.

1. $A(x) = \frac{2}{10}(2x + 4)$

2. $B(x) = (2x + 3)\left(\frac{1}{5}x - 1\right)$

34 Résoudre les équations ci-dessous.

1. $2x - 5 = -3x - 1$

2. $7x + 4 = 2x + 3$

exercices Application

Exercices INTERACTIFS kwyk

Connaître le cours

35 Deux diaporamas pour faire le point sur le cours.

ACTIVITÉS MENTALES RAPIDES

36 Pour chacun des nombres suivants, indiquer le plus petit ensemble de nombres auquel il appartient.

1. 4 **2.** $-\frac{1}{4}$ **3.** $(-5)^2$ **4.** $\sqrt{5}$

5. $(\sqrt{7})^3$ **6.** π **7.** $\frac{8}{7}$ **8.** $\frac{10}{5}$

37 Pour chacun des nombres suivants, déterminer le plus petit ensemble de nombres auquel il appartient.

1. $\frac{25}{27}$ **2.** $\frac{27}{25}$ **3.** $\frac{\sqrt{5}}{5}$ **4.** $\frac{234}{567}$ **5.** $\frac{567}{234}$ **6.** $\frac{3\sqrt{7}}{5}$

38 Donner un exemple de chacune des huit formes d'intervalles existantes.

39 Pour chacune des inégalités suivantes, donner au moins trois valeurs de x solutions.

1. $|x-2|<0{,}1$ **2.** $|x-5{,}3|<10^{-3}$ **3.** $|x+8{,}5|<0{,}5$

40 Écrire chacun des décimaux suivants sous forme de la somme d'un entier relatif et d'une fraction appartenant à $]0;1[$, puis sous forme d'une fraction irréductible. *Par exemple,* $9{,}25=9+\frac{1}{4}=\frac{37}{4}$.

1. 5,5 **2.** 98,75 **3.** –45,2 **4.** –12,4 **5.** 12,06

41 Écrire les nombres suivants sans utiliser la notation puissance. Détailler les calculs.

$$A=3^2\times 2^3\ ;\ B=5^{-2}\times 5^4\ ;\ C=\left(\frac{1}{2^2}\right)^5\ ;\ D=\frac{14^5}{7^5}$$

42 Simplifier l'écriture des radicaux suivants en faisant apparaître un produit dont l'un des facteurs est un carré parfait.

$$A=\sqrt{8}\ ;\ B=\sqrt{12}\ ;\ C=\sqrt{75}\ ;\ D=\sqrt{\frac{160}{9}}$$

43 Écrire les nombres suivants sous la forme $a+b\sqrt{3}$

$A=(\sqrt{3}-1)^2$ $B=(\sqrt{3}+2)^2$

44 Écrire les nombres suivants sous la forme $a+b\sqrt{7}$.

$A=(5+\sqrt{7})^2$ $B=(15-\sqrt{7})(\sqrt{7}-4)$

45 Résoudre les inéquations suivantes.

1. $3x+5>7$ **2.** $\frac{2}{3}x-8\leqslant 12$ **3.** $\frac{1}{5}-4x>9$

46 Pour chacun des cas suivants déterminer $I\cap J$ et $I\cup J$.

1. $I=[3;6]$ et $J=[4;10]$

2. $I=]-4;6]$ et $J=[10;15[$

3. $I=]-\infty;2]$ et $J=]-2;+\infty[$

Travailler les capacités du chapitre

CAPACITÉ 1 Utiliser la droite des réels

Pour les exercices **47** à **49**, avec la précision permise, lire les abscisses des points.

47

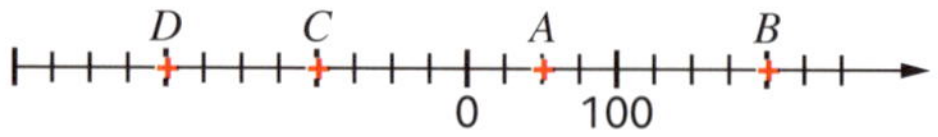

48

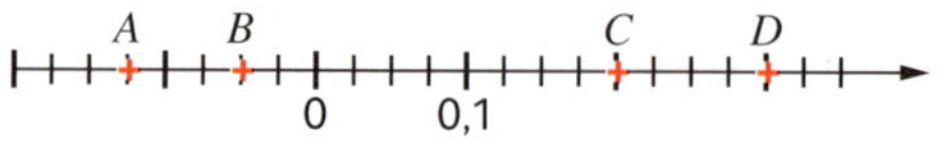

49

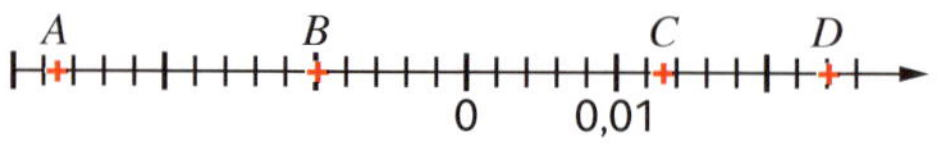

Pour les exercices **50** à **52**, avec la précision permise, lire les abscisses des points comme le produit du nombre donné par un réel à déterminer.

Exemple : dans l'exercice **50***, l'abscisse de A est 3π.*

50

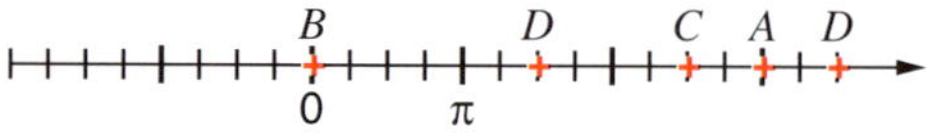

51

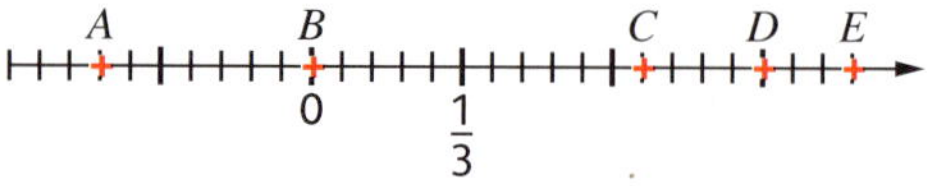

52

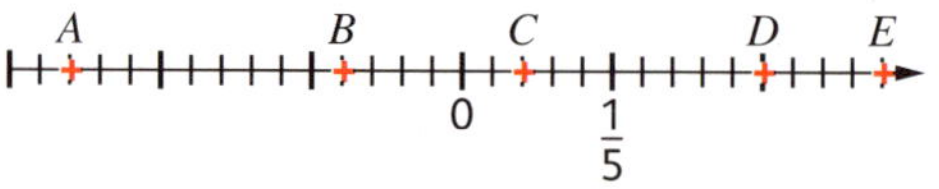

CAPACITÉ 2 Représenter un intervalle

53 Traduire sous forme d'appartenance à un intervalle les propositions suivantes.

1. x est un réel strictement positif.

2. x est un réel supérieur ou égal à 10.

3. y est un réel compris entre –5 exclu et 7 inclus.

54 Exprimer les appartenances suivantes sous forme de phrase.

1. $x\in]-\infty;0]$

2. $x\in]-3;12]$

3. $y\in[5;+\infty[$

55 Dans certains magasins, des mètres en papier sont mis à disposition des clients. Sur l'une des faces, les mesures sont en centimètres. Sur l'autre, elles sont en « inch » et graduées comme le montre la figure. Donner la valeur décimale des abscisses des points.

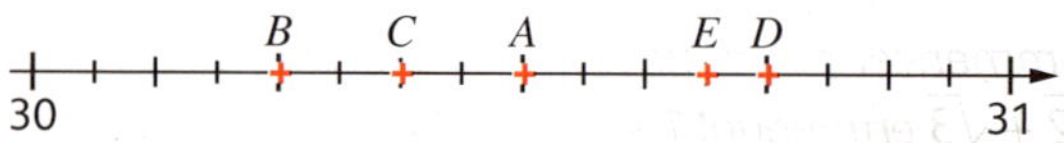

Pour les exercices **56** à **58**, donner l'intervalle J le plus petit possible vérifiant la condition donnée et tel que :

$$I \subset J$$

56 $I=[4{,}5\,;\,7{,}8]$; les bornes de J sont des entiers.

57 $I=[0{,}123\,;\,0{,}125]$; les bornes de J sont des décimaux admettant une partie décimale à deux chiffres.

58 $I=\left[-\sqrt{2}\,;\,\sqrt{3}\right]$; les bornes de J sont des décimaux admettant une partie décimale à deux chiffres.

59 Pour une certaine fonction f, les solutions de l'inéquation $f(x) \geqslant 0$ sont colorées sur l'axe ci-dessous.

1. Donner le signe de $f(10)$; $f(2)$; $f(-3)$.
2. Donner le signe de f sur l'intervalle $]-\infty\,;2]$.

CAPACITÉ 3 Donner un encadrement d'un réel par des décimaux

Analyse d'un énoncé

60 Exercice commenté

1. Encadrer chaque nombre du calcul par deux entiers permettant d'effectuer le calcul de tête.
2. Donner un encadrement de A, les bornes de l'intervalle étant écrites sous forme de la somme d'un entier et d'un rationnel appartenant à $]0\,;1[$.

$$A=\frac{77{,}3\times 5{,}68}{2{,}6}$$

➤ Pour le numérateur, on choisit $70<77{,}3<80$ (pour calculer de tête, cet encadrement est plus judicieux que $77<77{,}3<78$) et $5<5{,}68<6$.
Donc $70\times 5<77{,}3\times 5{,}68<80\times 6$.
$\Leftrightarrow 350<77{,}3\times 5{,}68<480$
Pour le dénominateur :
$$2<2{,}6<3 \text{ donc } \frac{1}{3}<\frac{1}{2{,}6}<\frac{1}{2}$$
➤ D'où $350\times\frac{1}{3}<(7{,}73\times 5{,}68)\times\frac{1}{2{,}6}<480\times\frac{1}{2}$.
$$\Leftrightarrow \frac{350}{3}<A<240 \Leftrightarrow \frac{348+2}{3}<A<240$$
$$\Leftrightarrow 116+\frac{2}{3}<A<240$$

61 Application immédiate

1. $A=\dfrac{9{,}84\times 10{,}5}{8{,}5}$ **2.** $B=-\dfrac{5{,}02\times 1{,}043}{2{,}82}$

62 Même énoncé que précédemment.

1. $A=\dfrac{98{,}7\times 23{,}5}{3{,}22}$ **2.** $B=\dfrac{\sqrt{2}+\sqrt{3}}{5{,}2}$

Commencer par donner un encadrement à l'unité de $\sqrt{2}+\sqrt{3}$ en prenant $1{,}4<\sqrt{2}<1{,}5$ et $1{,}7<\sqrt{3}<1{,}8$.

63 Avec la précision permise par le graphique, préciser pour quelles valeurs de x la fonction représentée est positive (c'est-à-dire $f(x)\geqslant 0$). Donner la réponse sous forme d'intervalle (ou de réunion d'intervalles).

1.

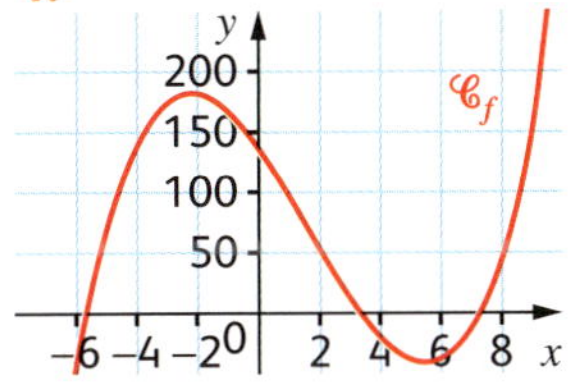

2.

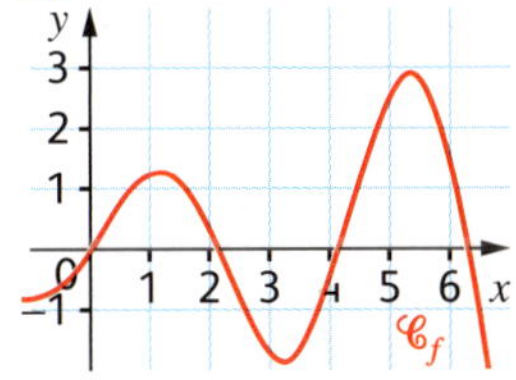

64 Avec la précision permise par le graphique, préciser les valeurs de x pour lesquelles $f(x)>g(x)$. Donner la réponse sous forme d'intervalle (ou de réunion d'intervalles).

1.

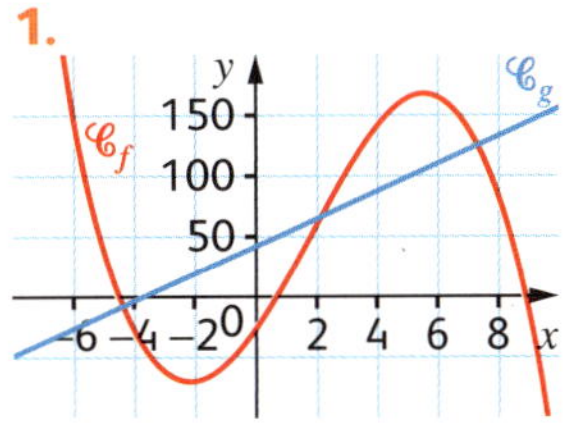

2.

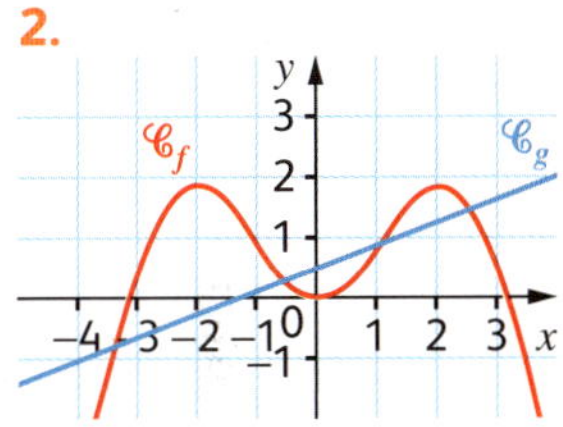

CAPACITÉ 4 Arrondir au nombre de chiffres significatifs adapté

65 En mesurant les longueurs d'un rectangle avec son double décimètre, Louna a trouvé que la largeur ℓ vérifie $4{,}5<\ell<4{,}6$ et que sa longueur L vérifie $12{,}3<L<12{,}4$. *Les mesures sont en cm.*

1. Donner un encadrement du périmètre du rectangle.
2. Donner un encadrement de l'aire du rectangle. *Arrondir les bornes de l'intervalle à 10^{-1} près.*

66 Le directeur d'un centre commercial remarque que sur un mois, l'investissement x (en millier d'euros) dans des campagnes de publicités est lié au nombre y de clients (en millier) par la formule $y=53{,}8x+69{,}7$. Quel investissement minimum doit-il faire pour espérer avoir au moins 320 000 clients dans le mois ?

CAPACITÉ 5 Résoudre une inéquation du premier degré

67 Résoudre chacune des inéquations suivantes dans $\mathbb{R}$, puis dans $\mathbb{N}$.

a. $7x+14<0$ **b.** $13-2{,}5x\geqslant 0$

68 Pour chacune des résolutions d'inéquations suivantes, identifier la première erreur, la corriger et résoudre correctement l'inéquation dans $\mathbb{R}$.

a. $12x+3>0$	**b.** $4-9x<7$	**c.** $x^2+x>x-1$
$\Leftrightarrow 12x>-3$	$\Leftrightarrow -9x>3$	$\Leftrightarrow x(x+1)>-1\times(x+1)$
$\Leftrightarrow x>-15$	$\Leftrightarrow x>\frac{1}{3}$	$\Leftrightarrow x>-1$

exercices Entraînement

1 L'ensemble des réels

69 Pour certains nombres réels célèbres, des phrases mnémotechniques permettent de retenir leurs premières décimales. En voici une pour retenir les 22 premières décimales de π :
Que j'aime à faire apprendre ce nombre utile aux sages ! Immortel Archimède, artiste ingénieur, Qui de ton jugement peut priser la valeur ?
Le nombre de lettres de chaque mot est le chiffre de la décimale.
1. Retrouver les 12 premières décimales de π grâce à cette phrase.
2. Créer d'autres phrases mnémotechniques pour le nombre π.

70 Une calculatrice affiche 1,414213562 comme valeur approchée de $\sqrt{2}$.
1. Calculer $10\sqrt{2}-14$. Comment interpréter le résultat ?
2. Proposer un calcul permettant d'obtenir les 13 premières décimales de $\sqrt{2}$.
3. Écrire une phrase mnémotechnique pour retenir les 12 premières décimales de $\sqrt{2}$.

71 Le **nombre d'or** est noté φ et vaut $\frac{1+\sqrt{5}}{2}$.
1. Faire des recherches sur ce nombre et citer des domaines dans lesquels il apparaît. Expliquer quelques-unes de ces propriétés.
2. Donner un encadrement de φ à 10^{-8} près.
3. Pourquoi va-t-il être difficile de trouver une phrase mnémotechnique pour retenir les 8 premières décimales de φ ? Trouver une astuce pour contourner ce problème afin d'écrire cette phrase !

72 Une nouvelle opération
L'opération *factorielle* se note avec un point d'exclamation : $n!$ est le produit de tous les entiers inférieurs ou égaux à n.
Par convention « factorielle 0 » vaut 1, donc $0!=1$.
Par exemple $5!=5\times4\times3\times2\times1=120$.
Pour chaque calcul donner le résultat sous forme d'une fraction irréductible, puis donner une valeur approchée à 10^{-4} près.
$A=\frac{1}{0!}+\frac{1}{1!}+\frac{1}{2!}+\frac{1}{3!}$ $\quad B=A+\frac{1}{4!}+\frac{1}{5!}$ $\quad C=B+\frac{1}{6!}+\frac{1}{7!}$

Pour les exercices **73** à **77**, représenter sur un axe gradué les inégalités.

73 **1.** $-3{,}4<x<10{,}3$ **2.** $10^2<x\leqslant 10^3$ **3.** $y>\sqrt{5}$

74 **1.** $3>x$ **2.** $87{,}6\leqslant x\leqslant 87{,}7$ **3.** $4{,}56\leqslant t$

75 **1.** $|x-12|<3{,}5$ **2.** $|x-\pi|<0{,}5$ **3.** $|y-\sqrt{2}|\leqslant\frac{1}{5}$

76 **1.** $\left|x-\frac{6}{7}\right|<\frac{1}{10}$ **2.** $|x+3|<0{,}5$ **3.** $|t-2{,}5|\leqslant\frac{2}{5}$

77 **1.** $|x+5|<2$ **2.** $\left|x+\frac{2}{3}\right|\leqslant 0{,}3$ **3.** $|y+\sqrt{3}|<0{,}1$

Pour les exercices **78** à **80**, transformer les inégalités suivantes sous la forme $|x-\alpha|<\varepsilon$ ou $|x-\alpha|\leqslant\varepsilon$.

78 **1.** $9<x<11$ **2.** $78<x<86$ **3.** $\frac{4}{5}\leqslant y\leqslant\frac{6}{5}$

79 **1.** $0{,}2<x<0{,}24$ **2.** $-1{,}5<x\leqslant 1{,}5$ **3.** $\frac{9}{5}\geqslant t\geqslant\frac{5}{9}$

80 **1.** $-3{,}14<x<3{,}14$ **2.** $-12{,}45\leqslant y\leqslant -12{,}355$
3. $-\frac{2}{3}>x>-\frac{6}{7}$

81 Samuel a trouvé la figure ci-contre dans un livre de maths. Le segment $[AD]$ mesure une unité. Une légende accompagnait la figure :
Le périmètre du triangle ABC est égal à la circonférence du cercle de diamètre $[AD]$.

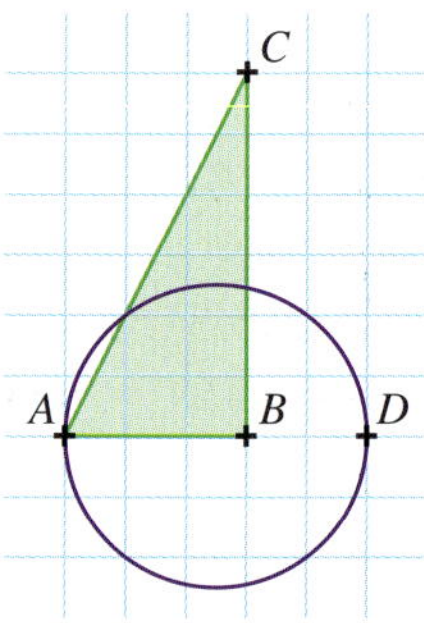

1. Donner la valeur exacte de la circonférence du cercle.
2. Calculer AC, en déduire la valeur exacte du périmètre de ABC.
3. En supposant la légende de la figure exacte, quelle serait l'expression de π ? Conclure.

2 Ensembles $\mathbb{D}$ et $\mathbb{Q}$

82 Pour chacun des nombres suivants, dire s'il est décimal ou s'il est rationnel. Dans le cas d'un rationnel non décimal, préciser la période.
1. $\frac{59}{9}$ **2.** $\frac{59}{50}$ **3.** $\frac{123}{7}$ **4.** $\frac{479}{11}$ **5.** $\frac{45}{13}$

Info
On peut démontrer que la partie décimale d'un nombre rationnel est périodique, c'est-à-dire qu'elle est composée d'une succession de chiffres qui se répètent. Par exemple :
$\frac{1}{3}=0{,}3333\ldots$ la période est 3.
$\frac{22}{7}=3{,}14285714285714\ldots$ la période est 142 857.

83 Ranger les nombres suivants dans l'ordre croissant.
9,403 9,5 –4,123 9,78 –4,65

84 Ranger les nombres suivants dans l'ordre décroissant.

$2{,}23 \qquad -\sqrt{5} \qquad 2{,}3 \qquad -2{,}2 \qquad -2{,}2361$

85 Soit la fonction f définie sur $\mathbb{R}$ par $f(x)=\dfrac{x}{3x^2+5}$.
Recopier et compléter le tableau de valeurs de f ci-dessous en arrondissant à 10^{-3} près.

x	-5	-1	0	4	8	10
$f(x)$						

Pour les exercices **86** à **88**, écrire chacun des rationnels suivants comme somme d'un entier et d'une fraction appartenant à $]-1;1[$, puis l'encadrer par deux entiers relatifs consécutifs.

86 1. $\dfrac{4}{3}$ 2. $\dfrac{8}{5}$ 3. $\dfrac{37}{7}$ 4. $\dfrac{48}{9}$ 5. $\dfrac{123}{11}$

87 1. $\dfrac{37}{3}$ 2. $\dfrac{130}{11}$ 3. $-\dfrac{23}{7}$ 4. $-\dfrac{67}{8}$ 5. $\dfrac{160}{12}$

88 1. $-\dfrac{150}{12}$ 2. $-\dfrac{40}{6}$ 3. $-\dfrac{512}{25}$ 4. $-\dfrac{72}{7}$ 5. $-\dfrac{171}{13}$

89 L'arête d'un cube mesure entre 15,6 et 15,7 centimètres. Donner un encadrement de son volume en nombres entiers de litres.

Rappels

1 litre = 1 dm³.
Volume du cube = côté × côté × côté.
Volume du cône $=\dfrac{1}{3}$ base × hauteur.
Volume de la sphère $=\dfrac{4}{3}\pi r^3$.

90 Un cône mesure 7,3 cm de haut et a pour rayon 1,73 cm. Donner un encadrement de son volume en cm³ à 0,1 près en prenant $3{,}14<\pi<3{,}15$.

91 Une bille a pour diamètre 1,52 cm. Donner un encadrement de son volume en cm³ à 0,1 près en prenant : $3{,}14<\pi<3{,}15$.

Info

Le langage Python contient la fonction `range`.
L'instruction `range(a,b,pas)` donne la liste d'entiers relatifs de l'intervalle $[a;b[$ allant de pas en pas.
Par défaut (si rien n'est précisé) `a=0` et `pas=1`, alors `L=[k for k in range(3)]` donne la liste L des entiers k dans l'intervalle $[0;3[$, donc `L=[0,1,2]`.
Attention, en Python, les crochets ne signifient pas intervalle !

PYTHON Pour les exercices **92** à **96**, déterminer la liste L.

92 `L=[k for k in range(6)]`

93 `L=[k for k in range(-10,10,4)]`

94 `L=[k for k in range(10,6,-1)]`

Info

En Python, la bibliothèque `numpy` contient la fonction `arange` qui a la même syntaxe que la fonction `range`, mais elle accepte un nombre décimal comme pas.

95 `L=[k for k in arange(2,20,3.5)]`

96 `L=[k for k in arange(-8,2,1.5)]`

97 **Le code de Martin Gardner**

Dans son livre *La magie des paradoxes*, Martin Gardner propose de coder une encyclopédie à l'aide d'un bâton !
L'idée est la suivante : à chaque lettre est associé un nombre ne comportant pas de zéro (donc A correspond à 1 ; B à 2 ; … ; I à 9 ; J à 11 ; … ; Z à 28). Le zéro sépare deux lettres et le double zéro sépare deux mots.
Cette succession de chiffres donne la partie décimale d'un nombre de l'intervalle $]0;1[$.
Il grave ensuite une encoche sur le bâton : en fixant la longueur du bâton à 1, l'abscisse de l'encoche a pour partie décimale le nombre calculé !
Le mot CHAT est donc codé : 30 801 022 ; le nombre associé est 0,30801022 c'est-à-dire :

$$\frac{15\,400\,511}{5\times 10^7}$$

1. Trouver les fractions associées aux mots suivants.

MATHS ; JOIE ; PLAISIR

Écrire le dénominateur comme le produit d'un entier par une puissance de 10.

2. Retrouver les mots codés par les fractions suivantes.

$$\frac{12\,618\,814\,001}{625\times 10^8}\ ;\ \frac{6\,032\,081}{2\times 10^7}$$

Info

Martin Gardner (1914-2010, USA) a écrit de nombreux ouvrages de vulgarisation mathématique et scientifique. Il est connu pour ses nombreuses « récréations mathématiques » ainsi que pour ses tours de magies.

3 Règles de calcul

98 Écrire les expressions suivantes sous la forme d'une puissance de 7.

1. $7^{-4}\times 7$ 2. $7^5\times 7^{-2}$ 3. $\dfrac{7^{34}}{7^{21}}$ 4. $\dfrac{(-7)^3}{7}$ 5. $\dfrac{7^{-3}}{7^3}$

99 Écrire les expressions suivantes sous la forme d'une puissance de 5 ou d'un entier.

1. $5^4\times 5^{-1}$ 2. $(-5)^5\times 5^{-5}$ 3. $\dfrac{5^{10}}{5^{-6}}$ 4. 5^{2^3} 5. $\dfrac{5^0}{5^1}$

exercices Entraînement

100 Écrire les expressions suivantes sous la forme d'une puissance de 2 ou d'un entier.

1. $(2^3)^4$ **2.** $\left(\frac{12}{\sqrt{6}}\right)^4$ **3.** $\frac{2^9}{14}\times\frac{28}{2^3}$ **4.** $2^{2^3}\times(-2)^3$ **5.** $\frac{2^{10}}{(-2)^6}$

101 À la fin d'un calcul, une calculatrice affiche les nombres suivants. Les écrire sous forme de décimaux avec 8 chiffres.

1. $1{,}020304E-04$ **2.** $4{,}546E-03$
3. $8{,}6071E-04$ **4.** $7{,}0045E-02$

102 À la fin d'un calcul, une calculatrice affiche les nombres suivants. Les écrire sous forme d'entiers.

1. $2{,}755E+10$ **2.** $4{,}9705E+07$
3. $2{,}5457E+04$ **4.** $2{,}71828E+09$

103 Sans calculatrice, ranger ces nombres dans l'ordre croissant, puis vérifier avec la calculatrice.

$\sqrt{16\times10^4}$ $\frac{10^4}{10^{-3}}$ $\sqrt{12^4}$ $\frac{49^3}{7^5}$ $4^8\times3^8$

104 Sans calculatrice, écrire ces nombres sous la forme $a\sqrt{b}$ avec a et b entiers et b le plus petit possible.

1. $\sqrt{48}$ **2.** $\sqrt{75}$ **3.** $\sqrt{605}$ **4.** $\sqrt{288}$ **5.** $\sqrt{1000}$

105 Déterminer la nature des nombres suivants.

$A=18\times\sqrt{\frac{64}{81}}$ $B=\frac{\sqrt{12}}{\sqrt{3}}$ $C=\left(\sqrt{5}+2\right)^2$

106 PRISE D'INITIATIVES Compétence Chercher

À l'aide de trois chiffres 1, on peut écrire les nombres 11^1, 1^{11} et 1^{1^1}.

1. Quel est le plus grand de ces trois nombres ?
2. Reprendre la question avec le chiffre 2, le chiffre 3.
3. Émettre une conjecture.
4. Confirmer ou infirmer cette conjecture.

107 En remarquant que $2^{10}\approx10^3$, trouver un ordre de grandeur de 2^{2019} sous la forme 10^n.

108 **Nombre d'or et calculs**

Le nombre $\varphi=\frac{1+\sqrt{5}}{2}$, est appelé « nombre d'or ».

1. Calculer φ^2 et simplifier la fraction obtenue.
2. Calculer $1+\varphi$.
3. Calculer $\frac{1}{\varphi}$ et simplifier la fraction obtenue en multipliant le numérateur et le dénominateur par $\left(1-\sqrt{5}\right)$.

109 PYTHON Christelle joue avec sa calculatrice : elle a tapé $\sqrt{10}$, puis a demandé la racine carrée du résultat en tapant $\sqrt{\text{ans}}$ et a recommencé un grand nombre de fois.

1. Comme Christelle, répéter cette opération un grand nombre de fois. Émettre une conjecture.
2. Pour confirmer sa conjecture, Christelle écrit le programme suivant en Python.

```
from math import sqrt

valeur = 10
for k in range(10):
    valeur = sqrt(valeur)
print(valeur)
```

Combien de fois le programme exécute-t-il l'opération $\sqrt{\text{ans}}$ avant d'afficher la réponse ?
3. Modifier le programme pour qu'il exécute un plus grand nombre d'itérations.
4. Expliquer la réponse obtenue quand on demande d'exécuter 60 itérations.
5. Que se passe-t-il si on initialise la valeur avec un autre nombre que 10 ?

4 Inégalités

Pour les exercices **110** à **116**, résoudre les inéquations, puis donner l'ensemble des solutions sous forme d'intervalle.

110 **1.** $5x+12>3$ **2.** $4n+\frac{2}{3}<\frac{11}{3}$ **3.** $6x+\frac{x+5}{7}<-5$

111 **1.** $6>3x+7$ **2.** $\frac{4-5x}{2}+7>13$ **3.** $-\frac{3}{8}y+\frac{2}{5}\leqslant\frac{1}{7}$

112 **1.** $98-5x>-65$ **2.** $\frac{2}{3}-\frac{5}{9}x\leqslant\frac{3}{4}$
3. $\frac{1-n}{4}-n>-17$

113 **1.** $3x+11>x+0{,}5$ **2.** $\frac{2}{3}x+\frac{8}{7}<4x+1$
3. $12y+7<\frac{8-y}{3}$

114 **1.** $-3(2x-9)\leqslant\frac{7}{5}-6x$ **2.** $\frac{4}{5}\left(\frac{2}{3}+5t\right)>4t-\frac{9}{7}$

115 **1.** $x^2+4x+9>(x+4)(x-6)$
2. $(x-3)(x+8)<(x+8)(5+x)$

116 **1.** $2x^2-3x>x^2+x-1$ **2.** $6x+x^2\leqslant-9$

Pour les exercices **117** et **118**, résoudre les inéquations, puis représenter les solutions sur un axe.

117 **1.** $12<8x-3<17$ **2.** $3x+6>\frac{2}{3}$ et $7-3x<\frac{4}{5}$

118 **1.** $8x-5>19$ et $7-13x>15$

2. $14+\frac{1}{7}x>2x$ ou $\frac{2}{5}x-6<3x+1$

119 Pour chacune des figures suivantes, le point M est un point quelconque du segment $[AB]$. Déterminer l'intervalle auquel appartient x.

1.

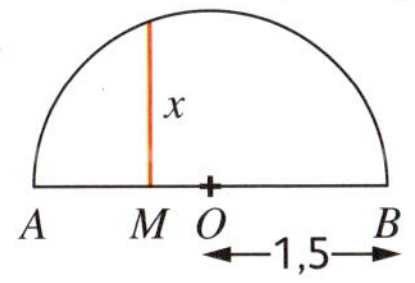

2.

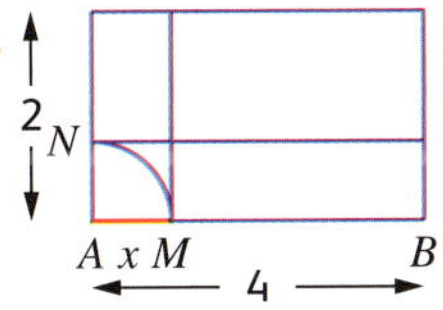

Info

Les solutions d'une inéquation peuvent se représenter sur une droite ou dans un tableau de signes :

$$3x+4>0 \Leftrightarrow 3x>-4 \Leftrightarrow x>\frac{-4}{3}$$

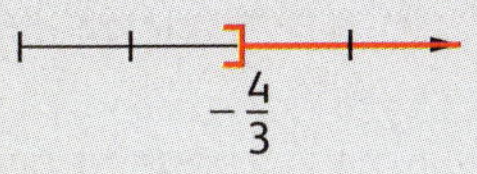

x	$-\infty$	$-\frac{4}{3}$	$+\infty$
Signe de $3x+4$	$-$	0	$+$

120 Pour chacun des tableaux de signes suivants, lire l(es) intervalle(s) sur le(s)quel(s) l'expression est positive ou nulle.

x	$-\infty$	$-\frac{3}{7}$	$+\infty$
Signe de $7x+3$	$-$	0	$+$

x	$-\infty$	$\frac{5}{8}$	$+\infty$
Signe de $5-8x$	$+$	0	$-$

x	$-\infty$		-1		1		$+\infty$
Signe de x^2-1		$+$	0	$-$	0	$+$	

x	$-\infty$		-5		5		$+\infty$
Signe de $25-x^2$		$-$	0	$+$	0	$-$	

121 Résoudre les inéquations suivantes et représenter les solutions à l'aide d'un tableau de signes.

1. $13x+\frac{2}{3}>0$ **2.** $\frac{5}{6}-8x>0$ **3.** $\sqrt{3}x+\sqrt{2}>0$

122 Un fromage affiche qu'il a été élu « produit de l'année » par 9 Français sur 10 ! Après enquête, il s'avère que seuls 62 des 78 sondés l'ont élu « produit de l'année ».

1. Donner un encadrement à 10^{-3} près de la proportion des sondés qui ont élu ce fromage produit de l'année.

2. Dans ce type de sondage, si p est la vraie proportion de Français qui pensent que c'est un produit de l'année, il y a de très fortes chances que p vérifie $\left|p-\frac{62}{78}\right|<\frac{1}{\sqrt{78}}$. Dans ces conditions, le slogan est-il mensonger ?

123 Dans la figure, les cercles sont centrés sur les sommets de l'hexagone et sont tangents deux à deux. Le périmètre de l'hexagone est 2 019 cm.

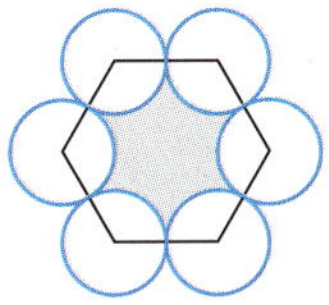

P est le périmètre, en centimètre, de la figure colorée. Donner un encadrement de P au millimètre.
Prendre $3{,}14<\pi<3{,}15$.

124 Voici l'ourson de Zorana. L'unité du repère est le centimètre. Les points indiqués sont à coordonnées entières.

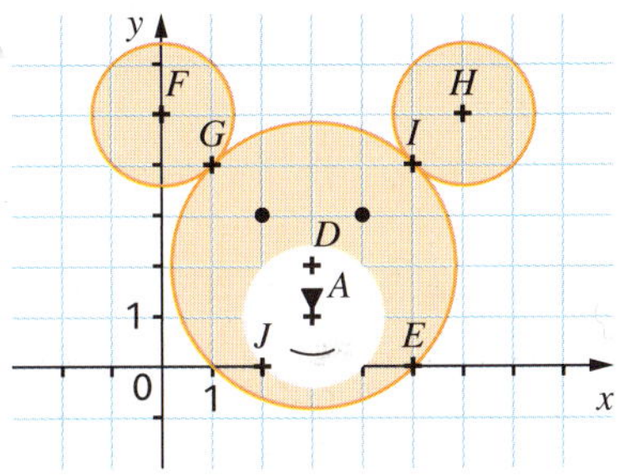

Les disques représentant les oreilles sont tangents à celui représentant la tête.
Soit A la surface colorée.
On prendra $3{,}14<\pi<3{,}15$ pour encadrement de π.

1. Est-il possible que A soit un nombre entier ?

2. Peut-on donner une valeur de A arrondie au dixième ?

125 Résoudre dans $\mathbb{Z}$ les systèmes d'inéquations suivants.

1. $\begin{cases}12x+7\leqslant-2x+40\\x-17\leqslant5(x+1)\end{cases}$ **2.** $\begin{cases}14(x-2)-5(2x-3)<5x\\3(x+2)>-4x+6\end{cases}$

Info

L'accolade signifie que les solutions trouvées doivent vérifier les deux inéquations simultanément.

Démo

126 **1.** Soient $A=\frac{3}{7}$ et $B=\frac{12}{7}$.

Comparer leur demi-somme avec la racine carrée de leur produit.

2. Recommencer avec les couples de valeurs suivantes.

a. $A=1{,}2$ et $B=4{,}8$ **b.** $A=5{,}5$ et $B=59{,}5$

3. Démonstration de la conjecture

Le triangle ABC, rectangle en C, est inscrit dans le cercle de centre O milieu de $[AB]$.
H est le pied de la hauteur issue de C. On pose $HA=x$ et $HB=y$.

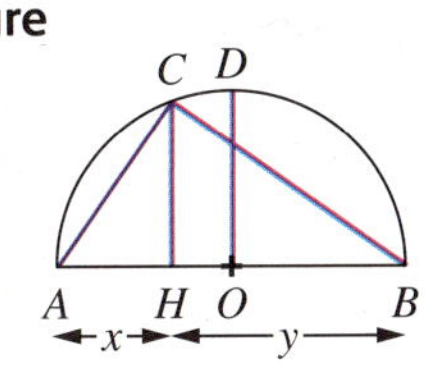

a. À l'aide de la figure, déterminer une relation d'ordre entre CB et OD.

b. Exprimer OA en fonction de x et y.

c. Justifier que les triangles ACH et BCH sont semblables, en déduire une relation entre $\frac{HA}{HC}$ et $\frac{HC}{HB}$.

d. Exprimer HC en fonction de x et y.

e. Confirmer ou infirmer la conjecture.

exercices Approfondissement

Démo
127 Le but de cet exercice est de démontrer que pour tout réels a et b, si $0 < a < b$, alors $\frac{1}{a} > \frac{1}{b} > 0$.
Soit $A = \frac{1}{b} - \frac{1}{a}$.
1. Écrire A sous la forme d'une fraction.
2. Déterminer le signe de A.
3. Rédiger la démonstration.

Démo
128 Le but de cet exercice est de démontrer la propriété : « Si $0 < a < x < b$ et $0 < c < y < d$, alors $ac < xy < bd$. »
1. Multiplier $c < y < d$ par x en justifiant l'inégalité obtenue.
2. Donner un majorant de dx et un minorant de cx.
3. Rédiger la démonstration.

129 PYTHON Samuel a effectué le calcul suivant en Python : `0.1+0.2`
1. Quel est le résultat obtenu ? Pourquoi est-ce étonnant ?
2. En informatique, un nombre est stocké dans une mémoire finie. Pour simplifier, on peut dire que la mémoire est considérée comme des cases contenant les valeurs 0 ou 1 uniquement. Pour la partie décimale, on peut imaginer le schéma suivant.

En base 2	1	0	0	1	1
En base 10	$\frac{1}{2}$	$\frac{1}{4}$	$\frac{1}{8}$	$\frac{1}{16}$	$\frac{1}{32}$

Dans cet exemple, la partie décimale du nombre en base 2 est **10 011** (on le note $10\,011_2$) et elle vaut en base 10 :

$$1\times\frac{1}{2}+0\times\frac{1}{4}+0\times\frac{1}{8}+1\times\frac{1}{16}+1\times\frac{1}{32} \text{ soit } \frac{19}{32}$$

A, B et C représentent la partie décimale d'un nombre et ils obéissent à la règle précédente, calculer leur valeur exacte en base 10.

$A = 00101_2$ $\quad B = 00011_2$ $\quad C = 00001_2$

3. Donner une valeur approchée avec 5 chiffres après la virgule de A, B et C.
4. Avec cet exemple de mémoire sur 5 chiffres binaires, peut-on coder 0,1 (en base 10) ?

Info
Les ordinateurs sont très performants pour les calculs sur les nombres entiers, mais quand on calcule avec des nombres décimaux, il faut prendre des précautions supplémentaires (c'est ce que font par défaut les calculatrices et les logiciels de calcul formel).

130 Représenter sur un axe gradué les inégalités suivantes et donner l'ensemble solution sous forme d'un intervalle (ou d'une réunion d'intervalles) :
1. $|x-2{,}4| > 0{,}5$ **2.** $|x-1{,}5| > 2$ **3.** $|x+\sqrt{2}| > 3$

131 Compétence Chercher Donner l'ensemble solution de l'inéquation suivante.

$$||x-8|+4| \leqslant 6$$

132 Compétence Chercher Donner l'ensemble solution de l'inéquation suivante.

$$||x-4|-5| \leqslant 2$$

133 Démontrer que quel que soit le réel p positif, on a toujours $\sqrt{p} \leqslant \frac{p+1}{2}$.

Aide
Penser à élever au carré et à comparer à zéro.

134 Compétence Calculer Un réservoir a la forme d'un parallélépipède rectangle tel que la face avant mesure 180 cm, le fond mesure 900 cm et la face latérale 720 cm. Peut-il contenir 11 litres de liquide ?

135 Soit $A = 9^{18} - \sqrt{4\times 9^{18} + (9^{18}-1)^2}$.
1. Calculer A à l'aide d'une calculatrice, d'un tableur. Comparer les résultats.
2. Calculer A à la main.

136 Déterminer l'entier n tel que :

$$16^n + 16^n + 16^n + 16^n = 2^{2022}$$

137 Comparer $2^{10\,000}$ et 3^{1000}.

Aide
Pour tout entier n, si a et b sont des réels positifs :
$a \leqslant b \Leftrightarrow a^n \leqslant b^n$

138 Simplifier les expressions suivantes.

$A = \frac{1}{1+\sqrt{2}}$ $\quad B = \frac{\sqrt{3}}{2-\sqrt{5}}$ $\quad C = \frac{\sqrt{7}+1}{4+\sqrt{7}}$

Aide
L'expression conjuguée de $(a+\sqrt{b})$ est $(a-\sqrt{b})$;
elle est souvent utilisée pour simplifier une fraction avec un dénominateur irrationnel.

139 Sur les graphiques suivants, on suppose que le côté d'un carreau est 1 cm.

1.
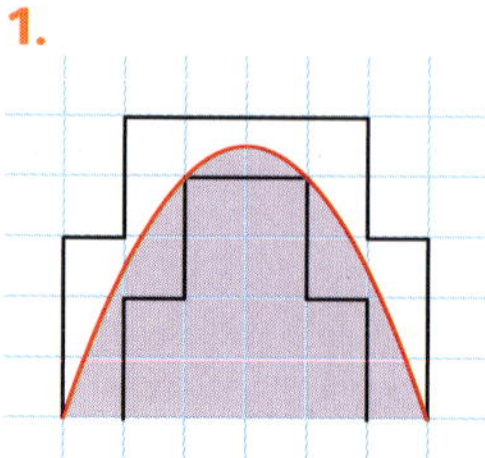

2.
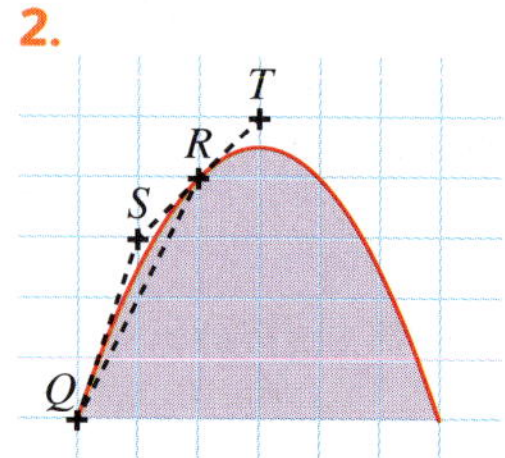

À l'aide des suggestions faites par les schémas, proposer deux encadrements de l'aire de la partie colorée.

140 PYTHON Le logigramme suivant est utilisé pour évaluer la valeur qui sera utilisée à partir des données expérimentales x_1 et x_2.

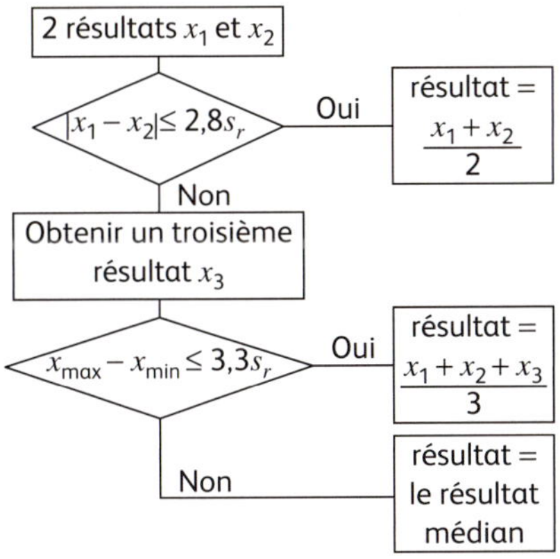

Programmer l'algorithme présenté par ce logigramme et vérifier le fonctionnement du programme en le testant avec les données de l'**activité 4**.

> **Info**
> En Python $|x|$ s'écrit :
> `abs(x)`

141 Après avoir identifié les valeurs interdites pour x, résoudre les inéquations suivantes, puis donner les solutions sous forme d'un intervalle (ou d'une réunion d'intervalles) de $\mathbb{R}$.

1. $\frac{1}{6x} + \frac{5}{7} < -5$ **2.** $-\frac{3}{8x} + \frac{2}{5} \leq \frac{1}{7}$ **3.** $\frac{1}{4-x} > 17$

142 Paquet de pâtes

La législation européenne accorde une marge d'erreur sur le poids ou le volume de certains produits. Cet accord est représenté par la lettre **e** (pour *estimate*, en anglais) à côté de l'unité de mesure. On peut donc voir des paquets de pâtes dont le poids net est 500 **ge**.

Le tableau suivant donne ces marges d'erreur.

Quantité en g ou ml	Erreur négative tolérable
de 5 à 50	9 %
de 50 à 100	4,5 g ou ml
de 100 à 200	4,5 %
de 200 à 300	9 g ou ml
de 300 à 500	3 %
de 500 à 1 000	15 g ou ml
de 1 000 à 10 000	1,5 %

1. Calculer l'intervalle toléré associé à chacune des lignes du tableau.

2. Pourquoi le tableau ne précise-t-il pas si les bornes sont incluses ou exclues ?

143 Soit A le nombre rationnel tel que :

$$A = 0{,}1236123612361236 12\ldots$$

1. Déterminer la période de A.

2. Donner l'écriture décimale de $10\,000A - A$.

3. En déduire l'écriture fractionnaire de A.

144 Compétence Chercher Déterminer la somme des 2 020 premières décimales de $\sqrt{0{,}\underbrace{999\ldots99}_{2019 \text{ chiffres } 9}}$.

145 Compétence Chercher Déterminer les deux derniers chiffres de 3^{2019}.

> **Aide**
> Pour les exercices **144** et **145**, commencer par chercher pour des nombres ayant les mêmes caractéristiques, mais « moins gros ».

146 Le livre de Stéphanie G., *Femme de mathématicien* est disponible en téléchargement. Elle remarque que le nombre (t) de téléchargements en fonction du nombre (n) de semaines écoulées depuis la publication se calcule comme suit : $t = 38n + 120$.

Combien de semaines devra-t-elle attendre pour vendre au moins 5 000 exemplaires ?

147 Une mystérieuse instruction

Evangelista vient de trouver cette formule :

$$\frac{n}{d} \rightarrow \frac{n+2d}{n+d}$$

1. Tester cette formule avec deux entiers (n et d différents ou non) et recommencer plusieurs fois avec le rationnel obtenu (s'il est entier, alors $d = 1$).

2. Émettre une conjecture quant aux valeurs décimales des quotients obtenus.

3. Reconnaître le réel R qui admet ce développement décimal.

4. Donner la première fraction F, telle que :

$$|R - F| < 10^{-5}$$

148 ***Die Coss***

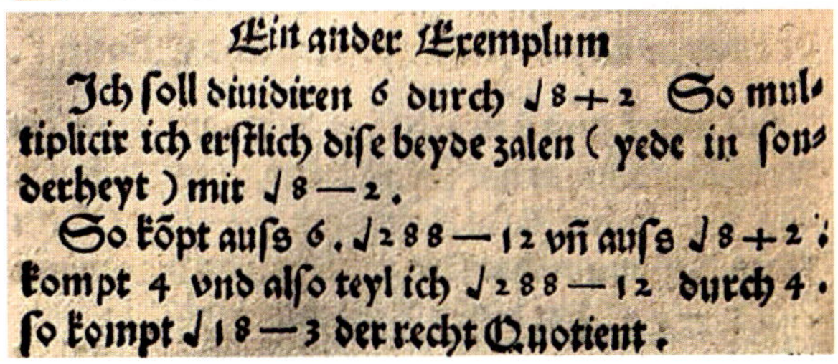
Ein ander Exemplum

Ich soll diuidiren 6 durch √8+2 So multiplicir ich erstlich dise beyde zalen (yede in sonderheyt) mit √8−2.

So kōpt auss 6. √288−12 vñ auss √8+2 kompt 4 vnd also teyl ich √288−12 durch 4. so kompt √18−3 der recht Quotient.

Extrait *Die Coss*, 1553, Christoff Rudolff, folio 116, verso.

Je dois diviser 6 par $\sqrt{8}+2$. Pour cela, je vais multiplier chacun de ces deux nombres par $\sqrt{8}-2$. Ainsi pour 6, j'obtiens $\sqrt{288}-12$ et pour $\sqrt{8}+2$, j'obtiens 4 ; donc je divise $\sqrt{288}-12$ par 4 et je trouve $\sqrt{18}-3$.

1. Vérifier les calculs en les détaillant.

2. Pourquoi Christoff Rudolff a-t-il choisi de multiplier le numérateur et le dénominateur par $\sqrt{8}-2$?

3. À la manière de Christoff Rudolff, calculer les quotients suivants.

$A = \frac{8}{3+\sqrt{5}}$ $B = \frac{\sqrt{12}}{3-\sqrt{6}}$

exercices Accompagnement personnalisé

COUPS DE POUCE 157, 158

Maîtriser l'essentiel

149 Compréhension d'énoncé

Écrire sous forme d'appartenance à un intervalle :

I. x est un réel négatif ou nul.

II. x est strictement supérieur à -8.

III. x est compris entre $-3{,}14$ exclus et $6{,}28$ inclus.

On peut passer d'une écriture sous forme d'inéquations à l'appartenance à un intervalle et réciproquement. Par exemple, $x > 1$ s'écrit $x \in]1 ; +\infty[$.

Répondre aux questions suivantes.

1. Pour chaque cas **I.**, **II.** et **III.**, traduire la phrase proposée sous forme d'inéquations.

2. Passer de l'écriture sous forme d'inéquations à l'appartenance à un intervalle dans chaque cas.

150 Résoudre les inéquations suivantes et représenter les ensembles solution sur la droite des réels.

1. $3x + 9 > 14$

2. $\frac{2}{9} - \frac{1}{7}x > \frac{4}{5}$

151 **1.** Citer cinq nombres pour lesquels l'entier le plus proche est 10.

2. Soit x un réel vérifiant cette propriété, dessiner sur un axe l'intervalle auquel x appartient.

152 **1.** Trouver cinq nombres dont une valeur approchée à 0,01 près est 4,56.

2. Soit y un réel vérifiant cette propriété : donner l'intervalle auquel appartient y.

153 I est l'intervalle coloré en bleu, J est celui coloré en rouge. À l'aide d'une lecture graphique, écrire sous forme d'inégalités :

$x \in \mathrm{I} \cup \mathrm{J}$ puis $x \in \mathrm{I} \cap \mathrm{J}$

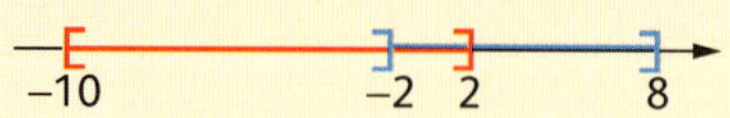

154 Soit la fonction f définie sur $\mathbb{R}$ par $f(x) = \sqrt{x^2 + 5}$. Recopier et compléter le tableau de valeurs de f en arrondissant à 10^{-2} près.

x	-5	-1	0	4	8	10
$f(x)$						

155 Simplifier les écritures suivantes, puis donner la nature de chaque nombre.

$A = \sqrt{20} \times \sqrt{45}$ $\quad B = \frac{3}{7} \times 7\sqrt{3}$

$C = \left(\frac{55\sqrt{5}}{33}\right)^2$ $\quad D = \left(\sqrt{7}\right)^3 \times \frac{\sqrt{14}}{\sqrt{2}}$

Aller plus loin

156 Une étrange égalité

1. Soit $A = 0{,}3333...$ de période 3.

a. Vérifier que $10A - A$ est un entier.

b. En déduire l'écriture fractionnaire de A.

2. Soit $B = 0{,}7777...$ de période 7. En procédant de la même façon donner l'expression de B sous forme de quotient.

3. Soit $C = 0{,}201920192019...$ de période 2019. On pose $x = 1000C - C$. En déduire une expression de C sous forme d'un quotient.

4. Soit $D = 20{,}19191919...$ En s'inspirant du calcul précédent, trouver une écriture fractionnaire de D.

5. Soit $E = 0{,}999999...$ Trouver une écriture fractionnaire de E.

Info

Ce dernier calcul n'est pas une erreur : 0,9999... est le *développement impropre* de 1. Attention, les calculs avec les nombres qui comportent une partie décimale infinie sont généralement compliqués. Pour s'en rendre compte, il suffit d'essayer de poser l'opération : $0{,}7777... + 0{,}4444...$

157 PRISE D'INITIATIVES

1. Développer $(x - 9)(x + 8)$.

2. Donner une expression plus simple de :

$$x = \sqrt{72 + \sqrt{72 + \sqrt{72 + \sqrt{72 + \sqrt{72 + ...}}}}}$$

Aide

Calculer x^2.

158 PRISE D'INITIATIVES

Déterminer le nombre d'entiers solution de :

$$\left|\sqrt{n} - \sqrt{100}\right| < 1$$

159 Les nombres transcendants

Les nombres réels sont soit *algébriques*, soit *transcendants*. Les nombres algébriques sont ceux qui sont solutions d'équations polynomiales dont les coefficients sont des entiers relatifs, les nombres transcendants, ce sont tous les autres.

Par exemple, $\sqrt{2}$ est un nombre algébrique car il est solution de l'équation $x^2 - 2 = 0$.

1. Pour chacun des réels suivants, trouver une équation polynomiale, à coefficients entiers relatifs, dont il est solution.

$$A = \sqrt{3} \ ; \ B = -8 \ ; \ C = \frac{7}{3} \ ; \ D = 0 \ ; \ E = \frac{\sqrt{7}}{8}$$

2. Il est difficile de démontrer qu'un nombre est transcendant.

Un des plus connu est π. Chercher des informations sur la constante de Champernowne.

TP Pratiquer l'algorithmique et programmer

Recherche d'une valeur par « balayage »

C'est la recherche naturelle d'une valeur appartenant à un intervalle : si on sait que la solution à un problème est dans l'intervalle $[0;1]$, on teste des valeurs les unes après les autres… on « balaye » l'intervalle.

Objectif PYTHON
Tester un programme qui utilise une boucle non bornée.
Comprendre que seule une réflexion mathématique permet d'interpréter certains résultats.

Info

Le nombre $\sqrt{2}$ correspond à la longueur de la diagonale d'un carré de côté 1. Il est apparu depuis l'Antiquité comme très particulier et la plus ancienne pièce archéologique connue traitant de mathématiques lui est dédiée : la tablette YBC 7289. C'est le premier nombre irrationnel identifié comme tel.

Partie A Approximation de $\sqrt{2}$

On rappelle que :
- $\sqrt{2}$ est le réel positif qui a pour carré 2.
- pour tous réels a, b et c, si $a < b$ et $b < c$, alors :

$$a < c$$

1. Soient a et b deux réels positifs.

a. Démontrer que $a < b \Rightarrow a^2 < ab$.

b. En déduire que $a < b \Rightarrow a^2 < b^2$.

2. Le programme suivant écrit en Python, permet d'obtenir un encadrement de $\sqrt{2}$ avec une amplitude de 0,001 à l'aide d'un algorithme par balayage.

```
valeur = 1
pas = 0.001
while valeur * valeur < 2:
    valeur = valeur + pas
print(valeur - pas," < sqrt(2) <", valeur)
```

a. Exécuter le programme et observer la réponse : en quoi est-elle étonnante ? *Pour mieux comprendre voir l'exercice* **129**.

b. Modifier le programme afin d'obtenir un encadrement de $\sqrt{2}$ au millionième près. Que se passe-t-il pour un encadrement au dix-millionième ?

c. Modifier le programme en créant une variable compteur qui va être incrémentée à chaque passage dans la boucle `while`.

d. Vérifier que pour un encadrement d'amplitude 0,0001 il faut 4 143 itérations et que pour un encadrement au millionième il en faut 4 142 136.

3. Sarah décide d'améliorer le programme de la façon suivante : pour obtenir un encadrement au milliardième de $\sqrt{2}$, elle lance le programme avec `valeur=1` et `pas=0.1`.
Puis elle le relance avec pour valeur la borne inférieure de l'encadrement qu'elle vient d'obtenir, en initialisant pas à `0.01`.
Puis elle réitère ce procédé jusqu'à un pas de 0,000 000 001.

a. Tester sa méthode et donner un encadrement de $\sqrt{2}$ au milliardième.

b. Vérifier que cette méthode nécessite moins de 70 passages dans la boucle `while`, et donner le nombre exact de passages.

Partie B Une moitié de coloriage

Apolline et Charlotte veulent modifier l'algorithme précédent afin de trouver une approximation de la valeur de AM telle que l'aire colorée soit la moitié de celle du rectangle $ABCD$, avec $AB = 9$; $AD = 4$ et $AM = DR$.

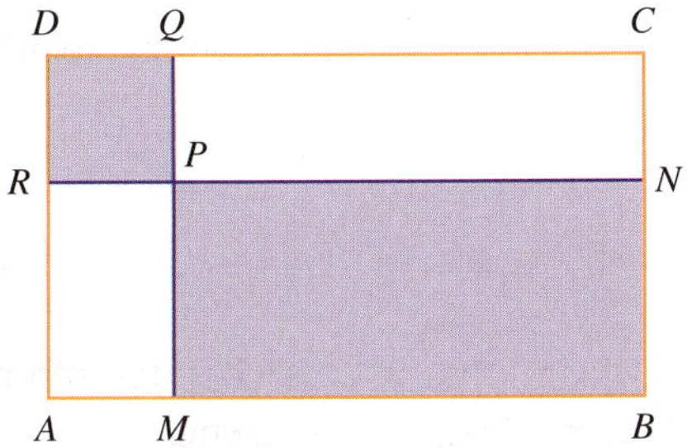

1. Elles ont cherché l'intervalle des valeurs possibles pour AM et ont calculé l'aire colorée pour les valeurs extrêmes. Expliquer pourquoi elles pensent qu'il est possible que l'aire colorée soit la moitié de celle de $ABCD$.

2. Exprimer l'aire colorée en fonction de AM.

3. Apolline modifie uniquement le test du `while` de l'algorithme précédent. Quel encadrement de AM obtient-elle ?

4. Charlotte recopie l'algorithme d'Apolline, mais se trompe et initialise `valeur` à 3. Qu'obtient-elle ?

5. Chercher une explication justifiant cette différence de résultat.

TP Utiliser les outils numériques

TABLEUR

Du plus petit au plus grand

Le but de l'étude est de chercher s'il existe une corrélation entre la taille d'une espèce animale et sa vitesse maximale de déplacement. Une méthode consiste à visualiser les données en plaçant des points (taille en abscisse, vitesse en ordonnée) pour chaque espèce.
Les données sont celles du tableau en bas de page.

Objectif
Modéliser un phénomène naturel.
Découvrir une autre façon de graduer les axes d'un repère.

Partie A Une échelle linéaire

1. Quelle doit être la longueur de l'axe des abscisses si 1 cm en réalité est représenté par 0,5 cm sur l'axe ?
2. Quelle doit être la longueur de l'axe des abscisses si 12 cm en réalité sont représentés par 1 cm sur l'axe ?
3. Expliquer pourquoi aucune de ces deux échelles n'est satisfaisante.

Partie B Une échelle logarithmique

Une échelle logarithmique permet de placer de très petits nombres et de très grands sur un même axe.
L'écart entre deux graduations principales n'est pas $(+10)$, mais $(\times 10)$.
1. Donner l'abscisse des points A, B, C, D et E.
Attention, l'abscisse de A n'est pas 5,5 !

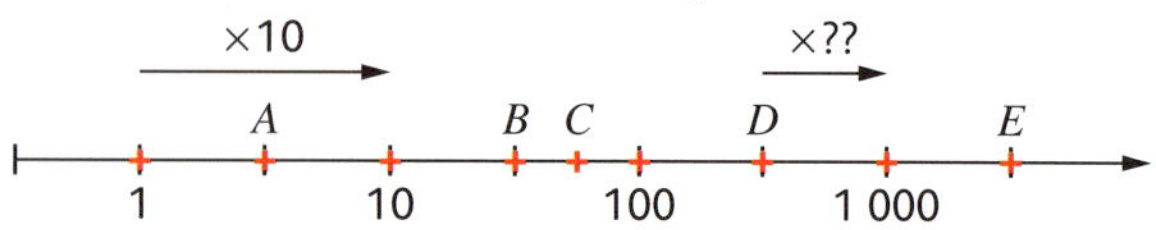

2. À l'aide d'un calque, placer les points correspondant à chaque animal dans le repère. *Les axes sont gradués avec une échelle logarithmique.*

Partie C Conjecture

Remarquer que les points sont « globalement alignés » : cela signifie qu'il existe une corrélation entre la taille et la vitesse.
1. En déduire une valeur possible de la taille d'un animal dont la vitesse maximale est 1 m/s.
2. En déduire une valeur possible de la vitesse en m/s d'un animal de taille 3×10^{-3} m.

Info
Les tableurs permettent l'utilisation de ce type d'échelle pour représenter des nuages de points. Sélectionner le type de graphique nuage de points, puis formater les axes pour avoir des échelles logarithmiques.

Les données sont extraites du livre : *On size and life* (McMahon et Bonner)

Espèce	Taille	Vitesse (cm/s)
acarien	0,8 mm	$8{,}5 \times 10^{-1}$
fourmi d'Argentine	2,4 mm	4,4
fourmi	4,2 mm	6,5
souris sylvestre	9 cm	250
lézard à queue de zèbre	15 cm	720
tamia rayé	16 cm	480
iguane du désert	24 cm	730
écureuil gris	25 cm	760
renard	60 cm	2 000
guépard	1,2 m	2 900
autruche	2,1 m	2 300

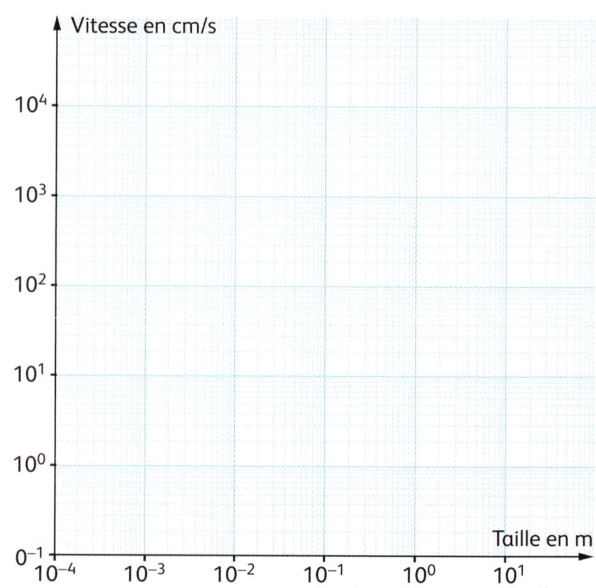

TP Mener une recherche

Compétence | Chercher et communiquer

TP1 Un problème de Sam Loyd

TRAVAIL DE GROUPE

Objectif
Mener une recherche en groupe.
Travailler le calcul fractionnaire.

Dans un de ses problèmes, Sam Loyd raconte qu'il a reçu une encyclopédie d'histoire en neuf tomes numérotés de 1 à 9.

« J'ai découvert, par exemple, qu'en plaçant les volumes sur deux étagères comme le montre le dessin, la fraction $\dfrac{6\,729}{13\,458}$ est exactement égale à $\dfrac{1}{2}$. Est-il possible, en utilisant les neuf volumes, de trouver d'autres combinaisons qui forment des fractions égales à $\dfrac{1}{2}$; $\dfrac{1}{3}$; $\dfrac{1}{4}$; $\dfrac{1}{5}$; $\dfrac{1}{6}$; $\dfrac{1}{7}$; $\dfrac{1}{8}$; $\dfrac{1}{9}$? »

1. Démontrer que dans ce cas, le numérateur est toujours un nombre de 4 chiffres.
2. Étonnamment, ici, la recherche au hasard est plus performante que la recherche exhaustive !
a. À l'aide d'un programme, ou en groupe en effectuant les calculs à la main : former une fraction dont le numérateur est composé de 4 chiffres distincts pris au hasard et le dénominateur des 5 autres chiffres écrits au hasard, simplifier la fraction en espérant obtenir une fraction de l'unité…
b. Donner une solution pour chacune des fractions de l'unité.

TP2 L'addition du cancre

a, b, c et d sont des réels strictement positifs tels que :

$$\frac{a}{b} < \frac{c}{d}$$

Pour additionner deux fractions, le cancre effectue :

$$\frac{a}{b} + \frac{c}{d} = \frac{a+c}{b+d} \text{ !}$$

1. Pour chaque couple de fractions proposé, calculer $\dfrac{a}{b} + \dfrac{c}{d}$ comme le cancre, puis comparer le résultat avec : $\dfrac{a}{b}$ et $\dfrac{c}{d}$.

a. $\dfrac{1}{3}$ et $\dfrac{2}{5}$ b. $\dfrac{8}{3}$ et $\dfrac{3}{4}$ c. $\dfrac{13}{7}$ et $\dfrac{29}{7}$ d. $\dfrac{2}{\sqrt{2}}$ et $\dfrac{\sqrt{2}}{2}$

2. Émettre une conjecture.
3. Avec les notations de la figure, on admet que :

$$\alpha < \beta \Leftrightarrow \frac{a}{b} < \frac{c}{d}$$

a. Par construction, $\delta > \alpha$. Traduire cette inégalité avec des fractions.
b. Démontrer que $\delta < \beta$. Traduire cette inégalité avec des fractions.
c. Démontrer la conjecture.

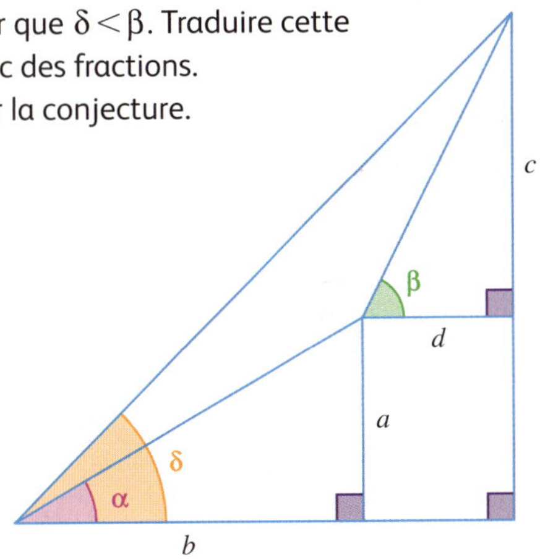

TP3 Un développement décimal étonnant

Partie A.

$$\text{Soit } A = \frac{1}{9\,801}.$$

1. Écrire la valeur décimale approchée de A obtenue à l'aide d'une calculatrice (sans puissance de 10).
2. Poser la division et en utilisant judicieusement la calculatrice, obtenir les 30 premières décimales de A.
3. Émettre une conjecture. La confirmer ou l'infirmer en calculant les 200 premières décimales de A à l'aide d'un logiciel de calcul formel.

Partie B.

$$\text{Soit } B = \frac{1}{81}.$$

1. Écrire la valeur décimale approchée de B obtenue à l'aide d'une calculatrice.
2. Poser la division et en utilisant judicieusement la calculatrice, obtenir les 30 premières décimales de B.

Partie C. À l'écrit ou à l'oral

$$\text{Soit } C = \frac{1}{998\,001}.$$

1. À l'aide d'un logiciel de calcul formel, calculer les 100, puis les 1 000 premières décimales de C.
2. En observant les écritures fractionnaires des nombres A, B, C, proposer d'autres nombres ayant la même particularité en expliquant votre démarche. *Les observations faites resteront à l'état de conjectures, les démonstrations étant hors de portée ici.*

Je **révise** en **autonomie**

Je cible mes révisions

Pour chaque capacité, suivre le parcours de révision pour travailler les méthodes et s'entraîner.

VIDÉOS des capacités

Parcours de révision	Réviser en autonomie	S'entraîner
CAPACITÉ 1 Utiliser la droite des réels	Méthode, p. 11	Exercices 2 et 48
CAPACITÉ 2 Représenter un intervalle	Méthode, p. 11	Exercices 2 et 53
CAPACITÉ 3 Donner un encadrement d'un réel par des décimaux	Méthode, p. 13	Exercices 4 et 63
CAPACITÉ 4 Arrondir au nombre de chiffres significatifs adapté	Méthode, p. 15	Exercices 8 et 66
CAPACITÉ 5 Résoudre une inéquation du premier degré	Méthode, p. 17	Exercices 11 et 67

Je me teste

Voir corrigés

Pour chaque question, déterminer la (ou les) réponse(s) correcte(s).

CAPACITÉ 1

1. Sachant que $3{,}1415 < \pi < 3{,}1416$:

a. on peut en déduire que $\pi < \dfrac{22}{7}$.

b. on peut en déduire que $\pi < \dfrac{355}{113}$.

c. $3{,}14 < \pi < 3{,}141$

d. $0{,}2617 < \dfrac{\pi}{12} < 0{,}2618$

2. Soit x tel que $|x-6| < 0{,}1$:

a. on peut affirmer que $x < 6{,}1$.

b. x peut être égal à 6.

c. x peut être égal à $\dfrac{121}{20}$.

d. x peut être égal à 5,91.

CAPACITÉ 2

3. L'intervalle suivant :

a. est inclus dans l'intervalle $[-8\,;4]$.

b. contient au moins 10 entiers relatifs.

c. peut représenter les solutions de $2x+9 > -6$.

d. peut représenter les solutions de $|x+2{,}1| < 5{,}4$.

4. I est l'intervalle représenté en rouge et J celui représenté en bleu.

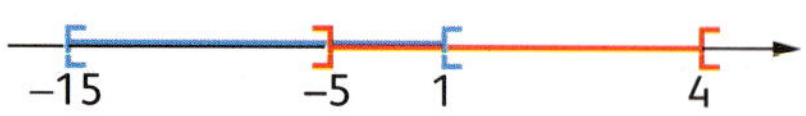

a. $\mathrm{I} \cup \mathrm{J} = [-15\,;4[$

b. $\mathrm{I} \cap \mathrm{J} = [-15\,;4[$

c. L'ensemble des réels x appartenant à I ou à J est $]-5\,;1[$.

d. L'ensemble des réels x appartenant à I et à J est $]-15\,;4[$.

CAPACITÉ 3

5. Une calculatrice n'affiche que 8 chiffres au résultat.

On effectue les calculs suivants.

① $20{,}19 \times 23{,}45$ ② $1{,}41421^2$

③ $987{,}65 \times 33$ ④ $\dfrac{201920192019}{3}$

a. Les affichages des calculs ① et ② correspondent aux décimaux attendus.

b. Les affichages des calculs ① et ③ correspondent aux décimaux attendus.

c. Le résultat du calcul ② est un entier.

d. Le résultat du calcul ④ est un entier.

6. Soient les arrondis suivants.

a. L'arrondi au centième de $2+\dfrac{2}{3}$ est 2,67.

b. L'arrondi à 10^{-4} de $\sqrt{3}$ est 1,7320.

c. L'arrondi à 10^{-1} de 9,987 est 10,0.

d. L'arrondi au millier de 1 789 est 2 milliers.

CAPACITÉ 4

7. Soit $-2 \leqslant x \leqslant -0{,}5$ et $3 \leqslant y \leqslant 4$, alors :

a. $1 \leqslant x+y \leqslant 3{,}5$

b. $-2 \leqslant x+y \leqslant 4$

c. $-5 \leqslant x-y \leqslant -4{,}5$

d. $-6 \leqslant x-y \leqslant -3{,}5$

CAPACITÉ 5

8. Soient les inéquations suivantes.

① $4x+5 < 0$

② $6x+7{,}5 < 0$

③ $0 > 5-4x$

④ $10x+8 < 0$

a. ① et ② ont les mêmes solutions.

b. ③ et ④ ont les mêmes solutions.

c. Les solutions de ① sont aussi solutions de ④.

d. Si y est une solution de ②, alors y est une solution de ③.

Je fais des exercices bilans

Bilan 1 10min **Nature d'un nombre**

Simplifier chacune des expressions suivantes et identifier la nature du nombre obtenu.

$A = 2 + \frac{2}{3}$ $\qquad B = (\sqrt{3}+1)\times(\sqrt{3}-1)$

$C = (\sqrt{5}+1)^2$ $\qquad D = \frac{2}{5}+7$

Bilan 2 10min **Carte d'abonnement**

Cette année M. Nofle hésite : doit-il ou non payer à sa fille lycéenne une carte d'abonnement pour les transports ?

La carte d'abonnement coûte 350 € par an auxquels s'ajoutent 8 € de frais de dossier.

Mais il peut bénéficier d'une carte famille nombreuse (19 € de frais de dossier) qui permet d'acheter des tickets à moitié prix, soit 7,45 € le carnet de 10 tickets (au lieu de 14,90 €). Il suffit d'un ticket par trajet en bus.

À partir de combien de carnets de 10 tickets demi-tarif la carte d'abonnement est-elle la plus rentable ?

Bilan 3 10min **À quelques millièmes près**

Soit la fonction f définie sur $\mathbb{R}$ par $f(x) = \frac{2x}{x^2+1}$.

Recopier et compléter le tableau de valeurs de f en arrondissant à 10^{-3} près.

x	-5	-1	0	4	8	10
$f(x)$						

Bilan 4 10min **Augmentation des coûts**

Une société autoroutière annonce qu'elle augmente ses tarifs de 2,1 %.

Pour des raisons de reconnaissance de pièces dans les automates des gares de péage, le plus petit montant accepté est 10 centimes.

Les coûts sont donc arrondis au dixième d'euro par excès.

Une association a relevé les coûts avant et après l'augmentation.

1. Recopier et compléter le tableau suivant.

Montant initial	Montant après majoration
1,70	
3,80	
7,90	
12,40	
23,50	
36,80	

2. L'association crie au scandale : l'augmentation n'est pas de 2,1 % mais de 2,3 % ! Quel est son raisonnement ?

Bilan 5 10min **Inéquations**

Déterminer les ensembles de solutions des inéquations suivantes, puis les représenter sur la droite des réels.

1. $\frac{9}{4}x+\frac{6}{7}>4$ 2. $6-\frac{17}{3}x\leqslant-\frac{5}{3}$ 3. $\frac{8+x}{7}<2x+\frac{9}{14}$

Bilan 6 10min **Toutes ensemble**

Déterminer les solutions des systèmes d'inéquations suivants après les avoir représentées sur un axe gradué. L'écriture sous forme de système signifie que les solutions vérifient les deux inéquations simultanément.

1. $\begin{cases}3x-5>7\\4-2x<11\end{cases}$ 2. $\begin{cases}\frac{3}{7}x-8<x-2\\3(x-3)+40<0\end{cases}$

Bilan 7 15min **Traductions**

1. Traduire les phrases suivantes par une inéquation en utilisant une valeur absolue.

a. L'ensemble des réels dont l'écart à 2 est inférieur ou égal à un dixième.

b. L'ensemble des réels compris au sens strict entre $-3{,}5$ et -1.

c. L'ensemble des réels égaux à $\sqrt{3}$ à 10^{-3} près.

2. Représenter sur l'axe des réels les solutions des inéquations suivantes, puis traduire par une phrase l'ensemble solution.

a. $|x-7{,}5|<10^{-2}$ b. $|8+x|\leqslant 0{,}25$ c. $|x-3|\geqslant 5$

Bilan 8 10min **TOI et NOUS**

Le point O est un point quelconque de $[TU]$, TOI est un triangle isocèle de base $[TO]$ et $NOUS$ est un carré.

Les dimensions sont indiquées sur la figure qui ne respecte pas les proportions.

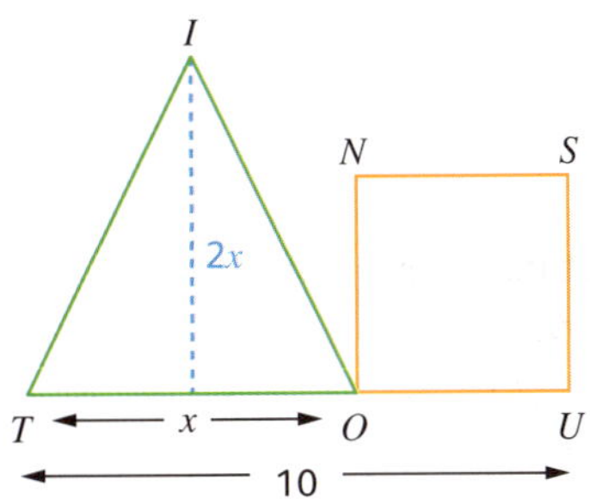

1. Déterminer l'intervalle dans lequel varie x, sachant que $TO = x$.

2. Exprimer $\mathcal{A}_T$ l'aire de TOI et $\mathcal{A}_C$ celle de $NOUS$ en fonction de x.

3. Déterminer les valeurs de x telles que l'aire de $NOUS$ soit supérieure ou égale à celle de TOI. ①

4. Déterminer les valeurs de x telles que le périmètre de TOI soit supérieur ou égal à celui de $NOUS$. ②

5. Est-il possible que les conditions ① et ② soient réalisées simultanément ? Si oui, pour quelles valeurs de x ?

CHAPITRE

2 Nombres entiers, arithmétique

Les capacités du chapitre

- Capacité 1 : Utiliser les notions de multiple, de diviseur et de nombre premier
- Capacité 2 : Utiliser les notions de nombre pair et de nombre impair
- Capacité 3 : Présenter des résultats fractionnaires sous forme irréductible
- Capacité 4 : Effectuer des calculs numériques

Au fil du temps

Les nombres fascinent depuis l'Antiquité. Déjà, Euclide (vers 325-265 av. J.-C.) décrivait la division euclidienne et les nombres premiers qui sont encore aujourd'hui source de nombreux problèmes non résolus.

Les nombres premiers jumeaux par exemple, sont des couples de nombres premiers différant de deux unités :

(3 ; 5) ; (11 ; 13) ; (17 ; 19) ; …

Les deux plus grands nombres premiers jumeaux connus s'écrivent avec plus de deux cent mille chiffres… Mais la suite de ces nombres est-elle infinie ? On pense que oui, sans pouvoir le démontrer aujourd'hui encore…

Des maths partout !

Les applications de la théorie des nombres sont très nombreuses : cryptographie, informatique, etc.
L'étude de certains « trous noirs » mobilise également cette théorie.

Image simulée d'un trou noir stellaire

Ressources du chapitre disponibles ici : www.lycee.hachette-education.com/declic/2de

Partir d'un bon pied

A Diaporama pour tester les bases

ACTIVITÉS MENTALES RAPIDES

B Utiliser une division euclidienne

Un enfant possède 100 billes qu'il souhaite répartir en petits tas de même taille, avec un éventuel reste de billes non réparties.

1. Parmi les écritures suivantes, laquelle permet d'obtenir la répartition optimale en 7 tas, c'est-à-dire celle pour laquelle il lui reste le moins de billes à répartir.

a. $100 = 7 \times 10 + 30$ **b.** $100 = 7 \times 13 + 9$

c. $100 = 7 \times 14 + 2$ **d.** $100 = 7 \times 15 - 5$

2. Répartir au mieux les 100 billes :

a. en 8 tas. **b.** en 9 tas. **c.** en 11 tas.

3. À quelle condition, sur le nombre de tas, ne reste-t-il plus de billes à répartir ?

C Revoir les notions de multiple et de diviseur

1. Recopier et compléter les phrases suivantes en utilisant les mots « diviseur » ou « multiple » et en écrivant une égalité.

a. 12 est un … de 3, car $12 = 3 \times \ldots$

b. 10 est un … de 150, car $\ldots = \ldots \times \ldots$

c. 221 a pour … l'entier 13, car $\ldots = \ldots \times \ldots$

d. 17 a pour … l'entier 85, car $\ldots = \ldots \times \ldots$

e. 15 n'est pas un … de 48, car $48 = 15 \times \ldots + \ldots$

2. Rappeler un critère permettant d'affirmer qu'un entier est divisible par 3, sans avoir à poser la division euclidienne.
En utilisant ce critère, préciser quels sont les multiples de 3 parmi les entiers suivants : 152 ; 457 ; 1 289 ; 6 051 et 8 541.

3. Pour chaque entier N suivant, remplacer le point par un chiffre des unités, dizaines ou centaines manquant de telle façon que N soit divisible par 3 et par 5.

a. $N = 63.$ **b.** $N = 7.5$ **c.** $N = .25$

D Décomposer en produit de facteurs premiers

On rappelle que tout entier naturel supérieur ou égal à 2 peut s'écrire de façon unique, à l'ordre près, comme le produit de facteurs premiers.
Ainsi $45 = 3 \times 3 \times 5$, où 3 et 5 sont des nombres premiers.

1. Rappeler la définition d'un nombre premier.

2. Décomposer en produit de facteurs premiers chacun des nombres suivants : 105 ; 135 ; 154 et 195.

3. En décomposant les numérateurs et dénominateurs en produit de facteurs premiers, écrire les fractions suivantes sous forme irréductible.

$A = \dfrac{84}{105}$ $B = \dfrac{385}{140}$ $C = \dfrac{60}{231}$ $D = \dfrac{154}{399}$

4. Vrai ou faux ? Pour chaque affirmation suivante, préciser si elle est vraie ou fausse.

a. $\sqrt{50} = 2\sqrt{5}$ **b.** $\sqrt{162} = 9\sqrt{2}$ **c.** $\sqrt{363} = 3\sqrt{11}$

Activités

1 Être premier ou pas, telle est la question... PYTHON

L'objectif est de proposer une démarche permettant de savoir si un entier naturel supérieur ou égal à 2 est premier ou non.

1 Soit un entier naturel n supérieur ou égal à 2.
a. Justifier que si l'entier n n'est pas premier, alors n admet (au moins) un diviseur q tel que $2 \leqslant q \leqslant \sqrt{n}$.
b. Démontrer que l'entier n est premier si, et seulement s'il n'admet aucun diviseur entre 2 et $\sqrt{n}$ (inclus).
c. En déduire une démarche permettant de savoir si l'entier n est premier.

2 Soit la fonction est_premier écrite en Python ci-contre.
a. Que permettent de tester les conditions « n%i!=0 » aux lignes 4 et 6 du programme Python ?
b. Justifier que la fonction est_premier permet de déterminer si un entier est premier ou non.
c. Programmer et tester la primalité des entiers 25, 75 et 97.

3 Dans une lettre adressée à Bernoulli, Euler écrivait en 1771 :
« Cette progression 41, 43, 47, 53, 61, 71, 83, 97, 113, 131, etc., dont le terme général est $41 - x + x^2$*, est d'autant plus remarquable que les 40 premiers termes sont tous des nombres premiers. »*
a. En utilisant la fonction est_premier, vérifier l'affirmation d'Euler.
b. Le 41ᵉ terme de la suite d'Euler est-il premier ?

Objectif
Travailler les notions de diviseur et de nombre premier.

Info Python
- sqrt(n) signifie $\sqrt{n}$.
- a%b donne le reste dans la division euclidienne de a par b.
- != signifie $\neq$.

```
1 from math import*
2 def est_premier(n):
3     i=2
4     while (i<sqrt(n))and(n%i!=0):
5         i=i+1
6     if (n%i)!=0:
7         print("premier")
8     else:
9         print("non premier")
```

2 Crible d'Ératosthène PYTHON

Déterminer la liste de tous les nombres premiers inférieurs à un nombre entier naturel N donné est un problème résolu depuis longtemps.
Au IIᵉ siècle av. J.-C., Ératosthène propose l'algorithme suivant, traduit en langage moderne et appelé **crible d'Ératosthène**.

① Commencer par écrire la liste L de tous les entiers de 2 à N.
② Garder le premier entier de la liste L et éliminer tous ses multiples dans L.
③ Passer à l'entier suivant dans L, le garder et éliminer tous ses multiples dans L.
④ Poursuivre ainsi jusqu'à avoir atteint la fin de la liste L.

1 **a.** Écrire la liste L de tous les entiers de 2 à 30 (étape ①).
b. Réaliser l'étape ② de l'algorithme et expliquer pourquoi on ne conserve pas les multiples de 2 dans L lors de la recherche d'entiers premiers.
Justifier qu'à la fin de l'étape ②, l'entier suivant 2 dans la liste L est premier.
c. Réaliser l'étape ③ de l'algorithme.
Expliquer pourquoi, à la fin de cette étape, l'entier suivant 3 dans la liste L est premier.
d. Réaliser l'étape ④.
Justifier que la liste finale L obtenue contient tous les entiers premiers inférieurs à 30.

2 On considère la fonction liste_premiers ci-contre.
a. Justifier que le crible d'Ératosthène est traduit par cette fonction.
b. Programmer et donner la liste des nombres premiers inférieurs à 100.

Objectif
Comprendre le fonctionnement d'un algorithme et travailler la notion de multiple.

Info Python
- list(range(2,N+1)) permet d'obtenir la liste des entiers de 2 à N.
- len(L) donne la longueur de la liste L.
- del(L[j]) supprime l'élément d'indice j de la liste L.

```
def liste_premiers(N):
    L=list(range(2,N+1))
    i=0
    while i<len(L):
        p=L[i]
        j=i+1
        while j<len(L):
            if L[j]%p==0:
                del(L[j])
            j=j+1
        i=i+1
    return(L)
```

3 Déterminer les nombres parfaits pairs ALGO

Objectif
Comprendre un texte historique et vérifier une propriété arithmétique.

Au début du Livre VII des *Éléments* (vers 330-260 av. J.-C.), Euclide donne la définition suivante.

> Un **nombre parfait** est un entier naturel égal à la somme de ses diviseurs propres, c'est-à-dire à la somme de ses diviseurs positifs autres que lui-même.

1 **a.** Déterminer les diviseurs positifs de 6.
En déduire que 6 est un nombre parfait.
b. L'entier 10 est-il un nombre parfait ?

2 Dans le Livre IX des *Éléments*, proposition 36, Euclide donne un algorithme permettant d'obtenir des nombres parfaits pairs :

« Si, à partir de l'unité, tant de nombres que l'on voudra sont successivement proportionnels en raison double, jusqu'à ce que leur somme soit un nombre premier, et si cette somme multipliée par le dernier nombre fait un nombre, le produit sera un nombre parfait. »

a. Le tableau incomplet suivant donne les puissances de 2 successives en partant de l'unité 1, puis leurs sommes cumulées.

Puissances de 2	1	2	4	8	16	...
Somme cumulée S des puissances	1	$1+2=3$	$1+2+4=7$	15	...	...
S est-il premier ?	non	oui	...	...	...	...

Recopier et compléter ce tableau jusqu'à placer la valeur 128 comme puissance de 2.
b. Selon l'algorithme proposé par Euclide, le produit $2\times3=6$ est un nombre parfait, ce qui est bien le cas.
Quel est le nombre parfait pair suivant obtenu par ce procédé ? Vérifier qu'il s'agit bien d'un nombre parfait en utilisant la définition.
c. Déterminer les quatre premiers nombres parfaits pairs.
Ces quatre nombres sont connus depuis l'Antiquité.

Info
C'est Euler au XVIIIe siècle qui démontre la réciproque du théorème énoncé par Euclide : les nombres parfaits pairs sont tous de la forme décrite ci-contre.
En revanche, on ne sait toujours pas en 2019 s'il existe des nombres parfaits impairs. Si un tel entier existe, on sait seulement qu'il serait supérieur à… 10^{1500}.

4 Parité et opérations TRAVAIL DE GROUPE

Objectif
Travailler la notion de parité.

Un entier relatif est soit **pair** (c'est-à-dire divisible par 2), soit **impair** (c'est-à-dire non divisible par 2).

On s'intéresse aux problèmes suivants.

① Si on connaît la parité de deux entiers, peut-on savoir quelle est la parité de leur somme ? De leur différence ?
② Si on connaît la parité d'un entier, peut-on savoir quelle est la parité de son carré ?

1 Soit un entier relatif n.
En écrivant la division euclidienne de n par 2, justifier que :
a. si n est pair, alors on peut écrire $n=2k$, où k est un entier relatif.
b. si n est impair, alors on peut écrire $n=2k+1$, où k est un entier relatif.

2 Conjecturer les réponses aux deux problèmes posés en testant sur quelques entiers.
Puis démontrer ces conjectures.
Résumer les résultats en complétant des tableaux comme ci-contre.

Somme $m+n$		Entier m Pair	Entier m Impair
Entier n	Pair		
Entier n	Impair		

Différence $m-n$		Entier m Pair	Entier m Impair
Entier n	Pair		
Entier n	Impair		

Carré	Entier m Pair	Entier m Impair
m^2		

Cours

1 Multiples et diviseurs dans $\mathbb{Z}$

a Ensembles $\mathbb{N}$ et $\mathbb{Z}$

Définitions

- L'ensemble des nombres entiers **naturels** $\{0;1;2;...\}$ est noté $\mathbb{N}$.
- L'ensemble des nombres entiers **relatifs** $\{...;-3;-2;-1;0;1;2;...\}$ est noté $\mathbb{Z}$.

Commentaires

- La somme, la différence et le produit de deux entiers relatifs sont des entiers relatifs.
- Pour la division dans $\mathbb{Z}$, on utilise la **division euclidienne**.

Pour tous entiers relatifs a et b, avec b non nul, on peut écrire a de façon unique sous la forme : $a = b \times q + r$, où q est un entier relatif et r un entier naturel tel que $0 \leqslant r < |b|$. q est appelé **quotient** et r **reste** de la division.

Exemple

On peut écrire $27 = 4 \times 5 + 7$, mais 7 n'est pas le reste dans la division euclidienne de 27 par 4, car $7 > 4$.
L'écriture de la division euclidienne de 27 par 4 est :

$$27 = 4 \times 6 + 3$$

6 est le quotient et 3 est le reste (on a bien $0 \leqslant 3 < 4$).

b Multiples et diviseurs dans $\mathbb{Z}$

Définitions Soient deux entiers relatifs n et p.

Si le reste dans la division euclidienne de n par p est égal à 0, c'est-à-dire s'il existe un entier relatif q tel que $n = p \times q$, on dit que :

- p est un **diviseur** de n ou que n **est divisible par** p.
- n est un **multiple** de p.

Exemples

- $12 = 4 \times 3$. Donc :
4 est un diviseur de 12,
12 est un multiple de 4.
- 0 est divisible par n'importe quel nombre entier relatif, car pour tout entier relatif n, on a $0 = 0 \times n$.
- 0 n'admet qu'un seul multiple : 0.

Commentaire

Tout nombre entier relatif non nul n est toujours divisible au moins par 1 et par lui-même (car $n = 1 \times n$) et admet une infinité de multiples : n, $2n$, $3n$, $-n$, $-2n$, etc. Les multiples de n sont de la forme $k \times n$, où $k \in \mathbb{Z}$.

Voir exercices n° 2 et n° 40

Propriété On considère trois entiers relatifs a, n et m.

Si les entiers n et m sont deux multiples de a, alors la somme $(n+m)$, la différence $(n-m)$ et le produit $n \times m$ sont aussi des multiples de a.

Démo

Démonstration pour la somme

Comme n est un multiple de a, on peut écrire : $n = k_1 \times a$, où k_1 est un entier relatif. De même, on peut écrire $m = k_2 \times a$, où k_2 est un entier relatif, car m est un multiple de a.
On en déduit que $n + m = k_1 \times a + k_2 \times a = (k_1 + k_2) \times a$.
Or $(k_1 + k_2)$ est la somme de deux entiers relatifs, c'est donc un entier relatif.
Ainsi, par définition, a est un diviseur de $(n+m)$.
Autrement dit, la somme $(n+m)$ est un multiple de a.

Exemple

36 et 90 sont des multiples de 9.
Donc $126 = 36 + 90$ est un multiple de 9.
En effet, $126 = 9 \times 14$.

c Nombres premiers

Définition Un nombre entier naturel est **premier** s'il n'admet que deux diviseurs positifs distincts : 1 et lui-même.

Exemples

- 2, 3, 5, 7 et 11 sont des nombres premiers.
- 15 n'est pas un nombre premier, car :

$$15 = 3 \times 5$$

3 et 5 sont des diviseurs de 15, qui admet donc des diviseurs positifs autres que 1 et lui-même.

Commentaires

- 1 n'est pas un nombre premier.
- Les nombres premiers peuvent être considérés comme les « briques élémentaires » des ensembles $\mathbb{N}$ et $\mathbb{Z}$. En effet, chaque entier naturel s'écrit de façon unique, à l'ordre près, sous la forme d'un produit dont chaque facteur est un nombre premier : c'est le **théorème fondamental de l'arithmétique**.

Méthode

VIDÉO
Capacité 1

CAPACITÉ 1 Utiliser les notions de multiple, de diviseur et de nombre premier

Énoncé On rappelle le critère de divisibilité suivant.

« Un entier naturel N est divisible par 3 si, et seulement si, la somme des chiffres de N est un multiple de 3. »

On souhaite démontrer ce critère dans le cas où N est un entier à trois chiffres.

En notant C le chiffre des centaines, D le chiffre des dizaines et U le chiffre des unités de N, on a :

$$N = C \times 100 + D \times 10 + U$$

1. Écrire la division euclidienne de 100 par 3, puis de 10 par 3.

2. Justifier que $N = 3 \times (33C + 3D) + (C + D + U)$.

3. On suppose que la somme des chiffres de N est divisible par 3. Justifier que N est divisible par 3.

4. Démontrer le critère.

5. Parmi les entiers suivants, déterminer lesquels sont divisibles par 3 :

235 et 678

Vérifier à l'aide de la calculatrice ou d'un logiciel.

Solution

1. On a $100 = 3 \times 33 + 1$ et $10 = 3 \times 3 + 1$.

2. On sait que $N = C \times 100 + D \times 10 + U$.

Donc $N = C \times (3 \times 33 + 1) + D \times (3 \times 3 + 1) + U$.

Donc $N = 3 \times 33C + C + 3 \times 3D + D + U$, c'est-à-dire :

$$N = 3 \times (33C + 3D) + (C + D + U)$$

3. On suppose que la somme des chiffres de N est divisible par 3.

Ainsi $(C + D + U)$ est un multiple de 3.

Or $3 \times (33C + 3D)$ est aussi un multiple de 3.

Ainsi N est la somme de deux multiples de 3.

Donc N est un multiple de 3, autrement dit : N est divisible par 3.

4. Il reste à démontrer la réciproque du résultat de la question **3.**

On suppose que N est un multiple de 3.

D'après la question **2.**, on a : $(C + D + U) = N - 3 \times (33C + 3D)$, soit $(C + D + U) = N + 3 \times (-33C - 3D)$, avec N multiple de 3 et $3 \times (-33C - 3D)$ multiple de 3.

On en déduit que la somme des chiffres $(C + D + U)$ est un multiple de 3.

Ainsi le critère de divisibilité par 3 est démontré pour les entiers à 3 chiffres.

5. • La somme des chiffres de 235 est : $2 + 3 + 5 = 10$, qui n'est pas divisible par 3. Donc 235 n'est pas divisible par 3.

• La somme des chiffres de 678 est : $6 + 7 + 8 = 21$, qui est divisible par 3. Donc 678 est divisible par 3.

• On vérifie ces résultats à l'aide d'un logiciel ou d'une calculatrice.

Point méthode

3. On met en relation le résultat à démontrer et la question précédente : il s'agit d'utiliser le fait que la somme de deux multiples de 3 est un multiple de 3.

Point méthode

4. Pour démontrer une équivalence, on procède souvent en deux temps. Ici, la question **3.** permet de justifier l'un des sens de l'équivalence. Il reste donc à démontrer l'autre sens, en supposant que N est un multiple de 3 et en montrant que la somme de ses chiffres est divisible par 3.

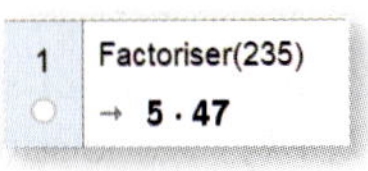

Numworks

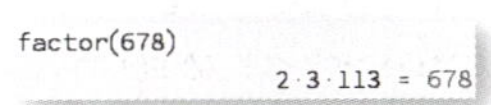

J'applique

1 Déterminer :

a. les multiples positifs de 7 inférieurs à 50.

b. les diviseurs de 100 supérieurs ou égaux à 12.

2 Soit un entier relatif a. Démontrer que la différence de deux multiples de a est un multiple de a.

3 Les entiers naturels a et b sont tels que $a^2 - b^2$ est premier. Démontrer que a et b sont consécutifs.

4 Soit un entier naturel N à trois chiffres.

On note C son chiffre des centaines, D son chiffre des dizaines et U son chiffre des unités. Ainsi :

$$N = C \times 100 + D \times 10 + U$$

1. Démontrer que N est divisible par 9 si, et seulement si, la somme des chiffres de N est divisible par 9.

2. Parmi les entiers suivants, déterminer lesquels sont divisibles par 9 : 324 ; 568 ; 914 et 127.

Vérifier à l'aide de la calculatrice.

Cours

2 Nombres pairs, nombres impairs

a Définitions

Définitions et propriété On considère un entier relatif n.

- Si n est divisible par 2 (ou si n est un multiple de 2), on dit que n est **pair**.

Il existe alors un entier relatif k tel que $n = 2 \times k$.

- Sinon, on dit que n est **impair**.

Il existe alors un entier relatif k tel que $n = 2 \times k + 1$.

Exemples

38 est un nombre pair : $38 = 2 \times 19$

17 est un nombre impair : $17 = 2 \times 8 + 1$

Démo

Démonstration

On considère un entier relatif n.

On effectue la division euclidienne de n par 2 : on obtient $n = 2 \times k + r$ avec k un entier relatif et r un entier naturel tel que $0 \leqslant r < 2$.

r étant entier, on a soit $r = 0$, soit $r = 1$.

- Si n est pair : par définition, 2 divise n et $r = 0$. Donc $n = 2k$.
- Sinon, n est impair et 2 ne divise par n. Donc $r \neq 0$. Ainsi $r = 1$ et $n = 2k + 1$.

Rappel du critère de parité

Un entier relatif est pair si, et seulement si, son chiffre des unités est pair, c'est-à-dire égal à 0, 2, 4, 6 ou 8.

Voir exercice n° 6

b Parité et somme d'entiers

Propriétés

- La somme de deux nombres pairs est un nombre pair.
- La somme de deux nombres impairs est un nombre pair.
- La somme d'un nombre pair et d'un nombre impair est un nombre impair.

Démo

• Démonstration pour la somme de deux entiers pairs

La somme de deux entiers multiples de 2 est un multiple de 2 d'après la propriété b du paragraphe 1 du cours.

Donc la somme de deux entiers pairs est un entier pair.

• Démonstration pour la somme de deux entiers impairs

Soient n et p deux entiers impairs.

On peut alors poser $n = 2k + 1$ et $p = 2q + 1$ avec k et q entiers relatifs.

Alors $n + p = (2k+1) + (2q+1) = 2 \times (k + q + 1)$, avec $(k + q + 1) \in \mathbb{Z}$.

La somme $(n + p)$ est divisible par 2, et est donc un entier pair.

Voir exercice n° 43

c Parité d'un carré

Propriété On considère un entier relatif n.

- Si n est pair, alors le carré n^2 est pair.
- Si n est impair, alors le carré n^2 est impair.

Démo

Démonstration

On considère un entier relatif n.

- Si n est pair : on peut écrire $n = 2 \times k$ avec k un entier relatif.

Alors $n^2 = (2k) \times (2k) = 2 \times (2k^2)$.

Donc 2 divise n^2, d'où n^2 est pair.

- Si n est impair : on peut écrire $n = 2k + 1$ avec k un entier relatif.

Alors $n^2 = (2k+1)^2 = (2k)^2 + 2 \times 2k \times 1 + 1^2 = 4k^2 + 4k + 1$.

Ainsi $n^2 = 2(2k^2 + 2k) + 1$.

On en déduit que n^2 est impair.

Exemples

- 12 est pair et $12^2 = 144$ est pair.
- 13 est impair et $13^2 = 169$ est impair.

Conséquence

La réciproque de ce théorème est vraie :

- si le carré n^2 d'un entier n est pair, alors n est pair.
- si le carré n^2 d'un entier n est impair, alors n est impair.

Voir exercice n° 5

méthode

VIDÉO Capacité 2

CAPACITÉ 2 Utiliser les notions de nombre pair et de nombre impair

Énoncé On souhaite démontrer que le nombre réel $\sqrt{2}$ n'est pas un nombre rationnel.
Pour cela, on va **raisonner par l'absurde**, en supposant que $\sqrt{2}$ est un nombre rationnel, c'est-à-dire en supposant qu'on peut écrire $\sqrt{2}$ sous la forme d'une fraction irréductible.
On pose : $\sqrt{2}=\frac{p}{q}$, avec p et q des entiers relatifs n'ayant aucun diviseur premier en commun.

1. Justifier que $p^2=2q^2$. En déduire que p est un entier pair.

2. On pose $p=2k$, où k est un entier relatif.
Justifier que $q^2=2k^2$. En déduire la parité de q.

3. Conclure.

Solution

1. Comme $\sqrt{2}=\frac{p}{q}$, les carrés de ces deux nombres sont égaux : $2=\frac{p^2}{q^2}$.
En multipliant chaque membre de cette égalité par q^2, on a $p^2=2\times q^2$.
L'entier 2 divise le carré p^2, donc le carré p^2 est un entier pair.
Donc l'entier p n'est pas impair, sinon son carré p^2 serait impair.
On en déduit que l'entier p est pair.

2. Avec $p=2k$ et $p^2=2\times q^2$, on obtient $(2k)^2=2\times q^2$, soit $4k^2=2q^2$.
En divisant chaque membre de cette égalité par 2, on a $q^2=2k^2$.
Ainsi le carré q^2 est divisible par 2, donc c'est un entier pair.
En raisonnant comme à la question **1.**, on obtient que l'entier q est pair.

3. D'après la question **1.**, l'entier p est divisible par 2.
D'après la question **2.**, l'entier q est divisible par 2.
On aboutit donc à une contradiction, car on avait supposé que les entiers p et q n'avaient pas de diviseur premier en commun.
On en déduit que l'hypothèse initiale « $\sqrt{2}$ est un nombre rationnel » est fausse. On a donc démontré que $\sqrt{2}$ n'est pas un nombre rationnel.

Point méthode
1. et **2.** La parité du carré d'un entier donne des informations sur la parité de cet entier.

Point méthode
3. Pour démontrer par l'absurde, on fait l'hypothèse qu'un résultat est vrai et par un raisonnement, on prouve que l'on aboutit à une absurdité. On conclut alors que le résultat supposé vrai est, en fait, faux.

J'applique

5 Soit un entier relatif n.
1. On suppose que n^2 est un entier pair.
a. Est-il possible que l'entier n soit impair ?
b. En déduire la parité de l'entier n.
2. On suppose que n^2 est un entier impair.
Déterminer la parité de l'entier n.

6 Critère de parité
On considère un entier relatif N.
On effectue la division euclidienne de N par 10 :
$N=10\times q+r$, avec q et r entiers relatifs tels que

$$0\leqslant r<10$$

1. Justifier que r est le chiffre des unités de N.
2. Démontrer que l'entier N est pair si, et seulement si, r est égal à 0, 2, 4, 6 ou 8.
3. Énoncer un critère permettant d'affirmer, sans calcul, que l'entier N est impair.

7 Démontrer que :
1. la différence de deux nombres pairs est paire.
2. la différence de deux nombres impairs est paire.
3. la différence d'un nombre pair et d'un nombre impair est impaire.

8 **1.** Choisir deux entiers de même parité « qui se suivent » (à deux unités près) et calculer leur somme S.
La somme S est-elle divisible par 2 ? Par 4 ?
2. Reprendre la question **1.** avec d'autres exemples.
Que peut-on conjecturer ?
3. Démontrer que la somme de deux nombres impairs qui se suivent est divisible par 4.

9 Soit un nombre premier p différent de 2.
1. Quelle est la parité de l'entier p ?
Et celle de l'entier $(p+1)$? Et celle de l'entier $(p-1)$?
2. Démontrer que l'entier p^2-1 est divisible par 4.

Méthode

CAPACITÉ 3 Présenter des résultats fractionnaires sous forme irréductible

Énoncé Le solide ci-contre est une pyramide en bois à base carrée de côté 10 cm et dont la hauteur est aussi de 10 cm.
Parallèlement à sa base, il est découpé en quatre morceaux de même hauteur, nommés ①, ②, ③ et ④.
Pour chacun des morceaux ①, ②, ③ et ④, déterminer quelle proportion du volume total il représente.
Donner les résultats sous forme fractionnaire irréductible.

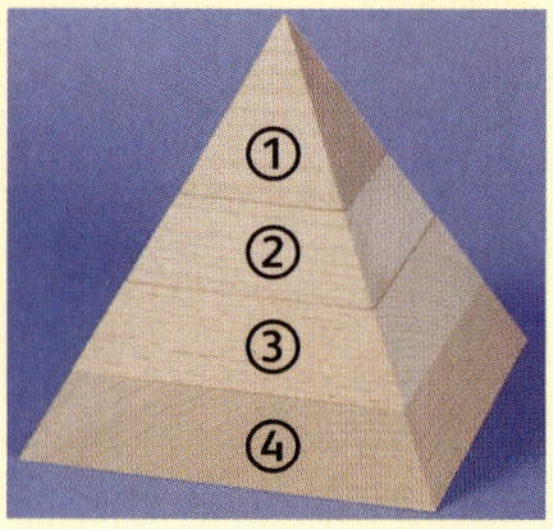

Solution

Il faut commencer par calculer le volume de chaque morceau.
Par réduction, le morceau ① est une pyramide de hauteur et de côté de base $\frac{1}{4}\times 10 = 2{,}5$ cm ; les morceaux ① et ② forment une pyramide de hauteur et de côté de base $\frac{1}{2}\times 10 = 5$ cm et les morceaux ①, ② et ③ forment une pyramide de hauteur et de côté de base $\frac{3}{4}\times 10 = 7{,}5$ cm.
On en déduit que :

- le volume du morceau ① est $V_1 = \frac{1}{3}\times 2{,}5^2 \times 2{,}5 = \frac{125}{24}$ cm^3.
- le volume du morceau ② est $V_2 = \frac{1}{3}\times 5^2 \times 5 - V_1 = \frac{875}{24}$ cm^3.
- le volume du morceau ③ est $V_3 = \frac{1}{3}\times 7{,}5^3 - (V_1 + V_2) = \frac{2\,375}{24}$ cm^3.
- le volume du morceau ④ est $V_4 = \frac{1}{3}\times 10^3 - (V_1 + V_2 + V_3) = \frac{4\,625}{24}$ cm^3.
- le volume total de la pyramide est $V_{tot} = \frac{1}{3}\times 10^2 \times 10 = \frac{1000}{3}$ cm^3.

On obtient alors le tableau de proportionnalité suivant.

Morceaux	Volume (en cm^3)	Proportion du volume total
①	$V_1 = \frac{125}{24}$	$\frac{V_1}{V_{tot}} = \frac{125}{24} \div \frac{1000}{3} = \frac{125}{24}\times\frac{3}{1000} = \frac{125\times 3}{3\times 8\times 125\times 8} = \frac{1}{8\times 8} = \frac{1}{64}$
②	$V_2 = \frac{875}{24}$	$\frac{V_2}{V_{tot}} = \frac{875}{24}\times\frac{3}{1000} = \frac{7\times 125\times 3}{3\times 8\times 125\times 8} = \frac{7}{64}$
③	$V_3 = \frac{2\,375}{24}$	$\frac{V_3}{V_{tot}} = \frac{2\,375}{24}\times\frac{3}{1000} = \frac{19\times 125\times 3}{3\times 8\times 125\times 8} = \frac{19}{64}$
④	$V_4 = \frac{4\,625}{24}$	$\frac{V_4}{V_{tot}} = \frac{4\,625}{24}\times\frac{3}{1000} = \frac{37\times 125\times 3}{3\times 8\times 125\times 8} = \frac{37}{64}$

Point méthode
Le volume d'une pyramide de base d'aire $\mathcal{A}$ et de hauteur h est :
$\mathcal{V} = \frac{1}{3}\times \mathcal{A}\times h$

Point méthode
Pour écrire une fraction sous forme irréductible, on commence par décomposer son numérateur et son dénominateur en produits, de façon à faire apparaître des facteurs communs.
Puis on simplifie par ceux-ci.

J'applique

10 Un verre à cocktail a une forme conique de hauteur 8 cm et de diamètre de base 10 cm. On le remplit de jus de fruits aux ¾ de sa hauteur. Quelle proportion du volume du verre représente le jus de fruit ?

Écrire le résultat sous forme fractionnaire irréductible.

11 On considère la fonction f définie sur $\mathbb{R}\setminus\{-1\}$ par $f(x) = 3 + \frac{2}{x+1}$.
Déterminer les images par f de -4 ; 4 ; 3 et 9.

12 Résoudre dans $\mathbb{R}$ les équations suivantes.
On écrira les solutions sous forme irréductible.

1. $3x + 4 = 6x - 11$
2. $-5x - 7 = 2x + 11$
3. $-2x + 5 = 3x + 3$
4. $4x + 3 = 7x - 10$

VIDÉOS
Capacités 3, 4

CAPACITÉ 4 Effectuer des calculs numériques

Énoncé On considère la fonction f définie sur $\mathbb{R}$ par $f(x)=\frac{1}{2}x^2-3x+1$.

1. Déterminer les images par f de -1 ; $\frac{2}{3}$ et 10^3.

2. Montrer que $f(\sqrt{54})=28-9\sqrt{6}$.

3. À quelle condition l'image d'un entier relatif n par f est-elle un entier ?

Solution

1. On calcule l'image d'un réel a par f en remplaçant x par a dans l'expression $f(x)$.

- $f(-1)=\frac{1}{2}(-1)^2-3\times(-1)+1=\frac{1}{2}\times1+3+1=\frac{1}{2}+4$.

En mettant au même dénominateur, $f(-1)=\frac{1}{2}+\frac{4}{1}=\frac{1}{2}+\frac{4\times2}{1\times2}=\frac{9}{2}$.

- $f\left(\frac{2}{3}\right)=\frac{1}{2}\times\left(\frac{2}{3}\right)^2-3\times\frac{2}{3}+1=\frac{1}{2}\times\frac{4}{9}-2+1=\frac{1\times4}{2\times9}-1=\frac{2}{9}-1$

En mettant au même dénominateur, $f\left(\frac{2}{3}\right)=\frac{2}{9}-\frac{1}{1}=\frac{2}{9}-\frac{9}{9}=-\frac{7}{9}$.

- $f(10^3)=\frac{1}{2}\times(10^3)^2-3\times10^2+1=\frac{1}{2}\times10^6-300+1$

Donc $f(10^3)=500\,000-300+1=499\,701$.

2. $f(\sqrt{54})=\frac{1}{2}\times(\sqrt{54})^2-3\sqrt{54}+1=\frac{1}{2}\times54-3\sqrt{54}+1$

Donc $f(\sqrt{54})=27-3\sqrt{54}+1=28-3\sqrt{54}$.

Pour transformer $\sqrt{54}$, on cherche, parmi les carrés d'entiers (4 ; 9 ; 16 ; 25 ; 36 ; 49 ; ...), lequel est le plus grand divisant 54 : c'est 9, car $54=9\times6$.

Ainsi $f(\sqrt{54})=28-3\sqrt{9\times6}=28-3\times\sqrt{9}\times\sqrt{6}=28-3\times3\times\sqrt{6}$.

Donc $f(\sqrt{54})=28-9\sqrt{6}$.

3. Pour tout entier relatif n, $f(n)=\frac{1}{2}n^2-3n+1$.

Or $-3n+1$ est un entier.

Donc $f(n)$ est un entier si, et seulement si, $\frac{1}{2}n^2$ est un entier, c'est-à-dire : si, et seulement si, n^2 est divisible par 2.

On sait que :

- si n est pair, alors n^2 est pair, et donc $f(n)$ est entier.
- si n est impair, alors n^2 est impair, et donc $f(n)$ n'est pas entier.

On en déduit que $f(n)$ est entier si, et seulement si, l'entier n est pair.

Point méthode

1. Pour effectuer des calculs avec des fractions :

- on met au même dénominateur pour calculer la somme de deux fractions.
- on multiplie les numérateurs entre eux et les dénominateurs entre eux pour calculer le produit de deux fractions (inutile de mettre au même dénominateur !).
- on simplifie et on travaille autant que possible avec des fractions irréductibles.
- on utilise la règle suivante :

$$\left(\frac{a}{b}\right)^2=\frac{a^2}{b^2}\text{, où } b\neq0$$

Point méthode

2. Pour effectuer des calculs avec des racines carrées, on utilise pour tous réels a et b positifs, les égalités :

$\sqrt{a^2}=a$ et $\sqrt{a\times b}=\sqrt{a}\times\sqrt{b}$

J'applique

13 On considère la fonction f définie sur $\mathbb{R}$ par :

$$f(x)=-\frac{1}{2}x^2+2x+3$$

1. Déterminer les images par f de -2 ; 3 ; $\frac{3}{4}$ et $-\frac{1}{3}$.

2. Justifier les résultats ci-contre, obtenus avec une calculatrice.

```
Y1(√8)
                -1+4√2
Y1(√18)
                -6+6√2
```

3. Les solutions de l'équation $f(x)=3$ sont-elles entières ?

14 Diagonales dans un cube

On considère un cube de côté a.

Exprimer, en fonction de a :

a. la longueur de la diagonale d'une face.

b. la longueur des grandes diagonales du cube.

15 On considère la fonction f définie sur $\mathbb{R}$ par :

$$f(x)=\frac{x^2}{9}-2x+3$$

Un élève affirme que les multiples de 3 ont une image entière par f. A-t-il raison ?

Je **fais** le **point**

Je revois mon cours

Multiples et diviseurs dans $\mathbb{Z}$

Soient n et p deux entiers relatifs.
Si on peut écrire $n = p \times q$ avec $q \in \mathbb{Z}$, alors :

- n est un **multiple** de p.
- n est **divisible** par p.
- p est un **diviseur** de n.

Les multiples de p sont les entiers de la forme $k \times p$, où $k \in \mathbb{Z}$:

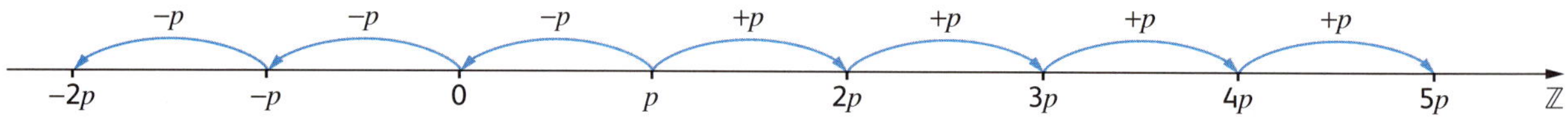

Multiples et opérations

Soient n, m et a trois entiers relatifs.

Si n et m sont des multiples de a, alors :

- la somme $n + m$ est un multiple de a.
- la différence $n - m$ est un multiple de a.
- le produit $n \times m$ est un multiple de a.

Parité et opérations

- Un entier n est **pair** s'il existe $k \in \mathbb{Z}$ tel que :

$$n = 2k$$

Son reste dans la division euclidienne par 2 est égal à 0.

- Un entier n est **impair** s'il existe $k \in \mathbb{Z}$ tel que :

$$n = 2k + 1$$

Son reste dans la division euclidienne par 2 est égal à 1.

- La somme de deux nombres de même parité est paire.
- La somme de deux nombres de parité différente est impaire.

- n est pair si, et seulement si, n^2 est pair.
- n est impair si, et seulement si, n^2 est impair.

Nombres premiers

Un entier naturel p est **premier** s'il n'admet que deux diviseurs positifs distincts :

1 et lui-même

Les nombres premiers inférieurs à 100 :

2 – 3 – 5 – 7 – 11 – 13 – 17 – 19 – 23 – 29
31 – 37 – 41 – 43 – 47 – 53 – 59 – 61 – 67
71 – 73 – 79 – 83 – 89 – 97

- Si un entier naturel n n'admet aucun diviseur entre 2 et $\sqrt{n}$, alors n est premier.

- **Théorème fondamental de l'arithmétique :** tout entier s'écrit de façon unique, à l'ordre près, comme produit d'entiers premiers.

Ce théorème permet :

- de calculer avec des fractions.

$$\frac{84}{66} = \frac{\mathbf{2 \times 2 \times 3 \times 7}}{\mathbf{2 \times 3 \times 11}} = \frac{2 \times 7}{11} = \frac{14}{11}$$

$$\frac{1}{2} - \frac{3}{4} \times \frac{2}{9} = \frac{1}{2} - \frac{3 \times 2}{2^2 \times 3^2} = \frac{1}{2} - \frac{1}{2 \times 3}$$

$$= \frac{1 \times 3}{2 \times 3} - \frac{1}{6} = \frac{2}{6} = \frac{1}{3}$$

- de simplifier des racines carrées.

$$\sqrt{48} = \sqrt{16 \times 3} = \sqrt{16} \times \sqrt{3} = 4\sqrt{3}$$

Je m'exerce à démontrer

Démo pas à pas

Résultat à démontrer

Pour tout entier n, si n est impair, alors n^2 est impair.

Analyse des termes — j'étudie l'énoncé

- Que signifie « pour tout entier n » ?
  La démonstration porte sur **TOUS** les entiers relatifs n.
- Que signifie « être impair » ?

On ne calcule pas sur des valeurs particulières.

n est de la forme $2k+1$, où k est un entier.
n^2 est aussi de la forme $2k+1$, où k est un entier.

Bonne idée mais attention, ce n'est pas le même k !

- Finalement : je dois démontrer que pour tout entier n de la forme $n = 2k+1$, où $k \in \mathbb{Z}$, on peut écrire n^2 sous la forme $n^2 = 2m+1$, où $m \in \mathbb{Z}$.

De l'hypothèse vers la conclusion — j'organise mon raisonnement

- Je sais que… $n = 2k+1$.
- Je veux montrer que… $n^2 = 2m+1$.
  Je peux exprimer $n^2 = (2k+1)^2$ en fonction de k.

Comment développer un carré ?

Je reconnais une identité remarquable.

Rédaction

Tout entier n impair s'écrit sous la forme :

$$n = 2k+1, \text{ avec } k \in \mathbb{Z}.$$

Alors $n^2 = (2k+1)^2 = (2k)^2 + 2 \times 2k + 1^2$.

Donc $n^2 = 4k^2 + 4k + 1 = 2(2k^2 + 2k) + 1$.

Ainsi $n^2 = 2m+1$, où $m = 2k^2 + 2k$ est un entier.

On en déduit que n^2 est impair.

Démo à moi de jouer

Résultat à démontrer

La somme d'un entier pair et d'un entier impair est impaire.

Identifier l'erreur commise dans la copie ci-dessous et proposer une démonstration correcte du résultat demandé.

Soient n un entier pair et m un entier impair.
On peut écrire $n = 2k$ et $m = 2k+1$.
Alors $n + m = 2k + 2k + 1 = 4k + 1 = 2(2k) + 1$.
Donc la somme $(n+m)$ est impaire.

Je fais le point

J'évalue mes connaissances

VERSION INTERACTIVE ET CORRIGÉE

Voir corrigés

QCM

Pour chacune des questions, indiquer la (ou les) bonne(s) réponse(s).

	a	b	c
1. 260 est un multiple de :	4	20	21
2. 15 est un diviseur de :	3	60	525
3. Parmi les nombres suivants, lesquels ne sont pas des multiples de 6 ?	110	486	2 223
4. L'égalité « $234 = 13 \times 18$ » permet d'affirmer que :	18 est un diviseur de 234	13 est un multiple de 234	234 est divisible par 13
5. Un diviseur commun à 120 et 105 est :	3	7	15
6. Un multiple commun de 12 et 15 est :	3	60	180
7. La décomposition en produit de facteurs premiers de 7 524 est :	$4 \times 9 \times 11 \times 19$	$2^2 \times 3^2 \times 11 \times 19$	$19 \times 11 \times 3^2 \times 2^2$
8. $\frac{3}{5} - \frac{1}{5} \times \frac{4}{3} =$	$\frac{2}{5} \times \frac{4}{3} = \frac{8}{15}$	$\frac{9}{15} - \frac{4}{15} = \frac{5}{15}$	$\frac{1}{3}$
9. $\sqrt{891} =$	$9\sqrt{11}$	$81\sqrt{11}$	$11\sqrt{81}$
10. Si n et m sont des entiers pairs, alors :	$(n+3m)$ est pair	(n^2+m^2) est pair	(n^2+4m) est pair
11. Si n est un entier pair et m un entier impair, alors :	$(n+3m)$ est pair	(n^2+m^2) est pair	(n^2+4m) est pair

vrai ou faux ?

Indiquer pour chaque affirmation si elle est vraie ou fausse. Justifier.

Partie A.

1. 101 est un entier premier.

2. 3 977 n'est pas premier.

3. S'il n'existe aucun diviseur premier d'un entier naturel n entre 2 et $\sqrt{n}$, alors l'entier n est premier.

4. Aucun entier pair n'est premier.

5. Tout entier premier supérieur ou égal à 3 est impair.

6. La somme de deux nombres premiers n'est jamais un nombre premier.

7. La différence entre deux nombres premiers est un nombre premier.

8. Le produit de deux nombres premiers n'est jamais un nombre premier.

Partie B.

1. La décomposition en produit de facteurs premiers de 665 est $5 \times 7 \times 19$.

2. Les diviseurs positifs de 117 sont :

1, 3, 9, 13, 39 et 117

3. La forme irréductible de $\frac{572}{156}$ est $\frac{11}{3}$.

4. La forme irréductible de $\frac{455}{525}$ est $\frac{91}{105}$.

5. $\sqrt{180} = 5\sqrt{6}$

6. $\sqrt{304} = 16\sqrt{19}$

7. $\sqrt{496} = 4\sqrt{31}$

automatismes et calculs

Compétence **Calculer**

16 Calculer les nombres suivants.

1. $A=\sqrt{(-5+1)^2+(4-1)^2}$

2. $B=\sqrt{(1+7)^2+(1-7)^2}$

3. $C=\sqrt{(1-2)^2+(3-4)^2}$

17 Sachant que $3<\pi<4$, donner un encadrement du volume d'une boule de rayon 3 cm.

18 **1.** Le triangle ABC rectangle en A est tel que :

$$AB=5 \text{ et } AC=10$$

Que vaut BC ?

2. Même question dans le cas où le triangle ABC est rectangle en B.

19 La fonction f est définie sur $[-2;+\infty[$ par :

$$f(x)=\sqrt{2x+4}$$

Calculer les images de -2 ; -1 ; 0 ; 6 et 10 par f.

20 Quel quadrant (I, II, III ou IV) ne contient aucun point de la droite représentant la fonction f définie sur $\mathbb{R}$ par $f(x)=2x-5$?

D'après *Concours Kangourou*.

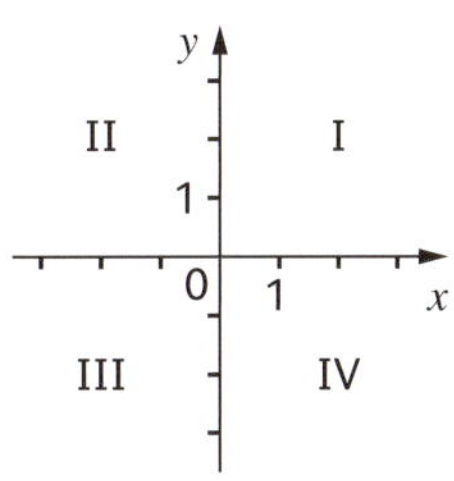

21 **1.** Un pavé droit a une base carrée de côté 4 cm et un volume de 40 cm^3.

Quelle est sa hauteur ?

2. Un pavé droit à base carrée admet pour hauteur 8 cm et pour volume 32 cm^3.

Quelle est la longueur du côté de sa base ?

22 Résoudre dans $\mathbb{R}$ les équations suivantes. *On écrira les résultats sous forme fractionnaire irréductible.*

1. $2x+1=5x+8$ **2.** $-3x+5=2x+1$

3. $4x+2=2x-3$ **4.** $7x-2=2x+5$

23 Résoudre dans $\mathbb{R}$ les inéquations suivantes.

1. $2x-1\leqslant -5x+8$ **2.** $-4x+7>2x+3$

3. $5x+7\geqslant 2x+10$ **4.** $3x+4<-2x-5$

24 Développer les expressions suivantes.

1. $A=(3x-4)^2$

2. $B=2(2x+3)(-x+4)$

3. $C=(2x+1)^2+(x-2)(2x+3)$

25 Factoriser les expressions suivantes.

1. $A=81x^2-16$

2. $B=(3x-1)^2+(3x-1)(2x-8)$

3. $C=(x+4)^2-2(5x+1)(x+4)$

26 Sur la notice d'un antibiotique, il est indiqué : « Pour un enfant de 15 kg, prendre 300 mg, matin et soir. » Donner la dose de médicament, proportionnelle au poids de l'enfant, qu'il faut préparer par prise pour un enfant de :

1. 10 kg **2.** 25 kg **3.** 35 kg

27 Effectuer les calculs suivants.

1. $10^{-3}\times(10^4)^2$ **2.** $10^5\times(10^2)^{-3}$

28 Un atome d'hydrogène (H) a une masse de $1{,}67\times10^{-27}$ kg et un atome d'oxygène (O) a une masse de $26{,}6\times10^{-27}$ kg. Sachant qu'une molécule d'eau (H_2O) est constituée de deux atomes d'hydrogène et d'un atome d'oxygène, déterminer :

1. la masse d'une molécule d'eau.

2. le nombre de molécules d'eau dans 1 litre d'eau, qui a une masse de 1 kg.

29 Décomposer en produits de facteurs premiers les entiers suivants : 117 ; 132 ; 357 et 1 547.

30 Décomposer en produits de facteurs premiers les entiers suivants : 665 ; 4 554 ; 16 184 et 19 343.

31 Déterminer tous les diviseurs positifs de 100, 120 et 130.

32 Écrire les racines suivantes sous la forme $a\sqrt{b}$, où a et b sont des entiers naturels, avec b le plus petit possible : $\sqrt{45}$; $\sqrt{75}$; $\sqrt{117}$; $\sqrt{175}$ et $\sqrt{176}$.

33 Écrire les racines suivantes sous la forme $a\sqrt{b}$, où a et b sont des entiers naturels, avec b le plus petit possible : $\sqrt{243}$; $\sqrt{252}$; $\sqrt{275}$; $\sqrt{637}$ et $\sqrt{1539}$.

34 On considère la fonction f définie sur $\mathbb{R}$ par :

$$f(x)=(2x+1)^2$$

Déterminer les images par f de $\sqrt{2}$; $\sqrt{5}$ et $\sqrt{8}$.

On écrira les résultats sous la forme $a+b\sqrt{c}$, où a, b et c sont des entiers avec c le plus petit possible.

35 On considère la fonction f définie sur $\mathbb{R}\setminus\{3\}$ par $f(x)=\dfrac{x+2}{x-3}$. Calculer et simplifier les images par f de $\dfrac{1}{2}$; $-\dfrac{1}{3}$ et $\dfrac{7}{5}$.

36 Reprendre l'exercice **35** avec $f(x)=\dfrac{1}{x-3}+2$.

37 Reprendre l'exercice **35** avec $f(x)=\dfrac{2x+1}{3-x}-1$.

Exercices Application

Exercices INTERACTIFS kwyk

Connaître le cours

38 Deux diaporamas pour faire le point sur le cours.

ACTIVITÉS MENTALES RAPIDES

39 Qui suis-je ?

Déterminer, dans chaque cas, quel entier naturel N vérifie la condition donnée.

1. N divise tous les entiers.
2. N est un multiple de tous les entiers.
3. N a quatre diviseurs positifs, dont 5 et 7.
4. N est un entier premier inférieur à 30 et la somme de ses deux chiffres est égal à 11.
5. N est un entier premier compris entre 50 et 100, dont la somme des chiffres est la plus grande possible.

Démo

40 Soient a, m et n trois entiers relatifs.

On suppose que m et n sont des multiples de a.

1. a. Comment peut-on traduire cette hypothèse ?
b. Montrer que la somme $(m+n)$ est divisible par a.
2. En utilisant une démarche analogue à la question 1., démontrer que :
a. la différence $(m-n)$ est un multiple de a.
b. le produit $m \times n$ est un multiple de a.

41 Critères de divisibilité par 5 et 10

On considère un entier relatif N.

On effectue la division euclidienne de N par 10 : $N = 10 \times q + r$, avec q et r entiers relatifs tels que $0 \leqslant r < 10$.

1. Justifier que r est le chiffre des unités de N.
2. Démontrer que N est divisible par 5, si et seulement si, r est égal à 0 ou 5.
3. Démontrer un critère sur r permettant d'affirmer que N est divisible par 10.

42 Qui suis-je ?

Déterminer, dans chaque cas, quel entier naturel N vérifie la condition donnée.

1. N est l'entier pair inférieur à 30 dont la somme des chiffres est la plus grande possible.
2. N est l'entier impair compris entre 10 et 50, divisible par 3, et dont la somme des chiffres est la plus petite possible.

Démo

43 1. Soient n et p deux nombres entiers.

a. On suppose que n est un nombre pair. Comment peut-on traduire cette hypothèse pour n ?

b. On suppose que p est un nombre impair. Comment peut-on traduire cette hypothèse pour p ?

2. Démontrer que la somme d'un nombre pair et d'un nombre impair est un nombre impair.

Travailler les capacités du chapitre

Capacité 1 Utiliser les notions de multiple, de diviseur et de nombre premier

44 Vrai ou faux ?

Soient N, a et b trois entiers relatifs. Pour chaque affirmation suivante, préciser si elle est vraie ou fausse.

1. Si a divise N et si b divise N, alors N est un multiple de $a \times b$.
2. Si a et b sont des multiples de N, alors $(a+3b)$ est divisible par N.
3. Si a est un diviseur de N, alors N est un multiple du carré a^2.

45 Démontrer que le produit de trois entiers consécutifs est divisible par 6.

46 LOGIQUE Soit un entier naturel $n \geqslant 2$.

1. Démontrer la propriété suivante :
« Si n n'est pas premier, alors n admet un diviseur premier inférieur ou égal à $\sqrt{n}$. »
2. La réciproque de cette propriété est-elle vraie ?
3. Écrire la contraposée de la propriété.
4. Les entiers suivants sont-ils premiers ? Justifier.

83 ; 91 ; 731 ; 983 ; 8 633 et 10 001

Capacité 2 Utiliser les notions de nombre pair et de nombre impair

47 Démontrer que :

1. le produit d'un entier par un entier pair est pair.
2. le produit de deux entiers impairs est impair.
3. le produit de deux entiers consécutifs est pair.

48 1. Étudier la parité des nombres suivants, sans effectuer de calcul :

15^2 ; 31^2 ; 46^2 ; 25×13 et 24×17

2. Vérifier en effectuant les produits à l'aide de la calculatrice.

49 1. Démontrer que :

a. le cube d'un entier pair est pair.

b. le cube d'un entier impair est impair.

2. Préciser la parité des nombres suivants, sans effectuer de calcul :

14^3 ; 15^3 ; 101^3 ; $1024^3 \times 5^3$

Puis vérifier à la calculatrice.

50 Démontrer que :

1. la somme de deux entiers consécutifs est impaire.
2. le produit de deux entiers consécutifs est pair.

Capacité 3 — Présenter des résultats fractionnaires sous forme irréductible

51 **Vrai ou faux ?**
Préciser si les affirmations suivantes sont vraies ou fausses.

1. $\frac{10}{2{,}2}$ est égal à $\frac{50}{11}$.   **2.** $\frac{1{,}5}{2{,}35}$ est égal à $\frac{30}{47}$.

3. La forme irréductible de $\frac{360}{75}$ est $\frac{24}{5}$.

4. Dans une classe de 35 élèves, il y a 15 filles. Les garçons représentent alors $\frac{3}{7}$ de la classe.

52 Mettre sous forme irréductible les fractions suivantes : $\frac{420}{165}$; $\frac{140}{462}$; $\frac{385}{840}$ et $\frac{1680}{195}$.

53 Effectuer les résultats suivants, en détaillant les étapes.

1. $A=\frac{2}{5}+\frac{3}{4}\times\frac{7}{15}$ **2.** $B=\left(\frac{2}{3}\right)^2+\frac{1}{5}\times\frac{4}{3}$

3. $C=\frac{3^2}{2}+\frac{7}{5}\times\frac{8}{3}$ **4.** $D=\frac{5}{3}\div\frac{3}{4}+\frac{7}{8}$

5. $E=\dfrac{\frac{2}{3}-\frac{1}{2}}{\frac{5}{4}-\frac{4}{5}}$ **6.** $F=\dfrac{\frac{7}{4}-\frac{3}{5}}{\frac{7}{5}-\frac{3}{4}}$

54 On inscrit exactement une boule dans un cylindre fermé de même diamètre.
Vers 225 av. J.-C., Archimède a écrit que dans ce cas :

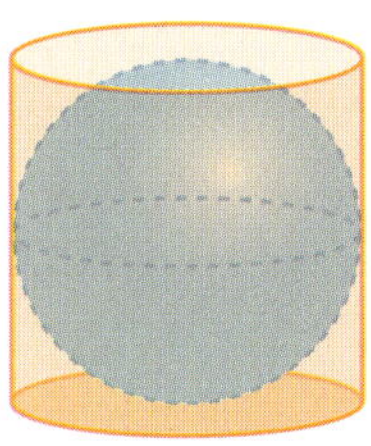

$$\mathcal{V}_{\text{cylindre}}=\frac{3}{2}\mathcal{V}_{\text{boule}}$$

$$\mathcal{A}_{\text{cylindre}}=\frac{3}{2}\mathcal{A}_{\text{sphère}}$$

1. Prouver ces résultats.
2. Quelle proportion représente le « vide » laissé par la boule dans le cylindre ?

Rappel
Le volume d'une boule de rayon R est $\frac{4}{3}\pi R^3$.
La surface d'une sphère de rayon R est $4\pi R^2$.

55 Sur la figure ci-contre, $ABCD$ est un carré et le point I est le milieu du segment $[AB]$. Les segments $[AC]$ et $[DI]$ se coupent en E.

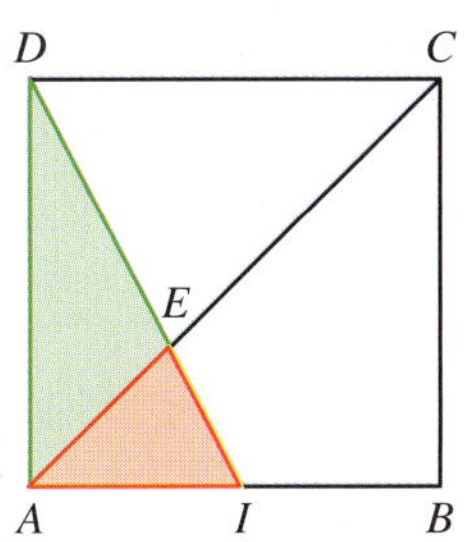

1. Préciser la position du point E sur le segment $[AC]$.
2. Quelle proportion de l'aire du carré $ABCD$ représente :
a. l'aire du triangle AIE ? **b.** l'aire du triangle ADE ?

Capacité 4 — Effectuer des calculs numériques

56 Un patron dispose d'une prime exceptionnelle de 1 500 €, à répartir entre ses collaborateurs proportionnellement au temps de travail de chacun sur un projet particulier.

Collaborateur	A	B	C
Temps de travail (en h)	20	25	30

Comment répartir la prime de 1 500 € ?

57 Fibonacci écrivait dans le *Liber abaci* (1202) :
C'étaient deux hommes, dont le premier avait 3 pains, et l'autre 2 ; [...] comme un soldat passait, ils l'invitèrent ; [...] quand ils eurent mangé tous les pains, le soldat s'en alla, leur laissant 5 besants pour sa part. Le premier homme en prit 3, parce qu'il avait fourni trois pains ; et le second prit les deux besants restants, pour valeur de ses deux pains. On demande si cette répartition était juste, ou non. En fait, certains malhabiles diront que c'était juste, parce que chacun a reçu un besant pour chaque pain ; mais c'est faux ; simplement parce que les trois ont consommé la totalité des cinq pains. Il en découle que chacun a consommé 1 2/3 de pain ; donc le soldat a consommé 1 1/3 de pain, soit 4/3, des pains de celui qui en avait trois. Et des pains de l'autre, il n'a consommé que 1/3 d'un pain. Pour cette raison, il revient au premier homme 4 besants, et à l'autre 1 besant.
Expliquer ce raisonnement.

58 Sur la figure ci-contre, $SABCD$ est une pyramide régulière de côté a, dont la base carrée a pour centre O. On note I le milieu du segment $[BC]$.

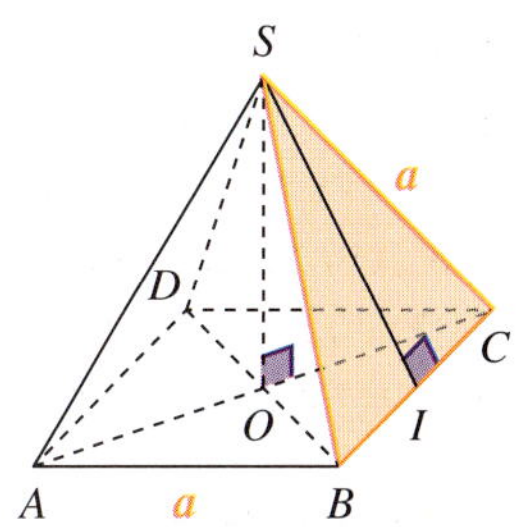

1. Exprimer, en fonction de a :
a. la longueur SI.   **b.** la longueur SO.
c. le volume de la pyramide $SABCD$.
2. Sur un site consacré à la pyramide de Kheops, on trouve les informations suivantes.
La pyramide de Kheops est restée pendant de nombreux siècles l'édifice humain le plus haut du monde. Elle a une base carrée de 440 coudées de côté, soit 230,5 m. Du fait de l'érosion, elle mesure actuellement 137 m de haut, mais elle faisait 146,40 m à l'origine.
La pyramide de Kheops était-elle initialement une pyramide régulière ? Et actuellement ?

59 On considère la fonction f définie sur $\mathbb{R}$ par :
$$f(x)=(3x-5)^2$$
Calculer les images par f de $\sqrt{2}$; $-\sqrt{3}$ et $\sqrt{7}$.

1 Multiples et diviseurs dans $\mathbb{Z}$

60 Compétence Raisonner **Fraction décimale**

On rappelle qu'un nombre x est **décimal** s'il existe deux entiers a dans $\mathbb{Z}$ et n dans $\mathbb{N}$ tels que $x = \frac{a}{10^n}$.

1. Justifier, avec la définition, que les nombres 1,37 et −54,789 sont des nombres décimaux.

2. a. Justifier, avec la définition, que les fractions $\frac{3}{4}$ et $-\frac{78}{5}$ sont des nombres décimaux.

b. Le nombre rationnel $\frac{1}{3}$ est-il décimal ?

3. Soit un nombre rationnel $\frac{p}{q}$ écrit sous forme irréductible, avec $p \in \mathbb{Z}$ et $q \in \mathbb{N}^*$.

Démontrer que $\frac{p}{q}$ est un nombre décimal si, et seulement si, les seuls diviseurs premiers de q sont 2 et 5.

61 PYTHON **Recherche de tous les diviseurs (1)**

On considère la fonction Diviseurs définie sur $\mathbb{N}$ ci-dessous, qui affiche tous les diviseurs positifs de l'entier naturel n donné en argument.

```
Fonction Diviseurs(n)
    Pour k allant de 1 à n Faire
        Si k divise n Alors
            Afficher k
        Fin Si
    Fin Pour
Fin Fonction
```

1. Exécuter pas à pas, à la main, la fonction Diviseurs pour $n = 10$, puis $n = 18$.

2. On constate que l'entier k de la boucle *Pour… Fin Pour* prend « beaucoup » de valeurs inutiles.

a. On remarque que 2 divise 18, car $18 = 2 \times 9$.
Quel autre diviseur de 18 obtient-on sans faire de calcul supplémentaire ?

b. On propose la fonction Diviseurs_bis suivante, écrite en langage Python.

```python
from math import*
def Diviseurs_bis(n):
    k=1
    while k<=sqrt(n):
        if n%k==0:
            print(k,n//k)
        k=k+1
```

Sachant que les instructions « a//b » et « a%b » renvoient respectivement le quotient et le reste dans la division euclidienne de a par b, justifier que la fonction Diviseurs_bis affiche tous les diviseurs positifs de l'entier naturel n donné en argument.

3. Déterminer tous les diviseurs positifs de 24, de 48 et de 42.

62 **Recherche de tous les diviseurs (2)**

1. On pose $N = 12$. Sa décomposition en produit de facteurs premiers est : $N = 2^2 \times 3$.

a. Justifier que si d est un diviseur positif de N, alors la décomposition en produit de facteurs premiers de d ne comporte pas d'autres facteurs premiers que 2 ou 3.

b. On construit l'arbre incomplet suivant.

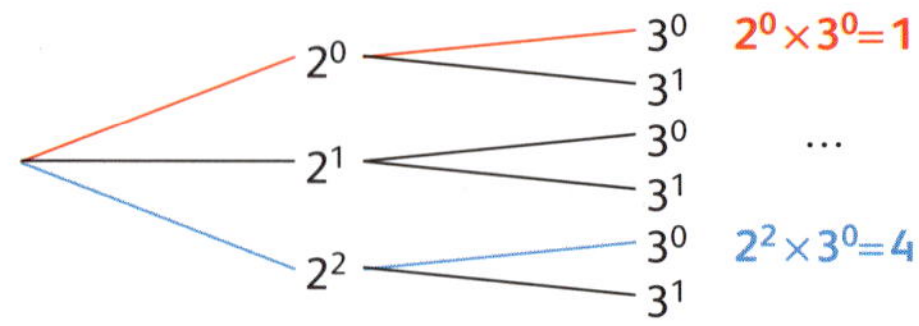

Expliquer comment cet arbre permet d'obtenir tous les diviseurs de N, sans en oublier.
Les déterminer tous.

2. En utilisant une démarche analogue à la question **1.**, déterminer tous les diviseurs positifs de 45, de 50, de 70 et de 147.

63 **Nombre de diviseurs positifs**

Soit un entier naturel n.

1. On choisit $n = 63$.

a. Décomposer n en produit de facteurs premiers.

b. En déduire que n admet exactement six diviseurs positifs, puis les déterminer tous.

2. On choisit $n = 231$.
Après avoir décomposé n en produit de facteurs premiers, montrer que n admet exactement huit diviseurs positifs.
Puis les déterminer tous.

3. On choisit $n = 24$.
Combien l'entier n admet-il de diviseurs positifs ? Les déterminer tous.

4. On écrit n comme produit de facteurs premiers :
$n = p_1^{n_1} \times p_2^{n_2} \times \ldots \times p_N^{n_N}$, où les nombres premiers p_1, p_2, … et p_N sont tous distincts, et les nombres n_1, n_2, … et n_N appartiennent à $\mathbb{N}^*$.

a. Déterminer le nombre de diviseurs positifs de n en fonction des entiers n_1, n_2, … et n_N.

b. Est-il possible que n admette exactement 5 diviseurs positifs ? Si oui, préciser la forme de l'entier n.

64 **Qui suis-je ?**

Soit un entier naturel n dont les seuls diviseurs premiers sont 2 et 3.

1. Est-il possible que n admette exactement trois diviseurs positifs ?

2. Déterminer les valeurs possibles de n dans chacun des cas suivants.

a. n possède exactement quatre diviseurs positifs.

b. n possède exactement six diviseurs positifs.

c. n possède exactement dix diviseurs positifs.

65 LOGIQUE **Carrés et nombre de diviseurs**

On considère un entier naturel n.

Préciser, pour chaque affirmation suivante, si elle est vraie ou fausse.

1. Si n est un carré parfait (c'est-à-dire s'il existe un entier k tel que $n = k^2$), alors n admet un nombre impair de diviseurs positifs.

2. Si n admet un nombre impair de diviseurs positifs, alors n est un carré parfait.

66 PRISE D'INITIATIVES Que peut-on penser de l'affirmation suivante ?

« Plus l'entier n est grand, plus il a de diviseurs. »

67 Deux entiers naturels distincts sont dits **amicaux** si chacun est égal à la somme des diviseurs positifs stricts (autres que lui-même) de l'autre.

1. Montrer que 220 et 284 sont amicaux (découverte attribuée à Pythagore).

2. Justifier que 1 184 et 1 210 sont amicaux, ainsi que 2 620 et 2 924. *On pourra utiliser la liste des entiers premiers inférieurs à 100 p. 46.*

68 **Forme des nombres premiers supérieurs à 6**

On considère un nombre premier $p \geqslant 6$.

On effectue la division euclidienne de p par 6 et on écrit : $p = 6q + r$, où q et r sont des entiers naturels avec $q \geqslant 1$ et $r \in \{0;1;2;3;4;5\}$.

1. Justifier que r ne peut pas être égal à 0, 2, 3 ou 4.

2. Les entiers de la forme $6k+1$ et $6k+5$, avec k un entier naturel non nul, sont-ils tous des nombres premiers ?

69 ALGO **Être ou ne pas être premier ?**

Soit un entier naturel $n \geqslant 2$.

1. Recopier et compléter la propriété suivante.

« Si n n'admet … entre 2 et …, alors n est premier. »

2. On considère l'algorithme suivant.

```
k ← 2
Tant que (k ne divise pas n) et (k ⩽ √n) Faire
    k ← k + 1
Fin Tant que
Si k divise n Alors
    Afficher « n est premier »
Sinon
    Afficher « n n'est pas premier »
Fin Si
```

a. Expliquer pourquoi cet algorithme permet de déterminer si l'entier n est premier ou non.

b. Modifier cet algorithme pour que, dans le cas où l'entier n n'est pas premier, il renvoie le plus petit diviseur d de n supérieur ou égal à 2.

c. L'entier d défini à la question **2. b.** est-il premier ?

3. Les entiers suivants sont-ils premiers ? Si non, les décomposer en produit de facteurs premiers.

97 ; 271 ; 451 ; 537 ; 743 ; 893 et 11 111

70 Compétence Calculer

Une formule pour les nombres premiers ?

La recherche de formules polynomiales donnant, sur des entiers consécutifs, des nombres premiers est un défi pour les mathématiciens.

En 1777, Euler avait proposé $n^2 - n + 41$ (Activité 1).

Le mathématicien français Adrien-Marie Legendre en propose deux autres en 1798 :

$$f(n) = n^2 + n + 17 \text{ et } g(n) = 2n^2 + 29, \text{ où } n \in \mathbb{N}$$

Plus récemment en 1989, R. Ruby propose :

$$h(n) = 36n^2 - 810n + 2753, \text{ où } n \in \mathbb{N}$$

Vérifier que ces trois formules donnent des séquences de nombres premiers successifs.

Pour chacune, donner le plus petit entier naturel N tel que son image n'est pas un nombre premier.

On pourra utiliser un algorithme ou un programme Python aidant aux calculs.

Voir activité 1 et exercice n° 69

Info

En 1752, Goldbach a démontré qu'il n'existe pas de polynômes à coefficients entiers donnant des nombres premiers sur $\mathbb{N}$. En 2019, le record du nombre de nombres premiers successifs obtenus est détenu par les français F. Dress et B. Landreau, avec une séquence de 58 nombres premiers successifs et un polynôme de degré 6 (ce record date d'avril 2012).
Dans un article de *Sciences et Avenir*, François Dress expliquait : « Ce qui nous motive outre le record est de trouver les techniques et théories qui permettent d'augmenter l'efficacité des calculs, et de mieux comprendre le comportement des polynômes. C'est aussi un moyen de sonder les mystères de l'ensemble des nombres premiers. »

71 Un nombre premier est dit **permutable** s'il reste premier après n'importe quelle permutation de ses chiffres. Ainsi 13 est permutable, car 13 et 31 sont des nombres premiers.

1. Justifier que les entiers premiers à un chiffre sont permutables.

2. En utilisant la liste des nombres premiers inférieurs à 100 p. 46, déterminer tous les nombres premiers permutables à deux chiffres.

3. Soit un entier premier permutable p à deux chiffres ou plus. Justifier que les chiffres de p sont obligatoirement impairs et différents de 5.

4. Les entiers naturels 113 et 127 sont premiers. Sont-ils permutables ?

Info

Les mathématiciens conjecturent qu'il existe une infinité de nombres premiers permutables, mais ce résultat n'est toujours pas démontré en 2019.

72 PRISE D'INITIATIVES

1. Choisir un entier naturel N_1 à deux chiffres.
Écrire l'entier N_2 obtenu en échangeant les chiffres des dizaines et des unités de N_1. Puis ajouter les entiers N_1 et N_2. Quels sont les diviseurs premiers de la somme obtenue ?
2. Reprendre la question **1.** avec d'autres exemples pour l'entier N_1.
3. Que peut-on conjecturer ? Démontrer le résultat conjecturé.

73 PRISE D'INITIATIVES **Nombres de Fermat**

En 1654, Pierre de Fermat écrit à Blaise Pascal : « Songez cependant à cette proposition : Les puissances quarrées de 2, augmentées de l'unité *(en français moderne : les nombres de la forme* $2^{2^n}+1$*)*, sont toujours des nombres premiers. […] La démonstration en est très malaisée et je vous avoue que je n'ai pu encore la trouver pleinement. »
1. La proposition de Fermat est-elle vraie ?
2. On considère l'algorithme suivant.

```
F ← 2^(2^5) + 1
N ← 2
Tant que N ne divise pas F Faire
    N ← N + 1
Fin Tant que
Afficher N
```

a. Pourquoi est-on certain que cet algorithme se termine ?
b. Quel résultat sera affiché par cet algorithme ?

74 **Nombres puissants**

On dit qu'un entier naturel n est un **nombre puissant** lorsque, pour tout diviseur premier p de n, p^2 divise n.
1. 4 est-il un nombre puissant ? Et 6 ? Et 12 ?
2. Justifier qu'il existe deux entiers consécutifs inférieurs à 10 qui sont puissants.
3. Démontrer que les carrés parfaits sont des nombres puissants.
4. On considère un entier naturel n.
On écrit n comme produit de facteurs premiers :
$n = p_1^{n_1} \times p_2^{n_2} \times \ldots \times p_N^{n_N}$, où les nombres premiers p_1, $p_2, \ldots, p_N$ sont tous distincts, et les nombres $n_1, n_2, \ldots$ et n_N appartiennent à $\mathbb{N}^*$.
Démontrer que n est puissant si, et seulement si, tous les entiers $n_1, n_2, \ldots$ et n_N sont supérieurs ou égaux à 2.
5. Déterminer tous les nombres puissants inférieurs ou égaux à 50.

2 Nombres pairs, nombres impairs

75 Soit un entier n.
1. On suppose que n est pair. Démontrer que son carré n^2 est divisible par 4.
2. On suppose que n est impair. Démontrer que le reste de la division euclidienne de n^2 par 4 est égal à 1.

76 **Parité et opérations**

Soient a et b deux entiers relatifs.
1. On suppose que a est pair et b est impair.
Préciser la parité des nombres suivants.
a. $2a+3b$ **b.** a^2-b^2 **c.** $9a+4b$
2. Mêmes questions dans le cas où a et b sont impairs.

77 **Impairs et somme de deux carrés**

Soit un entier naturel N impair.
On cherche une condition nécessaire pour qu'on puisse écrire $N = a^2+b^2$ avec a et b dans $\mathbb{N}$.
1. Recopier et compléter le tableau suivant donnant la parité de a^2+b^2, pour a et b deux entiers.

a	b	a^2	b^2	a^2+b^2
Pair	Pair			
Pair	Impair			
Impair	Pair			
Impair	Impair			

2. On suppose qu'on peut écrire $N = a^2+b^2$.
a. En utilisant la question **1.**, justifier que les entiers a et b n'ont pas la même parité.
b. On pose $a = 2u$ et $b = 2v+1$ avec u et v dans $\mathbb{N}$.
Démontrer que N est de la forme $(4k+1)$, où $k \in \mathbb{N}$.
3. Les entiers impairs de la forme $(4k+1)$ peuvent-ils tous s'écrire comme la somme de deux carrés ?

78 PYTHON **Impairs et différences de carrés**

Soit un entier relatif n.
1. Simplifier l'expression $(n+1)^2 - n^2$.
2. En déduire que tout nombre impair est égal à la différence de deux carrés d'entiers consécutifs.
3. Écrire 49, puis 51 comme la différence de deux carrés d'entiers consécutifs.
4. En langage Python, les instructions « a//b » et « a%b » renvoient respectivement le quotient et le reste dans la division euclidienne de a par b ;
On définit la fonction Python suivante.

```python
def différence_carrés_consécutifs(k):
    n=k//2
    return n,n+1
```

a. Exécuter à la main la fonction différence_carrés_consécutifs pour $k = 23$.

b. Que permet de faire cette fonction lorsqu'on donne en argument un entier k impair ?

79 ALGO

On appelle **triangle rectangle presque isocèle (TRPI)** un triangle rectangle dont les longueurs des côtés de l'angle droit sont des entiers consécutifs x et $x+1$, et dont la longueur de l'hypoténuse y est entière. On dira dans ce cas que le couple $(x\,;y)$ définit un TRPI.

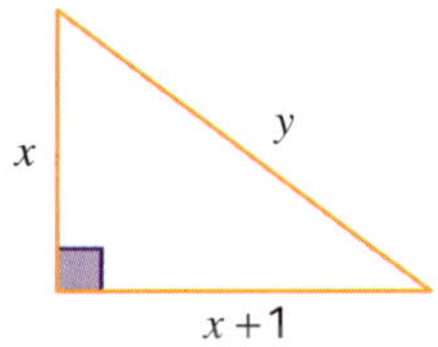

1. Démontrer qu'un couple d'entiers naturels $(x\,;y)$ définit un TRPI si, et seulement si :

$$y^2 = 2x^2 + 2x + 1$$

2. Soit un couple d'entiers naturels $(x\,;y)$ définissant un TRPI.

a. Démontrer que y^2 est impair. Que peut-on en déduire sur la parité de y ?

b. Soit d un diviseur commun de x et y.
En étudiant $\left(y^2 - 2x^2 - 2x\right)$, démontrer que d divise 1.

c. Quelles sont les seules valeurs possibles des diviseurs communs de x et y ?

3. On souhaite chercher de façon systématique les couples d'entiers naturels $(x\,;y)$ définissant des TRPI, où :

$$1 \leqslant x \leqslant 1000 \text{ et } 1 \leqslant y \leqslant 1000$$

a. Recopier et compléter l'algorithme incomplet suivant.

```
Pour x allant de 1 à ... Faire
    Pour y allant de x à ... Faire
        Si ... Alors
            Afficher (x ; y)
        Fin Si
    Fin Pour
Fin Pour
```

b. Au cours de son exécution, l'algorithme affiche les couples solutions ci-contre.
Vérifier les résultats établis à la question **2.** sur ces couples solutions.

(3;5)
(20;29)
(119;169)
(696;985)

80 On s'intéresse à la figure suivante.

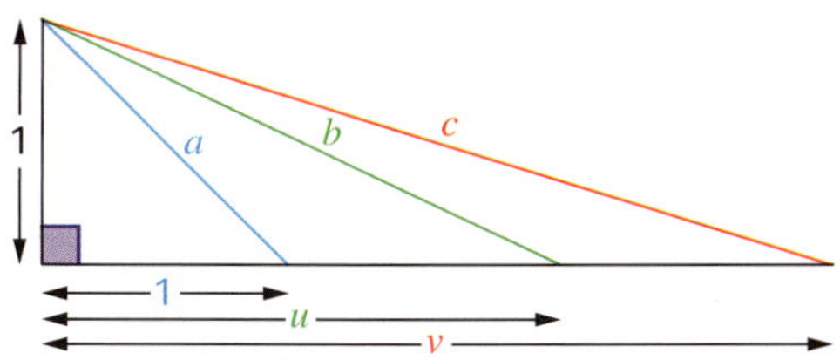

On cherche les couples d'entiers naturels non nuls $(u\,;v)$ tels que $a \times b = c$.

1. Démontrer que les solutions $(u\,;v)$ du problème sont des solutions de l'équation :

$$(E) : v^2 - 2u^2 = 1, \text{ avec } u \text{ et } v \text{ dans } \mathbb{N}^*$$

2. On suppose que $(u\,;v)$ est solution de (E).

a. Exprimer v^2 en fonction de u. En déduire que v est impair.

b. On pose $v = 2k+1$. Démontrer que u^2 est pair.

c. Quelle est la parité de u ?

3. Un algorithme a permis de déterminer, comme à l'exercice **79**, les quatre couples $(u\,;v)$ solution de (E) pour $1 \leqslant u \leqslant 1000$ et $1 \leqslant v \leqslant 1000$:

$$(2;3)\ ;\ (12;17)\ ;\ (70;99)\ ;\ (408;577)$$

Pour chacun d'eux, calculer les longueurs a, b et c des hypoténuses des triangles et vérifier que $a \times b = c$.

81 **Nombres premiers jumeaux**

On dit que deux nombres premiers sont **jumeaux** lorsque la différence entre le plus grand et le plus petit des deux est égale à 2.
Ainsi les nombres premiers 3 et 5 sont jumeaux.

1. Proposer 4 couples différents de nombres premiers jumeaux.

2. Justifier que des nombres premiers jumeaux sont obligatoirement impairs.

3. Soit un entier naturel $p \geqslant 6$ tel que les entiers p et $p-2$ sont des nombres premiers jumeaux.
D'après l'exercice **68**, on peut écrire : $p = 6q+1$ ou $p = 6q+5$, avec q un entier naturel non nul.

a. En utilisant que $p-2$ est un nombre premier, justifier que p est de la forme $6q+1$.

b. Les entiers de la forme $p = 6k+1$ et $p-2$, avec k un entier naturel non nul, sont-ils tous des nombres premiers jumeaux ?

4. Déterminer tous les nombres premiers jumeaux inférieurs à 100.

Info

Les mathématiciens conjecturent qu'il existe une infinité de nombres premiers jumeaux.
Mais en 2019, aucune preuve de cette conjecture ou du contraire n'a été établie.

82 **Forme de p^2 lorsque p est premier**

On considère un nombre premier $p \geqslant 6$.
D'après l'exercice **68**, on peut écrire : $p = 6q+1$ ou $p = 6q+5$, avec q un entier naturel non nul.

1. On suppose que $p = 6q+1$.

a. Justifier que $p^2 = 12q(3q+1)+1$.

b. Quelle est la parité de $q(3q+1)$?

c. En déduire qu'il existe un entier naturel k tel que :

$$p^2 = 24k+1$$

2. On suppose que $p = 6q+5$. Démontrer qu'il existe un entier naturel k tel que $p^2 = 24k+1$.

83 On considère un entier naturel n.

1. Démontrer que $\left(n^2+n\right)$ est pair.

2. PRISE D'INITIATIVES Démontrer que le chiffre des unités de $\left(n^2+n\right)$ n'est jamais égal à 4 ou 8.

84 PRISE D'INITIATIVES Compétence Modéliser

Permutation des chiffres

1. Soit un entier N divisible par 3. On permute ses chiffres. L'entier obtenu est-il toujours divisible par 3 ?
2. Soit un entier N divisible par 2. On permute ses chiffres. L'entier obtenu est-il toujours divisible par 2 ?
3. Soit un entier N divisible par 5. On permute ses chiffres. L'entier obtenu est-il toujours divisible par 5 ?
4. Soit un entier N divisible par 9. On permute ses chiffres. L'entier obtenu est-il toujours divisible par 9 ?
5. Soit un entier N divisible par 10. On permute ses chiffres. L'entier obtenu est-il toujours divisible par 10 ?

85 Ensemble des nombres premiers

Dans cet exercice, on démontre que l'ensemble des nombres premiers est infini.
Pour cela, on raisonne **par l'absurde** en supposant qu'il n'existe qu'un nombre fini N de nombres premiers distincts, que l'on note alors p_1, p_2, … p_N.
On pose $K = p_1 \times p_2 \times \ldots \times p_N + 1$.
1. Justifier que pour tout entier i entre 1 et N, le nombre premier p_i n'est pas un diviseur de K.
2. Le nombre K admet-il un diviseur premier ?
3. Conclure.

Info
Le fait qu'il existe une infinité de nombres premiers est connu depuis longtemps, puisqu'il est déjà démontré dans la proposition 20 du Livre IX des *Éléments* d'Euclide (IIIe siècle av. J.-C.).

86 De moins en moins de nombres premiers ?

Pour tout entier naturel n non nul, on appelle **factorielle** n, notée $n!$, le produit de tous les entiers compris entre n et 1.
Ainsi $n! = n \times (n-1) \times \ldots \times 1$.
Soit un entier $n \geqslant 2$.
1. Soit un entier k compris entre 2 et n (inclus).
a. Justifier que $n!$ est divisible par k.
b. En déduire que $(n!+k)$ n'est pas premier.
2. Montrer qu'il n'existe aucun entier premier entre $(n!+2)$ et $(n!+n)$.
3. Utiliser le résultat précédent pour donner cinq entiers consécutifs non premiers.
4. Existe-t-il une liste de cent milliards d'entiers consécutifs ne comportant aucun nombre premier ?

Info
Ce résultat semble témoigner de la raréfaction des nombres premiers. Cependant la propriété suivante, démontrée par le russe Tchebychev (1821-1894), tempère cette impression : « Si $n > 3$, alors il existe toujours un nombre premier compris entre n et $2n$. »

87 Nombres de Mersenne

On appelle **nombre de Mersenne** les entiers définis par :
$$M_n = 2^n - 1,\text{ où } n \in \mathbb{N}^*$$
1. Calculer les quinze premiers nombres de Mersenne.
Parmi eux, lesquels sont premiers ?
2. Montrer que pour tout entier $k \geqslant 2$ et pour tout réel x :
$$x^k - 1 = (x-1)\left(x^{k-1} + x^{k-2} + \ldots + x + 1\right)$$
3. Soit un entier $n \geqslant 2$.
a. On suppose que n n'est pas premier et on pose : $n = k \times d$, avec k et d entiers compris entre 2 et n.
Montrer que M_n est divisible par $(2^d - 1)$.
b. En déduire une condition nécessaire pour que M_n soit premier.
4. Cette condition est-elle suffisante ?

Info
En décembre 2018, on connaissait 51 nombres premiers de Mersenne, le plus grand étant $M_{82\,589\,933}$, qui s'écrit avec 24 862 048 chiffres.

88 ALGO **Fractions égyptiennes**

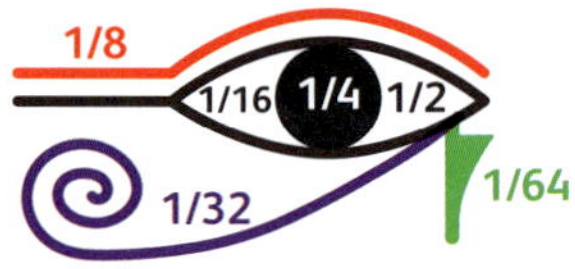

Il y a plus de 3 000 ans, les Égyptiens utilisaient uniquement, à l'exception de $\frac{2}{3}$ et $\frac{3}{4}$, les fractions de la forme $\frac{1}{n}$ et les sommes $\frac{1}{p} + \frac{1}{q} + \ldots$ de plusieurs fractions de dénominateurs p, q, … **tous** différents. Ainsi la fraction $\frac{3}{7}$ s'écrivait $\frac{1}{3} + \frac{1}{11} + \frac{1}{231}$ au lieu de $\frac{1}{7} + \frac{1}{7} + \frac{1}{7}$.
Voici un algorithme, décrit par Léonard de Pise, dit Fibonacci, dans le *Liber abaci* paru en 1202, permettant d'écrire « à l'égyptienne » toute fraction f d'entiers naturels non nuls strictement inférieure à 1, écrite sous forme irréductible.
La fonction E désigne la partie entière.

```
Fonction Décomposition(f)
    L ← Liste_vide
    Tant que le numérateur de f n'est pas égal à 1 Faire
        p ← E(1/f) + 1
        Ajouter p à L
        f ← f − 1/p
        Écrire f sous forme irréductible
    Fin Tant que
    Ajouter 1/f à L
    Renvoyer L
Fin Fonction
```

1. Vérifier que la fonction Décomposition $\left(\frac{3}{7}\right)$ renvoie la liste $L=\{3;11;231\}$.

2. Écrire « à l'égyptienne » les nombres $\frac{11}{12}$; $\frac{7}{10}$ et $\frac{5}{11}$.

Info

L'écriture d'une fraction comme somme de termes en $\frac{1}{p}$ n'est pas unique. Ainsi $\frac{3}{7}=\frac{1}{3}+\frac{1}{11}+\frac{1}{231}=\frac{1}{3}+\frac{1}{13}+\frac{1}{84}$.
L'algorithme de Fibonacci donne une écriture possible.

89 PYTHON Factorisation « à la Fermat »

Dans une lettre adressée sans doute à Mersenne en mai 1643, Fermat propose une méthode générale pour décomposer n'importe quel entier N non premier, même très grand, en produit de facteurs entiers. Celle-ci repose sur la recherche de deux entiers naturels a et b tels que :

$$N=a^2-b^2=(a-b)(a+b)$$

L'algorithme ci-dessous reproduit cette recherche en français moderne.
La fonction E désigne la partie entière.

```
Fonction Factorisation(N)
    a ← √N
    Si a est entier Alors
        Renvoyer a et a
    Sinon
        a ← E(a)+1
        b ← √(a²−N)
        Tant que b n'est pas entier Faire
            a ← a+1
            b ← √(a²−N)
        Fin Tant que
        Renvoyer a et b
    Fin Si
Fin Fonction
```

1. a. Vérifier que les résultats de Factorisation(1311) sont $a=40$ et $b=17$.

b. En déduire une factorisation de 1 311 en produit d'entiers.

2. Sachant qu'en Python « sqrt » est la fonction racine carrée et « int » la fonction partie entière, justifier que la fonction Factorisation peut se programmer par le programme ci-dessous.

```python
from math import*
def Factorisation(N):
    a=sqrt(N)
    if a==int(a):
        return int(a),int(a)
    else:
        a=int(a)+1
        b=sqrt(a**2-N)
        while b!=int(b):
            a=a+1
            b=sqrt(a**2-N)
        return a,int(b)
```

3. Utiliser la fonction Factorisation pour décomposer en produit les entiers 4 577 ; 7 429 et 20 099.

4. Que faut-il modifier dans la fonction Factorisation pour qu'elle renvoie deux entiers k et d tels que $N=k\times d$?

5. Dans sa lettre, Fermat présente la méthode sur l'exemple $N=2\,027\,651\,281$ et obtient (sans calculatrice !) la factorisation : $N=46\,061\times 44\,021$.
Vérifier le résultat de Fermat à l'aide de la fonction Factorisation.

90 Compétence Raisonner Rep-units

Un **rep-unit (répétition de l'unité)** est un entier qui s'écrit sous forme décimale uniquement avec des 1.
Par exemple 111 et 11 111 sont des rep-units, que l'on notera respectivement N_3 et N_5.
Plus généralement, pour tout entier $k\geqslant 1$, on note N_k le rep-unit formé de k chiffres égaux à 1 :

$$N_k=\underbrace{111\ldots1}_{k\text{ chiffres}}=10^{k-1}+\ldots+10+1$$

1. Décomposer les nombres N_k en produit de facteurs premiers pour k allant de 2 à 9.

2. Existe-t-il un nombre N_k divisible par 2 ? Et par 5 ?

3. À quelle condition sur l'entier k le nombre N_k est-il divisible par 3 ? Le démontrer.

4. Soit $k\geqslant 2$. On suppose qu'il existe un entier naturel n tel que $N_k=n^2$.
On effectue la division euclidienne de n par 10 :
$n=10q+r$, où q et r sont des entiers naturels tels que $0\leqslant r\leqslant 9$.

a. Démontrer que le chiffre des unités de n^2 est égal à celui de r^2.

b. Recopier et compléter le tableau suivant.

r	0	1	2	…	9
r^2	0	…			

En déduire que $r=1$ ou $r=9$.

c. Démontrer alors que le reste dans la division euclidienne de n^2 par 20 est égal à 1.

d. Quel est le reste dans la division euclidienne de N_p par 20 ?

e. Que peut-on conclure ?

91 PRISE D'INITIATIVES Fonction π

Pour tout entier naturel n, on note $\pi(n)$ le nombre de nombres premiers inférieurs ou égaux à n.

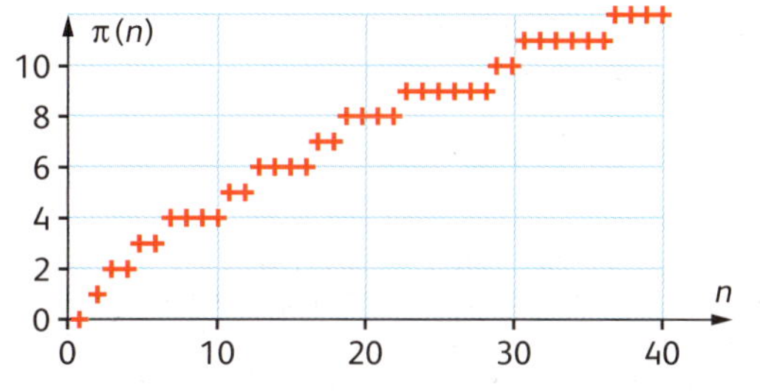

Quel est le sens de variation de la fonction π ?

COUPS DE POUCE 96, 99

Maîtriser l'essentiel

92 Compréhension d'énoncé

On considère l'énoncé suivant.

On considère l'entier $N=275$.

I. Décomposer N en produit de facteurs premiers.

II. Combien de diviseurs positifs admet l'entier N ? Les déterminer tous.

Répondre aux questions suivantes.

1. En utilisant la décomposition en facteurs premiers de l'entier N, justifier qu'un diviseur de N est de la forme $5^i \times 11^j$ avec $i \in \{0;1;2\}$ et $j \in \{0;1\}$.

2. Construire un arbre et déterminer tous les diviseurs positifs de N.

93 Critères de divisibilité par 4 et par 25

On considère un entier relatif N.

On effectue la division euclidienne de N par 100 : $N=100\times q+r$, avec q et r entiers relatifs tels que $0 \leqslant r < 100$.

1. Justifier que r est l'entier à deux chiffres qui s'écrit avec le chiffre des dizaines et le chiffre des unités de N.

2. Démontrer que N est divisible par 4 si, et seulement si, r est divisible par 4

3. Démontrer un critère sur r permettant d'affirmer que N est divisible par 25.

94 Parité et opérations algébriques

Soient a et b deux entiers relatifs tels que a est pair et b impair. Préciser la parité des nombres suivants.

1. $3a$ **2.** $-5b$ **3.** $a+b$

4. a^2+1 **5.** a^2+b^2 **6.** $2a^2-3b^2$

95 Fractions irréductibles

Soit un entier relatif n différent de -2.

On pose $p=4n+9$ et $q=2n+4$.

1. On a tabulé ci-contre à la calculatrice les valeurs de p et de q (en Y_1 et en Y_2) pour n entier de 0 à 10.

X	Y1	Y2
0	9	4
1	13	6
2	17	8
3	21	10
4	25	12
5	29	14
6	33	16
7	37	18
8	41	20
9	45	22
10	49	24

$Y_1=4X+9$

La fraction $\frac{p}{q}$ paraît-elle toujours irréductible ?

2. Soit un diviseur d commun à p et q.

a. Justifier que d divise l'entier $(p-2q)$.

b. En déduire que $d=-1$ ou $d=1$.

3. Montrer que la fraction $\frac{p}{q}$ est irréductible pour tout entier relatif $n \neq -2$.

Aller plus loin

96 PRISE D'INITIATIVES Compétence Calculer

Conjecture de Goldbach

En 1742, Christian Goldbach écrit, dans une lettre adressée à Leonhard Euler, que tout entier pair strictement supérieur à 2 peut s'écrire comme la somme de deux nombres premiers.

Vérifier que la conjecture de Goldbach est vraie pour tous les entiers pairs compris entre 50 et 80 (inclus).

Info

La conjecture de Goldbach est l'un des célèbres résultats non encore démontrés en 2019. En 2014, elle avait été vérifiée numériquement pour tous les entiers pairs inférieurs à 4×10^{18}. Source de nombreuses recherches mathématiques, elle inspire également le monde de la littérature, comme Denis Guedj dans *le Théorème du perroquet*.

97 Équations avec des entiers

On cherche à déterminer les couples $(x\,;y)$ d'entiers naturels non nuls tels que $\frac{1}{x}+\frac{1}{y}=\frac{1}{2}$ (E).

1. Soient x et y deux entiers naturels non nuls. Démontrer que l'équation (E) est équivalente à :

$$(x-2)(y-2)=4$$

2. En déduire la résolution de l'équation (E).

98 Le système binaire

Soit un entier naturel N non nul.

On considère les divisions euclidiennes successives suivantes.

- La division de N par 2 : $N=2\times q_0+r_0$.
- Si $q_0 \neq 0$, la division de q_0 par 2 : $q_0=2\times q_1+r_1$.
- Si $q_1 \neq 0$, la division de q_1 par 2 : $q_1=2\times q_2+r_2$.

Et ainsi de suite, jusqu'à ce que le quotient s'annule.

1. Justifier que l'algorithme finit toujours par s'arrêter.

2. On note m le plus petit entier tel que $q_m=0$. Montrer que :

$$N=r_m\times2^m+r_{m-1}\times2^{m-1}+\ldots+r_1\times2+r_0$$

On écrit $N=\overline{r_m r_{m-1}\ldots r_1 r_0}^2$ l'écriture de N en base 2.

3. Donner l'écriture binaire de 10 ; 25 et 100.

4. Donner l'écriture décimale de $\overline{111}^2$ et $\overline{101010}^2$.

99 PRISE D'INITIATIVES

Par définition, les nombres premiers admettent exactement deux diviseurs dans $\mathbb{N}$.

Quel est l'ensemble des entiers naturels admettant exactement trois diviseurs dans $\mathbb{N}$?

TP Pratiquer l'algorithmique et programmer

Multiples et diviseurs d'entiers naturels

Objectif PYTHON
Manipuler des fonctions, des boucles Tant que et l'instruction Si.

Soient a et b deux entiers naturels non nuls tels que $a > b$.
Le but de ce TP est de résoudre les problèmes suivants, sans utiliser de multiplication, ni de division.
① Déterminer si a est un multiple de b.
② Déterminer le plus grand multiple de b inférieur ou égal à a.

Partie A Résolution du problème ①

L'idée consiste à calculer les multiples successifs de l'entier b : b, $2b$, $3b$, etc., et de tester leur égalité éventuelle avec l'entier a.

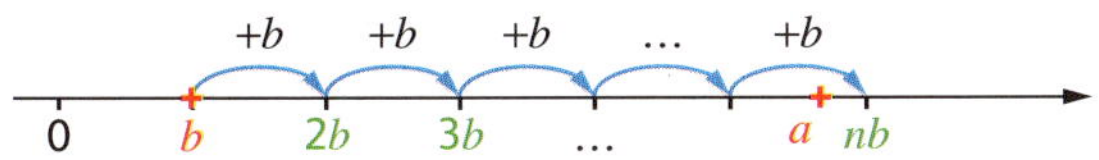

1. On considère la fonction test_multiple suivante.

Langage naturel

```
Fonction test_multiple(a,b)
  N ← b
  Tant que N < a Faire
    N ← N + b
  Fin Tant que
  Si N = a Alors
    Afficher (« a est un multiple de b »)
  Sinon
    Afficher (« a n'est pas un multiple de b »)
  Fin Si
Fin Fonction
```

Exécuter, à la main, la fonction test_multiple pour $a = 50$ et $b = 10$, puis pour $a = 50$ et $b = 11$.

2. Justifier que la fonction test_multiple permet de résoudre le problème ①.

3. Programmer cette fonction et préciser si 1 302 est un diviseur de 29 946.

```python
def test_multiple(a,b):
    N=b
    while N<a:
        N=N+b
    if N==a:
        print("a est un multiple de b")
    else:
        print("a n'est pas un multiple de b")
```

4. Que faut-il modifier dans la fonction test_multiple pour qu'elle renvoie le quotient de a par b dans le cas où a est un multiple de b ?
Vérifier en programmant en Python.

Partie B Résolution du problème ②

1. On choisit $a = 100$ et $b = 13$.
a. Calculer les multiples de l'entier b : b, $2b$, $3b$, $4b$, … jusqu'à avoir dépassé l'entier a.
b. Quel est le plus grand multiple de l'entier b qui est inférieur ou égal à l'entier a ?

2. Reprendre la question **1.** avec $a = 255$ et $b = 15$, puis avec $a = 645$ et $b = 71$.

3. En s'inspirant de la fonction test_multiple et du schéma donné en **Partie A**, construire une fonction multiple_inférieur qui prend en argument deux entiers naturels a et b tels que $a > b$ et qui renvoie le plus grand multiple de b qui est inférieur ou égal à a.

4. Programmer en Python la fonction multiple_inférieur, puis vérifier les résultats obtenus aux questions **1.** et **2.**

5. En modifiant la fonction multiple_inférieur, programmer une fonction nombre_multiples qui prend en argument deux entiers naturels a et b tels que $a > b$ et qui renvoie le nombre de multiples positifs de b qui sont inférieurs ou égaux à a. La tester.

Partie C Application : division euclidienne de a par b

On rappelle que la **division euclidienne de a par b** est l'écriture unique $a = b \times q + r$ où q et r sont des entiers naturels tels que $0 \leqslant r < b$.
q est le **quotient** et r est le **reste** dans la division euclidienne de a par b.

1. Justifier que $b \times q$ est le plus grand multiple de b inférieur ou égal à a.

2. En s'inspirant des fonctions créées précédemment, programmer une fonction Division_Euclidienne qui prend en argument deux entiers naturels a et b tels que $a > b$ et qui renvoie le quotient q et le reste r dans la division euclidienne de a par b. La tester.

Info
Le nom de « division euclidienne » est un hommage rendu à Euclide, qui en a expliqué le principe dans ses *Éléments* au IIIe siècle av. J.-C., par soustractions successives.
Mais celui-ci était connu bien avant, en Égypte, chez les Babyloniens, ou même en Chine.

Le théorème des deux carrés de Fermat

Objectif
Utiliser des outils numériques pour résoudre un problème mathématique.

Le 25 décembre 1640, Fermat énonce, dans une lettre à Mersenne, le résultat suivant, transcrit en langage contemporain.

« Tout nombre premier de la forme $(4n+1)$ s'écrit de façon unique, à l'ordre près, comme la somme de deux carrés d'entiers. »

Ce théorème des deux carrés ne sera démontré par Euler qu'en 1754.
L'objectif de ce TP est d'obtenir cette décomposition en somme de carrés.
On donne ci-dessous la liste des 50 premiers nombres premiers.

2	3	5	7	11	13	17	19	23	29
31	37	41	43	47	53	59	61	67	71
73	79	83	89	97	101	103	107	109	113
127	131	137	139	149	151	157	163	167	173
179	181	191	193	197	199	211	223	227	229

Partie A Préliminaires papier-crayon

1. Soit un nombre premier p de la forme $(4n+1)$.
En utilisant le théorème des deux carrés, justifier qu'il existe deux entiers naturels a et b uniques tels que :

$$a^2 = p - b^2 \text{ avec } 1 \leqslant a < b < \sqrt{p}$$

2. On considère les nombres premiers inférieurs à 30.
a. Parmi eux, lesquels sont de la forme $(4n+1)$, où n est un entier naturel ?
b. Écrire chacun des nombres premiers obtenus en **a.** comme la somme de deux carrés d'entiers.

Partie B À l'aide d'un tableur

1. Soit un nombre premier p de la forme $(4n+1)$.
On cherche les entiers a et b tels que $p = a^2 + b^2$ avec :

$$1 \leqslant a < b < \sqrt{p}$$

Pour déterminer la valeur de b, on teste tous les entiers k compris entre 1 (inclus) et $\sqrt{p}$ (exclus), par ordre décroissant, et on calcule $\sqrt{p-k^2}$.
a. Réaliser pour cela la feuille de calcul ci-contre, en recopiant les formules en B3, C2 et D2 vers le bas.
b. Expliquer comment obtenir les valeurs de a et b.

	A	B	C	D
1	Entier p	k	$p - k^2$	racine($p - k^2$)
2	113	=ENT(RACINE(A2))	=\$A\$2-B2^2	=RACINE(C2)
3		=B2-1		

2. Tester la démarche sur plusieurs nombres premiers de la forme :

$$(4n+1)$$

3. Tous les nombres premiers peuvent-ils s'écrire comme la somme de deux carrés ?

Partie C À l'aide d'un algorithme et d'une fonction Python

1. On propose la fonction décomposition suivante.

```
Fonction décomposition(p)
    k ← partie_entière(√p)
    a ← √(p−k²)
    Tant que (a n'est pas entier) et (k > a) Faire
        k ← k−1
        a ← √(p−k²)
    Fin Tant Que
    Retourner a et k
Fin Fonction
```

```python
from math import*
def décomposition(p):
    k=int(sqrt(p))
    a=sqrt(p-k**2)
    while (a!=int(a))and(k>a):
        k=k-1
        a=sqrt(p-k**2)
    return a,k
```

Expliquer pourquoi la fonction décomposition permet de décomposer tout nombre premier p de la forme $(4n+1)$ en somme de deux carrés.

2. La fonction décomposition a été traduite ci-contre en langage Python.
a. Que permettent les instructions `int`, `sqrt` et `k**2` du langage Python ?
b. Que permet de tester la condition « `a!=int(a)` » à la ligne 5 du programme Python ?
c. Programmer et tester la fonction décomposition sur plusieurs nombres premiers de la forme $(4n+1)$.
d. Que se passe-t-il lorsque l'argument de la fonction décomposition n'est pas un nombre premier de la forme $(4n+1)$?

TP1 ALGO Ruban de Pascal et critère de divisibilité

TRAVAIL DE GROUPE

Dans son traité *De numeribus multiplicibus*, Blaise Pascal (1623–1662) donne une méthode permettant de savoir si un entier N est divisible par un entier A.

Voici ce qu'il écrit :

« Pour plus de généralité nous représenterons ici les nombres par des lettres. Soit donc A un diviseur quelconque, et TVNM un dividende dans lequel les lettres M, N, V, T représentent respectivement les chiffres des unités simples, des dizaines, des centaines, des unités de mille, et ainsi de suite [...].
Étant donné le nombre TVNM, il s'agit de reconnaître, à la seule inspection de la somme de ses chiffres, s'il est exactement divisible par le nombre A.
On écrit sur une même ligne, et dans l'ordre décroissant, les nombres de la suite naturelle :

10	9	8	7	6	5	4	3	2	1

Au-dessous de l'unité on place l'unité.
De celle-ci prise dix fois, on retranche le diviseur A autant de fois que possible, et l'on écrit le reste B sous le nombre 2.
De B pris 10 fois on retranche de même le diviseur A autant de fois que possible, et l'on écrit le reste C sous le nombre 3.
De 10C on retranche encore le diviseur A autant de fois que possible, et l'on écrit le nouveau reste D sous le nombre 4. Et ainsi de suite.
On forme de cette manière le tableau suivant.

10	9	8	7	6	5	4	3	2	1
K	I	H	G	F	E	D	C	B	1

Prenons maintenant, de droite à gauche, les chiffres dont se compose le nombre donné TVNM, on les multiplie respectivement par les restes inscrits dans la seconde ligne de ce tableau, pris eux-mêmes de droite à gauche, et l'on écrit les produits obtenus les uns au-dessous des autres, savoir :

Le produit de M par l'unité, c'est-à-dire ... M
Le produit de N par B, c'est-à-dire ... $N \times B$
Le produit de V par C, c'est-à-dire ... $V \times C$
Le produit de T par D, c'est-à-dire ... $T \times D$

Et ainsi de suite.
Or je dis que, pour que le nombre proposé TVNM soit divisible par A, il faut et il suffit que la somme des produits M, $N \times B$, $V \times C$, $T \times D$, etc., soit elle-même divisible par A. »

Partie A Recherches

1. À la suite de l'exposé précédent, Pascal donne l'exemple de reconnaître si le nombre 287 542 178 est divisible par 7.
Ainsi $A = 7$.

a. Construction du tableau, appelé « ruban de Pascal » :
« De l'unité, prise 10 fois, je retranche 7 autant de fois que possible, et je place le reste 3 sous le chiffre 2.
Je multiplie le reste par 10 et du produit 30 je retranche 7 autant de fois que possible ; je place le nouveau reste 2 sous le chiffre 3.
De 20 je retranche 7 autant de fois que possible et j'écris le reste 6 sous 4 ».
Justifier qu'on obtient ainsi le tableau suivant.

10	9	8	7	6	5	4	3	2	1
6	2	3	1	5	4	6	2	3	1

b. Calcul de la somme des produits successifs :
« Je multiplie actuellement les chiffres successifs du nombre proposé [287 542 178], en partant de celui des unités simples [...] ; j'écris les produits obtenus les uns au-dessous des autres, savoir :

Le produit de 8 par l'unité, c'est-à-dire ... 8
Le produit de 7 par 3 ... 21
Le produit de 1 par 2 ... 2
Le produit de 2 par 6 ... 12

[...] Et j'en fais la somme. »
Poursuivre les calculs pour tous les chiffres du nombre proposé 287 542 178 et vérifier que la somme finale obtenue est égale à 119.

c. Pascal écrit ensuite : « si 119 est divisible par 7, le nombre proposé 287 542 178 le sera aussi. La même méthode peut encore servir à reconnaître si 119 est un multiple de 7. »
Le nombre 287 542 178 est-il divisible par 7 ?

2. En utilisant la méthode de Pascal, déterminer si :
a. le nombre 20 643 est divisible par 7.
b. le nombre 248 742 est divisible par 6.
c. le nombre 101 541 est divisible par 3 et par 11.

Partie B. Présentation des recherches
Faire un bilan des recherches et présenter, à l'oral ou à l'écrit, les résultats des recherches : description du problème, étude mathématique, conclusion.
On veillera à utiliser un vocabulaire précis.

Je **révise** en **autonomie**

Je cible mes révisions

VIDÉOS des capacités

Pour chaque capacité, suivre le parcours de révision pour travailler les méthodes et s'entraîner.

Parcours de révision	Réviser en autonomie	S'entraîner
CAPACITÉ 1 Utiliser les notions de multiple, de diviseur et de nombre premier	Méthode, p. 41	Exercices 2 et 45
CAPACITÉ 2 Utiliser les notions de nombre pair et de nombre impair	Méthode, p. 43	Exercices 5 et 48
CAPACITÉ 3 Présenter des résultats fractionnaires sous forme irréductible	Méthode, p. 44	Exercices 11 et 52
CAPACITÉ 4 Effectuer des calculs numériques	Méthode, p. 45	Exercices 14 et 59

Je me teste

Voir corrigés

Pour chaque question, déterminer la (ou les) réponse(s) correcte(s).

CAPACITÉ 1

1. Si u et v sont des entiers relatifs tels que u divise v, alors :
a. $(u+v)$ divise u. **b.** $u \leqslant v$.
c. u divise $(u+v)$. **d.** u divise $(u+2v)$.

2. Si $n = a \times b$ avec n, a et b des entiers relatifs, alors :
a. b divise n.
b. n divise a.
c. a divise bn.
d. a^2 divise n^2.

3. Si $n = 2^2 \times 3^2$, alors :
a. 1, 2, 3 et 36 sont des diviseurs de n.
b. n admet exactement 9 diviseurs positifs.
c. n est un diviseur de 100.
d. n est un multiple de 6.

4. Si n, a et b sont des entiers relatifs tels que a et b divisent n, alors :
a. $a \times b$ divise toujours n.
b. il est possible que $a \times b$ divise n.
c. $a \times b$ divise toujours n^2.

5. Si $a = 163$ et $b = 41$, alors :
a. a n'est pas premier.
b. le plus grand multiple de b inférieur à a est 141.
c. le reste dans la division euclidienne de a par b est égal à 40.

CAPACITÉ 2

6. Soient a un entier pair et b un entier impair. Alors :
a. $2a+3b$ est impair.
b. b^2 est pair.
c. $3a+2b$ est impair.
d. a^2+b^2 est pair.

7. On a :
a. la somme de deux nombres premiers supérieurs ou égaux à 3 est paire.
b. le produit de deux nombres premiers supérieurs ou égaux à 2 est pair.
c. le carré d'un nombre premier supérieur ou égal à 3 est impair.

CAPACITÉ 3

8. $\frac{2}{3}+\frac{3}{4}\times\frac{2}{5}$ est égal à :
a. $\frac{12}{60}=\frac{1}{5}$ **b.** $\frac{2}{7}$ **c.** $\frac{29}{30}$

9. $\frac{4}{5}\div\frac{2}{3}+1$ est égal à :
a. $\frac{7}{5}$ **b.** $\frac{11}{5}$ **c.** $\frac{23}{15}$

10. $\frac{2^2}{3}\times\frac{5}{7}+\frac{4}{3}$ est égal à :
a. $\frac{16}{7}$ **b.** $\frac{104}{63}$ **c.** $\frac{24}{21}=\frac{8}{7}$

11. $\frac{3}{5}\times 2+\frac{1}{4}$ est égal à :
a. $\frac{5}{4}$ **b.** $\frac{34}{40}=\frac{17}{20}$ **c.** $\frac{29}{20}$

CAPACITÉ 4

12. On a :
a. la décomposition en produit de facteurs premiers de 720 est $2^4\times3^2\times5$.
b. la décomposition en produit de facteurs premiers de 1 550 est $10\times31\times5$.
c. la décomposition en produit de facteurs premiers de 32 851 est $7\times13\times19$.

13. On pose $N = 1125 = 3^2\times5^3$. Alors :
a. les diviseurs positifs de N sont 1 ; 3 et 5.
b. les diviseurs positifs de N sont 1 ; 3 ; 9 ; 5 ; 25 ; 125 et 1 125.
c. l'entier N admet 12 diviseurs positifs.

14. $\sqrt{1575}$ est égal à :
a. $7\sqrt{15}$ **b.** $15\sqrt{7}$ **c.** $225\sqrt{7}$

15. $\sqrt{4608}$ est égal à :
a. $48\sqrt{2}$ **b.** $2\sqrt{48}$ **c.** $\sqrt{2}\times\sqrt{48}$

16. $\frac{\sqrt{385}\times\sqrt{420}}{\sqrt{275}}$ est égal à :
a. $14\sqrt{3}$ **b.** $\sqrt{588}$ **c.** $\frac{70\sqrt{33}}{275}$

Je fais des exercices bilans

Bilan 1 15min **Diviseurs positifs d'un entier**

L'objectif est de déterminer tous les diviseurs positifs d'un entier N dans certains cas particuliers.

1. On choisit $N = 175$.

a. Décomposer N en produit de facteurs premiers.

b. Recopier et compléter l'arbre ci-dessous, puis déterminer tous les diviseurs positifs de N.

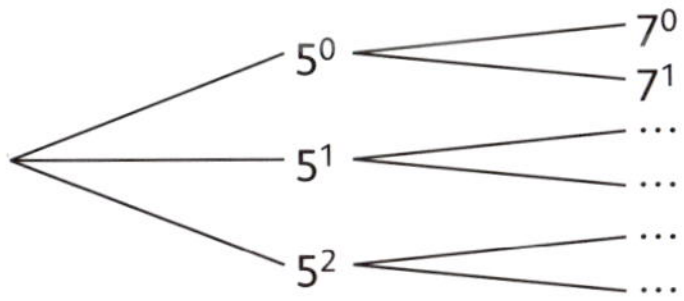

2. Déterminer tous les diviseurs positifs de $N = 686$.

3. On pose $N = 3^n$ où n est un entier naturel.
Déterminer l'entier n de façon que N admet exactement cinq diviseurs positifs.

Bilan 2 20min **Nombres abondants, nombres déficients et nombres parfaits**

Un entier naturel n est dit **abondant** s'il est strictement inférieur à la somme de ses diviseurs stricts (autres que lui-même) positifs.
Un entier naturel n est dit **déficient** s'il est strictement supérieur à la somme de ses diviseurs stricts positifs.
Un entier naturel n est dit **parfait** s'il est égal à la somme de ses diviseurs stricts positifs.

1. Déterminer, pour chaque entier n compris entre 2 et 12 (inclus), si n est abondant, déficient ou parfait.

2. Montrer que 28 est parfait.

3. Soit p un nombre premier.
Démontrer que p est déficient.

Bilan 3 15min

Décompositions en produit de facteurs premiers

1. Décomposer 126 et 147 en produits de facteurs premiers.

2. Écrire sous forme irréductible la fraction $\frac{126}{147}$.

3. Écrire le nombre $\sqrt{147}$ sous la forme $a\sqrt{b}$ avec a et b dans $\mathbb{N}$ tels que b est le plus petit possible.

4. Déterminer tous les diviseurs positifs de 147.

5. L'affirmation suivante est-elle vraie ?
« Si deux entiers ont les mêmes diviseurs premiers, alors l'un est multiple de l'autre. »
Justifier.

Bilan 4 10min **Calculer en simplifiant**

Calculer et simplifier les nombres suivants.

1. $A = \frac{4725}{2625}$ **2.** $B = \frac{\sqrt{75} \times \sqrt{192}}{\sqrt{196}}$

3. $C = \frac{3}{7} - \frac{4}{5} \times \frac{3}{8}$ **4.** $D = \frac{8}{5} \times \frac{3}{2} + \frac{7}{3}$

Bilan 5 15min **Parité et combinaisons linéaires**

Soient a, b, u et v quatre entiers relatifs.

1. On suppose que les entiers a et b sont impairs.
Donner la parité de :

a. $3a$ **b.** $2b$ **c.** $2a + 3b$ **d.** $4a + 2b$

2. On suppose que l'entier a est pair et que l'entier b est impair.

a. Recopier et compléter le tableau suivant donnant la parité de $au + bv$.

u	v	au	bv	$au + bv$
Pair	Pair			
Pair	Impair			
Impair	Pair			
Impair	Impair			

b. À quelle condition sur les entiers u et v le nombre $(au + bv)$ est-il pair ?

3. On suppose que les entiers a et b sont pairs.
À quelle condition sur les entiers u et v le nombre $(au + bv)$ est-il pair ?

Bilan 6 15min **Fractions irréductibles**

Soit un entier relatif n différent de -4.
On pose $p = 5n + 21$ et $q = n + 4$.

1. Soit d un diviseur commun à p et à q.

a. Justifier que d divise $(p - 5q)$.

b. En déduire que $d = -1$ ou $d = 1$.

c. Que peut-on en déduire pour la fraction $\frac{p}{q}$?

2. À l'aide d'une méthode analogue à celle de la question **1.**, démontrer que la fraction $\frac{3n+11}{n+4}$ est irréductible.

Bilan 7 15min **PGCD de deux entiers naturels**

Soient a et b deux entiers naturels non nuls.
On note PGCD$(a\,;b)$ le plus grand diviseur commun de a et b.

1. On choisit $a = 2^2 \times 3 = 12$ et $b = 2 \times 3^2 \times 5 = 90$.
Déterminer PGCD$(a\,;b)$.

2. Reprendre la question **1.** avec $a = 390$ et $b = 525$.

3. a. On suppose que a et b sont tous les deux pairs.
Justifier que PGCD$(a\,;b)$ est un entier pair.

b. On suppose que PGCD$(a\,;b)$ est pair.
Que peut-on en déduire pour la parité des entiers a et b ?
Justifier.

4. a. On suppose que l'un des deux entiers a ou b (au moins) est impair.
Quelle est la parité de PGCD$(a\,;b)$?

b. On suppose que PGCD$(a\,;b)$ est impair.
Montrer, avec des exemples, qu'on ne peut être certain de la parité des entiers a et b.

CHAPITRE

3 Calcul littéral et applications

Les capacités du chapitre

- CAPACITÉ 1 Développer ou factoriser une expression algébrique
- CAPACITÉ 2 Comparer deux quantités
- CAPACITÉ 3 Choisir la forme la plus adaptée pour résoudre un problème
- CAPACITÉ 4 Effectuer des calculs littéraux mettant en jeu des écritures fractionnaires
- CAPACITÉ 5 Exprimer une variable en fonction d'une autre

Au fil du temps

La résolution des équations est le premier objectif que se fixe l'*algèbre*. Elle remonte aux temps les plus anciens de l'histoire de l'humanité, puisque dès 2 000 ans avant J.-C., Babyloniens, Égyptiens et Chinois développèrent des méthodes pour résoudre des équations. Une avancée décisive est due au savant perse Al-Khwarizmi, au IXe siècle, qui a jeté les bases des méthodes algébriques de résolution des équations. Elles n'ont pas cessé d'être améliorées et affinées, même si aujourd'hui encore, de très nombreuses équations d'apparence *simple* ne peuvent être résolues par des méthodes exactes.

Des maths partout !

L'école polytechnique, installée à Palaiseau en région parisienne, est l'une des écoles d'ingénieurs les plus renommées en France. Elle est surnommée « l'X », du nom de la variable utilisée en mathématiques…

> Ressources du chapitre disponibles ici : www.lycee.hachette-education.com/declic/2de

Partir d'un bon pied

A Diaporama pour tester les bases

ACTIVITÉS MENTALES RAPIDES

B QCM – Manipuler des expressions littérales

On considère les expressions littérales suivantes.

$$A=5x^2-4x\ ;\ B=2x-(3x-2)\ ;\ C=5x(2x-3)$$

1. Si $x=-2$ alors l'expression A est égale à :

a. 12 **b.** 28 **c.** -12

2. L'expression A est toujours égale à :

a. x **b.** x^2 **c.** $x(5x-4)$

3. L'expression B est toujours égale à :

a. $-x-2$ **b.** $2x\times 3x-2x\times 2$ **c.** $-x+2$

4. L'expression C est toujours égale à :

a. $7x^2+2x$ **b.** $10x^2-15x$ **c.** $10x^2-3$

5. Quelles(s) égalité(s) est (sont) toujours vraie(s) ?

a. $(3x)^2=6x^2$ **b.** $(4x)^2=16x^2$ **c.** $(-5x)^2=-25x^2$

6. Quels nombres sont solutions de l'équation $x^2+2x=3$?

a. 1 **b.** -1 **c.** -3

C Utiliser le calcul littéral pour démontrer

On considère les programmes de calcul suivants.

Programme A

① Choisir un nombre
② Prendre son carré
③ Retrancher le double du nombre initial
④ Retrancher 24
⑤ Annoncer le résultat

Programme B

① Choisir un nombre
② Lui retrancher 6 : on obtient un nombre A
③ Ajouter 4 au nombre de départ : on obtient un second nombre B
④ Multiplier A et B
⑤ Annoncer le résultat

1. Tester ces deux programmes de calcul pour des nombres de départ identiques. Que peut-on conjecturer ?

2. Démontrer cette conjecture.

D Géométrie et calcul littéral

Les quadrilatères représentés ci-dessous sont des rectangles.

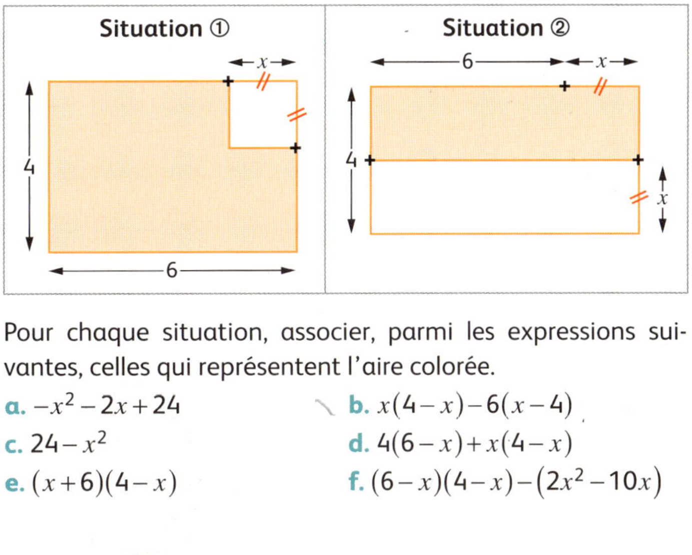

Pour chaque situation, associer, parmi les expressions suivantes, celles qui représentent l'aire colorée.

a. $-x^2-2x+24$ **b.** $x(4-x)-6(x-4)$

c. $24-x^2$ **d.** $4(6-x)+x(4-x)$

e. $(x+6)(4-x)$ **f.** $(6-x)(4-x)-(2x^2-10x)$

Activités

1 Vous avez dit remarquable ?

Objectif
(Re)découvrir les identités remarquables et les mettre en œuvre.

1 Dans la figure ci-contre, tous les quadrilatères représentés sont des rectangles.
On pose $AE = AF = a$ et $EB = DF = b$.

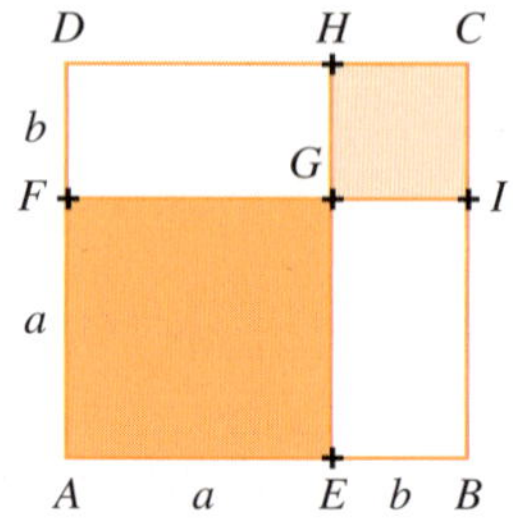

a. En exprimant l'aire du carré $ABCD$ de deux manières différentes, justifier l'identité :
$$(a+b)^2 = a^2 + 2ab + b^2$$
b. En remarquant que $(a+b)^2 = (a+b)(a+b)$, retrouver l'identité précédente en utilisant la formule de double-distributivité.

Info
L'égalité $(a+b)^2 = a^2 + 2ab + b^2$ est vraie pour **toute** valeur de a et b : on dit que cette égalité est une **identité**.

2 En utilisant le calcul littéral, démontrer les identités suivantes.
a. $(a-b)^2 = a^2 - 2ab + b^2$ **b.** $(a+b)(a-b) = a^2 - b^2$

Info
Les trois identités :
① $(a+b)^2 = a^2 + 2ab + b^2$
② $(a-b)^2 = a^2 - 2ab + b^2$
③ $(a+b)(a-b) = a^2 - b^2$
sont appelées **identités remarquables**.

3 On considère les expressions suivantes.

$A = (x-7)(x+7)$ $B = x^2 - 14x + 49$ $C = 4x^2 + 28x + 49$

$D = (2x+7)^2$ $E = x^2 - 49$ $F = (x-7)^2$

a. Parmi ces expressions, repérer celles qui sont écrites sous une forme développée et celles qui sont écrites sous une forme factorisée.
b. Quelles sont les expressions égales ? Justifier.

4 **a.** En utilisant les identités remarquables, développer et réduire :
$$(x+1)^2 - (x-1)^2$$
b. En déduire la valeur de $100\,000\,001^2 - 99\,999\,999^2$.

2 Modéliser un problème par une équation

Objectif
Mettre un problème en équation.

On propose les quatre problèmes suivants.

① La somme de trois entiers consécutifs est égale au double du troisième.
Quels sont ces entiers ?

② Déterminer tous les triangles rectangles dont les mesures des côtés sont trois entiers consécutifs.

③ Après une augmentation de 5 %, un article coûte 27 €.
Quel était son prix initial ?

④ Une boutique de souvenirs propose deux modèles, A et B, de porte-clés. Le modèle A coûte 2 € de plus que le modèle B. Julie achète trois porte-clés A et quatre porte-clés B pour une somme de 27 €.
Quel est le prix de chaque type de porte-clés ?

1 Associer à chaque problème l'équation correspondante, parmi celles proposées ci-dessous, en précisant ce que représente l'inconnue x dans le cadre du problème.

a. $x + (x+1) + (x+2) = 2x$ **b.** $(x-1)^2 + x^2 = (x+1)^2$
c. $x + \frac{5}{100} = 27$ **d.** $3x + 2 + 4x = 27$
e. $(x-1) + x = x + 1$ **f.** $3(x+2) + 4x = 27$
g. $1{,}05x = 27$ **h.** $x + (x+1) + (x+2) = 2(x+2)$
i. $4(x+2) + 3x = 27$ **j.** $x - \frac{5}{100}x = 27$

2 Résoudre les équations choisies et résoudre les problèmes posés.

3 Peut-on avoir confiance en sa calculatrice ?

Objectif
Exploiter le calcul littéral pour comparer deux nombres.

On propose à des élèves de Seconde le problème suivant.

Comparer, en argumentant, les deux nombres :
$A = 1{,}000\,000\,002^2$ et $B = 1{,}000\,000\,004$

Voici les échanges au sein d'un groupe d'élèves :
« **Léo** : C'est trop facile, calcule A avec la calculatrice…
Marie : Bah, on retombe sur le nombre B ! Étrange.
Léo : Exercice fini, on a $A = B$. Je veux un exercice aussi facile au contrôle !
Inès : Bizarre. Il n'y a pas d'erreurs d'arrondis ?
Marie : C'est vrai, un exercice si vite résolu, ça m'étonne quand même !
Léo : Ok mais on fait comment sans calculatrice ?
Inès : On peut peut-être utiliser les identités remarquables ici.
Vous voyez : on a $1{,}000\,000\,002 = 1 + 2x$ avec x qui est égal à…
Léo : …pas bête. Pour comparer les nombres A et B, on peut aussi calculer leur différence $A - B$ et étudier le signe du résultat… »

Mettre en œuvre les idées soulevées dans le groupe pour apporter une réponse au problème posé.

Vocabulaire
Comparer deux nombres c'est indiquer s'ils sont égaux ou si l'un est supérieur à l'autre.

Aide
Pour comparer deux nombres A et B, on peut étudier le **signe** de leur **différence** $A - B$.
En effet :
- si $A - B < 0$ alors $A < B$.
- si $A - B > 0$ alors $A > B$.
- si $A - B = 0$ alors $A = B$.

4 Al-Khwarizmi et les équations du 2nd degré

Objectif
Découvrir une méthode historique de résolution d'équation.

Al-Khwarizmi utilisait une méthode géométrique pour résoudre des équations du type $x^2 + ax = b$ avec a, x et b positifs. On décrit ci-dessous sa méthode dans le cas de la résolution de l'équation $x^2 + 10x = 39$.

1re étape	2e étape	3e étape
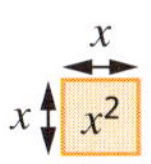	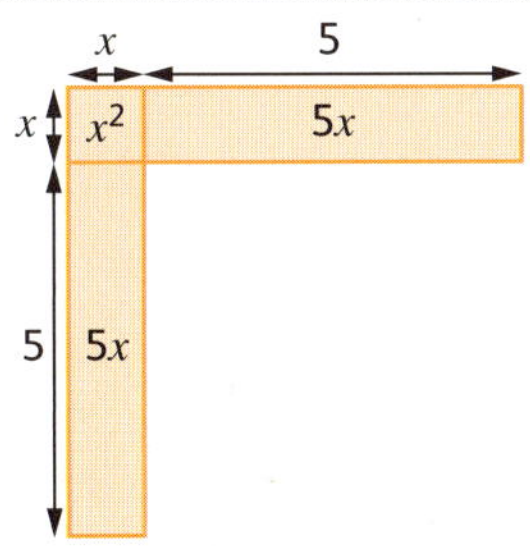	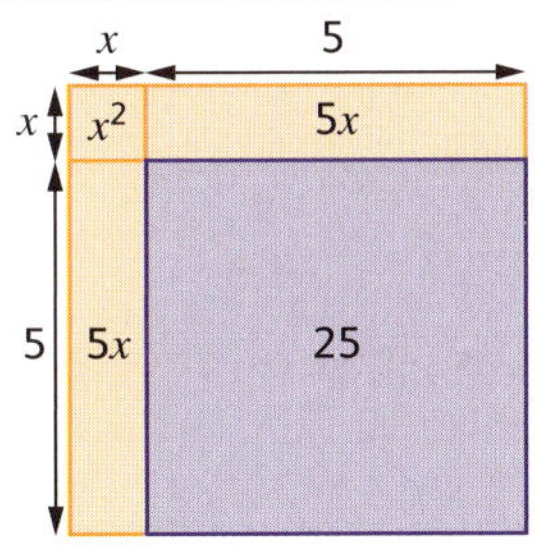
On représente x^2 par un carré de côté x.	On borde ce carré de deux rectangles identiques dont la somme des aires vaut $10x$.	On complète alors le grand carré.
x^2	$x^2 + 10x$	$x^2 + 10x + 25$

Ce grand carré a pour aire 39 + 25 soit 64. Donc il a pour côté 8.
Il suffit de retirer 5 pour obtenir le côté x cherché soit $x = 3$.
Mettre en œuvre la méthode d'Al-Khwarizmi pour déterminer les solutions positives des équations suivantes.

a. $x^2 + 12x = 45$ **b.** $x^2 + 2x = 8$ **c.** $x^2 + 8x = 65$

Info
Al-Khwarizmi est un astronome et mathématicien perse du IXe siècle.

Il est l'auteur du *Précis sur le calcul de al-jabr et al-muqabala*. Ce traité de base d'algèbre est consacré à la résolution de problèmes pratiques de la vie quotidienne. Dans ce traité, qui n'utilise aucun symbole, même pour les nombres, Al-Khwarizmi propose des techniques de résolution de certaines équations du 2nd degré. Il est considéré comme l'un des pères fondateurs de l'algèbre.

5 Problème ouvert

TRAVAIL DE GROUPE

Dans un rectangle $ABCD$ tel que $AB = 4$ et $AD = 10$, M est un point mobile sur le segment $[BC]$. Où placer le point M de sorte que le triangle AMD soit rectangle en M ? Justifier.

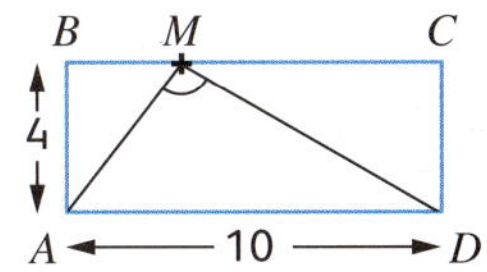

Après une réflexion individuelle, échanger et discuter en groupe, des pistes de résolution envisagées et proposer une solution au problème.

Aide
On pourra remarquer que, pour tout nombre réel x :
$x^2 - 10x + 16 = (x - 5)^2 - …$

Cours

1 Manipulations algébriques

a Différentes formes d'une expression algébrique

On utilise les lettres pour désigner une grandeur qui varie (on parle alors de variable) ou une grandeur inconnue. Le calcul littéral permet de transformer une expression algébrique pour résoudre des problèmes (étudier l'évolution d'une quantité dépendant d'une variable, chercher la ou les valeurs d'une inconnue, démontrer une propriété…).

Une expression algébrique peut s'écrire sous différentes formes :

Forme développée (somme algébrique de *termes*)	Forme factorisée (produit ou quotient de *facteurs*)
Exemple $2x^2-11x+12$ Pour tout réel $x \neq 1$: $2-\dfrac{3}{x-1}$.	**Exemple** $(x-4)(2x-3)$ Pour tout réel $x \neq 1$: $\dfrac{2x-5}{x-1}$.

Définition On appelle **identité** une égalité qui est vraie quelles que soient les valeurs données aux différentes lettres qui interviennent.

Exemple

L'expression $A=(2x)^2-2x(x+1)$ est une somme algébrique.

Sa forme **développée** est :

$$A=4x^2-2x^2-2x=2x^2-2x$$

Sa forme **factorisée** est :

$$A=2x(x-1)$$

Exemple

L'expression A s'écrit ainsi :

$$A=2x^2-2x=2x(x-1)$$

Ces égalités sont valables pour **toute** valeur de x, ce sont des **identités**.

b Formules de distributivité

Propriété Pour tous nombres a, b, c, d et k, on a les identités suivantes.

→ on développe

① $k(a+b)=ka+kb$

② $k(a-b)=ka-kb$

③ $(a+b)(c+d)=ac+ad+bc+bd$

on factorise ←

Exemples

$$B=2x(3x-5)-(3x^2-1)$$
$$=6x^2-10x-3x^2+1$$
$$=3x^2-10x+1$$

$$C=2x^2-(-2x+2)(4-x)$$
$$=2x^2-[-8x+2x^2+8-2x]$$
$$=2x^2-[2x^2-10x+8]$$
$$=2x^2-2x^2+10x-8$$
$$=10x-8$$

c Identités remarquables

Propriété Pour tous nombres a et b, on a les identités suivantes.

→ on développe

① $(a+b)^2=a^2+2ab+b^2$

② $(a-b)^2=a^2-2ab+b^2$

③ $(a+b)(a-b)=a^2-b^2$

on factorise ←

Voir Démo activité 1

Exemples

- $(3x+4)^2=(3x)^2+2\times 3x\times 4+4^2$
  $=9x^2+24x+16$
- $(5x-1)(5x+1)=(5x)^2-1^2$
  $=25x^2-1$
- $(3-2x)^2$
  $=3^2-2\times 3\times 2x+(2x)^2$
  $=9-12x+4x^2$
  $=4x^2-12x+9$

d Techniques de factorisation

Pour factoriser une expression algébrique, on utilise essentiellement deux techniques :

- en repérant un **facteur commun**.

Exemple

$$(3-x)(5x+4)-2(3-x)(2x+1)=(3-x)[(5x+4)-2(2x+1)]$$
$$=(3-x)(5x+4-4x-2)=(3-x)(x+2)$$

- en reconnaissant une **identité remarquable**.

Exemples

• $49x^2-28x+4$ $=(7x)^2-2\times 7x\times 2+2^2$ $=(7x-2)^2$	• $36x^2-100$ $=(6x)^2-10^2$ $=(6x-10)(6x+10)$

Remarque

Pour factoriser une expression, il peut être parfois nécessaire de combiner ces deux techniques pour faire apparaître un facteur commun.

Exemple

$$x(3x+6)+x^2-4$$
$$=x\times 3(x+2)+(x+2)(x-2)$$
$$=3x(x+2)+(x+2)(x-2)$$
$$=(x+2)(4x-2)$$

méthode

VIDÉO Capacité 1

Capacité 1 Développer ou factoriser une expression algébrique

Énoncé **1.** On considère l'expression suivante définie sur $\mathbb{R}$ par :

$$A(x)=(4x-3)^2-2x(4x-3)$$

Valider l'ensemble des résultats obtenus ci-contre, à l'aide d'un logiciel de calcul formel.

2. Factoriser les expressions suivantes.

a. $4x^2-49$ **b.** $25x^2+30x+9$ **c.** $9x^2-(2x+1)^2$

On vérifiera les calculs à l'aide d'un logiciel de calcul formel.

Calcul formel

1	A(x):=(4x-3)^2-2x(4x-3) → A(x) := 8 x² – 18 x + 9
2	Factoriser(A(x)) → (2 x – 3) (4 x – 3)

Solution

1. On développe l'expression $A(x)$.

$A(x)=(4x-3)^2-[2x(4x-3)]=(4x)^2-2\times 4x\times 3+3^2-[8x^2-6x]$

$=16x^2-24x+9-8x^2+6x=8x^2-18x+9$

On retrouve bien le résultat obtenu par le logiciel.

On factorise $A(x)$, pour cela, on repère le facteur commun $(4x-3)$.

$A(x)=(4x-3)^2-2x(4x-3)=(4x-3)(4x-3)-2x(4x-3)$

$=(4x-3)[(4x-3)-2x]=(4x-3)(2x-3)$

2. a. On reconnaît ici une différence de deux carrés : a^2-b^2 avec $a=2x$ et $b=7$. Ainsi, $4x^2-49=(2x)^2-7^2=(2x-7)(2x+7)$.

$a^2 \quad -b^2=(\ a\ -b)(\ a\ +\ b\ )$

b. On reconnaît ici la première identité remarquable $a^2+2ab+b^2$ avec $a=5x$; $b=3$ et $2ab=2\times 5x\times 3=30x$. Ainsi, on a :

$25x^2+30x+9=(5x)^2+2\times 5x\times 3+3^2=(5x+3)^2$

$a^2 \quad +2\times\ a\ \times b+b^2=(a+b)^2$

c. On reconnaît de nouveau une différence de deux carrés : a^2-b^2 avec $a=3x$ et $b=(2x+1)$. Ainsi, on a :

$9x^2-(2x+1)^2=(3x)^2-(2x+1)^2=(3x-(2x+1))(3x+(2x+1))$

$a^2 \quad - \quad b^2 \quad =(\ a-\quad b\quad)(\ a+\quad b\quad)$

Donc $9x^2-(2x+1)^2=(3x-2x-1)(3x+2x+1)=(x-1)(5x+1)$.

Point méthode

1. Pour développer $A(x)$, on identifie les produits, ici $(4x-3)^2$ et $2x(4x-3)$. Attention au signe « – » qui précède le second terme ! On encadre préalablement ce terme de crochets avant de développer.

Pour factoriser, on repère la présence d'un facteur commun ou d'une identité remarquable.

Point méthode

2. Pour repérer une identité remarquable, on peut compter les termes : a-t-on affaire à une différence de deux carrés a^2-b^2 ou une somme du type $a^2\pm 2ab+b^2$?

On identifie ensuite les valeurs de a et b pour factoriser.

J'applique

Pour les exercices **1** à **4**, développer et réduire les expressions proposées.

1 **a.** $A=3x(2x-5)+2(x^2+3x)$
b. $B=x^2-2x(3x-1)$
c. $C=(2x-3)(x-2)-2(x^2-3)$

2 **a.** $D=x(x+1)-(3-x)(2x-1)$
b. $E=(3-2x)(3x-1)+3(x^2-2x)$
c. $F=(3-2x)(y+3x)-x(9-2y)$

3 **a.** $(a-5)^2$ **b.** $(5x+3)^2$
c. $(4-5x)^2$ **d.** $(t-6)(t+6)$
e. $(7a-8)(7a+8)$ **f.** $(3u+2t)^2$

4 **a.** $E=(2x-3)^2$ **b.** $F=(x+5)^2-x(x+3)$
c. $H=(4x+5)(4x-5)$ **d.** $I=(3x+\sqrt{2})^2$
e. $J=\left(5x+\dfrac{3}{2}\right)^2$ **f.** $K=4x^2-(3x+1)(3x-1)$

5 Compléter les identités suivantes à l'aide des identités remarquables.
a. $(\ldots+9)^2=y^2+18y+\ldots$
b. $(2x-\ldots)(2x+\ldots)=\ldots-25$
c. $(3x-\ldots.)^2=\ldots-\ldots+49$
d. $(8x+\ldots)^2=\ldots+16x+\ldots$

Pour les exercices **6** à **8**, factoriser les expressions.

6 **a.** $7x^2-4x$ **b.** $21a^2-14b$
c. $(2x-1)(x+3)+5(x+3)$
d. $2x(2x-1)-(4x-5)(2x-1)$

7 **a.** $x^2-10x+25$ **b.** $9x^2+12x+4$
c. $49-y^2$ **d.** $16a^2-64$

8 **a.** $P=(7-2x)(x+1)+2(7-2x)$
b. $Q=(3x+1)^2-81$
c. $R=36x^2+60x+25$
d. $S=(2x+3)^2-(5x-1)^2$

Cours

1 Manipulations algébriques (suite)

e Calculs algébriques sur les quotients

Propriété Pour tous réels a, b et k avec $b \neq 0$ et $k \neq 0$, on a :

$$\frac{a}{b} = \frac{ka}{kb} \text{ et } \frac{a}{b} = \frac{a \div k}{b \div k}$$

On rappelle ci-dessous les propriétés opératoires des quotients.

Propriété Pour tous réels a, b, c et d avec $c \neq 0$ et $d \neq 0$, on a :

① $\frac{a}{d} + \frac{b}{d} = \frac{a+b}{d}$ ② $\frac{a}{d} - \frac{b}{d} = \frac{a-b}{d}$ ③ $\frac{a}{c} \times \frac{b}{d} = \frac{a \times b}{c \times d}$

Pour additionner ou soustraire deux quotients, on les réduit préalablement au même dénominateur.

Exemple

Pour tout réel x distinct de 0 et $-0{,}5$ on a les égalités :

$$\frac{5}{x} - \frac{3-x}{2x+1} = \frac{5 \times (2x+1)}{x \times (2x+1)} - \frac{(3-x) \times x}{(2x+1) \times x} = \frac{(10x+5)-(3x-x^2)}{x(2x+1)} = \frac{x^2+7x+5}{x(2x+1)}$$

Le quotient $\frac{5}{x}$ n'est pas défini pour $x = 0$. On dit que 0 est **valeur interdite** pour ce quotient. De même $-0{,}5$ est valeur interdite de $\frac{3-x}{2x+1}$.

Propriété Pour tous réels a, b, c et d avec b, c et d non nuls, on a :

④ l'inverse de $\frac{b}{d}$ est $\frac{d}{b}$ ⑤ $\frac{a}{c} \div \frac{b}{d} = \frac{a}{c} \times \frac{d}{b}$

Exemples

• Pour tout réel $x \neq 0$, on a :

$$\frac{4}{5} = \frac{2 \times 4}{2 \times 5} = \frac{8}{10}$$

$$\frac{9x}{6x^2} = \frac{3 \times 3 \times x}{2 \times 3 \times x \times x} = \frac{3}{2x}$$

$$\frac{7}{10} + \frac{5}{6} = \frac{3 \times 7}{3 \times 10} + \frac{5 \times 5}{5 \times 6} = \frac{21+25}{30} = \frac{46}{30} = \frac{23}{15}$$

• Pour tout réel $x \neq 0$, on a :

$$\frac{5}{x^2} - 3 = \frac{5}{x^2} - \frac{3}{1} = \frac{5}{x^2} - \frac{3 \times x^2}{1 \times x^2} = \frac{5-3x^2}{x^2}$$

• Pour tout réel $a \neq 0$, on a :

$$\frac{5}{4a^2} \div \frac{15}{6a} = \frac{5}{4a^2} \times \frac{6a}{15} = \frac{2 \times 3 \times 5 \times a}{2 \times 2 \times 3 \times 5 \times a \times a} = \frac{1}{2a}$$

2 Comparaison de deux quantités

a Signe et comparaison de deux nombres

Définition Étant donnés a et b deux nombres réels. On dit que a est **strictement supérieur** (resp. strictement inférieur) à b et on note $a > b$ lorsque $a - b > 0$ (resp. $a - b < 0$). Ainsi $a > b \Leftrightarrow a - b > 0$.

Comparer deux nombres, c'est déterminer s'ils sont égaux et sinon, c'est déterminer lequel est le plus grand des deux.

Exemples

• Pour comparer les nombres :

$A = 2\pi$ et $B = 4\sqrt{3}$

On obtient par la calculatrice les valeurs approchées :

$A \simeq 6{,}3$ et $B \simeq 6{,}9$

D'où $A < B$.

• Pour comparer les fractions :

$C = \frac{7}{9}$ et $D = \frac{12}{11}$

on remarque que $C < 1 < D$ ou en réduisant au même dénominateur :

$C = \frac{77}{99}$ et $D = \frac{108}{99}$

D'où $C < D$.

b Critères de comparaison de deux nombres

Propriété Pour comparer les nombres a et b, on peut utiliser deux critères.

① **Critère de la différence** : on étudie le **signe** de la différence $a - b$.

• Si $a - b < 0$ alors $a < b$. • Si $a - b > 0$ alors $a > b$.

② **Critère du quotient** : si a, b sont **strictement positifs.**

• Si $\frac{a}{b} < 1$ alors $a < b$. • Si $\frac{a}{b} > 1$ alors $a > b$.

Démo

Démonstration du critère du quotient

Soient a et b deux réels strictement positifs tels que $\frac{a}{b} < 1$. En multipliant chaque membre par b, le sens de l'inégalité est conservé d'où $\frac{a}{b} \times b < 1 \times b$ soit $a < b$.

Enfin, pour comparer deux nombres, on peut également exploiter les propriétés des inégalités ou les variations d'une fonction.

Exemples

• Étant donné un nombre $a < 0$, on souhaite comparer :

$E = (2a+3)^2$ et $F = 4a^2 + 9$

On étudie pour cela le signe de la différence :

$E - F = (2a+3)^2 - (4a^2+9) = 12a$

Puisque $a < 0$, alors $12a < 0$ d'où $E < F$.

• Soit t un réel vérifiant $0 < t < 1$. Pour comparer $G = t^2$ et $H = t^3$ qui sont strictement positifs, on peut comparer le quotient $\frac{H}{G}$ avec 1.

On a $\frac{H}{G} = \frac{t^3}{t^2} = t$ or $t < 1$ donc $\frac{H}{G} < 1$.

D'où $H < G$ soit $t^3 < t^2$.

Voir Chap. 1 p. 16 ; Chap. 8 p. 224 ; Chap. 10 p. 282

méthode

VIDÉO Capacité 2

Capacité 2 Comparer deux quantités

Énoncé **1.** Dans chaque cas suivant, comparer les nombres A et B donnés en précisant les cas d'égalité.

a. a et b étant deux réels négatifs, $A = ab + 9$ et $B = (a+3)(b+3)$.

b. n étant un entier naturel supérieur ou égal à 2, $A = \frac{2}{n}$ et $B = \frac{4}{n^2}$.

2. a. Comparer, pour tout réel x vérifiant $x > 1$, les nombres $A = \frac{x+1}{x-1}$ et $B = \frac{x+2}{x}$.

b. En déduire la comparaison des nombres $\frac{100\,001}{99\,999}$ et $\frac{100\,002}{100\,000}$.

Solution

1. a. On étudie le signe de la différence :

$$A - B = (ab+9) - (ab + 3a + 3b + 9) = -3(a+b)$$

a et b étant négatifs, alors $-3(a+b) \geqslant 0$. Ainsi $A - B \geqslant 0$ d'où $A \geqslant B$.
De plus, $A = B$ si et seulement si $a = -b$; vu que a et b sont négatifs, $A = B$ si et seulement si $a = b = 0$.

b. Pour tout entier naturel $n \geqslant 2$, A et B sont strictement positifs, on peut alors comparer le quotient $\frac{A}{B}$ et 1. On calcule ce quotient :

$$\frac{A}{B} = \frac{2}{n} \div \frac{4}{n^2} = \frac{2}{n} \times \frac{n^2}{4} = \frac{n}{2}$$

Comme $n \geqslant 2$, on a $\frac{n}{2} \geqslant 1$ c'est-à-dire $\frac{A}{B} \geqslant 1$ soit finalement $A \geqslant B$.
Enfin, $A = B$ si et seulement si $n = 2$.

2. a. Pour tout réel $x > 1$, on étudie le signe de la différence :

$$A - B = \frac{x+1}{x-1} - \frac{x+2}{x} = \frac{(x+1)\times x}{(x-1)\times x} - \frac{(x+2)\times(x-1)}{x\times(x-1)}$$
$$= \frac{(x^2+x) - (x^2 - x + 2x - 2)}{x(x-1)} = \frac{2}{x(x-1)}$$

On a $2 > 0$ et vu que $x > 1$, alors $x > 0$ et $x - 1 > 0$ donc ce quotient est strictement positif. Finalement, pour tout réel $x > 1$, on a $A > B$.

b. Pour $x = 100\,000$ d'après **2. a.**, on obtient alors $\frac{100\,001}{99\,999} > \frac{100\,002}{100\,000}$.

Point méthode
1. 2. Pour comparer deux nombres qui dépendent d'une (ou plusieurs) variable(s), on peut mettre en œuvre un des critères (critère du signe de la différence ou critère du quotient).

Point méthode
1. b. Pour appliquer le critère du quotient, vérifier au préalable que les nombres à comparer sont **strictement positifs**.
Ce critère est souvent utilisé lorsque les nombres à comparer font apparaître des puissances, des produits ou des quotients.

Point méthode
1. a. et **2. a.** Pour étudier le **signe** d'une quantité, on l'écrit sous forme **factorisée** et/ou d'un **unique quotient**.
2. b. On fait le lien avec la question précédente.

J'applique

9 Soient a et b deux réels de même signe.
Comparer les nombres :

$$A = (a-b)^2 \text{ et } B = a^2 + b^2$$

10 Soit a un réel quelconque.
Comparer, suivant les valeurs de a, les nombres :

$$A = a^2 + 1 \text{ et } B = (a+1)^2$$

11 Soient a et b deux réels tels que $0 < a < b$.
Comparer les nombres :

$$A = (a+b)^2 \text{ et } B = a^2 + 3b^2$$

12 Soient a et b deux réels strictement positifs.
Comparer les nombres $A = \frac{a}{b} + \frac{b}{a}$ et $B = 2$.
On pourra calculer $A - B$ et réduire cette différence au même dénominateur.

13 Soit a un réel tel que $0 < a < 1$.
1. En utilisant le critère du quotient, comparer les nombres $A = 3a^4$ et $B = 6a^3$.
2. Retrouver ce résultat en utilisant le critère de la différence.

14 Soient a et b deux réels de l'intervalle $]1;+\infty[$ et :

$$A = \frac{a-1}{b-1} \text{ et } B = \frac{a+1}{b+1}$$

1. Justifier que $A - B = \frac{2(a-b)}{(b-1)(b+1)}$.
2. Comparer alors A et B selon les valeurs de a et b.
3. Sans calculatrice, comparer alors les nombres suivants.
a. $\frac{123\,456\,788}{987\,654\,321}$ et $\frac{123\,456\,790}{987\,654\,323}$
b. $\frac{9{,}000\,001}{5{,}000\,002}$ et $\frac{11{,}000\,001}{7{,}000\,002}$

Cours

3 Résolution algébrique d'équations

a Équations équivalentes et opérations

Définition • Une **équation d'inconnue** x est une égalité dans laquelle intervient un nombre inconnu x.

Résoudre dans un ensemble E une telle équation, c'est déterminer toutes les valeurs de x appartenant à E qui rendent l'égalité vraie.

Ces valeurs sont les **solutions dans** E de l'équation.

• On dit que deux équations sont **équivalentes** lorsqu'elles ont les mêmes solutions.

Propriété Les manipulations algébriques suivantes transforment une équation en une équation équivalente.

① Ajouter (ou soustraire) un même nombre aux deux membres d'une équation.

② Multiplier (ou diviser) les deux membres d'une équation par un même nombre **non nul**.

③ Développer, factoriser, réduire l'un des deux membres de l'équation.

Exemple

• L'équation $x^2+x-2=0\,(E)$ admet 1 et -2 comme solutions dans $\mathbb{R}$. En effet :

$$1^2+1-2=2-2=0 \text{ et } (-2)^2+(-2)-2=0$$

L'équation $2x+3=-x+6\,(E')$ admet 1 comme unique solution. Ainsi, les équations (E) et (E') ne sont pas équivalentes.

• L'équation (E') est équivalente à l'équation :

$$2x+3-3=-x+6-3 \text{ soit } 2x=-x+3$$

On note alors :

$$2x+3=-x+6 \Leftrightarrow 2x=-x+3$$

Le symbole $\Leftrightarrow$ signifiant que les deux équations sont équivalentes.

b Application : équations du premier degré

Pour résoudre une équation du 1er degré, on isole l'inconnue dans un membre de l'égalité en utilisant les propriétés d'équivalences.

Exemple

$2x+3=-x+6 \Leftrightarrow 2x=-x+3$

$\Leftrightarrow 2x+x=-x+3+x \Leftrightarrow 3x=3$

$\Leftrightarrow \frac{3}{3}x=\frac{3}{3} \Leftrightarrow x=1$

L'ensemble S des solutions dans $\mathbb{R}$ de cette équation est $S=\{1\}$.

c Équations se ramenant au premier degré

La résolution de certaines équations se ramène parfois à celle d'équations du premier degré.

Pour cela, on peut regrouper tous les termes dans le même membre et tenter de factoriser ce membre.

On est ramené à résoudre des équations du type **équation produit nul** ou **équation quotient nul**.

On exploite alors les propriétés suivantes.

Propriétés ① **Règle du produit nul** : un produit de deux nombres réels est nul si et seulement si au moins l'un de ses facteurs est nul.

Autrement dit, on a l'équivalence :

$$A(x)\times B(x)=0 \Leftrightarrow A(x)=0 \textbf{ ou } B(x)=0$$

② **Règle du quotient nul** : un quotient de deux nombres réels est nul si et seulement si son numérateur est nul et son dénominateur est non nul.

Autrement dit, on a l'équivalence :

$$\frac{A(x)}{B(x)}=0 \Leftrightarrow A(x)=0 \textbf{ et } B(x)\neq 0$$

Les valeurs de x qui annulent le dénominateur sont appelées **valeurs interdites** du quotient.

Remarque

Pour résoudre des équations s'écrivant sous la forme $\frac{a}{b}=\frac{c}{d}$ avec a, b, c et d réels tels que b et d sont **non nuls**, on peut exploiter le **produit en croix** :

$$\frac{a}{b}=\frac{c}{d} \text{ si et seulement si } a\times d=b\times c.$$

Exemple

• L'équation $(3x+1)(x-1)=0$ est équivalente à :

$$3x+1=0 \text{ ou } x-1=0$$
$$\Leftrightarrow 3x=-1 \text{ ou } x=1$$

Cette équation admet $-\frac{1}{3}$ et 1 comme uniques solutions.

• L'équation $\frac{5x-1}{x+1}=0$ admet pour valeur interdite -1. Elle est équivalente à :

$$5x-1=0 \text{ et } x\neq -1$$
$$\Leftrightarrow x=\frac{1}{5} \text{ et } x\neq -1$$

$\frac{1}{5}$, différent de -1, est donc l'unique solution de l'équation.

• Pour tout réel $x\notin\{3;-1\}$, les équations $\frac{x}{x-3}=\frac{x-2}{x+1}$ et $x(x+1)=(x-2)(x-3)$ sont équivalentes. Ces équations admettent 1 comme unique solution.

Méthode

VIDÉO Capacité 3

Capacité 3 Choisir la forme la plus adaptée pour résoudre un problème

Énoncé On considère la fonction f définie sur $\mathbb{R}$ par $f(x)=(4x+1)^2-9$.
On note $\mathscr{C}$ sa courbe représentative dans le plan muni d'un repère.
1. Déterminer, pour tout réel x, la forme développée puis une forme factorisée de $f(x)$.
2. Pour chacune des questions suivantes, indiquer puis utiliser la forme la plus adaptée pour y répondre.
a. Déterminer l'image de 0 par la fonction f.
b. Déterminer les coordonnées des points d'intersection de $\mathscr{C}$ avec l'axe des abscisses.
c. Déterminer les antécédents de 7 par la fonction f.
d. Quelle est l'ordonnée du point d'abscisse $-\frac{1}{4}$ de la courbe $\mathscr{C}$?

Solution

1. Pour tout $x \in \mathbb{R}$: $f(x)=(4x)^2+2\times 4x\times 1+1^2-9=16x^2+8x-8$ et
$$f(x)=(4x+1)^2-3^2=((4x+1)-3)((4x+1)+3)$$
$$=(4x-2)(4x+4)=2(2x-1)\times 4(x+1)=8(2x-1)(x+1)$$
2. a. La forme la plus adaptée ici est la forme développée.
On a immédiatement $f(0)=16\times 0^2+8\times 0-8=-8$.
b. Les abscisses des points d'intersection de la courbe $\mathscr{C}$ avec l'axe des abscisses sont les antécédents de 0 par f. Autrement dit, on est ramené à résoudre l'équation $f(x)=0$. La forme la plus adaptée pour résoudre cette équation est la forme factorisée car elle permet de se ramener à la résolution d'une équation produit :
$$f(x)=0 \Leftrightarrow 8(2x-1)(x+1)=0 \Leftrightarrow 2x-1=0 \text{ ou } x+1=0$$
$$\Leftrightarrow x=\frac{1}{2} \text{ ou } x=-1$$
Ainsi, la courbe coupe l'axe des abscisses aux points de coordonnées :
$$\left(\frac{1}{2};0\right) \text{ et } (-1;0)$$
c. La recherche des antécédents de 7 par f revient à déterminer les nombres x ayant pour image 7 par la fonction f. Ainsi, on est ramené à résoudre l'équation $f(x)=7$. Ici, la forme la plus adaptée est la forme initiale. L'équation $f(x)=7$ se ramène alors à une équation produit :
$$f(x)=7 \Leftrightarrow (4x+1)^2-9=7 \Leftrightarrow (4x+1)^2-16=0$$
$$\Leftrightarrow (4x+1)^2-4^2=0 \Leftrightarrow (4x-3)(4x+5)=0$$
Ainsi, cette équation admet deux solutions à savoir $\frac{3}{4}$ et $-\frac{5}{4}$.
Ce sont les deux antécédents de 7 par la fonction f.
d. Vu que $-\frac{1}{4}$ annule $4x+1$, on a immédiatement, en utilisant la forme initiale $f\left(-\frac{1}{4}\right)=\left(4\times\left(-\frac{1}{4}\right)+1\right)^2-9=0^2-9=-9$.
Ainsi, l'ordonnée du point de $\mathscr{C}$ d'abscisse $-\frac{1}{4}$ est -9.

Point méthode
On obtient alors trois écritures du nombre $f(x)$ valables pour tout réel x : la forme initiale, la forme développée et la forme factorisée.

Point méthode
2. a. La forme développée convient particulièrement pour calculer l'image d'un nombre par une fonction.

Point méthode
2. b. Cette question porte sur la courbe $\mathscr{C}$. Il peut être judicieux de raisonner sur une esquisse (même erronée) pour reformuler la question dans un cadre algébrique.

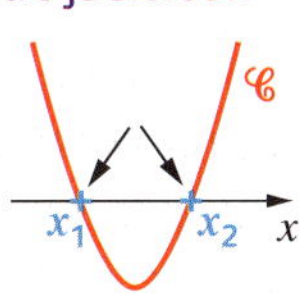

On recherche donc les antécédents de 0 par f c'est-à-dire les solutions de l'équation :
$$f(x)=0$$
2. c. La forme initiale permet de ramener l'étude des antécédents à la résolution d'une équation produit après factorisation.
2. d. L'ordonnée y d'un point d'abscisse x de la courbe $\mathscr{C}$ vérifie :
$$y=f(x)$$

J'applique

15 On considère la fonction f définie sur $\mathbb{R}$ par :
$$f(x)=(3x-2)^2-49$$
On note $\mathscr{C}$ sa courbe représentative dans le plan muni d'un repère.
1. Déterminer, pour tout réel x, la forme développée puis une forme factorisée de $f(x)$.
2. Pour chacune des questions suivantes, indiquer puis utiliser la forme la plus adaptée pour y répondre.
a. Déterminer l'image de $\frac{2}{3}$ par la fonction f.
b. Déterminer les coordonnées du point d'intersection de $\mathscr{C}$ avec l'axe des ordonnées.
c. Déterminer les antécédents de 0 par la fonction f.
d. Le point $A(4;51)$ appartient-il à la courbe $\mathscr{C}$?
e. Déterminer les abscisses des points d'ordonnées 15 de la courbe $\mathscr{C}$.

Méthode

Capacité 4 Effectuer des calculs littéraux mettant en jeu des écritures fractionnaires

Énoncé **1.** Écrire sous la forme d'un unique quotient les sommes algébriques suivantes en précisant les éventuelles valeurs interdites.

a. $\frac{5}{2a^2}+\frac{3}{a}$ **b.** $\frac{5}{2x+4}-\frac{3x+1}{x-1}$

2. On considère, pour tout réel $x\neq 2$, le nombre $f(x)=\frac{14}{x-2}+6x+8$.

a. Justifier que, pour tout réel $x\neq 2$, on a $f(x)=\frac{(2x-2)(3x+1)}{x-2}$.

b. Résoudre l'équation $f(x)=0\ (E)$.

Solution

1. a. Les dénominateurs $2a^2$ et a s'annulent pour $a=0$. Ainsi, 0 est l'unique valeur interdite de ces quotients et, pour tout réel $a\neq 0$, on a :

$$\frac{5}{2a^2}+\frac{3}{a}=\frac{5}{2a^2}+\frac{3\times 2a}{a\times 2a}=\frac{5}{2a^2}+\frac{6a}{2a^2}=\frac{6a+5}{2a^2}$$

b. Les dénominateurs $2x+4$ et $x-1$ s'annulent respectivement en -2 et 1. Donc -2 et 1 sont les valeurs interdites. Pour tout réel $x\in\mathbb{R}\setminus\{-2;1\}$:

$$\frac{5}{2x+4}-\frac{3x+1}{x-1}=\frac{5(x-1)}{(2x+4)(x-1)}-\frac{(3x+1)(2x+4)}{(x-1)(2x+4)}$$
$$=\frac{(5x-5)-(6x^2+14x+4)}{(x-1)(2x+4)}=\frac{-6x^2-9x-9}{(x-1)(2x+4)}$$

2. a. Pour démontrer cette identité, on calcule séparément, pour tout réel $x\neq 2$, chacun des deux membres. D'une part, on a :

$$f(x)=\frac{14}{x-2}+6x+8=\frac{14}{x-2}+\frac{(6x+8)(x-2)}{x-2}=\frac{6x^2-4x-2}{x-2}$$

Et d'autre part, $\frac{(2x-2)(3x+1)}{x-2}=\frac{6x^2+2x-6x-2}{x-2}=\frac{6x^2-4x-2}{x-2}=f(x)$.

b. L'équation $f(x)=0$ est une équation quotient nul.

On note (E) cette équation dans la suite. On a les équivalences suivantes :

$$f(x)=0\Leftrightarrow\frac{(2x-2)(3x+1)}{x-2}=0\Leftrightarrow(2x-2)(3x+1)=0 \text{ et } x-2\neq 0$$

Or, par la règle du produit nul, $(2x-2)(3x+1)=0\Leftrightarrow 2x-2=0$ ou $3x+1=0\Leftrightarrow x=1$ ou $x=-\frac{1}{3}$.

1 et $-\frac{1}{3}$ étant différents de 2, l'ensemble des solutions de (E) est $S=\left\{1;-\frac{1}{3}\right\}$.

Point méthode

1. Les valeurs interdites sont les valeurs de la variable pour lesquelles le(s) dénominateur(s) s'annule(nt).
Pour additionner ou soustraire deux quotients, on les réduit au même dénominateur.
Souvent, on choisit comme dénominateur commun le produit des dénominateurs.

Point méthode

2. a. Pour démontrer une identité $A=B$, on peut adopter l'une des quatre méthodes suivantes.

① On calcule le membre A pour retrouver B : $A=\ldots=\ldots=B$.

② On calcule le membre B pour retrouver A : $B=\ldots=\ldots=A$.

③ On calcule séparément les membres A et B pour retrouver le même résultat C :
$\left.\begin{array}{l}A=\ldots=\ldots=C\\B=\ldots=\ldots=C\end{array}\right\}$ donc $A=B$

④ On montre que la différence $A-B$ est nulle.

Point méthode

2. b. Pour résoudre une équation comportant des quotients, on se ramène à une équation quotient.

J'applique

16 Déterminer les éventuelles valeurs interdites des expressions suivantes.

a. $\frac{4x+1}{3-x}$ **b.** $5-\frac{3x+1}{x(x-2)}$

c. $\frac{4}{x+4}+\frac{x+2}{2x-5}$ **d.** $\frac{3x+1}{x^2+1}$

17 Résoudre les équations quotients suivantes.

a. $\frac{4x+1}{3-x}=0$ **b.** $\frac{2}{x+1}=0$

c. $\frac{x(3x-9)}{x-2}=0$ **d.** $\frac{4-x^2}{x}=0$

18 On considère l'équation $\frac{2}{2x+1}-\frac{4}{x}=0\ (E)$.

1. Préciser les valeurs interdites de cette équation.

2. Recopier la ligne ci-dessous et la compléter pour réduire au même dénominateur.

$$\frac{2}{2x+1}-\frac{4}{x}=\frac{2\times\ldots}{x(2x+1)}-\frac{4\times\ldots}{x(2x+1)}=\frac{\ldots}{x(2x+1)}$$

3. Résoudre alors l'équation (E). On vérifiera à l'aide d'un logiciel de calcul formel.

19 Écrire sous la forme d'un unique quotient les expressions **b.** et **c.** de l'exercice **16**.

VIDÉOS
Capacités 4, 5

CAPACITÉ 5

Exprimer une variable en fonction d'une autre

Énoncé Pour chacune des situations suivantes, répondre aux questions **1.** et **2.**

1. Indiquer l'ensemble dans lequel peut varier le nombre x.

2. Déterminer l'expression demandée.

Situation ①

Un fournisseur d'énergie propose à ses abonnés un tarif comprenant un abonnement annuel de 65 € et facture 0,15 € chaque kilowatt heure (kWh) consommé.
Exprimer le montant facturé pour une consommation annuelle de x kWh.

Situation ②

Sur la figure ci-contre, ABC est un triangle rectangle en A et M un point qui se déplace sur le côté $[AC]$. On note $x = AM$.
Exprimer l'aire du triangle BMC en fonction de x.

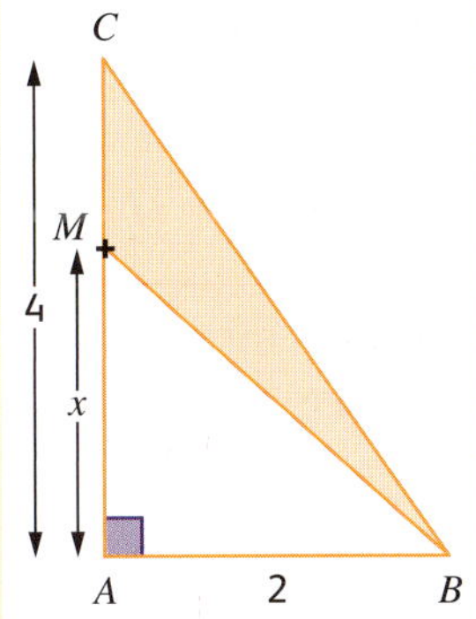

Solution

1. Situation ① x représente le nombre de kWh consommé durant l'année, ainsi, x est un entier positif. Par conséquent, x peut varier dans l'ensemble $\mathbb{N}$ des entiers naturels.

Situation ② x représente la longueur AM, donc x est un nombre réel positif. De plus, M est mobile sur le segment $[AC]$: lorsque M est confondu avec A, la distance x est nulle et lorsque M est confondu avec C, on a $x = AC = 4$. Lorsque M varie sur $[AC]$, x prend toutes les valeurs de l'intervalle $[0;4]$.

2. Situation ① Le montant de la facture est la somme de l'abonnement annuel (65 €) et du coût des consommations $(0{,}15x)$. Ainsi, le montant facturé est égal à $65 + 0{,}15x$ euros.

Situation ② On a $CM = AC - CM = 4 - x$ donc l'aire du triangle CMB est :

$$\frac{CM \times AB}{2} = \frac{(4-x)\times 2}{2} = 4 - x$$

Point méthode

1. Le contexte de la situation donne des indications sur la nature du nombre x.
Dans la situation ②, on imagine le déplacement du point M sur $[AC]$ pour déduire l'intervalle dans lequel peut varier x.

Point méthode

2. Pour exprimer les quantités demandées en fonction de la variable, on établit des liens entre ces quantités en analysant l'énoncé.

J'applique

20 Dans un carré $ABCD$ de côté 10, on considère un point M mobile sur le segment $[AB]$. Sur la figure, $AMNP$ et $GNHC$ sont des carrés.

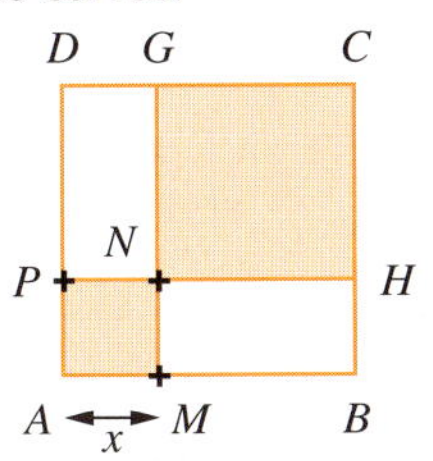

1. Dans quel intervalle la variable x peut-elle varier ?
2. Exprimer l'aire de la zone colorée en fonction de x.

21 On considère un triangle ABC rectangle en A tel que $AB = 2$ et $BC = x$.
1. Exprimer la longueur AC en fonction de x.
2. Pour quelles valeurs de x cette formule est-elle valable ?
3. Exprimer l'aire A puis le périmètre P du triangle ABC en fonction de x.

22 Un opérateur de téléphonie propose un forfait mensuel de 25 € incluant les appels et SMS illimités et 30 Giga octets (Go) de données.
Au-delà de 30 Go, l'opérateur facture 5 € par Go supplémentaire.
1. De combien sera la facture d'un client ayant consommé 40 Go de données dans le mois ?
2. On suppose qu'un client consomme x Go de données dans le mois, x étant un entier naturel.
Exprimer, en fonction de x, le montant facturé au client.
Indication
Distinguer les cas $x \leqslant 30$ et $x > 30$.

23 Dans un circuit, un générateur de force électromotrice e, avec une résistance interne r et une intensité I, délivre une tension U donnée par la formule :

$$U = e - rI$$

1. Exprimer la force électromotrice e en fonction de U, r et I.
2. Exprimer l'intensité I en fonction de e, r et U.

Je **fais** le **point**

Je revois mon cours

Des outils pour transformer des expressions algébriques

Formules de distributivité

→ développer

① $k(a+b)=ka+kb$

② $k(a-b)=ka-kb$

③ $(a+b)(c+d)=ac+ad+bc+bd$

factoriser ←

Identités remarquables

→ développer

① $(a+b)^2=a^2+2ab+b^2$

② $(a-b)^2=a^2-2ab+b^2$

③ $(a+b)(a-b)=a^2-b^2$

factoriser ←

Développer pas à pas une expression

$E=(3x+2)^2+4x(x-2)-(3x^2-5)$

Identité remarquable
$(3x+2)^2$
$=9x^2+12x+4$

Distributivité
$4x(x-2)$
$=4x^2-8x$

Distributivité
$-(3x^2-5)$
$=-3x^2+5$

$E=9x^2+12x+4+4x^2-8x-3x^2+5$
$=10x^2+4x+9$

Factoriser pas à pas une expression

$F=9x^2-4+(3x+2)(x-2)$

On repère une identité remarquable.
$9x^2-4=(3x)^2-2^2$
$=(3x-2)(3x+2)$

$F=(3x-2)(3x+2)+(3x+2)(x-2)$

On a fait apparaître un facteur commun.
$(3x-2)(3x+2)+(3x+2)(x-2)$
$=(3x+2)[(3x-2)+(x-2)]$
$=(3x+2)(4x-4)$

Comparer deux nombres réels

Pour comparer deux nombres : A et B

- Si A et B sont de signes contraires, on conclut immédiatement.
- Si A et B sont écrits sous forme fractionnaire, on peut les réduire au même dénominateur.
- On peut étudier le signe de leur différence $A-B$.
- Si $A>0$ et $B>0$: On peut comparer $\frac{A}{B}$ et 1.

Identifier et résoudre une équation

① Équations du premier degré

➥ Développer chaque membre pour se ramener à une équation du type $ax+b=cx+d$.

➥ Isoler l'inconnue dans un des membres de l'équation.

② Équations produits

➥ Se ramener à un second membre nul et factoriser, si possible, le premier membre.

➥ Appliquer la règle du produit nul.

③ Équations quotients

➥ Identifier les éventuelles valeurs interdites.

➥ Se ramener à un second membre nul et écrire le premier membre comme un unique quotient.

➥ Appliquer la règle du quotient nul ou exploiter un produit en croix.

Je m'exerce à démontrer

Démo pas à pas

Résultat à démontrer

Pour tous $a, b, c, d \in \mathbb{R}$:
$$(a^2+b^2)(c^2+d^2)=(ac+bd)^2+(ad-bc)^2$$

Analyse des termes — j'étudie l'énoncé

- **Démontrer** qu'une **égalité** est valable **pour tous $a, b, c, d \in \mathbb{R}$** consiste à prouver que ses deux membres sont égaux pour ***n'importe quelles*** valeurs des réels a, b, c et d.
- **Pour démontrer** une égalité, on peut mobiliser différentes techniques. Voir méthode p. 74
  Ici, les deux membres de l'égalité font apparaître des produits et des carrés de somme ou de différence.
  Il serait judicieux de développer séparément chaque membre de cette égalité.

De l'hypothèse vers la conclusion — j'organise mon raisonnement

J'ai remplacé a, b, c et d par des valeurs et on a bien égalité. Donc cette égalité est vraie.

Attention ! Des cas particuliers ne constituent pas une preuve.

Pour démontrer cette égalité, je développe séparément les membres de gauche et de droite. On a d'une part :
$$(a^2+b^2)(c^2+d^2)=\ldots$$
Et d'autre part, $(ac+bd)^2+(ad-bc)^2=\ldots$

Très bien ! Reste à terminer les calculs et à conclure.

Rédaction

Pour montrer une égalité, on commence par analyser chaque membre : est-il écrit sous forme développée ou factorisée ?

Pour tous réels a, b, c et d, on a d'une part :
$$(a^2+b^2)(c^2+d^2)=a^2c^2+a^2d^2+b^2c^2+b^2d^2$$
Et d'autre part :
$$(ac+bd)^2+(ad-bc)^2$$
$$=(ac)^2+\mathbf{2\times ac\times bd}+(bd)^2+(ad)^2-\mathbf{2\times ac\times bd}+(bc)^2$$
$$=a^2c^2+b^2d^2+a^2d^2+b^2c^2$$
$$=(a^2+b^2)(c^2+d^2)$$
Donc cette égalité est vraie pour tous réels a, b, c et d.

On mobilise alors la technique adéquate pour montrer l'égalité.

Démo à moi de jouer

Résultat à démontrer

Pour tout réel x distinct de 1 et −1 :
$$\frac{2x+1}{1-x}-\frac{6}{1+x}=\frac{(x+5)(2x-1)}{(1-x)(1+x)}$$

Voici le début du raisonnement d'un élève. Compléter cette démonstration.

Je réduis le membre de gauche au même dénominateur :
$$\frac{2x+1}{1-x}-\frac{6}{1+x}=\frac{\ldots}{(1-x)(1+x)}-\frac{\ldots}{(1-x)(1+x)}$$
D'autre part, on a : $\dfrac{(x+5)(2x-1)}{(1-x)(1+x)}=\ldots$

Je fais le point

J'évalue mes connaissances

VERSION INTERACTIVE ET CORRIGÉE

Voir corrigés

QCM

Pour chacune des questions, indiquer la (ou les) bonne(s) réponse(s).

	a	b	c
1. La forme développée de $(x+3)(2x-1)$ est :	$3x+2$	$2x^2+5x-3$	$2x^2+4x+2$
2. La forme développée de $(2x-1)^2$ est :	$2x^2-4x+1$	$4x^2-1$	$4x^2-4x+1$
3. Pour tout nombre réel x, $(4x-3)(4x+3)$ est égal à :	$(4x-3)^2$	$4x^2-9$	$16x^2-9$
4. La forme factorisée de $(x-2)(5x+1)-(x-2)(2x-3)$ est :	$(x-2)(3x-2)$	$(x-2)(3x+4)$	$(x-2)(4x+3)$
5. La forme factorisée de $25x^2-64$ est :	$(5x-8)(5x+8)$	$(5x-8)^2$	$(25x-8)^2$
6. La forme factorisée de $81x^2-18x+1$ est :	$(9x-1)(9x+1)$	$(9x-1)^2$	$(9x+1)^2$
7. Pour tout nombre réel x, x^2+4x+1 est égal à :	$(x+1)^2$	$(x+2)^2$	$(x+2)^2-3$
8. Pour tout nombre réel $x \neq 2$, $3-\dfrac{x+1}{x-2}$ est égal à :	$\dfrac{2x-5}{x-2}$	$\dfrac{2x-3}{x-2}$	$\dfrac{2x-7}{x-2}$
9. L'équation $(3x+9)(1-2x)=0$ admet pour solution :	3	−3	0,5
10. L'équation $\dfrac{x(5x+10)}{2x-4}=0$ admet pour solution :	0	−2	2
11. Parmi les inégalités suivantes, quelle est celle qui est vraie pour toute valeur du réel a ?	$a^2 \geqslant a$	$(a+1)^2 \geqslant 2a$	$a \leqslant 2a$
12. Pour tous $x, y \in \mathbb{R}$ si $x > y$ alors :	$x-y>0$	$\dfrac{x}{y}>1$	$\dfrac{x}{y}<1$

vrai ou faux ?

Indiquer pour chaque affirmation si elle est vraie ou fausse. Justifier.

Partie A.

On considère la fonction f définie sur $\mathbb{R}$ par $f(x)=3(x-1)(2x+1)-2(x-1)^2$. On donne également les trois expressions suivantes.

$$A(x)=(x-1)(4x+5)\ ;\quad B(x)=4x^2+x-5$$
$$C(x)=(x-1)(4x+2)$$

1. La forme développée et réduite de $f(x)$ est $B(x)$.

2. La seule expression qui n'est pas égale à $f(x)$ est $C(x)$.

3. L'image de 0 par la fonction f est 5.

4. L'équation $B(x)=-5$ admet deux solutions.

5. 0 admet deux antécédents par la fonction f, à savoir 1 et 0,8.

Partie B.

On considère l'équation $\dfrac{2}{3x+1}=\dfrac{4}{x+1}$ (E).

1. -1 et $\dfrac{1}{3}$ sont les valeurs interdites de (E).

2. L'équation (E) est équivalente à l'équation :

$$\frac{-10x-2}{(x+1)(3x+1)}=0$$

3. L'équation (E) admet trois solutions.

Automatismes et calculs

Compétence | Calculer

24 On considère la fonction f définie sur $\mathbb{R}$ par :

$$f(x) = x^2 - 4x + 1$$

1. Calculer $f(0)$.
2. Calculer l'image de -1 par la fonction f.
3. La valeur 3 est-elle un antécédent de -2 par f ?

25 Écrire sous la forme d'un entier les nombres suivants.

a. $(-4)+3\times(-5)$ **b.** $3(-3-7)^2-5\times(-2)$
c. $2-2^3+5^2$ **d.** $2-5\times(-4+7)^2$

26 Écrire sous la forme d'une fraction irréductible les nombres suivants.

a. $A=\frac{5}{6}+\frac{3}{4}-2$ **b.** $B=\frac{5}{14}\times\frac{21}{15}$
c. $C=\frac{2}{5}-\frac{12}{15}\times\frac{3}{8}$ **d.** $D=\left(\frac{2}{5}-\frac{12}{15}\right)\times\frac{3}{8}$

27 Écrire sous la forme d'une fraction irréductible les nombres suivants.

a. $A=\frac{3}{2}\div\frac{9}{8}$ **b.** $B=\frac{12}{\frac{18}{5}}$ **c.** $C=\frac{\frac{12}{18}}{5}$

d. $D=\frac{\frac{1}{2}+1}{\frac{1}{4}-3}$ **e.** $E=\frac{\frac{8}{7}-2}{1-\frac{5}{14}}$ **f.** $F=\frac{\left(\frac{1}{3}+\frac{5}{6}\right)^2}{\frac{1}{6}-1}$

28 Écrire les nombres suivants sous la forme $a\sqrt{3}$ avec $a\in\mathbb{Z}$.

a. $\sqrt{3\times81\times16}$ **b.** $\sqrt{27}+2\sqrt{3}-5\sqrt{48}$
c. $\frac{4\sqrt{18}}{\sqrt{6}}-2\sqrt{12}$ **d.** $\sqrt{3^5\times121}$

29 Résoudre les inéquations suivantes.

a. $5x+3<x-5$ **b.** $2(x+3)-7x\leqslant -x$
c. $-3t+5\geqslant 11$ **d.** $\frac{5-x}{2}\geqslant 3$

30 Comparer les nombres décimaux suivants.

a. 0,123 et 0,312
b. 3,402 et 3,42
c. $13\,212{,}45\times10^{-3}$ et $0{,}130\times10^2$
d. $-132{,}45$ et $-132{,}56$

31 Comparer les nombres rationnels suivants.

a. $\frac{2}{3}$ et $\frac{3}{2}$ **b.** $\frac{5}{7}$ et $\frac{2}{3}$
c. $\frac{8}{9}$ et $\frac{12}{11}$ **d.** $\frac{4}{5}$ et $\frac{5}{6}$

32 Les dimensions d'un rectangle de largeur l et de longueur L vérifient :

$$2\leqslant l\leqslant 5 \text{ et } 6\leqslant L\leqslant 10$$

Donner un encadrement du périmètre de ce rectangle.

33 Dans chacun des cas suivants, exprimer les quantités demandées en fonction de x et y.

1. Le double de la somme de x et y.
2. La somme de x et du double de y.
3. L'opposé du cube de y.
4. L'inverse du double de x.
5. Le produit du triple de x et du carré de y.
6. Le carré de la somme de x et du cube de y.
7. La différence du carré de x par le double de y.

34 **Vrai ou Faux ?**

1. Le carré de l'opposé d'un nombre est égal à l'opposé du carré de ce nombre.
2. Le cube de l'opposé d'un nombre est égal à l'opposé du cube de ce nombre.
3. L'inverse du carré d'un nombre non nul est égal au carré de l'inverse de ce nombre.
4. Le carré d'une somme de deux nombres est égal à la somme des carrés de ces deux nombres.

35 Développer, réduire et ordonner les expressions littérales suivantes.

a. $3x-5+(2x+7)$ **b.** $4x-(-2+3x)$
c. $3(2x-5+x^2)-(7-x^2)$ **d.** $3x^2+x+4(x^2-x)$

36 Reprendre l'énoncé de l'exercice précédent.

a. $x(3x-2)+7x^2$ **b.** $4x^2-3(5-2x)$
c. $(4x-2)(3+5x)$ **d.** $2-(3-x)(2x-1)$

37 Factoriser les expressions littérales suivantes.

a. $3y-3x$ **b.** $2x^2+4x$
c. $10x-5x^2$ **d.** $5x^2-5y$

38 Reprendre l'énoncé de l'exercice précédent.

a. $2x(5x+1)+3(5x+1)$
b. $(2x-5)(x-3)-4(x-3)$
c. $(3x+2)(2x-1)+4x(2x-1)$
d. $(4x-7)(x+2)-(3x-5)(4x-7)$

39 Résoudre les équations suivantes.

a. $x+8=12$ **b.** $x-3=-4$
c. $3x=-15$ **d.** $\frac{4x}{3}=12$

40 Reprendre l'énoncé de l'exercice précédent.

a. $-3x+4=7$
b. $4x+3=7x+9$
c. $3(2x-4)=x-(2-3x)$

41 Reprendre l'énoncé de l'exercice précédent.

a. $7(2x+3)-4(x+1)=3x-4(4-x)$
b. $\frac{4x-3}{2}=\frac{5x-7}{3}$
c. $3x(2x-5)=x-2(8-3x^2)$

Exercices Application

Exercices INTERACTIFS kwyk

Connaître le cours

42 Deux diaporamas pour faire le point sur le cours. ACTIVITÉS MENTALES RAPIDES

43 Rappeler les trois identités remarquables puis recopier et compléter les identités suivantes.
a. $(x+\dots)^2=\dots x^2+\dots x+36$
b. $(\dots-3)^2=25x^2-\dots x+\dots$
c. $(2x-\dots)(2x+\dots)=\dots x^2-81$
d. $25x^2-20x+\dots=(\dots-\dots)^2$

44 1. Parmi les expressions suivantes, repérer les écritures développées et celles factorisées.
$A=x^2-2x+1$; $B=9-25x^2$; $C=(3x+2)^2$
$D=4x^2+28x+49$; $E=(2x+1)^2-36$
2. En utilisant les identités remarquables, développer les expressions factorisées et factoriser celles qui sont développées.

45 1. Étant donné un quotient $\frac{N(x)}{D(x)}$ de la variable x. Quand dit-on qu'un nombre est une valeur interdite de ce quotient ?
2. Pour chacun des quotients suivants, préciser ses éventuelles valeurs interdites.
a. $\frac{2x+1}{x-3}$ b. $\frac{x^2-1}{5x}$ c. $\frac{2}{x}-\frac{3x-1}{x-9}$
3. Rappeler la méthode permettant d'écrire une somme de deux quotients sous la forme d'un unique quotient puis écrire la différence de la question 2. c. sous la forme d'un unique quotient.

46 1. Recopier et compléter chaque phrase.
a. $A(x)\times B(x)=0$ si et seulement si …
b. $\frac{A(x)}{B(x)}=0$ si et seulement si …
2. **Applications :** résoudre les équations suivantes.
a. $(2x-1)(3x+6)=0$
b. $\frac{2-5x}{x(x+1)}=0$

47 1. Que signifie « comparer » deux nombres ?
2. Indiquer une méthode pour comparer, sans calculatrice, deux nombres rationnels écrits sous forme fractionnaire.
3. Compléter les phrases suivantes.
a. « Pour comparer les nombres a et b, on peut étudier le … de la différence $a-b$. »
b. « Si $a-b>0$ alors a est … à b. »
c. « Pour comparer deux nombres strictement …, on peut également comparer le quotient $\frac{a}{b}$ avec …
Si $\frac{a}{b}<\dots$ alors a est … à b. »

Travailler les capacités du chapitre

Capacité 1 Développer ou factoriser une expression algébrique

Pour les exercices 48 à 55, développer et réduire chacune des expressions.

48 a. $(x-3)(2x+1)$ b. $3x(x+1)+(4x^2-1)$
c. $5x^2-(3x+1)(x-2)$ d. $2x(x+3)(x-5)$

49 a. $(x-3)^2$ b. $(2x+1)^2$
c. $(3x+4)(3x-4)$ d. $(4x-9)^2$

50 a. $\left(\frac{1}{2}x-3\right)^2$ b. $\left(2x+\frac{4}{3}\right)^2$
c. $\left(x+\frac{1}{2}\right)\left(x-\frac{1}{2}\right)$ d. $\left(3x-\frac{1}{4}\right)^2$

51 a. $3(2t+5)^2$ b. $(x+1)(7-3x)^2$
c. $(8t+1)^2-(3t)^2$ d. $-3(u-1)^2$

52 a. $5(2x+1)-3(x+7)^2$
b. $(z+1)(z-1)+(1-3z)^2$ c. $(8t+1)^2-(2t-3)^2$
d. $(u+1)(4u-2)-(2u+7)(2u-7)$

53 a. $(4y+5)^2-3(y+1)(y-2)$
b. $(y+3)(y-3)+3y(2-5y)$
c. $3(2y-10)^2+(2y-3)(2y+3)$
d. $(11y+1)^2-(11y-1)^2$

54 a. $(2x+\sqrt{7})^2$ b. $(x-3\sqrt{2})^2$
c. $\sqrt{3}(2x+\sqrt{3})^2$ d. $(2x-\sqrt{5})(2x+\sqrt{5})$

55 a. $\frac{3}{4}-2\left(3t+\frac{1}{2}\right)^2$ b. $\left(5x-\frac{2}{5}y\right)^2$
c. $\left(\frac{1}{3}u+1\right)\left(\frac{1}{3}u-1\right)-\frac{4}{9}u(1+u)$

56 Justifier que les expressions $A(x)$, $B(x)$ et $C(x)$ sont égales pour toute valeur du réel x.
$A(x)=(2x+2)^2-(x-3)^2$; $B(x)=(x+5)(3x-1)$
$C(x)=3x^2+14x-5$

Aide
Pour montrer que deux expressions sont égales, on peut partir de l'une pour retrouver l'autre ou encore transformer les deux pour trouver le même résultat.

57 Reprendre l'exercice précédent avec les expressions suivantes.
$A(x)=(4x-5)^2-2x(4x-5)$; $B(x)=8x^2-30x+25$
$C(x)=(2x-5)(4x-5)$

58 En utilisant les identités remarquables, écrire chacun des nombres suivants sous la forme $a+b\sqrt{3}$ avec a et b entiers relatifs.

a. $\left(1+\sqrt{3}\right)^2$ b. $\left(3-2\sqrt{3}\right)\left(3+2\sqrt{3}\right)$

c. $\left(3\sqrt{3}-5\right)^2$ d. $\left(4\sqrt{3}+1\right)^2-\left(4\sqrt{3}-1\right)^2$

59 Calculer les nombres suivants.

a. 1002^2 b. 998^2 c. 998×1002

60 1. Développer l'expression suivante.

$$A(x)=(x-1)(2x+1)-2(x+2)^2$$

2. Calculer la valeur de N :

$$N=9\,999\times20\,001-2\times10\,002^2$$

61 a. Développer et réduire l'expression suivante.

$$B(x)=(x-1)^2+x^2+(x+1)^2$$

b. Déterminer trois entiers naturels consécutifs dont la somme des carrés est 4 802.

62 Calculer le nombre suivant.

$$1\,000\,000\,002^2-999\,999\,998^2$$

63 On considère le programme de calcul suivant.

> ① Choisir un nombre entier relatif.
> ② Doubler ce nombre et ajouter 1 au résultat.
> ③ Prendre le carré du nombre obtenu et soustraire 1 au résultat.
> ④ Diviser le résultat par 4.
> ⑤ Retrancher le nombre choisi initialement.
> ⑥ Annoncer le résultat.

1. Appliquer ce programme de calcul aux nombres 2 ; −3 puis 5. Que peut-on conjecturer ?
2. En appliquant ce programme de calcul à un entier n, quel résultat parmi les expressions suivantes obtient-on au final ? Justifier.

a. $2n+1^2-1\div4-n$ b. $(2n+1)^2-\dfrac{1}{4}-n$

c. $\dfrac{(2n+1)^2-1}{4}-n$ d. $\dfrac{(2n+1)^2-1-n}{4}$

3. Démontrer la conjecture émise à la question 1.

Pour les exercices **64** et **65**, factoriser les expressions en repérant un facteur commun.

64 a. $(4x+5)(x+3)-3(x+3)(x-2)$

b. $(x+3)(2x-3)-(2x-3)$

c. $(3y-5)^2+2(3y-5)$

d. $8x^4-6x^3+4x^2$

65 a. $x(2x+5)+(3x-1)(2x+5)$

b. $(2x+3)(x-6)-(x-6)^2$

c. $4(3z-5)^2-2z(3z-5)$

d. $(3t-5)^2+(3t-5)(3t+5)$

66 Recopier et compléter les identités suivantes à l'aide des identités remarquables.

a. $(11-\ldots)^2=121-\ldots+x^2$

b. $(\ldots+2x)^2=25+\ldots+\ldots$

c. $(\ldots-\ldots)^2=4x^2-\ldots+9$

d. $(7-\ldots)(7+\ldots)=\ldots-100x^2$

67 Reprendre l'énoncé de l'exercice précédent.

a. $16x^2+24x+\ldots=(\ldots+\ldots)^2$

b. $\ldots-80z+25=(\ldots-\ldots)^2$

c. $\ldots+60t+36=(\ldots+\ldots)^2$

d. $81y^2-144=(\ldots-\ldots)(\ldots+\ldots)$

Pour les exercices **68** à **70**, factoriser les expressions à l'aide d'une identité remarquable.

68 a. $x^2-10x+25$ b. y^2-100

c. $4z^2+12z+9$ d. $16-36u^2$

69 a. $36x^2+12x+1$ b. $49-9t^2$

c. $64y^2-80y+25$ d. $81t^2-25y^2$

70 a. $25-(3x+1)^2$ b. $(2x+3)^2-49x^2$

c. $(3z-5)^2-100$ d. $(3t-5)^2-(10-2t)^2$

Pour les exercices **71** et **72**, résoudre les équations proposées.

71 a. $7(2x+4)-8x=15x+1$

b. $3(2-4x)=4(x-1)+2$

c. $(2x+3)(x+1)=4-x(3-2x)$

d. $4z^2+12z+9=(2z+1)^2$

72 a. $(2-4x)(3+x)=0$ b. $(5x+1)(2x-3)=0$

c. $3x(2x+1)=0$ d. $(x+3)(x-2)(2x+1)=0$

Pour les exercices **73** à **75**, résoudre les équations en se ramenant à une équation produit nul.

73 a. $x^2-36=0$ b. $4x^2-1=0$

c. $25x^2-100=0$ d. $5x^2-3x=0$

74 a. $(2x+3)(x-2)+2(x-2)=0$

b. $25x^2-30x+9=0$

c. $(3x+1)(5x-1)-4(5x-1)=0$

d. $(3x+1)^2-49=0$

75 a. $x(2x-5)=2(2x-5)$

b. $(5x+2)(2x-3)=4x^2-12x+9$

c. $5x^2=8x(x+1)$ d. $(2x+1)^2=9$

e. $(4x+7)^2=(x-2)^2$ f. $(7x-2)^2-1=80$

76 Quel est le nombre dont le double augmenté de 5 est égal à son triple diminué de 2 ?

exercices Application

Exercices INTERACTIFS kwyk

77 Trouver les deux entiers impairs consécutifs dont la différence des carrés vaut 96.

Aide
Un entier impair s'écrit sous la forme $2k+1$ avec k entier. Exprimer, en fonction de k, l'entier impair suivant. Mettre alors le problème en équation.

78 La longueur de l'hypoténuse d'un triangle rectangle est 4 cm plus grande que l'un de ses côtés de l'angle droit, l'autre côté de l'angle droit mesurant 6 cm. Déterminer les longueurs des trois côtés de ce triangle.

Capacité 2 Comparer deux quantités

79 Dans chaque cas, comparer les nombres.

a. $\frac{151}{150}$ et $\frac{152}{151}$

b. $\left(1+\sqrt{3}\right)^2$ et 4

c. $\left(\sqrt{2}+\sqrt{3}\right)^2$ et $\sqrt{24}$

d. 400×10^{-5} et 0,05

80 **Comparaison de a et $\frac{1}{a}$ pour $a>0$**

1. Justifier que, pour tout réel $a>0$, on a :

$$a-\frac{1}{a}=\frac{(a-1)(a+1)}{a}$$

2. Comparer alors a et $\frac{1}{a}$ lorsque $a>1$ puis lorsque $0<a<1$. Quand a-t-on égalité ?

3. **Applications :** comparer les nombres suivants.

a. $\frac{1}{\pi}$ et π

b. $\frac{1}{0{,}7}$ et 0,7

c. $\frac{1}{\sqrt{2}+1}$ et $\sqrt{2}+1$

d. $\frac{1}{\sqrt{5}-2}$ et $\sqrt{5}-2$

81 On considère x et y deux réels quelconques. Comparer, en justifiant, les nombres suivants.

$$A=x^2+y^2 \text{ et } B=2xy$$

82 On considère x un nombre réel strictement supérieur à 1.

1. Comparer, en justifiant, les nombres suivants.

$$A=x^2+x \text{ et } B=x+1$$

2. Reprendre la question précédente en supposant cette fois que $0<x<1$.

83 On considère n un entier naturel.
On souhaite comparer les nombres suivants.

$$A=\frac{n+2}{n+3} \text{ et } B=\frac{n+3}{n+4}$$

1. Justifier que $A-B=\frac{-1}{(n+3)(n+4)}$.

2. Étudier le signe de cette différence et conclure.

84 On considère x et y deux réels strictement positifs.
On souhaite comparer les nombres :

$$A=\frac{x}{y} \text{ et } B=\frac{x+1}{y+1}$$

1. Écrire la différence $A-B$ sous la forme d'un unique quotient.

2. En déduire le signe de cette différence selon les valeurs de x et y puis conclure.

3. **Application :** comparer les nombres suivants.

a. $\frac{10^{10}+1}{10^{11}+1}$ et $\frac{10^{10}+2}{10^{11}+2}$

b. $\frac{\sqrt{3}-1}{\sqrt{2}-1}$ et $\sqrt{\frac{3}{2}}$

Capacité 3 Choisir la forme la plus adaptée pour résoudre un problème

85 **Choisir la forme adaptée (1)**

On considère la fonction f définie sur $\mathbb{R}$ par :

$$f(x)=(2x-1)^2-(2x-1)(x+3)$$

On note $\mathscr{C}_f$ sa courbe représentative dans le plan muni d'un repère.

1. Développer et réduire $f(x)$ pour tout réel x.

2. Factoriser l'expression $f(x)$ pour tout réel x.

3. On dispose ainsi de trois écritures de $f(x)$: la forme initiale, la forme développée et la forme factorisée. Répondre à chacune des questions suivantes en précisant la forme la plus adaptée.

a. Déterminer les coordonnées du point d'intersection de la courbe $\mathscr{C}_f$ avec l'axe des ordonnées.

b. Déterminer les antécédents de 4 par f.

c. Déterminer $f(4)$.

d. Résoudre l'équation $f(x)=0$.

86 **Choisir la forme adaptée (2)**

On considère la fonction f définie sur $\mathbb{R}$ par :

$$f(x)=(3x-1)^2-9$$

On note $\mathscr{C}_f$ sa courbe représentative dans le plan muni d'un repère.

1. Développer et réduire $f(x)$ pour tout réel x.

2. Factoriser l'expression $f(x)$ pour tout réel x.

3. On dispose ainsi de trois écritures de $f(x)$: la forme initiale, la forme développée et la forme factorisée. Répondre à chacune des questions suivantes en précisant la forme la plus adaptée.

a. Déterminer l'image de -2 par f.

b. Déterminer les éventuels antécédents de -9 par f.

c. Déterminer l'ordonnée du point d'abscisse 3 de la courbe $\mathscr{C}_f$.

d. Déterminer les abscisses des points d'intersection de la courbe $\mathscr{C}_f$ avec l'axe des abscisses.

e. Justifier que, pour tout réel x, on a $f(x)\geqslant -9$.

f. Résoudre l'équation $f(x)=7$.

CAPACITÉ 4 Effectuer des calculs littéraux mettant en jeu des écritures fractionnaires

87 Recopier et compléter chaque somme algébrique pour réduire au même dénominateur.

a. $2-\dfrac{3}{2x+1}=\dfrac{2}{1}-\dfrac{3}{2x+1}=\dfrac{2\times(\ldots)}{2x+1}-\dfrac{3}{2x+1}$

$=\dfrac{\ldots}{2x+1}-\dfrac{3}{2x+1}=\dfrac{\ldots}{2x+1}$

b. $\dfrac{4}{3-2x}+\dfrac{2}{x-1}=\dfrac{\ldots}{(3-2x)(x-1)}+\dfrac{\ldots}{(3-2x)(x-1)}$

$=\dfrac{(\ldots)+(\ldots)}{(3-2x)(x-1)}=\dfrac{\ldots}{(3-2x)(x-1)}$

88 Résoudre les équations quotient suivantes.

a. $\dfrac{2x+1}{3x-1}=0$ b. $\dfrac{(x-1)(2x+3)}{x+2}=0$

89 On souhaite résoudre l'équation suivante.

$$\frac{3x}{2x+1}+x=0 \quad (E)$$

1. Préciser la valeur interdite du quotient.
2. Recopier l'expression suivante et la compléter pour réduire la somme au même dénominateur :

$$\frac{3x}{2x+1}+x=\frac{3x}{2x+1}+\frac{x\times(\ldots)}{2x+1}=\frac{\ldots}{2x+1}$$

3. Résoudre alors l'équation (E).

90 Résoudre les équations suivantes.

a. $\dfrac{4x+2}{2x-1}=0$ b. $\dfrac{4}{x-1}-\dfrac{2}{3-2x}=0$

91 À propos de produit en croix

Pour tous réels a, b, c et d avec b et d non nuls, on a

$$\frac{a}{b}=\frac{c}{d} \text{ si et seulement si } a\times d=b\times c.$$

En utilisant cette propriété, résoudre les équations suivantes en précisant les valeurs interdites.

a. $\dfrac{2x-1}{x}=\dfrac{2x+5}{x+1}$ b. $\dfrac{3x-1}{x-2}=-2$

CAPACITÉ 5 Exprimer une variable en fonction d'une autre

92 Exprimer en fonction de x l'aire de chaque partie colorée. L'aire colorée de droite est inscrite dans un rectangle.

a.

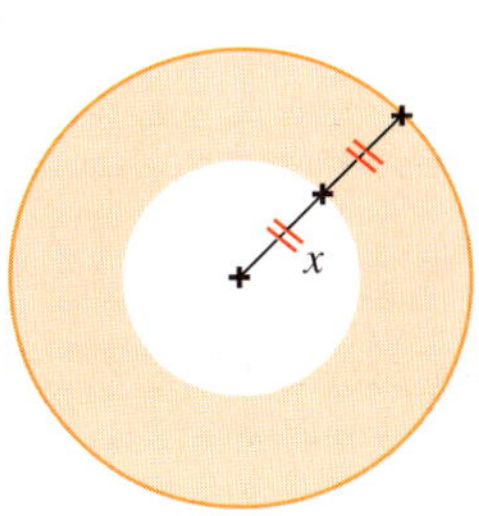

b.

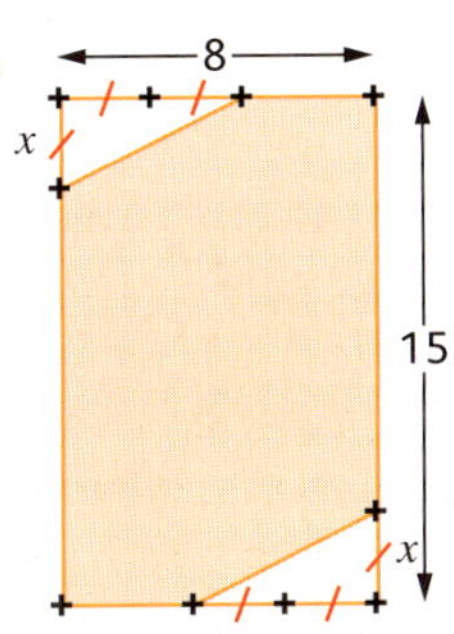

93 On considère un entier naturel n quelconque. Exprimer en fonction de n les quantités suivantes.

a. Le double de n.
b. Le carré de n.
c. Le carré du double de n .
d. Le double du carré de n.
e. La somme des carrés de l'entier n, de celui de son successeur et de celui de son prédécesseur.

94 Exprimer le périmètre de chacune des figures suivantes en fonction de x.

1.

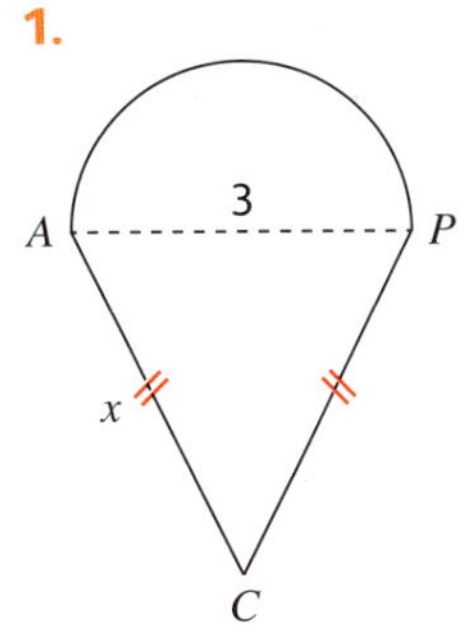

2.

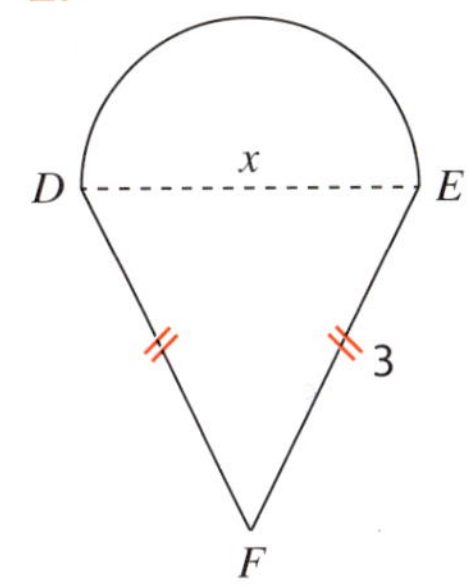

95 Soient un carré $ABCD$ de côté 5 et M un point mobile sur le segment $[AB]$. Les points N et P sont placés de sorte que $AMNP$ soit un carré.

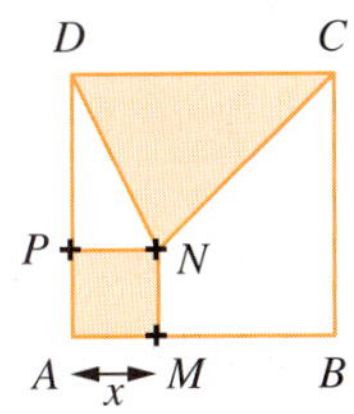

1. Exprimer l'aire de la surface colorée en fonction de x.
2. On souhaite placer le point M de sorte que la surface colorée et la surface blanche aient la même aire. Quelle équation le nombre x doit-il alors vérifier ?
3. Résoudre cette équation et conclure.

96 Dans chacune des situations suivantes, exprimer y en fonction de x. Les droites (BC) et (DE) d'une part, ainsi que (GH) et (IJ) d'autre part, sont parallèles.

1.

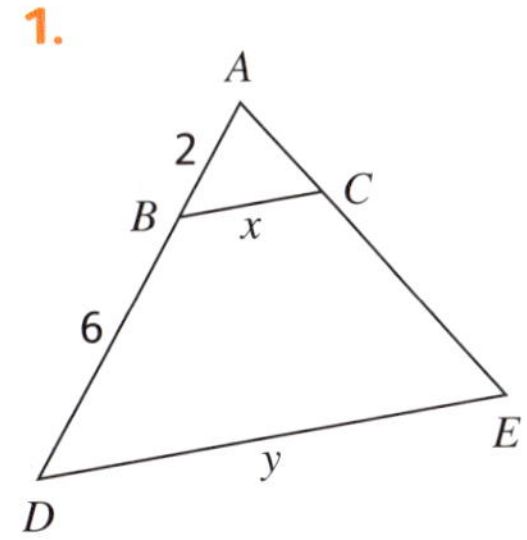

2.

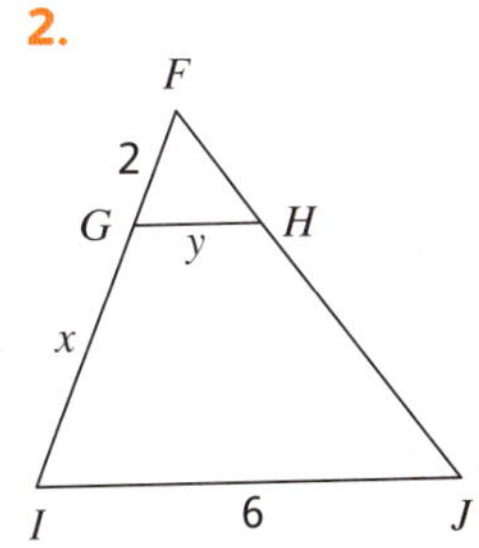

97 Une compagnie d'assurance propose à ses clients une assurance automobile graduée en fonction des kilomètres parcourus durant le mois : le tarif mensuel proposé est de 25 €, puis chaque kilomètre parcouru est facturé 0,05 €.

1. Exprimer le tarif mensuel de cette assurance pour x km parcourus dans le mois.
2. Au-delà de 500 km parcourus, la compagnie facture chaque km supplémentaire au tarif de 0,15 €. Exprimer le tarif mensuel de cette assurance pour x km parcourus lorsque $x \geqslant 500$.

exercices Entraînement

1 Manipulations algébriques

98 QCM

Pour chaque question, indiquer la bonne réponse.

1. L'expression $(x+2)(x-5)$ est égale à :
a. $x^2+3x-10$ b. x^2-10 c. $x^2-3x-10$

2. L'expression $9x^2-49$ est égale à :
a. $(3x-7)^2$ b. $(9x-7)(9x+7)$
c. $(3x-7)(3x+7)$

3. L'expression x^2-8x+7 est égale à :
a. $(x-4)^2+9$ b. $x(x-8+7)$ c. $(x-7)(x-1)$

99 Justifier les résultats suivants obtenus à l'aide d'un logiciel de calcul formel.

1	`developper((2x-3)*(-3x+4)-2*(x+5))`
	$-6x^2+15x-22$
2	`factoriser(3*(3x+5)^2-2*(3x+5)*(x-1))`
	$(3x+5)(7x+17)$
3	`factoriser((4x-3)^2-4*(x-2)^2)`
	$(2x+1)(6x-7)$

100 Faire apparaître un facteur commun

1. Factoriser $9x^2-49$. En déduire la factorisation de l'expression suivante.
$$E=9x^2-49-(3x-7)(2x-1)$$
2. En remarquant que $6x-21=3(2x-7)$, factoriser l'expression suivante.
$$F=6x-21+(2x-7)(1-5x)$$

Pour les exercices **101** et **102**, faire apparaître un facteur commun puis factoriser les expressions.

101 a. $(x-1)(2x+5)+4x^2+20x+25$
b. $9x^2-81-2x(3x-9)$
c. $5x-20-(2x+3)(x-4)$
d. $x(2x+1)-6x-3$

102 a. $(2t-1)(t-7)-t+7$
b. $(6x-5)^2+12x-10$
c. $(3z-5)^3-2z(3z-5)^2$
d. $(4x+3)(x-1)+2x^2-2$

103 Un résultat étonnant (1)

1. a. Vérifier les égalités suivantes.
$$3^2-2^2=3+2$$
$$4^2-3^2=4+3$$
$$5^2-4^2=5+4$$
b. Écrire trois égalités du même type et vérifier qu'elles sont correctes.
2. Quelle conjecture peut-on faire ?
3. Démontrer cette conjecture.

104 Un résultat étonnant (2)

1. Calculer les sommes algébriques suivantes.
$$A=13^2-12^2-11^2+10^2$$
$$B=45^2-44^2-43^2+42^2$$
$$C=178^2-177^2-176^2+175^2$$
2. Quelle conjecture vous inspirent ces calculs ? Tester cette conjecture sur d'autres exemples du même type.
3. À l'aide du calcul littéral, démontrer cette conjecture.
4. **Pour aller plus loin :** calculer la somme suivante.
$S=1000^2-999^2-998^2+997^2+\ldots+4^2-3^2-2^2+1^2$

105 LOGIQUE Quantificateurs

Recopier les égalités suivantes et les compléter en utilisant les locutions proposées ci-dessous.
- « Pour tout réel x, on a… »
- « Il existe un réel x tel que… »
- « Il n'existe aucun réel x tel que… »

On justifiera les réponses.

a. $3x^2=-2$ b. $(x+2)^2-4=x^2+4x$
c. $5x^2=25$ d. $3x+2=6(x-1)$

Info
Attention, la locution « Il existe un réel x » signifie « Il existe ***au moins*** un réel x ».

106 Le mot manquant

Dans un devoir de mathématiques, Lilia a écrit l'énoncé d'une propriété qu'elle venait de démontrer mais un des mots est masqué.

On considère trois nombres entiers consécutifs dans l'ordre croissant. Si on ajoute le deuxième entier au produit des trois entiers, la somme S obtenue est égale au cube du [redacted] *entier.*

1. Afin d'émettre une conjecture quant au mot manquant, on utilise la feuille de calcul suivante sur tableur pour effectuer quelques tests.

	A	B	C	D
1	1er entier	2e entier	3e entier	Somme S
2	1	2	3	
3	2	3	4	
4	3	4	5	

a. Indiquer une formule à saisir dans les cellules A3, B3 et C3 de sorte à pouvoir compléter les lignes suivantes par recopie vers le bas.
b. Indiquer une formule à saisir dans la cellule D2 afin de calculer la somme S.
c. Construire alors cette feuille tableur et émettre une conjecture quant au mot manquant.
2. À l'aide du calcul littéral, démontrer cette conjecture.

Aide
La résolution de cet exercice est très simplifiée si l'on choisit judicieusement l'inconnue lorsqu'on nomme les trois entiers consécutifs !

107 ALGO On considère les quatre algorithmes suivants.

Algorithme ①

$a \leftarrow x^2$
$b \leftarrow -6 \times x$
$c \leftarrow a + b + 8$
Afficher c

Algorithme ②

$a \leftarrow x - 3$
$b \leftarrow a^2$
$c \leftarrow b - 1$
Afficher c

Algorithme ③

$a \leftarrow x - 1$
$b \leftarrow x - 5$
$c \leftarrow a \times b + 2$
Afficher c

Algorithme ④

$a \leftarrow x - 4$
$b \leftarrow x - 2$
$c \leftarrow a \times b$
Afficher c

1. En testant plusieurs valeurs d'entrée x, émettre une conjecture quant aux algorithmes qui semblent afficher le même résultat.
2. Prouver la conjecture à l'aide du calcul littéral.

Pour les exercices **108** à **110**, déterminer les valeurs interdites et réduire au même dénominateur.

108 **a.** $1 + \dfrac{2}{x+1}$ **b.** $5 - \dfrac{2}{3x-2}$

c. $\dfrac{2}{x+1} + \dfrac{4}{3x-2}$ **d.** $\dfrac{5}{4-3x} - \dfrac{2}{2x-1}$

109 **a.** $\dfrac{3x}{2x-1} + \dfrac{4x-1}{x}$ **b.** $\dfrac{x+2}{x-1} - \dfrac{x+3}{x+2}$

c. $\dfrac{2x+3}{x+1} - \dfrac{3x-2}{x-1}$ **d.** $5 - \dfrac{2}{3x-2} + \dfrac{1}{2x+3}$

110 **a.** $3x + \dfrac{x-3}{1-2x}$ **b.** $\dfrac{4x-3}{3x} - \dfrac{3-x}{x^2}$

c. $\dfrac{1-3x}{x+3} - \dfrac{2x+1}{3-x}$ **d.** $\dfrac{3}{4x^2-1} + \dfrac{5}{2x+1}$

111 **Exercice guidé - Racines carrées et quotients**

1. a. Justifier que le nombre A suivant est un entier.
$$A = \left(\sqrt{3}+1\right)\left(\sqrt{3}-1\right)$$
b. Justifier alors les égalités suivantes.
$$\frac{2}{\sqrt{3}-1} = \sqrt{3}+1 \text{ et } \frac{2-\sqrt{3}}{\sqrt{3}+1} = \frac{3\sqrt{3}-5}{2}$$
2. En utilisant une technique similaire, écrire les quotients suivants sans radical au dénominateur.

a. $\dfrac{2}{3-\sqrt{5}}$ **b.** $\dfrac{\sqrt{7}-2}{\sqrt{7}+1}$

c. $\dfrac{1+\sqrt{2}}{3\sqrt{2}-1}$ **d.** $\dfrac{2\sqrt{3}}{\sqrt{2}-\sqrt{3}}$

Pistes de résolution

1. b. Pour justifier la seconde égalité, on pourra multiplier le numérateur et le dénominateur du quotient $\dfrac{2-\sqrt{3}}{\sqrt{3}+1}$ par $\sqrt{3}-1$.
On dit que $\sqrt{3}-1$ est la **quantité conjuguée** de $\sqrt{3}+1$.
2. Pour écrire un quotient sans radical au dénominateur, on multiplie le numérateur et le dénominateur par la quantité conjuguée du dénominateur.

112 **Un raisonnement qui interroge**

Voici, ci-dessous, une drôle de « démonstration ».

On considère deux nombres égaux a et b.
On a alors :
$$a = b \text{ d'où } a^2 = ab$$
Par conséquent, $a^2 - b^2 = ab - b^2$
c'est-à-dire $(a-b)(a+b) = (a-b)b$
d'où, $a + b = b$ (après simplification par $a - b$).
Donc, si par exemple, $a = b = 1$, alors on en déduit que $a + b = b$ c'est-à-dire que $2 = 1$.

Où est l'erreur ?

113 PYTHON **En lien avec la santé publique**

L'indice de masse corporelle (IMC) est une grandeur permettant d'estimer la corpulence d'un individu.

Poids	70
Taille	1,73
Votre IMC	23,5

Sur un site Internet, Louis a trouvé une application lui permettant de calculer l'IMC : il saisit son poids (en kg) et sa taille (en m) et cette application affiche son IMC qui se calcule par la formule suivante.
$$\text{IMC} = \frac{\text{poids}}{\text{taille}^2}$$
1. a. Cette application utilise une fonction codée dans le langage Python qui prend en argument le poids p et la taille t et retourne l'IMC correspondant.

```
#Fonction calculant l'IMC d'un sujet
def imc(p,t):
    return
```

Compléter la partie floutée de cette fonction.
b. Quel sera le nombre retourné si on saisit la commande `imc(90,1.8)` dans une console Python ?
2. a. Les médecins considèrent qu'un homme « standard » est en surpoids dès lors que son IMC dépasse 25. Cette application indique également si l'utilisateur est en surpoids ou non.
Elle utilise une fonction Python appelée `surpoids` qui prend en argument le poids p et la taille t.

```
def surpoids(p,t):
    if imc(p,t)    :
        return "Le sujet n'est pas en surpoids."
    else:
        return
```

Compléter les parties floutées de cette fonction.
b. Quel sera le texte retourné si on saisit la commande `surpoids(90,1.9)` ?
3. Louis mesure 1,90 m mais son poids varie.
À partir de quel poids sera-t-il en surpoids ?

Voir Chap. Algo. p. 382

exercices Entraînement

2 Comparaison de deux quantités

Analyse d'un énoncé

114 Exercice commenté

1. À l'aide de la calculatrice, comparer si possible les nombres suivants.

a. $\dfrac{1}{0{,}9}$ et 1,1 b. $\dfrac{1}{0{,}99}$ et 1,01

c. $\dfrac{1}{0{,}999\,999\,99}$ et 1,000 000 01

Comparer deux nombres, c'est dire si l'un est plus grand que l'autre ou s'ils sont égaux. La calculatrice permet-elle de conclure ici ?

2. Réduire au même dénominateur $\dfrac{1}{1-x}-(1+x)$.

Quel est le signe de cette différence si x est un réel positif ?

On pourra pour cela compléter les pointillés dans l'identité suivante, valable pour tout réel $x \neq 1$.

$$\frac{1}{1-x}-(1+x)=\frac{1}{1-x}-\frac{1+x}{1}=\frac{\dots}{1-x}$$

3. Expliquer alors comment comparer les nombres de la question **1.**

Il convient ici de faire le lien entre les quotients de la question **2.** et ceux de la question **1.** Remplacer x par des valeurs bien choisies.

115 Application immédiate

Trouver une méthode permettant de comparer les quotients suivants.

$$\frac{1\,234\,567\,891}{1\,234\,567\,892} \text{ et } \frac{1\,234\,567\,892}{1\,234\,567\,893}$$

116 Rangement des carrés et applications

1. Soient deux nombres réels positifs a et b.

a. Justifier que si $a<b$ alors $a^2<b^2$.

On pourra, pour cela, factoriser et étudier le signe de la différence a^2-b^2.

b. Réciproquement, on suppose que $a^2<b^2$. Montrer, en exploitant la factorisation précédente que $a<b$.

2. Ce résultat reste-t-il valable si a et b sont des réels négatifs ? Énoncer et démontrer un résultat analogue dans le cas où a et b sont négatifs.

3. Ainsi, comparer deux réels positifs revient à comparer leurs carrés.

Application : comparer les nombres suivants.

a. $\sqrt{2}+1$ et $\sqrt{3}$ b. $-\sqrt{3}$ et $-\sqrt{\pi}$

c. $3\sqrt{3}$ et $2\sqrt{6}$ d. $\sqrt{5}-2$ et $\sqrt{10-4\sqrt{5}}$

Démo

117 Comparaison de $\sqrt{a+b}$ et $\sqrt{a}+\sqrt{b}$

On considère a et b deux nombres réels positifs. L'objectif de cet exercice est d'établir l'inégalité :

$$\sqrt{a+b} \leqslant \sqrt{a}+\sqrt{b}$$

Dans la suite, on note $A=\sqrt{a+b}$ et $B=\sqrt{a}+\sqrt{b}$.

1. En utilisant le résultat de l'exercice **116**, montrer que comparer A et B revient à comparer les nombres $a+b$ et $a+b+2\sqrt{ab}$. Conclure.

2. Applications

a. Soit un réel $x \geqslant 0$. Comparer $\sqrt{100+x^2}$ et $10+x$.

b. Montrer que, pour tout $n \in \mathbb{N}$, on a :

$$\sqrt{4n^2+9} \leqslant 2n+3$$

118 Inverses et inégalités

On considère a et b deux réels strictement positifs. Comparer les nombres :

$$A=\frac{1}{a+b} \text{ et } B=\frac{1}{a}+\frac{1}{b}$$

119 Comparaison des moyennes arithmétique et géométrique

On considère a et b deux nombres positifs tels que $a \leqslant b$ et m et g les nombres définis par :

$$m=\frac{a+b}{2} \text{ et } g=\sqrt{a \times b}$$

Soit m (resp. g) la moyenne arithmétique (resp. géométrique) des nombres a et b.

1. Justifier que m vérifie l'encadrement :

$$a \leqslant m \leqslant b$$

2. En comparant les carrés de m et g, montrer l'inégalité :

$$\sqrt{a \times b} \leqslant \frac{a+b}{2}$$

3. Pour aller plus loin

En utilisant le résultat de la question précédente, montrer que pour tous réels positifs a, b et c, on a :

$$(a+b)(b+c)(a+c) \geqslant 8abc$$

120 Exercice guidé

On considère a, b et c trois réels quelconques.

1. Développer et réduire la somme suivante.

$$(a-b)^2+(b-c)^2+(a-c)^2$$

2. En déduire l'inégalité :

$$a^2+b^2+c^2 \geqslant ab+bc+ca$$

Pistes de résolution

2. La somme $(a-b)^2+(b-c)^2+(a-c)^2$ est positive. Pourquoi ? Exploiter alors la positivité de cette somme écrite sous forme développée pour en déduire l'inégalité souhaitée.

121 Rangement des racines carrées

Soient a et b deux réels positifs. Montrer, en utilisant l'exercice **116**, que $a<b$ si et seulement si $\sqrt{a}<\sqrt{b}$.

122 Rangements des inverses

On considère a et b deux réels strictement positifs distincts tels que $a < b$.

1. Comparer les quotients $\frac{1}{a}$ et $\frac{1}{b}$.

Compléter alors la phrase suivante : « L'ordre des inverses de deux nombres strictement positifs est … »

2. Reprendre la question précédente pour a et b deux réels strictement négatifs et distincts tels que $a < b$.

123 Comparaison des moyennes arithmétique et harmonique

On considère a et b deux nombres strictement positifs et m et h les nombres définis par :

$$m = \frac{a+b}{2} \text{ et } h = \frac{2}{\frac{1}{a}+\frac{1}{b}}$$

Soit m (resp. h) la moyenne arithmétique (resp. harmonique) des nombres a et b.

1. Justifier que $h = \frac{2ab}{a+b}$.

2. Démontrer que :

$$m - h = \frac{(a-b)^2}{2(a+b)}$$

3. Comparer alors les moyennes arithmétique et harmonique m et h.

Info

À propos de moyennes. Étant donnés $a, b \in]0\,;+\infty[$.

- On appelle *moyenne géométrique* de a et b la longueur du côté d'un carré de même aire que le rectangle de dimensions a et b.
- Imaginons qu'un train effectue un aller-retour à une vitesse moyenne de a km/h à l'aller et de b km/h au retour. La vitesse moyenne du train sur le trajet aller-retour est égale à la *moyenne harmonique* h de a et b.

124 Comparaisons en cascade

On considère x un réel strictement positif.

Classer dans l'ordre croissant les nombres :

$$1\,;\ \frac{x+1}{x+2}\,;\ \frac{x+2}{x+3}\,;\ \frac{x+3}{x+2}$$

125 Le plus grand quotient…

On considère x et y deux réels strictement supérieurs à 1. On considère les cinq quotients :

$$A = \frac{x}{y+1}\,;\ B = \frac{x}{y-1}\,;\ C = \frac{2x}{2y+1}$$

$$D = \frac{2x}{2y-1}\,;\ E = \frac{3x}{3y+1}$$

Lequel de ces cinq quotients est le plus grand ? Justifier.

126 Comparer des aires

On considère un disque de rayon a, un rectangle de dimensions $3a$ et a et un triangle rectangle de base $6a$ et de hauteur $1{,}5a$ avec a strictement positif.

Comparer les aires de ces trois figures.

3 Résolution algébrique d'équations

127 Vrai ou faux ? Compétence Communiquer

Pour chaque question, indiquer, en justifiant, les propositions correctes.

1. L'équation $2x^2+1=0$ n'admet aucune solution sur $\mathbb{R}$.

2. L'équation $3x(x+2)=1$ est équivalente à $3x=1$ ou $x+2=1$.

3. Les équations $(x+3)(x-2)=2x(x+3)$ et $x-2=2x$ sont équivalentes.

4. L'équation $(4x-8)(2x+3)=0$ admet une unique solution sur $\mathbb{N}$.

5. Les équations $(x+1)^2=4$ et $x+1=2$ sont équivalentes.

6. -2 est solution de l'équation $\frac{3x+1}{2x+4}=0$.

Analyse d'un énoncé

128 Exercice commenté

Résoudre les équations suivantes après avoir précisé la stratégie la plus efficace pour la résoudre parmi :

① isoler x.

② isoler x^2.

③ se ramener à un produit nul.

④ se ramener à un quotient nul ou exploiter un produit en croix.

1. Équation 1 : $(2x-1)^2 = 2x(2x-1)$

> On remarque, en développant mentalement chaque membre, que les termes en x^2 se simplifient. Ainsi, cette équation est du 1er degré, on adopte la stratégie ①.

2. Équation 2 : $(3x-4)^2 = x(3x-4)$

> Contrairement à la 1re équation, les termes x^2 ne se simplifient pas ici. Ainsi, on adopte la stratégie ③ en factorisant le membre non nul en repérant un facteur commun.

3. Équation 3 : $(3x-1)^2 = 6(6-x)+1$

> Ici, les termes en x se simplifient. Ainsi, on adopte la stratégie ②.

4. Équation 4 : $\frac{2x+1}{x-1} = 3$

> Ici, on adopte la stratégie ④. On précise au préalable les valeurs interdites du quotient.

129 Application immédiate

Résoudre les équations suivantes en précisant la meilleure stratégie à adopter.

1. $4x(x+3)=(x+6)^2$ **2.** $(5x-2)^2=5(2-5x)$

3. $\frac{3x^2+1}{x-2}=3x$ **4.** $x^2-3(x-3)=(x-2)^2$

exercices Entraînement

Pour chacune des équations des exercices 130 à 133, choisir une stratégie parmi les quatre stratégies exposées dans l'exercice 128 puis la résoudre.

130 a. $8x^2 = 10x$ b. $(2x-3)^2 = 4x^2$
c. $9x^2 - 49 = (x-1)(3x+7)$

131 a. $\dfrac{9-x^2}{3-x} = 0$ b. $3(x+5) - 2x = 7$
c. $\dfrac{x+4}{3x-2} = \dfrac{10}{2x-5}$ d. $5x^2 = 405$

132 a. $x^2 + 6x + 9 = 2(x+3)(x+7)$
b. $2x^2 + 12 = 30$ c. $2x(x^2-4) = x^2 - 4$

133 a. $\dfrac{1}{x} + \dfrac{2}{x+1} = 0$ b. $\dfrac{2}{x} + \dfrac{3}{2-x} = \dfrac{5x}{2-x}$
c. $x(x+3) = x(2x-2)$ d. $4x^3 + 9x = 12x^2$

134 À l'aide d'un logiciel de calcul formel, vérifier les résultats des deux exercices précédents.

135 Analyser une démarche
On s'intéresse à la résolution de l'équation suivante.
$$(4x+2)^2 = (5-3x)^2$$
Voici l'extrait de la copie de Théo annotée par son professeur.

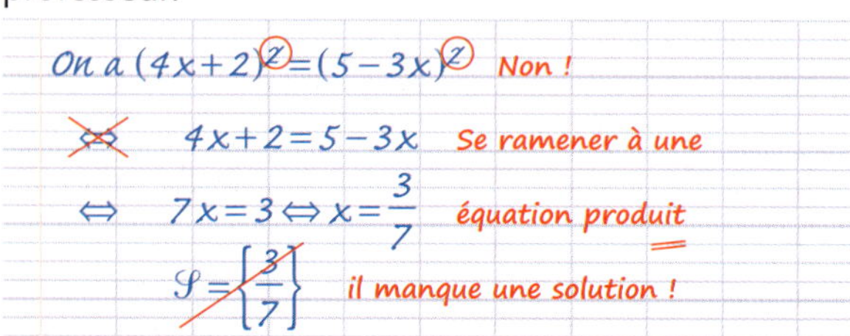

En tenant compte des indications du professeur, corriger la production de Théo.

136 Sur la figure suivante, les droites (AB) et (CD) sont parallèles et $OA = BD$. Calculer OA.

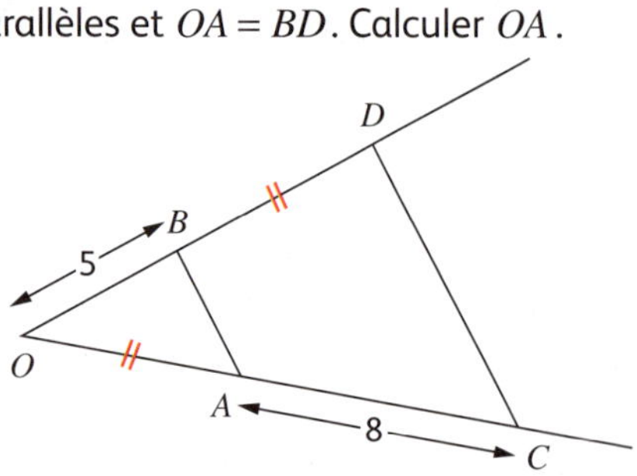

137 Un lycée doit louer un autocar pour une sortie scolaire. Le prix du transport par personne véhiculée est initialement prévu à 11 €. Finalement, 4 élèves prévus au départ ne sont pas venus à la sortie et le coût par participant s'est élevé à 13 €. Quel était le nombre de participants initialement prévu ?

138 Exercice guidé
Deux cyclistes empruntent en sens inverse la même route entre deux villages A et B distants de 35 km. Le premier cycliste part du village A et roule à une vitesse de 12 km/h ; le second part 20 minutes avant du village B et roule à 14 km/h.
Au bout de combien de temps depuis le départ du premier ces deux cyclistes se croiseront-ils ? Préciser alors les distances parcourues par chacun.

> **Pistes de résolution** En notant t la durée, exprimée en heure, qui s'est écoulée depuis le départ du second cycliste jusqu'à la rencontre des deux cyclistes, exprimer, en fonction de t la distance parcourue par chaque cycliste à l'instant t.
> En s'aidant d'un schéma, écrire une équation vérifiée par t.

139 Si on ajoute un même nombre au numérateur et au dénominateur de la fraction $\dfrac{6}{11}$, on obtient $\dfrac{2}{3}$. Déterminer ce nombre.

140 L'épitaphe de Diophante
Après la mort du mathématicien Diophante d'Alexandrie, l'historien romain Eutrope écrivit en alexandrins un problème célèbre :

« Passant, sous ce tombeau repose Diophante.
Ces quelques vers tracés par une main savante
Vont te faire connaître à quel âge il est mort.
Des jours assez nombreux que lui compta le sort,
Le sixième marqua le temps de son enfance ;
Le douzième fut pris par son adolescence.
Des sept parts de sa vie, une encore s'écoula,
Puis s'étant marié, sa femme lui donna
Cinq ans après un fils qui, du destin sévère
Reçut de jours hélas ! deux fois moins que son père.
De quatre ans, dans les pleurs, celui-ci survécut.
Dis, si tu sais compter, à quel âge il mourut. »

À quel âge mourut Diophante ?

Info

Diophante d'Alexandrie, Grec, Vers 325-409
Peu de choses sont connues de sa vie.
Il vécut à Alexandrie et aurait écrit treize livres d'un traité intitulé *Les Arithmétiques*.
Il est connu pour son étude des équations à variables rationnelles et les équations diophantiennes (équations où les inconnues sont des entiers) ainsi nommées en son honneur.

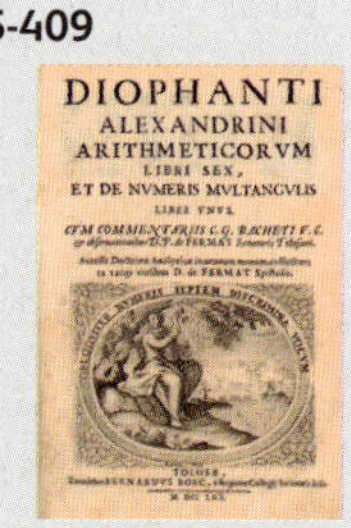

141 Déterminer les triangles rectangles qui admettent trois entiers consécutifs comme longueurs des côtés.

142 Un bac à sable a une forme circulaire de diamètre de 6 mètres. Il est entouré par une allée en forme de couronne.
Quelle doit-être la largeur de l'allée pour que celle-ci ait la même aire que le bac à sable ?

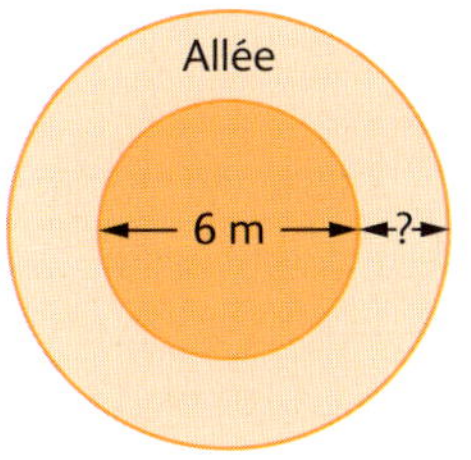

143 Un carré est tel que si l'on augmente la mesure de son côté de 4 cm alors son aire augmente de 56 cm². Quelle est la mesure du côté du carré initial ?

144 PRISE D'INITIATIVES **Un problème d'aire**

Dans le repère ci-dessous, les points A, B et C ont pour coordonnées $A(0;4)$; $B(-4;0)$; $C(4;0)$.
Le rectangle $EFGH$ est inscrit dans le triangle ABC.
On note x l'abscisse de E.
(x est donc aussi la longueur OE).

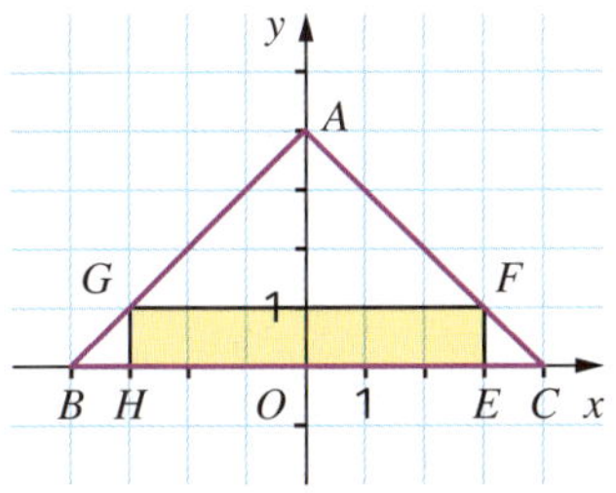

Déterminer les positions de E pour lesquelles l'aire du rectangle est égale à 3/8ᵉ de l'aire du triangle.

145 En lien avec les sciences expérimentales

1. Lorsqu'on connaît la masse m (en gramme) d'un échantillon constitué d'un corps pur de masse molaire M (en g/mol), on peut calculer la quantité de matière n (en mol) par la relation $n = \frac{m}{M}$.

a. Exprimer la masse m en fonction de n et M.

b. Exprimer la masse molaire M en fonction de n et m.

2. L'équation des gaz parfaits $p \times V = n \times R \times T$ exprime le lien entre le volume V (en m³), la pression p du gaz (en pascal), la quantité de matière n (en mol), la température T (en kelvin) et la constante R des gaz parfaits.

a. Exprimer n en fonction de p, V, R et T.

b. Exprimer le quotient $\frac{n}{V}$ en fonction de p, R et T.

146 La période d'oscillation T (exprimée en seconde) d'un pendule pesant est donnée par la formule $T = 2\pi\sqrt{\frac{\ell}{g}}$ où ℓ est la longueur du fil (en mètre) et g l'accélération de la pesanteur.

1. Exprimer ℓ en fonction de T, π et g.

2. Application numérique

La période d'un pendule pesant est de 2 secondes. Quelle est la longueur du fil ?
On prendra $g \simeq 9{,}8\,\text{m}\cdot\text{s}^{-2}$.

147 Équilibre du marché

En économie, *l'offre* est la quantité de biens qu'une entreprise est prête à vendre à un prix donné.
La *demande* est la quantité de biens que les consommateurs sont prêts à acheter à un prix donné.
Une étude concernant un article a permis d'établir que les fonctions d'offre f et de demande g sont données, pour tout $q \in [0;7]$, par :

$$f(q) = 0{,}6q \text{ et } g(q) = \frac{40-2q}{q+5}$$

où q désigne la quantité de biens (en million d'unités) et $f(q)$, $g(q)$ le prix associé (en euro).

1. On suppose dans cette question que le prix de vente d'un article est de 2 €.

a. Calculer la quantité d'articles offerte sur le marché puis la quantité d'articles demandée sur le marché pour ce prix de vente.

b. Quel problème cela poserait-il si on fixait le prix de vente à 2 € ?

2. On dit que le marché offre-demande est en équilibre lorsque, pour un même prix, la quantité offerte par l'entreprise est égale à la quantité demandée par les consommateurs.
Déterminer le prix d'équilibre et la quantité associée.

Aide
2. On pourra utiliser les fonctionnalités d'un logiciel de calcul formel.

148 À la recherche d'un entier

Déterminer l'entier N à trois chiffres vérifiant les contraintes suivantes.

① Son chiffre des dizaines est le double de celui des unités.

② La somme de ses chiffres vaut 11.

③ En retranchant de N le nombre N' obtenu en intervertissant dans N le chiffre des centaines et celui des unités, on trouve 297.

Aide
On pourra noter $N = \overline{cdu} = 100c + 10d + u$ où c, d et u désignent respectivement le chiffre des centaines, des dizaines et des unités.
Interpréter alors les contraintes.

149 Les oiseaux et le poisson

Sur les deux rives d'un fleuve se trouvent deux arbres. La hauteur du premier est de 30 m et celle du second de 20 m. La distance entre leurs pieds est de 50 m.
Sur la cime de chaque arbre est perché un oiseau.
Brusquement, les oiseaux aperçoivent un poisson à la surface de l'eau entre les deux arbres. Ils se jettent simultanément sur lui, à la même vitesse et l'atteignent au même instant.
À quelle distance du pied du plus grand des deux arbres se trouvait le poisson ?

150 **Un triangle variable inscrit dans un carré**

$ABCD$ est un carré de côté 10. On place un point L mobile sur le segment $[AB]$ et le point P appartient au segment $[AD]$. On a $DP = AL$.

L'objectif est de savoir si l'aire du triangle LCP peut-être égale à 42 et, dans ce cas, de préciser les positions du point L.

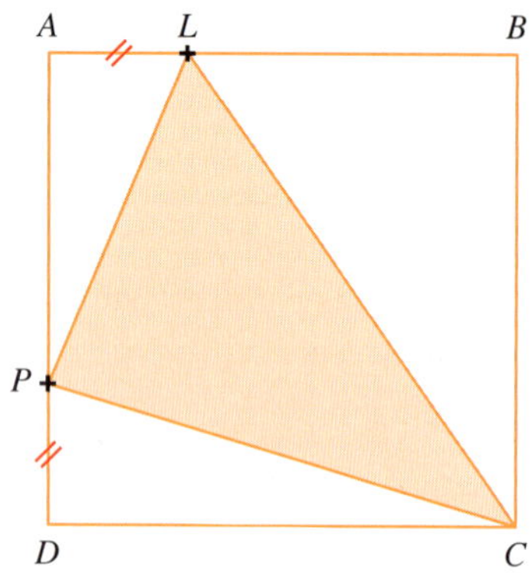

1. Étude d'un cas particulier

Faire une figure dans le cas où $AL = 3$ et calculer l'aire du triangle LCP correspondant.

2. Élaboration d'une conjecture

a. À l'aide d'un logiciel de géométrie dynamique, construire un carré $ABCD$ de côté 10 puis un point libre L sur le segment $[AB]$.

b. En utilisant l'outil *Compas*, construire le point P sur le segment $[AD]$ tel que $DP = AL$. Faire apparaître alors le triangle LCP et émettre une conjecture quant au problème posé.

3. Algébrisation du problème

On note $x = AL$ et $A(x)$ l'aire du triangle LCP.

a. Dans quel intervalle la longueur x peut-elle varier ? On note I cet intervalle.

b. Justifier que, pour tout $x \in \mathrm{I}$, on a :

$$A(x) = \frac{1}{2}(x^2 - 10x + 100)$$

4. À l'aide d'un logiciel de calcul formel, on obtient le résultat suivant.

Calcul formel

1	A(x):=1/2*(x^2-10x+100) → $A(x) := \frac{1}{2}x^2 - 5x + 50$
2	Factoriser(A(x)-42) → $(x-8)\cdot\frac{x-2}{2}$

Après avoir justifié ce résultat, répondre au problème posé.

151 PRISE D'INITIATIVES **Un problème d'entiers**

Déterminer tous les triplets d'entiers consécutifs tels que le produit des deux premiers est égal à six fois la somme du premier et du dernier.

152 **Une nouvelle identité remarquable**

1. Démontrer que pour tous réels a, b et c on a :

$$(a+b+c)^2 = a^2 + b^2 + c^2 + 2ab + 2bc + 2ca$$

2. Application

Soient x, y et z des réels non nuls tels que :

$$\frac{1}{x} + \frac{1}{y} + \frac{1}{z} = 0$$

a. Montrer que $xy + yz + zx = 0$.

b. En déduire que le carré de la somme de ces trois nombres x, y et z est égal à la somme de leurs carrés.

Aide

1. On remarque que $(a+b+c)^2 = ((a+b)+c)^2$ et on exploite la première identité remarquable.
2. b. Exploiter le résultat de la question **1.**

153 PYTHON **Des carrés parfaits !**

1. Calculer les nombres suivants.

a. $1\times2\times3\times4+1$ **b.** $2\times3\times4\times5+1$ **c.** $3\times4\times5\times6+1$

2. Quelle remarque ces calculs inspirent-ils ?

3. On considère la fonction mystere ci-contre écrite en langage Python. Cette fonction calcule la racine de sommes de la forme exposée dans la question **1.**

```
1 from math import *
2
3 def mystere(n):
4     produit=...
5     somme=produit+1
6     return sqrt(somme)
```

a. Compléter la ligne 4.

b. Exécuter cette fonction pour différentes valeurs de l'entier naturel n.

c. Conjecturer alors une expression explicite de ces sommes en fonction de l'entier naturel n.

4. Démontrer cette conjecture.

Aide

2. a. La fonction sqrt de la bibliothèque math calcule la racine carrée d'un nombre positif entré en argument.

154 **Développements de $(a+b)^3$ et $(a-b)^3$**

1. Soient a et b des réels strictement positifs.

On a représenté ci-dessous un cube d'arête $a+b$.

En exprimant le volume de ce cube de deux façons différentes, écrire $(a+b)^3$ sous la forme d'une somme.

2. En remarquant que :

$$(a+b)^3 = (a+b)^2 \times (a+b)$$

retrouver cette formule par le calcul littéral.

3. Établir une formule pour $(a-b)^3$.

155 De l'eau à l'intérieur d'un cône

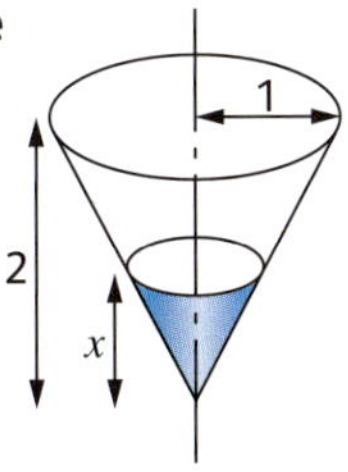

On souhaite remplir d'eau le cône de révolution ci-contre d'au moins le quart de sa contenance maximale.
Les longueurs sont données en cm.
On note x la hauteur de liquide dans le solide. On se demande quelle est la hauteur minimale d'eau dans le solide.

1. Montrer que le volume d'eau dans le solide est égal à $V = \frac{1}{12}\pi \times x^3$.

2. Résoudre le problème.

Rappel
Le volume d'un cône de hauteur h et d'aire de base $\mathcal{B}$ est :
$$V = \frac{1}{3}\mathcal{B} \times h$$

156 Le nombre d'or

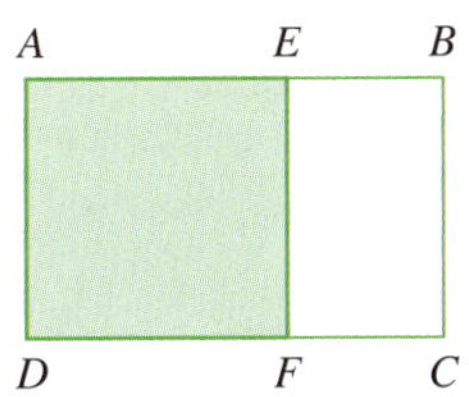

De nombreux peintres et architectes de la Renaissance italienne, en particulier Léonard de Vinci (1452-1519), ont évoqué l'existence d'un rectangle aux proportions « idéales », vérifiant la propriété suivante.

« Lorsque l'on ôte au rectangle considéré, un carré construit sur sa largeur, on obtient un nouveau rectangle, plus petit, semblable au rectangle d'origine, c'est-à-dire que les rapports longueur sur largeur sont les mêmes. »

1. Valeur exacte du nombre d'or φ

On note L et ℓ la longueur et la largeur du rectangle idéal $ABCD$.

On pose $\varphi = \frac{L}{\ell}$.

a. Démontrer que :
$$\frac{\ell}{L} = \frac{L-\ell}{\ell}$$

b. En déduire que φ est solution de l'équation :
$$x^2 - x - 1 = 0 \quad (E)$$

c. Vérifier que, pour tout réel x, on a :
$$x^2 - x - 1 = \left(x - \frac{1}{2}\right)^2 - \frac{5}{4}$$

d. Résoudre alors l'équation (E) puis en déduire la valeur exacte de φ.

2. Construction d'un rectangle d'or

On considère un carré $AEFD$ et I le milieu du côté $[DF]$. Le cercle de centre I et passant par E coupe la demi-droite $[DF)$ en C.

a. Démontrer que $\frac{DC}{DA} = \varphi$.

b. En déduire la construction d'un rectangle d'or connaissant sa largeur.

157 PYTHON Résolution approchée d'une équation par la méthode par balayage

Pour résoudre une équation, on ne dispose pas toujours d'une méthode algébrique. On se propose dans cet exercice de décrire et appliquer une méthode de résolution approchée de l'équation $x^3 - 3x + 1 = 0\ (E)$.

1. Introduction d'une fonction

On considère la fonction f définie, pour tout réel x, par $f(x) = x^3 - 3x + 1$ et représentée ci-contre.

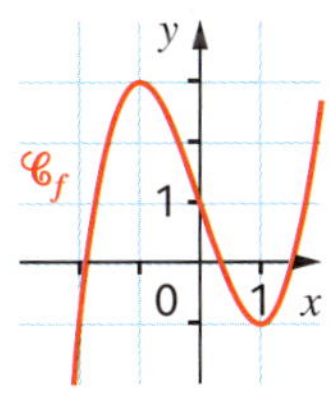

On admet que l'équation (E) possède trois solutions notées :
$$x_1 < x_2 < x_3$$

Lire graphiquement un encadrement de chacune des solutions par deux entiers consécutifs.

2. Principe de l'algorithme de balayage

On souhaite désormais obtenir un encadrement d'amplitude 0,1 de x_3. Pour cela, on considère l'algorithme suivant et le code Python associé.

```
fonction f(x)
    retourner x^3 − 3x + 1
Fin fonction
h ← 0,1
x ← 1
Tant que f(x) < 0 Faire
    x ← x + h
Fin Tant que
Afficher x − h et x
```

```python
#Définition fonction f
def f(x):
    return x**3-3*x+1

#Algorithme balayage
h=0.1
x=1
while f(x)<0:
    x=x+h
print(x-h,x)
```

a. Appliquer « à la main » cet algorithme en complétant le tableau d'état des variables suivant.

Étapes	h	x	$f(x) \approx$	Condition $f(x) < 0$
①	0,1	1	−1	vraie
②	0,1	1,1	…	…
…				

Quel couple cet algorithme affichera-t-il ?

b. Quelle modification peut-on proposer pour obtenir un encadrement d'amplitude 10^{-2} et 10^{-3} ?

c. PYTHON **Pour aller plus loin**
Modifier cet algorithme de façon à obtenir un encadrement d'amplitude 10^{-3} des deux autres solutions x_1 et x_2 de l'équation (E). On pourra coder cet algorithme en Python et le faire tourner.

Voir Chap. Algo. p. 382

COUPS DE POUCE 162, 163

Maîtriser l'essentiel

158 Mettre un problème en équation

On considère le problème suivant.

Un père a 25 ans de plus que son fils. Dans 5 ans, il aura le double de l'âge de son fils. Quels sont les âges respectifs du fils et du père ?

Étape 1 : choix de l'inconnue et mise en équation.
On appelle x l'âge actuel du fils.

1. Exprimer en fonction de x l'âge actuel du père, l'âge du fils dans 5 ans et l'âge du père dans 5 ans. On pourra remplir le tableau suivant.

	Âge du fils	Âge du père
Actuellement	x	
Dans 5 ans		

2. En utilisant la donnée « dans 5 ans, le père aura le double de l'âge de son fils », justifier que x est solution de l'équation $x+30=2(x+5)$.

Étape 2 : résolution de l'équation.
Résoudre l'équation précédente.

Étape 3 : retour au problème.
Interpréter la résolution précédente et conclure en répondant au problème posé.

159 Mise en équation : à moi de jouer !

Appliquer la méthode de l'exercice 158.

On partage une somme d'argent (en écu) entre trois personnes : la première reçoit un tiers de la somme, la deuxième reçoit la moitié de ce qu'a reçu la première à laquelle s'ajoutent 150 écus et la troisième reçoit 750 écus. Déterminer la somme partagée et la part de chacun.

160 Des erreurs « classiques »

1. On demande à Sonia de développer une expression. Voici sa réponse :

Pour tout réel x,

$$(2x+3)^2-(3x+2)=2x^2+9-3x+2$$

Expliquer et corriger les erreurs faites par Sonia.

2. On demande à Lilian de factoriser une expression. Voici sa réponse :

Pour tout réel x,

$$(3x+2)(4x-1)-(3x+2)$$
$$=(3x+2)[(4x-1)-0]$$
$$=(3x+2)(4x-1)$$

Expliquer et corriger l'erreur faite par Lilian.

Aller plus loin

161 À l'aide d'un logiciel de calcul formel

$ABCD$ est un rectangle tel que $AB=10$ et $AD=6$. Les points M, N, P et Q appartiennent respectivement aux segments $[AB]$, $[BC]$, $[CD]$ et $[DA]$ de sorte que :

$$AM=BN=CP=DQ$$

On cherche à savoir si l'aire du quadrilatère MNPQ peut être égale à la moitié de celle du rectangle ABCD.

1. Réaliser une figure. Dans la suite, on pose $x=AM$.
2. a. À quel intervalle appartient la variable x ?
b. Montrer que le problème se ramène à résoudre l'équation suivante.

$$60-[x(6-x)+x(10-x)]=30 \quad (E)$$

3. À l'aide d'un logiciel de calcul formel, on a effectué les calculs ci-contre.
Quel(s) résultat(s) est(sont) utile(s) à la résolution de l'équation (E) ?
Le(s) démontrer puis conclure.

Calcul formel

1	f(x):=60-(x(6-x)+x(10-x)) → $f(x) := 2x^2 - 16x + 60$
2	Résoudre(f(x)=30) → $\{x = 3, x = 5\}$
3	Factoriser(f(x)-30) → $2(x-5)(x-3)$

162 PRISE D'INITIATIVES Un problème chinois

> Une ville entourée d'une fortification carrée de dimension inconnue comprend une porte au milieu de chaque côté.
> En sortant de la ville par le nord, vingt pas vers le nord se trouve un arbre.
> En quittant la ville par le sud, marche quatorze pas vers le sud puis 1775 vers l'ouest et tu commenceras tout juste à apercevoir cet arbre.
> On cherche les dimensions de la ville.

Info
Problème extrait de l'ouvrage chinois *Neuf chapitres sur l'art du calcul*, (200 ans avant J.-C.) regroupant 246 problèmes de la vie quotidienne.

163 PRISE D'INITIATIVES Compétences Chercher – Calculer

Nombre de nuitées

En montagne, un randonneur a effectué des réservations dans deux types d'hébergements : l'hébergement A et l'hébergement B.
Une nuit en hébergement A coûte 24 € et une nuit en hébergement B coûte 45 €. Il se rappelle que le coût total de sa réservation est de 438 €.
Déterminer le nombre de nuitées passées dans chaque hébergement.

Approximation de $\sqrt{a}$ par la méthode de Héron d'Alexandrie

Objectif PYTHON
Boucles et fonctions.

L'objectif de ce TP est de décrire une méthode permettant d'encadrer $\sqrt{2}$ avec une amplitude arbitraire. Cette méthode, déjà connue par les Babyloniens, est également attribuée au Grec Héron d'Alexandrie (Iᵉʳ siècle). Il l'expose dans le premier tome de son ouvrage *Metrica*, ouvrage qui a été découvert en 1896.

Partie A Une description géométrique de la méthode de Héron

On considère le rectangle $ABCD$ de dimensions 1 et 2. On construit un nouveau rectangle $AB_1C_1D_1$ dont la longueur AB_1 est la moyenne des dimensions de $ABCD$, la largeur AD_1 étant calculée pour que l'aire reste égale à 2. Puis on recommence selon le même procédé pour s'approcher, à terme, d'un carré d'aire 2.

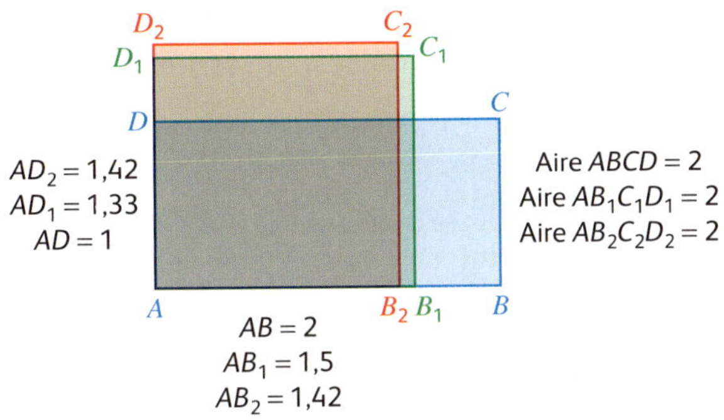

On note $\ell_0 = 1$ et $L_0 = 2$ les dimensions du rectangle initial $ABCD$. On a l'encadrement :

$$\ell_0 < \sqrt{2} < L_0$$

1. Le rectangle $AB_1C_1D_1$ a pour dimensions :

$$L_1 = \frac{\ell_0 + L_0}{2} \text{ et } \ell_1 = \frac{2}{L_1}$$

Calculer les valeurs exactes de L_1 et ℓ_1.
On admet (voir la preuve en Partie C) qu'on obtient l'encadrement plus précis suivant.

$$\ell_1 < \sqrt{2} < L_1$$

2. Le rectangle $AB_2C_2D_2$ a pour dimensions :

$$L_2 = \frac{\ell_1 + L_1}{2} \text{ et } \ell_2 = \frac{2}{L_2}$$

Calculer les valeurs exactes de L_2 et ℓ_2 pour en déduire un nouvel encadrement de $\sqrt{2}$.

3. Réitérer le processus pour obtenir un nouvel encadrement de $\sqrt{2}$.

Partie B Programmation de l'algorithme en langage Python

À chaque itération de l'algorithme de Héron, on obtient un encadrement de plus en plus fin de $\sqrt{2}$.
On souhaite automatiser la recherche d'un encadrement de $\sqrt{2}$ d'amplitude inférieure à un niveau de précision donné par l'utilisateur.
On considère ainsi la fonction heron ci-contre écrite en langage Python.

```
def heron(amplitude):
    l=...
    L=...
    while L-l>amplitude:
        L=(l+L)/2
        l=...
    return l,L
```

1. En s'inspirant des calculs effectués dans la Partie A, compléter cette fonction.

2. Tester cette fonction pour obtenir un encadrement de $\sqrt{2}$ d'amplitude inférieure à 10^{-5}.

3. Pour aller plus loin
Proposer une modification de cette fonction heron de sorte qu'elle affiche un encadrement de $\sqrt{a}$ $(a > 0)$, a étant un nombre positif indiqué en argument.

Partie C Justification théorique de la validité de la méthode de Héron

On suppose que l'on dispose d'un encadrement de $\sqrt{2}$ par deux réels strictement positifs ℓ et L avec $\ell = \frac{2}{L}$:

$$\ell < \sqrt{2} < L$$

On considère les nombres $L' = \frac{\ell + L}{2}$ et $\ell' = \frac{2}{L'}$.

On souhaite démontrer que :

$$\ell < \ell' < \sqrt{2} < L' < L$$

1. a. On souhaite justifier que $L' > \sqrt{2}$. Montrer que :

$$L' - \sqrt{2} = \frac{L + \frac{2}{L}}{2} - \sqrt{2} = \frac{\left(L - \sqrt{2}\right)^2}{2L}$$

Conclure.

b. En déduire que :

$$\sqrt{2} < L' < L$$

2. a. On rappelle que les inverses de nombres strictement positifs sont rangés dans l'ordre contraire des nombres initiaux.
Déduire alors de la question **1. b.** que :

$$\frac{2}{\sqrt{2}} > \frac{2}{L'} > \frac{2}{L}$$

et donc que $\ell < \ell' < \sqrt{2}$.

b. Conclusion
Expliquer pourquoi d'une étape de l'algorithme à la suivante, on obtient un encadrement plus fin de $\sqrt{2}$.

TP Utiliser les outils numériques — TABLEUR — CALCUL FORMEL

Optimisation d'un bénéfice

Une enseigne de grande distribution propose dans ses magasins une nouvelle gamme de fromages fabriqués par des artisans de la région.

L'enseigne achète ces fromages 3,10 € pièce au producteur et les revend en rayon au prix de 6,70 € pièce. Le directeur des ventes de cette enseigne estime que 3 500 fromages de ce type sont vendus chaque semaine.

De plus, une étude de marché indique que toute baisse de 10 centimes du prix de vente unitaire ferait augmenter les ventes hebdomadaires de fromages de 250 unités.

Problème

Quel prix de vente unitaire l'enseigne doit-elle fixer pour ces fromages de façon à réaliser un bénéfice maximal ?

Partie A S'approprier le problème

1. Calculer le bénéfice hebdomadaire réalisé par la vente de ces fromages lorsque le prix de vente unitaire est de 6,70 €.

2. a. Déterminer ce bénéfice hebdomadaire si on diminue le prix de vente unitaire de 10 centimes.

b. Même question si on diminue le prix de vente unitaire de 20 centimes.

Partie B Méthode 1 : construire et exploiter une feuille tableur pour répondre au problème

Pour résoudre ce problème, on réalise la feuille tableur ci-dessous.

	A	B	C	D	E
1	Nombre de baisse de prix	Prix de vente unitaire (en €)	Bénéfice unitaire réalisé (en €)	Quantité de fromages vendus	Bénéfice total réalisé (en €)
2	0	6,7	3,6	3500	
3	1	6,6	3,5	3750	
4	2	6,5	3,4	4000	
5	3				
6	4				

1. Recopier les intitulés de la ligne 1 puis les valeurs saisies dans la ligne 2. Saisir une formule dans la cellule E2 permettant de calculer le bénéfice total correspondant. Confronter le résultat obtenu à celui de la question 1. de la Partie A.

2. Dans la cellule A3, on a saisi la formule =A2+1 puis recopié cette formule vers le bas grâce à la poignée de recopie (on pourra ajouter autant de lignes que nécessaire…).

De la même façon, quelle formule peut-on saisir dans la cellule B3 afin de compléter la colonne B par recopie vers le bas ?

3. Compléter les colonnes C à E puis exploiter la feuille tableur obtenue pour conjecturer une réponse au problème posé.

Partie C Méthode 2 : justification algébrique assistée par un logiciel de calcul formel

1. On note n le nombre de baisses de prix appliquées. Exprimer en fonction de n :

a. le prix de vente et le bénéfice réalisé pour la vente d'un fromage.

b. le nombre de fromages vendus dans la semaine.

c. le bénéfice hebdomadaire $B(n)$ réalisé.

On vérifiera que, pour tout entier naturel n, on a :

$$B(n) = -25n^2 + 550n + 12600$$

2. a. En utilisant le logiciel de calcul formel *XCas*, déterminer la valeur n_0 de la variable n pour laquelle la fonction B admet un maximum.

Cette valeur est-elle entière ?

b. À l'aide de ce même logiciel, factoriser la différence suivante.

$$B(n) - B(n_0)$$

c. Justifier par un argument algébrique que la fonction B admet son maximum en n_0.

d. Conclure.

Commandes XCas

- Définir une fonction B de la variable n : **B(n):= expression**
- Obtenir l'abscisse du maximum de la fonction B sur un intervalle $[a\,;b]$: **fMax(B(n),n=a..b)**
- Factoriser une expression : **factoriser(expression)**

TP Mener une recherche

Compétence | Chercher et communiquer

TRAVAIL DE GROUPE *Pour résoudre les problèmes de cette page, on pourra mobiliser l'ensemble des outils nécessaires : méthodes du chapitre, calculatrice et outils logiciels. Après une réflexion individuelle, on pourra éventuellement échanger et discuter, en groupe, des pistes de résolution envisagées et proposer une solution commune à chacun des problèmes.*

TP1 Carré et triangle dans un carré…

Le carré $ABCD$ a un côté de longueur 9 cm. M est un point mobile sur le segment $[AB]$.

On construit dans le carré $ABCD$, comme sur la figure ci-contre :

① un carré de côté $[AM]$.

② un triangle isocèle de base $[MB]$ dont la hauteur est égale au côté AM du carré.

On s'intéresse à l'aire de la zone colorée.

1. Déterminer la position du point M pour que l'aire colorée soit égale à la moitié de celle du carré $ABCD$.

2. Pour aller plus loin

Qu'en est-il si on remplace le triangle isocèle coloré par un triangle équilatéral ?

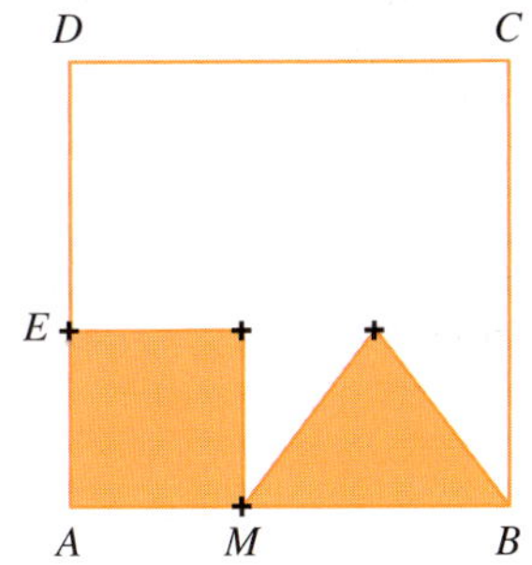

TP2 Coïncidences ?

1. Calculer les nombres suivants.

a. $\dfrac{1^3+2^3+3^3}{3\times 2}-2$ **b.** $\dfrac{2^3+3^3+4^3}{3\times 3}-2$ **c.** $\dfrac{3^3+4^3+5^3}{3\times 4}-2$ **d.** $\dfrac{4^3+5^3+6^3}{3\times 5}-2$

2. Que remarque-t-on ? Est-ce une coïncidence ? Argumenter.

TP3 Des contraintes de conception

Un client commande des cartes de vœux auprès d'une société d'imprimerie.

Le modèle initialement retenu est une carte rectangulaire de dimensions 15 cm × 6 cm. Toutefois, le service fabrication demande de modifier les dimensions pour obtenir des cartes dont l'aire est égale à 154 cm². Pour des raisons techniques, les modifications des dimensions de la carte initiale doivent obéir à la contrainte suivante : si on diminue la longueur a d'une certaine quantité, sa largeur b doit être augmentée du double de cette quantité.

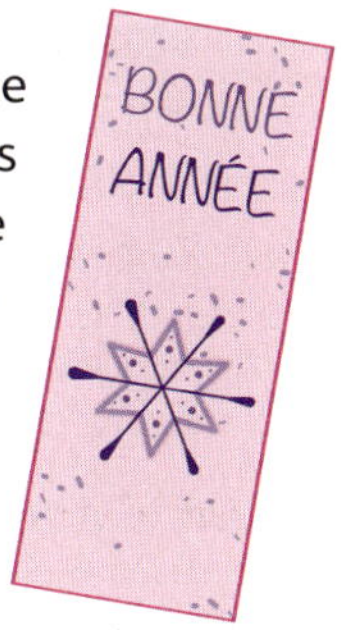

À l'écrit ou à l'oral, expliquer la démarche permettant de déterminer les dimensions qui doivent être fixées pour ces cartes de vœux.

TP4 Un aquariophile fan d'égyptologie !

Dans un aquarium cubique de côté 10 cm, il y a une décoration pyramidale.

Cette pyramide est pleine, sa base est le fond de l'aquarium et son sommet est un point de la face supérieure.

Quelle hauteur d'eau faut-il mettre pour que le volume d'eau soit égal à la moitié du volume du cube ?

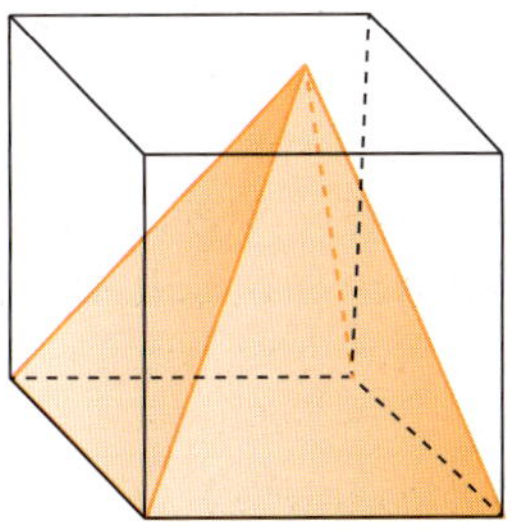

Je révise en autonomie

Je cible mes révisions

VIDÉOS des capacités

Pour chaque capacité, suivre le parcours de révision pour travailler les méthodes et s'entraîner.

Parcours de révision	Réviser en autonomie	S'entraîner
CAPACITÉ 1 Développer ou factoriser une expression algébrique	Méthode, p. 69	Exercices 1, 52 et 73
CAPACITÉ 2 Comparer deux quantités	Méthode, p. 71	Exercices 11, 81 et 118
CAPACITÉ 3 Choisir la forme la plus adaptée pour résoudre un problème	Méthode, p. 73	Exercice 85
CAPACITÉ 4 Effectuer des calculs littéraux mettant en jeu des écritures fractionnaires	Méthode, p. 74	Exercices 19 et 89
CAPACITÉ 5 Exprimer une variable en fonction d'une autre	Méthode, p. 75	Exercices 21, 94 et 145

Je me teste

Voir corrigés

Pour chaque question, déterminer la (ou les) réponse(s) correcte(s).

CAPACITÉ 1 CAPACITÉ 3

On considère l'expression suivante.

$$A(x)=(3x-2)^2-2x(3x-2)$$

1. L'expression développée de $A(x)$ est :

a. $-3x^2-16x+4$ **b.** $-3x^2-8x+4$
c. $3x^2-16x+4$ **d.** $3x^2-8x+4$

2. L'expression factorisée de $A(x)$ est :

a. $(3x-2)(1^2-2x)$ **b.** $(3x-2)(x-2)$
c. $2x(3x-2)^2$ **d.** $(3x-2)(x+2)$

3. L'image de 0 par la fonction A est :

a. -2 **b.** 4 **c.** -8 **d.** -4

4. Les solutions de l'équation $A(x)=0$ sont :

a. -2 **b.** 2 **c.** $\frac{2}{3}$ **d.** 4

5. Quelles équations peuvent se ramener à une équation produit nul ?

a. $3x(2-x)+3x^2=5$
b. $4(2x-3)+2x-3=0$
c. $x^2-6x+9=0$

6. L'équation $2(3x-1)(-2x+8)=0$ admet pour ensemble solution :

a. $\left\{2;\frac{1}{3};-4\right\}$ **b.** $\{2;4\}$
c. $\left\{\frac{1}{3};4\right\}$ **d.** $\left\{\frac{1}{3};-4\right\}$

CAPACITÉ 2

7. Quelles sont les inégalités correctes ?

a. $-2{,}71>-2{,}7$ **b.** $302{,}2\times10^{-3}<3$
c. $\frac{6}{7}<\frac{8}{7}$ **d.** $\frac{2}{11}>\frac{1}{10}$

8. Quelles sont les inégalités vraies pour tout réel $x>0$?

a. $x^2\geqslant x$ **b.** $\frac{1}{x}<\frac{1}{x+1}$
c. $(x+1)^2>x^2$ **d.** $x^2\leqslant x^3$

CAPACITÉ 4

On considère les situations suivantes dans lesquelles x désigne une grandeur variable.

Situation ①	Situation ②
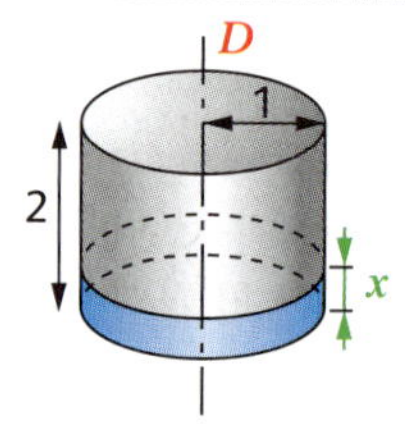	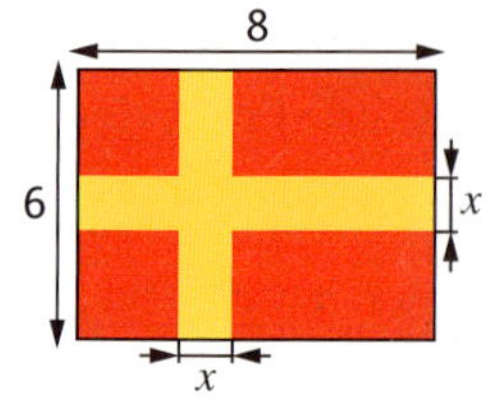

9. Dans le cas de la situation ①, l'expression du volume d'eau dans le réservoir cylindrique est égale à :

a. $2\pi x$ **b.** πx **c.** πx^2

10. Dans le cas de la situation ①, l'expression du volume vide dans le réservoir cylindrique est égale à :

a. $(2-x)\pi$
b. $2\pi-\pi x$
c. $\pi(2-x)^2$

11. Dans le cas de la situation ②, l'expression de l'aire de la surface rouge est égale à :

a. $48-6x-8x$ **b.** $(8-x)(6-x)$
c. $x^2-14x+48$ **d.** $48-x^2$

CAPACITÉ 5

12. Quelles sont les identités correctes parmi les identités suivantes ?

a. $\frac{3}{x}+\frac{x}{x+1}=\frac{3+x}{2x+1}$ **b.** $\frac{3}{x}+\frac{x}{x+1}=\frac{3(x+1)+x^2}{x(x+1)}$
c. $2-\frac{4x+1}{3-x}=\frac{5-6x}{3-x}$ **d.** $2-\frac{4x+1}{3-x}=\frac{7-6x}{3-x}$

13. L'équation $\frac{(3-x)(4x+8)}{x(x+1)}=0$ a pour solution :

a. 0 **b.** 3
c. -1 **d.** -2

Je fais des exercices bilans

Bilan 1 20 min On considère les quatre expressions suivantes.

$A(x)=(2x-3)^2-(2x-3)(x+1)$

$B(x)=(3x+1)(3x-1)+2(3x-1)$

$C(x)=4x^2+20x+25$ et $D(x)=(2x+1)^2-49$

1. Développer et réduire $A(x)$ et $B(x)$.

2. Factoriser $B(x)$, $C(x)$ et $D(x)$.

Bilan 2 30 min **Résolution d'équations**

Résoudre dans $\mathbb{R}$ les équations suivantes.

1. $3x-2(x+5)=4-(x-2)$ **2.** $(2x+1)(6-3x)=0$

3. $(x+1)(3x-4)=(x+1)^2$ **4.** $4x^2=(4x+3)^2$

Bilan 3 20 min **Calcul littéral et algorithme**

On considère l'algorithme suivant écrit en langage naturel, x étant un entier relatif entré par l'utilisateur.

$a \leftarrow 2x-1$
$b \leftarrow a^2-1$
$c \leftarrow b \div 4$
$d \leftarrow c-a+x$

1. Quelle valeur est stockée dans la variable d après l'exécution de cet algorithme lorsqu'on entre la valeur $x=4$? Pour $x=2$? Et pour $x=-3$?

2. Émettre alors une conjecture quant au résultat donné par cet algorithme. Démontrer cette conjecture.

Bilan 4 35 min **Choisir la forme adaptée**

Soit f la fonction définie, pour tout réel x, par :

$$f(x)=x^2-6x+8 \text{ (forme 1)}$$

1. Montrer que les expressions suivantes sont égales à $f(x)$ pour tout réel x.

$$(x-2)(x-4) \text{ (forme 2) et } (x-3)^2-1 \text{ (forme 3)}$$

2. Répondre aux questions suivantes en choisissant la forme la mieux adaptée.

a. Calculer $f(1)$.

b. Résoudre l'équation $f(x)=0$.

c. Déterminer les antécédents de 8 par la fonction f.

d. Déterminer les nombres ayant pour image 3 par la fonction f.

Bilan 5 35 min **Comparer des nombres**

On souhaite comparer les deux nombres suivants.

$$a=\frac{100\,000\,000\,000}{100\,000\,000\,001} \text{ et } b=\frac{99\,999\,999\,999}{100\,000\,000\,000}$$

1. Pourquoi peut-on affirmer que chacun de ces quotients est strictement inférieur à 1 ? Peut-on comparer ces nombres à l'aide de la calculatrice ?

2. Pour comparer ces nombres, on considère x et y deux réels positifs tels que $x<y$ et les quotients :

$$A=\frac{x}{x+1} \text{ et } B=\frac{y}{y+1}$$

a. Justifier que $A-B=\dfrac{x-y}{(x+1)(y+1)}$.

b. Déterminer alors le signe de $A-B$.

c. Comparer alors les quotients A et B.

d. Comparer alors les quotients a et b.

Bilan 6 40 min **Un problème agricole**

Un exploitant agricole dispose d'une parcelle de forme trapézoïdale. Dans cette parcelle, il souhaite délimiter une zone rectangulaire. On modélise la parcelle par un trapèze rectangle $ABCD$ avec $AB=60$ m, $CD=20$ m et $AD=40$ m.

On considère un point M mobile sur le segment $[AD]$ et on construit le rectangle $AMNP$ inscrit dans le trapèze $ABCD$, comme l'indique la figure ci-dessous.

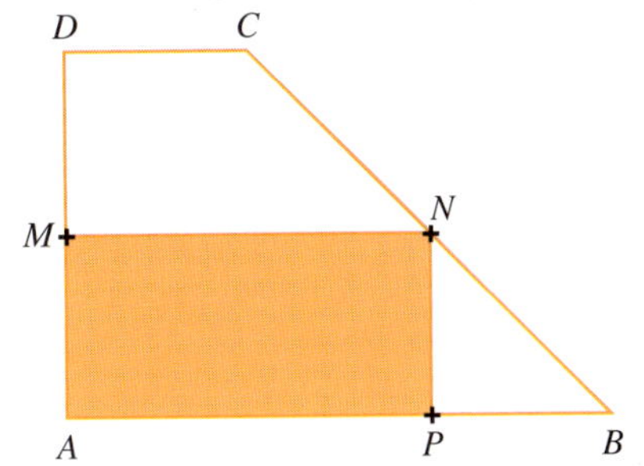

L'objectif de cet exercice est de déterminer :

① s'il existe une position de M pour laquelle l'aire de la surface colorée est égale à 800 m².

② s'il existe une position de M pour laquelle l'aire colorée est égale à celle du triangle PBN.

On note x la longueur AM et A la fonction, qui à x associe l'aire du rectangle $AMNP$.

1. À quel intervalle la variable x appartient-elle ? On note I cet intervalle dans la suite.

2. a. On admet que le triangle BNP est rectangle isocèle en P. Exprimer la longueur AP en fonction de x.

b. En déduire que l'aire du rectangle $APNM$ est égale à $A(x)=60x-x^2$ (forme 1).

c. Justifier que, pour tout réel $x \in \mathrm{I}$, on a :

$$A(x)=900-(x-30)^2 \text{ (forme 2)}$$

3. Résoudre les deux problèmes posés en introduction en précisant, dans chaque cas, les positions du point M correspondantes.

4. Justifier que, pour tout $x \in \mathrm{I}$, on a $A(x) \leqslant 900$. Préciser la valeur de x pour laquelle $A(x)=900$.

Bilan 7 20 min **1.** Montrer que pour tout réel x distinct de 1 et de $-\frac{2}{3}$, on a l'identité suivante.

$$\frac{2}{1-x}-\frac{x}{3x+2}=\frac{(x+1)(x+4)}{(1-x)(3x+2)}$$

2. Résoudre alors l'équation suivante.

$$\frac{2}{1-x}=\frac{x}{3x+2}$$

Bilan 8 20 min Marc possède trois fois plus d'argent de poche que Paul. Après Noël, chacun d'entre eux a reçu 30 €.

Marc possède alors deux fois plus d'argent de poche que Paul.

Déterminer le montant de l'argent de poche de chacun avant d'avoir reçu les 30 €.

CHAPITRE

4 Géométrie plane

Les capacités du chapitre

- CAPACITÉ 1 Calculer des longueurs et des angles
- CAPACITÉ 2 Résoudre des problèmes de géométrie plane
- CAPACITÉ 3 Traiter des problèmes d'optimisation

Au fil du temps

L'humanité a manipulé les notions géométriques très tôt, depuis environ 5 000 ans. La plupart des grandes civilisations ont développé le travail de la géométrie, fondé au départ sur des préoccupations très pratiques : mesures de longueurs, partages de surfaces (agricoles souvent), architecture…

La géométrie étudiée dans ce chapitre est appelée « euclidienne », du nom d'Euclide (env. 300 av. J.-C.) qui en a posé les bases dans son ouvrage *Éléments*, fondé sur la démonstration de propriétés à partir de « briques de base » admises, appelées des « axiomes ». Cette géométrie est fondée sur l'utilisation de la règle et du compas.

Des maths partout !

Les formes géométriques sont présentes dans les réalisations humaines comme dans la nature. On peut ainsi observer des formations volcaniques dans la fameuse Chaussée des Géants qui compte environ 40 000 colonnes hexagonales !

Giant's Causeway, Irlande du Nord

Ressources du chapitre disponibles ici : www.lycee.hachette-education.com/declic/2de

Partir d'un bon pied

A Diaporama pour tester les bases

ACTIVITÉS MENTALES RAPIDES

B Propriétés du rectangle

On considère le rectangle ci-contre. Recopier et compléter les égalités suivantes en justifiant.

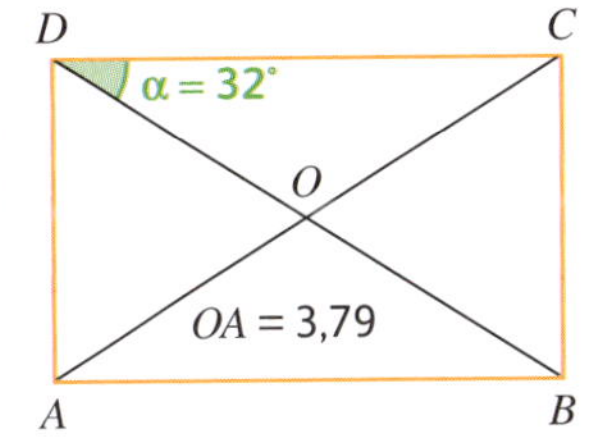

1. $OC = \ldots$
2. $BD = \ldots$
3. $\widehat{ODA} = \ldots$
4. $\widehat{OBA} = \ldots$

C Triangles proportionnels

Les dimensions d'un triangle MNP sont $MN = 8{,}1\text{ cm}$, $MP = 9{,}3\text{ cm}$ et $NP = 5\text{ cm}$. R est un point du segment $[MN]$, S un point du segment $[MP]$ et on a $MR = 2{,}7$ cm et $MS = 3{,}1\text{ cm}$.

1. Construire une figure en vraie grandeur.
2. Démontrer que les droites (RS) et (NP) sont parallèles.
3. Que peut-on dire des périmètres des triangles MRS et MNP ?

D Calculer dans un triangle rectangle

On considère le triangle ABC rectangle en C ci-contre.

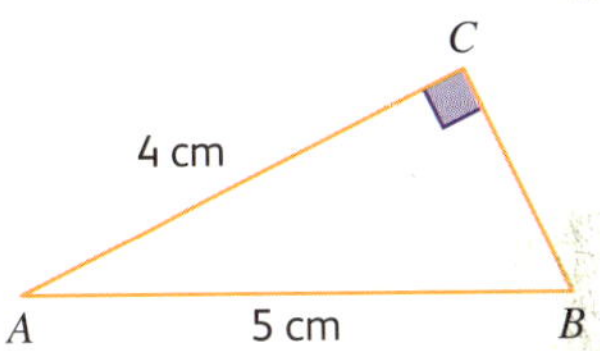

1. Calculer la longueur BC.
2. a. Exprimer le cosinus de l'angle $\widehat{B}$ en fonction des longueurs BC et AB.
b. En déduire une mesure approchée de l'angle $\widehat{B}$.
c. Déterminer la mesure de l'angle $\widehat{A}$ sans utiliser la trigonométrie.

E Réciproque ou contraposée

Le triangle FIL est-il rectangle ?

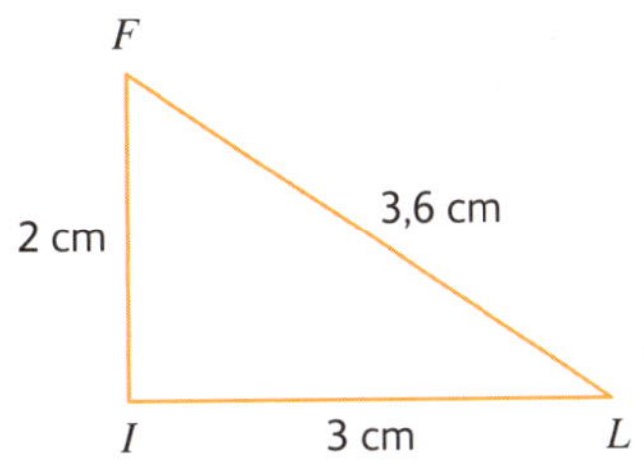

F Construire une figure

On considère un triangle ABC tel que $AB = 4\text{ cm}$, $BC = 6\text{ cm}$ et $AC = 8\text{ cm}$.

1. Construire une figure en vraie grandeur.
2. Placer le point D sur le segment $[AC]$ tel que $AD = \frac{3}{4}AC$.
3. Construire le point E symétrique de D par rapport à B.
4. Construire le cercle de diamètre $[ED]$.
5. Construire le symétrique F de A par rapport à (BC).

Activités

1 Réciproque et contraposée

Objectif
Faire la différence entre une réciproque et une contraposée.

Un lycée propose à un groupe d'élèves un dispositif de soutien pendant les vacances. On donne ci-dessous l'emploi du temps du groupe.

	Lundi	Mardi	Mercredi
8 h 00 8 h 55	Mathématiques Salle : 006	Mathématiques Salle : 006	Mathématiques Salle : 006
9 h 00 9 h 55	Français Salle : 105	Histoire Salle : 105	Mathématiques Salle : 006
Récréation			
10 h 05 10 h 55	Français Salle : 105	Mathématiques Salle : 006	Français Salle : 201
11 h 00 11 h 55	Histoire Salle : 105	Français Salle : 105	Français Salle : 201

On considère la proposition $P1$ suivante.
« Si le groupe est en mathématiques alors le groupe est en salle 006. »
assertion 1 — assertion 2

Info
Une assertion est une phrase qui est soit vraie soit fausse.

1 **a.** La proposition $P1$ est-elle vraie ?
b. On appelle ***réciproque*** d'une proposition, la proposition obtenue par inversion des assertions. Énoncer la réciproque de la propriété $P1$. Est-elle vraie ?
c. On appelle ***contraposée*** d'une proposition, la proposition obtenue par négation des deux assertions de la réciproque.
Énoncer la contraposée de la propriété $P1$. Est-elle vraie ?

2 On considère la proposition $P2$ suivante.
« Si c'est la 1re heure de cours de la journée alors le groupe est en mathématiques. »
a. $P2$ est-elle vraie ?
b. La réciproque de $P2$ est-elle vraie ?
c. La contraposée de $P2$ est-elle vraie ?

2 Lieu géométrique et droite remarquable du triangle

Objectif
Démontrer que les médiatrices d'un triangle sont concourantes.

1 **a.** Construire un segment $[AB]$ et hachurer en rouge la partie du plan formée des points plus proches de A que de B.
b. Hachurer en vert l'ensemble des points plus proches de B que de A.

2 **a.** Tracer la frontière séparant les zones rouge et verte.
b. Que peut-on dire de l'ensemble des points situés sur cette frontière ?
c. Quel nom donne-t-on à cette droite ?

Vocabulaire
Des droites sont **concourantes** si elles sont sécantes en un même point.

3 **a.** Construire un triangle ABC ainsi que les médiatrices des segments $[AB]$ et $[AC]$. On note O leur point d'intersection.
b. Montrer, en utilisant la question **2**, que la médiatrice de $[BC]$ passe par O. En déduire une propriété des médiatrices d'un triangle.
c. Justifier que O est le centre d'un cercle passant par les sommets du triangle.

4 On considère un triangle ABC rectangle en A.
a. Construire le centre O du cercle circonscrit au triangle ABC.
Où semble être situé O ?
b. Démontrer cette conjecture.

3 Problème de partage

Objectif
Montrer que l'étude des configurations permet de résoudre un problème.

Partager un champ en plusieurs parcelles d'aires égales est un des plus anciens problèmes mathématiques connus dans l'humanité. La plus ancienne tablette portant le témoignage d'un problème de partage de champ est aussi une des plus anciennes tablettes mathématiques connues.
Pour pallier au manque de méthodes algébriques, les mathématiciens de l'Antiquité ont eu recours à la géométrie et à l'étude des configurations.

Info

Dès l'invention de l'écriture, les hommes ont archivé les découvertes mathématiques sur des tablettes d'argile pour les transmettre aux générations futures.

1 **a.** Montrer que la médiane issue d'un sommet partage un triangle en deux triangles de même aire.
On rappelle que l'aire d'un triangle est $\mathscr{A} = \frac{b \times h}{2}$.
b. On considère un trapèze $ABCD$ de base $[AB]$ et $[DC]$.
Montrer que ses diagonales génèrent des triangles ADC et BDC de même aire.

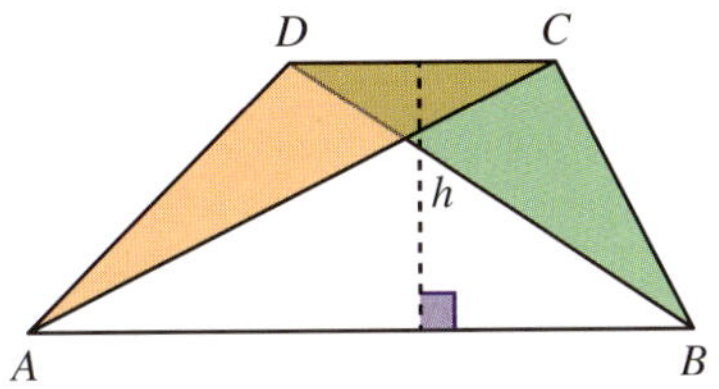

2 Un terrain de forme triangulaire est représenté par le triangle ABC.
Il doit être partagé entre Anaïs et Émeline. Anaïs souhaite que sa partie donne accès à la mare et Émeline aimerait avoir un grand accès sur le segment $[AB]$. Elles se mettent d'accord et placent un piquet au point M qui n'est pas le milieu de $[AB]$.

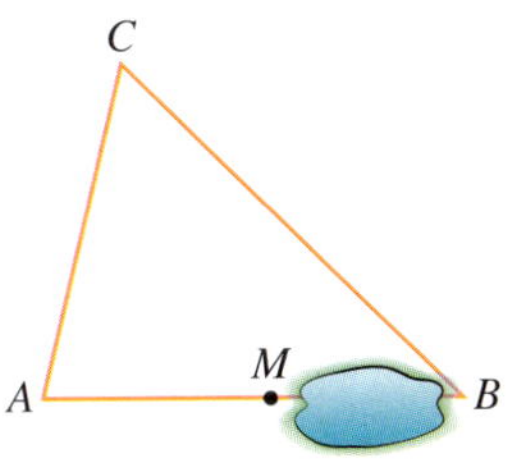

En utilisant les propriétés vues dans la question **1**, indiquer où placer le point M' sur $[AC]$ pour la pose d'un second piquet, afin que le segment $[MM']$ partage le terrain en deux parcelles de même aire.

4 Arithmétique et géométrie

Objectif
Montrer que des problèmes de calcul peuvent être résolus de manière géométrique.

1 On considère l'algorithme suivant où l et L désignent respectivement la largeur et la longueur d'un rectangle.

Langage naturel

```
arret ← Faux
l ← 4
L ← 10
Tant Que arret = Faux
        Colorier en rouge le maximum de carré de côté l dans le rectangle
        Si le rectangle est entièrement colorié Alors
                arret = Vrai
        Sinon
                l ← la largeur du rectangle non colorié
                L ← la longueur du rectangle non colorié
        Fin Si
Fin Tant Que
```

a. On peut utiliser un logiciel de géométrie dynamique pour réaliser la figure générée par l'algorithme.
Que contient la variable l à la fin de son exécution ?
b. Calculer à la main le PGCD(4,10).
Que retrouve-t-on ?

2 Utiliser l'algorithme pour calculer le PGCD(3,14).

Cours

1 Problèmes de longueur et d'angle

a Calculer des longueurs

Propriété Dans tout triangle ABC rectangle en A on a la relation de ***Pythagore*** $BC^2 = AB^2 + AC^2$.

Réciproquement, lorsque les côtés d'un triangle ABC vérifient la relation $BC^2 = AB^2 + AC^2$ alors le triangle ABC est rectangle en A.

Remarque

Si $BC^2 \neq AB^2 + AC^2$ alors le triangle ABC n'est pas rectangle en A.

Exemple

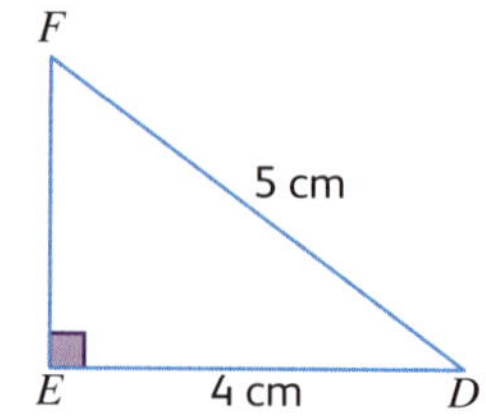

Dans le triangle DEF rectangle en E, d'après le théorème de Pythagore, on a :

$DF^2 = ED^2 + EF^2$

$5^2 = 4^2 + EF^2$

$25 = 16 + EF^2$

$25 - 16 = EF^2$

$9 = EF^2$

Donc $EF = \sqrt{9} = 3$ cm

Propriété On ***considère*** l'une des configurations ci-contre dite de Thalès.

Si les droites (AB) et (CD) sont parallèles, alors les longueurs des triangles SAB et SDC sont proportionnelles et on a $\dfrac{SA}{SC} = \dfrac{SB}{SD} = \dfrac{AB}{CD}$.

Réciproquement, si les côtés des triangles SAB et SDC sont proportionnels, alors les droites (AB) et (CD) sont parallèles.

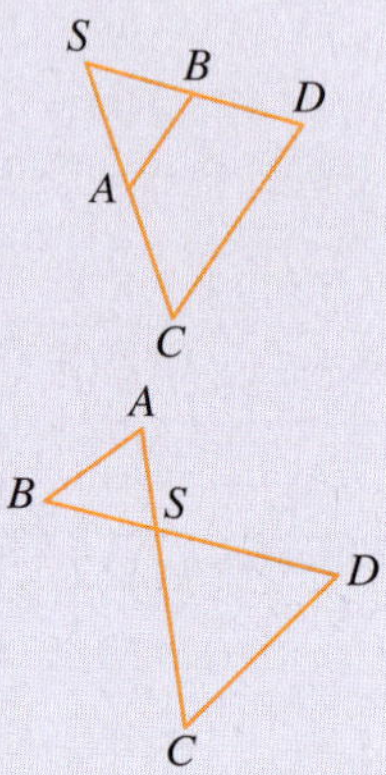

b Calculer des angles

Propriété Dans un triangle ABC rectangle en A, les côtés et les angles sont liés par des ***relations trigonométriques*** :

$$\cos\widehat{B} = \frac{AB}{BC} ; \sin\widehat{B} = \frac{AC}{BC} ; \tan\widehat{B} = \frac{AC}{AB}$$

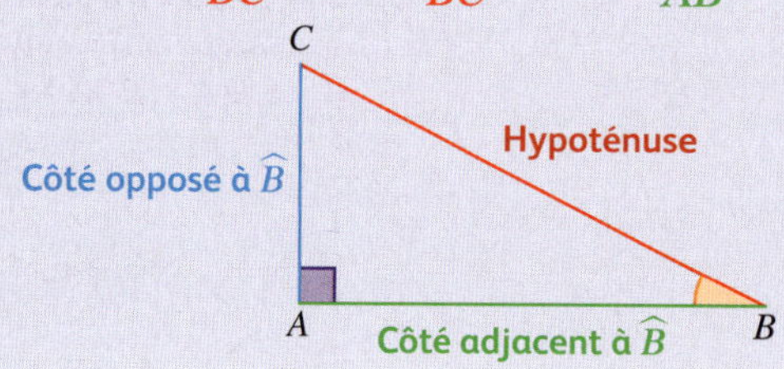

Exemple

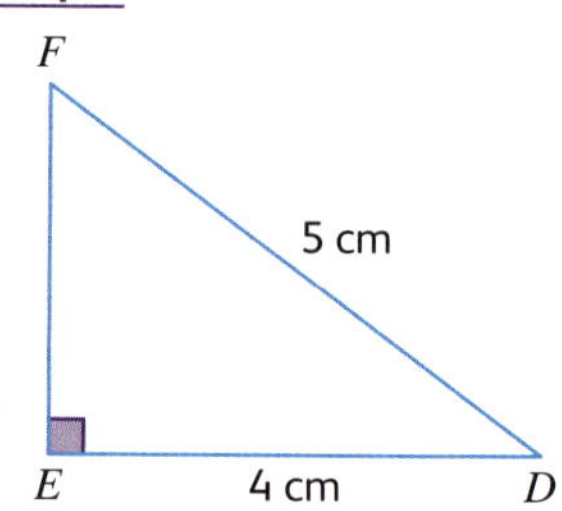

Dans le triangle DEF rectangle en E, on a :

$$\cos\widehat{D} = \frac{ED}{FD}$$

$$\cos\widehat{D} = \frac{4}{5}$$

$$\widehat{D} = \cos^{-1}\left(\frac{4}{5}\right) \approx 36{,}9°$$

Voir démonstration p. 109

Remarques

La trigonométrie permet de calculer des longueurs ou des angles.

Propriété Pour tout angle aigu α d'un triangle rectangle, on a la relation trigonométrique suivante.

$$\cos^2\alpha + \sin^2\alpha = 1$$

Propriété Dans un triangle, la somme des angles fait 180°.

Propriété Deux droites parallèles et une sécante engendrent des angles alternes-internes et correspondants, de même mesure.

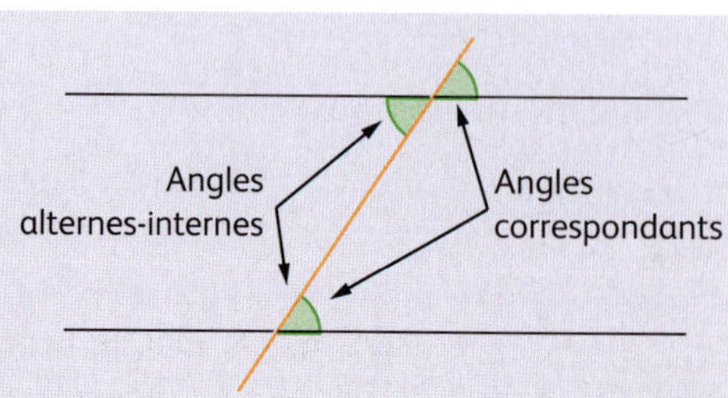

méthode

VIDÉO
Capacité 1

CAPACITÉ 1 Calculer des longueurs et des angles

Énoncé On considère donc un cube $ABCDEFGH$ de côté 8 cm ainsi que la diagonale $[AG]$.
On souhaite déterminer les mesures des angles $\widehat{AGE}$ et $\widehat{GAE}$.
1. Dans le carré $EFGH$, déterminer la longueur EG.
2. On admet que le quadrilatère $ACGE$ est un rectangle.
Déterminer une valeur approchée de l'angle $\widehat{AGE}$.
3. En déduire une valeur approchée de l'angle $\widehat{GAE}$.

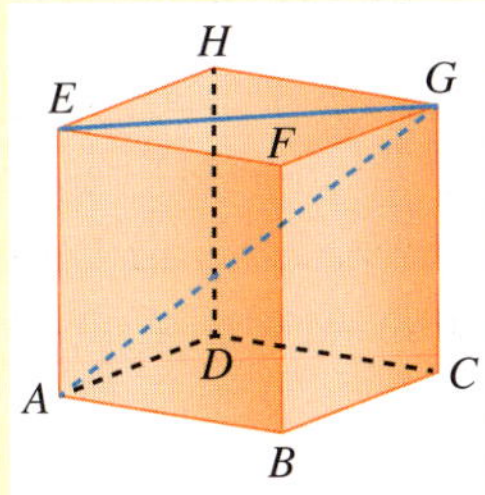

Solution

1. Puisque $EFGH$ est un carré alors le triangle EGH est rectangle en H.
On sait que $EH = HG = 8\text{ cm}$.
D'après le théorème de Pythagore, on a :

$$EG^2 = EH^2 + HG^2\ ;\ EG^2 = 8^2 + 8^2\ ;\ EG^2 = 64 + 64\ ;\ EG^2 = 128$$

Donc $EG = \sqrt{128} = \sqrt{64 \times 2} = 8\sqrt{2}$.
On en déduit que $EG \approx 11{,}3\text{ cm}$.

Point méthode
Lorsque c'est possible, on exprime un résultat intermédiaire sous sa forme simplifiée, en conservant une valeur exacte.

2. Le quadrilatère $ACGE$ étant un rectangle, le triangle AGE est rectangle en E.

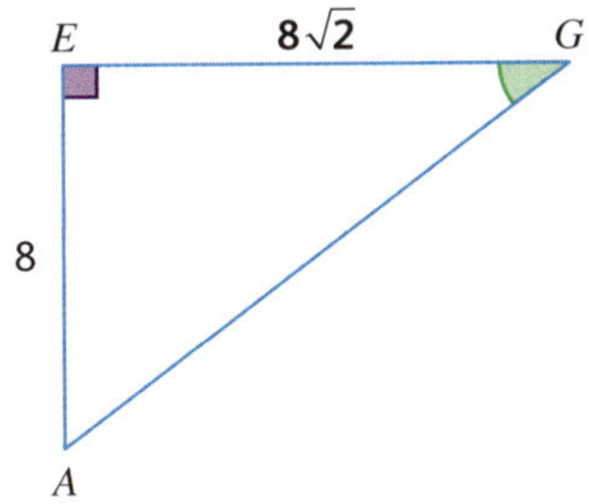

On a donc :

$$\tan\widehat{G} = \frac{EA}{EG} = \frac{8}{8\sqrt{2}}$$

$$\widehat{G} = \tan^{-1}\left(\frac{8}{8\sqrt{2}}\right) \approx 35{,}3°$$

Point méthode
Sur un schéma, on repère les côtés dont on connaît les mesures. On peut utiliser le moyen mnémotechnique dit « SOHCAHTOA ».

$$\sin = \frac{Opp}{Hyp}$$

$$\cos = \frac{Adj}{Hyp}$$

$$\tan = \frac{Opp}{Adj}$$

3. Dans le triangle EGA, on a :

$$\widehat{A} + \widehat{G} + \widehat{E} = 180° \Leftrightarrow \widehat{A} = 180 - \widehat{G} - \widehat{E}$$

On en déduit que $\widehat{A} \approx 180 - 35{,}3 - 90 \approx 54{,}7°$.

J'applique

1 On considère le triangle ABC rectangle en B suivant.
1. Calculer la longueur AC.
2. Déterminer une valeur approchée de l'angle $\widehat{C}$.

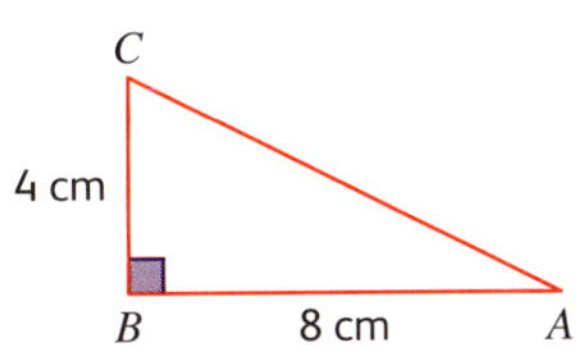

2 On considère un segment $[AB]$ de longueur 7 cm et un point H appartenant à $[AB]$ tel que $AH = 5\text{ cm}$.
On construit la perpendiculaire à $[AB]$ en H et on y place C tel que $HC = 3\text{ cm}$.
1. Faire une figure à main levée.
2. Quel est l'angle le plus grand entre $\widehat{BCH}$ et $\widehat{HAC}$?

3 Dans la figure ci-dessous, (DC) est parallèle à (AB).

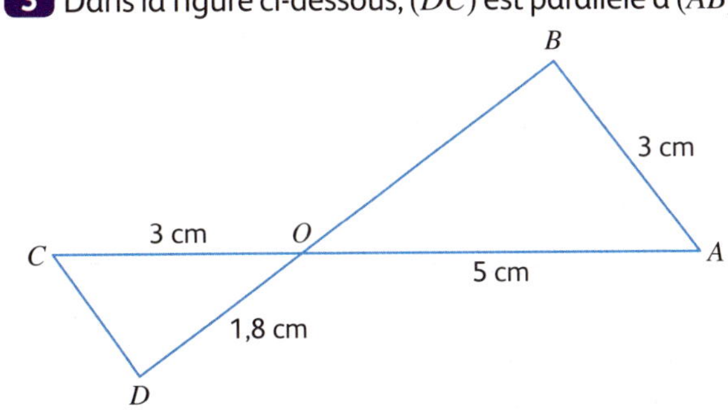

1. Calculer la longueur CD.
2. Le triangle OCD est-il un triangle rectangle ?

Cours

2 Configurations usuelles du plan

a Quadrilatères particuliers

On peut reconnaître les quadrilatères particuliers à l'aide des critères suivants.

	Les côtés	Les diagonales	Les symétries
Parallélogramme 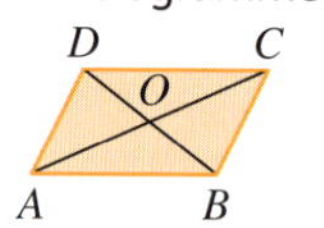	• $(AB)//(DC)$ et $(AD)//(BC)$ • $(AB)//(DC)$ et $AB = DC$	• Les diagonales $[AC]$ et $[BD]$ ont le même milieu O.	• O est le centre de symétrie.
Rectangle 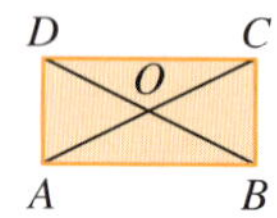	C'est un parallélogramme et • $(AB) \perp (AD)$	• $AC = BD$	• Les médiatrices de $[AD]$ et de $[AB]$ sont des axes de symétrie.
Losange 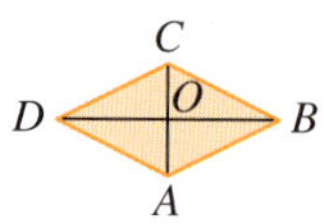	C'est un parallélogramme et • $AB = AD$	• $(AC) \perp (BD)$	• Les diagonales sont des axes de symétrie.
Carré 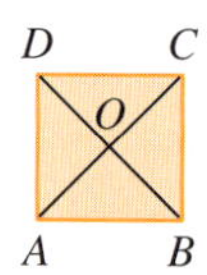	C'est un parallélogramme et • $(AB) \perp (AD)$ $AB = AD$	• $AC = BD$ $(AC) \perp (BD)$	• Les médiatrices de $[AD]$ et $[AB]$ ainsi que les diagonales sont des axes de symétrie.

Exemples

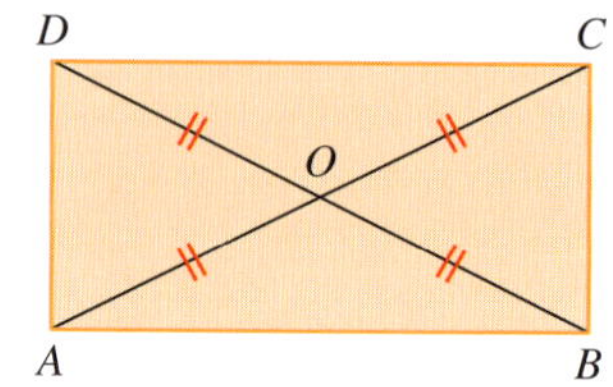

Le quadrilatère $ABCD$ est un parallélogramme car ses diagonales $[AC]$ et $[BD]$ se coupent en leur milieu. Ses diagonales ont la même longueur donc c'est un rectangle.

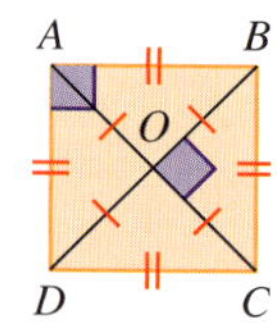

Un carré est à la fois un rectangle et un losange.

b Cercles et angles

Définition O est un point et r un nombre réel strictement positif.
L'ensemble des points M du plan vérifiant $OM = r$ est le cercle de centre O et de rayon r.

Vocabulaire

- $[OA]$ est un rayon
- $[BB']$ est un diamètre
- $\widehat{BB'A}$ est un angle inscrit
- $\widehat{BOA}$ est un angle au centre
- $[AB]$ est une corde
- $\overset{\frown}{AB}$ est un arc

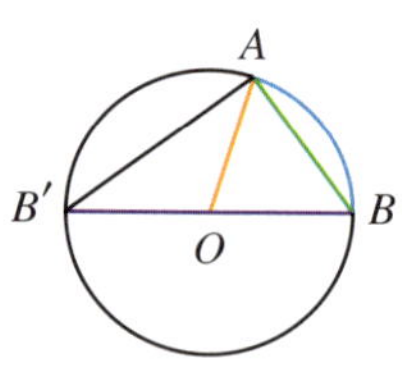

Propriété Lorsqu'un angle inscrit α intercepte le même arc qu'un angle au centre β alors :

$$\beta = 2\alpha$$

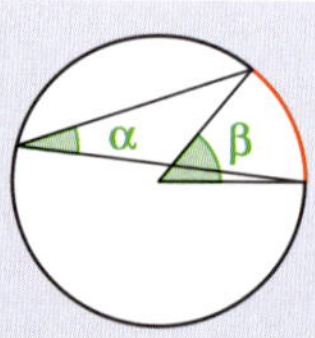

Exemple

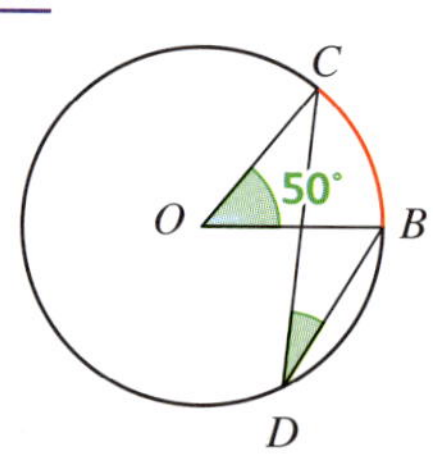

Puisque l'angle en centre $\widehat{BOC}$ intercepte le même arc $\overset{\frown}{CB}$ que l'angle inscrit $\widehat{BDC}$ alors :

$$\widehat{BDC} = \frac{1}{2}\widehat{BOC} = 25°$$

Définition La tangente à un cercle $\mathscr{C}$ de centre O en un point M est la droite passant par M et perpendiculaire au rayon $[OM]$.
Elle coupe le cercle $\mathscr{C}$ en l'unique point M.

Exemple

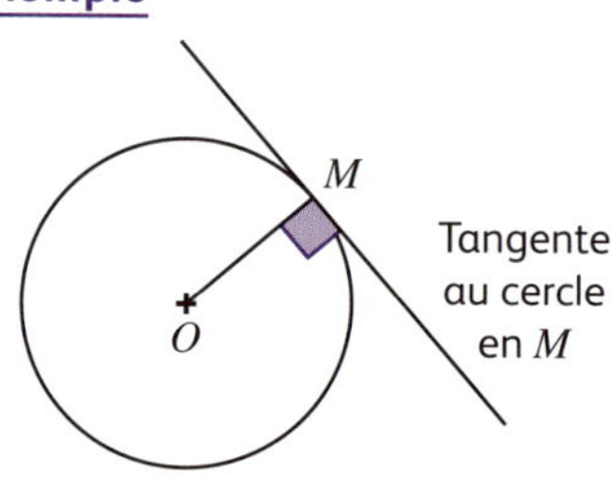

VIDÉO
Capacité 2

méthode

Capacité 2 Résoudre des problèmes de géométrie plane

Énoncé On considère un cercle $\mathscr{C}$ de centre O et deux diamètres distincts $[AC]$ et $[BD]$.
On place les points I, J, K et L milieux respectifs de $[AB]$, $[BC]$, $[CD]$ et $[DA]$.

1. a. Faire une figure.

b. Quelle est la nature du quadrilatère $ABCD$?

2. Démontrer que le quadrilatère $IJKL$ est un quadrilatère particulier.

Solution

1. a.

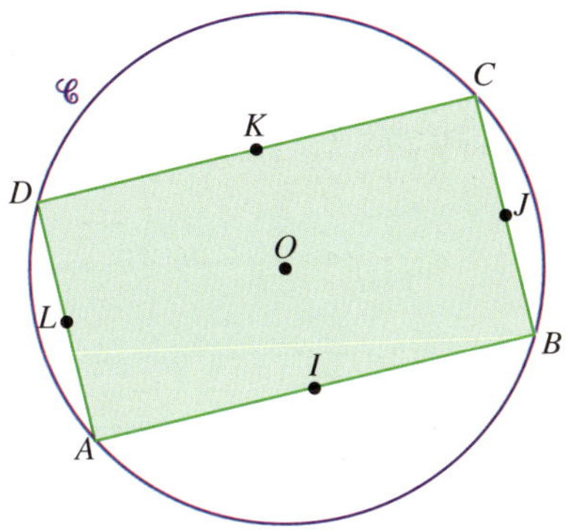

b. Le quadrilatère $ABCD$ semble être un rectangle.
Puisque $[AC]$ et $[BD]$ sont des diamètres du cercle $\mathscr{C}$ alors ils ont le même milieu O et on a $AC = BD$. On en déduit que les diagonales $[AC]$ et $[BD]$ du quadrilatère $ABCD$ se coupent en leur milieu et ont la même longueur.
Donc $ABCD$ est un rectangle.

2. Le quadrilatère $IJKL$ semble être un losange.
On remarque que les triangles LAI, IBJ, JCK et KDL sont des triangles rectangles ayant les côtés adjacents à l'angle droit deux à deux de même longueur.
On en déduit que ces triangles sont égaux. Donc leurs hypoténuses ont la même longueur, soit $IL = IJ = JK = KL$.
Le quadrilatère $IJKL$ a ses quatre côtés de même longueur alors c'est un losange.

Point méthode
Lorsqu'aucune information n'est donnée, on construit une figure quelconque, sans particularité.
Ici par exemple, $[AC]$ et $[BD]$ ne sont pas perpendiculaires.

Point méthode
Émettre une conjecture permet d'orienter les recherches.
Ici $ABCD$ semble être un rectangle donc on cherche des informations sur ses côtés ou sur ses diagonales.

Point méthode
En géométrie, il est fréquent que plusieurs démarches conduisent à une même conclusion.
Pour prouver l'égalité de ces quatre longueurs, on peut aussi raisonner avec des configurations de Thalès dans des « demi-rectangles ».

J'applique

4 On considère deux cercles de centre O et O' de même rayon et sécants en A et B.

1. Faire une figure à main levée.

2. a. Quelle semble être la nature du triangle $OO'A$?

b. Démontrer cette conjecture.

3. Démontrer que $[OO']$ est perpendiculaire à (AB).

5 Le triangle ABE est -il rectangle ?

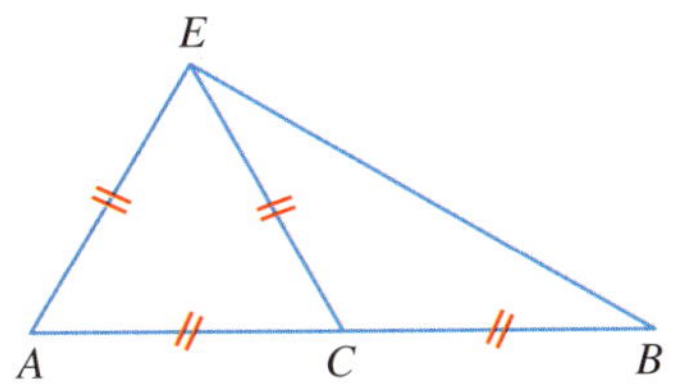

6 Soit ABC un triangle équilatéral et d la droite passant par C faisant un angle de 30° par rapport à (CB).

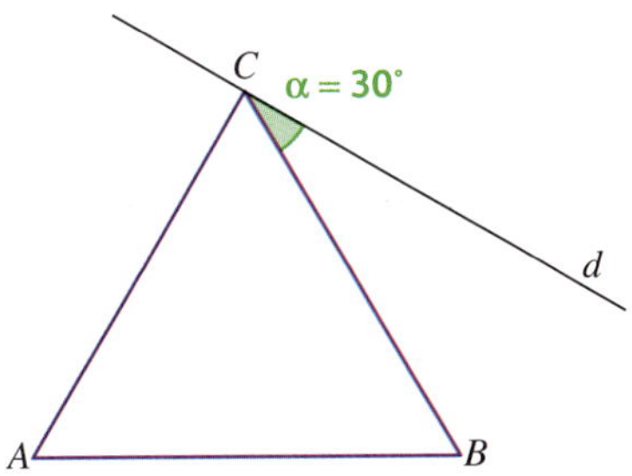

1. Indiquer la valeur de l'angle $\widehat{ACB}$.

2. En déduire que la droite d est la tangente au cercle de centre A et de rayon AB.

Cours

3 Droites remarquables du triangle

a Médiatrices

Définition et propriété La médiatrice d'un segment est l'ensemble des points du plan équidistants des extrémités de ce segment.
C'est la droite passant par le milieu et perpendiculaire à ce segment.

Propriété Les trois médiatrices d'un triangle sont concourantes en un point O appelé centre du cercle circonscrit au triangle.

Voir Démo activité 2

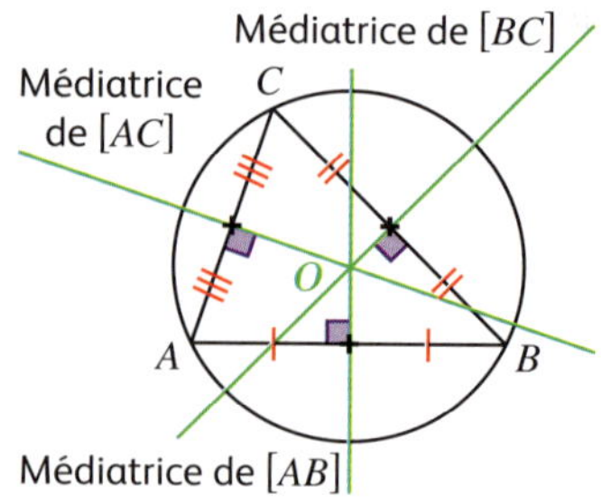

Remarque
Lorsque le triangle est rectangle, le centre du cercle circonscrit est le milieu de l'hypoténuse.

b Autres droites remarquables du triangle

Définitions
- Une hauteur est une droite passant par un sommet du triangle et perpendiculaire au côté opposé à ce sommet.
- Une médiane est une droite passant par un sommet du triangle et par le milieu du côté opposé à ce sommet.
- La bissectrice d'un angle est la demi-droite passant par le sommet de cet angle et qui le coupe en deux angles égaux.

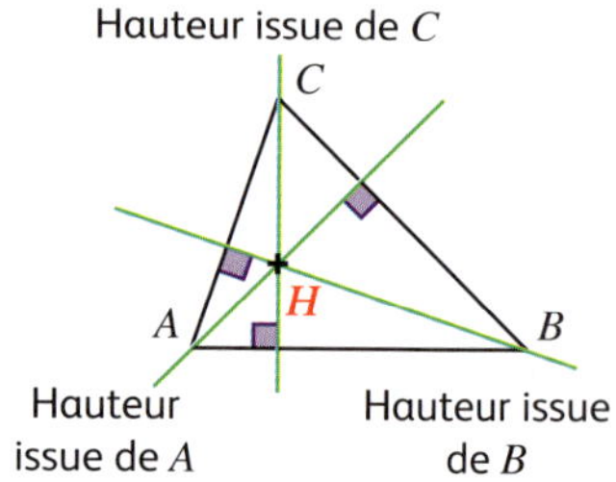

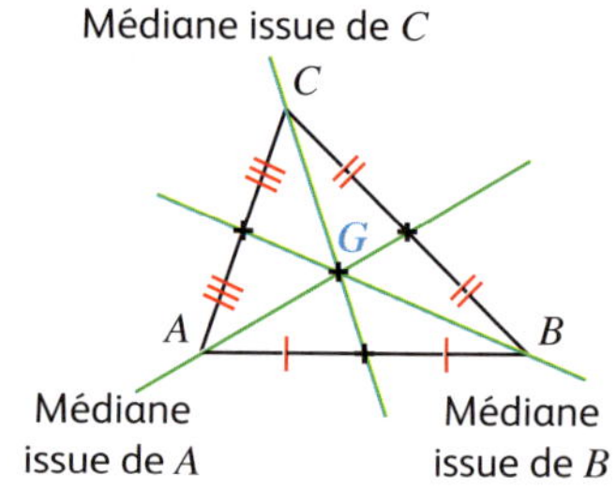

Propriété Dans un triangle, les trois hauteurs sont concourantes en un point appelé orthocentre du triangle, les trois médianes en un point appelé centre de gravité du triangle, les trois bissectrices en un point appelé centre du cercle inscrit au triangle.

Propriété Dans ABC isocèle en A, la médiane et la hauteur issues de A, la bissectrice de $\widehat{A}$ et la médiatrice de $[BC]$ sont confondues.

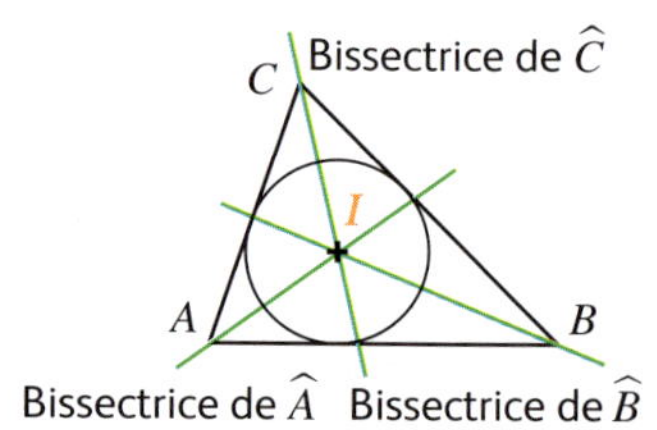

4 Projeté orthogonal d'un point sur une droite

Soit D une droite du plan et A un point.

Définition On appelle projeté orthogonal de A sur D le point d'intersection de la droite D avec la perpendiculaire à D passant par A.

Propriété La distance du point A à la droite D est la plus petite distance séparant un point de D avec A.
Elle est égale à AH où H est le projeté orthogonal du point A sur D.

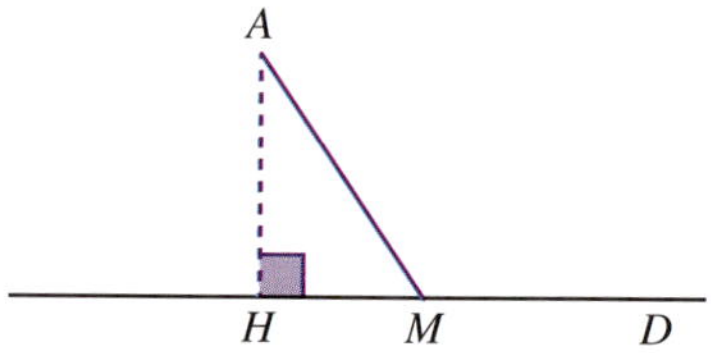

H est le projeté orthogonal de A sur D.

Démo

Démonstration
Notons d la distance entre A et D. Soit M un point de D, distinct de H.
Le triangle AMH est rectangle en H.
Grâce au théorème de Pythagore, on peut affirmer que l'hypoténuse $[AM]$ est le plus grand des côtés du triangle AMH. Donc $AM > AH$.
Ainsi, la plus petite distance séparant A d'un point de D est égale à AH.
On en déduit que $AH = d$.

Méthode

VIDÉO
Capacité 3

Capacité 3 Traiter des problèmes d'optimisation

Énoncé On considère le triangle ABC rectangle en B tel que $AB = 5$ et $BC = 3$. On place un point M sur le segment $[AB]$ et on note x la longueur AM.
On appelle D le point d'intersection de la droite (AC) avec la perpendiculaire à (AB) passant par M et E le quatrième sommet du rectangle $BMDE$.
L'objectif est de déterminer la position de M qui rend l'aire de $BMDE$ maximale.
1. Dans quel intervalle x peut-il varier ?
2. Exprimer la longueur BM puis la longueur DM en fonction de x.
3. Exprimer l'aire $\mathcal{A}(x)$ du rectangle $BMDE$ en fonction de x.
4. Avec la calculatrice, construire la représentation graphique de $\mathcal{A}(x)$ sur l'intervalle trouvé à la question **1.**
Indiquer la solution du problème.

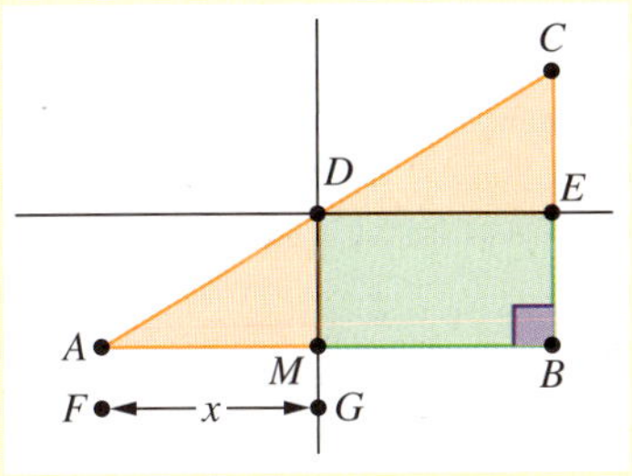

Solution

1. $0 \leqslant x \leqslant 5$ donc $x \in [0\,;5]$.
2. $BM = AB - AM = 5 - x$
Puisque les droites (DM) et (BC) sont perpendiculaires à la même droite (AB) alors elles sont parallèles.
Les triangles ADM et ABC forment donc une configuration de Thalès donc d'après la propriété de Thalès :

$$\frac{AM}{AB} = \frac{AD}{AC} = \frac{DM}{BC} \text{ d'où } \frac{x}{5} = \frac{DM}{3}$$

On en déduit que $DM = \dfrac{3x}{5} = 0{,}6x$.
3. L'aire du rectangle $BMDE$ est égale à : $\mathcal{A}(x) = BM \times DM$.
D'où $\mathcal{A}(x) = (5 - x) \times 0{,}6x = 3x - 0{,}6x^2$.
4.

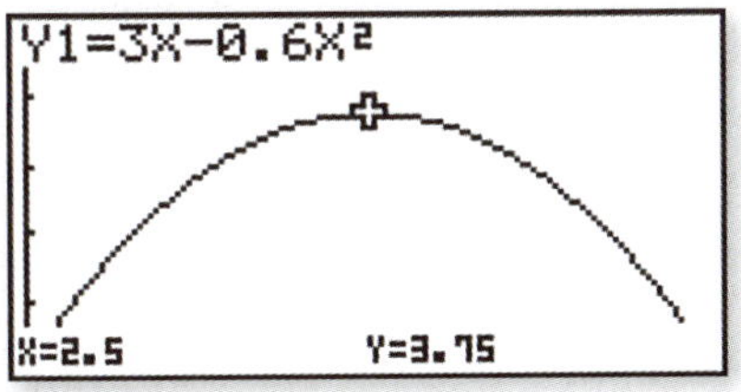

Par lecture graphique, on remarque que l'aire est maximale pour $x = 2{,}5$.
M doit être placé à 2,5 cm de A pour que l'aire soit maximale.

Point méthode
Les schémas à main levée peuvent aider à comprendre des relations entre les grandeurs.

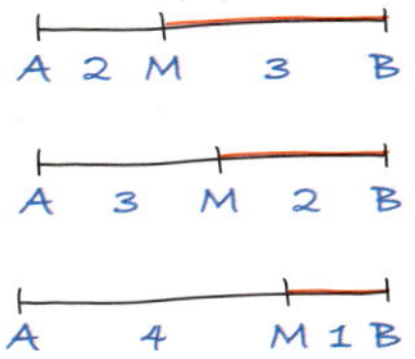

On remarque que $BM = 5 - AM$

Point méthode
L'observation du tableau de valeur permet de définir la fenêtre d'observation :
$0 \leqslant x \leqslant 5$ et $0 \leqslant \mathcal{A}(x) \leqslant 4$

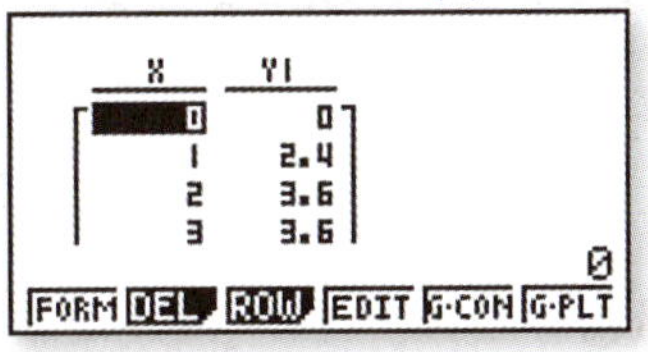

J'applique

7 On considère un carré $ABCD$ de 4 cm de côté.
On place un point M sur le segment $[AB]$ et on note x la longueur AM.

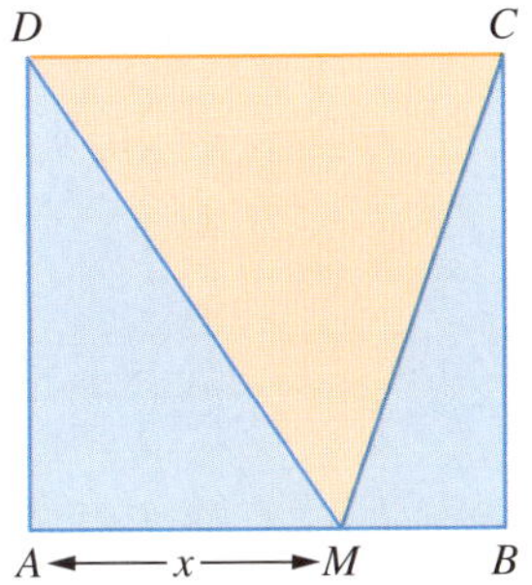

1. Dans quel intervalle x peut-il varier ?
2. Exprimer la longueur BM en fonction de x.
3. Exprimer l'aire des deux triangles AMD et MBC en fonction de x.
4. En déduire l'expression de l'aire $\mathcal{A}(x)$ du triangle DMC en fonction de x.
5. a. Construire la représentation graphique de l'aire $\mathcal{A}$ sur l'intervalle trouvé dans la question **1.**
b. Existe-t-il une position de M qui minimise $\mathcal{A}(x)$?
Remarque
Cette propriété aurait pu être relevée en considérant directement l'aire du triangle DCM.

Je **fais** le **point**

Je revois mon cours

Triangle rectangle

Le triangle ABC est rectangle en A.

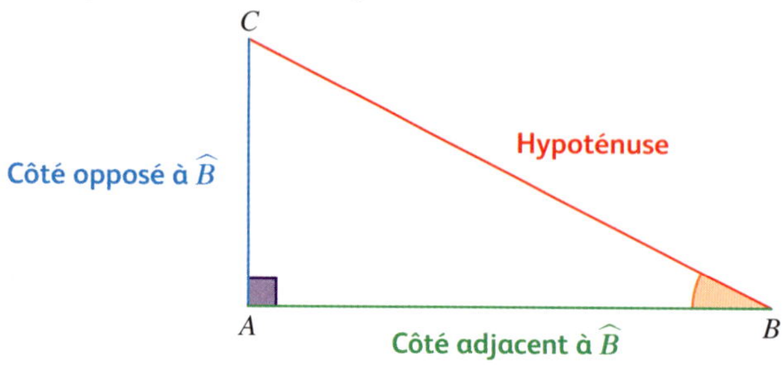

$\Leftrightarrow BC^2 = AB^2 + AC^2$ (Théorème de Pythagore)

$\Leftrightarrow \cos\widehat{B} = \dfrac{AB}{BC}$; $\sin\widehat{B} = \dfrac{AC}{BC}$; $\tan\widehat{B} = \dfrac{AC}{AB}$ (Trigonométrie)

$\Leftrightarrow ABC$ est inscrit dans le cercle de diamètre $[BC]$.

Points et droites

Projeté orthogonal du point A sur la droite D.

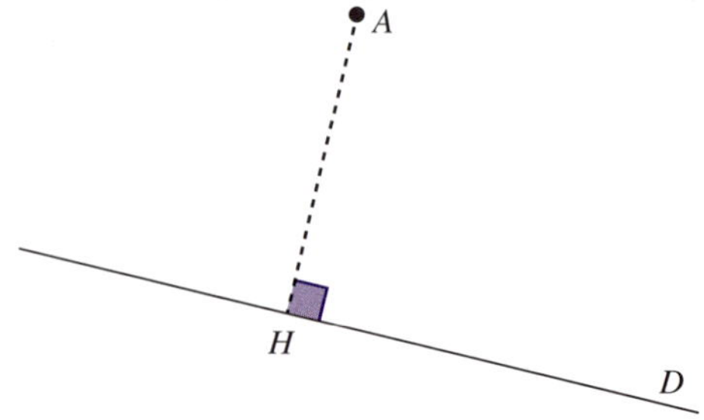

La distance du point A à la droite D est la plus petite distance entre A et un point de D :

$$d(A, \mathcal{D}) = AH$$

Quadrilatères particuliers

Parallélogramme

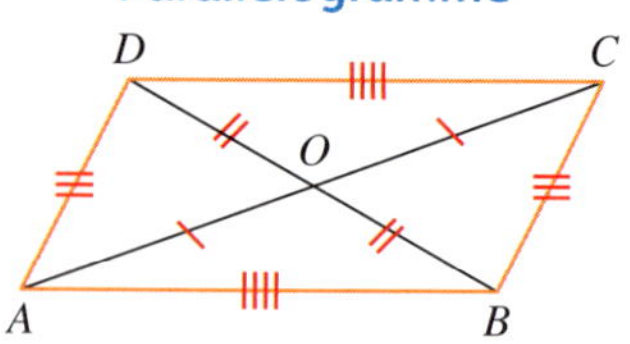

Les côtés opposés sont parallèles.

Rectangle

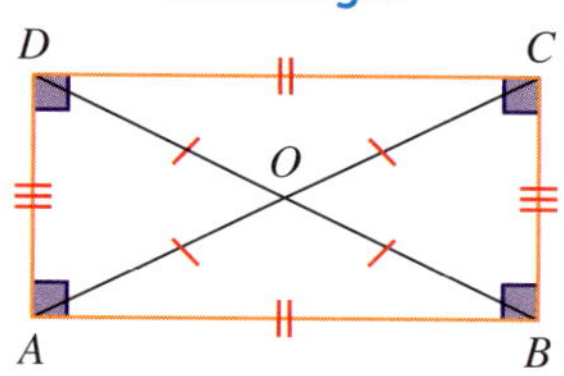

Losange

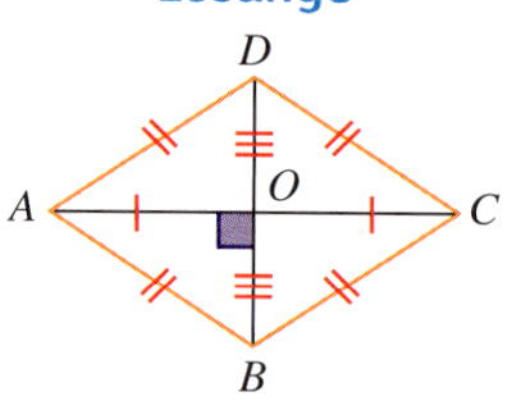

Carré

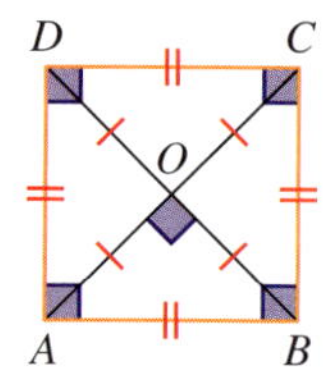

Cercle

Vocabulaire

- $[OA]$ est un rayon.
- $[BB']$ est un diamètre.
- $[AB]$ est une corde.
- $\overset{\frown}{AB}$ est un arc.
- Le triangle ABB' est rectangle en A.

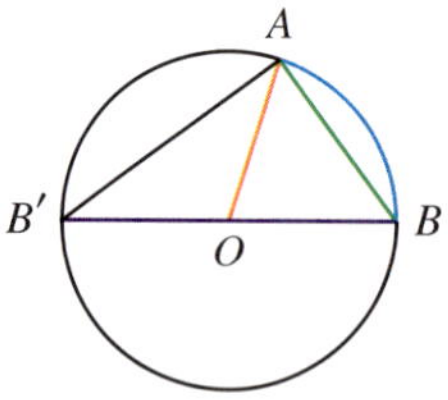

Tangente

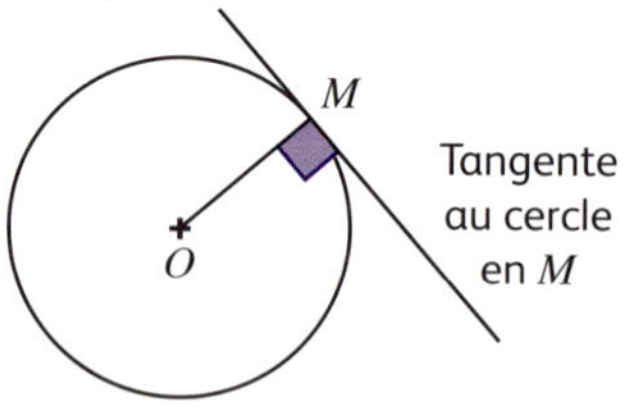

Théorème de l'angle inscrit

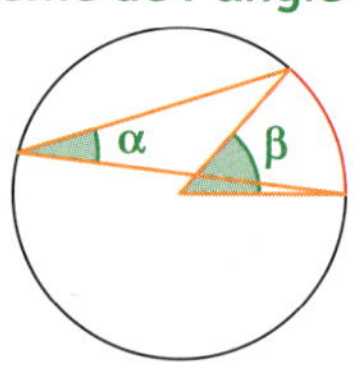

$\beta = 2\alpha$

Droites remarquables des triangles

Hauteur

Hauteur issue de C

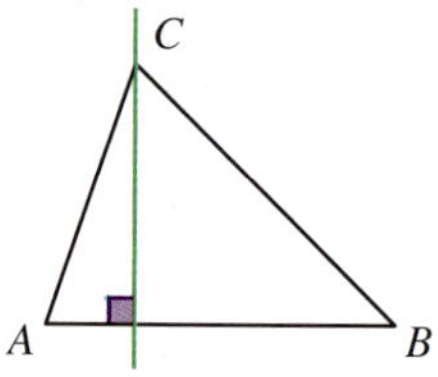

Médiane

Médiane issue de C

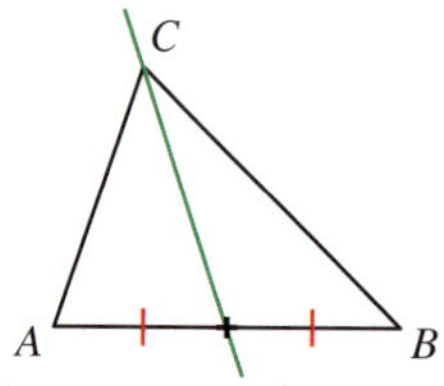

Médiatrice

Médiatrice de $[AB]$

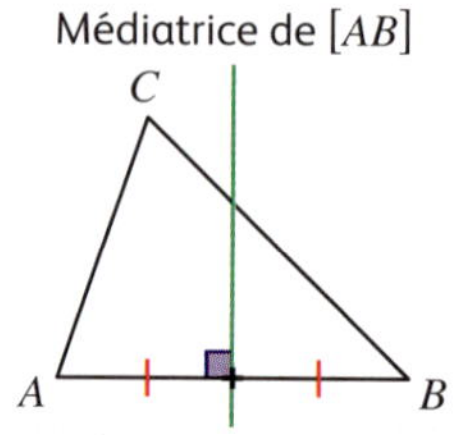

Bissectrice

Bissectrice de $\widehat{C}$

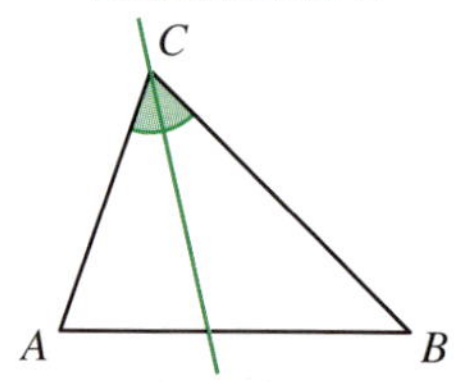

Je m'exerce à démontrer

Démo pas à pas

Résultat à démontrer

Pour tout angle aigu α d'un triangle rectangle :
$\cos^2\alpha + \sin^2\alpha = 1$

Analyse des termes — j'étudie l'énoncé

- Que signifie « tout angle aigu α » ?
La démonstration porte sur **TOUS** les angles supérieurs à 0° et strictement inférieurs à 90° :

$$0 < \alpha < 90°$$

Ici, on doit démontrer une « identité » : on ne résout pas une équation, mais on doit prouver qu'une égalité est toujours vraie.

- Que signifie « $\cos^2\alpha$ » ?

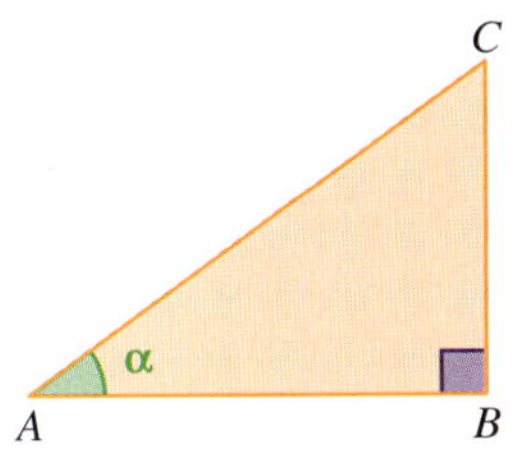

$$\cos^2\alpha = (\cos\alpha)^2$$

Or le cosinus est défini dans un triangle ABC rectangle en B par :

$$\cos\alpha = \frac{AB}{AC} \text{ donc } \cos^2\alpha = \left(\frac{AB}{AC}\right)^2 = \frac{AB^2}{AC^2}$$

De même, $\sin^2\alpha = \dfrac{BC^2}{AC^2}$.

De l'hypothèse vers la conclusion — j'organise mon raisonnement

Donner plusieurs valeurs à α. — *Quelques exemples ne suffisent pas !*

La démonstration porte sur une égalité. — *Oui mais c'est vague.*

On peut partir du membre de gauche et le transformer. — *Bonne idée !*

Rédaction

Dans un triangle ABC rectangle en B,

avec $\widehat{BAC} = \alpha$ on a : $\cos^2\alpha + \sin^2\alpha = \dfrac{AB^2}{AC^2} + \dfrac{BC^2}{AC^2}$

$= \dfrac{AB^2 + BC^2}{AC^2}$

Je sais qu'elles doivent avoir le même dénominateur.

Je veux arriver à = 1. Comment une fraction peut-elle être égale à 1 ?

Or d'après le théorème de Pythagore :

$$AB^2 + BC^2 = AC^2$$

Donc $\cos^2\alpha + \sin^2\alpha = \dfrac{AC^2}{AC^2} = 1$.

Démo à moi de jouer

Résultat à démontrer

Pour tout angle aigu α d'un triangle rectangle :
① $\tan\alpha = \dfrac{\sin\alpha}{\cos\alpha}$ ② $1 + \tan^2\alpha = \dfrac{1}{\cos^2\alpha}$

Raisonner comme ci-dessus dans un triangle rectangle pour prouver le résultat.

Je fais le point

J'évalue mes connaissances

VERSION INTERACTIVE ET CORRIGÉE

Voir corrigés

QCM

Pour chacune des questions, indiquer la (ou les) bonne(s) réponse(s).

On considère un cercle de centre O et de rayon 2,5 cm, deux points C et D appartenant au cercle et leurs symétriques C' et D' par rapport à O.
Enfin, les points C et D vérifient $CD = OC = 2{,}5$ cm.

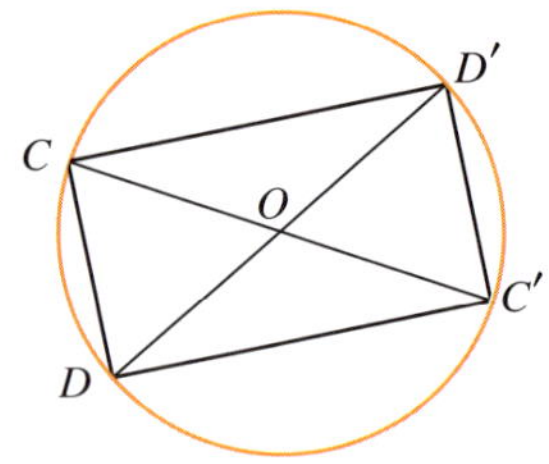

	a	b	c
1. Le segment $[DD']$ est :	un rayon du cercle	un diamètre du cercle	une corde du cercle
2. Le quadrilatère $CDC'D'$ est :	un parallélogramme	un rectangle	un losange
3. Le triangle OCD est :	rectangle	isocèle en O	équilatéral
4. DC' est égal à :	2,5 cm	$\sqrt{18{,}75}$ cm	$\sqrt{12{,}5}$ cm
5. L'angle $\widehat{COD}$ vaut :	30°	45°	60°
6. L'angle $\widehat{CD'D}$ vaut :	22,5°	30°	45°
7. Pour le triangle $CC'D$, la droite (OD') est :	une médiane	une médiatrice	une hauteur
8. Dans le triangle CDC' rectangle en D, $\cos\widehat{C} =$	$\dfrac{CD}{CC'}$	$\dfrac{C'D}{CC'}$	$\dfrac{CD}{C'D}$
9. Dans le triangle CDC' rectangle en D, $\cos^2\widehat{C} + \sin^2\widehat{C} =$	0	1	60

vrai ou faux ?

Indiquer pour chaque affirmation si elle est vraie ou fausse. Justifier.

Partie A.

On considère la figure ci-dessous où $AD = 3$ cm.

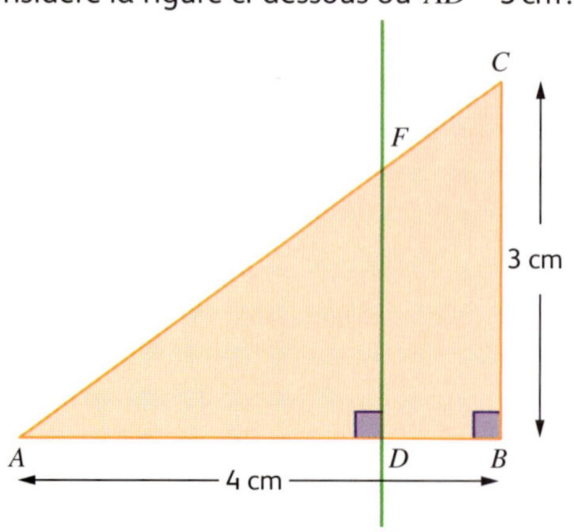

1. $AC = 5$ cm

2. La mesure arrondie au dixième de l'angle $\widehat{A}$ est 40°.

3. $\widehat{AFD} \approx 53{,}1°$

4. $DF = \dfrac{9}{4}$

Partie B.

On considère le triangle ABC de la **partie A** et P le quatrième sommet du rectangle $BDFP$.
On considère un point D mobile sur le segment $[AB]$ et on note x la longueur AD.

1. $x \in [0\,;3]$

2. $\mathcal{A}_{ABC}$ dépend de x.

3. $\mathcal{A}_{ADF}$ dépend de x.

4. $\mathcal{A}_{ADF} = \dfrac{AF \times FD}{2}$

5. $AD = 4 - x$

6. $DF = \dfrac{4}{3}x$

7. $\mathcal{A}_{BDFP} = 3x - \dfrac{3}{4}x^2$

8. L'aire du rectangle $BDFP$ atteint son maximum pour $x = 3$.

Remarque

Dans ce genre d'exercice, il est souvent utile de faire plusieurs schémas avec différentes valeurs de x.

Automatismes et calculs

Compétence **Calculer**

8 Simplifier les fractions suivantes.

1. $\frac{1}{2}-\frac{1}{3}$ **2.** $\frac{1}{6}-\frac{5}{18}$ **3.** $\frac{5}{4}\times 8$

9 Simplifier les fractions suivantes.

1. $\dfrac{4-\frac{1}{2}}{2-\frac{1}{3}}$ **2.** $\left(8-\frac{1}{4}\right)\times\left(1-\frac{1}{2}\right)$

10 Donner un ordre de grandeur des nombres suivants.

1. $497\times 4{,}1$ **2.** $1508\div 4{,}9$ **3.** 1015×159

11 Donner un ordre de grandeur des nombres suivants.

1. $\sqrt{80}$ **2.** $\sqrt{895}$ **3.** $\sqrt{10\,002}$

Pour les exercices **12** à **14**, calculer mentalement en utilisant la méthode ci-dessous.

$8\times 14=8\times(10+4)$
$8\times 14=8\times 10+8\times 4$
$8\times 14=80+32$
$8\times 14=112$

12 **1.** 6×16 **2.** 7×19 **3.** 8×23

13 **1.** 3×72 **2.** 4×28 **3.** 9×45

14 **1.** 32×7 **2.** 58×9 **3.** 74×6

15 Déterminer la quatrième proportionnelle.

1.

12	28
30	

2.

18	64
	12

16 Dans chaque cas, déterminer la valeur de x.

1. $\frac{2}{3}=\frac{x}{9}$ **2.** $\frac{4}{5}=\frac{6}{x}$ **3.** $\frac{8}{x}=\frac{12}{5}$

17 Écrire les nombres suivants sous la forme $a\sqrt{b}$ où a est un nombre entier et b est le plus petit entier possible.

1. $\sqrt{80}$ **2.** $\sqrt{32}$ **3.** $\sqrt{75}$

18 Pour chaque valeur de x et de y ci-dessous, calculer :

$$x-y \text{ et } \frac{2x+y}{2}$$

1. $x=7$; $y=-4$
2. $x=-3$; $y=-5$
3. $x=-4$; $y=2$

19 Résoudre dans $\mathbb{R}$ les équations suivantes.

1. $2x-1=7$ **2.** $4x+2=2x-6$

20 Résoudre dans $\mathbb{R}$ les équations suivantes.

1. $\frac{1}{4}x-1=\frac{1}{2}$ **2.** $x+\frac{1}{8}=\frac{3}{4}x-3$

21 Résoudre dans $\mathbb{R}$ les équations suivantes.

1. $x+3=-3x+7$ **2.** $3x-8=-1$

22 Résoudre dans $\mathbb{R}$ les équations suivantes.

1. $\frac{1}{x+2}=\frac{2}{3}$ **2.** $\frac{4}{x-1}=\frac{5}{x+3}$

Pour les exercices **23** à **25**, exécuter mentalement l'algorithme ci-dessous pour effectuer les produits.

On donne ci-dessous un algorithme de calcul pour multiplier deux nombres compris entre 10 et 20 mentalement. On note a le premier facteur et b le second.

> Additionner le chiffre des unités de a avec le nombre b et multiplier cette somme par 10.
> Multiplier les chiffres des unités de a et de b.
> Additionner les deux résultats obtenus.

23 12×15

24 18×16

25 15×14

26 Calculer l'aire du carré $ABCD$ et celle du rectangle $EFGH$.

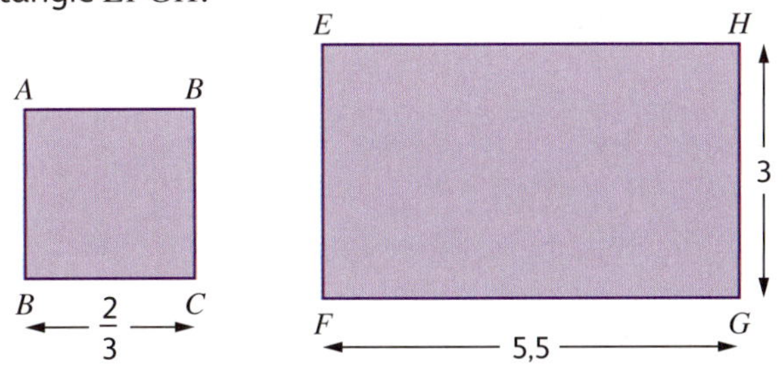

27 Calculer les aires colorées où $IJML$ est un carré et NOP est un triangle rectangle en O.

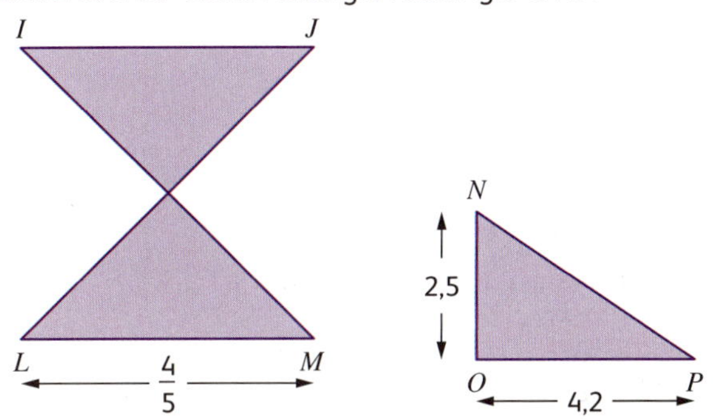

exercices Application

Exercices INTERACTIFS kwyk

Connaître le cours

28 Deux diaporamas pour faire le point sur le cours. ACTIVITÉS MENTALES RAPIDES

29 Pour retenir les propriétés des **diagonales des quadrilatères**, Alexandre souhaite construire une carte mentale ou encore un diagramme centré.
Reproduire ce schéma et aider Alexandre à le compléter.

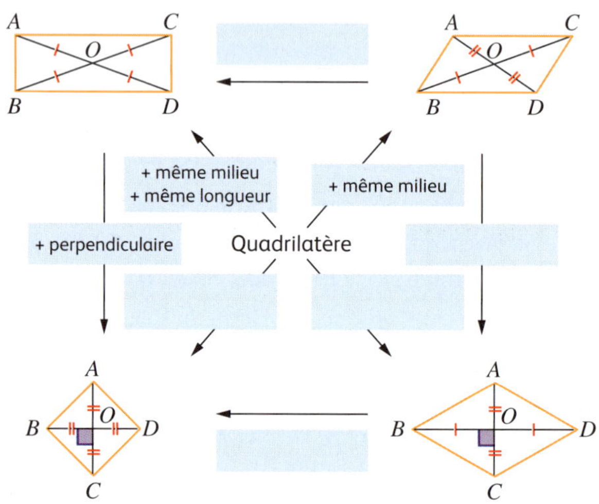

30 Construire une carte mentale permettant de mémoriser les propriétés des **longueurs et des angles des côtés d'un quadrilatère**.

31 $ABCD$ est un rectangle. Indiquer une méthode pour trouver chacun des points suivants.

1. Le centre de gravité du triangle ABC.
2. Le centre de symétrie du rectangle $ABCD$.
3. Le centre du cercle circonscrit au triangle BCD.

32 Vrai ou faux ?
DEF est un triangle rectangle en D.
Indiquer si les affirmations suivantes sont vraies ou fausses.

1. DF correspond à la distance du point D à la droite (EF).
2. $\cos \widehat{E} = \dfrac{ED}{EF}$
3. (FD) est la hauteur de DEF issue de F.
4. L'aire du triangle DEF est $\dfrac{EF \times ED}{2}$.

33 Associer chaque droite remarquable du triangle avec une ou plusieurs propriétés.

médiane •	• passe toujours par un sommet
hauteur •	• perpendiculaire à un côté
médiatrice •	• passe par le milieu d'un côté
bissectrice •	• passe « à l'intérieur » du triangle

Travailler les capacités du chapitre

Capacité 1 Calculer des longueurs et des angles

Pour les exercices **34** à **36** déterminer la longueur x.

34 $(DE)//(BC)$

1.
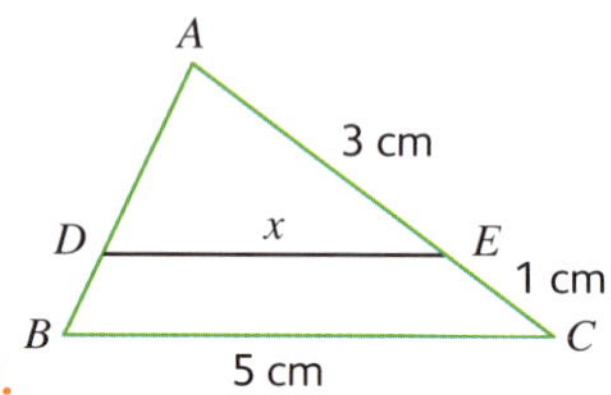

2.
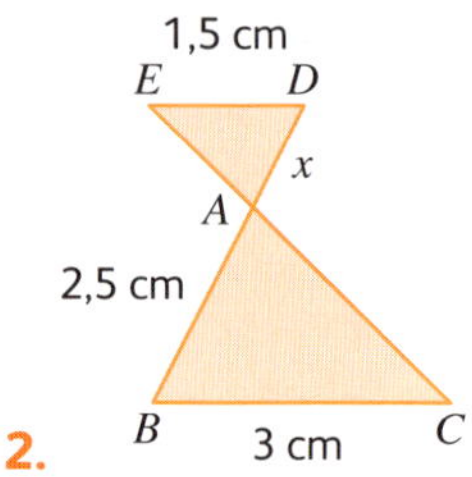

35

1.
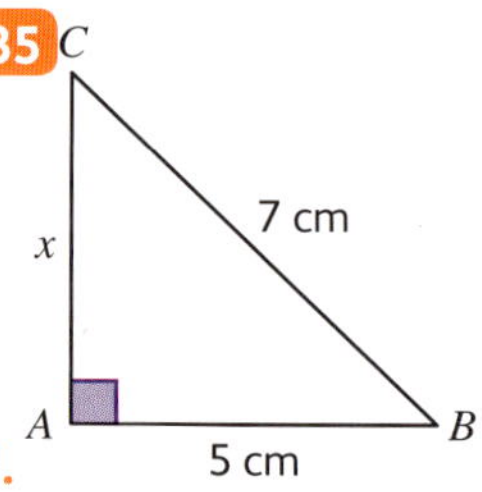

2.
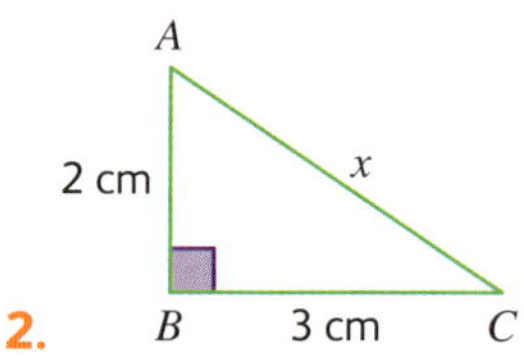

36

1.
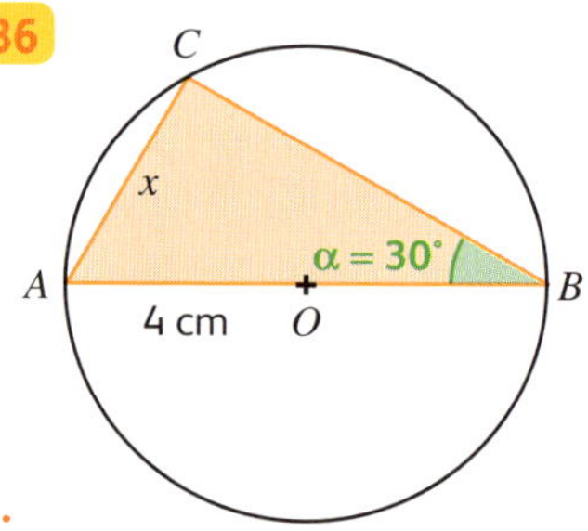

2.
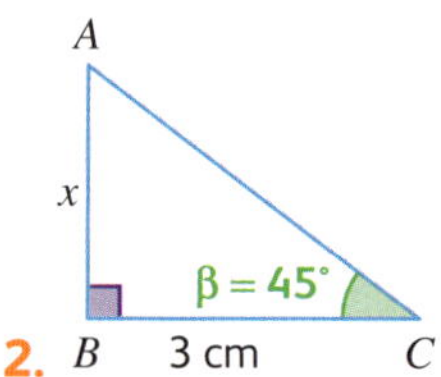

Pour les exercices **37** à **39** déterminer l'angle α.

37

1.
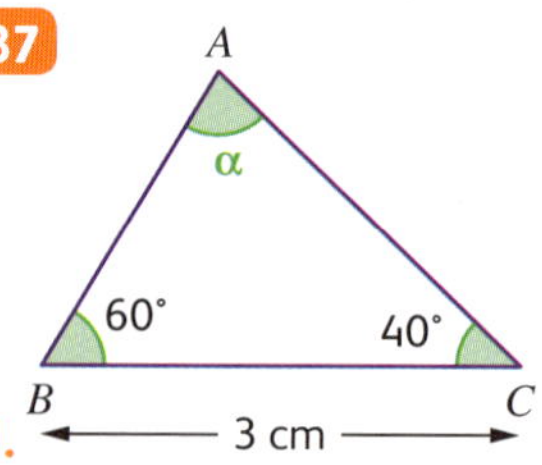

2.
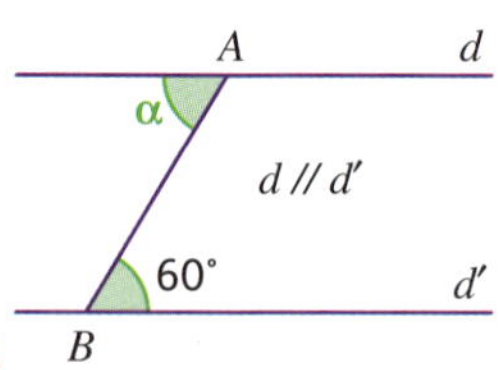

38 ABC est un triangle rectangle en B tel que :

$AB = 6$ cm ; $AC = 12$ cm ; $\alpha = \widehat{BAC}$

39

1.
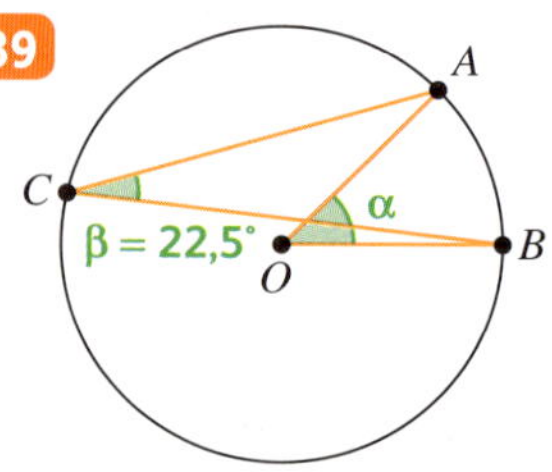

2.
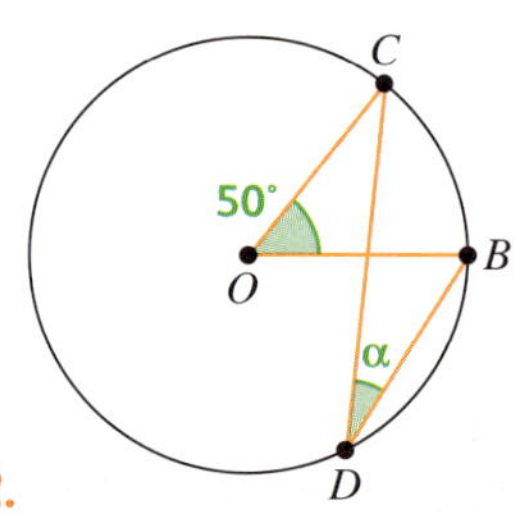

Capacité 2 Résoudre des problèmes de géométrie plane

40 On considère un trapèze $ABCD$ de base $[AD]$ et $[BC]$. On place E sur le segment $[AD]$ et F sur le segment $[BC]$ tels que $AE = CF$.

1. Faire une figure à main levée.

2. Démontrer que $AFCE$ est un parallélogramme.

Démo

41 Théorème des milieux

« Dans un triangle, la droite qui joint le milieu de deux côtés est parallèle au troisième côté. »

1. Construire un triangle quelconque ABC et placer I (resp. J) le milieu de $[AB]$ (resp. $[AC]$).

2. Exprimer AI en fonction de AB.

3. En déduire la valeur du rapport $\dfrac{AI}{AB}$.

4. Démontrer le théorème des milieux en comparant les rapports $\dfrac{AI}{AB}$ et $\dfrac{AJ}{AC}$.

42 Parallélogramme de Varignon

On considère un quadrilatère quelconque $ABCD$ et on place les milieux I, J, K et L des côtés $[AB]$, $[BC]$, $[CD]$ et $[DA]$.

1. Faire deux figures différentes et émettre une conjecture quant à la nature du quadrilatère $IJKL$.

2. Démontrer, à l'aide de la propriété des milieux, que la droite (IJ) est parallèle à la droite (AC).

Voir exercice Démo n° 41

3. Démontrer la conjecture formulée.

43 PYTHON

1. Que construit le programme ci-dessous ?

```
from turtle import*
longCote=100
for i in range(3):
    forward(longCote)
    left(120)
```

Voir Chap. Algo. p. 390

2. Modifier le programme pour qu'il construise un carré de côté 250.

44 On considère deux points O_1 et O_2 tels que $O_1O_2 = 3\,\text{cm}$. Les cercles de centre O_1 et O_2 de rayon 4 cm se coupent en P_1 et P_2.

1. Faire une figure.

2. a. Quelle est la nature du quadrilatère $O_1\,P_1\,O_2\,P_2$?

b. Quelle est la position relative des droites (O_1O_2) et (P_1P_2) ?

c. La droite (P_1P_2) est-elle une bissectrice de l'angle $\widehat{O_1P_1O_2}$?

45 On considère deux triangles quelconques ABC et BCD. On trace les médiatrices d_1, d_2, d_3 et d_4 des segments $[AC]$, $[AB]$, $[BD]$ et $[CD]$.

On note E le point d'intersection de d_1 et d_2 et F le point d'intersection de d_3 et d_4.

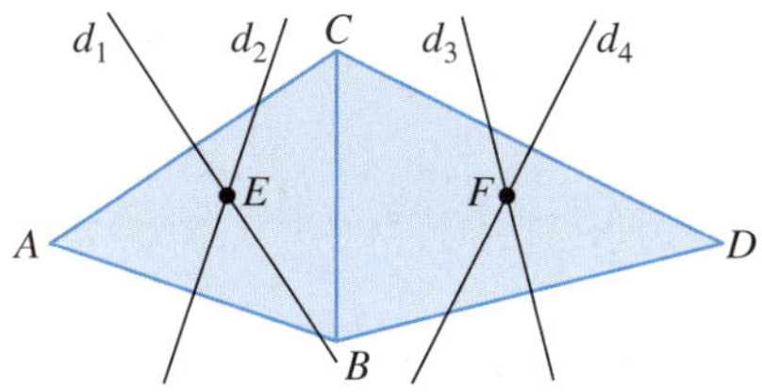

1. Montrer que E appartient à la médiatrice de $[BC]$.

2. Montrer que F appartient à la médiatrice de $[BC]$.

3. Quelle est la position relative des droites (EF) et (BC) ?

Capacité 3 Traiter des problèmes d'optimisation

46 Vrai ou faux ?

1. Si l'inégalité $AB > BC$ est fausse alors $AB < BC$.

2. Pour trois points du plan A, B, et C, on a toujours :

$$AB < AC + BC$$

3. Soit A, B et C trois points du plan non alignés et H le projeté orthogonal de C sur (AB).
On a $AC > AH$.

47 On donne la figure ci-contre.
On sait que $EA < FB$.
Montrer que :

$$AC < BC$$

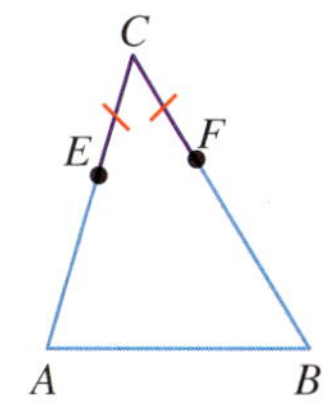

48 On considère un triangle DEF isocèle en E et I le milieu du segment $[DF]$.
Démontrer que $DI < DE$.

49 Heckel est perché sur un poteau (point H). Il souhaite se désaltérer dans la rivière puis rejoindre l'autre poteau (point B). On suppose son vol rectiligne.

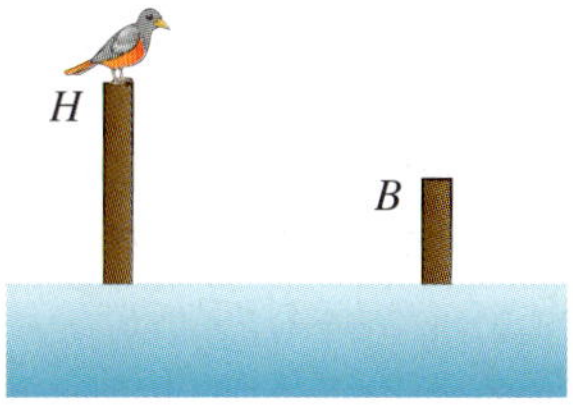

À l'aide d'un raisonnement géométrique, déterminer où il doit plonger pour que son vol soit le plus court possible.

50 Sur le segment $[EF]$, on place le point G et on construit deux carrés.
On donne $EF = 6\,\text{cm}$ et on pose $EG = x$.

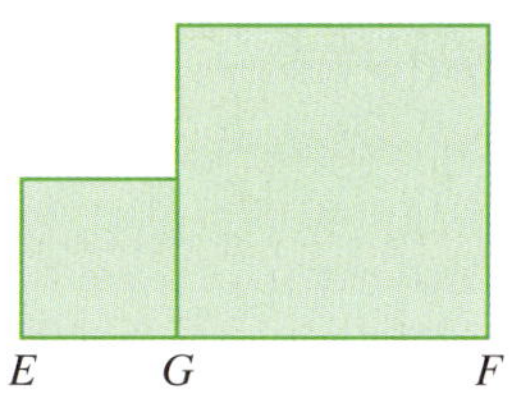

1. Dans quel intervalle x varie-t-il ?

2. Exprimer GF en fonction de x.

3. Montrer que l'aire colorée est égale à :

$$2x^2 - 12x + 36$$

4. À l'aide de la calculatrice, lire graphiquement la valeur de x qui minimise l'aire colorée.

exercices Entraînement

1 Problèmes de longueur et d'angle

2 Configurations usuelles du plan

51 On considère les deux parallélogrammes $ABCD$ et $BFDE$. Démontrer que $AECF$ est un parallélogramme.

52 Les diagonales des losanges superposables $ABEF$ et $BCDE$ se coupent respectivement en G et en H. Démontrer que le quadrilatère $BHEG$ est un rectangle.

53 On considère un trapèze $ABCD$ tel que (AB) soit parallèle à (DC). Soit M le milieu de $[AD]$ et N le milieu de $[BC]$. Démontrer que $MN = \frac{1}{2}(AB + DC)$.

54 Démontrer que tout triangle ABC inscrit dans un cercle de diamètre $[AB]$ est rectangle en C.

55 **QCM**

Dans la figure ci-contre, les droites (AB) et $(A'B')$ sont parallèles. Indiquer la ou les bonnes réponses :

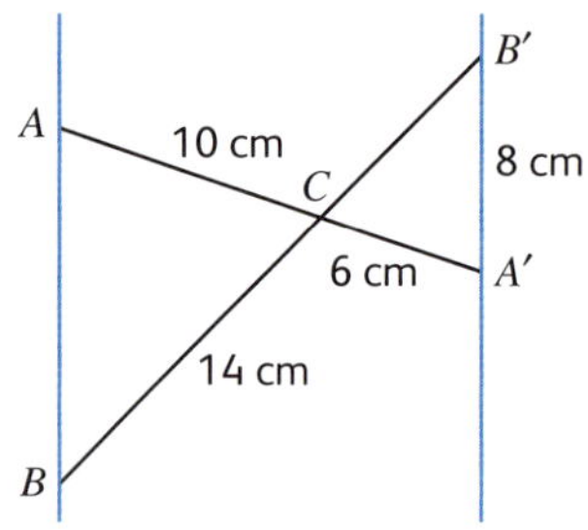

1. La longueur AB en centimètre est égale à :

a. 13,3 **b.** $\frac{40}{3}$ **c.** 4,8

2. La longueur BB' en centimètre est égale à :

a. 8,4 **b.** 22,4 **c.** 23,3

3. Les triangles CAB et $CA'B'$ sont :

a. symétrique par rapport à C.

b. semblables.

c. égaux.

56 Pour signaler un danger sur la route, on utilise des troncs de cônes avec bandes blanches réfléchissantes. Sur la figure, les droites (AB) et (MN) sont parallèles, O et O' sont les milieux respectifs de $[AB]$ et $[MN]$.

$OO' = 45$ cm ; $AB = 20$ cm

$MN = 5{,}5$ cm

1. Construire une coupe du cône à l'échelle 1/4.

2. Démontrer que $SO' \approx 17$ cm.

3. En déduire une valeur approchée du volume du tronc de cône à 1 cm^3 près.

Info

Le volume d'un cône dont la base est de rayon R et de hauteur h est $\mathcal{V}_{\text{cône}} = \frac{1}{3}\pi R^2 \times h$.

57 On considère le carré inscrit dans le cercle ci-contre.
Déterminer la valeur exacte de l'aire bleue.

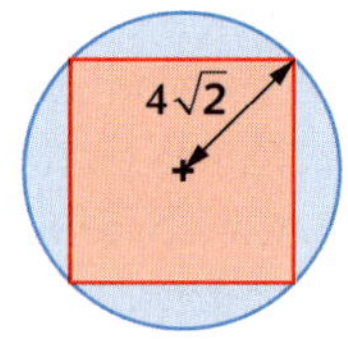

58 Anaïs a retrouvé dans le grenier de son grand-père un petit carnet dans lequel il prenait des notes.
Elle s'arrête sur le croquis ci-dessous.

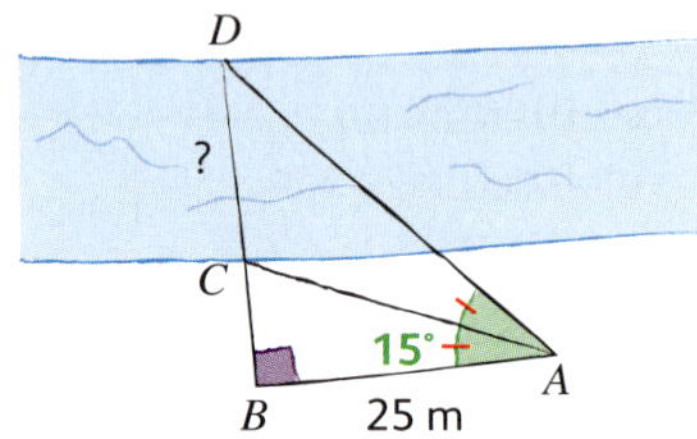

Aider Anaïs à retrouver la largeur CD de la rivière.

59 On considère un rectangle $ABCD$ tel que :

$$AB = 4\text{ cm} \ ; \ AD = 3\text{ cm}$$

Peut-on affirmer que la longueur de la diagonale $[AC]$ est une valeur entière ?

60 M. Seguin en a assez de voir ses chèvres s'enfuir de chez lui. Il décide d'attacher Blanchette, sa dernière chèvre, à deux piquets (A et B) distants de 10 m à l'aide de deux cordes de 7 m de longueur.

1. Schématiser, à l'échelle 1/100, le dessin ci-dessous.

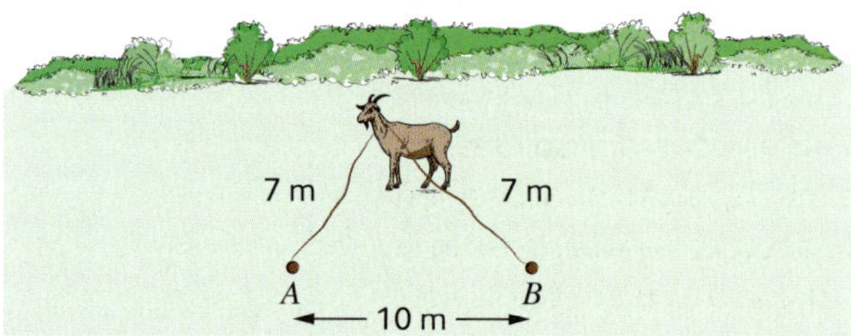

2. Construire et colorier la zone dans laquelle Blanchette peut paître.

3. À proximité de cette zone se trouve une haie que la chèvre ne doit pas pouvoir atteindre.
À quelle distance minimale de cette haie M. Seguin doit-il planter ses piquets ?

61 On considère un segment $[OA_0]$ de longueur 1 cm et l'algorithme ci-dessous.

```
l ← 1
i ← 0
Tant que l ⩽ 2 Faire
    i ← i + 1
    A_i est un point tel que OA_{i−1}A_i est rectangle en A_{i−1}
    avec A_iA_{i−1} = 1 cm
    l ← OA_i
Fin Tant que
```

Que contient i à la fin de l'exécution de l'algorithme ?

62 $ABCDEFGH$ est un cube de côté 3 cm.
Le point I est le milieu du segment $[GH]$. Le point J appartient au segment $[AE]$ et vérifie $AJ = \frac{1}{3}AE$.
1. Réaliser une figure.
2. Quelle est la nature du triangle EIC ?
3. Construire un patron de la pyramide $AJBD$ en vraie grandeur.

63 Vrai ou faux
Sur la figure ci-dessous, le triangle ABC est isocèle rectangle en B, $BFEM$ est un rectangle et $AC = 10\sqrt{2}$.
Indiquer si les affirmations suivantes sont vraies ou fausses.
Justifier.

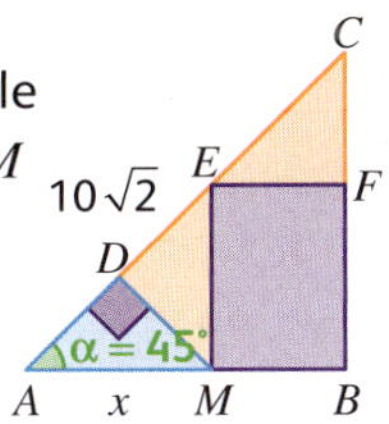

1. $AB = 10\sqrt{2}$
2. $BM = 10 - x$
3. $ME = x$
4. $\mathcal{A}_{MBFE} = 10x - x^2$
5. $\mathcal{A}_{AMD} = \frac{x^2}{2}$

64 TRAVAIL DE GROUPE
Chaque solide représente un récipient à base carrée de côté 3. On les remplit d'eau.

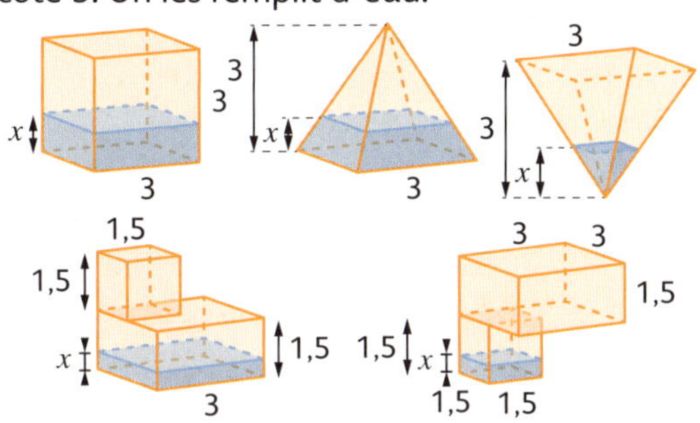

Pour chacun des solides, on s'intéresse à la fonction qui, à la hauteur x d'eau, associe le volume d'eau dans le solide.
On a représenté graphiquement ces cinq fonctions.
Associer chaque courbe à un solide, en argumentant.

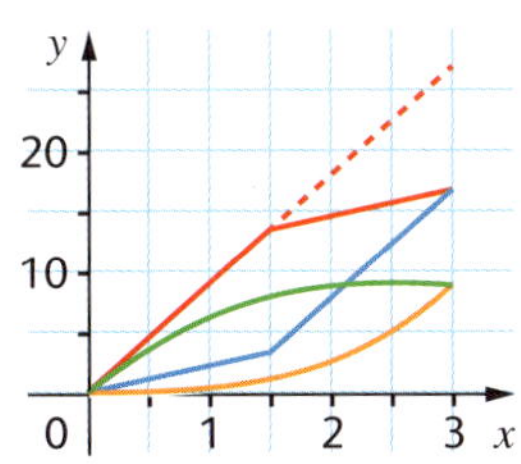

65 $ABCD$ est un carré de côté 10.
Un point mobile M appartient au segment $[AB]$.
Le point N appartient au segment $[AD]$ et vérifie $AM = ND$. On pose $x = AM = ND$.
1. Faire une figure.
2. Dans quel intervalle x varie-t-il ?
3. Justifier que l'aire du triangle AMN notée $\mathcal{A}(x)$ est :

$$\mathcal{A}(x) = 5x - \frac{x^2}{2}$$

4. Sur la calculatrice, on observe les valeurs de $\mathcal{A}(x)$ sur $[0 ; 10]$. Pour quelle valeur de x l'aire semble-t-elle maximale ?

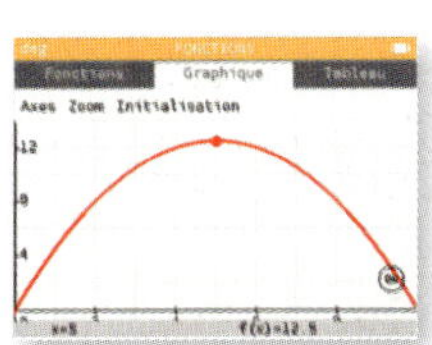

66 On considère un carré $ABCD$ de côté 12 cm. On place le point M sur le segment $[AB]$ et on note x la longueur AM ; F est un point du segment $[AD]$ tel que $AMEF$ soit un carré ; H est un point du segment $[BC]$ tel que $CH = x$.
1. Faire une figure.
2. On note $f(x)$ la somme des aires du carré $AMEF$ et du triangle MBH.
a. Dans quel intervalle x varie-t-il ?
b. Montrer que $f(x) = 1{,}5x^2 - 12x + 72$.
c. Sur la calculatrice, représenter la courbe représentation de la fonction f.
d. Pour quelle valeur de x, la somme des aires est-elle minimale ? Maximale ?

Analyse d'un énoncé

67 Exercice commenté
Déterminer la longueur et la largeur d'un rectangle de périmètre 24 cm de sorte que son aire soit maximale.

➜ Le sujet d'étude est l'aire $L \times l$ d'un rectangle. La longueur L et la largeur l sont reliées par le périmètre. En déduire l'expression de L en fonction de l.
Exprimer l'aire en fonction d'une seule inconnue.

68 Application immédiate
Sur une plage, un surveillant de baignade dispose d'une ligne de nage de 200 mètres de longueur ainsi que quatre bouées A, B, C et D.
Il souhaite la déployer à partir de la plage pour obtenir la zone de baignade rectangulaire la plus grande possible, c'est-à-dire ayant la plus grande aire.

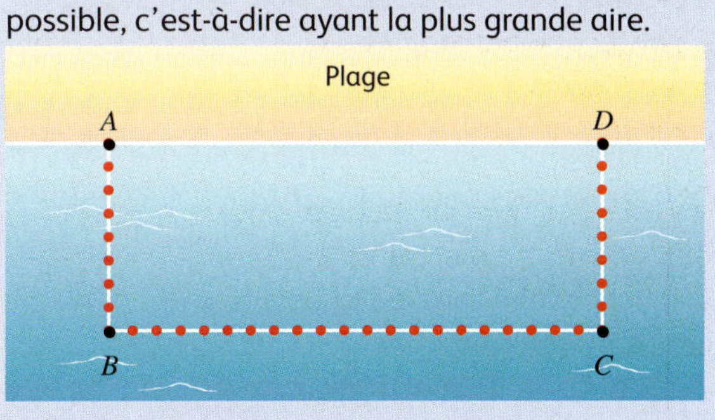

Comment doit-il placer ses bouées ?

69 À l'aide d'une feuille rectangulaire de 10 cm de large par 20 cm de long, on souhaite construire un bac dont la forme est un pavé droit.
1. Exprimer le volume de ce bac en fonction de x.
2. Déterminer une valeur de x qui permet d'obtenir un bac de volume maximal.

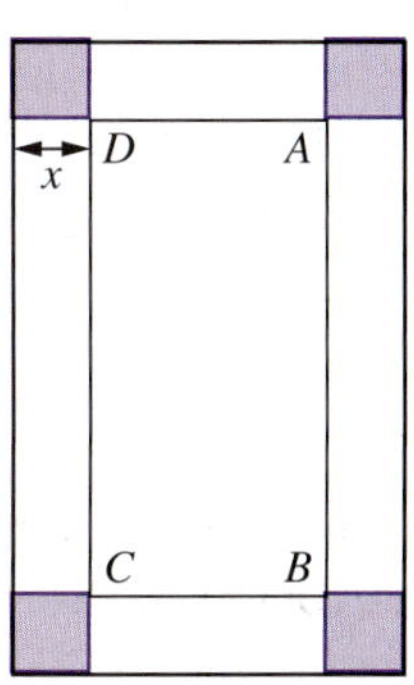

3 Droites remarquables du triangle

70 On considère un losange $ABCD$ et un point M quelconque sur la diagonale $[AC]$.

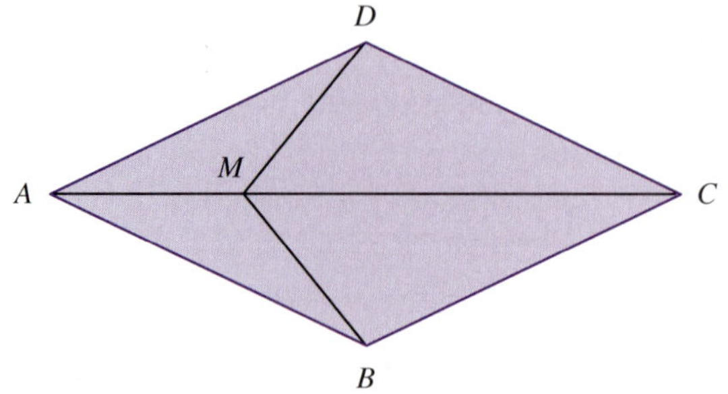

Démontrer que $BM = DM$.

71 On considère un triangle ABC isocèle en A et les carrés $ABDE$ et $ACGF$ extérieurs au triangle.

1. Construire une figure.
2. Démontrer que (FE) et (BC) sont parallèles.

72 On considère un parallélogramme $ABCD$ de centre O.
On nomme E le milieu de $[CD]$. La droite (AE) coupe $[BD]$ en F et (BC) en G.

1. Construire une figure.
2. Que représente le point F dans le triangle ACD ?
3. En déduire que $EF = \frac{1}{2}FA$.
4. Montrer que E est le milieu de $[AG]$.
5. En déduire que $FG = 4EF$.
6. Démontrer l'égalité $FA^2 = EF \times FG$.

73 Lors d'un jeu de geocaching, trois amies, Amélie, Bintou et Célia s'envoient leurs coordonnées GPS à l'aide de leur téléphone satellite. En plaçant les positions sur son appareil, Célia voit les distances qui les séparent.

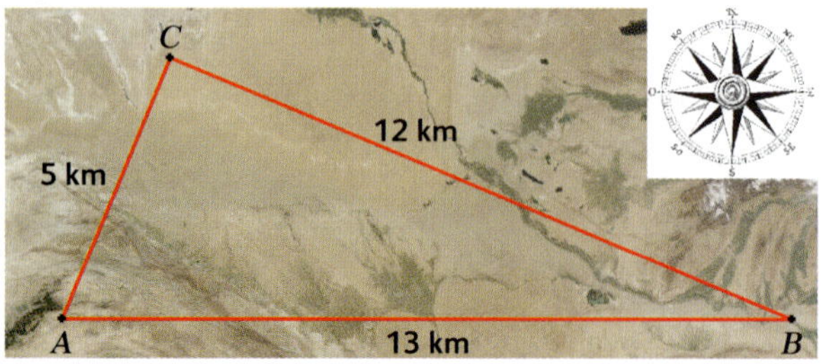

1. Célia a l'impression que sur son écran, le triangle ABC est rectangle. A-t-elle raison ?

a. Les trois amies souhaitent se rejoindre. En quel point doivent-elles se retrouver pour que toutes les trois parcourent la même distance ?

b. Pour se retrouver en ce point, quelles directions Célia doit-elle indiquer à Amélie et à Bintou ? Quelle distance chacune des amies doit-elle parcourir ?

74 Soit ABC un triangle isocèle en C tel que la bissectrice de l'angle $\widehat{A}$ et la bissectrice de l'angle $\widehat{C}$ se coupent en D suivant un angle de 100°.

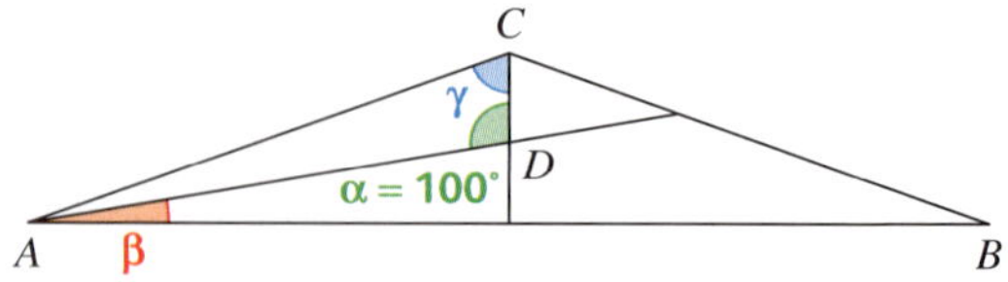

On note β l'angle $\widehat{BAD}$ et γ l'angle $\widehat{ACD}$.

1. a. Quelles relations relient β et γ ?
Indice : observer les triangles ABC et ADC.
b. En déduire les valeurs des angles du triangle ABC.
2. Construire le triangle ABC et vérifier que les bissectrices forment un angle de 100°.

Info
α (alpha), β (bêta), γ (gamma), δ (delta)…

75 On considère un cercle $\mathscr{C}$ de centre A et de rayon 3 cm. On place un point D sur ce cercle et on construit le triangle ADE comme sur la figure ci-dessous.

1. Montrer que (ED) est la tangente au cercle $\mathscr{C}$ en D.

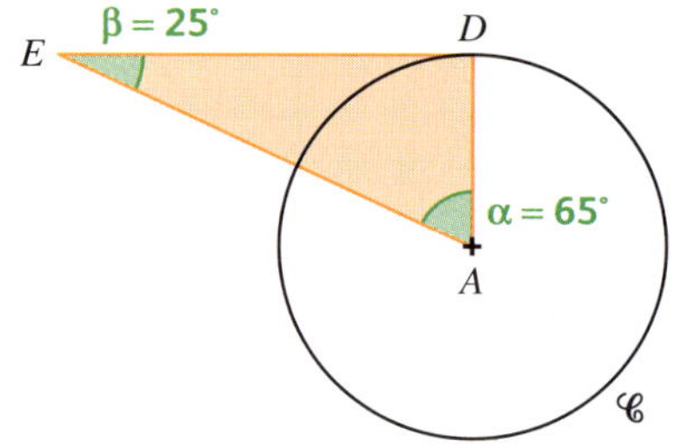

2. Calculer l'aire du triangle ADE.
3. Le centre du cercle circonscrit au triangle ADE appartient-il au cercle $\mathscr{C}$?

76 On dispose d'un rondin de bois cylindrique de 40 cm de diamètre et d'une planche de 2 m.
On souhaite déterminer la distance AH pour que, posée sur le rondin, l'extrémité de la planche soit élevée de 80 cm par rapport au sol.

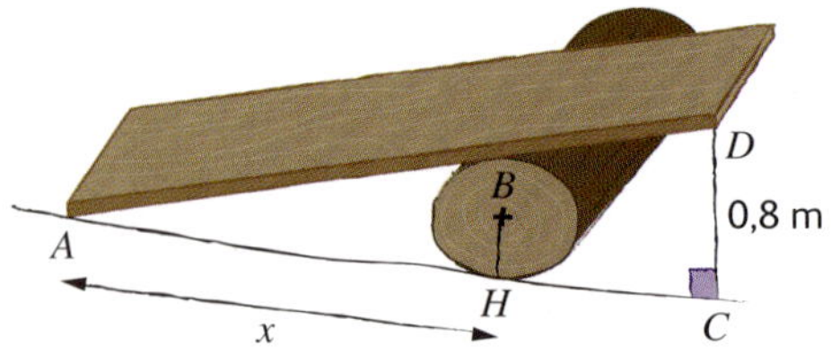

1. Construire une vue de côté de la situation.
2. Que représentent les droites (AD) et (AC) pour le cercle de centre B et de rayon BH ?
3. Déterminer la mesure de l'angle $\widehat{CAD}$ à 0,1° près.
4. Montrer que (AB) est la bissectrice de $\widehat{CAD}$.
En déduire une valeur approchée de l'angle $\widehat{HAB}$.
5. Déterminer la distance AH recherchée.

77 $ABCD$ est un tétraèdre régulier de côté 6 cm (c'est-à-dire que toutes ses arêtes mesurent 6 cm). On note I le milieu du segment $[CD]$ et H le *centre de gravité* du triangle BCD.

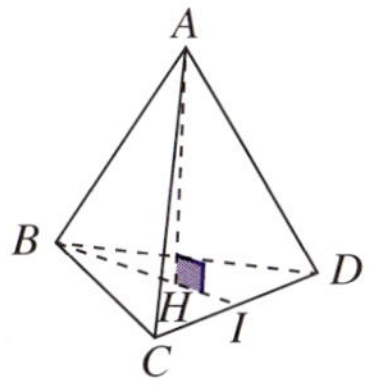

On rappelle que le centre de gravité est situé aux deux tiers de chaque médiane en partant du sommet.

On admet que les droites (AH) et (BI) sont perpendiculaires en H.

1. a. Calculer la longueur BI.
b. Calculer la longueur AH.
2. En déduire le volume du tétraèdre $ABCD$.

78 PRISE D'INITIATIVES **Publicité mensongère ?**

Une piscine a la forme d'un prisme. Elle admet une hauteur d'eau de 1,20 m et sa base est un octogone régulier inscrit dans un cercle de diamètre 4,60 m.

On peut lire sur le carton d'emballage :

« 18 000 L de fraîcheur ! »

La capacité mentionnée est-elle correcte ?

Info

Un polygone est régulier si tous ses côtés sont de la même longueur et si tous les angles formés par deux côtés consécutifs ont la même mesure.

79 **Preuve géométrique**

On considère un triangle ABC rectangle en B et M un point mobile sur son hypoténuse. On souhaite démontrer que l'aire d'un rectangle $BNMP$, inscrit dans le triangle ABC, est maximale lorsque M est le milieu de l'hypoténuse à l'aide de considérations géométriques.

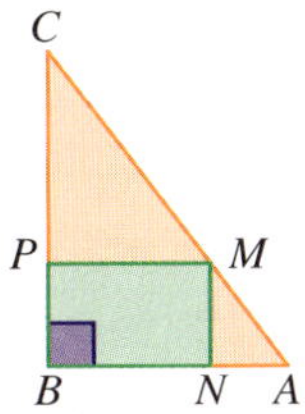

1. Montrer, en utilisant une droite remarquable du triangle ABC, que l'aire du rectangle $BNMP$ est égale à la moitié de l'aire du triangle ABC lorsque M est le milieu de l'hypoténuse.
2. On suppose M distinct du milieu de $[AC]$.

On souhaite montrer que :

$$\mathcal{A}_{BNMP} < \frac{1}{2}\mathcal{A}_{ABC}$$

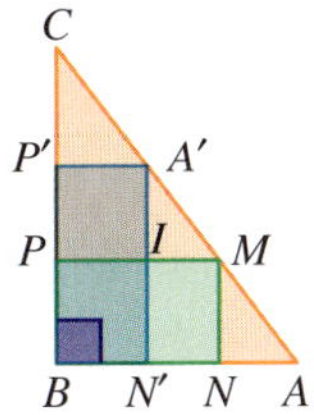

Si M est plus proche de A que de C, c'est-à-dire si $AM < AC$, on considère A' le symétrique de A par rapport à M.

P' et N' les points de (BC) et (AC) tels que $BP'A'N'$ soit un rectangle.

a. Montrer que $\mathcal{A}_{N'NMI} = \frac{1}{2}\mathcal{A}_{N'AA'}$ et $\mathcal{A}_{BN'IP} = \mathcal{A}_{PIA'P'}$.

b. En déduire que $\mathcal{A}_{BNMP} = \frac{1}{2}\mathcal{A}_{BAA'P'}$.

c. Conclure.

4 Projeté orthogonal d'un point sur une droite

80 On considère le cercle Γ de rayon 2 cm. On place trois points B, C et D sur Γ tels que :

$BC = 4\,\text{cm}$; $\widehat{BCD} = 30{,}7°$

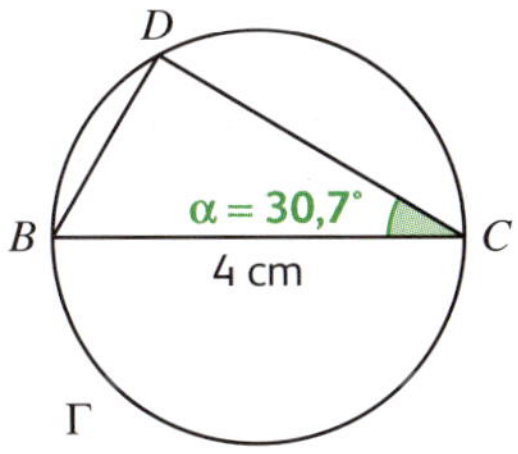

1. Quelle est la nature du triangle BCD ?
2. Calculer la distance entre C et la droite (BD).

Démo **81** **Exercice guidé**

On considère un triangle ABC isocèle en A et M un point du segment $[BC]$. Soit H et K les projetés orthogonaux de M sur $[AB]$ et $[AC]$.

1. Construire une figure et émettre une conjecture sur la somme $MK + MH$.
2. Démontrer la conjecture émise à la question 1.

Pistes de résolution

1. Un logiciel de géométrie dynamique est un outil précieux pour émettre une conjecture.
2. Considérer les aires des triangles ABM et ACM.

82 Lors d'une course, les participants doivent traverser un canal rectiligne. On suppose qu'ils le traversent à la nage perpendiculairement à ses bords.

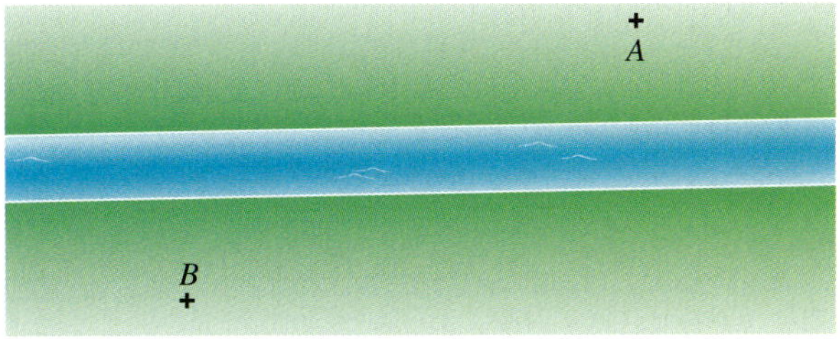

Indiquer la position où ils doivent traverser pour que la distance à parcourir entre le départ B et l'arrivée A soit minimale.

83 On considère la figure suivante.

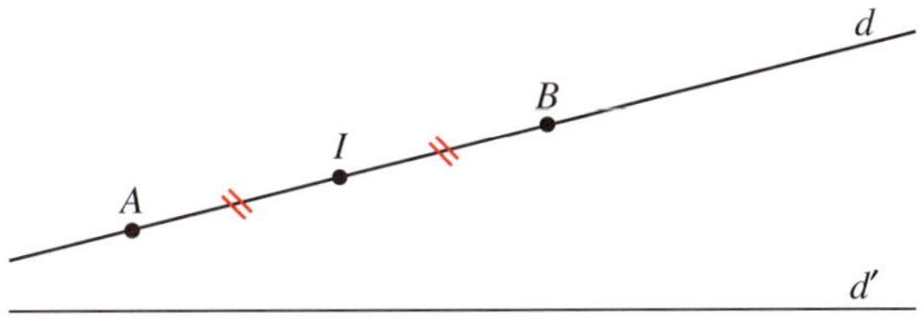

1. Reproduire la figure et construire A', I' et B' les projetés orthogonaux de A, I et B sur d'.
2. Démontrer que I' est le milieu de $[A'B']$.

84 Montrer que tout point d'une bissectrice d'un angle est équidistant aux demi-droites formant l'angle.

85 Compétence Représenter **Carré tournant**

$ABCD$ est un carré. Pour tout réel k de l'intervalle $[0;1]$, on note M, N, P et Q les points respectifs des segments $[AB]$, $[BC]$, $[CD]$ et $[DA]$ tels que :

$AM = BN = CP = DQ = k \times AB$

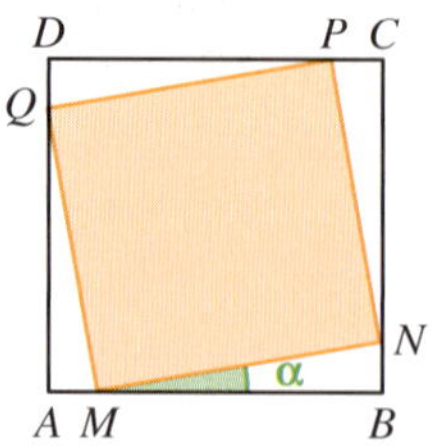

1. Quelle est la nature du quadrilatère $MNPQ$?

2. On note c le côté du carré $ABCD$ et α l'angle $\widehat{BMN}$.

Justifier que $MN = c \times \sqrt{k^2 + (1-k)^2}$

et que $\tan\alpha = \dfrac{k}{1-k}$.

3. PYTHON On souhaite réaliser la figure à l'aide du logiciel Python et de son module Tortue. On propose le programme ci-dessous.

```
1 from turtle import*
2 from math import*
3
4 def carre(cote):
5     for i in range(4):
6         forward(cote)
7         left(90)
8
9 reset()
10 goto(0,0)
11 k=0.2
12 carre(200)
13 forward(200*k)
14 alpha=degrees(atan(k/(1-k)))
15 k1=sqrt(k**2+(1-k)**2)
16 left(alpha)
17 carre(200*k1)
18
19 exitonclick()
```

Info
- `forward(200)` signifie « avance de 200 ».
- `left(90)` signifie « tourne à gauche de 90° ».

a. À quoi sert la fonction `carre`, définie entre les lignes 4 et 7 du programme ?

b. Combien mesure le côté du premier carré tracé ?

c. À quoi servent les instructions des lignes 14 et 15 du programme ?

d. À quoi servent les instructions des lignes 13, 16 et 17 du programme

4. a. PYTHON Réaliser la figure à l'aide du programme précédent.

b. Modifier le programme de façon à reproduire 10 fois le procédé de construction et obtenir les figures suivantes.

k=0.2

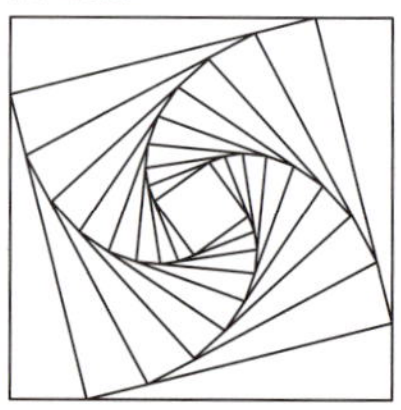

k=0.6

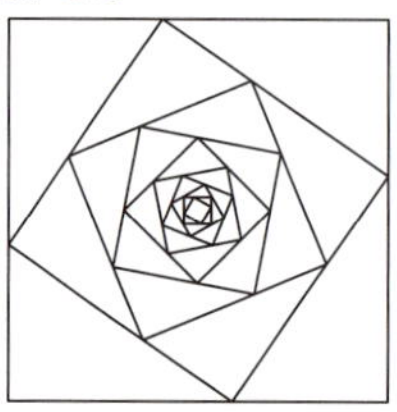

86 Deux cercles de rayon $2R$ et R ont leur centre distant de $4R$.

À quelle distance de chaque centre se trouve le point d'intersection des tangentes communes aux deux cercles ? *On considère les tangentes intérieures, c'est-à-dire celles qui se croisent entre les deux cercles.*

Démo

87 **Médianes concourantes (guidé)**

On veut montrer que les trois médianes d'un triangle sont concourantes et préciser la position de leur point d'intersection.

Soit ABC un triangle, on note I et J les milieux des côtés $[AB]$ et $[BC]$.

Les médianes (CI) et (AJ) se coupent en G.

Soit D le symétrique de B par rapport à G.

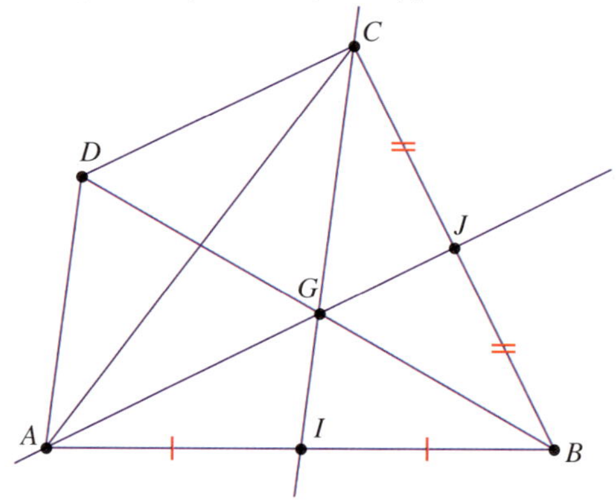

1. Montrer que (CI) et (DA) sont parallèles.

2. Montrer que $GADC$ est un parallélogramme.

3. En déduire que la droite (BG) est la médiane issue de B.

4. On appelle O le point d'intersection des droites (BG) et (AC).

Montrer que $BG = \dfrac{2}{3}BO$.

Démo

88 **Hauteurs concourantes (moins guidé)**

On veut montrer que les trois hauteurs d'un triangle sont concourantes.

Soit un triangle ABC et H le point d'intersection des hauteurs issues de A et de C.

1. Faire une figure.

2. Construire les parallèles à (AB), (BC) et (AC) passant respectivement par C, A et B.

Nommer EFG, le triangle obtenu par intersection de ses droites.

3. Démontrer que la droite (BH) est la troisième hauteur du triangle ABC en montrant que ses hauteurs sont des droites remarquables du triangle EFG.

Démo

89 **Bissectrices concourantes (sans guide)**

Montrer que les bissectrices (intérieures) d'un triangle sont concourantes.

90 Aire d'un triangle et loi des sinus

On considère le triangle ABC ci-dessous.

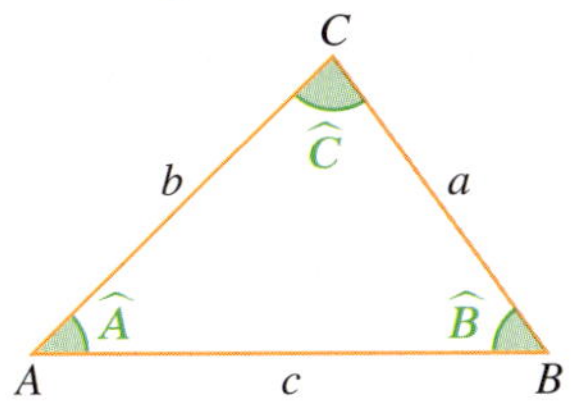

1. Montrer que son aire S est égale à $\frac{1}{2}bc\sin\widehat{A}$.
2. En déduire la formule des sinus :

$$\frac{a}{\sin\widehat{A}}=\frac{b}{\sin\widehat{B}}=\frac{c}{\sin\widehat{C}}=\frac{abc}{2S}$$

91 Triangulation (loi des sinus)

Un bateau se trouve près de la côte. Deux guetteurs situés dans les phares P_1 et P_2 distants de 12 km le voient sous les angles $\widehat{P_2P_1B}$ et $\widehat{P_1P_2B}$ égaux à 50° et à 60°.

Le guetteur situé dans le phare P_2 mesure également l'angle formé par le bateau, le phare et la côte, et obtient 80°.

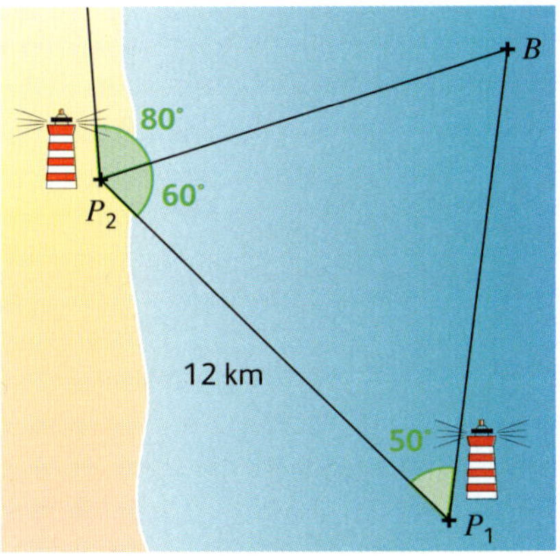

Le bateau est-il situé à moins de 9 km de la côte ?

92 PRISE D'INITIATIVES

Lors de la rénovation de son école, un directeur souhaite décorer son entrée à l'aide de briques sur lesquels est inscrite la phrase :

« Que nul n'entre ici s'il n'est géomètre. »

L'entrée a la forme d'un rectangle surmonté d'un demi-cercle. Les briques mises bout à bout ont une longueur de 8 mètres. Déterminer les dimensions de l'entrée pour que l'aire de l'entrée soit maximale.

Arrondir les longueurs au dixième de mètre.

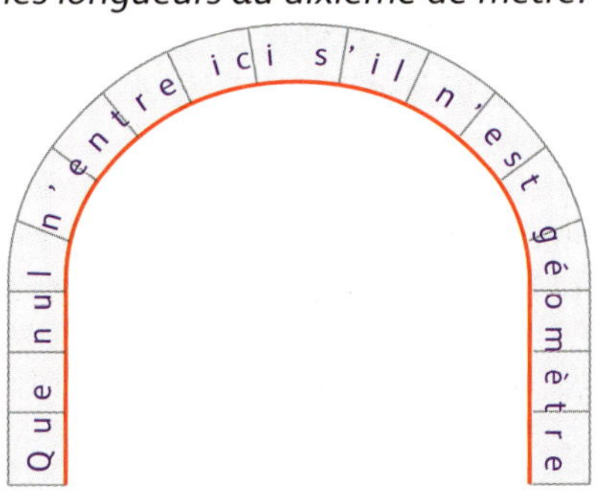

93 Formule d'Al-Kashi et application

Découverte de la formule d'Al-Kashi connue également sous le nom de « formule de Pythagore généralisée ».

1. On considère un triangle quelconque ABC et H le projeté orthogonal de A sur (BC).

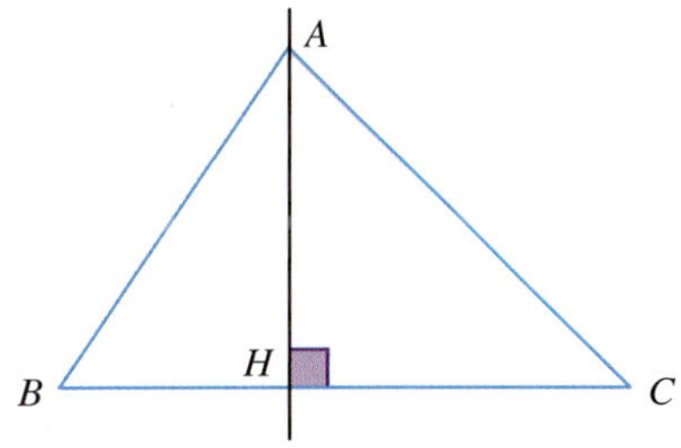

a. Montrer que $AC^2 = AB^2 + HC^2 - BH^2$.
b. Exprimer HC en fonction de BC et de BH.
c. Donner l'expression de $\cos\widehat{B}$ dans le triangle ABH.
d. Retrouver la formule d'Al-Kashi :

$$AC^2 = AB^2 + BC^2 - 2\times AB\times BC\times\cos\widehat{B}$$

2. Dans le triangle ABC ci-dessous, utiliser la formule d'Al-Kashi et calculer la longueur AC et en donner une valeur au millimètre près.

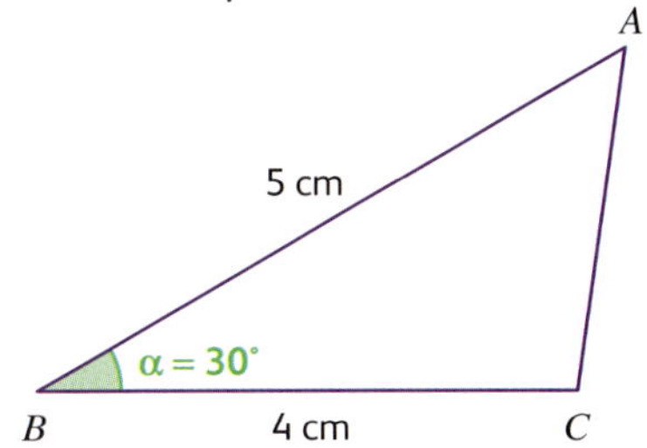

Info

Né à Kashan (Iran) en 1380, Jamshid Al-Kashi est un mathématicien et astronome Perse. Il est l'auteur, entre autres, de la loi des cosinus, d'une approximation de π d'une précision de 16 décimales…

94

1. On place un point P quelconque à l'intérieur d'un triangle équilatéral ABC.

Démontrer que la somme des distances de P aux côtés du triangle est indépendante de la position du point P.

2. Une entreprise est composée de trois secteurs S_1, S_2 et S_3. Le secteur S_1 représente 40 % des ressources humaines de l'entreprise, le secteur S_2 en représente 40 % et le secteur S_3 en représente 20 %.

Indiquer une méthode pour construire, dans un triangle équilatéral, la représentation graphique ci-dessous où les aires des secteurs colorés sont proportionnelles aux données de l'énoncé.

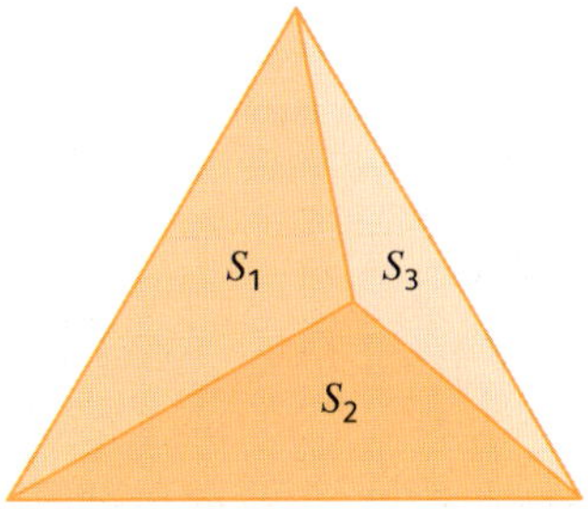

COUPS DE POUCE 99

Maîtriser l'essentiel

95 Compréhension d'énoncé

On considère l'énoncé suivant.

Soit le rectangle $ABCD$ et le triangle CDE rectangle en D ci-dessous. La parallèle à (AC) passant par D coupe (EC) en F.

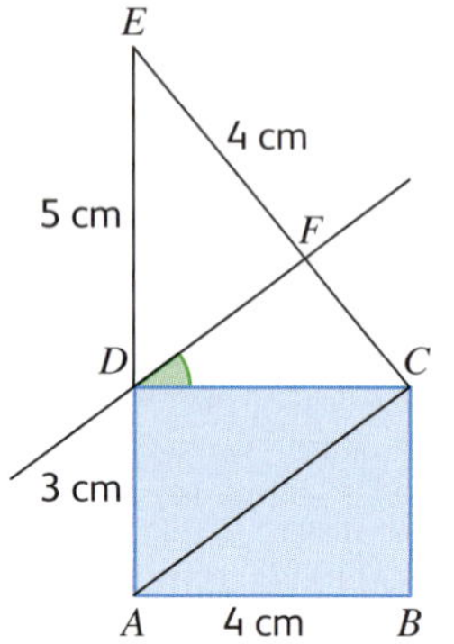

I. a. Calculer la longueur de la diagonale $[AC]$.
b. Sans calcul, donner BD.
II. Déterminer une valeur approchée de l'angle $\widehat{CDF}$.
III. Calculer la valeur exacte de FC.
IV. Le triangle ACE est-il rectangle ?

Répondre aux questions suivantes.

1. Pour chaque question, un élève a indiqué la méthode qu'il souhaite utiliser.
Quelles sont celles qui sont correctes ?

I. a. J'utilise le théorème de Pythagore dans ABC.
b. J'utilise le théorème de Pythagore dans ABD.
II. J'utilise la trigonométrie dans DEF.
III. J'utilise le résultat de la question II.
IV. J'utilise la contraposée du théorème de Pythagore.

2. Répondre aux questions de l'exercice.

96 On considère le rectangle $DEFG$ de centre O et F' le symétrique de F par rapport à E.
Les droites (DE) et (OF') sont sécantes en A.
1. Que représente (OF') pour le triangle DFF'.
2. Montrer que (FA) coupe $[DF']$ en son milieu.

97 Compétence Modéliser **Optimiser une aire**

Soit $[AB]$ un segment de longueur 8 cm et M un point de $[AB]$. On construit deux carrés $AMCD$ et $MBEF$.
On note x la longueur AM.
1. Dans quel intervalle x varie-t-il ?
2. Exprimer l'aire des deux carrés en fonction de x.
3. À l'aide d'une calculatrice, déterminer la valeur de x qui rend la somme des aires des carrés minimales.

Aller plus loin

98 Dans un triangle ABC rectangle en A, les bissectrices issues de B et de C se coupent en I.
On note J le projeté orthogonal de I sur (AB) et L le projeté orthogonal de I sur (AC).
Démontrer que $AJIL$ est un carré.

99 PRISE D'INITIATIVES On considère la configuration suivante.

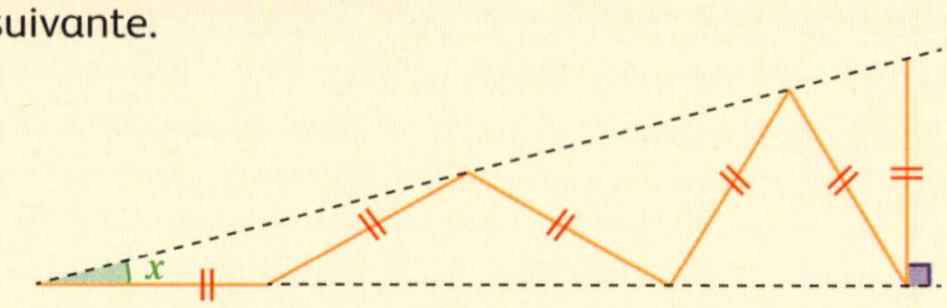

Quelle est la mesure x de l'angle coloré ?

100 Dans une situation très particulière, il existe une même formule permettant de calculer l'aire de polygones très différents.
On considère une grille composée de l'ensemble des points de coordonnées $(x\,;y)$ tels que $x \in \mathbb{Z}$ et $y \in \mathbb{Z}$.
Soit un polygone P dont tous les sommets sont des points de la grille et dont les côtés ne se coupent pas.
Si i est le nombre de points de la grille situés strictement à l'intérieur de P et b le nombre de points situés sur le bord de P alors son aire A_p est :

$$A_p = i + \frac{b}{2} - 1 \text{ (Formule de Pick)}$$

1. Utiliser la formule de Pick pour déterminer l'aire du polygone ci-dessous.

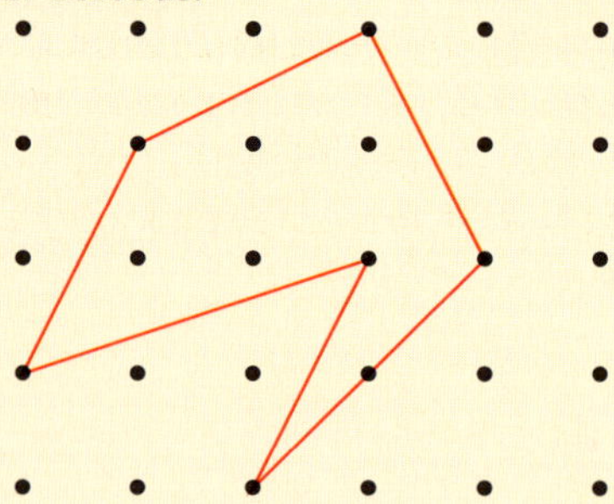

2. Vérifier sur le triangle ci-contre que la formule de Pick donne le même résultat que la formule d'aire classique.

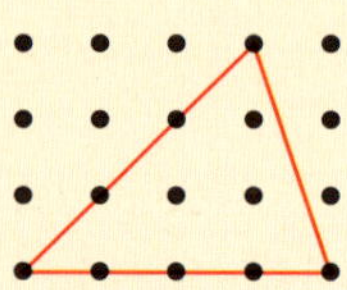

3. Démonstration dans le cas d'un rectangle.
On considère un rectangle de Pick dont les côtés sont parallèles au réseau de longueur L de largeur l.
a. Exprimer b et i en fonction de L et l.
b. Démontrer que la formule de Pick donne bien l'aire du rectangle.

TP Pratiquer l'algorithmique et programmer

Pavage du plan

L'objectif de ce TP est de construire un pavage du plan à l'aide de losanges comme dans la représentation ci-contre.

Objectif PYTHON
Dessiner à l'aide de Python.
Utiliser une fonction.

Partie A Étudier la configuration

On considère un losange $ABCD$ tel que $AB = 50$, $\widehat{BAD} = 60°$ ainsi que les losanges $AEFB$ et $BFGC$ superposables au losange $ABCD$.

1. Montrer que $BD = 50$ cm et $AC = 50 \times \sqrt{3}$ cm.

2. a. Déterminer la valeur de $\widehat{OAE}$ et en déduire que $(BF) \perp (AC)$.

b. En remarquant que $(DB) \perp (AC)$, démontrer que O, B et F sont alignés.

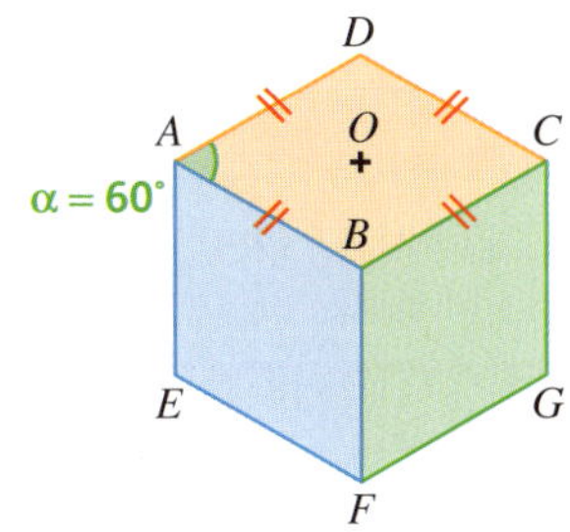

Partie B Tracer le motif à répéter

La figure ci-dessus constitue le motif à répéter.
On décide de tracer seulement les losanges $ABCD$ et $AEFB$. Le losange $BCGF$ demeurant blanc.
Pour cela, on dispose d'un stylo, symbolisé par la flèche ➔, que l'on peut lever, baisser, tourner sur sa gauche ou sur sa droite et qui sert à tracer.
On commence le dessin au point $A(x\,;y)$.

Compléter l'algorithme suivant qui permet de tracer l'ensemble à répéter.

```
Lever le crayon
Aller aux coordonnées (x ; y)
Baisser le crayon
Tourner à gauche de 30°
Tracer 50
...
```

Partie C Programmer

Le programme contient une fonction `ensemble(x,y)` qui permet de tracer le bloc à répéter à partir du point de coordonnées (x, y). La fenêtre de tracé est munie d'un repère orthonormé avec pour origine le centre de la fenêtre.

On a saisi `ensemble(-400,300)` pour tracer le bloc ci-dessus.

1. Compléter la boucle ci-dessous pour tracer une ligne de dix blocs horizontaux qui se suivent.

```
x,y=-400,300
for i in range(...):
    ensemble(x,y)
    x=...
```

2. On voit que, pour une ligne sur deux, l'abscisse du point A du premier bloc à répéter est :

-400 ou $-400+AC/2$

a. Expliquer les instructions Python ci-dessous où `i` représente le numéro de la ligne à partir de `0`.

```
if i%2==0:
    x=-400+50*sqrt(3)/2
else:
    x=-400
```

Info
% donne le reste de la division euclidienne.

b. Compléter la boucle ci-dessous pour tracer dix blocs verticaux.

```
for i in range(...):
    ensemble(x,y)
    if i%2==0:
        x=-400+50*sqrt(3)/2
    else:
        x=-400
y=...
```

3. Terminer le programme.

TP Utiliser les outils numériques

LOGICIEL GÉOMÉTRIE

Droite d'Euler

On considère un triangle ABC.
On note O le centre du centre circonscrit Γ au triangle ABC, avec G son centre de gravité et H son orthocentre.
On souhaite montrer que les points O, G et H sont alignés.

Objectif PYTHON
Utiliser un logiciel de géométrie dynamique pour observer la droite d'Euler.

Construction à l'aide d'un logiciel de géométrie dynamique

- Construire un triangle ABC.
- Construire les milieux A', B' et C' des segments $[BC]$, $[AC]$ et $[AB]$ en utilisant l'outil *milieu* de votre logiciel.
Déplacer les sommets du triangle et observer que les milieux se déplacent en conséquence.
- Avec l'outil *droite*, construire les médianes issues de chaque sommet et nommer G leur point d'intersection.
Cacher ensuite les droites.
- Avec l'outil *droite perpendiculaire*, construire les médiatrices de chaque segment et nommer O leur point d'intersection.
Cacher ensuite les droites.
- Construire de même les hauteurs issues de chaque sommet et nommer H leur point d'intersection.
Cacher ensuite les droites.

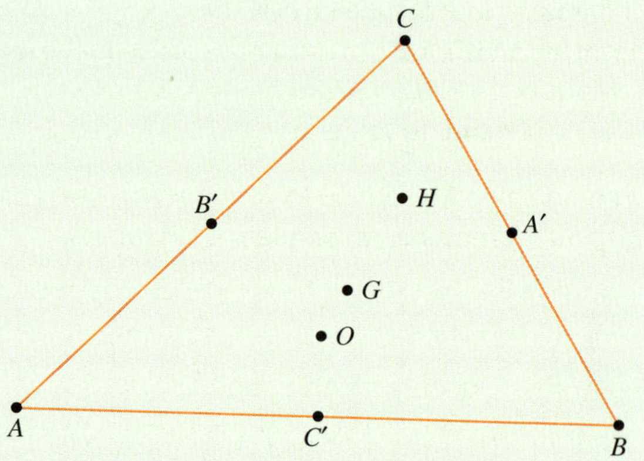

Partie A Émettre une conjecture

1. En déplaçant les sommets du triangle, l'alignement des points O, G et H semble-t-il se confirmer ?

2. Quelle doit être la nature du triangle ABC pour que les points O, G, H soient confondus ?

Partie B Démonstration de la conjecture

Construire le cercle Γ et D le point de Γ diamétralement opposé au point A.

1. Construire les droites (BH) et (CD) en rouge.
Montrer que les droites (BH) et (CD) sont parallèles.

2. Démontrer de même, et après les avoir tracées en vert, que les droites (CH) et (BD) sont parallèles.

3. Déduire des questions **1.** et **2.** que A' est le milieu de $[DH]$.

4. Que représente (AA') pour le triangle ABC ?

5. En déduire la position de G sur le segment $[AA']$.

6. Construire le triangle ADH.
Que représente (AA') pour le triangle AHD ?

7. Quelle est la médiane issue de H du triangle AHD ?

8. En déduire que les points O, H et G sont alignés.

Partie C Construire le cercle d'Euler

Les triangles recèlent bien des particularités, sources de nombreuses recherches et de démonstrations.
Il existe en particulier un cercle par lequel passe neuf points caractéristiques du triangle :

le cercle d'Euler

1. Effectuer une recherche sur Internet sur le cercle d'Euler.

2. À l'image du protocole de construction de la droite d'Euler ci-dessus, dégager un algorithme de construction du cercle d'Euler dans un triangle ABC.

3. Observer que ce cercle passe bien par neuf points particuliers.

4. Émettre une conjecture sur une relation existant entre le diamètre du cercle d'Euler et celui du cercle circonscrit au triangle ABC.

TP Mener une recherche

Compétence Chercher et Communiquer

TP1 Obtenir le plus grand volume

TRAVAIL DE GROUPE

On dispose d'une feuille de papier A4 (21 cm × 29,7 cm). Dans le sens de la largeur ou dans celui de la longueur, on peut :

- la plier en quatre parties de largeur identique de façon à obtenir un pavé droit à base carrée.
- l'enrouler pour obtenir un cylindre.

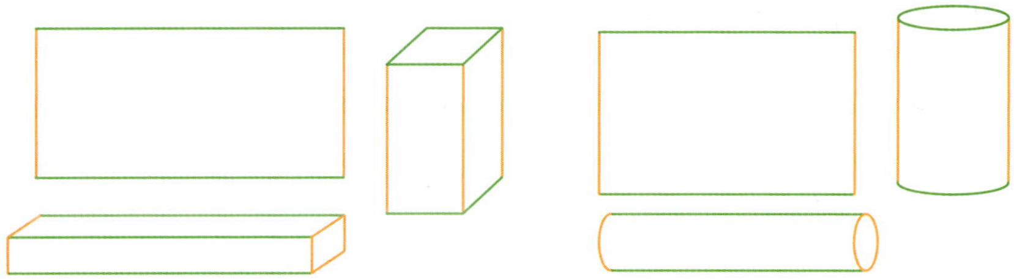

Parmi les quatre solides ainsi obtenus, lequel a le plus grand volume ?

TP2 Mesure de la Terre

Dans son livre *Mesure de la Terre*, l'abbé Picard rend compte des relevés topographiques et des calculs qu'il a fait pour déterminer la longueur d'un méridien.

ARTICLE II.

LA Terre & l'Eau ne font enſemble qu'vn meſme Globe, qui comprend l'vne & l'autre ſous le nom de Terre. On ne s'arreſte pas icy à en rapporter les preuves ; mais cette verité eſtant ſuppoſée pour conſtante, on demande quelle eſt la grandeur du Globe de la Terre : & parce qu'il ſeroit impoſſible d'en meſurer le tour entier, on eſt reduit à la meſure d'vne partie dont on puiſſe conclure la grandeur du tout, & l'on ſe retranche ordinairement à la quantité d'vn degré.

Car bien que la rondeur de la Terre ſoit en ſoy moins alterée par les inégalitez des montagnes, que celle d'vne orange la plus fine par le grain de ſon écorce ; toutefois ces meſmes inégalitez ſont ſi conſiderables à noſtre égard, & ſi grandes en comparaiſon des meſures vulgaires, que pour venir à la connoiſſance d'vne diſtance conſiderable, quoy que

que moindre que celle d'vn degré, on eſt obligé d'avoir recours à la Geometrie, en ſe ſervant d'vne ſuite de triangles liez enſemble, dont les coſtez ſont comme autant de grandes meſures, qui paſſant par deſſus les inégalitez de la ſurface de la Terre, donnent enfin la meſure d'vne diſtance, qu'il auroit eſté impoſſible de meſurer autrement.

Partie A À l'écrit ou à l'oral

Vrai ou Faux

Après avoir lu l'extrait de l'article II, indiquer si les affirmations suivantes sont vraies ou fausses.

1. Pour mesurer la longueur d'un méridien, l'abbé Picard compte mesurer la longueur d'arc correspondant à 1°.
2. La rondeur de la Terre est, toutes proportions gardées, plus accidentée que celle de l'écorce d'une orange.
3. La géométrie du triangle est utilisée dans ses calculs.

Partie B Calcul d'une longueur

Voici un extrait d'une mesure effectuée.

III. TRIANGLE DEC.
Pour DE. & CE.
DEC. 74°. 9'. 30".
DCE. 40. 34. 0.
CDE. 65. 16. 30.
DC. 13121 Toiſes 3 pieds.
Donc DE. 8870 Toiſes 3 pieds.

Sachant qu'une toise est égale à 6 pieds, retrouver la mesure en pied de DE.

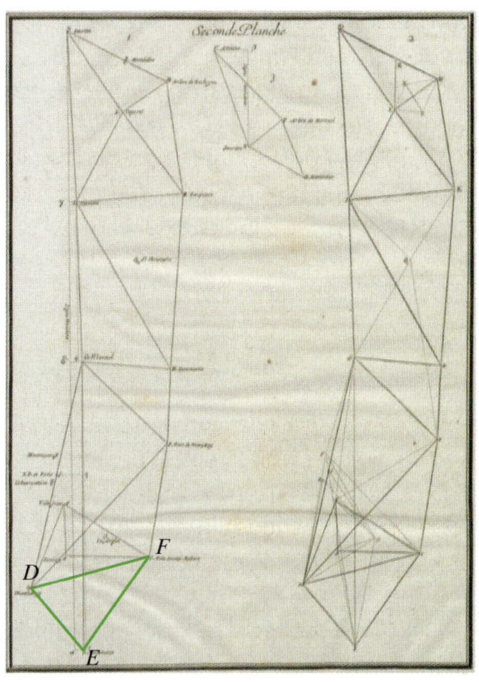

Je **révise** en **autonomie**

Je cible mes révisions

Pour chaque capacité, suivre le parcours de révision pour travailler les méthodes et s'entraîner.

VIDÉOS des capacités

Parcours de révision	Réviser en autonomie	S'entraîner
CAPACITÉ 1 Calculer des longueurs et des angles	Méthode, p. 103	Exercices 36 et 38
CAPACITÉ 2 Résoudre des problèmes de géométrie plane	Méthode, p. 105	Exercices 45 et 51
CAPACITÉ 3 Traiter des problèmes d'optimisation	Méthode, p. 107	Exercices 47 et 65

Je me teste

Voir corrigés

Pour chaque question, déterminer la (ou les) réponse(s) correcte(s).

CAPACITÉ 1 On considère la figure ci-dessous.

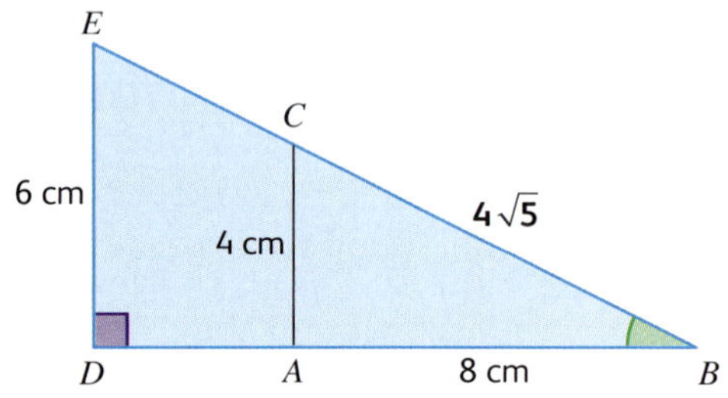

1. Le triangle ABC est :
a. rectangle en A.
b. inscrit dans le cercle de diamètre $[BC]$.
c. isocèle en B.

2. L'angle $\widehat{ABC}$:
a. a une valeur approchée au dixième égale à 28,1°.
b. a une valeur approchée au centième égale à 26,57°.
c. Est égal à $90° - \widehat{BCA}$.

3. La longueur du segment $[DA]$ est égal à :
a. 12 cm **b.** 4 cm **c.** $2\sqrt{2}$ cm

CAPACITÉ 2 $ABCD$ est un parallélogramme.

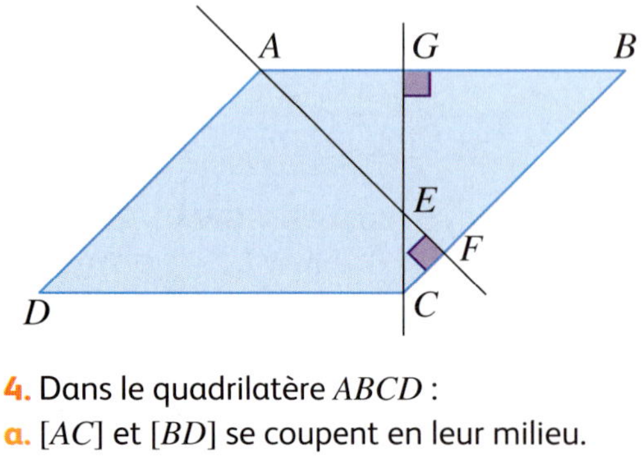

4. Dans le quadrilatère $ABCD$:
a. $[AC]$ et $[BD]$ se coupent en leur milieu.
b. $AC = BD$
c. la diagonale (AC) le coupe en deux triangles de même aire.

5. G est :
a. le projeté orthogonal de C sur (AB).
b. le milieu du segment $[AB]$.
c. le pied d'une hauteur du triangle ABC.

6. La droite (CG) est :
a. une médiane du triangle ABC.
b. une hauteur du triangle ABE.
c. la médiatrice de $[AB]$.

7. Le point E est :
a. le centre de gravité du triangle ABC.
b. le centre du cercle circonscrit au triangle ABC.
c. l'orthocentre du triangle ABC.

8. La droite (BE) :
a. est perpendiculaire à (AF).
b. est perpendiculaire à (AC).
c. est perpendiculaire à (CG).

CAPACITÉ 3 $ABCD$ est un carré de côté 6 cm. M est un point de $[AB]$ et on note x la longueur MB.
On a $AN = BM$.

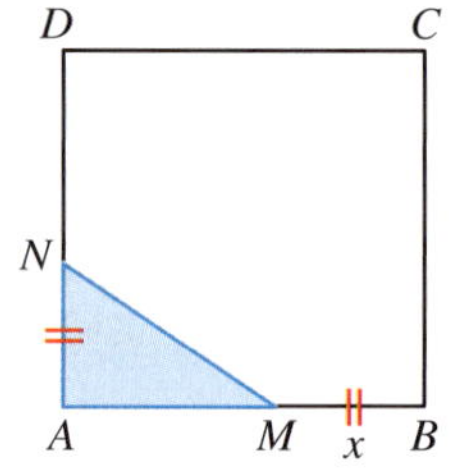

9. La longueur du segment AM est égale à :
a. x **b.** $6 - x$ **c.** $6x$

10. L'aire du triangle AMN est égale à :
a. $x(6 - x)$ **b.** $-0{,}5x^2 + 3x$ **c.** 18

11. L'aire du triangle AMN admet un minimum lorsque x égal à :
a. 2 cm **b.** 3 cm **c.** 4 cm

Je fais des exercices bilans

Bilan 1 40min **Calculs**

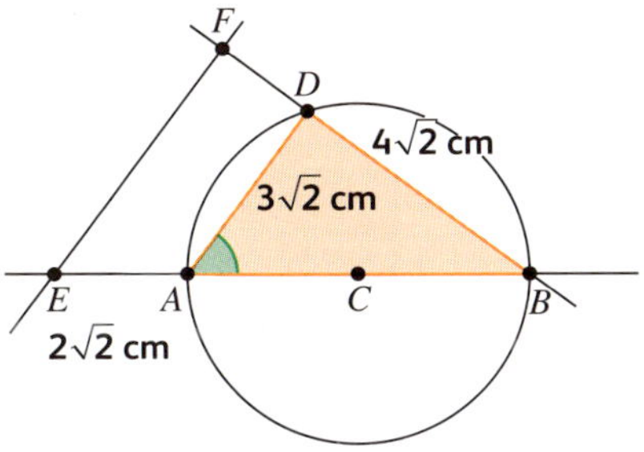

On considère le cercle de diamètre $[AB]$. D est un point du cercle et la droite (AD) est parallèle à (EF).

1. Quelle est la nature du triangle ABD ?

2. Calculer la valeur exacte de la longueur AB.

3. a. Déterminer une valeur approchée de l'angle $\widehat{BAD}$ au dixième près.

b. En déduire une valeur approchée de l'angle $\widehat{BCD}$.

4. Calculer la longueur FD.

5. Donner, sans calcul, une valeur approchée de l'angle $\widehat{AEF}$.

6. Calculer la distance du point F à la droite (AB).

Bilan 2 30min **Démonstrations**

$\mathscr{C}$ et $\mathscr{C}'$ sont deux cercles de centre O et O' sécants en deux points A et B. On note G le point de $\mathscr{C}$ diamétralement opposé à A et D le point de $\mathscr{C}'$ diamétralement opposé à A.

1. Démontrer que les droites (GD) et (OO') sont parallèles.

2. Montrer que les points B, G et D sont alignés.

3. La droite (GA) coupe $\mathscr{C}'$ en F et la droite (AD) coupe le cercle $\mathscr{C}$ en E. Les droites (DF) et (GE) se coupent en H.

a. Démontrer que les points E, F, G et D sont cocycliques (c'est-à-dire qu'ils appartiennent à un même cercle). Indiquer comment trouver le centre de ce cercle.

b. Démontrer que les droites (HA) et (GD) sont perpendiculaires.

Bilan 3 20min **Dendrochronologie**

La dendrochronologie (du grec *dendron* « arbre », *chronos* « temps » et *logos* « étude ») est une méthode scientifique de datation du bois fondée sur l'analyse de la morphologie des anneaux de croissance des arbres. Elle permet également de reconstituer les changements climatiques et environnementaux au cours du temps.

1. On assimile les cernes d'un tronc d'arbre à une suite de cercles dont on ne connaît pas le centre.
Indiquer une méthode pour déterminer le centre d'un cercle donné sans son centre.

2. Témoins du passé, les arbres peuvent donner des informations sur le climat.
Les largeurs de cernes indiquent si l'arbre a eu une croissance normale ou difficile.
Dans l'extrait de la feuille de tableur ci-dessous, on souhaite calculer l'évolution relative entre chaque largeur de cernes d'un chêne.

	A	B	C	D	E	F
1	Année	1981	1982	1983	1984	1985
2	Largeur (cm)	2	2,4	1,8	1,6	1,8
3	Évolution (%)		20%			

a. Quelle formule, saisie en C3, permet de calculer cette évolution entre 1981 et 1982 ?

b. Retrouver la valeur qui sera affichée dans la cellule D3.

3. On reporte les mesures des largeurs de cernes entre 1981 et 2000 sur un graphique.

Largeur des cernes entre 1981 et 2000

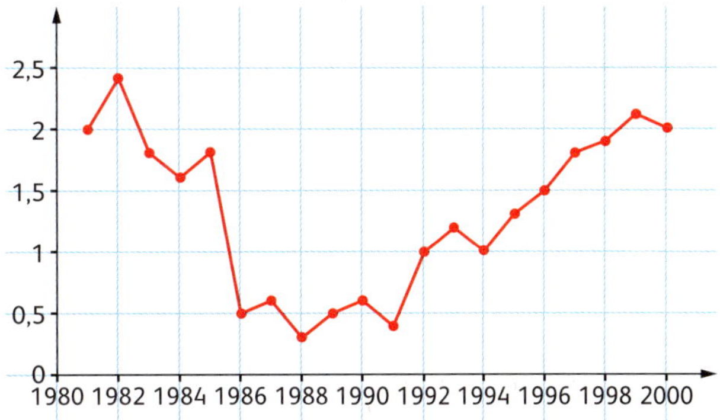

a. Comment expliquer ces variations de largeurs ?

b. On peut lire sur le rapport qu'entre 1986 et 2000, la largeur des cernes a augmenté en moyenne de 10,41 % par an. Vérifier cette donnée.

Bilan 4 40min PRISE D'INITIATIVES

Temps de remplissage

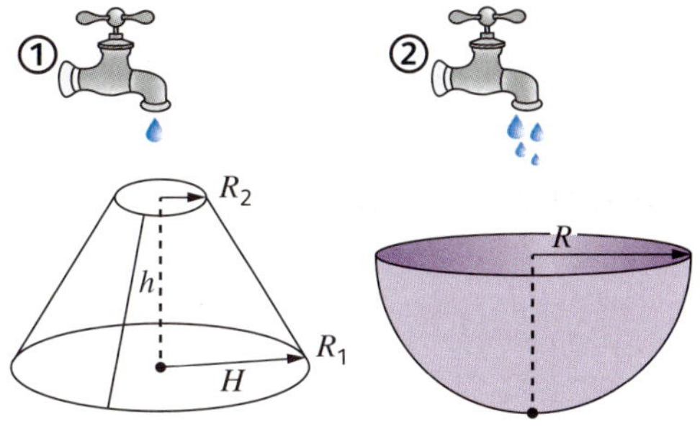

$R_1 = 5$ cm $R_2 = 1$ cm $h = 10$ cm $R = 10$ cm

Débit du robinet : ① 1 L.min^{-1} ② 10 L.min^{-1}

Lequel de ces deux récipients sera rempli le premier ?

Info

Le volume d'un cône dont la base est de rayon R et de hauteur h est $\mathscr{V}_{\text{cône}} = \dfrac{1}{3}\pi R^2 \times h$.

Le volume d'une sphère de rayon R est $V_{\text{sphère}} = \dfrac{4}{3}\pi R^3$.

CHAPITRE

5 Vecteurs du plan

Les capacités du chapitre

- CAPACITÉ 1 Représenter géométriquement des vecteurs
- CAPACITÉ 2 Construire géométriquement la somme de deux vecteurs
- CAPACITÉ 3 Mettre en relation représentation et coordonnées d'un vecteur
- CAPACITÉ 4 Calculer les coordonnées de la somme de deux vecteurs, du produit par un réel
- CAPACITÉ 5 Caractériser l'alignement ou le parallélisme par la colinéarité de vecteurs

Au fil du temps

Pour étudier la réflexion et la réfraction de la lumière, René Descartes (1596-1650) invente la *géométrie analytique* (ou *géométrie cartésienne*), pour laquelle on utilise des repères et des coordonnées de points. Le calcul vectoriel sera imaginé par G. Leibniz (1646-1716) et amélioré par C. F. Gauss (1777-1855). La notion de vecteurs est abordée d'un point de vue géométrique mais aussi algébrique dès le XVIIe siècle, sans être toutefois précisément formalisée. C'est dans la première moitié du XIXe siècle que W. Hamilton (1805-1865) donnera une définition mathématique moderne du mot *vecteur*.

Des maths partout !

La réalisation d'ouvrages de génie civil nécessite des calculs sur les forces qui s'exercent sur l'ouvrage. Celles-ci sont modélisées par des vecteurs.

Viaduc de Millau

Ressources du chapitre disponibles ici : www.lycee.hachette-education.com/declic/2de

Partir d'un bon pied

A Diaporama pour tester les bases

ACTIVITÉS MENTALES RAPIDES

B Transformations géométriques

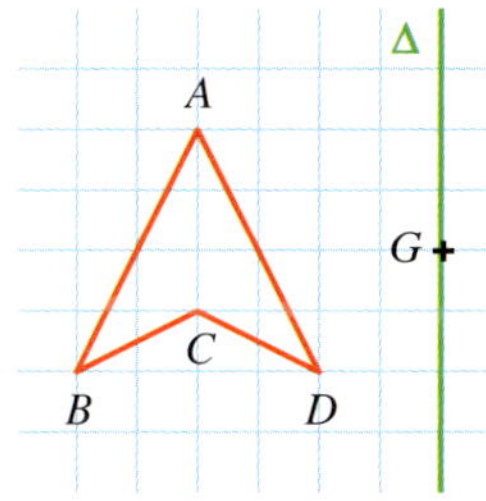

1. Reproduire la figure ci-contre en respectant le quadrillage.

2. Construire l'image du quadrilatère $ABCD$ par :

a. la symétrie de centre G.

b. la symétrie d'axe Δ.

c. la translation qui transforme A en G.

d. l'homothétie de centre C et de rapport 2.

C Propriétés d'un parallélogramme

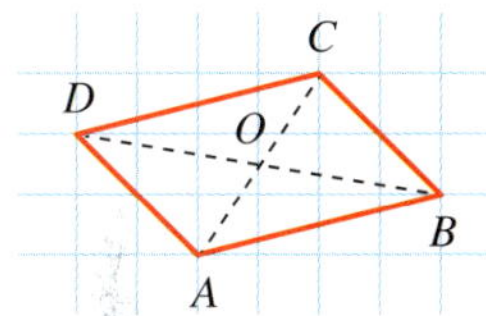

Soit $ABCD$ un parallélogramme de centre O.

1. Donner deux propriétés des côtés opposés.

2. Énoncer une propriété des diagonales.

3. Préciser l'image du point D par :

a. la symétrie de centre O.

b. la translation qui transforme A en B.

c. la translation qui transforme O en B.

4. Quel est le rapport de l'homothétie de centre B qui transforme D en O ?

D Tableaux de proportionnalité

1. Indiquer si les tableaux ci-dessous sont des tableaux de proportionnalité.

a.

x	2	3
y	6	9

b.

x	9	11
y	10	12

c.

x	–3	–9
y	2	6

2. Compléter les tableaux ci-dessous afin qu'ils soient des tableaux de proportionnalité.

a.

x	2	5
y	–4	…

b.

x	3	…
y	4	8

c.

x	…	5
y	3	7,5

3. Chacun des tableaux ci-dessous est un tableau de proportionnalité. Calculer le coefficient de proportionnalité noté k.

a.

x	2	3
y	7	10,5

b.

x	–3	10
y	2,4	–8

c.

x	0,3	1,5
y	4,2	21

4. On considère le tableau ci-contre.
Compléter l'algorithme ci-dessous afin que le tableau soit un tableau de proportionnalité.

a	c
b	d

Lire a, b, c, d
Si … = … Alors
    Afficher « On obtient un tableau de proportionnalité »
Sinon afficher « … »
Fin Si

Activités

1 Translations et vecteurs

Objectif
Définir un vecteur comme étant un outil pour décrire une translation.

Sur une feuille ou à l'aide d'un logiciel de géométrie dynamique, reproduire la figure ci-contre en respectant le quadrillage.

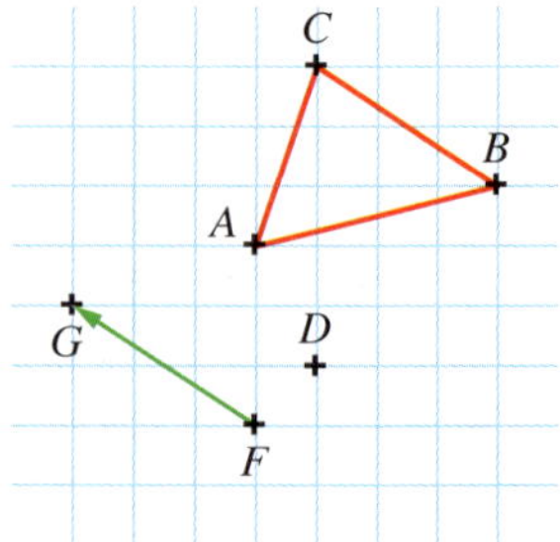

1 Un objet, placé en F, est déplacé en ligne droite sur le point G.
a. En utilisant les carreaux, décrire le déplacement qui envoie l'objet du point F vers le point G.
b. En suivant le même déplacement, où est envoyé un objet situé en D ? Le point obtenu, noté E, est appelé l'**image** du point D par la **translation** qui envoie F en G.
c. Quelle est la nature du quadrilatère $FDEG$?
d. On déplace de la même manière un objet triangulaire ABC.
Placer A', B', C' les images respectives des points A, B et C.
e. Tracer une flèche verte allant de D vers E, de A vers A', de B vers B' puis de C vers C'. Que constate-t-on ?

Info
Pour tracer les flèches avec le logiciel de géométrie dynamique, on utilise l'outil suivant.

Vocabulaire
Les quatre flèches décrivent le **même déplacement**, elles correspondent à un **même vecteur**, qu'on notera $\vec{u}$. On a donc $\vec{u} = \overrightarrow{FG} = \overrightarrow{DE} = \overrightarrow{AA'} = \overrightarrow{BB'} = \overrightarrow{CC'}$.

2 On considère la **translation de vecteur** $\vec{v} = \overrightarrow{DG}$.
a. A-t-on $\overrightarrow{DG} = \overrightarrow{FG}$?
b. Construire l'image $A_1B_1C_1$ de ABC par la translation de vecteur $\vec{v}$.
c. Compléter l'égalité suivante : $\vec{v} = \overrightarrow{DG} = \overrightarrow{\ldots} = \overrightarrow{\ldots} = \overrightarrow{\ldots}$

2 Somme de vecteurs

Objectif
Définir une somme de vecteurs.

Hugo et Thibault tentent d'arracher un poteau en tirant dessus. On donne ci-contre les positions du poteau P, d'Hugo et de Thibault.
Les vecteurs $\vec{F_1}$ et $\vec{F_2}$ représentent les forces exercées respectivement par Hugo et par Thibault sur le poteau.

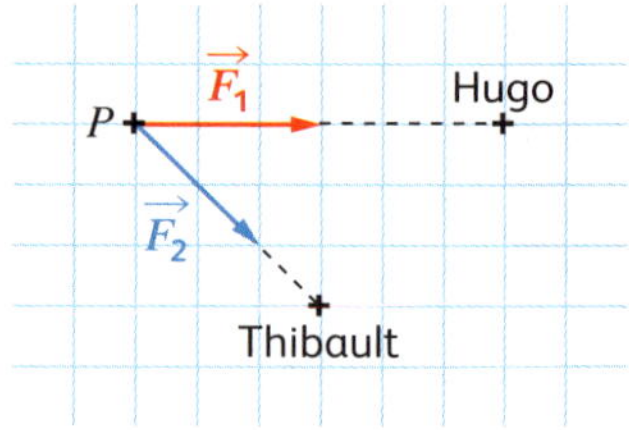

1 a. Reproduire la figure ci-contre en respectant le quadrillage.
b. Construire l'image A du point P par la translation de vecteur $\vec{F_1}$, puis l'image B de A par la translation de vecteur $\vec{F_2}$.
c. Construire l'image E du point P par la translation de vecteur $\vec{F_2}$ puis l'image F de E par la translation de vecteur $\vec{F_1}$.
d. Que constate-t-on ?
e. Dans quelle direction le poteau va-t-il tomber ?

2 Compléter les pointillés décrivant les **sommes vectorielles** de la question **1**.
a. $\overrightarrow{PA} + \overrightarrow{\ldots} = \overrightarrow{P\ldots}$ et $\overrightarrow{PE} + \overrightarrow{\ldots} = \overrightarrow{\ldots}$
b. $\overrightarrow{\ldots} + \overrightarrow{\ldots} = \overrightarrow{\ldots} + \overrightarrow{\ldots}$

Info
Dans l'histoire des mathématiques, la notion de vecteur a permis de relier efficacement géométrie et physique. Les vecteurs sont utilisés notamment pour décrire les forces exercées sur des objets.
On peut combiner plusieurs forces appliquées à un objet en une seule et l'ordre de combinaison des forces n'influence pas le mouvement final. Ce principe permis à Simon Stevin et Isaac Newton d'énoncer le théorème du parallélogramme des forces.

3 Vecteurs de même direction

Objectif
Définir le produit d'un vecteur par un réel.

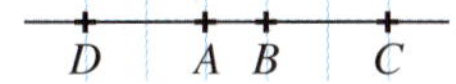

1 À l'aide des points A, B, C et D ci-contre citer :

a. deux vecteurs $\vec{u}$ et $\vec{v}$ ayant la même direction, le même sens et tels que $\vec{u}$ a une norme trois fois plus grande que celle de $\vec{v}$.

b. deux vecteurs $\vec{w}$ et $\vec{z}$ ayant la même direction, des sens contraires et tels que $\vec{w}$ a une norme deux fois plus petite que celle de $\vec{z}$.

Info
1 a. On écrit $\vec{u} = 3\vec{v}$.
1 b. On écrit $\vec{w} = -\frac{1}{2}\vec{z}$.
Le signe « – » traduit les sens contraires.

2 Soient deux vecteurs ayant la même direction, des sens contraires et dont la norme de l'un est trois fois plus grande que celle de l'autre.
Quelles égalités ci-dessous peuvent correspondre à cet énoncé ?

- $\overrightarrow{DB} = 3\overrightarrow{AB}$
- $\overrightarrow{CA} = -3\overrightarrow{AB}$
- $\overrightarrow{BA} = -\frac{1}{3}\overrightarrow{DB}$
- $\overrightarrow{AB} = \frac{1}{3}\overrightarrow{AC}$

4 Coordonnées d'un point, coordonnées d'un vecteur

Objectif
Découvrir les coordonnées de vecteurs dans une base.

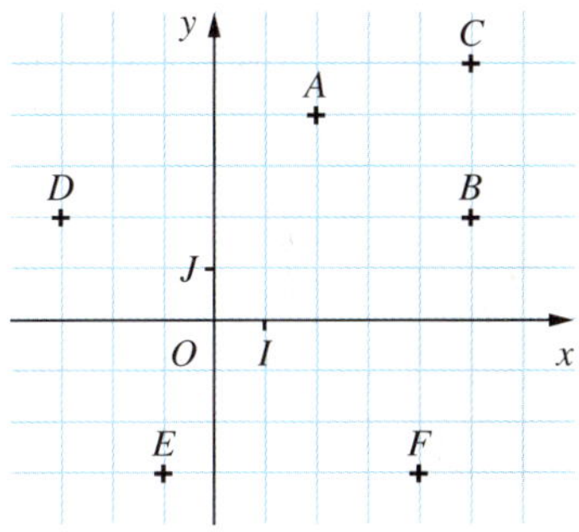

1 a. Dans le repère $(O\,;I\,;J)$ ci-contre, lire les coordonnées de tous les points nommés sur la figure.

b. Dans chacun des cas suivants, déterminer les nombres réels x et y.

- $\overrightarrow{OA} = x\overrightarrow{OI} + y\overrightarrow{OJ}$
- $\overrightarrow{OB} = x\overrightarrow{OI} + y\overrightarrow{OJ}$
- $\overrightarrow{OC} = x\overrightarrow{OI} + y\overrightarrow{OJ}$
- $\overrightarrow{OD} = x\overrightarrow{OI} + y\overrightarrow{OJ}$
- $\overrightarrow{OE} = x\overrightarrow{OI} + y\overrightarrow{OJ}$
- $\overrightarrow{OF} = x\overrightarrow{OI} + y\overrightarrow{OJ}$

c. Que retrouve-t-on ?

d. Compléter la phrase suivante.
« Un point M a pour coordonnées $(x\,;y)$ dans un repère $(O\,;I\,;J)$ signifie que $\overrightarrow{OM} = \ldots$ »

2 a. Déterminer les nombres réels x et y tels que $\overrightarrow{AB} = x\overrightarrow{OI} + y\overrightarrow{OJ}$.
On dit que le vecteur $\overrightarrow{AB}$ a pour **coordonnées** $\begin{pmatrix} x \\ y \end{pmatrix}$ dans la base $(\overrightarrow{OI}\,;\overrightarrow{OJ})$.

b. Déterminer, en justifiant votre réponse à l'aide d'une égalité vectorielle, les coordonnées des vecteurs $\overrightarrow{AC}$, $\overrightarrow{DE}$, $\overrightarrow{EF}$ et $\overrightarrow{BF}$ dans la base $(\overrightarrow{OI}\,;\overrightarrow{OJ})$.

Info
Le repère $(O\,;I\,;J)$ pourra être également noté $(O\,;\overrightarrow{OI}\,;\overrightarrow{OJ})$.

5 Étudier l'alignement de trois points

Objectif
Établir le lien entre points alignés et vecteurs colinéaires.

Dans la figure ci-contre, $ABCD$ est un carré de côté 1.
Les points A, B, E d'une part et A, D, F d'autre part sont alignés.
On a $BE = 2$ et $DF = 0{,}5$.

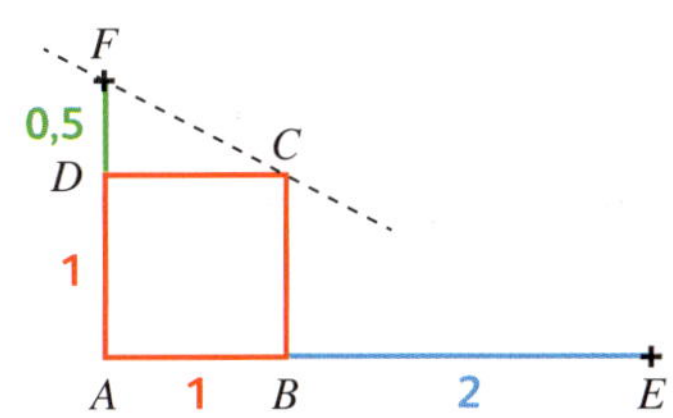

1 On note M le point d'intersection des droites (AB) et (FC).

a. À l'aide du théorème de Thalès, calculer la longueur AM.

b. Que constate-t-on ?
Que peut-on en déduire pour les points F, C et E ?

2 a. Déterminer les coordonnées des points de la figure dans le repère orthonormé $(A\,;\overrightarrow{AB}\,;\overrightarrow{AD})$.

b. Calculer les coordonnées des vecteurs $\overrightarrow{FC}$ et $\overrightarrow{FE}$.

c. Vérifier que ces vecteurs sont colinéaires.

d. Compléter la phrase suivante.
« Dire que les points F, C et E sont … revient à dire que les vecteurs $\overrightarrow{FC}$ et $\overrightarrow{FE}$ sont … »

3 Compléter l'algorithme ci-contre qui permet d'établir le lien entre l'alignement de F, C, E et les coordonnées des vecteurs $\overrightarrow{FC}$ et $\overrightarrow{FE}$.

```
Lire x_F, y_F, x_C, y_C, x_E, y_E
x_1 ← x_C − x_F
y_1 ← y_C − y_F
x_2 ← x_E − x_F
y_2 ← y_E − y_F
Si … = … Alors
   les points sont …
Sinon …
Fin Si
```

Cours

1 Notion de vecteur

a Translations et vecteurs

Définition Soient M et M' deux points distincts du plan.
La **translation** qui transforme M en M' associe à tout point N du plan, l'unique point N' tel que $MM'N'N$ soit un **parallélogramme**.

Exemple

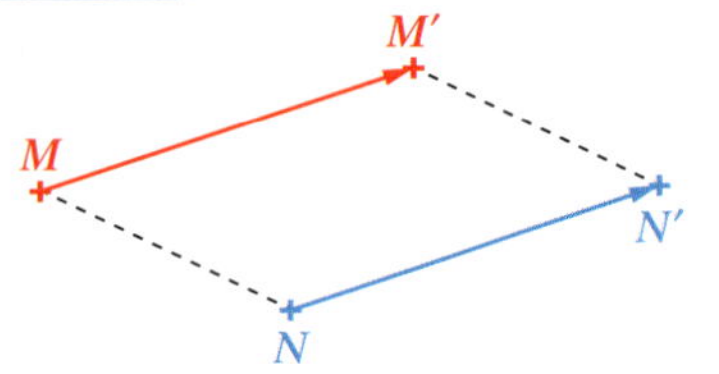

La translation qui transforme M en M' transforme aussi N en N'.
Le quadrilatère $MM'N'N$ est un parallélogramme.

La translation qui transforme M en M' est un **déplacement** caractérisé par une **direction**, celle de la droite (MM') ; un **sens,** celui de M vers M' ; une **longueur,** la longueur MM'.

Définition La translation qui transforme M en M' est appelée la translation de **vecteur** $\overrightarrow{MM'}$.

Remarques

- Lorsque $M \neq M'$, le vecteur $\overrightarrow{MM'}$ est représenté par une **flèche** allant **de** M **vers** M'. Il est défini par sa **direction**, son **sens** et sa **longueur** (aussi appelée sa **norme**).
- Le point M est **l'origine** du vecteur $\overrightarrow{MM'}$; le point M' est **l'extrémité**.
- Par convention, on appelle **vecteur nul,** noté $\vec{0}$, tout vecteur dont l'origine et l'extrémité sont confondues, par exemple $\overrightarrow{MM}$.
- La translation de vecteur nul transforme tout point en lui-même.

Exemple

Le vecteur $\overrightarrow{MM'}$ a les caractéristiques suivantes :
- pour direction, la droite (MM').
- pour sens, celui de M vers M' (sens de la flèche).
- pour norme, la longueur MM'.

b Égalité de deux vecteurs

Définition Deux vecteurs non nuls $\overrightarrow{AB}$ et $\overrightarrow{CD}$ sont égaux s'ils ont la **même direction**, le **même sens** et la **même norme**.

On écrit $\overrightarrow{AB} = \overrightarrow{CD}$.

Conséquence

L'égalité des vecteurs $\overrightarrow{AB}$ et $\overrightarrow{CD}$ signifie que D est l'image de C par la translation de vecteur $\overrightarrow{AB}$.

Définition Deux vecteurs $\overrightarrow{AB}$ et $\overrightarrow{CD}$ sont égaux si et seulement si le quadrilatère $ABDC$ est un **parallélogramme** (éventuellement aplati).

Exemple

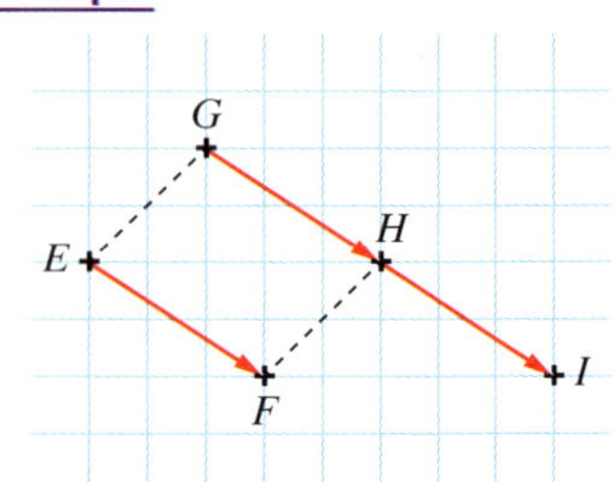

- $\overrightarrow{EF} = \overrightarrow{GH}$ équivaut à $EFHG$ est un parallélogramme.
- $\overrightarrow{GH} = \overrightarrow{HI}$; ainsi H est le milieu du segment $[GI]$.

Remarques

- L'égalité $\overrightarrow{AB} = \overrightarrow{BC}$ équivaut à dire que B est le **milieu** de $[AC]$.
- On considère un vecteur $\overrightarrow{AB}$.

On peut tracer à partir de n'importe quel point du plan un vecteur égal à $\overrightarrow{AB}$, par exemple $\overrightarrow{CD}, \overrightarrow{EF}, \overrightarrow{GH}$, etc.
Tous ces vecteurs sont donc égaux. On peut alors utiliser une unique lettre pour caractériser ce vecteur : $\vec{u}$ par exemple.
Ainsi, $\overrightarrow{AB} = \overrightarrow{CD} = \overrightarrow{EF} = \overrightarrow{GH} = \vec{u}$.

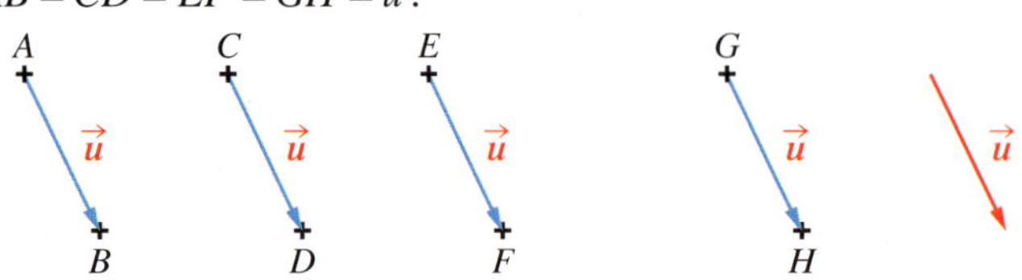

Les vecteurs $\overrightarrow{AB}, \overrightarrow{CD}, \overrightarrow{EF}, \overrightarrow{GH}$ sont parfois appelés des **représentants** du vecteur $\vec{u}$.

méthode

VIDÉO Capacité 1

CAPACITÉ 1 Représenter géométriquement des vecteurs

Énoncé Reproduire la figure ci-contre où chaque carreau du quadrillage a pour côté 1.

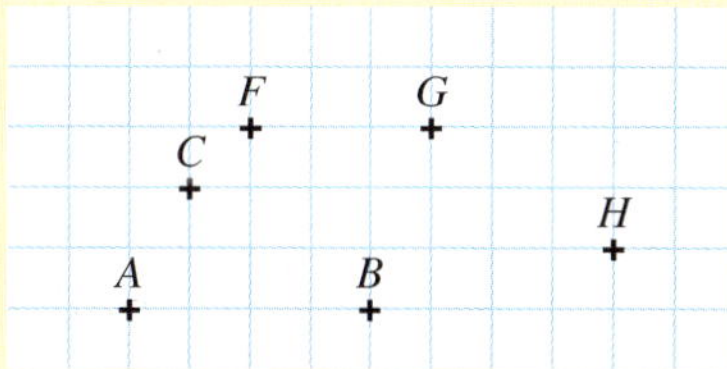

1. Construire un vecteur $\vec{u}$, d'origine G, ayant pour direction la droite (AB), pour sens de A vers B et pour norme 3.

2. Construire un vecteur $\vec{v}$, d'origine F, ayant pour direction la droite (BC), pour sens de C vers B et pour norme 2.

3. Construire un vecteur $\vec{w}$, d'origine H, égal au vecteur $\overrightarrow{CA}$.

4. a. Construire le point P tel que $\overrightarrow{HP} = \overrightarrow{BC}$. Que constate-t-on ?

b. Quelle est la nature du quadrilatère $BCGH$?

Solution

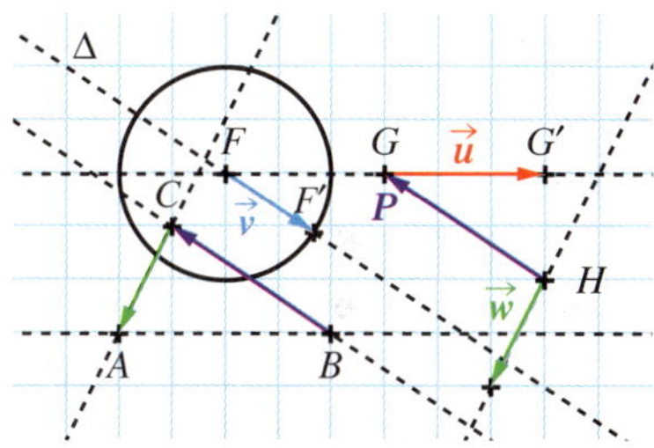

1. Pour construire le vecteur $\vec{u}$, on a tracé ci-contre une droite parallèle à la droite (AB) passant par G. On reporte ensuite trois unités vers la droite à partir du point G (ainsi le sens sera le même que celui de A vers B).
On obtient le point G'. Ainsi, $\vec{u} = \overrightarrow{GG'}$.

2. Pour construire le vecteur $\vec{v}$, on a tracé ci-contre une droite Δ parallèle à la droite (BC) passant par F.
Pour obtenir deux unités à partir du point F, on peut tracer le cercle de centre F et de rayon 2. Ce cercle coupe la droite Δ en deux points. Parmi ces deux points d'intersection, on place le point F' tel que le sens de F vers F' soit le même que celui de C vers B. Ainsi, $\vec{v} = \overrightarrow{FF'}$.

3. On a $\vec{w} = \overrightarrow{CA}$, donc pour construire le vecteur $\vec{w}$, on a reporté ci-contre à partir du point H un vecteur ayant pour direction la droite (CA), pour sens de C vers A et de même norme que le vecteur $\overrightarrow{CA}$. L'extrémité obtenue permet de tracer le vecteur $\vec{w}$.

4. a. Pour construire le point P, on a reporté ci-contre le vecteur $\overrightarrow{BC}$ à partir du point H. L'extrémité obtenue est le point P.
On constate que les points P et G sont confondus.

b. $\overrightarrow{HP} = \overrightarrow{BC}$ et $P = G$ donc $\overrightarrow{HG} = \overrightarrow{BC}$.
Ainsi le quadrilatère $BCGH$ est un parallélogramme.

> **Point méthode**
> **3.** et **4. a.** Pour traduire l'égalité de deux vecteurs, on peut vérifier qu'ils ont la même direction, le même sens et la même norme.

> **Point méthode**
> **4. b.** Pour prouver qu'un quadrilatère $ABDC$ est un parallélogramme, il suffit de prouver que les deux vecteurs $\overrightarrow{AB}$ et $\overrightarrow{CD}$ sont égaux.

J'applique

1 On considère la figure ci-contre où chaque carreau du quadrillage a pour côté 1.

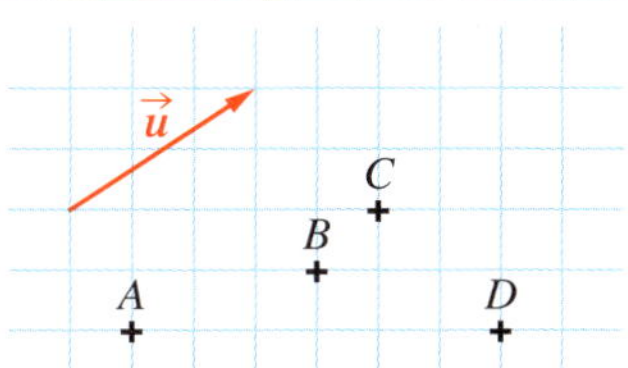

1. Reproduire la figure.

2. Construire le vecteur $\vec{v}$ d'origine A, ayant pour direction la droite (AD), pour sens de A vers D et une norme égale à 4.

3. Construire le vecteur $\vec{w}$ d'origine D, ayant pour direction la droite (BC), pour sens de B vers C et une norme égale à 2.

4. Construire le vecteur $\vec{z}$ d'origine C, égal à $\vec{u}$.

5. Construire le vecteur $\vec{t}$ d'extrémité A, égal à $\vec{u}$.

2 À partir de la figure ci-contre :

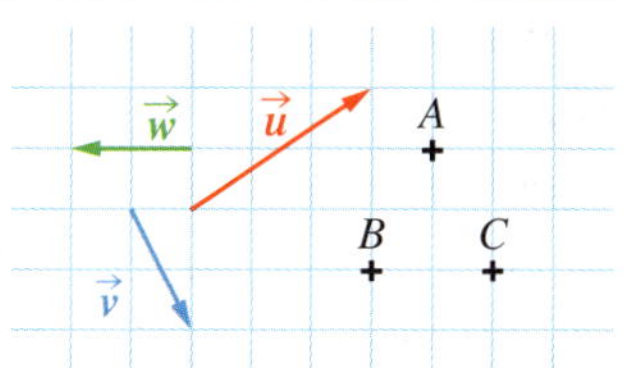

1. construire le point D tel que $\overrightarrow{AD} = \vec{u}$.

2. construire le point E tel que $\overrightarrow{BE} = \vec{v}$.

3. construire le point F tel que $\overrightarrow{FC} = \vec{w}$.

3 Soit $ABCD$ un carré de centre O et de coté 2.

1. Construire le vecteur $\vec{u}$ ayant même direction et même sens que $\overrightarrow{AB}$, pour norme 4 et pour origine C.

2. Construire le vecteur $\vec{v}$ ayant même direction que $\overrightarrow{DO}$, pour sens de O vers D, pour norme 2 et pour extrémité C.

Cours

2 Somme de deux vecteurs

a Définition et relation de Chasles

Définition La somme de deux vecteurs $\vec{u}$ et $\vec{v}$ est le vecteur $\vec{w}$ associé à la translation qui résulte de l'enchaînement des translations de vecteur $\vec{u}$ et de vecteur $\vec{v}$. On écrit $\vec{w}=\vec{u}+\vec{v}$.

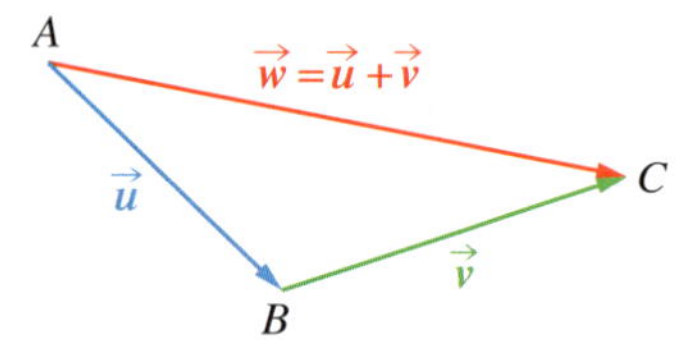

Propriété On considère deux vecteurs $\vec{u}$ et $\vec{v}$ et trois points A, B et C tels que $\vec{u}=\overrightarrow{AB}$ et $\vec{v}=\overrightarrow{BC}$. On a alors $\overrightarrow{AB}+\overrightarrow{BC}=\overrightarrow{AC}$.
Cette égalité s'appelle la relation de **Chasles**.

Exemple
Soient M, N et P trois points quelconques.
- $\overrightarrow{MN}+\overrightarrow{NP}=\overrightarrow{MP}$
- $\overrightarrow{MP}+\overrightarrow{PN}+\overrightarrow{NM}=\overrightarrow{MN}+\overrightarrow{NM}$
$=\overrightarrow{MM}=\vec{0}$

Propriété Pour tous vecteurs $\vec{u}$, $\vec{v}$ et $\vec{w}$, on a :
- $\vec{u}+\vec{v}=\vec{v}+\vec{u}$
- $\vec{u}+\vec{0}=\vec{u}$
- $\vec{u}+(\vec{v}+\vec{w})=(\vec{u}+\vec{v})+\vec{w}$

b Opposé d'un vecteur

Définition L'opposé d'un vecteur $\vec{u}$ du plan est le vecteur, noté $-\vec{u}$, tel que $\vec{u}+(-\vec{u})=\vec{0}$. Un vecteur non nul et son opposé ont la même direction, la même norme, mais ont des **sens contraires**.

Exemple
Soient A, B et C trois points.
On a $\overrightarrow{AB}+\overrightarrow{BA}=\overrightarrow{AA}=\vec{0}$, ainsi les vecteurs $\overrightarrow{AB}$ et $\overrightarrow{BA}$ sont **opposés**.
On a $\overrightarrow{BA}=-\overrightarrow{AB}$.

3 Produit d'un vecteur par un réel

a Définition et propriété

Définition Soient $\overrightarrow{AB}$ un vecteur non nul du plan et k un nombre réel non nul.
$k\overrightarrow{AB}$ est le vecteur qui a la même direction que $\overrightarrow{AB}$, le même sens que $\overrightarrow{AB}$ lorsque $k>0$, un sens contraire lorsque $k<0$ et pour norme $|k|\times AB$.
De plus :
- quel que soit le réel k : $k\vec{0}=\vec{0}$.
- quel que soit le vecteur $\vec{u}$: $0\vec{u}=\vec{0}$.

Exemple
Soit M le milieu d'un segment $[AB]$.

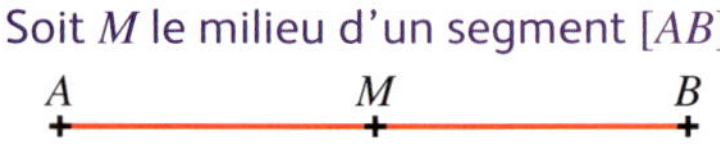

Le vecteur $\overrightarrow{AM}$ a la même direction que $\overrightarrow{AB}$, le même sens que $\overrightarrow{AB}$ et a pour norme $AM=\frac{1}{2}AB$.
On a donc $\overrightarrow{AM}=\frac{1}{2}\overrightarrow{AB}$.

Propriété Pour tous vecteurs $\vec{u}$ et $\vec{v}$ et tous réels k et k', on a :
- $k(\vec{u}+\vec{v})=k\vec{u}+k\vec{v}$
- $k(\vec{u}-\vec{v})=k\vec{u}-k\vec{v}$
- $(k+k')\vec{u}=k\vec{u}+k'\vec{u}$
- $k(k'\vec{u})=(kk')\vec{u}$
- $k\vec{u}=\vec{0}$ si et seulement si $k=0$ ou $\vec{u}=\vec{0}$.

b Vecteurs colinéaires

Définition Deux vecteurs $\vec{u}$ et $\vec{v}$ non nuls sont **colinéaires** lorsqu'il existe un nombre réel k non nul tel que $\vec{u}=k\vec{v}$.
$\vec{u}$ et $\vec{v}$ sont colinéaires signifie donc qu'ils ont la **même direction**.

Exemple
Ci-dessus $\overrightarrow{AM}=\frac{1}{2}\overrightarrow{AB}$, les vecteurs $\overrightarrow{AM}$ et $\overrightarrow{AB}$ sont donc **colinéaires**.

Propriété
- Deux droites (AB) et (CD) sont **parallèles** si et seulement si les vecteurs $\overrightarrow{AB}$ et $\overrightarrow{CD}$ sont **colinéaires**.
- Trois points A, B et C sont **alignés** si et seulement si les vecteurs $\overrightarrow{AB}$ et $\overrightarrow{AC}$ sont **colinéaires**.

Remarque
On admet que le vecteur nul est colinéaire à tous les vecteurs, en raison de l'égalité :
$\vec{0}=0\vec{u}$

méthode

VIDÉO
Capacité 2

Capacité 2 Construire géométriquement la somme de deux vecteurs

Énoncé Ci-contre, on donne trois vecteurs $\vec{u}, \vec{v}, \vec{w}$ et quatre points O, A, B et C.

1. Reproduire la figure ci-contre en respectant le quadrillage.

2. Construire un représentant, d'origine O, des vecteurs :

a. $\vec{z_1} = \vec{u} + \vec{v}$ **b.** $\vec{z_2} = -\vec{u} + \vec{w}$

3. Construire le point D tel que $\overrightarrow{BD} = \overrightarrow{AB} + \overrightarrow{AC}$.

4. Construire le point E tel que $\overrightarrow{CE} = \overrightarrow{AB} + 2\overrightarrow{BC}$.

5. Construire le point F tel que $\overrightarrow{AF} = \overrightarrow{OC} + \overrightarrow{BO}$.

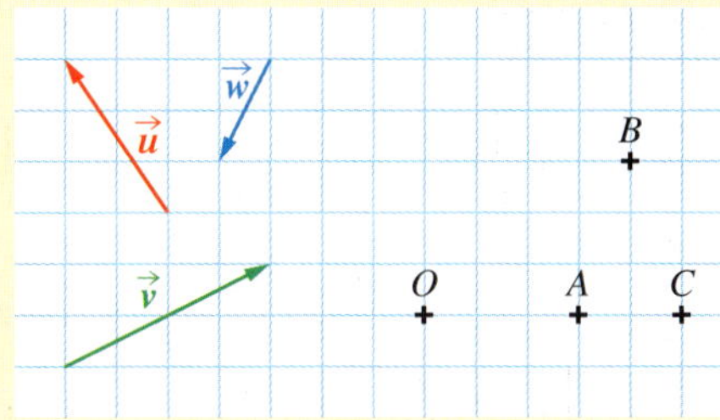

Solution

2. a. Pour construire $\vec{z_1}$: on dispose « bout à bout », à partir du point O, le vecteur $\vec{u}$ suivi du vecteur $\vec{v}$.
L'origine du vecteur $\vec{z_1}$ est O et son extrémité est celle du vecteur $\vec{v}$ précédemment construit.
Voir la figure ci-contre.

b. Pour construire $\vec{z_2}$: on dispose « bout à bout », à partir du point O, **l'opposé** du vecteur $\vec{u}$ suivi du vecteur $\vec{w}$. L'origine du vecteur $\vec{z_2}$ est O et son extrémité est celle du vecteur $\vec{w}$. Voir la figure.

3. Pour construire le point D : on dispose « bout à bout », à partir du point B, le vecteur $\overrightarrow{AB}$ suivi du vecteur $\overrightarrow{AC}$.
L'extrémité du vecteur $\overrightarrow{AC}$ est le point D cherché. Voir la figure ci-contre.

4. Pour construire le point E : on dispose « bout à bout », à partir du point C, le vecteur $\overrightarrow{AB}$ suivi du vecteur $\overrightarrow{BC}$ disposé **deux fois** « bout à bout ».
L'extrémité obtenue est le point E cherché.

5. On remarque que $\overrightarrow{OC} + \overrightarrow{BO} = \overrightarrow{BO} + \overrightarrow{OC} = \overrightarrow{BC}$ d'après la relation de Chasles. Donc pour construire le point F, il suffit de reporter le vecteur $\overrightarrow{BC}$ à partir du point A.

Point méthode
Pour construire une somme vectorielle, on dispose « bout à bout » tous les vecteurs de la somme à partir d'une origine.
On obtient alors l'extrémité du vecteur somme recherché.

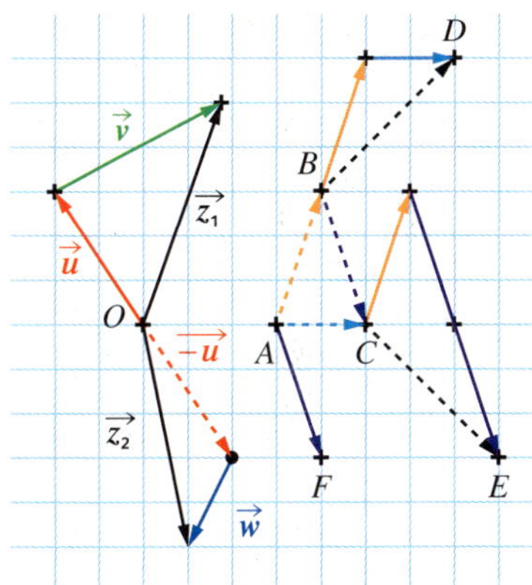

J'applique

4 Soient $\vec{u}$ et $\vec{v}$ deux vecteurs d'origine O.

1. Construire les vecteurs $-\vec{u}$ et $-\vec{v}$ d'origine O.

2. Construire un représentant, d'origine O, des vecteurs suivants.

a. $\vec{z_1} = \vec{u} + \vec{v}$ **b.** $\vec{z_2} = \vec{u} - \vec{v}$

c. $\vec{z_3} = \vec{v} - \vec{u}$ **d.** $\vec{z_4} = -\vec{u} - \vec{v}$

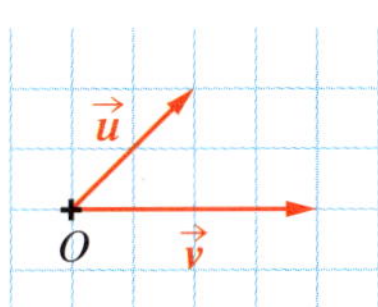

5 Reproduire la figure ci-contre et construire les sommes suivantes.

a. $\vec{u} + \vec{w}$

b. $\vec{v} - \vec{w}$

c. $\vec{u} + \vec{v} + \vec{w}$

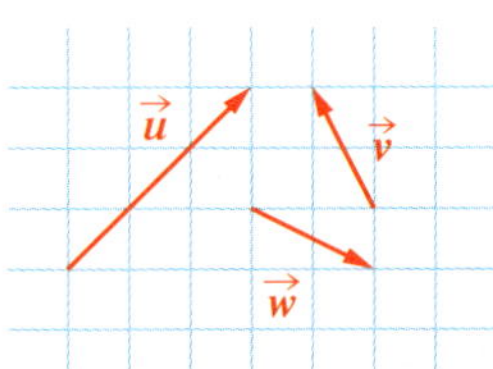

6 Reproduire la figure ci-contre en respectant le quadrillage.

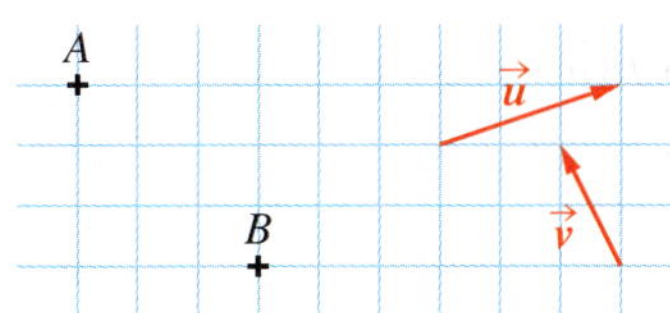

1. Construire le point C tel que $\overrightarrow{AC} = \vec{u} + \vec{v}$.

2. Construire le point D tel que $\overrightarrow{BD} = \vec{u} + \vec{v}$.

3. a. Que peut-on dire des vecteurs $\overrightarrow{AC}$ et $\overrightarrow{BD}$.

b. En déduire la nature du quadrilatère $ABDC$.

7 Reproduire la figure ci-contre et construire les points D et E tels que :

1. $\overrightarrow{AD} = \overrightarrow{AB} + \overrightarrow{AC}$

2. $\overrightarrow{BE} = \overrightarrow{CA} - \overrightarrow{AB}$

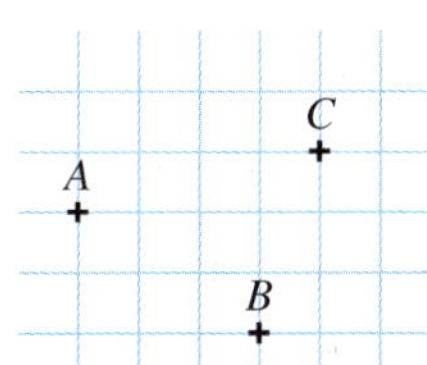

Cours

4 Coordonnées d'un vecteur

a Repère orthonormé

Définition Un **repère du plan,** défini par trois points non alignés O, I et J, est **orthonormé** lorsque le triangle OIJ est **rectangle isocèle** en O.
Le point O est **l'origine** du repère, la droite (OI) est l'axe des abscisses et la droite (OJ) est l'axe des ordonnées. On a $OI = OJ = 1$ unité.

Exemple

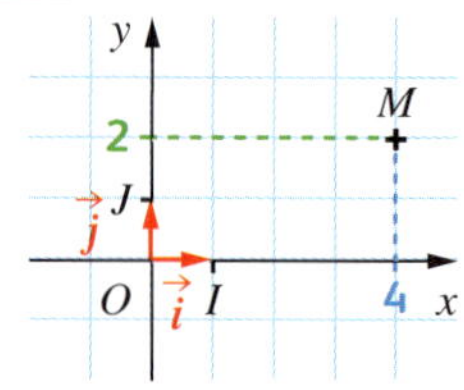

Le triangle OIJ est rectangle et isocèle en O donc le repère $(O\,;I\,;J)$ est orthonormé. En posant $\vec{i} = \overrightarrow{OI}$ et $\vec{j} = \overrightarrow{OJ}$, le repère se note également $(O\,;\vec{i}\,;\vec{j})$.
Dans ce repère, le point M a pour coordonnées $(4\,;2)$.

• Le repère se note $(O\,;I\,;J)$ ou $\left(O\,;\overrightarrow{OI}\,;\overrightarrow{OJ}\right)$. En posant $\overrightarrow{OI} = \vec{i}$ et $\overrightarrow{OJ} = \vec{j}$, le repère $(O\,;I\,;J)$ peut aussi s'écrire $\left(O\,;\vec{i}\,;\vec{j}\right)$.

• Dans un repère, tout point M est **repéré** par un **unique** couple de nombres réels $(x_M\,;y_M)$ appelé **coordonnées du point** M. On écrit $M(x_M\,;y_M)$.
x_M est l'abscisse de M et y_M est l'ordonnée de M.

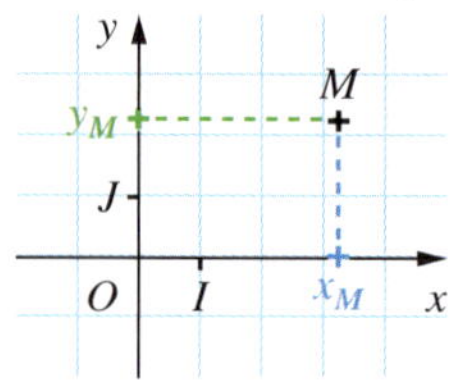

b Coordonnées d'un vecteur

Propriété
• Pour tout point $M(x\,;y)$ dans un repère $\left(O\,;\vec{i}\,;\vec{j}\right)$, on a :

$$\overrightarrow{OM} = x\vec{i} + y\vec{j}$$

On dit que le vecteur $\overrightarrow{OM}$ a pour coordonnées $\begin{pmatrix} x \\ y \end{pmatrix}$ dans la **base** $\left(\vec{i}\,;\vec{j}\right)$.

• Pour tout vecteur $\vec{u}$ dans un repère $\left(O\,;\vec{i}\,;\vec{j}\right)$, il existe un unique couple de réels $(x\,;y)$ tel que $\vec{u} = x\vec{i} + y\vec{j}$.
On dit que le vecteur $\vec{u}$ a pour coordonnées $\begin{pmatrix} x \\ y \end{pmatrix}$ dans la **base** $\left(\vec{i}\,;\vec{j}\right)$.

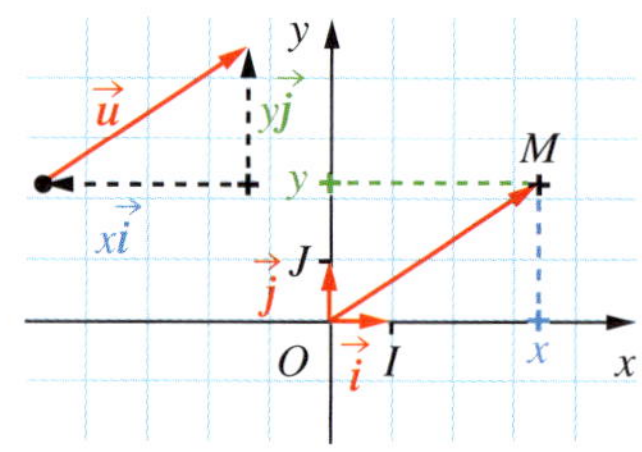

Démo

Démonstration du second point

Soit $\vec{u}$ un vecteur du plan rapporté à un repère $\left(O\,;\vec{i}\,;\vec{j}\right)$. Il existe alors un unique point M dans le repère $\left(O\,;\vec{i}\,;\vec{j}\right)$ tel que $\vec{u} = \overrightarrow{OM}$. Les coordonnées $(x\,;y)$ du point M dans le repère $\left(O\,;\vec{i}\,;\vec{j}\right)$ sont uniques et on a $\overrightarrow{OM} = x\vec{i} + y\vec{j}$.
Ainsi il existe un unique couple de réels $(x\,;y)$ tel que $\vec{u} = x\vec{i} + y\vec{j}$.

Propriété Soient $\vec{u}\begin{pmatrix} x \\ y \end{pmatrix}$ et $\vec{v}\begin{pmatrix} x' \\ y' \end{pmatrix}$ dans un repère $\left(O\,;\vec{i}\,;\vec{j}\right)$ et k un réel.

• $\vec{u} = \vec{v}$ si et seulement si $x = x'$ et $y = y'$.

• Le vecteur $\vec{u} + \vec{v}$ a pour coordonnées $\begin{pmatrix} x + x' \\ y + y' \end{pmatrix}$.

• Le vecteur $k\vec{u}$ a pour coordonnées $\begin{pmatrix} kx \\ ky \end{pmatrix}$.

Propriété Soient $A(x_A\,;y_A)$ et $B(x_B\,;y_B)$ dans un repère $\left(O\,;\vec{i}\,;\vec{j}\right)$.
Le vecteur $\overrightarrow{AB}$ a pour coordonnées $\begin{pmatrix} x_B - x_A \\ y_B - y_A \end{pmatrix}$.

Voir exercice Démo n° 67

Exemple

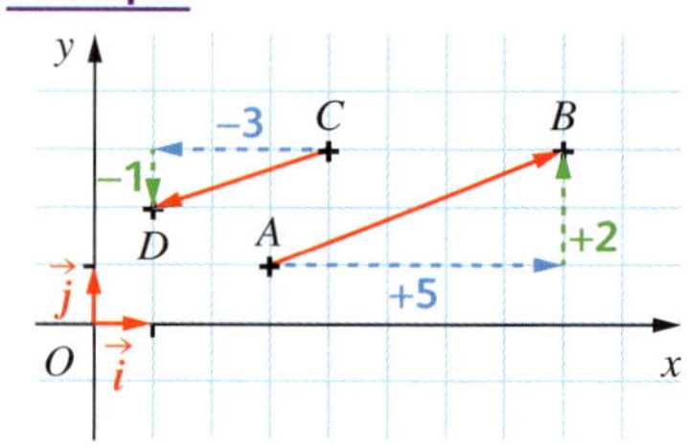

• $\overrightarrow{AB}\begin{pmatrix} 6-1 \\ 3-1 \end{pmatrix}$ soit $\overrightarrow{AB}\begin{pmatrix} 5 \\ 2 \end{pmatrix}$.

• $\overrightarrow{CD}\begin{pmatrix} 1-4 \\ 2-3 \end{pmatrix}$ soit $\overrightarrow{CD}\begin{pmatrix} -3 \\ -1 \end{pmatrix}$.

$\overrightarrow{AD}$ et $\overrightarrow{AE}$ ne sont pas colinéaires car les équations $-3 = k \times 5$ et $-1 = k \times 2$ ont des solutions différentes $-0{,}6$ et $-0{,}5$.
Les coordonnées de $\overrightarrow{AD}$ et $\overrightarrow{AE}$ ne sont donc pas proportionnelles ; ces deux vecteurs ne sont pas colinéaires.

c Critère de colinéarité de deux vecteurs

Propriété Soient $\vec{u}\begin{pmatrix} x \\ y \end{pmatrix}$ et $\vec{v}\begin{pmatrix} x' \\ y' \end{pmatrix}$ deux vecteurs dans un repère $\left(O\,;\vec{i}\,;\vec{j}\right)$.
Les vecteurs $\vec{u}$ et $\vec{v}$ sont **colinéaires** si et seulement si leurs coordonnées sont **proportionnelles**, c'est-à-dire si et seulement si il existe un réel k tel que $x' = kx$ et $y' = ky$. On a alors $\vec{v} = k\vec{u}$.

méthode

VIDÉO Capacité 3

Capacité 3 Mettre en relation représentation et coordonnées d'un vecteur

Énoncé Dans le repère $(O\,;\vec{i}\,;\vec{j})$ ci-contre, on donne cinq points A, B, C, D, E et deux vecteurs $\vec{u}$ et $\vec{v}$.

1. a. Représenter le vecteur $\vec{z_1}$ de coordonnées $\begin{pmatrix}3\\2\end{pmatrix}$.

b. Représenter le vecteur $\vec{z_2}$ d'origine A et de coordonnées $\begin{pmatrix}-3\\-2\end{pmatrix}$.

2. a. Construire le point F tel que $\overrightarrow{BF}\begin{pmatrix}2\\0\end{pmatrix}$.

b. Construire le point G tel que $\overrightarrow{CG}\begin{pmatrix}1\\3\end{pmatrix}$.

3. Lire les coordonnées des vecteurs $\vec{u}, \vec{v}$ et $\overrightarrow{DE}$.

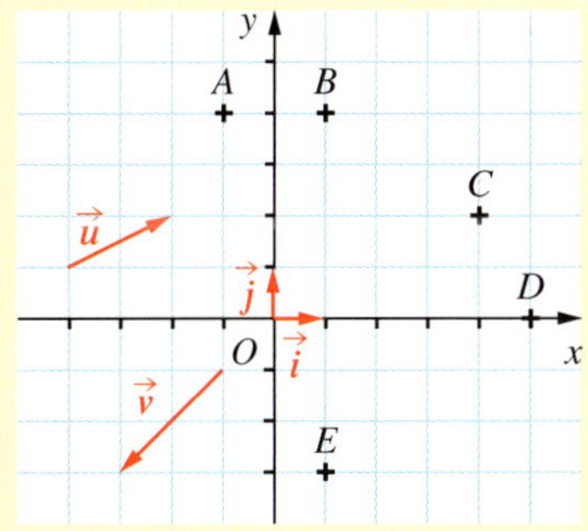

Solution

1. a. Le vecteur $\vec{z_1}$ a pour coordonnées $\begin{pmatrix}3\\2\end{pmatrix}$, donc $\vec{z_1} = 3\vec{i} + 2\vec{j}$.

Ainsi à partir du point O par exemple (ou tout autre point), on dispose « bout à bout » le vecteur $3\vec{i}$ suivi du vecteur $2\vec{j}$. L'origine de $\vec{z_1}$ est le point O et son extrémité est celle du vecteur $2\vec{j}$. Voir la figure ci-contre.

b. Le vecteur $\vec{z_2}$ a pour coordonnées $\begin{pmatrix}-3\\-2\end{pmatrix}$, donc $\vec{z_2} = -3\vec{i} - 2\vec{j}$. Ainsi à partir du point A, on dispose « bout à bout » le vecteur $-3\vec{i}$ suivi du vecteur $-2\vec{j}$. L'origine de $\vec{z_2}$ est le point A et son extrémité est celle du vecteur $-2\vec{j}$. Voir la figure.

2. a. Le vecteur $\overrightarrow{BF}$ a pour coordonnées $\begin{pmatrix}2\\0\end{pmatrix}$, donc $\overrightarrow{BF} = 2\vec{i}$. Ainsi à partir du point B, on construit le vecteur $2\vec{i}$. L'extrémité obtenue est le point F cherché.

b. Le vecteur $\overrightarrow{CG}$ a pour coordonnées $\begin{pmatrix}1\\3\end{pmatrix}$, donc $\overrightarrow{CG} = \vec{i} + 3\vec{j}$. Ainsi à partir du point C, on dispose « bout à bout » le vecteur $\vec{i}$ suivi du vecteur $3\vec{j}$. L'extrémité du vecteur $3\vec{j}$ est le point G cherché.

3. Par lecture graphique, on a $\vec{u} = 2\vec{i} + 1\vec{j}$ (voir ci-contre). Ainsi $\vec{u}\begin{pmatrix}2\\1\end{pmatrix}$.

De même $\vec{v} = -2\vec{i} - 2\vec{j}$ donc $\vec{v}\begin{pmatrix}-2\\-2\end{pmatrix}$ et $\overrightarrow{DE} = -4\vec{i} - 3\vec{j}$ donc $\overrightarrow{DE}\begin{pmatrix}-4\\-3\end{pmatrix}$.

Point méthode

- Un vecteur $\vec{u}$ a pour coordonnées $\begin{pmatrix}x\\y\end{pmatrix}$ dans la base $(\vec{i}\,;\vec{j})$ signifie que $\vec{u} = x\vec{i} + y\vec{j}$.
- Pour tracer le vecteur $\vec{u} = x\vec{i} + y\vec{j}$, on dispose « bout à bout » le vecteur $x\vec{i}$ suivi du vecteur $y\vec{j}$.

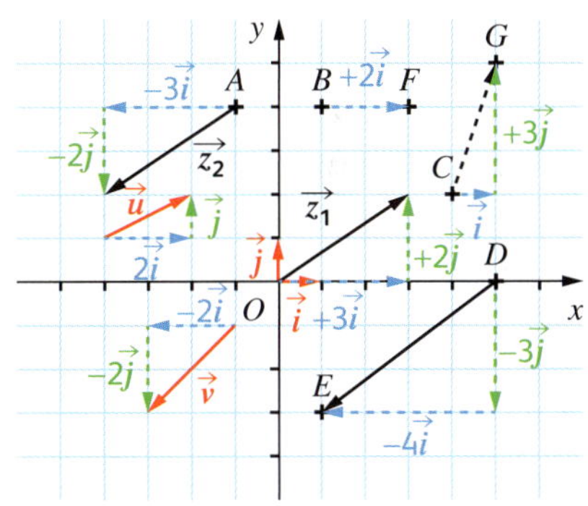

J'applique

8 Dans un repère orthonormé $(O\,;\vec{i}\,;\vec{j})$, on donne deux points $A(3\,;2)$ et $B(-4\,;2)$.

1. Faire une figure.

2. Représenter :

a. un vecteur $\vec{u}$ d'origine O et de coordonnées $\begin{pmatrix}1\\-3\end{pmatrix}$.

b. un vecteur $\vec{v}$ d'origine A et de coordonnées $\begin{pmatrix}-1\\3\end{pmatrix}$.

3. Placer les points C et D tels que $\overrightarrow{AC}\begin{pmatrix}3\\1\end{pmatrix}$ et $\overrightarrow{BD}\begin{pmatrix}3\\-1\end{pmatrix}$.

9 Dans un repère orthonormé $(O\,;\vec{i}\,;\vec{j})$, représenter les vecteurs $\vec{u}\begin{pmatrix}3\\1\end{pmatrix}$, $\vec{v}\begin{pmatrix}-2\\2\end{pmatrix}$, $\vec{w}\begin{pmatrix}4\\0\end{pmatrix}$ et $\vec{z}\begin{pmatrix}0\\-5\end{pmatrix}$.

10 Lire les coordonnées de tous les vecteurs de la figure ci-dessous.

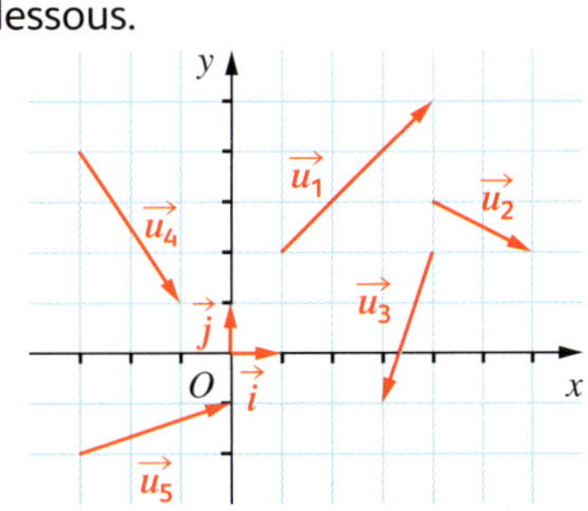

11 Dans un repère orthonormé $(O\,;\vec{i}\,;\vec{j})$, placer les points $A(-4\,;2)$, $B(3\,;4)$, $C(4\,;-1)$ et $D(-3\,;-1)$.

Lire les coordonnées des vecteurs $\overrightarrow{AB}, \overrightarrow{BC}, \overrightarrow{CD}$ et $\overrightarrow{DA}$.

méthode

Capacité 4 Calculer les coordonnées de la somme de deux vecteurs, du produit par un réel

Énoncé Dans un repère $(O;\vec{i};\vec{j})$, on considère les points $A(-1;3)$, $B(4;1)$ et $C(3;4)$.
Soit $D(x_D;y_D)$ et $E(x_E;y_E)$ deux points tels que $\overrightarrow{AD}=\overrightarrow{AB}+\overrightarrow{AC}$ et $\overrightarrow{BE}=2\overrightarrow{AC}$.

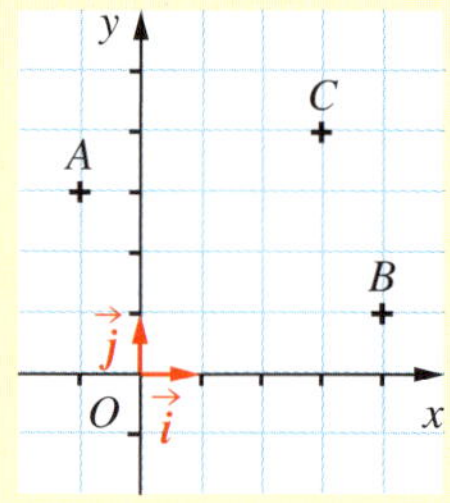

1. a. Calculer les coordonnées des vecteurs $\overrightarrow{AB}$ et $\overrightarrow{AC}$.
b. En déduire les coordonnées des vecteurs $\overrightarrow{AB}+\overrightarrow{AC}$ et $2\overrightarrow{AC}$.
2. a. Exprimer en fonction de x_D et y_D les coordonnées du vecteur $\overrightarrow{AD}$.
b. En déduire les coordonnées du point D.
3. a. Exprimer en fonction de x_E et y_E les coordonnées du vecteur $\overrightarrow{BE}$.
b. En déduire les coordonnées du point E.
4. a. Montrer que $\overrightarrow{CE}=\overrightarrow{AD}$.
b. En déduire la nature du quadrilatère $ADEC$.

Solution

1. a. $\overrightarrow{AB}\begin{pmatrix}x_B-x_A\\y_B-y_A\end{pmatrix}$ et $\begin{cases}x_B-x_A=4-(-1)\\y_B-y_A=1-3\end{cases}$ donc $\overrightarrow{AB}\begin{pmatrix}5\\-2\end{pmatrix}$.

$\overrightarrow{AC}\begin{pmatrix}x_C-x_A\\y_C-y_A\end{pmatrix}$ et $\begin{cases}x_C-x_A=3+1\\y_C-y_A=4-3\end{cases}$ donc $\overrightarrow{AC}\begin{pmatrix}4\\1\end{pmatrix}$.

b. Le vecteur $\overrightarrow{AB}+\overrightarrow{AC}$ a pour coordonnées $\begin{pmatrix}5+4\\-2+1\end{pmatrix}$, soit $\begin{pmatrix}9\\-1\end{pmatrix}$.

Le vecteur $2\overrightarrow{AC}$ a pour coordonnées $\begin{pmatrix}2\times4\\2\times1\end{pmatrix}$, soit $\begin{pmatrix}8\\2\end{pmatrix}$.

2. a. $\overrightarrow{AD}\begin{pmatrix}x_D-x_A\\y_D-y_A\end{pmatrix}$ donc $\overrightarrow{AD}\begin{pmatrix}x_D+1\\y_D-3\end{pmatrix}$.

b. On sait que $\overrightarrow{AD}=\overrightarrow{AB}+\overrightarrow{AC}$, donc les coordonnées des vecteurs $\overrightarrow{AD}$ et $\overrightarrow{AB}+\overrightarrow{AC}$ sont égales. Ainsi on a les équations $x_D+1=9$ et $y_D-3=-1$.
Soient $x_D=8$ et $y_D=2$. Donc $D(8;2)$.

3. a. $\overrightarrow{BE}\begin{pmatrix}x_E-x_B\\y_E-y_B\end{pmatrix}$ donc $\overrightarrow{BE}\begin{pmatrix}x_E-4\\y_E-1\end{pmatrix}$.

b. On sait que $\overrightarrow{BE}=2\overrightarrow{AC}$, donc les coordonnées des vecteurs $\overrightarrow{BE}$ et $2\overrightarrow{AC}$ sont égales. Ainsi on a les équations $x_E-4=8$ et $y_E-1=2$.
Soient $x_E=12$ et $y_E=3$. Donc $E(12;3)$.

4. a. $\overrightarrow{CE}\begin{pmatrix}x_E-x_C\\y_E-y_C\end{pmatrix}$ et $\begin{matrix}x_E-x_C=12-3\\y_E-y_C=3-4\end{matrix}$ donc $\overrightarrow{CE}\begin{pmatrix}9\\-1\end{pmatrix}$.

De plus, on sait que $\overrightarrow{AD}=\overrightarrow{AB}+\overrightarrow{AC}$, donc $\overrightarrow{AD}$ a pour coordonnées $\begin{pmatrix}9\\-1\end{pmatrix}$.

Les vecteurs $\overrightarrow{CE}$ et $\overrightarrow{AD}$ ont donc les mêmes coordonnées, ainsi $\overrightarrow{CE}=\overrightarrow{AD}$.

b. $\overrightarrow{CE}=\overrightarrow{AD}$ donc le quadrilatère $ADEC$ est un parallélogramme.

Point méthode

1. a., 2. a. et 3. a. Pour calculer les coordonnées d'un vecteur, on applique pour $A(x_A;y_A)$ et $B(x_B;y_B)$, la formule :
$\overrightarrow{AB}\begin{pmatrix}x_B-x_A\\y_B-y_A\end{pmatrix}$

Point méthode

1. b. Pour calculer les coordonnées d'une somme de vecteurs ou du produit d'un réel par un vecteur, on applique pour $\vec{u}\begin{pmatrix}x\\y\end{pmatrix}$, $\vec{v}\begin{pmatrix}x'\\y'\end{pmatrix}$ et k un réel, les formules :
- $\begin{pmatrix}x+x'\\y+y'\end{pmatrix}$ pour les coordonnées de $\vec{u}+\vec{v}$.
- $\begin{pmatrix}kx\\ky\end{pmatrix}$ pour celles de $k\vec{u}$.

Point méthode

2. b. et 3. a. Pour traduire l'égalité de deux vecteurs, on écrit que leurs coordonnées sont égales.

J'applique

12 Soient $A(1;1)$, $B(3;5)$, $C(-3;2)$ et $D(-5;-2)$.
1. Calculer les coordonnées des vecteurs $\overrightarrow{AB}$ et $\overrightarrow{DC}$.
2. En déduire la nature du quadrilatère $ABCD$? Justifier.

13 Soient $\vec{u}\begin{pmatrix}3\\-2\end{pmatrix}$, $\vec{v}\begin{pmatrix}5\\2\end{pmatrix}$ et $\vec{w}\begin{pmatrix}-1\\-4\end{pmatrix}$.
Calculer les coordonnées des vecteurs suivants.
• $\vec{u}+\vec{v}$ • $\vec{u}+\vec{v}+\vec{w}$ • $2\vec{u}$ • $3\vec{u}-5\vec{v}$

14 Soient $A(-1;3)$, $B(5;1)$, $C(3;5)$.
1. Calculer les coordonnées des vecteurs suivants.
a. $\overrightarrow{AB}$ **b.** $\overrightarrow{AC}$ **c.** $\overrightarrow{AB}+\overrightarrow{AC}$
2. Soit $E(x_E;y_E)$ le point tel que $\overrightarrow{AE}=\overrightarrow{AB}+\overrightarrow{AC}$.
a. Exprimer en fonction de x_E et y_E les coordonnées du vecteur $\overrightarrow{AE}$.
b. En déduire les coordonnées de E.

CAPACITÉ 5 Caractériser l'alignement ou le parallélisme par la colinéarité de vecteurs

Énoncé Dans le repère $(O;\vec{i};\vec{j})$ ci-contre, on considère les points $A(-4;2)$, $B(2;4)$, $C(-1;-2)$, $D(8;1)$ et $E(1;1{,}5)$.

1. a. Calculer les coordonnées des vecteurs $\overrightarrow{AB}$ et $\overrightarrow{CD}$.

b. Démontrer que les vecteurs $\overrightarrow{AB}$ et $\overrightarrow{CD}$ sont colinéaires.

c. Que peut-on en déduire pour les droites (AB) et (CD) ?

2. a. Les vecteurs $\overrightarrow{AE}$ et $\overrightarrow{AD}$ sont-ils colinéaires ?

b. Les points A, D et E sont-ils alignés ? Pourquoi ?

3. Les points O, B et C sont-ils alignés ?

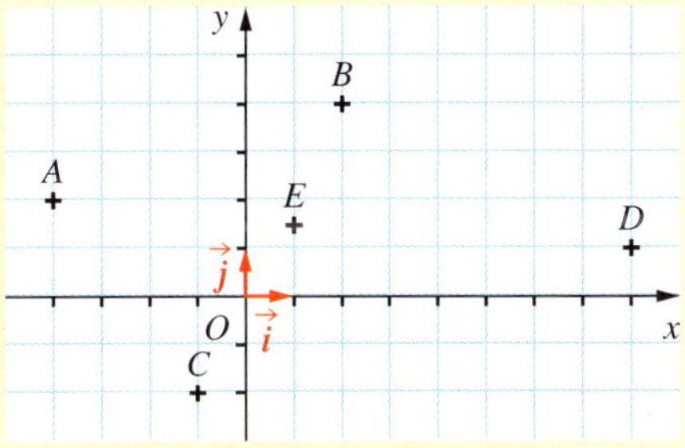

Solution

1. a. $\overrightarrow{AB}\begin{pmatrix} x_B - x_A \\ y_B - y_A \end{pmatrix}$ soit $\overrightarrow{AB}\begin{pmatrix} 2+4 \\ 4-2 \end{pmatrix}$, donc $\overrightarrow{AB}\begin{pmatrix} 6 \\ 2 \end{pmatrix}$. De même $\overrightarrow{CD}\begin{pmatrix} 9 \\ 3 \end{pmatrix}$.

b. On a $\overrightarrow{AB}\begin{pmatrix} 6 \\ 2 \end{pmatrix}$ et $\overrightarrow{CD}\begin{pmatrix} 9 \\ 3 \end{pmatrix}$. On cherche s'il existe un réel k tel que $9 = k \times 6$ et $3 = k \times 2$. Ces deux équations ont la même solution $k = 1{,}5$.
Ainsi les coordonnées de $\overrightarrow{AB}$ et $\overrightarrow{CD}$ sont proportionnelles et $\overrightarrow{CD} = 1{,}5\overrightarrow{AB}$.
Donc les vecteurs $\overrightarrow{AB}$ et $\overrightarrow{CD}$ sont colinéaires.

c. Les vecteurs $\overrightarrow{AB}$ et $\overrightarrow{CD}$ sont colinéaires donc les droites (AB) et (CD) ont la même direction : elles sont parallèles.

2. a. $\overrightarrow{AE}\begin{pmatrix} x_E - x_A \\ y_E - y_A \end{pmatrix}$ soit $\overrightarrow{AE}\begin{pmatrix} 1+4 \\ 1{,}5-2 \end{pmatrix}$, donc $\overrightarrow{AE}\begin{pmatrix} 5 \\ -0{,}5 \end{pmatrix}$. De même $\overrightarrow{AD}\begin{pmatrix} 12 \\ -1 \end{pmatrix}$.
On cherche s'il existe un réel k tel que $12 = k \times 5$ et $-1 = k \times (-0{,}5)$.
Ces deux équations ont des solutions différentes : 2,4 et 2.
Les coordonnées de $\overrightarrow{AD}$ et $\overrightarrow{AE}$ ne sont pas proportionnelles.
Les vecteurs $\overrightarrow{AD}$ et $\overrightarrow{AE}$ ne sont donc pas colinéaires.

b. Les vecteurs $\overrightarrow{AD}$ et $\overrightarrow{AE}$ n'étant pas colinéaires, ils n'ont pas la même direction. Ainsi les droites (AD) et (AE) ne sont pas parallèles et les points A, D et E ne sont pas alignés.

3. On examine la colinéarité des vecteurs $\overrightarrow{OB}$ et $\overrightarrow{OC}$ par exemple.
On a $\overrightarrow{OB}\begin{pmatrix} x_B - x_O \\ y_B - y_O \end{pmatrix}$ d'où $\overrightarrow{OB}\begin{pmatrix} 2 \\ 4 \end{pmatrix}$ et $\overrightarrow{OC}\begin{pmatrix} x_C - x_O \\ y_C - y_O \end{pmatrix}$ d'où $\overrightarrow{OC}\begin{pmatrix} -1 \\ -2 \end{pmatrix}$.
On cherche s'il existe un réel k tel que $-1 = k \times 2$ et $-2 = k \times 4$.
Ces deux équations ont la même solution $k = -0{,}5$. Les coordonnées des deux vecteurs sont proportionnelles et on a $\overrightarrow{OC} = -0{,}5\overrightarrow{OB}$.
Les vecteurs $\overrightarrow{OB}$ et $\overrightarrow{OC}$ sont donc colinéaires. Ainsi les droites (OB) et (OC) sont parallèles et confondues (car elles ont le point O en commun).
Les points O, B et C sont alors alignés.

Point méthode

1. b. et **2. a.** Pour étudier la colinéarité de deux vecteurs dans un repère $\vec{u}\begin{pmatrix} x \\ y \end{pmatrix}$ et $\vec{v}\begin{pmatrix} x' \\ y' \end{pmatrix}$ on examine si leurs coordonnées sont **proportionnelles**, c'est-à-dire l'existence d'un réel k tel que :

$$x' = kx \text{ et } y' = ky$$

On a alors $\vec{v} = k\vec{u}$.

Point méthode

3. Pour étudier l'alignement de trois points A, B et C, on examine si les vecteurs $\overrightarrow{AB}$ et $\overrightarrow{AC}$ sont colinéaires.

J'applique

15 Soient $\vec{u}\begin{pmatrix} 2 \\ -5 \end{pmatrix}$, $\vec{v}\begin{pmatrix} -7 \\ 17{,}5 \end{pmatrix}$ et $\vec{w}\begin{pmatrix} 1{,}6 \\ 4 \end{pmatrix}$ trois vecteurs.
Examiner la colinéarité des vecteurs suivants.
1. $\vec{u}$ et $\vec{v}$ **2.** $\vec{u}$ et $\vec{w}$

16 Soient $M(2;3)$, $N(23;6)$, $R(-10;-5)$ et $P(4;-3)$
1. Calculer les coordonnées de $\overrightarrow{MN}$, $\overrightarrow{PR}$, $\overrightarrow{NR}$ et $\overrightarrow{MP}$.
2. a. Les droites (MN) et (PR) sont-elles parallèles ?
b. Les droites (NR) et (MP) sont-elles parallèles ?

17 Soient $H(8;19)$, $K(17;37)$, $L(11;25)$ et $M(-8;-14)$.
1. Les points H, K et L sont-ils alignés ?
2. Les points H, K et M sont-ils alignés ?

Je **fais** le **point**

Je revois mon cours

Translation

La **translation** de vecteur $\overrightarrow{AB}$ transforme le point A en B.

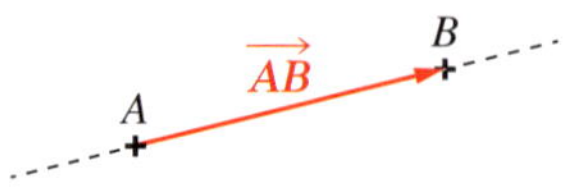

Le vecteur $\overrightarrow{AB}$ a :

- une **direction,** celle de la droite (AB).
- un **sens,** de A vers B.
- une **norme,** la longueur AB.

Vecteurs égaux

$\overrightarrow{AB} = \overrightarrow{CD}$ équivaut à :
$ABDC$ est un parallélogramme.

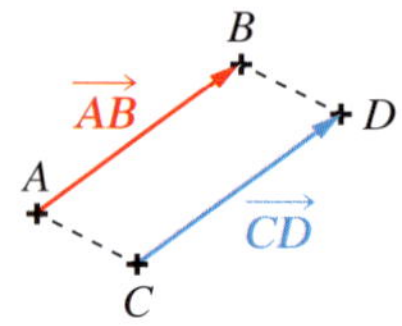

Somme de deux vecteurs $\vec{u}$ et $\vec{v}$

Relation de Chasles :

$$\overrightarrow{AB} + \overrightarrow{BC} = \overrightarrow{AC}$$

On dispose $\vec{u}$ et $\vec{v}$ « bout à bout » pour obtenir le vecteur somme $\vec{u} + \vec{v}$.

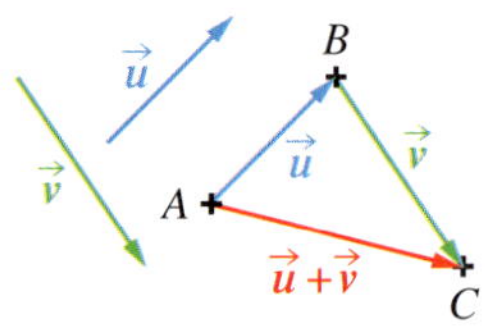

Produit d'un vecteur par un réel

Pour $\vec{u}$ vecteur non nul et k un nombre réel :

- $\vec{u}$ et $k\vec{u}$ ont la même direction.
- si $k < 0$ alors $\vec{u}$ et $k\vec{u}$ sont de sens contraires.

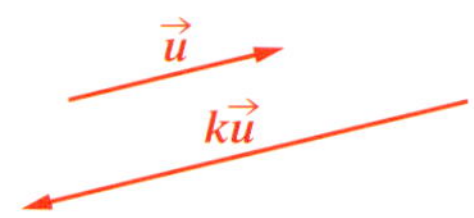

- si $k > 0$ alors $\vec{u}$ et $k\vec{u}$ sont de même sens.

Coordonnées d'un vecteur $\vec{u}$

Dans un repère $(O ; \vec{i} ; \vec{j})$, tout vecteur $\vec{u}$ s'écrit :

$$\vec{u} = x\vec{i} + y\vec{j}$$

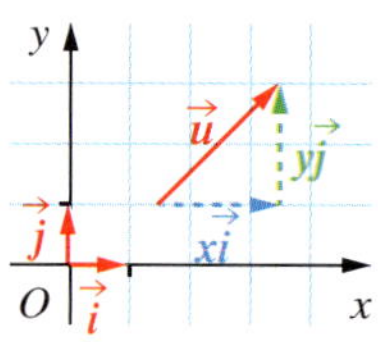

Le vecteur $\vec{u}$ a pour coordonnées $\begin{pmatrix} x \\ y \end{pmatrix}$.

Coordonnées d'un vecteur $\overrightarrow{AB}$

$$\overrightarrow{AB}\begin{pmatrix} x_B - x_A \\ y_B - y_A \end{pmatrix}$$

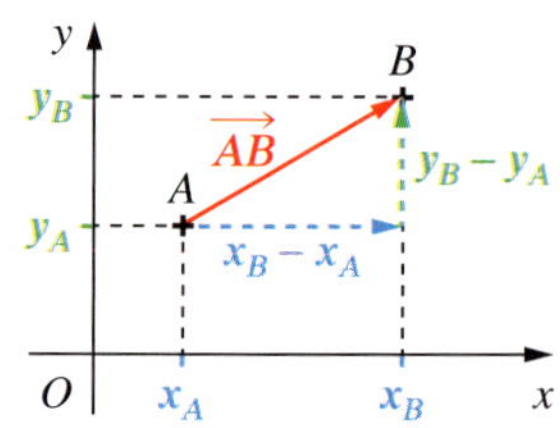

Vecteurs colinéaires

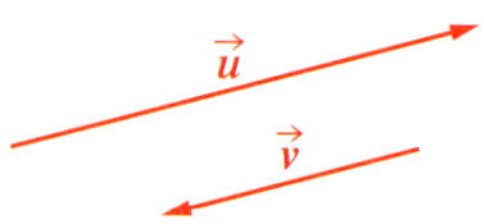

Vecteurs **colinéaires** (**même direction**)

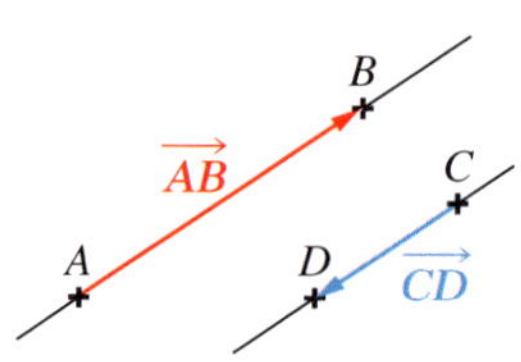

(AB) et (CD) **parallèles** $\Leftrightarrow$ $\overrightarrow{AB}$ et $\overrightarrow{CD}$ **colinéaires**

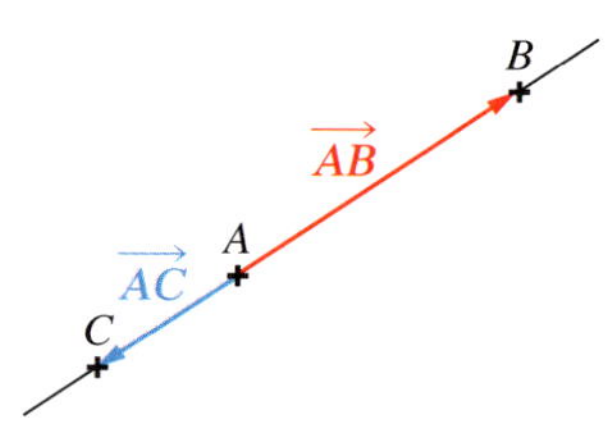

A, B et C **alignés** $\Leftrightarrow$ $\overrightarrow{AB}$ et $\overrightarrow{AC}$ **colinéaires**

$\vec{u}\begin{pmatrix} x \\ y \end{pmatrix}$ et $\vec{v}\begin{pmatrix} x' \\ y' \end{pmatrix}$ sont **colinéaires** $\Leftrightarrow$ il existe un réel k tel que $x' = kx$ et $y' = ky$. Dans ce cas : $\vec{v} = k\vec{u}$

Je m'exerce à démontrer

Démo pas à pas

Résultat à démontrer

Dans un repère $(O;\vec{i};\vec{j})$, soit $\vec{u}\begin{pmatrix}x\\y\end{pmatrix}$ un vecteur.
Pour tout nombre réel k,
le vecteur $k\vec{u}$ a pour coordonnées $\begin{pmatrix}kx\\ky\end{pmatrix}$.

Analyse des termes j'étudie l'énoncé

- Que signifie « $\vec{u}$ a pour coordonnées $\begin{pmatrix}x\\y\end{pmatrix}$ dans le repère $(O;\vec{i};\vec{j})$ » ?

  Je peux exprimer le vecteur $\vec{u}$ en fonction des vecteurs $\vec{i}$ et $\vec{j}$.

  On a l'égalité vectorielle $\vec{u}=x\vec{i}+y\vec{j}$.
- Comment montrer que le vecteur $k\vec{u}$ a pour coordonnées $\begin{pmatrix}kx\\ky\end{pmatrix}$?

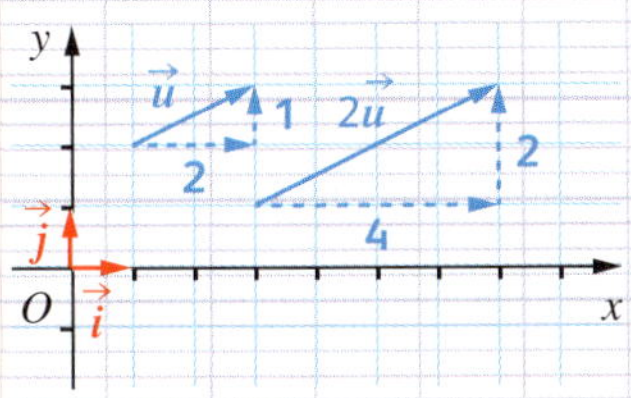

Soit $\vec{u}$ un vecteur de coordonnées $\begin{pmatrix}2\\1\end{pmatrix}$.
On voit que les coordonnées de $2\vec{u}$ sont le double de celles de $\vec{u}$, soit $\begin{pmatrix}2x\\2y\end{pmatrix}$.

Ce schéma est un cas particulier qui ne permet pas de démontrer une propriété générale. « voir » ce n'est pas démontrer.

$2\vec{u}=2(x\vec{i}+y\vec{j})=2x\vec{i}+2y\vec{j}$

Donc $2\vec{u}$ a pour coordonnées $\begin{pmatrix}2x\\2y\end{pmatrix}$.

L'idée est bonne, mais k = 2 constitue un cas particulier.

De l'hypothèse vers la conclusion j'organise mon raisonnement

- Je sais que $\vec{u}$ a pour coordonnées $\begin{pmatrix}x\\y\end{pmatrix}$ dans le repère $(O;\vec{i};\vec{j})$.
  Donc $\vec{u}=x\vec{i}+y\vec{j}$.

  $\vec{u}$ peut s'exprimer en fonction de $\vec{i}$ et $\vec{j}$.
- Je veux montrer que le vecteur $k\vec{u}$ a pour coordonnées $\begin{pmatrix}kx\\ky\end{pmatrix}$.

  Je dois exprimer le vecteur $k\vec{u}$ en fonction de $\vec{i}$ et $\vec{j}$.

Rédaction

$\vec{u}$ a pour coordonnées $\begin{pmatrix}x\\y\end{pmatrix}$ dans le repère $(O;\vec{i};\vec{j})$, donc $\vec{u}=x\vec{i}+y\vec{j}$.
Ainsi, $k\vec{u}=k(x\vec{i}+y\vec{j})=k(x\vec{i})+k(y\vec{j})=(kx)\vec{i}+(ky)\vec{j}$.
Le vecteur $k\vec{u}$ a donc pour coordonnées $\begin{pmatrix}kx\\ky\end{pmatrix}$ dans le repère $(O;\vec{i};\vec{j})$.

Démo à moi de jouer

Résultat à démontrer

Soient $\vec{u}\begin{pmatrix}x\\y\end{pmatrix}$ et $\vec{v}\begin{pmatrix}x'\\y'\end{pmatrix}$ deux vecteurs.
$\vec{u}+\vec{v}$ a pour coordonnées $\begin{pmatrix}x+x'\\y+y'\end{pmatrix}$.

Sarah a rédigé quelques notes sur son brouillon. Proposer une démonstration rédigée.

$\vec{u}=x\vec{i}+y\vec{j}$ et $\vec{v}=x'\vec{i}+y'\vec{j}$. Je dois exprimer $\vec{u}+\vec{v}$ en fonction de $\vec{i}$ et $\vec{j}$.

J'évalue mes connaissances

VERSION INTERACTIVE ET CORRIGÉE

Voir corrigés

QCM

Pour chacune des questions, indiquer la (ou les) bonne(s) réponse(s).

On donne ci-dessous cinq points A, B, C, D et E dans le repère (O, I, J).

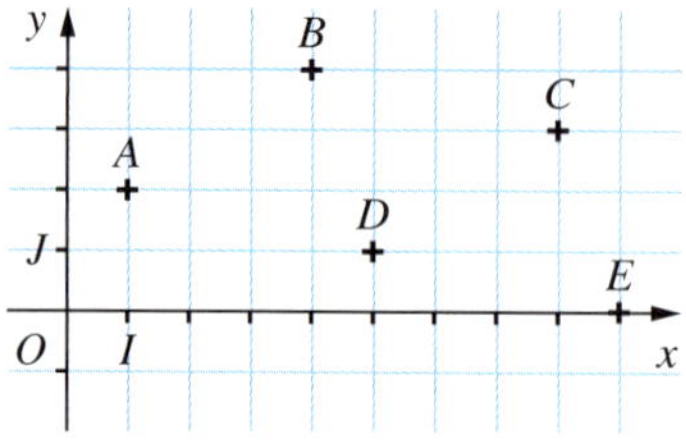

	a	b	c
1. L'image de D par la translation de vecteur $\overrightarrow{CB}$ est :	A	E	B
2. Les vecteurs égaux sont :	$\overrightarrow{AB}$ et $\overrightarrow{CD}$	$\overrightarrow{BC}$ et $\overrightarrow{DE}$	$\overrightarrow{BC}$ et $\overrightarrow{AE}$
3. Un vecteur opposé à $\overrightarrow{DE}$ est :	$\overrightarrow{CB}$	$\overrightarrow{AD}$	$\overrightarrow{ED}$
4. D'après la relation de Chasles, on a :	$\overrightarrow{AB}+\overrightarrow{AC}=\overrightarrow{BC}$	$\overrightarrow{BC}+\overrightarrow{AB}=\overrightarrow{AC}$	$\overrightarrow{EA}+\overrightarrow{BC}=\overrightarrow{ED}$
5. On a les égalités :	$\overrightarrow{CB}=2\overrightarrow{EA}$	$\overrightarrow{AE}=-2\overrightarrow{CB}$	$\overrightarrow{DE}=\frac{1}{2}\overrightarrow{EA}$
6. Le vecteur $\overrightarrow{OD}$ a pour coordonnées :	$\begin{pmatrix}5\\1\end{pmatrix}$	$\begin{pmatrix}1\\5\end{pmatrix}$	$\begin{pmatrix}-5\\-1\end{pmatrix}$
7. Le vecteur $\overrightarrow{AE}$ a pour coordonnées :	$\begin{pmatrix}8\\2\end{pmatrix}$	$\begin{pmatrix}8\\-2\end{pmatrix}$	$\begin{pmatrix}-8\\2\end{pmatrix}$
8. Soit $F(-14;-8)$. Le vecteur $\overrightarrow{AF}$ a pour coordonnées :	$\begin{pmatrix}-15\\-10\end{pmatrix}$	$\begin{pmatrix}15\\10\end{pmatrix}$	$\begin{pmatrix}-10\\-15\end{pmatrix}$
9. Soit M le point tel que $\overrightarrow{BM}=-5\overrightarrow{AD}$. Les coordonnées de M sont :	$(-20;5)$	$(-16;9)$	$(-19;7)$
10. Soit $G(65;-14)$:	les droites (BC) et (AG) sont parallèles.	les points A, E et G sont alignés.	les points B, C et G sont alignés.

vrai ou faux ?

Indiquer pour chaque affirmation si elle est vraie ou fausse. Justifier.

Partie A.

On considère la figure ci-dessous.

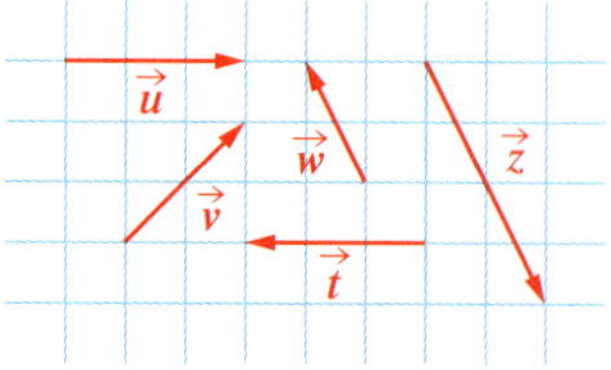

1. Les vecteurs $\vec{u}$ et $\vec{t}$ sont égaux.

2. Les vecteurs $\vec{w}$ et $\vec{z}$ ont la même direction.

3. $\vec{v}+\vec{t}=\vec{w}$ **4.** $\vec{w}=-2\vec{z}$

Partie B.

Dans un repère, soient $A(-18;-9)$, $B(-15;2)$, $C(11;8)$ et $D(8;-3)$.

Soient M le milieu de $[CD]$ et N tel que :

$$\overrightarrow{BN}=3\overrightarrow{AD}$$

1. $ABCD$ est un parallélogramme.

2. Les droites (BN) et (AD) sont parallèles.

3. $\overrightarrow{CM}=2\overrightarrow{CD}$

4. M a pour coordonnées $(9{,}5;2{,}5)$.

5. N a pour coordonnées $(78;18)$.

6. Les points A, N et M sont alignés.

automatismes et calculs

Compétence Calculer

18 Calculer.
1. $A=2(5-3)^2-7\times3-3$ 2. $B=5-5\times2-2\times3-3$

19 Écrire chaque nombre suivant sous forme de fraction irréductible.
1. $A=3\times\frac{1}{4}$ 2. $B=\frac{2}{7}+\frac{1}{3}-2$
3. $C=\frac{1}{3}\times\frac{2}{5}-\left(\frac{1}{2}\right)^2$ 4. $D=\frac{3}{4}-\frac{2}{5}\times4$
5. $E=\frac{2}{\frac{1}{2}+\frac{1}{5}}$ 6. $F=\frac{6}{6+\frac{1}{2}}$

20 Décomposer chaque nombre suivant en produit de facteurs premiers.
1. $A=60$ 2. $B=1\,575$ 3. $C=392$

21 Écrire chaque nombre suivant sous la forme $a\sqrt{b}$ où b est un entier naturel le plus petit possible.
1. $A=\sqrt{50}$ 2. $B=\sqrt{8}$
3. $C=5\sqrt{48}$ 4. $D=2\sqrt{12}+4\sqrt{27}$
5. $E=10\sqrt{200}-24\sqrt{32}$

22 Écrire chaque nombre suivant sous la forme d'une puissance de dix.
1. $A=\frac{10^3\times10^5}{10^2}$ 2. $B=10^{-4}\times(10^2)^5$
3. $C=\left((10^5)^{-2}\times10^3\right)^2$ 4. $D=\frac{10^3\times(10^{-5})^{-2}}{(10^{-1})^3}$

23 Écrire chaque nombre suivant sous la forme d'une unique puissance.
1. $A=2^3\times2^5\times2^{-3}$ 2. $B=\frac{5^3\times5^4}{(5^2)^3}$
3. $C=3^2\times\frac{27}{(3^4)^2}$ 4. $D=(2^3\times2^{-5})^2$
5. $E=5^3\times25^5$ 6. $F=\frac{2^5\times(2^{-1})^2}{(8\times2^5)^{-1}}$

24 Dans chacun des cas ci-dessous, compléter les pointillés à l'aide des symboles $\in$ ou $\notin$.
1. $2\ldots[1;+\infty[$ 2. $-1\ldots]-10;-2]$
3. $\pi\ldots]3;4[$ 4. $5\ldots]0;5]$
4. $13\ldots]13;+\infty[$ 6. $-3{,}99\ldots]-\infty;-4]$

25 Calculer chacun des nombres suivants.
1. $A=|10^2|$ 2. $B=|-10^2|$
3. $C=|10^{-2}|$ 4. $D=|-10^{-2}|$
5. $E=|-2^2\times2^3|$ 6. $F=|2^{-1}\times(-10)^2|$

26 Dans chacun des cas suivants, exprimer x en fonction de t.
1. $t=2x-5$ 2. $t=x^2-8$ 3. $t=\frac{2}{x-3}$

27 Compléter les pointillés.
1. $(a+b)^2=\ldots$
2. $(a-b)^2=\ldots$
3. $(a+b)(a-b)=\ldots$

28 Développer et réduire les expressions suivantes.
1. $A(x)=(2x-5)(x-3)+(x+4)(7-x)$
2. $B(x)=2x(x-8)-(x+1)(2x-7)$
3. $C(x)=3(x-5)(x+2)$
4. $D(x)=(x-1)(x-2)(x-3)$

29 Développer et réduire les expressions suivantes.
1. $A(x)=(3x-5)^2+2x(x+6)$
2. $B(x)=(2x+1)(3x-8)-(x+4)^2$
3. $C(x)=(x-5)(x+5)+(x+5)^2$
4. $D(x)=(2x+8)^2-(x+1)(x+2)$

30 Factoriser les expressions suivantes.
1. $A(x)=7x^2-5x$
2. $B(x)=4x^3-5x^2$
3. $C(x)=(x+1)(5x-9)+(5x-9)(2x+4)$
4. $D(x)=(3x-5)^2-6x(3x-5)$

31 Factoriser les expressions suivantes.
1. $A(x)=49x^2-25$
2. $B(x)=1-4x^2$
3. $C(x)=(x+1)^2-25x^2$
4. $D(x)=100x^2-(2x-3)^2$

32 Résoudre chacune des équations suivantes.
1. $4x-7=7x+2$ 2. $2(x-8)=4x-5$
3. $3x+5(x-4)=0$ 4. $5(x-9)+2x=4-x$

33 Donner l'intervalle associé à l'ensemble des solutions de chacune des inéquations suivantes.
1. $4x-7<2x+9$ 2. $3x+8\geqslant5x+4$
3. $5(7-2x)\leqslant4(x+3)$ 4. $-10(8-x)>4x$

34 Réduire au même dénominateur les expressions suivantes.
1. $A(x)=\frac{5}{x}+\frac{3}{x+2}$
2. $B(x)=\frac{3}{2x-4}-\frac{5}{x+1}$

35 Soit $f(x)=5x-2$.
1. Calculer les images par f de -2, de 0 et de $\frac{1}{3}$.
2. Calculer les antécédents par f de -2, de 0 et de $\frac{1}{3}$.

36 Soit ABC un triangle rectangle en A tel que :
$AB=5$ et $BC=8$
1. Calculer la valeur exacte de AC.
2. Calculer une mesure de l'angle $\widehat{ABC}$ à 0,1° près.

Exercices Application

Exercices INTERACTIFS kwyk

Connaître le cours

37 Deux diaporamas pour faire le point sur le cours. ACTIVITÉS MENTALES RAPIDES

38 À partir de la figure ci-contre, déterminer les images suivantes.

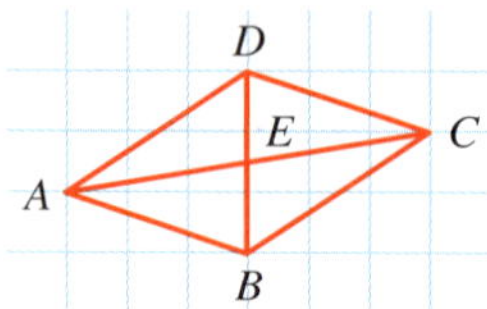

1. L'image de B par la translation de vecteur $\overrightarrow{AD}$.
2. L'image de C par la translation de vecteur $\overrightarrow{CD}$.
3. L'image de E par la translation de vecteur $\overrightarrow{CE}$.

39 Vrai ou faux ? Compétence Raisonner

Préciser si les affirmations sont vraies ou fausses.

1. Si deux vecteurs sont égaux, alors ils ont la même direction.
2. Si deux vecteurs ont la même norme, alors ils sont égaux.
3. Si deux vecteurs sont opposés alors ils ont la même direction.

40 Compléter les égalités suivantes à l'aide de la relation de Chasles.

1. $\overrightarrow{AB}+\overrightarrow{\ldots C}=\overrightarrow{AC}$
2. $\overrightarrow{\ldots T}+\overrightarrow{TP}=\overrightarrow{R\ldots}$
3. $\overrightarrow{\ldots P}+\overrightarrow{P\ldots}=\overrightarrow{CF}$
4. $\overrightarrow{LK}+\overrightarrow{K\ldots}=\overrightarrow{\ldots G}$

41 Recopier la figure suivante en respectant le quadrillage puis placer les points C et D tels que :

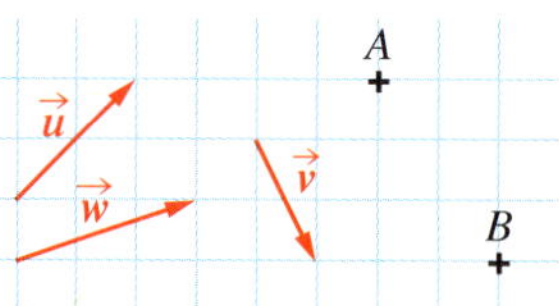

1. $\overrightarrow{AC}=\vec{u}+\vec{v}$
2. $\overrightarrow{BD}=\vec{w}-\vec{v}$

42 On considère deux points A et B tels que $AB=6$.

1. Construire le point C tel que $\overrightarrow{AC}=2\overrightarrow{AB}$.
2. Construire le point D tel que $\overrightarrow{BD}=-2\overrightarrow{AC}$.

Démo

43 On se place dans un repère $\left(O;\vec{i};\vec{j}\right)$.

Démontrer que pour tout vecteur $\vec{u}$, il existe deux nombres réels x et y tels que $\vec{u}=x\vec{i}+y\vec{j}$.

44 Dans un repère $\left(O;\vec{i};\vec{j}\right)$, on donne $M(x_M;y_M)$ et $N(x_N;y_N)$.

1. Préciser la formule permettant de calculer les coordonnées du vecteur $\overrightarrow{MN}$.
2. a. Placer les points $A(3;4)$, $B(-1;-2)$, $C(11;16)$.
   b. Calculer les coordonnées des vecteurs $\overrightarrow{AB}$ et $\overrightarrow{BC}$.
3. a. Montrer que $\overrightarrow{AB}$ et $\overrightarrow{BC}$ sont colinéaires.
   b. Que peut-on en déduire pour les points A, B et C ?

Travailler les capacités du chapitre

Capacité 1 Représenter géométriquement des vecteurs

45 Reproduire la figure ci-contre en respectant le quadrillage.

Soit t la translation de vecteur $\overrightarrow{AB}$.

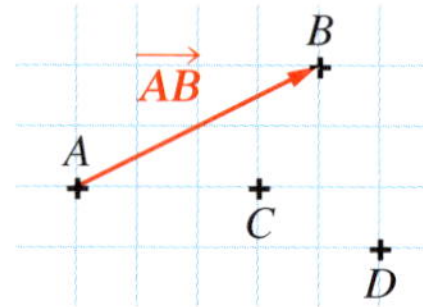

1. Construire l'image C' de C par t.
2. Construire l'image D' de D par t.
3. Citer tous les vecteurs égaux.

46 Reproduire la figure ci-contre en respectant le quadrillage.

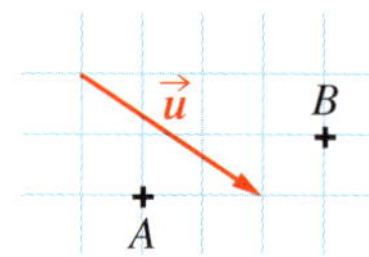

1. Construire un vecteur $\vec{v}$ d'origine A tel que $\vec{u}=\vec{v}$.
2. Construire un vecteur $\vec{w}$ d'extrémité B tel que :

$$\vec{u}=\vec{w}$$

47 Dans la figure ci-contre, on donne trois vecteurs $\vec{u}$, $\vec{v}$ et $\vec{w}$ ainsi que trois points A, B et C.

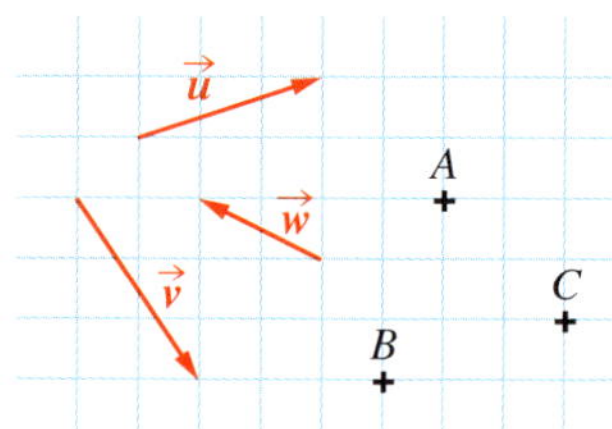

1. Reproduire la figure en respectant le quadrillage.
2. Construire un représentant du vecteur $\vec{u}$ d'origine A.
3. Construire un représentant du vecteur $\vec{v}$ d'origine B.
4. Construire un représentant du vecteur $-\vec{w}$ d'extrémité C.

48 Soient trois points A, B et C.

À l'aide du quadrillage, construire les vecteurs suivants.

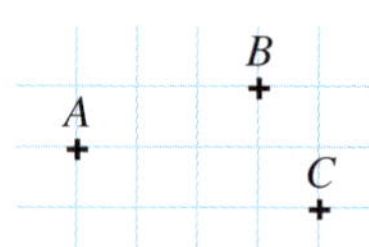

1. Un vecteur $\vec{u}$, d'origine A, ayant la même direction et le même sens que le vecteur $\overrightarrow{AB}$ et une norme égale à deux fois celle de $\overrightarrow{AB}$.
2. Un vecteur $\vec{v}$ d'origine C, ayant la même direction que $\overrightarrow{AB}$, un sens contraire à celui de $\overrightarrow{AB}$ et une norme trois fois plus grande que celle de $\overrightarrow{AB}$.

49 On considère un parallélogramme $EFGH$ et un point I.

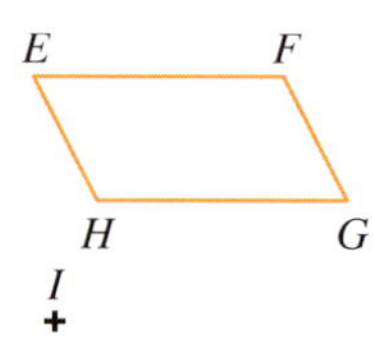

1. Construire l'image du point I par la translation de vecteur $\overrightarrow{HG}$.
2. Démontrer que $\overrightarrow{IJ}=\overrightarrow{EF}$.
3. En déduire la nature du quadrilatère $EFJI$.

CAPACITÉ 2 Construire géométriquement la somme de deux vecteurs

50 Dans chacun des cas, reproduire la figure en respectant le quadrillage et construire le vecteur $\vec{u}+\vec{v}$.

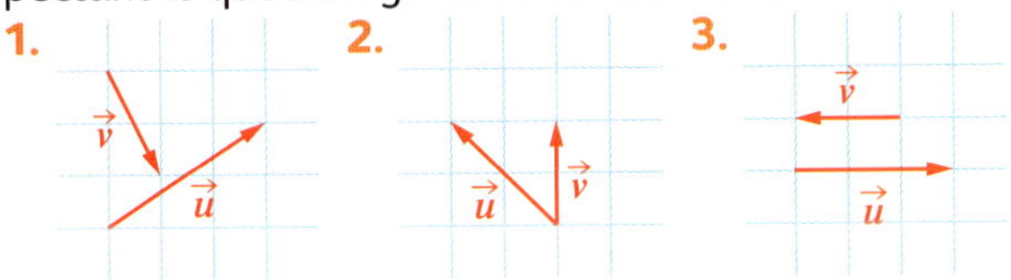

51 Même consigne que l'exercice **50**.

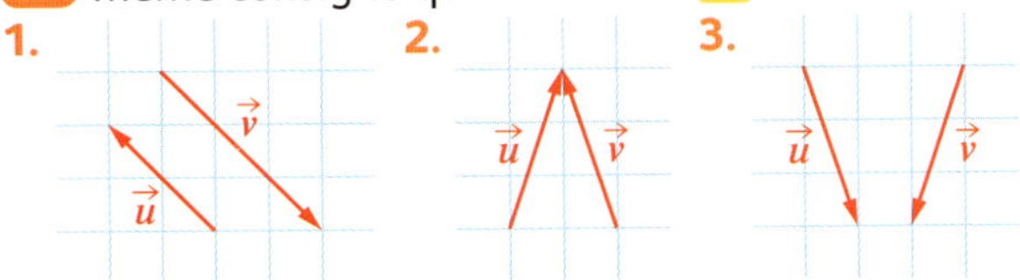

52 Reproduire la figure en respectant le quadrillage et construire le vecteur $\vec{u}+\vec{v}$ d'origine A, puis le vecteur $\vec{u}-\vec{v}$ d'origine B.

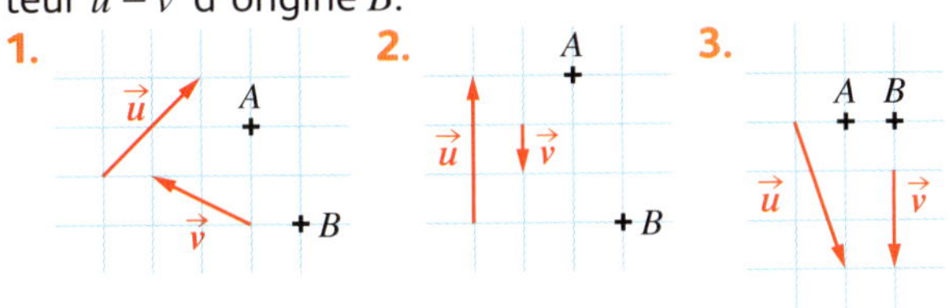

53 Reproduire la figure ci-dessous et construire les points E, F, G et H tels que :

1. $\overrightarrow{AE}=\overrightarrow{AB}+\overrightarrow{AC}$
2. $\overrightarrow{BF}=\overrightarrow{AC}+\overrightarrow{DB}$
3. $\overrightarrow{CG}=\overrightarrow{CA}-\overrightarrow{DC}$
4. $\overrightarrow{DH}=-\overrightarrow{AB}-\overrightarrow{AC}$

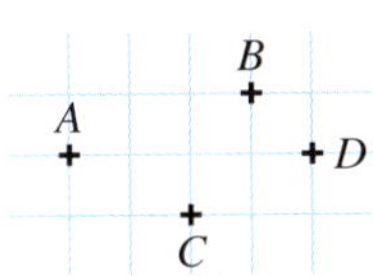

54 Ci-contre, on donne quatre points A, B, C et D.
Compléter les égalités suivantes en utilisant la relation de Chasles puis représenter chaque égalité sur la figure.

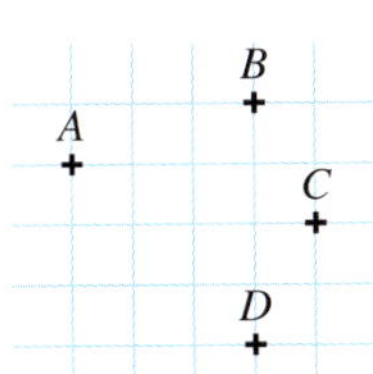

1. $\overrightarrow{AB}+\overrightarrow{\dots C}=\overrightarrow{\dots C}$
2. $\overrightarrow{A\dots}+\overrightarrow{C\dots}=\overrightarrow{AD}$
3. $\overrightarrow{\dots C}+\overrightarrow{\dots B}=\overrightarrow{D\dots}$
4. $\overrightarrow{A\dots}+\overrightarrow{D\dots}=\vec{0}$

55 On considère un parallélogramme $ABCD$.
Soit E le point tel que $\overrightarrow{CE}=\overrightarrow{AB}+\overrightarrow{AD}$.
Soit F le point tel que $\overrightarrow{DF}=\overrightarrow{AC}$.
1. Construire la figure.
2. Démontrer que $\overrightarrow{CE}=\overrightarrow{AC}$.
3. Démontrer que $\overrightarrow{FE}=\overrightarrow{DC}$.

56 Soient A, B, C et D quatre points alignés.

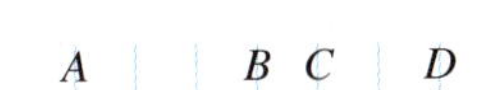

Construire les points E et F tels que :
1. $\overrightarrow{AE}=\overrightarrow{AB}+\overrightarrow{CD}$
2. $\overrightarrow{CF}=\overrightarrow{AC}+\overrightarrow{DB}$

CAPACITÉ 3 Mettre en relation représentation et coordonnées d'un vecteur

Sauf indication contraire, on se place dans un repère orthonormé $(O;\vec{i};\vec{j})$.

57 On considère deux points $A(3;1)$ et $B(-2;1)$ puis trois vecteurs $\vec{u}\begin{pmatrix}1\\3\end{pmatrix}$, $\vec{v}\begin{pmatrix}-2\\-1\end{pmatrix}$ et $\vec{w}\begin{pmatrix}0\\4\end{pmatrix}$.
1. Construire un représentant d'origine A du vecteur $\vec{u}$.
2. Construire un représentant d'origine A du vecteur $\vec{v}$.
3. Construire un représentant d'origine B du vecteur $\vec{w}$.
4. Construire un représentant d'extrémité B de $\vec{v}$.

58 On donne la figure ci-contre.

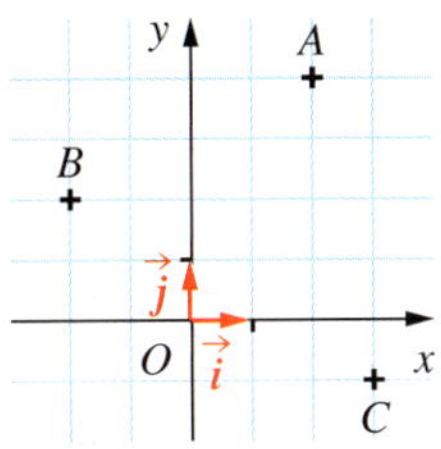

1. Construire les points D, E, F et G tels que :

a. $\overrightarrow{AD}\begin{pmatrix}-1\\-3\end{pmatrix}$ b. $\overrightarrow{BE}\begin{pmatrix}5\\4\end{pmatrix}$

c. $\overrightarrow{CF}\begin{pmatrix}0\\-3\end{pmatrix}$ d. $\overrightarrow{GA}\begin{pmatrix}-4\\0\end{pmatrix}$

2. Lire les coordonnées des vecteurs $\overrightarrow{AB}$, $\overrightarrow{AC}$ et $\overrightarrow{BC}$.

59 Dans chacun des cas suivants, lire les coordonnées des vecteurs $\overrightarrow{OA}$, $\overrightarrow{OB}$, $\overrightarrow{OC}$ et $\overrightarrow{OD}$.

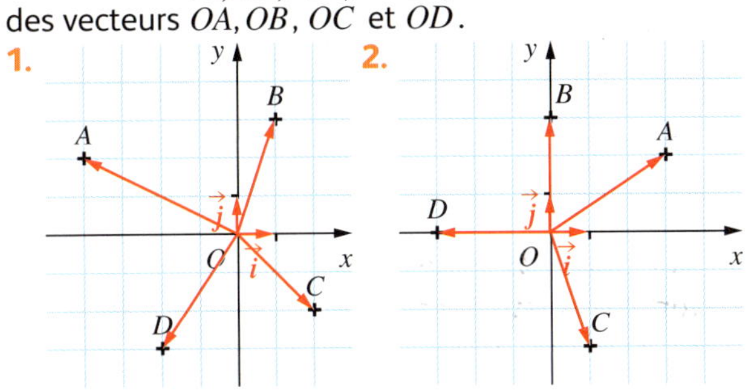

Dans les exercices **60** et **61** lire les coordonnées de tous les vecteurs représentés.

60

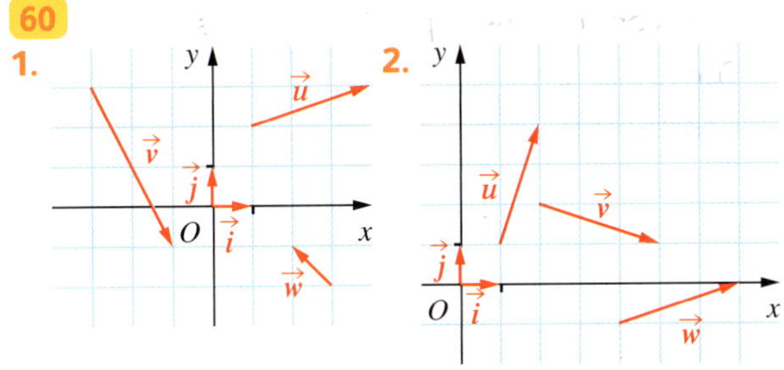

61

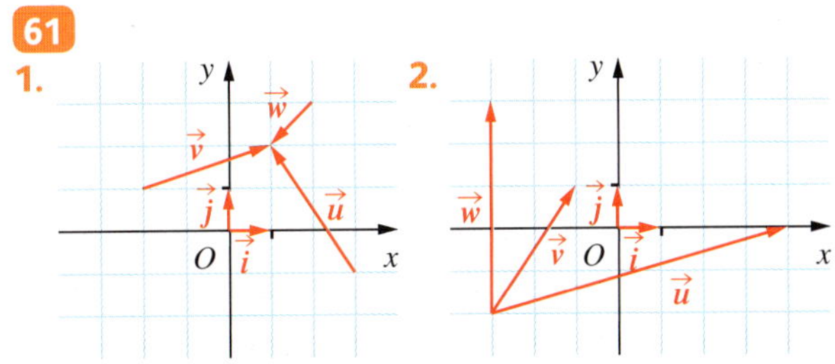

exercices Application

Exercices INTERACTIFS kwyk

62 On donne la figure suivante où chaque carreau a pour côté 1.

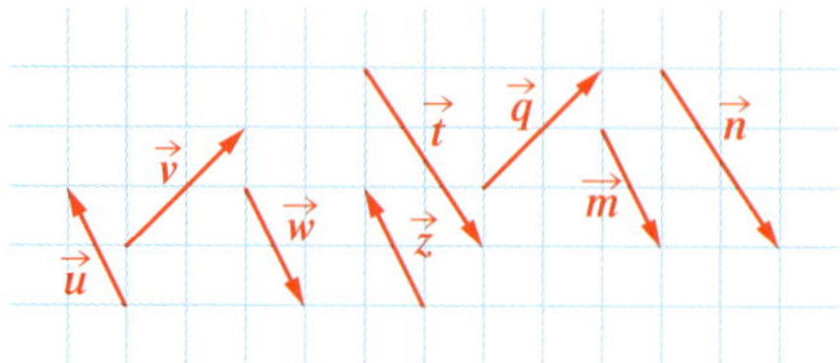

1. Lire les coordonnées de tous les vecteurs.
2. Citer les paires de vecteurs égaux.

63 Mêmes questions que l'exercice **62**.

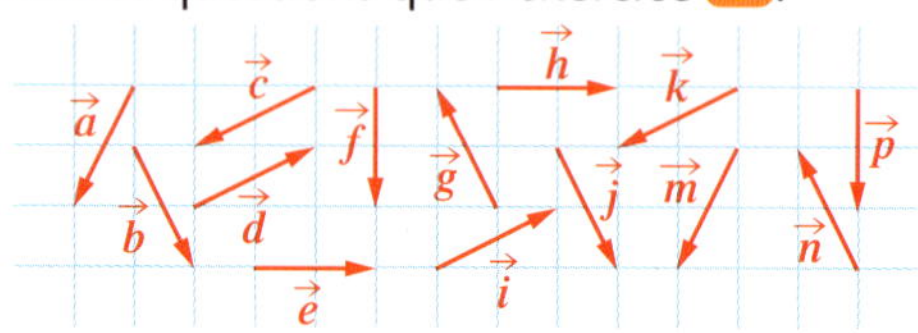

64 Soient $ABCD$ et $ADEF$ deux carrés.

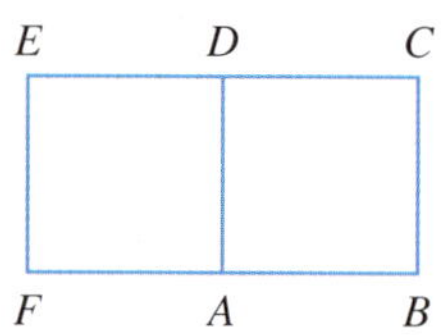

1. On se place dans le repère $(A\,;\overrightarrow{AB}\,;\overrightarrow{AD})$. Lire les coordonnées de tous les points et des vecteurs $\overrightarrow{AB}$, $\overrightarrow{FC}$, $\overrightarrow{BC}$, $\overrightarrow{DF}$ et $\overrightarrow{BE}$.
2. a. Reprendre la question **1.** si on se place maintenant dans le repère $(F\,;\overrightarrow{FA}\,;\overrightarrow{FE})$.
b. Que constate-t-on ?

65 **1. a.** Reproduire la figure en respectant le quadrillage.
b. Construire les points D et E tels que $\overrightarrow{AD}\begin{pmatrix}-4\\-1\end{pmatrix}$ et $\overrightarrow{BE}\begin{pmatrix}5\\3\end{pmatrix}$.

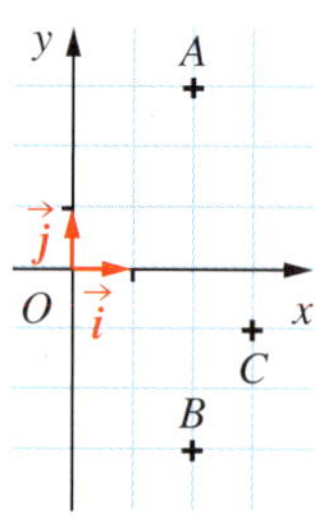

2. Lire les coordonnées de $\overrightarrow{AE}$ et $\overrightarrow{DC}$.
3. Quelle est la nature du quadrilatère $AECD$?

CAPACITÉ 4 **Calculer les coordonnées de la somme de deux vecteurs, du produit par un réel**

On se place dans un repère orthonormé $(O\,;\vec{i}\,;\vec{j})$.

66 **Vrai ou faux ?** Compétence Raisonner

Préciser si les affirmations sont vraies ou fausses.
On considère deux points $A(x_A\,;y_A)$ et $B(x_B\,;y_B)$.
1. Dans le repère $(O\,;\vec{i}\,;\vec{j})$, $\overrightarrow{OA}$ a les mêmes coordonnées que le point A.
2. $\overrightarrow{AB}\begin{pmatrix}x_A-x_B\\y_A-y_B\end{pmatrix}$
3. Dans $(O\,;\vec{i}\,;\vec{j})$, les coordonnées d'un vecteur $\vec{u}$ correspondent au déplacement horizontal puis vertical de l'origine du vecteur vers son extrémité.

Démo

67 **Coordonnées d'un vecteur $\overrightarrow{AB}$**

On considère deux points $A(x_A\,;y_A)$ et $B(x_B\,;y_B)$ dans un repère $(O\,;\vec{i}\,;\vec{j})$.

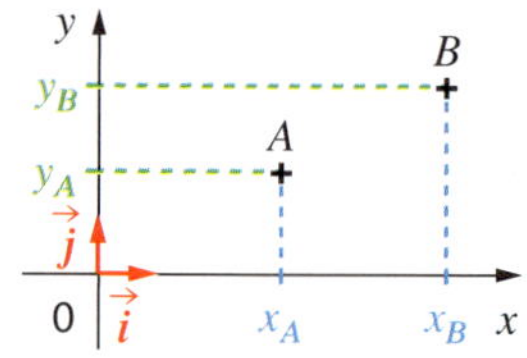

1. a. Exprimer le vecteur $\overrightarrow{OA}$ en fonction des vecteurs $\vec{i}$ et $\vec{j}$.
b. En déduire les coordonnées du vecteur $\overrightarrow{OA}$.
c. Déterminer de même les coordonnées de $\overrightarrow{OB}$.
2. À l'aide de la relation de Chasles, exprimer le vecteur $\overrightarrow{AB}$ en fonction des vecteurs $\overrightarrow{OA}$ et $\overrightarrow{OB}$.
3. Démontrer alors qu'on a $\overrightarrow{AB}\begin{pmatrix}x_B-x_A\\y_B-y_A\end{pmatrix}$.

68 Soient $A(3;4)$, $B(-1;5)$, $C(4;-3)$ et $D(3;0)$.
Calculer les coordonnées des vecteurs $\overrightarrow{AB}$, $\overrightarrow{CD}$, $\overrightarrow{BC}$ et $\overrightarrow{AD}$.

69 Dans chacun des cas suivants, calculer les coordonnées des vecteurs $\overrightarrow{MN}$, $\overrightarrow{MP}$ et $\overrightarrow{PN}$.
1. $M(-5;3)$; $N(3;7)$; $P(15;9)$
2. $M(0;6)$; $N(-10;-7)$; $P(3;4)$
3. $M(0;1)$; $N(5;0)$; $P(0;\sqrt{3})$

70 Soient $A(4;5)$, $B(8;2)$, $C(3;2)$ et $D(7;-1)$.
1. Calculer les coordonnées de $\overrightarrow{AB}$ et $\overrightarrow{CD}$.
2. En déduire la nature du quadrilatère $ABDC$.

71 PYTHON On donne ci-dessous un algorithme permettant de lire les coordonnées de deux points A et B, puis de calculer celles du vecteur $\overrightarrow{AB}$.
1. Compléter cet algorithme puis le programmer sous Python.

Langage naturel

Lire l'abscisse x_A de A
Lire l'ordonnée y_A de A
Lire l'abscisse x_B de B
Lire l'ordonnée y_B de B
X ← …
Y ← …
Afficher « Abs de $\overrightarrow{AB}$: », X
Afficher « Ord de $\overrightarrow{AB}$: », Y

Python

```
def coordonnées(xA,yA,xB,yB):
    X=...
    Y=...
    print("Abs vect AB:",X)
    print("Ord vect AB:",Y)
```

2. Soient $A(2{,}7;4{,}6)$, $B(9{,}4;-3{,}8)$, $C(-4{,}7;5{,}3)$ et $D(2;-3{,}1)$.
a. Déterminer les coordonnées des vecteurs $\overrightarrow{AB}$ et $\overrightarrow{CD}$ à l'aide de l'algorithme.
b. Déterminer la nature du quadrilatère $ABDC$.
3. Soient $M(-4;4)$, $N(9;9)$, $T(17;6)$ et $R(4;1)$.
À l'aide de l'algorithme, justifier que $MNTR$ est un parallélogramme.

72 Déterminer les coordonnées d'un point.
Dans un repère, on donne $A(-2;5)$, $B(3;1)$, $C(4;5)$ et $M(x;y)$, où x et y sont deux réels.
1. Calculer les coordonnées du vecteur $\overrightarrow{AB}$.
2. Exprimer les coordonnées du vecteur $\overrightarrow{CM}$ en fonction de x et y.
3. Déterminer les coordonnées de M tel que $\overrightarrow{CM} = \overrightarrow{AB}$.

73 On donne $\vec{u}\begin{pmatrix}3\\-4\end{pmatrix}$, $\vec{v}\begin{pmatrix}-2\\5\end{pmatrix}$ et $\vec{w}\begin{pmatrix}-3\\4\end{pmatrix}$.
1. Calculer les coordonnées de $\vec{u}+\vec{v}$, $\vec{v}+\vec{w}$ et $\vec{u}-\vec{w}$.
2. Montrer que $\vec{u}+\vec{w}=\vec{0}$.

74 Soient $A(-3;7)$, $B(3;1)$, $C(8;-1)$ et $D(0;4)$.
1. En déduire les coordonnées de $\vec{u}=\overrightarrow{AB}+\overrightarrow{CD}$.
2. Calculer les coordonnées de $\vec{v}=\overrightarrow{BC}+\overrightarrow{DA}$.
3. Montrer que $\vec{u}+\vec{v}=\vec{0}$.

75 On donne $\vec{u}\begin{pmatrix}2\\-5\end{pmatrix}$, $\vec{v}\begin{pmatrix}1\\3\end{pmatrix}$ et $\vec{w}\begin{pmatrix}0\\-6\end{pmatrix}$.
Calculer les coordonnées des vecteurs :
1. $3\vec{u}$ 2. $-5\vec{v}$ 3. $\frac{1}{2}\vec{w}$ 4. $2\vec{u}-7\vec{w}$

76 On donne $A(-3;7)$, $B(1;4)$ et $C(9;-3)$.
Calculer les coordonnées des vecteurs suivants.
1. $\vec{u}=2\overrightarrow{AB}$ 2. $\vec{v}=-5\overrightarrow{BC}$ 3. $\vec{w}=-5\overrightarrow{AB}+3\overrightarrow{AC}$

Capacité 5 Caractériser l'alignement ou le parallélisme par la colinéarité de vecteurs

On se place dans un repère orthonormé $(O;\vec{i};\vec{j})$.

77 QCM Compétence Communiquer
Pour chacune des questions, indiquer la (ou les) bonne(s) réponse(s). Justifier.
On considère la figure ci-dessous.

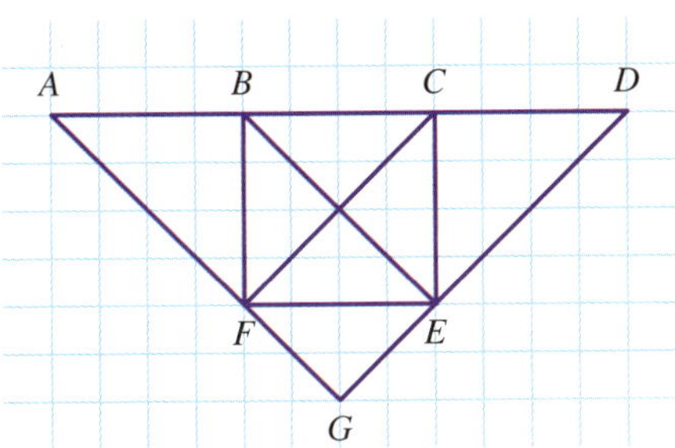

1. Les vecteurs $\overrightarrow{AB}$ et $\overrightarrow{FE}$ sont :
a. égaux b. opposés c. colinéaires
2. Les vecteurs $\overrightarrow{FC}$ et $\overrightarrow{DG}$ sont :
a. égaux b. opposés c. colinéaires
3. Le vecteur $\overrightarrow{AD}$ est égal à :
a. $\frac{1}{3}\overrightarrow{FE}$ b. $3\overrightarrow{FE}$ c. $-3\overrightarrow{DC}$
4. Le vecteur $\overrightarrow{EB}$ est égal à :
a. $\overrightarrow{FC}$ b. $\frac{2}{3}\overrightarrow{GA}$ c. $\frac{3}{2}\overrightarrow{GA}$

78 1. Compléter les pointillés à l'aide de la relation de Chasles : $\overrightarrow{B\ldots}+\overrightarrow{A\ldots}=\overrightarrow{\ldots C}$
2. À partir de chacune des égalités suivantes, exprimer le vecteur $\overrightarrow{AB}$ en fonction de $\overrightarrow{AC}$.
a. $2\overrightarrow{AB}-6\overrightarrow{AC}=\vec{0}$ b. $-3\overrightarrow{AB}+2\overrightarrow{CA}=4\overrightarrow{AC}$
c. $3\overrightarrow{AB}+5\overrightarrow{BC}=\vec{0}$ d. $5\overrightarrow{AB}+\overrightarrow{BC}-\overrightarrow{CA}=\vec{0}$
3. Que peut-on dire, dans chacun des cas, des vecteurs $\overrightarrow{AB}$ et $\overrightarrow{AC}$, puis des points A, B et C ?

79 $\vec{u}\begin{pmatrix}2\\-3\end{pmatrix}$ et $\vec{v}\begin{pmatrix}25\\t\end{pmatrix}$ sont deux vecteurs colinéaires.
Calculer la valeur de t.

80 Soit ABC un triangle équilatéral de côté 6.
Soient I et J tels que $\overrightarrow{AI}=\frac{1}{3}\overrightarrow{AB}$ et $\overrightarrow{AJ}=\frac{1}{3}\overrightarrow{AC}$.
1. Faire une figure.
2. a. Compléter les pointillés à l'aide de la relation de Chasles : $\overrightarrow{IJ}=\overrightarrow{\ldots A}+\overrightarrow{\ldots J}$
b. Exprimer le vecteur $\overrightarrow{IJ}$ en fonction de $\overrightarrow{BC}$.
c. Que peut-on dire des droites (IJ) et (BC) ? Pourquoi ?

81 On donne $A(-3;2)$, $B(12;5)$ et $C(2;3)$.
1. Calculer les coordonnées de $\overrightarrow{AB}$ et $\overrightarrow{AC}$.
2. Les vecteurs $\overrightarrow{AB}$ et $\overrightarrow{AC}$ sont-ils colinéaires ?
Si oui, déterminer la valeur du réel k tel que $\overrightarrow{AB}=k\overrightarrow{AC}$.
3. Que peut-on dire des points A, B et C ?

82 Reprendre les questions de l'exercice 81 avec :
a. $A(-1{,}5;4{,}5)$; $B(14;2)$; $C(76;-8)$
b. $A(-120;234)$; $B(108;156)$; $C(165;136)$

83 Soient $A(6;-2)$, $B(-3;4)$, $C(8;0)$ et $D(5;2)$.
1. Calculer les coordonnées de $\overrightarrow{AB}$ et $\overrightarrow{CD}$.
2. Les vecteurs $\overrightarrow{AB}$ et $\overrightarrow{CD}$ sont-ils colinéaires ?
Si oui, déterminer la valeur du réel k tel que $\overrightarrow{AB}=k\overrightarrow{CD}$.
3. Que peut-on dire des droites (AB) et (CD) ?

84 Reprendre les questions de l'exercice 83 avec :
a. $A(1;-2)$; $B(5;6)$; $C(6;1)$; $D(8;5)$
b. $A(1{,}6;2{,}3)$; $B(1{,}4;-1{,}8)$; $C(7{,}4;-8)$; $D(8;7)$

85 Soient $A(-1;4)$, $B(2;3)$, $C(-3;1)$ et $D(6;-2)$.
1. a. Montrer que les vecteurs $\overrightarrow{AB}$ et $\overrightarrow{CD}$ sont colinéaires.
b. Démontrer que $ABDC$ est un trapèze.
2. Démontrer que les points C, O et D sont alignés.
3. Quelle est la nature du quadrilatère $OCAB$? Justifier.

1 Notion de vecteur

86 Le pavage ci-dessous, réalisé dans l'esprit d'Escher, représente des cavalières tournées vers la droite (en orange) ou vers la gauche (en bleu).
Les cavalières représentées « entières » sont numérotées de 1 à 12 et huit points ont été placés sur la figure.

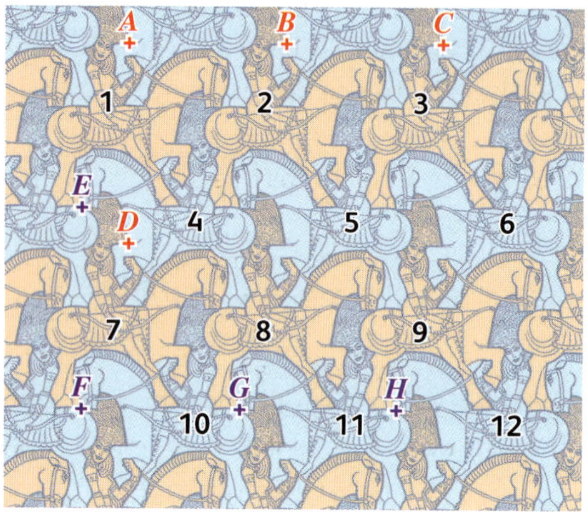

1. Quelle est l'image de la cavalière :
a. 7 par la translation de vecteur $\overrightarrow{AC}$?
b. 8 par la translation de vecteur $\overrightarrow{BA}$?
c. 2 par la translation de vecteur $\overrightarrow{EG}$?
2. Quelle est la translation qui transforme :
a. la cavalière 5 en cavalière 4 ?
b. la cavalière 10 en cavalière 12 ?
c. la cavalière 6 en cavalière 11 ?

Info
Maurits Cornelis Escher (1898-1972) est un dessinateur graveur hollandais connu pour avoir réalisé des œuvres de pavages en deux ou trois dimensions.

87 Reproduire la figure ci-contre en respectant le quadrillage.

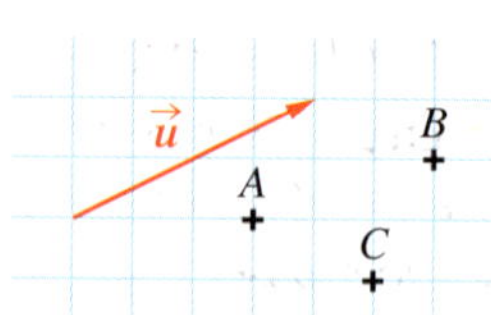

1. Construire les images A_1, B_1 et C_1 de A, B et C par la translation de vecteur $\vec{u}$.
2. Construire les images A_2, B_2 et C_2 de A, B et C par la translation de vecteur $\overrightarrow{AC}$.
3. Citer tous les vecteurs égaux.

88 **Vrai ou faux ?**
Soit $ABCD$ un rectangle de centre O.
Préciser si les affirmations sont vraies ou fausses.
1. $\overrightarrow{AB}=\overrightarrow{CD}$ 2. $\overrightarrow{AD}=\overrightarrow{BC}$ 3. $\overrightarrow{AO}=-\overrightarrow{CO}$ 4. $\overrightarrow{DB}=\overrightarrow{CA}$
5. C est l'image du point O par la translation de vecteur $\overrightarrow{OA}$.

89 À l'aide de la figure ci-contre, citer :

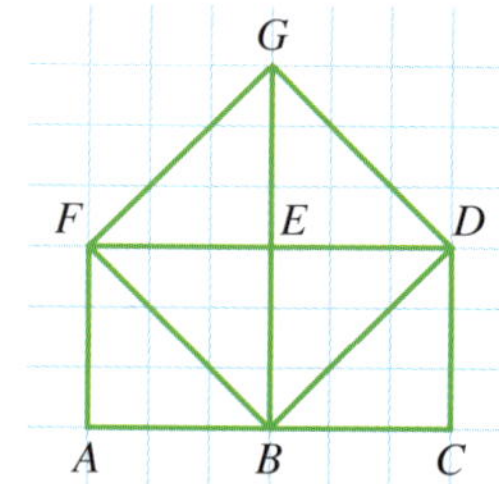

1. trois paires de vecteurs égaux.
2. trois vecteurs ayant la même direction.
3. quatre vecteurs ayant la même norme.
4. deux vecteurs ayant la même direction, des sens contraires et des normes différentes.
5. quatre vecteurs opposés au vecteur $\overrightarrow{ED}$.

90 Soient M, N et P trois points.
On note R l'image de P par la translation de vecteur $\overrightarrow{MN}$.
1. Faire une figure.
2. Démontrer que N est l'image de R par la translation de vecteur $\overrightarrow{PM}$.

91 Soit $ABCD$ un parallélogramme.
On note T l'image de B par la translation de vecteur $\overrightarrow{AB}$, R l'image de D par la translation de vecteur $\overrightarrow{AD}$ et S l'image de C par la translation de vecteur $\overrightarrow{AC}$.
1. Faire une figure.
2. Montrer que $\overrightarrow{CT}=\overrightarrow{DB}$.
3. Montrer que le quadrilatère $DRCB$ est un parallélogramme.
4. Montrer que C est le milieu de $[RT]$.
5. En déduire que $ATSR$ est un parallélogramme.

92 Soit OQP un triangle. On note R l'image de O par la symétrie de centre P et T l'image de P par la translation de vecteur $\overrightarrow{QP}$.
1. Faire une figure.
2. Démontrer que $\overrightarrow{OT}=\overrightarrow{QR}$.

93 Soit RST un triangle équilatéral.
On note R' et T' les images respectives des points R et T par la symétrie de centre S.
1. Faire une figure.
2. Quelle est la nature du quadrilatère $RTR'T'$?
3. Soit S' l'image du point S par la translation de vecteur $\overrightarrow{RT}$.
Démontrer que $\overrightarrow{ST}=\overrightarrow{R'S'}$.

94 Soit $ABCD$ un parallélogramme.
On note E l'image du point D par la translation de vecteur $\overrightarrow{CD}$ et F l'image du point B par la translation de vecteur $\overrightarrow{AB}$.
1. Faire une figure.
2. Démontrer que $BFDE$ est un parallélogramme.

2 Somme de deux vecteurs

95 On donne la figure suivante.

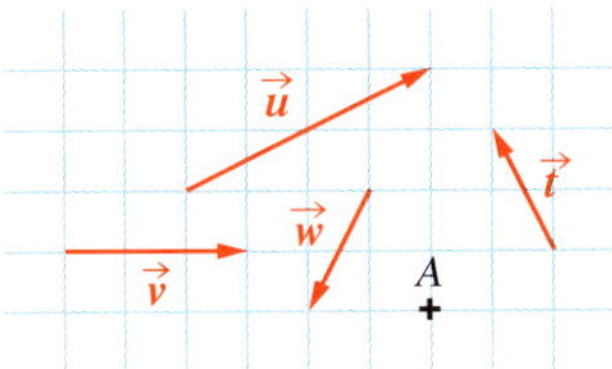

1. Construire un représentant, d'origine A, des vecteurs suivants.

a. $\vec{z_1}=\vec{u}+\vec{v}$ **b.** $\vec{z_2}=-\vec{u}-\vec{v}$

c. $\vec{z_3}=\vec{w}-\vec{t}+\vec{v}$ **d.** $\vec{z_4}=\vec{v}+\vec{w}-\vec{u}$

2. Construire un représentant, d'extrémité A, de chaque vecteur $\vec{z_1}$, $\vec{z_2}$, $\vec{z_3}$ et $\vec{z_4}$ définis ci-dessus.

96 On donne la figure suivante.

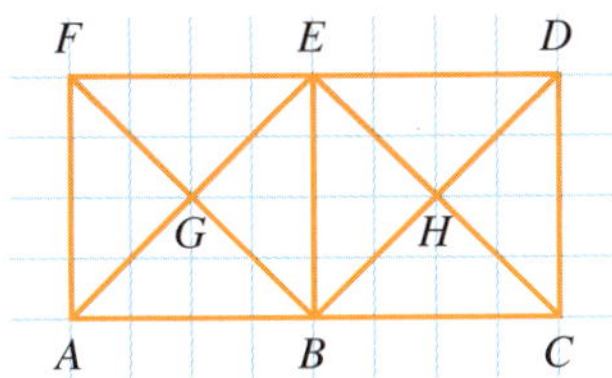

1. Déterminer les sommes vectorielles suivantes en complétant les pointillés.

a. $\overrightarrow{AB}+\overrightarrow{FA}=\overrightarrow{F\ldots}+\overrightarrow{\ldots B}=\overrightarrow{\ldots}$

b. $\overrightarrow{FD}+\overrightarrow{EB}=\overrightarrow{FD}+\overrightarrow{D\ldots}=\overrightarrow{\ldots}$

c. $\overrightarrow{AE}+\overrightarrow{GB}+\overrightarrow{DH}=\overrightarrow{AE}+\overrightarrow{E\ldots}+\overrightarrow{\ldots}=\overrightarrow{\ldots}$

2. Déterminer les sommes vectorielles suivantes.

a. $\overrightarrow{CH}+\overrightarrow{GE}$ **b.** $\overrightarrow{AC}+\overrightarrow{EB}$

c. $\overrightarrow{AE}+\overrightarrow{CB}+\overrightarrow{EB}$ **d.** $\overrightarrow{BA}+\overrightarrow{DC}-\overrightarrow{FE}$

97 Reproduire la figure ci-contre en respectant le quadrillage.

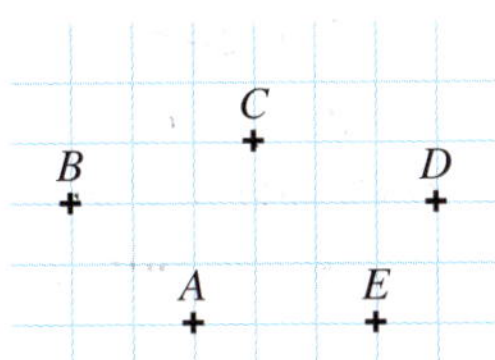

1. Soient $\vec{u}$ et $\vec{v}$ deux vecteurs définis par :

$$\vec{u}=\overrightarrow{AB}+\overrightarrow{CD}+\overrightarrow{ED}$$
$$\vec{v}=\overrightarrow{AD}+\overrightarrow{CD}+\overrightarrow{EB}$$

Construire un représentant d'origine A de chacun des deux vecteurs $\vec{u}$ et $\vec{v}$. Que constate-t-on ?

2. À l'aide de la relation de Chasles, démontrer que :

$$\vec{u}=\vec{v}$$

98 Soit $ABCD$ un parallélogramme.

Montrer les égalités vectorielles suivantes.

1. $\overrightarrow{AB}+\overrightarrow{AD}=\overrightarrow{AC}$ **2.** $\overrightarrow{AB}+\overrightarrow{CB}=\overrightarrow{DB}$

3. $\overrightarrow{AB}+\overrightarrow{CD}=\vec{0}$ **4.** $\overrightarrow{DC}-\overrightarrow{AD}=\overrightarrow{DB}$

99 Compléter les égalités vectorielles suivantes.

1. $\overrightarrow{A\ldots}+\overrightarrow{C\ldots}=\overrightarrow{AD}$ **2.** $\overrightarrow{\ldots M}+\overrightarrow{P\ldots}+\overrightarrow{M\ldots}=\overrightarrow{AB}$

3. $\overrightarrow{S\ldots}-\overrightarrow{FG}+\overrightarrow{\ldots}=\vec{0}$ **4.** $\overrightarrow{RT}+\overrightarrow{SU}+\overrightarrow{T\ldots}=-\overrightarrow{\ldots R}$

100 Soit ABC un triangle.

1. Construire l'image M du point C par la translation de vecteur $\overrightarrow{AC}$.

2. Construire l'image N du point C par la translation de vecteur $\overrightarrow{BC}$.

3. a. À l'aide de la relation de Chasles, montrer que :

$$\overrightarrow{AB}=\overrightarrow{NM}$$

b. En déduire la nature du quadrilatère $ABMN$.

101 Soient R, S et T trois points.

1. a. Construire le point P tel que $\overrightarrow{RP}=\overrightarrow{RS}+\overrightarrow{RT}$.

b. En utilisant la relation de Chasles, montrer que :

$$\overrightarrow{TP}=\overrightarrow{RS}$$

2. a. Construire le point U tel que $\overrightarrow{SU}=\overrightarrow{SR}+\overrightarrow{ST}$.

b. Montrer que $\overrightarrow{RU}=\overrightarrow{ST}$.

c. En déduire la nature du quadrilatère $SRUT$.

3. Démontrer que T est le milieu de $[UP]$.

102 **En lien avec la physique**

Camille a suspendu une boule de noël de 3 kg dans son couloir. La boule, de centre O, est attachée en S à deux fils, reliés aux murs du couloir en G et D.

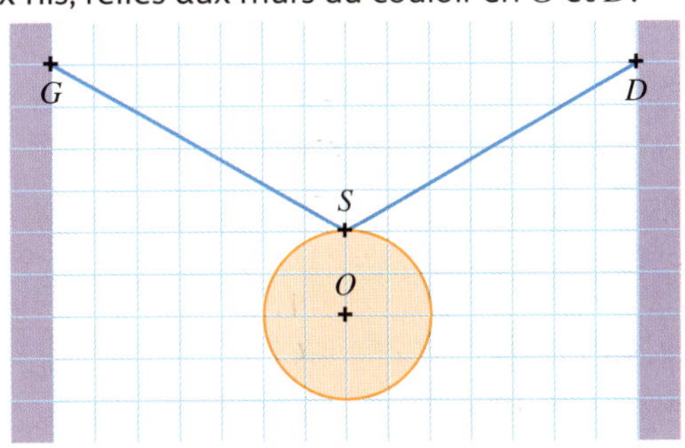

On considère les forces exercées sur la boule : le poids $\vec{P}$, la force exercée par le fil $[SG]$ notée $\overrightarrow{F_G}$ et la force exercée par le fil $[SD]$ notée $\overrightarrow{F_D}$.

1. Reproduire la figure ci-dessus.

2. a. En quel point s'applique la force $\vec{P}$?

b. Quelle est la direction du vecteur $\vec{P}$? Son sens ?

c. En physique, l'intensité de la force $\vec{P}$, exprimée en Newton (N), est donnée par la formule $P=mg$ où m est la masse en kg et $g\approx 10\,\text{m.s}^{-2}$.

Elle est assimilée à la norme du vecteur $\vec{P}$.

Calculer la norme de $\vec{P}$.

d. Représenter le vecteur $\vec{P}$.

Échelle : 1 carreau = 10 N.

3. La boule étant en équilibre, quelle relation a-t-on entre les vecteurs $\vec{P}$, $\overrightarrow{F_G}$ et $\overrightarrow{F_D}$?

4. Soit $\vec{F}$ la force résultante des forces $\overrightarrow{F_G}$ et $\overrightarrow{F_D}$.

a. En quel point s'applique la force $\vec{F}$?

b. Quelle relation a-t-on entre $\vec{P}$ et $\vec{F}$? Justifier.

c. Représenter le vecteur $\vec{F}$.

5. En déduire une construction des vecteurs $\overrightarrow{F_G}$ et $\overrightarrow{F_D}$.

exercices Entraînement

3 Produit d'un vecteur par un réel

103 La figure ci-dessous est formée de six carrés.

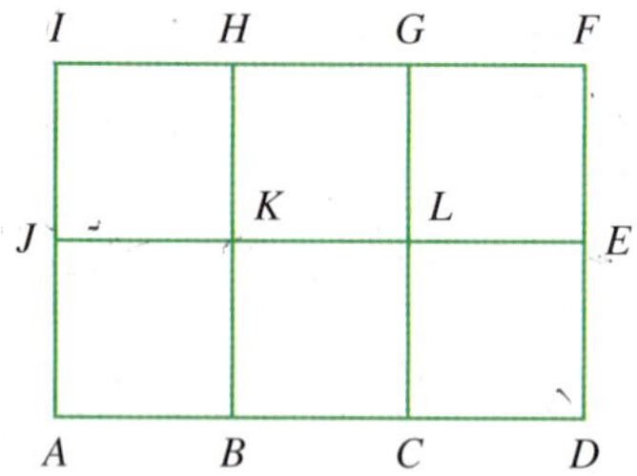

Compléter les pointillés avec des nombres réels.

1. $\overrightarrow{IF} = \ldots\overrightarrow{AB}$ **2.** $\overrightarrow{KL} = \ldots\overrightarrow{DB}$ **3.** $\overrightarrow{FD} = \ldots\overrightarrow{AJ}$

4. $\overrightarrow{GF} = \ldots\overrightarrow{BA}$ **5.** $\overrightarrow{DA} = \ldots\overrightarrow{KE}$ **6.** $\overrightarrow{JE} = \ldots\overrightarrow{IG}$

104 À partir de la figure de l'exercice **103** compléter les pointillés avec des nombres réels.

1. $\overrightarrow{KF} = \ldots\overrightarrow{AB} + \ldots\overrightarrow{AJ}$ **2.** $\overrightarrow{ID} = \ldots\overrightarrow{GL} + \ldots\overrightarrow{GH}$

3. $\overrightarrow{CJ} = \ldots\overrightarrow{LC} + \ldots\overrightarrow{EL}$ **4.** $\overrightarrow{JF} = \ldots\overrightarrow{HK} + \ldots\overrightarrow{CD}$

105 On donne plusieurs points sur une droite graduée.

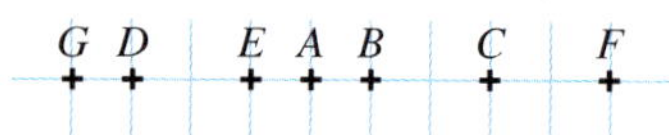

Compléter les pointillés avec des nombres réels.

1. $\overrightarrow{AD} = \ldots\overrightarrow{AB}$ **2.** $\overrightarrow{AC} = \ldots\overrightarrow{GA}$ **3.** $\overrightarrow{CE} = \ldots\overrightarrow{GB}$

4. $\overrightarrow{AC} = \ldots\overrightarrow{DC}$ **5.** $\overrightarrow{GD} = \ldots\overrightarrow{FD}$ **6.** $\overrightarrow{GE} = \ldots\overrightarrow{DF}$

106 On considère un segment $[AB]$ de longueur 6. Construire les points C, D, E, F, G et H tels que :

1. $\overrightarrow{AC} = \frac{1}{3}\overrightarrow{AB}$ **2.** $\overrightarrow{BD} = -\frac{3}{2}\overrightarrow{AB}$

3. $\overrightarrow{BE} = 2\overrightarrow{AC}$ **4.** $\overrightarrow{DF} = \frac{7}{5}\overrightarrow{DC}$

5. $\overrightarrow{GA} = \frac{6}{5}\overrightarrow{EA}$ **6.** $\overrightarrow{HD} = \frac{7}{2}\overrightarrow{CB}$

107 **1.** Reproduire la figure ci-contre en respectant le quadrillage.

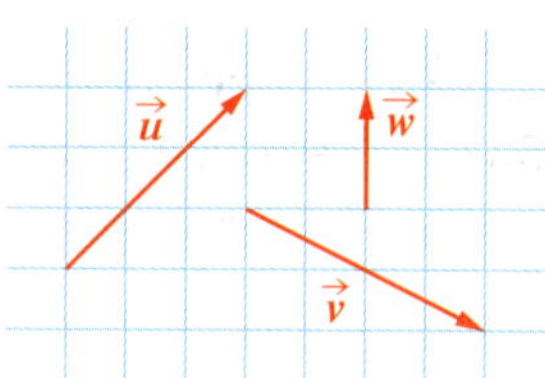

2. Construire un représentant de chacun des vecteurs suivants.

a. $2\vec{u} + 3\vec{v}$ **b.** $\frac{1}{2}\vec{v} - 2\vec{w}$ **c.** $-\frac{1}{3}\vec{u} + \frac{3}{2}\vec{v} + 4\vec{w}$

108 **1.** Reproduire la figure ci-contre en respectant le quadrillage.

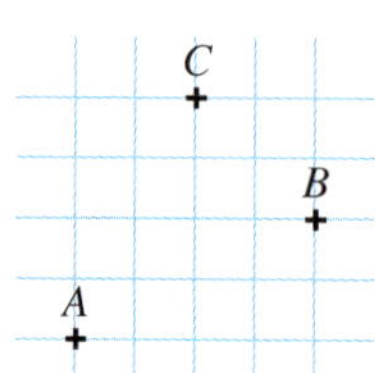

2. Construire les points M, N, P et Q tels que :

a. $\overrightarrow{AM} = 3\overrightarrow{AB} - 2\overrightarrow{AC}$

b. $\overrightarrow{BN} = \frac{1}{2}\overrightarrow{AC} + \frac{3}{2}\overrightarrow{AB}$

c. $\overrightarrow{CP} = \frac{5}{2}\overrightarrow{BA} + 2\overrightarrow{AC}$ **d.** $\overrightarrow{QB} = \overrightarrow{MB} + \overrightarrow{PB}$

109 Soient R, S et T trois points tels que $\overrightarrow{RS} = 5\overrightarrow{RT}$.

1. a. À l'aide de la relation de Chasles, compléter l'égalité vectorielle suivante : $\overrightarrow{RT} = \overrightarrow{R\ldots} + \overrightarrow{S\ldots}$

b. Exprimer le vecteur $\overrightarrow{RS}$ en fonction du vecteur $\overrightarrow{ST}$.

2. Exprimer de la même manière le vecteur $\overrightarrow{TS}$ en fonction du vecteur $\overrightarrow{RT}$.

Dans les exercices **110** à **112**, exprimer le vecteur $\overrightarrow{AB}$ en fonction du vecteur $\overrightarrow{AC}$.

110 **1.** $\overrightarrow{AB} = 3\overrightarrow{BC}$ **2.** $3\overrightarrow{BA} + 2\overrightarrow{CA} = \vec{0}$

111 **1.** $\overrightarrow{BC} = 3\overrightarrow{AC}$ **2.** $3\overrightarrow{CB} = 2\overrightarrow{AB}$

112 **1.** $\overrightarrow{AB} + \overrightarrow{AC} = 3\overrightarrow{BC}$ **2.** $-5\overrightarrow{BC} + \overrightarrow{CA} = 4\overrightarrow{BA}$

113 On donne la figure suivante.

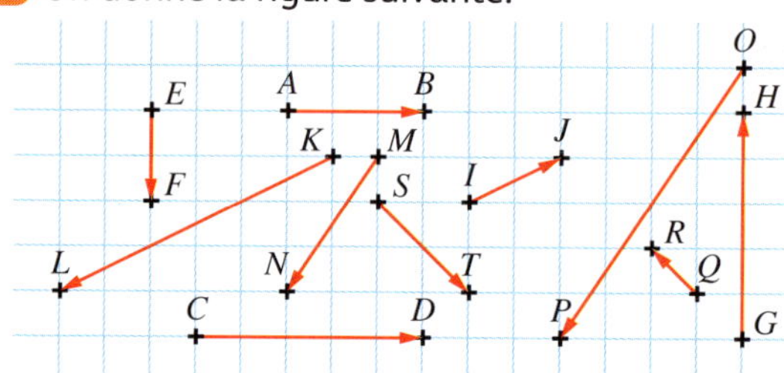

Citer des paires de vecteurs $\vec{u}$ et $\vec{v}$ colinéaires.
On donnera le réel k tel que $\vec{v} = k\vec{u}$.

Dans les exercices **114** à **116**, on exprime deux vecteurs $\vec{u}$ et $\vec{v}$ en fonction de deux vecteurs $\vec{i}$ et $\vec{j}$.
Les vecteurs $\vec{u}$ et $\vec{v}$ sont-ils colinéaires ?
Si oui, déterminer le réel k tel que $\vec{v} = k\vec{u}$.

114 **1.** $\vec{u} = 3\vec{i} - 5\vec{j}$ et $\vec{v} = 6\vec{i} - 10\vec{j}$
2. $\vec{u} = 4\vec{i} - 5\vec{j}$ et $\vec{v} = 8\vec{i} + 10\vec{j}$

115 **1.** $\vec{u} = 2\vec{i} + 4\vec{j}$ et $\vec{v} = 5\vec{i} + 7\vec{j}$
2. $\vec{u} = 9\vec{i} + 3\vec{j}$ et $\vec{v} = 6\vec{i} - 2\vec{j}$

116 **1.** $\vec{u} = 0{,}1\vec{i} + 0{,}35\vec{j}$ et $\vec{v} = 2\vec{i} + 7\vec{j}$
2. $\vec{u} = 1{,}5\vec{i} - 2{,}5\vec{j}$ et $\vec{v} = -4{,}5\vec{i} + 7{,}5\vec{j}$

117 Ci-contre, $ABCD$ est un parallélogramme de centre O.

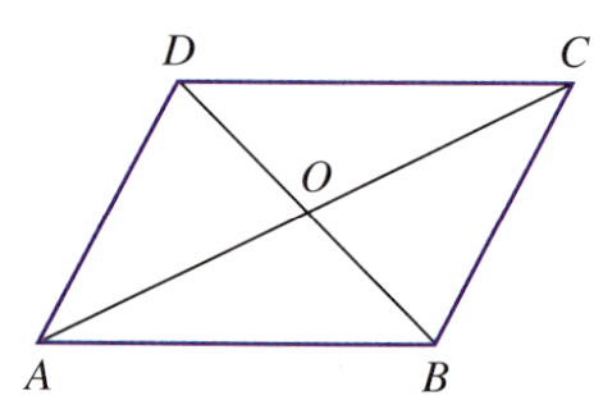

1. Exprimer le vecteur $\overrightarrow{AO}$ en fonction du vecteur $\overrightarrow{AC}$.

2. Montrer que $\overrightarrow{AO} = \frac{1}{2}\overrightarrow{AB} + \frac{1}{2}\overrightarrow{AD}$.

3. Montrer que $\overrightarrow{DO} = \frac{1}{2}\overrightarrow{AB} + \frac{1}{2}\overrightarrow{CB}$.

118 Exercice guidé

Soit MNP un triangle.

On note R le symétrique de M par rapport à N et S le symétrique de M par rapport à P.

1. Faire une figure.
2. Exprimer le vecteur $\overrightarrow{RM}$ en fonction du vecteur $\overrightarrow{MN}$.
3. a. En utilisant judicieusement la relation de Chasles, montrer que $\overrightarrow{RS} = 2\overrightarrow{NP}$.
b. Que peut-on dire des droites (RS) et (NP) ?

Pistes de résolution

2. Il faut déterminer le réel k tel que $\overrightarrow{RM} = k\overrightarrow{MN}$.

3. a. D'après la relation de Chasles, $\overrightarrow{RS} = \overrightarrow{R\ldots} + \overrightarrow{\ldots S}$.
La question 2. peut guider pour savoir quel point on peut utiliser.

119 Soit EFG un triangle.

On considère les points H et K définis respectivement par $\overrightarrow{EH} = -\overrightarrow{EF}$ et $\overrightarrow{HK} = 2\overrightarrow{EG}$.

1. Faire une figure.
2. En utilisant judicieusement la relation de Chasles, montrer que $\overrightarrow{FH} = 2\overrightarrow{FE}$.
3. Montrer que $\overrightarrow{FK} = 2\overrightarrow{FG}$.
4. Que peut-on dire des points F, G et K ? Préciser la position du point G par rapport à F et K ?

120 On considère un triangle ABC.

Soient M et N deux points définis respectivement par :

$$\overrightarrow{AM} = \frac{1}{4}\overrightarrow{AB} \text{ et } \overrightarrow{BN} = \frac{3}{4}\overrightarrow{BC}$$

1. Faire une figure.
2. Exprimer le vecteur $\overrightarrow{BM}$ en fonction de $\overrightarrow{AB}$.
3. Montrer que les vecteurs $\overrightarrow{MN}$ et $\overrightarrow{AC}$ sont colinéaires.
4. Que peut-on dire des droites (MN) et (AC) ?

121 Soient A, B et C trois points.

On note D et E les points définis respectivement par :

$$\overrightarrow{AD} = 2\overrightarrow{AB} + \overrightarrow{AC} \text{ et } \overrightarrow{CE} = -2\overrightarrow{AB}$$

1. Faire une figure.
2. a. En utilisant judicieusement la relation de Chasles, montrer que $\overrightarrow{CD} = 2\overrightarrow{AB}$.
b. Que peut-on dire des droites (AB) et (CD) ?
3. Montrer que le point E est le symétrique du point D par rapport au point C.

122 Points alignés

Soient A, B et C trois points.

On note I le milieu de $[BC]$.

Soit D le point défini par :

$$3\overrightarrow{DA} + \overrightarrow{DB} + \overrightarrow{DC} = \vec{0}$$

1. En utilisant judicieusement la relation de Chasles, montrer que $\overrightarrow{DB} + \overrightarrow{DC} = 2\overrightarrow{DI}$.
2. Montrer que les points A, D et I sont alignés.

Analyse d'un énoncé

123 Exercice commenté

Soit ABC un triangle. On note M et N les points définis par $\overrightarrow{AM} = \frac{1}{4}\overrightarrow{AB}$ et $\overrightarrow{AN} = 4\overrightarrow{AC}$.

1. Faire une figure.
2. a. À l'aide de la relation de Chasles, montrer qu'on a $\overrightarrow{CM} = \frac{1}{4}\overrightarrow{AB} - \overrightarrow{AC}$.

➜ À partir d'une des égalités vectorielles données, on décompose judicieusement $\overrightarrow{CM} = \overrightarrow{C\ldots} + \overrightarrow{\ldots M}$.

b. Exprimer de la même manière le vecteur $\overrightarrow{BN}$ en fonction des vecteurs $\overrightarrow{AB}$ et $\overrightarrow{AC}$.

➜ Comme dans la question 2. a., on utilise la relation de Chasles afin de décomposer judicieusement le vecteur $\overrightarrow{BN}$ pour faire apparaître $\overrightarrow{AB}$ et $\overrightarrow{AC}$.

3. Montrer que les droites (CM) et (BN) sont parallèles.

➜ Il faut montrer que les vecteurs $\overrightarrow{CM}$ et $\overrightarrow{BN}$ sont colinéaires, c'est-à-dire qu'il existe un réel k tel que : $\overrightarrow{BN} = k\overrightarrow{CM}$

124 Application immédiate

Soit ABC un triangle. D et E sont deux points tels que D est le symétrique de C par rapport à B et $\overrightarrow{CE} = \overrightarrow{BC} - 3\overrightarrow{AB}$.

1. Faire une figure.
2. a. À l'aide de la relation de Chasles, compléter l'égalité suivante.
$$\overrightarrow{AD} = \overrightarrow{A\ldots} + \overrightarrow{C\ldots}$$
b. En déduire que $\overrightarrow{AD} = 2\overrightarrow{AB} - \overrightarrow{AC}$.
c. Montrer que $\overrightarrow{AE} = -4\overrightarrow{AB} + 2\overrightarrow{AC}$.
3. Montrer que les points A, D et E sont alignés.

125 Étude d'un parallélisme

On considère un rectangle $ABCD$.

On note I et J les points définis respectivement par :

$$\overrightarrow{AI} = \frac{1}{4}\overrightarrow{AB} \text{ et } \overrightarrow{BJ} = \frac{1}{5}\overrightarrow{BC}$$

1. Faire une figure.
2. Exprimer $\overrightarrow{AC}$ en fonction de $\overrightarrow{BA}$ et $\overrightarrow{BC}$.
3. Exprimer $\overrightarrow{IJ}$ en fonction de $\overrightarrow{BA}$ et $\overrightarrow{BC}$.
4. Les vecteurs $\overrightarrow{AC}$ et $\overrightarrow{JI}$ sont-ils colinéaires ? Justifier.

126 Soit $ABCD$ un parallélogramme.

On note M le point défini par :

$$\overrightarrow{MA} + \overrightarrow{MB} + \overrightarrow{MD} = \vec{0}$$

1. Montrer que $3\overrightarrow{MA} + \overrightarrow{AC} = \vec{0}$.
2. Exprimer le vecteur $\overrightarrow{AM}$ en fonction du vecteur $\overrightarrow{AC}$.
3. Construire un parallélogramme $ABCD$ et placer M.

4 Coordonnées d'un vecteur

On se place dans un repère orthonormé $(O;\vec{i};\vec{j})$.

127 Soient $A(-3;1)$, $B(6;4)$, $C(3;-1)$ et $D(13;2)$.

1. a. Calculer les coordonnées des vecteurs $\overrightarrow{AB}$ et $\overrightarrow{CD}$.
b. $ABCD$ est-il un parallélogramme ? Justifier.
2. Soit $E(0;t)$ où t est un nombre réel.
a. Exprimer en fonction de t les coordonnées de $\overrightarrow{AE}$.
b. Déterminer la valeur de t pour que le quadrilatère $ACBE$ soit un parallélogramme.

128 PYTHON **Vecteurs égaux**

On donne ci-dessous un algorithme incomplet rédigé sous Python afin de savoir si deux vecteurs $\overrightarrow{AB}$ et $\overrightarrow{CD}$ sont égaux.

```
1 def vecteur(xA,yA,xB,yB):
2     x=xB-xA
3     y=yB-yA
4     return (x,y)
5
6 def égalité(xA,yA,xB,yB,xC,yC,xD,yD):
7     (x1,y1)=vecteur(xA,yA,xB,yB)
8     (x2,y2)=vecteur(xC,yC,xD,yD)
9     if (...==...) and (...==...):
10        print("vecteurs égaux")
11    else:
12        print("vecteurs non égaux")
```

1. a. Quel est le rôle de la fonction `vecteur` ?
b. Expliquer les lignes 7 et 8.
c. Compléter les pointillés de la ligne 9.
d. Programmer cet algorithme sous Python.
2. À l'aide de l'algorithme, préciser dans chacun des cas suivants si les vecteurs $\overrightarrow{AB}$ et $\overrightarrow{CD}$ sont égaux.
a. $A(2;10)$; $B(6;3)$; $C(-2;3)$; $D(2;-5)$
b. $A(42;89)$; $B(28;-67)$; $C(45;-98)$; $D(31;-254)$
3. Soient $R(-10;10)$, $S(6;16)$, $T(8;-2)$ et $U(24;4)$. À l'aide de l'algorithme, justifier que $RSUT$ est un parallélogramme.
4. Dans chacun des cas suivants, en utilisant l'algorithme, préciser si le point M est le milieu du segment $[AB]$.
a. $A(2;1)$; $B(16;5)$; $M(9;3)$
b. $A(-1{,}5;3{,}8)$; $B(1{,}9;-5{,}2)$; $M(0{,}2;-0{,}6)$

129 Compétence Calculer Dans chacun des cas, on donne les coordonnées d'un point A et celle d'un vecteur $\vec{u}$.
Déterminer les coordonnées $(x;y)$ du point M tel que $\overrightarrow{AM}=\vec{u}$.

1. $A(5;12)$ et $\vec{u}\begin{pmatrix}10\\-3\end{pmatrix}$ **2.** $A(-15;8)$ et $\vec{u}\begin{pmatrix}-8\\4\end{pmatrix}$

3. $A(24;1)$ et $\vec{u}\begin{pmatrix}5\\7\end{pmatrix}$ **4.** $A(0{,}7;1{,}3)$ et $\vec{u}\begin{pmatrix}5\\5\end{pmatrix}$

130 On donne deux points $A(5;3)$, $B(-2;5)$ et le vecteur $\vec{u}\begin{pmatrix}5\\-2\end{pmatrix}$.

1. Calculer les coordonnées du point C image de A par la translation de vecteur $\vec{u}$.
2. Calculer les coordonnées du point D image de B par la translation de vecteur $\vec{u}$.

131 Soient $F(1;3)$, $G(6;5)$ et $H(x;y)$ où x et y sont deux réels.

1. Calculer les coordonnées du vecteur $\overrightarrow{FG}$.
2. Exprimer les coordonnées du vecteur $\overrightarrow{GH}$ en fonction de x et y.
3. Déterminer les coordonnées du point H afin que G soit le milieu du segment $[FH]$.

132 Soient $A(-7;1)$, $B(5;7)$ et $C(-2;-3)$.
Soit $M(x;y)$ un point tel que $\overrightarrow{AM}=\overrightarrow{AB}+\overrightarrow{AC}$.

1. Exprimer en fonction de x et y les coordonnées du vecteur $\overrightarrow{AM}$.
2. Calculer les coordonnées de $\overrightarrow{AB}$, $\overrightarrow{AC}$ puis $\overrightarrow{AB}+\overrightarrow{AC}$.
3. Calculer les coordonnées du point M.

133 Soient $A(1;-2)$, $B(6;1)$, $C(3;4)$ et $D(-2;1)$.

1. Démontrer que $ABCD$ est un parallélogramme.
2. Soit E le point défini par $\overrightarrow{AE}=\overrightarrow{AD}+\overrightarrow{CD}$.
a. Déterminer les coordonnées de E.
b. Démontrer que $ABDE$ est un parallélogramme.

134 Soient $A(-3;2)$, $B(7;9)$ et $C(-5;4)$.
Calculer les coordonnées $(x;y)$ des points suivants.

1. M tel que $\overrightarrow{AM}=3\overrightarrow{AB}$.
2. N tel que $\overrightarrow{BN}=-5\overrightarrow{BC}$.
3. P tel que $\overrightarrow{CP}=2\overrightarrow{AB}-3\overrightarrow{AC}$.

135 Compétence Calculer On donne les coordonnées d'un point A et celles de deux vecteurs $\vec{u}$ et $\vec{v}$.
Déterminer les coordonnées $(x;y)$ du point M tel que :

$$\overrightarrow{AM}=2\vec{u}-3\vec{v}$$

1. $A(3;5)$; $\vec{u}\begin{pmatrix}5\\-2\end{pmatrix}$ et $\vec{v}\begin{pmatrix}5\\-1\end{pmatrix}$

2. $A(7;-12)$; $\vec{u}\begin{pmatrix}1\\-4\end{pmatrix}$ et $\vec{v}\begin{pmatrix}2\\3\end{pmatrix}$

136 **Coordonnées d'un milieu, d'un symétrique**

Soient $A(-2;3)$ et $B(6;5)$.
On note M le milieu de $[AB]$ et S le symétrique de A par rapport à B.

1. Exprimer chacun des vecteurs $\overrightarrow{AM}$ et $\overrightarrow{AS}$ en fonction du vecteur $\overrightarrow{AB}$.
2. Calculer les coordonnées des points M et S.

137 Soient $R(-3;4)$, $S(5;1)$ et $T(2;5)$. On note M et N les points définis par $\overrightarrow{RM}=\frac{1}{3}\overrightarrow{RS}$ et $\overrightarrow{TN}=\frac{2}{3}\overrightarrow{TR}$.

1. Calculer les coordonnées des points M et N.
2. Montrer que les vecteurs $\overrightarrow{MN}$ et $\overrightarrow{ST}$ sont colinéaires. Préciser la valeur du réel k tel que $\overrightarrow{ST}=k\overrightarrow{MN}$.

138 PYTHON **Vecteurs colinéaires**

On donne ci-dessous l'algorithme incomplet, rédigé sous Python, permettant de savoir si deux vecteurs $\vec{u}$ et $\vec{v}$ sont colinéaires en utilisant leurs coordonnées.

```
def test(xu,yu,xv,yv):
    if ...*...==...*...:
        print("colinéaires")
    else:
        print("non colinéaires")
```

1. Compléter et programmer cet algorithme.
2. Dans chacun des cas, vérifier à l'aide de l'algorithme si les vecteurs $\vec{u}$ et $\vec{v}$ sont colinéaires.

a. $\vec{u}\begin{pmatrix}2\\5\end{pmatrix}$ et $\vec{v}\begin{pmatrix}0{,}3\\0{,}75\end{pmatrix}$ b. $\vec{u}\begin{pmatrix}\frac{4}{3}\\-\frac{1}{8}\end{pmatrix}$ et $\vec{v}\begin{pmatrix}\frac{64}{5}\\-\frac{6}{5}\end{pmatrix}$

c. $\vec{u}\begin{pmatrix}102\\-53\end{pmatrix}$ et $\vec{v}\begin{pmatrix}53\\-102\end{pmatrix}$

139 Dans chacun des cas, déterminer la valeur du réel t afin que les vecteurs $\vec{u}$ et $\vec{v}$ soient colinéaires.

1. $\vec{u}\begin{pmatrix}-9\\5\end{pmatrix}$ et $\vec{v}\begin{pmatrix}3\\t\end{pmatrix}$ 2. $\vec{u}\begin{pmatrix}-\frac{1}{3}\\\frac{2}{7}\end{pmatrix}$ et $\vec{v}\begin{pmatrix}t\\\frac{4}{5}\end{pmatrix}$

140 Dans chacun des cas, déterminer la valeur du réel t afin que les droites (AB) et (CD) soient parallèles.

1. $A(-3;2)$; $B(4;4)$; $C(-1;-3)$; $D(13;t)$
2. $A(2;5)$; $B(10;1)$; $C(-2;5)$; $D(t;-3)$
3. $A(2;4)$; $B(12;t)$; $C(-2;3)$; $D(18;t)$
4. $A(t;6)$; $B(-1;2)$; $C(t;4)$; $D(14;12)$

141 Dans chacun des cas, déterminer la valeur du réel t afin que les points M, N et P soient alignés.

1. $M(-3;2)$; $N(6;-1)$; $P(t;3)$
2. $M(-3;-1)$; $N(t;5)$; $P(7;4)$
3. $M(-1;3)$; $N(6;5)$; $P(10;t)$
4. $M(7;-2)$; $N(0;t)$; $P(3;1)$

142 Soient $A(1;1)$, $B(5;-1)$ et $C(3;5)$.

- M est le milieu de $[BC]$.
- $\overrightarrow{AD}=\frac{3}{2}\overrightarrow{AB}$
- $\overrightarrow{AE}=\frac{3}{4}\overrightarrow{AC}$

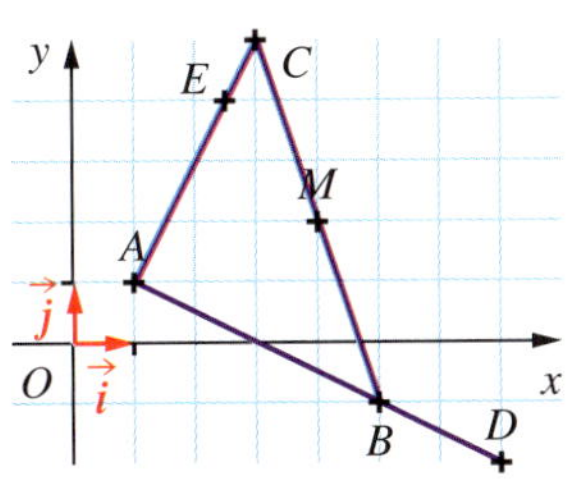

1. Exprimer le vecteur $\overrightarrow{BM}$ en fonction du vecteur $\overrightarrow{BC}$.
2. Calculer les coordonnées des points M, D et E.
3. Démontrer que les points E, M et D sont alignés.

143 **Étude d'une configuration**

Soit ABC un triangle où $A(11;2)$, $B(3;-2)$ et $C(1;6)$. M et N sont les milieux respectifs des côtés $[AB]$ et $[AC]$.

Soit G défini par $\overrightarrow{GA}+\overrightarrow{GB}+\overrightarrow{GC}=\vec{0}$.

1. a. Montrer que $\overrightarrow{AG}=\frac{1}{3}\overrightarrow{AB}+\frac{1}{3}\overrightarrow{AC}$.
b. Calculer les coordonnées du point G.
2. a. À l'aide d'une égalité vectorielle, calculer les coordonnées du point M.
b. Calculer de la même manière les coordonnées de N.
3. a. Montrer que les vecteurs $\overrightarrow{BG}$ et $\overrightarrow{BN}$ sont colinéaires. Que peut-on en déduire ?
b. Montrer que les points C, G et M sont alignés.
4. Que représente le point G pour le triangle ABC ? Justifier.

144 **Parallélisme et alignement**

On considère les points :

$A(3;7)$, $B(-3;3)$ et $C(7;-5)$

On considère les points :

- M, N et P les milieux respectifs de $[BC]$, $[AC]$ et $[AB]$.
- S symétrique de M par rapport à B.
- G et H définis par $\overrightarrow{AG}=\frac{3}{4}\overrightarrow{AB}$ et $\overrightarrow{AH}=\frac{3}{4}\overrightarrow{AC}$.

1. Faire une figure.
2. a. Exprimer $\overrightarrow{BM}$ en fonction de $\overrightarrow{BC}$.
b. Calculer les coordonnées du point M.
c. Calculer de la même manière les coordonnées de N et P.
3. a. Exprimer $\overrightarrow{MS}$ en fonction de $\overrightarrow{MB}$.
b. Calculer les coordonnées de S.
4. Calculer les coordonnées de G et H.
5. Montrer que les droites (MH) et (SP) sont parallèles.
6. Montrer que les points S, G et N sont alignés.

145 Soient $A(-3;-2)$, $B(7;3)$ et $C(-2;1)$.

On considère les points M, N et P définis par :

- $3\overrightarrow{MA}+2\overrightarrow{MB}=\vec{0}$
- $3\overrightarrow{NA}-2\overrightarrow{NC}=\vec{0}$
- $\overrightarrow{PB}+\overrightarrow{PC}=\vec{0}$

1. Déterminer les coordonnées des points M, N et P.
2. Démontrer que les points M, N et P sont alignés.

146 Soient les points $A(-1;3)$, $B(7;8)$ et $C(2;4)$.

1. Soit $M(x;0)$ un point de l'axe des abscisses. Calculer x pour que A, B et M soient alignés.
2. Soit $N(0;y)$ un point de l'axe des ordonnées. Calculer y pour que les droites (AB) et (CN) soient parallèles.

147 PRISE D'INITIATIVES **Points alignés**

On considère les points $A(-27;18)$, $B(-11;9)$, $C(8;-2)$ et $D(15;-6)$.

Parmi les points A, B, C et D lesquels sont alignés ?

On se place dans un repère orthonormé $(O;\vec{i};\vec{j})$.

148 Soient A, B et C trois points alignés.
On note A', B' et C' les images respectives de A, B et C par la translation d'un vecteur $\vec{u}$ non nul.
Démontrer que A', B' et C' sont alignés.

149 Étude des homothéties

Partie A. Cas particuliers

Soient trois points A, B et C.
On considère les homothéties h_1 et h_2 de centre A et de rapports respectifs $k_1 = 2$ et $k_2 = -3$.

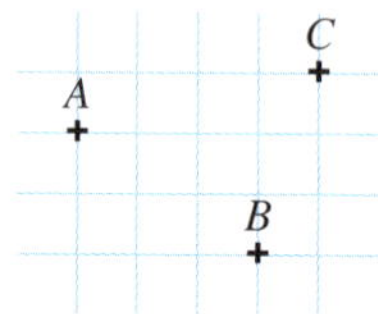

1. Reproduire la figure en respectant le quadrillage.

2. a. Construire les images respectives B_1 et C_1 des points B et C par l'homothétie h_1.
b. Exprimer le vecteur $\overrightarrow{AB_1}$ en fonction du vecteur $\overrightarrow{AB}$.
c. Exprimer le vecteur $\overrightarrow{AC_1}$ en fonction du vecteur $\overrightarrow{AC}$.

3. a. Construire les images respectives B_2 et C_2 des points B et C par l'homothétie h_2.
b. Exprimer le vecteur $\overrightarrow{AB_2}$ en fonction du vecteur $\overrightarrow{AB}$.
c. Exprimer le vecteur $\overrightarrow{AC_2}$ en fonction du vecteur $\overrightarrow{AC}$.

4. Soit M un point quelconque. On note M_1 l'image de M par l'homothétie h_1 et M_2 l'image de M par l'homothétie h_2.
a. Exprimer le vecteur $\overrightarrow{AM_1}$ en fonction de $\overrightarrow{AM}$.
b. Exprimer le vecteur $\overrightarrow{AM_2}$ en fonction de $\overrightarrow{AM}$.

Partie B. Cas général

Soit h une homothétie de centre A et de rapport $k \neq 0$.
Pour tout point M du plan, on note M' l'image de M par l'homothétie h.
Exprimer le vecteur $\overrightarrow{AM'}$ en fonction du vecteur $\overrightarrow{AM}$.

150 On considère les points :

$$A(2;1)\ ;\ B(1;4)\ ;\ C(-5;1)\ ;\ D(-2;-1)$$

On note E et F les points tels que :

$$\overrightarrow{AE} = \frac{1}{3}\overrightarrow{BC} - \overrightarrow{BD}$$

$$\overrightarrow{DF} = -\overrightarrow{AB} + \overrightarrow{DC}$$

1. Construire la figure.
2. Calculer les coordonnées des points E et F. Vérifier l'exactitude des résultats sur la figure.
3. a. Démontrer que :

$$\overrightarrow{BE} = -\frac{1}{3}\overrightarrow{BC}$$

b. En déduire la transformation géométrique qui transforme le point C en E.
4. Montrer que les droites (AF) et (EC) sont parallèles.
5. Montrer que $ABCF$ est un parallélogramme.

151 Homothétie et droites parallèles

On considère les points $A(1;2)$, $B(5;2)$ et $C(5;10)$.
On note D l'image du point B par l'homothétie de centre A et de rapport 4, et E l'image du point C par l'homothétie de centre A et de rapport $\frac{1}{4}$.
1. Faire une figure.
2. Exprimer le vecteur $\overrightarrow{AD}$ en fonction du vecteur $\overrightarrow{AB}$, puis le vecteur $\overrightarrow{AE}$ en fonction du vecteur $\overrightarrow{AC}$.
3. Calculer les coordonnées des points D et E.
4. Montrer que les droites (EB) et (CD) sont parallèles.

152 Compétence Modéliser

Forces d'attraction en physique

Les vecteurs sont utilisés en physique pour représenter les forces. La norme du vecteur représente l'intensité de la force (exprimée en Newton).
1. On sait que deux objets, éloignés d'une distance d exprimée en mètre, de masses m_1 et m_2 exprimées en kg, exercent l'un sur l'autre des forces d'attractions **de même intensité** données par la formule :

$$F = G \times \frac{m_1 \times m_2}{d^2}$$

où G est la constante de gravitation universelle égale à environ :

$$6{,}6742 \times 10^{-11}\ \text{N.m}^2\text{.kg}^{-2}$$

Ces deux forces sont représentées par des vecteurs, notés $\vec{F_1}$ et $\vec{F_2}$ de même direction et de sens contraires.

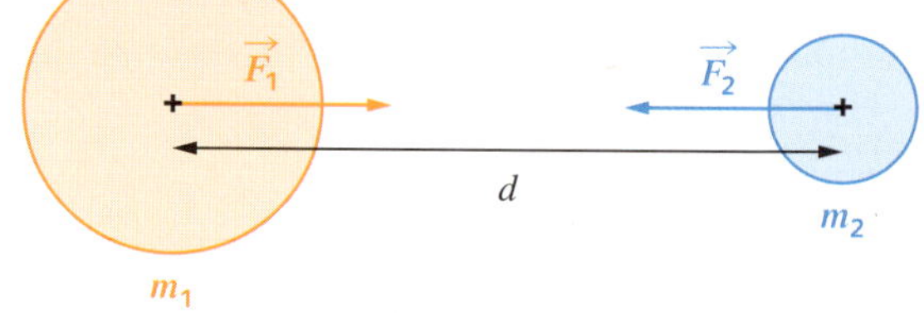

Que peut-on dire des deux vecteurs $\vec{F_1}$ et $\vec{F_2}$? Justifier.

2. On sait que la distance entre le centre de la Terre et le centre de la Lune est d'environ $3{,}844 \times 10^8$ m.
La masse de la Terre est d'environ $5{,}97 \times 10^{24}$ kg et celle de la Lune est d'environ $7{,}35 \times 10^{22}$ kg.
Calculer l'intensité des forces d'attraction F entre la Terre et la Lune.
3. Le Soleil a une masse estimée à $1{,}99 \times 10^{30}$ kg et il est situé à environ $1{,}5 \times 10^{11}$ m de la terre.
Montrer que la force d'attraction du Soleil sur la Terre est environ 178 fois plus forte que celle exercée par la Lune sur la Terre.

153 Soient A, B et C trois points. On note M le milieu du segment $[AB]$ et G un point tel que :

$$3\overrightarrow{GA}+3\overrightarrow{GB}-\overrightarrow{GC}=\vec{0}$$

L'objectif est de démontrer l'alignement de M, G et C.

1. À l'aide de la relation de Chasles, montrer qu'on a l'égalité vectorielle :

$$\overrightarrow{AG}=\frac{3}{5}\overrightarrow{AB}-\frac{1}{5}\overrightarrow{AC}$$

2. Un cas particulier

On donne $A(1;3)$, $B(7;1)$ et $C(6;6)$.

a. Construire la figure.

b. Calculer les coordonnées des points M et G.

c. Démontrer que les points M, G et C sont alignés.

3. Cas général

A, B et C sont maintenant trois points quelconques.

a. Montrer que :

$$3\overrightarrow{GA}+3\overrightarrow{GB}=6\overrightarrow{GM}$$

b. Montrer que les vecteurs $\overrightarrow{GM}$ et $\overrightarrow{GC}$ sont colinéaires.

c. Conclure.

154 Point d'équilibre

On utilise une planche d'extrémités A et B, posée sur un support triangulaire en O, et sur laquelle on dépose deux objets de masses m_1 et m_2.

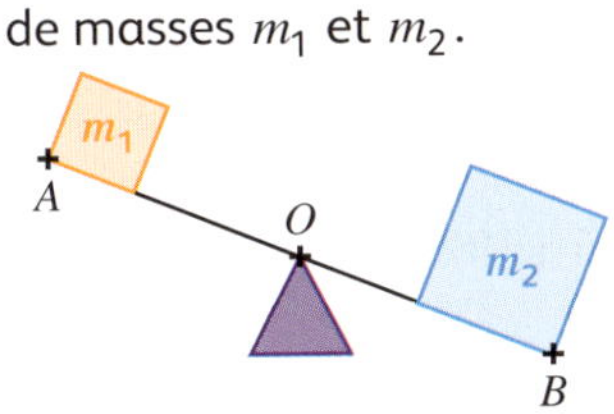

La planche est en équilibre en O lorsque :

$$m_1\overrightarrow{OA}+m_2\overrightarrow{OB}=\vec{0}$$

1. Montrer que, lorsque $m_1+m_2\neq 0$, on a :

$$\overrightarrow{AO}=\frac{m_2}{m_1+m_2}\overrightarrow{AB}$$

2. Montrer que si $m_1=m_2$ alors le point d'équilibre O est le milieu du segment $[AB]$.

3. Construire le point d'équilibre O pour une planche mesurant 1 mètre sur laquelle on dépose en A un objet de masse $m_1=5$ kg et en B un objet de masse $m_2=3$ kg. Prendre 10 cm pour 1 mètre.

4. Dans cette question on considère que $\overrightarrow{OA}=-3\overrightarrow{OB}$ et que $m_2=15$.

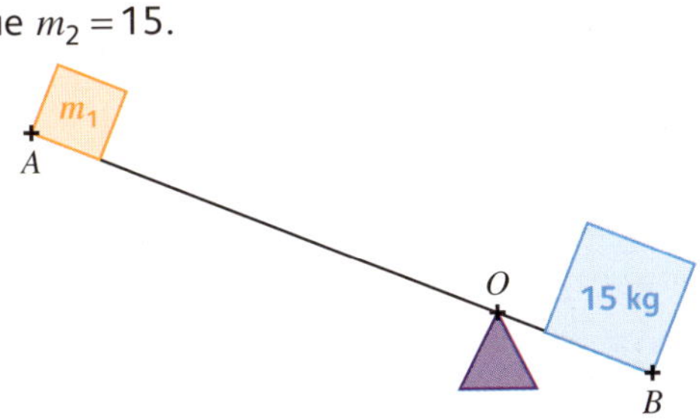

a. Exprimer le vecteur $\overrightarrow{AO}$ en fonction du vecteur $\overrightarrow{AB}$.

b. Déterminer la masse m_1 à déposer en A afin que la planche soit en équilibre.

155 On considère les points $A(2;1)$, $B(8;1)$, $C(9;5)$ et $D(3;5)$. E et F sont deux points quelconques situés respectivement sur $[AB]$ et $[AD]$.

La parallèle à la droite (AD) passant par E coupe la droite (DC) en H et la parallèle à la droite (AB) passant par F coupe la droite (BC) en K.

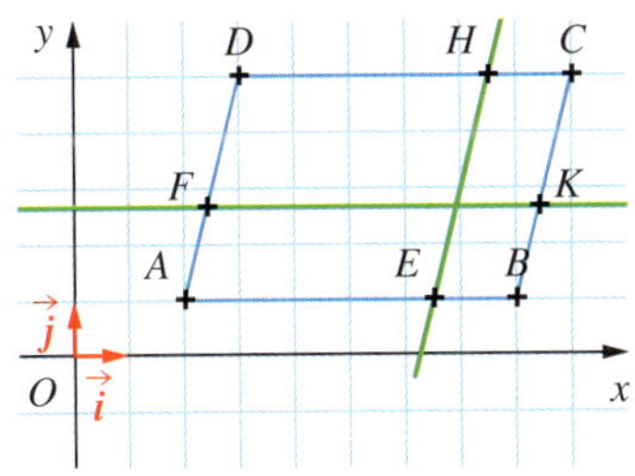

1. Montrer que $ABCD$ est un parallélogramme.

2. Dans cette question, E et F sont définis par :

$$\overrightarrow{AE}=\frac{1}{4}\overrightarrow{AB}\text{ et }\overrightarrow{AF}=\frac{1}{2}\overrightarrow{AD}$$

a. Faire une figure.

b. Les droites (FH), (AC) et (EK) semblent concourantes en un point M.

Conjecturer les coordonnées du point M.

c. En utilisant les coordonnées conjecturées de M, démontrer que les points F, H et M sont alignés.

d. Démontrer la conjecture de la question **b.**

3. Dans cette question, E et F sont deux points tels que $\overrightarrow{AE}=a\overrightarrow{AB}$ et $\overrightarrow{AF}=b\overrightarrow{AD}$ où a et b sont deux réels appartenant à l'intervalle $[0;1]$.

a. À l'aide d'un logiciel de géométrie dynamique, construire la figure.

Pour placer E et F :

- créer deux curseurs a et b dans $[0;1]$.
- taper dans la barre de saisie E=A+a*vecteur[A,B] puis F=A+b*vecteur[A,D].

b. En animant les curseurs a et b, conjecturer une condition portant sur a et b pour que les droites (FH) et (EK) soient parallèles.

c. Exprimer les coordonnées de E en fonction de a et les coordonnées de F en fonction de b.

d. Démontrer la conjecture.

156 PRISE D'INITIATIVES Compétence Chercher

Points alignés

Ci-dessous, $ABCD$ est un carré de côté c. Les triangles ABE et BCF sont équilatéraux. M est le milieu de $[AB]$.

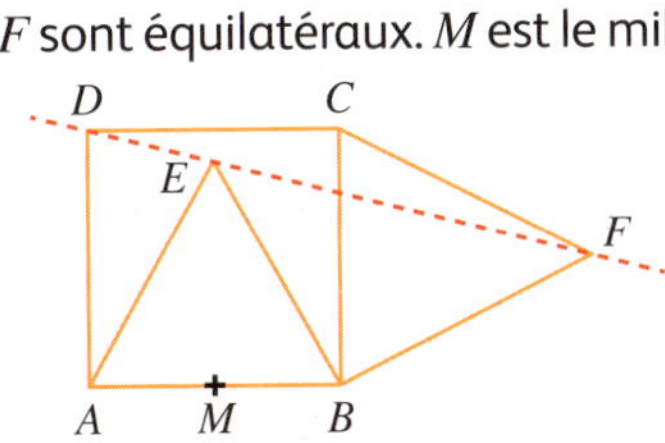

1. Déterminer les coordonnées de tous les points de la figure dans le repère $\left(A;\frac{1}{c}\overrightarrow{AB};\frac{1}{c}\overrightarrow{AD}\right)$.

2. Montrer que les points D, E et F sont alignés.

COUPS DE POUCE 164

Maîtriser l'essentiel

157 Compréhension d'énoncé

On considère l'énoncé suivant.

Dans le repère $(O\,;I\,;J)$ ci-contre, on a $A(1;3)$, $B(4;4)$ et $C(5;1)$.

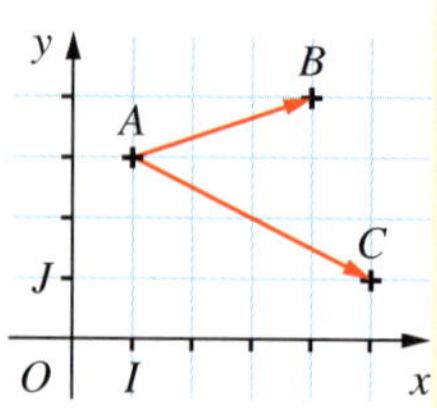

I. Lire les coordonnées des vecteurs $\overrightarrow{AB}$ et $\overrightarrow{AC}$.

II. Retrouver ces résultats par le calcul.

III. Soit $D(-11;5)$.

a. Les vecteurs $\overrightarrow{AC}$ et $\overrightarrow{AD}$ sont-ils colinéaires ?

b. Les points A, C et D sont-ils alignés ?

c. Les droites (AB) et (IC) sont-elles parallèles ?

Répondre aux questions suivantes, puis résoudre l'exercice.

1. Comment lit-on les coordonnées d'un vecteur dans un repère ? Comment les calcule-t-on ?

2. De quoi a-t-on besoin et que doit-on vérifier pour répondre à la question **III. a.** ?

3. Qu'est-ce qui justifie que trois points sont alignés ?

4. Comment montre-t-on que deux droites sont parallèles ?

158 On considère la figure suivante.

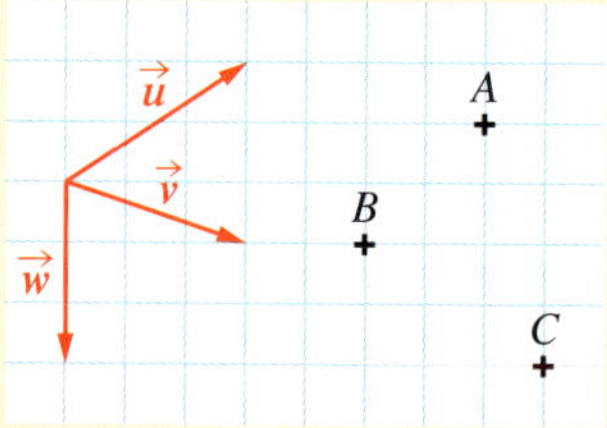

1. Reproduire la figure en respectant le quadrillage.

2. Construire les vecteurs $\vec{z_1}, \vec{z_2}, \vec{z_3}$ définis respectivement par :

a. $\vec{z_1} = \vec{u} + \vec{v}$ b. $\vec{z_2} = \vec{w} - \vec{v}$ c. $\vec{z_3} = \vec{u} - \vec{v} - \vec{w}$

3. Construire les points D et E tels que :

a. $\overrightarrow{AD} = \overrightarrow{AB} + \overrightarrow{AC}$ b. $\overrightarrow{BE} = 2\overrightarrow{AC} - 3\overrightarrow{AB}$

159 Compléter les pointillés à l'aide de la relation de Chasles.

1. $\overrightarrow{M\ldots} + \overrightarrow{PR} + \overrightarrow{\ldots T} = \overrightarrow{\ldots T}$ 2. $\overrightarrow{AB} + \overrightarrow{\ldots\ldots} = \overrightarrow{AC}$

3. $\overrightarrow{\ldots I} + \overrightarrow{\ldots K} + \overrightarrow{IR} = \overrightarrow{JK}$ 4. $\overrightarrow{P\ldots} + \overrightarrow{T\ldots} = \vec{0}$

160 Dans un repère, placer les points $A(1;4)$, $B(5;2)$, $C(2;-1)$ et $D(-2;1)$.

1. Calculer les coordonnées du vecteur $\overrightarrow{AB}$ puis celles du vecteur $\overrightarrow{DC}$.

2. Quelle est la nature du quadrilatère $ABCD$? Justifier la réponse.

Aller plus loin

On se place dans un repère orthonormé $\left(O\,;\vec{i}\,;\vec{j}\right)$.

161 Soient $A(-3;6)$, $B(7;1)$, $C(3;0)$ et $D(-1;2)$.

1. a. Calculer les coordonnées des vecteurs $\overrightarrow{AB}$ et $\overrightarrow{CD}$.

b. Montrer que les vecteurs $\overrightarrow{AB}$ et $\overrightarrow{CD}$ sont colinéaires.

c. En déduire la nature du quadrilatère $ABCD$.

2. Soient E tel que $\overrightarrow{BE} = \frac{1}{5}\overrightarrow{BA}$ et $F(-26;18)$.

a. Calculer les coordonnées du point E.

b. Calculer les coordonnées des vecteurs $\overrightarrow{AE}$ et $\overrightarrow{AF}$.

c. Les points A, E et F sont-ils alignés ?

162 Soient $A(-3;5)$, $B(3;7)$, $C(-4;2)$ et $D(0;-2)$.

Soit E le symétrique de A par rapport à C.

Soit F le point défini par $\overrightarrow{BF} = \frac{1}{3}\overrightarrow{BD}$.

1. Construire la figure.

2. Calculer les coordonnées du point F.

3. a. Calculer les coordonnées des vecteurs $\overrightarrow{AB}$ et $\overrightarrow{CF}$.

b. Quelle est la nature du quadrilatère $ABFC$?

4. a. Exprimer le vecteur $\overrightarrow{AE}$ en fonction de $\overrightarrow{AC}$.

b. Montrer que les vecteurs $\overrightarrow{AE}$ et $\overrightarrow{BD}$ sont colinéaires.

c. Quelle est la nature du quadrilatère $AEDB$?

163 Soit ABC un triangle.

Soit I le milieu du segment $[AC]$ et G le point tel que :

$$\overrightarrow{GA} + 2\overrightarrow{GB} + \overrightarrow{GC} = \vec{0}$$

1. a. À l'aide de la relation de Chasles, montrer qu'on a l'égalité $2\overrightarrow{GB} + \overrightarrow{GC} = -3\overrightarrow{AG} + 2\overrightarrow{AB} + \overrightarrow{AC}$.

b. Montrer qu'on a alors l'égalité :

$$\overrightarrow{AG} = \frac{1}{2}\overrightarrow{AB} + \frac{1}{4}\overrightarrow{AC}$$

2. a. Construire la figure.

b. Quelle conjecture peut-on émettre sur la position des points B, G et I ?

3. a. Compléter les pointillés à l'aide de la relation de Chasles : $\overrightarrow{IB} = \overrightarrow{I\ldots} + \overrightarrow{A\ldots} = \ldots\overrightarrow{AB} + \ldots\overrightarrow{AC}$.

b. À l'aide de la question **1. b.**, montrer qu'on a :

$$\overrightarrow{IG} = \frac{1}{2}\overrightarrow{AB} - \frac{1}{4}\overrightarrow{AC}$$

c. Déterminer le nombre réel k tel que $\overrightarrow{IG} = k\overrightarrow{IB}$.

d. Démontrer la conjecture de la question **2. b.**

164 PRISE D'INITIATIVES — Compétence Raisonner

Soient $A(-4;4)$, $B(4;10)$ et $C(10;4)$.

Déterminer les coordonnées du point d'intersection D de la parallèle à la droite (AB) passant par C avec l'axe des abscisses.

TP Pratiquer l'algorithmique et programmer

Un mobile en suspension

On souhaite construire un mobile suspendu en S et en équilibre ayant la forme schématisée ci-dessous.

Objectif PYTHON
Utilisation d'une fonction et d'une boucle bornée.

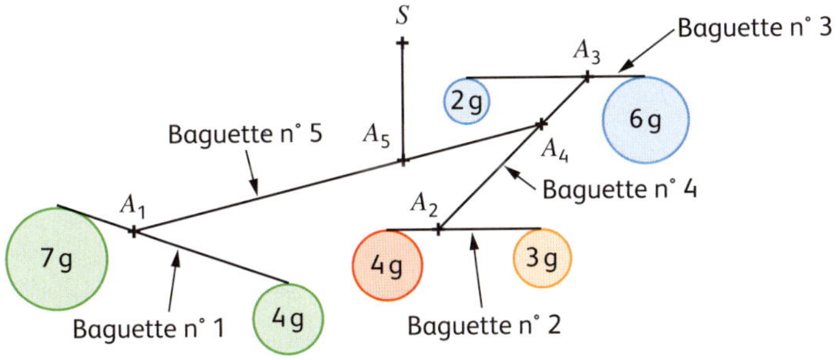

Info
L'artiste américain Alexander Calder (1898-1976) est célèbre pour avoir réalisé des mobiles suspendus en équilibre.

Le mobile est composé de cinq baguettes numérotées de 1 à 5, toutes de masses négligeables et de longueurs respectives (dans l'ordre de numérotation) 20 cm, 10 cm, 12 cm, 25 cm et 50 cm.
Aux extrémités des baguettes n° 1, n° 2 et n° 3, on accroche des objets de masses différentes indiquées sur le schéma.
Les baguettes n° 2 et n° 3 sont ensuite attachées aux extrémités de la baguette n° 4. Cet ensemble et la baguette n° 1 sont enfin attachés à la baguette n° 5.
L'objectif est de déterminer, à l'aide d'un algorithme, la position des points d'attache A_1, A_2, A_3, A_4 et A_5 afin que l'ensemble du système soit en équilibre.

Partie A Point d'équilibre d'une baguette

Une baguette de longueur l est représentée de la manière suivante.
On note respectivement G et D les extrémités gauche et droite, m_G et m_D les masses accrochées à ces points.
Soit A le point d'attache pour obtenir l'équilibre.

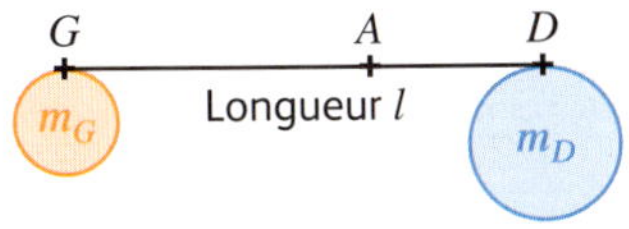

D'après les lois de la physique, la baguette est en équilibre en A lorsqu'on a l'égalité :

$$m_G\overrightarrow{AG}+m_D\overrightarrow{AD}=\vec{0}$$

1. En décomposant judicieusement le vecteur $\overrightarrow{AD}$ à l'aide de la relation de Chasles, montrer que :

$$\overrightarrow{GA}=\frac{m_D}{m_G+m_D}\overrightarrow{GD}$$

2. En déduire la longueur GA en fonction de m_G, m_D et l.

3. On veut automatiser la recherche de la position du point d'équilibre A en fonction de m_G, m_D et l.
Compléter l'algorithme ci-dessous rédigé sous Python affichant GA en fonction de m_G, m_D et l.

```
def position(...,...,...):
    return(...)
```

Partie B Étude des baguettes n° 1, n° 2 et n° 3

On cherche à écrire un algorithme pour déterminer le point d'équilibre de chaque baguette.

1. Compléter et programmer l'algorithme ci-contre, en langage Python, qui détermine la position des points d'attache des baguettes n° 1, n° 2 et n° 3.

```
for i in range(1,...):
    print("Pour la ",i,"e baguette")
    ...=float(input("Longueur:"))
    ...=float(input("Masse de gauche:"))
    ...=float(input("Masse de droite:"))
     a=position(...,...,...)
    print("A",i," est à ",...,"cm de G")
```

2. Déterminer la position des points A_1, A_2 et A_3.

Partie C Étude des baguettes n° 4 et n° 5

1. a. Compléter l'algorithme de la **partie B** afin qu'il affiche les masses totales de chaque baguette.
b. Quelles sont les masses des baguettes n° 1, n° 2 et n° 3 ?

2. Modifier l'algorithme précédent afin d'obtenir les positions des points d'équilibre :

A_4 et A_5

3. Quelles sont les positions des points A_4 et A_5 ?

TP Utiliser les outils numériques

LOGICIEL GÉOMÉTRIE

La droite d'Euler

On considère un triangle ABC. On note A', B' et C' les milieux respectifs des côtés $[BC]$, $[AC]$ et $[AB]$.
On appelle O le centre du cercle circonscrit, G le centre de gravité et H l'orthocentre du triangle ABC.
On souhaite démontrer que O, G et H sont alignés.
La droite passant par ces points est appelée « droite d'Euler » du triangle ABC.

Construction à l'aide d'un logiciel de géométrie dynamique

- Placer trois points quelconques A, B et C.
- Construire les milieux A', B' et C'.
- Construire **en bleu** les médiatrices de $[AC]$ et $[BC]$.
- Placer le centre du cercle circonscrit O, intersection des deux médiatrices.
- Construire **en rouge** les médianes issues de A et de C.
- Placer le centre de gravité G, intersection des deux médianes.
- Construire **en vert** les hauteurs issues de A et de C.
- Placer l'orthocentre H, intersection des deux hauteurs.

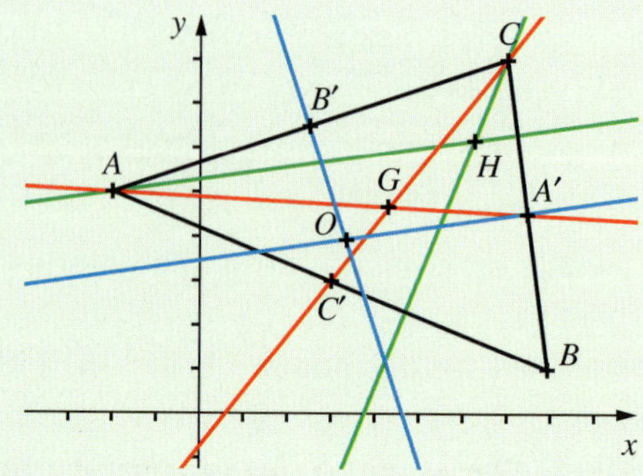

Partie A Observations et conjecture

1. Vérifier que les points O, G et H sont alignés.

2. a. Tracer les segments $[OG]$ et $[OH]$.

b. Dans la fenêtre *Algèbre*, noter les noms donnés aux étiquettes associées à ces deux segments (j et k par exemple ci-contre).

c. Dans la barre de saisie, inscrire le quotient des deux étiquettes $r = k/j$.

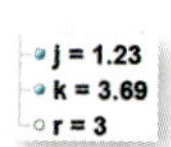

3. a. À l'aide de la souris, déplacer les points A, B et C.

b. Que constate-t-on pour la position des points O, G et H ?

c. Que constate-t-on pour le rapport k ?

d. Quelle égalité peut-on conjecturer concernant les vecteurs $\overrightarrow{OH}$ et $\overrightarrow{OG}$?

Partie B Démonstration d'une propriété

Soit I le milieu d'un segment quelconque $[RT]$.
Soit S un point quelconque.

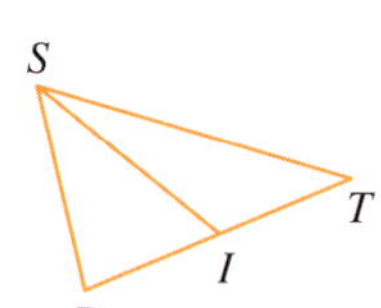

En appliquant judicieusement la relation de Chasles, montrer qu'on a l'égalité :

$$\overrightarrow{SR} + \overrightarrow{ST} = 2\overrightarrow{SI}$$

Partie C Démonstration de la conjecture de la partie A

1. Soit M le point défini par $\overrightarrow{OM} = \overrightarrow{OA} + \overrightarrow{OB} + \overrightarrow{OC}$.

a. À l'aide de la relation de Chasles et du résultat de la partie B, montrer que :

$$\overrightarrow{AM} = \overrightarrow{A\ldots} + \overrightarrow{\ldots M} = 2\overrightarrow{OA'}$$

b. Que peut-on dire des droites (AM) et (OA') ?

c. En déduire que la droite (AM) est la hauteur issue de A du triangle ABC.

d. Démontrer de même que (BM) est la hauteur issue de B du triangle ABC.

e. Justifier que M et H sont confondus et qu'on a l'égalité : $\overrightarrow{OH} = \overrightarrow{OA} + \overrightarrow{OB} + \overrightarrow{OC}$.

2. Soit N le point tel que $\overrightarrow{NA} + \overrightarrow{NB} + \overrightarrow{NC} = \vec{0}$.

a. À l'aide de la relation de Chasles et du résultat de la partie B, montrer que :

$$3\overrightarrow{NA} + 2\overrightarrow{AA'} = \vec{0}$$

b. En déduire que $N \in (AA')$.

c. Montrer de même que $N \in (BB')$.

d. Justifier que N et G sont confondus et qu'on a l'égalité : $\overrightarrow{GA} + \overrightarrow{GB} + \overrightarrow{GC} = \vec{0}$.

3. À partir des égalités obtenues aux questions **1. e.** et **2. d.** et la relation de Chasles, montrer que $\overrightarrow{OH} = 3\overrightarrow{OG}$.
Conclure.

TP Mener une recherche

Compétence Chercher et Communiquer

TP1 Étude d'une configuration

On considère un carré $ABCD$ de côté 1.
Soit t un nombre réel appartenant à l'intervalle $[0;1]$.
On note M le point tel que $\overrightarrow{AM} = t\overrightarrow{AB}$.
Soit N le point tel que le triangle AMN soit équilatéral, comme indiqué sur la figure ci-dessous.

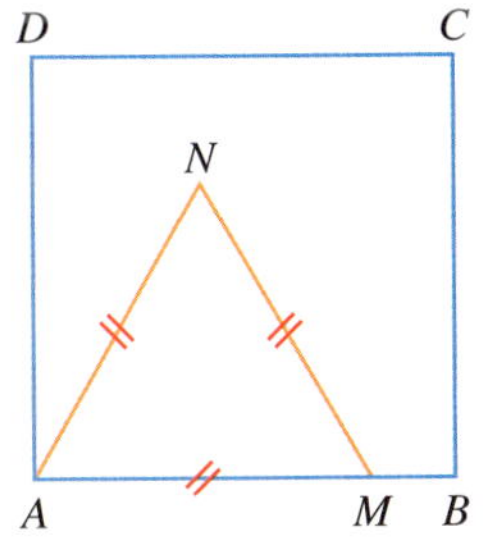

Partie A Construction de la figure et conjectures

1. À l'aide d'un logiciel de géométrie dynamique, construire la figure.

Voir exercice n° 155

2. Tracer la droite (DM), puis en animant le curseur, conjecturer pour quelle valeur de t les points D, M et N sont alignés.

Partie B Démonstration de la conjecture

1. a. En se plaçant dans le repère $(A ; B ; D)$, déterminer les coordonnées des points A, B, C et D de la figure.
b. Exprimer, en fonction de t les coordonnées des points M et N.

Info
Dans un triangle équilatéral de côté a, chaque hauteur a pour longueur $\frac{a\sqrt{3}}{2}$.

2. Exprimer en fonction de t les coordonnées des vecteurs $\overrightarrow{MN}$ et $\overrightarrow{DM}$.
3. À l'aide d'une équation, calculer la valeur exacte de t pour laquelle les points D, M et N sont alignés.

Partie C À l'écrit ou à l'oral

1. Présenter une démarche qui permet de conjecturer la valeur de t pour laquelle les droites (AN) et (CM) sont parallèles.
2. En s'inspirant de la **partie B**, expliquer comment démontrer cette conjecture.

TP2 Application à la physique : la force du vent

Antoine, situé en un point A, envoie un avion télécommandé à son père Bernard, situé en un point B, au bord d'un terrain rectangulaire.
En l'absence de vent, le moteur de l'avion permet un vol à 5 m.s^{-1}. Mais un vent latéral souffle à une vitesse constante de 3 m.s^{-1}.
Sur le schéma ci-dessous, on a représenté les vecteurs vitesse de l'avion $\vec{u}$ et du vent $\vec{v}$ en prenant pour unité un carreau par m.s^{-1}.

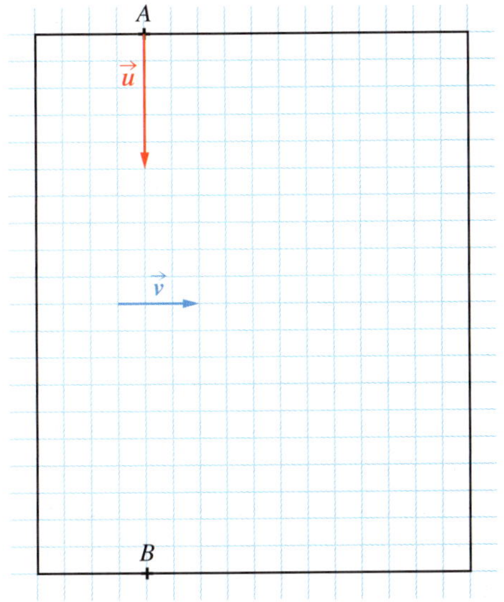

On admet que la vitesse réelle de l'avion est modélisée par le vecteur $\vec{w} = \vec{u} + \vec{v}$.

Partie A Trajet vers Bernard

1. a. Reproduire la figure en respectant le quadrillage.
b. Représenter le vecteur $\vec{w}$.
2. a. Construire le point d'atterrissage A' de l'avion lorsqu'Antoine l'envoie à son père.
b. Calculer la distance BA'.

Partie B Trajet vers Antoine

Après avoir récupéré l'avion en A', Bernard retourne à sa place en B et souhaite envoyer l'avion dans une direction qui permettra à l'avion d'arriver en A.
Présenter à l'oral ou à l'écrit une méthode permettant de construire la direction dans laquelle Bernard doit envoyer l'avion.

Je **révise** en **autonomie**

Je cible mes révisions

VIDÉOS des capacités

Pour chaque capacité, suivre le parcours de révision pour travailler les méthodes et s'entraîner.

Parcours de révision	Réviser en autonomie	S'entraîner
Capacité 1 Représenter géométriquement des vecteurs	Méthode, p. 131	Exercices 46 et 48
Capacité 2 Construire géométriquement la somme de deux vecteurs	Méthode, p. 133	Exercices 50 et 55
Capacité 3 Mettre en relation représentation et coordonnées d'un vecteur	Méthode, p. 135	Exercices 57 et 60
Capacité 4 Calculer les coordonnées de la somme de deux vecteurs, du produit par un réel	Méthode, p. 136	Exercices 68 et 75
Capacité 5 Caractériser l'alignement ou le parallélisme par la colinéarité de vecteur	Méthode, p. 137	Exercices 81 et 83

Je me teste

Voir corrigés

Pour chaque question, déterminer la (ou les) réponse(s) correcte(s).

Capacité 1 On donne le graphique ci-dessous où l'unité est définie par le côté d'un carreau.

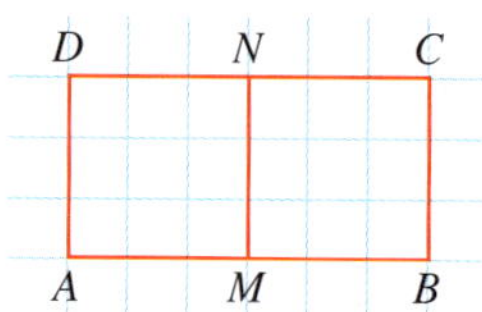

1. Parmi les vecteurs suivants, lequel représente le vecteur ayant pour direction la droite (AB), pour sens de A vers B et pour norme 3.

a. $\overrightarrow{AM}$ **b.** $\overrightarrow{NC}$ **c.** $3\overrightarrow{AB}$

2. Parmi les vecteurs suivants, lequel représente le vecteur ayant pour direction la droite (NM), pour sens de B vers C et pour norme 1.

a. $\overrightarrow{AD}$ **b.** $\frac{1}{3}\overrightarrow{MN}$ **c.** $3\overrightarrow{BC}$

3. Parmi les vecteurs suivants, lequel représente le vecteur ayant pour direction la droite (AB), pour sens de B vers A et pour norme 6.

a. $\overrightarrow{BA}$ **b.** $-\overrightarrow{DC}$ **c.** $2\overrightarrow{CN}$

Capacité 2 On donne la figure ci-dessous.

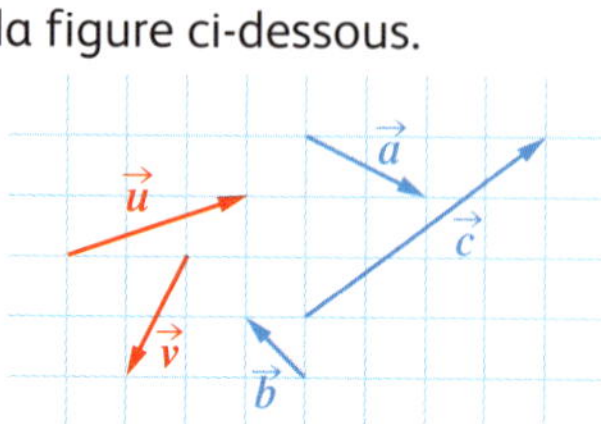

4. Le vecteur $\vec{u}+\vec{v}$ est égal à :

a. $\vec{a}$ **b.** $\vec{b}$ **c.** $\vec{c}$

5. Le vecteur $\vec{u}-\vec{v}$ est égal à :

a. $\vec{a}$ **b.** $\vec{b}$ **c.** $\vec{c}$

6. Le vecteur $\vec{a}+\vec{c}$ est égal à :

a. $\vec{u}$ **b.** $2\vec{u}$ **c.** $-2\vec{u}$

Capacité 3 On considère la figure ci-contre dans un repère $\left(O,\vec{i},\vec{j}\right)$.

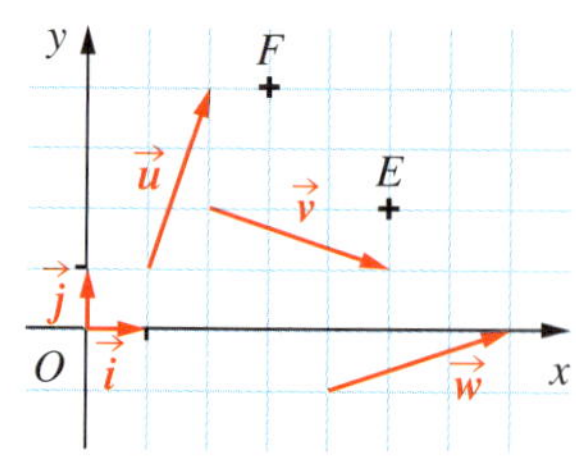

7. Le vecteur qui a pour coordonnées $\begin{pmatrix}3\\1\end{pmatrix}$ est le vecteur :

a. $\vec{u}$ **b.** $\vec{v}$ **c.** $\vec{w}$

8. Le vecteur $\overrightarrow{EF}$ a pour coordonnées :

a. $\begin{pmatrix}2\\2\end{pmatrix}$ **b.** $\begin{pmatrix}-2\\2\end{pmatrix}$ **c.** $\begin{pmatrix}2\\-2\end{pmatrix}$

Capacité 4 Dans un repère, on donne les points $M(-2;4)$, $N(3;-1)$, $R(0;7)$ et $P(5;3)$.

9. Le vecteur $\overrightarrow{MN}$ a pour coordonnées :

a. $\begin{pmatrix}-5\\5\end{pmatrix}$ **b.** $\begin{pmatrix}5\\-5\end{pmatrix}$ **c.** $\begin{pmatrix}1\\-3\end{pmatrix}$

10. Les vecteurs $\overrightarrow{MN}$ et $\overrightarrow{RP}$ sont :

a. égaux
b. opposés
c. ni l'un ni l'autre

Capacité 5 Dans un repère $(O;I;J)$, on donne $C(2;1)$.

11. Dans quel(s) cas les points A, B et C sont-ils alignés ?

a. $A(4;2)$ et $B(26;13)$
b. $A(-5;-2)$ et $B(4;2)$
c. $A(-5;-2)$ et $B(27;13)$

12. Dans quel(s) cas les droites (AB) et (IJ) sont-elles parallèles ?

a. $A(-16;11)$ et $B(-11;6)$
b. $A(-3;7)$ et $B(6;-3)$
c. $A(20;6)$ et $B(12;13)$

Je fais des exercices bilans

Bilan 1 15 min **Lecture graphique et construction**

On donne la figure ci-dessous.

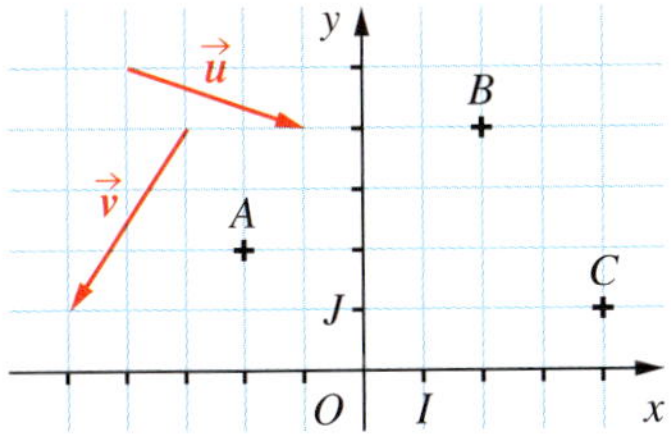

1. Lire les coordonnées des points A, B et C.

2. Lire les coordonnées des vecteurs $\vec{u}$ et $\vec{v}$.

3. a. Reproduire la figure en respectant le quadrillage.

b. Construire le vecteur $\vec{w}$ d'origine O et égal à $\vec{u}+\vec{v}$.

c. Construire les points D, E et F tels que :

- $\overrightarrow{AD}=\vec{u}$
- $\overrightarrow{BE}=\overrightarrow{AB}+\overrightarrow{AC}$
- $\overrightarrow{CF}=\frac{1}{2}\overrightarrow{AB}+2\vec{v}$

Bilan 2 25 min **Étude d'une configuration**

Dans un repère, on considère les points :

$A(2;1)$, $B(8;4)$, $C(9;2)$ et $D(6;1)$

On note M et N les points tels que :

- $\overrightarrow{AM}=2\overrightarrow{BC}$
- $\overrightarrow{AN}=\frac{1}{3}\overrightarrow{AB}-\overrightarrow{BC}$

1. Faire une figure.

2. Calculer les coordonnées des vecteurs $\overrightarrow{AB}$ et $\overrightarrow{BC}$.

3. a. Calculer les coordonnées du point M.

b. Montrer, par le calcul, que N a pour coordonnées $(3;4)$.

4. a. Calculer les coordonnées des vecteurs $\overrightarrow{AN}$ et $\overrightarrow{DM}$.

b. Les vecteurs $\overrightarrow{AN}$ et $\overrightarrow{DM}$ sont-ils colinéaires ?

5. Le quadrilatère $MDNA$ est-il un trapèze ?

Bilan 3 25 min **Coordonnées de points**

Dans un repère, on donne :

$A(2;-2)$, $B(-1;2)$ et $C(8;4)$

1. Faire une figure que l'on complétera tout au long de l'exercice.

2. a. Calculer les coordonnées du vecteur $\overrightarrow{AB}$.

b. Calculer les coordonnées du point D tel que $\overrightarrow{CD}=\overrightarrow{AB}$.

c. Quelle est la nature du quadrilatère $ABDC$?

3. Soit N le milieu du segment $[AC]$.

a. Exprimer le vecteur $\overrightarrow{AN}$ en fonction du vecteur $\overrightarrow{AC}$.

b. Calculer les coordonnées du point N.

4. Soit M le point tel que :

$$\overrightarrow{BM}=-\frac{1}{2}\overrightarrow{BD}$$

Calculer les coordonnées du point M.

5. Montrer que le quadrilatère $AMBN$ est un parallélogramme.

Bilan 4 25 min **Alignement et parallélisme**

Dans le repère $(O;\overrightarrow{OI};\overrightarrow{OJ})$, on a $A(5;7)$, $B(1;3)$, $C(6;1)$ et $D(-14;9)$.

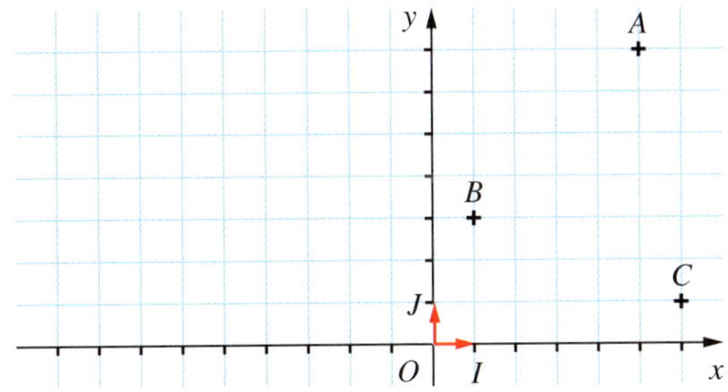

Soit E le point tel que $\overrightarrow{AE}=4\overrightarrow{AB}$.

1. Reproduire la figure et placer le point E.

2. Calculer les coordonnées des vecteurs $\overrightarrow{AB}$, $\overrightarrow{BC}$ et $\overrightarrow{CD}$.

3. a. Montrer que les vecteurs $\overrightarrow{CD}$ et $\overrightarrow{BC}$ sont colinéaires.

b. Déterminer le réel k tel que $\overrightarrow{CD}=k\overrightarrow{BC}$.

c. Que peut-on dire des points B, C et D ? Pourquoi ?

4. Calculer les coordonnées $(x_E\,;y_E)$ du point E.

5. a. Montrer que les droites (AC) et (DE) sont parallèles.

b. En déduire la nature du quadrilatère $ACED$.

Bilan 5 30 min **Vecteurs et transformations**

Dans un repère, on donne :

$A(2;3)$, $B(5;4)$ et $C(7;1)$

On considère les points suivants.

- M est l'image de B par la translation de vecteur $\overrightarrow{AB}$.
- N est l'image de C par la symétrie de centre B.
- P est l'image de C par l'homothétie de centre A et de rapport -3.

1. Faire la figure.

2. a. Que peut-on dire des vecteurs $\overrightarrow{BM}$ et $\overrightarrow{AB}$?

b. Calculer les coordonnées $(x_M\,;y_M)$ du point M.

3. a. Exprimer le vecteur $\overrightarrow{BN}$ en fonction du vecteur $\overrightarrow{BC}$.

b. Calculer les coordonnées $(x_N\,;y_N)$ du point N.

4. a. Exprimer le vecteur $\overrightarrow{AP}$ en fonction du vecteur $\overrightarrow{AC}$.

b. Calculer les coordonnées $(x_P\,;y_P)$ du point P.

5. a. Calculer les coordonnées des vecteurs $\overrightarrow{MN}$ et $\overrightarrow{CP}$.

b. Montrer que les droites (MN) et (CP) sont parallèles.

Bilan 6 15 min **Coordonnées d'un point**

On considère les points :

$A(-3;5)$ et $B(-1;-5)$

Soit $M(x\,;y)$ le point d'intersection de la droite (AB) avec l'axe des abscisses.

1. Quelle est l'ordonnée de M ?

2. a. Que peut-on dire des vecteurs $\overrightarrow{AM}$ et $\overrightarrow{AB}$? Pourquoi ?

b. En déduire une équation vérifiée par x.

3. Déterminer les coordonnées de M.

CHAPITRE 6

Géométrie plane dans un repère

Les capacités du chapitre

- CAPACITÉ 1 — Calculer les coordonnées du milieu d'un segment
- CAPACITÉ 2 — Calculer la distance entre deux points
- CAPACITÉ 3 — Résoudre un problème d'alignement ou de parallélisme

Au fil du temps

La géométrie *cartésienne*, du nom de René Descartes (1596-1650), permet de résoudre des problèmes de géométrie par des méthodes calculatoires grâce à l'utilisation d'un repère et de coordonnées. Elle fait écho aux propos de Joseph Louis Lagrange (1736-1813) : « Tant que l'Algèbre et la Géométrie ont été séparées, leurs progrès ont été lents et leurs usages bornés ; mais lorsque ces deux sciences furent réunies, elles se sont prêtées des forces mutuelles et ont marché ensemble d'un pas rapide vers la perfection… »

Des maths partout !

Les coordonnées géographiques permettent de localiser un point sur le globe terrestre. Avec le GPS, cette localisation est extrêmement précise.

Grands voiliers en pleine mer

Ressources du chapitre disponibles ici : www.lycee.hachette-education.com/declic/2de

Partir d'un bon pied

A Diaporama pour tester les bases

ACTIVITÉS MENTALES RAPIDES

B Se repérer dans un plan

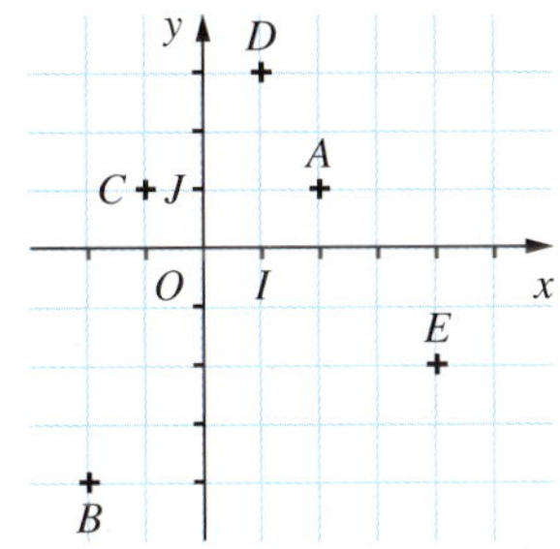

On munit le plan du repère orthonormé $(O\,;I\,;J)$ ci-contre.

1. Lire les coordonnées des points A, B, C, D et E.

2. Parmi les points donnés, citer ceux qui vérifient les conditions suivantes.

a. L'abscisse est le double de l'ordonnée.

b. L'ordonnée est le triple de l'abscisse.

3. Citer des points ayant la même ordonnée.

C Revoir les quadrilatères particuliers

On considère un quadrilatère $ABCD$ dont les diagonales $[AC]$ et $[BD]$ se coupent au point O.

Préciser si les affirmations suivantes sont vraies ou fausses.

1. Si $\overrightarrow{BO}=\overrightarrow{OD}$, alors O est le milieu du segment $[BD]$.

2. Si le point O est le milieu du segment $[AC]$, alors $ABCD$ est un parallélogramme.

3. Si $\overrightarrow{AB}=\overrightarrow{CD}$, alors $ABCD$ est un parallélogramme.

4. Si $ABCD$ est un parallélogramme et si $AB=AD$, alors $ABCD$ est un losange.

5. Si $ABCD$ est un parallélogramme tel que le triangle ABC est rectangle et isocèle en B, alors $ABCD$ est un carré.

D Revoir les vecteurs

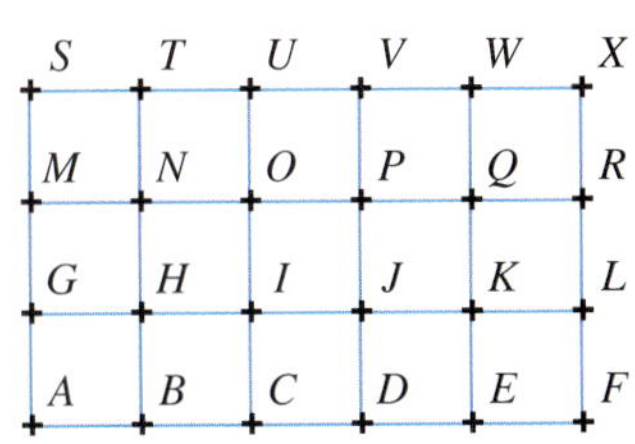

On considère le quadrillage composé de carrés ci-contre.

1. Indiquer si les égalités suivantes sont correctes.

a. $AB=KJ$

b. $\overrightarrow{AB}=\overrightarrow{KJ}$ **c.** $\overrightarrow{AB}=-\overrightarrow{XW}$

2. Compléter chacune des égalités suivantes avec la lettre qui convient.

a. $\overrightarrow{LW}=\overrightarrow{C\ldots}$ **b.** $\overrightarrow{FO}+\overrightarrow{UN}=\overrightarrow{R\ldots}$ **c.** $\overrightarrow{P\ldots}=-\frac{2}{3}\overrightarrow{IL}$

d. $\overrightarrow{A\ldots}=3\overrightarrow{AB}+2\overrightarrow{AG}$ **e.** $\overrightarrow{Q\ldots}=-\overrightarrow{AB}-2\overrightarrow{AG}$ **f.** $\overrightarrow{H\ldots}=\frac{1}{2}\overrightarrow{UK}$

3. On munit le plan du repère orthonormé $(A\,;B\,;G)$.

Préciser les coordonnées des vecteurs $\overrightarrow{NJ}$, $\overrightarrow{OD}$, $\overrightarrow{KH}$, $\overrightarrow{DT}$ et $\overrightarrow{XL}$.

4. Vrai ou faux ? Pour chaque affirmation suivante, préciser si elle est vraie ou fausse.

a. Les vecteurs $\overrightarrow{BI}$ et $\overrightarrow{VA}$ sont colinéaires.

b. Les vecteurs $\overrightarrow{PE}$ et $\overrightarrow{TC}$ sont colinéaires.

c. Les vecteurs $\overrightarrow{UG}$ et $\overrightarrow{CX}$ sont colinéaires.

Activités

1 Découvrir les coordonnées d'un milieu

Objectif
Conjecturer et utiliser la formule des coordonnées du milieu d'un segment.

Dans le plan muni du repère orthonormé $(O;I;J)$ ci-contre, on considère les points $A(2;1)$, $B(3;3)$ et $C(4;2)$.

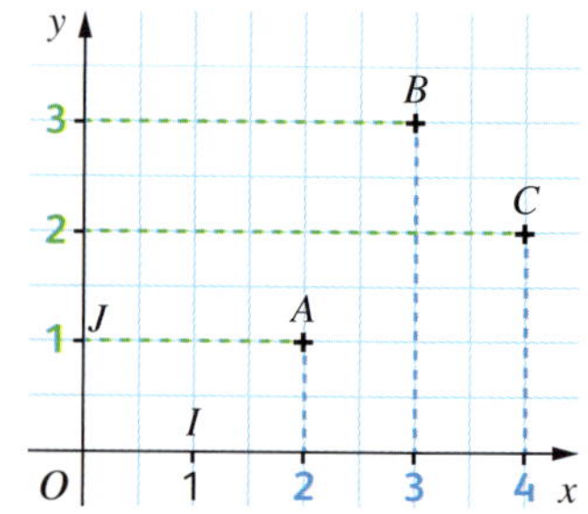

1 **a.** Après avoir reproduit la figure, construire le milieu M du segment $[AB]$. Lire sur la figure ses coordonnées $(x_M ; y_M)$.
b. Quelle relation peut-on écrire entre l'**abscisse** du point M et celles des points A et B ?
c. Même question entre les **ordonnées** des points M, A et B.

2 **a.** Procéder de même avec le milieu N du segment $[AC]$.
b. On considère les quatre algorithmes suivants.

Fonction Calcul1(x_A, y_A, x_B, y_B) Retourner $(x_A + y_A)/2$ Fin Fonction	Fonction Calcul2(x_A, y_A, x_B, y_B) Retourner $x_A + x_B/2$ Fin Fonction
Fonction Calcul3(x_A, y_A, x_B, y_B) Retourner $(x_A + x_B)/2$ Fin Fonction	Fonction Calcul4(x_A, y_A, x_B, y_B) Retourner $(x_A + y_B)/2$ Fin Fonction

Lequel permet d'afficher l'abscisse du milieu d'un segment $[AB]$, lorsque les coordonnées des points A et B sont données en entrée ?
c. Compléter l'algorithme correct pour qu'il renvoie aussi l'ordonnée du milieu du segment $[AB]$.

3 Préciser si les affirmations suivantes sont vraies ou fausses, en justifiant par des calculs.
a. Le point $P(25;50)$ est le milieu du segment $[EF]$ où $E(100;75)$ et $F(-50;25)$.
b. Le point $(-2;4)$ est le symétrique du point $S(4;0)$ par rapport au point $T(1;2)$.

2 Calculer une distance dans un repère orthonormé

Objectif
Trouver et utiliser la formule d'une distance dans un repère orthonormé.

La carte ci-contre est munie d'un repère orthonormé $(O;I;J)$ dont l'unité graphique correspond à 10 km sur le terrain. On souhaite calculer la distance à vol d'oiseau séparant la ville de Château-Thierry (point C) et le village de Fismes (point F).

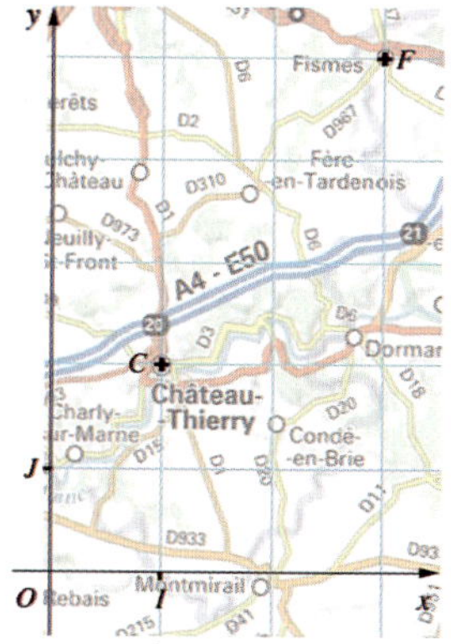

1 **a.** Donner les coordonnées des points C et F dans ce repère.
b. En utilisant le quadrillage généré par le repère, trouver les coordonnées d'un point R pour que le triangle CRF soit rectangle en R.
c. Calculer la distance CF sur le graphique, puis la distance à vol d'oiseau entre Château-Thierry et Fismes.

2 On considère un repère orthonormé $(O;I;J)$ et les points $A(x_A ; y_A)$ et $B(x_B ; y_B)$.

En utilisant la méthode vue à la question **1**, trouver la formule permettant de calculer la longueur AB en fonction de x_A, y_A, x_B et y_B.

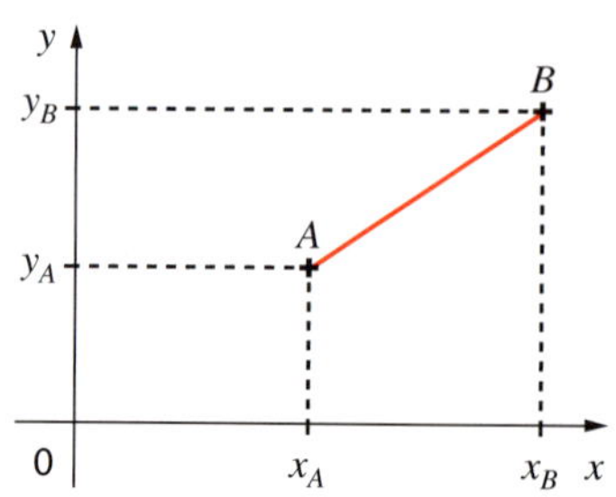

3 Déterminant de deux vecteurs

Objectif
Découvrir la notion de déterminant de deux vecteurs et son utilisation pour caractériser la colinéarité de deux vecteurs.

1 Parmi les tableaux suivants, lesquels sont de proportionnalité ?

①

3	–150
–4	200

②

12	216
15	270

③

–27	72
3	–9

④

$\sqrt{2}$	$2-\sqrt{2}$
$\sqrt{2}+1$	1

⑤

$\frac{1}{3}$	$\frac{1}{2}$
30	20

⑥

$-\frac{4}{7}$	$\frac{2}{3}$
60	–70

2 Dans un repère orthonormé, on considère les vecteurs $\vec{u}\begin{pmatrix} x \\ y \end{pmatrix}$ et $\vec{v}\begin{pmatrix} x' \\ y' \end{pmatrix}$.

a. Que signifie « les vecteurs $\vec{u}$ et $\vec{v}$ sont colinéaires » ?

b. Dans chacun des cas suivants, déterminer si les vecteurs $\vec{u}$ et $\vec{v}$ sont colinéaires ou non.

① $\vec{u}\begin{pmatrix} -\frac{18}{7} \\ 3 \end{pmatrix}$ et $\vec{v}\begin{pmatrix} 2 \\ -\frac{7}{3} \end{pmatrix}$ ② $\vec{u}\begin{pmatrix} \sqrt{3}-1 \\ \sqrt{3} \end{pmatrix}$ et $\vec{v}\begin{pmatrix} 2 \\ 3+\sqrt{3} \end{pmatrix}$

c. Proposer un critère sur les nombres x, y, x' et y' permettant d'affirmer que les vecteurs $\vec{u}$ et $\vec{v}$ sont colinéaires.

3 Le **déterminant** de deux vecteurs $\vec{u}\begin{pmatrix} x \\ y \end{pmatrix}$ et $\vec{v}\begin{pmatrix} x' \\ y' \end{pmatrix}$ est le nombre :

$$\det(\vec{u},\vec{v}) = \begin{vmatrix} x & x' \\ y & y' \end{vmatrix} = x \times y' - y \times x'$$

a. Calculer le déterminant des vecteurs $\vec{u}$ et $\vec{v}$ dans chacun des cas de la question **2 b.**

b. Proposer un critère sur la valeur de $\det(\vec{u},\vec{v})$ permettant d'affirmer que les vecteurs $\vec{u}$ et $\vec{v}$ sont colinéaires.

Info
La notion de déterminant a été initialement introduite pour la résolution de systèmes linéaires à deux inconnues par Cardan au XVIe siècle. Elle a été généralisée par Maclaurin, Cramer, Laplace et Lagrange au XVIIIe siècle. Le mot « déterminant » n'a été introduit par Gauss qu'en 1801.

4 Déterminer un point d'intersection

Objectif
Utiliser un déterminant pour caractériser un alignement.

On munit le plan d'un repère orthonormé d'origine A comme indiqué sur la figure ci-contre, $ABCD$ étant un rectangle tel que $AB = 2$ et $AD = 4$.
Les points I et J sont les milieux respectifs de $[AD]$ et $[AB]$.
Le point E est le point d'intersection de $[JD]$ et $[IB]$.

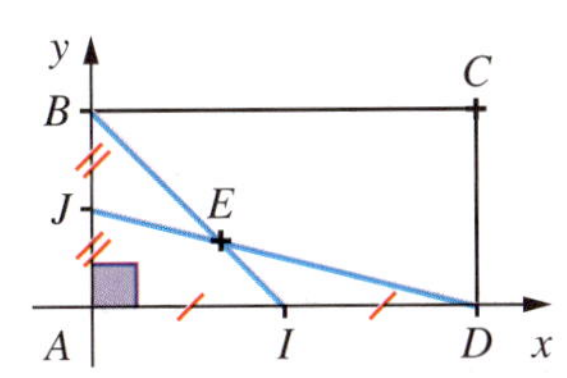

1 On note $(x\,;y)$ les coordonnées du point E.

a. Préciser les coordonnées des points B, D, I et J.

b. En utilisant l'égalité $\det(\overrightarrow{BE}, \overrightarrow{BI}) = 0$, montrer que $y = 2 - x$.

c. À l'aide des vecteurs $\overrightarrow{DE}$ et $\overrightarrow{DJ}$, obtenir une autre relation entre x et y.

d. Déterminer les coordonnées du point E.

2 Les points A, E et C sont-ils alignés ?

5 Étudier une configuration

TRAVAIL DE GROUPE

Objectif
Prendre des initiatives.

La figure ci-contre est dessinée à main levée.
Les points A, D, E d'une part, A, B, F d'autre part, sont alignés.
Le quadrilatère $ABCD$ est un carré.

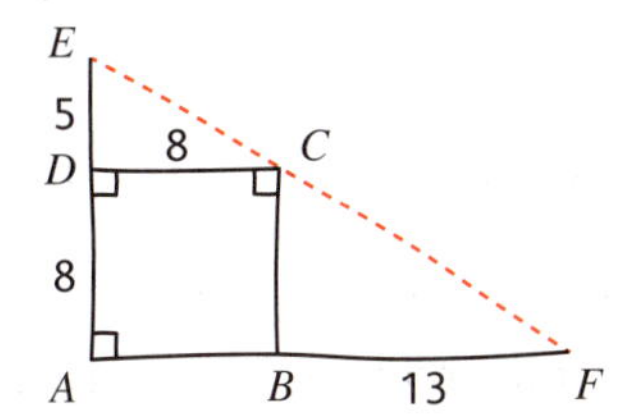

Les points E, C et F sont-ils alignés ?
Argumenter.

Cours

1 Calculs dans un repère orthonormé

Le plan est muni d'un repère orthonormé $(O;I;J)$.

a Coordonnées du milieu d'un segment

Propriété On considère deux points $A(x_A;y_A)$ et $B(x_B;y_B)$ du plan.

Le **milieu** K du segment $[AB]$ a pour coordonnées :

$$\left(\frac{x_A+x_B}{2};\frac{y_A+y_B}{2}\right)$$

Voir exercice Démo n° 28

Commentaire

Le milieu d'un segment peut être considéré comme un point « moyen » :
- son **abscisse** est la moyenne des abscisses des extrémités.
- son **ordonnée** est la moyenne des ordonnées des extrémités.

Démo

Démonstration

Le milieu K du segment $[AB]$ est défini par $\overrightarrow{AK}=\frac{1}{2}\overrightarrow{AB}$. En écrivant l'égalité des coordonnées de ces vecteurs, on a :

$$x_K-x_A=\frac{1}{2}(x_B-x_A) \text{ et } y_K-y_A=\frac{1}{2}(y_B-y_A)$$

Donc $x_K=x_A+\frac{1}{2}(x_B-x_A)$ et $y_K=y_A+\frac{1}{2}(y_B-y_A)$.

C'est-à-dire : $x_K=\frac{1}{2}(x_A+x_B)$ et $y_K=\frac{1}{2}(y_A+y_B)$.

Exemple

Dans le repère orthonormé $(O;I;J)$, on donne les points $A(2;1)$ et $B(-1;-3)$.

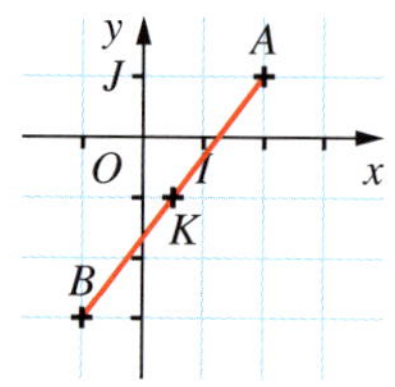

Le milieu K de $[AB]$ a pour coordonnées : $\left(\frac{2+(-1)}{2};\frac{1+(-3)}{2}\right)$, soit $(0{,}5;-1)$.

b Norme d'un vecteur, distance entre deux points

Propriété

La **norme** d'un vecteur $\vec{u}\begin{pmatrix}x\\y\end{pmatrix}$, notée $\|\vec{u}\|$, est donnée par :

$$\|\vec{u}\|=\sqrt{x^2+y^2}$$

Démo

Démonstration

Soit un vecteur $\vec{u}\begin{pmatrix}x\\y\end{pmatrix}$ et le point M tel que $\vec{u}=\overrightarrow{OM}$.

Par définition, la norme de $\vec{u}$ est égale à la longueur OM.

En notant H le point de coordonnées $(x;0)$, le triangle OHM est rectangle en H.

D'après le théorème de Pythagore, on a : $OM^2=OH^2+HM^2$.

Or $OH=|x|$ et $MH=|y|$. Donc $OM^2=|x|^2+|y|^2$. Ainsi $OM^2=x^2+y^2$.

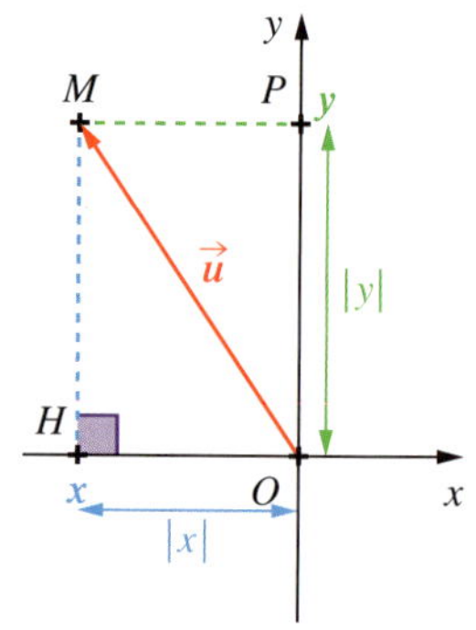

Propriété On considère deux points $A(x_A;y_A)$ et $B(x_B;y_B)$ du plan.

La **distance** AB est donnée par $AB=\sqrt{(x_B-x_A)^2+(y_B-y_A)^2}$.

Voir exercice Démo n° 30

Commentaires

- Cette formule est obtenue en identifiant la longueur AB à la norme du vecteur $\overrightarrow{AB}$.
- Pour alléger les calculs, il est préférable de calculer d'abord le carré de la distance en utilisant $AB^2=(x_B-x_A)^2+(y_B-y_A)^2$, puis d'en prendre la racine carrée pour obtenir AB.
- L'ordre dans lequel on considère les points A et B dans la formule n'a pas d'importance.

On a donc aussi $AB=\sqrt{(x_A-x_B)^2+(y_A-y_B)^2}$.

Dans l'exemple ci-dessus, la longueur AB est obtenue par :

$$AB^2=((-1)-2)^2+((-3)-1)^2$$

$$AB^2=(-3)^2+(-4)^2=25$$

Donc $AB=\sqrt{25}=5$.

méthode

VIDÉOS Capacités 1, 2

CAPACITÉ 1 Calculer les coordonnées du milieu d'un segment
CAPACITÉ 2 Calculer la distance entre deux points

Énoncé Dans un repère orthonormé $(O;I;J)$, on considère les points $A(0;8)$, $B(-9;-1)$, $C(3;-1)$ et $D(-3;2)$.

1. Montrer que le point D est le centre du cercle circonscrit au triangle ABC.

2. Quelle est la nature du triangle ACD ?

3. Déterminer les coordonnées de E, symétrique de A par rapport à D.

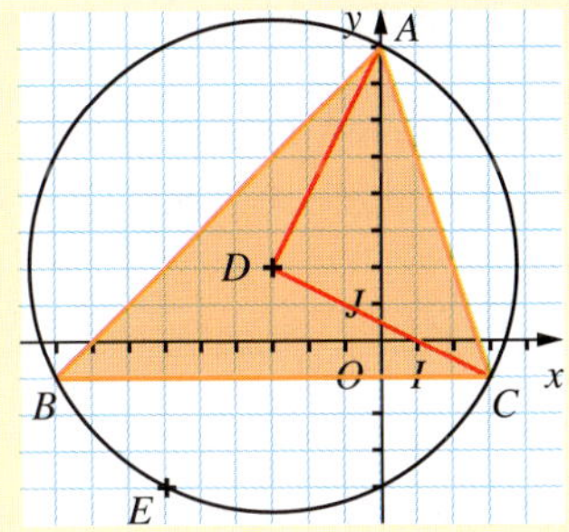

Solution

1. Il s'agit de montrer que les distances DA, DB et DC sont égales, ou encore que leurs carrés DA^2, DB^2 et DC^2 sont égaux.

$DA^2=(0-(-3))^2+(8-2)^2=3^2+6^2=45$

$DB^2=(-9-(-3))^2+(-1-2)^2=(-6)^2+(-3)^2=45$

$DC^2=(3-(-3))^2+(-1-2)^2=6^2+(-3)^2=45$

Ainsi, $DA^2=DB^2=DC^2$, c'est-à-dire $DA=DB=DC$.

Donc le point D est le centre du cercle circonscrit au triangle ABC.

Le cercle circonscrit au triangle ABC a pour rayon $DA=\sqrt{45}=3\sqrt{5}$.

Point méthode

1. Pour démontrer que des points sont sur un même cercle (on dit « cocycliques ») dont on connaît le centre, on montre que les distances de ces points au centre sont égales.

2. Sur la figure, on peut conjecturer que le triangle ACD est rectangle en D. On sait qu'il est isocèle en D, en raison de l'égalité $DA=DC$ obtenue ci-dessus.

On vérifie l'égalité de Pythagore en effectuant les calculs suivants.

$AC^2=(3-0)^2+(-1-8)^2=3^2+(-9)^2=90$ et $DA^2+DC^2=45+45=90$

Donc $DA^2+DC^2=AC^2$. D'après la réciproque du théorème de Pythagore, le triangle ACD est rectangle en D.

On en déduit que le triangle ACD est isocèle et rectangle en D.

Point méthode

2. Déterminer la nature d'un triangle, c'est prouver que ce triangle est ou n'est pas un triangle particulier (isocèle, équilatéral, rectangle ou isocèle rectangle).

3. E est le symétrique de A par rapport à D, donc D est le milieu de $[AE]$.

On a donc les égalités suivantes.

$$\frac{x_A+x_E}{2}=x_D\ ;\ \frac{0+x_E}{2}=-3\ ;\ x_E=-3\times 2=-6$$

$$\frac{y_A+y_E}{2}=y_D\ ;\ \frac{8+y_E}{2}=2\ ;\ 8+y_E=2\times 2\ ;\ y_E=-4$$

On en déduit que le point E a pour coordonnées $(-6;-4)$.

Point méthode

3. Le centre de symétrie est le milieu du segment reliant un point et son image.

J'applique

1 Dans un repère orthonormé $(O;I;J)$, on place les points A, B et C.

1. Conjecturer graphiquement la nature du triangle ABC.

2. Démontrer cette conjecture.

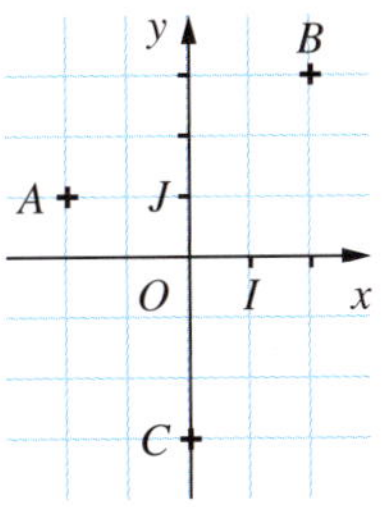

2 Dans un repère orthonormé du plan, on considère les points $A(0;-3)$, $B(4;5)$ et $C(12;1)$.

Quelle est la nature du triangle ABC ?

3 Dans un repère orthonormé du plan, on considère les points :

$$A(-5;5),\ B(-2;-3) \text{ et } C(3;-1)$$

1. Déterminer par le calcul les coordonnées des milieux I et J respectifs de $[AB]$ et de $[AC]$.

2. L'affirmation suivante est-elle vraie ?

« La distance entre les points A et C est une valeur entière. »

3. Le triangle ABC est-il rectangle ?

4. Démontrer de deux façons différentes que $BC=2\,IJ$.

Cours

2 Déterminant de deux vecteurs

Le plan est muni d'un repère orthonormé $(O;I;J)$.

Voir activité 3

a Déterminant de deux vecteurs

Définition

On considère les deux vecteurs $\vec{u}\begin{pmatrix} x \\ y \end{pmatrix}$ et $\vec{v}\begin{pmatrix} x' \\ y' \end{pmatrix}$.

Le **déterminant de $\vec{u}$ et $\vec{v}$**, noté $\det(\vec{u};\vec{v})$ ou $\begin{vmatrix} x & x' \\ y & y' \end{vmatrix}$, est le nombre :

$$\det(\vec{u},\vec{v}) = \begin{vmatrix} x & x' \\ y & y' \end{vmatrix} = x \times y' - y \times x'$$

Exemple

Dans un repère orthonormé, on considère les vecteurs $\vec{u}\begin{pmatrix} 2 \\ -1 \end{pmatrix}$ et $\vec{v}\begin{pmatrix} -3 \\ 4 \end{pmatrix}$.

Le déterminant de $\vec{u}$ et $\vec{v}$ est :

$$\det(\vec{u},\vec{v}) = \begin{vmatrix} 2 & -3 \\ -1 & 4 \end{vmatrix} = 2\times 4 - (-1)\times(-3)$$

Donc $\det(\vec{u},\vec{v}) = 8 - 3 = 5$.

Commentaires

- L'écriture avec le tableau des coordonnées permet de mémoriser la formule : $\begin{vmatrix} x & x' \\ y & y' \end{vmatrix} = x\times y' - y \times x'$.

Le déterminant est égal à la différence du produit en croix « descendant » et du produit en croix « montant ».

- L'ordre dans lequel on considère les vecteurs $\vec{u}$ et $\vec{v}$ a de l'importance.

En effet, $\det(\vec{v},\vec{u}) = \begin{vmatrix} x' & x \\ y' & y \end{vmatrix} = x'\times y - y'\times x = -\det(\vec{u},\vec{v})$.

b Critère de colinéarité et applications

Propriété

Deux vecteurs $\vec{u}$ et $\vec{v}$ sont colinéaires si, et seulement si, $\det(\vec{u},\vec{v}) = 0$.

Commentaire

L'avantage de ce critère est qu'il ne fait pas intervenir le coefficient de proportionnalité éventuel entre les vecteurs $\vec{u}$ et $\vec{v}$.

Démo

Démonstration

On considère deux vecteurs $\vec{u}\begin{pmatrix} x \\ y \end{pmatrix}$ et $\vec{v}\begin{pmatrix} x' \\ y' \end{pmatrix}$.

Les vecteurs $\vec{u}$ et $\vec{v}$ sont colinéaires :

- si, et seulement si, leurs coordonnées sont proportionnelles.
- si, et seulement si, le tableau $\begin{array}{|cc|} x & x' \\ y & y' \end{array}$ est un tableau de proportionnalité.
- si, et seulement si, les produits en croix $x\times y'$ et $y \times x'$ sont égaux.
- si, et seulement si, $\det(\vec{u},\vec{v}) = x\times y' - y\times x' = 0$.

Voir exercice Démo n° 31

Commentaires

Ce critère de colinéarité est utile pour démontrer, dans un repère orthonormé, le parallélisme de droites et l'alignement de points du plan, grâce aux propriétés suivantes, vues au chapitre 5.

- Deux droites (AB) et (CD) sont parallèles :

➡ si, et seulement si, les vecteurs $\overrightarrow{AB}$ et $\overrightarrow{CD}$ sont colinéaires.

➡ si, et seulement si, $\det(\overrightarrow{AB},\overrightarrow{CD}) = 0$.

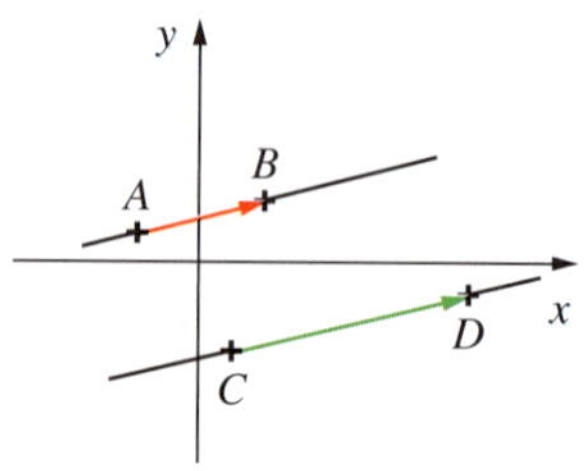

- Trois points A, B et C sont alignés :

➡ si, et seulement si, les vecteurs $\overrightarrow{AB}$ et $\overrightarrow{AC}$ sont colinéaires.

➡ si, et seulement si, $\det(\overrightarrow{AB},\overrightarrow{AC}) = 0$.

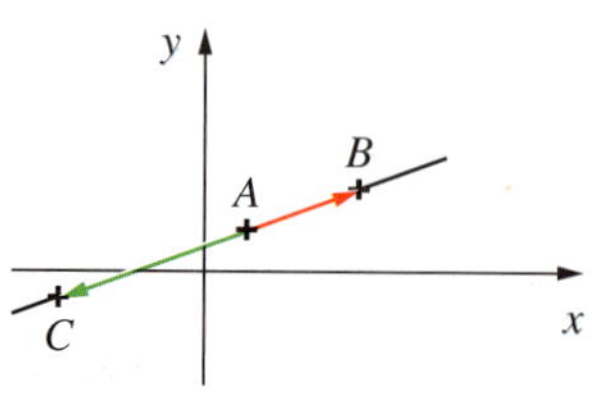

Exemple

Dans un repère orthonormé, on considère les points $A(-2;-3)$, $B(6;1)$, $C(-4;1)$, $D(2;4)$ et $E(2;-2)$.

- On a $\overrightarrow{AB}\begin{pmatrix} 6-(-2) \\ 1-(-3) \end{pmatrix} = \begin{pmatrix} 8 \\ 4 \end{pmatrix}$

et $\overrightarrow{CD}\begin{pmatrix} 2-(-4) \\ 4-1 \end{pmatrix} = \begin{pmatrix} 6 \\ 3 \end{pmatrix}$.

$\det(\overrightarrow{AB},\overrightarrow{CD}) = 8\times 3 - 4\times 6 = 0$

Donc les droites (AB) et (CD) sont parallèles.

- On a $\overrightarrow{AB}\begin{pmatrix} 8 \\ 4 \end{pmatrix}$

et $\overrightarrow{AE}\begin{pmatrix} 2-(-2) \\ -2-(-3) \end{pmatrix} = \begin{pmatrix} 4 \\ 1 \end{pmatrix}$.

$\det(\overrightarrow{AB},\overrightarrow{AE}) = 8\times 1 - 4\times 4 = -8$, différent de 0.

Donc les points A, B et E ne sont pas alignés.

méthode

VIDÉO Capacité 3

Capacité 3 Résoudre un problème d'alignement ou de parallélisme

Énoncé Dans un repère orthonormé $(O;I;J)$, on considère les points $A(-7;0)$, $B(-3;8)$ et $C(5;4)$.
Les points A', B' et C' sont les milieux respectifs des segments $[BC]$, $[AC]$ et $[AB]$.
On note L le symétrique de A' par rapport à B.
Les points M et N sont les milieux respectifs de $[BC']$ et $[B'C]$.

1. Réaliser une figure.
2. Déterminer les coordonnées des points A', B', C', L, M et N.
3. Les droites $(A'N)$ et (LC') sont-elles parallèles ?
4. Les points L, M et B' sont-ils alignés ?

Solution

1. On obtient le graphique ci-contre.

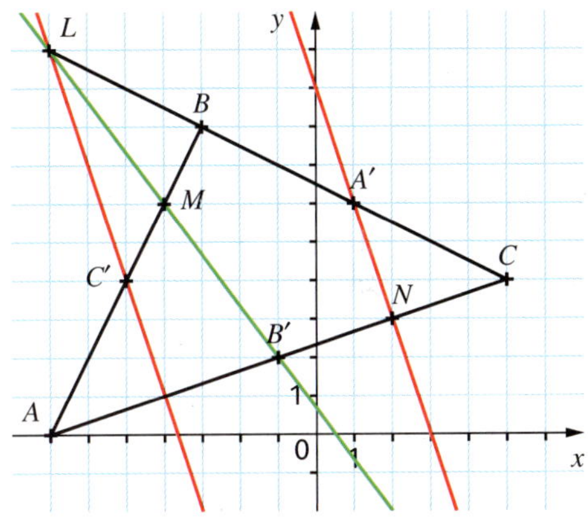

2. • Comme $B(-3;8)$ et $C(5;4)$, le point A' a pour coordonnées :

$$\left(\frac{(-3)+5}{2};\frac{8+4}{2}\right)=(1;6)$$

• Le point B' a pour coordonnées : $\left(\frac{(-7)+5}{2};\frac{0+4}{2}\right)=(-1;2)$.

• Le point C' a pour coordonnées : $\left(\frac{(-7)+(-3)}{2};\frac{0+8}{2}\right)=(-5;4)$.

• On sait que $\overrightarrow{BL}=\overrightarrow{A'B}$.

Donc, en utilisant les coordonnées des vecteurs : $\begin{cases} x_L-(-3)=(-3)-1 \\ y_L-8=8-6 \end{cases}$

Ainsi $x_L=-7$ et $y_L=10$. Donc L a pour coordonnées $(-7;10)$.

• Le point M a pour coordonnées $\left(\frac{(-3)+(-5)}{2};\frac{8+4}{2}\right)=(-4;6)$.

• Le point N a pour coordonnées $\left(\frac{(-1)+5}{2};\frac{2+4}{2}\right)=(2;3)$.

3. On a $\overrightarrow{A'N}\begin{pmatrix}2-1\\3-6\end{pmatrix}=\begin{pmatrix}1\\-3\end{pmatrix}$ et $\overrightarrow{LC'}\begin{pmatrix}-5-(-7)\\4-10\end{pmatrix}=\begin{pmatrix}2\\-6\end{pmatrix}$.

Alors $\det\left(\overrightarrow{A'N},\overrightarrow{LC'}\right)=\begin{vmatrix}1 & 2\\-3 & -6\end{vmatrix}=1\times(-6)-(-3)\times 2=0$.

On en déduit que les droites $(A'N)$ et (LC') sont parallèles.

4. On a $\overrightarrow{LM}\begin{pmatrix}-4-(-7)\\6-10\end{pmatrix}=\begin{pmatrix}3\\-4\end{pmatrix}$ et $\overrightarrow{LB'}\begin{pmatrix}-1-(-7)\\2-10\end{pmatrix}=\begin{pmatrix}6\\-8\end{pmatrix}$.

Alors $\det\left(\overrightarrow{LM},\overrightarrow{LB'}\right)=\begin{vmatrix}3 & 6\\-4 & -8\end{vmatrix}=3\times(-8)-(-4)\times 6=-24+24=0$.

On en déduit que les points L, M et B' sont alignés.

Point méthode

2. Pour déterminer les coordonnées du milieu du segment $[BC]$, on utilise la formule :

$$\left(\frac{x_B+x_C}{2};\frac{y_B+y_C}{2}\right)$$

Point méthode

3. et **4.** Pour montrer un parallélisme de droites ou un alignement de points, on peut calculer le déterminant de deux vecteurs.
On utilise la formule :

$$\begin{vmatrix}x & x'\\y & y'\end{vmatrix}=x\times y'-y\times x'$$

J'applique

4 Dans un repère orthonormé, on considère les points :
$A(-5;8)$, $B(6;5)$, $C(-1;3)$, $D(3;2)$ et $E(7;-7)$
1. Les points A, C et E sont-ils alignés ?
2. Les droites (AB) et (CD) sont-elles parallèles ?

5 Dans un repère orthonormé, on considère les points :
$A(2;6)$, $B(-3;5)$, $C(4;1)$, $D(-8;-1)$ et $E(6;-4)$
1. Les points A, C et E sont-ils alignés ?
2. Les droites (AB) et (CD) sont-elles parallèles ?
3. Le triangle BCD est-il isocèle ?

6 **Vrai ou faux ?**
Dans un repère orthonormé, on considère les points :
$A(-1;5)$, $B(1;1)$, $C(4;-5)$, $D(2;3)$ et $E(3;5)$
Pour chaque affirmation, préciser si elle est vraie ou fausse.
1. Les vecteurs $\overrightarrow{AB}$ et $\overrightarrow{BC}$ sont colinéaires.
2. Les vecteurs $\overrightarrow{AB}$ et $\overrightarrow{AD}$ sont colinéaires.
3. Les points B, D et E sont alignés.
4. Les droites (AC) et (DE) sont parallèles.

Je **fais** le **point**

Je revois mon cours

Coordonnées dans un repère orthonormé

Soient $A(x_A\,;y_A)$ et $B(x_B\,;y_B)$.

Coordonnées du **vecteur** $\overrightarrow{AB}$:

$\overrightarrow{AB}\begin{pmatrix} x_B - x_A \\ y_B - y_A \end{pmatrix}$

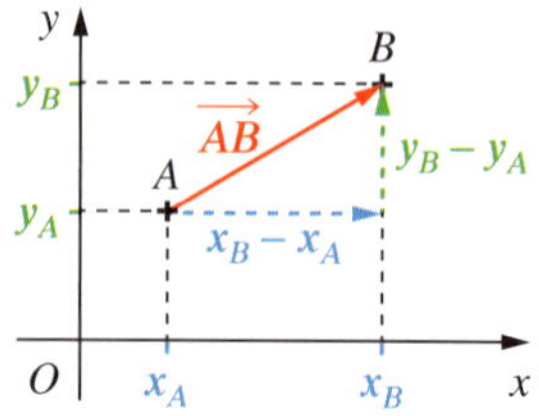

Coordonnées du **milieu** K du segment $[AB]$:

$K\left(\dfrac{x_A + x_B}{2}\,;\dfrac{y_A + y_B}{2}\right)$

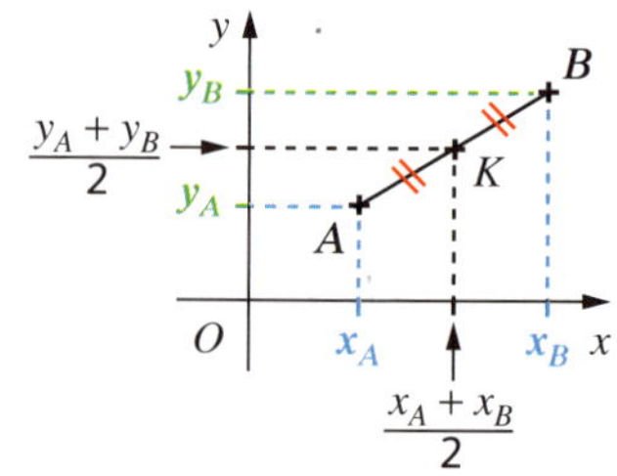

Distance dans un repère orthonormé

Norme du vecteur $\vec{u}\begin{pmatrix} x \\ y \end{pmatrix}$:

$\|\vec{u}\| = \sqrt{x^2 + y^2}$

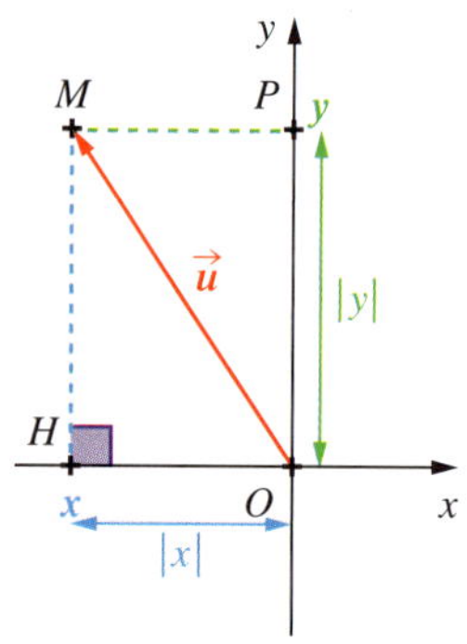

Distance entre deux points $A(x_A\,;y_A)$ et $B(x_B\,;y_B)$:

$$AB = \sqrt{(x_B - x_A)^2 + (y_B - y_A)^2}$$

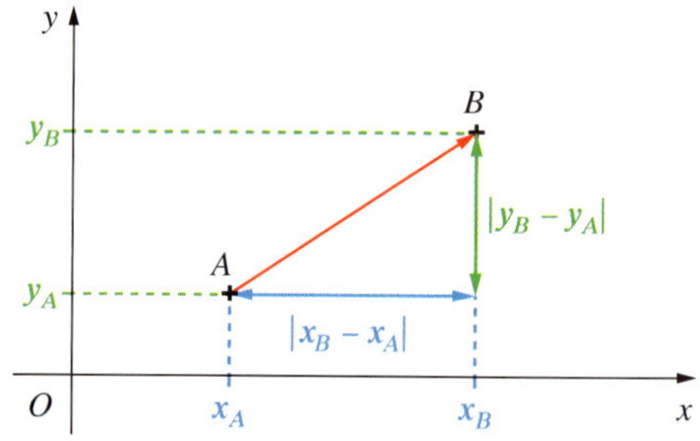

Déterminant de deux vecteurs

- Le **déterminant** des vecteurs $\vec{u}\begin{pmatrix} x \\ y \end{pmatrix}$ et $\vec{v}\begin{pmatrix} x' \\ y' \end{pmatrix}$ est :

$$\det(\vec{u}, \vec{v}) = \begin{vmatrix} x & x' \\ y & y' \end{vmatrix} = x \times y' - y \times x'$$

- $\vec{u}$ et $\vec{v}$ sont **colinéaires** si, et seulement si :

$\det(\vec{u}, \vec{v}) = 0$

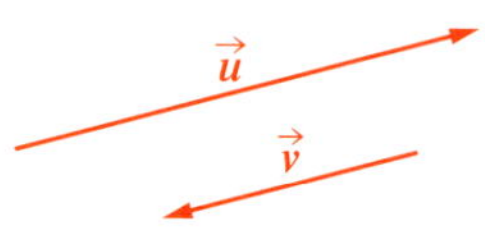

Configurations du plan

- Les droites (AB) et (CD) sont parallèles si, et seulement si, $\det(\overrightarrow{AB}, \overrightarrow{CD}) = 0$.

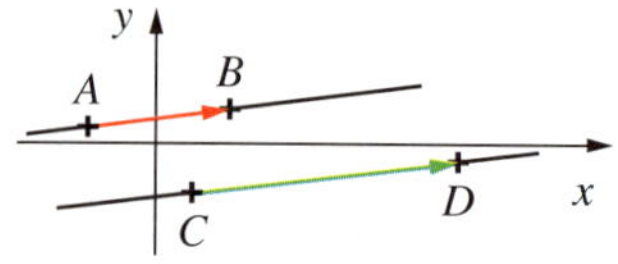

- Les points A, B et C sont alignés si, et seulement si, $\det(\overrightarrow{AB}, \overrightarrow{AC}) = 0$.

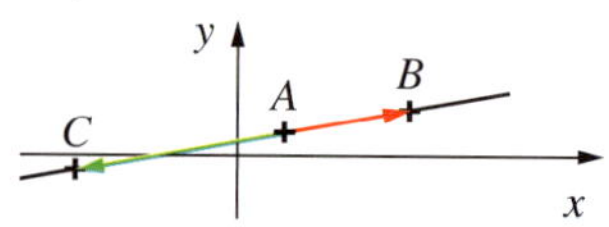

Je m'exerce à démontrer

Démo pas à pas

Résultat à démontrer ▶ **Les vecteurs $\vec{u}$ et $\vec{v}$ sont colinéaires si, et seulement si, $\det(\vec{u}, \vec{v}) = 0$.**

Analyse des termes j'étudie l'énoncé

- Que signifie « si, et seulement si » ?
  Il s'agit d'une **équivalence**, c'est-à-dire une implication et sa réciproque.
  Si les vecteurs $\vec{u}$ et $\vec{v}$ sont colinéaires, alors $\det(\vec{u}, \vec{v}) = 0$.
  Et aussi : si $\det(\vec{u}, \vec{v}) = 0$, alors les vecteurs $\vec{u}$ et $\vec{v}$ sont colinéaires.

On ne doit pas raisonner dans un seul sens logique, mais travailler par équivalence.

- Que signifie « les vecteurs $\vec{u}$ et $\vec{v}$ sont colinéaires » ?

Il existe un réel k tel que $\vec{v} = k \times \vec{u}$. **Bien !**
Les coordonnées de $\vec{u}$ et $\vec{v}$ sont proportionnelles. **Encore mieux !**

- Que signifie « $\det(\vec{u}, \vec{v})$ » ?

Si $\vec{u}\begin{pmatrix} x \\ y \end{pmatrix}$ et $\vec{v}\begin{pmatrix} x' \\ y' \end{pmatrix}$, alors $\det(\vec{u}, \vec{v}) = x \times y' - y \times x'$.

- Finalement, je dois démontrer que les vecteurs $\vec{u}\begin{pmatrix} x \\ y \end{pmatrix}$ et $\vec{v}\begin{pmatrix} x' \\ y' \end{pmatrix}$ sont colinéaires :
  si, et seulement si, $x \times y' - y \times x' = 0$.

De l'hypothèse vers la conclusion j'organise mon raisonnement

- Je sais que … les coordonnées de $\vec{u}$ et $\vec{v}$ sont proportionnelles.
- Je veux montrer … une équivalence.

Rédaction

Les vecteurs $\vec{u}\begin{pmatrix} x \\ y \end{pmatrix}$ et $\vec{v}\begin{pmatrix} x' \\ y' \end{pmatrix}$ sont colinéaires :

- si, et seulement si, les coordonnées $\begin{pmatrix} x \\ y \end{pmatrix}$ et $\begin{pmatrix} x' \\ y' \end{pmatrix}$ sont proportionnelles.
- si, et seulement si, la différence des produits en croix est nulle : $x \times y' - y \times x' = 0$.
- si, et seulement si, $\det(\vec{u}, \vec{v}) = 0$.

Démo à moi de jouer

Résultat à démontrer ▶ **Les points A, B et C sont alignés si, et seulement si, $\det(\overrightarrow{AB}, \overrightarrow{AC}) = 0$.**

Identifier l'erreur commise dans la copie ci-dessous et proposer une démonstration correcte du résultat demandé.

Si les points A, B et C sont alignés, alors $\overrightarrow{AB}$ et $\overrightarrow{AC}$ sont colinéaires, et donc $\det(\overrightarrow{AB}, \overrightarrow{AC}) = 0$.

Je fais le point

J'évalue mes connaissances

VERSION INTERACTIVE ET CORRIGÉE

Voir corrigés

QCM

Pour chacune des questions, indiquer la (ou les) bonne(s) réponse(s).
Le plan est muni d'un repère orthonormé.

	a	b	c
1. Si $\vec{u}\begin{pmatrix}x\\y\end{pmatrix}$ et $\vec{v}\begin{pmatrix}x'\\y'\end{pmatrix}$, alors $\det(\vec{u},\vec{v}) = \ldots$	$x \times x' - y \times y'$	$x \times y - x' \times y'$	$x \times y' - y \times x'$
2. Si $\vec{u}\begin{pmatrix}2\\3\end{pmatrix}$ et $\vec{v}\begin{pmatrix}4\\5\end{pmatrix}$, alors $\det(\vec{u},\vec{v}) = \ldots$	-2	-7	22
3. Si $\vec{u}\begin{pmatrix}3\\-2\end{pmatrix}$ et $\vec{v}\begin{pmatrix}4\\6\end{pmatrix}$, alors $\det(\vec{u},\vec{v}) = \ldots$	10	26	0
4. Si $A(-3;4)$, $B(2;5)$, $C(4;7)$ et $D(-6;5)$, alors :	$\det(\overrightarrow{AB},\overrightarrow{CD})=0$	les droites (AB) et (CD) sont parallèles	$AD = BC$
5. Si $A(4;1)$, $B(-2;6)$, $C(2;8)$ et $D(14;-2)$, alors :	les droites (AD) et (BC) sont sécantes	$ABCD$ est un trapèze	$\det(\overrightarrow{AB},\overrightarrow{CD})=0$
6. Si $A(-3;-2)$, $B(5;1)$ et $C(21;7)$, alors :	$\det(\overrightarrow{AB},\overrightarrow{BC})=0$	A, B et C sont alignés	$\overrightarrow{AC} = -3\overrightarrow{AB}$
7. Si $A(3;4)$ et $B(9;1)$, alors :	le point $(13;-1)$ appartient à (AB)	le point $(-3;8)$ appartient à (AB)	le point $(19;-4)$ n'appartient pas à (AB)
8. Si $A(-2;2)$, $B(6;-2)$, $C(4;9)$ et $D(16;3)$, alors :	les droites (AB) et (CD) sont parallèles	les segments $[AD]$ et $[BC]$ se coupent en leur milieu	$AB = 9$

vrai ou faux ?

Indiquer pour chaque affirmation si elle est vraie ou fausse. Justifier.

Partie A.

Le plan est muni du repère orthonormé $(O;I;J)$.

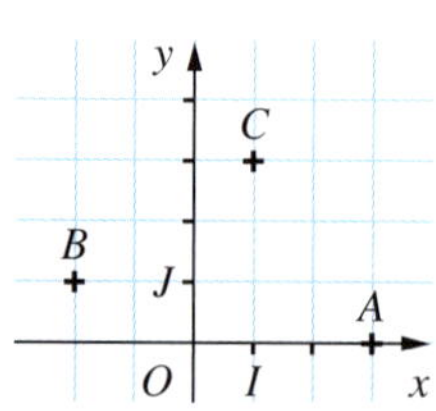

1. Les coordonnées du point A sont $(0;3)$.

2. La longueur AC est égale à $\sqrt{13}$.

3. Le triangle ABC est isocèle en C.

4. Le triangle ABC est rectangle en C.

5. Les coordonnées du point D telles que $ADBC$ soit un parallélogramme sont $(0;-2)$.

6. Les diagonales du quadrilatère $ADBC$ sont perpendiculaires.

Partie B.

Dans un repère orthonormé (unité graphique 1 cm), on considère les points $A(-2;2)$, $B(2;5)$, $C(-6;5)$, $D(-2;7)$, $E(-6;-1)$ et $F(-9;3)$.

On note Γ le cercle de centre A passant par B.

1. Le cercle Γ a pour rayon 5 cm.

2. A est le milieu du segment $[EB]$.

3. Le point C appartient au cercle Γ.

4. Le triangle BCE est rectangle.

5. Le triangle AEF est rectangle.

6. C appartient à la médiatrice du segment $[EB]$.

7. Le quadrilatère $ABDC$ est un parallélogramme.

8. Le triangle ACE est équilatéral.

automatismes et calculs

Compétence **Calculer**

7 Dans chacun des cas suivants, préciser si le tableau est un tableau de proportionnalité.

1.

−3	4
−4	5

2.

12	15
16	20

3.

−15	35
9	−21

8 Dans chacun des cas suivants, préciser si le tableau est un tableau de proportionnalité.

1.

$\frac{4}{7}$	$\frac{12}{5}$
$\frac{3}{7}$	$\frac{9}{5}$

2.

$-\frac{2}{3}$	$\frac{1}{2}$
8	−6

3.

$\frac{5}{3}$	$\frac{3}{5}$
$\frac{3}{4}$	$\frac{4}{3}$

9 Dans chacun des cas suivants, préciser si le tableau est un tableau de proportionnalité.

1.

$\sqrt{2}-1$	$\sqrt{2}$
3	$6+3\sqrt{2}$

2.

$\sqrt{5}+1$	$\sqrt{5}$
$\sqrt{5}$	$\sqrt{5}-1$

10 On considère le repère orthonormé $(O;I;J)$ ci-contre.
Donner les coordonnées des points nommés sur la figure.

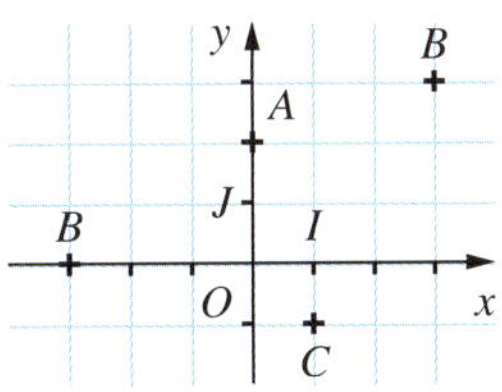

11 On considère le carré $ABCD$ de centre E ci-contre.
Dans chaque cas, citer un vecteur égal au vecteur proposé.
1. $\overrightarrow{AB}$ **2.** $\overrightarrow{EB}$ **3.** $\overrightarrow{DA}$

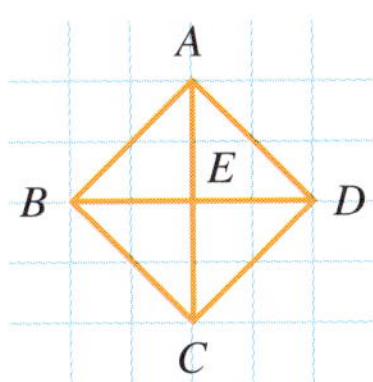

12 Dans chaque cas, calculer les coordonnées du vecteur $\overrightarrow{AB}$.
1. $A(4;6)$ et $B(6;7)$ **2.** $A(-3;5)$ et $B(8;-10)$

13 Dans chaque cas, calculer les coordonnées du vecteur $\overrightarrow{AB}$.
1. $A(5;-4)$ et $B(-3;2)$ **2.** $A(-1;-5)$ et $B(4;7)$

14 Dans chacun des cas suivants, calculer les coordonnées de $\vec{u}+\vec{v}$ et $2\vec{u}$.
1. $\vec{u}\begin{pmatrix}5\\-2\end{pmatrix}$ et $\vec{v}\begin{pmatrix}-3\\7\end{pmatrix}$ **2.** $\vec{u}\begin{pmatrix}-2\\4\end{pmatrix}$ et $\vec{v}\begin{pmatrix}-6\\-1\end{pmatrix}$

15 Dans chacun des cas suivants, déterminer si les vecteurs $\vec{u}$ et $\vec{v}$ sont colinéaires ou non.
1. $\vec{u}\begin{pmatrix}6\\-3\end{pmatrix}$ et $\vec{v}\begin{pmatrix}12\\6\end{pmatrix}$ **2.** $\vec{u}\begin{pmatrix}-20\\15\end{pmatrix}$ et $\vec{v}\begin{pmatrix}12\\-9\end{pmatrix}$
3. $\vec{u}\begin{pmatrix}\sqrt{2}\\-\sqrt{8}\end{pmatrix}$ et $\vec{v}\begin{pmatrix}-7\\14\end{pmatrix}$ **4.** $\vec{u}\begin{pmatrix}\frac{1}{3}\\-5\end{pmatrix}$ et $\vec{v}\begin{pmatrix}-1\\15\end{pmatrix}$

16 Résoudre dans ℝ les équations suivantes.
1. $\frac{x-3}{2}=8$ **2.** $\frac{x+5}{2}=3$ **3.** $\frac{x+1}{2}=10$

17 Résoudre dans ℝ les équations suivantes.
1. $\frac{x+3}{2}=-4$ **2.** $\frac{x-1}{2}=8$ **3.** $\frac{x-7}{2}=-5$

18 Écrire le plus simplement possible :
$A=\sqrt{(3-1)^2+(2+3)^2}$ et $B=\sqrt{(-1-2)^2+(4-3)^2}$

19 Écrire les racines suivantes sous la forme $a\sqrt{b}$, où a et b sont des entiers naturels, avec b le plus petit possible :
$\sqrt{8}$; $\sqrt{50}$; $\sqrt{112}$; $\sqrt{208}$ et $\sqrt{891}$

20 **1.** Le triangle ABC est tel que $AB=20$, $AC=21$ et $BC=29$. Le triangle ABC est-il rectangle ?
2. Le triangle ABC est tel que $AB=2\sqrt{5}$, $AC=2$ et $BC=5$. Le triangle ABC est-il rectangle ?

21 Dans chacun des cas suivants, dresser le tableau de signes de la fonction affine f définie sur ℝ.
1. $f(x)=-3x+15$ **2.** $f(x)=8x+10$

22 On considère la fonction f définie sur ℝ par :
$$f(x)=\sqrt{x^2-x+16}$$
1. Calculer les images par f de 1 et 5.
2. Le point de coordonnées $(-4;6)$ appartient-il à la courbe représentative de f ?

23 On considère la fonction f définie sur ℝ par :
$$f(x)=1+\frac{4}{1+x^2}$$
1. Calculer $f(-1)$, $f(3)$ et $f(-2)$.
2. Les points $A(0;5)$ et $B(2;4)$ appartiennent-ils à la courbe représentative de f ?

24 Développer les expressions suivantes.
1. $A=(3x-5)^2$
2. $B=(-3x+2)(2x-4)$
3. $C=2(x+1)(3x-1)$

25 Factoriser les expressions suivantes.
1. $A=(3x+1)^2+2(3x+1)(2x-5)$
2. $B=(2x+5)^2-(2x+5)(x+7)$
3. $C=(2x+1)^2-16$

26 Factoriser les expressions suivantes.
1. $A=9x^2-36$
2. $B=(2x+1)^2-(x+5)^2$
3. $C=4(x+1)^2-81(x-2)^2$

exercices Application

Exercices INTERACTIFS kwyk

Connaître le cours

27 Deux diaporamas pour faire le point sur le cours.

ACTIVITÉS MENTALES RAPIDES

Démo

28 Dans un repère orthonormé, on considère les points :

$$A(x_A\,;y_A),\ B(x_B\,;y_B) \text{ et } K(x_K\,;y_K)$$

1. Exprimer les coordonnées des vecteurs $\overrightarrow{AK}$ et $\overrightarrow{AB}$ en fonction des coordonnées des points A, B et K.

2. On suppose que K est le milieu de $[AB]$.

a. Recopier et compléter les pointillés : $\overrightarrow{AK} = \ldots\overrightarrow{AB}$.

b. En utilisant les coordonnées des vecteurs $\overrightarrow{AK}$ et $\overrightarrow{AB}$, exprimer x_K et y_K en fonction des coordonnées des points A et B.

29 Vrai ou faux ? LOGIQUE

Dans le plan muni d'un repère orthonormé, on considère trois points M, N et P.

Pour chaque affirmation suivante, préciser si elle est vraie ou fausse.

1. Si M est le milieu de $[NP]$, alors :

$$x_M = \frac{x_N + x_P}{2}$$

2. Si $x_M = \dfrac{x_N + x_P}{2}$, alors M est le milieu de $[NP]$.

3. Si M est le symétrique de N par rapport à P, alors :

$$x_M = 2x_P - x_N$$

4. M est le symétrique de N par rapport à P si, et seulement si, $x_M = 2x_P - x_N$ et $y_M = 2y_P - y_N$.

Démo

30 Le plan est muni d'un repère orthonormé.

On sait que pour tout vecteur $\vec{u}\begin{pmatrix} x \\ y \end{pmatrix}$, la norme de $\vec{u}$ est égale à $\sqrt{x^2 + y^2}$.

Soient deux points $A(x_A\,;y_A)$ et $B(x_B\,;y_B)$ du plan.

1. Exprimer les coordonnées du vecteur $\overrightarrow{AB}$ en fonction des coordonnées de A et B.

2. Démontrer que $AB = \sqrt{(x_B - x_A)^2 + (y_B - y_A)^2}$.

Démo

31 Dans un repère orthonormé, on considère deux vecteurs $\vec{u}$ et $\vec{v}$.

1. Recopier et compléter la phrase :

« Les vecteurs $\vec{u}$ et $\vec{v}$ sont colinéaires si, et seulement si, leurs coordonnées sont … »

2. On suppose que $\vec{u}\begin{pmatrix} x \\ y \end{pmatrix}$ et $\vec{v}\begin{pmatrix} x' \\ y' \end{pmatrix}$.

Exprimer $\det(\vec{u}, \vec{v})$ en fonction de x, y, x' et y'.

3. Démontrer que les vecteurs $\vec{u}$ et $\vec{v}$ sont colinéaires si, et seulement si, $\det(\vec{u}, \vec{v}) = 0$.

Travailler les capacités du chapitre

CAPACITÉ 1 Calculer les coordonnées du milieu d'un segment

32 QCM

On considère le repère orthonormé $(O\,;I\,;J)$. Pour chaque question indiquer la bonne réponse.

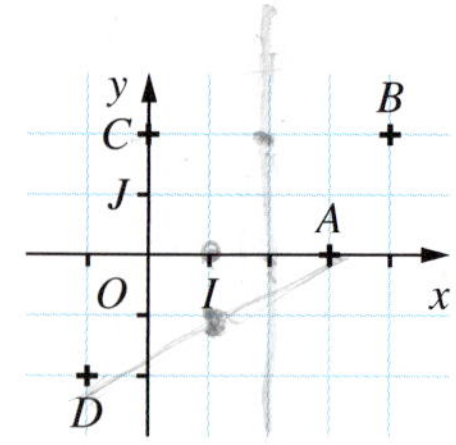

1. Les coordonnées de A sont :

a. $(1{,}5\,;0)$ **b.** $(3\,;0)$ **c.** $(0\,;1{,}5)$

2. Les points suivants ont la même abscisse :

a. B et C **b.** C et J **c.** I et A

3. Les coordonnées du milieu de $[AD]$ sont :

a. $(1\,;-1)$ **b.** $(0{,}5\,;-0{,}5)$ **c.** $(0{,}5\,;-1)$

4. Les points de la médiatrice de $[BC]$ ont :

a. une abscisse égale à 2.

b. une abscisse égale à 1.

c. une ordonnée égale à 2.

33 On considère un repère orthonormé $(O\,;I\,;J)$.

Pour chaque question, déterminer les coordonnées du milieu du segment $[AB]$.

1. $A(0\,;6)$ et $B(-4\,;8)$

2. $A(-7\,;-4)$ et $B(1\,;-3)$

3. $A\left(\dfrac{1}{2}\,;4\right)$ et $B\left(-\dfrac{1}{4}\,;\dfrac{1}{3}\right)$

34 Le plan est muni d'un repère orthonormé.

1. Dans chaque cas, en calculant les coordonnées des milieux des diagonales $[AC]$ et $[BD]$, indiquer si le quadrilatère $ABCD$ est un parallélogramme.

a. $A(2\,;-1)$, $B(-2\,;2)$, $C(0\,;5)$ et $D(4\,;2)$

b. $A(-2\,;1)$, $B(3\,;2)$, $C(6\,;-2)$ et $D(1\,;-3)$

c. $A(1\,;2)$, $B(4\,;1)$, $C(-4\,;-1)$ et $D(-1\,;-2)$

2. Reprendre la question **1.** en calculant les coordonnées de vecteurs.

35 Le plan est muni d'un repère orthonormé.

Dans chaque cas, en calculant les coordonnées d'un milieu, indiquer si le point C est le symétrique du point A par rapport au point B.

1. $A(2\,;6)$, $B(4\,;3)$ et $C(6\,;1)$

2. $A(-2\,;2)$, $B(2\,;-1)$ et $C(-6\,;5)$

3. $A(-3\,;2)$, $B(1\,;4)$, et $C(5\,;6)$

36 Dans un repère orthonormé $(O\,;I\,;J)$, on considère les points $A(2\,;1)$ et $B(-1\,;2)$.

Sans construction, déterminer les coordonnées du point C telles que B soit le milieu de $[AC]$.

CAPACITÉ 2 Calculer la distance entre deux points

37 On considère le plan muni d'un repère orthonormé $(O;I;J)$. Pour chaque question, calculer la longueur AB.

1. $A(0;2)$ et $B(5;6)$ **2.** $A(-2;8)$ et $B(3;-3)$

38 On considère le plan muni d'un repère orthonormé $(O;I;J)$ et les points $A(-2;1)$, $B(4;-3)$ et $C(-1;-4)$.

1. Placer les points dans le repère.

2. a. Quelle semble être la nature du triangle ABC ?

b. Calculer les longueurs AB, AC et BC.

c. Démontrer la conjecture émise en **2. a.**

39 On considère le plan muni d'un repère orthonormé $(O;I;J)$. Dans chaque cas, indiquer la nature du triangle ABC.

1. $A(1;4)$, $B(2;8)$ et $C(6;7)$

2. $A(2;-1)$, $B(4;-4)$ et $C(-1;1)$

3. $A(2;5)$, $B(3;-7)$ et $C(-2;3)$

40 On considère le plan muni d'un repère orthonormé $(O;I;J)$ et les points $D(-3;0)$, $E(3;0)$ et $F(0;3\sqrt{3})$.

Quelle est la nature du triangle DEF ?

41 Vrai ou faux ?

Dans un repère orthonormé, on considère les points $A(3;2)$, $B(-1;5)$, $C(-4;1)$, $D(0;-2)$ et $E(-3;-2)$.

Pour chacune des affirmations suivantes, préciser si elle est vraie ou fausse.

1. Le point B appartient au cercle de centre A et de rayon 5.

2. $AC = 5\sqrt{2}$

3. Le quadrilatère $ABCD$ est un carré.

4. Le point E appartient à la médiatrice du segment $[AB]$.

42 Dans un repère orthonormé, on donne les points $A(-2;3)$, $B(-3;0)$, $C(7;5)$ et $D(4;6)$.

1. Faire une figure.

2. Démontrer que $ABCD$ est un trapèze isocèle.

CAPACITÉ 3 Résoudre un problème d'alignement ou de parallélisme

43 Le plan est muni d'un repère orthonormé $(O;I;J)$.

Dans chacun des cas suivants, calculer $\det(\vec{u}, \vec{v})$, puis indiquer si les vecteurs $\vec{u}$ et $\vec{v}$ sont colinéaires ou non.

1. $\vec{u}\begin{pmatrix}4\\5\end{pmatrix}$ et $\vec{v}\begin{pmatrix}8\\0\end{pmatrix}$ **2.** $\vec{u}\begin{pmatrix}-4\\6\end{pmatrix}$ et $\vec{v}\begin{pmatrix}2\\-3\end{pmatrix}$

3. $\vec{u}\begin{pmatrix}2\\3\end{pmatrix}$ et $\vec{v}\begin{pmatrix}\sqrt{2}\\\sqrt{3}\end{pmatrix}$ **4.** $\vec{u}\begin{pmatrix}\sqrt{2}\\\sqrt{5}\end{pmatrix}$ et $\vec{v}\begin{pmatrix}2\\\sqrt{10}\end{pmatrix}$

44 Le plan est muni d'un repère orthonormé.

Les vecteurs $\vec{u}\begin{pmatrix}1-\sqrt{2}\\1\end{pmatrix}$ et $\vec{v}\begin{pmatrix}-1\\1+\sqrt{2}\end{pmatrix}$ sont-ils colinéaires ?

45 Le plan est muni d'un repère orthonormé.

Préciser, dans chaque cas suivant, si les droites (AB) et (CD) sont parallèles ou sécantes.

1. $A(-10;3)$, $B(5;1)$, $C(-10;11)$ et $D(20;7)$

2. $A(-2;-5)$, $B(3;2)$, $C(4;8)$ et $D(17;26)$

3. $A(13;5)$, $B(-2;3)$, $C(5;-2)$ et $D(-10;-4)$

46 Le plan est muni d'un repère orthonormé.

Préciser, dans chaque cas suivant, si les points A, B et C sont alignés ou non.

1. $A(3;6)$, $B(-2;3)$ et $C(13;12)$

2. $A(3;-4)$, $B(7;3)$ et $C(12;11)$

3. $A(-3;-2)$, $B(-11;6)$ et $C(5;-10)$

47 On a placé des points à coordonnées entières dans le repère orthonormé ci-dessous.

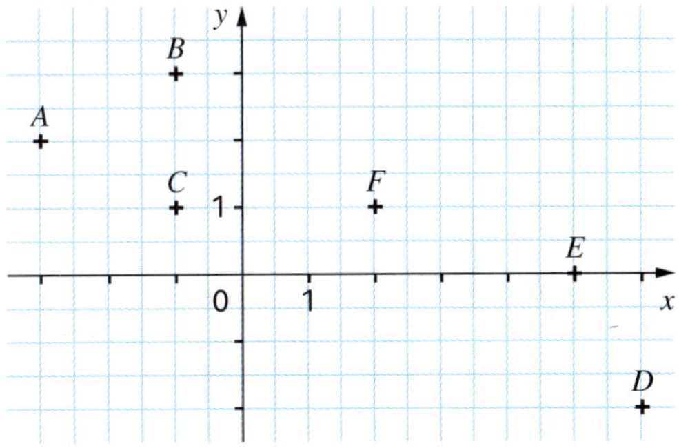

1. Les droites (AC) et (BE) sont-elles parallèles ?

2. Les points A, C et D sont-ils alignés ?

3. Les points B, D et F sont-ils alignés ?

48 Le plan est muni d'un repère orthonormé.

Dans chaque cas, déterminer la coordonnée x ou y inconnue du point C de façon à ce que les points A, B et C soient alignés.

1. $A(2;1)$, $B(-6;9)$ et $C(13;y)$

2. $A(5;6)$, $B(1;4)$ et $C(x;11)$

3. $A(-8;8)$, $B(2;4)$ et $C(x;-4)$

49 Dans un repère orthonormé, on considère les points :

$$A(1;3) \text{ et } B(4;1)$$

1. On note $P(x;0)$ le point d'intersection de la droite (AB) avec l'axe des abscisses.

a. Exprimer $\det(\overrightarrow{AP}, \overrightarrow{AB})$ en fonction de x.

b. Sachant que les vecteurs $\overrightarrow{AP}$ et $\overrightarrow{AB}$ sont colinéaires, déterminer la valeur de x.

2. On note $Q(0;y)$ le point d'intersection de la droite (AB) avec l'axe des ordonnées.

Déterminer la valeur de y.

exercices Entraînement

1 Calculs dans un repère orthonormé

50 Vrai ou faux ?

Dans un repère du plan, on considère les points $A(-2;-2)$, $B(2;-1)$, $C(3;2)$, $D(-1;1)$ et $E(1;-4)$.
Pour chaque affirmation suivante, dire si elle est vraie ou fausse.

1. $ABCD$ est un parallélogramme.
2. Le point E est le symétrique du point B par rapport au point C.
3. B est le milieu du segment $[CE]$.
4. $AECD$ est un trapèze.

Analyse d'un énoncé

51 Exercice commenté

Dans un repère orthonormé du plan, on considère les points $A(2;2)$, $B(7;2)$ et $C(10;-2)$.
On souhaite déterminer les coordonnées de $D(x_D\,;y_D)$ pour que le quadrilatère $ABCD$ soit un parallélogramme.

1. Calculer les coordonnées I du milieu de $[AC]$.

➋ On utilise la formule du cours.

2. a. Montrer que les coordonnées du point D vérifient :

$$\frac{x_D+7}{2}=6 \quad \text{et} \quad \frac{y_D+2}{2}=0$$

➋ Pour que le quadrilatère $ABCD$ soit un parallélogramme, il est nécessaire que les diagonales aient le même milieu.

b. En déduire les coordonnées du point D.

➋ On résout les équations précédentes en multipliant les deux membres des égalités par 2.

52 Application immédiate

Dans un repère orthonormé, on donne les coordonnées de trois sommets du rectangle $ABCD$:

$A(2;-1)$, $B(4;-3)$ et $C(0;-7)$

1. a. Calculer les coordonnées du milieu de $[AC]$.
b. Déterminer les coordonnées du point D.
2. Calculer l'aire du rectangle $ABCD$.

53 Dans un repère orthonormé, on considère les points :

$A(1;3)$; $B(5;5)$; $C(8;2)$ et $D(4;0)$

Le point E est le symétrique de D par rapport à C et le point F, le symétrique de B par rapport à A.

1. Déterminer les coordonnées des points E et F.
2. Quelle est la nature des quadrilatères $ABCD$, $ABEC$, $ACDF$ et $BEDF$?

54 Dans un repère orthonormé, on considère les points $A(2;3)$, $B(5;-2)$ et $C(-1;-3)$.
On donne ci-dessous quatre définitions géométriques d'un point D, quatre systèmes d'équations vérifiées par les coordonnées du point D et quatre couples de coordonnées pour le point D.
Associer définitions géométriques, systèmes d'équations et coordonnées.

- **Définitions géométriques du point D**

① D est le symétrique de A par rapport à B.
② D est le symétrique de B par rapport à A.
③ D est tel que $ABCD$ est un parallélogramme.
④ D est tel que $ABDC$ est un parallélogramme.

- **Systèmes d'équations vérifiées par les coordonnées du point D**

a. $\begin{cases} \dfrac{x_B+x_D}{2}=\dfrac{x_A+x_C}{2} \\ \dfrac{y_B+y_D}{2}=\dfrac{y_A+y_C}{2} \end{cases}$ b. $\begin{cases} \dfrac{x_B+x_D}{2}=x_A \\ \dfrac{y_B+y_D}{2}=y_A \end{cases}$

c. $\begin{cases} \dfrac{x_A+x_D}{2}=\dfrac{x_B+x_C}{2} \\ \dfrac{y_A+y_D}{2}=\dfrac{y_B+y_C}{2} \end{cases}$ d. $\begin{cases} \dfrac{x_A+x_D}{2}=x_B \\ \dfrac{y_A+y_D}{2}=y_B \end{cases}$

- **Coordonnées du point D**

α. $(8;-7)$ β. $(-4;2)$
γ. $(2;-8)$ δ. $(-1;8)$

55 PYTHON

Que produit le programme Python ci-dessous ?

```
def milieu(x1,y1,x2,y2):
    return((x2+x1)/2,(y2+y1)/2)

def parallelogramme(xA,yA,xB,yB,xC,yC,xD,yD):
    paral=False
    if milieu(xA,yA,xC,yC)==milieu(xB,yB,xD,yD):
        paral=True
        return paral

print(parallelogramme(0,2,2,1,1,-1,-2,0))
```

56 Aire d'un triangle…

Dans un repère orthonormé $(O\,;I\,;J)$, on donne les points $A(-4;2)$, $B(7;4)$ et $C(-3;-1)$.

1. a. Placer ces points sur une figure.
b. Conjecturer la nature du triangle ABC.
c. Démontrer la conjecture.
2. a. Calculer les coordonnées de D, milieu de $[AC]$.
b. En déduire l'aire du triangle ABC.
3. Déterminer les coordonnées du centre du cercle circonscrit au triangle ADB.

57 LOGIQUE Dans un repère orthonormé, on considère les points $A(4;-5)$, $B(7;1)$, $C(1;4)$ et $D(-2;-2)$.

1. Démontrer que $ABCD$ est un carré.
2. Calculer l'aire du carré $ABCD$.

58 LOGIQUE

Le plan est muni d'un repère orthonormé.
On considère les points $A(2;2)$, $B(5;-2)$, $C(8;-1)$ et $D(8;4)$.
Léa a écrit :

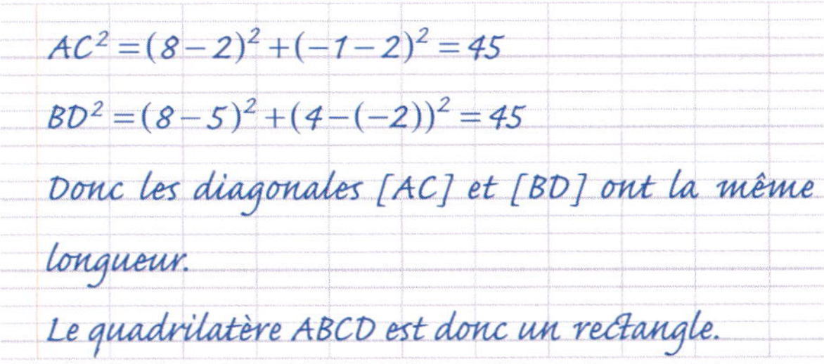

1. En quoi ce raisonnement comporte-t-il une erreur ?
2. Peut-on affirmer que le quadrilatère $ABCD$ est un rectangle ?

59 Dans un repère orthonormé, on considère les points $A(3;2)$, $B(9;4)$, $C(1;8)$ et $D(x;y)$, où x et y sont deux réels.
1. Démontrer que le triangle ABC est isocèle et rectangle en A.
2. Calculer les coordonnées du point D afin que $ABDC$ soit un carré.

60 Dans un repère orthonormé, on donne les points $A(-1;4)$, $B(7;8)$, $C(5;-8)$.
1. Calculer les coordonnées $(x;y)$ du point D afin que $ABDC$ soit un parallélogramme.
2. Démontrer que ABC est un triangle rectangle en A.
3. Quelle est la nature du quadrilatère $ABDC$?

61 **Droites perpendiculaires**

$ABCD$ est un carré.
Les points E, F et G sont respectivement les milieux des segments $[AB]$, $[BC]$ et $[BF]$.
On veut démontrer que les droites (AF) et (DE) sont perpendiculaires.

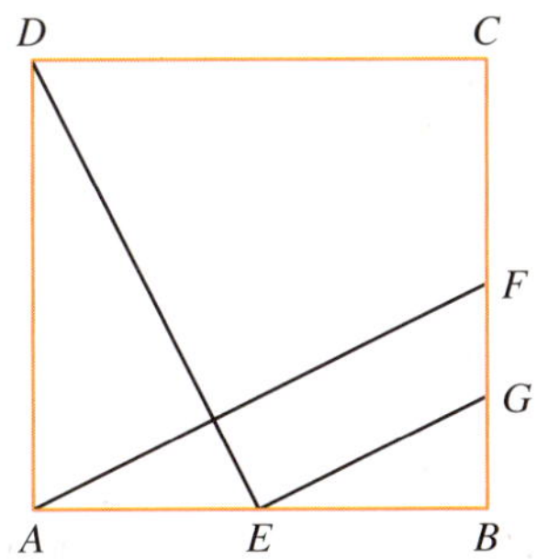

1. Justifier que les droites (EG) et (AF) sont parallèles.
On se place pour les questions suivantes dans le repère orthonormé $(A;B;D)$.
2. Déterminer les coordonnées des points D, E et G.
3. En déduire que le triangle DEG est rectangle.
4. Démontrer que les droites (AF) et (DE) sont perpendiculaires.

62 PRISE D'INITIATIVES

On considère un carré $ABCD$ de centre O.
On note A', B', C' et D' les symétriques du point O par rapport respectivement aux points A, B, C et D.
Quelle est la nature du quadrilatère $A'B'C'D'$?

63 Dans un repère orthonormé, on considère les points $A(-2;3)$, $B(-3;1)$ et $C(4;0)$, et on note H le pied de la hauteur du triangle ABC issue du point A.

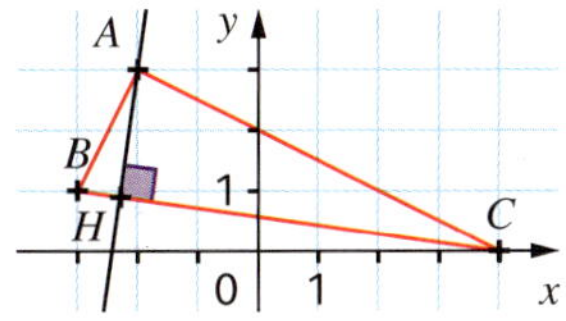

1. Montrer que le triangle ABC est rectangle.
2. En déduire l'aire du triangle ABC, puis la hauteur AH issue du point A.

64 Dans un repère orthonormé $(O;I;J)$, on considère les points $A(-4;2)$, $B(4;-6)$, $C(8;6)$, $D(3;1)$ et $E(0;-2)$.

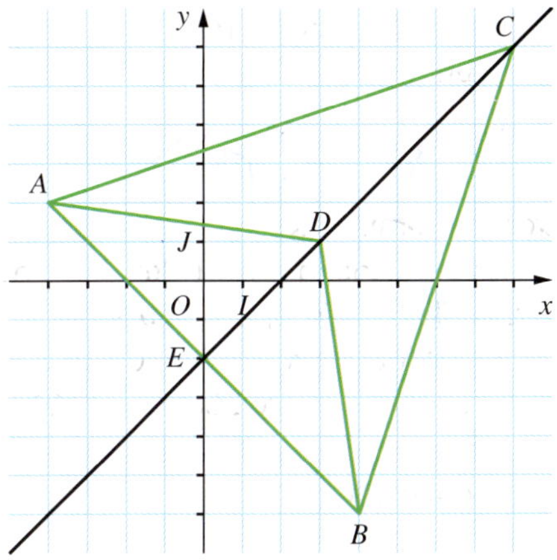

1. Montrer que le point D appartient à la médiatrice du segment $[AB]$.
2. Déterminer la nature du triangle ABC.
3. En déduire que (AB) et (CD) sont perpendiculaires.
4. Le point D est-il le milieu du segment $[CE]$?
5. Calculer l'aire du triangle ABC.

65 Dans un repère orthonormé $(O;I;J)$, on considère le cercle $\mathscr{C}$ de centre $A(2;3)$ et de rayon 5.
On s'intéresse aux points d'intersection de $\mathscr{C}$ avec les axes de coordonnées.
1. a. Soit un point $M(x;0)$ sur l'axe des abscisses. Justifier que M appartient à $\mathscr{C}$ si, et seulement si, $(x-2)^2=16$.
b. Déterminer les points d'intersection de $\mathscr{C}$ avec l'axe des abscisses.
2. a. Soit un point $N(0;y)$ sur l'axe des ordonnées. Justifier que N appartient à $\mathscr{C}$ si, et seulement si, $(y-3)^2=21$.
b. Déterminer les points d'intersection de $\mathscr{C}$ avec l'axe des ordonnées.

66 PRISE D'INITIATIVES

On considère un carré $ABCD$.
Pour tout point E du segment $[AB]$, on note F, G et H les points appartenant respectivement aux segments $[BC]$, $[CD]$ et $[AD]$ tels que :

$$AE = BF = CG = DH$$

Quelle est la nature du quadrilatère $EFGH$?

exercices Entraînement

2 Déterminant de deux vecteurs

67 Vrai ou faux ? LOGIQUE Compétence Raisonner

Le plan est muni d'un repère orthonormé.
Pour chaque affirmation suivante, préciser si elle est vraie ou fausse.

1. Pour tous vecteurs $\vec{u}$ et $\vec{v}$, $\det(\vec{u},\vec{v})=\det(\vec{v},\vec{u})$.

2. Pour tous vecteurs $\vec{u}$ et $\vec{v}$, $\det(2\vec{u},\vec{v})=2\det(\vec{u},\vec{v})$.

3. Pour tous vecteurs $\vec{u}$ et $\vec{v}$ et tout réel k :

$$\det(\vec{u},k\vec{v})=k\det(\vec{u},\vec{v})$$

4. Pour tous vecteurs $\vec{u}$, $\vec{v}$ et $\vec{w}$:

$$\det(\vec{u}+\vec{v},\vec{w})=\det(\vec{u},\vec{w})+\det(\vec{v},\vec{w})$$

68 Le plan étant muni d'un repère orthonormé $(O;I;J)$, on considère la figure ci-contre, où les points nommés sont à coordonnées entières.

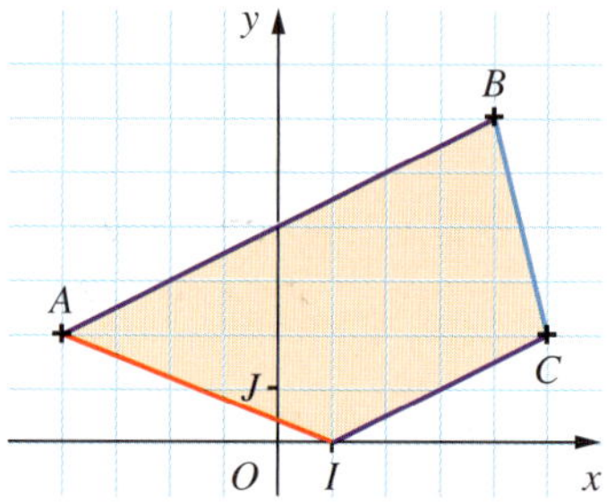

1. Montrer que les droites (AI) et (BC) sont sécantes.

2. Quelle semble être la position relative des droites (AB) et (IC) ?
La démontrer.

3. En s'aidant du quadrillage et de triangles rectangles bien choisis, calculer l'aire du quadrilatère $ABCI$.

69 Dans un repère orthonormé du plan, on considère les points $A(4;1)$, $B(-2;4)$, $C(-2;-1)$ et $D(2;-3)$.

1. Réaliser une figure.

2. Quelle semble être la nature du quadrilatère $ABCD$?
La démontrer.

3. Calculer les longueurs AB, AD et CD.

4. Démontrer que le triangle ABD est rectangle en A.

5. Calculer l'aire du quadrilatère $ABCD$.

70 Dans un repère orthonormé $(O;I;J)$, on considère les points $A(5;3)$ et $B(-3;-2)$.

1. Les points O, A et B sont-ils alignés ?

2. La fonction affine f dont la droite représentative est la droite (AB) est-elle linéaire ?

71 Dans le repère orthonormé ci-contre, les points A, B et C sont à coordonnées entières.
Les points E et F sont définis par $\overrightarrow{AE}=\frac{1}{4}\overrightarrow{AC}$ et $\overrightarrow{AB}=4\overrightarrow{AF}$.

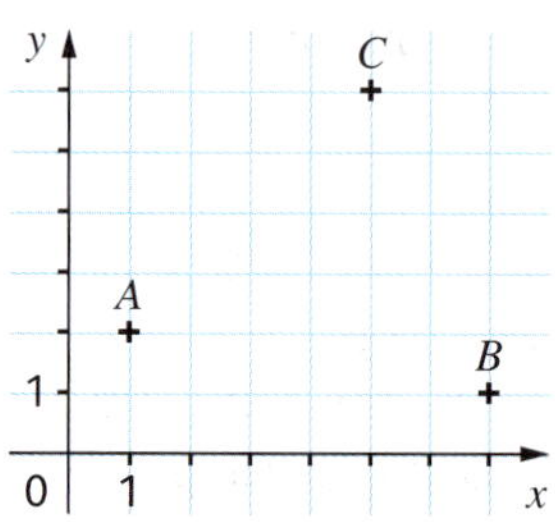

1. Reproduire la figure et construire les points E et F.

2. Déterminer, par calcul, les coordonnées des points E et F.

3. Démontrer que les droites (EF) et (BC) sont parallèles.

72 Dans un repère orthonormé, on donne les points :

$$A(4;5),\ B(1;2),\ C(9;0) \text{ et } D(6;2)$$

Les points I, J et K sont définis par :

$$\overrightarrow{AI}=\frac{1}{3}\overrightarrow{AB}\ ;\ \overrightarrow{BJ}=\frac{3}{4}\overrightarrow{BC} \text{ et } \overrightarrow{CK}=\frac{2}{5}\overrightarrow{CA}$$

1. a. Réaliser une figure.

b. Que peut-on conjecturer pour les droites (AJ), (BK) et (CI) ?

2. Déterminer, par calcul, les coordonnées des points I, J et K.

3. Démontrer la conjecture émise à la question **1. b.**

73 Dans un repère orthonormé, on considère les points $A(-1;3)$, $B(1;7)$ et $C(5;-3)$.
Le point M est le symétrique de B par rapport à A, le point N est le milieu du segment $[BC]$ et le point P est tel que $\overrightarrow{CP}=\frac{2}{3}\overrightarrow{CA}$.

1. Calculer les coordonnées des points M, N et P.

2. Les points M, N et P sont-ils alignés ?

3. Réaliser une figure et vérifier les résultats précédents.

74 Dans un repère orthonormé, on considère les points $A(2;3)$, $B(5;7)$ et $C(8;1)$.
Les points M, N et P sont tels que :

$$\overrightarrow{AM}=-2\overrightarrow{AB}\ ;\ \overrightarrow{BN}=\frac{1}{3}\overrightarrow{BC} \text{ et } \overrightarrow{AP}=-\frac{1}{2}\overrightarrow{AC}$$

1. Démontrer que le point M a pour coordonnées :

$$(-4;-5)$$

2. Déterminer les coordonnées des points N et P.

3. Démontrer que les droites (AN), (BP) et (CM) sont parallèles.

75 Dans un repère orthonormé, on donne les points $A(25;6)$, $B(4;3)$, $C(2;-2)$, $D(8;2)$, $E(14;-2)$, $F(12;2)$ et $M(11;4)$.
Montrer que les droites (AB), (CD) et (EF) sont concourantes en M.

76 Dans le repère orthonormé ci-contre, on considère les points $A(-1;5)$, $B(-5;2)$, $C(3;-2)$ et $D(-3;1)$.

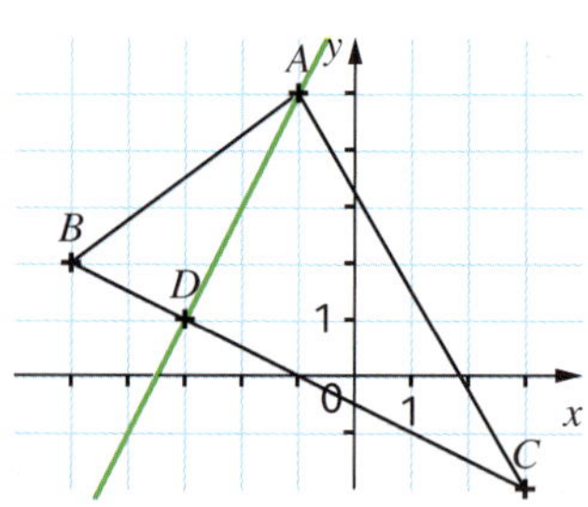

1. Justifier que les points B, C et D sont alignés.

2. Démontrer que le point D est le pied de la hauteur issue du point A dans le triangle ABC.
3. Calculer l'aire du triangle ABC.

77 PYTHON Le plan est muni d'un repère orthonormé. On considère les fonctions `déterminant` et `alignement` ci-dessous.

```
def déterminant(x1,y1,x2,y2):
    return x1*y2-y1*x2

def alignement(xA,yA,xB,yB,xC,yC):
    x1,y1=xB-xA,yB-yA
    x2,y2=xC-xA,yC-yA
    if déterminant(x1,y1,x2,y2)==0:
        return True
    else:
        return False
```

1. Quel sera le résultat renvoyé par la fonction `déterminant(12,15,28,35)` ?
Que peut-on en déduire pour les vecteurs de coordonnées $\begin{pmatrix}12\\15\end{pmatrix}$ et $\begin{pmatrix}28\\35\end{pmatrix}$?
2. a. Quel sera le résultat renvoyé par la fonction `alignement(1,3,4,1,10,-3)` ?
b. Et celui renvoyé par la fonction `alignement(-2,2,4,3,9,4)` ?
3. Soient trois points $A(x_A\,;y_A)$, $B(x_B\,;y_B)$ et $C(x_C\,;y_C)$ dont on entre les coordonnées en arguments de la fonction `alignement`.
a. Que représentent géométriquement les couples $(x_1\,;y_1)$ et $(x_2\,;y_2)$ de la fonction `alignement` ?
b. Que renvoie la fonction `alignement` de façon générale ?
4. Écrire une fonction `parallélisme` en langage Python, d'arguments les coordonnées de quatre points A, B, C et D et qui renvoie « Vrai » si les droites (AB) et (CD) sont parallèles et « Faux » sinon.

78 PRISE D'INITIATIVES Compétence Modéliser

Dans le repère orthonormé d'origine A ci-dessous, $ABCD$ est un rectangle tel que $AB = 10$ et $AD = 4$.
Pour tout point M du segment $[AB]$, on note M' le point d'intersection du segment $[CD]$ et de la parallèle à (AD) passant par M.
Pour tout point N du segment $[AD]$, on note N' le point d'intersection du segment $[BC]$ et de la parallèle à (AB) passant par N.

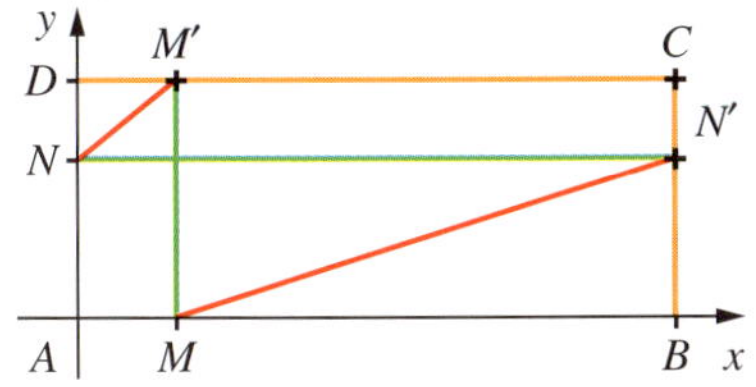

On note x l'abscisse de M et y l'ordonnée de N.
À quelle condition, sur les nombres x et y, les droites (MN') et $(M'N)$ sont-elles parallèles ?

79 **Projeté orthogonal sur une droite**

Dans un repère orthonormé, on considère les points :
$$A(2;5),\ B(-2;1) \text{ et } C(6;-1)$$
On note $H(x\,;y)$ le projeté orthogonal du point C sur la droite (AB).
1. Sachant que les points A, B et H sont alignés, démontrer que $y = x + 3$.
2. a. Exprimer la longueur AH en fonction de x et y.
b. Démontrer que $AH^2 = 2x^2 - 8x + 8$.
c. Exprimer HC^2 en fonction de x.
d. En utilisant la nature du triangle AHC, démontrer que :
$$4x^2 - 12x + 8 = 0$$
3. À l'aide d'un logiciel de calcul formel, on obtient les résultats ci-dessous.

1	f(x):=4*x^2-12x+8
	→ $f(x) := 4x^2 - 12x + 8$
2	Factoriser(f(x))
	→ $4(x-2)(x-1)$

En déduire les coordonnées du point H.
4. L'aire du triangle ABC est-elle entière ?

80 Dans un repère orthonormé on considère les points $A(-3;5)$ et $B(-1;-5)$.
Soit $M(x\,;y)$ le point d'intersection de la droite (AB) et de l'axe des abscisses.
1. Le point M appartenant à l'axe des abscisses, que peut-on en déduire sur son ordonnée ?
2. Le point M appartient à la droite (AB).
a. Que peut-on en déduire sur les vecteurs $\overrightarrow{AM}$ et $\overrightarrow{AB}$?
b. En déduire une équation vérifiée par x.
3. Déterminer les coordonnées du point M.

81 Dans un repère orthonormé, on donne les points :
$$A(8;3) \text{ et } B(-4;-6)$$
Déterminer les coordonnées du point d'intersection de la droite (AB) et de l'axe des ordonnées.

82 Dans un repère orthonormé, on donne les points :
$$A(-4;5),\ B(1;3) \text{ et } C(-5;0)$$
Déterminer les coordonnées du point d'intersection de la parallèle à la droite (AB) passant par le point C et de l'axe des ordonnées.

83 PRISE D'INITIATIVES **Obtenir un trapèze**

Dans un repère orthonormé, on donne les points :
$$A(2;7),\ B(6;9) \text{ et } C(9;1)$$
Dans chacun des cas suivants, déterminer les coordonnées du point D pour que $ABCD$ soit un trapèze de base $[AB]$ et $[CD]$.
1. Le point D appartient à l'axe des abscisses.
2. Le point D appartient à l'axe des ordonnées.

84 Compétence Calculer

Puissance d'un point par rapport à un cercle

Dans un repère orthonormé, on considère les points $O(4;4)$, $A(-1;4)$, $B(8;7)$, $C(0;1)$, $D(7;0)$, $T(1;8)$ et $M(-7;2)$.

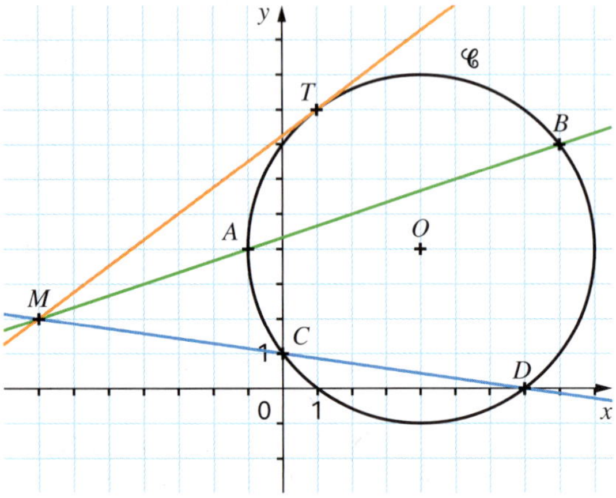

1. Justifier que les points A, B, C, D et T appartiennent à un même cercle $\mathscr{C}$ de centre O.

2. Les points M, A et B sont-ils alignés ?

3. Les points M, C et D sont-ils alignés ?

4. Comparer les produits :

$$MA \times MB \;;\; MC \times MD \text{ et } MT^2$$

Rappel

La valeur commune des produits trouvée en **4.** est indépendante de la direction de la droite sécante au cercle. Elle ne dépend que du point M. Cette valeur est appelée la **puissance du point M par rapport à ce cercle**.

85 **Cercle circonscrit à un triangle**

Dans un repère orthonormé, on considère les points $A(2;4)$, $B(-1;2)$ et $C(6;-2)$.

On note $\mathscr{C}$ le cercle circonscrit au triangle ABC.

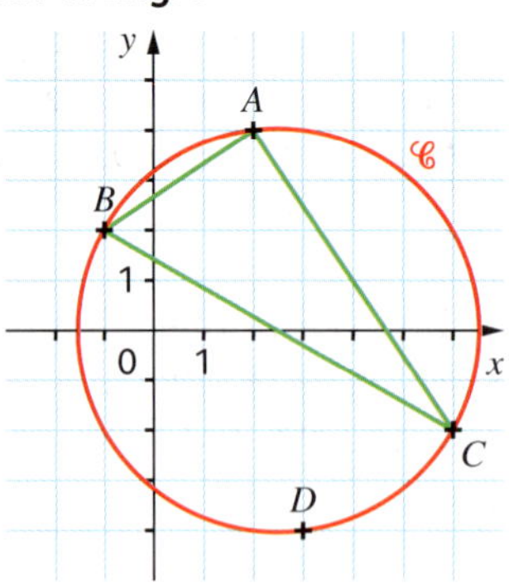

1. Quelle est la nature du triangle ABC ?

2. Déterminer le centre et le rayon du cercle $\mathscr{C}$.

3. Le point $D(3;-4)$ appartient-il au cercle $\mathscr{C}$?

4. Déterminer les coordonnées des points E et F d'intersection de $\mathscr{C}$ avec l'axe des abscisses.

Le segment $[EF]$ est-il un diamètre du cercle $\mathscr{C}$?

86 PRISE D'INITIATIVES Dans un repère orthonormé, on considère les points $A(4;3)$ et $B(-1;-2)$.

La médiatrice du segment $[AB]$ coupe l'axe des abscisses au point C et l'axe des ordonnées au point D.

Déterminer les coordonnées des points C et D.

87 PYTHON **Théorème de Ptolémée**

On munit le plan d'un repère orthonormé $(O\,;I\,;J)$ et on place les points A, B, C, D et E à coordonnées entières pour former le quadrilatère $ABCD$ ci-dessous.

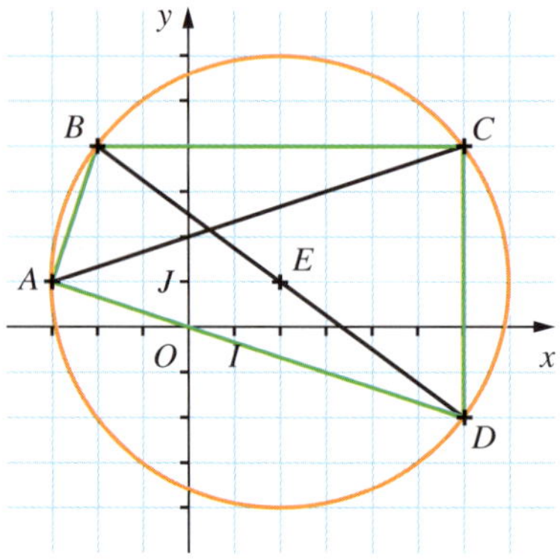

1. a. Sans calculer, déterminer graphiquement les longueurs BC et DC.

b. Calculer les longueurs AB et BD.

c. On admet que $AD = 3\sqrt{10}$ et $AC = 3\sqrt{10}$.

Vérifier que $AC \times BD = AB \times CD + BC \times AD$.

2. Pour déterminer si un quadrilatère est inscriptible dans un cercle, on peut utiliser le théorème de Ptolémée : *Un quadrilatère (convexe) est inscriptible dans un cercle si, et seulement si, le produit des longueurs des diagonales est égal à la somme des produits des longueurs des côtés opposés.*

À l'aide de Python, on souhaite savoir si un quadrilatère est inscriptible dans un cercle.

a. Compléter la fonction écrite en Python qui renvoie la distance entre deux points $A(x_A\,;y_A)$ et $B(x_B\,;y_B)$.

```
from math import sqrt

def dist(xA, yA, xB, yB):
    return sqrt(...)
```

Info

sqrt() est la fonction racine carrée en Python.

b. On complète le programme par la fonction suivante.

```
def inscrit(x1, y1, x2, y2, x3, y3, x4, y4):
    prodDiag=dist(x1,y1,x3,y3)*dist(x2,y2,x4,y4)
    prodCote1=dist(x1,y1,x2,y2)*dist(x3,y3,x4,y4)
    prodCote2=dist(x2,y2,x3,y3)*dist(x1,y1,x4,y4)
    if prodCote1+prodCote2==prodDiag:
        print("Quadrilatère inscriptible")
    else:
        print("Quadrilatère non inscriptible")
```

Quel sera l'effet de l'appel à la fonction suivante ?

```
inscrit(-3,1,-2,4,6,4,6,-2)
```

88 PRISE D'INITIATIVES Soit un rectangle $ABCD$.

Les points I et J sont tels que $\overrightarrow{AI} = \frac{3}{7}\overrightarrow{AB}$ et $\overrightarrow{BJ} = \frac{4}{7}\overrightarrow{BC}$.

Que peut-on dire des droites (IJ) et (AC) ?

89 Fonctions carré et racine carrée

On note f et g les fonctions définies sur $[0\,;+\infty[$ par :

$$f(x)=x^2 \text{ et } g(x)=\sqrt{x}$$

1. On a tracé ci-contre, dans un repère orthonormé d'origine O, les courbes représentatives $\mathscr{C}_f$ et $\mathscr{C}_g$ et la droite Δ d'équation $y=x$.

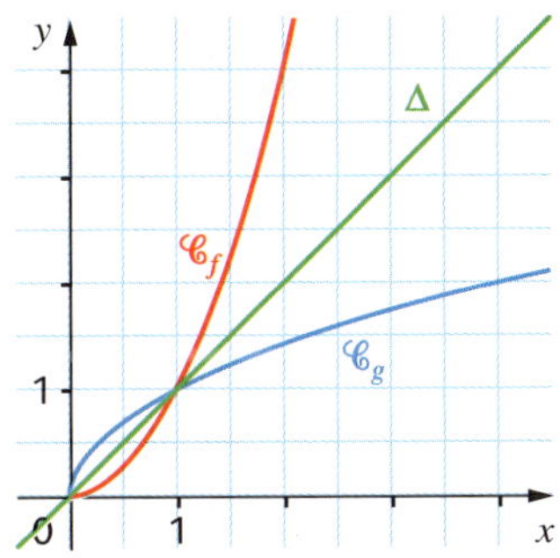

Conjecturer une relation géométrique entre les courbes $\mathscr{C}_f$ et $\mathscr{C}_g$.

2. Soit un réel $a \geqslant 0$.

On note A le point de $\mathscr{C}_f$ d'abscisse a, B le point de $\mathscr{C}_g$ d'ordonnée a, et I le milieu du segment $[AB]$.

a. Exprimer les coordonnées des points A et B en fonction de a.

b. Exprimer les coordonnées de I en fonction de a. En déduire que le point I appartient à la droite Δ.

c. Calculer les longueurs OA et OB. En déduire que la droite Δ est la médiatrice du segment $[AB]$.

d. Que peut-on conclure ?

90 PRISE D'INITIATIVES

Dans un repère orthonormé d'origine O, on considère les points $A(4\,;0)$ et $B(0\,;3)$.

Pour tout point M du segment $[AB]$, on note P et Q les projetés orthogonaux de M respectivement sur l'axe des abscisses et l'axe des ordonnées.

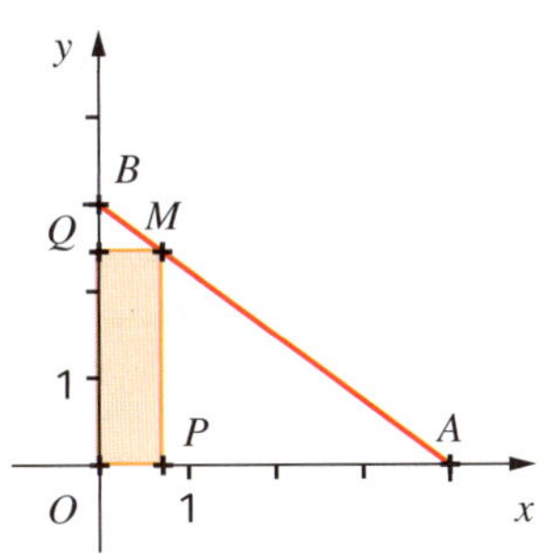

Déterminer les coordonnées du point M pour que le rectangle $OPMQ$ soit un carré.

91 Théorème de Ménélaüs

Le plan est muni d'un repère orthonormé $(A\,;B\,;C)$.

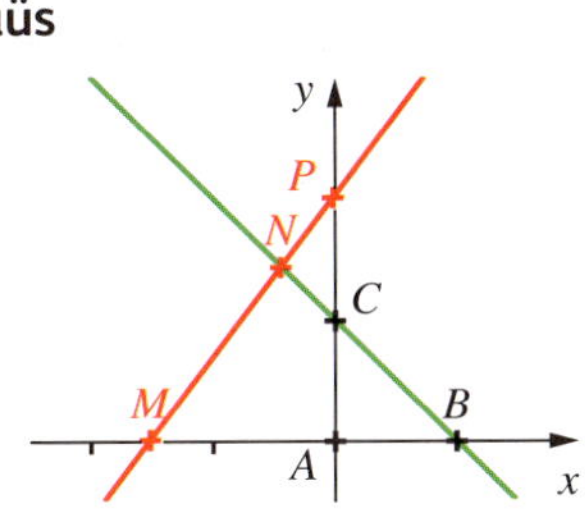

Pour tous les points M, N et P appartenant respectivement aux droites (AB), (BC) et (AC), différents des sommets du triangle ABC, on pose :

$$\overrightarrow{AM}=x\overrightarrow{AB}\ ;\ \overrightarrow{BN}=y\overrightarrow{BC} \text{ et } \overrightarrow{CP}=z\overrightarrow{CA}$$

Les réels x, y et z sont différents de 0 et de 1.

On souhaite démontrer que les points M, N et P sont alignés si, et seulement si :

$$\frac{x}{x-1}\times\frac{y}{y-1}\times\frac{z}{z-1}=1$$

1. Déterminer les coordonnées des points M, N et P en fonction de x, y et z.

2. En déduire l'expression du déterminant $\det\left(\overrightarrow{MN},\overrightarrow{MP}\right)$ en fonction de x, y et z.

3. Développer le produit $(x-1)(y-1)(z-1)$.

4. En déduire que les points M, N et P sont alignés si, et seulement si, $(x-1)(y-1)(z-1)=xyz$.

5. Conclure.

92 ALGO Image et nombres premiers

On souhaite observer la répartition des nombres premiers parmi les 100 premiers nombres entiers. Pour cela, on crée une image dont chaque pixel représente un nombre entier ; le pixel est rouge pour un nombre premier, sinon il est blanc.

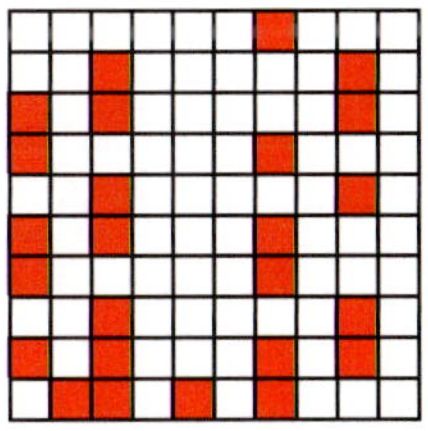

1. Le tableau ci-dessous représente les premiers pixels correspondant aux nombres allant de 1 à 20.

On remarque que le pixel 5 est repéré par les coordonnées $(5\,;1)$, le pixel 16 par les coordonnées $(6\,;2)$…

2	11	12	13	14	15	16	17	18	19	20
1	1	2	3	4	5	6	7	8	9	10
	1	2	3	4	5	6	7	8	9	10

a. À quelles coordonnées dans le tableau se trouve le pixel 33 ?

b. Quel nombre est représenté par le pixel de coordonnées $(7\,;6)$?

c. Quel nombre est représenté par le pixel de coordonnées $(i\,;j)$ avec $1 \leqslant i \leqslant 10$ et $1 \leqslant j \leqslant 10$?

d. À l'aide des carreaux du cahier, reproduire et compléter les 30 premiers pixels, puis colorier ceux représentant un nombre premier.

2. On souhaite écrire un algorithme pour automatiser le coloriage. Pour l'écrire, on dispose d'une fonction *estPremier(n)* qui retourne *vrai* si l'entier n est premier, et *faux* sinon.

Voir Chap. 2 exercice n° 69

a. Indiquer ce que retourne la fonction dans les cas suivants : *estPremier(9)* et *estPremier(17)*.

b. Compléter l'algorithme suivant pour colorier les pixels.

```
Pour i allant de 1 à 10 Faire
    Pour j allant de 1 à … Faire
        Si estPremier(…) = vrai Alors
            couleur ← rouge
        Sinon
            couleur ← blanche
        Fin Si
    Fin Pour
Fin Pour
```

Rappel

Un entier est un **nombre premier** s'il admet exactement deux diviseurs positifs : 1 et lui-même.

COUPS DE POUCE 98, 99

Maîtriser l'essentiel

93 Compréhension d'énoncé

On considère l'énoncé d'exercice suivant.

Dans le plan muni d'un repère orthonormé, on considère les points $A(-4;5)$, $B(2;3)$, $C(4;-3)$ et $D(-2;-1)$.

I. a. Déterminer les coordonnées des milieux des segments $[AC]$ et $[BD]$.

b. Que peut-on en déduire pour le quadrilatère $ABCD$?

II. a. Calculer les valeurs exactes de AB et BC.

b. Que peut-on en déduire sur la position des droites (AC) et (BD) ?

Répondre aux questions suivantes.

1. On a surligné certains verbes d'action dans cet énoncé.

a. Que signifient-ils ?

b. Quelle démarche peut-on mettre en œuvre pour répondre à chaque question de l'énoncé ?

2. Résoudre l'exercice proposé.

94 Dans le plan muni d'un repère orthonormé, on considère le cercle $\mathscr{C}$ de centre $I(4;2)$ et de rayon 5.

1. Justifier que le point $A(7;-2)$ appartient au cercle $\mathscr{C}$.

2. Soit le point B de coordonnées $(11;1)$.

La droite (AB) est-elle tangente au cercle $\mathscr{C}$?

95 Dans un repère orthonormé, on considère les points :

$$A(-3;6),\ B(7;1),\ C(3;0) \text{ et } D(-1;2)$$

1. a. Calculer les coordonnées des vecteurs $\overrightarrow{AB}$ et $\overrightarrow{CD}$.

b. Calculer le déterminant $\det(\overrightarrow{AB}, \overrightarrow{CD})$.

c. Que peut-on en déduire pour les droites (AB) et (CD) ?

2. Soient le point E tel que $\overrightarrow{BE} = \frac{1}{5}\overrightarrow{BA}$ et F le point de coordonnées $(-27;18)$.

a. Déterminer par calcul les coordonnées du point E.

b. Calculer les coordonnées des vecteurs :

$$\overrightarrow{AE} \text{ et } \overrightarrow{EF}$$

c. Calculer le déterminant $\det(\overrightarrow{AE}, \overrightarrow{EF})$.

d. Que peut-on en déduire pour les points A, E et F ?

96 Dans un repère orthonormé, on considère les points :

$$A(5;2) \text{ et } B(3;6)$$

Déterminer les coordonnées du point M dans chacun des cas suivants.

1. $\overrightarrow{AM} = 2\overrightarrow{AB}$ **2.** $\overrightarrow{AM} = \frac{3}{2}\overrightarrow{AB}$

3. $\overrightarrow{AM} = -3\overrightarrow{AB}$ **4.** $2\overrightarrow{AM} + 3\overrightarrow{BM} = \vec{0}$

Aller plus loin

97 Exercice guidé

Dans le plan muni d'un repère orthonormé, on considère le cercle $\mathscr{C}$ de centre $I(3;5)$ et de rayon 5.

1. a. Justifier que le cercle $\mathscr{C}$ coupe l'axe des ordonnées en deux points, M et N.

b. Déterminer les coordonnées de M et de N.

2. a. Justifier que l'axe des abscisses est tangent au cercle $\mathscr{C}$.

b. Quel est le point d'intersection du cercle $\mathscr{C}$ et de l'axe des abscisses ?

Pistes de résolution

1. a. Réaliser une figure et utiliser la distance du point I à l'axe des ordonnées.

b. Un point P de l'axe des ordonnées a pour coordonnées $P(0;y)$. Obtenir une équation sur y en utilisant le fait que $IP^2 = 25$, puis la résoudre.

2. Utiliser la figure et s'inspirer de la question précédente.

98 PRISE D'INITIATIVES Compétence Chercher

$ABCD$ est un carré.

Pour tout point M du segment $[AB]$, on note N le point du segment $[BC]$ tel que $BN = AM$ et P le point de $[AD]$ tel que $AP = BM$.

Démontrer que les droites (MN) et (MP) sont perpendiculaires.

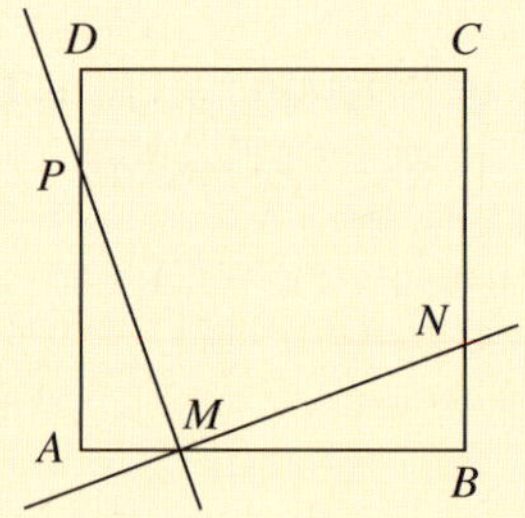

99 PRISE D'INITIATIVES

Dans un repère orthonormé, on considère l'hyperbole $\mathscr{H}$ d'équation $y = \frac{1}{x}$ et quatre points distincts A, B, C et D sur $\mathscr{H}$, d'abscisses respectives a, b, c et d strictement positives.

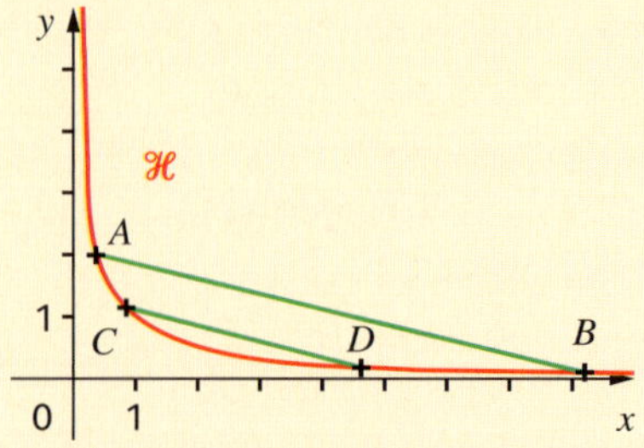

À quelle condition sur les réels a, b, c et d, les cordes $[AB]$ et $[CD]$ sont-elles parallèles ?

TP Pratiquer l'algorithmique et programmer

Diagramme de Voronoï

Lorsqu'un conducteur tombe en panne, quel dépanneur est le plus proche ?
Lorsqu'on souhaite ouvrir un nouveau restaurant de façon à être implanté le plus loin possible de ses concurrents, quel endroit doit-on choisir ?
Ces deux problèmes font appel à un régionnement du plan en zones, appelé diagramme de Voronoï.

Un **diagramme de Voronoï** est un découpage du plan en parties, appelées *cellules*, à partir d'un ensemble de points appelés *germes*.
Chaque cellule est associée à un germe. Elle est formée de l'ensemble des points du plan **plus proches de ce germe que des autres germes.**
L'objectif de ce TP est de découper en diagramme de Voronoï l'intérieur du rectangle $EFGH$ tracé dans le repère orthonormé ci-contre.

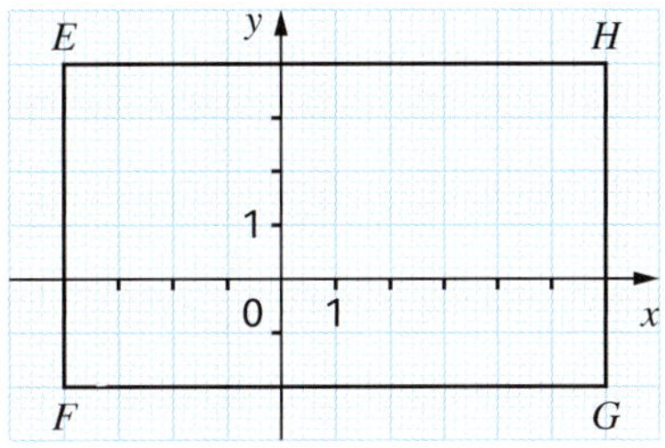

Objectif PYTHON
Manipuler des fonctions, des boucles *Tant que* et l'instruction *Si*.

Info
Les diagrammes de Voronoï sont présents dans la nature. L'exemple le plus connu est celui de la peau d'une girafe.

Partie A Mise en place du graphique et étude de deux germes

On choisit les germes $A(-3;1)$ et $B(0;3)$.

1. Mettre en place la fenêtre graphique à l'aide des instructions suivantes.

```
from pylab import*
axis([-4,6,-2,4])
```

2. On choisit de créer un point $M(x;y)$ qui balaye l'intérieur du rectangle $EFGH$ de haut en bas et de gauche à droite, par pas de 0,1 et de l'afficher en rouge s'il est plus proche de A, ou en vert s'il est plus proche de B.

a. On considère la fonction carré_A suivante.

Langage naturel

Fonction carré_A(x,y)
  Retourner $(x+3)^2+(y-1)^2$
Fin Fonction

Que permet de faire cette fonction ? La programmer en Python.

b. Créer une fonction carré_B qui prend en argument les coordonnées de M et qui renvoie la valeur de BM^2.

c. On propose la fonction parcours suivante, traduite en langage Python.

```
def parcours():
    x=-4
    while x<=6:
        y=4
        while y>=-2:
            if carré_A(x,y)<carré_B(x,y):
                plot(x,y,'.',color='red')
            else:
                plot(x,y,'.',color='green')
            y=y-0.1
        x=x+0.1
```

Expliquer le fonctionnement de cette fonction.

3. Programmer, exécuter la fonction parcours et afficher la fenêtre graphique.

```
parcours()
plot(-3,1,'+',color='black')
plot(0,3,'+',color='black')
axis('equal')
show()
```

4. Expliquer le diagramme de Voronoï obtenu à l'aide d'arguments géométriques.

Partie B Avec davantage de germes

1. En s'aidant de la démarche précédente, obtenir les diagrammes de Voronoï ci-contre lorsque :

a. on considère les trois germes $A(-3;1)$, $B(0;3)$ et $C(3;2)$.

b. on considère les quatre germes $A(-3;1)$, $B(0;3)$, $C(3;2)$ et $D(-1;-1)$.

2. Expliquer la construction géométrique de ces diagrammes.

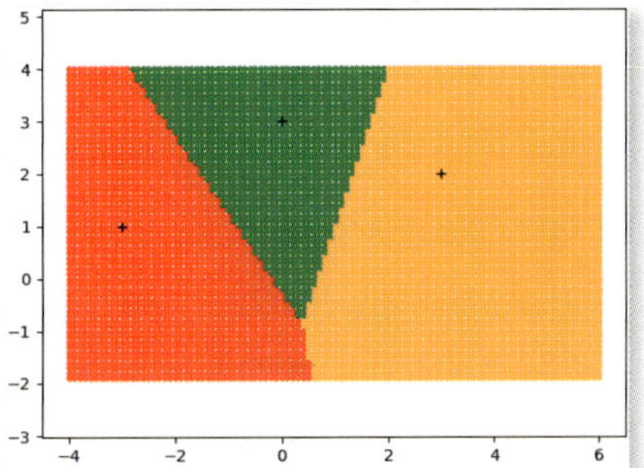

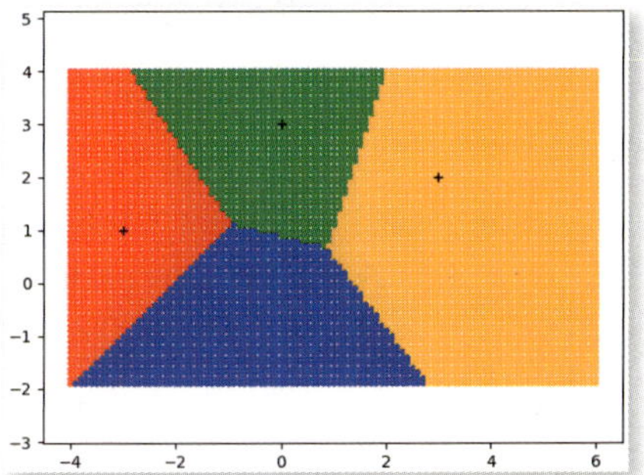

TP Utiliser les outils numériques

LOGICIEL GÉOMÉTRIE

Ensemble des points équidistants d'un point et de l'axe des abscisses

Le plan est muni d'un repère orthonormé $(O\,;I\,;J)$.
On considère le point F de coordonnées $(0\,;1)$.
On s'intéresse à l'ensemble $\mathscr{E}$ des points M qui se trouvent à égale distance du point F et de l'axe des abscisses.

Objectif
Utiliser le calcul algébrique pour démontrer des conjectures.

Construction à l'aide d'un logiciel de géométrie dynamique

- Faire apparaître le repère du plan, puis construire le point F de coordonnées $(0\,;1)$ à l'aide de la ligne de saisie.
- Créer un point mobile M dans le plan, puis faire afficher la distance MF et la distance d entre M et l'axe des abscisses.

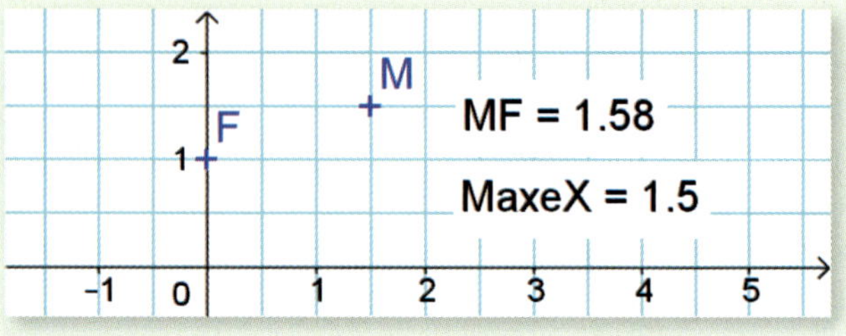

Partie A Observations et raisonnements géométriques

1. Déplacer le point M et observer la distance d entre le point M et l'axe des abscisses : quel point H (qui varie avec M) de l'axe des abscisses est tel que la distance d est égale à la distance MH ?

2. Construire le point H.

3. Choisir un point M n'appartenant pas à l'axe des ordonnées et tel que $MF = MH$.

a. Quelle est, dans ce cas, la nature du triangle MFH ?

b. En déduire une construction du point M à partir des points F et H.

c. Confirmer cette construction en choisissant d'autres points M tels que $MF = MH$.

4. a. Supprimer le point M et créer un point H mobile sur l'axe des abscisses.

b. Construire le point M tel que $MF = MH$ en utilisant la construction de la question **3**.

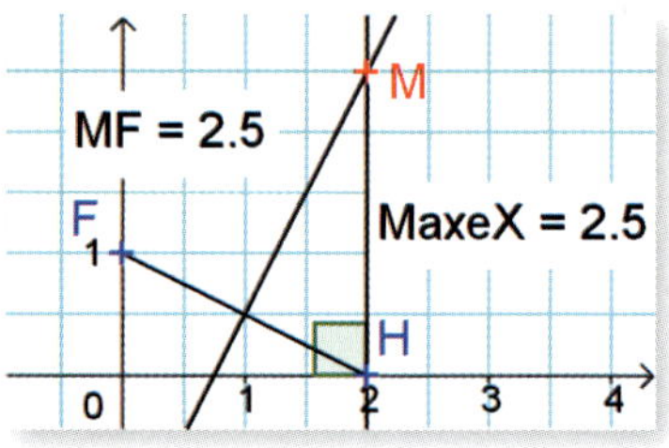

c. Activer la trace du point M et déplacer le point H sur l'axe des abscisses. Que peut-on conjecturer sur la nature de l'ensemble $\mathscr{E}$?

Partie B Mise en place d'une fonction

Soit un point $M(x\,;y)$ du plan.
On note H le projeté orthogonal de M sur l'axe des abscisses.

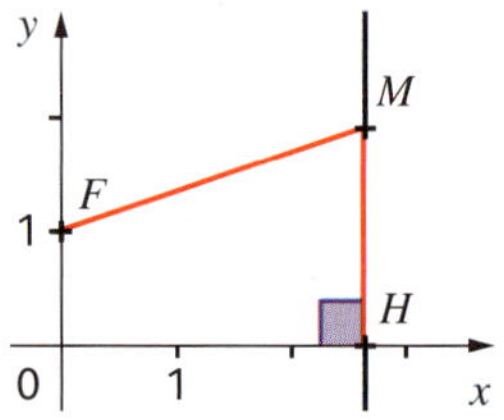

1. a. Justifier que la distance entre le point M et l'axe des abscisses est égale à MH.

b. Quelles sont les coordonnées du point H ?

c. En déduire l'expression de MH^2 en fonction des coordonnées de M.

2. Exprimer MF^2 en fonction de x et de y.

3. Démontrer que $M(x\,;y) \in \mathscr{E}$ si, et seulement si :

$$y = \frac{1}{2}x^2 + \frac{1}{2}$$

4. À l'aide du logiciel de géométrie dynamique, tracer la courbe $\mathscr{C}_f$ représentant la fonction f définie sur $\mathbb{R}$ par :

$$f(x) = \frac{1}{2}x^2 + \frac{1}{2}$$

Comparer avec la trace du point M obtenue à la question **4. c.** de la **partie A**.

5. Quelle propriété de symétrie possède l'ensemble $\mathscr{E}$? Démontrer cette propriété en utilisant la fonction f.

Partie C Points à une distance donnée

Soit un réel k positif ou nul. On cherche à construire les points M de l'ensemble $\mathscr{E}$ tels que $MF = k$.

1. a. À l'aide du logiciel de géométrie dynamique, créer un curseur k variant de 0 à 10 et construire le cercle $\mathscr{C}$ de centre F et de rayon k.

b. En utilisant la courbe $\mathscr{C}_f$, conjecturer, selon la valeur de k, le nombre de points M de $\mathscr{E}$ tels que $MF = k$.

2. Soit un point $M\left(x\,;\frac{1}{2}x^2 + \frac{1}{2}\right)$ de l'ensemble $\mathscr{E}$.

a. Démontrer que $MF = \dfrac{x^2+1}{2}$.

b. Démontrer la conjecture émise à la question **1. b.**

c. On suppose que $k \geqslant 0{,}5$. Exprimer, en fonction de k, les coordonnés des points M de $\mathscr{E}$ tels que $MF = k$.

TP Mener une recherche

Compétence **Chercher et communiquer**

TP1 Intersection des diagonales d'un trapèze

TRAVAIL DE GROUPE

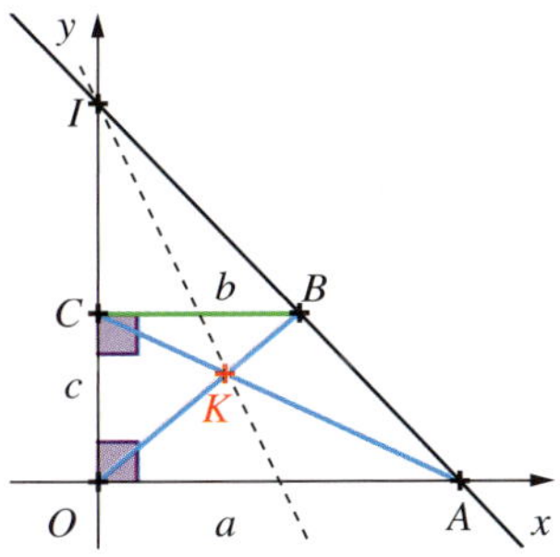

On considère un trapèze $OABC$ rectangle en O, de bases $[OA]$ et $[BC]$.
On pose $OA = a$, $BC = b$ et $OC = c$, avec $a \neq b$ (a, b et c sont strictement positifs).
On note K le point d'intersection des diagonales $[AC]$ et $[OB]$ et I le point d'intersection des droites (AB) et (OC).
On s'intéresse à la position du point K en fonction des réels a, b et c, et aux points d'intersection de (IK) avec les segments $[BC]$ et $[OA]$.
On choisit de travailler dans le repère orthonormé d'origine O tel que $A(a\,;0)$, $B(b\,;c)$ et $C(0\,;c)$.

Partie A. Recherches

1. a. Réaliser plusieurs figures (éventuellement à l'aide d'un logiciel de géométrie dynamique).
b. L'abscisse de K semble-t-elle dépendre de c ? Et son ordonnée ?
c. Que peut-on conjecturer sur les points d'intersection de (IK) avec les segments $[BC]$ et $[OA]$?
2. On note $(x\,;y)$ les coordonnées du point K.
a. En utilisant la colinéarité des vecteurs $\overrightarrow{OK}$ et $\overrightarrow{OB}$, trouver une relation vérifiée par x et y.
b. Obtenir de même une relation entre x et y en utilisant les vecteurs $\overrightarrow{AK}$ et $\overrightarrow{AC}$.
c. Exprimer x et y en fonction de a, b et c.
3. En utilisant une méthode analogue à celle de la question **2.**, exprimer les coordonnées du point I en fonction de a, b et c.
4. Démontrer la conjecture émise à la question **1. c.**

Partie B. Présentation des recherches.
Faire un bilan des recherches et présenter, à l'oral ou à l'écrit, les résultats : description du problème, étude mathématique, conclusion.
On veillera à utiliser un vocabulaire précis.

TP2 Aire du parallélogramme et déterminant de deux vecteurs

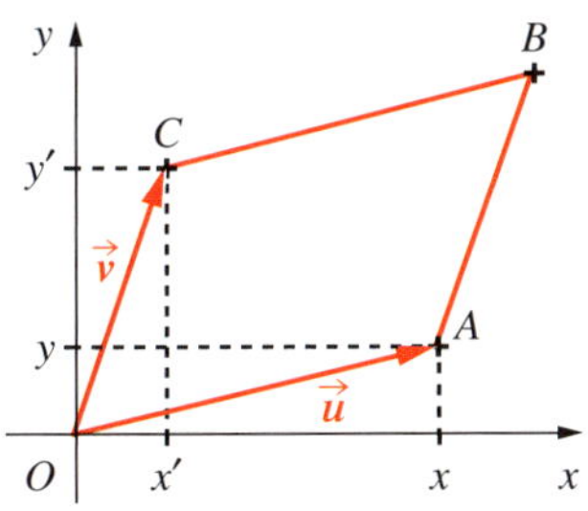

Dans le plan muni d'un repère orthonormé $(O\,;I\,;J)$, on considère deux vecteurs $\vec{u}\begin{pmatrix}x\\y\end{pmatrix}$ et $\vec{v}\begin{pmatrix}x'\\y'\end{pmatrix}$ non colinéaires et le parallélogramme $OABC$ « engendré par ces vecteurs », c'est-à-dire tel que : $\overrightarrow{OA} = \vec{u}$ et $\overrightarrow{OC} = \vec{v}$.
Ainsi $A(x\,;y)$ et $C(x'\,;y')$.
On suppose que $x > x' > 0$ et que $y' > y > 0$.

Partie A. Étude géométrique

1. Justifier que l'aire du parallélogramme $OABC$ est égale au double de celle du triangle OAC.
2. On considère les figures ci-dessous.

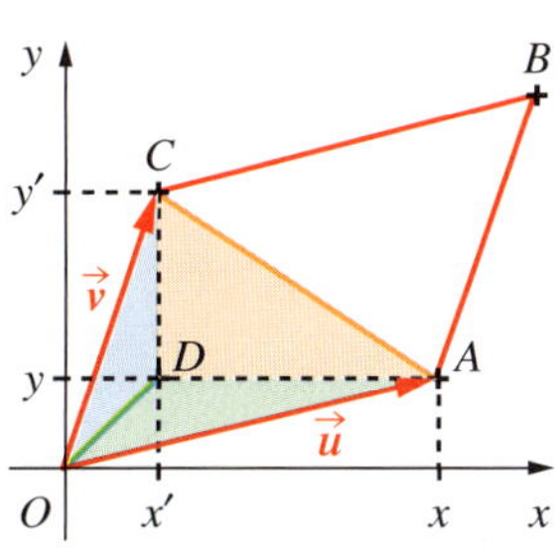

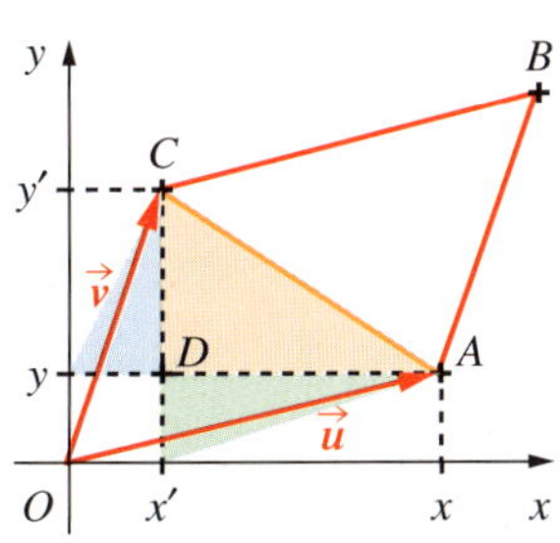

Montrer que :
a. les deux domaines bleus ont la même aire.
b. les deux domaines verts ont la même aire.
3. Démontrer que l'aire du parallélogramme $OABC$ est égale à la somme des aires des domaines bleu, vert et orange donnés ci-contre.

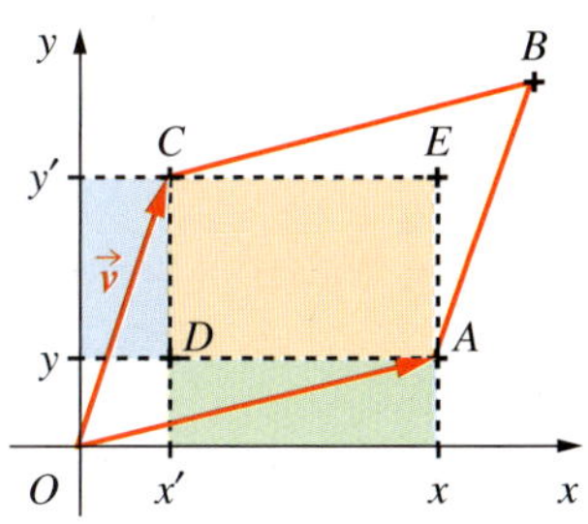

4. En déduire l'expression de l'aire du parallélogramme $OABC$ en fonction du déterminant des vecteurs $\vec{u}$ et $\vec{v}$.

Info
La formule obtenue en **Partie A. 4.** se généralise.
Dans le cas général, on peut montrer que :
$$\mathcal{A}ire(OABC) = \left|\det\left(\overrightarrow{OA}, \overrightarrow{OC}\right)\right|$$

Partie B. Présentation des recherches.
Faire un bilan des recherches et présenter, à l'oral ou à l'écrit, les résultats : description du problème, étude mathématique, conclusion.
On veillera à utiliser un vocabulaire précis.

Je **révise** en autonomie

Je cible mes révisions

Pour chaque capacité, suivre le parcours de révision pour travailler les méthodes et s'entraîner.

VIDÉOS des capacités

Parcours de révision	Réviser en autonomie	S'entraîner
Capacité 1 Calculer les coordonnées du milieu d'un segment	Méthode, p. 165	Exercices 3 et 32
Capacité 2 Calculer la distance entre deux points	Méthode, p. 165	Exercices 2 et 37
Capacité 3 Résoudre un problème d'alignement ou de parallélisme	Méthode, p. 167	Exercices 4 et 48

Je me teste

Voir corrigés

Pour chaque question, déterminer la (ou les) réponse(s) correcte(s).

Le plan est muni d'un repère orthonormé $(O;I;J)$. On considère les points $A(-1;3)$, $B(6;8)$, $C(9;1)$ et $D(2;-4)$.

Capacité 1

1. Le milieu du segment $[AC]$ a pour coordonnées :
a. $(8;4)$
b. $(4;2)$
c. $(5;-1)$

2. Les segments :
a. $[AB]$ et $[CD]$ ont le même milieu.
b. $[AD]$ et $[BC]$ ont le même milieu.
c. $[AC]$ et $[BD]$ ont le même milieu.

3. a. Le symétrique de A par rapport à B a pour coordonnées $(13;13)$.
b. Le symétrique de B par rapport à A a pour coordonnées $(-8;-2)$.
c. Le symétrique de C par rapport à D a pour coordonnées $(16;6)$.

Capacité 2

4. On obtient l'égalité :
a. $AB^2=(x_B-x_A)^2+(y_B-y_A)^2$
b. $AB^2=(x_A-x_B)^2+(y_A-y_B)^2$
c. $AB^2=(x_A+x_B)^2+(y_A+y_B)^2$

5. On obtient l'égalité :
a. $AD=\sqrt{58}$ b. $AD=\sqrt{50}$
c. $AD=\sqrt{10}$ d. $AD=\sqrt{2}$

6. On obtient l'égalité :
a. $BD=\sqrt{32}$ b. $BD=4\sqrt{2}$
c. $BD=4\sqrt{10}$ d. $BD=4\sqrt{13}$

7. On obtient l'égalité :
a. $AC=\sqrt{104}$ b. $AC=\sqrt{68}$
c. $AC=10{,}2$ d. $AC=2\sqrt{26}$

8. a. $ABCD$ est un parallélogramme.
b. $ABCD$ est un losange.
c. $ABCD$ est un rectangle.
d. $ABCD$ est un carré.

Capacité 3

9. Parmi les vecteurs $\vec{u}\begin{pmatrix}8\\-2\end{pmatrix}$, $\vec{v}\begin{pmatrix}6\\2\end{pmatrix}$, $\vec{w}\begin{pmatrix}9\\3\end{pmatrix}$ et $\vec{z}\begin{pmatrix}-20\\5\end{pmatrix}$, les vecteurs suivants sont colinéaires :
a. $\vec{u}$ et $\vec{v}$ b. $\vec{v}$ et $\vec{w}$ c. $\vec{z}$ et $\vec{u}$

10. Les points B et D sont alignés avec :
a. le point de coordonnées $(7;11)$.
b. le point de coordonnées $(3;1)$.
c. le point de coordonnées $(4;2)$.

11. La droite (AC) est parallèle à :
a. la droite passant par les points de coordonnées : $(-4;10)$ et $(21;5)$
b. la droite passant par les points de coordonnées : $(-8;-2)$ et $(7;-5)$
c. la droite passant par les points de coordonnées : $(13;14)$ et $(3;15)$

12. Soit un point M de coordonnées $(x;y)$ appartenant à la droite (AB).
a. Si $x=21$, alors $y=18$.
b. Si $y=2$, alors $x=\dfrac{12}{5}$.
c. Si $y=4$, alors $x=\dfrac{2}{5}$.
d. Si $x=-4$, alors $y=\dfrac{6}{7}$.

13. Soit un point M de coordonnées $(x;y)$ appartenant à la parallèle à la droite (BD) passant par le point C.
a. Si $x=10$, alors $y=4$.
b. Si $y=-2$, alors $x=8$.
c. Si $x=5$, alors $y=11$.
d. Si $y=10$, alors $x=12$.

14. On considère les points $M(2;3)$, $N(6;2)$, $P(9;4)$, $Q(1;6)$ et $R(8;7)$.
a. Le quadrilatère $MNPQ$ est un trapèze.
b. Le quadrilatère $MNPR$ est un trapèze.
c. Le quadrilatère $NPRQ$ est un trapèze.

Je fais des exercices bilans

Bilan 1 20 min **Calculer dans un repère**

Dans un repère orthonormé $(O\,;I\,;J)$, on considère les points $A(-4;-1)$, $B(2;1)$ et $C(0;3)$.

On appelle D et E les milieux respectifs des segments $[AC]$ et $[AB]$.

On note $\mathscr{C}$ le cercle de centre E passant par B.

1. Réaliser une figure.

2. Sans calcul, démontrer que le quadrilatère $BCDE$ est un trapèze.

3. a. Calculer les coordonnées du point E.

b. Calculer le rayon du cercle $\mathscr{C}$.

c. Le point C appartient-il au cercle $\mathscr{C}$? Justifier par un calcul.

d. En déduire la nature du triangle ABC.

4. Le point $G(-2;4)$ appartient-il à la médiatrice du segment $[AB]$?

Bilan 2 25 min **Nature d'un triangle**

Soit $ABCD$ un carré de centre O.

Le point J est le milieu du segment $[AB]$ et le point I est le milieu du segment $[DO]$.

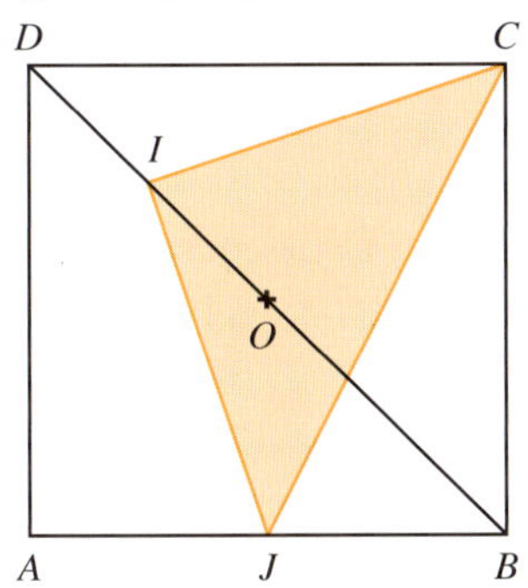

On considère le repère $(A\,;B\,;D)$.

1. Justifier que ce repère est orthonormé.

2. Déterminer les coordonnées de I, J et C.

3. Calculer les longueurs IJ, IC et JC.

En déduire la nature du triangle IJC.

4. Peut-on affirmer que l'aire du triangle IJC est supérieure à la moitié de celle du carré $ABCD$?

Justifier.

Bilan 3 15 min **Étude d'un quadrilatère**

Dans un repère orthonormé $(O\,;I\,;J)$, on considère les points $A(3;1)$, $B(4;9)$, $C(11;5)$ et $D(10;-3)$.

1. a. Déterminer les coordonnées des milieux des segments $[AC]$ et $[BD]$.

b. Que peut-on en déduire pour le quadrilatère $ABCD$?

2. a. Calculer les longueurs exactes de AB et BC.

b. Que peut-on en déduire pour le quadrilatère $ABCD$?

3. Le quadrilatère $ABCD$ est-il carré ?

4. On note K le milieu du segment $[AC]$.

Démontrer, sans calcul, que le triangle AKB est rectangle en K.

5. Calculer l'aire du quadrilatère $ABCD$.

Bilan 4 20 min **Centre de gravité d'un triangle**

Dans un repère orthonormé $(O\,;I\,;J)$, on considère les points $A(12;1)$, $B(2;9)$ et $C(-2;-1)$.

On note M et N les milieux respectifs des segments $[AB]$ et $[BC]$, et G le centre de gravité du triangle ABC, c'est-à-dire le point d'intersection de ses médianes.

1. Déterminer les coordonnées des points M et N.

2. On note $(x\,;y)$ les coordonnées de G.

a. Sachant que les points A, G et N sont alignés, démontrer que $y=-0{,}25x+4$.

b. Justifier que $\overrightarrow{CG}$ a pour coordonnées $\begin{pmatrix} x+2 \\ -0{,}25x+5 \end{pmatrix}$.

c. En déduire les coordonnées de G.

3. Déterminer le réel k tel que $\overrightarrow{AG}=k\overrightarrow{AN}$.

4. A-t-on aussi $\overrightarrow{CG}=k\overrightarrow{CM}$?

Bilan 5 15 min **Parallélisme de droites**

Dans un repère orthonormé du plan, on considère les points $A(6;-2)$, $B(3;7)$ et $C(9;1)$.

Les points M, N et P sont définis par :

$$\overrightarrow{AM}=-\frac{1}{3}\overrightarrow{AB}\ ;\ \overrightarrow{CN}=\frac{1}{4}\overrightarrow{CB} \text{ et } \overrightarrow{AP}=-3\overrightarrow{AC}$$

1. a. Calculer les coordonnées du vecteur $\overrightarrow{AB}$.

b. En déduire que M a pour coordonnées $(7;-5)$.

2. Démontrer que N a pour coordonnées $(7{,}5;2{,}5)$.

3. Démontrer que P a pour coordonnées $(-3;-11)$.

4. Montrer que les droites (AN), (BP) et (CM) sont parallèles.

Bilan 6 20 min **Autour de la parabole**

Dans un repère orthonormé $(O\,;I\,;J)$, on note $\mathscr{P}$ la parabole d'équation $y=x^2$.

1. On considère trois points distincts A, B et C sur $\mathscr{P}$, d'abscisses respectives a, b et c (les réels a, b et c sont deux à deux distincts).

a. Exprimer les coordonnées de A, B et C, puis des vecteurs $\overrightarrow{AB}$ et $\overrightarrow{AC}$ en fonction de a, b et c.

b. Démontrer que le déterminant de $\overrightarrow{AB}$ et de $\overrightarrow{AC}$ est égal à $\det\left(\overrightarrow{AB},\overrightarrow{AC}\right)=(b-a)(c-a)(c-b)$.

c. Est-il possible que les vecteurs $\overrightarrow{AB}$ et $\overrightarrow{AC}$ soient colinéaires ?

Que peut-on en déduire pour les points A, B et C ?

2. On considère quatre points distincts A, B, C et D sur $\mathscr{P}$, d'abscisses respectives a, b, c et d (les réels a, b, c et d sont deux à deux distincts).

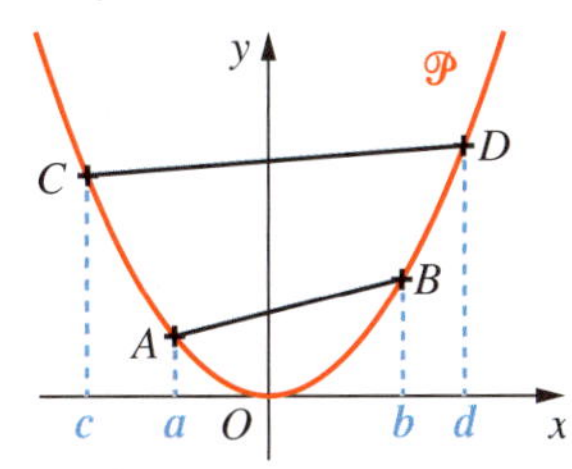

a. Exprimer les coordonnées des vecteurs $\overrightarrow{AB}$ et $\overrightarrow{CD}$ en fonction de a, b, c et d.

b. À quelle condition sur les réels a, b, c et d les cordes $[AB]$ et $[CD]$ sont-elles parallèles ?

CHAPITRE

7 Droites du plan et systèmes

Les capacités du chapitre

- CAPACITÉ 1 : Déterminer une équation cartésienne de droite
- CAPACITÉ 2 : Tracer une droite à partir d'une équation
- CAPACITÉ 3 : Déterminer le point d'intersection de deux droites sécantes

Au fil du temps

Ce chapitre traite de la géométrie plane repérée, c'est-à-dire pour laquelle on choisit un repère. Cette approche de la géométrie est aussi appelée cartésienne, du nom de René Descartes qui en a posé les bases en 1637 dans la partie « Géométrie » de son célèbre *Discours de la méthode*. Grâce aux méthodes cartésiennes, on peut résoudre des problèmes de géométrie avec une approche calculatoire. D'après Joseph Louis Lagrange : « Tant que l'algèbre et la géométrie ont été séparées, leurs progrès furent lents et leurs usages bornés ; mais lorsque ces deux sciences furent réunies, elles se sont prêtées des forces mutuelles et ont marché ensemble d'un pas rapide vers la perfection. » (1795).

Des maths partout !

En mathématiques, une ligne droite est illimitée. Dans le français courant, la « ligne droite » désigne souvent une portion de route ou de voie ferrée sans virage. Certaines sont très longues ; la plus longue ligne droite sur voie ferrée, en Australie, est longue de 479 km.

Indian Pacific, voie de chemin de fer australienne

> Ressources du chapitre disponibles ici : www.lycee.hachette-education.com/declic/2de

Partir d'un bon pied

A Diaporama pour tester les bases

ACTIVITÉS MENTALES RAPIDES

B Images et antécédents par une fonction affine

Soit f la fonction affine définie par $f(x)=-2x+1$.

1. Calculer les images par f des nombres -10 ; 0 et $\frac{1}{7}$.

2. Calculer les antécédents par f des nombres -1 ; 7 et $\frac{2}{9}$.

C Représentation graphique d'une fonction affine

Dans le repère ci-contre, quatre droites sont tracées, notées respectivement d_1 ; d_2 ; d_3 et d_4. On considère également quatre fonctions affines f_1 ; f_2 ; f_3 et f_4 définies respectivement par :

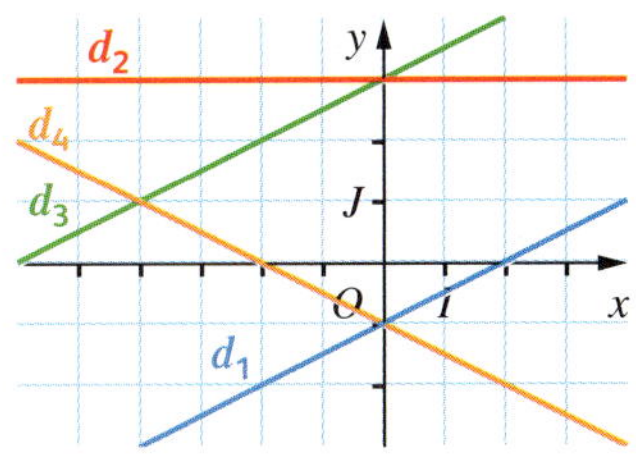

$f_1(x)=\frac{1}{2}x+3$ $\quad f_2(x)=-\frac{1}{2}x-1$ $\quad f_3(x)=\frac{1}{2}x-1$ $\quad f_4(x)=3$

Associer chaque fonction à la droite qui la représente graphiquement.

D Coordonnées de vecteurs

Lire les coordonnées dans le repère $\left(O;\vec{i};\vec{j}\right)$ de tous les vecteurs représentés ci-contre.

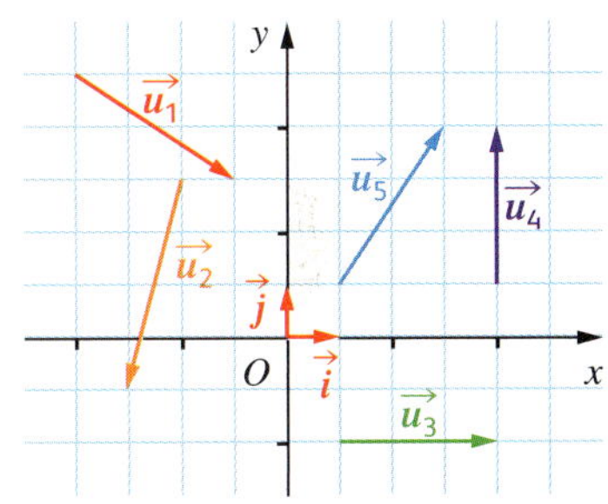

E Vecteurs colinéaires

Dans chacun des cas suivants, préciser si les vecteurs $\vec{u}$ et $\vec{v}$ sont colinéaires.

1. $\vec{u}\begin{pmatrix}2\\-3\end{pmatrix}$ et $\vec{v}\begin{pmatrix}-4\\6\end{pmatrix}$

2. $\vec{u}\begin{pmatrix}3\\9\end{pmatrix}$ et $\vec{v}\begin{pmatrix}-2\\6\end{pmatrix}$

3. $\vec{u}\begin{pmatrix}\frac{2}{5}\\4\end{pmatrix}$ et $\vec{v}\begin{pmatrix}\frac{1}{8}\\\frac{5}{4}\end{pmatrix}$

4. $\vec{u}\begin{pmatrix}2\sqrt{2}\\4\end{pmatrix}$ et $\vec{v}\begin{pmatrix}\sqrt{3}\\\sqrt{6}\end{pmatrix}$

F Alignement de trois points

Dans un repère orthonormé $(O;I;J)$ du plan, on considère les points $A(1;3)$; $B(-4;1)$; $C(4;-3)$ et $D(-4;-17)$.

1. Calculer les coordonnées du point M milieu du segment $[BC]$.

2. Calculer les coordonnées des vecteurs $\overrightarrow{AM}$ et $\overrightarrow{AD}$.

3. a. Les vecteurs $\overrightarrow{AM}$ et $\overrightarrow{AD}$ sont-ils colinéaires ?

b. Que peut-on dire des points A, M et D ?

Activités

1 Caractériser les points d'une droite dans un repère

Objectif
Établir la notion d'équation cartésienne d'une droite.

Dans un repère $(O ; I ; J)$, on considère deux points $A(-2;0)$ et $B(4;5)$.

1 Les points $C(3;4)$ et $D(16;15)$ sont-ils sur la droite (AB) ?
Conjecturer la réponse à l'aide d'une figure, puis conclure en justifiant.

2 On considère un point M quelconque de coordonnées $(x ; y)$.
a. Compléter la phrase suivante : « $M(x ; y)$ appartient à la droite (AB) si et seulement si les vecteurs $\overrightarrow{AM}$ et $\overrightarrow{AB}$ sont … »
b. Calculer le déterminant des vecteurs $\overrightarrow{AM}$ et $\overrightarrow{AB}$.
c. Montrer que le point M appartient à la droite (AB) si et seulement si on a :

$$5x - 6y + 10 = 0$$

d. En utilisant la question **2 c.**, indiquer si les points $E(82;70)$ et $F(-42;-33)$ sont sur la droite (AB).

Vocabulaire
Le vecteur $\overrightarrow{AB}$ est appelé **vecteur directeur** de la droite (AB).

Vocabulaire
L'équation $5x - 6y + 10 = 0$ est appelée l'**équation cartésienne** de la droite (AB).

3 ALGO L'algorithme incomplet ci-contre, programmé en langage Python, indique si un point $M(x ; y)$ est sur (AB).

```
1 def pointsurdroite(x,y):
2     if ...==...:
3         print("Le point est sur (AB)")
4     else:
5         print("...")
```

a. Recopier et compléter les lignes 2 et 5.
b. Programmer l'algorithme et indiquer, parmi les points proposés, ceux qui appartiennent à la droite (AB) :

$$R(10;10) ; S(-53;-42{,}5) \text{ et } T(101;86)$$

Info
En 1637, René Descartes publie le Livre Premier de *La Géométrie*, sur *les problèmes qu'on peut construire sans y employer que des cercles et des lignes droites.*
Descartes est à l'origine de l'utilisation des repères du plan. Il se propose, grâce à cet outil, de traiter les problèmes de géométrie en les transformant en problèmes purement numériques.
Selon lui, on peut relier toute figure géométrique à une équation, que l'on obtient en travaillant à partir des coordonnées des points appartenant à cette figure.

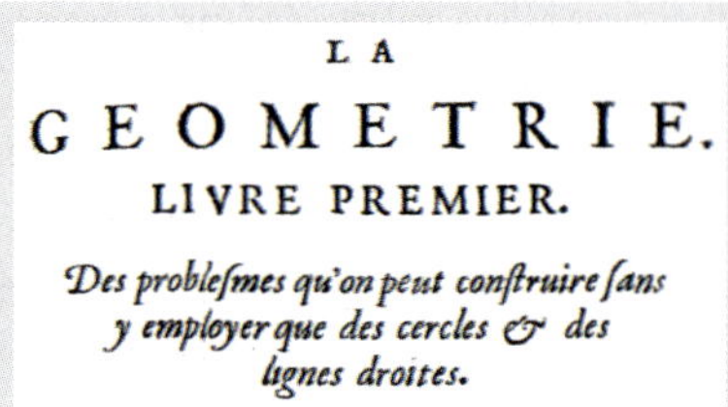
LA
GEOMETRIE.
LIVRE PREMIER.
Des problesmes qu'on peut construire sans y employer que des cercles & des lignes droites.

2 Coefficient directeur d'une droite ALGO

Objectif
Caractériser le coefficient directeur d'une droite.

On a représenté ci-contre la droite d d'équation réduite $y = 0{,}5x + 1$ dans un repère $(O ; I ; J)$.
Pour deux points distincts $A(x_A ; y_A)$ et $B(x_B ; y_B)$ de d, on considère l'algorithme suivant.

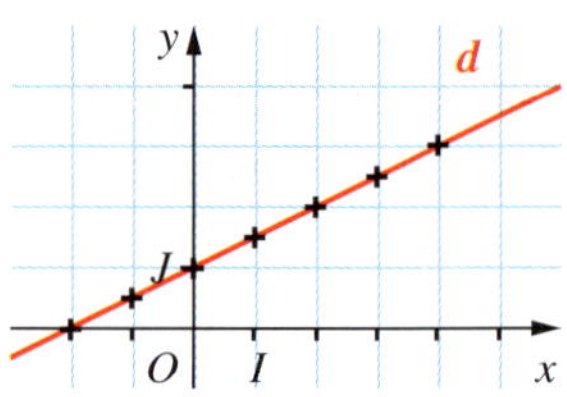

$X \leftarrow x_B - x_A$
$Y \leftarrow y_B - y_A$
$q \leftarrow Y/X$

1 a. Choisir deux points distincts A et B sur la droite d, appliquer l'algorithme puis reproduire et compléter le tableau ci-dessous.

x_A	y_A	x_B	y_B	X	Y	q
…	…	…	…	…	…	…

b. Reprendre trois fois la question **a.** avec d'autres points A et B de la droite d (on ajoutera des lignes au tableau ci-dessus). Que constate-t-on ?

2 Conjecturer une formule permettant de calculer le coefficient directeur d'une droite (AB).

3 Position relative de deux droites TRAVAIL DE GROUPE

Objectif
Conjecturer une propriété concernant le parallélisme de deux droites selon leurs types d'équations.

On pourra former trois groupes dans la classe. Chacun traitera une des questions **1**, **2** *ou* **3** *et présentera un compte-rendu à la classe.*

1 Exemple de droites définies par leurs équations cartésiennes

Dans le repère ci-contre, on a tracé deux droites d_1 et d_2 d'équations cartésiennes respectives :

$$-3x+2y-5=0 \text{ et } 9x-6y-5=0$$

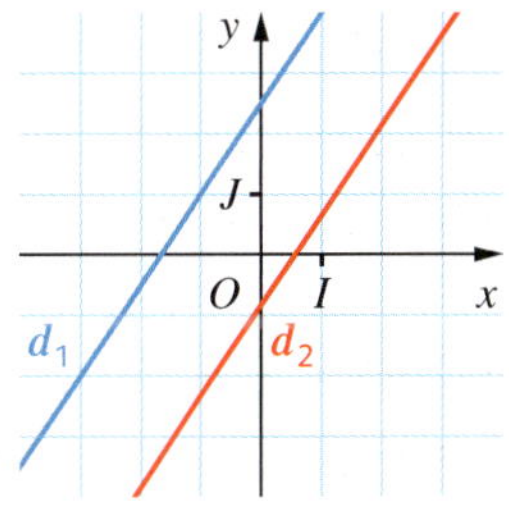

a. Quelle conjecture peut-on émettre pour ces deux droites ?

b. Déterminer les coordonnées de deux points A et B de la droite d_1.

c. Déterminer de la même manière deux points C et D sur la droite d_2.

d. Calculer les coordonnées des vecteurs $\overrightarrow{AB}$ et $\overrightarrow{CD}$.

e. Démontrer la conjecture de la question **a.**

2 Cas général de droites définies par des équations cartésiennes

On considère deux droites d et d' d'équations cartésiennes respectives $ax+by+c=0$ et $a'x+b'y+c'=0$ où a, b, c, a', b', c' sont des réels tels que $b \neq 0$ et $b' \neq 0$.

a. Montrer que les points $A\left(-1; \dfrac{a-c}{b}\right)$ et $B\left(1; \dfrac{-a-c}{b}\right)$ appartiennent à d.

b. Déterminer deux points C et D sur la droite d' ayant pour abscisses respectives -1 et 1.

c. Montrer que les vecteurs $\overrightarrow{AB}$ et $\overrightarrow{CD}$ ont pour coordonnées respectives :

$$\begin{pmatrix} 2 \\ \dfrac{-2a}{b} \end{pmatrix} \text{ et } \begin{pmatrix} 2 \\ \dfrac{-2a'}{b'} \end{pmatrix}$$

d. En déduire que d et d' sont parallèles si et seulement si $ab'-a'b=0$.

3 Cas de droites définies par leurs équations réduites

On considère les droites d et d' d'équations réduites respectives $y=mx+p$ et $y=m'x+p'$ où m, p, m' et p' sont des réels.

a. Donner une équation cartésienne de chaque droite d et d'.

b. À l'aide du résultat de la question **2 d.**, montrer que les droites d et d' sont parallèles si et seulement si $m=m'$.

c. Parmi les droites suivantes, lesquelles sont parallèles ? Justifier.

$$d_1 : y=2x-3 \text{ ; } d_2 : y=2-3x \text{ ; } d_3 : y=\frac{4x-1}{2} \text{ ; } d_4 : y=-3x$$

4 Systèmes de deux équations à deux inconnues

Objectif
Mettre en place et résoudre un système.

Un lycée compte 1 160 élèves à la rentrée scolaire. Parmi eux, 25 % des filles et 20 % des garçons sont externes, pour un total de 263 externes.

1 Peut-il y avoir 560 filles et 600 garçons ? Pourquoi ?

2 Soit x et y les nombres respectifs de filles et de garçons dans le lycée.

a. Pourquoi les deux équations suivantes doivent-elles être simultanément vérifiées par x et y ?

$$\begin{cases} x+y=1160 \\ 0{,}25x+0{,}2y=263 \end{cases}$$

b. Dans chaque équation, exprimer y en fonction de x.

c. En déduire une équation permettant de calculer x.

d. Si x et y vérifient les deux équations ci-dessus, alors que vaut nécessairement x ? En déduire y.

e. Vérifier que les deux valeurs obtenues à la question **d.** pour x et y sont solutions des deux équations du système de la question **a.**

Combien le lycée compte-t-il de filles et de garçons au total ?

Cours

1 Vecteur directeur d'une droite

Définition On considère une droite d et deux points distincts A et B de d.
On appelle **vecteur directeur** de la droite d tout vecteur $\vec{u}$ non nul, colinéaire au vecteur $\overrightarrow{AB}$.

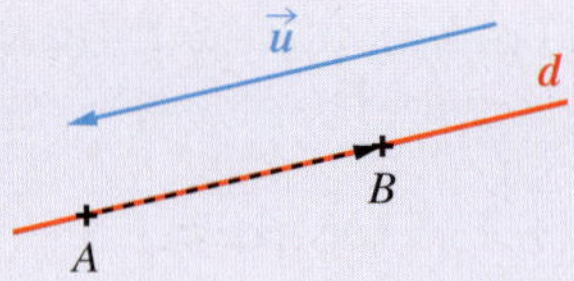

Remarques

- On dit que le vecteur $\vec{u}$ « dirige » la droite d.
- La direction du vecteur directeur $\vec{u}$ définit la direction de la droite d.
- Deux vecteurs directeurs de d ont la même direction : ils sont colinéaires.
- Deux droites parallèles ont la même direction : ainsi tout vecteur directeur de l'une est un vecteur directeur de l'autre.

Propriété Une droite d peut être définie par la donnée d'un point A et d'un vecteur directeur $\vec{u}$. On a alors :

$$M \in d \Leftrightarrow \overrightarrow{AM} \text{ et } \vec{u} \text{ sont colinéaires}$$

Exemple

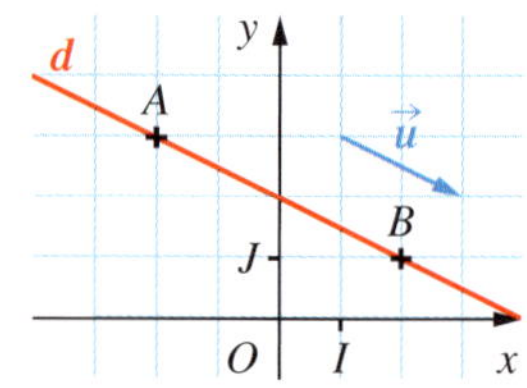

- La droite d passe par les points : $A(-2;3)$ et $B(2;1)$

Le vecteur $\overrightarrow{AB}\begin{pmatrix}4\\-2\end{pmatrix}$ est un vecteur directeur de d.

- $\vec{u}\begin{pmatrix}2\\-1\end{pmatrix}$ est colinéaire à $\overrightarrow{AB}$ donc $\vec{u}$ est aussi un vecteur directeur de d.

2 Équation cartésienne d'une droite

Propriété Dans un repère du plan, les coordonnées $(x\,;y)$ de tous les points M d'une droite d vérifient une équation de la forme :

$$ax+by+c=0$$

où a, b et c sont des nombres réels tels que a et b ne sont pas simultanément nuls. On notera par la suite $(a\,;b)\neq(0\,;0)$.
Une telle équation s'appelle une **équation cartésienne** de la droite d.

Démo

Démonstration

Soit $A(x_A\,;y_A)$ un point de la droite d et $\vec{u}\begin{pmatrix}\alpha\\\beta\end{pmatrix}$ un vecteur directeur de d.

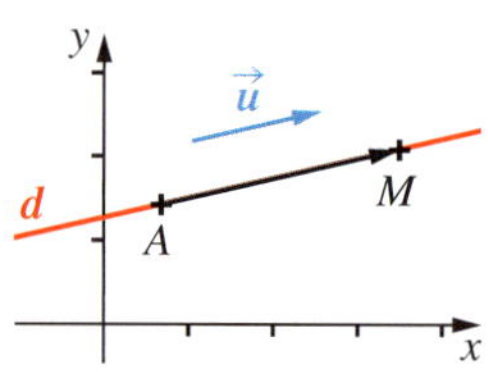

$M(x\,;y)\in d \Leftrightarrow \overrightarrow{AM}\begin{pmatrix}x-x_A\\y-y_A\end{pmatrix}$ et $\vec{u}\begin{pmatrix}\alpha\\\beta\end{pmatrix}$ sont colinéaires.

$\Leftrightarrow \det\left(\overrightarrow{AM}\,;\vec{u}\right)=0$

$\Leftrightarrow \beta(x-x_A)-\alpha(y-y_A)=0$

$\Leftrightarrow \beta x-\alpha y+(-\beta x_A+\alpha y_A)=0$

On obtient bien une équation de la forme $ax+by+c=0$ avec $a=\beta$, $b=-\alpha$, $c=-\beta x_A+\alpha y_A$ et $(\beta\,;-\alpha)\neq(0\,;0)$ car $\vec{u}\neq\vec{0}$.

Exemple

Soit d la droite passant par $A(1;3)$ et de vecteur directeur $\vec{u}\begin{pmatrix}2\\5\end{pmatrix}$.

$M(x\,;y)\in d$

$\Leftrightarrow \overrightarrow{AM}\begin{pmatrix}x-1\\y-3\end{pmatrix}$ et $\vec{u}\begin{pmatrix}2\\5\end{pmatrix}$ sont colinéaires.

$\Leftrightarrow \det\left(\overrightarrow{AM}\,;\vec{u}\right)=0$

$\Leftrightarrow 5(x-1)-2(y-3)=0$

$\Leftrightarrow 5x-2y+1=0$

Une équation cartésienne de la droite d est donc $5x-2y+1=0$.

Remarques

- Réciproquement, l'ensemble des points M dont les coordonnées $(x\,;y)$ vérifient une équation de la forme $ax+by+c=0$ (avec $(a\,;b)\neq(0\,;0)$) est une droite.
- Une droite d admet une infinité d'équations cartésiennes dont les coefficients sont deux à deux proportionnels.

Propriété Soient d et d' deux droites d'équations cartésiennes respectives $ax+by+c=0$ et $a'x+b'y+c'=0$
avec $(a\,;b)\neq(0\,;0)$ et $(a'\,;b')\neq(0\,;0)$.
Les droites d et d' sont **parallèles** si et seulement si $ab'-a'b=0$.
Les coefficients $(a\,;b)$ et $(a'\,;b')$ sont alors proportionnels.

Voir activité 3

Exemple

On donne deux droites :

$d_1 : -3x+2y+1=0$

$d_2 : 9x-6y-5=0$

$-3\times(-6)-9\times2=18-18=0$ donc d_1 et d_2 sont parallèles.
Les coefficients $(-3\,;2)$ et $(9\,;-6)$ sont proportionnels.

Méthode

VIDÉO Capacité 1

CAPACITÉ 1 Déterminer une équation cartésienne de droite

Énoncé Dans le plan muni d'un repère $(O\,;I\,;J)$, on considère les points $A(-4;3)$, $B(2;-1)$, $C(3;2)$ et un vecteur $\vec{u}\begin{pmatrix}3\\1\end{pmatrix}$.

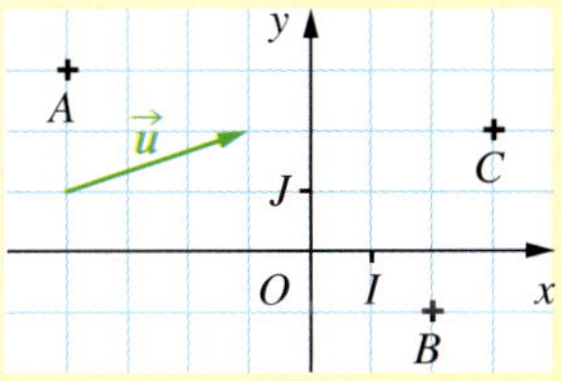

1. Déterminer une équation cartésienne de la droite (AB).
2. Déterminer une équation cartésienne de la droite d_1 passant par C et de vecteur directeur $\vec{u}$.
3. Déterminer une équation cartésienne de la droite d_2 passant par C et parallèle à la droite (AB).

Solution

1. La droite (AB) a pour vecteur directeur $\overrightarrow{AB}\begin{pmatrix}2+4\\-1-3\end{pmatrix}$, soit $\overrightarrow{AB}\begin{pmatrix}6\\-4\end{pmatrix}$.
Pour tout point $M(x\,;y)$ du plan (AB), on a :

$$M(x\,;y)\in(AB)\Leftrightarrow \overrightarrow{AM}\begin{pmatrix}x+4\\y-3\end{pmatrix} \text{ et } \overrightarrow{AB}\begin{pmatrix}6\\-4\end{pmatrix} \text{ sont colinéaires.}$$
$$\Leftrightarrow \det\left(\overrightarrow{AM}\,;\overrightarrow{AB}\right)=0$$
$$\Leftrightarrow -4(x+4)-6(y-3)=0$$
$$\Leftrightarrow -4x-6y+2=0$$
$$\Leftrightarrow 2x+3y-1=0$$

Une équation cartésienne de (AB) est $2x+3y-1=0$.

2. La droite d_1 passe par C et admet pour vecteur directeur $\vec{u}$.
Ainsi, pour tout point $M(x\,;y)$ du plan, on a :

$$M(x\,;y)\in d_1\Leftrightarrow \overrightarrow{CM}\begin{pmatrix}x-3\\y-2\end{pmatrix} \text{ et } \vec{u}\begin{pmatrix}3\\1\end{pmatrix} \text{ sont colinéaires.}$$
$$\Leftrightarrow \det\left(\overrightarrow{CM}\,;\vec{u}\right)=0$$
$$\Leftrightarrow 1(x-3)-3(y-2)=0$$
$$\Leftrightarrow x-3y+3=0$$

Une équation cartésienne de d_1 est $x-3y+3=0$.

3. La droite d_2 passe par C et est parallèle à la droite (AB).
Ainsi un vecteur directeur de d_2 est $\overrightarrow{AB}$.
Pour tout point $M(x\,;y)$ du plan, on a :

$$M(x\,;y)\in d_2\Leftrightarrow \overrightarrow{CM}\begin{pmatrix}x-3\\y-2\end{pmatrix} \text{ et } \overrightarrow{AB}\begin{pmatrix}6\\-4\end{pmatrix} \text{ sont colinéaires.}$$
$$\Leftrightarrow \det\left(\overrightarrow{CM}\,;\overrightarrow{AB}\right)=0$$
$$\Leftrightarrow -4(x-3)-6(y-2)=0$$
$$\Leftrightarrow -4x-6y+24=0$$
$$\Leftrightarrow 2x+3y-12=0$$

Une équation cartésienne de d_2 est $2x+3y-12=0$.

Point méthode

1. Pour déterminer une équation cartésienne de la droite d passant par le point $A(x_A\,;y_A)$ et de vecteur directeur $\vec{u}\begin{pmatrix}\alpha\\\beta\end{pmatrix}$: on écrit qu'un point $M(x\,;y)$ appartient à d si et seulement si, $\overrightarrow{AM}$ et $\vec{u}$ sont colinéaires, c'est-à-dire que $\det\left(\overrightarrow{AM}\,;\vec{u}\right)=0$.

Point méthode

3. Lorsque deux droites sont parallèles, tout vecteur directeur de l'une est un vecteur directeur de l'autre.

J'applique

1 Soient $A(-5;4)$, $B(2;3)$ et $C(-5;3)$.
Déterminer une équation cartésienne de chacune des droites (AB), (AC) et (BC).

2 **1.** Déterminer une équation cartésienne de la droite passant par $T(-10\,;5)$ et dont le vecteur directeur est $\vec{u}\begin{pmatrix}5\\-1\end{pmatrix}$.
2. Déterminer une équation cartésienne de la droite passant par les points $F(5;2)$ et $G(25;-2)$.
3. Que constate-t-on ? Que peut-on en déduire ?

3 Soient $M(-2;5)$, $N(8;0)$ et $P(-3;3)$.
1. Déterminer une équation cartésienne de la droite d passant par P et parallèle à la droite (MN).
2. Le point $R(15;-6)$ est-il sur la droite d ? Justifier.

Cours

3 Équation réduite d'une droite

a Droite parallèle à l'axe des ordonnées

Propriété Soit d une droite d'équation cartésienne $ax+by+c=0$ avec $(a;b)\neq(0;0)$.

Si $b=0$ alors la droite d est **parallèle à l'axe des ordonnées** et admet une équation, appelée **équation réduite**, de la forme $x=k$, où $k\in\mathbb{R}$.

Exemple
Soit d la droite d'équation cartésienne $2x-6=0$.
On a alors $x=\frac{6}{2}=3$.
Tous les points de d ont donc la même abscisse 3. Ainsi d est parallèle à l'axe des ordonnées.

Démo

Démonstration
Si $b=0$ alors $a\neq0$, puisque le couple $(a;b)$ est distinct de $(0;0)$.
La droite d a pour équation cartésienne $ax+c=0$, soit $x=-\frac{c}{a}$ $(a\neq0)$.
Ainsi les points appartenant à d ont tous la même abscisse $-\frac{c}{a}$.
La droite d est donc parallèle à l'axe des ordonnées.

b Droite non parallèle à l'axe des ordonnées

Propriété Soit d une droite d'équation cartésienne $ax+by+c=0$ avec $b\neq0$.

La droite d admet une **unique équation** de la forme $y=mx+p$.

Cette équation est appelée **l'équation réduite** de d, le réel m est le **coefficient directeur** de d et p son **ordonnée à l'origine**.

Exemple
Soit d la droite d'équation cartésienne $-3x+2y-5=0$.
On a $y=\frac{3}{2}x+\frac{5}{2}$.
La droite d a alors pour coefficient directeur $m=\frac{3}{2}$ et pour ordonnée à l'origine $p=\frac{5}{2}$.

Démo

Démonstration
- Si $b\neq0$ alors $ax+by+c=0\Leftrightarrow y=-\frac{a}{b}x-\frac{c}{b}$.

On obtient une équation de la forme $y=mx+p$ avec $m=-\frac{a}{b}$ et $p=-\frac{c}{b}$.
- Soit $a'x+b'y+c'=0$ une autre équation cartésienne de d, avec $b'\neq0$.

On a alors $y=-\frac{a'}{b'}x-\frac{c'}{b'}$. Or, les coefficients $(a';b';c')$ et $(a;b;c)$ sont proportionnels, donc il existe un réel k tel que $a'=k\times a$, $b'=k\times b$ et $c'=k\times c$.
Ainsi $-\frac{a'}{b'}=-\frac{k\times a}{k\times b}=-\frac{a}{b}=m$ et $-\frac{c'}{b'}=-\frac{k\times c}{k\times b}=-\frac{c}{b}=p$.
L'équation réduite de d est donc unique.

Propriété Soit d une droite d'équation réduite $y=mx+p$.
$A(x_A;y_A)$ et $B(x_B;y_B)$ sont deux points distincts de d.
Le **coefficient directeur** de la droite d est le réel $m=\frac{y_B-y_A}{x_B-x_A}$.

Exemple
Soit d la droite passant par les points $A(-2;1)$ et $B(2;3)$.

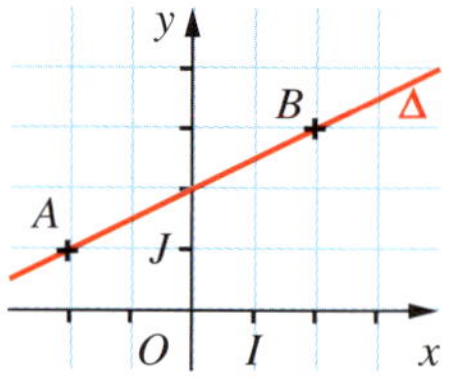

- Le coefficient directeur de d est égal à :
$m=\frac{y_B-y_A}{x_B-x_A}=\frac{3-1}{2+2}=\frac{2}{4}=0{,}5$
- Les vecteurs $\vec{u}\begin{pmatrix}4\\2\end{pmatrix}$ et $\vec{v}\begin{pmatrix}1\\0{,}5\end{pmatrix}$ sont deux vecteurs directeurs de d.

Voir exercice Démo n° 93

Graphiquement, y_B-y_A est **l'accroissement des ordonnées**, il est noté Δy. De même, $\Delta x=x_B-x_A$.
Ainsi, on note $m=\frac{\Delta y}{\Delta x}$.
Cas particulier : lorsque $\Delta x=1$ alors $m=\Delta y$.

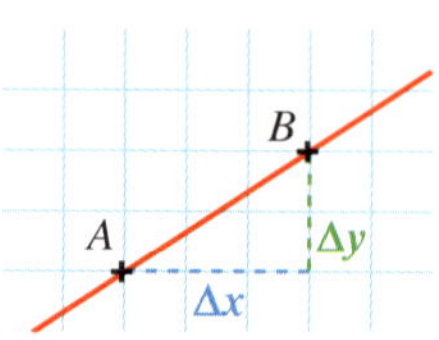

Ainsi les vecteurs $\vec{u}\begin{pmatrix}\Delta x\\\Delta y\end{pmatrix}$ et $\vec{u}\begin{pmatrix}1\\m\end{pmatrix}$ sont des **vecteurs directeurs** de d.

Remarques

- Une droite d'équation réduite $y=mx+p$ est la **représentation graphique** de la fonction **affine** définie par $f(x)=mx+p$.
- Deux droites $d:y=mx+p$ et $d':y=m'x+p'$ sont **parallèles** si et seulement si les coefficients directeurs m et m' sont égaux.
- Trois points A, B et C sont **alignés** lorsque les droites (AB) et (AC) sont **confondues** : elles ont alors le **même coefficient directeur**.

Méthode

VIDÉO Capacité 2

Capacité 2 Tracer une droite à partir d'une équation

Énoncé Le plan est muni d'un repère orthonormé $(O\,;I\,;J)$.

1. Construire la droite d_1 d'équation cartésienne $5x+4y-6=0$.

2. Construire la droite d_2 d'équation réduite $y=\frac{1}{2}x-1$.

3. On considère deux points $E(-24;-5)$ et $F(51;20)$.

a. Déterminer l'équation réduite de la droite (EF).

b. Construire la droite (EF) en utilisant son ordonnée à l'origine et son coefficient directeur.

Solution

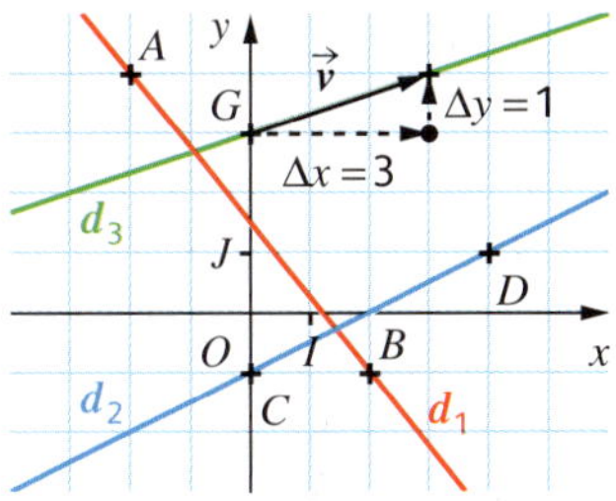

1. Pour construire d_1 dans le repère ci-contre, il suffit de placer deux points distincts de d_1.

- Pour $x=-2$, on a $5\times(-2)+4y-6=0$, soit $y=4$.
- Pour $x=2$, on a $5\times 2+4y-6=0$, soit $y=-1$.

On place les points $A(-2\,;4)$ et $B(2\,;-1)$. La droite d_1 est la droite (AB).

2. Pour construire d_2 dans le repère ci-contre, il suffit de placer deux points distincts de d_2.

- Pour $x=0$, on a $y=\frac{1}{2}\times 0-1$, soit $y=-1$.

On retrouve ici l'**ordonnée** à l'**origine**.

- Pour $x=4$, on a $y=\frac{1}{2}\times 4-1$, soit $y=1$. On place les points $C(0\,;-1)$ et $D(4\,;1)$. La droite d_2 est la droite (CD).

3. a. E et F n'ont pas la même abscisse, donc la droite (EF) n'est pas parallèle à l'axe des ordonnées. Elle admet donc une équation réduite de la forme $y=mx+p$.

- $m=\frac{y_F-y_E}{x_F-x_E}=\frac{20+5}{51+24}=\frac{25}{75}=\frac{1}{3}$ ainsi, on a $(EF):y=\frac{1}{3}x+p$.
- Pour calculer l'ordonnée à l'origine p, on utilise par exemple le point E qui appartient à (EF). Ses coordonnées vérifient l'équation $y=\frac{1}{3}x+p$.

Ainsi, $y_E=\frac{1}{3}x_E+p$, soit $-5=\frac{1}{3}\times(-24)+p$. Donc $p=3$.

- Conclusion : la droite (EF) a pour équation réduite $y=\frac{1}{3}x+3$.

b. • La droite (EF) a pour ordonnée à l'origine $p=3$. Donc on place le point $G(0\,;3)$ qui est un point de (EF).

- La droite (EF) a pour coefficient directeur $m=\frac{1}{3}$. Le vecteur $\vec{u}\begin{pmatrix}1\\ \frac{1}{3}\end{pmatrix}$ est donc un vecteur directeur de (EF). Par commodité pour le tracé, on peut considérer le vecteur $\vec{v}=3\vec{u}$. Ainsi Le vecteur $\vec{v}\begin{pmatrix}3\\1\end{pmatrix}$ est aussi un vecteur directeur de (EF). Dans le repère ci-contre, on construit un représentant du vecteur $\vec{v}$ qui a pour origine le point G. L'extrémité obtenue permet d'obtenir un second point et de tracer ainsi (EF).

Point méthode

3. a. Pour obtenir **algébriquement** une équation de droite de la forme $y=mx+p$:

- on calcule m avec la formule $$m=\frac{y_B-y_A}{x_B-x_A}$$
- on calcule p en utilisant les coordonnées de l'un des points connus de la droite.

Point méthode

3. b. Pour trouver un vecteur directeur de $d:y=mx+p$, il suffit de considérer le vecteur de coordonnées $\begin{pmatrix}1\\m\end{pmatrix}$.

J'applique

4 Construire dans un repère orthonormé $(O\,;I\,;J)$ les droites d_1 à d_6 d'équations cartésiennes ou réduites respectives $-3x+4y+9=0$; $x+2y+4=0$ et $2x-5=0$ puis $y=2x-1$; $y=4$ et $x=-2$.

5 On donne deux points $A(-42\,;20)$ et $B(30\,;-4)$.

1. Déterminer l'équation réduite de la droite (AB).

2. Construire la droite (AB) en utilisant son ordonnée à l'origine et son coefficient directeur.

Cours

4 Système de deux équations à deux inconnues

a Définitions

Définition Un **système linéaire** de deux équations à deux inconnues x et y est un système qui peut s'écrire sous la forme :

$$\begin{cases} ax+by=c \\ a'x+b'y=c' \end{cases}$$

où a, b, c, a', b' et c' sont des nombres réels fixés avec $(a\,;b)\neq(0\,;0)$ et $(a'\,;b')\neq(0\,;0)$.

Une solution de ce système est un **couple** $(x\,;y)$ de nombres réels tel que x et y vérifient simultanément les deux équations.

Remarque

Résoudre un système linéaire de deux équations à deux inconnues, c'est déterminer tous les couples $(x\,;y)$ solutions de ce système.

Exemple

Soit le système :

$$\begin{cases} x+5y=19 \\ -2x+y=-5 \end{cases}$$

- Le couple $(4;3)$ est solution car il vérifie les deux équations en même temps. En effet, $4+5\times3=19$ et $-2\times4+3=-5$.
- Le couple $(9;2)$ n'est pas solution car il ne vérifie que la première équation et pas la seconde.
En effet, $9+5\times2=19$ mais $-2\times9+2=-16\neq-5$.

b Interprétation graphique d'un couple solution

Un système linéaire de deux équations à deux inconnues peut s'écrire :

$$\begin{cases} ax+by-c=0 \\ a'x+b'y-c'=0 \end{cases}$$

Du fait que, $(a\,;b)\neq(0\,;0)$ et $(a'\,;b')\neq(0\,;0)$, ces deux équations correspondent à des équations cartésiennes de deux droites d et d'.

Les droites d et d' sont sécantes si et seulement si :

$$ab'-a'b\neq0$$

Dans ce cas, elles ont un unique point d'intersection.

Propriété On considère un système linéaire :

$$\begin{cases} ax+by=c \\ a'x+b'y=c' \end{cases}$$

avec $(a\,;b)\neq(0\,;0)$ et $(a'\,;b')\neq(0\,;0)$.

Ce système admet un **unique couple solution** si et seulement si on a :

$$ab'-a'b\neq0$$

Ce couple $(x\,;y)$ correspond aux coordonnées du **point d'intersection** des deux droites associées aux équations du système.

Exemple

Soit le système :

$$\begin{cases} 5x-y=11 \\ 12x-4y=15 \end{cases}$$

Les équations du système correspondent à deux équations cartésiennes de deux droites d_1 et d_2.
Or $5\times(-4)-12\times(-1)=-8\neq0$, donc les droites d_1 et d_2 sont sécantes. Le système admet alors un unique couple solution qui correspond aux coordonnées du point d'intersection de d_1 et d_2.

c Méthodes de résolution d'un système

Lorsqu'un système $\begin{cases} ax+by=c \\ a'x+b'y=c' \end{cases}$ possède un unique couple solution, on décrit ci-dessous deux méthodes (dites par **substitution** et par **combinaison linéaire**) pour le déterminer.

Méthode par substitution	Méthode par combinaison linéaire
• On exprime une des inconnues en fonction de l'autre à l'aide d'une équation. • On reporte l'expression obtenue dans l'autre équation. • On résout cette dernière équation, à une seule inconnue. • On en déduit l'autre inconnue.	• On multiplie les deux membres de chaque équation par un nombre de façon à aboutir à deux coefficients opposés devant l'une des inconnues. • On ajoute membre à membre les deux équations et on résout l'équation ainsi obtenue. • On en déduit l'autre inconnue.

méthode

VIDÉO Capacité 3

Capacité 3 Déterminer le point d'intersection de deux droites sécantes

Énoncé Dans le plan muni d'un repère orthonormé, on considère trois droites :

- d_1 d'équation cartésienne $x+4y-9=0$.
- d_2 d'équation cartésienne $3x-7y-8=0$.
- d_3 d'équation cartésienne $4x+3y-23=0$.

1. a. Montrer que les droites d_1 et d_2 sont sécantes.

b. À l'aide d'un système résolu par substitution, calculer les coordonnées du point d'intersection de d_1 et d_2.

2. a. Montrer que les droites d_2 et d_3 sont sécantes.

b. À l'aide d'un système résolu par combinaison linéaire, calculer les coordonnées du point d'intersection de d_2 et d_3.

3. Que constate-t-on ? Que peut-on en déduire ?

Solution

1. a. $1\times(-7)-3\times4=-19\neq0$ donc les droites d_1 et d_2 sont sécantes.

b. On considère le système formé par les deux équations de d_1 et d_2 :

$\begin{cases}x+4y-9=0\\3x-7y-8=0\end{cases}$, soit $\begin{cases}x+4y=9\\3x-7y=8\end{cases}$. Les droites d_1 et d_2 sont sécantes donc le système admet un unique couple solution $(x\,;y)$.

- On exprime x en fonction de y avec la première équation : $\begin{cases}x=-4y+9\\3x-7y=8\end{cases}$
- On substitue l'expression de x obtenue dans l'autre équation.

On a $\begin{cases}x=-4y+9\\3(-4y+9)-7y=8\end{cases}$ soit $\begin{cases}x=-4y+9\\-12y+27-7y=8\end{cases}$

- On résout la seconde équation : $\begin{cases}x=-4y+9\\-19y=-19\end{cases}\Leftrightarrow\begin{cases}x=-4y+9\\y=1\end{cases}$
- En remplaçant y par 1 dans la première équation, on a : $\begin{cases}x=5\\y=1\end{cases}$

Le système admet pour unique couple solution $(5\,;1)$.

Conclusion : les droites d_1 et d_2 sont sécantes en $A(5\,;1)$.

2. a. $3\times3-4\times(-7)=37\neq0$ donc les droites d_2 et d_3 sont sécantes.

b. On considère le système formé par les deux équations de d_2 et d_3 :

$\begin{cases}3x-7y-8=0\\4x+3y-23=0\end{cases}$, soit $\begin{cases}3x-7y=8\\4x+3y=23\end{cases}$. Les droites d_2 et d_3 sont sécantes donc le système admet un unique couple solution $(x\,;y)$.

- En multipliant les deux membres de la première équation par 4 et ceux de la seconde équation par -3, on obtient : $\begin{cases}12x-28y=32\\-12x-9y=-69\end{cases}$
- On ajoute membre à membre les deux nouvelles équations, ainsi l'inconnue x disparaît. On obtient $-28y-9y=32-69$, soit $y=1$.
- En utilisant la première équation, on a $3x-7\times1=8$, soit $x=5$.

Le système admet pour unique couple solution $(5\,;1)$.

Conclusion : les droites d_2 et d_3 sont sécantes en $B(5\,;1)$.

3. On a $A=B$, donc les droites d_1, d_2 et d_3 sont concourantes.

Point méthode

1. a. et **2. a.** Pour examiner le parallélisme des droites :

$d:ax+by+c=0$

$d':a'x+b'y+c'=0$

on examine si $ab'-a'b=0$.

Point méthode

1. b. Pour résoudre un système par substitution :

- on exprime une inconnue en fonction de l'autre (ici x en fonction de y).
- on reporte l'expression obtenue dans l'autre équation.
- on résout l'équation obtenue.
- on en déduit l'autre inconnue.

Point méthode

2. b. Pour résoudre un système par combinaisons linéaires :

- on multiplie les deux membres de chaque équation par un nombre de façon à aboutir à deux coefficients opposés devant l'une des inconnues (ici $12x$ et $-12x$).
- on ajoute membre à membre les deux équations et on résout l'équation obtenue.
- on en déduit l'autre inconnue.

J'applique

6 On considère les droites :

$d_1:2x+y+1=0$ et $d_2:4x+3y-11=0$

1. Montrer que les droites d_1 et d_2 sont sécantes.

2. Déterminer les coordonnées du point d'intersection de d_1 et d_2, en résolvant par substitution un système que l'on indiquera.

7 On considère les droites :

$d_1:3x+4y-19=0$ et $d_2\,;5x-2y+3=0$

1. Montrer que les droites d_1 et d_2 sont sécantes.

2. Déterminer les coordonnées du point d'intersection de d_1 et d_2, en résolvant par combinaison linéaire un système que l'on indiquera.

Je **fais** le **point**

Je revois mon cours

Vecteur directeur d'une droite

Soient d une droite et deux points distincts A et B de d.

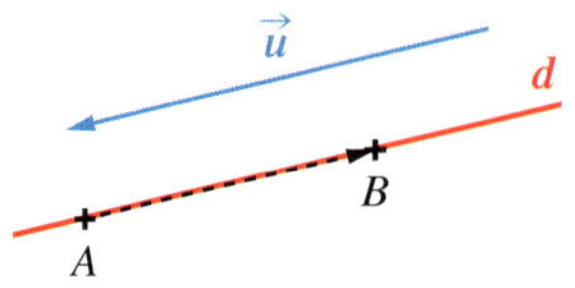

Vecteur directeur de d : tout vecteur $\vec{u}$ non nul, colinéaire à $\overrightarrow{AB}$.

Deux vecteurs directeurs de d sont colinéaires.

Équation cartésienne d'une droite

Dans un repère, une équation cartésienne d'une droite d de la forme :

$$d : ax + by + c = 0$$

Si un point appartient à d, ses coordonnées vérifient l'équation.

Réciproquement, si les coordonnées d'un point vérifient l'équation, alors ce point est sur d.

Équation réduite d'une droite

- Droite **parallèle à l'axe des ordonnées** : **équation réduite** de la forme $x = c$; c'est l'abscisse commune à tous les points de la droite.

- Droite **non parallèle à l'axe des ordonnées** : **équation réduite** de la forme $y = mx + p$.
m est le coefficient directeur de la droite et p son ordonnée à l'origine.

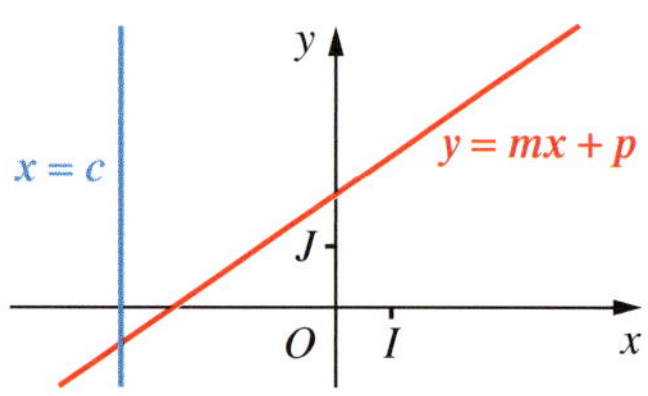

Coefficient directeur d'une droite

Soient $A(x_A ; y_A)$ et $B(x_B ; y_B)$ deux points distincts d'une droite.

Le **coefficient directeur** de (AB) est $m = \dfrac{y_B - y_A}{x_B - x_A}$

Graphiquement, $m = \dfrac{\Delta y}{\Delta x}$.

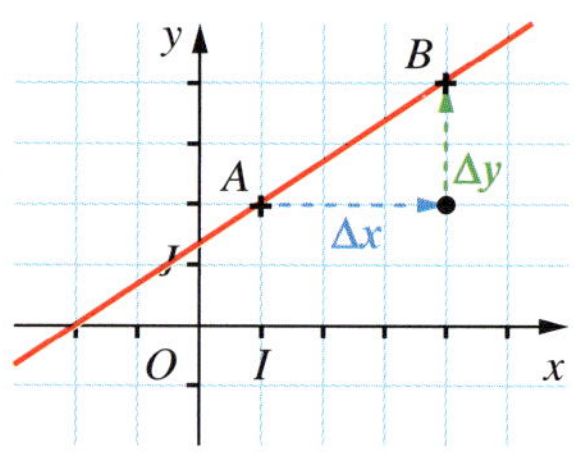

Le vecteur $\vec{u}\begin{pmatrix}\Delta x\\ \Delta y\end{pmatrix}$ est un vecteur directeur.

Position relative de deux droites

- d et d' sont **parallèles** lorsqu'un vecteur directeur de d est colinéaire à un vecteur directeur de d'.

- Les droites $d : ax + by + c = 0$ et $d' : a'x + b'y + c' = 0$ sont **parallèles** si et seulement si $ab' - a'b = 0$.

- Les droites $d : y = mx + p$ et $d' : y = m'x + p'$ sont **parallèles** si et seulement si $m = m'$.

Systèmes linéaires

Un **système d'équations linéaires** peut s'écrire sous la forme : $\begin{cases} ax + by = c \\ a'x + b'y = c' \end{cases}$

Deux méthodes pour résoudre un système :

- la **méthode par substitution**.
- la **méthode par combinaison linéaire**.

Dans un repère, chaque équation du système correspond à une droite.

Si elles sont sécantes, le couple solution unique du système correspond aux coordonnées de leur point d'intersection.

Je m'exerce à démontrer

Démo pas à pas

Résultat à démontrer ▶ **Les points $A(-6\,;1)$, $B(2\,;3)$ et $C(38\,;12)$ sont alignés.**

Analyse des termes | j'étudie l'énoncé

- Que signifie « les points sont **alignés** » ?
  C'est montrer qu'ils appartiennent à une **même** droite, c'est-à-dire que l'un des trois points est sur la droite passant par les deux autres.

Toutes les droites possèdent une équation cartésienne.

- Comment montrer que A, B et C sont alignés ?

Je place les trois points dans un repère et je vois qu'ils sont tous les trois sur une droite.

Attention, « voir » sur un graphique ne constitue pas une démonstration.

On cherche une équation de chaque droite (AB) et (AC).

Oui ! Mais les deux ne sont pas forcément nécessaires, il y a plus rapide.

Je cherche une équation de la droite (AB) et je montre que les coordonnées de C vérifient cette équation.

Très bien !

De l'hypothèse vers la conclusion | j'organise mon raisonnement

- Je cherche une équation cartésienne de la droite (AB).
- J'utilise ensuite cette équation avec les coordonnées du point C.

Rédaction

La droite (AB) a pour vecteur directeur $\overrightarrow{AB}\begin{pmatrix}2+6\\3-1\end{pmatrix}$, soit $\overrightarrow{AB}\begin{pmatrix}8\\2\end{pmatrix}$.

Pour tout point $M(x\,;y)$ du plan, on a :

$$\begin{aligned} M(x\,;y)\in(AB) &\Leftrightarrow \overrightarrow{AM}\begin{pmatrix}x+6\\y-1\end{pmatrix} \text{ et } \overrightarrow{AB}\begin{pmatrix}8\\2\end{pmatrix} \text{ sont colinéaires.}\\ &\Leftrightarrow \det\left(\overrightarrow{AM}\,;\overrightarrow{AB}\right)=0\\ &\Leftrightarrow 2(x+6)-8(y-1)=0\\ &\Leftrightarrow x-4y+10=0 \end{aligned}$$

Or $x_C-4y_C+10=38-4\times12+10=0$.

Donc $C\in(AB)$ ainsi les points A, B et C sont alignés.

Démo à moi de jouer

Résultat à démontrer ▶ **Soient $A(1\,;5)$, $B(10\,;-1)$, $C(7\,;4)$ et $D(-2\,;1)$. Les droites (AB) et (CD) se coupent en $P(4\,;3)$.**

Je cherche une équation de chacune des deux droites et je montre que les coordonnées du point P vérifient chacune des deux équations.

Je fais le point

J'évalue mes connaissances

VERSION INTERACTIVE ET CORRIGÉE

Voir corrigés

QCM

Pour chacune des questions, indiquer la (ou les) bonne(s) réponse(s).

On se place dans un repère orthonormé $(O\,;I\,;J)$.

	a	b	c
1. Soient $A(-2;5)$ et $B(2;1)$. Un vecteur directeur de (AB) est :	$\overrightarrow{AB}$	$\vec{u}\begin{pmatrix}0\\6\end{pmatrix}$	$\vec{v}\begin{pmatrix}12\\-12\end{pmatrix}$
2. La droite d'équation $3x-2y+5=0$ passe par le point :	$A(3;-2)$	$B(0;2{,}5)$	$C(3;7)$
3. La droite d'équation $y=1-2x$ a pour coefficient directeur :	2	-2	1
4. La droite d'équation $y=-3x+8$ passe par le point :	$A(-3;8)$	$B(-3;0)$	$C(0;8)$
5. Le point $A(-7;8)$ appartient à la droite d'équation :	$x=-7$	$2x+3y-10=0$	$y=-7x+8$
6. La droite passant par $A(2;4)$ et $B(3;8)$:	a pour coefficient directeur $m=0{,}25$	a pour coefficient directeur $m=4$	est parallèle à l'axe des ordonnées
7. Les droites d'équations respectives $3x-6y+1=0$ et $4x-8y+5=0$ sont :	sécantes	parallèles	confondues
8. Les droites $d_1 : y=2x-3$ et $d_2 : y=2-3x$:	sont parallèles	sont sécantes au point $B(1;-1)$	sont sécantes au point $C(2;-3)$
9. Le couple $(2;4)$ est solution du système :	$\begin{cases}x+5y=22\\-x+2y=6\end{cases}$	$\begin{cases}x-5y=5\\3x+2y=14\end{cases}$	$\begin{cases}5x+3y=22\\2x-3y=10\end{cases}$
10. Le système $\begin{cases}2x+3y=13\\2x-5y=5\end{cases}$:	admet $(2;3)$ pour couple solution	admet $(5;1)$ pour couple solution	est associé à deux droites sécantes

vrai ou faux ?

Indiquer pour chaque affirmation si elle est vraie ou fausse. Justifier.

Partie A.

On se place dans un repère $(O\,;I\,;J)$.

1. La droite passant par $A(2;5)$ et $B(-1;4)$ a pour vecteur directeur $\vec{u}\begin{pmatrix}3\\1\end{pmatrix}$.

2. La droite $d : 2x+5y-3=0$ passe par le point :

$A(2;5)$

3. La droite $d : 2y+7=0$ est parallèle à l'axe (OI).

4. La droite passant par $C(2;-6)$ et $D(1;7)$ a pour équation cartésienne $13x-y-32=0$.

5. La droite passant par $E(1;6)$ et $F(2;1)$ a pour équation réduite $y=-5x+11$.

6. Le système $\begin{cases}2x-5y=19\\-3x+4y=-18\end{cases}$ admet pour unique couple solution $(2;-3)$.

Partie B.

On donne le graphique ci-contre.

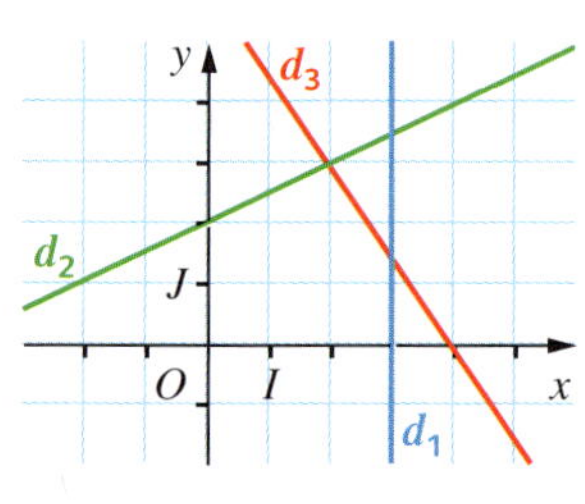

1. d_1 a pour équation :

$x=3$

2. d_2 a pour équation :

$y=0{,}5x+2$

3. Le coefficient directeur de d_3 est $m=-1{,}5$.

automatismes et calculs

Compétence Calculer

8 Calculer.

1. $2-2\times3+3$
2. $2\times8-3\times(-1)-6$
3. $-3\times(-5)+6\times(-2)+8$

9 Simplifier les fractions suivantes.

1. $\frac{1}{5}+\frac{1}{4}$
2. $5-\frac{1}{4}$
3. $5\times\frac{1}{4}$

10 Simplifier les calculs suivants.

1. $2^5\times2^3$
2. $\frac{2^5}{2^3}$
3. $(2^5)^3$

11 Simplifier les nombres suivants.

1. $\sqrt{9}$
2. $\sqrt{0{,}16}$
3. $\sqrt{0{,}81}\times\sqrt{100}$
4. $\sqrt{0{,}81}+\sqrt{100}$

12 Calculer et donner le résultat sous forme de fraction irréductible.

1. $\frac{7-4}{7-1}$
2. $\frac{-1-3}{8-(-4)}$
3. $\frac{10-(-5)}{-50-(-5)}$

13 On considère la formule $m=\frac{d-c}{b-a}$. Calculer mentalement m dans chacun des cas suivants.

1. $a=2$; $b=3$; $c=4$; $d=5$
2. $a=-1$; $b=5$; $c=3$; $d=17$
3. $a=4$; $b=5$; $c=2$; $d=2$

14 On considère la formule $m=\frac{d-c}{b-a}$. Calculer mentalement m dans chacun des cas suivants.

1. $a=6$; $c=6$; $b=-2$; $d=22$
2. $b=3$; $c=5$; $d=0$; $a=-2$
3. $d=2$; $c=3$; $b=4$; $a=1$

15 On considère la formule $m=a\times b-c\times d$. Calculer mentalement m dans chacun des cas suivants.

1. $a=2$; $b=3$; $c=4$; $d=5$
2. $a=-1$; $b=5$; $c=0$; $d=17$
3. $a=4$; $b=2$; $c=0$; $d=-2$

16 On considère la formule $m=a\times b-c\times d$. Calculer mentalement m dans chacun des cas suivants.

1. $a=6$; $c=6$; $b=-2$; $d=2$
2. $b=3$; $c=5$; $d=1$; $a=-2$
3. $c=3$; $a=1$; $b=3$; $d=4$

17 Résoudre mentalement les équations suivantes.

1. $2x-5=3$
2. $3-2x=1$
3. $2x=0$
4. $2(x-5)=10$

18 Résoudre mentalement les équations suivantes.

1. $3x-5=2x+8$
2. $4x+2=6x-9$
3. $2(x-5)=3(x-8)$
4. $5x-3(2-x)=10$

19 Résoudre mentalement les inéquations suivantes.

1. $3x-5>7$
2. $4-5x\leqslant-6$
3. $-x>-5$
4. $2(x-4)<5x+3$

20 Développer les expressions suivantes.

1. $A(x)=2x(x-5)$
2. $B(x)=(2x-3)(x+6)$

21 Développer les expressions suivantes.

1. $A(x)=(3x+1)^2$
2. $B(x)=(x-4)^2$

22 Factoriser les expressions suivantes.

1. $A(x)=(x-2)(x+3)-5x(x-2)$
2. $B(x)=(4x-5)^2-(x+2)(4x-5)$

23 Factoriser les expressions suivantes.

1. $A(x)=25x^2-36$
2. $B(x)=(2x-5)^2-4$

24 Soit $A(x)=(x+1)(5-x)$.
Résoudre l'équation $A(x)=0$.

25 Soit $A(x)=4x^2-36$.
Résoudre l'équation $A(x)=0$.

26 On considère la fonction affine f définie par :
$$f(x)=3x-5$$

1. Calculer les images par f de -2 ; 0 et 1.
2. Calculer les antécédents par f de -2 ; 0 et 1.

27 On considère la fonction f définie sur $\mathbb{R}$ par :
$$f(x)=2x^2+10$$

1. Calculer $f(0)$; $f(2)$; $f(-1)$; $f(-3)$ et $f(\sqrt{5})$.
2. Résoudre l'équation $f(x)=0$.

28 Dans chacun des cas suivants, une variable x ou y est donnée. Calculer mentalement l'autre.

1. $\begin{cases}x=5\\y=2x-7\end{cases}$
2. $\begin{cases}x=3\\2x+3y=9\end{cases}$
3. $\begin{cases}y=2\\y=3x-1\end{cases}$

29 Dans un repère, on donne $A(2;8)$ et $B(6;-4)$.

1. Calculer les coordonnées du milieu M du segment $[AB]$.
2. Calculer la distance AB.

30 Dans chacun des cas, les vecteurs $\overrightarrow{AB}$ et $\overrightarrow{CD}$ sont-ils colinéaires ?

1. $\overrightarrow{AB}\begin{pmatrix}2\\-5\end{pmatrix}$ et $\overrightarrow{CD}\begin{pmatrix}-6\\15\end{pmatrix}$
2. $\overrightarrow{AB}\begin{pmatrix}4\\6\end{pmatrix}$ et $\overrightarrow{CD}\begin{pmatrix}6\\9\end{pmatrix}$

exercices Application

Exercices INTERACTIFS kwyk

Connaître le cours

31 Deux diaporamas pour faire le point sur le cours.

ACTIVITÉS MENTALES RAPIDES

32 On considère deux points $A(x_A\,;y_A)$ et $B(x_B\,;y_B)$ dans un repère $(O\,;I\,;J)$.
Recopier et compléter les phrases suivantes.

1. Le vecteur $\overrightarrow{AB}$ est un vecteur … de la droite (AB).
2. Deux vecteurs directeurs de la droite (AB) sont …
3. La droite (AB) a une équation cartésienne de la forme …
4. Si la droite (AB) n'est pas parallèle à l'axe des ordonnées alors elle a une équation réduite de la forme …
5. Si la droite (AB) est parallèle à l'axe des ordonnées alors elle a une équation réduite de la forme …

Démo

33 Dans un repère, on considère une droite d passant par un point $A(x_A\,;y_A)$ et de vecteur directeur $\vec{u}\begin{pmatrix}\alpha\\\beta\end{pmatrix}$.
Montrer que les coordonnées $(x\,;y)$ de tous les points M de la droite d vérifient une équation de la forme $ax+by+c=0$ où a, b et c sont des nombres réels tels que $(a\,;b)\neq(0\,;0)$.

34 Soient $M(2;5)$, $N(1;8)$ et $P(4;-1)$.
1. Quelle formule permet de calculer le coefficient directeur de la droite (MN) ?

a. $\dfrac{y_M-x_M}{y_N-x_N}$ b. $\dfrac{y_M-y_N}{x_M-x_N}$ c. $\dfrac{x_M-x_N}{y_M-y_N}$

2. Calculer le coefficient directeur m de (MN).
3. Calculer le coefficient directeur m' de (MP).
4. Les points M, N et P sont-ils alignés ?

35 Citer les droites parallèles parmi celles proposées ci-dessous. Justifier.
$d_1: x+2y-3=0$; $d_2: 3x+5y-7=0$
$d_3: 2x+4y+9=0$; $d_4: 6x-10y-14=0$
$d_5: -6x+2y-5=0$; $d_6: 9x-3y+1=0$

36 Citer les droites parallèles parmi celles proposées ci-dessous. Justifier.
$d_1: y=2x+5$; $d_2: x=2$; $d_3: y=-3x+1$
$d_4: y=2x+1$; $d_5: y=5-3x$; $d_6: x=-3$

37 On considère le système : $\begin{cases}x-3y=4\\8x+5y=3\end{cases}$

1. Les couples $(7;1)$ et $(6;-9)$ sont-ils solutions ?
2. Résoudre le système par la méthode de votre choix.
3. Interpréter graphiquement le résultat obtenu à la question 2.

Travailler les capacités du chapitre

Le plan est muni d'un repère orthonormé $(O\,;\vec{i}\,;\vec{j})$.

Capacité 1 Déterminer une équation cartésienne de droite

38 QCM
Pour chaque question, donner la (ou les) bonne(s) réponses(s).

1. La droite passant par $A(-1;3)$ et de vecteur directeur $\vec{u}\begin{pmatrix}-1\\3\end{pmatrix}$ a pour équation cartésienne :

a. $3x+y=0$ b. $3x+y-6=0$ c. $3x-y+6=0$

2. La droite passant par $A(3;5)$ et $B(-2;7)$ a pour équation cartésienne :

a. $2x+5y-31=0$
b. $-2x-5y+31=0$
c. $2x-5y+19=0$

3. La droite passant par $A(2;-3)$ et $B(2;5)$:

a. est parallèle à l'axe des abscisses.
b. admet pour équation cartésienne $x-2=0$.
c. admet pour équation cartésienne $-8y-24=0$.

Pour les exercices 39 et 40, déterminer dans chaque cas une équation cartésienne de la droite d passant par le point A et de vecteur directeur $\vec{u}$.

39 1. $A(3;4)$ et $\vec{u}\begin{pmatrix}-1\\2\end{pmatrix}$ 2. $A(-2;5)$ et $\vec{u}\begin{pmatrix}0\\-3\end{pmatrix}$

40 1. $A(5;-10)$ et $\vec{u}\begin{pmatrix}3\\1\end{pmatrix}$ 2. $A(0;4)$ et $\vec{u}\begin{pmatrix}5\\-1\end{pmatrix}$

Pour les exercices 41 et 42, déterminer dans chaque cas une équation cartésienne de la droite (AB).

41 1. $A(2;1)$ et $B(5;-6)$
2. $A(-3;0)$ et $B(1;1)$

42 1. $A(-1;7)$ et $B(0;3)$
2. $A(6;8)$ et $B(3;2)$

43 Soient $A(-3;4)$, $B(2;1)$ et $C(-1;-3)$.
1. Calculer les coordonnées du point M milieu du segment $[AC]$.
2. Déterminer une équation cartésienne de la médiane issue de B dans le triangle ABC.

44 Dans chacun des cas suivants, déterminer une équation cartésienne de la droite d parallèle à la droite (AB) et passant par C.
1. $A(5;4)$; $B(-1;2)$ et $C(4;-3)$
2. $A(-5;-1)$; $B(6;4)$ et $C(1;2)$

45 **Points alignés**

Dans chacun des cas suivants, déterminer une équation cartésienne de la droite (AB) puis vérifier si les trois points A, B et C sont alignés.

1. $A(-2;4)$; $B(7;2)$ et $C(11;1)$

2. $A(-4;-1)$; $B(4;3)$ et $C(44;23)$

3. $A(-26;20)$; $B(51;6)$ et $C(30;10)$

4. $A(20;18)$; $B(72;40)$ et $C(124;62)$

CAPACITÉ 2 Tracer une droite à partir d'une équation

46 Dans chacun des cas suivants, déterminer une équation cartésienne de la droite (AB) puis la tracer.

1. $A(-3;-1)$ et $B(37;14)$

2. $A(-5;5)$ et $B(53;-24)$

47 Dans chacun des cas suivants, déterminer une équation réduite de la droite (AB) puis la tracer.

1. $A(2;3)$ et $B(26;-3)$

2. $A(1;1)$ et $B(15;29)$

48 On considère deux points $A(1;5)$ et $B(6;2)$.
Soit la droite $d: -x+3y-7=0$.

1. Calculer les coordonnées du milieu M du segment $[AB]$. Placer les points A, B et M.

2. Tracer la droite d. Que constate-t-on ?

3. Démontrer que $M \in d$.

49 On considère trois droites :

$$d_1 : y=2x+1 \text{ ; } d_2 : y=-x+7 \text{ et } d_3 : y=\frac{1}{3}x+\frac{13}{3}$$

1. a. Tracer dans un repère les trois droites.

b. Vérifier graphiquement que les droites sont concourantes en un point A dont on conjecturera les coordonnées.

2. Démontrer la conjecture de la question **1. b.**

50 Dans chacun des cas suivants :

- déterminer une équation cartésienne de la droite d parallèle à (AB) et passant par C.
- tracer d.

1. $A(-1;2)$; $B(3;4)$ et $C(3;-1)$

2. $A(2;-3)$; $B(-1;2)$ et $C(-1;-1)$

3. $A(1;5)$; $B(3;-4)$ et $C(3;-3)$

51 Dans chacun des cas suivants :

- déterminer l'équation réduite de la droite d parallèle à d' et passant par A.
- tracer d.

1. $A(2;3)$ et $d' : y=-2x-1$

2. $A(-3;4)$ et $d' : y=\frac{1}{4}x+1$

3. $A(5;0)$ et $d' : x=3$

4. $A(6;2)$ et $d' : y=-1$

52 On considère deux droites :

$$d_1 : 4x-2y+1=0 \text{ et } d_2 : -6x+3y+5=0$$

1. Démontrer que d_1 et d_2 sont parallèles.

2. Tracer les droites d_1 et d_2.

CAPACITÉ 3 Déterminer le point d'intersection de deux droites sécantes

53 Soient deux droites :

$$d_1 : -2x+3y-5=0 \text{ et } d_2 : x+4y-14=0$$

1. Démontrer que les droites d_1 et d_2 sont sécantes.

2. À l'aide d'un système, déterminer les coordonnées du point d'intersection des droites d_1 et d_2.

54 On considère deux droites d_1 et d_2 d'équations réduites respectives $y=x-2$ et $y=-2x+10$.

1. Démontrer que les droites d_1 et d_2 sont sécantes.

2. Déterminer les coordonnées du point d'intersection des droites d_1 et d_2.

55 Soit d_1 la droite passant par $A(-2;-1)$ et $B(1;1)$.
Soit d_2 la droite passant par $C(-2;4)$ et de vecteur directeur $\vec{u}\begin{pmatrix}3\\-1\end{pmatrix}$.

1. Tracer les droites d_1 et d_2.

2. Déterminer une équation cartésienne de d_1 et d_2.

3. Justifier que les droites d_1 et d_2 sont sécantes.

4. Déterminer par le calcul les coordonnées du point d'intersection de d_1 et d_2. Vérifier graphiquement.

56 Chloé a entré deux équations de deux droites d_1 et d_2 dans sa calculatrice, elle obtient le tableau de valeurs ci-contre.

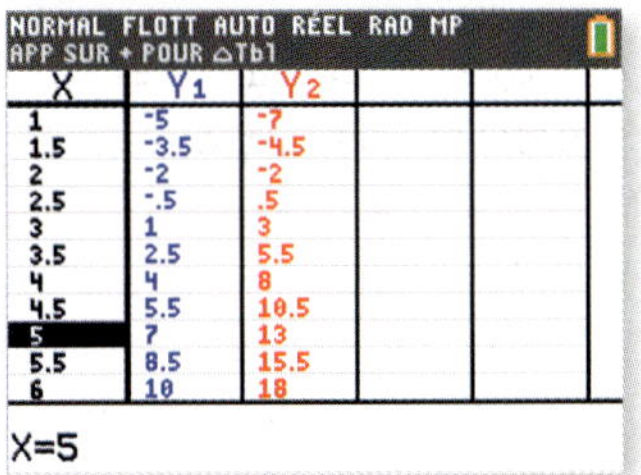
NORMAL FLOTT AUTO RÉEL RAD MP
APP SUR + POUR ΔTbl

X	Y1	Y2
1	-5	-7
1.5	-3.5	-4.5
2	-2	-2
2.5	-.5	.5
3	1	3
3.5	2.5	5.5
4	4	8
4.5	5.5	10.5
5	7	13
5.5	8.5	15.5
6	10	18

X=5

1. Justifier que d_1 et d_2 sont sécantes en un point dont on conjecturera les coordonnées.

2. Déterminer les équations réduites de d_1 et d_2.

3. Vérifier la conjecture par le calcul.

57 Alicia a tracé deux droites d_1 et d_2 à l'aide d'un logiciel de géométrie dynamique.

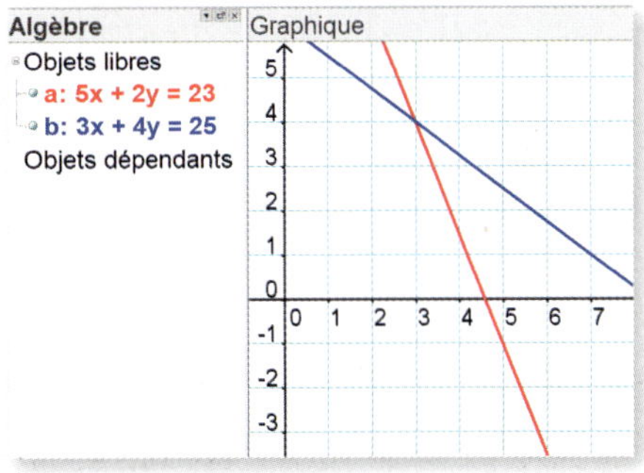

1. Lire les coordonnées du point d'intersection A des droites d_1 et d_2.

2. Retrouver par le calcul les coordonnées de A.

Le plan est muni d'un repère orthonormé $\left(O;\vec{i};\vec{j}\right)$

1 Vecteur directeur d'une droite

58 Pour chaque droite ci-dessous, lire les coordonnées d'un vecteur directeur.

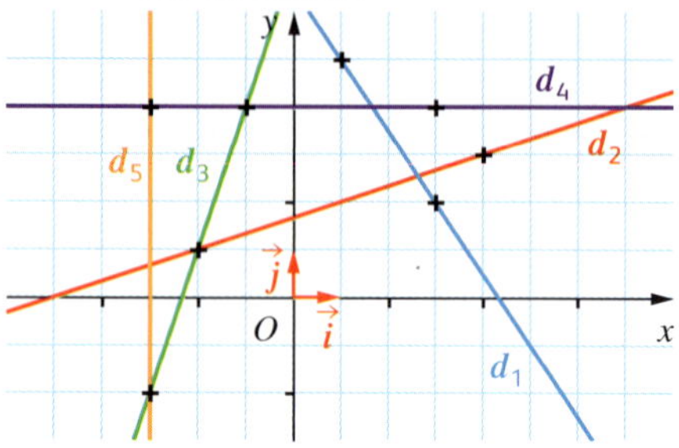

59 On a tracé quatre droites d_1 à d_4.

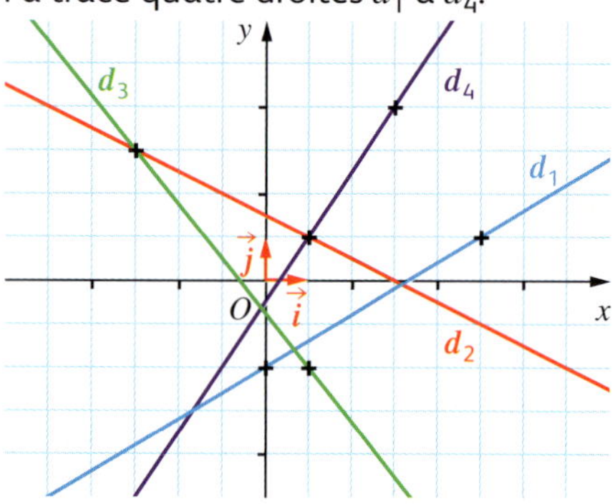

On donne les vecteurs $\vec{u_1}\begin{pmatrix}-4\\-6\end{pmatrix}$, $\vec{u_2}\begin{pmatrix}-2\\2{,}5\end{pmatrix}$, $\vec{u_3}\begin{pmatrix}16\\-8\end{pmatrix}$ et $\vec{u_4}\begin{pmatrix}1\\0{,}6\end{pmatrix}$. Chaque vecteur est un vecteur directeur d'une des quatre droites.
Associer chaque droite et son vecteur directeur.

60 On considère un point $A(4;3)$.
Tracer quatre droites d_1 à d_4 passant par A et admettant respectivement pour vecteur directeur $\vec{u_1}\begin{pmatrix}3\\1\end{pmatrix}$, $\vec{u_2}\begin{pmatrix}1\\-2\end{pmatrix}$, $\vec{u_3}\begin{pmatrix}-5\\0\end{pmatrix}$ et $\vec{u_4}\begin{pmatrix}0\\3\end{pmatrix}$.

61 Dans chacun des cas suivants, indiquer si le vecteur $\vec{u}$ est un vecteur directeur de la droite (AB).

1. $A(-7;3)$; $B(5;1)$ et $\vec{u}\begin{pmatrix}-6\\1\end{pmatrix}$
2. $A(5;2)$; $B(0;-3)$ et $\vec{u}\begin{pmatrix}2\\-2\end{pmatrix}$
3. $A(4;-2)$; $B(3;-4)$ et $\vec{u}\begin{pmatrix}4{,}5\\9\end{pmatrix}$

62 Dans chacun des cas suivants, calculer les coordonnées de trois vecteurs directeurs de la droite (AB).

1. $A(2;3)$ et $B(-1;2)$
2. $A(-5;4)$ et $B(3;1)$
3. $A(7;8)$ et $B(7;9)$

63 On considère une droite d passant par le point $A(3;1)$ et de vecteur directeur $\vec{u}\begin{pmatrix}-2\\3\end{pmatrix}$.
Soient $B(7;-5)$, $C(-4;6)$ et $D(3;-4)$.

1. Tracer la droite d puis placer B, C et D.
2. Le point B est-il sur d ? Justifier.
3. Les droites d et (CD) sont-elles parallèles ? Justifier.

64 PYTHON On considère deux points :
$A(1;-1)$ et $B(6;1)$

1. Calculer les coordonnées du vecteur $\overrightarrow{AB}$.
2. Les vecteurs suivants sont-ils des vecteurs directeurs de la droite (AB) ? Justifier.

a. $\vec{u_1}\begin{pmatrix}10\\4\end{pmatrix}$

b. $\vec{u_2}\begin{pmatrix}-1\\0{,}4\end{pmatrix}$

c. $\vec{u_3}\begin{pmatrix}12{,}5\\5\end{pmatrix}$

3. On a programmé sous Python un algorithme qui permet de dire si un vecteur $\vec{u}\begin{pmatrix}x\\y\end{pmatrix}$ est un vecteur directeur de la droite (AB) avec $A(x_A;y_A)$ et $B(x_B;y_B)$.

```
1 def vecteurdirecteur(x,y,xA,yA,xB,yB):
2     x2=xB-xA
3     y2=yB-yA
4     if ...==...:
5         print("u est un vecteur directeur de (AB)")
6     else:
7         print("u n'est pas un vecteur directeur de (AB)")
```

a. À quoi correspondent les variables x2 et y2 ?
b. Compléter la ligne 4.
c. Programmer cet algorithme et vérifier les résultats de la question 2.

2 Équation cartésienne d'une droite

65 Dans le repère ci-dessous, on considère quatre vecteurs $\vec{u_1}$ à $\vec{u_4}$ et un point $A(3;1)$.

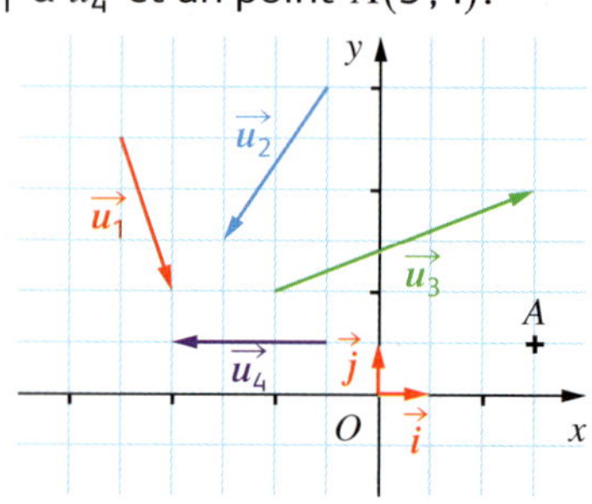

On considère quatre droites d_1 à d_4 passant toutes par A et de vecteurs directeurs respectifs $\vec{u_1}$ à $\vec{u_4}$.

1. Tracer les droites d_1 à d_4.
2. Lire les coordonnées des vecteurs u_1 à u_4.
3. Déterminer une équation cartésienne de chacune des quatre droites.

66 Soient d la droite d'équation cartésienne $-5x+8y-c=0$ (où $c \in \mathbb{R}$) et A un point de d.
Déterminer la valeur de c dans chacun des cas suivants.
1. $A(5;3)$ **2.** $A(6;-1)$ **3.** $A(8;0)$

67 Déterminer le réel t afin que le point A appartienne à la droite d.
1. $d: 2x+3y-1=0$ et $A(2;t)$
2. $d: -x+2y+8=0$ et $A(t;4)$
3. $d: -5x+4y+2=0$ et $A(t;t)$

Dans les exercices **68** à **70**, déterminer une équation cartésienne de la droite (AB) puis la valeur de t afin que les points A, B et C soient alignés.

68 $A(4;2)$; $B(-1;-1)$ et $C(9;t)$

69 $A(5;-1)$; $B(3;2)$ et $C(t;4)$

70 $A(-2;5)$; $B(4;2)$ et $C(t;t)$

Dans les exercices **71** et **72** déterminer un vecteur directeur de la droite d.

71 **1.** $d: 4x-3y+1=0$ **2.** $d: x-5y+2=0$

72 **1.** $d: -x+2y-5=0$ **2.** $d: x-5y+20=0$

73 Soient $d: 5x+3y-1=0$ et $d': 5x-2=0$.
1. Déterminer les coordonnées des points d'intersection de la droite d avec les axes de coordonnées.
2. Déterminer les coordonnées du point d'intersection de d et d'.

74 On considère les points $A(1;4)$, $B(5;2)$, $C(-4;-4)$, $D(2;0)$, $E(4;-1)$ et $F(6;5)$.
1. Tracer les droites (AB), (CD) et (EF). Que constate-t-on ?
2. Déterminer une équation cartésienne de chacune des droites (AB), (CD) et (EF).
3. Montrer que $B \in (CD)$.
4. Montrer que les droites (AB), (CD) et (EF) sont concourantes.

75 **Médiatrices d'un triangle rectangle**
Soient trois points $A(5;5)$, $B(2;1)$ et $C(10;-5)$.
1. Déterminer les coordonnées de M et N les milieux respectifs des segments $[AB]$ et $[BC]$.
2. a. Calculer les longueurs AB, BC et AC.
b. Démontrer que le triangle ABC est rectangle en B.
3. a. Déterminer une équation cartésienne de la médiatrice d_1 du segment $[AB]$.
b. Déterminer une équation cartésienne de la médiatrice d_2 du segment $[BC]$.
4. Montrer que le milieu P de $[AC]$ appartient à chacune des médiatrices d_1 et d_2.

76 ALGO On considère une droite d d'équation cartésienne de la forme $ax+by+c=0$. Elle passe par un point $A(x_A ; y_A)$ et a pour vecteur directeur $\vec{u}\begin{pmatrix}\alpha\\ \beta\end{pmatrix}$.
1. Montrer qu'un point $M(x ; y)$ appartient à la droite d si et seulement si $\beta x - \alpha y + (-\beta x_A + \alpha y_A) = 0$.
2. Rédiger un algorithme en langage naturel qui :
- demande les valeurs x_A, y_A, α et β.
- affiche les coefficients a, b et c de l'équation de d.

Dans les exercices **77** à **79**, préciser si les droites d et d' sont strictement parallèles, confondues ou sécantes.

77 $d: 2x-6y+5=0$ et $d': x-3y+2=0$

78 $d: 4x-3y+1=0$ et $d': 5x-4y+2=0$

79 $d: 3x+9y+2=0$ et $d': 12x+36y+8=0$

80 Soit $d: -7x+2y-3=0$.
1. Déterminer les coordonnées de deux points A et B de la droite d.
2. Déterminer une équation cartésienne de la droite d_2 parallèle à d passant par le point $P(4;2)$.
3. Déterminer une équation cartésienne de la droite d_3 parallèle à d passant par le point $T(-2;1)$.

Dans les exercices **81** et **82** déterminer une équation cartésienne de la droite d' parallèle à la droite d et passant par le point A.

81 $d: -2x+7y-5=0$ et $A(4:-3)$

82 $d: 3x+2y+1=0$ et $A(2;0)$

83 Soient $A(4;3)$, $B(-2;4)$ et $C(6;-2)$.
1. À l'aide d'un logiciel de géométrie dynamique, placer A, B et C. Construire la droite (BC) et la droite Δ parallèle à (BC) passant par A.

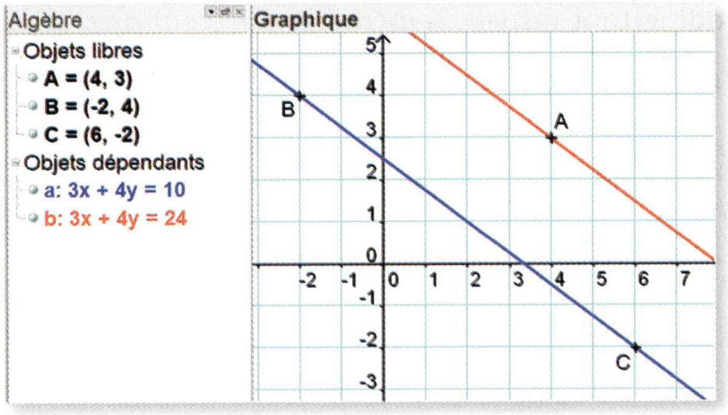

2. Justifier les équations cartésiennes des deux droites (BC) et Δ affichées par le logiciel.

84 Soient $d: 2x-5y+8=0$ et $A(-1;2)$.
Déterminer les coordonnées du point d'intersection de l'axe des abscisses avec la droite d' parallèle à d passant par A.

85 On donne deux droites d_1 et d_2 par leurs équations cartésiennes :

$$d_1 : a_1x + b_1y + c_1 = 0$$
$$d_2 : a_2x + b_2y + c_2 = 0$$

On considère l'algorithme incomplet suivant rédigé en langage Python. Il doit permettre d'indiquer si les deux droites d_1 et d_2 sont sécantes, strictement parallèles ou confondues.

```
1 def position(a1,b1,c1,a2,b2,c2):
2     k=a1/a2
3     l=b1/b2
4     m=c1/c2
5     if k==l:
6         if k==...:
7             return("les droites sont ...")
8         else:
9             return("les droites sont ...")
10    else:
11        return("les droites sont ...")
```

1. Expliquer les instructions des lignes 2 ; 3 ; 4 et 5.
2. Recopier et compléter les lignes 6 ; 7 ; 9 et 11.
3. Programmer puis exécuter l'algorithme dans chacun des cas suivants et indiquer la position relative des droites d_1 et d_2.
a. $d_1 : -x + 3y + 5 = 0$ et $d_2 : 2x - 6y + 9 = 0$
b. $d_1 : 2x - 3y + 1 = 0$ et $d_2 : -12x + 18y - 6 = 0$
c. $d_1 : 5x + 2y - 1 = 0$ et $d_2 : 2x - 5y + 9 = 0$

3 Équation réduite d'une droite

86 **QCM**

Pour chaque question, donner la (ou les) bonne(s) réponse(s).

1. La droite passant par $A(2;5)$ et $B(2;9)$ est :
a. parallèle à l'axe des abscisses.
b. parallèle à l'axe des ordonnées.
c. passe par l'origine du repère.

2. La droite passant par $A(8;1)$ et $B(2;19)$ a un coefficient directeur égal à :
a. -3 **b.** $-\frac{1}{3}$ **c.** 2

3. Soient $A(-4;6)$, $B(2;3)$, $C(6;1)$ et $D(22;7)$.
Les droites (AB) et (CD) sont :
a. sécantes. **b.** parallèles non confondues.
c. confondues.

87 Soient d_1 et d_2 deux droites ayant pour équations cartésiennes respectives :

$$x + 2y - 3 = 0 \text{ et } 2x + 5y - 7 = 0$$

Donner l'équation réduite de chaque droite.

88 $A(2;-5)$, $B(2;4)$ et $C(-3;4)$.
1. Quelle particularité ont les points A et B d'une part et les points B et C d'autre part ?
2. Donner l'équation réduite de (AB) et (BC).

89 Par lecture graphique, préciser le coefficient directeur puis donner une équation réduite de chaque droite.

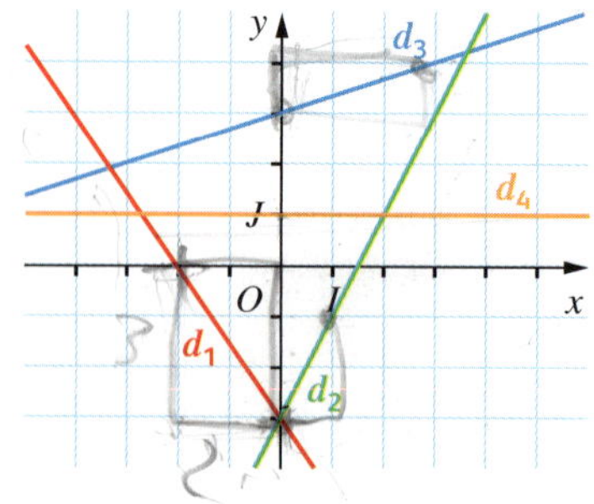

90 Par lecture graphique, préciser les équations réduites des droites tracées ci-dessous.

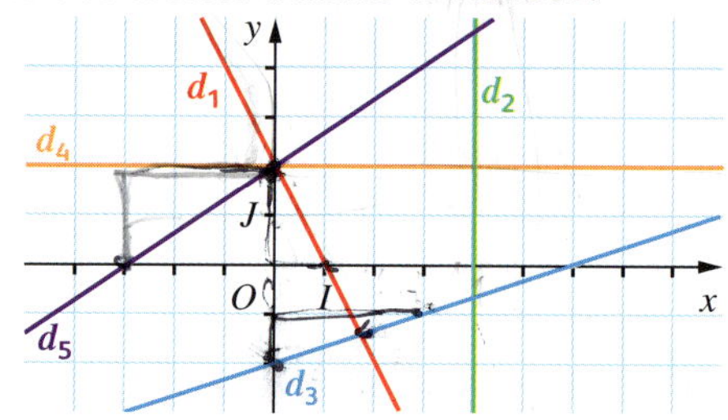

91 Dans chacun des cas suivants, calculer le coefficient directeur m de la droite (AB).
1. $A(2;5)$ et $B(-8;25)$
2. $A(-120;487)$ et $B(380;-313)$

92 Déterminer algébriquement l'équation réduite de la droite d passant par le point A et de coefficient directeur m. Tracer d.
1. $A(2;8)$ et $m = -5$ **2.** $A(-3;-5)$ et $m = 3$

Démo
93 On considère deux points $A(x_A ; y_A)$ et $B(x_B ; y_B)$. On suppose que $x_A \neq x_B$. La droite (AB) admet alors une équation réduite de la forme $y = mx + p$.
1. Justifier qu'on a d'une part $p = y_A - mx_A$ et d'autre part $p = y_B - mx_B$.
2. Démontrer que le coefficient directeur de la droite (AB) est $m = \frac{y_B - y_A}{x_B - x_A}$.

Dans les exercices **94** et **95** déterminer algébriquement l'équation réduite de la droite (AB).

94 **1.** $A(3;2)$ et $B(5;2)$ **2.** $A(14;3)$ et $B(4;9)$

95 **1.** $A(0{,}2;5)$ et $B(1;0{,}8)$ **2.** $A(3;6)$ et $B(1;6)$

96 Soient $A(3;-2)$, $B(9;2)$ et $C(-2;4)$.
1. Calculer les coordonnées du milieu M de $[AB]$.
2. Déterminer l'équation réduite de la droite (CM).
3. Le point $D(30;-10)$ appartient-il à la médiane du triangle ABC issue de C ?

97 Léo a saisi l'équation d'une droite d dans sa calculatrice et a obtenu le tableau de valeurs ci-contre.

X	Y1
2	-1
3	-7
4	-13

1. Déterminer l'équation réduite de la droite d.
2. Afficher le tableau de valeurs.
3. La droite passe-t-elle par le point $(9;-43)$?

98 ALGO L'algorithme ci-contre permet d'obtenir l'équation réduite $y = mx + p$ d'une droite passant par deux points $A(x_A ; y_A)$ et $B(x_B ; y_B)$ avec $x_A \neq x_B$.

```
Lire x_A, y_A, x_B, y_B
m ← ...
p ← ...
Afficher (m)
Afficher (p)
```

1. Montrer que $p = y_A - mx_A$.
2. Recopier et compléter l'algorithme.

99 Compétence Modéliser

En 2010, la Bibliothèque nationale de France François Mitterrand à Paris a enregistré 944 000 entrées.
En 2014, elle en a enregistré 810 000.

Source : INSEE

Soient $A(0;944)$ et $B(4;810)$. On suppose que la droite (AB) décrit l'évolution en fonction du temps du nombre d'entrées de la bibliothèque.
1. Déterminer une équation réduite de (AB).
2. Estimer le nombre d'entrées en 2013.
3. En quelle année peut-on estimer que le nombre d'entrées pourrait être inférieur à 600 000 ?

100 On donne ci-dessous le nombre de passagers, en million, dans les aéroports parisiens d'Orly et de Roissy-Charles-de-Gaulle entre 2011 et 2016.

	A	B	C	D	E	F	G
1	Année	2011	2012	2013	2014	2015	2016
2	Rang de l'année	1	2	3	4	5	6
3	Nombre de passagers	88,1	88,8	90,3	92,7	95,4	97,2

Source : Aéroports de Paris

1. À l'aide d'un tableur, créer une feuille de calculs et insérer le nuage de points représentant les données. Réaliser un clic droit sur un des points du nuage puis sélectionner *Ajouter une courbe de tendance linéaire* et cocher la case *Afficher l'équation sur le graphique*. Noter l'équation de la droite d'ajustement du nuage obtenue.
2. À l'aide de cet ajustement, répondre aux questions suivantes.
a. Estimer le nombre de passagers dans les deux aéroports parisiens en 2017 puis 2018.
b. En quelle année, selon ce modèle, le nombre de passagers devrait-il dépasser 150 millions ?

Analyse d'un énoncé

101 **Exercice commenté**
On donne un nombre réel t et quatre points :
$A(2;8)$, $B(7;-2)$, $C(-3;-1)$ et $D(-8;t)$
1. Calculer le coefficient directeur de la droite (AB).
2. Exprimer en fonction de t le coefficient directeur de la droite (CD).

Cela signifie que la réponse ne sera pas un nombre fixé, le réel t apparait dans le coefficient.

3. Calculer le nombre t pour que les droites (AB) et (CD) soient parallèles.

Deux droites sont parallèles si et seulement si elles ont le même coefficient directeur.

102 **Application immédiate**
Soient $A(12;10)$, $B(-3;15)$, $C(2;t)$ et $D(4;3t+4)$ où $t \in \mathbb{R}$.
1. Exprimer en fonction de t le coefficient directeur et l'ordonnée à l'origine de la droite (CD).
2. Existe-t-il un nombre t pour lequel les droites (AB) et (CD) sont confondues ?
3. Existe-t-il un nombre réel t pour lequel les points A, C et D sont alignés ?

103 Dans chacun des cas suivants, étudier la position relative des droites (AB) et (CD).
1. $A(2;-9)$; $B(7;11)$; $C(1;13)$ et $D(2;18)$
2. $A(-14;13)$; $B(7;-1)$; $C(10;1)$ et $D(-11;15)$

104 Rémi a tracé deux droites $d_1 : y = -3x + 18$ et $d_2 : y = 4x - 15$.
À l'aide de la fonction *Trace*, il a placé le curseur à l'intersection des droites d_1 et d_2.

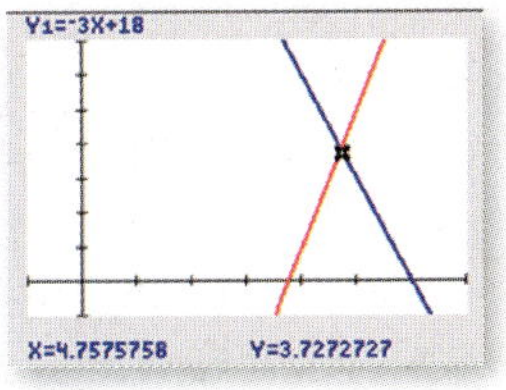

1. Calculer les valeurs exactes des coordonnées du point d'intersection.
2. Rémi doit tracer une droite d_3 parallèle à d_1 passant par l'origine du repère.
a. Déterminer l'équation réduite de la droite d_3.
b. Conjecturer à l'aide de la calculatrice les coordonnées du point d'intersection des droites d_2 et d_3.
c. Retrouver le résultat par le calcul.

105 Soient $M(4;5)$, $N(-2;2)$, $P(2;-3)$ et $R(4;-2)$.
1. Démontrer que les droites (PN) et (MR) ne sont pas parallèles.
2. Démontrer que $MNPR$ est un trapèze.

106 Calculer le réel t afin que $A \in d$.
1. $d : y = -6x + 11$ et $A(2;t)$
2. $d : y = 3x + 4$ et $A(t;t)$

107 ALGO Soit d une droite d'équation réduite $y = mx + p$ ainsi que deux points A et B avec $x_A \neq x_B$. On donne un algorithme incomplet, écrit en langage naturel et en langage Python, donnant la position relative des droites d et (AB).

Langage naturel

```
Lire m, p
Lire xA, yA, xB, yB
m2 ← ...
Si m = m2 Alors
    Afficher « ... »
Sinon
    Afficher « ... »
Fin Si
```

Python

```python
def position(m,p,xA,yA,xB,yB):
    m2=...
    if m==m2:
        print("...")
    else:
        print("...")
```

1. Recopier et compléter tous les pointillés de l'algorithme.
2. Programmer cet algorithme.
3. On donne $d : y = 3x + 8$, $A(1;2)$ et $B(2;3)$.
Qu'affiche l'algorithme ?
4. On donne $d : y = 5 + 2x$, $A(3;6)$ et $B(2;8)$.
Qu'affiche l'algorithme ?
5. On donne $d : y = 5$, $A(-5;5)$, $B(5;-5)$ et $C(5,5)$.
À l'aide de l'algorithme préciser :
a. la position relative des droites d et (AB).
b. la position relative des droites d et (AC).

108 ALGO **Alignement de trois points**
On considère l'algorithme ci-dessous, rédigé en langage naturel, qui permet de dire si trois points dont les abscisses sont deux à deux distinctes, $A(x_A ; y_A)$, $B(x_B ; y_B)$ et $C(x_C ; y_C)$ sont alignés.

```
Lire xA, yA, xB, yB, xC, yC
m1 ← (yB − yA)/(xB − xA)
m2 ← ...
Si ... Alors
    Afficher (A, B, C alignés)
Sinon
    Afficher (A, B, C non alignés)
```

1. Recopier et compléter cet algorithme.
2. Programmer cet algorithme.
3. Exécuter cet algorithme et indiquer si les points A, B et C suivants sont alignés.
a. $A(-3;3)$; $B(4;1)$ et $C(8;0)$
b. $A(-12;-4)$; $B(9;1)$ et $C(72;16)$
c. $A(-1{,}1;0{,}1)$; $B(-0{,}2;0{,}3)$ et $C(-0{,}74;0{,}18)$

109 Soient $A(6;6)$, $B(1;1)$, $C(7;-1)$ et $G(5;3)$.
On note respectivement M et N les milieux respectifs de $[BC]$ et $[AC]$.
1. Montrer que les points A, M et G sont alignés.
2. Les médianes du triangle se coupent-elles en G ?

4 Système de deux équations à deux inconnues

Dans les exercices **110** et **111**, résoudre les systèmes avec la méthode par substitution.

110 **1.** $\begin{cases} x - 3y = 8 \\ 2x + 5y = 5 \end{cases}$ **2.** $\begin{cases} 3x + 4y = 10 \\ 5x + y = -6 \end{cases}$

111 **1.** $\begin{cases} 8x + y = 111 \\ 14x - 9y = 33 \end{cases}$ **2.** $\begin{cases} 0{,}2x + 0{,}7y = 0{,}5 \\ x + 2y = 1{,}6 \end{cases}$

Dans les exercices **112** et **113**, résoudre les systèmes avec la méthode par combinaison linéaire.

112 **1.** $\begin{cases} 3x + 5y = 31 \\ 5x + 4y = 43 \end{cases}$ **2.** $\begin{cases} 8x - 5y = -6 \\ 4x + 2y = 24 \end{cases}$

113 **1.** $\begin{cases} 7x + 4y = 1 \\ 3x + 5y = 7 \end{cases}$ **2.** $\begin{cases} -3x + 4y = 56 \\ 2x + 4y = 36 \end{cases}$

114 Dans chacun des cas suivants, calculer les nombres réels a et b afin que le couple donné soit solution du système.
1. $\begin{cases} 2x - 3y = 13 \\ 5x + by = -14 \end{cases}$ a pour solution $(2;a)$.
2. $\begin{cases} ax + 2y = 1 \\ 3x + by = -1 \end{cases}$ a pour solution $(5;-2)$.

115 La droite d passe par les points :
$$M(-2;6) \text{ et } N(2;18)$$
1. Pourquoi (MN) admet-elle une équation réduite de la forme $y = mx + p$?
2. Justifier qu'on a le système :
$$\begin{cases} -2m + p = 6 \\ 2m + p = 18 \end{cases}$$
3. a. Résoudre le système.
b. Le point $P(-10;-18)$ est-il sur d ? Justifier.

116 On donne la copie d'écran suivante.

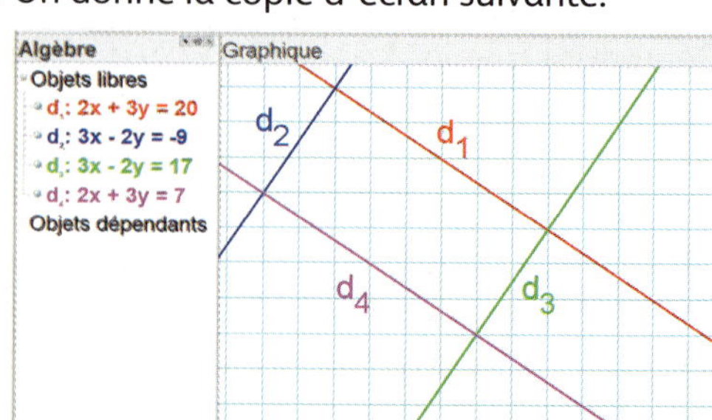

Démontrer que les points d'intersection de ces quatre droites forment un rectangle.

117 À l'aide d'un logiciel de géométrie dynamique, on a tracé les droites (AB) et (CD) avec $A(-2;1)$, $B(4;-2)$, $C(7;2)$ et $D(-2;-4)$.
On note E le point d'intersection.

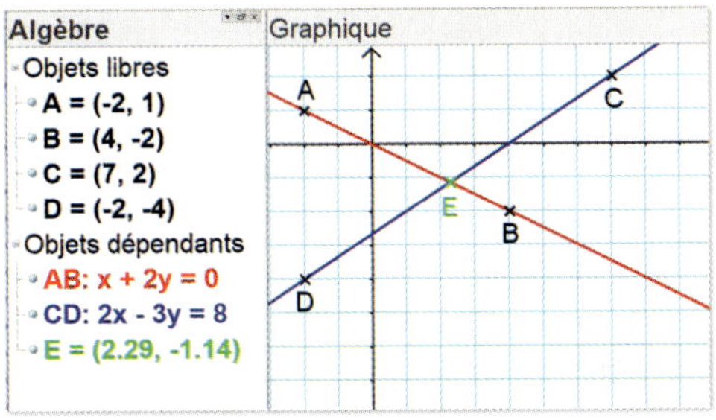

1. Justifier les équations cartésiennes des droites (AB) et (CD) données par le logiciel.
2. Les coordonnées de E proposées par le logiciel sont-elles exactes ? Si non, quelles sont-elles ?

118 On donne la figure ci-dessous.

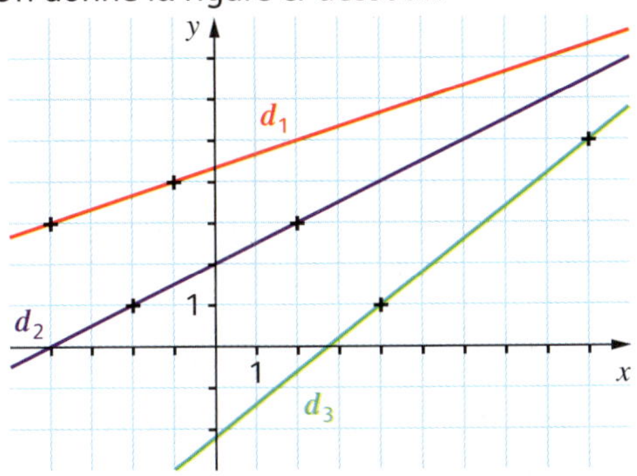

1. a. Déterminer graphiquement un vecteur directeur de chaque droite d_1, d_2 et d_3.
b. En déduire une équation cartésienne de d_1, d_2 et d_3.
2. a. Justifier que les droites d_1 et d_2 sont sécantes.
b. À l'aide d'un système calculer les coordonnées du point d'intersection P des droites d_1 et d_2.
3. Montrer que les droites d_1, d_2 et d_3 sont concourantes.

119 On considère les points $A(-4;1)$, $B(1;-1)$, $C(-2;2)$ et $D(-3;3)$.
On note I le milieu du segment $[AB]$ et G le point tel que $\overrightarrow{CG}=\frac{1}{3}\overrightarrow{AC}$.
Le but de l'exercice est de démontrer que les droites (AD), (CI) et (BG) sont concourantes.
1. Montrer que les points B, C et D sont alignés.
2. a. Démontrer que la droite (IC) a pour équation cartésienne $4x+y+6=0$.
b. Déterminer une équation cartésienne de la droite (AD).
c. Justifier que les droites (AD) et (CI) sont sécantes en un point K dont on déterminera les coordonnées.
3. Montrer alors que les droites (AD), (CI) et (BG) sont concourantes.

120 Soient $A(7;-2)$, $B(3;4)$, $C(-7;-3)$, $D(-6;1)$, $E(13;5)$ et $F(19;2)$.
1. Déterminer une équation cartésienne de chacune des droites (AB), (CD) et (EF).
2. Montrer que (AB), (CD) et (EF) sont concourantes en un point T dont on calculera les coordonnées.

121 Compétence Modéliser
Eva achète quatre croissants et une baguette pour 4,70 € et Igor achète cinq croissants et quatre baguettes pour 8,90 €. On note x le prix d'un croissant et y le prix d'une baguette.
1. Écrire un système de deux équations à deux inconnues traduisant les données de l'énoncé.
2. Quel est le prix d'un croissant ? D'une baguette ?

122 Compétence Modéliser

Léa souhaite acheter un téléviseur et une tablette pour un montant total de 714 € en magasin.
Sur le site Internet du magasin, elle remarque que pour des modèles identiques, le téléviseur bénéficie d'une remise de 30 % et la tablette d'une remise de 50 €. Le montant total de ces deux achats sur Internet s'élève alors à 535 €.
Les prix en magasin du téléviseur et de la tablette sont notés respectivement x et y.
1. Montrer que les indications du site Internet permettent d'affirmer que $0{,}7x+y=585$.
2. Écrire un système de deux équations d'inconnues x et y permettant de déterminer le prix du téléviseur et de la tablette en magasin.
3. Déterminer le prix du téléviseur et de la tablette sur le site Internet.

123 **Exercice guidé**
Medhi, élève en Première, ne se souvient plus des coefficients de l'épreuve anticipée de français à l'écrit et à l'oral.
Ayant obtenu ses notes lors du bac blanc de français, il a compté que si l'oral a pour coefficient 2 et l'écrit coefficient 3 alors il aurait obtenu 64 points sur 100. Mais si l'oral a pour coefficient 3 et l'écrit coefficient 2 (la note totale est alors sur 100 points), il aurait 16 points d'avance par rapport à la moyenne.
Déterminer la note x obtenue par Medhi à l'oral du bac blanc de français et sa note à l'écrit y.

Pistes de résolution On traduit chaque information de l'énoncé pour mettre en place un système de deux équations à deux inconnues.

124 PRISE D'INITIATIVES Compétence Chercher
Dans la classe de Seconde 3, il y a huit filles de moins que de garçons.
De plus, un tiers des filles et un quart des garçons, soit neuf élèves, sont externes.
Combien y a-t-il d'élèves dans cette classe ?

125 Dans un repère orthonormé $(O\,;I\,;J)$, on donne les points $A(-4;3)$, $B(8;1)$ et $C(1;4)$.

Partie A. Médiatrices d'un triangle

1. On note m_1 la médiatrice du segment $[BC]$.
Soit $M(x\,;y)$ un point quelconque sur m_1.
On rappelle que la médiatrice d'un segment est constituée des points **équidistants** des extrémités de ce segment.

a. Exprimer BM^2 et CM^2 en fonction de x et y.

b. Montrer qu'un point $M(x\,;y)$ appartient à la médiatrice m_1 du segment $[BC]$ si et seulement si :

$$7x-3y=24$$

2. Montrer de la même manière qu'une équation cartésienne de la médiatrice m_2 du segment $[AC]$ est :

$$5x+y=-4$$

3. a. Résoudre le système : $\begin{cases}7x-3y=24\\5x+y=-4\end{cases}$

b. En déduire les coordonnées du centre E du cercle circonscrit au triangle ABC.

Partie B. Hauteurs d'un triangle

1. Soit h_1 la hauteur issue de A du triangle ABC.

a. Démontrer que m_1 et h_1 sont parallèles.

b. Déterminer une équation cartésienne de h_1.

2. Soit h_2 la hauteur issue de B du triangle ABC.
Déterminer une équation cartésienne de h_2.

3. Déterminer les coordonnées de l'orthocentre H du triangle ABC.

126 On considère la droite $\Delta_a : y=ax+2$ où $a\in\mathbb{R}$.

1. Réaliser les étapes suivantes en utilisant un logiciel de géométrie dynamique.

- À l'aide de l'icône créer un curseur a allant de -3 à 3 avec un incrément de 0,2.
- Saisir l'équation $y=a*x+2$.
- Sélectionner la droite par un clic droit et activer sa trace.
- Animer ensuite le curseur.

On obtient la figure suivante.

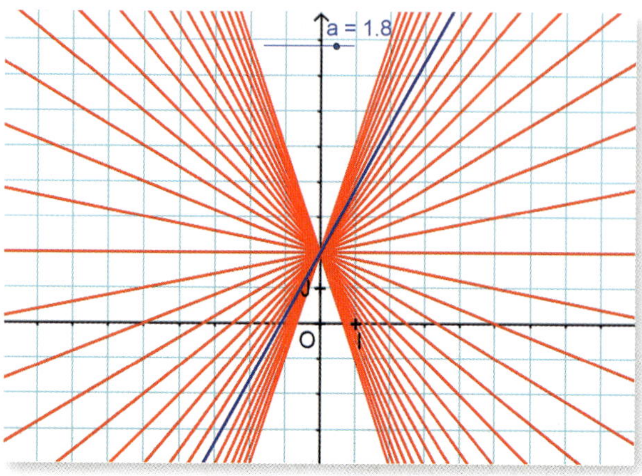

2. Quelle est l'équation de la droite représentée en bleu ci-dessus ?
Quelle est son ordonnée à l'origine ?

3. a. Quelle est l'équation de la droite $\Delta_{2,4}$ puis de la droite Δ_{-3} ?

b. Justifier que les droites $\Delta_{2,4}$ et Δ_{-3} sont sécantes en un point dont on déterminera les coordonnées.

4. Toutes les droites Δ_a sont concourantes, pourquoi ?

127 Compétence Raisonner **Alignés ou pas ?**

Dans un repère $(O\,;I\,;J)$, on considère les points $A(0;13)$, $B(8;8)$, $C(21;0)$ et $D(-7;5)$.

1. Réaliser une figure en prenant un repère orthonormé d'unité graphique 0,5 cm.

2. a. Les points A, B et C semblent-ils alignés ?

b. Conjecturer la position relative des droites (BC) et (ID).

3. En utilisant les équations de droites, répondre aux questions suivantes en justifiant.

a. Les points A, B et C sont-ils alignés ?

b. Les droites (BC) et (ID) sont-elles parallèles ?

128 Compétence Modéliser

La droite des points moyens

On donne le bénéfice d'une entreprise, en million d'euros, entre 2012 et 2017

Année	Rang de l'année x	Bénéfice y
2012	0	1,23
2013	1	1,38
2014	2	1,62
2015	3	1,70
2016	4	2,02
2017	5	2,31

1. Dans un repère orthonormé $(O\,;I\,;J)$ où $OI=OJ=2\,\text{cm}$, construire le nuage de points de coordonnées $(x\,;y)$.

2. a. Calculer $\overline{x}_1$ et $\overline{y}_1$ respectivement la moyenne des abscisses et la moyenne des ordonnées des trois premiers points du nuage.

b. Placer le point $G_1(\overline{x}_1\,;\overline{y}_1)$.

3. a. Calculer $\overline{x}_2$ et $\overline{y}_2$ respectivement la moyenne des abscisses et la moyenne des ordonnées des trois derniers points du nuage.

b. Placer le point $G_2(\overline{x}_2\,;\overline{y}_2)$ et tracer la droite (G_1G_2).

4. Déterminer l'équation réduite de la droite (G_1G_2).

5. On suppose que la droite (G_1G_2) donne l'évolution du bénéfice de l'entreprise.

a. Calculer le bénéfice prévisible pour 2020.

b. Selon ce modèle, en quelle année le bénéfice devrait-il dépasser quatre millions d'euros ?

129 Compétence Modéliser

On donne le nombre d'habitants, en millier, de la métropole de Bordeaux entre 2009 et 2014.

Année	Nombre d'habitants
2009	709
2011	720
2012	737,5
2013	749,6
2014	761

Source Insee.

1. Sur la calculatrice en mode statistique, entrer les années x dans la liste 1 et le nombre d'habitants y dans la liste 2.

Aide calculatrice

- **TI** stats sélectionner 1 : Edit.
- **Casio** Menu sélectionner stats.
- **NumWorks** Menu sélectionner Régression.

2. On souhaite effectuer des prévisions pour les années suivantes à l'aide d'une droite appelée la « droite de régression de y en x ».

Aide calculatrice

- **TI** stats sélectionner CALC puis 4 : LinReg(ax+b). Vérifier que Xlist est associé à L1 et Ylist à L2.
- **Casio** sélectionner CALC puis REG puis X puis ax+b. Vérifier dans SET que 2Var XList est associé à List1 et 2Var YList est associé à List2.
- **NumWorks** sélectionner Graphique.

La calculatrice affiche une équation de droite sous la forme $y = ax + b$. Noter a et b.
Arrondir a au dixième et b à l'unité.

3. a. Dans un article du 18 septembre 2017, le journal *20minutes* titrait « Bordeaux Métropole : le million en 2030 c'est possible ».
Peut-on confirmer le titre de l'article ?

b. Si l'évolution se maintient, en quelle année la métropole de Bordeaux dépassera-t-elle un million d'habitants ?

130 Un terrain a pour longueur 50 mètres et pour largeur 30 mètres. Le propriétaire augmente la largeur de x mètres et la longueur de y mètres. Il obtient alors un terrain carré dont le périmètre est égal à 500 mètres.

1. Écrire un système de deux équations à deux inconnues x et y traduisant les données de l'énoncé.

2. Calculer x et y.

131 **Régionnement du plan**

Partie A. On considère la droite $d : 2x + 3y = 11$.

1. Tracer la droite d dans un repère.

2. On considère l'ensemble E des points $M(x\,;y)$ tels que $2x + 3y < 11$.

a. Montrer que l'origine du repère est dans E.

b. Parmi les points suivants, quels sont ceux qui appartiennent à l'ensemble E ? Justifier par un calcul.

- $A(2;1)$ • $B(1;4)$ • $C(5;0)$ • $D(4;1)$

c. Graphiquement, où sont situés les points qui appartiennent à l'ensemble E ?

Info
On dit que l'ensemble E est le **demi-plan** délimité par la droite d (non incluse) et contenant l'origine du repère.

Partie B. Ci-dessous, on a représenté deux droites :

$$d_1 : x - 5y + 13 = 0 \text{ et } d_2 : 2x - 3y + 1 = 0$$

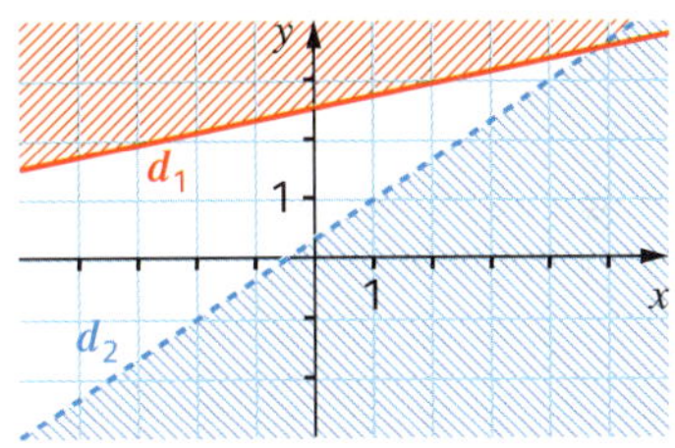

Décrire l'ensemble non hachuré par un système de deux inéquations à deux inconnues x et y. *Une droite en pointillés correspond à une inégalité stricte.*

132 On considère l'ensemble F des points $M(x\,;y)$ vérifiant : $\begin{cases} x > 0 \\ x - y - 1 \leqslant 0 \\ 3x - 5y + 4 > 0 \end{cases}$

1. Les points $A(1;2)$ et $B(3;2)$ appartiennent-ils à F ?

2. a. Tracer les droites $d_1 : x = 0$, $d_2 : x - y - 1 = 0$ et $d_3 : 3x - 5y + 4 = 0$.

b. Hachurer les parties du plan qui ne vérifient pas les inéquations de l'ensemble F.

c. Décrire l'ensemble F.

3. Combien de points à coordonnées entières sont-ils dans l'ensemble F ? Lesquels ?

133 PRISE D'INITIATIVES Soit $ABCD$ un carré. Soient E et F deux points tels que les triangles ABE et BCF sont équilatéraux comme indiqué sur la figure ci-dessous.

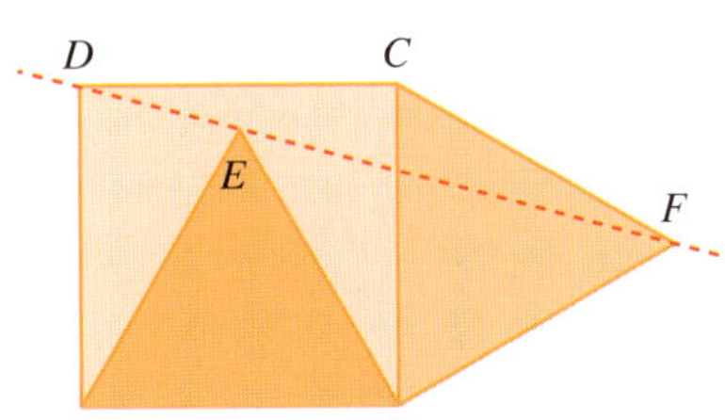

En se plaçant dans le repère (A, B, D), montrer que les points D, E et F sont alignés.

COUPS DE POUCE 144

Le plan est muni d'un repère $(O\,;I\,;J)$.

Maîtriser l'essentiel

134 Compréhension d'énoncé
On considère l'énoncé suivant.
Soient $A(2;-8)$, $B(-5;6)$ et $C(-12;15)$.
I. Déterminer une équation cartésienne, puis l'équation réduite de la droite (AB).
II. Le point C appartient-il à (AB) ?
III. Déterminer l'équation réduite de la droite Δ parallèle à (AB) passant par C.

Répondre aux questions suivantes.
1. Quelle est la forme d'une équation cartésienne ? Celle d'une équation réduite ?
2. Comment montre-t-on qu'un point appartient à une droite ?
3. Quel mot est important dans la consigne ? Que permet-il de connaître pour l'équation réduite de Δ.
4. Répondre aux trois questions de l'énoncé.

135 **1.** Dans un repère, construire la droite d_1 passant par $A(-3;4)$ et de vecteur directeur $\vec{u_1}\begin{pmatrix}3\\-2\end{pmatrix}$.
2. Déterminer une équation cartésienne de d_1.

136 On donne deux points $T(-4;3)$ et $R(5;4)$.
1. Déterminer une équation cartésienne de la droite (RT).
2. Le point $S(15;5)$ est-il sur la droite (TS) ?

137 **1.** Déterminer graphiquement le coefficient directeur de la droite d_1 ci-contre.
2. Déterminer graphiquement l'équation réduite de chacune des quatre droites ci-contre.

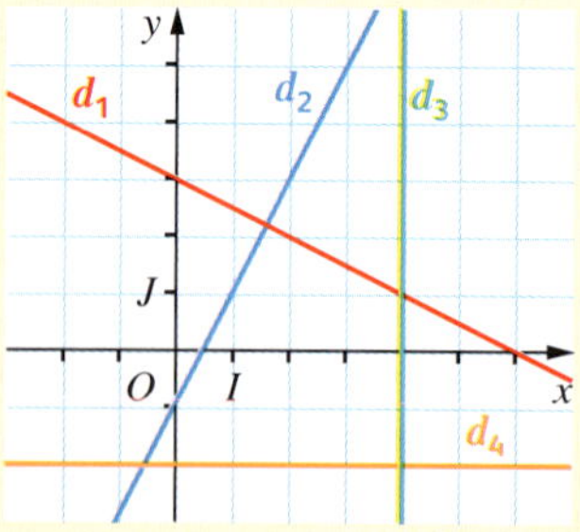

138 Soient $A(2;4)$, $B(3;3)$, $C(2;-1)$ et $D(0;2)$.
Déterminer algébriquement l'équation réduite de chacune des droites :
(AB) ; (CD) ; (CB) et (AD)

139 Soient trois droites $d_1 : 7x-4y+13=0$; $d_2 : -21x+12y-4=0$ et $d_3 : x-10y+5=0$.
1. Les droites d_1 et d_2 sont-elles sécantes ?
2. a. Montrer que les droites d_1 et d_3 sont sécantes.
b. Résoudre le système : $\begin{cases}7x-4y=-13\\x-10y=-5\end{cases}$
c. Que représente le couple solution du système pour les droites d_1 et d_3 ?

Aller plus loin

140 Soient $A(3;8)$, $B(2;1)$, $C(8;3)$ et $N(6;5)$.
1. a. Calculer les coordonnées de M, milieu de $[BC]$.
b. Montrer que A est équidistant de B et de C.
c. Que représente la droite (AM) pour le triangle ABC ?
2. a. Déterminer une équation cartésienne de (AC).
b. Démontrer que N appartient à la droite (AC).
c. Montrer que le triangle BNC est rectangle en N.
d. Que représente la droite (BN) pour le triangle ABC ?
3. a. Déterminer une équation cartésienne de chacune des droites (AM) et (BN).
b. Déterminer les coordonnées de l'orthocentre du triangle ABC.

141 Soient $A(2;2)$, $B(4;4)$, $C(7;2)$ et $D(4;-2)$.
1. Montrer que la droite d_1 passant par A et de vecteur directeur $\overrightarrow{BC}$ et la droite d_2 passant par D et de vecteur directeur $\overrightarrow{AC}$ sont sécantes en un point P.
2. Calculer les coordonnées du point P.

142 Un magasin vend des coques de téléphone et des stylos. En septembre, la recette pour la vente de 350 coques et 700 stylos a été de 4 900 €. Le bénéfice du vendeur est de 40 % du prix pour chaque coque et de 60 % du prix pour chaque stylo. Le vendeur a réalisé en septembre un bénéfice de 2 380 €.
On note x le prix d'une coque et y celui d'un stylo.
1. Écrire un système de deux équations traduisant les données de l'énoncé.
2. En déduire le prix d'une coque de téléphone et le prix d'un stylo.

143 À la boulangerie, Tom achète deux croissants et quatre pains au chocolat pour 6,90 €. Dans la même boulangerie, Rose paie 4,10 € pour un pain au chocolat et trois croissants. Gaëlle veut acheter neuf croissants et sept pains au chocolat dans cette boulangerie. Combien va-t-elle devoir payer ?

144 PRISE D'INITIATIVES Une légende raconte qu'un trésor est caché dans le puits d'un château situé à mi-chemin entre la porte d'entrée du château et le portail du parc.
Sur une carte, les positions des points sont données avec l'indication : « Le trésor est au croisement des deux chemins. »

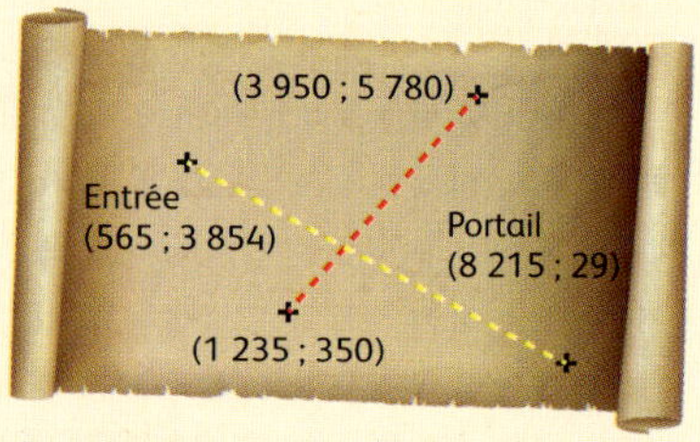

Le trésor est-il dans le puits ?

TP Pratiquer l'algorithmique et programmer

Construction d'une bibliothèque

Objectif PYTHON
Automatiser un calcul.
Adapter un programme à de nouvelles données.
Utilisation de fonctions.

Un ébéniste souhaite fabriquer une bibliothèque sur mesure. Les côtés gauche et droit du meuble ne sont pas verticaux et sont de hauteurs différentes (voir le schéma ci-contre).
Les quatre étagères horizontales sont espacées de 40 cm.
L'ébéniste souhaite connaître la longueur de chaque étagère.
Dans un repère orthonormé, les coins de l'étagère correspondent aux points $A(0\,;0)$, $B(180\,;0)$, $C(150\,;120)$ et $D(20\,;160)$.

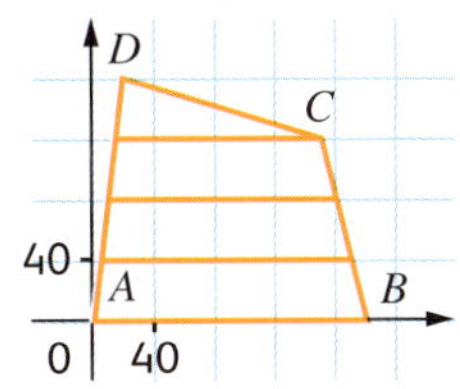

Préambule Équations réduites des droites associées aux côtés de l'étagère

1. Déterminer l'équation réduite de chacune des droites (AD) et (BC) représentant respectivement les côtés gauche et droit de l'étagère.

2. Pourquoi les quatre étagères horizontales correspondent-elles à des droites d'équation réduite $y = 40k$ où k est un entier allant de 0 à 3 ?

Partie A Intersection des étagères avec le côté gauche

1. Montrer que les points d'intersection des étagères horizontales avec le côté gauche ont pour abscisses $5k$ où k est un entier compris entre 0 et 3.

2. On souhaite automatiser le calcul de ces abscisses à l'aide de l'algorithme ci-après écrit en langage Python.

```
def Abscisse_gauche(k):
    return(5*k)
```

a. Que renvoie cet algorithme pour $k = 1$? Pour $k = 2$?

b. Interpréter les résultats dans le contexte de l'exercice.

Partie B Intersection des étagères avec le côté droit

1. Montrer que les points d'intersection des étagères horizontales avec le côté droit ont pour abscisses $180 - 10k$ où k est un entier compris entre 0 et 3.

2. Recopier et compléter l'algorithme ci-dessous écrit en langage Python afin d'automatiser leur calcul.

```
def Abcisse_droite(k):
    return(...)
```

Partie C Longueur d'une étagère

On souhaite maintenant automatiser le calcul de la longueur des étagères.
Pour cela, on donne ci-après l'algorithme incomplet rédigé en langage Python qui utilise les fonctions des parties A et B.
Parmi les formules proposées, laquelle faut-il utiliser pour compléter les pointillés afin d'obtenir la longueur d'une étagère ?

- L=xG-xD
- L=xD-xG
- L=xD+xG
- L=(xD+xG)/2

```
for k in range(0,4):
    xG=Abscisse_gauche(k)
    xD=Abscisse_droite(k)
    L=...
    print("Longueur de la ",k,"è étagère:",L)
```

Partie D Programmation

1. À l'aide des parties précédentes, rédiger intégralement l'algorithme en langage Python sur ordinateur.

2. Déterminer la longueur de chaque étagère.

Pour aller plus loin

1. L'ébéniste décide de construire cinq étagères horizontales, espacées de 30 cm.

a. Modifier l'algorithme de la partie D pour répondre au problème.

b. Quelles sont les longueurs de chaque étagère ?

2. La profondeur d'une étagère horizontale doit être de 35 cm, l'épaisseur est supposée négligeable.

a. Compléter l'algorithme afin d'obtenir la surface totale de bois utilisé pour les cinq étagères horizontales.

b. L'ébéniste souhaite vernir les cinq étagères horizontales.
Il achète des pots de vernis de 0,75 litre.
Le rendement indiqué sur un pot est 9 m^2.
Combien de pots de vernis va-t-il utiliser ?

TP Utiliser les outils numériques LOGICIEL GÉOMÉTRIE

Droites perpendiculaires dans un repère

L'objectif est d'établir un moyen rapide pour savoir si deux droites non parallèles aux axes et dont on connaît les équations réduites dans un repère orthonormé sont perpendiculaires.

Objectif
Conjecturer à l'aide d'un logiciel de géométrie dynamique et démontrer.

Partie A Première approche

1. À l'aide d'un logiciel de géométrie dynamique :
a. construire la droite d'équation réduite $y=2x+1$, la renommer Δ et placer un point A quelconque sur cette droite.
b. construire la droite perpendiculaire à Δ et passant par A, la renommer Δ'.
c. dans la fenêtre *Algèbre*, mettre l'équation de la droite Δ' sous la forme $y=ax+b$ et noter son coefficient directeur m'.
d. calculer le produit $p=m\times m'$ des coefficients directeurs.

2. Reprendre la question **1.** avec la droite $\Delta : y=-5x+2$, puis avec la droite $y=\frac{2}{3}x$.
3. Que constate-t-on ?

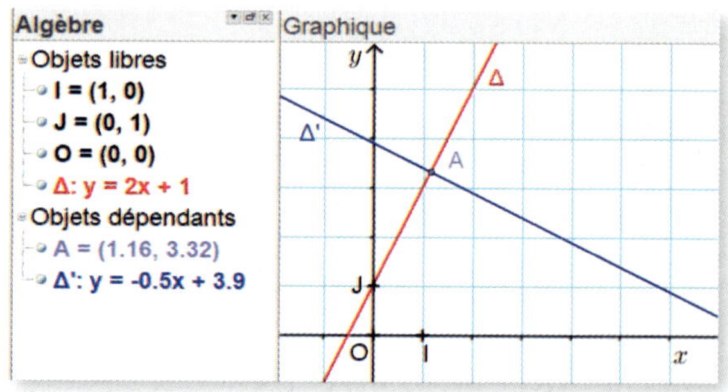

Partie B Conjecture avec des droites non parallèles aux axes du repère

Soit une droite Δ d'équation réduite $y=mx$ où m est un nombre réel non nul.
1. À l'aide d'un logiciel de géométrie dynamique :
a. créer un curseur m à l'aide de l'icône.
b. construire la droite d'équation réduite $y=mx$ à renommer Δ.
c. construire la droite perpendiculaire à Δ et passant par l'origine O du repère. On la renomme Δ'.
d. à l'aide de l'icône, afficher le coefficient directeur, renommé m' de la droite Δ'.
e. dans la barre de saisie, écrire $p=m\times m'$ et animer le curseur m.

2. Que constate-t-on pour le produit $p=m\times m'$?

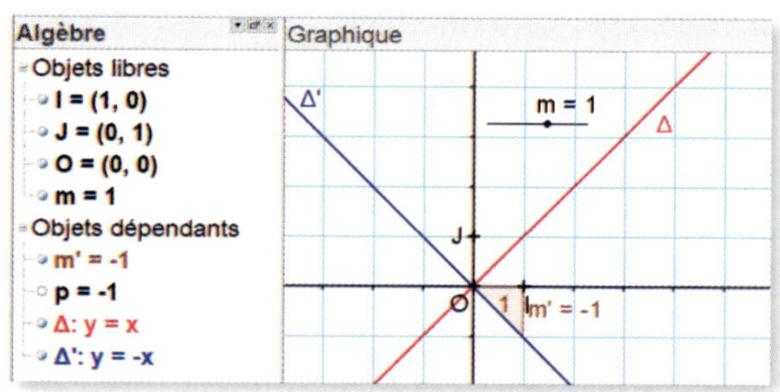

Partie C Démonstration

On considère les droites Δ et Δ' d'équations réduites respectives :

$$y=mx \text{ et } y=m'x$$

1. a. Montrer que les points $A(1;m)$ et $A'(1;m')$ appartiennent respectivement à :

$$\Delta \text{ et } \Delta'$$

b. Montrer que les droites Δ et Δ' sont perpendiculaires si et seulement si le triangle OAA' est rectangle en O.
c. Exprimer les longueurs OA^2, OA'^2 et AA'^2 en fonction de m et m'.
d. Montrer que les droites Δ et Δ' sont perpendiculaires si et seulement si $m\times m'=-1$.

2. On considère deux droites d et d' d'équations réduites respectives $y=mx+p$ et $y=m'x+p'$.
a. Que peut-on dire des droites d et Δ ? Pourquoi ?
b. Que peut-on dire des droites d' et Δ' ? Pourquoi ?
c. Si Δ et Δ' sont perpendiculaires, que peut-on dire des droites d et d' ?

3. Énoncer une règle permettant de savoir si deux droites d et d' d'équations réduites respectives $y=mx+p$ et $y=m'x+p'$ sont perpendiculaires.

TP Mener une recherche

Compétence | Chercher et communiquer

TP1 Méthode pour multiplier deux nombres à l'aide d'une droite

TRAVAIL DE GROUPE

Il existe une méthode pour connaître la valeur du produit de deux nombres a et b à l'aide d'une équation réduite de droite.

Partie A Observation sur deux exemples

1. Dans chacun des cas suivants, déterminer l'équation réduite $y = mx + p$ de la droite (AB).

a. $A(2;4)$ et $B(-3;9)$

b. $A(5;25)$ et $B(-4;16)$

2. Dans chacun des cas ci-dessus, vérifier qu'on a :

$$p = -x_A \times x_B$$

Partie B Utilisation d'un logiciel de géométrie dynamique

- Créer deux curseurs a et b ayant un pas égal à 1, tels que $0 \leqslant a \leqslant 10$ et $-10 \leqslant b \leqslant 0$.
- Placer deux points $A(a;a^2)$ et $B(b;b^2)$.
- Tracer la droite (AB) et afficher son équation réduite dans la fenêtre algèbre.
- Vérifier que l'ordonnée à l'origine de la droite (AB) est égale à $-a \times b$ quelles que soient les valeurs de a et de b.

Partie C Démonstration

On considère deux points $A(a;a^2)$ et $B(b;b^2)$.

1. Démontrer que la droite (AB) a un coefficient directeur égal à $b+a$.

2. Démontrer que la droite (AB) a une ordonnée à l'origine égale à $-ab$.

3. Compléter la phrase suivante : « La multiplication de deux nombres a et b est égale à ... de la droite (AB). »

Info

Cette méthode est valable pour tous nombres a et b réels.

Partie D Présentation de la méthode

À l'oral ou à l'écrit, présenter la méthode qui permet de connaître le résultat de la multiplication de deux nombres a et b.

Montrer comment on peut visualiser dans un repère le résultat de 5×6, de $3{,}2 \times 4{,}7$ et de $0{,}9 \times 3{,}4$.

TP2 Programmation linéaire

Partie A Caractérisation d'un domaine sur un graphique

Dans le repère orthonormal ci-contre, on considère deux droites (AB) et (AC). La partie grisée est notée $\mathcal{D}$.

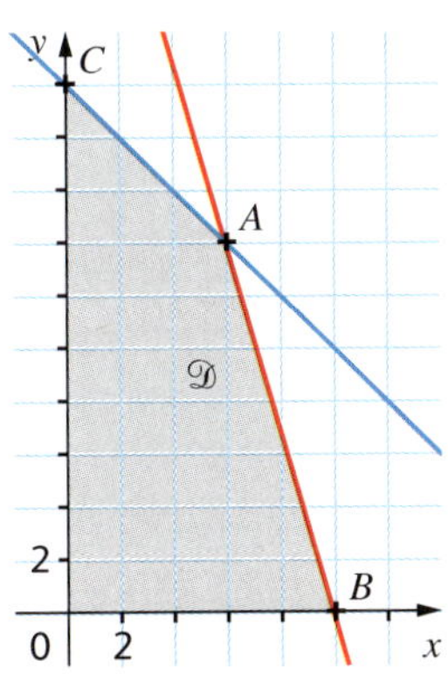

1. Déterminer une équation cartésienne de chacune des droites (AB) et (AC).

2. Écrire un système d'inéquations caractérisant la partie de plan grisée, frontières comprises. On justifiera la réponse.

Partie B Étude d'un espace publicitaire

Les espaces publicitaires d'un magazine sont soumis à deux contraintes. D'une part, il ne doit pas y avoir plus de 20 publicités. D'autre part, l'aire du domaine occupé par l'ensemble de la publicité ne doit pas dépasser 2 240 cm^2.

De plus, dans ce magazine, il existe deux types de formats publicitaires, un « grand format » d'aire 224 cm^2 et un « petit format » d'aire 64 cm^2.

On appelle x le nombre de publicités « grand format » et y le nombre de publicités « petit format ».

1. Montrer que les informations ci-dessus se traduisent par un système équivalent à celui trouvé dans la partie A.

2. Le magazine facture 1 200 € une publicité « grand format » et 600 € une publicité « petit format ».

a. Exprimer la recette R dégagée par l'édition de x publicités « grand format » et y publicités « petit format ».

b. Reproduire à l'aide d'un logiciel de géométrie dynamique le graphique ci-contre et tracer les droites suivantes.

- La droite Δ_1 de la recette lorsque $R = 8\,000$ €.
- La droite Δ_2 de la recette lorsque $R = 12\,000$ €.
- La droite Δ_3 de la recette lorsque $R = 20\,000$ €.

c. Que constate-t-on pour les droites $\Delta_1, \Delta_2, \Delta_3$?

Partie C Recherche de la recette maximale

À l'oral ou à l'écrit, expliquer la méthode graphique qui permet de déterminer les nombres x et y de publicités « grand format » et « petit format » induisant une recette maximale pour le magazine.

Quel est le montant de la recette maximale ?

Je **révise** en **autonomie**

Je cible mes révisions

Pour chaque capacité, suivre le parcours de révision pour travailler les méthodes et s'entraîner.

VIDÉOS des capacités

Parcours de révision	Réviser en autonomie	S'entraîner
Capacité 1 Déterminer une équation cartésienne de droite	Méthode, p. 191	Exercices 39 et 41
Capacité 2 Tracer une droite à partir d'une équation	Méthode, p. 193	Exercices 48 et 92
Capacité 3 Déterminer le point d'intersection de deux droites sécantes	Méthode, p. 195	Exercices 53 et 54

Je me teste

Voir corrigés

Pour chaque question, déterminer la (ou les) réponse(s) correcte(s).

Capacité 1

On considère les points $A(3;-1)$, $B(5;2)$, $C(3;8)$ et le vecteur $\vec{u}\begin{pmatrix}-1\\3\end{pmatrix}$.

1. Une équation cartésienne de la droite (AB) est :

a. $2x-3y-9=0$ **b.** $3x-2y-11=0$
c. $3x+2y-7=0$ **d.** $-3x+2y+11=0$

2. Une équation cartésienne de la droite passant par A et de vecteur directeur $\vec{u}$ est :

a. $3x+y-8=0$ **b.** $x+3y=0$
c. $3x-y-10=0$ **d.** $-3x+y+10=0$

3. Une équation cartésienne de la droite passant par C et parallèle à (AB) est :

a. $2x-3y+18=0$ **b.** $3x-2y+7=0$
c. $3x+2y-25=0$ **d.** $-6x+4y-14=0$

Capacité 2

On considère le graphique suivant.

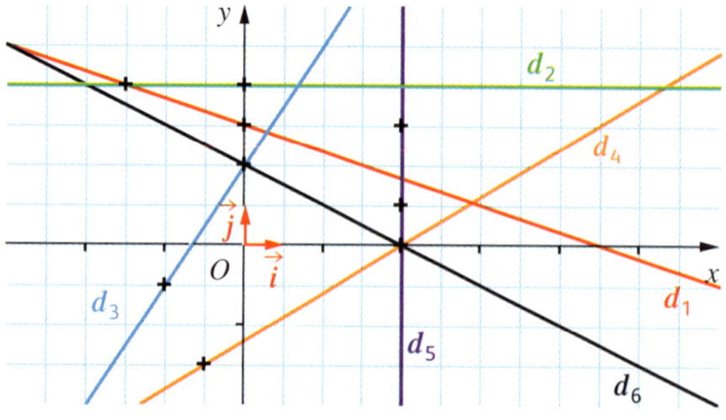

4. La droite $d:-3x+2y-4=0$ est la droite :

a. d_1 **b.** d_2
c. d_3 **d.** d_4
e. d_5 **f.** d_6

5. La droite $d:-3x+5y+12=0$ est la droite :

a. d_1 **b.** d_2
c. d_3 **d.** d_4
e. d_5 **f.** d_6

6. La droite $d: y=\frac{3}{2}x+2$ est la droite :

a. d_1 **b.** d_2
c. d_3 **d.** d_4
e. d_5 **f.** d_6

7. La droite $d: x=4$ est la droite :

a. d_1 **b.** d_2
c. d_3 **d.** d_4
e. d_5 **f.** d_6

8. La droite qui admet $\vec{u}\begin{pmatrix}-6\\2\end{pmatrix}$ pour vecteur directeur est la droite :

a. d_1 **b.** d_2
c. d_3 **d.** d_4
e. d_5 **f.** d_6

Capacité 3

9. Soient d la droite d'équation réduite $y=2x-5$ et les points $A(-2;4)$ et $B(0;6)$.
Les droites d et (AB) sont :

a. parallèles.
b. sécantes.
c. sécantes en $M(11;17)$.

10. Les droites d'équations cartésiennes $2x+y-8=0$ et $3x-5y+1=0$ sont :

a. parallèles.
b. sécantes en un point d'abscisse 5.
c. sécantes en un point d'ordonnée 2.

11. Le système $\begin{cases}4x-5y=-7\\3x+2y=12\end{cases}$ est associé à :

a. deux droites sécantes en $A(7;7)$.
b. deux droites sécantes en un point M situé sur la droite d'équation $x+y=5$.
c. deux droites sécantes en un point M situé sur la droite d'équation $x=2$.

Je fais des exercices bilans

Bilan 1 20min **Équations cartésiennes de droites**

On considère les points $A(-5;2)$, $B(3;4)$ et $C(8;5)$ et le vecteur $\vec{u}\begin{pmatrix}1\\3\end{pmatrix}$.

1. Construire la droite d_1 passant par le point A et de vecteur directeur $\vec{u}$.

2. Déterminer une équation cartésienne de la droite d_1.

3. a. Déterminer une équation cartésienne de la droite (BC).

b. Les points A, B et C sont-ils alignés ? Justifier.

4. a. Justifier que les droites d_1 et (BC) sont sécantes en un point M.

b. Déterminer les coordonnées du point M.

Bilan 2 30min **Points alignés**

Partie A. Résolution d'un système

Résoudre le système : $\begin{cases}2x+9y=37\\-5x+6y=31\end{cases}$

Partie B. Étude d'une configuration

Dans un repère, on donne $A(-4;5)$, $B(5;3)$, $C(-5;1)$ et $D(1;6)$. Soit M le milieu du segment $[BC]$.

1. a. Déterminer une équation cartésienne de chacune des droites (AB) et (CD).

b. Montrer que les équations de (AB) et (CD) correspondent aux équations du système de la **partie A.**

c. Justifier que (AB) et (CD) sont sécantes en un point F dont on donnera les coordonnées.

2. a. Déterminer une équation cartésienne de chacune des droites (AC) et (DB).

b. Justifier que (AC) et (DB) sont sécantes en un point G dont on calculera les coordonnées.

3. Déterminer une équation cartésienne de la droite (FG).

4. Montrer que les points M, F et G sont alignés.

Bilan 3 20min **Équations réduites de droites**

Dans un repère $(O;I;J)$, on considère deux points $A(-1;3)$ et $B(2;3)$. On note Δ la droite d'équation :

$$y=-x+3$$

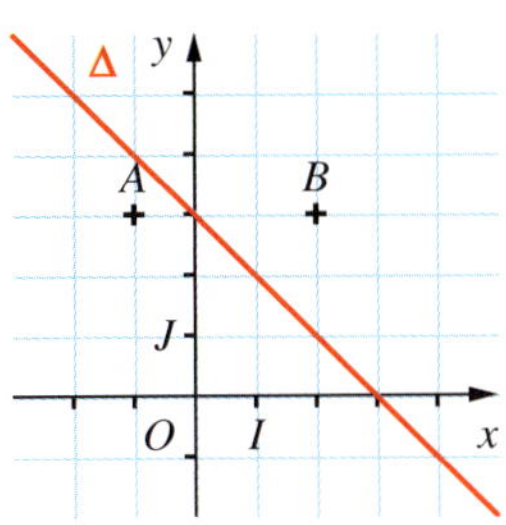

1. Construire la droite Δ, puis placer A et B.

2. Déterminer par lecture graphique l'équation réduite de la droite (AB).

3. On donne $C(-1;4)$ et $D(2;13)$.

a. Montrer que C appartient à la droite Δ.

b. Déterminer par le calcul l'équation réduite de la droite (CD).

c. Pourquoi (CD) et (AB) sont-elles sécantes ?

d. Déterminer les coordonnées du point d'intersection E des droites (AB) et (CD).

Bilan 4 20min **Étude d'une configuration**

Dans un repère orthonormé $(O;I;J)$, on donne $A(3;6)$, $B(9;12)$, $C(14;10)$ et $D(5;1)$.

1. Construire la figure.

2. a. Calculer les coordonnées d'un vecteur directeur de la droite (AB).

b. Montrer que les droites (AB) et (CD) sont parallèles.

3. a. Déterminer les équations cartésiennes des droites (AD) et (BC).

b. Montrer que les droites (AD) et (BC) sont sécantes en un point M.

c. Calculer les coordonnées de M.

4. Quelle est la nature du quadrilatère $ABCD$?

Bilan 5 15min **Modélisation d'une situation**

Une entreprise vend différents modèles de chaises dont le prix est compris entre 100 € et 1 500 €.

Une étude montre que si le prix de vente d'un modèle de chaise est de 100 € alors, elle en vend chaque mois environ 2 500. Pour un modèle à 1 500 €, elle en vend seulement 10.

Soient $M(100;2500)$ et $N(1500;10)$.

On admet que la droite (MN) permet d'estimer le nombre de chaises vendues en fonction du prix du modèle.

1. Déterminer une équation réduite de la droite (MN). Arrondir le coefficient directeur et l'ordonnée à l'origine au centième.

2. Estimer le nombre de chaises vendues pour un modèle à 500 euros.

3. Un modèle est rentable si chaque mois plus de 1 000 exemplaires sont vendus.

Quel est le prix de vente que ne doit pas dépasser un modèle ?

Bilan 6 25min **Comparaison de tarifs**

Une société de location de voitures propose deux formules A et B.

- Formule A

75 € de forfait fixe et 0,40 € par kilomètre parcouru.

- Formule B

Pas de forfait fixe mais 0,70 € par kilomètre parcouru.

1. Quelle formule est la plus avantageuse si un client doit parcourir 150 km ? 300 km ?

2. Soit x le nombre de kilomètres parcourus par un client.

a. Exprimer, en fonction de x, le prix à payer y_A avec la formule A puis le prix à payer y_B avec la formule B.

b. Construire dans un repère adapté les droites correspondant aux équations réduites obtenues en **2. a.**

c. Déterminer graphiquement à partir de combien de kilomètres la formule A est plus avantageuse.

d. Retrouver la réponse à la question **2. c.** par le calcul.

CHAPITRE

8 Fonctions numériques

Les capacités du chapitre

- Capacité 1 : Exploiter l'équation $y = f(x)$ d'une courbe
- Capacité 2 : Résoudre une équation, une inéquation à l'aide d'une fonction de référence
- Capacité 3 : Comparer deux images
- Capacité 4 : Modéliser une situation par une fonction
- Capacité 5 : Étudier la parité d'une fonction

Au fil du temps

Le concept de fonction est assez récent dans l'histoire des mathématiques ; il apparaît dans les travaux de Leibniz à la fin du XVIIe siècle. En revanche, les courbes abordées dans ce chapitre, paraboles et hyperboles, ont fait l'objet d'études très anciennes et sont utilisées dans de nombreux domaines.

Des maths partout !

Les fonctions polynômes du second degré sont représentées par des paraboles, courbes qui modélisent la chute des corps. Les jets d'eau en donnent de belles illustrations.

Fontaine de la place de l'unité, Bucarest

Ressources du chapitre disponibles ici : www.lycee.hachette-education.com/declic/2de

Partir d'un bon pied

A Diaporama pour tester les bases

ACTIVITÉS MENTALES RAPIDES

B Revoir le vocabulaire lié aux repères

Dans le repère ci-contre, noté $(O\,;I\,;J)$, on a placé les points O, I, J, A et B.

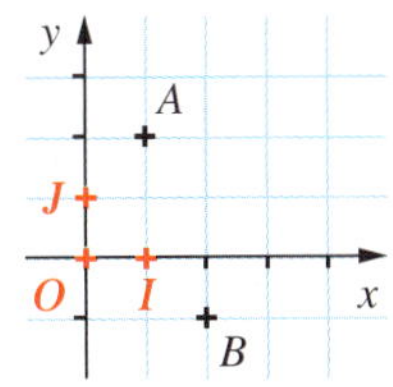

1. Comment appelle-t-on le **point** O ?

2. Quelle est l'**abscisse** de I ?

3. Quelle est l'**ordonnée** de A ?

4. Préciser le couple des **coordonnées** de B.

5. Où sont situés les points du plan d'abscisse égale à 1 ?

C Images et antécédents

On considère la fonction f définie sur $\mathbb{R}$ par $f(x)=2x+3$.

1. a. Vérifier que $f(-2)=-1$.

b. Compléter les pointillés à l'aide des nombres -1 ou -2, ou des mots « *image* » ou « *antécédent* » :

- -2 est l'… de -1
- … a pour antécédent …
- … est l'antécédent de …
- -2 admet -1 comme …

2. Déterminer, sans calculatrice, les images de $\frac{1}{2}$ et de $-\frac{2}{3}$.

3. Déterminer les antécédents de -3 et de 0 par f.

4. Représenter graphiquement la fonction f.

D Différents modes de représentation

On considère la fonction f définie sur $\mathbb{R}$ par le programme de calcul suivant.

Choisir un nombre
Élever au carré
Soustraire 2

1. Calculer les images par f des nombres -3 ; 0 et 4.

2. On applique le programme à un réel x quelconque. Préciser l'expression $f(x)$ en fonction de x.

3. On admet que la fonction f admet le tableau de valeurs et la courbe représentative $\mathscr{C}$ ci-dessous.

x	-2	-1	0	1	2	3
$f(x)$	2	-1	-2	-1	2	7

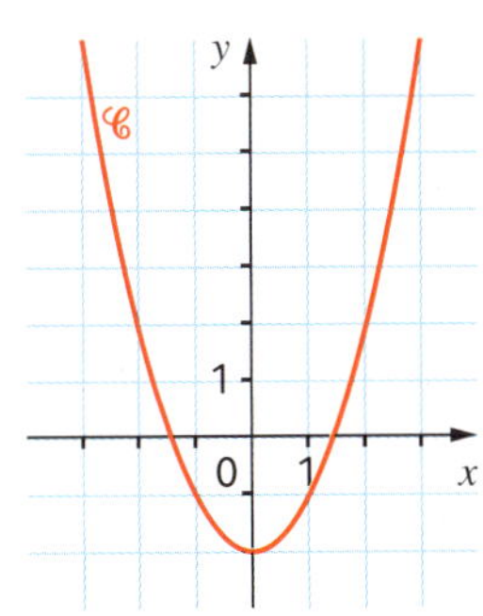

En utilisant le mode de représentation le plus adapté, préciser si les affirmations suivantes sont vraies ou fausses.

a. L'image de 1 par f est égale à -1.

b. -3 n'a pas d'antécédent par f.

c. 2 admet deux antécédents par f.

d. Le point de coordonnées $(\sqrt{2}\,;0)$ appartient à la courbe $\mathscr{C}$.

e. La courbe $\mathscr{C}$ coupe l'axe des ordonnées en $(-2\,;0)$.

Activités

1 Maths dans l'histoire : qu'est-ce qu'une fonction ?

Objectif
Évoquer l'évolution de la notion de fonction au cours du temps.

En 1748, Euler écrivait dans *Introductio in analysin infinitorum*, les extraits suivants.

1. Une quantité constante est une quantité déterminée, qui conserve toujours la même valeur.
2. Une quantité variable est une quantité indéterminée, ou, si l'on veut, une quantité universelle, qui comprend toutes les valeurs déterminées.
3. Une quantité variable devient déterminée, lorsqu'on lui attribue une valeur déterminée quelconque.
4. Une fonction de quantité variable est une expression analytique composée, de quelque manière que ce soit, de cette même quantité & de nombres, ou de quantités constantes.
Par exemple, $a+3z$; $az-4zz$; $az+b\sqrt{aa-zz}$; cz ; *etc.* sont des fonctions de z.
5. Une fonction de variable est donc aussi une quantité variable.

1 **a.** Lire l'extrait donné et interpréter les termes « *quantité constante* » et « *quantité variable* » abordés dans les points **1** et **2**.
b. Que veut dire Euler en utilisant les termes « *expression analytique* » (point **4**) ? Expliquer alors les exemples qu'il donne.
c. Qu'est-ce qu'une fonction pour Euler ? Donner des exemples de fonctions au sens d'Euler.

2 On considère la fonction f définie sur $\mathbb{R}$ par :
$$f(x)=\begin{cases} 1 \text{ si } x\in\mathbb{Q} \\ 0 \text{ sinon}\end{cases}$$
a. Déterminer les images de 1 ; -3 ; $\frac{3}{7}$; $\sqrt{2}$; $-\pi$ et 10^5 par f.
b. En quoi la fonction f n'est-elle pas une fonction au sens d'Euler ?

Info
La définition actuelle de fonction comme correspondance entre deux nombres x et y n'a été formalisée par le mathématicien Dirichlet qu'en 1837.

Euler, portrait par Brucker (1756)

2 En fonction de ...

Objectif
Exprimer une dépendance fonctionnelle dans des situations diverses.

Pour chacune des situations suivantes, exprimer les quantités demandées « en fonction de » la quantité indiquée.

1 Un vase a la forme d'un pavé droit de base carrée de côté c cm. On remplit d'eau ce vase jusqu'à une hauteur de 15 cm.
Exprimer, en fonction de c, le volume d'eau, en cm^3, contenu dans ce vase.

2 Un cinéma propose à ses clients une carte annuelle à 25 € qui permet ensuite de payer 4 € par séance au cours de l'année.
Exprimer le coût total, en euro, en fonction du nombre N de séances achetées dans l'année pour un client détenant cette carte.

3 Pour clôturer une parcelle de terrain, on utilise une clôture d'une longueur de 100 mètres. On note x la largeur de cet enclos.
Exprimer en fonction de x l'aire $\mathcal{A}(x)$ de la parcelle.

4 On considère la figure ci-contre.
Exprimer la longueur GH en fonction de x.

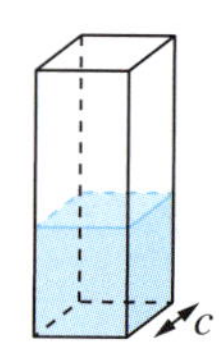

Situation 1

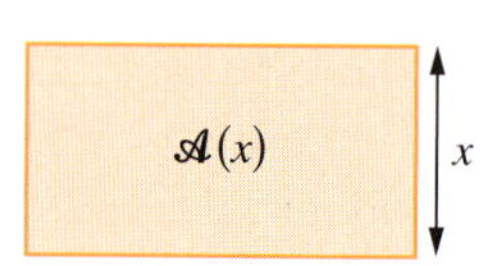

Situation 3

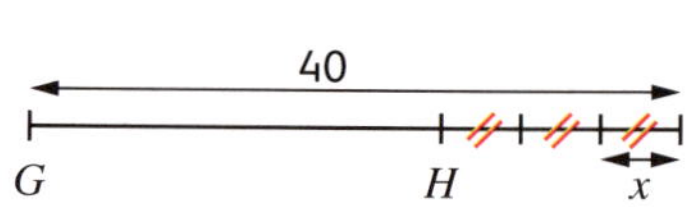

Situation 4

3 Carte d'identité de fonctions

TRAVAIL DE GROUPE

Objectif
Découvrir les fonctions de référence carré, inverse, cube et racine carrée.

1 Déterminer le carré, l'inverse, le cube, puis la racine carrée des nombres :

$$4\,;\,9\,;\,25\,;\,100\,;\,0{,}01\,;\,0{,}25$$

2 Les fonctions *carré*, *inverse*, *cube* et *racine carrée* sont respectivement définies par $f(x)=x^2$; $g(x)=\dfrac{1}{x}$; $h(x)=x^3$ et $k(x)=\sqrt{x}$.

a. La fonction f est-elle définie pour tout nombre réel x ?
Préciser son ensemble de définition.

b. Mêmes questions pour les fonctions g, h et k.

Rappel
$\sqrt{2}$ est la solution positive de l'équation $x^2=2$.
Plus généralement, pour $k \geqslant 0$, $\sqrt{k}$ est la solution positive de l'équation $x^2=k$.

3 Pour chaque fonction f, g, h et k :

• À l'aide de la calculatrice, construire son tableau de valeurs sur $[-3\,;3]$ avec un pas de 0,5 (remplir par une croix lorsque la fonction n'est pas définie).

Casio

TI

NumWorks

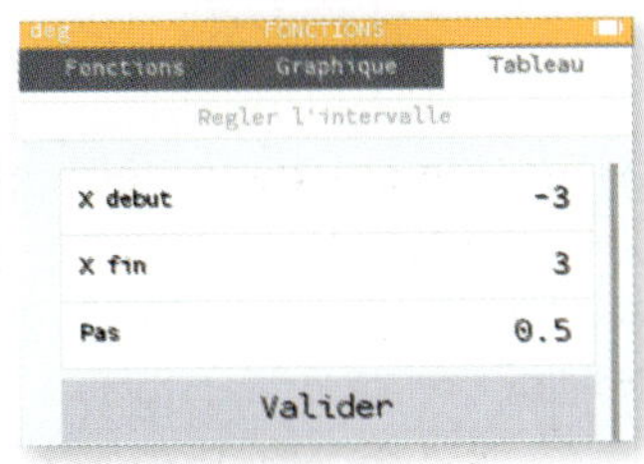

Voir Livret

• Construire sa courbe représentative dans un repère orthonormé.

• Observer la courbe, puis conjecturer une propriété éventuelle de symétrie de celle-ci. Démontrer cette propriété.

• Chaque réel k admet-il un unique antécédent ?
Si oui, peut-on l'exprimer en fonction de k ?

On pourra répartir le travail à l'intérieur du groupe.
Chacun fera ensuite une synthèse aux autres membres du groupe.

Info
• La courbe $\mathscr{C}_f$ s'appelle *parabole*. Ses nombreuses propriétés géométriques connues dès l'Antiquité ont permis des applications techniques variées.
• La courbe $\mathscr{C}_g$ est une *hyperbole*.

4 Comparaison de x, x^2 et x^3 pour $x \geqslant 0$

Objectif
Mettre en relation la comparaison d'images et les positions relatives de courbes.

Soient les fonctions f, g et h définies sur $[0\,;+\infty[$ par :

$$f(x)=x\ ;\ g(x)=x^2\ ;\ h(x)=x^3$$

On a représenté ci-contre dans un même repère les courbes représentatives de ces trois fonctions.

1 **a.** Identifier la courbe de chacune de ces fonctions.

b. On considère les points d'abscisse 0,5 sur chacune de ces courbes.
Comparer les ordonnées de ces trois points à l'aide du graphique.
En déduire la comparaison des nombres 0,5 ; $0{,}5^2$ et $0{,}5^3$ sans utiliser la calculatrice.

c. Comparer de même 1,5 ; $1{,}5^2$ et $1{,}5^3$ sans utiliser la calculatrice.

d. Soit un réel $x \geqslant 0$.
Conjecturer, toujours à l'aide du graphique, une comparaison des réels x ; x^2 et x^3 en expliquant le choix fait.
On distinguera deux cas.

2 **a.** Soit un réel $x \geqslant 1$.
En multipliant cette inégalité par x, justifier que $x^2 \geqslant x$ puis que $x^3 \geqslant x^2$.

b. Soit un réel x tel que $0 \leqslant x \leqslant 1$. Démontrer que $x \geqslant x^2 \geqslant x^3$.

3 Interpréter graphiquement les résultats démontrés à la question **2**.

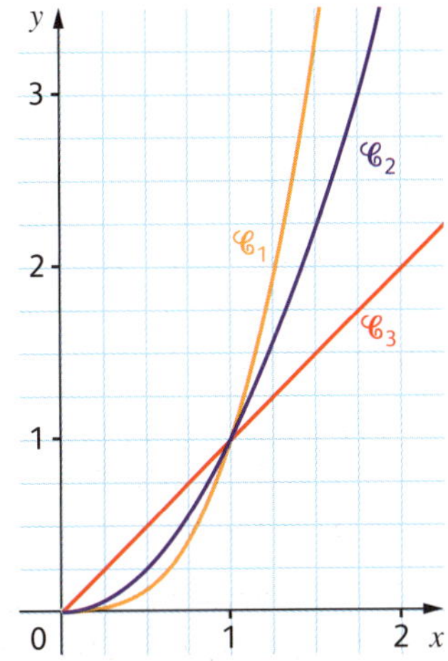

Cours

1 Fonctions, courbes représentatives

a Définition et vocabulaire

Définition Soit D un intervalle ou une réunion d'intervalles de $\mathbb{R}$.

On appelle **fonction à valeurs réelles** f définie sur D un procédé qui à tout réel x de D associe un unique réel, noté $f(x)$.

D est appelé l'**ensemble de définition** de la fonction f.

Pour un nombre a de D, si $f(a)=b$, on dit que :

- b est l'**image** de a par la fonction f.
- a est un **antécédent** de b par la fonction f.

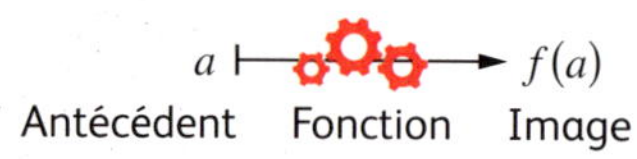

Commentaire

Une fonction traduit une relation de dépendance entre une variable (notée $x, t, q, N, \ldots$) et une autre grandeur (son image), qui peut s'exprimer « en fonction de » cette variable.

Exemple

L'algorithme suivant définit une fonction f dont l'ensemble de définition est l'intervalle $[-2;2]$.

Langage naturel

Choisir un réel entre –2 et 2
Élever au carré
Ajouter 3
Renvoyer le résultat

On a $f(-2)=(-2)^2+3=7$.
7 est l'image de –2 par f.
–2 est un antécédent de 7 par f.

Pour tout réel $x \in [-2;2]$, on a :

$$f(x)=x^2+3$$

On peut construire un tableau de valeurs de f (ici avec un pas de 1) :

x	–2	–1	0	1	2
$f(x)$	7	4	3	4	7

Le point $(-2;7)$ appartient à $\mathscr{C}_f$.
Le point $(-1;4)$ appartient à $\mathscr{C}_f$.
…

Représentation graphique de f :

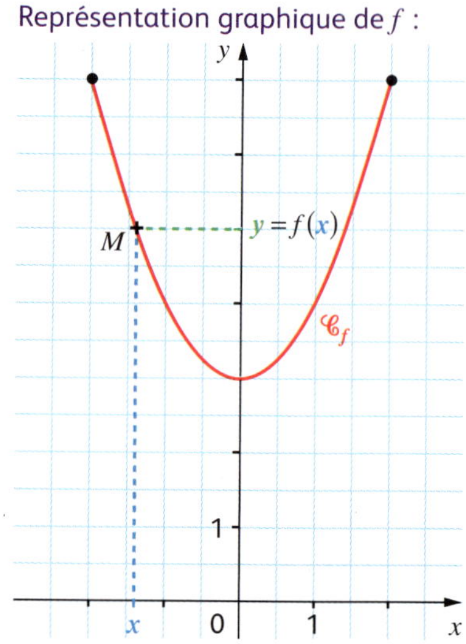

La courbe $\mathscr{C}_f$ paraît symétrique par rapport à l'axe des ordonnées.

En effet l'intervalle $[-2;2]$ est centré en 0 et pour tout réel $x \in [-2;2]$:

$$f(-x)=(-x)^2+3=x^2+3$$

Donc $f(-x)=f(x)$.
Ainsi la fonction f est paire sur $[-2;2]$, sa courbe représentative est bien symétrique par rapport à l'axe des ordonnées.

b Représentation graphique d'une fonction

Définition Dans un repère du plan, on appelle **courbe représentative** ou **représentation graphique** de la fonction f, notée $\mathscr{C}_f$, l'ensemble des points M de coordonnées $(x;y)$ qui vérifient :

$$x \in D \text{ et } y=f(x)$$

La courbe $\mathscr{C}_f$ est formée de tous les points dont l'ordonnée est l'image par f de l'abscisse.

La relation $y=f(x)$ est appelée **équation de la courbe** $\mathscr{C}_f$.

c Fonction paire, fonction impaire

Définition On considère une fonction f définie sur l'ensemble D.

- On dit que f est **paire** si D est centré en 0 :
  et si pour tout réel x de D, on a $f(-x)=f(x)$.
- On dit que f est **impaire** si D est centré en 0 :
  et si pour tout réel x de D, on a $f(-x)=-f(x)$.

Interprétation graphique dans un repère orthogonal

Fonction paire

La courbe $\mathscr{C}_f$ est symétrique par rapport à l'axe des ordonnées.

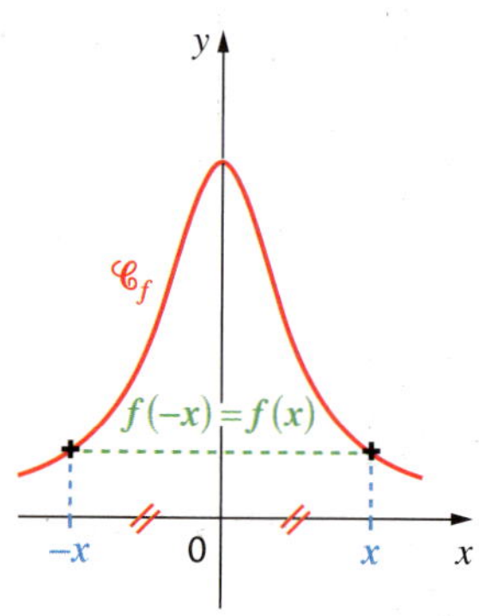

Fonction impaire

La courbe $\mathscr{C}_f$ est symétrique par rapport à l'origine du repère.

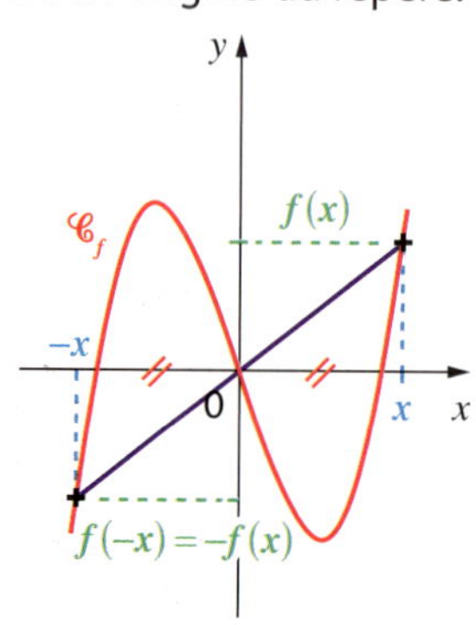

VIDÉO Capacité 1

méthode

CAPACITÉ 1 Exploiter l'équation $y = f(x)$ d'une courbe

Énoncé On considère la fonction f définie sur l'intervalle $[-3;4]$ par $f(x) = 0,5x^2 - x - 3$.

1. Donner un tableau de valeurs de f par tabulation de f à la calculatrice sur $[-3;4]$ avec un pas de 0,5. Puis tracer à la main la courbe représentative $\mathscr{C}$ de f.

2. Calculer l'image de 3,25 par f. Valider graphiquement le résultat.

3. Le point A de coordonnées $(3,1;-1,2)$ appartient-il à la courbe $\mathscr{C}$?

Solution

1. On entre en Y1 l'expression $f(x)$.
Puis on tabule la fonction sur $[-3;4]$ avec un pas de 0,5. Cela permet d'obtenir les coordonnées (X ; Y1) de quelques points de $\mathscr{C}$.

On relie ces points « à la main » (surtout pas à la règle, car la fonction f n'est pas une fonction affine).

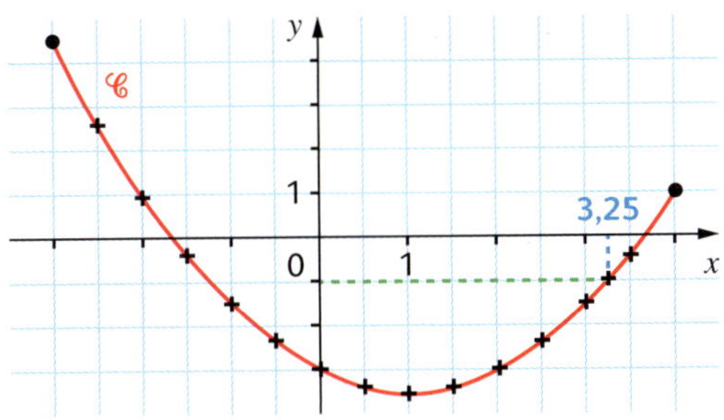

Point méthode

1. Pour réaliser un tableau de valeurs à la calculatrice :
① on saisit la fonction.
② on paramètre le balayage.

Voir Livret

2. On remplace x par 3,25 dans $f(x)$.
$f(3,25) = 0,5 \times 3,25^2 - 3,25 - 3 = -0,96875$
L'ordonnée du point d'abscisse 3,25 sur la courbe $\mathscr{C}$ semble très voisine de la valeur −1, comme l'indique le résultat obtenu par la calcul.

3. Une lecture graphique n'est pas assez précise.
On calcule l'image $f(3,1)$: $f(3,1) = 0,5 \times 3,1^2 - 3,1 - 3$.
Donc $f(3,1) = -1,295$ qui est différent de −1,2. Donc $A \notin \mathscr{C}$.

Point méthode

3. On détermine si un point $M(x;y)$ appartient (ou non) à la courbe $\mathscr{C}_f$ en vérifiant que son abscisse x appartient à l'ensemble de définition de f, puis que son ordonnée y est égale (ou non) à l'image $f(x)$ de son abscisse x.

J'applique

1 On considère la fonction f définie sur $\mathbb{R}$ par $f(x) = x^2 - 2x - 3$, de courbe représentative $\mathscr{C}$.

1. Justifier que le point $A(-2;5)$ appartient à $\mathscr{C}$.

2. a. Quelle est l'ordonnée du point B de la courbe $\mathscr{C}$ d'abscisse 2 ?

b. Existe-t-il un autre point de la courbe $\mathscr{C}$ ayant la même ordonnée que B ?

3. Tracer la courbe $\mathscr{C}$ à la calculatrice et vérifier les résultats précédents.

2 On a tabulé ci-contre une fonction f à la calculatrice.
On note $\mathscr{C}$ la courbe représentative de f.

X	Y1
-3	22
-2	9
-1	0
0	-5
1	-6
2	-3
3	4

Y1■2X²-3X-5

1. Quelle est l'expression $f(x)$?

2. Quel point d'abscisse 0 appartient à la courbe $\mathscr{C}$?

3. Quel point d'ordonnée −3 appartient à la courbe $\mathscr{C}$?

4. Le point $(4;3)$ appartient-il à la courbe $\mathscr{C}$?

3 Soit la droite $\mathscr{D}$ d'équation $y = 2x - 5$.

1. Déterminer les ordonnées des points de $\mathscr{D}$ d'abscisses respectives 3 et −1.

2. Déterminer les abscisses des points de $\mathscr{D}$ d'ordonnées respectives 3 et −2.

3. Tracer la droite $\mathscr{D}$ dans un repère du plan et vérifier les résultats précédents.

4 Vrai ou faux ?

On considère les fonctions f et g de courbes représentatives $\mathscr{C}_f$ et $\mathscr{C}_g$, définies sur $\mathbb{R}$ par :
$$f(x) = x^2 - 3x + 1 \text{ et } g(x) = x - 2$$
Pour chaque affirmation suivante, préciser si elle est vraie ou fausse.

1. L'image de −1 par f est égale à −3.

2. −5 est un antécédent de −3 par g.

3. La courbe $\mathscr{C}_f$ passe par le point $(-2;3)$.

4. Les courbes $\mathscr{C}_f$ et $\mathscr{C}_g$ se coupent aux points d'abscisses 1 et 3.

Cours

2 Fonctions de référence

Les fonctions linéaires et affines ont été étudiées au collège.
En classe de Seconde, on étend la panoplie des fonctions de référence.

Voir activité 3

a Fonction carré

Définition La **fonction carré** est définie sur $\mathbb{R}$ par : $x \mapsto x^2$.
Sa courbe représentative dans un repère orthonormé est une **parabole** $\mathscr{P}$ de sommet l'origine du repère.

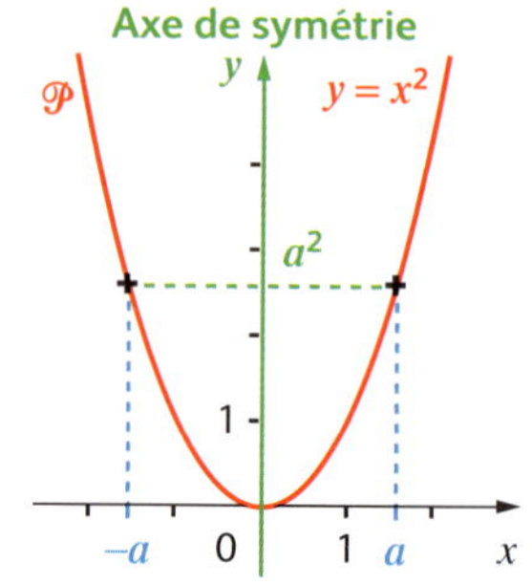

Commentaires

• Pour tout réel a, on a $(-a)^2 = a^2$: un nombre et son opposé ont le même carré. Ainsi la fonction carrée est paire.
Sa courbe $\mathscr{P}$ est donc symétrique par rapport à l'axe des ordonnées.
• Pour tout réel a, on a $a^2 \geqslant 0$: un carré est toujours positif ou nul.
La courbe $\mathscr{P}$ est donc située entièrement au-dessus de l'axe des abscisses.

b Fonction inverse

Définition La **fonction inverse** est définie sur la réunion d'intervalles $]-\infty\,;0[\cup]0\,;+\infty[$, noté $\mathbb{R}\setminus\{0\}$ ou $\mathbb{R}^*$, par : $x \mapsto \frac{1}{x}$.
Sa courbe représentative dans un repère orthonormé est une **hyperbole** $\mathscr{H}$ qui admet l'origine du repère pour centre.

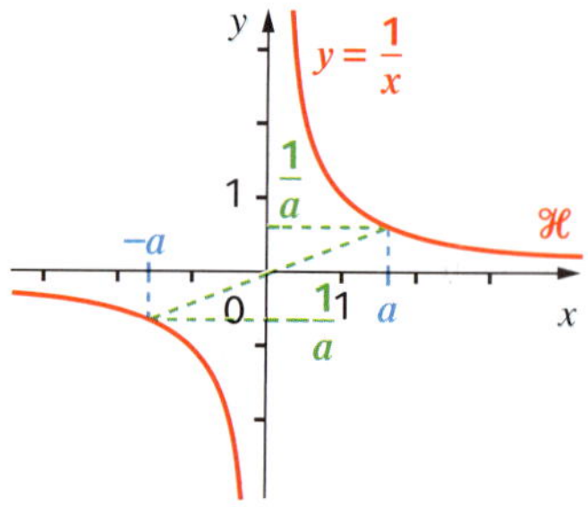

Commentaire

La réunion $]-\infty\,;0[\cup]0\,;+\infty[$ est centrée en 0.
De plus, pour tout réel a non nul, on a $\frac{1}{-a} = -\frac{1}{a}$: un nombre et son opposé ont des inverses opposés. Ainsi la fonction inverse est impaire.
La courbe $\mathscr{H}$ est donc symétrique par rapport à l'origine du repère.

c Fonction cube

Définition La **fonction cube** est définie sur $\mathbb{R}$ par : $x \mapsto x^3$.

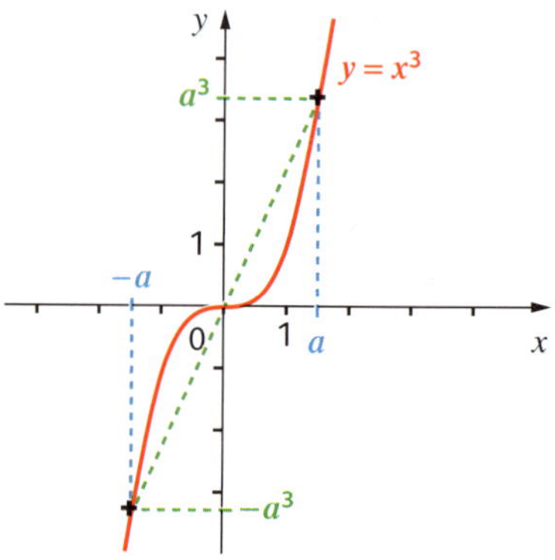

Commentaire

Pour tout réel a, on a $(-a)^3 = -a^3$: un nombre et son opposé ont des cubes opposés.
Ainsi la fonction cube est impaire.
La courbe représentative de la fonction cube est donc symétrique par rapport à l'origine du repère.

d Fonction racine carrée

Définition La **fonction racine carrée** est la fonction définie sur l'intervalle $[0\,;+\infty[$ par : $x \mapsto \sqrt{x}$.

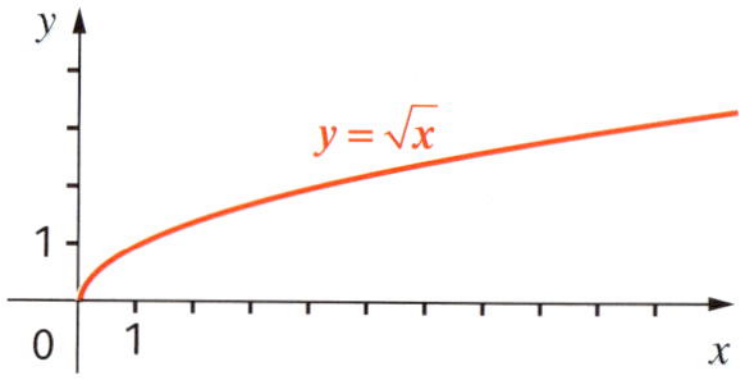

Commentaire

La fonction racine carrée est définie sur l'intervalle $[0\,;+\infty[$, qui n'est pas centré en 0.
Donc la fonction racine carrée n'est ni paire, ni impaire.

méthode

VIDÉO Capacité 2

CAPACITÉ 2 Résoudre une équation, une inéquation à l'aide d'une fonction de référence

Énoncé Résoudre dans $\mathbb{R}$ les équations et inéquations suivantes.

1. $4x^2+3=19$ **2.** $3x^2 \geqslant 12$ **3.** $\frac{1}{x} \geqslant 2$ **4.** $x^3=27$ **5.** $\sqrt{x}<9$

Solution

1. On a : $4x^2+3=19 \Leftrightarrow 4x^2=16$.
C'est-à-dire $x^2=4$. Comme $4>0$, les solutions sont $\sqrt{4}$ et $-\sqrt{4}$, c'est-à-dire 2 et -2.
On peut vérifier graphiquement le résultat obtenu.
On écrit $S=\{-2;2\}$.

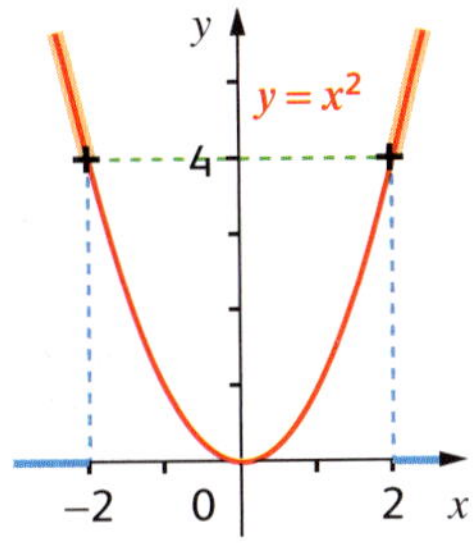

2. On a $3x^2 \geqslant 12 \Leftrightarrow x^2 \geqslant 4$.
Les points $(x;x^2)$ de la parabole vérifiant $x^2 \geqslant 4$ ont une ordonnée supérieure à 4 : ils sont situés au-dessus de la droite d'équation $y=4$.
Leurs abscisses x vérifient $x \leqslant -2$ ou $x \geqslant 2$.
On écrit $S=]-\infty;-2] \cup [2;+\infty[$.

Point méthode

1. Pour tout réel $k>0$, l'équation $x^2=k$ admet deux solutions : $\sqrt{k}$ et $-\sqrt{k}$

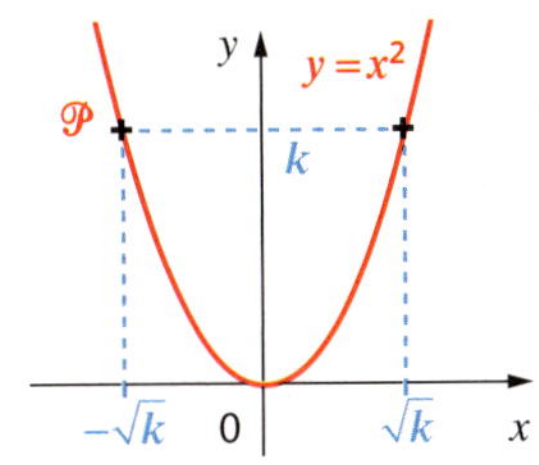

3. Les points $\left(x;\frac{1}{x}\right)$ de l'hyperbole vérifiant $\frac{1}{x} \geqslant 2$ sont situés au-dessus de la droite d'équation $y=2$. Leurs abscisses x vérifient $0<x \leqslant \frac{1}{2}$.
On écrit $S=\left]0;\frac{1}{2}\right]$.

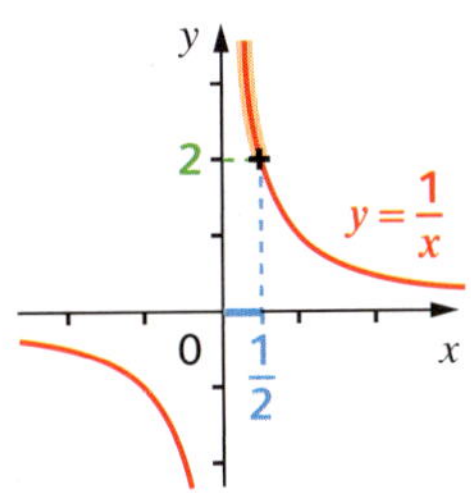

Point méthode

3. Pour résoudre une équation ou une inéquation avec un inverse, on utilise le fait que l'inverse de k est $\frac{1}{k}$ et on s'aide de la courbe représentative de la fonction inverse.

4. L'équation $x^3=27$ admet une unique solution, car il n'y a qu'un seul point de la courbe d'équation $y=x^3$ dont l'ordonnée est 27.
Or on sait que $3^3=27$.
Donc la solution est 3. On écrit $S=\{3\}$.

5. Les points $(x;\sqrt{x})$ vérifiant $\sqrt{x}<9$ sont situés strictement en dessous de la droite d'équation $y=9$.
Leurs abscisses x vérifient $0 \leqslant x<9^2$, soit $0 \leqslant x<81$.
Donc $S=[0;81[$.

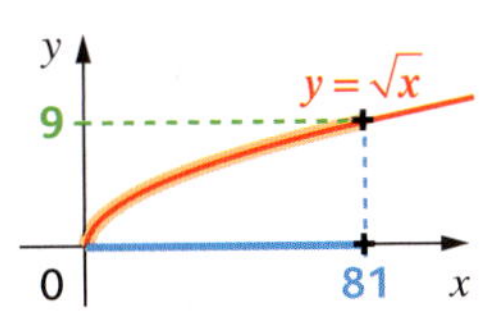

J'applique

5 Résoudre dans $\mathbb{R}$ les équations suivantes.

1. $x^2=3$ **2.** $x^2+25=14$
3. $\frac{1}{3}(x^2+3)=1$ **4.** $3x^2=12$
5. $(2x-3)^2=4$ **6.** $2(x-3)^2=4$

6 Résoudre dans $\mathbb{R}$ les inéquations suivantes.

1. $x^2 \leqslant 81$ **2.** $3x^2+75<0$
3. $2x^2-18 \geqslant 0$ **4.** $9x^2>1$
5. $x^2+3<1$ **6.** $3x^2-4 \geqslant 8$

7 Résoudre dans $\mathbb{R}$ les équations et inéquations suivantes.

1. $\frac{1}{x}=3$ **2.** $\frac{1}{x}<-2$ **3.** $\frac{1}{x} \leqslant 10$

8 Résoudre dans $\mathbb{R}$ les équations et inéquations suivantes.

1. $x^3=8$ **2.** $x^3>64$ **3.** $x^3 \leqslant 0{,}001$

9 Résoudre dans $\mathbb{R}$ les inéquations suivantes.

1. $\sqrt{x}>10$ **2.** $\sqrt{x} \leqslant 4$ **3.** $\sqrt{x}<5$

Cours

3 Fonctions de référence et comparaisons

a Inégalités et fonctions de référence

Propriété • **Conservation de l'ordre** par les fonctions de référence :

Carrés de réels positifs	Cubes	Racines carrées
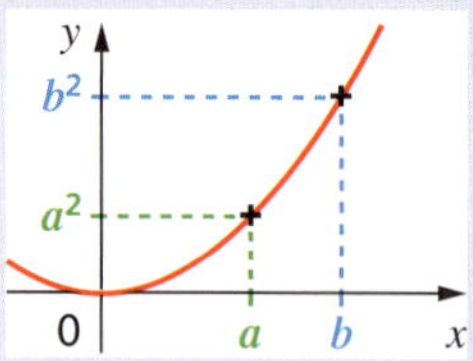	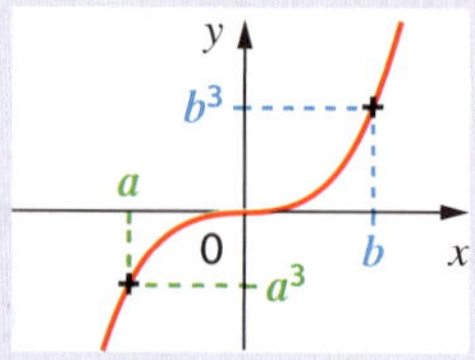	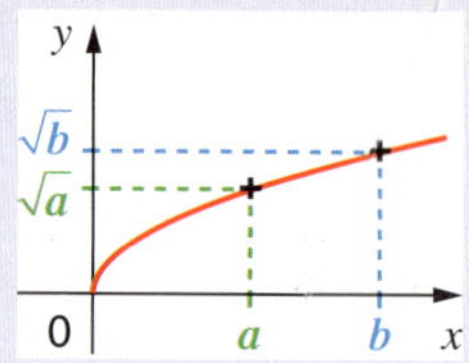
Si $0 \leqslant a < b$, alors $a^2 < b^2$.	Si $a < b$, alors $a^3 < b^3$.	Si $0 \leqslant a < b$, alors $\sqrt{a} < \sqrt{b}$.

• **Inversion de l'ordre** par les fonctions de référence :

Carrés de réels négatifs	Inverses de réels négatifs non nuls	Inverses de réels positifs non nuls
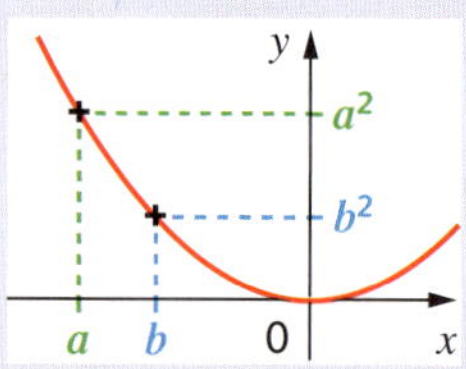	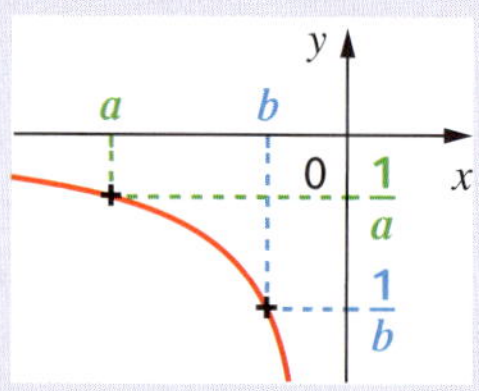	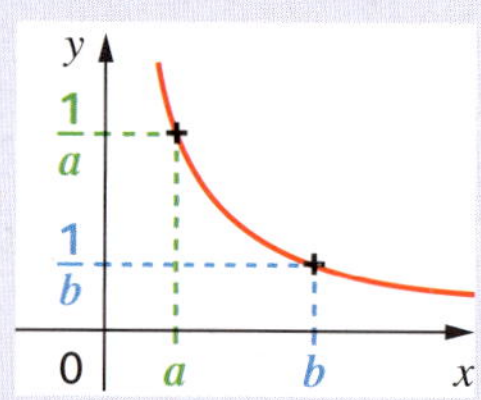
Si $a < b \leqslant 0$, alors $a^2 > b^2$.	Si $a < b < 0$, alors $\frac{1}{a} > \frac{1}{b}$.	Si $0 < a < b$, alors $\frac{1}{a} > \frac{1}{b}$.

Exemples

• $0 < \pi < 4$
Donc $\pi^2 < 4^2$.
Numériquement, $\pi^2 \approx 9{,}9$ et $4^2 = 16$. On a bien $\pi^2 < 4^2$.

• $-9 < -\sqrt{2} < 0$
Donc $(-9)^2 > \left(-\sqrt{2}\right)^2$.
Numériquement, $(-9)^2 = 81$ et $\left(-\sqrt{2}\right)^2 = 2$, ce qui valide la comparaison.

• $9 < 10 < 16$
Donc $\sqrt{9} < \sqrt{10} < \sqrt{16}$, c'est-à-dire $3 < \sqrt{10} < 4$.
Numériquement, $\sqrt{10} \approx 3{,}16$, ce qui confirme l'encadrement.

b Positions relatives des courbes sur $[0\,;+\infty[$

Propriété On note $\mathscr{C}_1$, $\mathscr{C}_2$ et $\mathscr{C}_3$ les courbes d'équations respectives $y = x$, $y = x^2$ et $y = x^3$.

• Sur $[0\,;1]$, la courbe $\mathscr{C}_1$ est au-dessus de la courbe $\mathscr{C}_2$, qui est elle-même au-dessus de la courbe $\mathscr{C}_3$.
Autrement dit, pour tout réel $x \in [0\,;1]$ on a $x \geqslant x^2 \geqslant x^3$.

• Sur $[1\,;+\infty[$, la courbe $\mathscr{C}_1$ est en dessous de la courbe $\mathscr{C}_2$, qui est elle-même en dessous de la courbe $\mathscr{C}_3$.
Autrement dit, pour tout réel $x \geqslant 1$ on a $x \leqslant x^2 \leqslant x^3$.

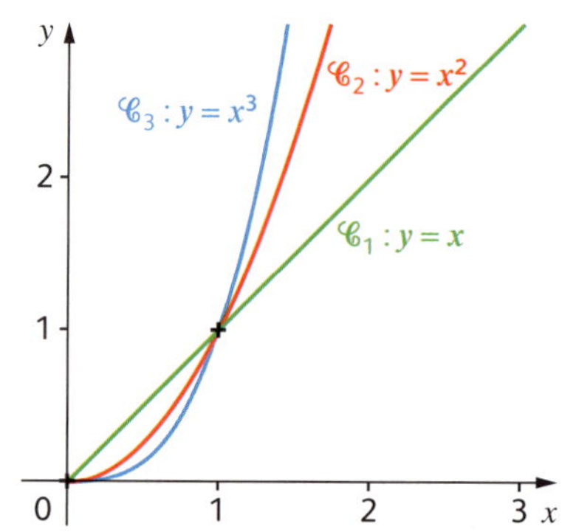

Démo

• **Démonstration sur $[0\,;1]$**
Soit un réel $x \in [0\,;1]$. Les points M_1, M_2 et M_3 d'abscisse x sur les courbes $\mathscr{C}_1$, $\mathscr{C}_2$ et $\mathscr{C}_3$ ont pour ordonnées respectives x, x^2 et x^3.
On a ici $0 \leqslant x \leqslant 1$. En multipliant par x (positif) on obtient $0 \leqslant x^2 \leqslant x$.
En multipliant une deuxième fois par x, on obtient $0 \leqslant x^3 \leqslant x^2$.
On en déduit que $x^3 \leqslant x^2 \leqslant x$. Donc $y_{M_3} \leqslant y_{M_2} \leqslant y_{M_1}$.
Le point M_1 est donc au-dessus de M_2, qui est au-dessus de M_3.

• **Démonstration sur $[1\,;+\infty[$**
Soit un réel $x \geqslant 1$. Les points M_1, M_2 et M_3 d'abscisse x sur les courbes $\mathscr{C}_1$, $\mathscr{C}_2$ et $\mathscr{C}_3$ ont pour ordonnées respectives x, x^2 et x^3.
On a ici $x \geqslant 1$. En multipliant successivement deux fois par x (positif), on obtient $x^2 \geqslant x$ puis $x^3 \geqslant x^2$.
On en déduit que $x^3 \geqslant x^2 \geqslant x$. Donc $y_{M_3} \geqslant y_{M_2} \geqslant y_{M_1}$.
Le point M_1 est donc en dessous de M_2 qui est en dessous de M_3.

Remarque
Les points $(0\,;0)$ et $(1\,;1)$ sont communs aux trois courbes.

Voir activité 4
Voir Je m'exerce à démontrer
Voir exercices n° 49 et n° 50

méthode

VIDÉO Capacité 3

Capacité 3 Comparer deux images

Énoncé Dans chaque cas, comparer les nombres A et B, sans utiliser la calculatrice.
Puis confirmer la comparaison obtenue à l'aide de la calculatrice.

1. $A=\left(\frac{-3}{5}\right)^3$ et $B=\left(\frac{-5}{3}\right)^3$ **2.** $A=0{,}8^2$ et $B=0{,}8^3$ **3.** $A=\frac{\sqrt{2}}{2}$ et $B=\frac{1}{3}$

Solution

1. Les réels $\frac{-3}{5}$ et $\frac{-5}{3}$ sont tels que $\frac{-5}{3}<-1<\frac{-3}{5}$.

En élevant au cube, on obtient que $\left(\frac{-5}{3}\right)^3<\left(\frac{-3}{5}\right)^3$, soit $A<B$.

Numériquement $A\approx-4{,}6$ et $B\approx-0{,}2$, ce qui confirme que $A<B$.

2. Le nombre 0,8 appartient à l'intervalle $[0;1]$.
En utilisant la position relative des courbes représentatives des fonctions carré et cube sur $[0;1]$, on obtient $0{,}8^2>0{,}8^3$, soit $A>B$.
Numériquement $A=0{,}64$ et $B=0{,}512$, ce qui confirme que $A>B$.

3. On peut raisonner de plusieurs manières.

• **1re méthode :** le nombre A est l'inverse de $\frac{2}{\sqrt{2}}=\frac{\sqrt{2}\times\sqrt{2}}{\sqrt{2}}=\sqrt{2}$.
Le nombre B est l'inverse de 3.
Or les réels $\sqrt{2}$ et 3 sont positifs et tels que $\sqrt{2}<3$.
On en déduit la comparaison de leurs inverses : $\frac{1}{\sqrt{2}}>\frac{1}{3}$, soit $A>B$.

• **2de méthode :** le nombre A peut s'écrire sous la forme d'une racine carrée.

$$A=\frac{\sqrt{2}}{2}=\frac{\sqrt{2}}{\sqrt{4}}=\sqrt{\frac{2}{4}}=\sqrt{\frac{1}{2}}$$

De même, le nombre B peut être écrit sous la forme d'une racine carrée.

$$B=\frac{1}{3}=\frac{1}{\sqrt{9}}=\sqrt{\frac{1}{9}}$$

Or $\frac{1}{2}>\frac{1}{9}$. On en déduit, en passant aux racines carrées, que $A>B$.
Numériquement $A\approx0{,}7$ et $B\approx0{,}3$, qui confirme que $A>B$.

Point méthode
1. 2. 3. On fait le lien entre les comparaisons demandées et les fonctions de référence associées.

Point méthode
3. Pour transformer une expression avec racine carrée, on utilise les règles suivantes.
• Pour tout $a\geqslant0$, $\sqrt{a}^2=a$.
• Pour tous $a\geqslant0$ et $b>0$:
$$\sqrt{\frac{a}{b}}=\frac{\sqrt{a}}{\sqrt{b}}$$

J'applique

10 Comparer les nombres suivants.
1. $1{,}01^2$ et $1{,}009^2$ **2.** $(-2{,}5)^2$ et $(-2{,}49)^2$
3. $\frac{1}{4}$ et $0{,}12^2$ **4.** $-5{,}2^2$ et $(-5{,}2)^2$

11 Comparer les nombres suivants.
1. $\frac{1}{3}$ et $\frac{1}{7}$ **2.** $-\frac{1}{0{,}02}$ et $-\frac{1}{0{,}001}$
3. 10^{-2} et 10^{-3} **4.** $\frac{1}{13}$ et $-\frac{1}{5}$

12 Comparer les nombres suivants.
1. $\sqrt{6}$ et 3 **2.** $\sqrt{20}$ et 4 **3.** $\sqrt{15}$ et 4

13 Comparer les nombres suivants.
1. $1{,}2^3$ et $\left(\frac{4}{3}\right)^3$ **2.** $(-0{,}001)^3$ et $(-0{,}09)^3$

14 Comparer les nombres suivants.
1. $1{,}3$; $1{,}3^2$ et $1{,}3^3$
2. $0{,}1$; $0{,}1^2$ et $0{,}1^3$

15 Comparer les nombres suivants.
$0{,}8^2$; $\left(2+\sqrt{3}\right)^2$; 12^2 ; 25 ; $0{,}8$; 10^2 ; $1{,}2^2$; $0{,}7^3$

16 Une production, initialement de 100 tonnes, diminue chaque année de 5 %.
1. Déterminer les coefficients multiplicateurs CM_1, CM_2 et CM_3 associés respectivement à la diminution sur une année, sur deux années, puis sur trois années.
2. Comparer les coefficients CM_1, CM_2 et CM_3 sans utiliser la calculatrice
3. Mettre en relation cette comparaison avec la diminution de la production chaque année.

Méthode

Capacité 4 Modéliser une situation par une fonction

Énoncé On considère le triangle ABM rectangle en A tel que $AB = 1$ et $AM = x$.
On construit le carré $BPNM$ à l'extérieur de ce triangle et on appelle f la fonction définie sur $[0\,;+\infty[$ qui à x associe l'aire du carré $BPNM$.

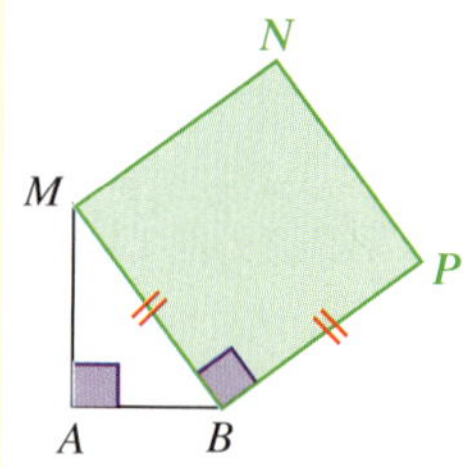

1. Exprimer MB^2 en fonction de x.
En déduire l'expression de $f(x)$ en fonction de x.

2. a. Comparer $f\left(\frac{4}{3}\right)$ et $f\left(\frac{7}{3}\right)$.

b. Interpréter géométriquement le résultat.

3. Quelle doit être la longueur AM pour que l'aire du carré $BPNM$ soit inférieure ou égale à 10 ?

Solution

1. En utilisant le théorème de Pythagore dans le triangle ABM, rectangle en A, on a $MB^2 = AM^2 + AB^2 = x^2 + 1^2 = x^2 + 1$.
Or l'aire du carré $BPNM$ est égale à MB^2.
On en déduit que $f(x) = x^2 + 1$.

2. a. On a $f\left(\frac{4}{3}\right) = \left(\frac{4}{3}\right)^2 + 1$ et $f\left(\frac{7}{3}\right) = \left(\frac{7}{3}\right)^2 + 1$.

Or $0 \leqslant \frac{4}{3} < \frac{7}{3}$. Donc $\left(\frac{4}{3}\right)^2 < \left(\frac{7}{3}\right)^2$.

En ajoutant 1 de chaque côté de l'inégalité, on obtient que $f\left(\frac{4}{3}\right) < f\left(\frac{7}{3}\right)$.

b. $f\left(\frac{4}{3}\right)$ est l'aire du carré $BPNM$ lorsque $AM = \frac{4}{3}$; $f\left(\frac{7}{3}\right)$ est l'aire du carré $BPNM$ lorsque $AM = \frac{7}{3}$.

« $f\left(\frac{4}{3}\right) < f\left(\frac{7}{3}\right)$ » signifie que l'aire du carré correspondant à $AM = \frac{4}{3}$ est plus « petite » que l'aire du carré correspondant à $AM = \frac{7}{3}$.

3. On résout l'inéquation $f(x) \leqslant 10 \Leftrightarrow x^2 + 1 \leqslant 10 \Leftrightarrow x^2 \leqslant 9$.
Comme $x \geqslant 0$, l'ensemble-solution est $[0\,;\sqrt{9}]$, soit $[0\,;3]$.
L'aire du carré $BPNM$ est inférieure ou égale à 10 lorsque la longueur AM est comprise entre 0 et 3 (inclus).

Point méthode

1. On utilise les théorèmes de géométrie pour exprimer une distance, une aire, etc. en fonction de la longueur AM variable.

Point méthode

3. On utilise la parabole représentant la fonction carré pour visualiser et déterminer l'ensemble-solution.

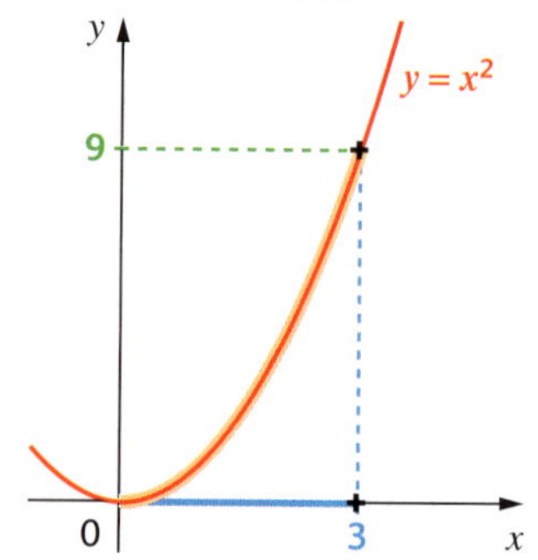

J'applique

17 $ABCD$ est un carré de côté 10.
Un point M est mobile sur le segment $[AB]$.
Le point N appartient au segment $[AD]$ et vérifie $AM = ND$.
On pose $x = AM = ND$.

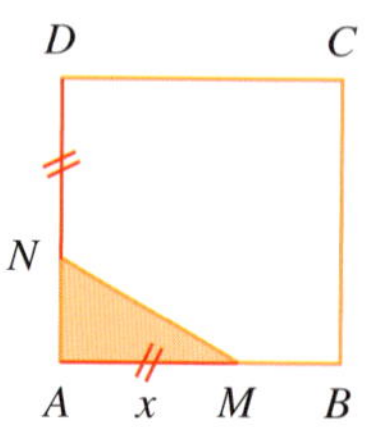

1. Expliquer pourquoi $0 \leqslant x \leqslant 10$.

2. Justifier que l'aire $f(x)$ du triangle AMN est :

$$f(x) = \frac{1}{2}(10x - x^2)$$

3. Tabuler la fonction f à la calculatrice sur $[0\,;10]$ avec un pas de 0,1.

4. Conjecturer les positions possibles du point M pour que l'aire du triangle AMN soit égale à 8.

18 Dans un bac à sable circulaire de 5 m de rayon, on trace une allée en forme de couronne.

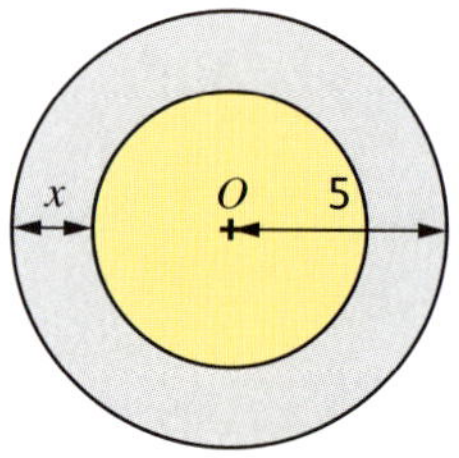

1. L'aire de l'allée grise est-elle proportionnelle à sa largeur x ?

2. Quelle doit être la largeur de l'allée pour que les aires grise et jaune soient égales ?

VIDÉOS
Capacités 4, 5

CAPACITÉ 5 Étudier la parité d'une fonction

APPROFONDISSEMENT

Énoncé On considère les fonctions f et g définies sur $\mathbb{R}$ par $f(x)=2x^2-3$ et $g(x)=-0{,}5x^3+1$.

On note $\mathscr{C}_f$ et $\mathscr{C}_g$ leurs courbes représentatives respectives dans un repère orthonormé.

1. a. Représenter la courbe $\mathscr{C}_f$ à la calculatrice.
b. La fonction f paraît-elle paire ? Impaire ? Ni paire, ni impaire ?
c. Démontrer le résultat conjecturé.

2. a. Représenter la courbe $\mathscr{C}_g$ à la calculatrice.
b. La fonction g paraît-elle paire ? Impaire ? Ni paire, ni impaire ?
c. Démontrer le résultat conjecturé.

Solution

1. a. On entre en Y1 l'expression $f(x)$, puis on trace la courbe $\mathscr{C}_f$, par exemple dans la fenêtre « décimale » ou « initiale » de la calculatrice.

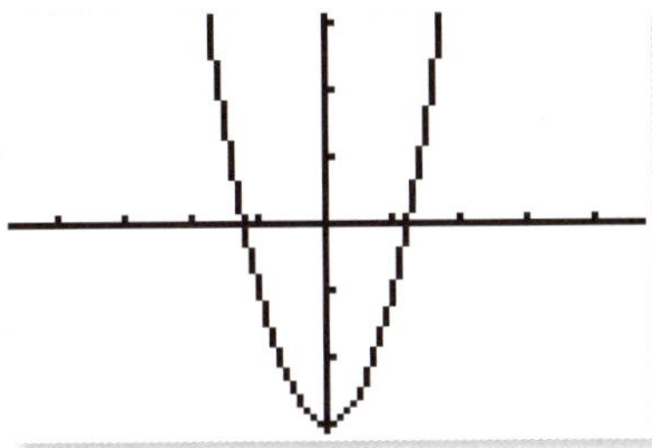

b. La courbe $\mathscr{C}_f$ paraît symétrique par rapport à l'axe des ordonnées. Il semble donc que la fonction f soit paire sur $\mathbb{R}$.

c. On doit justifier que pour tout réel x on a $f(-x)=f(x)$.
Pour tout réel x, $f(-x)=2(-x)^2-3$.
Or $(-x)^2=x^2$. Donc $f(-x)=2x^2-3$. Soit $f(-x)=f(x)$.
On conclut que la fonction f est paire sur $\mathbb{R}$.

Point méthode

1. a. Pour tracer une courbe représentative à la calculatrice :
① on saisit la fonction.
② on choisit la fenêtre graphique (Xmin, Xmax, Ymin, Ymax). On peut aussi choisir une fenêtre pré-enregistrée, comme le zoom « décimal ».
③ on trace la courbe.

Voir Livret

2. a. On obtient la courbe ci-contre.

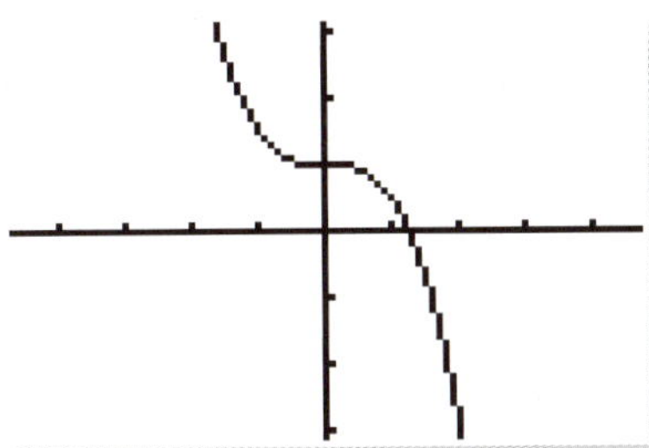

b. La courbe $\mathscr{C}_g$ ne paraît symétrique ni par rapport à l'axe des ordonnées, ni par rapport à l'origine du repère. La fonction g ne semble donc ni paire, ni impaire sur $\mathbb{R}$.

c. On calcule par exemple $g(-1)$ et on compare le résultat à $g(1)$.
$g(-1)=-0{,}5\times(-1)^3+1=0{,}5+1=1{,}5$
$g(1)=-0{,}5\times1^3+1=0{,}5$
On en déduit que $g(-1)\neq g(1)$, donc la fonction g n'est pas paire.
Et $g(-1)\neq -g(1)$, donc la fonction g n'est pas impaire.

Point méthode

2. c. Pour montrer qu'une fonction f n'est ni paire, ni impaire, il suffit de trouver un réel a tel que :
$f(-a)\neq f(a)$ et $f(-a)\neq -f(a)$

J'applique

19 Pour chaque fonction f, g, h et k définies sur $\mathbb{R}$ et dont on donne les courbes représentatives ci-dessous, indiquer si elle paraît paire, impaire, ou ni paire ni impaire.

a.
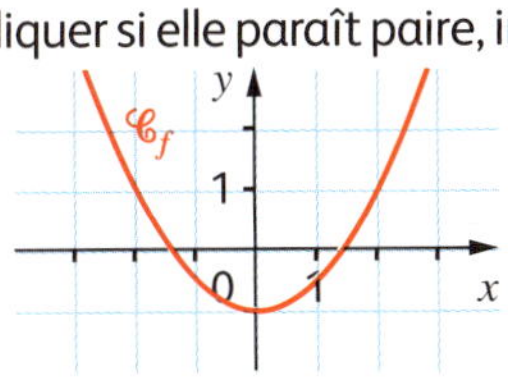

b.
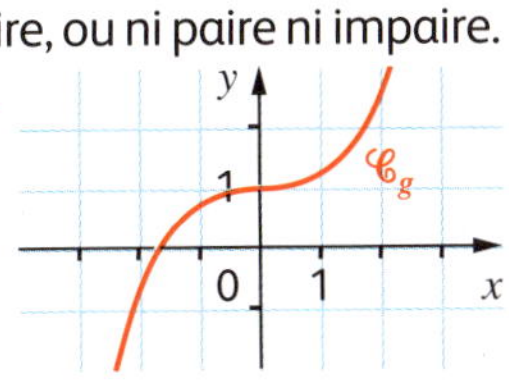

c.
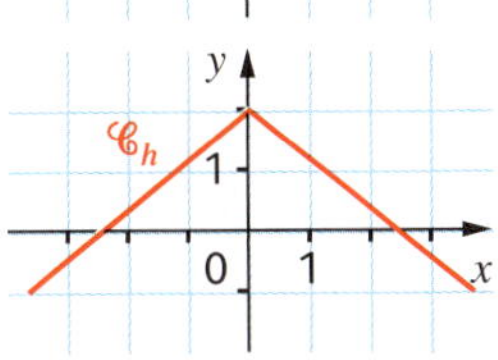

d.
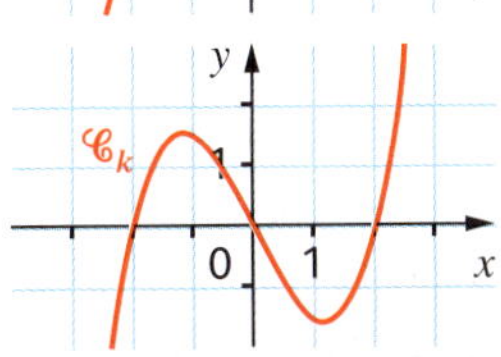

20 Les fonctions f, g et h sont définies sur $\mathbb{R}$ par :

$$f(x)=-3x^2\ ;\ g(x)=2x-3\ ;\ h(x)=5x^3$$

Pour chaque fonction, conjecturer, en utilisant la calculatrice, si elle est paire, impaire, ou ni paire ni impaire.
Puis démontrer la conjecture.

21 Même exercice avec les fonctions f, g et h définies sur $\mathbb{R}\setminus\{0\}$ par :

$$f(x)=\frac{3}{x}+1\ ;\ g(x)=-\frac{3}{x^2}+2\ ;\ h(x)=\frac{-2}{x}$$

Je **fais** le **point**

Je revois mon cours

Courbe représentative

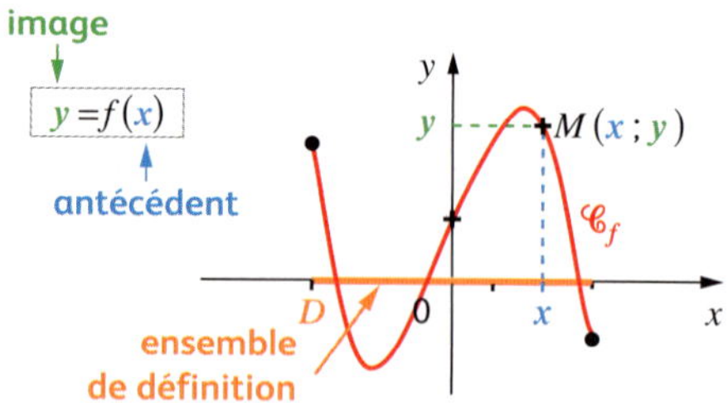

Fonction **paire**

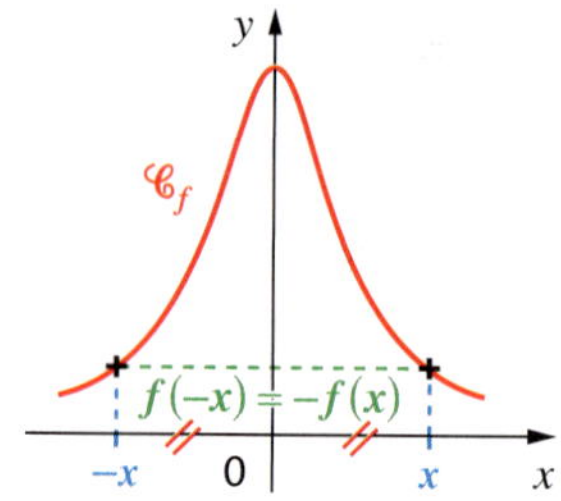

Fonction **impaire**

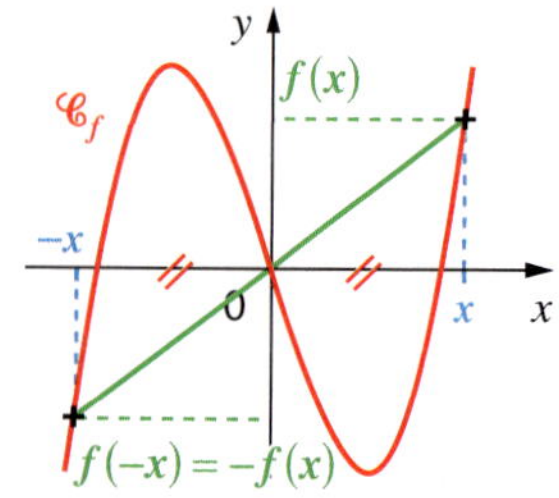

Fonction carré

Définie sur $\mathbb{R}$ par $x \mapsto x^2$. Fonction paire.

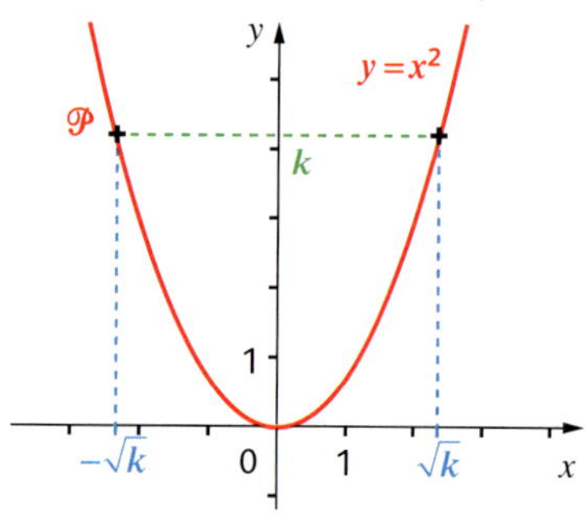

- Si $0 \leqslant a < b$, alors $a^2 < b^2$.
- Si $a < b \leqslant 0$, alors $a^2 > b^2$.

Fonction inverse

Définie sur $\mathbb{R} \setminus \{0\}$ par $x \mapsto \dfrac{1}{x}$. Fonction impaire.

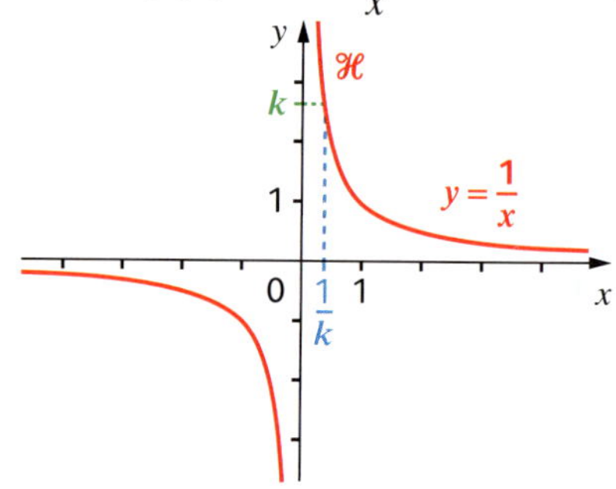

- Si $0 < a < b$, alors $\dfrac{1}{a} > \dfrac{1}{b}$.
- Si $a < b < 0$, alors $\dfrac{1}{a} > \dfrac{1}{b}$

Fonction cube

Définie sur $\mathbb{R}$ par $x \mapsto x^3$. Fonction impaire.

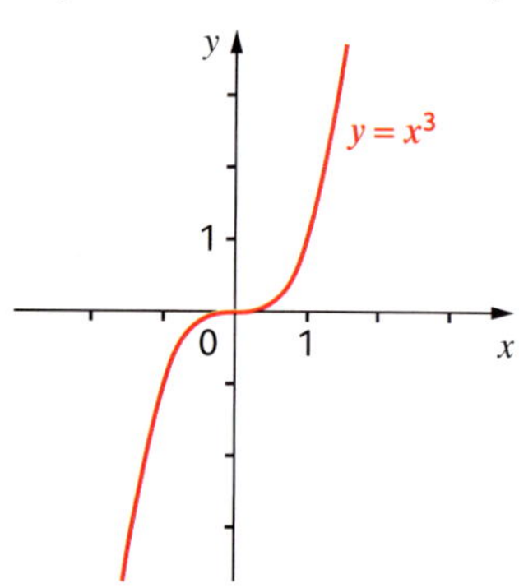

Si $a < b$, alors $a^3 < b^3$.

Fonction racine carrée

Définie sur $[0\,;+\infty[$ par $x \mapsto \sqrt{x}$.
Fonction ni paire ni impaire.

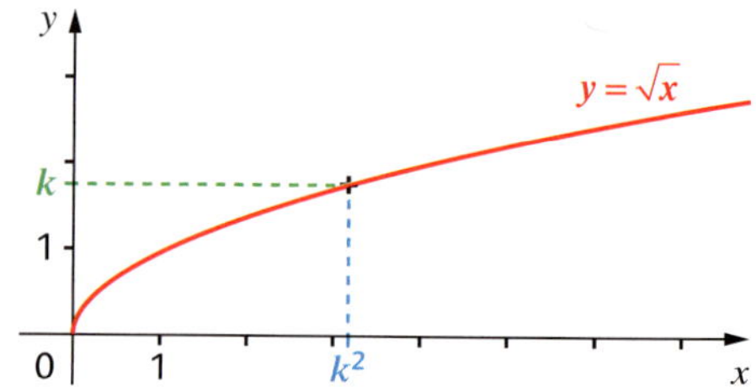

Si $0 \leqslant a < b$, alors $\sqrt{a} < \sqrt{b}$.

Je m'exerce à démontrer

Démo pas à pas

Résultat à démontrer ▶ **Sur $[1;+\infty[$, la courbe d'équation $y=x$ est en dessous de la courbe d'équation $y=x^2$.**

Analyse des termes | j'étudie l'énoncé

- Que signifie « sur $[1;+\infty[$ » ?

  La démonstration porte sur TOUS les nombres réels supérieurs ou égaux à 1, c'est-à-dire vérifiant $1 \leqslant x$.

Pour cette démonstration, on ne doit pas remplacer x par une ou plusieurs valeurs choisies

- Que signifie « être en dessous de » ?

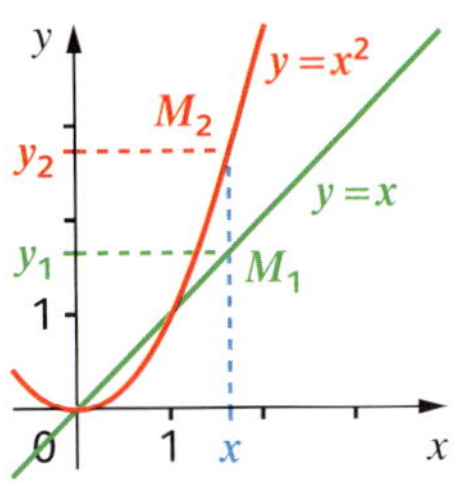

Le point M_1 est « en dessous » du point M_2 — Trop vague

L'ordonnée y_1 de M_1 est inférieure à l'ordonnée y_2 de M_2 — C'est mieux

Pour une même abscisse x, on a $x \leqslant x^2$ — Bien !

- Finalement : je dois démontrer que pour tout réel x tel que $1 \leqslant x$, on a $x \leqslant x^2$.

De l'hypothèse vers la conclusion | j'organise mon raisonnement

- Je sais que… $1 \leqslant x$

  $1 \times x \leqslant x \times x$

- Je veux montrer que… $x \leqslant x^2$

Démontrer

On a prouvé que pour tout réel x tel que $1 \leqslant x$, on a $x \leqslant x^2$.

Donc la courbe d'équation $y=x$ est en dessous de celle d'équation $y=x^2$ sur $[1;+\infty[$.

Démo à moi de jouer

Résultat à démontrer ▶ **Sur $[1;+\infty[$, la courbe d'équation $y=x^3$ est au-dessus de la courbe d'équation $y=x^2$.**

Identifier l'erreur commise dans la copie ci-dessous et proposer une démonstration correcte du résultat demandé.

$1^3 \geqslant 1^2$ $\quad 2^3 \geqslant 2^2$ $\quad 3^3 \geqslant 3^2$ $\quad 4^3 \geqslant 4^2$

Donc sur $[1;+\infty[$, la courbe d'équation $y=x^3$ est au-dessus de la courbe d'équation $y=x^2$.

Je **fais** le **point**

J'évalue mes connaissances

VERSION INTERACTIVE ET CORRIGÉE

Voir corrigés

QCM

Pour chacune des questions, indiquer la (ou les) bonne(s) réponse(s).
On considère une fonction f définie sur un ensemble D, de courbe représentative $\mathscr{C}_f$.

	a	b	c
1. D est l'ensemble :	des points de $\mathscr{C}_f$	des abscisses des points de $\mathscr{C}_f$	des ordonnées des points de $\mathscr{C}_f$
2. Si $f(1)=2$, alors :	1 est l'image de 2 par f	1 a pour image 2 par f	le point $(2;1)$ appartient à $\mathscr{C}_f$
3. Si $f(-2)=5$, alors :	-2 est un antécédent de 5 par f	5 est un antécédent de -2 par f	le point $(-2;5)$ appartient à $\mathscr{C}_f$
4. Deux points d'abscisses opposées sur la courbe représentative de la fonction carré :	ont des ordonnées égales	ont des ordonnées opposées	sont symétriques par rapport au centre du repère
5. Deux points d'abscisses opposées sur la courbe représentative de la fonction inverse :	ont des ordonnées égales	ont des ordonnées opposées	sont symétriques par rapport au centre du repère
6. La fonction cube est :	paire	impaire	ni paire, ni impaire
7. La fonction racine carrée est :	paire	impaire	ni paire, ni impaire
8. Pour tout réel $x \neq 0$, on a :	$(-x)^2=-x^2$	$(-x)^3=-x^3$	$\frac{1}{-x}=\frac{-1}{x}$
9. Pour tout réel x avec $-10<x<-5$, on a :	$\frac{1}{x} \in \left]\frac{1}{10};\frac{1}{5}\right[$	$\frac{1}{x} \in \left]-\frac{1}{10};-\frac{1}{5}\right[$	$\frac{1}{x} \in]-0{,}2;-0{,}1[$
10. On a :	$\left(\frac{4}{3}\right)^2<\pi^2$	$\frac{3}{4}<\frac{1}{\pi}$	$\sqrt{\frac{4}{3}}<\sqrt{\pi}$

vrai ou faux ?

LOGIQUE *Indiquer pour chaque affirmation si elle est vraie ou fausse. Justifier.*

Partie A.

1. L'inverse de 3 est -3.

2. Le cube de 2 est 6.

3. Les carrés de deux réels opposés sont opposés.

4. Les inverses de deux réels opposés non nuls sont opposés.

5. Les cubes de deux réels opposés sont opposés.

6. Le cube de l'inverse d'un réel non nul est égal à l'inverse du cube de ce réel.

7. La racine carrée de l'inverse d'un réel strictement positif est égale à l'inverse de la racine carrée de ce réel.

8. Pour tous réels non nuls a et b, si $a<b$, alors $\frac{1}{a}>\frac{1}{b}$.

Partie B. Compétence Raisonner

1. Si $x^2=-9$, alors $x=-3$.

2. Si $x^2 \geqslant 1$, alors $x \geqslant 1$.

3. Si $x<-1$, alors $x^2<1$.

4. Si $\frac{1}{x} \geqslant 1$, alors $0<x \leqslant 1$.

5. Si $x<-2$, alors $-\frac{1}{2}<\frac{1}{x}<0$.

6. L'équation $x^3=9$ admet deux solutions.

7. Si $x^3<27$, alors $x<3$.

8. Si $\sqrt{x} \leqslant 4$, alors $0 \leqslant x \leqslant 16$.

9. Si $2\sqrt{x}+4 \geqslant 8$, alors $x \geqslant 4$

10. Pour tout réel $x \geqslant 0$, on a :

$$x \leqslant x^2 \leqslant x^3$$

automatismes et calculs

Compétence **Calculer**

22 Simplifier les fractions suivantes.

1. $5+\frac{3}{2}$ 2. $\frac{4}{3}-\frac{5}{6}$ 3. $\frac{2}{3}\times\frac{5}{7}$

23 Simplifier les calculs suivants.

1. $3\times\frac{7}{15}$ 2. $3+7\times4$ 3. $\frac{9}{5}\div\frac{3}{4}$

24 Simplifier les calculs suivants.

1. $10^3\times10^{-5}$ 2. $\frac{10^4}{10^{-3}}$ 3. $\frac{10^{-2}\times10^5}{10^4}$

25 Résoudre les équations suivantes.

1. $2x+5=4$ 2. $-3x+4=10$

26 Résoudre les équations suivantes.

1. $-2x+3=4x$ 2. $3x-10=2x$

27 Résoudre les inéquations suivantes.

1. $3x+5>-4x+19$ 2. $-4x+2\leqslant x+12$

28 Résoudre les inéquations suivantes.

1. $2x+7<-2x+11$ 2. $5x+1\geqslant 7x+9$

29 Donner la liste des carrés de tous les entiers compris entre -10 et 10.

30 Effectuer les calculs suivants.

1. $(-8)^2$ 2. $0{,}9^2$ 3. -6^2
4. $\left(\frac{7}{5}\right)^2$ 5. $\left(-\sqrt{11}\right)^2$ 6. $\left(2\sqrt{5}\right)^2$
7. $(10^4)^2$ 8. $(10^{-5})^2$ 9. $(-10^{-3})^2$

31 Donner les inverses des nombres suivants.

$$2\,;-1\,;\frac{1}{2}\,;\frac{7}{4}\,;-\frac{10}{3}\,;10^3\,;10^{-4}$$

32 Donner la liste des cubes de tous les entiers compris entre -7 et 7.

33 Simplifier les racines carrées suivantes.

1. $\sqrt{1}$; $\sqrt{4}$; $\sqrt{9}$; $\sqrt{16}$; $\sqrt{25}$; $\sqrt{36}$
2. $\sqrt{100}$; $\sqrt{225}$; $\sqrt{400}$; $\sqrt{900}$

34 Simplifier les racines carrées suivantes.

$$\sqrt{0{,}01}\,;\sqrt{0{,}25}\,;\sqrt{0{,}04}\,;\sqrt{0{,}09}$$

35 On considère la fonction f définie sur $\mathbb{R}$ par :

$$f(x)=-2x+3$$

1. Calculer les images suivantes.

$$f(1)\,;f(3)\,;f(7)$$
$$f(-1)\,;f(-2)\,;f(-10)$$

2. Déterminer les antécédents par f des nombres suivants : 1 ; 3 ; 7 et -1.
3. Résoudre l'équation $f(x)=10$.

36 Reprendre l'exercice **35** avec $f(x)=2x+5$.

37 On considère la fonction f définie sur $]2;+\infty[$ par :

$$f(x)=\frac{3}{x-2}$$

1. Justifier pourquoi f ne peut être définie en 2.
2. Calculer $f(3)$, $f(4)$, $f(8)$ et $f(12)$.
3. Résoudre l'équation $f(x)=\frac{3}{4}$.

38 La fonction f est définie sur $\mathbb{R}$ par :

$$f(x)=(2x-3)^3$$

Calculer $f(0)$, $f\left(\frac{1}{2}\right)$ et $f(-4)$.

39 Simplifier les expressions suivantes.

1. $x\times x^2$ 2. $x-3x$ 3. $x-\frac{x}{2}$

40 Développer et réduire les expressions suivantes.

$A=3(2x+1)-4x$
$B=3x\times2x+5x-4x^2-8x+2$
$C=-2(x-3)+4x(x+1)$

41 Factoriser les expressions suivantes.

$A=(2x+1)(3x-4)+(2x+1)(-x+7)$
$B=(3x-2)(x+4)-(3x-2)(2x+5)$
$C=(x+3)(2x-1)+2(x+3)(x+1)$

42 **Calcul mental**

1. Quelle est l'aire du rectangle de côtés 7 et 5 ?
2. Le triangle de côtés 5, 7 et 10 est-il rectangle ?
3. Sur la configuration ci-dessous, les droites (BC) et (DE) sont-elles parallèles ?

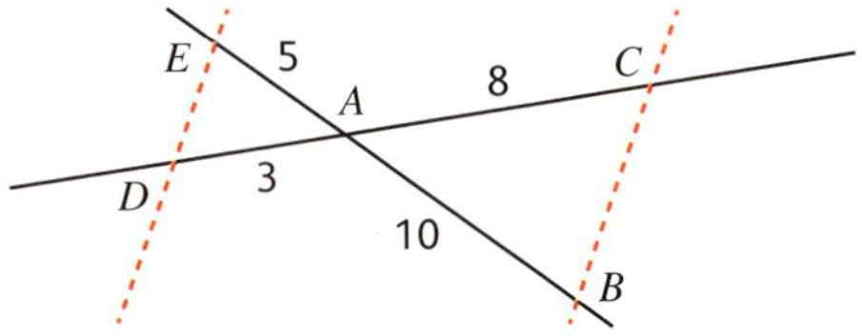

43 1. Donner la formule de la longueur p d'un cercle de rayon R.
Calculer la valeur exacte de p pour $R=3\,\text{m}$ puis pour $R=0{,}5\,\text{cm}$.
2. a. Donner la formule de l'aire $\mathscr{A}$ d'un disque de rayon R.
b. Calculer la valeur exacte de $\mathscr{A}$ pour $R=3\,\text{m}$.

44 Déterminer la moyenne et la médiane des séries statistiques suivantes.

1. 2 ; 3 ; 3 ; 8
2. 1 ; 2 ; 3 ; 5 ; 6 ; 7
3. 8 ; 9 ; 11 ; 13 ; 14
4. -2 ; 0 ; 2 ; 6

exercices Application

Exercices INTERACTIFS kwyk

Connaître le cours

45 Deux diaporamas pour faire le point sur le cours. ACTIVITÉS MENTALES RAPIDES

46 $\mathscr{C}_f$ est la courbe représentative d'une fonction f.
Les trois formulations suivantes donnent la même information :
• l'image de 0 est 3 • $f(0)=3$ • $M(0;3)\in\mathscr{C}_f$.
Dans chaque cas ci-dessous, énoncer les deux formulations correspondant à celle qui est rédigée.
1. L'image de 1 est 5 **2.** $A(2;4)\in\mathscr{C}_f$
3. 0 est un antécédent de 12 **4.** $f(-2)=6$
5. L'ordonnée du point d'abscisse 7 sur $\mathscr{C}_f$ est égale à 15.

47 Compléter les pointillés.
La courbe représentative $\mathscr{C}_f$ d'une fonction f définie sur un ensemble D est l'ensemble des points du plan dont l'abscisse appartient à … et dont l'ordonnée est … .

48 Vrai ou faux ? Compétence Raisonner
Pour chaque affirmation suivante, préciser si elle est vraie ou fausse.
1. Le point $(-4;-16)$ appartient à la parabole représentant la fonction carré.
2. L'équation $x^2=k$ admet toujours deux solutions dans $\mathbb{R}$.
3. Le point de coordonnées $(3;9)$ appartient à la courbe représentative de la fonction cube.
4. L'inéquation $\sqrt{x}\leqslant 1$ admet pour ensemble-solution l'intervalle $]-\infty;1]$.

49 **1.** Quelles sont les images par la fonction inverse de -2 ; $\frac{2}{3}$ et $-\frac{3}{4}$?
2. Quels sont les antécédents par la fonction inverse de 10^{-6} ; $\frac{5}{3}$ et $-\frac{1}{\sqrt{2}}$?

Démo
50 Soit un réel x tel que $0\leqslant x\leqslant 1$.
1. Compléter les pointillés « on a $x\ldots x^2\ldots x^3$ ».
2. La démonstration incomplète suivante permet de justifier la comparaison précédente. La compléter.
« On a $x\leqslant 1$.
En multipliant par …, qui est …, on obtient que $x\times x\ldots x\times 1$.
Puis une deuxième fois, on a $x^3\ldots x^2$.
On en déduit que … »

Démo
51 En s'inspirant de l'exercice **50**, démontrer que pour tout réel $x\geqslant 1$, on a $x^3\geqslant x^2\geqslant x$.

Travailler les capacités du chapitre

Capacité 1 Exploiter l'équation $y=f(x)$ d'une courbe

52 On donne ci-dessous la représentation graphique $\mathscr{C}_f$ d'une fonction f définie sur $\mathbb{R}$.

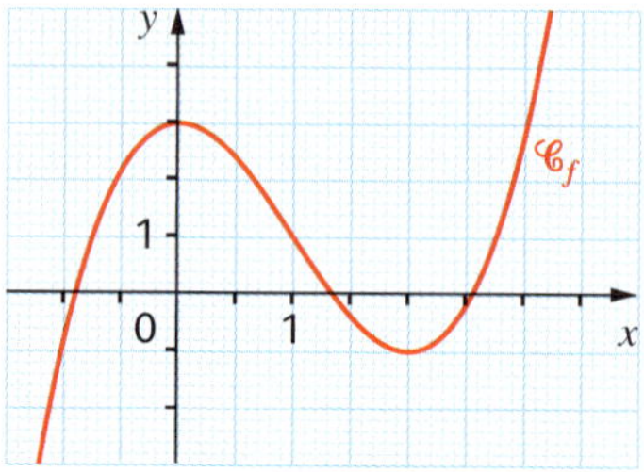

1. Avec la précision permise du graphique, répondre aux questions suivantes.
a. Quelles sont les images de 0 ; 1 et 2 par f ?
b. Lire les antécédents de 3 ; -1 et 1 par f.
2. On suppose que $f(x)=x^3-3x^2+3$.
Les réponses obtenues à la question **1.** sont-elles exactes ?
Justifier par des calculs.

53 ALGO
On considère la fonction f définie par l'algorithme ci-contre.

Langage naturel
Choisir un réel entre -3 et 3
Multiplier par 2
Élever au carré
Soustraire 1
Renvoyer le résultat

1. Après avoir précisé l'ensemble de définition de f, déterminer l'expression $f(x)$ en fonction de x.
2. Parmi les points suivants, lesquels appartiennent à la courbe représentative de f ?
a. $(-1;-5)$ **b.** $\left(\frac{1}{2};0\right)$ **c.** $\left(\frac{3}{2};\frac{5}{4}\right)$ **d.** $(\sqrt{2};7)$
3. a. La fonction f est-elle paire ? Impaire ? Ni paire, ni impaire ?
b. Que peut-on en déduire pour la courbe $\mathscr{C}_f$?

54 PYTHON On considère la fonction g définie sous Python ci-dessous.

```
def g(x):
    return x**2-4*x+1
```

1. Quelle est l'image de 1 par g ? Et celle de -2 ?
2. Justifier que 1 admet plusieurs antécédents par g.
3. La fonction g est-elle paire ? Impaire ? Ni paire, ni impaire ?

Info Python
« x**2 » signifie « x^2 » en langage Python.

CAPACITÉ 2 Résoudre une équation, une inéquation à l'aide d'une fonction de référence

55 Résoudre dans $\mathbb{R}$ les équations suivantes.

1. $x^2=5$
2. $x^2=\dfrac{4}{9}$
3. $x^2-\dfrac{1}{4}=0$
4. $x^2+3=2$
5. $5x^2=125$
6. $3x^2=\dfrac{1}{3}$

On s'aidera d'un schéma représentant la courbe de la fonction carré pour guider la résolution.

56 Résoudre dans $\mathbb{R}$ les inéquations suivantes.

1. $4x^2+11<7$
2. $3x^2-1\leqslant 11$
3. $\dfrac{1}{2}x^2+2>4$
4. $\dfrac{1}{7}x^2-2\geqslant -2$

57 Milan a résolu graphiquement l'inéquation $\dfrac{1}{x}<\dfrac{1}{2}$ et a trouvé l'intervalle $]2\,;+\infty[$ comme ensemble de solutions. À l'aide de la représentation graphique de la fonction inverse, corriger son erreur.

58 Résoudre dans $\mathbb{R}$:

a. $\sqrt{x}=16$ b. $4\sqrt{x}+3=0$ c. $2\sqrt{x}<18$

59 1. Un carré a une aire de 20 cm^2.
Quelle est la longueur de son côté ?
2. Un carré a une aire au plus égale à 25 cm^2.
Quelles sont les longueurs possibles de son côté ?
3. Un cube a un volume de 1 728 cm^3.
Quelle est la longueur de son arête ?
4. Un cube a un volume supérieur à 0,064 cm^3.
Quelles sont les longueurs possibles de son arête ?

CAPACITÉ 3 Comparer deux images

60 Dans chaque cas, comparer les réels A et B.

1. $A=\left(\dfrac{3}{4}\right)^2$ et $B=\left(\dfrac{4}{3}\right)^2$
2. $A=2{,}1^2$ et $B=2{,}09^2$
3. $A=3^2$ et $B=(-3)^2$
4. $A=-6^2$ et $B=(-6)^2$

61 Dans chaque cas, comparer les réels a et b, puis leurs inverses.

1. $a=-7$ et $b=-7{,}01$
2. $a=\dfrac{3}{8}$ et $b=\dfrac{3}{8{,}1}$
3. $a=\dfrac{-5}{3}$ et $b=-\dfrac{13}{6}$
4. $a=-\dfrac{5}{4}$ et $b=-\dfrac{6}{7}$

62 1. Soit un réel x vérifiant $1\leqslant x\leqslant 4$.
Justifier que l'on a les inégalités suivantes.

a. $1\geqslant\dfrac{1}{x}\geqslant 0{,}25$ b. $-1\geqslant\dfrac{1}{x}-2\geqslant -1{,}75$

2. Soit un réel x dans $[-2\,;-1]$.
Encadrer au mieux les réels suivants.

a. $\dfrac{2}{x}$ b. $-\dfrac{3}{x}+1$

63 1. Comparer les aires :
a. des carrés de côtés $\dfrac{5}{3}$ et 2.
b. des disques de diamètres 2 et $\sqrt{5}$.
2. Comparer les volumes :
a. des cubes d'arêtes $\dfrac{1}{3}$ et 0,33.
b. des boules de rayons $\sqrt{2}$ et 1,5.

Voir Livret

64 Une population de 1 000 bactéries augmente chaque semaine de 20 %.
1. Justifier que pour obtenir la population au bout d'une semaine, de deux semaines et de trois semaines, on multiplie 1 000 respectivement par 1,2, par $1{,}2^2$ et par $1{,}2^3$.
2. Comparer ces coefficients multiplicateurs sans utiliser la calculatrice.
3. Mettre en relation cette comparaison avec l'augmentation de la population chaque jour.

CAPACITÉ 4 Modéliser une situation par une fonction

65 Un récipient est formé de deux pavés droits à base carrée (l'un de côté 10 cm, l'autre de côté 5 cm).
On donne leurs hauteurs sur le schéma.
On remplit d'eau ce récipient.

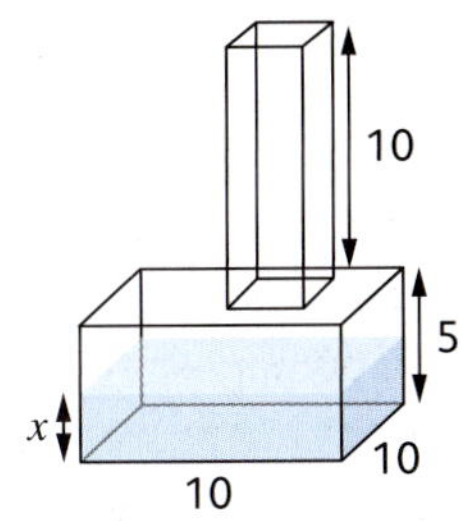

1. Exprimer le volume de liquide en fonction de la hauteur x d'eau.
2. On souhaite remplir le récipient à la moitié de sa contenance maximale.
Déterminer quelle sera la hauteur d'eau dans le récipient.
3. Même question dans le cas où on souhaite remplir le récipient aux trois quarts.

CAPACITÉ 5 Étudier la parité d'une fonction

66 Étudier la parité des fonctions f et g définies sur $\mathbb{R}$ par $f(x)=\dfrac{1}{x^2+1}$ et $g(x)=\sqrt{x^2+1}-2$.

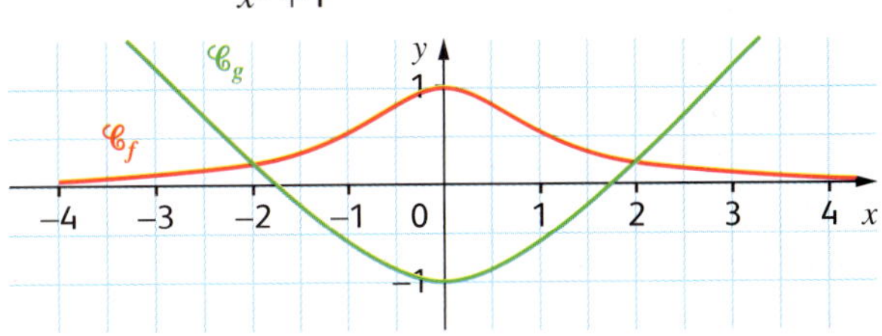

67 Étudier la parité des fonctions f et g définies sur $\mathbb{R}$ par :
$$f(x)=(x-1)^2+3 \text{ et } g(x)=-2x^3$$
Interpréter graphiquement les résultats obtenus.

exercices Entraînement

1 Fonctions, courbes représentatives

68 On considère la fonction affine f définie sur $\mathbb{R}$ par $f(x)=0{,}5x-2$, représentée par la droite $\mathcal{D}$.

1. Quel est le coefficient directeur de la droite $\mathcal{D}$? Et son ordonnée à l'origine ?

2. a. Tracer la droite $\mathcal{D}$ dans un repère du plan.

b. En quel point coupe-t-elle l'axe des ordonnées ?

c. Calculer $f(0)$. Mettre en relation le résultat obtenu avec les questions **1.** et **2. b.**

3. Les points suivants appartiennent-ils à $\mathcal{D}$?

a. $(2;-1)$ **b.** $(4;1)$ **c.** $(-2;-3)$ **d.** $(-4;11)$

69 Même exercice que **68** avec $f(x)=-2x+3$.

70 Soit la fonction f définie sur $\mathbb{R}$ par $f(x)=5x+2$.

1. Déterminer les images de 2 ; –5 et 10 par f.

2. Déterminer les antécédents de 0 ; –7 et 3 par f.

3. Interpréter graphiquement les résultats.

4. Le point $(1;7)$ appartient-il à la courbe $\mathcal{C}_f$?

71 On donne ci-contre la courbe représentative de l'une des fonctions définies ci-dessous sur $\mathbb{R}$.

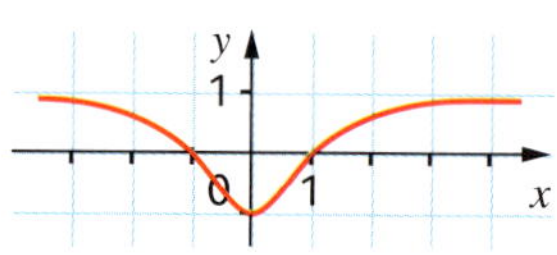

1. De quelle fonction s'agit-il ?

a. $f(x)=x^2-1$ **b.** $g(x)=1-x^2$

c. $h(x)=\dfrac{x-1}{x+1}$ **d.** $k(x)=\dfrac{x^2-1}{x^2+1}$

2. Cette fonction est-elle paire ? Justifier.

72 Une boîte sans couvercle a la forme du pavé droit ci-contre.

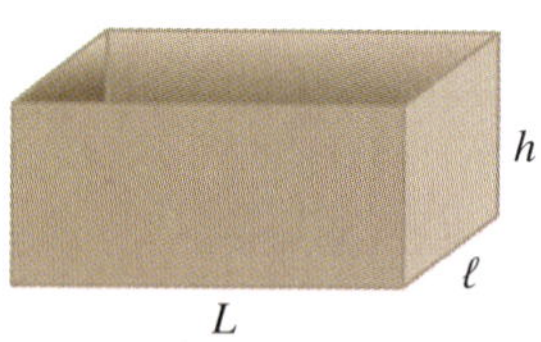

1. Exprimer l'aire latérale totale $\mathcal{A}$ de la boîte (sans couvercle) en fonction de ses dimensions L, ℓ et h.

2. On suppose que $L=10$ et $\ell=4$.

a. Exprimer $\mathcal{A}$ en fonction de h.

b. Que vaut h si on a $\mathcal{A}=96$?

c. Est-il possible que l'aire soit égale à 38 ?

3. Calculer L lorsque $h=3$, $\ell=5$ et $\mathcal{A}=162$.

73 À partir des trois rectangles ci-dessous, exprimer l'aire des surfaces en orange en fonction des données.

a.

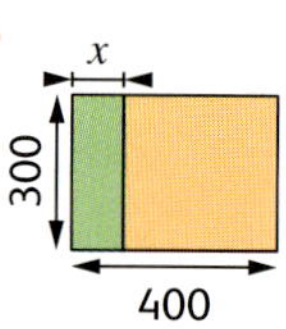

b.

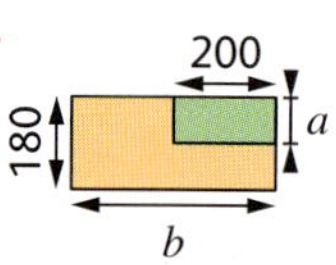

c.

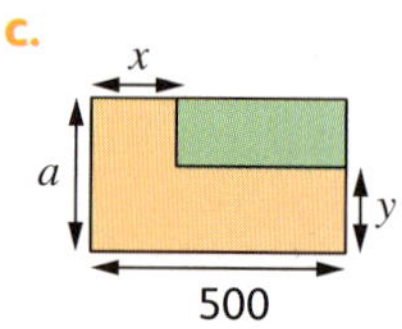

74 Soit f la fonction définie sur $[-2;4]$ par :

$$f(x)=-0{,}5x^2+2x+1$$

1. À l'aide de la calculatrice, recopier et compléter le tableau de valeurs de f sur $[-2;4]$ avec un pas de 1.

x	–2	–1	0	1	2	3	4
$f(x)$							

2. Dans un repère, placer les points du tableau.

3. Pour tracer la courbe $\mathcal{C}_f$, peut-on relier ces points à l'aide d'une règle ? Pourquoi ?

4. En s'aidant de la calculatrice, construire $\mathcal{C}_f$.

75 Soit g la fonction définie sur $[-3;4]$ par :

$$g(x)=x^2-2x-2$$

1. Soient A et B les points de $\mathcal{C}_g$ d'abscisses respectives –1 et 3.

a. Déterminer les ordonnées des points A et B.

b. Tracer la courbe $\mathcal{C}_g$ à la calculatrice et vérifier les résultats obtenus à la question **a.**

2. À l'aide de la calculatrice, déterminer, à 0,1 près, les antécédents de 0 et –1 par g.

Aide calculatrice

Se déplacer sur la courbe par *Trace*.

Casio SHIFT F1

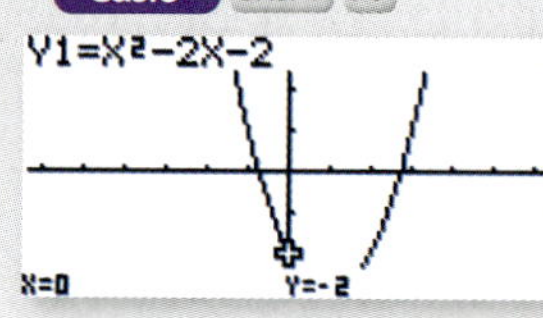

TI Trace

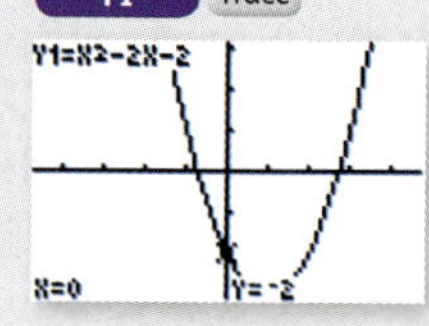

76 ALGO On considère la fonction f définie par l'algorithme suivant, traduit en Python.

Langage naturel

Saisir un réel x
$a \leftarrow 5\times x$
$b \leftarrow a-3$
Renvoyer la valeur b

Python

```python
def f(x):
    a=5*x
    b=a-3
    return b
```

1. Déterminer les images de –2 et 3 par f.

2. Le nombre 10 admet-il un antécédent par f ?

3. Interpréter graphiquement les résultats obtenus aux questions **1.** et **2.**

77 PYTHON On considère la fonction f définie par l'algorithme suivant, traduit en Python.

Langage naturel

Saisir x
$x \leftarrow x+1$
$x \leftarrow 2x$
Renvoyer x

Python

```python
def f(x):
    x=x+1
    x=2*x
    return x
```

1. Les lignes 2 et 3 sont-elles des équations ?

2. Quelle est l'image de 5 par f ? Et celle de -3 ?
3. Déterminer les antécédents de 10 et -8 par f.
4. Interpréter graphiquement les résultats obtenus aux questions 2. et 3.

78 PYTHON On considère la fonction f définie sur $\mathbb{R}$ par $f(x)=3x^2-x+1$.
On note $\mathscr{C}$ la courbe représentative de f.
1. Le point de coordonnées $(2;11)$ appartient-il à $\mathscr{C}$? Et le point $(1;5)$?
2. On souhaite automatiser les calculs permettant de savoir si un point, dont on connaît les coordonnées $(x;y)$, appartient ou non à la courbe $\mathscr{C}$.
On propose pour cela l'algorithme incomplet ci-contre, traduit par la fonction Python nommée `appartient_ou_non` définie ci-dessous.

```
Si 3x² – x + 1 = y Alors
    Afficher « ... »
Sinon afficher « ... »
Fin Si
```

```python
def appartient_ou_non(x,y):
    if 3*x**2-x+1==y:
        print('...')
    else:
        print('...')
    return
```

Compléter l'algorithme.

79 LOGIQUE **Fonctions paires et impaires**
Une fonction définie sur $\mathbb{R}$ peut-elle être à la fois paire et impaire ?
Si oui, déterminer toutes les fonctions qui sont à la fois paires et impaires sur $\mathbb{R}$.

80 Compétence Modéliser
Sur la figure ci-contre, $ABCD$ est un carré de côté 5.
Le point M appartient au segment $[AB]$, et le quadrilatère $AMNP$ est un rectangle.
On pose $x = AM$.
Ainsi $0 \leqslant x \leqslant 5$.

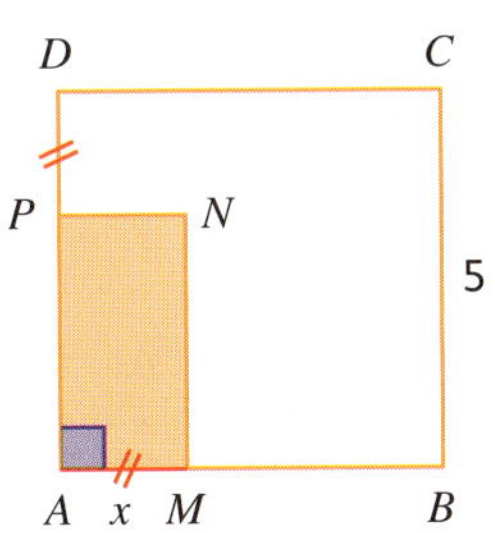

1. Exprimer l'aire $f(x)$ du rectangle $AMNP$ en fonction de x.
2. Calculer l'image de 1 par f.
3. La courbe représentative de f est donnée ci-contre.
a. Quels sont les antécédents de 0 par f ?
Les mettre en relation avec la situation géométrique.
b. L'aire du rectangle $AMNP$ peut-elle être égale à la moitié de celle du carré $ABCD$? Pourquoi ?

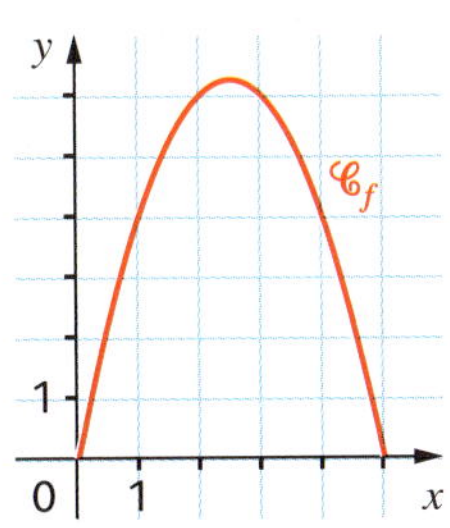

2 Fonctions de référence

81 Accoudée à son balcon, Margaux laisse échapper son téléphone portable.
La hauteur h par rapport au sol, en mètre, à laquelle le téléphone se situe après t secondes de chute est donnée par la relation :
$$h(t) = -4{,}905t^2 + 15$$
1. De quelle hauteur Margaux lâche-t-elle son téléphone ?
2. Au bout de combien de temps passe-t-il au 3e étage, situé à une hauteur de 9 mètres ?
3. Combien de temps s'écoule-t-il pour que le téléphone atteigne le sol ?

82 1. Un pavé droit à base carrée a une hauteur de 4 cm et un volume de 100 cm^3.
Quelle est la longueur du côté de sa base ?
2. Une pyramide, de hauteur de 5 cm, a une base carrée et un volume de 60 cm^3.
Quelle est la longueur du côté de sa base ?

Rappel
Le volume $\mathscr{V}$ d'une pyramide de hauteur h et dont la base a une aire $\mathscr{A}$ est $\mathscr{V} = \frac{1}{3} \times \mathscr{A} \times h$.

83 **Vrai ou faux ?** LOGIQUE
Préciser si chacune des propositions suivantes est vraie ou fausse. Illustrer par un contre-exemple les propositions fausses.
1. Si $x^2 \geqslant 4$, alors $x \geqslant 2$.
2. Si $-2 < x < 3$, alors $4 < x^2 < 9$.
3. Si $4 < x^2 < 9$, alors $-2 < x < 3$.
4. Si $x \in [0;1]$, alors $x^2 \in [0;1]$.
5. Si $x^2 \in [0;1]$, alors $x \in [0;1]$.

84 Résoudre dans $\mathbb{R}$ les inéquations suivantes.
1. $x^2 \leqslant 5$
2. $x^2 > 4$
3. $9 < x^2 < 16$
4. $x^2 - 3 \geqslant 0$

85 Résoudre dans $\mathbb{R}$ les équations suivantes.
1. $(x-4)^2 = 7$
2. $(x+2)^2 = 81$
3. $(x+13)^2 = 0$
4. $(0{,}5x+6)^2 = 4$
5. $(4x-3)^2 - 5 = 0$
6. $\left(\frac{x}{4} - 1\right)^2 = 2$

86 **Vrai ou faux ?** LOGIQUE
Préciser si chacune des propositions suivantes est vraie ou fausse. Illustrer par un contre-exemple les propositions fausses.
1. Si $x < 0$, alors $\frac{1}{x} < 0$.
2. Si $\frac{1}{x} < 0$, alors $x < 0$.
3. Si $x = \frac{1}{x}$, alors $x = 1$.
4. Si $x = 1$, alors $x = \frac{1}{x}$.
5. Si $x \in]0;1[$, alors $\frac{1}{x} \in]0;1[$.

87 ALGO La fonction f est définie par l'algorithme ci-contre.

Choisir un réel non nul
Prendre l'inverse
Prendre l'opposé
Ajouter 2
Renvoyer le résultat

1. Quelle est l'image de 1 ? Et celle de 4 ?

2. Parmi les expressions Y1, Y2, Y3 entrées dans la calculatrice ci-contre, laquelle correspond à $f(x)$?

```
Plot1 Plot2 Plot3
\Y1=1/X-2
\Y2=1/(X-2)
\Y3=2-1/X
\Y4=
\Y5=
```

3. Résoudre les équations suivantes.

a. $f(x)=1$ **b.** $f(x)=-4$ **c.** $f(x)=2$

88 Les fonctions f, g et h sont de la forme $x \mapsto \frac{k}{x}$, où k est un nombre réel.
On a tracé ci-contre leurs courbes représentatives $\mathscr{C}_f$, $\mathscr{C}_g$ et $\mathscr{C}_h$.
Déterminer les expressions des fonctions f, g et h.

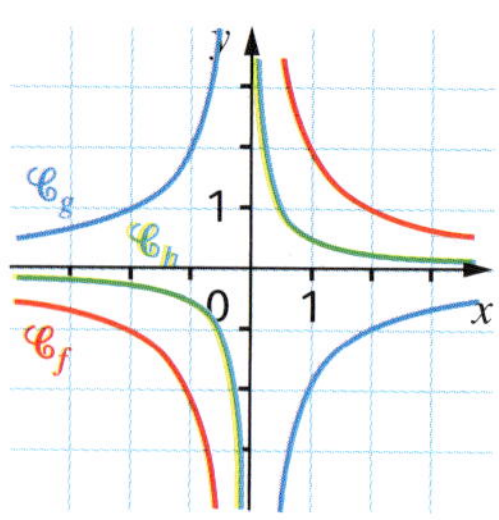

Info
Les courbes tracées sont des hyperboles.
En littérature, une hyperbole est une figure de style visant à exagérer la situation.

89 **Vrai ou faux ?** LOGIQUE
Préciser si les affirmations suivantes sont vraies ou fausses.

1. L'équation $\sqrt{x}=k$ admet toujours une solution.

2. Un réel positif est toujours supérieur ou égal à sa racine carrée.

3. Tout nombre et son cube ont le même signe.

4. Un nombre est toujours inférieur ou égal à son cube.

90 Résoudre dans $\mathbb{R}$ les inéquations suivantes.

a. $\sqrt{x} \leqslant 8$ **b.** $\sqrt{x} \geqslant 9$ **c.** $\sqrt{x} < 3$

91 On lâche un corps en chute libre à une hauteur h du sol. En supposant qu'il n'est soumis à aucun frottement, la vitesse v (en m/s) au moment de l'impact avec le sol est donnée par $v=\sqrt{2gh}$, où h est en mètre.
On donne $g=9{,}81\,\text{m/s}^2$.

1. Déterminer la vitesse en m/s, puis en km/h, au moment de l'impact avec le sol lorsque $h=50\,\text{m}$.

2. De quelle hauteur h faut-il lâcher l'objet en chute libre pour que sa vitesse soit supérieure à 180 km/h au moment de l'impact avec le sol ?

92 Résoudre dans $\mathbb{R}$.

a. $x^3=0{,}125$ **b.** $x^3=-27$ **c.** $x^3=1\,000$

d. $x^3<125$ **e.** $x^3+1 \geqslant 0$ **f.** $x^3>-0{,}008$

93 Pour chaque équation suivante, donner une valeur approchée de la solution à 0,01 près.

a. $x^3=10$ **b.** $x^3=-50$ **c.** $x^3=500$

NumWorks

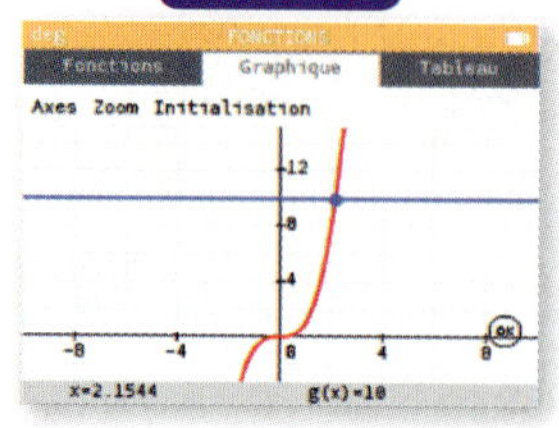

Casio

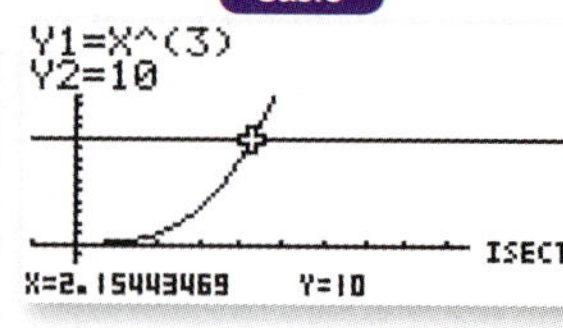

Voir Livret

94 Une action à la bourse augmente du même taux d'évolution t chaque semaine (t est écrit sous forme décimale, par exemple 0,3 pour une hausse de 30 %).

1. On suppose ici que l'action augmente globalement de 50 % en deux semaines.

a. Justifier que $(1+t)^2=1{,}5$.

b. Déterminer la valeur de t.

2. On suppose maintenant que l'action augmente globalement de 50 % en trois semaines.
En raisonnant comme à la question **1.**, déterminer une équation vérifiée par t, puis la résoudre.
On donnera le résultat à 0,01 près.

95 On a représenté ci-contre les fonctions f, g et h définies sur $\mathbb{R}$ par :

$$f(x)=(x+1)^3$$
$$g(x)=x^3+1$$
$$h(x)=-x^2+1$$

Associer fonctions et courbes représentatives.

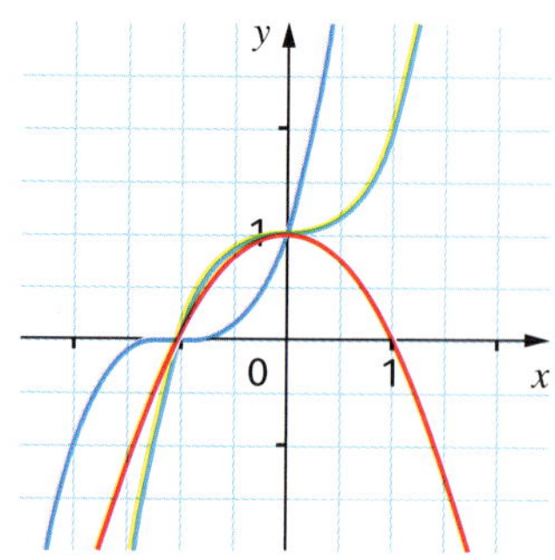

3 Fonctions de référence et comparaisons

96 LOGIQUE Compléter les pointillés, en argumentant à l'aide de résultats du cours.

1. Lorsque le côté d'un carré augmente, son aire…

2. Lorsque l'aire d'un carré augmente, son côté…

3. Lorsque l'arête d'un cube augmente, son volume…

4. On considère un rectangle d'aire égale à 1.
Lorsque l'un de ses côtés augmente, l'autre côté…

97 **Calcul mental**

1. Expliquer le raisonnement ci-contre, en détaillant les étapes.

$4<7<9$
donc $2<\sqrt{7}<3$

2. Encadrer entre deux entiers consécutifs les nombres $\sqrt{27}$, $\sqrt{40}$ et $\sqrt{110}$.

98 Calcul mental

1. En utilisant que $1^3 \leqslant 7 \leqslant 2^3$, justifier que la solution de l'équation $x^3 = 7$ est comprise entre les entiers consécutifs 1 et 2.

2. Encadrer entre deux entiers consécutifs les solutions des équations $x^3 = 12$ et $x^3 = 30$.

3. Vérifier les résultats précédents en résolvant les équations de façon approchée.

Voir exercice n° 93

Analyse d'un énoncé

99 Exercice commenté

Dans chaque cas, donner un encadrement aussi petit que possible pour x^2.

1. $x \in [0,5;6[$
2. $-8 < x \leqslant -2$
3. $-8 < x \leqslant 2$
4. $-0,4 < x \leqslant 0,99$

À partir d'un encadrement de x, on obtient un encadrement de x^2 en utilisant l'action de la fonction carré sur les inégalités. Visualiser à l'aide de la parabole.

100 Application immédiate

Dans chaque cas, donner un encadrement aussi petit que possible pour x^2 :

1. $1 < x < 3$
2. $x \geqslant 2$
3. $-1 < x \leqslant 0$
4. $x \leqslant -2$
5. $-1 < x < 2$
6. $-2 < x \leqslant 1$

101 Donner des encadrements de $\dfrac{1}{x}$, de $\dfrac{-2}{x}+3$, puis de x^3 et $4x^3-1$ dans chacun des cas suivants.

a. $x \in \left[\dfrac{1}{2};9\right]$ b. $-8 \leqslant x \leqslant \dfrac{-1}{2}$ c. $10^2 < x \leqslant 10^3$

102 Soit un réel x.
Dans chaque cas suivant, encadrer au mieux $2\sqrt{x}+3$, puis $3\sqrt{x+2}$.

a. $1 \leqslant x < 4$ b. $0 < x \leqslant 9$ c. $5 < x \leqslant 7$

103 ABC est un triangle rectangle en B avec $AB = 1$.
On construit à partir de l'hypoténuse $[AC]$ un carré $ACDE$.
On pose $BC = x$ $(x \geqslant 0)$.

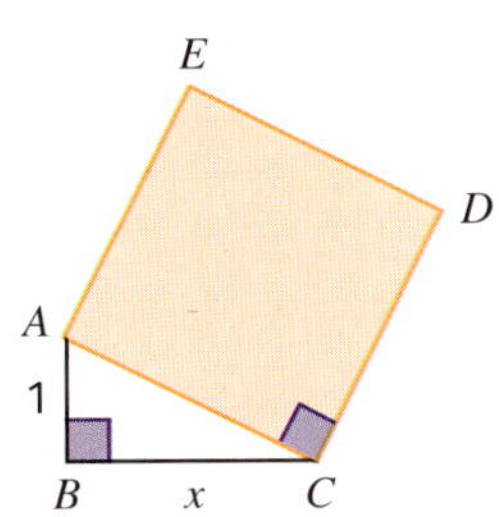

1. a. Exprimer la longueur AC en fonction de x.
b. En déduire l'expression du périmètre $f(x)$ du carré $ACDE$ en fonction de x.

2. Déterminer les valeurs de x de façon à ce que le périmètre de $ACDE$ soit supérieur ou égal à 40.

3. Déterminer les valeurs de x afin que le périmètre de $ACDE$ soit strictement compris entre 16 et 80.

104 Pour se rendre en vacances, Yanis doit effectuer un trajet de 400 km. On désigne par v sa vitesse moyenne (en km/h) et par t le temps (en heure) pour réaliser ce trajet.

1. a. Exprimer v en fonction de t.
b. Donner un encadrement aussi petit que possible de v lorsque $t \in [3,5;5]$.

2. a. Exprimer maintenant t en fonction de v.
b. Yanis estime que s'il emprunte le réseau autoroutier, sa vitesse moyenne sera comprise entre 100 et 110 km/h. Donner alors un encadrement de son temps de trajet en heure et en minute.
c. Yanis estime que s'il emprunte le réseau des routes nationales, sa vitesse moyenne sera alors comprise entre 60 et 80 km/h. Donner alors un encadrement de son temps de trajet en heure et en minute.

105 Compétence Raisonner **Exercice guidé**

L'objectif de l'exercice est de comparer les réels x, x^2 et $\sqrt{x}$, pour $x \geqslant 0$.

1. a. Tracer les courbes représentatives des fonctions carré et racine carrée et la droite $\mathscr{D}$ d'équation :

$$y = x$$

b. Observer leurs positions relatives.
En déduire une conjecture sur la comparaison des réels x, x^2 et $\sqrt{x}$ pour $x \geqslant 0$.

2. Démontrer la conjecture émise.

Pistes de résolution

1. Les courbes obtenues permettent de distinguer deux cas, selon les valeurs de x.
2. Mettre en relation les résultats souhaités avec les inégalités sur x : enchaîner des fonctions de référence, utiliser un résultat du cours, etc.

106 On considère une fonction affine f définie sur $\mathbb{R}$ par :

$$f(x) = ax + b, \text{ où } a \text{ et } b \text{ sont des réels fixés.}$$

On sait que la droite qui représente cette fonction dans un repère passe par le point de coordonnées $(-a;0)$.

1. Montrer que le point de coordonnées $(a;b)$ appartient à la courbe représentative de la fonction carré.

2. En déduire un encadrement de b sachant que $-6 \leqslant a \leqslant 7$.

107 Un hangar, dont le toit est formé d'une succession d'arches de forme parabolique, a besoin d'être consolidé à l'aide de poutres.
On admet que l'équation de l'arche de forme parabolique est :

$$y = -0{,}04x^2 + 64$$

L'unité choisie est le mètre.

Hangar à dirigeable à Écausseville (Manche)

1. L'arche admet-elle un axe de symétrie ?
2. Quelle est la largeur de la base d'une arche ?
3. Quelle est la hauteur d'une arche ?
4. À quelle hauteur faut-il installer des poutres de 20 m de long pour consolider l'arche ?

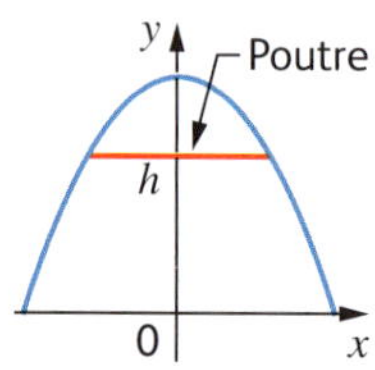

5. Pour des raisons de sécurité, une poutre de consolidation doit être placée à une hauteur supérieure à 48 m. Quelle est la longueur maximale de cette poutre ?

Info
La forme parabolique est souvent utilisée en architecture (bâtiments, ponts, barrages…) car elle permet une meilleure répartition des contraintes sur l'ouvrage.

108 En lien avec la physique : l'effet Joule
La puissance P (en watt W) dissipée dans une résistance peut s'exprimer en fonction de la tension U (en volt V) du courant continu aux bornes d'une résistance R (en ohm Ω) par la formule $P = \frac{U^2}{R}$.
1. a. Quelle est la puissance dissipée dans une résistance R de 10 Ω lorsque $U = 10$ V ?
b. Calculer la tension U pour $R = 6\ \Omega$ et $P = 5$ W.
c. Calculer la résistance R dans le cas où $U = 10$ V et $P = 8$ W.
d. On suppose que $R = 100\ \Omega$.
Quelles puissances peut-on obtenir lorsque la tension est comprise entre 0 et 220 V ?
2. Soit une résistance R fixée, strictement positive.
a. Que peut-on dire de la puissance lorsque la tension augmente ?
b. La puissance est-elle proportionnelle à la tension ?
3. On suppose ici que U est fixée.
Que peut-on dire de la puissance lorsque la résistance R augmente ?

109 Dans un repère du plan, on considère l'hyperbole $\mathscr{H}$ représentant la fonction inverse.
Pour tout réel $a > 1$, on note A, B et C les points de $\mathscr{H}$ d'abscisses respectives 1, a et a^2.
On note A', B' et C' leurs projetés orthogonaux sur l'axe des abscisses.

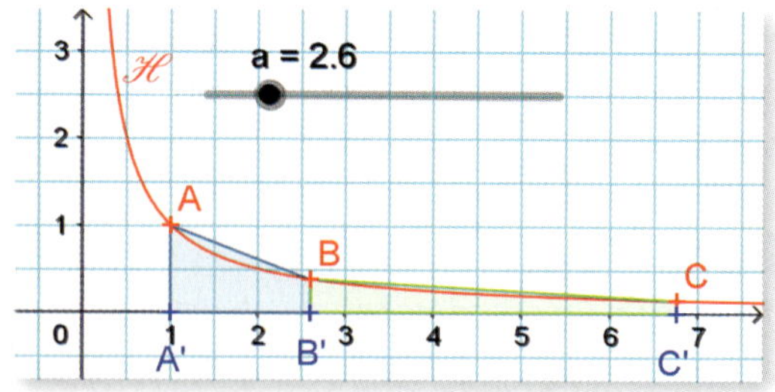

1. a. Réaliser la figure à l'aide d'un logiciel en créant un curseur a pouvant varier de 1 à 10.
b. Construire les trapèzes $A'B'BA$ et $B'C'CB$.
c. Que peut-on dire de leurs aires ?
2. Démontrer le résultat conjecturé.

Info
L'aire d'un trapèze est $\frac{\text{grande base} + \text{petite base}}{2} \times \text{hauteur}$.

110 L'échelle de Beaufort
L'échelle de Beaufort permet d'indiquer la force du vent qui souffle et d'avertir des dangers potentiels.
Plus précisément cette force B, en degré Beaufort, est telle que $B^3 = \frac{v^2}{9}$, où v est sa vitesse, en km/h.
1. Quelle est la vitesse d'un vent « force 4 » ? Et la force d'un vent soufflant à 81 km/h ?
2. En pratique, la force B du vent est arrondie à l'entier (par exemple, si $B = 5{,}3$, le vent est dit « force 5 »).
PRISE D'INITIATIVES Compléter la colonne « Vitesse du vent » du tableau suivant. Détailler la démarche.

Force	Vitesse du vent (km/h)	Appellation	État de la mer
0	Entre 0 et…	Calme	Mer d'huile, miroir
1	Entre…et…	Très légère brise	Mer ridée
2	…	Légère brise	Vaguelettes
3		Petite brise	Petits « moutons »
4		Jolie brise	Nombreux « moutons »
5		Bonne brise	Vagues, embruns
6		Vent frais	Lames
7		Grand frais	Lames déferlantes
8		Coup de vent	Les crêtes des vagues partent en tourbillons d'écume.
9		Fort coup de vent	
10		Tempête	Les embruns obscurcissent la vue, on ne voit plus rien.
11		Violente tempête	
12		Ouragan	

111 Compétence Modéliser

Jérémy souhaite régler l'inclinaison des feux de croisement de sa voiture. Il éclaire pour cela le mur de son garage comme l'illustre le dessin suivant où P désigne le phare.

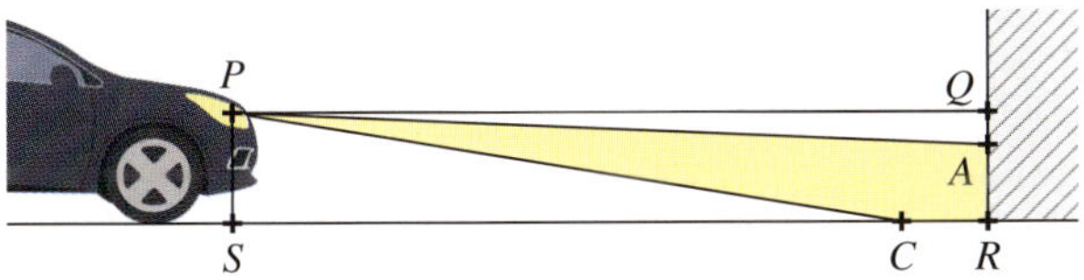

Dans le rectangle $PQRS$, Jérémy mesure les dimensions suivantes.

$$PS = 0{,}65\,\text{m} \ ; \ SR = 5\,\text{m}$$

Dans la modélisation décrite ci-dessous, on désigne par x la distance SB d'éclairage des feux, et par d la longueur RA mesurée sur le mur.

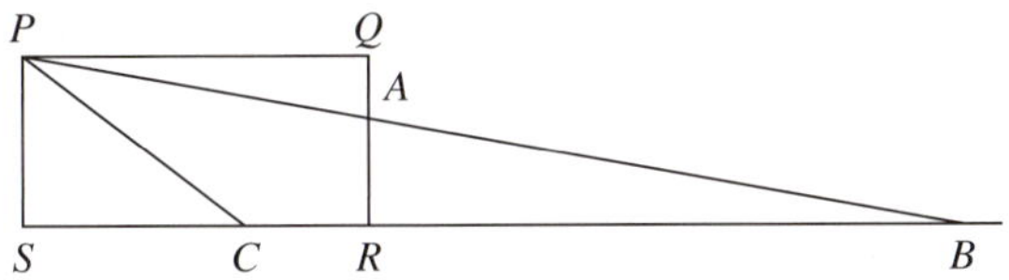

1. Exprimer d en fonction de x.

2. Pour être conforme, la distance d'éclairage x doit être comprise entre 30 et 40 mètres.
Déterminer entre quelles valeurs doit alors se situer la longueur d.

3. Jérémy souhaite vérifier que ses feux de route peuvent éclairer une distance minimale de 100 mètres. Quelles valeurs de d peut-il accepter ?

112 **Image de la courbe représentant la fonction racine carrée par une symétrie**

On note f la fonction racine carrée, de courbe $\mathscr{C}$, et Δ la droite d'équation $y = x$.
Pour tout réel $a \geqslant 0$, on note A le point de $\mathscr{C}$ d'abscisse a et B le symétrique de A par rapport à Δ.

1. Quelle est l'ordonnée de A en fonction de a ?

2. Réaliser la figure à l'aide d'un logiciel de géométrie en créant un curseur a variant de 0 à 10.

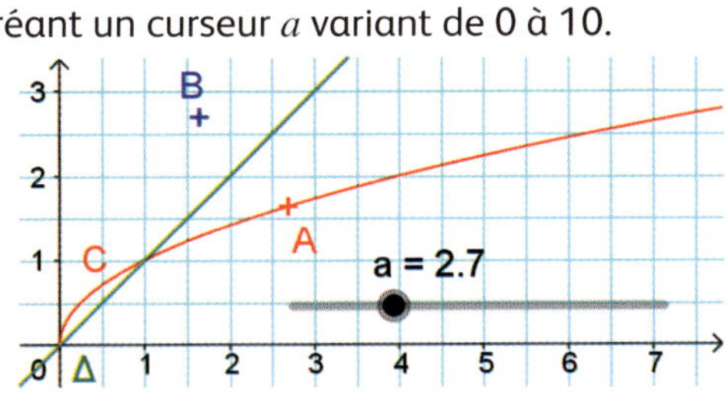

3. Mettre en relation les coordonnées du point A et celles du point B.
En déduire l'expression des coordonnées du point B en fonction de a.

4. Faire afficher la trace du point B et modifier la valeur du curseur a. Quelle semble être l'image de $\mathscr{C}$ par la symétrie par rapport à la droite Δ ?

5. Démontrer la conjecture.

113 Compétence Raisonner

Comparaison de $\frac{1}{x}$, $\frac{1}{x^2}$ et $\frac{1}{x^3}$ pour $x > 0$

Soient les fonctions f, g et h définies sur $]0 ; +\infty[$ par :

$$f(x) = \frac{1}{x} \ ; \ g(x) = \frac{1}{x^2} \ ; \ h(x) = \frac{1}{x^3}$$

1. On a représenté ci-dessous les courbes représentatives de f, g et h.

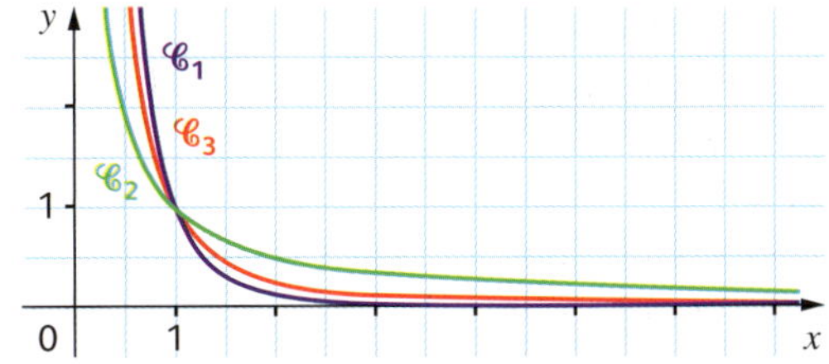

Après avoir repéré les courbes des fonctions f, g et h, conjecturer la comparaison des réels $\frac{1}{x}$, $\frac{1}{x^2}$ et $\frac{1}{x^3}$ selon la valeur de $x > 0$.

2. a. Soit un réel $x \geqslant 1$. Comparer x, x^2 et x^3.

b. En déduire la comparaison des réels $\frac{1}{x}$, $\frac{1}{x^2}$ et $\frac{1}{x^3}$.

3. Démontrer la comparaison des réels $\frac{1}{x}$, $\frac{1}{x^2}$ et $\frac{1}{x^3}$ dans le cas où $0 < x \leqslant 1$.

114 **La planète Mercure**

Mercure vue selon sa composition chimique et physique, NASA

1. On sait que le diamètre d de la planète Mercure, que l'on assimile à une sphère, est compris entre $4{,}8 \times 10^3$ km et $4{,}9 \times 10^3$ km. Sachant que le volume $\mathscr{V}$ d'une boule en fonction de son rayon R est $\mathscr{V} = \frac{4}{3}\pi R^3$, répondre aux questions suivantes.

a. Exprimer $\mathscr{V}$ en fonction de d.

b. Donner un encadrement de $\mathscr{V}$, en m^3 à 10^9 près.

2. On rappelle que la masse volumique ρ d'un corps se calcule par l'expression $\rho = \frac{M}{\mathscr{V}}$, où M désigne la masse d'un corps occupant un volume $\mathscr{V}$.
L'étude télescopique de la planète Mercure laisse supposer que la masse de cette planète est comprise entre $3{,}2 \times 10^{23}$ kg et $3{,}3 \times 10^{23}$ kg.
Donner un encadrement de la masse volumique de la planète Mercure, en kg/m^3 puis en g/cm^3 (à 0,01 près).

115 PRISE D'INITIATIVES

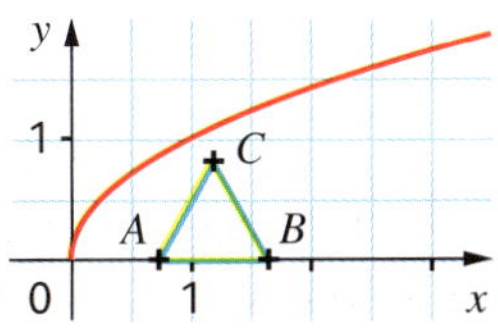

ABC est un triangle équilatéral de côté 1.
Les points A et B appartiennent à l'axe des abscisses.
Quelles sont les abscisses de ces points pour que le point C appartienne à la courbe représentative de la fonction racine carrée ?

COUPS DE POUCE 121, 123, 125

Maîtriser l'essentiel

116 Compréhension d'énoncé

On considère l'énoncé suivant.

On considère la fonction f définie sur $\mathbb{R}$ par :

$$f(x)=\sqrt{x^2+4}$$

On note $\mathscr{C}$ sa courbe représentative.

I. Le point A de coordonnées $(3\,;7)$ appartient-il à $\mathscr{C}$?

II. La courbe $\mathscr{C}$ est-elle symétrique par rapport à l'axe des ordonnées ?

Répondre aux questions suivantes.

1. a. Parmi les deux égalités suivantes, laquelle doit-on avoir pour que le point A appartienne à la courbe $\mathscr{C}$?

$f(3)=7$ $\qquad$ $f(7)=3$

b. Déterminer si le point A appartient ou non à $\mathscr{C}$.

2. a. Tracer la courbe $\mathscr{C}$ à la calculatrice et conjecturer la réponse à la question **II.** de l'énoncé.

b. Un élève a écrit sur sa copie le raisonnement suivant.

$f(2)=\sqrt{2^2+4}=\sqrt{8}$

$f(-2)=\sqrt{(-2)^2+4}=\sqrt{4+4}=\sqrt{8}$

Donc f est paire et la courbe $\mathscr{C}$ est symétrique par rapport à l'axe des ordonnées.

Ce raisonnement est-il correct ? Si non, le corriger.

117 Dans chaque cas, tracer l'allure de la courbe représentative de la fonction carré et résoudre l'équation donnée.

a. $x^2=16$ $\qquad$ **b.** $x^2=\dfrac{25}{4}$ $\qquad$ **c.** $2x^2=\dfrac{9}{2}$

118 Dans chaque cas, tracer l'allure de la courbe représentant la fonction inverse et résoudre l'inéquation donnée.

a. $\dfrac{1}{x}\leqslant -1$ $\qquad$ **b.** $\dfrac{1}{x}>100$ $\qquad$ **c.** $\dfrac{1}{x}\leqslant 3$

119 Un carré a un côté compris entre 4 et 4,5 cm. Donner un encadrement le plus précis possible de son périmètre et de son aire.

120 1. Soit un réel x tel que $-2\leqslant x\leqslant 3$.

Justifier les étapes du raisonnement suivant.

$-2\leq x\leq 3$

$-5\leq x-3\leq 0$

$25\geq (x-3)^2\geq 0$

2. En s'aidant de la démarche précédente, encadrer au mieux les réels $2x^2+1$ et $\dfrac{1}{x+1}$ dans les cas suivants.

a. $1\leqslant x\leqslant 3$ $\qquad$ **b.** $-5\leqslant x<-2$

Aller plus loin

121 PRISE D'INITIATIVES **Somme de carrés**

La somme des carrés de trois entiers consécutifs est comprise entre 2 018 et 2 108.

Quels sont ces entiers ?

122 À quelle distance se trouve l'orage ?

On estime qu'un son se propage dans l'air à la vitesse $v=20\times\sqrt{273+T}$, en m/s, où T est la température de l'air en °C.

1. Lorsque la température augmente, le son se propage-t-il plus vite ou moins vite ?

2. Il fait 30 °C un jour d'orage. On observe qu'il s'écoule 10 secondes entre l'éclair et le coup de tonnerre.

En supposant que la propagation de la lumière est instantanée, à quelle distance de l'observateur la foudre est-elle tombée ?

123 PRISE D'INITIATIVES **Et pourtant…**

Dans un récipient cylindrique de rayon 10 cm et de hauteur 30 cm, on place une bille de rayon 4 cm.

On verse de l'eau jusqu'à recouvrir exactement la bille.

On retire ensuite la bille et on la remplace par une autre bille de rayon R différent de 4 cm.

Est-il possible que l'eau recouvre exactement la nouvelle bille ?

124 Inverse ou opposé ?

1. Donner l'inverse et l'opposé de 2 ; -3 ; $\dfrac{1}{2}$; $-\dfrac{3}{4}$ et $\sqrt{2}$.

2. Soit un réel $x>0$. Quel est le signe de $\dfrac{1}{x}$?

En déduire que $x+\dfrac{1}{x}\neq 0$.

3. Reprendre la question **2.** dans le cas où $x<0$.

4. Existe-t-il un réel non nul dont l'opposé et l'inverse sont égaux ?

125 PRISE D'INITIATIVES

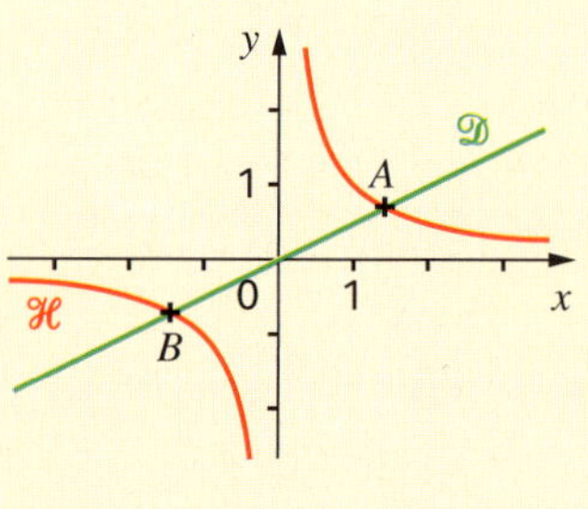

On considère l'hyperbole $\mathscr{H}$ représentant la fonction inverse et la droite $\mathscr{D}$ d'équation $y=ax$, où $a>0$.

Démontrer que $\mathscr{H}$ et $\mathscr{D}$ se coupent en deux points A et B symétriques l'un de l'autre par rapport à l'origine du repère.

TP Pratiquer l'algorithmique et programmer

Résolution d'une équation par balayage

En classe de Seconde, sauf dans des cas particuliers, on ne sait pas résoudre de façon générale l'équation $x^3 = k$.
On peut (voir exercice **93**), en utilisant les fonctionnalités de la calculatrice, la résoudre graphiquement de façon approchée.

Ce TP a pour but de résoudre cette équation de façon approchée en utilisant une méthode numérique : *la méthode par balayage*.

Dans la suite, on considère un réel $k > 0$.

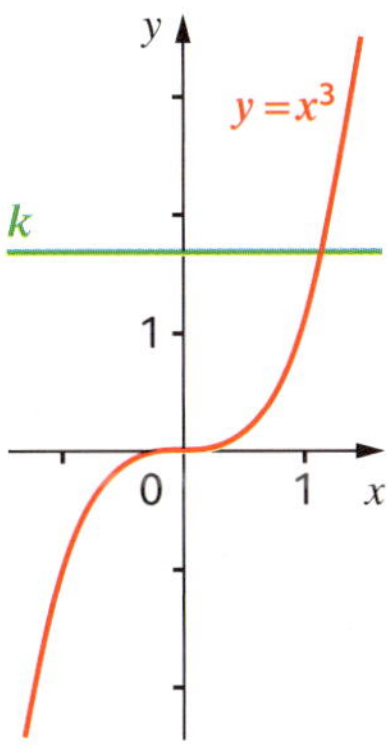

Objectif PYTHON
Comprendre un algorithme donné.
Introduire la notion de boucle *Tant que* et celle de *Fonction*.
Faire le lien entre le langage naturel et le langage Python.

Partie A Manipuler un algorithme

On considère l'algorithme suivant.

Langage naturel

$x \leftarrow 0$
$y \leftarrow 0^3$
Tant que $x < 7$ Faire
  $x \leftarrow x+1$
  $y \leftarrow x^3$
Fin Tant que

Python

```
x=0
y=0**3
while x<7:
    x=x+1
    y=x**3
```

1. Quelles sont les variables utilisées dans cet algorithme ? Quelles valeurs prennent-elles en tout début d'algorithme ?
2. Exécuter, à la main, l'algorithme, en complétant le tableau de suivi des variables suivant.

Boucle *Tant que*

x	0	1	2	…	7
y	0	1			

Info
Les lignes 4 et 5 de l'algorithme sont exécutées autant de fois que la condition ($x < 7$) est vérifiée. Dès que celle-ci ne l'est plus, on sort du bloc *Tant que*.

Voir Chap. Algo. p. 390

3. Quel est le rôle de cet algorithme ?

Partie B Comprendre et modifier un algorithme

On considère maintenant l'algorithme suivant.

Langage naturel

$x \leftarrow 0$
$y \leftarrow 0^3$
Tant que $y < k$ Faire
  $x \leftarrow x+1$
  $y \leftarrow x^3$
Fin Tant que
Renvoyer x

Python

```
def resol(k):
    x=0
    y=0**3
    while y<k:
        x=x+1
        y=x**3
    return x
```

1. Lorsque $k = 100$, quelle valeur renvoie l'algorithme ?
2. D'une façon générale, quel est le rôle de cet algorithme ?
3. Que faut-il modifier dans cet algorithme pour qu'il renvoie une valeur approchée de la solution de l'équation $f(x) = k$ à 1 près par défaut ?
4. Que faut-il modifier dans cet algorithme pour qu'il renvoie une valeur approchée de la solution de l'équation $f(x) = k$ à 0,1 près par excès ?

Partie C Comprendre un algorithme avec plusieurs variables

On considère maintenant l'algorithme suivant, où la variable p est telle que $p > 0$.

Langage naturel

$x \leftarrow 0$
Tant que $x^3 < k$ Faire
  $x \leftarrow x+p$
Fin Tant Que
Renvoyer x

Python

```
def resol_bis(k,p):
    x=0
    while x**3<k:
        x=x+p
    return x
```

1. Quel est le rôle de cet algorithme dans le cas où la variable p contient la valeur 1 ?
2. Quel est le rôle de cet algorithme ?
3. Que faut-il modifier pour que l'algorithme renvoie une valeur approchée par défaut à p près de la solution de l'équation $x^3 = k$?
4. Programmer les algorithmes précédents et vérifier leurs rôles.

TP Utiliser les outils numériques

TABLEUR

Modifier les niveaux de gris d'une image

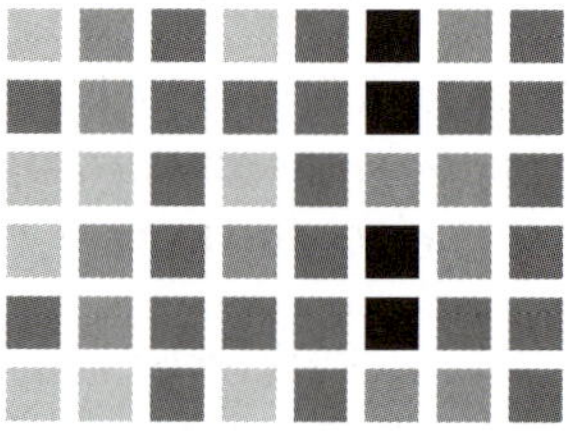

Une image en niveaux de gris peut être considérée comme une mosaïque de pixels colorés de différentes nuances de gris.
En informatique, chaque nuance est codée par un entier entre 0 et 255, du plus foncé (0 pour le noir) au plus clair (255 pour le blanc).
En mathématiques, on a l'habitude de remplacer ces valeurs par des nombres de l'intervalle $[0;1]$:

- 0 code le noir, 1 code le blanc.
- tout réel de $[0;1]$ code un niveau de gris intermédiaire, du plus foncé au plus clair.

Partie A Mise en place d'une image à l'aide d'Excel

Réaliser la feuille de calcul suivante à l'aide du tableur.

	A	B	C	D	E	F	G	H	I	J	K	L	M	N	O	P	Q	R	S	T	U
1	0	0,05	0,1	0,15	0,2	0,25	0,3	0,35	0,4	0,45	0,5	0,55	0,6	0,65	0,7	0,75	0,8	0,85	0,9	0,95	1
2	0	0,05	0,1	0,15	0,2	0,25	0,3	0,35	0,4	0,45	0,5	0,55	0,6	0,65	0,7	0,75	0,8	0,85	0,9	0,95	1
3	0	0,05	0,1	0,15	0,2	0,25	0,3	0,35	0,4	0,45	0,5	0,55	0,6	0,65	0,7	0,75	0,8	0,85	0,9	0,95	1
4	0	0,05	0,1	0,15	0,2	0,25	0,3	0,35	0,4	0,45	0,5	0,55	0,6	0,65	0,7	0,75	0,8	0,85	0,9	0,95	1
5	0	0,05	0,1	0,15	0,2	0,25	0,3	0,35	0,4	0,45	0,5	0,55	0,6	0,65	0,7	0,75	0,8	0,85	0,9	0,95	1

Sélectionner la feuille de calcul entière (Ctrl + A) et définir le codage par nuances de gris : dans l'onglet Accueil, cliquer sur « Mise en forme conditionnelle », puis « Nuances de couleurs », puis « Autres règles ».

Dans la fenêtre qui apparaît, choisir le noir pour le minimum et le blanc pour le maximum.

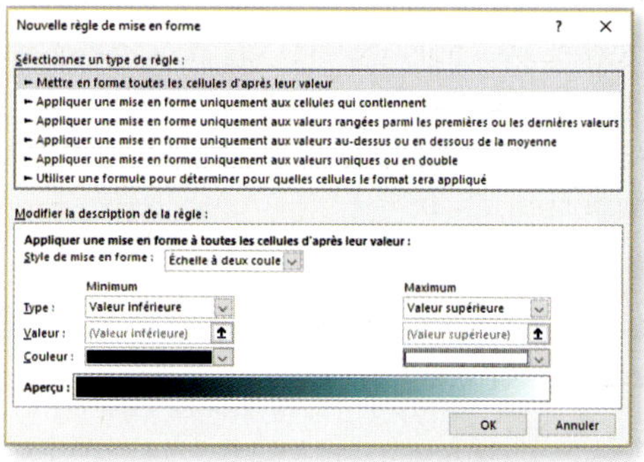

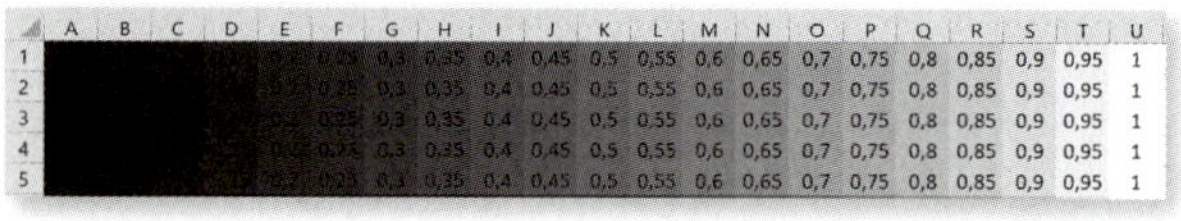

	A	B	C	D	E	F	G	H	I	J	K	L	M	N	O	P	Q	R	S	T	U
1	[illegible]	[illegible]	[illegible]	[illegible]	[illegible]	[illegible]	0,3	0,35	0,4	0,45	0,5	0,55	0,6	0,65	0,7	0,75	0,8	0,85	0,9	0,95	1
2	[illegible]	[illegible]	[illegible]	[illegible]	[illegible]	[illegible]	0,3	0,35	0,4	0,45	0,5	0,55	0,6	0,65	0,7	0,75	0,8	0,85	0,9	0,95	1
3	[illegible]	[illegible]	[illegible]	[illegible]	[illegible]	[illegible]	0,3	0,35	0,4	0,45	0,5	0,55	0,6	0,65	0,7	0,75	0,8	0,85	0,9	0,95	1
4	[illegible]	[illegible]	[illegible]	[illegible]	[illegible]	[illegible]	0,3	0,35	0,4	0,45	0,5	0,55	0,6	0,65	0,7	0,75	0,8	0,85	0,9	0,95	1
5	[illegible]	[illegible]	[illegible]	[illegible]	[illegible]	[illegible]	[illegible]	0,35	0,4	0,45	0,5	0,55	0,6	0,65	0,7	0,75	0,8	0,85	0,9	0,95	1

Partie B Assombrissement, éclaircissement

On souhaite agir sur les niveaux de gris de l'image créée en Partie A, de sorte que le noir et le blanc restent noir et blanc et que les gris intermédiaires deviennent plus sombres ou plus clairs que les gris initiaux. Il s'agit donc de trouver une fonction f définie sur $[0;1]$, à valeurs dans $[0;1]$, telle que $f(0)=0$; $f(1)=1$ et telle que, pour tout réel x de $[0;1]$:

- $f(x) \leqslant x$ pour assombrir l'image.
- $f(x) \geqslant x$ pour l'éclaircir.

1. Parmi les fonctions de référence, en proposer une qui permet d'assombrir une image et une autre permettant de l'éclaircir.

2. Entre les lignes 6 et 10, on souhaite assombrir l'image formée dans la plage A1:U5.

a. Parmi les formules à entrer en A6 et à recopier vers la droite et vers le bas, lesquelles conviennent ?

=A1^2   =A1^3   =RACINE(A1)   =1–A1

b. Vérifier à l'aide du tableur en créant une nouvelle image dans la plage A6:U10.

3. Entre les lignes 11 et 15, on souhaite éclaircir l'image formée dans la plage A1:U5.
Proposer une formule à entrer en A11 et à recopier vers la droite et vers le bas.
Puis la tester à l'aide du tableur.

Partie C Seuillage, négatif et accentuation des gris

Pour chaque problème suivant, proposer des fonctions permettant de transformer une image. *On s'aidera du tableur pour tester, modifier, améliorer…*

1. Seuillage : sous un seuil donné, les niveaux deviennent noirs ; au-dessus, ils deviennent blancs.

2. Négatif : les niveaux sont inversés (le noir devient blanc, le blanc devient noir et le gris moyen est conservé).

3. Accentuation des gris : le blanc et le noir deviennent blanc, le gris moyen devient noir.

TP Mener une recherche

Compétence **Chercher et communiquer**

TP1 Maths dans l'histoire : asymptotes de l'hyperbole

TRAVAIL DE GROUPE

Dans ce TP, on s'intéresse à la notion d'*asymptote*, appliquée au cas particulier de l'hyperbole représentant la fonction inverse.

Partie A Recherches

1. Effectuer des recherches sur le mot « asymptote » (étymologie, définition, etc.).

2. Tracer l'hyperbole représentant la fonction inverse.
Quelles droites pourrait-on qualifier d'« asymptotes de l'hyperbole » ?

3. a. Résoudre l'inéquation $0 < \frac{1}{x} < 10^{-30}$.
b. Soit un réel $a > 0$.
Peut-on toujours résoudre l'inéquation $0 < \frac{1}{x} < a$, le nombre a étant choisi aussi petit que l'on veut ?
c. Interpréter ce résultat pour l'hyperbole.

4. a. Résoudre l'inéquation $\frac{1}{x} > 10^{30}$.
b. Soit un réel $A > 0$.
Peut-on toujours résoudre l'inéquation $\frac{1}{x} > A$, le nombre A étant choisi aussi grand que l'on veut ?
c. Interpréter ce résultat pour l'hyperbole.

Partie B À l'écrit ou à l'oral

Faire un bilan des recherches et présenter les résultats de façon organisée : description du problème, étude mathématique, conclusion.
On veillera à utiliser un vocabulaire précis.

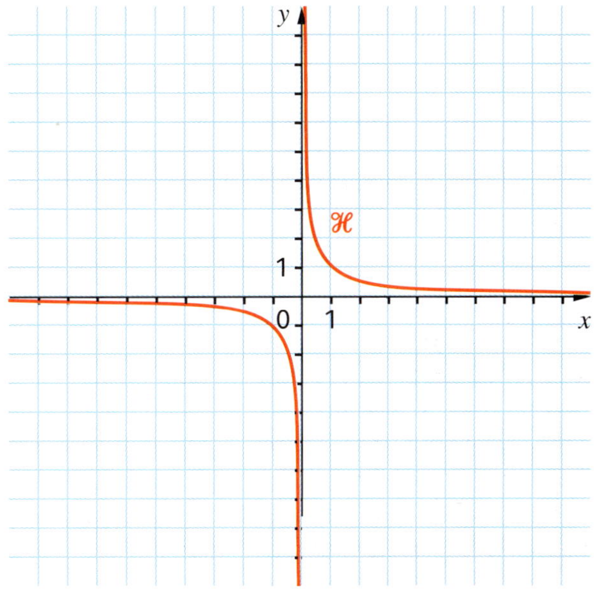

TP2 Des cercles, des droites et des paraboles

TRAVAIL DE GROUPE

Dans un repère orthonormé du plan, on considère :
- les droites $\mathcal{D}_n$ d'équation $y = n$ (où n est un entier relatif).
- les cercles $\mathcal{C}_n$ de centre O et de rayon n (où n est un entier naturel).

On admet que $\mathcal{C}_n$ a pour équation :

$$x^2 + y^2 = n^2$$

Sur la figure ci-contre, pour tout entier naturel n non nul, on a marqué :
- en rouge les points d'intersection de $\mathcal{C}_n$ et $\mathcal{D}_{n-1}$.
- en bleu les points d'intersection de $\mathcal{C}_n$ et $\mathcal{D}_{n-2}$.
- en vert les points d'intersection de $\mathcal{C}_n$ et $\mathcal{D}_{n-3}$.

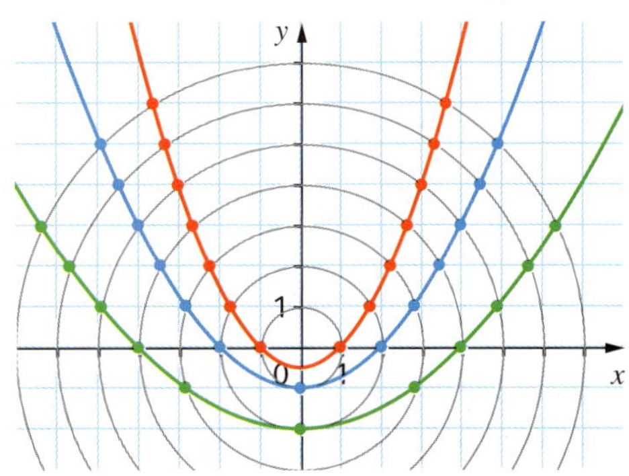

Partie A Recherches

1. Repérer sur la figure les cercles $\mathcal{C}_1$, $\mathcal{C}_2$, $\mathcal{C}_3$ et $\mathcal{C}_4$, puis les droites $\mathcal{D}_{-2}$, $\mathcal{D}_{-1}$, $\mathcal{D}_0$, $\mathcal{D}_1$ et $\mathcal{D}_2$.

2. On conjecture que les points rouges appartiennent à une même parabole $\mathcal{P}$.
Écrire un système d'équations vérifiées par les coordonnées de ces points.

3. En déduire une démonstration de la conjecture en précisant l'équation de cette parabole $\mathcal{P}$.

4. Faire de même pour les points bleus, puis pour les points verts.

Partie B À l'écrit ou à l'oral

Présenter le problème étudié et la démarche permettant de démontrer les résultats conjecturés, puis démontrer l'un de ces résultats.

Info

Les paraboles et les cercles sont des exemples de « coniques », c'est-à-dire d'intersections d'un cône par un plan. Ces coniques ont été étudiées dès la Grèce antique, en particulier par Euclide et Apollonius de Perge.

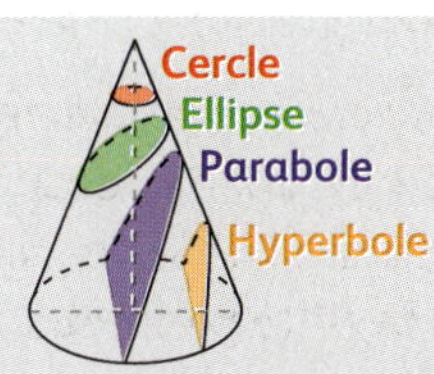

Je **révise** en **autonomie**

Je cible mes révisions

VIDÉOS des capacités

Pour chaque capacité, suivre le parcours de révision pour travailler les méthodes et s'entraîner.

Parcours de révision	Réviser en autonomie	S'entraîner
Capacité 1 Exploiter l'équation $y = f(x)$ d'une courbe	Méthode, p. 221	Exercices 3 et 53
Capacité 2 Résoudre une équation, une inéquation à l'aide d'une fonction de référence	Méthode, p. 223	Exercices 5 et 58
Capacité 3 Comparer deux images	Méthode, p. 225	Exercices 11 et 60
Capacité 4 Modéliser une situation par une fonction	Méthode, p. 226	Exercices 17 et 65
Capacité 5 Étudier la parité d'une fonction	Méthode, p. 227	Exercices 19 et 66

Je me teste

Voir corrigés

Pour chaque question, déterminer la (ou les) réponse(s) correcte(s).

Capacité 1

1. On considère la fonction f définie sur $\mathbb{R}^*$ par :

$$f(x) = x + \frac{1}{x}$$

a. On a $f(-1) = 0$.
b. Le point de coordonnées $(2;2,5)$ appartient à la courbe $\mathscr{C}_f$.
c. Le point de coordonnées $(-2;0)$ appartient à la courbe $\mathscr{C}_f$.

2. On considère la fonction g définie sur $\mathbb{R}$ par l'algorithme suivant, traduit en Python.

Langage naturel

Saisir un réel x
$a \leftarrow x^2 + 4$
$b \leftarrow \sqrt{a}$
Renvoyer b

Python

```
def g(x):
    a=x**2+4
    b=sqrt(a)
    return b
```

a. Le point $(4;4,5)$ appartient à la courbe $\mathscr{C}_g$.
b. La courbe $\mathscr{C}_g$ est entièrement située au-dessus de l'axe des abscisses.
c. 3 est un antécédent de $\sqrt{13}$ par g.

Capacité 2

3. L'équation $x^2 = 4$ admet pour ensemble-solutions :
a. $\{2\}$ **b.** $\{-2;2\}$ **c.** $\{4^2\}$

4. L'ensemble des réels x tels que $-2 \leqslant \frac{1}{x} \leqslant -1$ est l'intervalle :
a. $[-2;-1]$ **b.** $[-1;-0,5]$ **c.** $[0,5;1]$

5. L'inéquation $x^3 \geqslant 1000$ a pour ensemble-solution :
a. $]+\infty;10]$ **b.** $[100;+\infty[$ **c.** $[10;+\infty[$

6. Si $\sqrt{x} \leqslant 9$, alors on a :
a. $0 \leqslant x \leqslant 4,5$ **b.** $0 \leqslant x \leqslant 3$ **c.** $0 \leqslant x \leqslant 81$

Capacité 3

7. Pour tout réel x tel que $\frac{2}{3} \leqslant x \leqslant \frac{4}{5}$, on a :
a. $\frac{3}{2} \leqslant \frac{1}{x} \leqslant \frac{5}{4}$ **b.** $\frac{4}{5} \leqslant \frac{1}{x} \leqslant \frac{2}{3}$ **c.** $\frac{5}{4} \leqslant \frac{1}{x} \leqslant \frac{3}{2}$

8. On a :
a. $\frac{\sqrt{2}}{2} \geqslant \frac{1}{2} \geqslant \frac{\sqrt{2}}{4}$ **b.** $\frac{1}{2} \leqslant 0,7^2$
c. $-0,4^3 \leqslant \left(-\frac{1}{3}\right)^3$ **d.** $\sqrt{12} \leqslant 2\sqrt{\pi}$

9. Pour tout réel $x \geqslant 2$, on a :
a. $-3x^2 \geqslant -12$ **b.** $\sqrt{x+2} \geqslant 4$
c. $x^3 - 3 \leqslant 5$ **d.** $(x+1)^2 \geqslant 9$

Capacité 4

On considère un pavé droit à base carrée et de hauteur 10 cm.

10. En notant x le côté de sa base (en cm), alors :
a. le volume du pavé droit est égal à $10x^2$.
b. la surface latérale totale du pavé droit est égale à $2x^2 + 40x$.
c. la longueur de sa « grande diagonale » est égale à $10 + 2x$.

11. Lorsque le côté de la base est multiplié par 2, le volume du pavé droit est multiplié par :
a. 2 **b.** 4 **c.** $\sqrt{2}$

12. Pour que le volume du pavé soit égal à 40 cm², le côté de sa base doit être égal à :
a. -2 ou 2 cm **b.** $\sqrt{30}$ cm **c.** 2 cm

Capacité 5

13. On considère les fonctions f et g définies aux questions **1.** et **2.** et la fonction h définie sur $\mathbb{R}$ par :

$$h(x) = -x^3 + 2$$

a. La courbe $\mathscr{C}_f$ est symétrique par rapport au centre du repère.
b. La courbe $\mathscr{C}_g$ admet un axe de symétrie.
c. La fonction h n'est ni paire, ni impaire.

Je fais des exercices bilans

Bilan 1 10min **Paramètre à déterminer**

On considère la fonction f définie sur $\mathbb{R}$ par :

$$f(x)=x^2+k, \text{ où } k \text{ est un réel fixé.}$$

On note $\mathscr{C}$ la courbe représentative de f.

1. Dans chaque cas, déterminer la valeur de k telle que la condition donnée soit vérifiée.

a. L'image de -1 par f est égale à 3.

b. Le point de coordonnées $(2;10)$ appartient à $\mathscr{C}$.

c. 3 est une solution de l'équation $f(x)=8$.

2. a. Démontrer que la fonction f est paire.

b. Que peut-on en déduire pour la courbe $\mathscr{C}$?

Bilan 2 15min **Périmètre d'un triangle**

Le triangle ABC est rectangle en B tel que $AB=1$.

On construit à partir de l'hypoténuse $[AC]$ le triangle équilatéral ACD.

On pose $BC=x$. Ainsi on a $x\geqslant 0$.

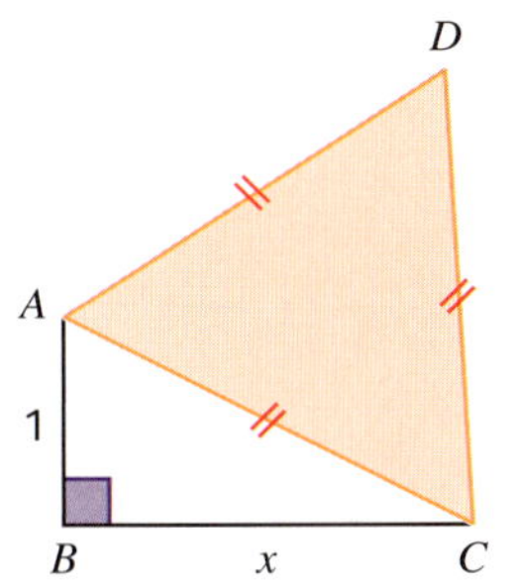

1. a. Exprimer la longueur AC en fonction de x.

b. En déduire l'expression du périmètre $P(x)$ du triangle ACD en fonction de x.

2. Déterminer la valeur du périmètre du triangle ACD lorsque $x=2$, puis lorsque $x=\sqrt{2}$.

3. Pour quelle valeur de x le périmètre du triangle ACD est-il égal à 12 ?

4. Pour quelles valeurs de x le périmètre du triangle ACD est-il strictement supérieur à 15 ?

Bilan 3 10min **Oscillation d'un pendule**

La période T (en seconde) d'un pendule simple, c'est-à-dire la durée d'une oscillation de celui-ci, peut être exprimée en fonction de sa longueur ℓ (en mètre) par :

$$T=2\pi\sqrt{\frac{\ell}{g}}$$

On donne $g=9{,}81\text{m/s}^2$.

1. Calculer la période T d'un pendule de longueur 5 m, en arrondissant à 0,1 s.

2. Calculer la longueur ℓ d'un pendule dont la période vaut 10 s. Arrondir à 1 cm.

3. a. Deux pendules A et B ont pour longueurs respectives 5 m et 10 m. Comparer leurs périodes.

b. D'une façon générale, un pendule A a une longueur inférieure à celle d'un pendule B.

Quel pendule a la période la plus grande ?

Bilan 4 15min **Prix d'une entrée à un spectacle**

Un spectacle payant, à tarif d'entrée unique, a été organisé dans un stade pouvant accueillir 5 000 personnes au maximum.

La recette totale s'est élevée à 15 000 euros.

1. a. Exprimer le prix p d'une entrée, en euro, en fonction du nombre n d'entrées.

b. Quelle fourchette du prix p peut-on déduire des données de l'énoncé ?

c. Si on sait que $1000\leqslant n\leqslant 3000$, que peut-on en déduire pour le prix p ?

2. a. Exprimer maintenant n en fonction de p.

b. Le prix p est encadré entre 4 et 5 €. Que peut-on en déduire pour le nombre n d'entrées ?

c. En utilisant la calculatrice, justifier que les seuls prix possibles entre 4 et 5 € sont 4 ; 4,80 et 5 €.

Bilan 5 10min **Volume d'une boule**

On considère une boule de rayon R.

On rappelle que son volume est $\frac{4}{3}\pi R^3$.

1. On sait que le rayon R est compris entre 1 et 2 cm.

a. Encadrer au mieux le volume de la boule.

b. L'encadrement obtenu permet-il d'obtenir une valeur approchée du volume à 10 cm^3 près ?

2. On souhaite déterminer le rayon R de la boule de façon à ce que son volume soit égal à 100 cm^3.

a. Justifier que R est compris entre 2 et 3 cm.

b. Tabuler à la calculatrice la fonction f définie sur $[2;3]$ par $f(x)=\frac{4}{3}\pi x^3$ avec un pas de 0,1.

c. En déduire une valeur approchée de R à 0,1 cm près.

Bilan 6 15min **Comparaison de x et de $\frac{1}{x}$ où $x>0$**

1. a. Déterminer l'inverse des nombres suivants.

$$2\,;10\,;10^2\,;\frac{1}{2}\,;\frac{3}{4}$$

b. On considère l'affirmation suivante :

« Tout nombre strictement positif est toujours supérieur à son inverse. »

Cette affirmation est-elle vraie ou fausse ?

2. On considère les fonctions f et g définie sur $]0;+\infty[$ par $f(x)=x$ et $g(x)=\frac{1}{x}$.

a. Tracer à la calculatrice les courbes représentatives des fonctions f et g.

b. Conjecturer alors la comparaison des réels x et $\frac{1}{x}$ lorsque l'on a $x>0$ (distinguer deux cas).

3. a. Soit un réel x tel que $0<x<1$. Justifier que $\frac{1}{x}>1$.

En déduire la comparaison de x et de $\frac{1}{x}$.

b. Démontrer que pour tout réel $x>1$, on a $x>\frac{1}{x}$.

c. Pour quel réel $x>0$ a-t-on $x=\frac{1}{x}$?

CHAPITRE

9 Fonctions, équations et inéquations

Les capacités du chapitre

- CAPACITÉ 1 Résoudre graphiquement une équation ou une inéquation
- CAPACITÉ 2 Étudier le signe d'une fonction
- CAPACITÉ 3 Résoudre algébriquement une inéquation

Au fil du temps

Les symboles > et < apparaissent en 1631 dans l'ouvrage *Artis Analyticae Praxis Ad Aequationes Algebraicas Resolvendas* de Thomas Harriot :
« signum majoritatis ut a>b significet a majorem quam b »
Pierre Bouguer utilise les symboles ≧ et ≦ en 1734. En 1670, John Wallis utilise des symboles similaires avec une unique barre horizontale (⩾ et ⩽). On lui doit aussi le symbole de l'infini : ∞

Des maths partout !

Les inéquations sont utilisées en *programmation linéaire*, où l'on manipule des systèmes de plusieurs inéquations.
La *recherche opérationnelle* exploite ce type de méthode dans de nombreux domaines : contrôle de production, énergie, transports, etc. La production et l'acheminement de l'électricité en sont un bon exemple.

Éoliennes sur le mont Oiz, Pays basque

Ressources du chapitre disponibles ici : www.lycee.hachette-education.com/declic/2de

Partir d'un bon pied

A Diaporama pour tester les bases

ACTIVITÉS MENTALES RAPIDES

B Exploiter une représentation graphique

On a relevé les températures à Strasbourg lors d'une journée d'hiver. On note f la fonction qui, à chaque instant t exprimé en heure, associe la température $f(t)$ en °C.

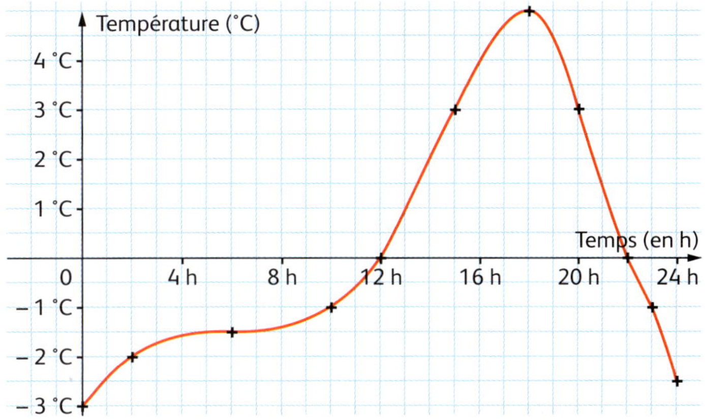

1. a. Lire graphiquement la température à 2 h.
Que vaut $f(6)$? Interpréter concrètement ce nombre.

b. Pour quelles valeurs de t a-t-on $f(t)=-1$? Interpréter.

c. Pour quelles valeurs de t a-t-on $f(t)>3$? Interpréter.

2. a. Sur quel intervalle la température est-elle positive ?

b. On consigne le signe de $f(t)$ en fonction des valeurs de t à l'aide du **tableau de signes** à compléter ci-dessous.

t	0		12		…		24
Signe de $f(t)$		−	0		0		

C Associations

Associer à chacune des fonctions affines suivantes sa représentation graphique et son tableau de signes.

$f(x)=-4$; $g(x)=-4-2x$; $h(x)=-3x+6$ et $i(x)=2x+4$

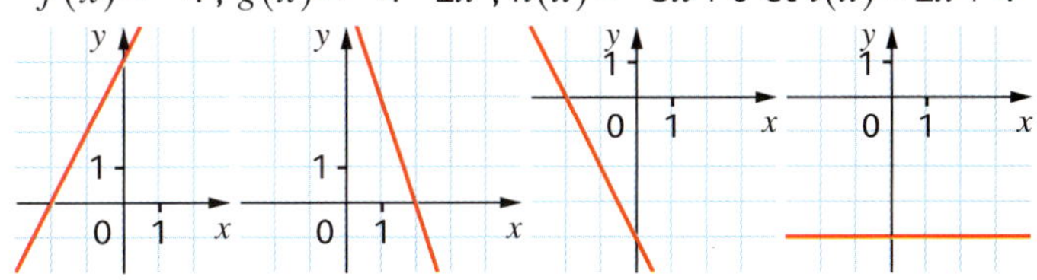

x	$-\infty$		2		$+\infty$
Signe de …		+	0	−	

x	$-\infty$		$+\infty$
Signe de …		−	

x	$-\infty$		-2		$+\infty$
Signe de …		−	0	+	

x	$-\infty$		-2		$+\infty$
Signe de …		+	0	−	

D Résolution d'inéquations

Résoudre les inéquations suivantes.

1. $3x-4 \geqslant x-6$ **2.** $-5x+1<2x+15$ **3.** $t-\frac{1}{3} \geqslant \frac{1}{6}+2t$

Activités

1 Langage courant et langage mathématique

Objectif
Reprendre les méthodes de résolutions graphiques, opérer des changements de registres (graphique et algébrique).

Jérôme et Chan effectuent leur baptême de l'air en deltaplane. Les courbes ci-dessous représentent l'altitude (en mètre) de chacun en fonction du temps. On note $f(t)$ (resp. $g(t)$) l'altitude de Jérôme (resp. de Chan) à l'instant t (exprimé en minute).

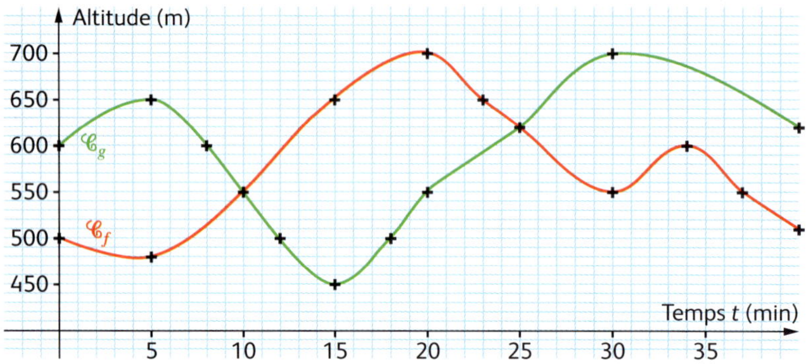

1 À chacune des questions en langage mathématique suivantes (en bleu) correspond une question en langage courant (en orange).
Associer les questions correspondantes puis y répondre.

Résoudre l'inéquation $g(t) \geqslant 500$	À quel(s) instant(s) Jérôme est-il à 500 m d'altitude ?
Résoudre l'équation $f(t) = g(t)$	À quel(s) instant(s) l'altitude de Jérôme est-elle inférieure à celle de Chan ?
Résoudre l'inéquation $f(t) < g(t)$	À quel(s) instant(s) l'altitude de Chan est-elle supérieure ou égale à 500 m ?
Résoudre l'équation $f(t) = 500$	À quel(s) instant(s) Chan et Jérôme sont-ils à la même altitude ?

2 Après les avoir traduites en langage courant, résoudre graphiquement les équations et inéquations suivantes.

a. $g(t) = 650$ **b.** $f(t) \geqslant 550$ **c.** $f(t) \geqslant g(t)$

2 À propos de signe...

Objectif
Remobiliser les règles de signes étudiées au collège pour déterminer le signe d'une expression complexe.

On considère les expressions littérales suivantes, le nombre x est un nombre quelconque et y est un nombre de signe négatif.

$x^2 - 4$ $-x + 2$ $2y - 8$ $-x$ $3y$ $2y + 8$ $\dfrac{y}{-3}$ $x^2 + 4$ xy $-2y$ $2x^2$ $y - 2$ $\dfrac{2y}{y-4}$

Classer ces expressions suivant trois catégories, selon leur signe : « toujours positif », « toujours négatif » ou « son signe est variable ».

3 Exploiter un tableau de signes

Objectif
Étudier le signe d'un produit de fonctions affines à l'aide de tableaux de signes.

On considère les fonctions f, g et h définies par :

$$f(x)=2x+4\ ;\ g(x)=-x+3\ ;\ h(x)=(2x+4)(-x+3)=f(x)\times g(x)$$

1 **a.** Représenter graphiquement les fonctions affines f et g puis résoudre les équations $f(x)=0$ et $g(x)=0$.
b. En déduire alors les tableaux de signes des fonctions affines f et g.
c. En exploitant ces tableaux de signes et sans aucun calcul, indiquer si les affirmations suivantes sont vraies ou fausses.

① $f(5)<0$
② $g(5)<0$
③ $h(5)>0$
④ $h(3)=0$
⑤ $h(-5)>0$
⑥ $h(-1)>0$

2 **a.** On souhaite désormais étudier le signe du produit $(2x+4)(-x+3)$. Pour cela, compléter le tableau de signes suivant.

x	$-\infty$		-2		$\dots$		$+\infty$
Signe de $2x+4$		$-$	0	$+$		$+$	
Signe de $-x+3$		$\dots$		$\dots$	0	$\dots$	
Signe du produit $(2x+4)(-x+3)$		$\dots$	0	$\dots$	0	$\dots$	

b. Recopier et compléter les phrases suivantes.
① Le produit $(2x+4)(-x+3)$ est strictement positif pour $x\in\dots$
② Le produit $(2x+4)(-x+3)$ est négatif ou nul pour $x\in\dots$

Aide
1 c. et **2 a.** On pourra exploiter la règle des signes :
- le produit de deux nombres de même signe est positif.
- le produit de deux nombres de signes contraires est négatif.

4 Un problème, des démarches

Objectif
Confronter résolutions graphique et algébrique d'une inéquation pour résoudre un problème géométrique.

On considère un carré $ABCD$ de côté 3 et un point mobile M sur le segment $[AD]$.
On construit alors le point E sur le segment $[CD]$ et G sur le segment $[CB]$ de sorte que $DE=DM=CG$.
Enfin, le point F est tel que $DMFE$ soit un carré.
On souhaite déterminer les positions du point M pour lesquelles l'aire du rectangle $ECGF$ est supérieure à celle du triangle ABM.

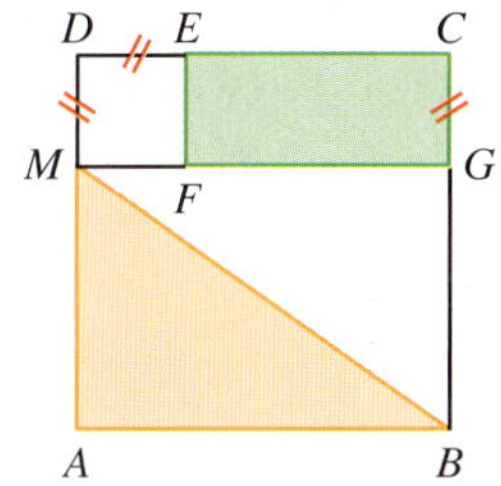

1 **Conjecture à l'aide d'un logiciel de géométrie dynamique**
a. Construire une figure faisant apparaître, comme ci-contre, l'aire du rectangle $ECGF$ et celle du triangle ABM.
b. En faisant varier la position du point M sur le côté $[AD]$ du carré, conjecturer une réponse au problème posé.

2 **Conjecture à l'aide de la calculatrice graphique**
On note $x=DM$. La variable x peut ainsi varier dans l'intervalle $\mathrm{I}=[0\,;3]$.
a. Justifier que l'aire $f(x)$ du rectangle $ECGF$ et celle $g(x)$ du triangle AMB sont respectivement égales à :

$$f(x)=-x^2+3x \quad \text{et} \quad g(x)=4{,}5-1{,}5x$$

b. À l'aide de la calculatrice, représenter graphiquement les fonctions f et g. Émettre alors une conjecture quant au problème posé.

3 **Exploitation d'un tableau de signes**
a. Justifier que la résolution du problème étudié revient à déterminer les valeurs de x dans l'intervalle $[0\,;3]$ qui vérifient :

$$(x-1{,}5)(3-x)>0$$

b. Étudier, à l'aide d'un tableau de signes, le signe du produit :

$$(x-1{,}5)(3-x)$$

La conjecture précédente est-elle validée ?

Aide
1 a. Pour construire le rectangle $ECGF$ et faire apparaître son aire, on utilisera les boutons suivants.

Aide
2 b. On pourra exploiter les fonctions **Trace** et **Intersection** pour affiner la conjecture.

Voir pages calculatrices

Aide
3 a. On utilisera le fait que $f(x)>g(x)$ équivaut à : $f(x)-g(x)>0$

Cours

1 Résolution graphique d'équations et d'inéquations

On considère deux fonctions f et g définies sur un même ensemble D.
On note respectivement $\mathscr{C}_f$ et $\mathscr{C}_g$ leurs représentations graphiques.
On appelle k un nombre réel quelconque.

a Équations du type $f(x)=k$ ou $f(x)=g(x)$

- **Résoudre l'équation** $f(x)=k$, c'est déterminer tous les nombres de l'ensemble D ayant pour image le nombre k par la fonction f.
- **Résoudre l'équation** $f(x)=g(x)$, c'est déterminer tous les nombres de D ayant la même image par f et par g.

Équation $f(x)=k$

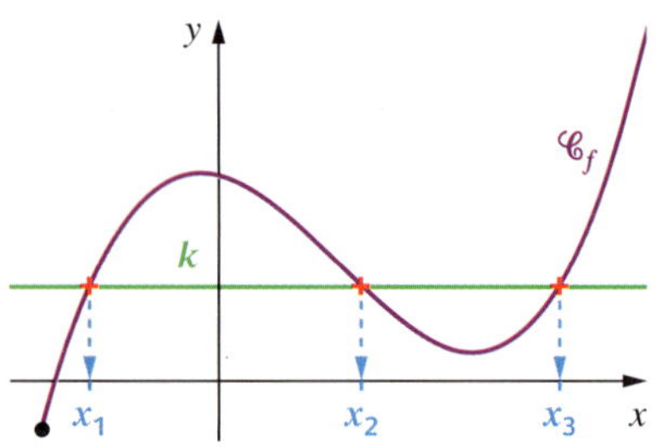

On cherche tous les **points** de $\mathscr{C}_f$ ayant pour **ordonnée k**.
Les solutions sont les **abscisses** (ici x_1, x_2 et x_3) de ces points.

Équation $f(x)=g(x)$

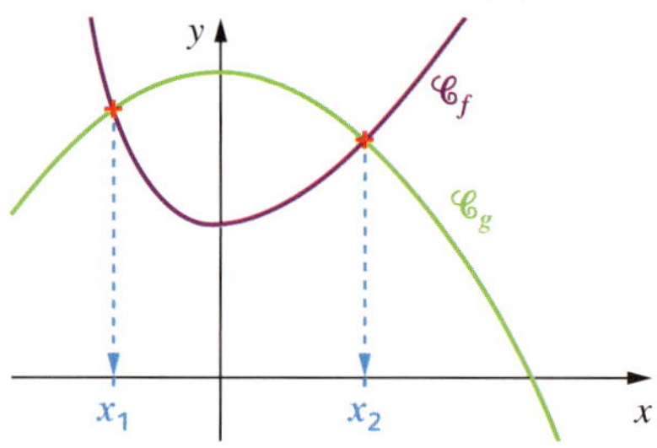

On cherche tous les **points d'intersection** des courbes de f et g. Les solutions sont les **abscisses** (ici x_1 et x_2) de ces points.

Exemple

On a représenté ci-dessous la courbe d'une fonction f définie sur l'intervalle $[-3;2]$.

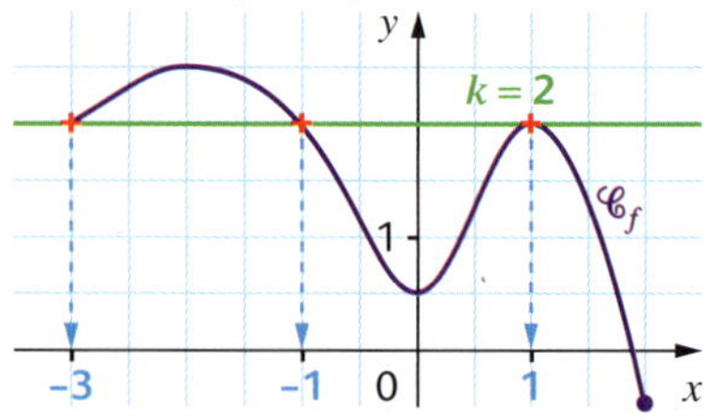

- On souhaite résoudre graphiquement l'équation :
$$f(x)=2$$
Il y a **trois points** sur $\mathscr{C}_f$ ayant pour **ordonnée $k=2$**. Leurs **abscisses** **-3 ; -1 et 1** sont donc les **solutions** de l'équation $f(x)=2$.
- L'équation $f(x)=3$ n'admet aucune solution puisque la courbe n'admet aucun point d'ordonnée 3.

Remarque

Les résolutions graphiques dépendent de la précision du tracé des courbes. Souvent, on obtient seulement des valeurs approchées des solutions.

b Inéquations du type $f(x)<k$ ou $f(x)\leqslant g(x)$

- **Résoudre l'inéquation** $f(x)<k$, c'est déterminer tous les nombres de D dont l'image par f est strictement inférieure à k.
- **Résoudre l'inéquation** $f(x)\leqslant g(x)$, c'est déterminer tous les nombres de D dont l'image par f est inférieure ou égale à l'image par g.

Inéquation $f(x)<k$

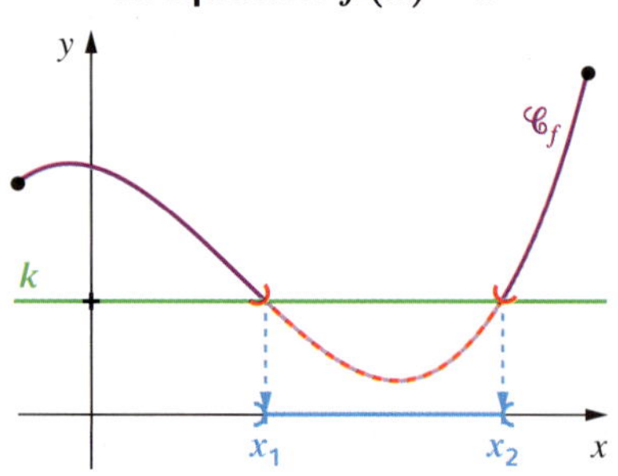

On cherche tous les **points** de la courbe $\mathscr{C}_f$ ayant une **ordonnée inférieure strictement** à k.
Ici, les solutions sont les **abscisses** comprises entre x_1 et x_2 avec x_1 et x_2 **exclus**.

Inéquation $f(x)\leqslant g(x)$

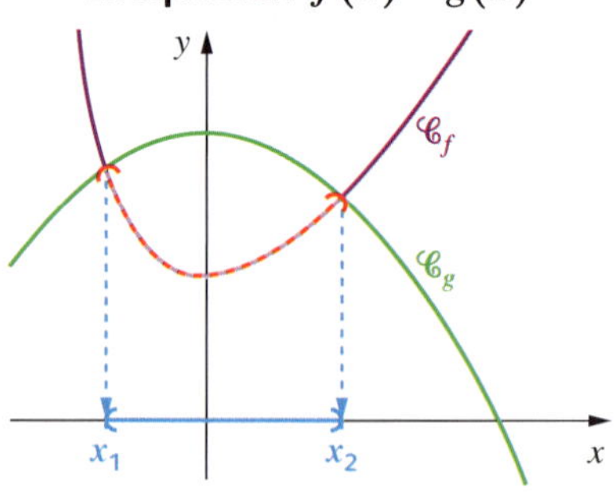

On cherche tous les **points** de la courbe $\mathscr{C}_f$ situés **en dessous** de ceux de $\mathscr{C}_g$.
Ici, les solutions sont les **abscisses** comprises entre x_1 et x_2 avec x_1 et x_2 **inclus**.

Remarque

De la même façon, on résout graphiquement les inéquations du type $f(x)\geqslant k$ ou $f(x)>g(x)$.

Exemple

On a représenté ci-dessous les courbes de deux fonctions f et g définies sur l'intervalle $[-3;2]$.

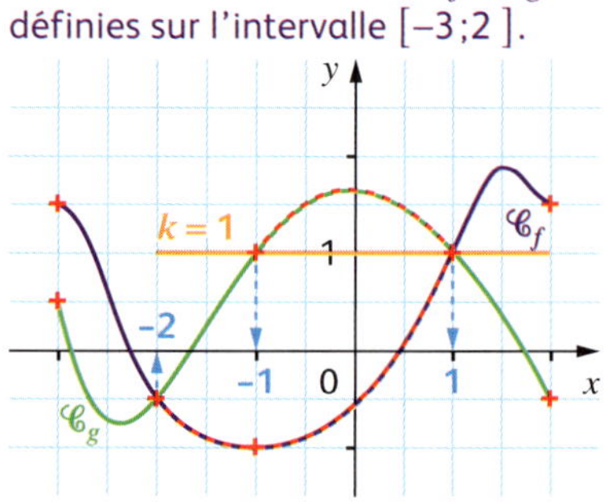

- Les solutions de l'inéquation $g(x)>1$ sont les **abscisses** des **points** de $\mathscr{C}_g$ **d'ordonnée strictement supérieure** à 1.
L'ensemble des **solutions** est donc l'intervalle $]-1;1[$.
- Les solutions de l'inéquation $f(x)\leqslant g(x)$ sont les **abscisses** des **points** de $\mathscr{C}_f$ situés **en dessous** de $\mathscr{C}_g$. L'ensemble des **solutions** est donc l'intervalle $[-2;1]$.

Méthode

VIDÉO
Capacité 1

CAPACITÉ 1 Résoudre graphiquement une équation ou une inéquation

Énoncé On a représenté ci-contre les fonctions f et g définies sur $[-6\,;4]$.

1. Résoudre graphiquement les équations et inéquations suivantes.

a. $f(x)=3$ **b.** $g(x)=-2$ **c.** $f(x)\leqslant -1$ **d.** $f(x)>g(x)$

2. Soit la fonction h définie sur $[-5\,;2]$ par $h(x)=0{,}5x^2+2x+3$. À l'aide de la calculatrice, donner une valeur approchée des solutions de l'équation $h(x)=2$.

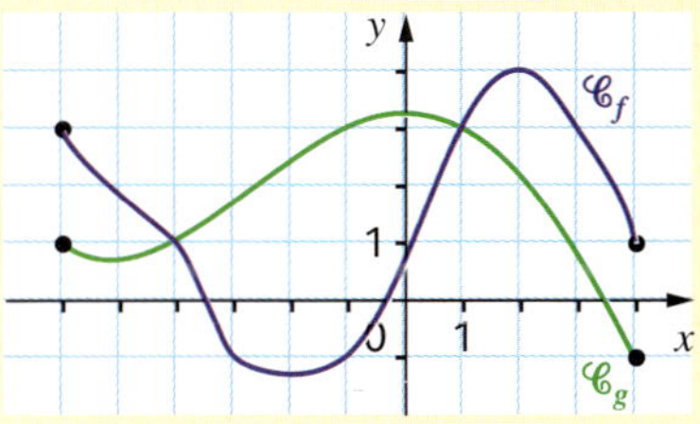

Solution

1. a. On trace la **droite d'équation $y=3$**.
Les **abscisses** des **points d'intersection** avec la courbe $\mathscr{C}_f$ sont **−6, 1 et 3**.
L'ensemble des solutions de l'équation $f(x)=3$ est ainsi $S=\{-6\,;1\,;3\}$.

b. Puisque la **droite d'équation $y=-2$** n'admet pas de point d'intersection avec la courbe $\mathscr{C}_g$, l'équation $g(x)=-2$ n'admet aucune solution.
L'ensemble des solutions de cette équation est $S=\varnothing$ (ensemble vide).

c. En traçant la **droite d'équation $y=-1$**, on lit les **abscisses** des points de la courbe $\mathscr{C}_f$ situés **en dessous de cette droite**. L'ensemble des solutions de l'inéquation $f(x)\leqslant -1$ est l'intervalle $S=[-3\,;-1]$.

d. Pour résoudre l'inéquation $f(x)>g(x)$, on lit les **abscisses** de tous les **points** de la courbe **$\mathscr{C}_f$ situés au-dessus (strictement) de $\mathscr{C}_g$**.
L'ensemble des solutions de cette inéquation est la réunion de deux intervalles : $S=[-6\,;-4[\cup]1\,;4]$ (les valeurs −4 et 1 sont exclus de l'ensemble S des solutions puisque l'inégalité est stricte).

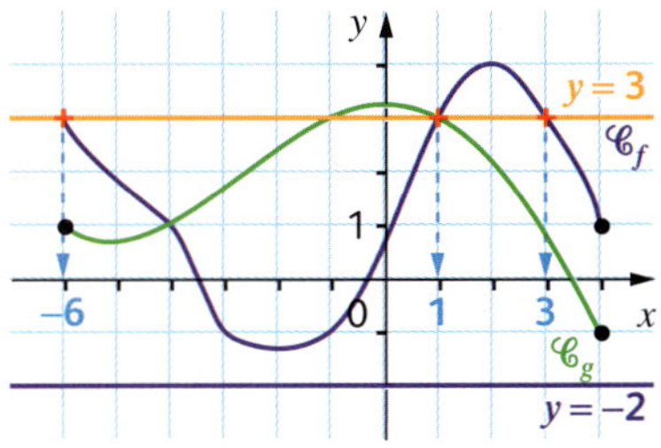

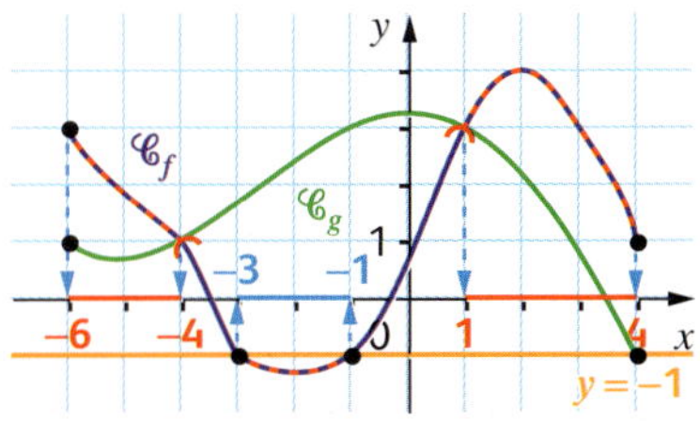

2. On trace la courbe de h et la droite d'équation $y=2$. La fonction INTERSECTION permet d'obtenir une valeur approchée des solutions de l'équation $h(x)=2$. Les valeurs approchées des solutions sont −3,4 et −0,6 (à 10^{-1} près).

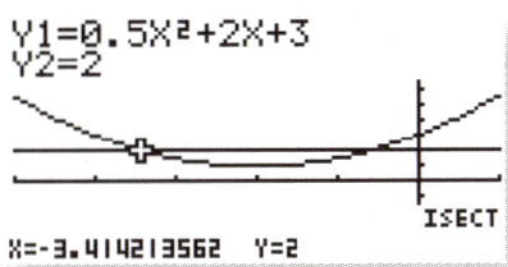

Point méthode

2. On peut également utiliser TRACE et déplacer le curseur pour obtenir Y aussi proche que possible de 2.

Voir pages calculatrices

J'applique

1 Soit f la fonction représentée ci-dessous.

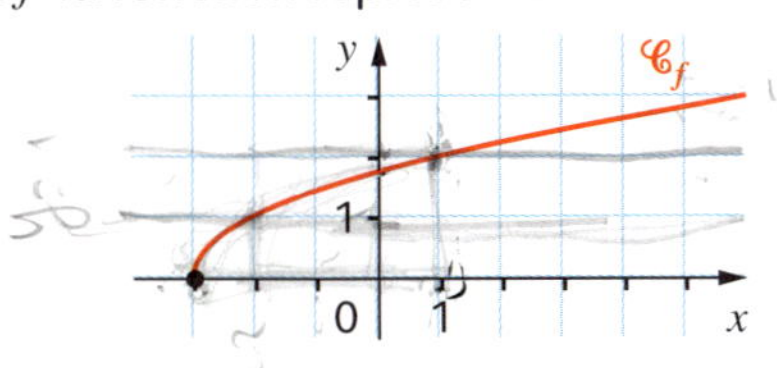

Résoudre graphiquement :

1. les équations $f(x)=0$, $f(x)=1$ et $f(x)=2$.

2. les inéquations $f(x)<2$, puis $f(x)\geqslant 1$.

2 Soit g la fonction définie sur l'intervalle $[-2\,;3]$ par $g(x)=x^3-4x+1$.
À l'aide de la calculatrice, donner des valeurs approchées des solutions des équations $g(x)=-1$ et $g(x)=2$.

3 Soit i la fonction définie sur l'intervalle $[-3\,;5]$ par la courbe ci-après.

1. Déterminer le nombre de solutions de $i(x)=1$.

2. On considère un nombre réel k.
Donner une valeur possible de k pour que l'équation $i(x)=k$ admette :

a. une solution

b. aucune solution

c. deux solutions

d. quatre solutions

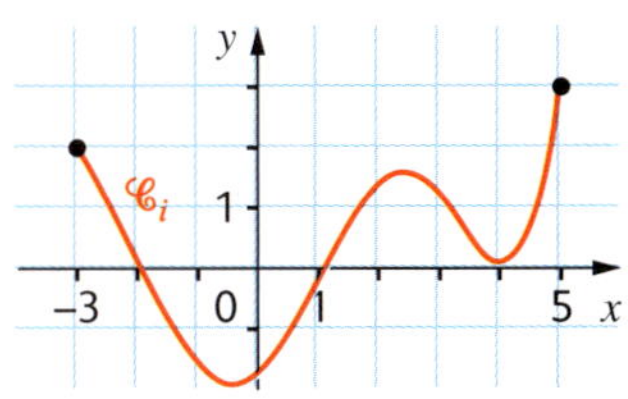

4 Soient f et g les fonctions représentées ci-dessous.

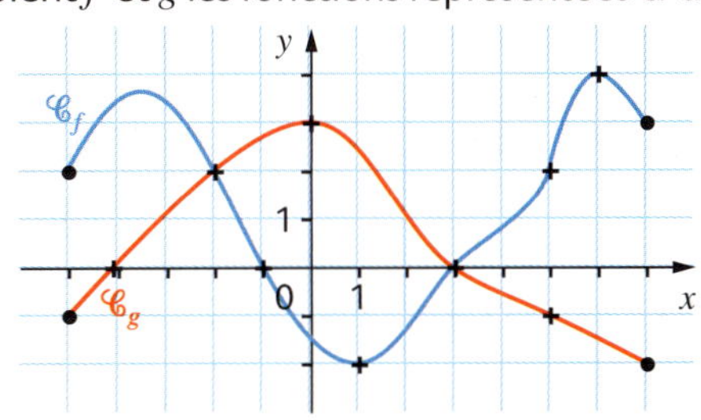

Résoudre graphiquement les équations et inéquations.

1. $f(x)=2$ **2.** $g(x)=0$ **3.** $f(x)\geqslant 2$

4. $f(x)\leqslant 0$ **5.** $f(x)=g(x)$ **6.** $g(x)>f(x)$

Cours

2 Signe d'une fonction

a Définition et tableau de signes

Définition On dit qu'une fonction f est **positive** sur un ensemble D si, pour toute valeur $x \in D$, on a $f(x) \geqslant 0$. De même, on dit que f est **négative** sur un ensemble D si, pour toute valeur $x \in D$, on a $f(x) \leqslant 0$.
Étudier le signe d'une fonction consiste à déterminer les ensembles sur lesquels elle est positive et ceux sur lesquels elle est négative.

On consigne souvent ces informations dans un **tableau de signes**. On peut conjecturer le signe d'une fonction en étudiant la position de sa courbe représentative par rapport à l'axe des abscisses.

Exemple
On considère la fonction f représentée ci-dessous.

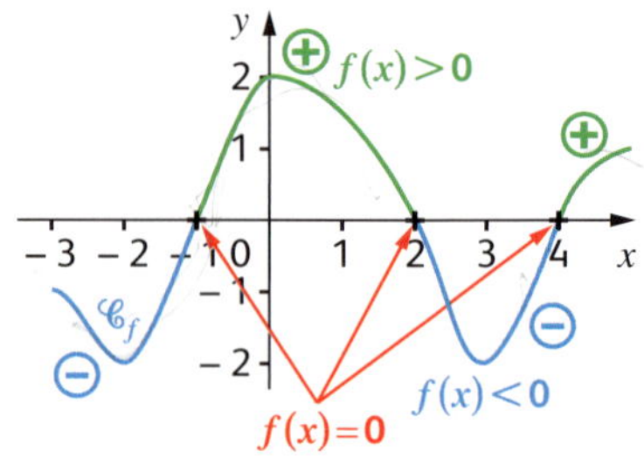

f admet pour tableau de signes.

x	-3		-1		2		4		5
signe de $f(x)$		$-$	0	$+$	0	$-$	0	$+$	

b Signe d'une expression affine $ax+b$ $(a \neq 0)$

On considère la fonction affine définie sur $\mathbb{R}$ par $f : x \mapsto ax+b$, avec $a \neq 0$.

Propriété Le signe de $f(x)=ax+b$ dépend du signe de a et change en $-\frac{b}{a}$, unique solution de l'équation $ax+b=0$.

Cas $a>0$: f est croissante

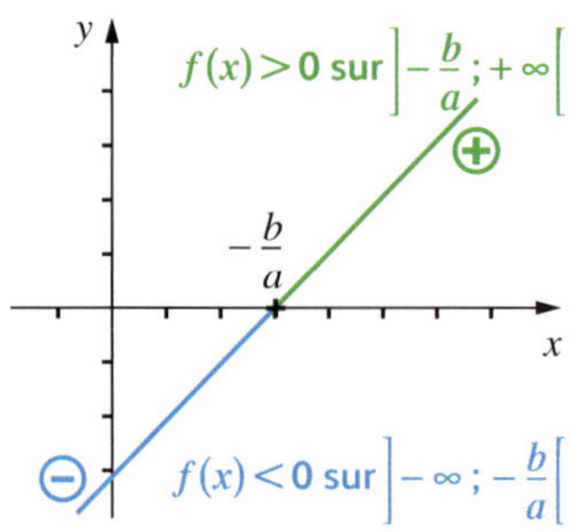

Cas $a<0$: f est décroissante

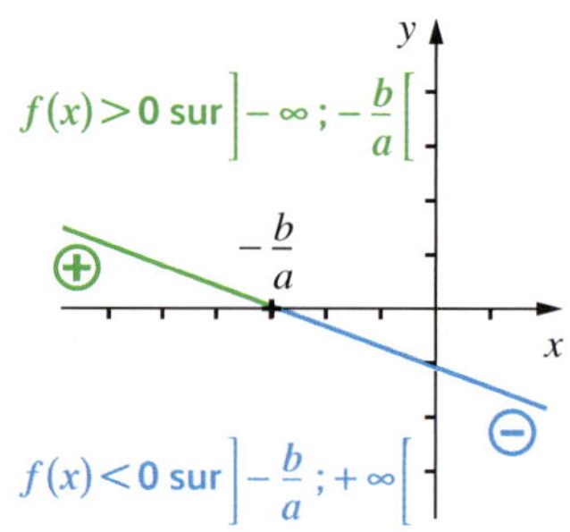

On résume ces informations dans un tableau de signes.

Tableau de signes pour $a>0$

x	$-\infty$		$-\frac{b}{a}$		$+\infty$
Signe de $f(x)$		$-$	0	$+$	

Tableau de signes pour $a<0$

x	$-\infty$		$-\frac{b}{a}$		$+\infty$
Signe de $f(x)$		$+$	0	$-$	

Exemples
Les fonctions f et g sont définies sur $\mathbb{R}$ par :
- $f(x)=2x-6$
- $g(x)=-0{,}5x-2$

f et g changent de signe en $-\frac{b}{a}$.
Le signe de a détermine si la fonction est d'abord positive ou négative.
On peut contrôler à l'aide de la représentation graphique de f et g.

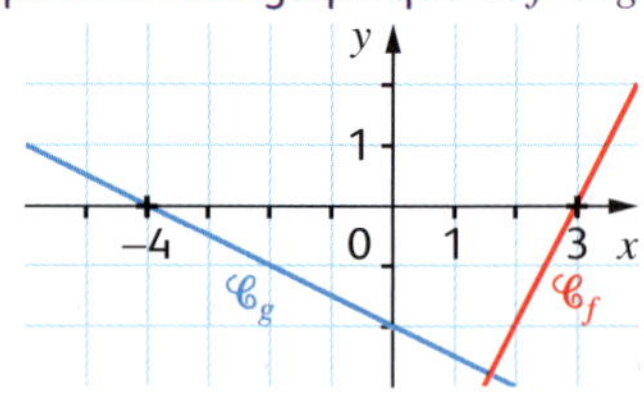

$f(x)=2x-6$; $a=2$ donc $a>0$ et f s'annule en $-\frac{b}{a}=\frac{6}{2}=3$.

x	$-\infty$		3		$+\infty$
Signe de $f(x)$		$-$	0	$+$	

$g(x)=-0{,}5x-2$; $a=-0{,}5$ donc $a<0$ et g s'annule en $-\frac{b}{a}=\frac{2}{-0{,}5}=-4$.

x	$-\infty$		-4		$+\infty$
Signe de $g(x)$		$+$	0	$-$	

Démo

Démonstration algébrique

1er cas : si $a>0$

$f(x)>0 \Leftrightarrow ax+b>0$

$\Leftrightarrow ax>-b$ — On retranche b à chaque membre.

$\Leftrightarrow x>-\frac{b}{a}$ — On divise chaque membre par $a>0$: le sens est **conservé**.

2e cas : si $a<0$

$f(x)>0 \Leftrightarrow ax+b>0$

$\Leftrightarrow ax>-b$ — On retranche b à chaque membre.

$\Leftrightarrow x<-\frac{b}{a}$ — On divise chaque membre par $a<0$: le sens est **modifié**.

Méthode

VIDÉO Capacité 2

CAPACITÉ 2 Étudier le signe d'une fonction

Énoncé On considère les fonctions affines f et g définies sur $\mathbb{R}$ par $f(x)=-3x+9$ et $g(x)=2x+8$.

1. Construire le tableau de signes de chacune des fonctions f et g.

2. On considère la fonction h définie sur $\mathbb{R}$ par $h(x)=f(x)\times g(x)=(2x+8)(-3x+9)$.
Représenter la fonction h sur la calculatrice puis conjecturer le tableau de signes de h.

Solution

1. Puisque $-3x+9=0 \Leftrightarrow -3x=-9 \Leftrightarrow x=3$, la fonction affine f change de signe en 3. De plus, f est représentée par une droite « descendante » puisque son coefficient directeur -3 est négatif.
On peut alors en déduire le tableau de signes de f :

x	$-\infty$		3		$+\infty$
Signe de $-3x+9$		+	0	−	

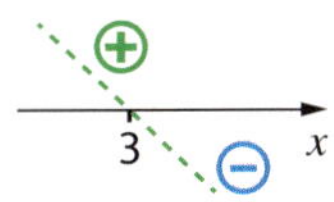

Puisque $2x+8=0 \Leftrightarrow 2x=-8 \Leftrightarrow x=-4$, la fonction affine g change de signe en -4. De plus, g est représentée par une droite « montante » puisque son coefficient directeur 2 est positif. On peut alors en déduire le tableau de signes de g.

x	$-\infty$		-4		$+\infty$
Signe de $2x+8$		−	0	+	

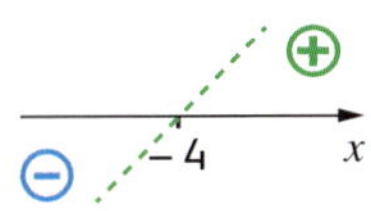

2. On représente la fonction h dans une fenêtre adaptée.

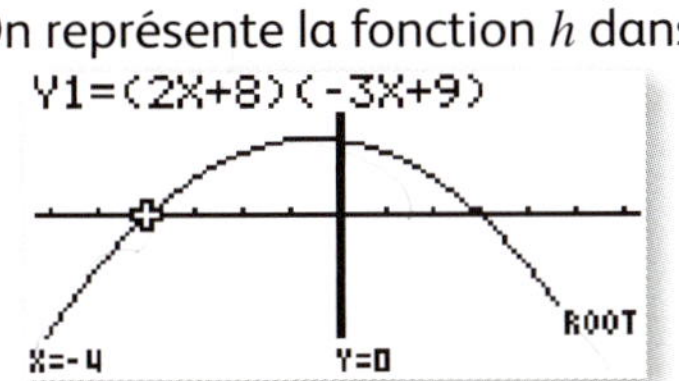

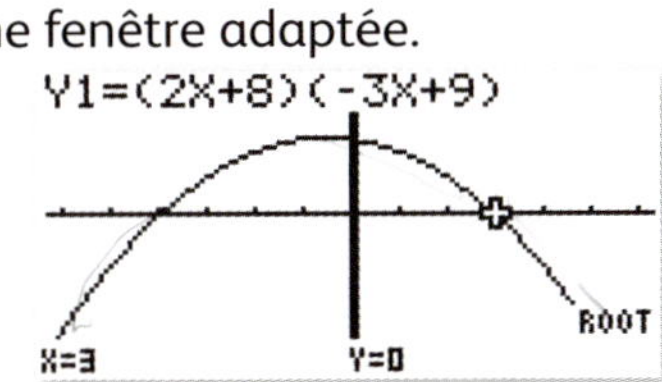

On peut alors conjecturer le tableau de signes suivant pour h.

x	$-\infty$		-4		3		$+\infty$
Signe de h		−	0	+	0	−	

Point méthode

1. Pour étudier le signe d'une fonction affine $f : x \mapsto ax+b$:
① on résout l'équation $ax+b=0$ afin de déterminer la valeur de x où f change de signe.
② on s'interroge sur le signe du coefficient directeur a qui donne l'allure (« montante » ou « descendante ») de la droite représentative de f.
③ on peut alors compléter le tableau de signes de f.

Point méthode

2. On peut exploiter les fonctionnalités *Zoom*, *Trace* et *Root* de la calculatrice pour faciliter les lectures graphiques.
La calculatrice permet d'émettre une conjecture qu'un raisonnement algébrique permettra de démontrer ou d'infirmer.

Voir pages calculatrices

J'applique

5 Construire le tableau de signes de chacune des fonctions affines suivantes.

1. $f : x \mapsto -5x+15$ **2.** $g : x \mapsto 2x+3$

3. $h : x \mapsto 7x$ **4.** $i : x \mapsto 5-x$

6 Voici ci-dessous le tableau de signes d'une fonction f définie sur $\mathbb{R}$.

x	$-\infty$		-3		$\frac{1}{3}$		6		$+\infty$
Signe de f		−	0	+	0	−	0	+	

1. Quel est le signe de $f(0{,}5)$? De $f(-1)$?

2. Déterminer les solutions de l'équation $f(x)=0$.

3. Déterminer l'ensemble des solutions de $f(x)>0$.

7 On a représenté ci-contre la fonction f définie sur $[-5;5]$.

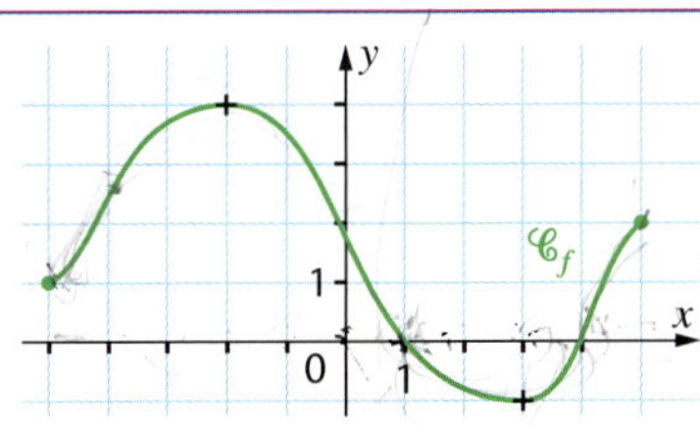

1. Pour chacune des égalités et inégalités suivantes, indiquer si elle est vraie ou fausse.

a. $f(-4)>0$ **b.** $f(1)=0$

c. $f(0)=1$ **d.** $f(3)>0$

2. Sur quel(s) intervalle(s) f est-elle positive ? Négative ?

3. Construire le tableau de signes de cette fonction.

8 **1.** Représenter graphiquement la fonction g définie sur $\mathbb{R}$ par $g(x)=x^3-4x$.

2. Conjecturer alors le tableau de signes de $g(x)$.

Cours

3 Résolution algébrique d'inéquations

a Inéquations équivalentes et opérations

Définition On dit que deux inéquations sont **équivalentes** lorsqu'elles ont le même ensemble de solutions.

Propriétés Les manipulations algébriques suivantes transforment une inéquation en une inéquation équivalente.

① Ajouter (ou soustraire) un même nombre aux deux membres.

② Multiplier (ou diviser) les deux membres d'une inéquation par un même nombre **positif non nul**.

③ Multiplier (ou diviser) les deux membres d'une inéquation par un nombre **négatif non nul** en **modifiant le sens de l'inégalité.**

④ Développer, factoriser et réduire les membres de l'inéquation.

Exemples

- Les inéquations $x(x+3)<0$ et $x+3<0$ ne sont pas équivalentes car -2 est solution de la première mais pas de la seconde.
- À chaque étape ci-dessous, on passe d'une inéquation à une inéquation équivalente.

$3x<7x+12$
$\Leftrightarrow 3x-7x<7x+12-7x$
$\Leftrightarrow -4x<12$
$\Leftrightarrow \frac{-4x}{-4}>\frac{12}{-4}$
$\Leftrightarrow x>-3$

Diviser par -4 (négatif) change le sens de l'inégalité.

b Signe d'un produit et inéquation-produit

Méthode Pour étudier le signe du produit $A(x)\times B(x)$, on détermine le signe de chaque facteur et on applique la règle des signes d'un produit. On construit alors un tableau de signes bilan.

Rappel

Règle des signes

Signe de A	+	+	−	−
Signe de B $(B\neq 0)$	+	−	+	−
Signe de $A\times B$ ou de $\frac{A}{B}$	+	−	−	+

Exemple

Résolution de l'inéquation-produit :

$$(x-6)(-2x+3)>0$$

x	$-\infty$		1,5		6		$+\infty$
Signe de $x-6$		−		−	0	+	
Signe de $-2x+3$		+	0	−		−	
Signe du produit		−	0	+	0	−	

Donc le produit $(x-6)(-2x+3)$ est **strictement positif** lorsque :

$$x\in\,]1,5\,;6[$$

L'ensemble S des solutions de l'inéquation est $S=\,]1,5\,;6[$.

c Signe d'un quotient et inéquation-quotient

Méthode

Pour étudier le signe d'un quotient $\frac{A(x)}{B(x)}$, on détermine le signe de chaque facteur et on applique la règle des signes d'un quotient à l'aide d'un tableau de signes en prenant garde aux éventuelles **valeurs interdites**.

Exemple

Résolution de l'inéquation $\frac{-2x+4}{x-1}\leqslant 0$.

x	$-\infty$		1		2		$+\infty$
Signe de $-2x+4$		+		+	0	−	
Signe de $x-1$		−	0	+		+	
Signe du quotient		−	‖	+	0	−	

L'ensemble S des solutions de l'inéquation est :

$$S=\,]-\infty\,;1[\,\cup\,[2\,;+\infty[$$

Remarque

1 est **valeur interdite** de ce quotient, ce qui se matérialise par une double barre dans le tableau de signes. Cette valeur est exclue de l'ensemble des solutions.

Méthode

VIDÉO Capacité 3

Capacité 3 Résoudre algébriquement une inéquation

Énoncé Résoudre dans $\mathbb{R}$ les inéquations suivantes.

1. $(3-x)^2 \geqslant (1-3x)(3-x)$ **2.** $\dfrac{x(5-2x)}{4x-8} \leqslant 0$

Solution

1. On se ramène à une inéquation-produit en repérant un facteur commun :

$$(3-x)^2 \geqslant (1-3x)(3-x) \Leftrightarrow (3-x)^2-(1-3x)(3-x) \geqslant 0$$
$$\Leftrightarrow (3-x)[(3-x)-(1-3x)] \geqslant 0 \Leftrightarrow (3-x)(2x+2) \geqslant 0$$

On étudie le signe du produit $(3-x)(2x+2)$.

On a $3-x=0 \Leftrightarrow x=3$ et $2x+2=0 \Leftrightarrow x=-1$.

x	$-\infty$		-1		3		$+\infty$
Signe de $3-x$		+		+	0	−	
Signe de $2x+2$		−	0	+		+	
Signe du produit $(3-x)(2x+2)$		−	0	+	0	−	

D'après la dernière ligne du tableau $(3-x)(2x+2) \geqslant 0 \Leftrightarrow x \in [-1;3]$.

L'ensemble S des solutions de cette inéquation est $S=[-1;3]$.

2. Le quotient $\dfrac{x(5-2x)}{4x-8}$ compte trois facteurs x, $5-2x$ et $4x-8$.

On recherche tout d'abord les valeurs de x pour lesquelles ces facteurs s'annulent : x s'annule en 0 ; $5-2x$ en 2,5 et $4x-8$ en 2. On a donc :

x	$-\infty$		0		2		$2{,}5$		$+\infty$
Signe de x		−	0	+		+		+	
Signe de $5-2x$		+		+		+	0	−	
Signe de $4x-8$		−		−	0	+		+	
Signe du quotient $\dfrac{x(5-2x)}{4x-8}$		+	0	−	‖	+	0	−	

L'ensemble des solutions de cette inéquation est donc $S=[0;2[\cup[2{,}5;+\infty[$.

Point méthode

1. Pour résoudre algébriquement une inéquation qui n'est pas du premier degré :

① on se ramène à une inéquation équivalente à second membre nul.

② on factorise si possible en facteurs du premier degré et on construit un tableau de signes.

Point méthode

1. et **2.** Pour construire le tableau de signes d'un produit ou d'un quotient :

① on cherche les valeurs de x qui annulent les facteurs, et on les place dans l'ordre croissant dans la première ligne du tableau.

② on étudie le signe de chaque facteur.

③ on déduit le signe du produit (ou du quotient) avec la règle des signes.

J'applique

9 **1.** Compléter le tableau de signes suivant.

x	$-\infty$		-4		$\cdots$		$+\infty$
Signe de $-2x+6$					0		
Signe de $3x+12$			0				
Signe du produit $(-2x+6)(3x+12)$			0		0		

2. En déduire l'ensemble des solutions de l'inéquation :

$$(-2x+6)(3x+12) \geqslant 0$$

3. En utilisant ce tableau de signes, résoudre l'inéquation :

$$(-2x+6)(3x+12) < 0$$

10 Résoudre, à l'aide d'un tableau de signes les inéquations suivantes.

1. $(2x+10)(7-x) < 0$ **2.** $\dfrac{-3x+6}{-2x+1} \leqslant 0$

11 **1.** Justifier que les inéquations suivantes sont équivalentes :

$$(3x+1)(x-2)-3x \leqslant 1 \text{ et } (3x+1)(x-3) \leqslant 0$$

2. Résoudre l'inéquation $(3x+1)(x-2)-3x \leqslant 1$.

12 **1.** Justifier que les inéquations suivantes sont équivalentes :

$$\frac{2x+1}{3-x} \geqslant 5 \text{ et } \frac{7x-14}{3-x} \geqslant 0$$

2. Résoudre alors l'inéquation $\dfrac{2x+1}{3-x} \geqslant 5$.

Je revois mon cours

Résolution graphique d'une équation

Équation $f(x)=k$

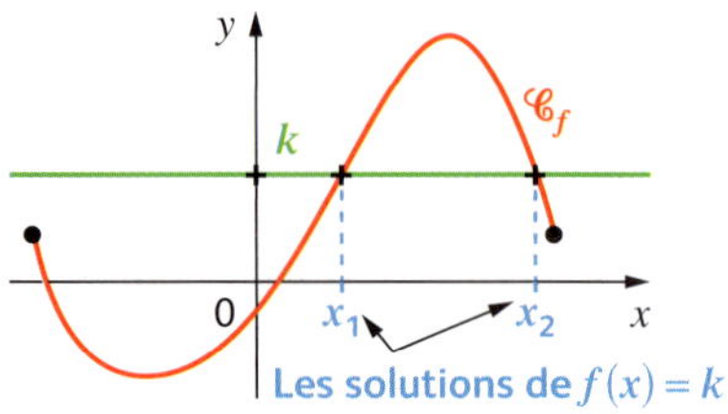

Équation $f(x)=g(x)$

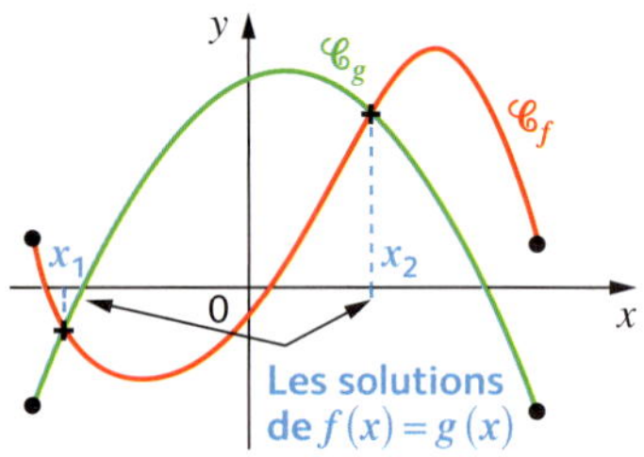

Résolution graphique d'une inéquation

Inéquation $f(x)>k$

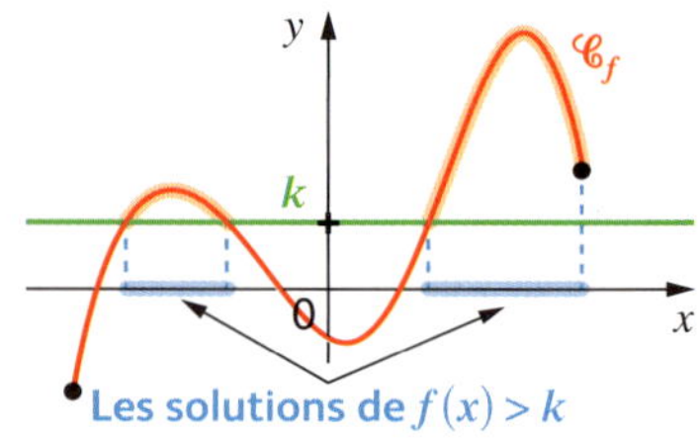

Inéquation $f(x)<g(x)$

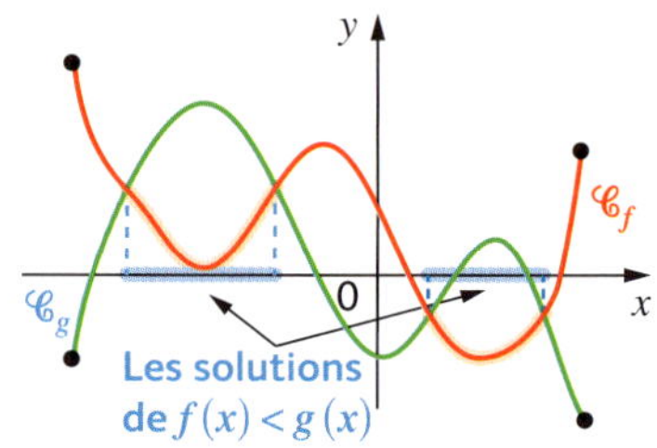

Signe d'une fonction affine $f : x \mapsto ax+b$ avec $a \neq 0$

Cas $a>0$

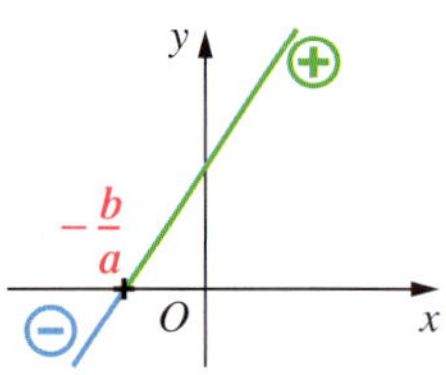

x	$-\infty$		$-\frac{b}{a}$		$+\infty$
Signe de $ax+b$		$-$	0	$+$	

Cas $a<0$

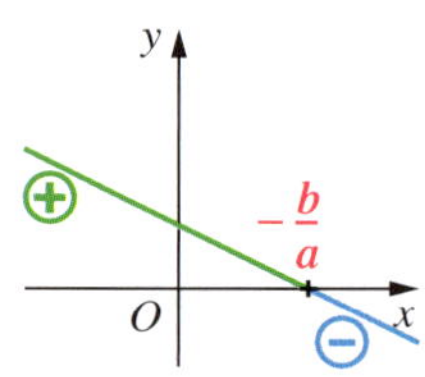

x	$-\infty$		$-\frac{b}{a}$		$+\infty$
Signe de $ax+b$		$+$	0	$-$	

Étude de signes et tableau de signes

Expressions littérales dont le signe est immédiat

- Un carré est toujours positif.
- La somme de deux termes positifs est positive.
- La somme de deux termes négatifs est négative.

Exemple, pour tout réel x :
- x^2+5 est strictement positif.
- $-3x^2$ est négatif ou nul.

Expressions littérales se ramenant à un produit ou à un quotient.

x	$-\infty$	x_1	x_2	$+\infty$
Signe de $ax+b$		0		
Signe de $cx+d$			0	
Signe de $(ax+b)(cx+d)$		0	0	
Signe de $\frac{(ax+b)}{(cx+d)}$		0	‖	

Exemple

$$A(x)=(3x+4)^2-(x+1)^2$$

Exemple

$$B(x)=4-\frac{15x}{3x+1}$$

Je m'exerce à démontrer

Démo pas à pas

Résultat à démontrer ▶ **Comparer les nombres $(x+1)^2$ et $3x+3$. x étant un nombre réel quelconque.**

Analyse des termes | j'étudie l'énoncé

- Que signifie « ***comparer*** deux nombres » ?
  C'est déterminer s'ils sont égaux ou si l'un est supérieur à l'autre.
- Comment comparer les nombres $(x+1)^2$ et $3x+3$?

Attention, x est une quantité variable donc les nombres $(x+1)^2$ et $3x+3$ varient eux aussi.

On peut tester des valeurs particulières de x :
si $x=2$, alors $(x+1)^2=9$ et $3x+3=9$
si $x=3$, alors $(x+1)^2=16$ et $3x+3=12$
si $x=4$, alors $(x+1)^2=25$ et $3x+3=15$
Donc pour $x \geqslant 3$, $(x+1)^2 > 3x+3$

Ce résultat n'est pas démontré, il s'agit d'une conjecture à partir d'exemples.

On peut représenter graphiquement les fonctions f et g définies par $f(x)=(x+1)^2$ et $g(x)=3x+3$ puis étudier leurs positions relatives.

Idée intéressante pour formuler une conjecture à partir du graphique.

On peut étudier le signe de leur différence $(x+1)^2-(3x+3)$.
Pour cela, on peut construire un tableau de signes.

Bonne idée. Ne pas oublier de factoriser cette différence pour construire le tableau de signes.

De l'hypothèse vers la conclusion | j'organise mon raisonnement

- J'étudie le signe de la différence $(x+1)^2-(3x+3)$.
  Pour cela, je factorise cette différence et construis un tableau de signes.
- J'exploite ce tableau de signes pour répondre à la question posée.

Pour comparer deux nombres, j'étudie le signe de leur différence.

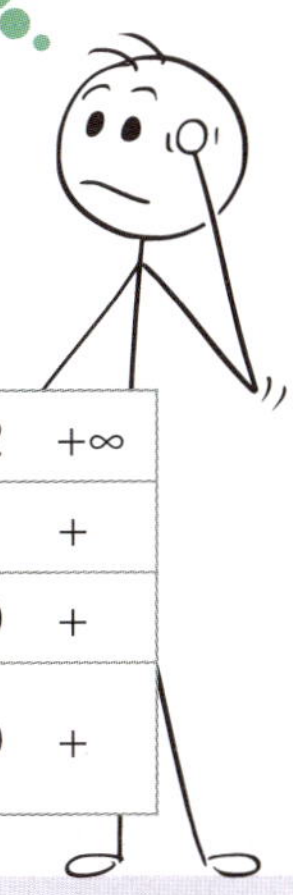

Rédaction

Pour tout réel x, on a $(x+1)^2-(3x+3)=(x+1)(x+1)-3(x+1)=(x+1)(x-2)$.
On construit alors le tableau de signes ci-dessous. On en déduit :

- si $x \in]-\infty\,;-1[\cup]2\,;+\infty[$, alors $(x+1)^2-(3x+3)>0$
  c'est-à-dire $(x+1)^2>(3x+3)$.
- si $x \in]-1\,;2[$, alors $(x+1)^2-(3x+3)<0$
  c'est-à-dire $(x+1)^2<(3x+3)$.
- Enfin, si $x=-1$ ou $x=2$, alors $(x+1)^2=(3x+3)$.

x	$-\infty$		-1		2		$+\infty$
Signe de $x+1$		$-$	0	$+$		$+$	
Signe de $x-2$		$-$		$-$	0	$+$	
Signe du produit $(x+1)(x-2)$		$+$	0	$-$	0	$+$	

Démo à moi de jouer

Résultat à démontrer ▶ **Comparer les nombres x^2 et $2x$. x étant un nombre réel quelconque.**

On pourra au préalable émettre une conjecture graphique à l'aide de la calculatrice puis démontrer algébriquement cette conjecture.

Je fais le point

J'évalue mes connaissances

VERSION INTERACTIVE ET CORRIGÉE

Voir corrigés

QCM

Pour chacune des questions, indiquer la (ou les) bonne(s) réponse(s).

On a représenté ci-contre deux fonctions f et g définies sur $\mathbb{R}$.

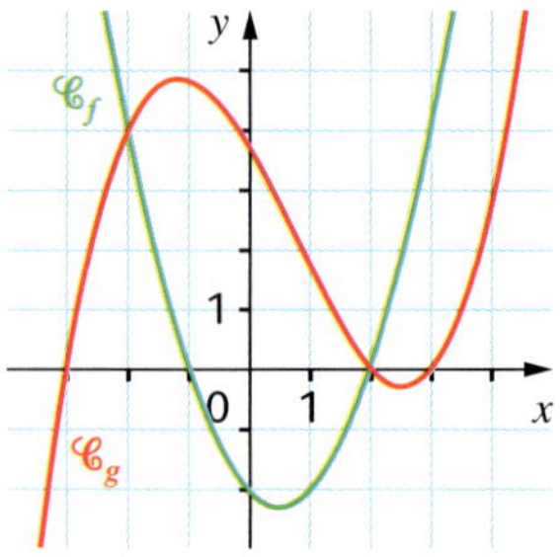

	a	b	c
1. L'équation $f(x)=0$ admet pour solution :	-2	-1	1
2. L'équation $g(x)=2$ admet :	1 solution	2 solutions	3 solutions
3. L'inéquation $g(x)>3$ admet pour solution :	-1	1	5
4. L'ensemble des solutions de l'inéquation $f(x)>4$ semble être :	$]-3;3[$	$]-\infty;-2[\cup]3;+\infty[$	$]-\infty;-2]\cup[3;+\infty[$
5. L'équation $f(x)=g(x)$ admet pour solution :	-2	4	2
6. L'ensemble des solutions de l'inéquation $f(x)\leqslant g(x)$ semble être :	$]-\infty;-2]$	$[-2;2]$	$[2;+\infty[$
7. L'ensemble des solutions de l'inéquation $g(x)\leqslant 0$ semble être :	$[-1;2]$	$[2;3]$	$]-\infty;-3]\cup[2;3]$
8. L'ensemble de solutions de l'inéquation $(8-2x)+(3+x)\leqslant 0$ est :	$[11;+\infty[$	$]-\infty;-11]$	$]-\infty;11]$
9. L'ensemble des solutions de l'inéquation $(8-2x)(3+x)\geqslant 0$ est :	$[-3;4]$	$]-\infty;-3]$	$[4;+\infty[$
10. L'ensemble des solutions de l'inéquation $\dfrac{4x-1}{2x+10}\leqslant 0$ est :	$]-\infty;-5[\cup\left[\dfrac{1}{4};+\infty\right[$	$\left]-5;\dfrac{1}{4}\right]$	$\left[-5;\dfrac{1}{4}\right[$

vrai ou faux ?

Indiquer pour chaque affirmation si elle est vraie ou fausse. Justifier.

Partie A.

On considère l'inéquation suivante.

$$(4x-1)(3-x)\leqslant(3-x)^2$$

1. Elle est équivalente à l'inéquation suivante.

$$(3-x)(5x-4)\leqslant 0$$

2. Le tableau de signes de $(3-x)(5x-4)$ est :

x	$-\infty$		0,8		3		$+\infty$
Signe de $(3-x)(5x-4)$		+	0	−	0	+	

3. L'ensemble des solutions de cette inéquation est :

$$S=]-\infty;0{,}8[\cup]3;+\infty[$$

Partie B.

1. Pour tout réel x, on a $x^2+1\geqslant 0$.

2. Les inéquations $x(2-x)\leqslant 3x$ et $2-x\leqslant 3$ sont équivalentes.

Partie C. Soit l'inéquation $\dfrac{2}{3x+1}\leqslant\dfrac{4}{x+1}$ (E).

1. L'inéquation (E) est équivalente à l'inéquation :

$$\frac{-10x-2}{(x+1)(3x+1)}\leqslant 0$$

2. L'ensemble des solutions de cette inéquation est :

$$S=\left]-1;-\frac{1}{3}\right[\cup\left[-\frac{1}{5};+\infty\right[$$

automatismes et calculs

Compétence Calculer

13 Écrire sous la forme d'une fraction irréductible les nombres suivants.

$A=\left(\frac{3}{5}-\frac{2}{10}\right)\times\frac{15}{4}$; $B=\frac{21}{16}\times\frac{12}{35}$; $C=\frac{7}{1-\frac{1}{8}}$

14 **1.** Décomposer en produit de facteurs premiers les entiers suivants.

$D=45$; $E=250$; $F=99$; $G=2700$

2. Écrire alors sous la forme $a\sqrt{b}$ avec $a, b\in\mathbb{N}$ et b le plus petit entier possible les nombres suivants.

$\sqrt{45}$; $\sqrt{250}$; $\sqrt{99}$; $\sqrt{2700}$

15 **1.** Résoudre sur $\mathbb{R}$ les équations suivantes.

a. $x^2=121$ **b.** $x^2=7$ **c.** $x^2=-4$

2. Résoudre sur $\mathbb{R}$ les inéquations suivantes.

a. $x^2<4$ **b.** $x^2\geqslant 8$ **c.** $-9x^2\geqslant -16$

16 Dans chaque cas, comparer les nombres suivants.

1. $\sqrt{2}$ et 1 **2.** $\left(1-\sqrt{2}\right)^2$ et $\left(1-2\sqrt{2}\right)^2$

3. $\frac{1}{\pi}$ et $\frac{1}{4}$ **4.** $(\pi-3)^2$ et $(\pi-3)^3$

17 Écrire sous la forme d'une unique puissance de 10 les nombres suivants.

1. $10^3\times 1\,000\,000$ **2.** $10^{-5}\times 10^8\times 0{,}001$

3. $\frac{10^5\times\left(10^{-3}\right)^4}{0{,}000\,001}$ **4.** $\frac{1}{5^3\times 2\,000^3}$

18 Dans chaque cas, écrire les nombres suivants sous la forme d'une unique puissance.

1. $2^8\times 2^4\times 2^{-3}$ **2.** $\frac{4^2}{4^{-3}}$

3. $\frac{3^5\times 3^{-4}}{3^6}$ **4.** $\frac{5^3\times 2^3}{10^{-2}}$

5. $\left(\frac{2^3}{2^{10}}\right)^{-2}$ **6.** $\frac{8^5}{2^5}\times 4$

19 Écrire les nombres suivants en notation scientifique.

1. 132,21 **2.** 0,005 321

3. 4 521 124 **4.** 12,0003

5. $1023\,201\times 10^{-5}$ **6.** $\frac{4}{5\times 10^{10}}$

20 **Vrai ou Faux ?**

1. $\left(1-\sqrt{3}\right)^2+2\sqrt{3}$ est un entier.

2. Pour tout nombre positif a, on a $a^3\geqslant a^2$.

3. $\frac{7^{-2}}{7\times 7^{-4}}$ est un entier négatif.

4. $3x^2+1$ est positif pour tout réel x.

5. $1-x^2$ est négatif pour tout réel x.

21 Développer et réduire les expressions suivantes.

1. $3x(5-2x)$

2. $(7x-1)(2x+1)-(2x-1)$

3. $4a(2a+3)-5(3a-2)$

4. $3t^2-(5t+2)(2t-1)$

22 Développer et réduire les expressions suivantes.

1. $(2x-7)^2$

2. $(5x+3)(5x-3)$

3. $(4n+3)^2+6(3-2n)$

4. $3t(2t-1)-(6t-4)^2$

23 Factoriser les expressions suivantes.

1. $3x^2-5x$

2. $2x(x+3)-5(x+3)$

3. $(2x+1)(3x-5)+8(3x-5)$

4. $25x^2-4$

5. $9x^2-6x+1$

6. $(2x+1)^2-49$

24 Factoriser les expressions suivantes.

1. $(2x-3)(x+1)-4(x+1)$

2. $(2x+3)^2-9x^2$

3. $16x^2-25+x(4x-5)$

4. $4x^2-28x+49+3(2x-7)$

25 Réduire au même dénominateur les sommes et différences suivantes, après avoir précisé les valeurs interdites des quotients.

1. $5+\frac{2}{3x-1}$ **2.** $4x-\frac{2x+1}{x+3}$

3. $\frac{3x+1}{x-2}-2x$ **4.** $\frac{2}{3-4x}+\frac{x}{x-1}$

5. $\frac{2x+1}{3x-2}-\frac{2x}{2x-1}$ **6.** $x^2-\frac{x^3+3}{x-1}$

26 Résoudre les inéquations suivantes.

1. $5x+3>7x-1$

2. $5(2x+3)<3(7x-2)+5$

3. $(4x-2)(3+x)>4x(x-3)$

4. $3x+\frac{1}{4}\leqslant\frac{1}{2}\left(x+\frac{2}{3}\right)$

27 On considère la fonction f définie sur $\mathbb{R}$ par :

$$f(x)=3x^2-1$$

On note $\mathscr{C}$ sa courbe représentative.

Indiquer pour chacune des affirmations suivantes si elle est vraie ou fausse en justifiant.

1. L'image de -1 par f est -4.

2. -1 a pour antécédent 0 par la fonction f.

3. Le point de $\mathscr{C}$ d'abscisse $\sqrt{2}$ a pour ordonnée 5.

4. L'équation $f(x)=8$ admet deux solutions.

5. $\mathscr{C}$ passe par le point $A(1;-2)$.

exercices Application

Exercices INTERACTIFS kwyk

Connaître le cours

28 Deux diaporamas pour faire le point sur le cours. ACTIVITÉS MENTALES RAPIDES

29 On suppose que les courbes $\mathscr{C}_f$ et $\mathscr{C}_g$ de deux fonctions f et g sont tracées sur un même graphique. Expliquer à l'oral comment résoudre :
1. l'équation $f(x)=g(x)$.
2. les inéquations $f(x)\geqslant g(x)$ et $f(x)<g(x)$.

30 **1.** Rappeler les étapes à mener pour construire le tableau de signes d'une fonction affine.
2. Application : construire le tableau de signes des fonctions affines suivantes.
a. $f(x)=4x+8$ **b.** $g(x)=-5x$
c. $h(x)=21-7x$ **d.** $i(x)=15$

31 **1.** Compléter les phrases suivantes.
a. Le produit de deux nombres … est toujours positif.
b. Le produit de deux nombres … est toujours négatif.
2. Existe-t-il une règle des signes concernant la somme ou la différence de deux nombres ? Si oui, énoncer ces règles.

32 **1.** Rappeler la méthode permettant de résoudre une inéquation du premier degré.
2. Rappeler la méthode permettant de résoudre une inéquation produit ou quotient.

33 **Lire et exploiter un tableau de signes**
Une fonction f admet le tableau de signes suivant.

x	$-\infty$		-3		1		8		$+\infty$
Signe de $f(x)$		$-$	0	$+$	0	$-$	‖	$+$	

1. Déterminer le signe des nombres suivants.
a. $f(-5)$ **b.** $f(12)$ **c.** $f(-2)$
d. $f(\sqrt{3})$ **e.** $f(10^3)$ **f.** $f(10^{-4})$
2. a. Préciser les solutions de l'équation $f(x)=0$.
b. Préciser les éventuelles valeurs interdites de f.
3. Compléter les phrases suivantes avec les symboles $<$, $>$, $\geqslant$ ou $\leqslant$.
a. Pour tout $x\in[-3;1]$, on a $f(x)\ldots 0$.
b. Pour tout $x\in\,]8;+\infty[$, on a $f(x)\ldots 0$.
c. Pour tout $x\in\,]-\infty;-3]\cup[1;8[$, on a $f(x)\ldots 0$.

34 Une fonction g admet le tableau de signe suivant.

x	$-\infty$		-4		1		$+\infty$
Signe de $g(x)$		$-$	‖	$+$	0	$-$	

Résoudre l'inéquation $g(x)\leqslant 0$

Travailler les capacités du chapitre

CAPACITÉ 1 **Résoudre graphiquement une équation ou une inéquation**

35 **Vrai ou faux ?** Compétence Communiquer
On considère la fonction f définie sur $[-6;5]$ par sa courbe représentative ci-dessous.

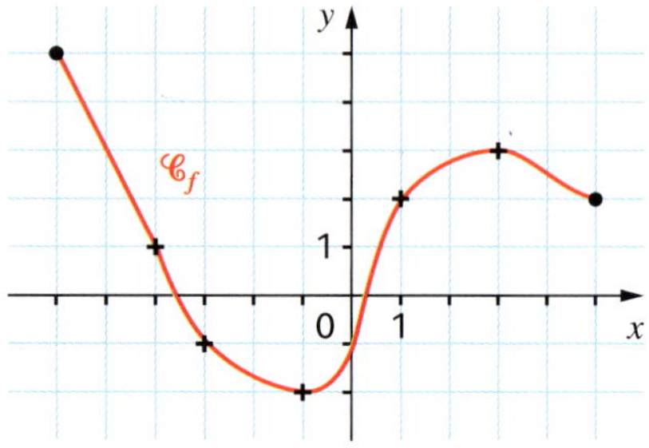

Pour chaque affirmation suivante, préciser si elle est vraie ou fausse en justifiant.
1. L'équation $f(x)=0$ admet deux solutions, l'une positive et l'autre négative.
2. L'équation $f(x)=2$ a deux solutions : 1 et 5.
3. L'inéquation $f(x)<-1$ admet exactement deux solutions à savoir : -2 et -1.
4. L'inéquation $f(x)\geqslant 3$ admet pour ensemble-solution $[-6;-5]$.

36 On a représenté graphiquement une fonction f définie sur $[-3;6]$.

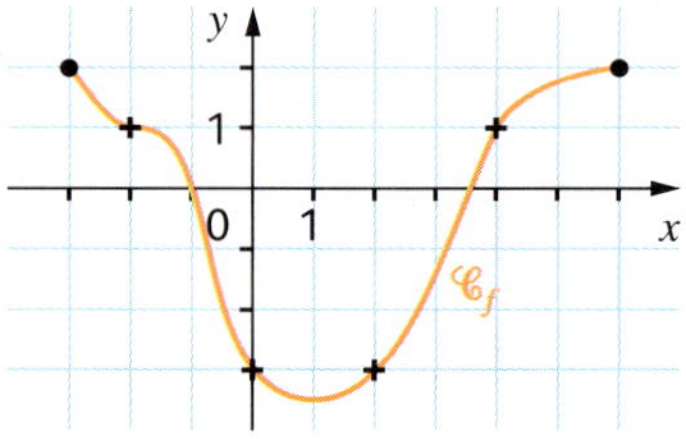

1. Résoudre graphiquement les équations et inéquations suivantes.
a. $f(x)=1$ **b.** $f(x)=2$ **c.** $f(x)<-3$ **d.** $f(x)\geqslant 1$
2. Combien de solutions l'équation $f(x)=-1$ admet-elle ? Encadrer chaque solution par deux entiers consécutifs.
3. On admet que la courbe représentative de f coupe l'axe des abscisses au point d'abscisse 3,5. Dresser le tableau de signes de la fonction f.

37 On a représenté graphiquement dans un repère deux fonctions f et g définies sur $[-4;6]$.

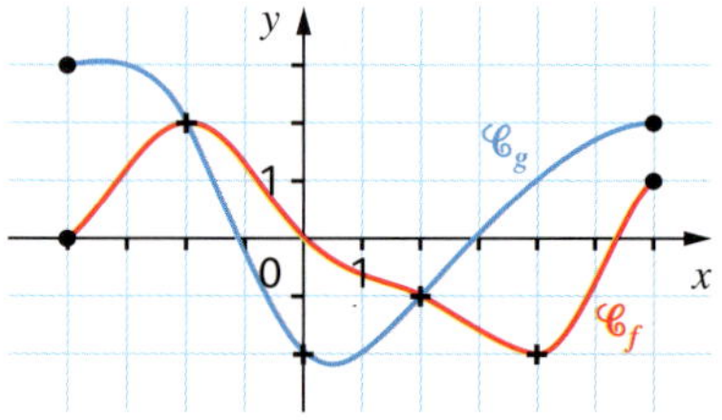

1. Résoudre graphiquement les équations et inéquations suivantes.

a. $f(x)=-1$ **b.** $f(x)>-1$ **c.** $f(x)=g(x)$
d. $g(x)\geqslant 2$ **e.** $g(x)=-2$ **f.** $f(x)<g(x)$

3. Déterminer un nombre k tel que l'équation $f(x)=k$ admette exactement trois solutions.

4. Dresser le tableau de signes de la fonction g.

38 On considère les courbes représentatives de deux fonctions f et g définies sur $[-4;8]$.

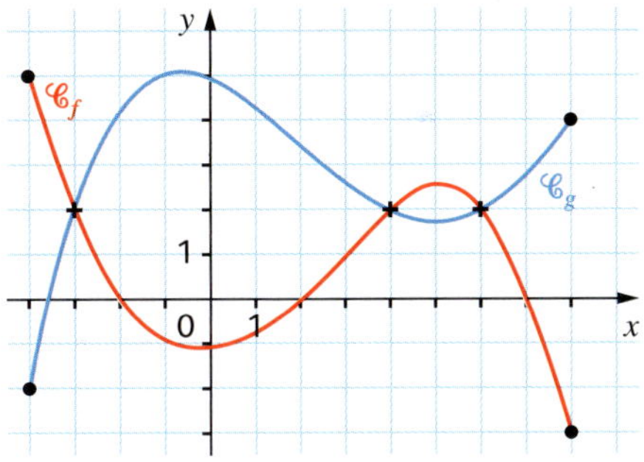

1. Vrai ou faux ?

a. $f(5)<g(5)$ **b.** $f(1)<g(1)$
c. $f(-1)\times g(-1)>0$ **d.** $f(3)\times g(3)>0$

2. Résoudre graphiquement les inéquations :

a. $f(x)>0$ **b.** $f(x)\geqslant g(x)$ **c.** $g(x)>2$

3. Dresser le tableau de signes de f.

CAPACITÉ 2 Étudier le signe d'une fonction

39 Étudier le signe des expressions suivantes.

1. $2x-10$ **2.** $-3x+9$ **3.** $-5x$ **4.** $3-x$
5. $0{,}5x+4$ **6.** $\frac{2}{3}x+1$ **7.** $-2-\frac{1}{5}x$ **8.** $\frac{3}{4}x$

40 Compléter les tableaux de signes suivants.

1.

x	$-\infty$		-3		2		$+\infty$
Signe de $2x-4$							
Signe de $x+3$							
Signe du produit $(2x-4)(x+3)$							

2.

x	$-\infty$		$\dots$		$\dots$		$+\infty$
Signe de $-x+6$							
Signe de $2x+4$							
Signe du produit $(-x+6)(2x+4)$							

3.

x	$-\infty$		$\dots$		$\dots$		$+\infty$
Signe de $-5x$							
Signe de $1-x$							
Signe du quotient $\frac{-5x}{1-x}$							

CAPACITÉ 3 Résoudre algébriquement une inéquation

41 **1.** Compléter le tableau de signes suivant.

x	$-\infty$		$\dots$		$\dots$		$+\infty$
Signe de $-3x+6$					0		
Signe de $x+4$			0				
Signe du produit $(-3x+6)(x+4)$			0		0		

2. Résoudre alors l'inéquation $(-3x+6)(x+4)>0$.

42 **1.** Compléter le tableau de signes suivant.

x	$-\infty$		$\dots$		$\dots$		$+\infty$
Signe de $-3x$							
Signe de $4-5x$							
Signe du quotient $\frac{-3x}{4-5x}$							

2. Résoudre alors l'inéquation $\frac{-3x}{4-5x}\geqslant 0$.

Pour les exercices **43** à **46**, exploiter un tableau de signes pour résoudre les inéquations.

43 **1.** $(3x-1)(x+5)\geqslant 0$ **2.** $(2-4x)(2x+6)>0$

44 **1.** $4x(2x+7)\leqslant 0$ **2.** $-x(-4x+1)(x+6)<0$

45 **1.** $\frac{-2x+8}{x-7}\geqslant 0$ **2.** $\frac{2x+10}{4-x}<0$

46 **1.** $\frac{3x}{x+4}\geqslant 0$ **2.** $\frac{(9-x)(2x-1)}{x+3}\leqslant 0$

47 Parmi les stratégies suivantes, indiquer la plus pertinente pour résoudre les inéquations proposées.

1. $(2x-3)(x+1)<4x(x+1)$ **2.** $(2x+3)^2\geqslant 9x^2$
3. $16x^2-25>2x(8x-5)$ **4.** $\frac{5x+10}{x-1}<2$

Stratégie ① : développer chaque membre de l'inéquation et isoler l'inconnue.

Stratégie ② : se ramener à un second membre nul, factoriser le membre non nul, puis construire et exploiter un tableau de signes.

Stratégie ③ : se ramener à un second membre nul, réduire au même dénominateur le membre non nul, puis exploiter un tableau de signes.

48 On considère les fonctions f et g définies par :

$$f(x)=\frac{1}{x} \text{ et } g(x)=x$$

1. À l'aide de la calculatrice, résoudre graphiquement l'inéquation $f(x)\leqslant g(x)$ (I).

2. Vérifier que (I) est équivalente à l'inéquation $\frac{(1-x)(1+x)}{x}\leqslant 0$ puis la résoudre algébriquement. Confronter la solution au résultat de à la question **1.**

Exercices Entraînement

1 Résolution graphique d'équations et d'inéquations

49 La courbe suivante représente une fonction f.

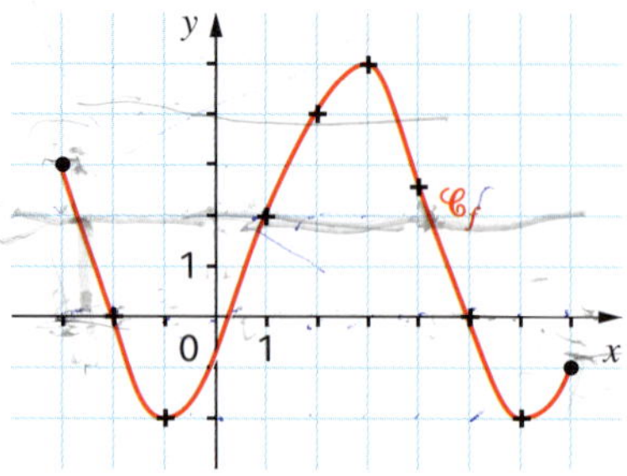

1. Préciser l'ensemble de définition de f.
2. Avec la précision permise par le graphique, résoudre les équations suivantes.
a. $f(x)=0$ **b.** $f(x)=2$ **c.** $f(x)=-2$
3. Proposer un réel k tel que l'équation $f(x)=k$ ait exactement deux solutions.
4. Déterminer toutes les valeurs de m possibles telles que l'équation $f(x)=m$ admette exactement trois solutions.

50 On a représenté la fonction f définie sur $[-6\,;5]$.

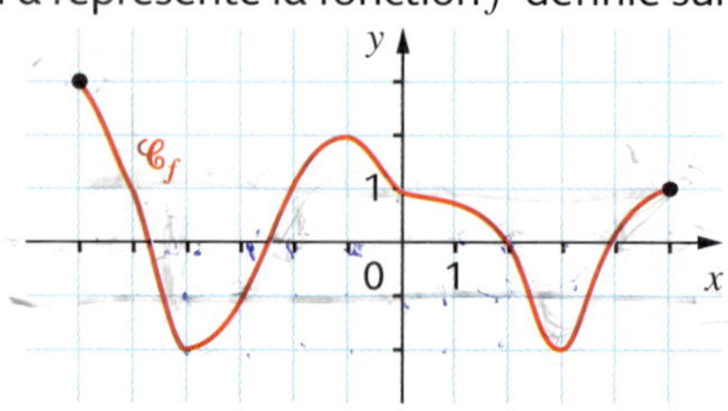

1. Résoudre les équations et inéquations suivantes. *On donnera des valeurs approchées si nécessaire.*
a. $f(x)=3$ **b.** $f(x)=0$ **c.** $f(x)=-2$
d. $f(x)\geqslant 1$ **e.** $f(x)<-1$ **f.** $f(x)\geqslant 0$
2. Proposer un réel k tel que l'équation $f(x)=k$ admette exactement quatre solutions.
3. Déterminer toutes les valeurs de m possibles telles que $f(x)=m$ admette exactement deux solutions.
4. Discuter, suivant les valeurs du réel m, le nombre de solution(s) de l'équation $f(x)=m$.

51 On considère deux fonctions f et g définies par leurs courbes représentatives.

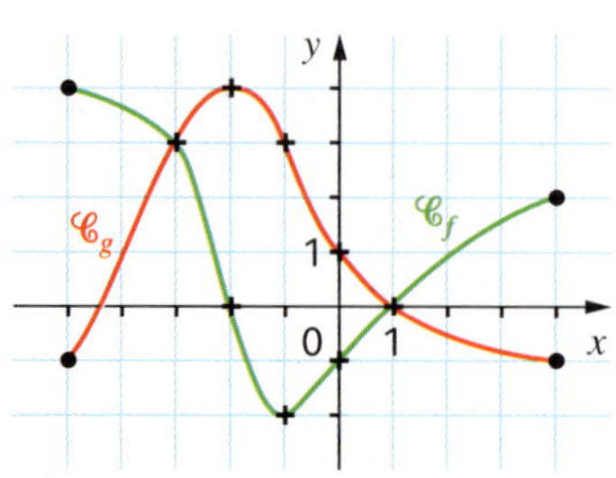

Résoudre graphiquement :
a. $f(x)\geqslant 3$ **b.** $f(x)<0$
c. $f(x)\geqslant 0$ **d.** $g(x)<3$
e. $f(x)=g(x)$ **f.** $f(x)\leqslant g(x)$
g. $f(x)\geqslant g(x)$ **h.** $f(x)>g(x)$

2 Signe d'une fonction

52 **1.** Recopier et compléter le tableau de signes suivant par les nombres et signes qui conviennent.

x	$-\infty$	-2	…	$+\infty$
Signe de $2x+\ldots$		0		
Signe de $4-x$			0	
Signe du produit $(2x+\ldots)(4-x)$		0	0	

2. Proposer une inéquation que ce tableau de signes permet de résoudre, puis la résoudre.

53 **1.** Recopier et compléter le tableau de signes suivant par les nombres et signes qui conviennent.

x	$-\infty$	-4	1	$+\infty$
Signe de $2x+\ldots$			0	
Signe de $3x+\ldots$		0		
Signe de …		‖	0	

2. Proposer une inéquation que ce tableau de signes permet de résoudre, puis la résoudre.

54 On considère une fonction f admettant le tableau de signes suivant.

x	$-\infty$		-2		1		4		$+\infty$
Signe de f		$-$	0	$+$	0	$-$	0	$+$	

On sait de plus que $f(0)=3$ et que $f(3)=-2$. Tracer une courbe susceptible de représenter cette fonction f.

Pour les exercices **55** à **60**, résoudre, à l'aide d'un tableau de signes, les inéquations proposées.

55 **1.** $(3x-9)(-2x+1)>0$
2. $-2(7-x)(-3x-2)\leqslant 0$

56 **1.** $4x(5+3x)\leqslant 0$
2. $(x+1)(4-2x)(-x-3)\geqslant 0$

57 **1.** $\dfrac{x+7}{2x-3}\leqslant 0$ **2.** $\dfrac{-3}{4-2x}>0$

58 **1.** $\dfrac{3-2x}{5x}\geqslant 0$ **2.** $\dfrac{(2x+6)(5-x)}{3x+2}\leqslant 0$

59 **1.** $\dfrac{4x-28}{(5-x)(2x+8)}\geqslant 0$ **2.** $\dfrac{-2(x+3)}{x^2}>0$

60 **1.** $\dfrac{2x(4-3x)}{x^2+3}\leqslant 0$ **2.** $\dfrac{(3-x)(-2x+1)}{4x(x+2)}\geqslant 0$

3 Résolution algébrique d'inéquations

61 **1.** Montrer que les inéquations suivantes sont équivalentes.

$$(2x-3)(x+1)<x(x+1) \quad \text{et} \quad (x-3)(x+1)<0$$

2. À l'aide d'un tableau de signes, résoudre alors l'inéquation $(2x-3)(x+1)<x(x+1)$.

62 **1.** Écrire sous la forme d'un unique quotient :

$$\frac{3x}{2-x}-2$$

En déduire que les inéquations $\dfrac{3x}{2-x}\geqslant 2$ et $\dfrac{5x-4}{2-x}\geqslant 0$ sont équivalentes.

2. À l'aide d'un tableau de signes, résoudre cette inéquation.

Compétence Calculer Pour les exercices **63** à **74**, résoudre les inéquations proposées, après avoir précisé la stratégie la plus adaptée parmi les stratégies possibles (voir l'exercice **47** pour leur rappel).

63 **1.** $-3(x+1)(x-2)>0$ **2.** $5x-4(2x+3)>x+8$

64 **1.** $3x^2-x(3x+1)>x+8$
2. $x(2x-1)-(3x+2)(2x-1)\geqslant 0$

65 **1.** $9x(x+3)>(3x+1)^2$ **2.** $(x-4)^2>9$

66 **1.** $\dfrac{2x}{5}-3<4\left(x-\dfrac{3}{10}\right)$ **2.** $\dfrac{2x+4}{x-1}-2\geqslant 0$

67 **1.** $3x^2-4x>0$ **2.** $\dfrac{2x-1}{3}<\dfrac{x-4}{5}$

68 **1.** $x(x-3)+2x-6\geqslant 0$ **2.** $16x^2<(3-5x)^2$

69 **1.** $(6-3x)(x+3)\geqslant(x+3)(2-x)$
2. $(2x-3)^2-25>0$

70 **1.** $\dfrac{2x+3}{x+1}\leqslant\dfrac{1+5x}{2x+2}$ **2.** $1\geqslant\dfrac{2x+10}{3-x}$

71 **1.** $\dfrac{1}{x}-\dfrac{3}{x^2}>0$ **2.** $\dfrac{x^2+4x+3}{x^2+1}>1$

72 **1.** $x^2-4x+4>3x(x-2)$ **2.** $\dfrac{2}{x}\leqslant\dfrac{5}{4-3x}$

73 **1.** $\dfrac{3x+2}{2-x}<5$ **2.** $\dfrac{3x-4}{x^2}>\dfrac{1}{x}$

74 **1.** $\dfrac{x^2+2x}{x+3}\geqslant x$ **2.** $\dfrac{2x-1}{x+3}+\dfrac{3x}{x-3}\leqslant\dfrac{2x^2+3}{x^2-9}$

75 **Vrai ou faux ?** LOGIQUE **Compétence Communiquer**
Pour chaque affirmation, indiquer si elle est vraie ou fausse. Justifier.
1. Les inéquations $x(x+3)>0$ et $x+3>0$ sont équivalentes.
2. Les inéquations $x^2(2x-3)<0$ et $2x-3<0$ sont équivalentes.
3. Les inéquations $\dfrac{x(2-x)}{-1-x^2}\geqslant 0$ et $x(2-x)\leqslant 0$ sont équivalentes.

76 Pour résoudre l'inéquation $4x\leqslant\dfrac{3+x}{2-x}$
Marco utilise le logiciel de calcul formel Xcas et obtient le résultat suivant.

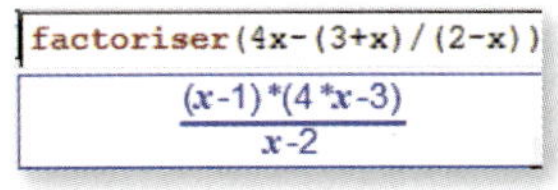

1. Après avoir justifié le résultat obtenu par ce logiciel, l'exploiter pour résoudre l'inéquation.
2. En utilisant le logiciel XCas, résoudre de la même façon l'inéquation $\dfrac{1+3x}{2x+3}>5-2x$.

77 On considère un champ rectangulaire de 100 m sur 80 m. Soit x un nombre compris entre 0 et 80. On diminue la longueur du champ de x mètre et on augmente sa largeur de x mètre.

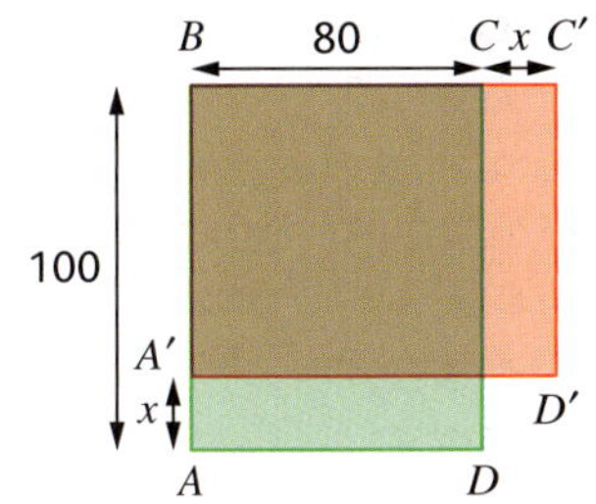

On veut déterminer les valeurs de x pour lesquelles la surface du champ a augmenté.
1. Montrer que résoudre ce problème revient à résoudre l'inéquation $20x-x^2>0$.
2. Résoudre le problème posé.

78 $ABCD$ est un carré de côté 10 cm ; E est un point de $[AB]$. Les points E, F, G et H sont placés de telle manière que $AEFG$ et $FICH$ soient des carrés. On note x la longueur AE exprimée en cm. On cherche les positions de E telles que la surface colorée ait une aire inférieure à 58 cm².

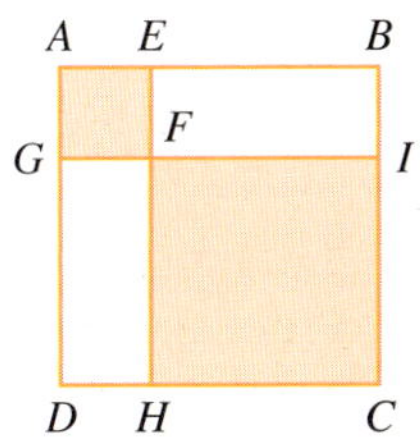

1. Conjecturer, à l'aide d'un logiciel de géométrie dynamique, les positions de E qui répondent au problème.
2. Démonstration de la conjecture
a. Dans quel intervalle x peut-il varier ? Dans la suite, on note I cet intervalle.
b. Démontrer que le problème revient à résoudre dans I l'inéquation $2x^2-20x+42\leqslant 0$.
c. Vérifier que, pour tout réel $x\in \mathrm{I}$, on a :

$$2x^2-20x+42=(2x-6)(x-7)$$

d. Conclure.

79 Déterminer tous les nombres réels dont le triple est supérieur ou égal à leur cube.

exercices Entraînement

80 Soit x un nombre réel différent de -7.
Déterminer les valeurs de x pour lesquelles le quotient $\frac{-5+x}{7+x}$ est supérieur à $\frac{-5}{7}$.

81 On considère les fonctions f et g définies sur $\mathbb{R}$ par :

$$f(x)=x^3-2x^2+4 \quad \text{et} \quad g(x)=x+2$$

On souhaite résoudre l'inéquation $f(x) \geqslant g(x)$.

1. Résolution graphique

a. Représenter graphiquement ces deux fonctions sur la calculatrice en utilisant une fenêtre adaptée.

b. Conjecturer l'ensemble des solutions de cette inéquation.

2. Résolution algébrique

a. Montrer que l'inéquation $f(x) \geqslant g(x)$ est équivalente à :

$$(x-2)(x^2-1) \geqslant 0$$

b. Résoudre algébriquement cette inéquation et confronter cette résolution avec le résultat obtenu graphiquement.

Aide calculatrice

Pour obtenir les coordonnées des points d'intersection des deux courbes :

Casio : SHIFT F1 **GSolv** F5 **ISCT**

TI : 2nde F4 (Calculs) **5 :intersect**

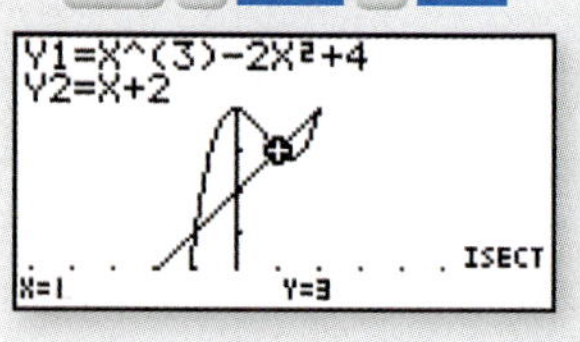

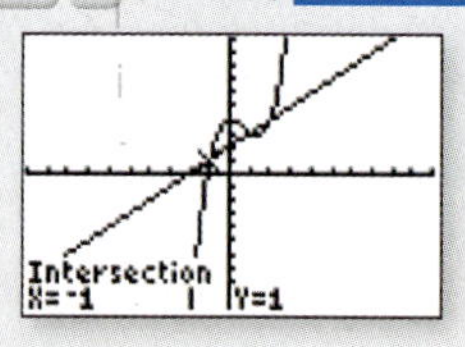

Voir pages calculatrices

82 Analyser une démarche

Alain et Claudine ont résolu l'inéquation $1+\frac{2}{x}<2$.
Voici leurs réponses :

Alain

$1+\frac{2}{x}<2$

$\frac{2}{x}<1$

$2<x$

L'ensemble S des solutions est donc :

$S=\,]2\,;+\infty[$

Claudine

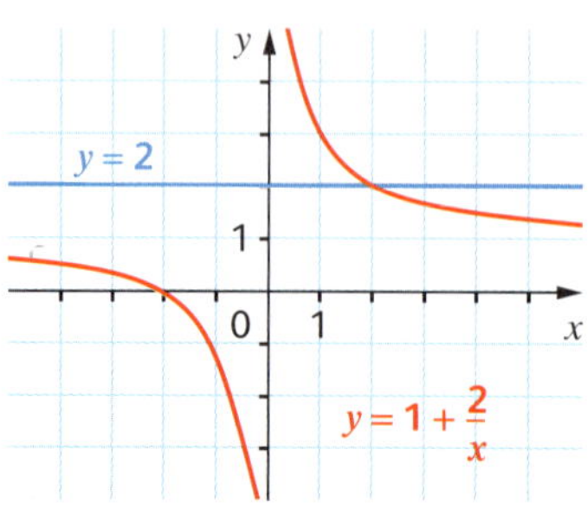

D'après le graphique, on a :

$S=\,]-\infty\,;0[\,\cup\,]2\,;+\infty[$

1. Lequel des deux propose une solution correcte ?

2. Repérer l'erreur commise par l'autre.

Analyse d'un énoncé

83 **Étude des positions relatives**

On considère les fonctions f et g définies sur $\mathbb{R}$ par $f(x)=-2x^2+4x+3$ et $g(x)=x^2+2x-2$.

1. À l'aide de la calculatrice, conjecturer les positions relatives des courbes $\mathscr{C}_f$ et $\mathscr{C}_g$.

➋ Étudier les positions relatives consiste à indiquer les intervalles sur lesquels la courbe $\mathscr{C}_f$ est au-dessus de la courbe $\mathscr{C}_g$ et ceux sur lesquels $\mathscr{C}_f$ est en dessous de $\mathscr{C}_g$. Enfin, on précise les coordonnées des éventuels points d'intersection ou de contact. Pour cela, on pourra exploiter les fonctionnalités *Trace* et *Intersection* de la calculatrice. Voir pages calculatrices

2. a. Justifier que pour tout réel x, on a :

$$f(x)-g(x)=(1+x)(5-3x)$$

➋ Pour cela, développer et réduire **séparément** chaque membre de cette identité puis conclure.

b. Étudier le signe de $f(x)-g(x)$ sur $\mathbb{R}$.

➋ On exploite ici la forme factorisée obtenue en **2. a.** On pourra alors construire un tableau de signes.

c. Valider et préciser la conjecture graphique.

➋ On interprète graphiquement l'étude de signes précédente, sachant que $\mathscr{C}_f$ est en dessous de $\mathscr{C}_g$ lorsque $f(x)-g(x) \leqslant 0$. Sur quel(s) intervalle(s) a-t-on $f(x)-g(x) \leqslant 0$?
De même, sur quel(s) intervalle(s) $\mathscr{C}_f$ est-elle au-dessus de $\mathscr{C}_g$? La conjecture graphique est-elle validée ?

84 **Application immédiate**

Soient les fonctions f et g définies sur $\mathbb{R}^*$ par :

$$f(x)=\frac{x^3-x^2+x-7}{x^2} \quad \text{et} \quad g(x)=x-1$$

1. À l'aide de la calculatrice, conjecturer les positions relatives des courbes $\mathscr{C}_f$ et $\mathscr{C}_g$.

2. Par un raisonnement algébrique, valider ou corriger cette conjecture.

85 Soit un drapeau de dimensions 6 m × 8 m sur lequel on souhaite tracer une croix comme sur le dessin ci-contre.

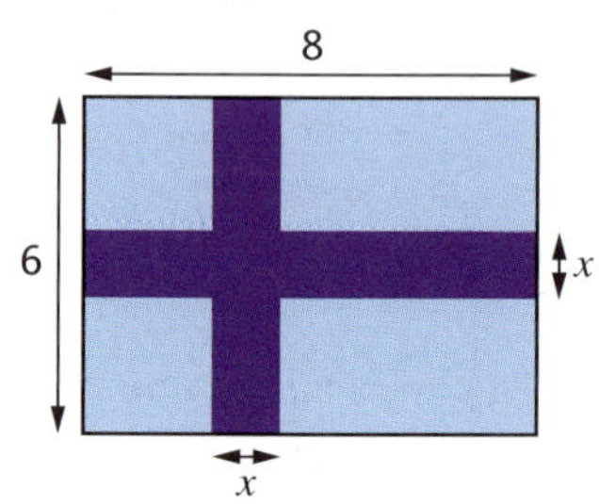

La largeur x de la croix doit au moins être égale à 0,5 m.
Quelle largeur doit-on donner à la croix pour que son aire soit inférieure ou égale à l'aire restante du drapeau ?

Pistes de résolution

On pourra développer $(x-2)(x-12)$.

86 Compétence Raisonner

On considère la fonction f définie sur $\mathbb{R}$ par :

$$f(x) = 9x^3 - 17x^2 + 8x$$

À l'aide de la calculatrice, on obtient la représentation ci-contre.

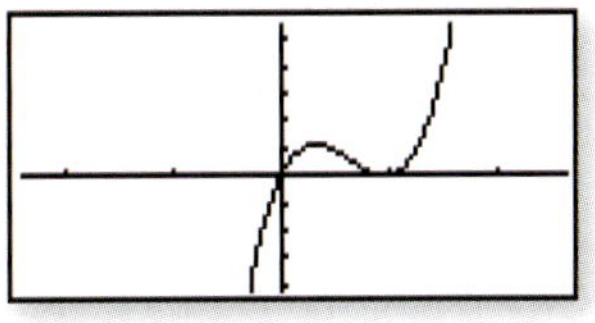

1. Conjecturer graphiquement l'ensemble des solutions de l'inéquation $f(x) < 0$.

2. a. Justifier que, pour tout réel x, on a :

$$f(x) = x(9x-8)(x-1)$$

b. Résoudre alors algébriquement l'inéquation $f(x) < 0$ et confronter cette résolution avec le résultat obtenu à la question **1.**

c. En exploitant les fonctionnalités de la calculatrice, retrouver le résultat obtenu à la question **2. b.**

Aide calculatrice

Pour obtenir les abscisses des points d'intersection avec l'axe des abscisses :

Casio	TI
SHIFT F5 GSolv F1 Root	2nde F4 (Calculs) 2 :zéro

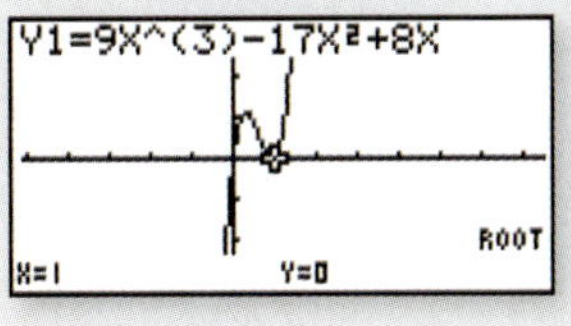

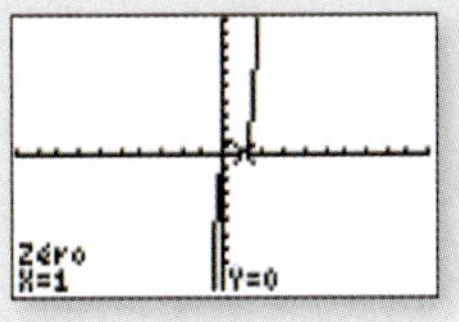

87 Compétence Modéliser

Une entreprise fabrique et vend de la pâte à papier. Le coût de production de q tonnes de pâte à papier est donné, en millier d'euros, par $C(q) = 0{,}02q^2 + 0{,}1q + 9$ pour $q \in [0 ; 80]$.

La recette, en millier d'euros, engendrée par la vente de q tonnes de pâte à papier est donnée par $R(q) = 1{,}2q$.

1. Quel est le coût de fabrication d'une tonne de pâte à papier ? De deux tonnes ?

2. Combien est vendue chaque tonne de pâte à papier ?

3. Vérifier que le bénéfice, en millier d'euros, réalisé par l'entreprise lorsqu'elle vend q tonnes de pâte à papier est :

$$B(q) = -0{,}02q^2 + 1{,}1q - 9$$

À l'aide de la calculatrice, conjecturer le nombre de tonnes de pâte à papier que doit produire l'entreprise pour que la production soit rentable, c'est-à-dire qu'elle permette un bénéfice positif.

4. Justifier que, pour tout réel $q \in [0 ; 80]$, on a :

$$B(q) = -0{,}02(q-10)(q-45)$$

Retrouver alors, par une méthode algébrique, le résultat de la question précédente.

88 À l'aide d'un logiciel de calcul formel

On considère les fonctions f et g définies pour tout $x \in \mathbb{R} \setminus \{-2\}$ par :

$$f(x) = \frac{-10}{x+2} \quad \text{et} \quad g(x) = -x + 1$$

1. Conjecturer, à l'aide de la calculatrice, l'ensemble des solutions de l'inéquation $f(x) \geqslant g(x)$.

2. En exploitant un logiciel de calcul formel, déterminer une expression factorisée de $f(x) - g(x)$. Résoudre alors l'inéquation $f(x) \geqslant g(x)$ algébriquement.

89 ALGO Exercice guidé

À propos d'entiers consécutifs

Déterminer tous les couples d'entiers naturels consécutifs dont la somme des carrés est supérieure à 54 000.

Pistes de résolution

En notant n le premier entier naturel, son successeur est $n+1$. Exprimer alors la somme $S(n)$ des carrés de ces deux entiers en fonction de n. On peut ensuite envisager une méthode graphique, algorithmique ou l'usage d un logiciel de calcul formel.

90 **Évolution de la concentration d'un médicament**

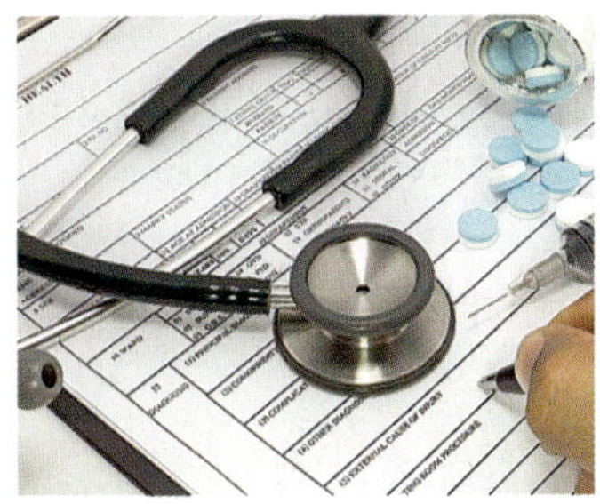

Pour traiter un patient, un médecin procède à l'injection intramusculaire d'une substance médicamenteuse au temps $t = 0$ (t est exprimé en heure). Pour tout réel t de l'intervalle de temps $[0 ; 6]$, la concentration du principe actif dans le sang du malade, exprimée en mg.L^{-1}, t heure après l'injection, est donnée par :

$$c(t) = t^3 - 12t^2 + 36t$$

Ce médicament est efficace lorsque la concentration du principe actif est supérieure ou égale à 25 mg.L^{-1}.

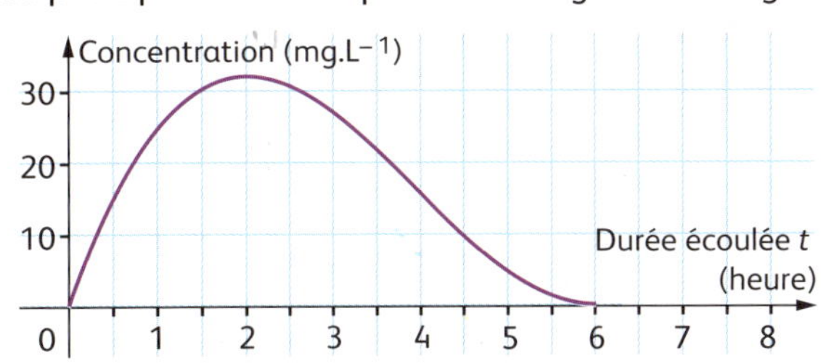

Déterminer par deux méthodes (une méthode graphique et une méthode algébrique) la durée durant laquelle ce médicament est efficace.

Pistes de résolution Pour la méthode algébrique, on exploitera un logiciel de calcul formel. Pour la méthode graphique on pourra exploiter les fonctionnalités de la calculatrice.

Voir pages calculatrices

91 ALGO Deux coffres ont la forme de parallélépipèdes rectangles et leurs dimensions sont indiquées sur les figures ci-dessous, où x représente un entier supérieur ou égal à 2.

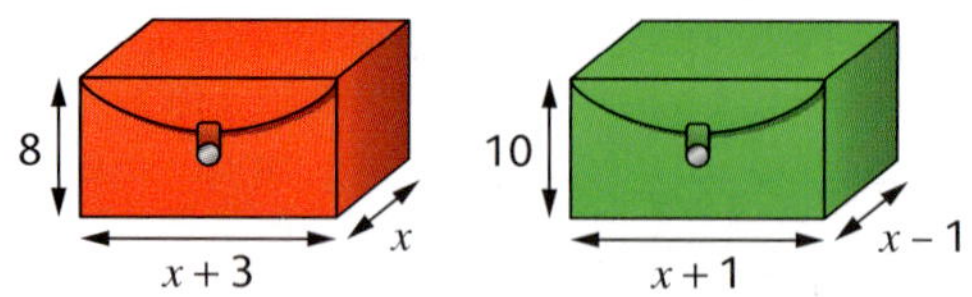

On souhaite déterminer les valeurs de x pour lesquelles le volume du coffre vert est supérieur à celui du rouge.

1. On note $f(x)$ (resp. $g(x)$) le volume du coffre rouge (resp. vert).Exprimer ces volumes en fonction de x.

2. Pour résoudre le problème, on élabore un algorithme (reproduit partiellement ci-contre) pour déterminer le premier entier x pour lequel le volume du coffre vert est supérieur à celui du coffre rouge.

```
fonction f(x)
    retourner ...
Fin fonction
fonction g(x)
    retourner ...
Fin fonction
x ← 2
Tant que ... Faire
    x ← x + 1
Fin Tant que
Afficher x
```

a. Compléter cet algorithme.

b. Coder cet algorithme dans le langage de votre choix. Apporte-t-il une réponse démontrée au problème posé ?

3. Après avoir justifié que, pour tout nombre réel x, on a $g(x)-f(x)=2\times\left[(x-6)^2-41\right]$, démontrer la conjecture émise précédemment.

Voir Chap. Algo. p. 382

92 **Une somme *télescopique***

1. Montrer que, pour tout entier naturel n non nul :

$$\frac{1}{n(n+1)}=\frac{1}{n}-\frac{1}{n+1}$$

2. Utiliser la relation précédente pour écrire plus simplement la somme S.

$$S=\frac{1}{1\times2}+\frac{1}{2\times3}+\frac{1}{3\times4}+\cdots+\frac{1}{99\times100}$$

3. a. Plus généralement, exprimer, en fonction de n, la somme $S_n=\frac{1}{1\times2}+\frac{1}{2\times3}+\frac{1}{3\times4}+\cdots+\frac{1}{n\times(n+1)}$.

b. Calculer le plus petit entier naturel n pour lequel :

$$S_n>0{,}9999$$

93 PRISE D'INITIATIVES **Somme d'aires**

Construire un rectangle $ABCD$ tel que :

$$AB=8 \text{ et } AD=10$$

M est un point variable sur le segment $[AB]$.

On note J le point de $[AD]$ tel que $AJ=AM$.

La parallèle à (AD) passant par M coupe (CD) en K et la parallèle à (AB) passant par J coupe (BC) en H.

Les droites (MK) et (JH) se coupent en I.

Déterminer toutes les positions du point M sur $[AB]$ telles que la somme des aires du carré $AMIJ$ et du rectangle $CKIH$ représente moins de la moitié de l'aire du rectangle $ABCD$.

94 **Exercice guidé**

Trajectoire parabolique sous contrainte

Lors d'un spectacle, une fusée doit être lancée du sol avec la vitesse initiale v_0 (en m.s^{-1}).

Son aire de lancement est située derrière un mur, de hauteur 2 m, placé à 1 m du point de lancement de la fusée. Les spectateurs sont placés à 100 m du mur, derrière des barrières de sécurité.

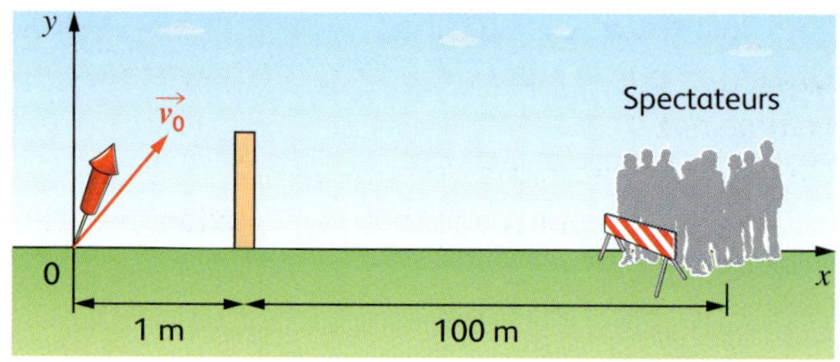

On admet que la trajectoire de la fusée peut être décrite par $y=\frac{-50}{v_0^2}\times x^2+3x$ où x et y sont les coordonnées de la fusée.

Quelles sont les vitesses possibles v_0 (en m.s^{-1}) pour que la fusée passe au-dessus du mur, tout en retombant, en cas de non-explosion en l'air, avant les barrières de sécurité ?

On précise pour finir que, pour des raisons techniques, v_0 ne peut dépasser 200 km.h^{-1}.

Pistes de résolution

Traduction des contraintes

La « fusée passe au-dessus du mur » se traduit par une ordonnée supérieure à 2 au point d'abscisse 1.

La « fusée retombe » correspond à une abscisse x_0 solution de l'équation :

$$\frac{-50}{v_0^2}\times x^2+3x=0$$

Factoriser le membre de gauche pour obtenir la valeur de x_0 en fonction de v_0.

95 PRISE D'INITIATIVES **Aires et fonction carré**

Les points O, A et B ont pour coordonnées dans un repère $(O;I;J)$: $A(0;1)$ et $B(1;1)$.

Le point M est un point situé sur la courbe de la fonction carré.

Où doit-on placer le point M si l'on souhaite que le triangle OAM ait une aire supérieure à celle du triangle AMB ?

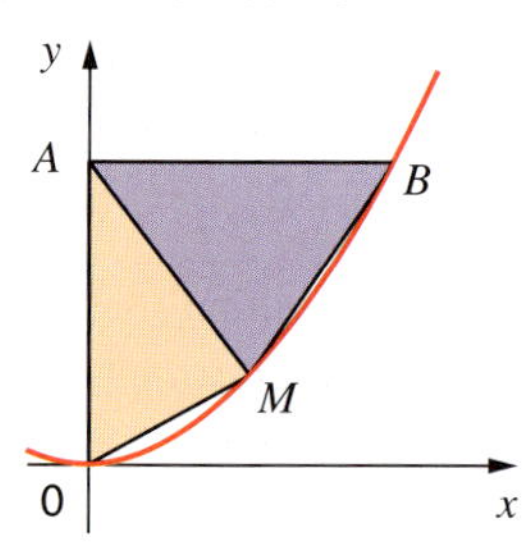

96 Le plus grand cylindre possible

On dispose d'une feuille rectangulaire de dimensions x et y (en cm) dont le périmètre reste fixe, égal à 60 cm. À l'aide de cette feuille, on fabrique un cylindre de hauteur x et de rayon de base R.

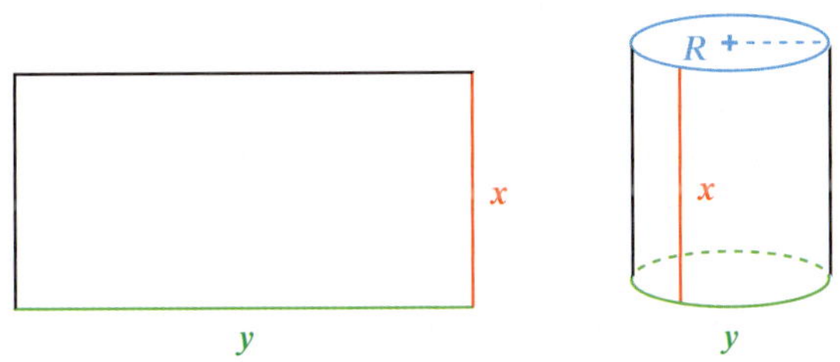

On cherche à fabriquer le cylindre dont le volume est maximal.

1. a. Justifier que $x \in [0;30]$.

On admet que lorsque x vaut 0 ou 30, le cylindre a un volume nul.

On note I cet intervalle dans la suite.

b. Exprimer le rayon R de la base en fonction de y, puis en fonction de x.

Vérifier que $R = \dfrac{30-x}{2\pi}$.

c. Montrer alors que le volume $V(x)$ du cylindre est égal à :

$$V(x) = \frac{1}{4\pi}x(30-x)^2$$

d. En utilisant la calculatrice, trouver la valeur de x pour laquelle le volume du cylindre semble maximal. Quel semble être ce volume maximal ?

2. Démonstration algébrique

a. Montrer que pour tout réel $x \in [0;30]$, on a :

$$x(30-x)^2 - 4\,000 = (x-40)(x-10)^2$$

b. Étudier le signe de la différence $V(x) - V(10)$ sur l'intervalle I.

c. Pour quelle valeur de x le volume du cylindre est-il maximal ?

Calculer alors les dimensions de la feuille rectangulaire et le volume de ce cylindre maximal.

97 Vitesse moyenne

Un véhicule part d'une ville A à la vitesse de 30 km/h pour rejoindre une ville B, puis il revient vers A à la vitesse de x km/h.

1. Quelle est la vitesse moyenne sur le trajet aller-retour lorsque la vitesse du retour est 40 km/h ?

2. Montrer que la vitesse moyenne sur l'ensemble du trajet est $v(x) = \dfrac{60x}{x+30}$.

3. Pour quelles valeurs de x la vitesse moyenne sera supérieure à 40 km/h ?

4. La vitesse moyenne peut-elle dépasser 60 km/h ?

Aide

1. Introduire la distance D entre les villes A et B et exprimer la durée totale du parcours.

98 Étude d'une surface

Sur la figure ci-contre, le triangle ABC est rectangle et isocèle en A.

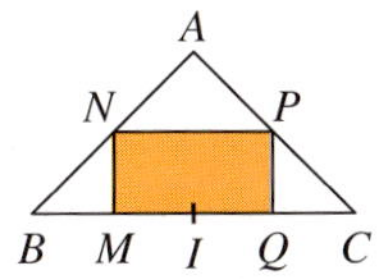

On donne $BC = 9$.

Soit I le milieu de $[BC]$.

Le point M appartient au segment $[BI]$.

Le quadrilatère $MQPN$ est un rectangle où N est un point du segment $[AB]$, P un point du segment $[AC]$ et Q un point du segment $[IC]$.

1. a. Démontrer que $MN = BM$.

b. Prouver que $BM = QC$.

2. On pose $BM = x$.

a. Pourquoi le réel x appartient-il à l'intervalle $[0;4{,}5]$?

b. Exprimer les dimensions MQ et MN en fonction de x.

c. Démontrer que l'aire du rectangle $MQPN$, notée $f(x)$, s'écrit $f(x) = 9x - 2x^2$.

3. Justifier que pour tout réel $x \in [0;4{,}5]$, on a :

$$f(x) - 7 = (1-x)(2x-7)$$

En déduire les positions du point M sur le segment $[BI]$ de sorte que l'aire du quadrilatère $MNPQ$ soit supérieure ou égale à 7.

99 Aire de jeu

On veut construire le long d'un bâtiment une aire de jeu rectangulaire de 450 m². Celle-ci est entourée par une clôture sur trois côtés et d'une allée de 3 m de large.

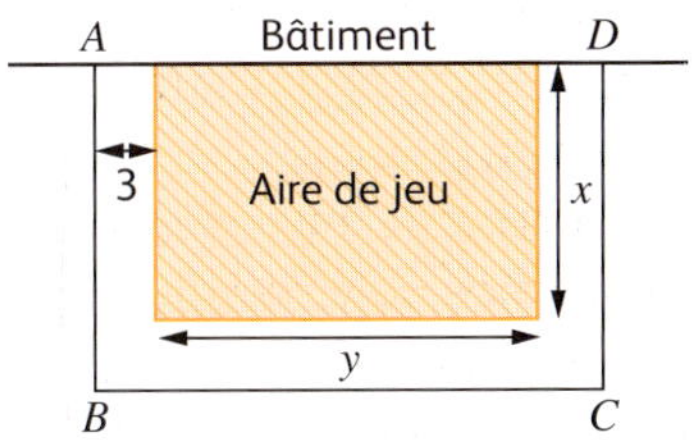

De plus, on souhaite que la longueur et la largeur de l'aire de jeu soient supérieures ou égales à 10 m.

On recherche les dimensions de l'aire de jeu de façon à ce que la longueur de clôture soit la plus petite possible. x et y sont les dimensions de l'aire de jeu indiquées sur le croquis et L la longueur de la clôture avec $L = AB + BC + CD$.

On admet dans la suite que $x \in [10;45]$.

1. a. Exprimer la longueur y en fonction de x.

b. En déduire que $L = 2x + 12 + \dfrac{450}{x}$.

2. On note f la fonction définie sur l'intervalle $\mathrm{I} = [10;45]$ par $f(x) = 2x + 12 + \dfrac{450}{x}$.

a. À l'aide de la calculatrice, conjecturer la valeur de x pour laquelle la longueur de la clôture semble minimale. *On pourra exploiter la fonctionnalité Minimum de la calculatrice.*

b. Étudier, pour tout $x \in \mathrm{I}$, le signe de $f(x) - 72$.

On pourra exploiter un logiciel de calcul formel pour obtenir une expression factorisée de $f(x) - 72$.

c. En déduire les dimensions à donner à l'aire de jeu pour que la longueur de la clôture soit la plus petite possible. Que vaut alors cette longueur ?

COUPS DE POUCE 103, 104

Maîtriser l'essentiel

100 Compréhension d'énoncé

On considère l'énoncé d'exercice suivant.

On souhaite résoudre l'inéquation suivante.

$$11x^2 \geqslant 2x^3 + 12x \quad (\mathrm{I})$$

I. En utilisant la calculatrice ou un logiciel de géométrie dynamique, conjecturer l'ensemble des solutions de cette inéquation.

II. a. Justifier que pour tout réel x, on a :

$$-2x^3 + 11x^2 - 12x = x(4-x)(2x-3)$$

b. En déduire la résolution de l'inéquation (I).

c. Confronter les deux méthodes.

Répondre aux questions suivantes.

1. Que signifient les verbes surlignés ?

2. Pour justifier l'identité de la question **II. a.**, on peut transformer un membre pour retrouver l'autre.
Quel est le membre le plus simple à transformer ici ?
Traiter cette question.

3. Pour résoudre la question **II. b.**, on est invité à utiliser la question **II. a.** Pour cela, transformer l'inéquation (I) en une inéquation équivalente faisant intervenir l'expression $-2x^3 + 11x^2 - 12x$.

4. Terminer la résolution de l'exercice.

101 Analyser et critiquer une démarche

On demande à Norah et Jim de résoudre l'inéquation suivante $\dfrac{2x+3}{x-2} \geqslant 4$. Voici un extrait de leurs copies commentées par leur professeur.

Copie de Jim

On a, en multipliant chaque membre par $x-2$:

$\dfrac{2x+3}{x-2} \geqslant 4 \Leftrightarrow 2x+3 \geqslant 4(x-2)$ — Attention au signe de $(x-2)$!

Cette équivalence est fausse !

$\Leftrightarrow 2x+3 \geqslant 4x-8 \Leftrightarrow -2x \geqslant -11 \Leftrightarrow x \leqslant \dfrac{11}{2}$

Copie de Norah

On a les équivalences :

$\dfrac{2x+3}{x-2} \geqslant 4 \Leftrightarrow \dfrac{2x+3}{x-2} - 4 \geqslant 0$

$\Leftrightarrow \dfrac{2x+3}{x-2} - \dfrac{4(x-2)}{x-2} \geqslant 0$

$\Leftrightarrow \dfrac{2x+3}{x-2} - \dfrac{4x-8}{x-2} \geqslant 0 \Leftrightarrow \dfrac{-2x-5}{x-2} \geqslant 0.$ — Erreur de calcul !

Il reste à construire un tableau de signes pour conclure.

1. Expliquer et corriger leurs erreurs.

2. Rédiger une résolution complète de cette inéquation.

Aller plus loin

102 Choisir l'écriture la plus adaptée

On a effectué les calculs ci-dessous sur un logiciel de calcul formel.

Calcul formel	
1	f(x):=(2-x)(2x-1) → $f(x) := -2x^2 + 5x - 2$
2	Développer(f(x)) → $-2x^2 + 5x - 2$
3	FormeCanonique(f(x)) → $-2\left(x - \frac{5}{4}\right)^2 + \frac{9}{8}$

1. Montrer que ces trois expressions de $f(x)$ sont bien égales pour tout réel x.

2. En utilisant l'écriture la plus adaptée de $f(x)$, résoudre les inéquations suivantes.

a. $f(x) \geqslant 0$

b. $f(x) < -2$

c. $f(x) > -\dfrac{7}{8}$

103 PRISE D'INITIATIVES

Action d'un antibiotique

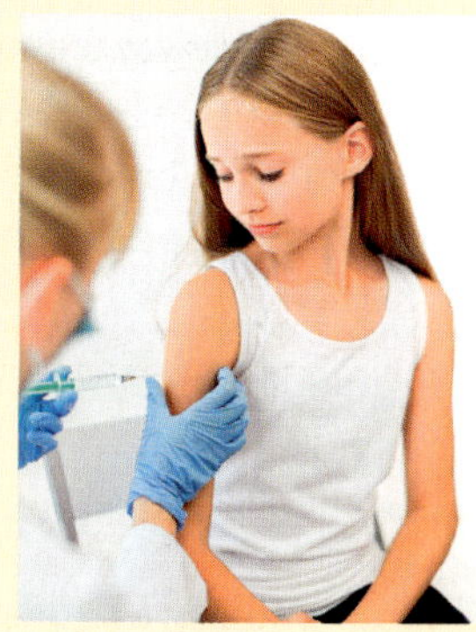

Les antibiotiques sont des molécules possédant la propriété de tuer des bactéries ou d'en limiter la propagation.
La concentration dans le sang d'un antibiotique injecté en une seule prise à un patient peut être modélisée par la fonction :

$$f(t) = \frac{4t}{t^2+1}$$

où t est exprimé en heure et $f(t)$ en mg/L.
On appelle CMI (concentration minimale inhibitrice) d'un antibiotique la concentration au-dessus de laquelle les bactéries ne peuvent plus se multiplier.
La CMI de l'antibiotique injecté ici est de 1,2 mg/L.
Déterminer le temps d'antibiotique utile, c'est-à-dire la durée pendant laquelle la concentration de l'antibiotique étudié est supérieure à sa CMI.

104 PRISE D'INITIATIVES

Un problème qui ne manque pas d'*aire*

$ABCD$ est un rectangle de périmètre 20 cm surmonté d'un triangle IBC rectangle isocèle en I.
Indiquer les dimensions du rectangle $ABCD$ de sorte que son aire soit strictement inférieure à celle du triangle IBC.

TP Pratiquer l'algorithmique et programmer

Un problème pour aquariophile

Pour son anniversaire, Anne reçoit un aquarium sphérique suspendu qui, selon la notice d'utilisation, ne doit pas être rempli au-delà des deux tiers de son volume total.
Anne cherche la hauteur d'eau maximale que peut contenir l'aquarium.

Objectif PYTHON
Structure conditionnelle et boucles.
Notion de fonction.

Partie A Algébrisation du problème

1. On modélise l'aquarium par une boule de rayon $r = 6$ cm, déterminer son volume V.

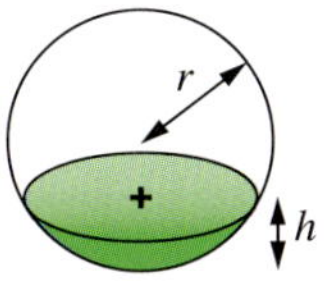

2. On remplit l'aquarium d'eau jusqu'à une hauteur h.

a. Dans quel intervalle h peut-il varier ?

b. On admet que le volume d'eau dans l'aquarium se calcule à l'aide de la formule suivante.

$$V(h) = \frac{\pi}{3} h^2 (3r - h)$$

Exprimer le volume d'eau en fonction de h.

c. Justifier que la résolution du problème revient à celle de l'équation :

$$18h^2 - h^3 - 576 = 0$$

En Seconde, on ne dispose pas des outils algébriques pour résoudre cette équation. Dans la suite, on décrit une méthode algorithmique de résolution « approchée » de cette équation.

Partie B Utilisation d'un algorithme de dichotomie

1. Un premier encadrement

On a représenté ci-dessous la courbe de la fonction $f : h \mapsto 18h^2 - h^3 - 576$ pour $h \in [0\,;12]$.

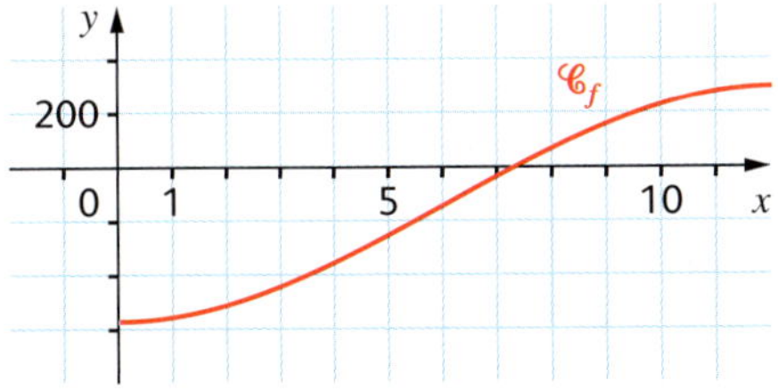

En exploitant cette représentation, encadrer par deux entiers de la hauteur h_0 recherchée.

2. Principe de la méthode de dichotomie

a. Calculer $f(7{,}5)$ et préciser son signe. Qu'en déduit-on : $h_0 \in [7\,;7{,}5]$ ou $h_0 \in [7{,}5\,;8]$?

b. On donne l'algorithme suivant et son code Python.

```
fonction f(h)
    retourner 18h² – h³ – 576
Fin fonction
a ← 7
b ← 8
Tant que b – a > 0,1 Faire
    m ← (a+b)/2
    Si f(m) > 0
        Alors b ← m
    Sinon a ← m
    Fin Si
Fin Tant que
Afficher a et b
```

```
1 #Définition
2 #fonction f
3 def f(h):
4     return ...
5 #Algorithme
6 #dichotomie
7 a=7
8 b=8
9 while b-a>0.1:
10     m=(a+b)/2
11     if f(m)>0:
12         ...
13     else:
14         ...
15
16 print(a,b)
```

Cet algorithme itère le procédé décrit dans la question précédente afin d'obtenir un encadrement de h_0 d'amplitude inférieure à 0,1.
Appliquer « pas à pas » cet algorithme en complétant ce tableau d'état des variables.

Étapes	Milieu m	$f(m)$	Intervalle $[a\,;b]$ contenant la solution h_0	
			a	b
0			7	8
1	7,5	…	…	…
…	…	…	…	…

Quel couple cet algorithme affichera-t-il ?

c. Compléter les lignes 4, 12 et 14 du code Python. Exécuter ce code et indiquer les sorties. Confronter avec le résultat obtenu en **2. a.**

d. Modifier le code Python pour qu'il affiche un encadrement d'amplitude inférieure à 10^{-2} de h_0. Plus généralement, créer une fonction appelée dichotomie qui prend en argument l'amplitude souhaitée et retourne un encadrement de h_0.

e. Construire une fonction en Python qui prend en argument un volume V_{eau} quelconque d'eau versé dans l'aquarium (exprimé en cm³) et l'amplitude souhaitée a, puis retourne un encadrement d'amplitude a de la hauteur correspondante.

Voir Chap. Algo. p. 382

TP Utiliser les outils numériques

LOGICIEL GÉOMÉTRIE CALCUL FORMEL

Un triangle variable inscrit dans un carré

$ABCD$ est un carré de côté 6.

M est un point du segment $[CD]$ et N le point du segment $[CB]$ tel que $DM = CN$.

Enfin, I est le milieu du segment $[AB]$.

On s'intéresse à l'évolution de l'aire du triangle IMN lorsque le point M se déplace sur le segment $[DC]$.

Construction à l'aide d'un logiciel de géométrie dynamique

- Construire un segment $[AB]$ de longueur 6 puis, en utilisant l'outil *Polygone régulier*, construire le carré $ABCD$ et enfin le milieu I du segment $[AB]$.
- Placer un point M sur le côté $[CD]$, puis en utilisant l'outil *Compas*, construire le point N du segment $[CB]$ tel que $DM = CN$.
- Construire alors le triangle IMN.

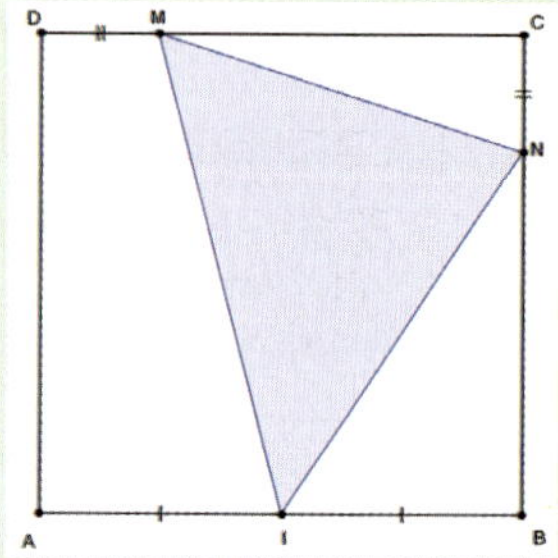

Partie A Exploiter un logiciel de géométrie dynamique pour conjecturer

1. Évolution de l'aire du triangle IMN

a. Afficher la distance DM et l'aire du triangle IMN.

b. Déplacer le point M sur le segment $[DC]$ et observer l'évolution de l'aire du triangle.

2. Construction pas à pas d'une courbe

a. Afficher la fenêtre *Graphique 2* dans le logiciel de géométrie.

b. Régler les unités « 1 : 2 » pour les axes.

c. Dans la ligne de saisie, créer le point K de coordonnées $K = (\text{distance}(D, M), \text{Aire}(I, M, N))$ et afficher sa trace.

d. Dans la fenêtre *Graphique 1*, animer le point M et observer la trace du point K dans la fenêtre *Graphique 2*.

3. Conjectures

Conjecturer une réponse aux questions suivantes.

a. Pour quelles positions du point M l'aire du triangle IMN est-elle supérieure ou égale à 11 ?

b. Pour quelle position du point M l'aire du triangle IMN semble-t-elle minimale ? Quelle semble être cette aire minimale ?

Partie B Algébrisation du problème et introduction d'une fonction

On pose $x = DM$, avec $0 \leqslant x \leqslant 6$.

1. Exprimer l'aire $A(x)$ du triangle IMN en fonction de x. On vérifiera que $A(x) = \frac{1}{2}(x^2 - 9x + 36)$.

Indication

On pourra écrire l'aire du triangle IMN comme la différence entre l'aire du carré et la somme des aires des triangles CMN, BIN et du trapèze $DMIA$.

2. Tracer la courbe représentative de A à la calculatrice ainsi que la droite d'équation $y = 11$.

3. Les conjectures émises précédemment sont-elles vérifiées ? *On exploitera avec profit les outils* Intersection *et* Min *de la calculatrice.*

Voir pages calculatrices

Partie C Utiliser un logiciel de calcul formel pour valider les conjectures

Ouvrir le logiciel Xcas et saisir l'expression de la fonction A.

1. Résolution de l'inéquation :

$$A(x) \geqslant 11$$

a. À l'aide du logiciel, factoriser l'expression $A(x) - 11$.

b. Résoudre alors cette inéquation.

2. Aire minimale du triangle IMN

a. Utiliser l'instruction *fMin(A(x),x=0..6)* pour déterminer l'abscisse x pour laquelle l'aire $A(x)$ est minimale. Calculer la valeur de ce minimum m.

b. Factoriser l'expression $A(x) - m$. Quel est son signe sur l'intervalle $[0 ; 6]$? Conclure.

TP Mener une recherche

Compétence Chercher et Communiquer

TRAVAIL DE GROUPE *Pour résoudre les problèmes de cette page, on pourra mobiliser l'ensemble des outils nécessaires : méthodes du chapitre, calculatrice, outils logiciels (géométrie dynamique, tableur, calcul formel…) et algorithmes. Après une réflexion individuelle, on pourra éventuellement échanger et discuter en groupe, des pistes de résolution envisagées et proposer une solution commune à chacun des problèmes.*
Enfin, on pourra rendre compte des recherches du groupe via une présentation orale avec un support adapté (diaporama, affiches, etc.).

TP1 Comparaison d'aires

Le carré $ABCD$ a un côté de longueur 10 cm.
M est un point mobile sur le segment $[AB]$.
On construit, comme sur la figure représentée ci-contre, dans le carré $ABCD$:
① un carré $AMOE$ de côté $[AM]$.
② un triangle isocèle MBQ de base $[MB]$ et dont la hauteur est égale au côté AM du carré.

Pour quelles positions du point M l'aire du triangle MBQ est-elle supérieure à celle du carré $AMOE$?

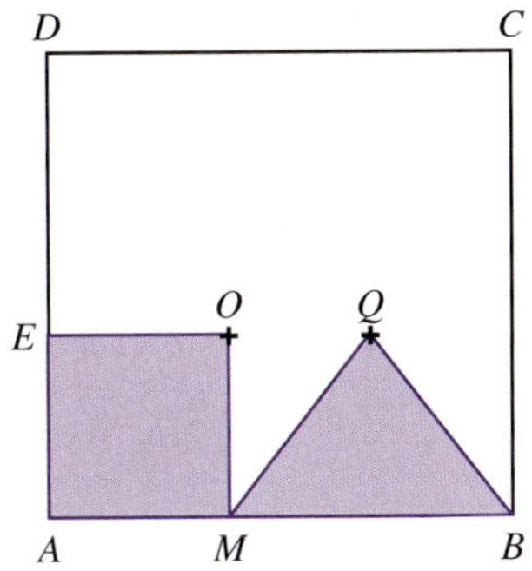

TP2 À propos de nombres triangulaires

On dispose de jetons qu'on aligne au fur et à mesure selon les étapes suivantes.

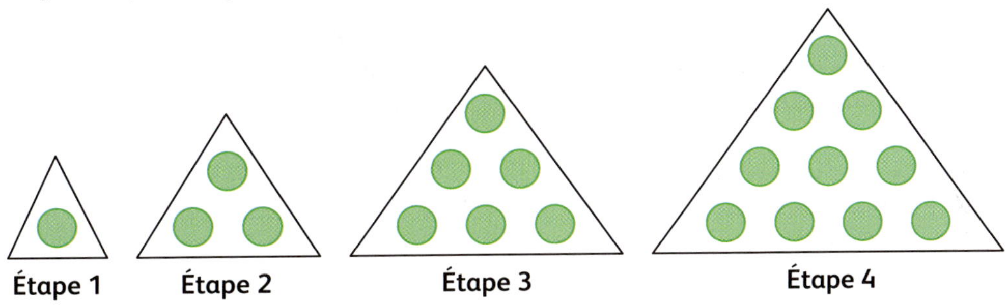

1. Combien de jetons seront-ils nécessaires pour construire le triangle de l'étape 100 ?
2. À partir de quelle étape utilise-t-on plus de 10 000 jetons ?

TP3 Chapeau chinois…

On considère un cône de sommet S et de génératrice 10 cm.

Pour quelles valeurs de x le volume de ce cône est-il inférieur à 200 cm^3 ?

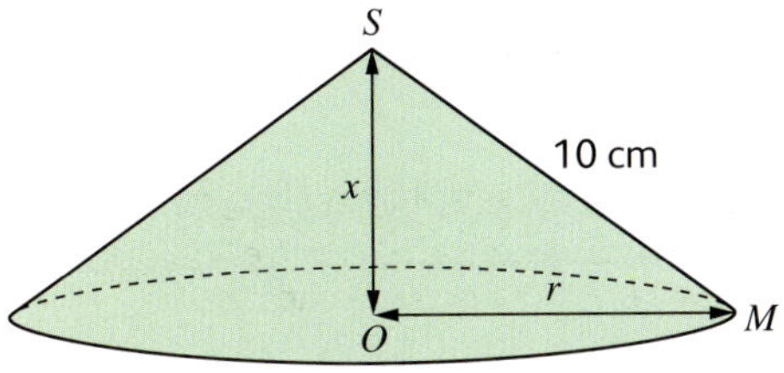

TP4 Une pièce percée

Sur une pièce circulaire en acier de rayon 12 cm, on perce deux trous circulaires, le grand ayant un rayon trois fois plus grand que le petit.

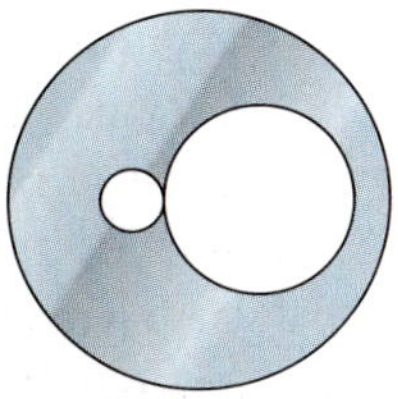

Le petit trou doit avoir un rayon strictement supérieur à 0,5 cm.

Comment choisir le rayon du petit trou pour que l'aire de la pièce en acier obtenue dépasse la moitié de l'aire de la pièce initiale ?

Je **révise** en **autonomie**

Je cible mes révisions

VIDÉOS des capacités

Pour chaque capacité, suivre le parcours de révision pour travailler les méthodes et s'entraîner.

Parcours de révision	Réviser en autonomie	S'entraîner
CAPACITÉ 1 Résoudre graphiquement une équation ou une inéquation	Méthode, p. 251	Exercices 4, 36 et 49
CAPACITÉ 2 Étudier le signe d'une fonction	Méthode, p. 253	Exercices 6, 39 et 53
CAPACITÉ 3 Résoudre algébriquement une inéquation	Méthode, p. 255	Exercices 9, 45 et 70

Je me teste

Voir corrigés

Pour chaque question, déterminer la (ou les) réponse(s) correcte(s).

Pour les questions **1.** à **6.**, on considère les fonctions f et g représentées ci-dessous.

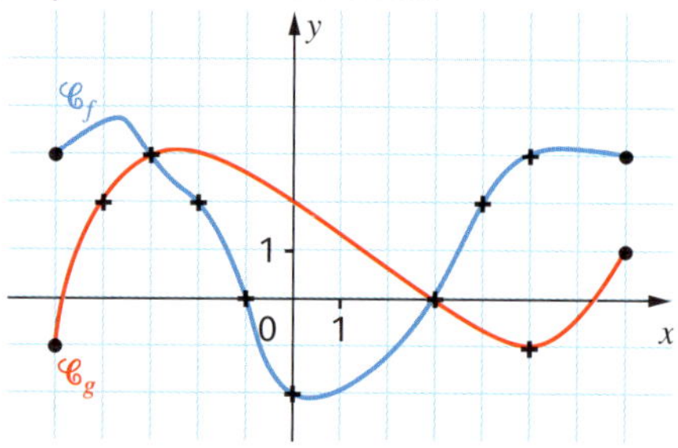

CAPACITÉ 1

1. Parmi les nombres suivants, quels sont ceux qui sont solutions de l'équation $f(x)=3$?
a. -5 **b.** 0 **c.** -2 **d.** 5

2. Parmi les nombres suivants, quels sont ceux qui sont solutions de l'équation $f(x)=0$?
a. -1 **b.** -2 **c.** 3 **d.** 2

3. Quel est l'ensemble des solutions de l'inéquation $g(x)>2$?
a. $[-5;-2[\cup]4;7]$ **b.** $[-4;0]$
c. $]-4;0[$ **d.** $[-2;3[$

4. Quel est l'ensemble des solutions de l'inéquation $f(x)\geqslant g(x)$?
a. $[-3;3]$ **b.** $[-5;-3]\cup[3;7]$
c. $]-3;3[$ **d.** $]-5;-3[\cup]3;7[$

CAPACITÉ 2

5. Quelles sont les réponses correctes ?
a. $g(5)<0$ **b.** $f(-2)<0$ **c.** $f(5)>0$

6. Sur quel(s) intervalle(s) la fonction f est-elle positive ?
a. $[-5;-1]$ **b.** $[-1;3]$
c. $[3;7]$

Pour les questions **7.** à **9.**, on considère la fonction f définie par :

$$f(x)=\frac{1-x}{x+3}$$

7. Parmi les tableaux de signes suivants, quel est celui de f ?

a.

x	$-\infty$		-3		1		$+\infty$
Signe de $f(x)$		$-$	0	$+$	$\|\|$	$-$	

b.

x	$-\infty$		-3		1		$+\infty$
Signe de $f(x)$		$-$	$\|\|$	$+$	0	$-$	

c.

x	$-\infty$		-3		1		$+\infty$
Signe de $f(x)$		$+$	$\|\|$	$-$	0	$+$	

CAPACITÉ 3

8. L'ensemble des solutions de l'inéquation $f(x)\geqslant 0$ est :
a. $[-3;1]$ **b.** $]-\infty;-3[\cup[1;+\infty[$ **c.** $]-3;1]$

9. Parmi les inéquations suivantes, lesquelles sont équivalentes à l'inéquation $f(x)\geqslant 0$?
a. $\frac{4}{x+3}\geqslant 1$ **b.** $\frac{4}{x+3}\geqslant -1$ **c.** $1-\frac{4}{x+3}\leqslant 0$

10. L'ensemble des solutions de l'inéquation $(x-1)(4-2x)>0$ est :
a. $[1;2]$ **b.** $]-\infty;1[\cup]2;+\infty[$ **c.** $]1;2[$

11. L'inéquation $(x-1)^2>4$ est équivalente à :
a. $x-1>2$ **b.** $(x-3)(x+1)>0$
c. $4-(x-1)^2<0$

On a représenté graphiquement les fonctions $f:x\mapsto x^2$ et $g:x\mapsto 2-x$. Voici deux captures d'écran de calculatrice (on admet que les deux courbes admettent deux points d'intersection).

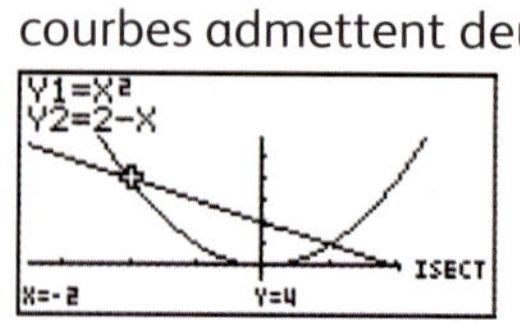

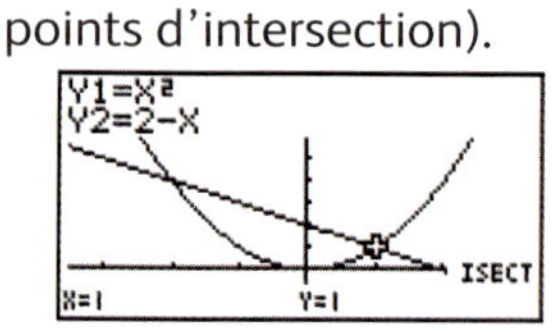

12. On conjecture que l'inéquation $x^2\leqslant 2-x$ admet pour ensemble de solutions :
a. $]-\infty;-2]\cup[1;+\infty[$ **b.** $[-2;1]$ **c.** $[1;4]$

13. L'inéquation $x^2\leqslant 2-x$ est équivalente à :
a. $x^2+2-x\leqslant 0$ **b.** $x^2+x-2\leqslant 0$
c. $(x-1)(x+2)\leqslant 0$

Je fais des exercices bilans

Bilan 1 20 min **Résolutions graphiques**

On considère deux fonctions f et g représentées ci-contre.

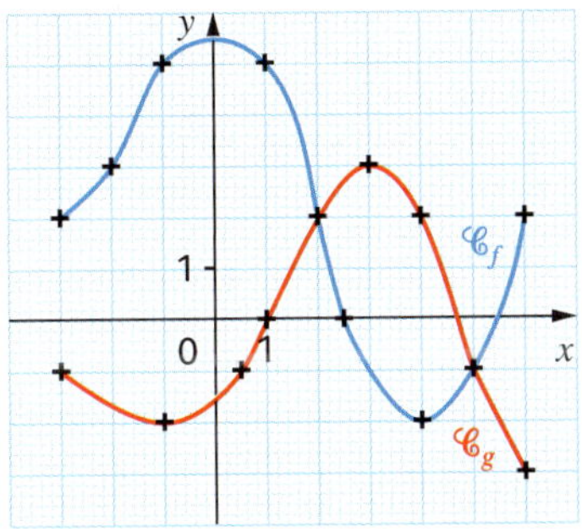

1. Sur quel intervalle les fonctions f et g sont-elles définies ?

2. Discuter, suivant les valeurs du réel k, le nombre de solution(s) de l'équation $f(x)=k$.

3. Résoudre graphiquement les équations et inéquations suivantes.

a. $f(x)=5$ **b.** $f(x)=g(x)$

c. $g(x)\leqslant -1$ **d.** $f(x)<g(x)$

Bilan 2 25 min **Tableaux de signes**

1. a. À l'aide d'un tableau de signes, étudier le signe du produit $(3x+1)(4-2x)$.

b. Résoudre alors l'inéquation suivante.

$$(3x+1)(4-2x)\geqslant 0$$

2. a. À l'aide d'un tableau de signes, étudier le signe du quotient $\dfrac{x(3x-6)}{1-x}$.

b. Résoudre alors l'inéquation suivante.

$$\frac{x(3x-6)}{1-x}\leqslant 0$$

Bilan 3 30 min **Inéquations**

Résoudre sur $\mathbb{R}$ les inéquations suivantes.

1. $x-3(x+5)<3x-(2x-3)$

2. $(2x+1)^2>3x(2x+1)$ **3.** $4x^2\leqslant(2x+3)^2$

Bilan 4 40 min **À propos de bénéfice**

Une entreprise de menuiserie fait une étude sur la fabrication de chaises en bois pour une production comprise entre 5 et 70 chaises par jour.

Le coût de production $C(x)$, exprimé en euro, pour x chaises fabriquées est donné par la formule :

$$C(x)=x^2-10x+500$$

Le prix de vente d'une chaise est de 50 €.

1. a. Calculer le coût de production de 20 chaises.

b. Calculer la recette pour la vente de 20 chaises.

En déduire le bénéfice réalisé pour 20 chaises.

2. Exprimer en fonction de x, la recette $R(x)$ réalisée pour la vente de x chaises.

3. a. À l'aide de la calculatrice, représenter, dans une fenêtre adaptée, les fonctions C et R.

b. Conjecturer alors le nombre de chaises que doit fabriquer cette menuiserie afin qu'elle réalise un bénéfice.

4. Vérifier que les inéquations $R(x)\geqslant C(x)$ et $(50-x)(x-10)\geqslant 0$ sont équivalentes.

Justifier alors la conjecture émise à la question **3. b.**

Bilan 5 25 min **Avec des quotients**

1. Montrer que pour tout réel x distinct de 1 et -2, on a l'identité suivante.

$$\frac{1}{2x+4}-\frac{2}{x-1}=\frac{-3x-9}{(x-1)(2x+4)}$$

2. Résoudre alors l'inéquation suivante.

$$\frac{1}{2x+4}\geqslant\frac{2}{x-1}$$

Bilan 6 40 min **Comparaison de deux aires**

On considère un carré $ABCD$ de côté 20. Un point M se déplace sur le segment $[AB]$. On note x la distance AM. Les points P et N sont tels que $AMNP$ soit un carré avec $P\in[AD]$.

On note $f(x)$ l'aire du carré $AMNP$ et $g(x)$ l'aire du triangle DNC.

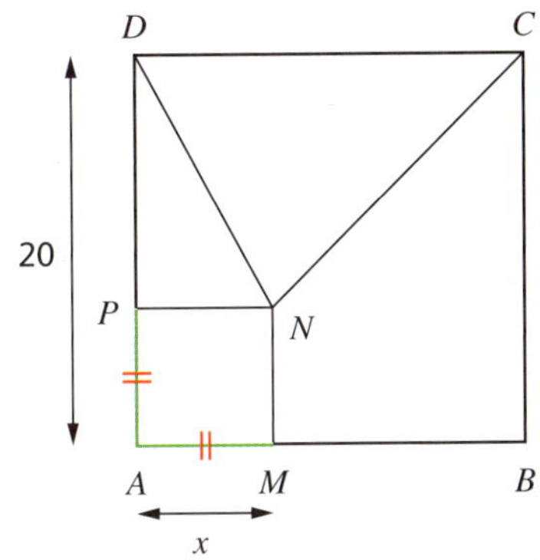

Partie A. Expression de $f(x)$ et $g(x)$

1. Dans quel intervalle la longueur x peut-elle varier ? On note I cet intervalle dans la suite.

2. Exprimer la longueur DP en fonction de x.

3. Démontrer alors que pour tout réel x de I, on a :

$$f(x)=x^2 \text{ et } g(x)=-10x+200$$

Partie B. Lectures graphiques

On a représenté ci-dessous les courbes respectives $\mathscr{C}_f$ et $\mathscr{C}_g$ des fonctions f et g.

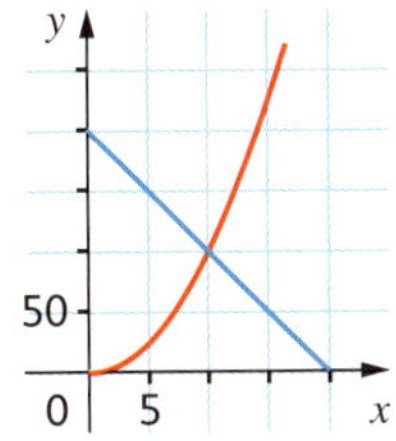

1. Identifier chacune des courbes en justifiant brièvement.

2. Conjecturer graphiquement l'ensemble des solutions de l'inéquation $f(x)\geqslant g(x)$.

Interpréter concrètement ce résultat.

Partie C. Résolution algébrique

On souhaite vérifier algébriquement la conjecture émise précédemment.

1. Montrer que l'inéquation $f(x)\geqslant g(x)$ est équivalente à l'inéquation $x^2+10x-200\geqslant 0$

2. Vérifier que pour tout nombre réel x, on a :

$$x^2+10x-200=(x-10)(x+20)$$

3. Résoudre alors algébriquement $f(x)\geqslant g(x)$, et confronter ce résultat avec celui obtenu précédemment.

CHAPITRE

10 Variations et extremums

Les capacités du chapitre

- Capacité 1 : Mettre en relation représentation graphique et tableau de variations
- Capacité 2 : Déterminer graphiquement les extremums d'une fonction
- Capacité 3 : Relier sens de variations, signe et droite représentative d'une fonction affine
- Capacité 4 : Exploiter un logiciel ou une calculatrice pour décrire des variations

Au fil du temps

La notion intuitive de fonction comme relation entre deux objets date de l'Antiquité. Au XVIIe siècle, Pierre de Fermat met en place la notion fondamentale d'équation d'une courbe. En 1673, Gottfried Leibniz utilise pour la première fois le mot *fonction* et en 1718, Jean Bernoulli en donne une première définition. La notation $f(x)$ n'apparaît qu'en 1734 chez Leonhard Euler. C'est lui qui précise la notion de fonction, en donne une nouvelle définition générale et fait du concept des fonctions un concept fondamental des mathématiques.

Des maths partout !

Dès qu'une quantité varie *en fonction* d'une autre, on peut utiliser les fonctions comme outil de modélisation. Elles sont omniprésentes. Par exemple, la pression atmosphérique est une fonction décroissante de l'altitude.

Massif du Mont Rose, Alpes suisses

Ressources du chapitre disponibles ici : www.lycee.hachette-education.com/declic/2de

Partir d'un bon pied

A Diaporama pour tester les bases

ACTIVITÉS MENTALES RAPIDES

B Exploiter une représentation graphique

On a représenté ci-contre la fonction numérique donnant l'évolution de la température (en °C) en fonction de l'heure un 28 mars à Charlieu.

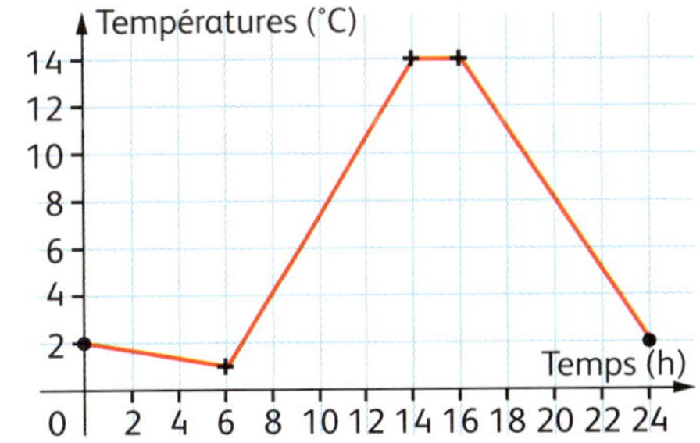

1. Quelle était la température à 8 h ?
2. À quelle(s) heure(s) a-t-il fait 8 °C ?
3. À quelles heures a-t-il fait plus de 4 °C ?
4. Comment peut-on décrire l'évolution des températures entre 6 h et 14 h ?
5. Quelle a été la température minimale ? À quelle heure l'a-t-on observée ?

C Revoir les fonctions affines

On considère les fonctions affines f, g, h et k définies sur $\mathbb{R}$ par :

$$f(x)=-2x-2\ ;\ g(x)=0{,}5x+2$$
$$h(x)=x-2\ ;\ k(x)=2-x$$

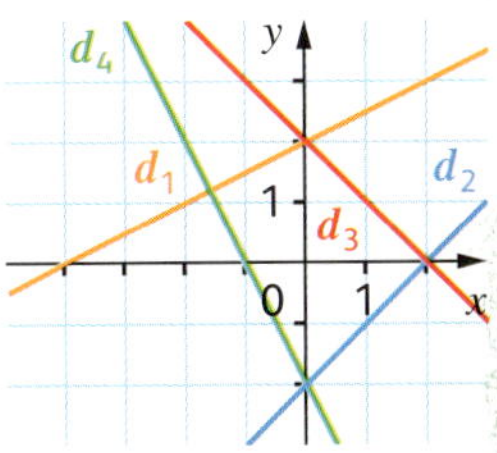

1. Ces fonctions sont représentées ci-contre. Associer chaque fonction à sa représentation graphique.
2. Construire les tableaux de signes des fonctions f, g, h et k.

D Fonctions de référence et inégalités

On considère les courbes suivantes.

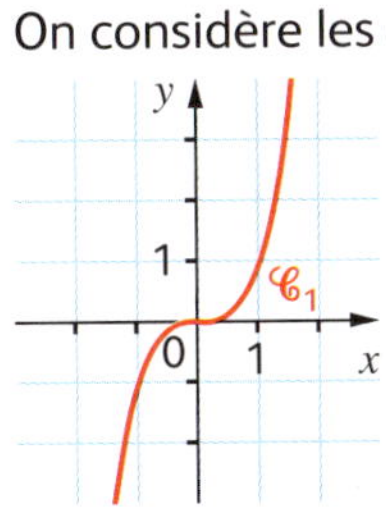

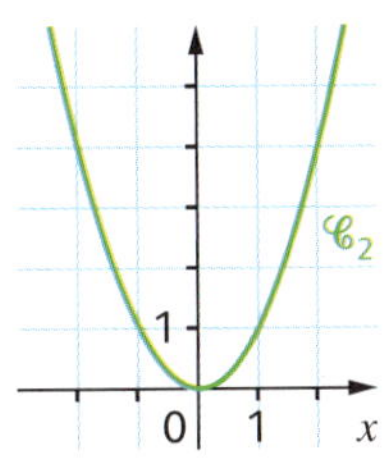

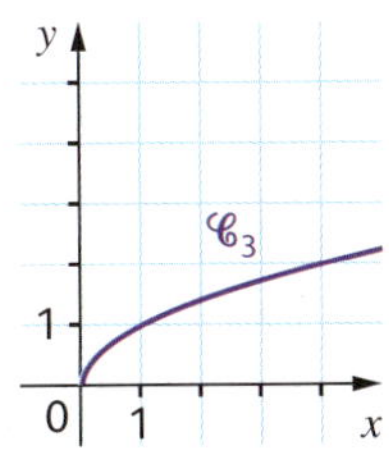

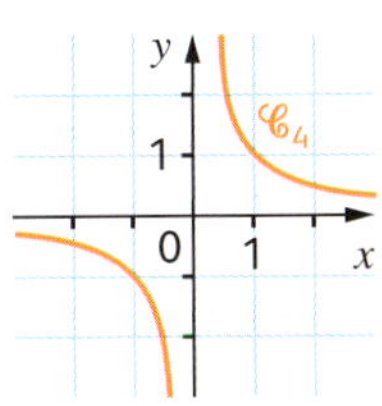

1. Ces courbes représentent les fonctions carré, inverse, cube et racine carrée. Associer chaque fonction à sa courbe.
2. En s'aidant des courbes représentatives, résoudre les équations et inéquations suivantes.

a. $x^2=5$ **b.** $\sqrt{x}\leqslant 4$ **c.** $x^3>27$ **d.** $\dfrac{1}{x}=3$

3. **Vrai ou faux ?** Pour chaque affirmation suivante, préciser si elle est vraie ou fausse.

a. Si $x^2\geqslant 4$, alors $x\geqslant 2$. **b.** Si $x<9$, alors $10-2\sqrt{x}<4$.

c. Si $x\geqslant 4$, alors $\dfrac{8}{x}+2\geqslant 4$.

Activités

1 Variations de températures

Objectif
Prendre contact avec les variations et extremums d'une fonction.

On a reproduit ci-contre le relevé des températures dans les villes de Lyon et de Toulouse sur la journée du 29 avril 2017.
On note f et g les fonctions qui, à chaque instant t (en heure), associent respectivement la température dans la ville de Lyon et de Toulouse, et $\mathscr{C}_f$ et $\mathscr{C}_g$ leurs courbes représentatives respectives.

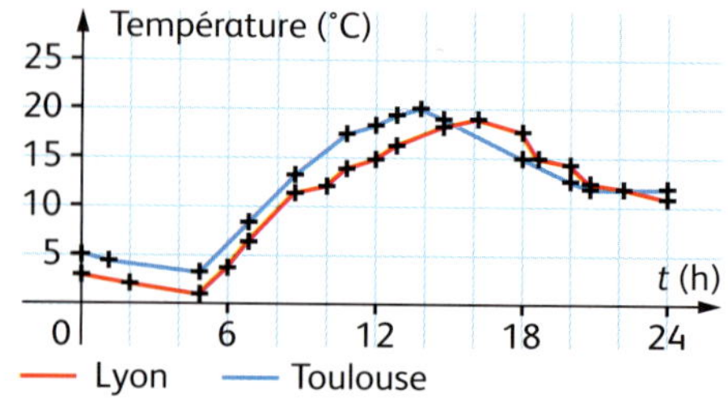

Source : infoclimat.fr

1 a. Sur quel intervalle I les fonctions f et g sont-elles définies ?
b. Proposer une plage horaire sur laquelle la température à Lyon augmente constamment.
De même proposer un intervalle sur lequel f est décroissante.
c. Recopier et compléter le tableau ci-contre qui décrit le comportement de la fonction f sur l'intervalle $[0;24]$.

t	0	5	…	24
$f(t)$	3 ↘	1		

Info
Ce tableau complet est le **tableau de variations** de f.

d. De la même façon, construire le tableau de variations de la fonction g.

2 a. Quelle est la température maximale à Toulouse sur la plage horaire $[0;24]$? À quelle heure cette température est-elle atteinte ?
b. Quel est le minimum de la fonction f sur l'intervalle $[0;24]$?

Info
Ce nombre est le **maximum** de g **sur l'intervalle** $[0;24]$.

2 Évolution d'une grandeur en fonction d'une autre

Objectif
Manipuler en situation la notion de variation d'une fonction.

Dans chaque situation suivante, on définit une grandeur en fonction d'une autre (la variable) par la fonction f. Dans chaque cas, compléter la phrase suivante en argumentant : « Lorsque la variable augmente, alors l'image … ». En déduire le sens de variation de f.

① Sur la figure ci-contre, $ABCD$ est un carré de côté 4.
I est le milieu de $[CD]$, M est un point de $[AB]$ et on pose $x = AM$.
On pose $f : x \mapsto \mathscr{A}ire(AMI)$ sur $[0;4]$.

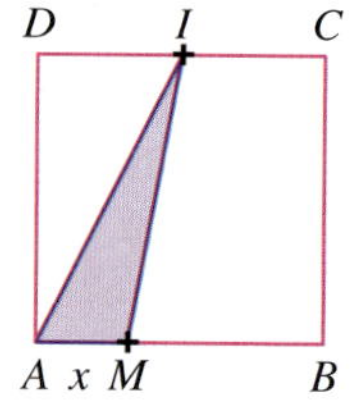

② La vitesse v de propagation d'un son le long d'une corde de guitare dépend de la tension T exercée sur celle-ci.
On pose $f : T \mapsto v = 1{,}3 \times \sqrt{T}$ sur $[0;200]$.
③ La force F d'attraction de la Terre sur un satellite tournant autour d'elle dépend de la distance d entre celui-ci et le centre de la Terre.
On pose $f : d \mapsto F = \dfrac{2{,}4 \times 10^{18}}{d^2}$ sur $]0;+\infty[$.

3 Taux d'accroissement d'une fonction affine

Objectif
Mettre en relation le taux d'accroissement et le coefficient directeur d'une droite.

Le **taux d'accroissement d'une fonction** f entre deux nombres réels distincts x_1 et x_2 est le nombre $\dfrac{f(x_2) - f(x_1)}{x_2 - x_1}$.

1 On considère la fonction affine f définie sur $\mathbb{R}$ par $f(x) = 2x + 1$.
On note $\mathscr{D}$ la droite représentant la fonction f.
a. Préciser le coefficient directeur et l'ordonnée à l'origine de $\mathscr{D}$.
b. Calculer $f(1)$, $f(3)$ et le taux d'accroissement de f entre 1 et 3.
c. Calculer le taux d'accroissement de f entre -5 et 1, puis entre 0 et 10.
Qu'observe-t-on ?
d. Démontrer que pour tous nombres réels distincts x_1 et x_2, le taux d'accroissement de f entre x_1 et x_2 est constant. Préciser sa valeur.

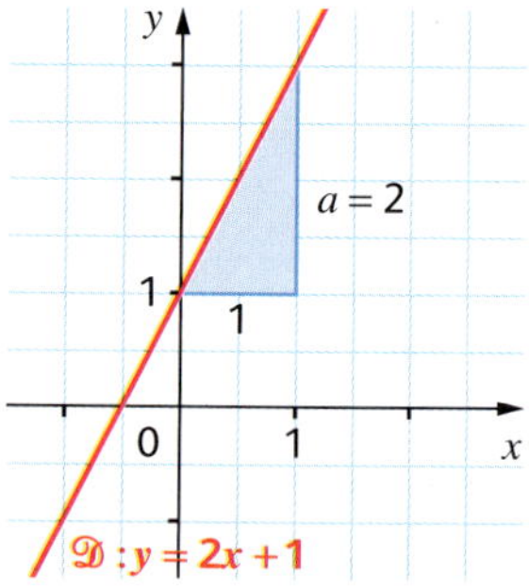

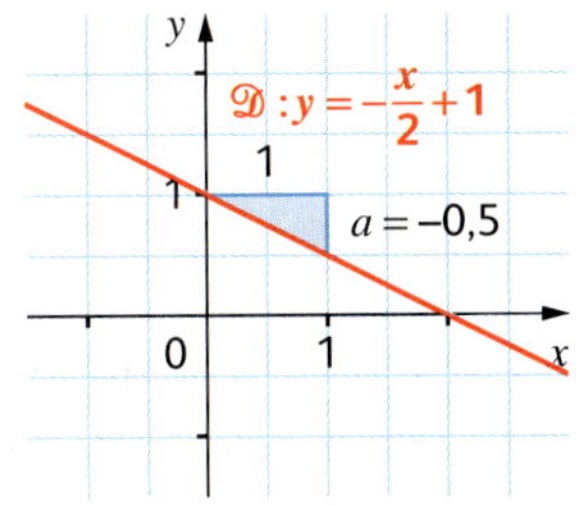

2 Procéder de même dans le cas où $f(x) = -\frac{x}{2} + 1$, puis $f(x) = 1$.

3 On considère la fonction affine f définie sur $\mathbb{R}$ par $f(x) = ax + b$, où a et b sont deux réels fixés et on note $\mathscr{D}$ la droite représentant f.
Soient deux nombres réels distincts x_1 et x_2.

a. Conjecturer l'expression du taux d'accroissement de f entre x_1 et x_2, puis démontrer cette conjecture.

b. Peut-on affirmer que lorsque deux points A et B ont des abscisses qui diffèrent de 1, alors le coefficient directeur de la droite (AB) est égal à la différence des ordonnées de A et de B ?

4 Sens de variation d'une fonction affine

Objectif
Étudier le sens de variation d'une fonction affine.

1 **a.** Avec un logiciel de géométrie dynamique, créer deux curseurs a et b, puis définir la fonction f en tapant « $f(x) = ax + b$ » dans la ligne de saisie.

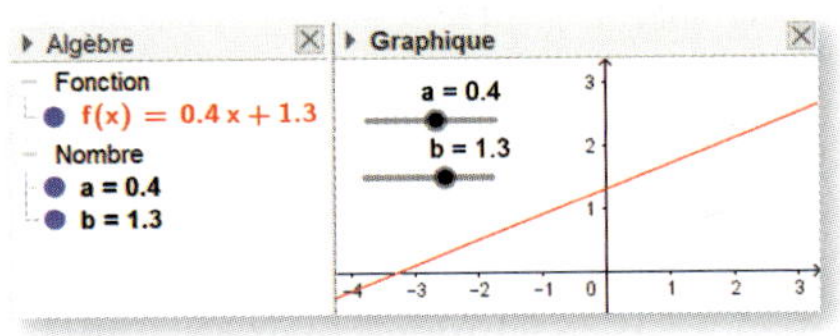

b. En modifiant les valeurs de a et b, conjecturer un critère permettant de donner le sens de variation de f.

Dans la suite, on démontre cette conjecture de deux façons différentes.
On considère deux nombres réels x_1 et x_2 tels que $x_1 < x_2$.

2 Première méthode

a. On suppose que $a > 0$. Comparer les nombres ax_1 et ax_2, puis les images $f(x_1)$ et $f(x_2)$.
En déduire le sens de variation de f sur $\mathbb{R}$.

b. On suppose que $a < 0$. Comparer les images $f(x_1)$ et $f(x_2)$. En déduire le sens de variation de f sur $\mathbb{R}$.

3 Seconde méthode

a. En utilisant la notion de taux d'accroissement de f entre x_1 et x_2, justifier que $f(x_2) - f(x_1)$ est du signe de a.

b. Démontrer la conjecture énoncée en **1**.

Rappel
On connaît les règles suivantes sur les inégalités :
- multiplier par un nombre **strictement positif** ne change pas l'ordre.
- multiplier par un nombre **strictement négatif** inverse l'ordre.

5 Dans l'espace

TRAVAIL DE GROUPE

Objectif
Déterminer et justifier un extremum.

Sur la figure ci-contre, $ABCDEFGH$ est un cube de côté 6 cm, à l'intérieur duquel le pavé droit $AMNPQRST$ vérifie $AM = AP = EQ$.
On s'intéresse au volume du pavé droit $AMNPQRST$.
On pose $x = AM$. Ainsi $0 \leqslant x \leqslant 6$.
Un élève réalise la recherche suivante à l'aide d'un logiciel de géométrie dynamique.

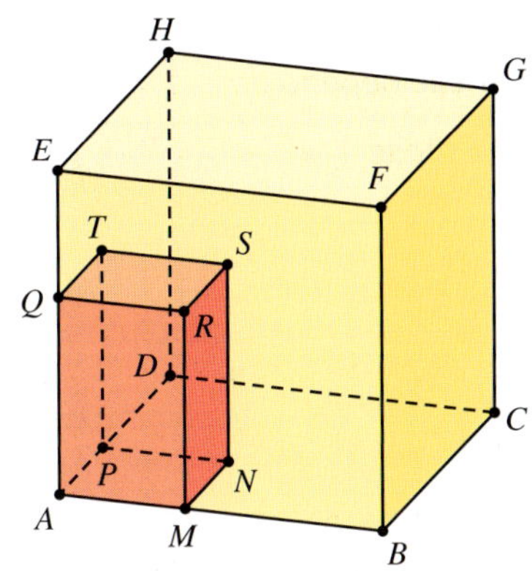

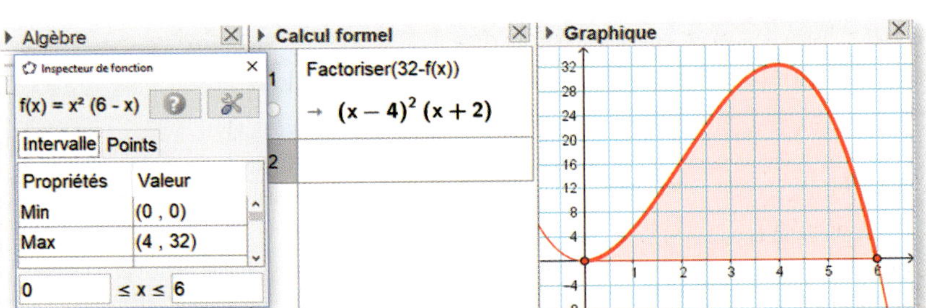

Analyser sa production et déterminer le maximum du volume du pavé droit $AMNPQRST$ en argumentant.

Cours

1 Variations d'une fonction et extremums

On considère une fonction f définie sur un intervalle I de $\mathbb{R}$.

a Croissance, décroissance, monotonie d'une fonction

Définition La fonction f est **strictement croissante** sur l'intervalle I lorsque pour tous nombres a et b de I :

si $a < b$, alors $f(a) < f(b)$

$f(a)$ et $f(b)$ sont toujours rangés dans le même ordre que a et b.

Définition La fonction f est **strictement décroissante** sur l'intervalle I lorsque pour tous nombres a et b de I :

si $a < b$, alors $f(a) > f(b)$

$f(a)$ et $f(b)$ sont toujours rangés dans l'ordre contraire à celui de a et b.

Définition • La fonction f est **strictement monotone** sur l'intervalle I si f est soit strictement croissante sur I, soit strictement décroissante sur I.

• La fonction f est **constante** sur l'intervalle I lorsque pour tous nombres a et b de I, on a $f(a) = f(b)$.

Dans ce cas, tous les nombres de l'intervalle I ont la même image par f.

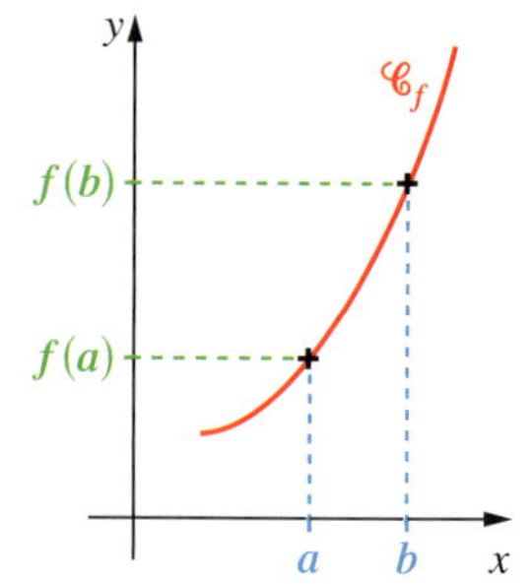

Fonction croissante : quand x augmente, $f(x)$ augmente aussi.

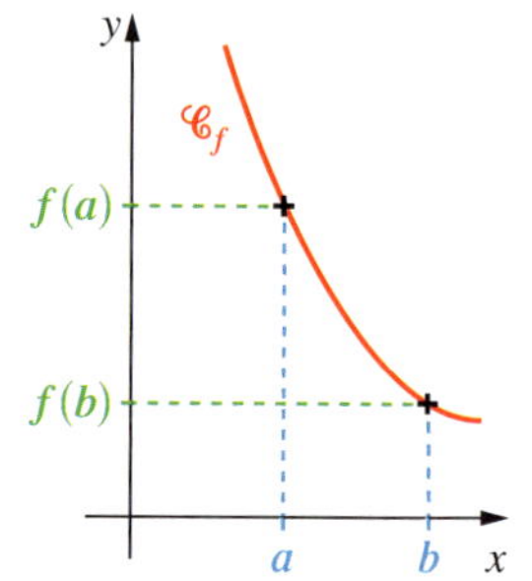

Fonction décroissante : quand x augmente, $f(x)$ diminue.

b Tableau de variations d'une fonction

Le **tableau de variations** d'une fonction f schématise les variations de cette fonction. Il est composé de **deux lignes**.

• La première ligne indique les bornes de l'ensemble de définition de f et les valeurs en lesquelles f change de sens de variations.

• La seconde ligne indique par des flèches (montantes ou descendantes) les « sens de variations » de f.

On y place les images correspondant aux réels de la 1re ligne.

x	a		x_1		x_2		b
$f(x)$	$f(a)$	↘	$f(x_1)$	↗	$f(x_2)$	↘	$f(b)$

Exemple

On a tracé ci-dessous la courbe représentant une fonction f définie sur l'intervalle $[1;9]$.

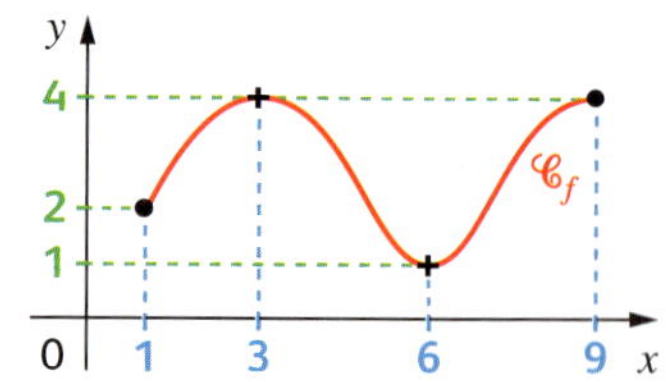

Le tableau de variations de f est :

x	1		3		6		9
$f(x)$	2	↗	4	↘	1	↗	4

• Le **minimum** de f est égal à **1**, il est atteint en $x = 6$.

• Le **maximum** de f est égal à **4**, il est atteint en $x = 3$ et en $x = 9$.

Ainsi, pour tout réel x de $[1;9]$, on a :

$$1 \leqslant f(x) \leqslant 4.$$

c Minimum et maximum d'une fonction

Définition • Le **minimum** m de la fonction f sur l'intervalle I (lorsqu'il existe) est égal à la **plus petite image possible** par f pour un nombre appartenant à I.

Dans ce cas, pour tout nombre x de I, on a $f(x) \geqslant m$.

• Le **maximum** M de la fonction f sur l'intervalle I (lorsqu'il existe) est égal à la **plus grande image** possible par f pour un nombre appartenant à I.

Dans ce cas, pour tout nombre x de I, on a $f(x) \leqslant M$.

• Rechercher les **extremums** de la fonction f sur un intervalle I, c'est déterminer le minimum et le maximum de f sur I (lorsqu'ils existent).

méthode

VIDÉOS
Capacités 1, 2

CAPACITÉ 1 Mettre en relation représentation graphique et tableau de variations
CAPACITÉ 2 Déterminer graphiquement les extremums d'une fonction

Énoncé On donne ci-dessous le tableau de variations d'une fonction f et la représentation graphique $\mathscr{C}_g$ d'une fonction g ci-contre.

x	-3		0		1		3		4
$f(x)$	1	↘	-2	↗	2	↘	-2	↗	1

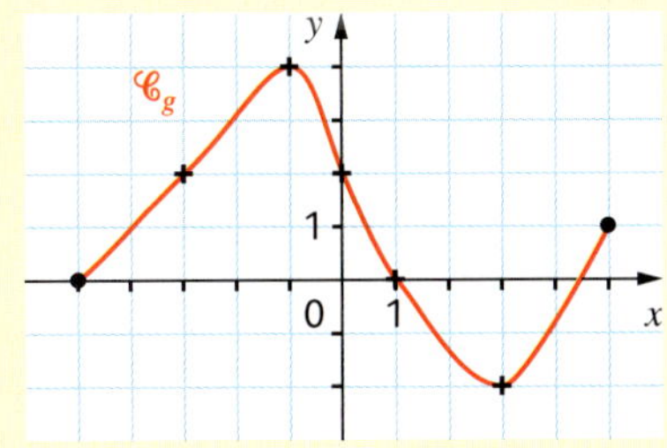

1. Donner trois arguments pour lesquels le tableau de variations de f ne peut pas décrire les variations de g.
2. Construire le tableau de variations de la fonction g.
3. Dans un repère, construire une courbe possible pour la fonction f.
4. Quel est le maximum de f sur l'intervalle $[-3;4]$?
Préciser en quel réel il est atteint.

Solution

1. On propose trois arguments possibles parmi d'autres :
- l'ensemble de définition de la fonction f est l'intervalle $[-3;4]$ alors que celui de la fonction g est $[-5;5]$.
- la fonction f est décroissante sur l'intervalle $[-3;0]$ alors que la fonction g ne l'est pas.
- par exemple, $f(-3)=1$ alors que $g(-3)=2$.

Point méthode
1. L'ensemble de définition est formé des abscisses de tous les points de la courbe.

2. Le tableau de variations de la fonction g est composé de deux lignes :
- première ligne (valeurs situées en abscisses), les bornes de l'ensemble de définition de g et les valeurs en lesquelles g change de sens de variation.
- deuxième ligne, les flèches correspondant aux variations.

On place au bout de ces flèches les images correspondantes.

x	-5		-1		3		5
$g(x)$	0	↗	4	↘	-2	↗	1

Point méthode
2. Une **flèche qui monte** traduit une **fonction croissante**.
Une **flèche qui descend** traduit une **fonction décroissante**.

3. Dans un repère, on commence par placer les cinq points issus du tableau de variations de la fonction f : $A(-3;1)$, $B(0;-2)$, $C(1;2)$, $D(3;-2)$ et $E(4;1)$. On les relie par une courbe en respectant les sens de variations indiqués dans le tableau. Une courbe pour f (parmi une infinité possible) est donnée ci-contre.

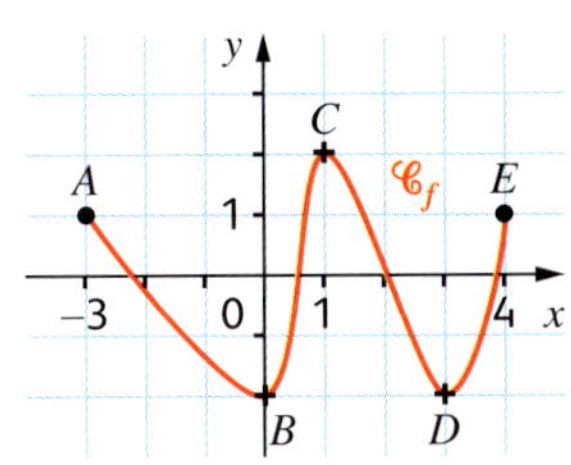

4. Le maximum de f sur $[-3;4]$ est 2 : c'est l'ordonnée la plus grande possible des points de la courbe $\mathscr{C}_f$ et l'image la plus grande possible dans la 2e ligne du tableau de variation de f. Ce maximum est atteint en $x=1$.

J'applique

1 Soit f la fonction dont le tableau de variations est donné ci-dessous.

x	-2		1		3		5
$f(x)$	1	↘	0	↗	5	↘	-1

1. Préciser l'ensemble de définition de f.
2. Donner les valeurs de $f(1)$ et $f(5)$.
3. Sur quel(s) intervalle(s) la fonction f est-elle croissante ?
Décroissante ?

2 On considère la fonction f de l'exercice précédent.
1. Construire une courbe représentative possible pour f.
2. Préciser les extremums de f sur $[-2;5]$.

3 Construire le tableau de variations de la fonction g représentée par la courbe ci-contre.

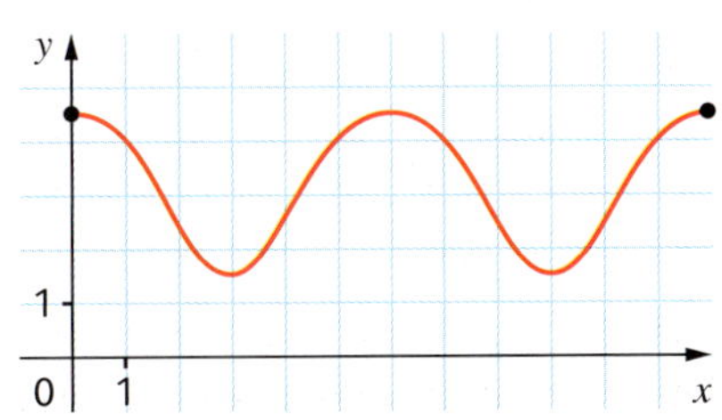

Cours

2 Cas des fonctions affines

a Taux d'accroissement d'une fonction affine

Définition Soit une fonction f définie sur un intervalle I.
Pour tous nombres réels x_1 et x_2 distincts dans I, on appelle **taux d'accroissement** de f entre x_1 et x_2 le quotient $\dfrac{f(x_2)-f(x_1)}{x_2-x_1}$.

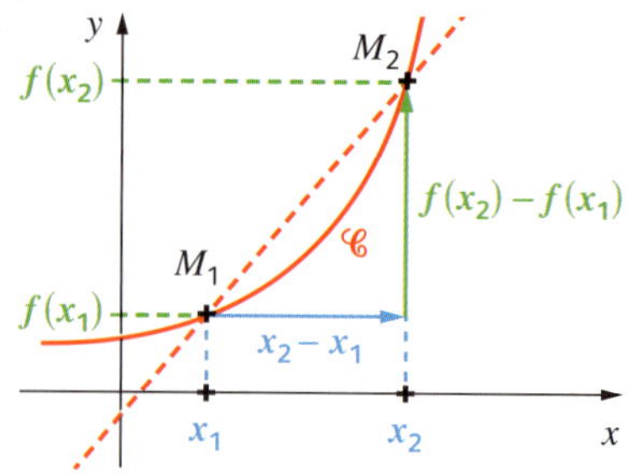

Commentaire

En notant $\mathscr{C}$ la courbe représentative de f, et M_1 et M_2 les points de $\mathscr{C}$ d'abscisses respectives x_1 et x_2, alors le taux d'accroissement de f entre x_1 et x_2 est égal à :

$$\frac{f(x_2)-f(x_1)}{x_2-x_1}=\frac{y_{M_2}-y_{M_1}}{x_{M_2}-x_{M_1}}$$

C'est le coefficient directeur de la droite (M_1M_2).

Propriété Soit une fonction affine f définie sur $\mathbb{R}$ par $f(x)=ax+b$, où a et b sont des réels fixés.
Alors pour tous nombres réels x_1 et x_2 distincts, le taux d'accroissement de f entre x_1 et x_2 est égal à a.
C'est le coefficient directeur de la droite $\mathscr{D}$ représentant f.

Voir Démo activité 3 et exercice Démo n° 38

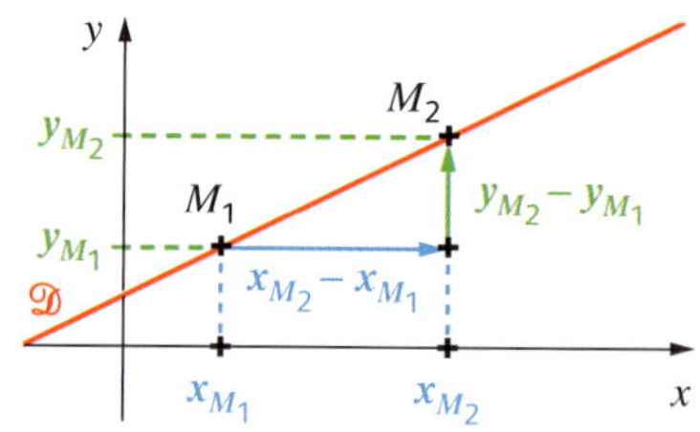

b Sens de variations d'une fonction affine

Propriété Soit une fonction affine f définie sur $\mathbb{R}$ par $f(x)=ax+b$, où a et b sont des réels fixés.
Le sens de variation de f ne dépend que du **signe de a** :
- si $a>0$, alors f est strictement croissante sur $\mathbb{R}$.
- si $a<0$, alors f est strictement décroissante sur $\mathbb{R}$.

Si $a>0$

x	$-\infty$	$+\infty$
$f(x)$	↗	

Si $a<0$

x	$-\infty$	$+\infty$
$f(x)$	↘	

Exemples
Comme $a=3>0$, la fonction $f: x \mapsto 3x-2$ est croissante sur $\mathbb{R}$.
Comme $a=-2<0$, la fonction $g: x \mapsto -2x+1$ est décroissante sur $\mathbb{R}$.

Démo

Démonstration

Soient deux réels distincts x_1 et x_2 tels que $x_1<x_2$. On doit comparer $f(x_1)$ et $f(x_2)$, c'est-à-dire déterminer si $f(x_2)-f(x_1)>0$ ou si $f(x_2)-f(x_1)<0$.
Or $f(x_2)-f(x_1)=(ax_2+b)-(ax_1+b)=ax_2-ax_1=a(x_2-x_1)$.
On sait de plus que $x_1<x_2$.
Donc $x_2-x_1>0$.
On en déduit que $f(x_2)-f(x_1)$ est du signe de a.
Ainsi par exemple, si $a>0$, $f(x_2)-f(x_1)>0$, donc $f(x_2)>f(x_1)$.
La fonction f est alors croissante sur $\mathbb{R}$.

Voir Démo activité 4

Retour sur le tableau de signes de $ax+b$

Le sens de variation de $f: x \mapsto ax+b$ permet de « visualiser » le tableau de signes de f.

Si $a>0$: la droite est « montante ».
Donc f est d'abord négative, puis positive.

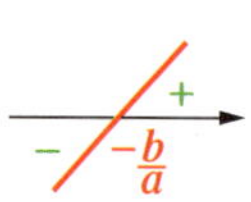

Si $a<0$: la droite est « descendante ».
Donc f est d'abord positive, puis négative.

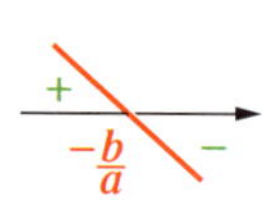

Exemple
La fonction $h: x \mapsto -3x+6$ s'annule en 2 et est décroissante sur $\mathbb{R}$.
Son tableau de signes est donc :

x	$-\infty$		2		$+\infty$
$h(x)$		+	0	–	

Voir Chap. 09

méthode

VIDÉO Capacité 3

CAPACITÉ 3 Relier sens de variations, signe et droite représentative d'une fonction affine

Énoncé Les Américains utilisent le degré Fahrenheit comme unité de mesure de température, alors qu'en France on utilise le degré Celsius.
La température T_F en degré Fahrenheit s'exprime en fonction de la température T_C en degré Celsius de la manière suivante : $T_F = 1{,}8T_C + 32$.
On appelle f la fonction associée à cette relation.
Ainsi f est définie sur $\mathbb{R}$ par $T_F = f(T_C) = 1{,}8T_C + 32$.
Et on note $\mathcal{D}$ la droite représentant la fonction affine f.

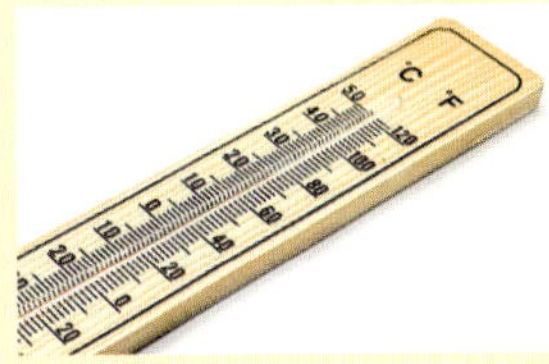

1. Préciser le coefficient directeur de $\mathcal{D}$. Interpréter le résultat en termes d'accroissement.
2. Quel est le sens de variation de la fonction f ?
3. Construire le tableau de signes de f.
4. Tracer la droite $\mathcal{D}$ et vérifier les résultats précédents.

Solution

1. Le coefficient directeur de $\mathcal{D}$ est égal à 1,8. Cela signifie que toute augmentation de 1 °C entraîne une augmentation de 1,8 °F.
2. Le coefficient 1,8 est **positif**. Donc f est **strictement croissante** sur $\mathbb{R}$.
3. La fonction f s'annule en la solution de l'équation $1{,}8x + 32 = 0$.
Or $1{,}8x + 32 = 0 \Leftrightarrow 1{,}8x = -32 \Leftrightarrow x = -\dfrac{32}{1{,}8} = -\dfrac{160}{9}$.

On en déduit que la droite $\mathcal{D}$ traverse l'axe des abscisses en $-\dfrac{160}{9}$.

Comme f est croissante, on a le schéma ci-contre.
On en déduit le tableau de signes de f ci-dessous.

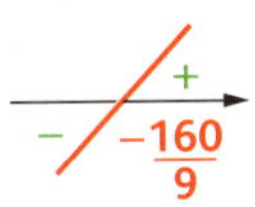

T_C	$-\infty$		$-\dfrac{160}{9}$		$+\infty$
$f(T_C)$		$-$	0	$+$	

4. L'ordonnée à l'origine de $\mathcal{D}$ est égal à 32.
Donc le point $A(0\,;32)$ appartient à la droite $\mathcal{D}$.
De plus $f(10) = 1{,}8 \times 10 + 32 = 50$.
Donc le point $B(10\,;50)$ appartient à la droite $\mathcal{D}$.
La droite $\mathcal{D}$ est donc la droite (AB).
La fonction f est croissante : la droite $\mathcal{D}$ est « montante ».
La fonction f s'annule en $-\dfrac{160}{9}$, soit environ $-17{,}78$.
Ainsi le graphique confirme les résultats précédents.

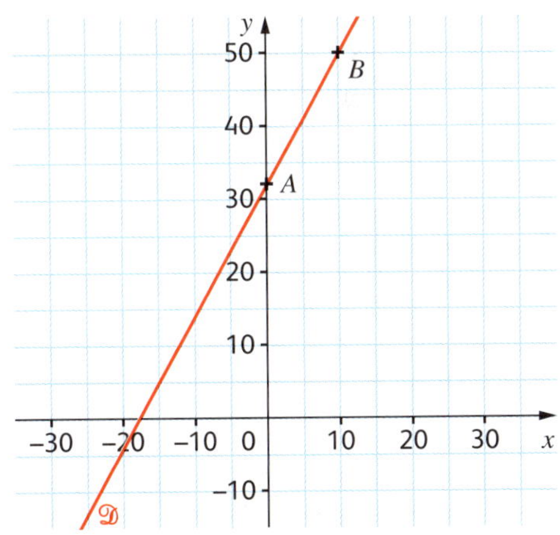

Point méthode
2. C'est le signe du coefficient a qui détermine le sens de variation de la fonction :
$f : x \mapsto ax + b$

Point méthode
4. Pour tracer une droite, on détermine deux points en choisissant deux réels et en calculant leurs images.

J'applique

4 Déterminer le sens de variation et tracer les courbes représentatives des fonctions suivantes définies sur $\mathbb{R}$.

1. $g(x) = 3x - 2$ **2.** $h(x) = -\dfrac{2}{3}x + 1$
3. $k(x) = \dfrac{3}{4}x - 3$ **4.** $m(x) = -0{,}5x + 4$

5 Dresser le tableau de signes des fonctions suivantes définies sur $\mathbb{R}$.
1. $x \mapsto 2x + 1$ **2.** $x \mapsto -4x + 12$
3. $x \mapsto 5x - 1{,}25$ **4.** $x \mapsto -x - 8$

6 Pour chacune des fonctions suivantes, tracer sa courbe représentative, puis construire son tableau de variations et son tableau de signes sur $\mathbb{R}$.
1. $f(x) = -2$ **2.** $g(x) = 3x - 1$
3. $h(x) = -2x + 3$ **4.** $i(x) = -5x$

7 La fonction affine f admet le tableau de signes ci-contre.
Quel est son sens de variations ?

x	$-\infty$		10		$+\infty$
$f(x)$		$-$	0	$+$	

Cours

3 Fonctions de référence

a Fonction carré

Propriété La fonction carré est strictement décroissante sur l'intervalle $]-\infty\,;0]$ et strictement croissante sur l'intervalle $[0\,;+\infty[$.
Elle admet 0 comme minimum, atteint en 0.

x	$-\infty$	0	$+\infty$
x^2	↘	0	↗

Démo

Démonstration

Soient deux réels a et b tels que $a < b$. On doit comparer a^2 et b^2.
On a $b^2 - a^2 = (b-a)(a+b)$.
On sait que $a < b$ donc le facteur $(b-a)$ est strictement positif.

- Si a et b appartiennent à $]-\infty\,;0]$, alors le facteur $(a+b)$, somme de deux réels négatifs, est négatif et non nul. Par la règle des signes d'un produit, on obtient que $b^2 - a^2 < 0$, c'est-à-dire que $a^2 > b^2$.
- Si a et b appartiennent à $[0\,;+\infty[$, alors le facteur $(a+b)$, somme de deux réels positifs, est positif et non nul. Par la règle des signes d'un produit, on obtient que $b^2 - a^2 > 0$, c'est-à-dire que $a^2 < b^2$.

Conséquences

- Deux nombres positifs et leurs carrés sont rangés dans le même ordre.
- Deux nombres négatifs et leurs carrés sont rangés dans l'ordre contraire.

Voir Je m'exerce à démontrer
Voir exercice Démo n° 40

b Fonction inverse

Propriété La fonction inverse est strictement décroissante sur chacun des intervalles $]-\infty\,;0[$ et $]0\,;+\infty[$.

x	$-\infty$	0	$+\infty$
$\frac{1}{x}$	↘	‖	↘

La double barre en dessous de 0 signifie que la fonction n'est pas définie en 0 : il y a une « coupure » en 0.

Démo

Démonstration

Soient deux réels a et b non nuls tels que $a < b$. On doit comparer $\frac{1}{a}$ et $\frac{1}{b}$.
On a $\frac{1}{b} - \frac{1}{a} = \frac{1 \times a}{a \times b} - \frac{1 \times b}{a \times b} = \frac{a-b}{a \times b}$.
On sait que $a < b$, donc le numérateur $(a-b)$ est strictement négatif.

- Si a et b appartiennent à $]-\infty\,;0[$, alors le dénominateur $(a \times b)$, produit de deux réels strictement négatifs, est strictement positif. Par la règle des signes d'un quotient, on obtient que $\frac{1}{b} - \frac{1}{a} < 0$, c'est-à-dire que $\frac{1}{a} > \frac{1}{b}$.
- Si a et b appartiennent à $]0\,;+\infty[$, alors le dénominateur $(a \times b)$, produit de deux réels strictement positifs, est strictement positif. Par la règle des signes d'un quotient, on obtient que $\frac{1}{b} - \frac{1}{a} < 0$, c'est-à-dire que $\frac{1}{a} > \frac{1}{b}$.

Conséquence

Deux nombres non nuls et de même signe et leurs inverses sont rangés dans des ordres contraires.

c Fonction cube

Propriété La fonction cube est strictement croissante sur $\mathbb{R}$.

x	$-\infty$	$+\infty$
x^3	↗	

Conséquence

Deux nombres et leurs cubes sont rangés dans le même ordre.

Voir exercice n° 84

d Fonction racine carrée

Propriété La fonction racine carrée est strictement croissante sur l'intervalle $[0\,;+\infty[$.

x	0	$+\infty$
$\sqrt{x}$	0 ↗	

Démo

Démonstration

Soient deux réels a et b tels que $0 \leqslant a < b$. On doit comparer $\sqrt{a}$ et $\sqrt{b}$.
Comme $b > 0$, la somme $\sqrt{b} + \sqrt{a}$ ne s'annule pas et est strictement positive.

De plus $\sqrt{b} - \sqrt{a} = \frac{(\sqrt{b} - \sqrt{a}) \times (\sqrt{b} + \sqrt{a})}{\sqrt{b} + \sqrt{a}} = \frac{\sqrt{b}^2 - \sqrt{a}^2}{\sqrt{b} + \sqrt{a}} = \frac{b-a}{\sqrt{b} + \sqrt{a}}$.
On sait que $a < b$, donc le numérateur $(b-a)$ est strictement positif.
On en déduit que $\sqrt{b} - \sqrt{a} > 0$, c'est-à-dire que $\sqrt{a} < \sqrt{b}$.

Voir exercice Démo n° 41

Conséquence

Deux nombres positifs et leurs racines carrées sont rangés dans le même ordre.

Méthode

VIDÉO
Capacité 4

CAPACITÉ 4 Exploiter un logiciel ou une calculatrice pour décrire des variations

Énoncé On a filmé en chronophotographie le saut d'un skieur.
À l'aide d'un logiciel, on modélise la courbe suivie par le skieur dans les airs par celle de la fonction définie sur $[0;7]$ par $f(x)=-0{,}5x^2+3{,}5x$.
x désigne la distance parcourue (en mètre) par rapport à la position initiale et $f(x)$ désigne la hauteur atteinte par le skieur (en mètre).

1. a. Tracer la courbe représentative de f à la calculatrice.
b. En déduire le tableau de variations de f.
c. Quelle semble être la hauteur maximale du saut ?
2. Démontrer le résultat de la question **1. c.** en admettant les résultats du logiciel de calcul formel donnés ci-contre.

1	f(x):=-0.5*x^2+3.5*x → $f(x) := -\frac{1}{2}x^2+\frac{7}{2}x$
2	Factoriser(6.125-f(x)) → $\frac{(2x-7)^2}{8}$

Solution

1. a. On obtient la courbe ci-contre, où les axes sont gradués de 1 en 1.

Voir Livret

b. En utilisant l'instruction « Maximum », la fonction f paraît croissante sur $[0;3{,}5]$, puis décroissante sur $[3{,}5;7]$. On obtient alors le tableau de variations suivant de f.

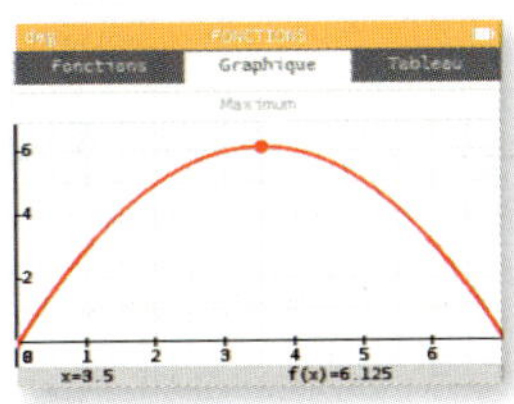

x	0	3,5	7
$f(x)$	0 ↗	6,125	↘ 0

On y indique les images par f de 0, de 3,5 et de 7 dans la 2e ligne.
c. Le maximum de f sur $[0;7]$ semble être 6,125.
Donc la hauteur du saut semble être 6,125 mètres.

2. On sait que $f(3{,}5)=-0{,}5\times3{,}5^2+3{,}5\times3{,}5=6{,}125$. En utilisant les résultats du logiciel, on a pour tout réel $x\in[0;7]$: $6{,}125-f(x)=\frac{1}{8}(2x-7)^2$.
Un carré étant positif, on obtient que pour tout réel $x\in[0;7]$, $6{,}125-f(x)\geqslant0$, c'est-à-dire $f(x)\leqslant6{,}125$.
Finalement, le maximum de f sur $[0;7]$ est bien 6,125.

Remarque
Les résultats du logiciel peuvent être démontrés en développant l'expression $\frac{1}{8}(2x-7)^2$.

Voir Chap. 03

Point méthode
1. b. La calculatrice ou un logiciel permettent de visualiser la courbe représentative d'une fonction f.
Les instructions « Trace », « Minimum » ou « Maximum » permettent de conjecturer son tableau de variations.
Voir Livret

Point méthode
2. Pour montrer que M est le maximum d'une fonction f sur un intervalle I, il faut trouver un réel c de I tel que $f(c)=M$, et montrer que pour tout réel x de I, on a :
$f(x)\leqslant M$, soit $M-f(x)\geqslant0$

J'applique

8 À l'aide de la calculatrice, conjecturer le tableau de variations de la fonction f définie sur $[-1;3]$ par :
$$f(x)=x^2(3-x)$$

9 En s'aidant d'une calculatrice ou d'un logiciel, démontrer que la fonction g définie sur $[0;4]$ par $g(x)=x^3-3x+8$ admet un minimum.

10 Reprendre l'exercice précédent dans le cas où :
$$g(x)=x^2-2x-3$$

11 On considère la fonction f définie sur $\mathbb{R}$ par :
$$f(x)=\frac{x^3}{3}-0{,}04x$$
La fonction f est-elle monotone sur $\mathbb{R}$?

Je **fais** le **point**

Je revois mon cours

Sens de variations d'une fonction

Fonction croissante sur un intervalle I

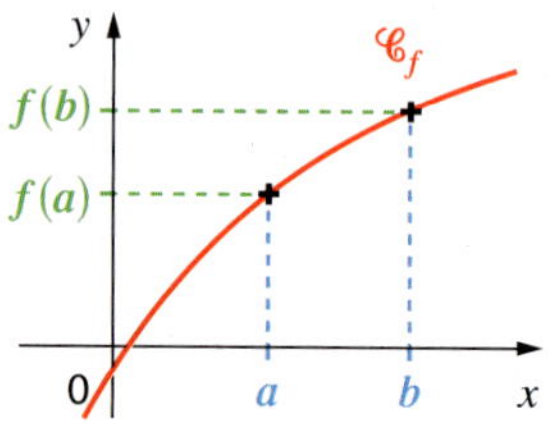

$f(a)$ et $f(b)$ sont dans le même ordre que a et b.

Fonction décroissante sur un intervalle I

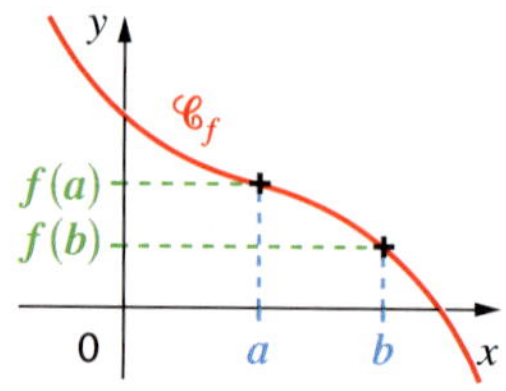

$f(a)$ et $f(b)$ sont dans l'ordre contraire à l'ordre de a et b.

Tableau de variations

Dans l'ordre croissant, les bornes de D et les valeurs en lesquelles f change de sens de variation.

x	a	x_1	x_2	b
$f(x)$	$f(a)$ ↘	$f(x_1)$ ↗	$f(x_2)$ ↘	$f(b)$

Images associées

Minimum et maximum

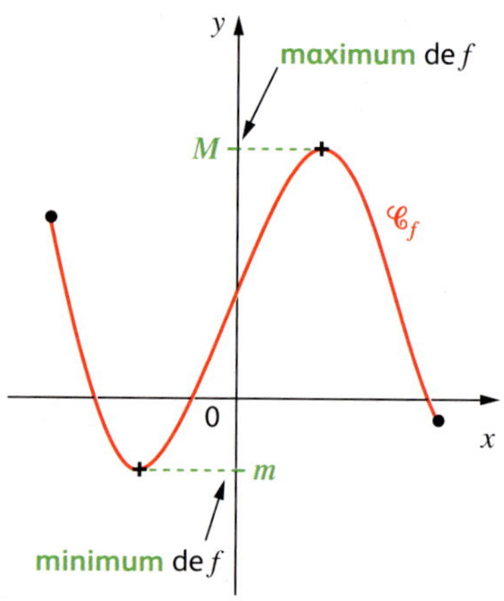

Cas des fonctions affines

f est une fonction affine définie sur $\mathbb{R}$ par :

$$f(x) = ax + b$$

Pour tous $x_1 \neq x_2$, on a :

$$a = \frac{f(x_2) - f(x_1)}{x_2 - x_1}$$

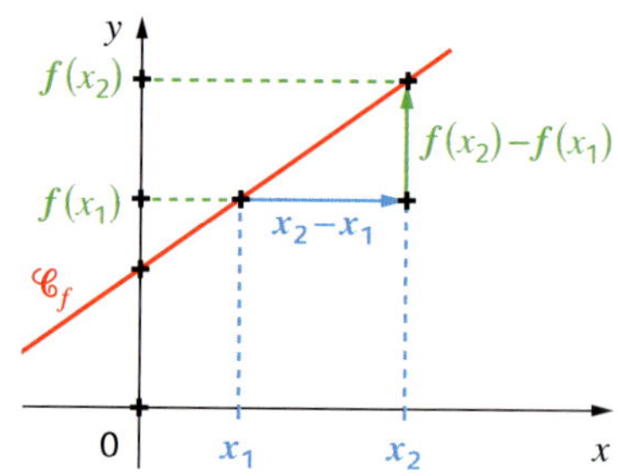

Si $a > 0$:

x	$-\infty$	$+\infty$
$ax+b$	↗	

Si $a < 0$:

x	$-\infty$	$+\infty$
$ax+b$	↘	

Fonctions de référence

Fonction carré

x	$-\infty$	0	$+\infty$
x^2	↘	0	↗

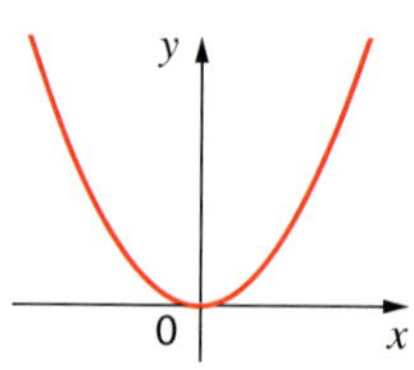

Fonction inverse

x	$-\infty$	0	$+\infty$
$\frac{1}{x}$	↘	‖	↘

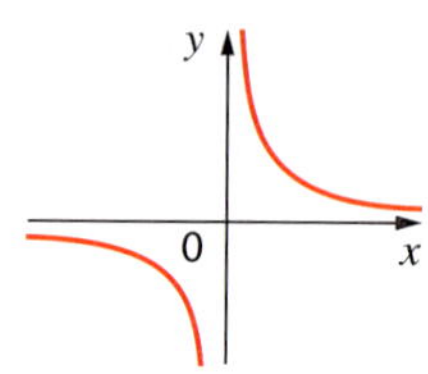

Fonction cube

x	$-\infty$	$+\infty$
x^3	↗	

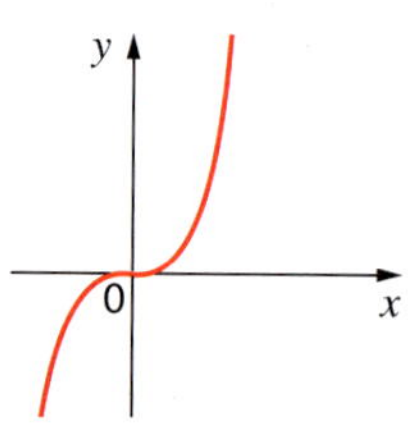

Fonction racine carrée

x	0	$+\infty$
$\sqrt{x}$	0 ↗	

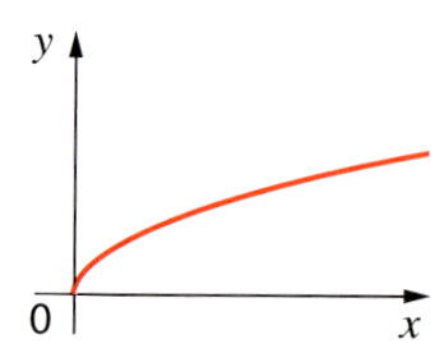

Je m'exerce à démontrer

Démo pas à pas

Résultat à démontrer ▶ **La fonction carré est strictement décroissante sur $]-\infty\,;0]$.**

Analyse des termes j'étudie l'énoncé

- Que signifie sur « $]-\infty\,;0]$ » ?

  La démonstration porte sur TOUS les réels inférieurs ou égaux à 0.

On ne se limite pas à calculer des valeurs particulières.

- Que signifie « être décroissante » ?
  Je m'aide de la courbe représentative de la fonction carré pour « visualiser » que pour tous réels $a < b \leqslant 0$:

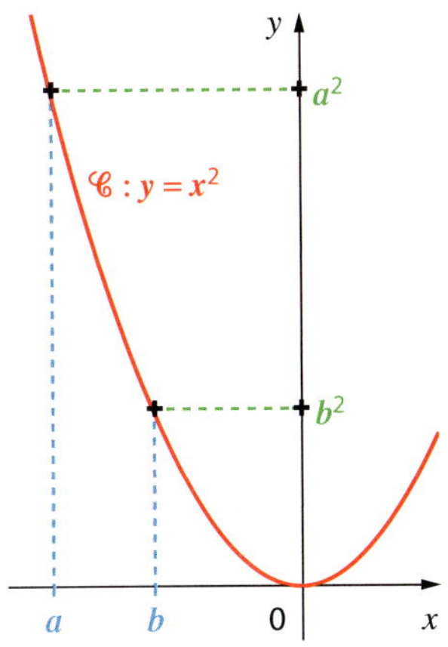

a^2 est plus grand que b^2 : **Bien !**

$a^2 > b^2$

La différence $a^2 - b^2$ est positive : **Encore mieux !**

$a^2 - b^2 > 0$

- Finalement je dois démontrer que pour tous réels $a < b \leqslant 0$, on a $a^2 - b^2 > 0$.

De l'hypothèse vers la conclusion j'organise mon raisonnement

- Je sais que … • $a < b$, c'est-à-dire : $a - b < 0$.
  • $a < 0$, a est de signe strictement négatif.
  • $b \leqslant 0$, b est de signe négatif.

Comment déterminer un signe ?

- Je veux montrer que : $a^2 - b^2 < 0$ (de signe négatif).
  Je reconnais une identité remarquable :

$$a^2 - b^2 = (a-b)\times(a+b)$$

Rédaction

Je connais et j'utilise la règle des signes d'un produit.

Pour tous réels $a < b \leqslant 0$ on a,
$a^2 - b^2 = (a-b)\times(a+b)$ avec :

- $a - b < 0$ car $a < b$.
- $a + b$ est la somme de deux nombres négatifs (avec $a \neq 0$). Cette somme est donc strictement négative.

Le produit de deux nombres strictement négatifs est strictement positif.

On a $a^2 - b^2 > 0$. Donc la fonction carré est strictement décroissante sur $]-\infty\,;0]$.

Démo à moi de jouer

Résultat à démontrer ▶ **La fonction inverse est strictement décroissante sur $]0\,;+\infty[$.**

Identifier l'erreur commise dans la copie ci-dessous et proposer une démonstration correcte du résultat demandé.

Pour tous réels a et b tels que $0 < a < b$, on a $\frac{1}{a} > 0$ et $-\frac{1}{b} < 0$.

Donc $\frac{1}{a} - \frac{1}{b} < 0$.

Donc la fonction inverse est strictement décroissante sur $]0\,;+\infty[$.

Je **fais** le **point**

J'évalue mes connaissances

VERSION INTERACTIVE ET CORRIGÉE

Voir corrigés

QCM

Pour chacune des questions, indiquer la (ou les) bonne(s) réponse(s).

Pour les questions **1.** à **3.**, on considère la fonction f définie par sa courbe représentative $\mathscr{C}$ ci-contre.

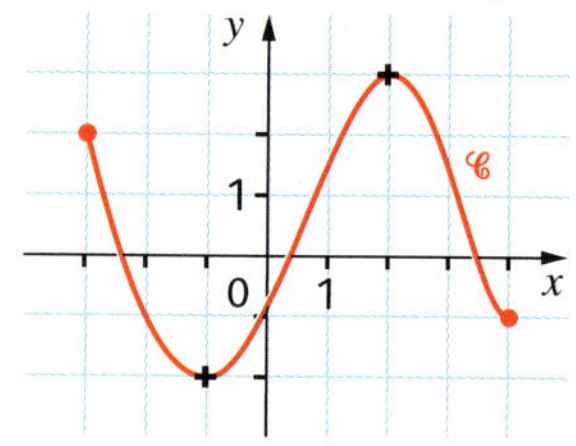

	a	b	c
1. La fonction f est croissante sur :	$[-3;4]$	$[-1;2]$	$[0;1]$
2. Le maximum de f sur $[-3;4]$ est :	2	3	4
3. Le tableau de variations de f est :	x : 2, −2, 3, −1 ; $f(x)$: −3 ↘ 0 ↗ 3 ↘ 1	x : −3, −2, 3, 4 ; $f(x)$: 2 ↘ −1 ↗ 2 ↘ −1	x : −3, −1, 2, 4 ; $f(x)$: 2 ↘ −2 ↗ 3 ↘ −1
4. Si g est une fonction croissante sur l'intervalle $[-2;6]$, alors :	on peut affirmer que $g(0) \leqslant g(3)$	on peut affirmer que $g(1) \geqslant g(4)$	on ne peut pas comparer de façon certaine $g(2)$ et $g(5)$
5. Si 15 est le maximum d'une fonction h définie sur un intervalle I, alors :	pour tout réel $x \in \mathrm{I}$, on a $h(x) \leqslant 15$	pour tout réel $x \in \mathrm{I}$, on a $h(x) \geqslant 15$	il existe (au moins) un réel a de I tel que $h(a) = 15$
6. Si 12 est le maximum d'une fonction k définie sur un intervalle I, alors :	12 est l'abscisse la plus grande possible des points de $\mathscr{C}_k$.	12 est l'ordonnée la plus grande possible des points de $\mathscr{C}_k$.	12 est l'image la plus grande possible des réels de I.
7. p est une fonction affine décroissante sur $\mathbb{R}$ qui s'annule en 2. Alors :	le coefficient directeur de la droite représentant p est égal à 2	l'ordonnée à l'origine de la droite représentant p vaut 2	x : $-\infty$, 2, $+\infty$; $p(x)$: + 0 −

vrai ou faux ?

Indiquer pour chaque affirmation si elle est vraie ou fausse. Justifier.

Partie A.

1. La fonction $f : x \mapsto 4 - 2x$ est croissante sur $\mathbb{R}$.

2. La fonction $g : x \mapsto 3x^2 + 1$ est croissante sur $\mathbb{R}$.

3. La fonction $h : x \mapsto -2x$ est décroissante sur $\mathbb{R}$.

4. La fonction $m : x \mapsto 5x + 2$ est positive sur $\mathbb{R}$.

5. La fonction n définie sur $\mathbb{R}$ par $n(x) = 3 - 4x$ est d'abord positive puis négative et s'annule en $-0{,}75$.

6. La fonction $c : x \mapsto x^2$ est croissante sur $\mathbb{R}$.

7. La fonction $i : x \mapsto \dfrac{1}{x}$ est décroissante sur $\mathbb{R}\backslash\{0\}$.

8. La fonction racine carrée admet un minimum sur l'intervalle $[0;+\infty[$, égal à 0.

Partie B.

Une fonction g admet le tableau de variations ci-dessous.

x	-3		-1		5
$g(x)$	2	↘	-3	↗	0

1. L'ensemble de définition de g est $[0;2]$.

2. L'image de -3 par g est égale à 2.

3. -3 est un antécédent de -1 par g.

4. 0 est le maximum de g sur $[-3;5]$.

5. Le minimum de g sur $[-3;5]$ est atteint en -3.

automatismes et calculs

Compétence Calculer

12 Résoudre dans $\mathbb{R}$ les équations suivantes.
1. $4x-2=x+5$ 2. $(2x-1)(-x+7)=0$

13 Résoudre dans $\mathbb{R}$ les équations suivantes.
1. $-6x+21=0$ 2. $2x-10=-4x$

14 Résoudre dans $\mathbb{R}$ les équations suivantes.
1. $(x+2)+(2x-4)=0$ 2. $(x+2)(2x-4)=0$

15 Résoudre dans $\mathbb{R}$ les inéquations suivantes.
1. $-2x \leqslant -x+130$ 2. $2x-4>-x+2$

16 Résoudre dans $\mathbb{R}$ les équations suivantes.
1. $x^2=25$ 2. $x^2+1=0$
3. $x^2=-16$ 4. $3x^2=0$

17 Résoudre les équations suivantes.
1. $\frac{1}{x}=3$ 2. $x^3=64$ 3. $\sqrt{x}=5$

18 Dans chacun des cas suivants, construire le tableau de signes de la fonction f sur $\mathbb{R}$.
1. $f(x)=4x-12$ 2. $f(x)=-0{,}5x+3$

19 Dans chacun des cas suivants, construire le tableau de signes de la fonction f sur $\mathbb{R}$.
1. $f(x)=-2x+1{,}2$ 2. $f(x)=1{,}5x+6$

20 Dans chacun des cas suivants, construire le tableau de signes de la fonction f sur $\mathbb{R}$.
1. $f(x)=(-3x+15)(0{,}2x+3)$
2. $f(x)=(-0{,}5x+2)(-x-5)$

21 Les fonctions f et g sont définies sur $[-2;2]$ par $f(x)=3x^2+1$ et $g(x)=x^3-x+4$.
1. À l'aide d'une calculatrice, résoudre graphiquement l'équation $f(x)=g(x)$.
2. À l'aide d'une calculatrice, résoudre graphiquement l'inéquation $f(x)\leqslant g(x)$.

22 Résoudre dans $\mathbb{R}$ les inéquations suivantes.
1. $-3x+1>x+7$ 2. $5x-4\geqslant 2x+8$

23 Résoudre les inéquations suivantes.
1. $\frac{1}{x}>8$ 2. $x^3<-0{,}001$ 3. $\sqrt{x}\leqslant 3$
4. $\frac{1}{x}<-2$ 5. $x^3>-1000$ 6. $\sqrt{x}>2$

24 Résoudre dans $\mathbb{R}$ les inéquations suivantes.
1. $(2x+6)(-x+4)<0$ 2. $(-2x-3)(x+5)\geqslant 0$

25 Résoudre dans $\mathbb{R}$ les inéquations suivantes.
1. $(x+3)(3x-12)>0$ 2. $(x+3)(2x+8)\leqslant 0$

26 Comparer a^2 et b^2 dans chacun des cas suivants.
1. $a=10^3$ et $b=10^2$ 2. $a=10^{-3}$ et $b=10^{-2}$
3. $a=10^3$ et $b=10^{-3}$ 4. $a=-10^{-5}$ et $b=-10^{-4}$

27 Comparer $\frac{1}{a}$ et $\frac{1}{b}$ dans chacun des cas suivants.
1. $a=10^3$ et $b=10^2$ 2. $a=10^{-3}$ et $b=10^{-2}$
3. $a=10^3$ et $b=10^{-3}$ 4. $a=-10^{-5}$ et $b=-10^{-4}$

28 Comparer a^3 et b^3 dans chacun des cas suivants.
1. $a=10^3$ et $b=10$
2. $a=10^{-1}$ et $b=-10^{-2}$
3. $a=-10$ et $b=10$
4. $a=-10^{-1}$ et $b=-10^{-2}$

29 Comparer si possible $\sqrt{a}$ et $\sqrt{b}$ dans chacun des cas suivants.
1. $a=10^3$ et $b=10$ 2. $a=10^{-1}$ et $b=10^{-2}$
3. $a=-10$ et $b=10$ 4. $a=-10^{-1}$ et $b=-10^{-2}$

30 On considère la fonction f définie sur $\mathbb{R}$ par :
$$f(x)=\sqrt{x^2-4x+20}$$
1. Calculer les images par f de -1 et 2.
2. Résoudre l'équation $f(x)=\sqrt{20}$.

31 On considère la fonction f définie sur $\mathbb{R}$ par :
$$f(x)=1+\frac{3}{2+x^2}$$
1. Calculer $f(2)$, $f(3)$ et $f(-4)$.
2. Les points $A(0;2{,}5)$ et $B(-1;4)$ appartiennent-ils à la courbe représentative de f ?

32 Développer les expressions suivantes.
1. $A=(2x+5)^2$
2. $B=(x-3)(2x-7)$

33 Développer les expressions suivantes.
1. $A=(3x+5)^2+(3x+5)(2x-8)$
2. $B=(2x+3)^2-(x+1)(x+7)$

34 Factoriser les expressions suivantes.
1. $A=36x^2-4$
2. $B=(3x+5)^2+(3x+5)(2x-8)$
3. $C=(x+2)^2-(5x+1)(x+2)$

35 Factoriser les expressions suivantes.
1. $A=(4x+3)^2-(3x+1)^2$
2. $B=(x+1)(2x-3)+2(x+1)(x+3)$
3. $C=(3x-2)(x+2)-3(x+2)(2x+1)$

exercices Application

Exercices INTERACTIFS kwyk

Connaître le cours

36 Deux diaporamas pour faire le point sur le cours.

ACTIVITÉS MENTALES RAPIDES

37 On considère une fonction f définie sur $\mathbb{R}$. Compléter les pointillés.

1. On suppose que f est croissante sur $\mathbb{R}$.
- Si la variable x augmente, alors l'image $f(x)$ ...
- Si la variable x diminue, alors l'image $f(x)$ ...

2. On suppose que f est décroissante sur $\mathbb{R}$.
- Si la variable x augmente, alors l'image $f(x)$ ...
- Si la variable x diminue, alors l'image $f(x)$ ...

3. Si 8 est le minimum de f, alors pour tout réel x, on sait que $f(x)...8$.

4. Si 5 est le maximum de f, alors pour tout réel x, on sait que $f(x)...5$.

Démo

38 **1.** Soit une fonction f définie sur un intervalle I, et deux nombres réels distincts x_1 et x_2 de I.
Exprimer le taux d'accroissement de f entre x_1 et x_2.

2. On suppose que la fonction f est affine, définie sur $\mathbb{R}$ par $f(x)=ax+b$ avec a et b des réels.

a. Justifier que le taux d'accroissement de f entre deux réels distincts x_1 et x_2 est constant, c'est-à-dire indépendant des valeurs x_1 et x_2 choisies.

b. Que peut-on en déduire pour le sens de variation de f sur $\mathbb{R}$?

39 Parmi les fonctions suivantes, lesquelles sont affines ? Donner leur sens de variation. Justifier.

1. $f(x)=-5x+2$ **2.** $g(x)=2x^2+5$

3. $h(x)=3x+2-(x+3)$ **4.** $i(x)=\dfrac{2x-4}{x}$

5. $j(x)=\sqrt{3x+4}$ **6.** $k(x)=\dfrac{2x-4}{3}$

Démo

40 On note f la fonction carré.

1. Soient a et b deux réels tels que $0 \leqslant a < b$.

a. Factoriser l'expression $f(b)-f(a)$.

b. Quel est le signe de $(b-a)$? Et celui de $(a+b)$?

c. En déduire le signe de $f(b)-f(a)$.

d. Quel est le sens de variation de f sur $[0;+\infty[$?

2. Démontrer le sens de variation de f sur $]-\infty;0]$ en utilisant une démarche analogue à la question **1.**

Démo

41 On note f la fonction racine carrée.
Soient a et b deux réels tels que $0 \leqslant a < b$.

1. Justifier que $\sqrt{b}+\sqrt{a}>0$.

2. Montrer que $f(b)-f(a)=\dfrac{b-a}{\sqrt{b}+\sqrt{a}}$.

3. En déduire le signe de $f(b)-f(a)$.

4. Conclure sur le sens de variation de f sur $[0;+\infty[$.

Travailler les capacités du chapitre

CAPACITÉ 1 **Mettre en relation représentation graphique et tableau de variations**

42 Dresser le tableau de variations de la fonction f représentée ci-dessous.

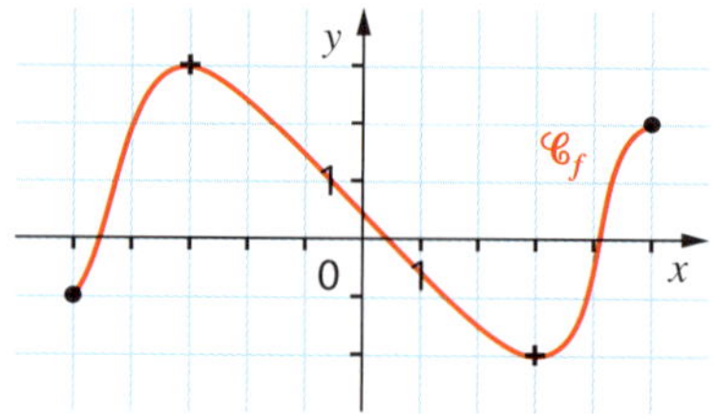

43 Dresser le tableau de variations de la fonction f représentée ci-dessous.

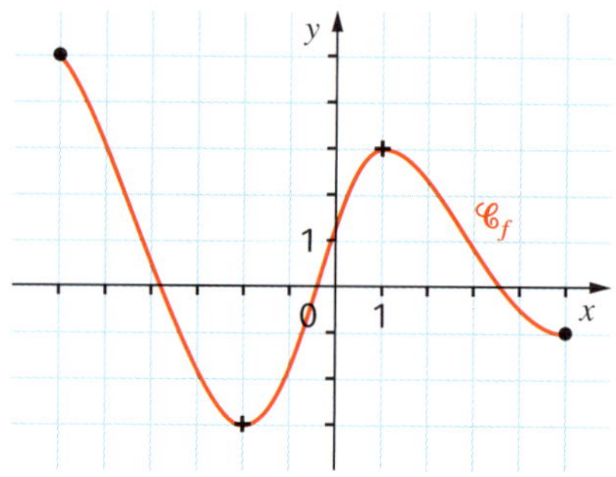

44 On considère une fonction f dont on donne ci-dessous le tableau de variations.

x	-2	0	1	4
$f(x)$	0 ↘	-3 ↗	2 ↘	-1

1. Quel est l'ensemble de définition de f ?

2. Quelle est l'image de 0 par f ?

3. Préciser les intervalles sur lesquels f est croissante, puis ceux sur lesquels f est décroissante.

4. Tracer une représentation graphique possible pour la fonction f.

45 Une fonction f est définie sur $[0;5]$.
On suppose que f est croissante sur $[0;2]$ et sur $[4;5]$, décroissante sur $[2;4]$ et que :
- $f(0)=1$
- $f(2)=3$
- $f(3)=f(5)=0$
- $f(4)=-1$

1. Dresser le tableau de variations de f.

2. Tracer une représentation graphique possible pour la fonction f.

3. L'équation $f(x)=4$ admet-elle des solutions ? Justifier.

4. Préciser sur quel(s) intervalle(s) les images $f(x)$ sont négatives.

CAPACITÉ 2 Déterminer graphiquement les extremums d'une fonction

46 La fonction f est définie par sa courbe représentative ci-contre.

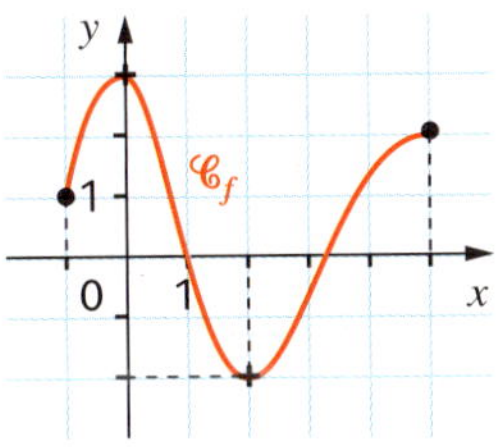

1. Préciser l'ensemble de définition de f.
2. Quel est le maximum de f sur $[-1;5]$? En quel réel est-il atteint ?
3. Mêmes questions pour le minimum.

47 Soit le tableau de variations d'une fonction f.

x	-1		1		3		4
$f(x)$	-1	↗	3	↘	-2	↗	2

1. Quelle est l'image de 3 par f ? Et celle de -1 ?
2. Les courbes suivantes peuvent-elles représenter la fonction f ?

a.

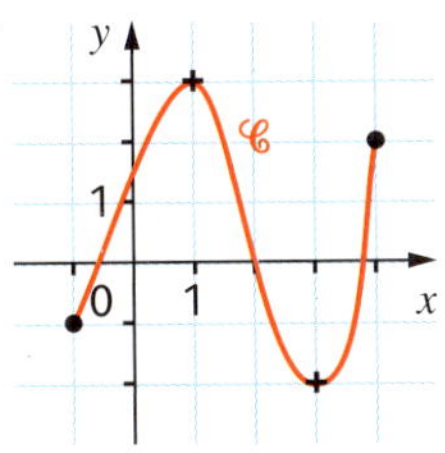

b.

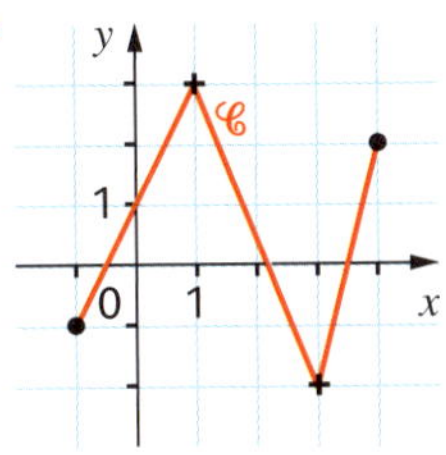

3. a. Quel est le maximum de f ? Préciser en quel réel il est atteint.
b. Même question pour le minimum.

48 1. Construire l'allure de la courbe représentative de la fonction carré.
2. En déduire le minimum et le maximum de la fonction carré sur $[-1;4]$.
3. Même question sur $[-3;2]$.

49 1. Dresser le tableau de variations de la fonction inverse sur les intervalles suivants.
a. $[2;5]$ b. $[-10;-2]$
2. En déduire le minimum et le maximum de la fonction inverse sur ces intervalles.

CAPACITÉ 3 Relier sens de variations, signe et droite représentative d'une fonction affine

50 Les fonctions définies ci-dessous sont-elles affines ?
Si oui, préciser leur sens de variation, puis les représenter graphiquement dans un repère orthonormé.
1. $f(x)=-5x+1$ 2. $g(x)=2x^2-3$
3. $h(x)=3+\dfrac{x}{2}$ 4. $j(x)=\dfrac{2x-1}{5}$

51 Reprendre l'exercice précédent avec ces expressions.
1. $f(x)=3-\dfrac{2}{x}$ 2. $g(x)=-0{,}5x$
3. $h(x)=1$ 4. $j(x)=\sqrt{x+2}$

52 1. Déterminer le tableau de variations de la fonction f définie sur $[-2;1]$ par $f(x)=5x+4$.
2. Déterminer le tableau de variations de la fonction g définie sur $[-3;7]$ par $g(x)=3-0{,}25x$.

53 Les fonctions affines f, g, h et k sont représentées ci-contre.

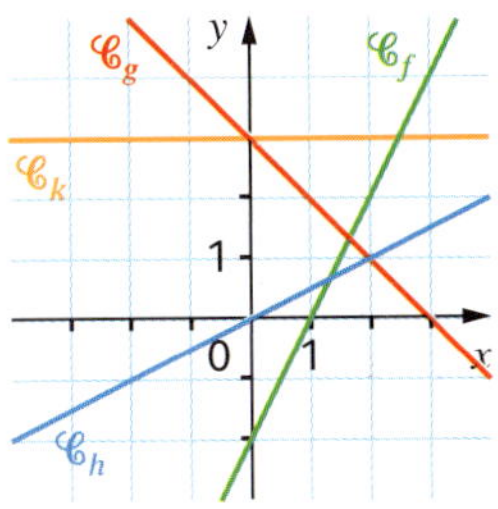

1. Préciser le sens de variation de f, g, h puis k sur $\mathbb{R}$.
2. Confirmer en déterminant les expressions algébriques des fonctions f, g, h et k.

54 On donne le tableau de variations de la fonction affine définie par $f(x)=ax+b$.

x	$-\infty$	2	$+\infty$
$f(x)$	↘	0	↘

1. Quel est le signe de a ?
2. Déterminer le signe de b.
3. Expliquer pourquoi le tableau permet d'écrire :
$$2a+b=0$$
4. Déterminer a et b sachant que la droite représentative de f passe par le point de coordonnées (0 ; 6).

55 On donne le tableau de variations de la fonction affine définie par $f(x)=ax+b$.

x	$-\infty$	-4	$+\infty$
$f(x)$	↗	0	↗

1. Quel est le signe de a ?
2. Déterminer le signe de b.
3. D'après le tableau, l'image de -4 est 0.
Traduire cette information par une égalité faisant intervenir a et b.
4. Déterminer a et b sachant que l'image de 0 est 8.

CAPACITÉ 4 Exploiter un logiciel ou une calculatrice pour décrire des variations

56 On considère la fonction f définie sur $[2;5]$ par :
$$f(x)=\frac{1}{x}+3$$
1. À l'aide de la calculatrice, conjecturer le sens de variation de f.
2. Démontrer cette conjecture.
3. Préciser les extremums de f sur $[2;5]$.

Exercices Entraînement

1 Variations d'une fonction et extremums

57 QCM

On a représenté ci-contre une fonction f.
Déterminer toutes les bonnes réponses.

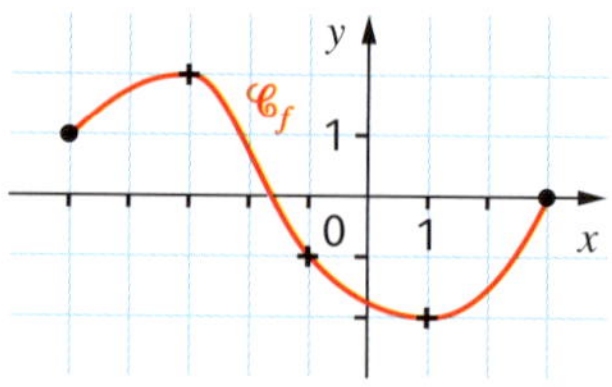

1. La fonction f est croissante sur :
a. $[-5;-3]$ b. $[-2;0]$ c. $[1;3]$

2. Le maximum de f sur $[-5;3]$ est :
a. 3 b. 2 c. −3

3. Le minimum de f sur $[-5;3]$ est atteint en :
a. −5 b. −2 c. 1

58 LOGIQUE Soit une fonction f définie sur $[-3;4]$.

1. On suppose dans cette question que la fonction f est croissante sur $[-3;4]$.
Peut-on affirmer que $f(-3) \leqslant f(4)$?

2. On suppose dans cette question que $f(-3) \leqslant f(4)$.
Peut-on affirmer que la fonction f est croissante sur l'intervalle $[-3;4]$?

59 Vrai ou faux ?

On considère une fonction f définie sur $[-10;10]$.
Préciser si les affirmations suivantes sont vraies ou fausses.

1. On suppose que f est croissante sur $[-10;10]$.
Le maximum de f sur $[-10;10]$ est $f(10)$.

2. On suppose que f est décroissante sur $[-10;10]$.
Le minimum de f sur $[-10;10]$ est atteint en 10.

3. On suppose que f est croissante sur $[-10;2]$ et décroissante sur $[2;10]$. Alors le maximum de f sur $[-10;10]$ est atteint en 10.

60 Construire un tableau de variations

Soit la fonction f définie par sa courbe représentative ci-dessous.

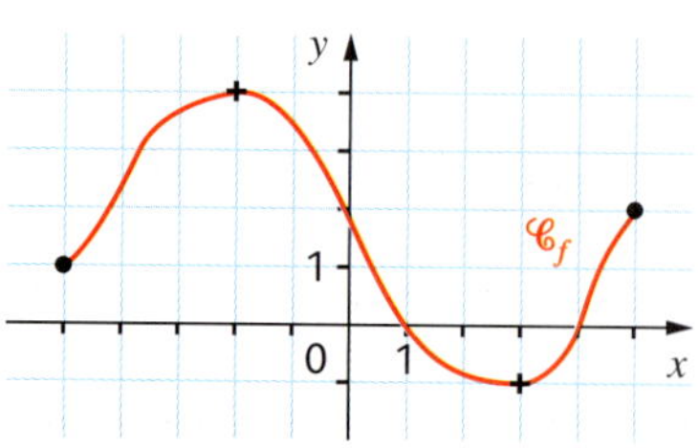

1. Dresser le tableau de variations de f.

2. Quel est le maximum de f ? En quelle(s) valeur(s) est-il atteint ?

3. Peut-on affirmer que pour tout réel $x \in [-5;5]$, on a $f(x) \geqslant -1$? Justifier.

61 Construire une courbe représentative

Une fonction g est définie sur $[-3;4]$ telle que :
- g est croissante sur $[-3;-1]$ et sur $[2;4]$.
- g est décroissante sur $[-1;2]$.
- le maximum de g est 2, le minimum est −1.
- l'équation $f(x)=1$ admet exactement deux solutions : −2 et 0.

Tracer une courbe représentative possible de g.

62 Vrai ou faux ?

On considère une fonction f définie sur $[-5;6]$, dont on donne le tableau de variations.

x	−5		−1		3		6
$f(x)$	8	↘	2	↗	5	↘	−4

Pour chacune des affirmations suivantes, préciser si elle est vraie ou fausse.

1. Pour tout réel $x \in [-5;-1]$, $2 \leqslant f(x) \leqslant 8$.

2. Pour tout réel $x \in [-5;3]$, $2 \leqslant f(x) \leqslant 8$.

3. Pour tout réel $x \in [-1;6]$, $2 \leqslant f(x) \leqslant 5$.

4. Pour tout réel $x \in [-5;6]$, $-4 \leqslant f(x) \leqslant 8$.

63 Compétence Modéliser

On considère les cas suivants, où $ABCD$ est un carré de côté 4. La longueur AM est représentée par x et l'aire de la partie colorée par $f(x)$.

①

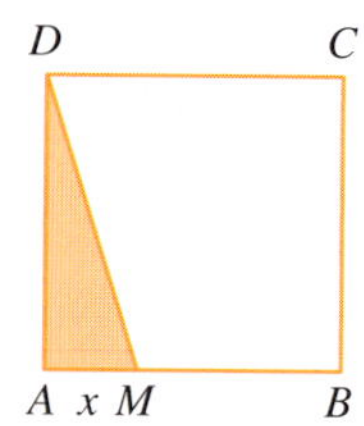

② $AMPN$ est un carré

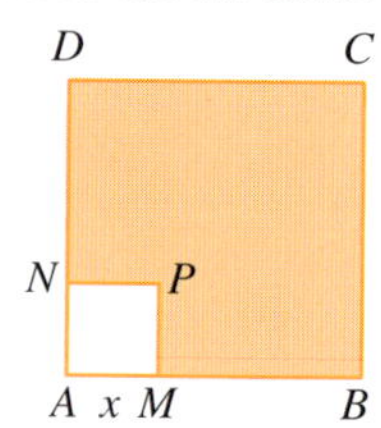

Pour chaque cas, répondre aux questions suivantes.

1. Compléter la phrase suivante.
Lorsque la longueur x augmente, l'aire $f(x)$ …

2. Que peut-on en déduire sur le sens de variation de la fonction f ?

3. Construire le tableau de variations de f.

64 On considère une fonction f admettant le tableau de variations suivant.

x	−2		1		3		6		12
$f(x)$	1	↗	5	↘	−3	↗	−1	↘	−4

1. Comparer, si c'est possible, les nombres suivants.
a. $f(0)$ et $f(2)$ b. $f(-1)$ et $f(3)$ c. $f(2)$ et $f(\pi)$

2. L'équation $f(x)=0$ admet-elle une solution ?

3. Peut-on affirmer que pour tout réel x de $[-2;12]$, on a $-4 \leqslant f(x) \leqslant 5$? Pourquoi ?

Analyse d'un énoncé

65 Exercice commenté

On donne le tableau de variations d'une fonction f définie sur l'intervalle $[-4;5]$.

x	-4		1		5
$f(x)$	-3	↗	4	↘	-1

1. Préciser le maximum de f. En quel réel est-il atteint ?

2. Même question pour le minimum.

3. Tracer une courbe représentative possible de f.

➋ Le tableau de variations de f permet de placer les points d'abscisses -4 ; 1 et 5 et donne des indications pour les relier : en *montant* ou en *descendant*.

4. Déterminer le nombre de solutions des équations suivantes.

a. $f(x)=-2$ **b.** $f(x)=1$ **c.** $f(x)=5$

➋ La courbe et le tableau permettent de savoir si les équations ont des solutions, et combien.

66 Application immédiate

On définit sur $[-2;2]$ la fonction f par $f(x)=x^3-3x$.
On admet que le tableau de variations de f est le suivant.

x	-2		-1		1		2
$f(x)$	-2	↗	2	↘	-2	↗	2

1. Tracer une courbe représentative possible de la fonction f.

2. a. Proposer un réel k tel que l'équation $f(x)=k$ admette exactement deux solutions.

b. Existe-t-il un réel m tel que l'équation $f(x)=m$ admette exactement trois solutions ?

67 Exploiter un tableau de variations

La fonction f admet le tableau de variations ci-dessous.

x	-5		-2		0		3
$f(x)$	10	↘	2	↗	4	↘	-2

1. Quel est l'ensemble de définition de f ?

2. Quelle est l'image de -2 par f ? Et celle de 0 ?

3. Préciser les extremums de f sur $[-5;3]$.

4. Encadrer $f(x)$ lorsque $x\in[-5;3]$.

68 On considère la fonction f dont on donne le tableau de variations ci-dessous.

x	-4		1		7		10
$f(x)$	3	↘	-5	↗	2	↘	-1

1. Pourquoi peut-on affirmer que pour tout réel x de l'intervalle $[-4;10]$, on a $-5\leqslant f(x)\leqslant 3$?

2. Donner un encadrement des images suivantes.

a. $f(4)$ **b.** $f(5\sqrt{2})$ **c.** $f(9{,}6)$

3. Comparer, si c'est possible, les nombres suivants.

a. $f(-3)$ et $f(2)$ **b.** $f(0)$ et $f(1)$

69 Compétence Modéliser

Un parc d'attraction fait une étude de marché sur un nouveau manège à sensation dont la durée est comprise entre une et huit minutes.
La fonction de satisfaction f mesure la proportion (en %) de consommateurs satisfaits en fonction de la durée x de l'attraction en minute ($1\leqslant x\leqslant 8$).
On estime que $f(x)=-0{,}4x^3+0{,}3x^2+20x+35$.
On donne ci-dessous la courbe représentative de f.

1. Quel est le niveau de satisfaction lorsque l'attraction dure 4 minutes ? 5 minutes ?

2. Est-il possible que 100 % des consommateurs soient satisfaits ?

3. Déterminer les durées possibles pour qu'au moins 80 % des consommateurs soient satisfaits.

4. On dit qu'*il y a envie* lorsque f est croissante.
Donner un intervalle sur lequel *il y a envie*.

5. Utiliser les fonctionnalités de la calculatrice pour confirmer ou infirmer le résultat de la question **4**.

70 Compétence Modéliser

Le graphique ci-dessous représente l'évolution de la glycémie (concentration en glucose dans le sang, en g/L) au cours du temps, exprimé en heure.

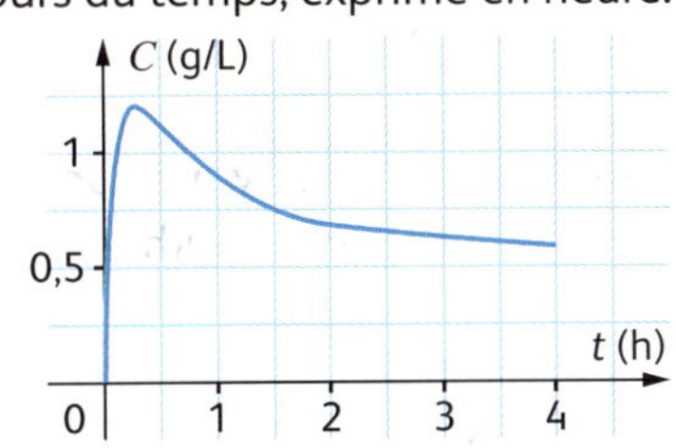

1. Quelle est la glycémie au bout de 30 minutes ? Et au bout d'1 h ?

2. Dresser le tableau de variations de la fonction f représentée sur ce graphique.

3. a. À quel instant, en minute, la glycémie atteint-elle pour la première fois la valeur 1 g/L ?

b. Combien de temps, en minute, la glycémie met-elle pour *redescendre* à 1 g/L ?

4. Peut-on affirmer qu'à partir de 1 h, la glycémie décroît en ralentissant ?

exercices Entraînement

2 Cas des fonctions affines

71 Le graphique ci-dessous donne l'évolution du nombre d'internautes dans le monde, en milliard, entre 2005 et 2017.

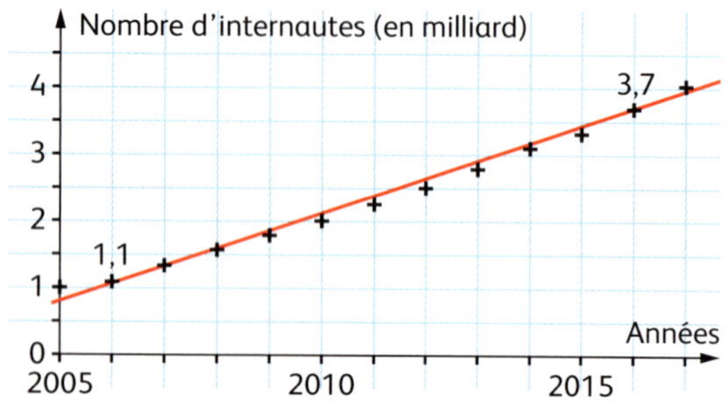

source : journaldunet.com

On modélise cette évolution par une fonction affine f, où la variable x est le nombre d'années écoulées depuis 2005.
Cela signifie que $f(x)$ estime le nombre d'internautes dans le monde, en milliard, pour l'année $(2005+x)$.
On choisit de prendre $f(1)=1{,}1$ et $f(11)=3{,}7$.

1. Quel est l'accroissement moyen annuel du nombre d'internautes dans le monde ?
En déduire l'expression de $f(x)$ en fonction de x.

2. Préciser le sens de variation de f. Comment peut-on l'interpréter dans le contexte de l'exercice ?

3. À l'aide du modèle, estimer le nombre d'internautes dans le monde en 2011 et en 2020.

Analyse d'un énoncé

72 Exercice commenté

Soit f la fonction définie sur $\mathrm{I}=[-4\,;3]$ par :

$$f(x)=-x-2$$

1. Dresser le tableau de variations de f sur I.

➜ Le sens de variation est donné par le signe du coefficient directeur.

2. Quels sont le minimum et le maximum de f sur son ensemble de définition ?

➜ Pour une fonction affine, les extremums sont atteints aux bornes du tableau de variations.

3. Sans calcul, comparer $f(-2)$ et $f(1)$.

➜ On utilise le sens de variation de f.

73 Application immédiate

Soit f la fonction définie sur $\mathrm{I}=[-5\,;2]$ par :

$$f(x)=0{,}25x+0{,}75$$

1. Donner le tableau de variations de f sur I.

2. Quels sont les extremums de f sur I ?

3. Sans calcul, comparer $f(0{,}5)$ et $f(1{,}25)$.

74 f est une fonction affine strictement décroissante telle que $f(3)=5$. Indiquer, lorsque cela est possible, le signe des images suivantes.

1. $f(0)$ **2.** $f(\pi)$ **3.** $f(-2)$ **4.** $f(10)$

75 LOGIQUE La fonction f est linéaire et est représentée par la droite $\mathscr{D}$.
On sait que $A(x_A\,;y_A)\in\mathscr{D}$, avec $x_A\neq 0$.
Recopier et compléter les phrases suivantes à l'aide des mots « croissante », « décroissante » ou « constante ».

1. Si $x_A>0$ et $y_A>0$, alors f est … sur $\mathbb{R}$.

2. Si $x_A<0$ et $y_A>0$, alors f est … sur $\mathbb{R}$.

3. Si $x_A>0$ et $y_A=0$, alors f est … sur $\mathbb{R}$.

4. Si $x_A>0$ et $y_A<0$, alors f est … sur $\mathbb{R}$.

5. Si $x_A<0$ et $y_A<0$, alors f est … sur $\mathbb{R}$.

76 LOGIQUE **Vrai ou Faux ?**

Préciser dans chaque cas si l'affirmation est vraie ou fausse. Justifier.

1. Si une fonction f est strictement croissante sur $\mathbb{R}$, alors $f(-2)<f(2)$.

2. Si, pour une fonction f, $f(-2)<f(2)$, alors f est une fonction strictement croissante sur $\mathbb{R}$.

3. Si, pour une fonction affine f, $f(-2)<f(2)$, alors f est une fonction strictement croissante sur $\mathbb{R}$.

4. Si, pour une fonction affine f, $f(-2)=f(2)$, alors f est une fonction constante sur $\mathbb{R}$.

5. Si, pour une fonction linéaire f, $f(-2)<0$, alors f est une fonction strictement croissante sur $\mathbb{R}$.

77 PRISE D'INITIATIVES Sur le segment $[AB]$ de longueur 10, on place un point M. On note x la longueur AM. $AMCD$ et $MBEF$ sont des carrés.
Quel est le sens de variation de la fonction f qui au nombre x de l'intervalle $[0\,;10]$ associe la longueur de la ligne polygonale $ADCFEB$?

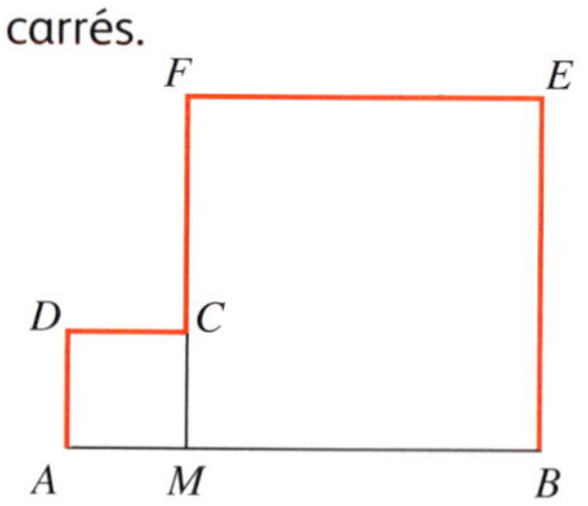

3 Fonctions de référence

78 **1.** Quel est le sens de variation de la fonction cube sur l'intervalle $[0\,;+\infty[$?

2. En déduire le sens de variation de la fonction qui au rayon d'une boule associe son volume.

3. a. Une boule a un rayon compris entre 10 et 15 cm. Encadrer le plus précisément possible son volume.

b. Encadrer entre deux entiers consécutifs le rayon d'une boule de volume 1 000 cm^3.

79 Compétence Modéliser **Sécurité routière**

Sur une route sèche et horizontale, la distance de freinage D, en mètre, d'une voiture à partir de l'instant où le conducteur appuie sur le frein est donnée par la formule $D = \frac{v^2}{2 \times g \times c}$, où :

- v est la vitesse à l'instant du freinage, en m/s.
- $g = 9{,}81\,\text{m/s}^2$ (accélération de la pesanteur).
- c est le « coefficient de frottement longitudinal », dépendant de la nature et de la qualité du revêtement. Ici, on prendra $c = 0{,}7$.

1. a. Justifier que lorsque la vitesse à l'instant du freinage est de 50 km/h, la distance de freinage vaut environ 14 m.

b. Quelle est la distance de freinage lorsque la vitesse à l'instant du freinage est de 110 km/h ?

2. Étudier les variations de la fonction définie sur l'intervalle $[0\,;+\infty[$ par $f : v \mapsto D$. Interpréter pour la situation étudiée.

3. La distance de freinage D est-elle proportionnelle à la vitesse v ?

80 Compétence Raisonner **Variations de la fonction carré : une deuxième méthode**

1. Rappeler les variations de la fonction carré sur $\mathbb{R}$.

2. Soient a et b deux réels quelconques de l'intervalle $[0\,;+\infty[$ vérifiant $a < b$.

a. Écrire l'inégalité obtenue en multipliant cette inégalité par a positif.

b. Écrire l'inégalité obtenue en multipliant cette inégalité par b positif.

c. En déduire une comparaison de a^2 et b^2.

Conclure sur le sens de variation de la fonction carré sur l'intervalle $[0\,;+\infty[$.

3. Interprétation : on considère un réel x positif.

Exprimer l'aire d'un carré de côté x en fonction de x.

Que peut-on dire de cette aire lorsque x augmente ?

4. En utilisant une méthode analogue à celle de la question **2.**, démontrer le sens de variation de la fonction carré sur l'intervalle $]-\infty\,;0]$.

81 Une étoile de température T (en Kelvin K) émet une lumière dont le spectre présente un maximum d'intensité, atteint pour la longueur d'onde λ_{max} (en mètre).

La loi de Wien relie ces deux grandeurs par la relation :

$$\lambda_{\text{max}} = \frac{2{,}898 \times 10^{-3}}{T}$$

1. Étudier le sens de variation de la fonction f définie sur l'intervalle $]0\,;+\infty[$ par $f : T \mapsto \lambda_{\text{max}}$.

2. Deux étoiles A et B ont des longueurs d'onde maximale λ_A et λ_B telles que $\lambda_A < \lambda_B$.

Comparer leurs températures.

3. Encadrer les longueurs d'onde maximales des étoiles jaunes comme le soleil.

Classe	Température	Couleur
O	$> 25\,000$ K	bleue
B	10 000 – 25 000 K	bleue-blanche
A	7 500 – 10 000 K	blanche
F	6 000 – 7 500 K	jaune-blanche
G	5 000 – 6 000 K	jaune (comme le soleil)
K	3 500 – 5 000 K	jaune-orange
M	$< 3\,500$ K	rouge

82 Compétence Raisonner **Variations de la fonction inverse : une deuxième méthode**

1. Rappeler les variations de la fonction inverse sur son domaine de définition.

2. Soient a et b deux réels quelconques de l'intervalle $]0\,;+\infty[$ vérifiant $a < b$.

a. Écrire l'inégalité obtenue en divisant cette inégalité par ab positif.

b. En déduire une comparaison de $\frac{1}{a}$ et $\frac{1}{b}$.

Conclure sur les variations de la fonction inverse sur l'intervalle $]0\,;+\infty[$.

3. Interprétation : on considère un rectangle de côté x strictement positif et d'aire fixe égale à 1 unité. Exprimer la longueur de l'autre côté de ce rectangle en fonction de x.

Que peut-on dire de cette longueur lorsque x augmente ?

4. En utilisant une méthode analogue à celle de la question **2.**, démontrer les variations de la fonction inverse sur l'intervalle $]-\infty\,;0[$.

83 En assimilant la trajectoire d'un satellite tournant autour de la Terre à un cercle, on peut montrer que sa vitesse v de rotation (en m/s) vérifie :

$$v = \sqrt{\frac{G \times M}{r}}$$

où r est la distance (en m) entre le satellite et le centre de la Terre, M est la masse de la Terre (en kg) et G est la constante de gravitation universelle.

1. Que peut-on dire de la vitesse v de rotation lorsque la distance r augmente ?

Que peut-on en déduire pour la fonction $f : r \mapsto v$?

2. On donne $G = 6{,}67 \times 10^{-11}$ et $M = 5{,}97 \times 10^{24}$.

Sachant que le rayon de la Terre est $R = 6\,370$ km, déterminer l'altitude d'un satellite géostationnaire, c'est-à-dire d'un satellite ayant la même vitesse de rotation que la Terre.

84 Compétence Raisonner

Variations de la fonction cube

On note f la fonction cube, définie sur $\mathbb{R}$.

Soient a et b deux réels distincts tels que $a < b$.

L'objectif de l'exercice est de démontrer que $a^3 < b^3$.

1. On suppose ici que $a \leqslant 0$ et que $b \geqslant 0$.

a. Quel est le signe de a^3 ? Et celui de b^3 ?

b. En déduire la comparaison de a^3 et b^3.

2. On suppose que $0 \leqslant a < b$.

a. Comparer a^2 et b^2.

b. Multiplier l'inégalité obtenue en **2. a.** par a d'une part et par b d'autre part.

c. En déduire que $a^3 < b^3$.

3. On suppose que $a < b \leqslant 0$. Sachant que la fonction f est impaire sur $\mathbb{R}$, comparer a^3 et b^3.

4. Conclure sur le sens de variation de f sur $\mathbb{R}$.

85 PYTHON **Longueur d'une courbe**

On note f la fonction carré et $\mathscr{C}$ sa courbe représentative dans un repère orthonormé.

L'objectif est d'estimer la longueur L *de la courbe* $\mathscr{C}$ *sur l'intervalle* $[0;1]$ *de façon approchée.*

1. Soient A et B deux points.

a. Rappeler la formule donnant la distance AB en fonction des coordonnées de A et B.

b. On considère la fonction distance suivante, écrite en langage Python.

```
from math import*
def distance(xA,xB):
    S=(xB-xA)**2+(xB**2-xA**2)**2
    return sqrt(S)
```

Justifier que la fonction distance renvoie la distance AB entre deux points A et B de la courbe $\mathscr{C}$ d'abscisses respectives x_A et x_B.

2. On coupe l'intervalle $[0;1]$ en trois parties de même largeur et on note O, A, B et C les points de la courbe $\mathscr{C}$ d'abscisses $0 ; \frac{1}{3} ; \frac{2}{3} ; 1$.

On approche la longueur L par la somme des longueurs des segments $[OA]$, $[AB]$ et $[BC]$.

Estimer la longueur L en utilisant la fonction distance.

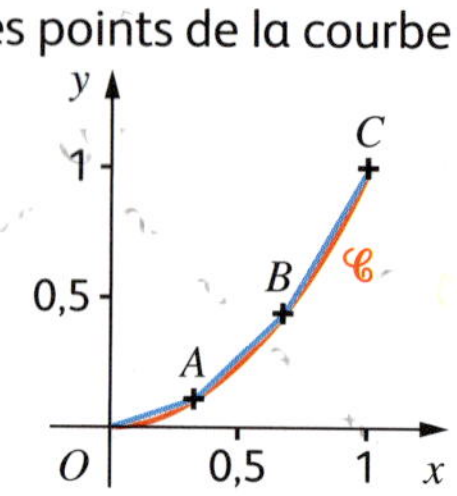

3. Pour un entier $n \geqslant 1$, on poursuit la démarche en partageant l'intervalle $[0;1]$ en n parties de même largeur et on approche L par la somme des longueurs des n segments construits sur la courbe $\mathscr{C}$.

a. Créer une fonction longueur en Python qui prend comme argument l'entier n et qui renvoie une estimation de la longueur L.

b. Programmer et estimer la longueur L.

4. Un élève utilise un logiciel de géométrie dynamique et obtient la capture d'écran suivante.

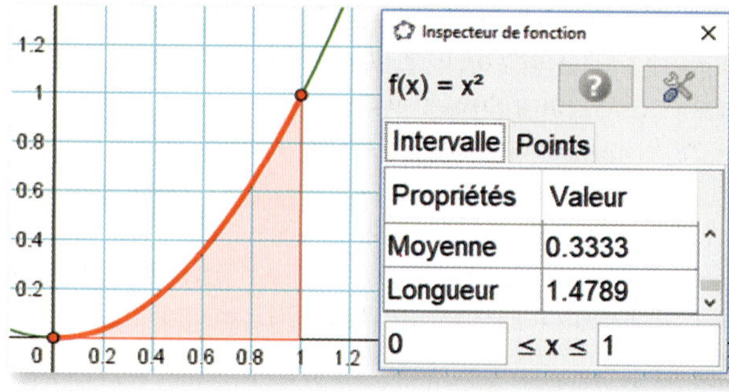

Comparer avec la valeur obtenue en **3. b.**

86 **En lien avec la chimie**

Un TP de chimie consiste à mettre en relation le volume et la pression d'un gaz, à température ambiante. Voici les résultats obtenus :

V (en mL)	50	46	42	34	30	26	22
P (en kPa)	58	63	68	83	95	108	127

1. Construire le nuage de points associé au tableau précédent.

2. On cherche à déterminer une fonction qui au volume du gaz associe la pression. Laquelle de ces trois propositions semble la plus adaptée ?

a. $f(x) = -2x + 151$ **b.** $g(x) = -1{,}25x + 120$

c. $h(x) = \dfrac{2\,840}{x}$

3. Utiliser la réponse précédente pour déterminer :

a. le volume occupé par le gaz lorsque la pression vaut 150 000 Pa.

b. la pression du gaz lorsque son volume vaut 0,5 L.

4. Recopier et compléter les pointillés, en argumentant : « Lorsque le volume d'un gaz augmente, alors sa pression … »

Info

La loi de Boyle-Mariotte : « le produit $P \times V$ est constant à température constante », date du milieu du XVIIe siècle. Elle a de très nombreuses applications, notamment en plongée sous-marine.

87 Une entreprise s'est engagée dans la gestion de ses déchets. La proportion de ses déchets non valorisables a ainsi diminué depuis 2015.

Années	2015	2016	2017	2018
Rang de l'année x_i	1	2	3	4
Proportion (en %) de déchets non valorisables y_i	14,5	11,4	7	3,25

1. Représenter graphiquement le nuage de points de coordonnées $(x_i ; y_i)$.

2. Au vu du graphique, quel type de fonction pourrait modéliser l'évolution de la proportion de déchets non valorisables ?

3. Tracer la représentation graphique d'une telle fonction, puis déterminer à partir du graphique :

a. l'année à partir de laquelle l'entreprise devrait revaloriser la totalité de ses déchets ?

b. la proportion de déchets non valorisés en 2019.

4. a. Quel est le signe du coefficient directeur associé à la fonction affine représentée ?

b. Déterminer l'expression de cette fonction et retrouver par calcul les résultats de la question **3.**

88 $ABCD$ est un rectangle tel que : $AB=10$ et $AD=6$. Pour tout réel a de l'intervalle $[0;6]$, on considère les points M, N, P et Q respectivement sur les segments $[AB]$, $[BC]$, $[CD]$ et $[AD]$ tels que $AM=BN=CP=DQ=a$.

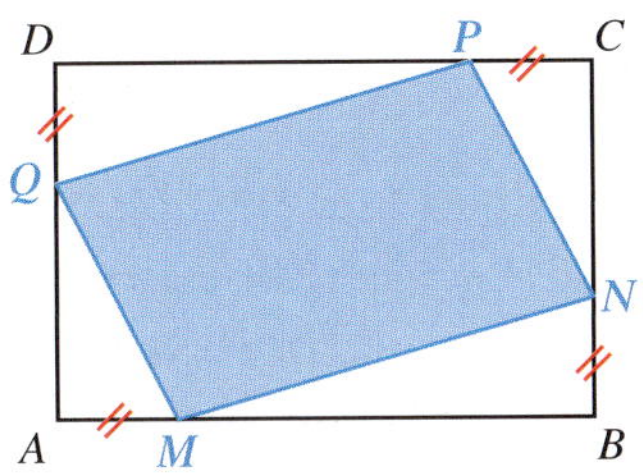

1. a. À l'aide d'un logiciel de géométrie dynamique, créer un curseur a variant de 0 à 6, puis réaliser la figure et afficher l'aire du quadrilatère $MNPQ$.

b. Conjecturer la valeur de a pour que l'aire du quadrilatère $MNPQ$ soit minimale et préciser la valeur de ce minimum.

2. Soit un réel $a \in [0;6]$.

a. Montrer que l'aire du quadrilatère $MNPQ$, en fonction de a, est égale à $2a^2-16a+60$.

b. Justifier que $2a^2-16a+60=2(a-4)^2+28$.

c. Démontrer la conjecture émise à la question **1. b.**

89 Obtenir un volume maximal

On dispose d'un carton carré de côté 12 cm. Dans les quatre coins, on découpe des petits carrés identiques, de manière à pouvoir replier le carton et fabriquer une boîte (sans couvercle) en forme de pavé droit.

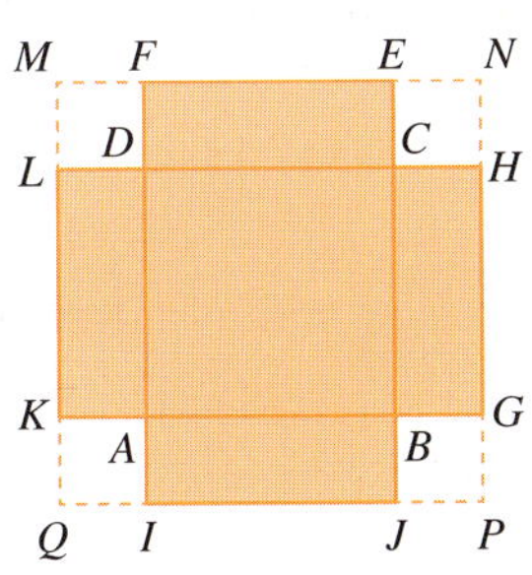

On appelle x la longueur du côté des carrés découpés et $f(x)$ le volume de la boîte obtenue.

1. Justifier que $0 \leqslant x \leqslant 6$.

2. Exprimer les dimensions (longueur, largeur et hauteur) de la boîte en fonction de x. En déduire l'expression de $f(x)$ en fonction de x.

3. À l'aide d'une calculatrice ou d'un logiciel, conjecturer la valeur du maximum M de la fonction f.

4. Démontrer que $f(x)-128=4(x-8)(x-2)^2$.

5. Comment doit-on découper le grand carton pour que le volume de la boîte soit maximal ?

90 ALGO Démontrer un sens de variation

On considère la fonction f définie sur $\mathbb{R}$ par :

$$f(x)=-2(x-3)^2+5$$

1. Grâce à la calculatrice, conjecturer le tableau de variations de f.

2. Quel est le rôle du programme de calcul ci-contre ?

```
Saisir x
Soustraire 3
Élever au carré
Multiplier par –2
Ajouter 5
Afficher le résultat
```

3. On rappelle la propriété suivante :

> Pour tous A et B,
> si $A<B<0$, alors $A^2>B^2$.

En s'inspirant du programme de calcul précédent, en déduire une démonstration du sens de variation de f sur l'intervalle $]-\infty;3]$.

91 Mesure de l'épaisseur d'un cheveu

L'épaisseur d d'un cheveu peut être déterminée par diffraction. Pour cela, on l'éclaire avec un laser (de longueur d'onde λ).

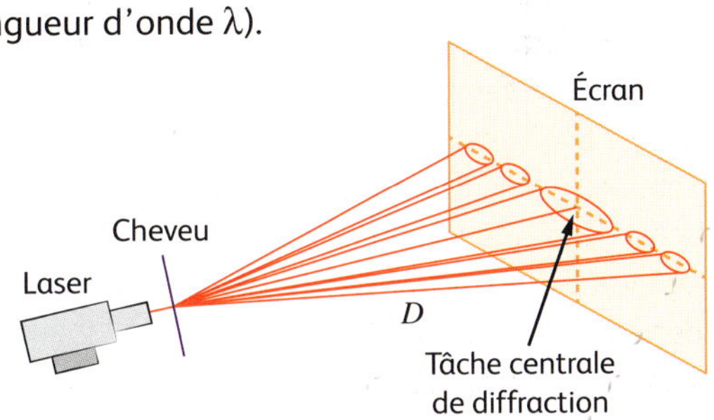

La lumière est alors diffractée par le cheveu et on observe plusieurs tâches lumineuses sur un écran placé à une distance D du cheveu, réparties symétriquement autour d'une tâche lumineuse centrale, plus grande, de largeur L.

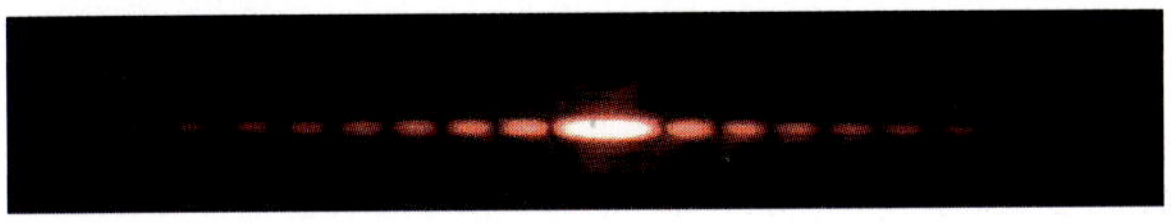

La théorie physique montre que :

$$d=\frac{2\lambda D}{L}$$

Les longueurs d, D et L sont en mètre et la longueur d'onde λ est en micromètre.

1. Dans cette question, on fixe les valeurs de λ et D.

a. Quel est le sens de la fonction $f: L \mapsto d$?

b. Interpréter dans le contexte de l'exercice.

2. PRISE D'INITIATIVES En pratique, on sait que :

- le laser dispose de l'information technique suivante. « $\lambda \approx 635-670$ nm »
- D est mesurée avec un mètre ruban à 5 mm près.
- L est mesurée avec un double décimètre à 1 mm près.

On a mesuré $D=4$ m et $L=8$ mm.

Estimer l'épaisseur d du cheveu, en indiquant avec quelle précision celle-ci est donnée.

COUPS DE POUCE 95, 96

Maîtriser l'essentiel

92 Compréhension d'énoncé

On considère l'énoncé d'exercice suivant.

Mélina a dépensé 8 € en ingrédients pour faire des crêpes. Elle vend ses crêpes à 70 centimes l'unité pour financer un voyage scolaire.

I. Si elle réussit à vendre 25 crêpes, quel sera son bénéfice ? Et si elle n'en vend que 3 ?

II. Soit f la fonction qui, à un nombre x de crêpes vendues, associe le bénéfice $f(x)$. Quel est le sens de variation de f ?

III. Déterminer l'expression de la fonction f.

IV. Tracer la courbe représentative de f. En déduire le tableau de signes de f.

V. Quel renseignement ce tableau de signes donne-t-il à Mélina ?

VI. Retrouver le tableau de signes par le calcul.

Répondre aux questions suivantes.

1. a. Que signifie le terme « bénéfice » ?

b. De quelle forme sera l'expression de la fonction f ? Quelle information apporte la réponse à la question **II.** sur cette forme ?

c. Comment, dans la question **IV.**, tracer la courbe représentative de f ?

d. Comment donner le tableau de signes de f dans chacune des questions **IV.** et **VI.** ?

2. Résoudre l'exercice proposé.

93 Extraire et analyser des informations

On considère une fonction f définie sur $[-2;5]$ dont on donne ci-dessous le tableau de valeurs et le tableau de variations.

x	−2	−1	0	1	2	3	4	5
$f(x)$	4	1	−3	0	1	4	5,5	2

x	−2		0		3,5		5
$f(x)$	4	↘	−3	↗	6	↘	2

1. Parmi les affirmations suivantes, lesquelles sont correctes ? Justifier.

a. Le maximum de f sur $[-2;5]$ est 5,5.

b. $f(1{,}5) < f(2{,}5)$

c. L'équation $f(x)=4$ admet exactement deux solutions : −2 et 3.

d. L'équation $f(x)=1$ admet exactement deux solutions : −1 et 2.

e. Le minimum de f sur $[-2;5]$ est −3.

2. Tracer une courbe représentative possible de f.

3. La courbe tracée à la question **2.** est-elle unique ?

Aller plus loin

94 Exercice guidé

On souhaite résoudre le problème suivant.

Parmi les rectangles de périmètre 40 cm, en existe-t-il un dont l'aire est plus grande que celle de tous les autres ?

On appelle x et y les longueurs en cm de deux côtés consécutifs d'un rectangle de périmètre 40 cm et A l'aire de ce rectangle.

1. Montrer que $A(x)=-x^2+20x$.

2. Quelles sont les valeurs possibles pour x ?

3. À l'aide d'une calculatrice ou d'un logiciel, conjecturer la valeur M du maximum de A et la valeur c en laquelle il est atteint.

4. Vérifier par le calcul que $A(c)=M$ et que pour tout $x\in[0;20]$, $A(x)\leqslant M$.

5. Résoudre le problème posé.

Pistes de résolution

1. Exprimer y en fonction de x grâce à la relation :
$$2(x+y)=40$$

4. La quantité $M-A(x)$ se factorise grâce à une identité remarquable.

95 PRISE D'INITIATIVES Espérance de vie

Le tableau ci-dessous donne l'espérance de vie à la naissance des hommes (H) et des femmes (F) en France depuis 1980 (source Insee).

	1980	1985	1990	1995	2000	2005	2010
H	70,2	71,2	72,7	73,9	75,3	76,8	78
F	78,4	79,3	81,0	81,9	82,8	83,9	84,7

1. Construire sur un graphique les nuages de points correspondants au tableau ci-dessus.

2. a. Au vu de ce graphique, quel type de fonction pourrait modéliser l'évolution de l'espérance de vie des hommes en France sur cette période ?
Déterminer cette fonction.

b. Mêmes questions pour l'espérance de vie des femmes.

3. Avec ce modèle, quelles seraient les espérances de vie d'un homme et d'une femme nés en 2004 ?

4. Avec ce modèle, à partir de quelle année l'espérance de vie des hommes pourrait-elle dépasser celle des femmes ?

96 PRISE D'INITIATIVES

Soit un réel a non nul et la fonction f définie sur $\mathbb{R}$ par :
$$f(x)=ax^2$$
Quelle influence a la valeur de a sur le sens de variation de f ?

TP Pratiquer l'algorithmique et programmer

Recherche de maximum

On considère la fonction f définie sur l'intervalle $I=[-1;4]$ par $f(x)=4x^2-x^3$.
Le but de ce TP est de déterminer des valeurs approchées du maximum M de f sur I et du réel x_0 en lequel il est atteint.
Pour cela, on commence par définir la fonction f en langage Python :

```
def f(x):
    return 4*x**2-x**3
```

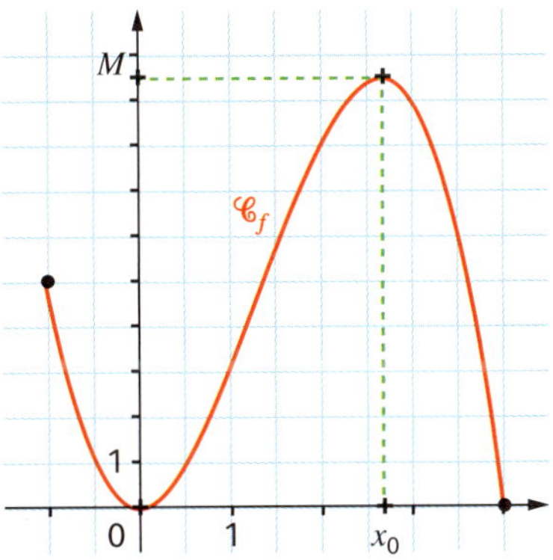

Objectif PYTHON
Manipuler des fonctions, des boucles *Tant que* et l'instruction *Si*.

Partie A Manipuler un algorithme

On considère la fonction parcours suivante, traduite en langage Python, où la variable p est un réel strictement positif.

Langage naturel

Fonction parcours(p)
  $x \leftarrow -1$
  Tant que $x \leqslant 4$ Faire
    Afficher $(x;f(x))$
    $x \leftarrow x+p$
  Fin Tant que

Python

```
def parcours(p):
    x=-1
    while x<=4:
        print(x,f(x))
        x=x+p
```

1. Exécuter à la main la fonction « parcours(1) ».
2. Programmer et vérifier le résultat de la question 1.
3. Quel est le rôle de cet algorithme ?

Info
L'instruction Python « x=x+p » n'est pas une égalité mathématique : x n'est pas « égal à » $(x+p)$.
Il s'agit d'une **affectation** : la variable x reçoit la valeur du calcul $(x+p)$, ce dernier x étant la valeur avant affectation.

Voir Chap. Algo. p. 386

Partie B Comprendre le fonctionnement d'un algorithme

On considère la fonction maximum suivante, traduite en langage Python, où la variable p est un réel strictement positif.

Langage naturel

Fonction maximum(p)
  $x \leftarrow -1$
  $x_0 \leftarrow -1$
  Tant que $x \leqslant 4$ Faire
    Si $f(x) > f(x_0)$ Faire
      $x_0 \leftarrow x$
    Fin Si
    $x \leftarrow x+p$
  Fin Tant que
  Renvoyer $(x_0;f(x_0))$

Python

```
def maximum(p):
    x=-1
    x0=-1
    while x<=4:
        if f(x)>f(x0):
            x0=x
        x=x+p
    return (x0,f(x0))
```

1. a. On exécute la fonction « maximum(1) ».
Justifier que le résultat renvoyé est $(3;9)$.
b. Le maximum de f sur I est-il égal à 9 ?
Est-il atteint en 3 ?
2. a. Programmer et exécuter la fonction « maximum(0.1) ». Vérifier que le premier argument renvoyé est 2,7.
b. Peut-on affirmer que $x_0 \approx 2{,}7$ à 0,1 près ?
c. Le deuxième argument renvoyé est $f(2{,}7)$. Est-il, de façon certaine, une valeur approchée de M à 0,1 près ?
3. a. Que permet de faire le bloc suivant ?

Si $f(x) > f(x_0)$ Faire
  $x_0 \leftarrow x$
Fin Si

b. Expliquer pourquoi la fonction maximum(p) renvoie des valeurs approchées de x_0 et de M, celle de x_0 étant affichée par excès à p près.

Partie C Modifier un algorithme

On s'inspirera de l'algorithme de la Partie B, que l'on modifiera, pour répondre aux questions suivantes.
1. Programmer une fonction maximum_inf qui prend en argument un réel p strictement positif et qui renvoie une valeur approchée de x_0 par défaut à p près.
2. Programmer une fonction maximum_intervalle qui prend en argument trois réels a, b et p (où $a<b$ et $p>0$) et qui renvoie des valeurs approchées du maximum de f sur $[a;b]$ et du réel en lequel il est atteint.
3. Programmer une fonction minimum qui prend en argument un réel p strictement positif et qui renvoie des valeurs approchées du minimum m de f sur l'intervalle I et d'un réel x_1 en lequel il est atteint.
Le réel x_1 sera affiché par excès à p près.
4. Vérifier les résultats obtenus par ces fonctions en les comparant avec les résultats obtenus par une calculatrice graphique en parcourant la courbe représentative de f.

TP Utiliser les outils numériques

LOGICIEL GÉOMÉTRIE

Des sapins en papier

Au moment de Noël, Élise prépare des sapins pour décorer sa table en découpant une feuille de papier vert en forme de triangle isocèle comme indiqué ci-contre, pour obtenir deux triangles isocèles.

La hauteur AI et la base BC du triangle de départ sont égales à 8 cm.

Elle souhaite déterminer :

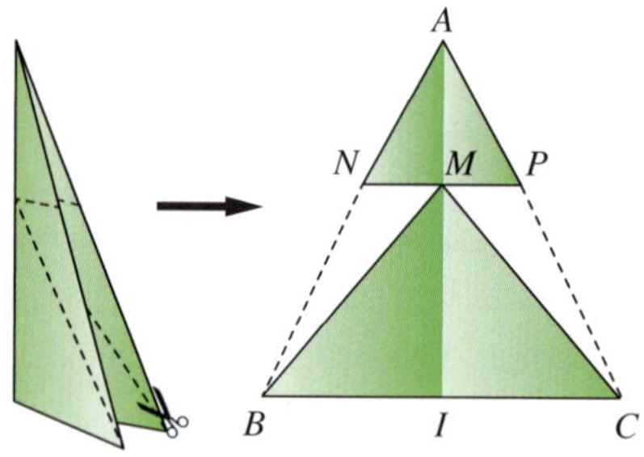

Objectif
Construire et utiliser une figure dynamique.
Utiliser le calcul formel.

1. le sens de variation de l'aire verte restante après découpage selon la position du point M sur la hauteur $[AI]$.
2. la position du point M lorsque cette aire est maximale ou minimale.

Construction à l'aide d'un logiciel de géométrie dynamique

- Faire apparaître le repère du plan puis construire une demi-figure (triangle ABI) en plaçant I à l'origine du repère, A sur l'axe des abscisses et B sur l'axe des ordonnées.
- Construire les points M et N (M est mobile sur $[AI]$).
- Construire les triangles AMN et BIM (à l'aide du bouton « polygone »). Le logiciel associe son aire à chaque triangle.
- Dans la barre de saisie, construire un nombre s égal à la somme des deux aires précédentes.

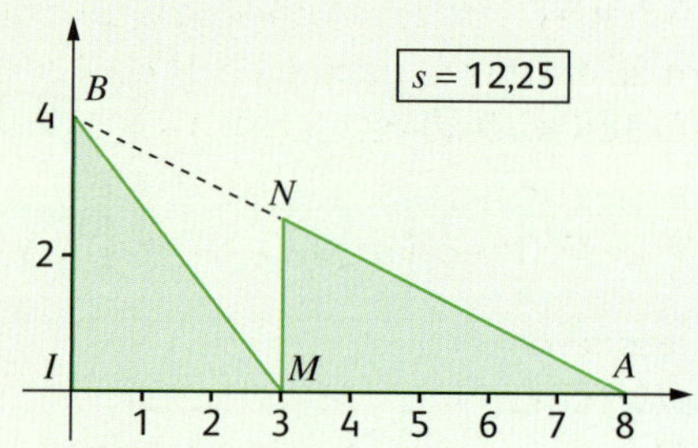

Partie A Conjectures géométriques

1. Déplacer le point M sur le segment $[AI]$ et conjecturer les réponses aux problèmes posés.
2. Sur la figure déjà construite :
   - ajouter, à l'aide de la barre de saisie, un point F d'abscisse x_M et d'ordonnée s.
   - afficher la trace du point F.
   - construire et afficher la trace des points :
   $$G(x_M\,;\mathcal{A}\text{ire}(AMN))\ ;\ H(x_M\,;\mathcal{A}\text{ire}(BIM))$$
3. Déplacer le point M sur le segment $[AI]$ et conjecturer les réponses aux problèmes posés.

Partie B Mise en place d'une fonction

On pose $IM = x$ et on note $f(x)$ l'aire verte totale. Ainsi on a $0 \leqslant x \leqslant 8$.

1. Expression de $f(x)$: première méthode

a. Exprimer AM en fonction de x.

b. En utilisant le théorème de Thalès dans le triangle ABI, exprimer MN en fonction de x.

c. En déduire l'expression de l'aire du triangle AMN, puis de celle du triangle BIM en fonction de x.

d. Exprimer $f(x)$ en fonction de x.

2. Expression de $f(x)$: deuxième méthode

a. Sur la figure déjà construite, tracer la droite (AB). Quelle est son équation réduite ? Justifier.

b. En déduire les coordonnées du point N en fonction de x.

c. En choisissant $[MN]$ comme base du triangle BMN, préciser quelle est sa hauteur. En déduire l'expression de l'aire du triangle BMN en fonction de x.

d. Exprimer $f(x)$ en fonction de x.

Partie C Utilisation du calcul formel

1. Définir la fonction f dans la ligne de saisie du logiciel.
Estimer son minimum m sur l'intervalle $[0\,;8]$ à l'aide de « l'inspecteur de fonction » dans la fenêtre graphique ou de l'instruction « Min » dans la ligne de saisie.

2. Afficher le module « calcul formel » du logiciel, puis déterminer et factoriser l'expression :
$$f(x) - m$$

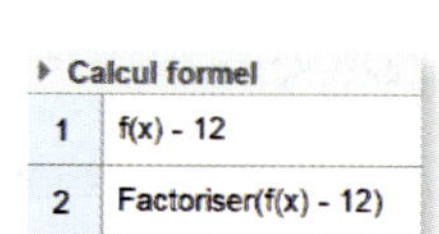

3. Démontrer les réponses aux problèmes posés.

TP Mener une recherche

Compétence Rechercher et Communiquer

TP1 Aire entre trois demi-cercles

TRAVAIL DE GROUPE

On considère un demi-cercle $\mathscr{C}$ de diamètre $[AB]$ où $AB=10$.
Pour tout point M du segment $[AB]$, on construit, à l'intérieur de $\mathscr{C}$, les demi-cercles $\mathscr{C}_A$ et $\mathscr{C}_B$ de diamètres respectifs $[AM]$ et $[MB]$.
On s'intéresse aux variations de l'aire du domaine coloré en bleu compris entre les demi-cercles $\mathscr{C}$, $\mathscr{C}_A$ et $\mathscr{C}_B$ lorsque M parcourt le segment $[AB]$.
On pose $x = AM$ et $f(x)$ l'aire du domaine bleu.

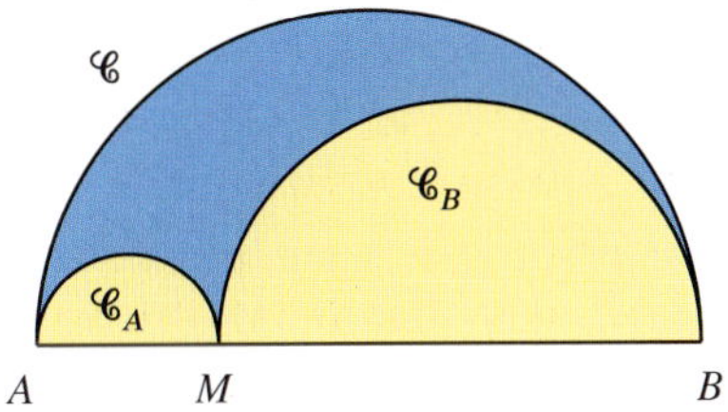

Partie A Recherches

1. À quel intervalle I la variable x appartient-elle ?
2. Exprimer $f(x)$ en fonction de x.
3. À l'aide d'une calculatrice ou d'un logiciel de calcul formel, estimer le maximum M de f sur l'intervalle I et factoriser l'expression $f(x)-M$.
4. Déterminer, en argumentant, les variations de f sur l'intervalle I.

Partie B À l'écrit ou à l'oral
Faire un bilan des recherches et présenter les résultats des recherches : description du problème, étude mathématique, conclusion.
On veillera à utiliser un vocabulaire précis.

TP2 Offre et demande en économie

En économie :
- l'**offre** est la quantité de biens qu'une entreprise est prête à vendre à un prix donné.
- la **demande** est la quantité de biens que les consommateurs sont prêts à acheter pour un prix donné.

Traditionnellement, les fonctions d'offre et de demande sont représentées de la façon suivante.
- En abscisse, on place les quantités.
- En ordonnée, on place les prix.

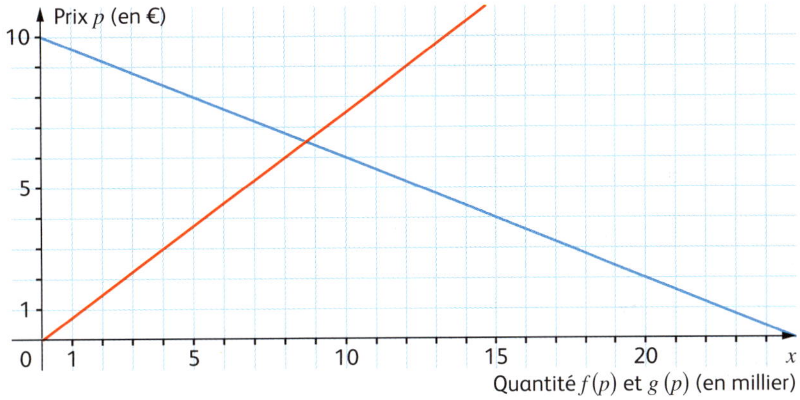

Lors du lancement d'un jouet sur le marché, une étude a permis d'obtenir les courbes d'offre et de demande ci-dessus.

Partie A Étude graphique

1. Identifier les courbes d'offre et de demande, en justifiant le choix fait.
2. Lorsque le prix du jouet est de 5 €, quelle est la quantité approximative de jouets :
   a. qu'est prête à vendre l'entreprise ?
   b. que sont prêts à acheter les consommateurs ?
3. Le marché offre-demande est **à l'équilibre** lorsque pour un même prix, la quantité offerte par les producteurs est égale à la quantité demandée par les consommateurs.
Avec la précision permise par le graphique, déterminer ce prix d'équilibre et la quantité à laquelle il correspond.

Partie B Étude algébrique

Pour un prix p (en euro), on note $f(p)$ la quantité offerte par les producteurs (en millier) et $g(p)$ la quantité demandée par les consommateurs (en millier).
Ainsi on a $0 \leqslant p \leqslant 10$.
On suppose que f et g sont des fonctions affines.

1. Déterminer les expressions algébriques des fonctions f et g.
2. Déterminer algébriquement le prix d'équilibre.
Comparer avec le résultat obtenu à la question A. 3.

Info
Le **prix d'équilibre** d'un produit optimise le nombre d'échanges.
- Pour un prix inférieur, la quantité demandée par les consommateurs est supérieure à la quantité offerte par les vendeurs : il y a des acheteurs potentiels privés du produit.
- Pour un prix supérieur, la quantité demandée par les consommateurs est inférieure à la quantité offerte par les vendeurs : une certaine quantité du produit n'est pas vendue.

Je **révise** en **autonomie**

Je cible mes révisions

VIDÉOS des capacités

Pour chaque capacité, suivre le parcours de révision pour travailler les méthodes et s'entraîner.

Parcours de révision	Réviser en autonomie	S'entraîner
CAPACITÉ 1 Mettre en relation représentation graphique et tableau de variations	Méthode, p. 279	Exercices 1 et 42
CAPACITÉ 2 Déterminer graphiquement les extremums d'une fonction	Méthode, p. 279	Exercices 2 et 46
CAPACITÉ 3 Relier sens de variations, signe et droite représentative d'une fonction affine	Méthode, p. 281	Exercices 4 et 52
CAPACITÉ 4 Exploiter un logiciel ou une calculatrice pour décrire des variations	Méthode, p. 283	Exercices 8 et 56

Je me teste

Voir corrigés

Pour chaque question, déterminer la (ou les) réponse(s) correcte(s).

Pour les questions **1.** à **5.**, on considère les fonctions f et g représentées ci-dessous.

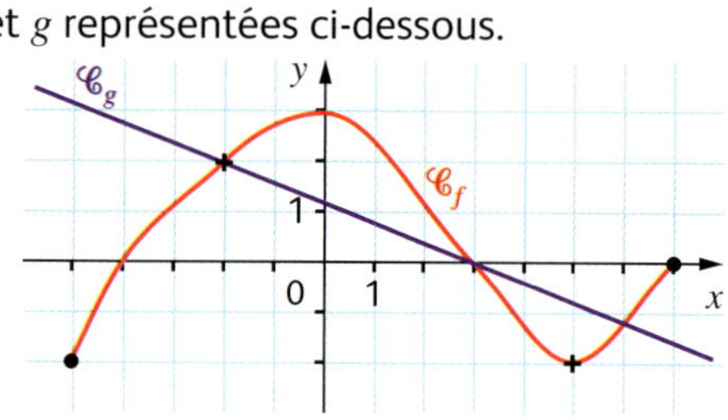

La fonction h admet le tableau de variations suivant.

x	-5		-2		3		6		8
$h(x)$	2	↘	-1	↗	5	↘	3	↗	10

CAPACITÉ 1

1. Le tableau de variations de f est :

a.

x	-2		3		-2		0
$f(x)$	-5	↗	0	↘	5	↗	7

b.

x	-5		0		5		7
$f(x)$	-2	↗	3	↘	-2	↗	0

2. La courbe représentative de h :

a. est formée de points dont les abscisses sont comprises entre -5 et 8.

b. passe par le point de coordonnées $(3;6)$.

c. coupe l'axe des abscisses en deux points.

CAPACITÉ 2

3. La fonction f :

a. a pour maximum 7 sur l'intervalle $[-5;7]$.

b. a pour maximum 3 sur l'intervalle $[0;7]$.

c. a un minimum -2, qui est atteint en -5 et en 5.

4. Sur l'intervalle $[-5;8]$, la fonction h :

a. a pour maximum 10.

b. a un minimum atteint en 6.

c. a pour minimum -1.

CAPACITÉ 3

5. La fonction g :

a. est décroissante sur $\mathbb{R}$.

b. est définie par $g(x)=-0,4x+1,2$.

c. est négative sur $\mathbb{R}$.

d. vérifie $g(8)=-2$.

6. La fonction $x \mapsto -3x+4$ est :

a. croissante sur $\mathbb{R}$.

b. constante sur $\mathbb{R}$.

c. décroissante sur $\mathbb{R}$.

d. décroissante puis croissante.

7. Sur $\mathbb{R}$, le tableau de signes de la fonction $f : x \mapsto 2x-3$ est :

a.

x	$-\infty$		$1,5$		$+\infty$
Signe de $f(x)$		$+$	0	$-$	

b.

x	$-\infty$		$1,5$		$+\infty$
Signe de $f(x)$		$-$	0	$+$	

c.

x	$-\infty$		$\frac{2}{3}$		$+\infty$
Signe de $f(x)$		$-$	0	$+$	

CAPACITÉ 4

8. Sur l'intervalle $[-2;10]$, la fonction m définie par :

$$m(x)=x^2\times(9-x)$$

a. admet comme maximum 6, atteint en 108.

b. admet comme maximum 108, atteint en 6.

c. est toujours positive.

d. n'est pas monotone.

9. La fonction n définie sur $\mathbb{R}$ par $n(x)=\dfrac{1}{x^2+1}$:

a. est monotone sur $\mathbb{R}$.

b. est croissante sur l'intervalle $]-\infty;0]$ et décroissante sur l'intervalle $[0;+\infty[$.

c. admet un maximum en 0.

Je fais des exercices bilans

Bilan 1 10 min **Une histoire de volumes**

On donne les solides suivants.

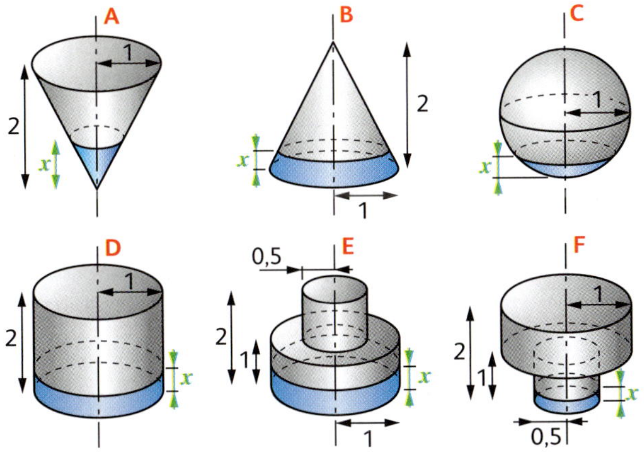

On remplit d'eau ces solides.
x est la hauteur de liquide dans chaque récipient.
Pour chaque solide, on s'intéresse à la fonction qui à x associe le volume d'eau dans le solide.
Un grapheur a permis de tracer les courbes représentatives ci-contre.

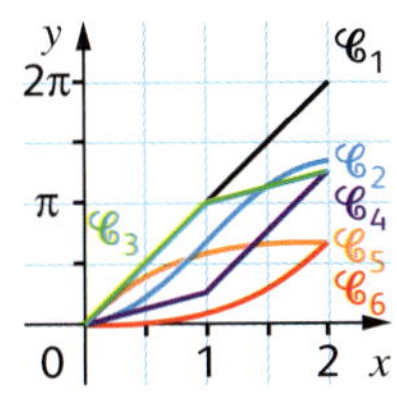

Associer chaque courbe à un solide, en expliquant le choix fait.

Bilan 2 10 min **Courbe sous contraintes**

On considère une fonction f définie sur $[-6\,;10]$ et vérifiant les propriétés suivantes.

① $f(-6)=4$, $f(4)=6$ et $f(10)=3$.

② Le minimum de f sur $[-6\,;10]$ vaut -1.

③ f est décroissante sur les intervalles $[-6\,;-2]$ et $[4\,;10]$. Elle est croissante sur $[-2\,;4]$.

④ La courbe de f coupe l'axe des abscisses aux points d'abscisses -4 et -1, et l'axe des ordonnées au point d'ordonnée 1.

⑤ Cette courbe passe par le point $A(6\,;5)$.

1. Dresser le tableau de variations de f.

2. Tracer une courbe possible représentant f.

Bilan 3 10 min La fonction h admet pour tableau de variations :

x	-5		-3		1		4
$h(x)$	-1	↘	-3	↗	4	↘	2

1. Décrire en une phrase les variations de la fonction h sur l'intervalle $[-5\,;4]$.

2. a. Quelle est l'image de 4 par la fonction h ?

b. Combien d'antécédents -2 admet-il par h ?

3. Dans chaque cas, donner un encadrement de $h(x)$ aussi petit que possible.

a. Pour tout réel $x \in [-3\,;1]$, on a $\ldots \leqslant h(x) \leqslant \ldots$

b. Pour tout réel $x \in [-5\,;4]$, on a $\ldots \leqslant h(x) \leqslant \ldots$

Bilan 4 15 min **Utiliser des fonctions de référence**

On considère un segment $[AB]$ de longueur 14 cm.
Sur ce segment, on place un point M puis on trace un triangle équilatéral AMN et un carré $MBCP$.
On pose $x = AM$. Ainsi $0 \leqslant x \leqslant 14$.

1. On considère les fonctions $f : x \mapsto \mathscr{P}\text{érimètre}(AMN)$ et $g : x \mapsto \mathscr{P}\text{érimètre}(MBCP)$, définies sur $[0\,;14]$.

a. Déterminer, en justifiant, les sens de variations de f et g sur $[0\,;14]$, sans utiliser leurs expressions algébriques.

b. Exprimer $f(x)$ et $g(x)$, puis retrouver les résultats de la question **1. a.**

2. Reprendre la question **1.** dans le cas où :

$f : x \mapsto \mathscr{A}\text{ire}(AMN)$ et $g : x \mapsto \mathscr{A}\text{ire}(MBCP)$

Bilan 5 10 min **Déterminer une fonction affine**

f est une fonction affine définie sur $[-5\,;5]$. Elle admet le tableau de signes suivant.

x	-5		2		5
Signe de $f(x)$		$+$	0	$-$	

De plus, le minimum de f sur son ensemble de définition est -3.
Dresser le tableau de variations de la fonction f, déterminer son expression algébrique, puis tracer sa représentation graphique.

Bilan 6 10 min

Évolution de la concentration d'un médicament

On injecte un médicament dans le sang d'un malade. Le graphique ci-dessous donne la concentration du médicament présent dans le sang de ce patient en fonction du temps écoulé depuis l'injection.

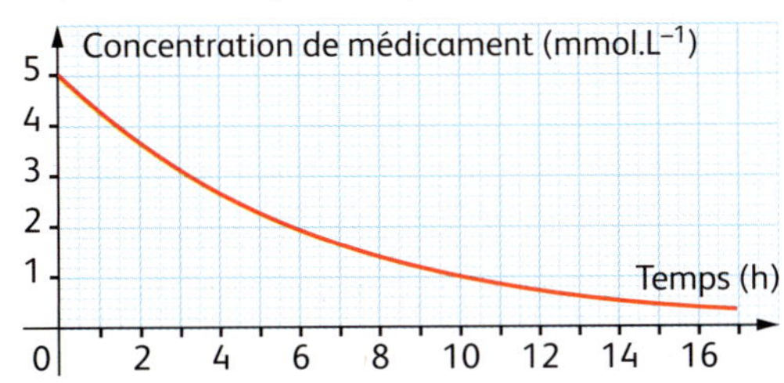

1. a. Aussitôt après l'injection, quelle concentration de médicament est présente dans le sang du patient ?

b. Quelle est la concentration de médicament dans le sang du patient au bout de 8 heures ?

c. Déterminer la demi-vie de ce médicament, c'est-à-dire la durée nécessaire pour que sa concentration diminue de moitié.

2. Comment évolue cette concentration au cours du temps ?

3. Que peut-on dire de l'évolution de la vitesse d'élimination du médicament au cours du temps ? Argumenter.

CHAPITRE

11 Information chiffrée et statistique descriptive

Les capacités du chapitre

- Capacité 1 : Mettre en relation effectifs, proportions et pourcentages
- Capacité 2 : Manipuler deux valeurs successives et leur taux d'évolution
- Capacité 3 : Comparer deux séries statistiques
- Capacité 4 : Manipuler les pourcentages de pourcentages
- Capacité 5 : Calculer un taux d'évolution global et réciproque

Au fil du temps

Le nom de *statistique* est assez récent, mais l'activité humaine correspondante est très ancienne : on trouve des traces de recensement du bétail, de suivi du cours des céréales, de comptage de la population humaine, etc., depuis la Chine du XXIIIe siècle av. J.-C. ! L'exploitation des statistiques à des fins de prévision date pour sa part du XVIIIe siècle, avec les premières tables de mortalité. En 1746, Antoine Deparcieux écrit *Essai sur les probabilités de la durée de la vie humaine* […]. Les grands noms du développement des statistiques sont J. Bernoulli au XVIIe siècle, Nicolas de Condorcet au XVIIIe, Pierre-Simon de Laplace et Adolphe Quételet au XIXe ; on peut citer Andreï Kolmogorov pour le XXe siècle.

Des maths partout !

Les phénomènes naturels observés sur terre font aujourd'hui l'objet d'études statistiques nombreuses.
Par exemple, sur l'année 2018, sur 49 tempêtes tropicales, 13 se sont transformées en typhon et 7 en super typhon.

Vue de l'espace du super typhon « Trami »

Ressources du chapitre disponibles ici : www.lycee.hachette-education.com/declic/2de

Partir d'un bon pied

A Diaporama pour tester les bases

ACTIVITÉS MENTALES RAPIDES

B Calculer avec des proportions

Pour chaque question, utiliser une proportion pour calculer le résultat demandé.

1. Trois quarts d'une classe de 36 élèves souhaitent choisir les mathématiques comme enseignement de spécialité.
Combien d'élèves sont concernés ?

2. 20 % des 1 080 salades vendues ce mois-ci dans un restaurant ont été accompagnées d'une sauce allégée.
Combien de sauces allégées ont été vendues ?

3. Dans un QCM, le taux de mauvaises réponses à la première question a été de 0,46. Sachant que 250 candidats ont passé ce test, combien ont répondu correctement à la 1re question ?

C Déterminer une proportion

D'après le Centre national du cinéma et de l'image animée (CNC), la fréquentation des salles de cinéma en 2017 en France a été de 209,4 millions entrées dont 101,2 millions pour des films américains. La part des films français était d'environ 36,8 %.
Préciser, dans chaque cas, si l'affirmation est vraie ou fausse et justifier la réponse.

1. En 2017, la part de fréquentation des salles pour des films américains était d'environ 38,3 %.

2. En 2017, environ 85,1 % des entrées sont dues à un film français ou américain.

3. En 2017, environ une entrée sur cinq concernait un film ni américain, ni français.

D Calculer une évolution

Un article coûte 46,5 € et baisse de 20 %.
Quel est son nouveau prix ?

E Redéfinir le vocabulaire d'une série statistique

Dans le cadre d'une campagne de prévention, on a interrogé des personnes sur une plage pour leur demander combien de fois ils s'appliquent de la crème solaire en une journée.
Les réponses obtenues sont les suivantes.

0	1	1	1	2	0	0	0	2	1
1	3	1	2	2	0	0	0	1	1
1	1	1	0	1	1	2	1	0	1

1. Compléter le tableau d'effectif ci-dessous.

Nombre d'applications	0	1	2	3
Effectif	9			

2. Quel pourcentage de la population interrogée s'applique-t-elle au moins deux fois par jour de la crème solaire ?

3. Quelle est la moyenne de cette série statistique ?

Activités

1 Organigramme et proportion

Objectif
Observer des proportions et calculer une proportion d'une proportion.

En 1868, Émile Levasseur est le premier à proposer un « cartogramme », c'est-à-dire une carte dont certains paramètres (superficie, forme…) varient en fonction d'une variable thématique (population, PIB…).

Statistique figurative

Info
En 1885, Émile Levasseur publie *La statistique graphique*, ouvrage dans lequel il met en avant les représentations graphiques qui « sont des formes sensibles, des images qui non seulement attirent et fixent le regard, mais permettent d'apercevoir et de comprendre tout un ensemble d'un coup d'œil ».

1 **a.** Que représente le cartogramme d'Émile Levasseur ?
b. Par lecture graphique, exprimer la proportion approximative de la superficie de l'Empire allemand par rapport à celle de la Russie en 1868.
c. De même, trouver celle de la Grèce par rapport à l'Empire allemand.
d. En déduire la proportion que représente la superficie de la Grèce par rapport à celle de la Russie.

2 On donne les superficies suivantes en millier de km^2 au XIXe siècle.
Russie (européenne) ≈ 5 400 – Empire allemand ≈ 540 – Grèce ≈ 60
a. Exprimer la proportion des superficies de la Grèce par rapport à l'Empire allemand et de l'Empire allemand par rapport la Russie en pourcentage.
b. Déduire de la question **a.** la proportion de la superficie de la Grèce par rapport à la Russie en pourcentage.

2 Retour à la situation initiale…

Objectif
Trouver un taux réciproque.

Un prix a baissé de 50 %. Lola se demande quel taux d'augmentation appliquer au nouveau prix pour retrouver le prix initial.

1 Elle pense d'abord qu'il suffit d'augmenter de 50 %.

 ⟶ … ⟶ …

Diminuer de 50 % — Augmenter de 50 %

Recopier et compléter le schéma ci-dessus. A-t-elle raison ?

Vocabulaire
Le taux qui annule une évolution s'appelle un **taux réciproque**.

2 Lola se souvient qu'au collège elle a écrit :
- « Baisser de 50 % revient à multiplier par … »
- « Diviser par un nombre revient à … »

a. Compléter ces propriétés.
b. Recopier et compléter le graphique ci-dessous.

$V_{\text{départ}}$  $V_{\text{arrivée}}$

c. Aider Lola à répondre à sa question.

3 Calculer une moyenne

Objectif
Calculer la moyenne d'une série représentée par ses effectifs.
Comprendre la notion de régularité.

L'entraîneur d'une équipe départementale de saut en hauteur doit choisir entre deux sauteurs pour terminer sa sélection.
Camille, le premier sauteur, a obtenu les performances suivantes.

1,86 m ; 1,88 m ; 1,84 m ; 1,84 m ; 1,90 m ; 1,88 m ; 1,88 m ; 1,88 m
1,86 m ; 1,86 m ; 1,88 m ; 1,86 m ; 1,84 m ; 1,86 m ; 1,88 m

1 a. Reproduire et compléter le tableau d'effectifs ci-dessous.

Hauteur (m)	1,82	1,84	1,86	1,88	1,90	1,92	Total
Effectif							

b. L'entraîneur souhaite calculer la moyenne de cette série. Effectuer ce calcul en utilisant le tableau d'effectifs.

2 Clément, le second sauteur, a sauté en moyenne 1,87 m.
En s'appuyant sur les représentations graphiques ci-dessous et sur les moyennes, aider l'entraîneur à faire son choix. Justifier.

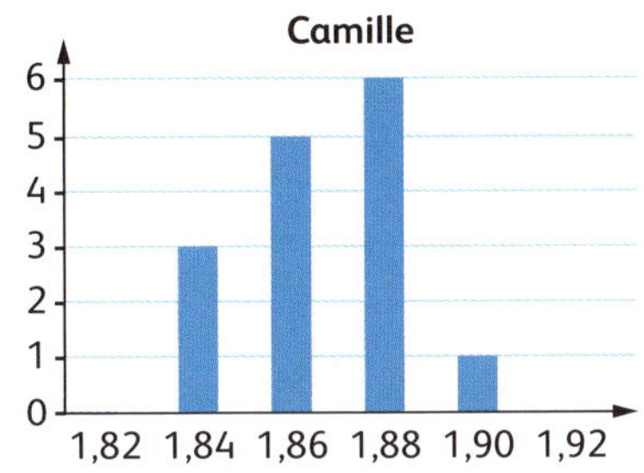

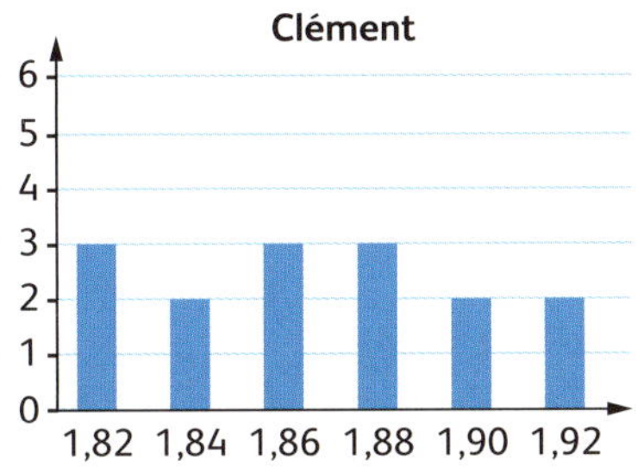

4 Indicateur de dispersion

Objectif
Découvrir l'écart type.

Suivant la population ou la situation étudiée, les données recueillies peuvent apparaître plus ou moins dispersées…

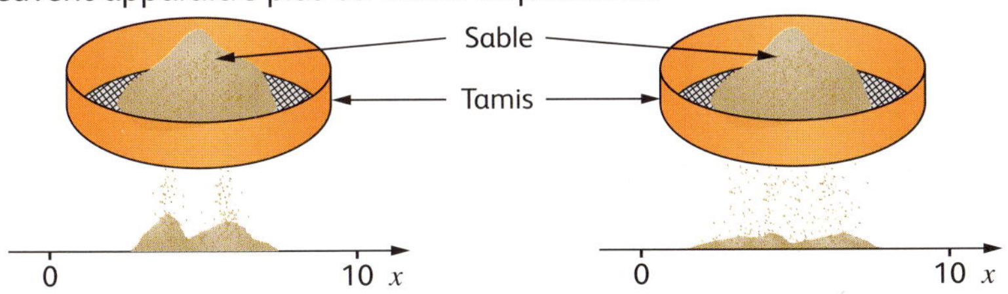

1 Deux étudiants ont obtenus les notes suivantes aux trois derniers partiels de mathématiques :
10 – 9 – 11 pour le premier étudiant et 6 – 13 – 11 pour le second.
a. Calculer la moyenne de chacun des étudiants.
Pour autant, peut-on dire que leur situation est similaire ?
b. Sur un axe gradué, placer les notes obtenues par les deux étudiants et faire apparaître en vert pour le 1er et en rouge pour le 2nd l'écart relatif entre leurs notes et la moyenne. Quelle différence observe-t-on ?
c. Pour chaque étudiant, remplir le tableau suivant.

Notes	…	…	Moyenne $\bar{x} = \ldots$	
(Écart des notes à la moyenne)^2	…	…	Moyenne $V = \ldots$	$\sigma = \sqrt{V}$

Comment la valeur σ aide-t-elle à comprendre la différence entre les deux séries de notes ?

2 Un de leurs amis a eu les notes 4 ; 12 ; 14 aux mêmes partiels.
En calculant la moyenne et la valeur σ. Comment peut-on qualifier les résultats obtenus par ce troisième étudiant ?

Cours

1 Proportions

Définition On considère un ensemble T (appelé également population) contenant une partie A (ou sous-population).
On note n_T et n_A respectivement le nombre d'individus dans l'ensemble T et dans l'ensemble A.
La proportion (ou fréquence) de A dans T est le nombre $p = \frac{n_A}{n_T}$.

Remarque
On peut l'écrire sous forme décimale, fractionnaire ou en pourcentage.

a Calculer avec des proportions

- n_A et n_T sont connus et on cherche p :

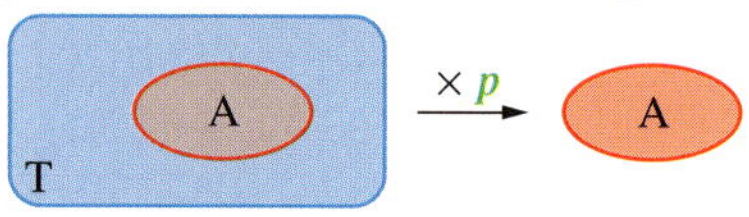

$$p = \frac{n_A}{n_T}$$

- n_T et p sont connus et on cherche n_A :

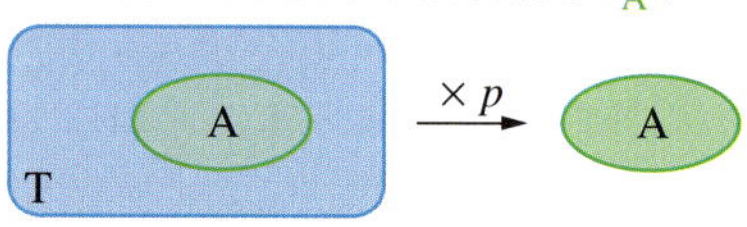

$$n_A = n_T \times p$$

- n_A et p sont connus et on cherche n_T :

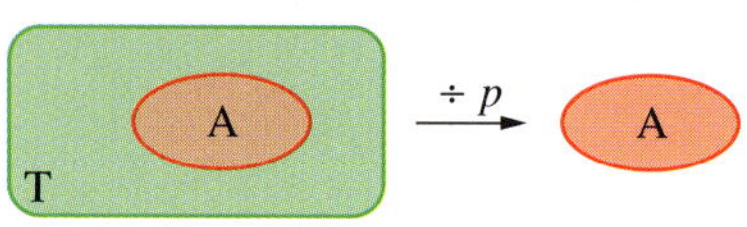

$$n_T = \frac{n_A}{p}$$

Remarque
Pour les calculs, si la proportion est en pourcentage, il est souvent plus pratique de l'écrire sous forme décimale.

Exemple
Dans une classe, il y a 12 filles sur les 30 élèves.
$\frac{12}{30} = 0,4$
La proportion de filles dans la classe est 0,4 ou $\frac{2}{5}$ ou 40 %.
Dans une classe de 24 élèves, 75 % sont des filles.
$24 \times 0,75 = 18$
Il y a 18 filles dans cette classe.
Dans une classe, il y a 21 filles qui représentent 60 % des élèves de la classe.
$\frac{21}{0,6} = 35$
Il y a 35 élèves dans la classe.

b Proportion de proportion

Propriété On considère un ensemble T contenant une partie A contenant elle-même une partie B.
Si p est la proportion de A dans T et p' est la proportion de B dans A alors la proportion de B dans T est $p \times p'$.

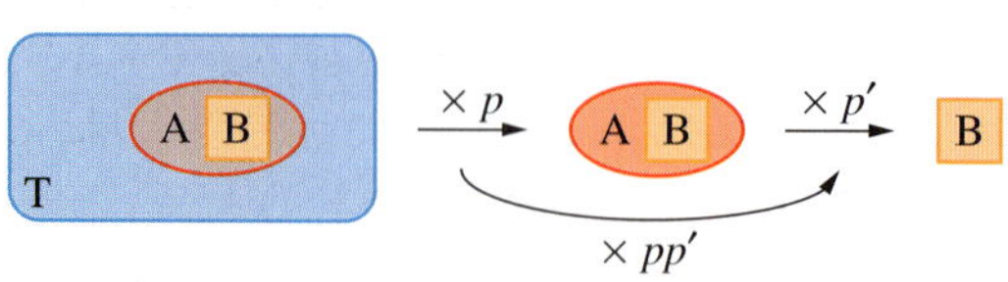

Exemple
Dans une classe, 60 % des élèves sont des filles et 75 % d'entre elles sont brunes.
$0,6 \times 0,75 = 0,45$
La proportion de filles brunes dans la classe est égale à 45 %.

Démo

Démonstration
Soit n_A, n_B et n_T le nombre d'individus des ensembles A, B et T.
Par définition :
- la proportion p de A dans T est égale à $\frac{n_A}{n_T}$.
- la proportion p' de B dans A est égale à $\frac{n_B}{n_A}$.
- la proportion p' de B dans T est égale à $\frac{n_B}{n_T}$.

Or $p \times p' = \frac{n_A}{n_T} \times \frac{n_B}{n_A} = \frac{n_A \times n_B}{n_T \times n_A} = \frac{n_B}{n_T} = p''$.
La proportion de B dans T est bien égale à $p \times p'$.

méthode

VIDÉO Capacité 1

CAPACITÉ 1 Mettre en relation effectifs, proportions et pourcentages

Énoncé À chaque heure d'une journée, on a relevé la température dans une chambre froide dont la température idéale est de 4 °C. Une mauvaise isolation ou l'ouverture pour le retrait ou le dépôt de produits peuvent par exemple faire varier la température.

Température (°C)	4	5	6	7	8
Effectif	11	7	2	3	1

Dans la suite de l'exercice, toutes les proportions seront exprimées en pourcentage et arrondies à l'unité.

1. Que représente l'effectif de la valeur 5 ?

2. Dans cette série, quelle est la proportion de la température à 7 °C ? Interpréter ce résultat.

3. Construire le tableau des fréquences puis des fréquences cumulées croissantes (F.C.C.).

4. On considère que la chaîne du froid est rompue si la température de la chambre froide dépasse 8 °C ou si, sur une durée de 24 h, la température a atteint ou dépassé 7 °C pendant au moins 25 % du temps.
La chaîne du froid a-t-elle été rompue ?

Solution

1. La température 5 °C a été mesurée 7 fois dans la journée.

2. L'effectif total est 24.
L'effectif de la température à 7 °C est égal à 3. La proportion de la température à 7 °C dans l'ensemble des mesures est $\frac{3}{24} = 0{,}125$. On en déduit que 12,5 % des mesures correspondent à la température à 7 °C.

3.

Température (°C)	4	5	6	7	8	Total
Effectif	11	7	2	3	1	24
Fréquence (%)	46	29	8	13	4	100
F.C.C. (%)	46	75	83	96	100	

4. Par lecture du tableau des F.C.C., on voit que 83 % des températures relevées sont inférieures ou égales à 6 °C, donc 17 % ont atteint ou dépassé 7 °C ; de plus, la température ne dépasse pas 8 °C.
Selon le critère appliqué, la chaîne du froid n'a pas été rompue.

Point méthode

Pour calculer une proportion, il faut identifier l'ensemble de référence. « À chaque heure d'une journée » signifie que le calcul porte sur les 24 mesures effectuées.

Point méthode

- La fréquence d'une valeur permet de répondre à la question :
« Quelle proportion des valeurs de la série sont égales à cette valeur ? »
- La fréquence cumulée croissante d'une valeur permet de répondre à la question :
« Quelle proportion des valeurs de la série sont inférieures ou égales à cette valeur ? »

J'applique

1 Julie joue aux fléchettes et obtient ces scores :
10 ; 10 ; 20 ; 10 ; 50 ; 20 ; 100 ; 50 ; 50 ; 10 ; 50
20 ; 100 ; 50 ; 20 ; 10 ; 10 ; 50 ; 100 ; 20

1. Calculer la proportion des scores de Julie valant 10 points.

2. Parmi les scores de Julie inférieurs ou égaux à 50, calculer la proportion des scores valant 10 points.

3. Construire le tableau des fréquences cumulées croissantes.

4. Julie pense qu'au moins un quart de ses scores sont supérieurs à 50. A-t-elle raison ?

2 En France métropolitaine, sur le troisième trimestre 2018, le taux de chômage correspond à 8,8 % de la population active. On compte 2,6 millions de chômeurs. À combien s'élève la population active à cette date ?

3 Au 1er janvier 2018, la France compte 67,187 millions d'habitants. On donne ci-dessous le nombre de français par tranche d'âge. De plus, 19,5 % de la population est âgée de plus de 60 ans

Âge (A)	Nb. d'habitants en million
$A < 10$	8,009
$10 \leqslant A < 18$	7,482
$18 \leqslant A < 30$	9,282
$30 \leqslant A < 45$	12,521

1. Calculer, en pourcentage, la proportion de personnes mineures au 1er janvier 2018.

2. Parmi les mineurs, quelle est la proportion d'enfants de moins de 10 ans ?

3. Combien de personnes ont plus de 60 ans ?

Cours

2 Évolutions

Une valeur de départ (V_d) évolue vers une valeur d'arrivée (V_a).

a Variation absolue, variation relative

Définition Pour quantifier cette évolution, on peut calculer :

- la **variation absolue**, soit l'évolution en **nombre** $V_a - V_d$.
- la **variation relative**, soit l'évolution en **proportion** $\dfrac{(V_a - V_d)}{V_d}$.

La variation relative est aussi appelée **taux d'évolution** entre V_d et V_a.

Exemple

Un prix valait 8 € et vaut maintenant 9 €.

- Variation absolue :

$$9 - 8 = 1$$

Le prix a augmenté de 1 €

- Variation relative :

$$\frac{9-8}{8} = 0{,}125 = 12{,}5\,\%$$

Le prix a augmenté de 12,5 %.

Remarque

Le signe de la variation indique le sens de l'évolution.

b Taux d'évolution et coefficient multiplicateur

Propriété

Augmenter de t % revient à multiplier par $CM = \left(1 + \dfrac{t}{100}\right)$.

Diminuer de t % revient à multiplier par $CM = \left(1 - \dfrac{t}{100}\right)$.

Remarque

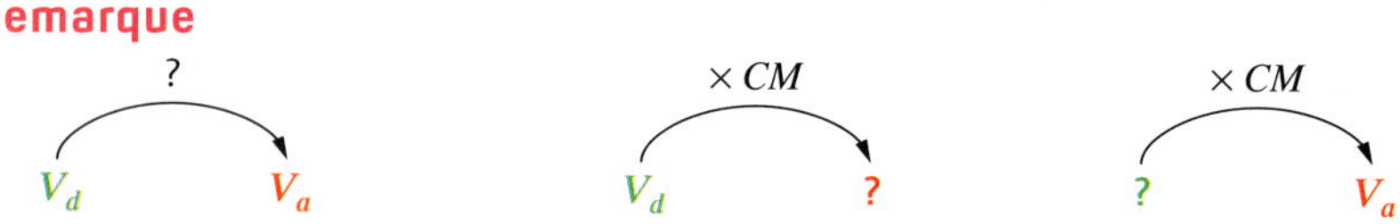

$CM = \dfrac{V_a}{V_d}$ et $t = CM - 1$ $V_a = V_d \times CM$ $V_d = \dfrac{V_a}{CM}$

Exemple

Après avoir subi une baisse de 20 %, un article coûte 41,6 €.
Quel était son prix avant la baisse ?
Baisser de 20 % revient à multiplier par :

$$\left(1 - \frac{20}{100}\right) = 0{,}8$$

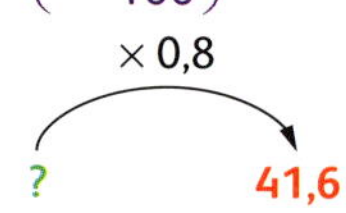

$$V_d = \frac{41{,}6}{0{,}8} = 52$$

L'article valait 52 € avant la baisse.

c Évolutions successives

Propriété Une valeur de départ V_d subit plusieurs évolutions successives : t_1 % de coefficient multiplicateur CM_1, suivie de t_2 % suivie de …

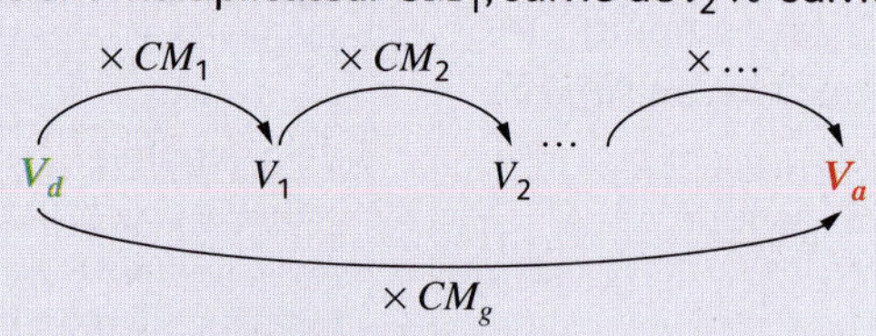

Le coefficient **multiplicateur global** est le produit des coefficients multiplicateurs intermédiaires. On a $CM_g = CM_1 \times CM_2 \times \ldots$

Le **taux d'évolution global** est donc égal à : $t_g = CM_g - 1$.

Exemple

Le nombre d'abonnés d'un quotidien augmente de 10 % puis augmente de 20 %.
Quelle est l'évolution globale ?
Augmenter de 10 % (resp. 20 %) revient à multiplier par 1,1 (resp. 1,2) :

$$CM_g = 1{,}1 \times 1{,}2 = 1{,}32$$

Le taux d'évolution global est :

$$CM_g - 1 = 1{,}32 - 1 = 0{,}32$$

Donc le nombre d'abonnés a augmenté de 32 %.

d Évolution réciproque

Propriété Une valeur de départ V_d évolue de t %, on note CM le coefficient multiplicateur correspondant. Le **taux réciproque** est le taux d'évolution appliqué à la V_a qui permet de revenir à la valeur initiale V_d.

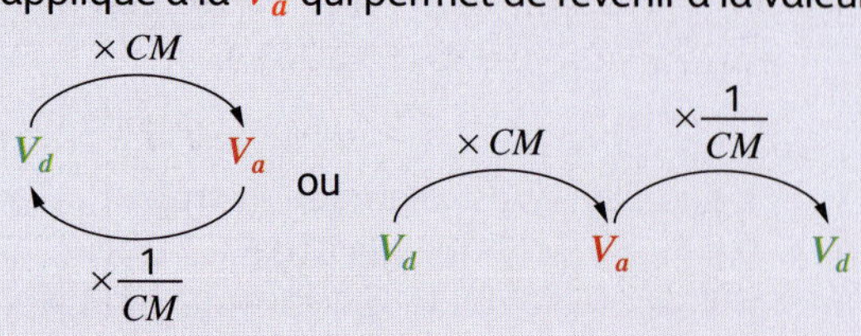

Son coefficient multiplicateur CM_{rec} est égal à $\dfrac{1}{CM}$.

Exemple

Un prix augmente de 10 %.
Quelle évolution permettrait de retrouver le prix initial ?
Le coefficient multiplicateur réciproque est :

$$CM_{rec} = \frac{1}{1 + \dfrac{10}{100}} \approx 0{,}909$$

Le taux d'évolution réciproque est :

$$CM_{rec} - 1 \approx 0{,}909 - 1 \approx -0{,}091$$

Il faut baisser le nouveau prix d'environ 9,1 %.

méthode

VIDÉO Capacité 2

CAPACITÉ 2 Manipuler deux valeurs successives et leur taux d'évolution

Énoncé Aux élections législatives de 2017, 27 128 488 personnes sur les 47 293 103 inscrites sur les listes électorales françaises se sont abstenues de voter au second tour.

1. Déterminer le taux d'abstention au second tour des législatives en 2017.

2. On donne ci-dessous l'évolution du taux d'abstention aux élections législatives de la 1re circonscription de Seine-et-Marne entre 2002 et 2017.

Évolution du taux d'abstention

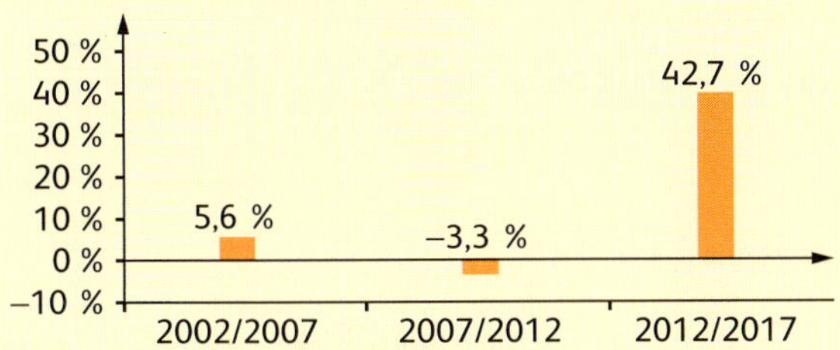

a. Le taux d'abstention était de 43,87 % en 2002.
Déterminer le taux d'abstention en 2007.

b. Le taux d'abstention était de 63,98 % en 2017.
Déterminer le taux d'abstention en 2012.

c. Retrouver le taux d'évolution du taux d'abstention entre 2007 et 2012.

Solution

1. $\dfrac{27\,128\,488}{47\,293\,103} \approx 0{,}5736$ donc environ 57,36 % des électeurs ne sont pas allés voter au second tour des élections législatives en 2017.

2. a. Le taux d'abstention a augmenté de 5,6 % entre 2002 et 2007.
Or augmenter de 5,6 % revient à multiplier par $1+\dfrac{5{,}6}{100}=1{,}056$.
On a $43{,}87 \times 1{,}056 \approx 46{,}33$. On en déduit que le taux d'abstention en 2007 s'élevait à environ 46,33 %.

b. Le taux d'abstention a augmenté de 42,7 % entre 2012 et 2017.
Or augmenter de 42,7 % revient à multiplier par $1+\dfrac{42{,}7}{100}=1{,}427$.
On a $63{,}98 \div 1{,}427 \approx 44{,}84$. On en déduit que le taux d'abstention en 2012 s'élevait à environ 44,84 %.

c. En 2007, le taux d'abstention était de 46,33 % et en 2012, il était de 44,84 %. Le taux d'évolution entre 2007 et 2012 est :

$$\frac{V_{2012}-V_{2007}}{V_{2007}}=\frac{44{,}84-46{,}33}{46{,}33}\approx -0{,}032=-3{,}2\,\%$$

Le taux d'abstention a baissé d'environ 3,2 % entre 2007 et 2012.

Point méthode
Pour identifier le calcul à effectuer, un schéma peut être bien utile !

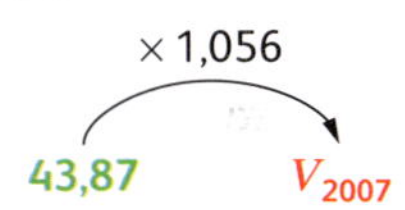

Point méthode
Seuls les coefficients multiplicateurs apparaissent sur la flèche d'évolution.

J'applique

4 **1.** Dans un lycée, le nombre d'élèves est passé de 390 élèves de seconde à la rentrée 2018 à 448 à la rentrée 2019. Quel est le taux d'évolution ?

2. Le prix d'un article a baissé de 5 % par rapport à la semaine dernière. Il coûte maintenant 3,99 €.
Quel était son prix avant la baisse ?

3. Le nombre de tickets vendus le mois dernier était de 1 500. Il a augmenté de 1 %.
Combien de tickets ont-ils été vendus ce mois-ci ?

5 Le tableau incomplet ci-dessous résume les Chiffres d'Affaires annuels (C.A.) en millier d'euros d'une micro-entreprise entre 2016 et 2019.

	2016	2017	2018	2019
C.A.	104	95		104
Évolution en %			+6	

1. Expliquer pourquoi une case du tableau est grisée.

2. Compléter les cases vides du tableau.

Cours

3 Résumés statistiques

a Moyenne et écart type

Définition La moyenne d'une série, notée $\overline{x}$, est le quotient de la somme de toutes les valeurs de la série par l'effectif total.

Si une série est donnée par son tableau d'effectifs, on a $\overline{x} = \dfrac{x_1 \times n_1 + x_2 \times n_2 + \ldots + x_p \times n_p}{n_1 + n_2 + \ldots + n_p}$.

Valeurs	x_1	x_2	…	x_p
Effectif	n_1	n_2	…	n_p

Propriété On considère une série de moyenne $\overline{x}$.

- Si on multiplie toutes les valeurs d'une série par un nombre a alors la moyenne $\overline{x}$ est multipliée par a.
- Si on ajoute le même nombre b à toutes les valeurs de la série alors cette valeur b s'ajoute à la moyenne $\overline{x}$.

Pour mesurer la dispersion des valeurs d'une série par rapport à la moyenne, on prend en compte l'écart relatif de chaque valeur à la moyenne.

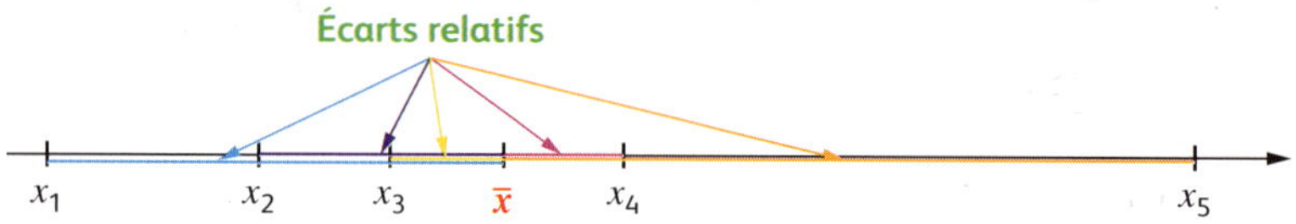

Définition Soit la série de N valeurs $x_1, x_2, \ldots, x_N$ de moyenne $\overline{x}$.

- La variance V de la série est la moyenne des carrés des écarts des valeurs avec la moyenne : $V = \dfrac{(x_1 - \overline{x})^2 + (x_2 - \overline{x})^2 + \ldots + (x_N - \overline{x})^2}{N}$
- L'écart type σ de la série est la racine carrée de la variance $\sigma = \sqrt{V}$.

Remarque

Le couple $(\overline{x}, \sigma)$ permet de résumer une série.
Il a l'avantage d'utiliser toutes les valeurs de la série, en ce sens il est représentatif de la série. Il a l'inconvénient d'être « sensible » aux valeurs extrêmes.

Exemple

On donne la série suivante.

Valeur	5	8	10
Eff.	1	2	2

La moyenne $\overline{x}$ est égale à :

$$\overline{x} = \frac{5 \times 1 + 8 \times 2 + 10 \times 2}{1 + 2 + 2} = 8{,}2$$

On multiplie toutes les valeurs de série par 2 et on ajoute 1.
La série devient :

Valeur	11	17	21
Eff.	1	2	2

La nouvelle moyenne $\overline{x'}$ vaut :

$$\overline{x'} = 2 \times \overline{x} + 1 = 17{,}4$$

Voir démonstration p. 315

Exemple

Soit la série 5 ; 8 ; 8 ; 10 ; 10 de moyenne 8,2.
La variance V est égale à :

$$\frac{(5 - 8{,}2)^2 + (8 - 8{,}2)^2 + \ldots + (10 - 8{,}2)^2}{5} = 3{,}36$$

L'écart type est égal à :

$$\sigma = \sqrt{V} = \sqrt{3{,}36} \approx 1{,}83$$

b Médiane et écart interquartile

La médiane Me permet de partager en deux une série rangée dans l'ordre croissant. Pour la partager en quatre, on utilise les quartiles.

Définition Le premier quartile (resp. le troisième) de la série, noté Q_1 (resp. Q_3), est la plus petite valeur de la série telle qu'au moins 25 % (resp. 75 %) des valeurs de la série lui soient inférieures ou égales.

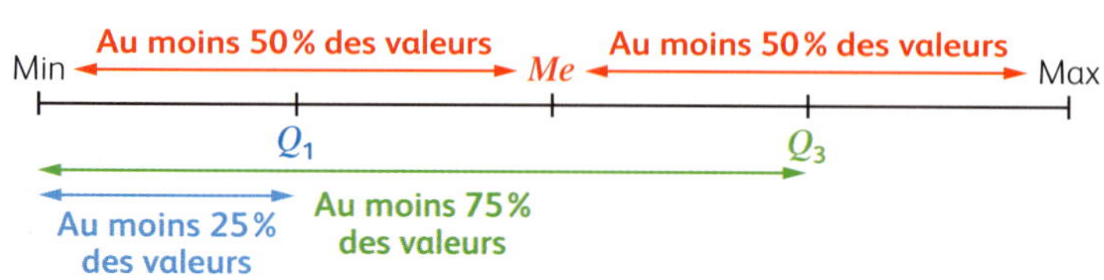

Propriété On appelle écart interquartile, le nombre $Q_3 - Q_1$.

Remarque

Le couple $(Me, Q_3 - Q_1)$ permet de résumer une série. Il a l'avantage de posséder une représentation graphique (diagramme en boite) et de ne pas être sensible aux valeurs extrêmes.

Exemple

Soit la série ordonnée suivante.
0 ; 0 ; 0 ; 1 ; 2 ; 2 ; 2 ; 3 ; 3 ; 3 ; 3 ; 4
4 ; 4 ; 4 ; 5 ; 6 ; 6 ; 6 ; 6 ; 6 ; 9

$\text{Eff}_{\text{total}}$ est égal à 22 et est pair donc la médiane est la moyenne de la 11e et de la 12e valeur de la série.

$$Me = \frac{3 + 4}{2} = 3{,}5$$

Position de Q_1 : $22 \times 0{,}25 = 5{,}5$
Q_1 est la 6e valeur de la série soit 2.
Position de Q_3 : $22 \times 0{,}75 = 16{,}5$
Q_3 est la 17e valeur de la série soit 6.
On obtient le diagramme suivant.

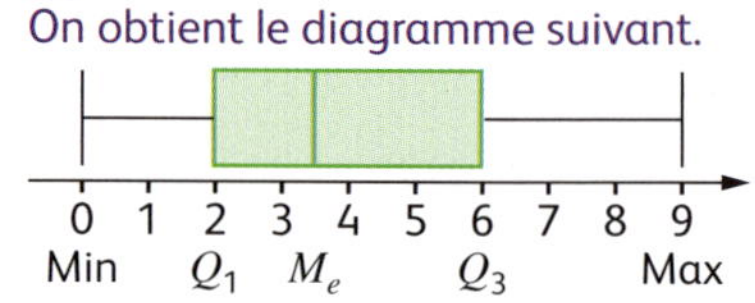

L'écart interquartile est :

$$Q_3 - Q_1 = 6 - 2 = 4$$

méthode

CAPACITÉ 3 Comparer deux séries statistiques

Énoncé On a interrogé, en 2016, des femmes mariées à propos de leur âge lors de leur mariage.
Le tableau ci-dessous indique leur réponse.

Âge	$20 \leqslant A < 30$	$30 \leqslant A < 40$	$40 \leqslant A < 50$	$50 \leqslant A < 60$	$60 \leqslant A < 70$
Effectif	10	35	15	2	1

1. a. Déterminer l'âge moyen des femmes interrogées lors de leur mariage.
b. À l'aide d'une calculatrice, déterminer l'écart type de cette série.
2. D'après l'INSEE, en France, l'âge moyen d'une femme lors de son mariage en 2016 était de 35 ans avec un écart type de 11.
Comparer l'échantillon étudié avec les résultats nationaux données par l'INSEE.

Solution

1. a. Les données sont regroupées par tranches d'âges.
Pour déterminer la moyenne, on considère qu'une personne ayant entre 20 et 30 ans a 25 ans… Donc la moyenne de cette série est :

$$\bar{x} = \frac{25 \times 10 + 35 \times 35 + 45 \times 15 + 55 \times 2 + 65 \times 1}{10 + 35 + 15 + 2 + 1} \approx 37$$

L'âge moyen des femmes interrogées est d'environ 37 ans.
b. Dans le module statistique de la calculatrice on obtient :

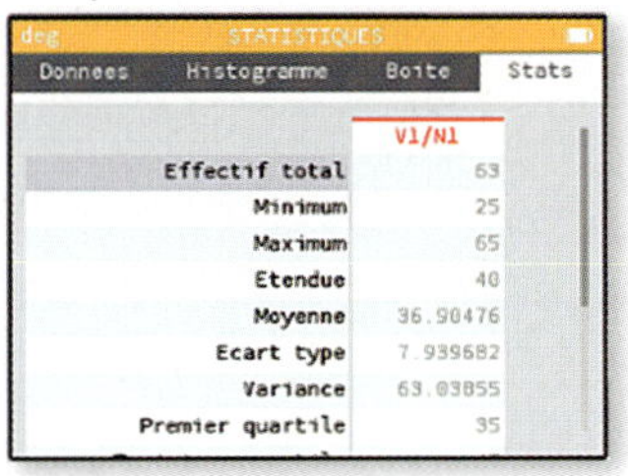

L'écart de cette série est donc $\sigma \approx 8$.
2. On remarque que l'âge moyen de l'échantillon est un peu supérieur à l'âge moyen des femmes mariées en 2016 avec un écart type de l'échantillon inférieur : en moyenne, une valeur de la série s'écarte de 8 par rapport à l'âge moyen, contre 11 dans la série de l'INSEE.
L'échantillon est en moyenne un peu plus âgé et plus homogène, ou moins dispersé autour de sa moyenne, que la série globale.

Point méthode
Dans un exercice contextualisé, il faut donner du sens à un indicateur.
C'est souvent dans la conclusion de la question qu'il faut le faire.

Point méthode
Lorsqu'on utilise un couple d'indicateurs pour comparer deux séries, il est souvent intéressant de commencer par comparer les indicateurs de position.

J'applique

6 On considère les trois séries ci-dessous.
Série 1 : 5 ; 6 ; 6 ; 7 ; 9 ; 10
Série 2 : 1 ; 1 ; 4 ; 12 ; 12 ; 13
Série 3 : 11 ; 11 ; 13 ; 13 ; 15 ; 16
1. Calculer, sans utiliser le module statistique de la calculatrice, la moyenne et l'écart type de la série 1.
2. À l'aide du module statistique de la calculatrice, calculer la moyenne et l'écart type des séries 2 et 3.
3. Comparer la série 1 et la série 2.
4. Comparer la série 1 et la série 3.

7 Pour chaque question, déterminer les couples (moyenne ; écart type) et (médiane ; écart interquartile).
1. 0,1 ; 0,2 ; 0,1 ; 0,5 ; 0,1 ; 0,3 ; 0,1 ; 0,5 ; 0,6 ; 0,1
2. 10 ; 12 ; 21 ; 12 ; 10 ; 10 ; 12 ; 11 ; 14 ; 12 ; 10 ; 20 ; 21 ; 21 ; 15

8 On considère la série statistique ci-dessous.

Valeurs	10	12	14	16	18	19
Effectif	2	5	11	8	4	6

1. Compléter le tableau avec la ligne des effectifs cumulés croissants. En déduire la médiane et les quartiles.
2. Une autre série a pour médiane 15 et pour écart interquartile 10. Comparer ces deux séries.

méthode

CAPACITÉ 4 Manipuler les pourcentages de pourcentages

Énoncé En 2019 dans une maternité, 60 % des naissances étaient des garçons.
Parmi eux, 20 % pesaient plus de 4 kg, la moitié pesait entre 2,5 et 4 kg et $\frac{1}{10}$ moins de 1,5 kg.
Sur un total de 800 filles nées en 2019, 200 pesaient entre 2,5 et 4 kg, 40 % entre 1,5 et 2,5 kg.
De plus, 16 % des enfants nés en 2019 pesaient moins de 1,5 kg.
Compléter le tableau ci-dessous où les proportions seront exprimées en pourcentage par rapport à l'ensemble des naissances dans cette maternité en 2019.

Masse M (kg)	Garçons	Filles	Total
$M < 1{,}5$			
$1{,}5 \leqslant M < 2{,}5$			
$2{,}5 \leqslant M < 4$			
$4 \leqslant M$			
Total			100 %

Solution

Les proportions se calculent par rapport à l'ensemble des naissances.

Parmi les 60 % de garçons nés en 2019, 20 % pèsent plus de 4 kg.
$0{,}6 \times 0{,}2 = 0{,}12$ on en déduit que 12 % de l'ensemble des naissances sont des garçons de plus de 4 kg.

La moitié des 60 % de garçons correspond à 30 %. Donc 30 % de l'ensemble des naissances sont des garçons pesant entre 2,5 et 4 kg.

$\frac{1}{10}$ de 60 % correspond à $\frac{1}{10} \times 0{,}6 = 0{,}06$; on obtient donc 6 % de garçons de moins de 1,5 kg.

Les 800 filles représentent 40 % des naissances.
$\frac{200}{800} = 0{,}25$ on en déduit que 25 % des filles pèsent entre 2,5 et 4 kg.
$0{,}25 \times 0{,}4 = 0{,}1$ on obtient 10 % de filles pesant entre 2,5 et 4 kg.

40 % des filles qui représentent 40 % des naissances pèsent entre 1,5 et 2,5 kg. $0{,}4 \times 0{,}4 = 0{,}16$; ainsi 16 % de filles pèsent de 1,5 à 2,5 kg.
On a donc le tableau ci-dessous.

Masse M (kg)	Garçons	Filles	Total
$M < 1{,}5$	6 %	10 %	16 %
$1{,}5 \leqslant M < 2{,}5$	12 %	16 %	28 %
$2{,}5 \leqslant M < 4$	30 %	10 %	40 %
$4 \leqslant M$	12 %	4 %	16 %
Total	60 %	40 %	100 %

Point méthode
Pour calculer des pourcentages de pourcentages, on multiplie les proportions.

Point méthode
Il faut bien identifier l'ensemble de référence auquel s'applique le pourcentage. Ici, c'est l'ensemble des naissances de la maternité en 2019.

J'applique

9 Dans une classe de 30 élèves, il y a 12 garçons. Parmi eux, 25 % font partie du CVL (conseil des délégués pour la vie lycéenne).
1. Quelle est la proportion de garçons dans la classe ?
2. Calculer, de deux manières différentes, la proportion de garçons participant au CVL dans cette classe.

10 Dans une réserve naturelle, 30 % des animaux sont des mammifères, dont 15 % ont moins de 1 an.
1. Quelle proportion de la réserve naturelle sont des mammifères de moins de 1 an ?
2. On compte 81 mammifères de moins de 1 an. Combien y a-t-il d'animaux dans la réserve naturelle ?

CAPACITÉ 5 Calculer un taux d'évolution global et réciproque

Énoncé Entre 2015 et 2016, le nombre de touristes ayant visité la tour Eiffel a baissé de 14,32 %.
Entre 2016 et 2017, la fréquentation a augmenté de 4,55 %.

1. a. Déterminer le taux d'évolution global entre 2015 et 2017.

b. Sachant que le nombre de visiteurs en 2015 était de 6,92 millions, déduire de la question **1. a.** une approximation du nombre de visiteurs de la tour Eiffel en 2017. Arrondir à la centaine de milliers.

2. Quelle devrait être l'évolution entre 2017 et 2018 pour que la fréquentation soit égale à celle de 2015 ?

Solution

1. a. Baisser de 14,32 % revient à multiplier par $1-\dfrac{14,32}{100}=0,8568$.

Augmenter de 4,55 % revient à multiplier par $1+\dfrac{4,55}{100}=1,0455$.

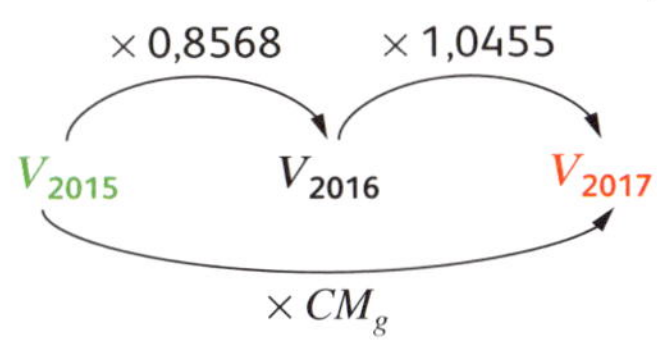

On obtient pour coefficient multiplicateur global :

$$CM_g = 0,8568 \times 1,0455 \approx 0,8958$$

Or $0,8958-1=-0,1042$.

Le taux d'évolution global entre 2015 et 2017 est d'environ $-10,42$ %.

b. Avec la question **1. a.** on connaît le coefficient multiplicateur représentant l'évolution entre 2015 et 2017 soit 0,8958.

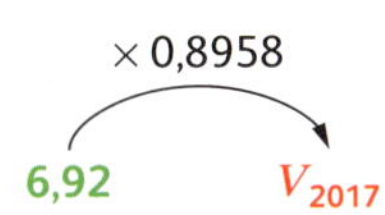

On a donc $V_{2017}=6,92\times 0,8958\approx 6,20$.

En 2017, le nombre de visiteurs de la tour Eiffel a été d'environ 6,2 millions.

2. L'évolution entre 2017 et 2018 doit ici correspondre à l'évolution réciproque de celle observée entre 2015 et 2017.

Son coefficient multiplicateur est donc $CM_{rec}=\dfrac{1}{0,8958}\approx 1,1163$.

On en déduit que le taux réciproque est $1-CM_{rec}\approx 0,1163$.

L'évolution entre 2017 et 2018 devrait être une augmentation de 11,63 %.

Point méthode
Pour déterminer un taux d'évolution global, on détermine en premier lieu le coefficient multiplicateur global.

Point méthode
Pour calculer un taux d'évolution à partir d'un coefficient multiplicateur CM, on calcule la différence $1-CM$.

J'applique

11 Dans chaque cas, déterminer le coefficient multiplicateur global puis le taux d'évolution global.
1. Une hausse de 10 % suivie d'une baisse de 30 %.
2. Une hausse de 25 % suivie d'une hausse de 30 %.
3. Une baisse de 5 % suivie d'une baisse de 2 %.
4. Une augmentation de 1 % suivie d'une baisse de 1 % suivie d'une hausse de 6 %.

12 **1.** Déterminer le taux réciproque d'une hausse de 10 %.
2. Déterminer le taux réciproque d'une baisse de 50 %.
3. Déterminer le taux réciproque d'une hausse de 100 % suivie d'une baisse de 50 %.

13 Un article passe de 50 € à 55 €.
1. Déterminer le taux d'évolution entre ces deux prix.
2. Déterminer et interpréter le taux réciproque.

14 La production d'une entreprise a diminué de 7 % entre 2017 et 2018 puis a diminué de 2 % entre 2018 et 2019.
1. Quel a été le taux d'évolution global de la production entre 2017 et 2019 ?
2. Quel objectif doit fixer le chef d'entreprise pour retrouver la production de 2017 ?
3. Pour 1 200 unités produites en 2019, déterminer de deux façons différentes la production de 2015.

Je fais le point

Je revois mon cours

Proportion de proportion

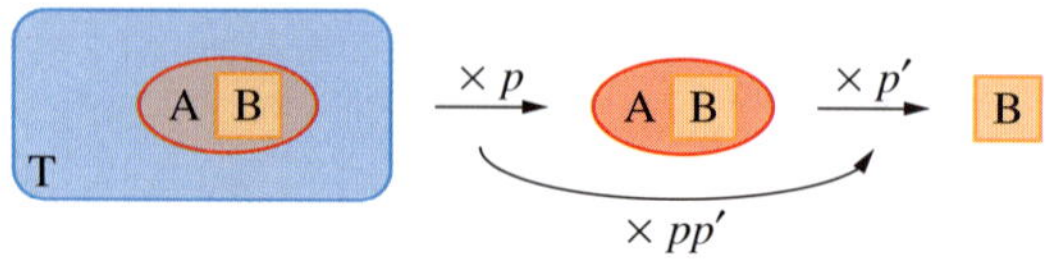

Si p est la proportion de A dans T et p' la proportion de B dans A, alors pp' est la proportion de B dans T.

Évolutions

Évolutions successives

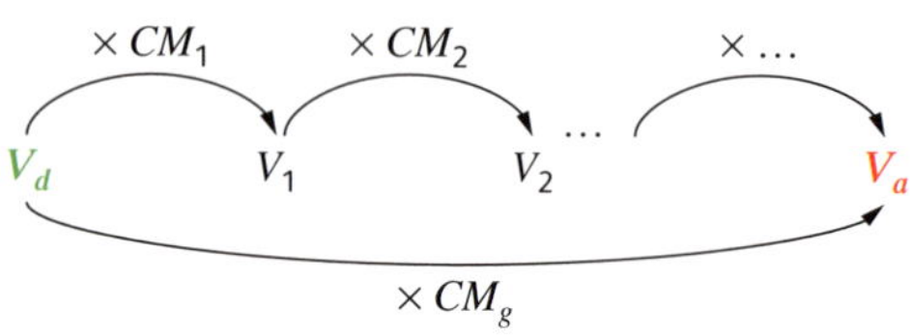

Coefficient multiplicateur global :

$$CM_g = CM_1 \times CM_2 \times \ldots$$

Taux global d'évolution :

$$t_g = CM_g - 1$$

Évolution réciproque

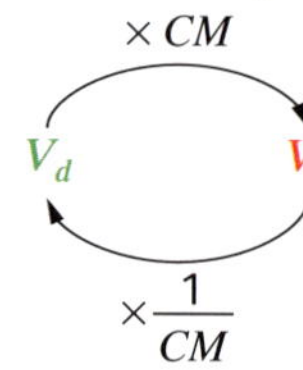

Coefficient multiplicateur réciproque :

$$CM_{rec} = \frac{1}{CM}$$

Taux d'évolution réciproque :

$$t_{rec} = CM_{rec} - 1$$

Couples d'indicateurs

On donne la série suivante.

Valeur	10	11	12	13	14	15	16	17	18
Effectif	2	3	2	2	4	3	2	1	2

Couple (médiane écart interquartile)

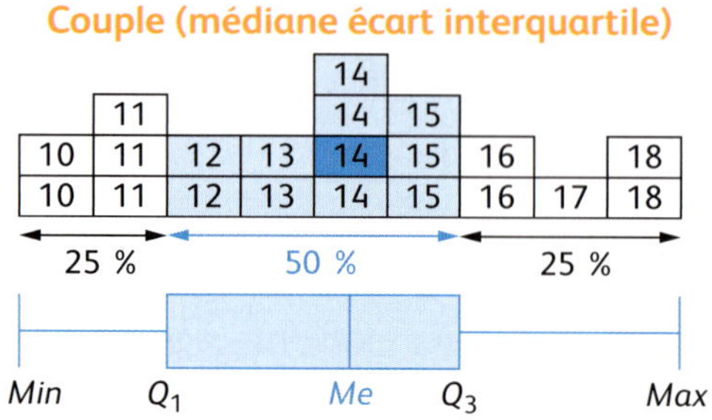

Choisir ce couple, c'est partager la série en sous-groupes de 25 %. Plus l'écart interquartile est faible, plus les valeurs de la série sont « resserrées » autour de la médiane.

Couple (moyenne ; écart type)

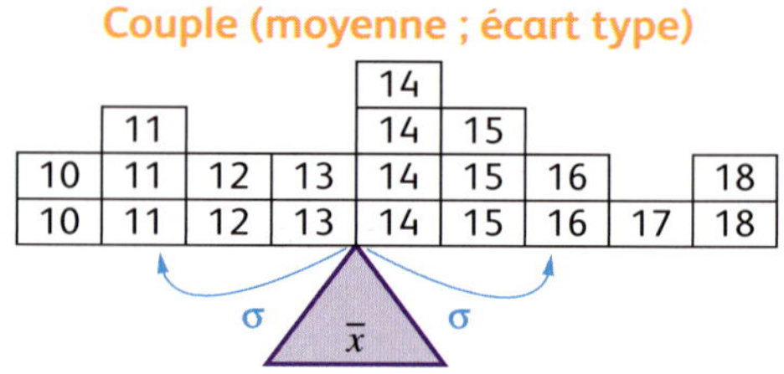

$$\overline{x} = \frac{2\times10+3\times11+\ldots+2\times18}{2+3+\ldots+2}$$

$$V = \frac{(x_1-\overline{x})^2+(x_2-\overline{x})^2+\ldots+(x_N-\overline{x})^2}{N}$$

$$\sigma = \sqrt{V}$$

Choisir ce couple, c'est prendre en compte toutes les valeurs. Plus l'écart type est petit, plus les valeurs de la série sont « resserrées » autour de la moyenne.

Je m'exerce à démontrer

Démo pas à pas

Résultat à démontrer

On considère une série de moyenne $\overline{x}$.
Si on multiplie toutes les valeurs d'une série par un nombre a alors la moyenne $\overline{x}$ est multipliée par a.

Analyse des termes | j'étudie l'énoncé

- Que signifie « une série » ?
La démonstration porte sur une série de valeurs quelconques.
On considère donc une série de N valeurs $x_1 ; x_2 ; \ldots ; x_N$.

On raisonne sur une série quelconque donc on l'écrit avec des inconnues x_1 ; … ; x_N.

De l'hypothèse vers la conclusion | j'organise mon raisonnement

Chaque valeur change et est multipliée par a, on obtient donc une nouvelle série de N valeurs.

Oui. Quelle est cette nouvelle série ?

$x_1 ; x_2 ; x_3 ; \ldots ; x_N$
$\times a$
$ax_1 ; ax_2 ; ax_3 ; \ldots ; ax_N$

La série devient : $ax_1 ; ax_2 ; \ldots ; ax_N$.

Bien !

- On peut calculer la moyenne de la nouvelle série et montrer qu'elle est égale à $a\overline{x}$.
Finalement, je dois démontrer que :

$$\frac{ax_1 + ax_2 + \ldots + ax_N}{N} = a\overline{x}$$

Rédaction

- On considère une série de N valeurs $x_1 ; x_2 ; \ldots ; x_N$.
Sa moyenne est $\overline{x} = \dfrac{x_1 + x_2 + \ldots + x_N}{N}$.
La nouvelle série obtenue après avoir multiplié chaque valeur par a est $ax_1 ; ax_2 ; \ldots ; ax_N$. Sa moyenne est $\dfrac{ax_1 + ax_2 + \ldots + ax_N}{N}$.
Or : $\dfrac{ax_1 + ax_2 + \ldots + ax_N}{N}$
$= \dfrac{a(x_1 + x_2 + \ldots + x_N)}{N}$
$= a \times \dfrac{x_1 + x_2 + \ldots + x_N}{N}$
$= a \times \overline{x}$

Je vois un facteur commun a, donc je peux factoriser par a.

- Conclusion
Pour toute série de valeurs, si chacune de ses valeurs est multipliée par un nombre a alors sa moyenne est également multipliée par a.

Démo à moi de jouer

Résultat à démontrer

Si on ajoute le même nombre b à toutes les valeurs d'une série, alors la moyenne de la série obtenue est égale à la moyenne de la série initiale augmentée de b.

Je **fais** le **point**

J'évalue mes connaissances

VERSION INTERACTIVE ET CORRIGÉE

Voir corrigés

QCM

Pour chacune des questions, indiquer la (ou les) bonne(s) réponse(s).

On donne ci-dessous le nombre d'établissements publics (collèges et lycées) en France entre 2015 et 2017.

	2015	2016	2017
Collèges	5 290	5 295	5 294
Lycées professionnels	874	860	834
Lycées généraux et technologiques (G&T)	1 600	1 602	1 608
Total	7 764	7 757	7 736

Source : education.gouv.fr

	a	b	c
1. En 2015, la proportion de collèges parmi les établissements du second degré est :	46,7 %	31,9 %	68,1 %
2. En 2016, la proportion de lycées G&T parmi les lycées est :	20,7 %	65,1 %	53,7 %
3. Entre 2015 et 2017, le nombre de lycées professionnels a baissé de :	4,6 %	40	0,13 %
4. On sait qu'entre 1990 et 2015 le nombre total d'établissements du 2nd degré a augmenté de 5,23 %. L'évolution globale du nombre d'établissements entre 1990 et 2017 est égale à :	+4,85 %	+4,87 %	+5,2 %
5. On sait qu'entre 1990 et 2017 le nombre de lycées professionnels a baissé de 38,4 %. Pour retrouver le même nombre de lycées professionnels qu'en 1990, l'évolution de leur nombre doit être de :	+38,4 %	+72,3 %	+62,3 %

vrai ou faux ?

Indiquer pour chaque affirmation si elle est vraie ou fausse. Justifier.

Partie A.

1. La médiane est toujours une valeur de la série.

2. L'écart interquartile est un indicateur qui mesure la dispersion des valeurs d'une série autour de la moyenne.

3. L'écart type peut être nul.

4. La moyenne est toujours supérieure à la médiane.

5. Plus la médiane est petite, plus la série est qualifiée d'homogène.

6. La variance est toujours supérieure à l'écart type.

7. La variance peut être une valeur négative.

Partie B.

Un échantillon est représenté par ce diagramme.

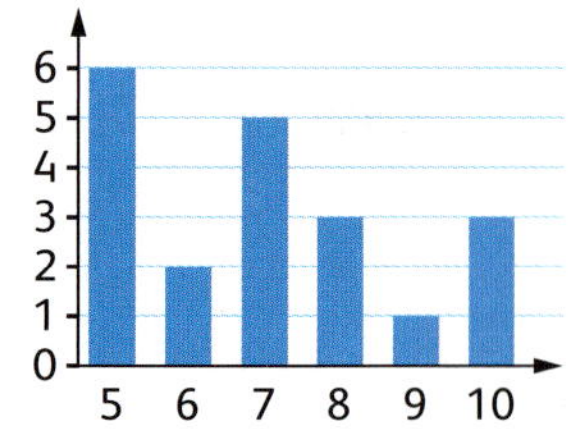

1. La médiane de cette série est 7,5.

2. L'écart interquartile $Q_3 - Q_1$ vaut 3.

3. $\overline{x} = \dfrac{5\times6+6\times2+7\times5+8\times3+9+10\times3}{6}$

4. Un autre échantillon a un écart type égal à 3. Il est plus homogène que l'échantillon ci-dessus.

automatismes et calculs

Compétence Calculer

15 Effectuer les calculs suivants.

1. $\frac{1}{2}\times 5$ **2.** $\frac{1}{6}\times 30$ **3.** $\frac{1}{4}\times 8$

16 Effectuer les calculs suivants.

1. $0{,}6\times 100$ **2.** $0{,}8\times 20$ **3.** $1{,}5\times 30$

17 Recopier et compléter le tableau.

20 % de 50	…
50 % de …	30
$\frac{1}{3}$ de 66	…
… de 200	24

18 Recopier et compléter le tableau.

70 % de 30	…
60 % de …	30
$\frac{2}{5}$ de 6	…
… de 60	54

19 On considère une population E d'effectif n_E et une sous-population A d'effectif n_A. On note p la proportion de A dans E.
Recopier et compléter le tableau suivant.

n_A	n_E	p
20	25	
40		0,5
	60	0,8

20 Associer chaque évolution à son coefficient multiplicateur.

+2 % ; –5 % ; –50 % ; +10 % ; –30 % ; +20 %

1,2 ; 0,95 ; 0,5 ; 1,1 ; 1,02 ; 0,7

21 Associer chaque évolution à son coefficient multiplicateur.

–2 % ; –0,2 % ; –0,2 % ; +2 % ; –20 % ; +20 %

1,02 ; 0,98 ; 0,8 ; 1,2 ; 1,002 ; 0,998

22 Recopier et compléter le tableau suivant.

V_d	V_a	Hausse/ Baisse	Taux d'évolution entre V_a et V_d
70	72,1		
0,6	0,9		
85	255		
52	31,2		
84	79,8		

23 Recopier et compléter le tableau suivant.

Hausse/Baisse	CM	Taux d'évolution
	0,79	
		+1 %
	2	
		–25 %
		–0,2 %

24 Recopier et compléter le tableau suivant.

Hausse/Baisse	CM	Taux d'évolution
	0,38	
		–10 %
	1,73	
		+150 %
	1,02	

25 Recopier et compléter le tableau suivant.

Hausse/Baisse	CM	Taux d'évolution
	0,02	
		–0,2 %
	10	
		–21 %
		+200 %

26 Recopier et compléter le tableau suivant.

V_d	V_a	CM	Taux d'évolution entre V_d et V_a
200		0,8	
	51,15		+15 %
1 200	1 188		
1			+100 %
	45	0,1	
20			+25 %
	270		+35 %

27 Recopier et compléter le tableau suivant.

V_d	V_a	CM	Taux d'évolution entre V_d et V_a
70		1,6	
	0,525		+5 %
14	13,3		
700			+100 %
	104	0,2	
80			+25 %
2	3		

Connaître le cours

28 Deux diaporamas pour faire le point sur le cours. ACTIVITÉS MENTALES RAPIDES

29 On considère un ensemble A contenu dans un ensemble E et un ensemble B contenu dans l'ensemble A.

On note $p_{I/J}$ la proportion de l'ensemble I dans l'ensemble J.

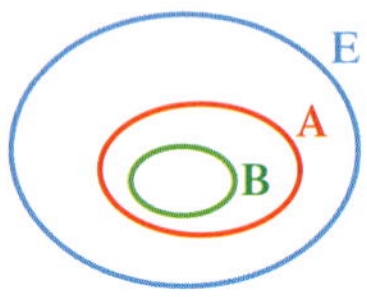

1. Est-il vrai que $p_{A/E} > p_{B/A}$? Si non, faire un schéma pour illustrer un contre-exemple.
2. Comment calculer $p_{B/E}$ si on connaît $p_{B/A}$ et $p_{A/E}$?

30 On considère qu'une valeur V_d évolue vers une valeur V_a.

Pour chacune des questions ci-dessous, indiquer au moins une méthode pour obtenir la réponse.

1. Déterminer l'évolution absolue entre V_d et V_a.
2. Déterminer l'évolution relative entre V_d et V_a.
3. Déterminer V_a si l'on connaît le taux d'évolution entre V_d et V_a ainsi que V_d.
4. Déterminer V_d si l'on connaît le taux d'évolution entre V_d et V_a ainsi que V_a.

31 Recopier et compléter les phrases suivantes.

1. Augmenter de t % revient à …
2. Diminuer de t % revient à …
3. Calculer t % d'une valeur revient à …

32 **Vrai ou Faux ?**

Indiquer si les affirmations suivantes sont vraies ou fausses.

1. Le coefficient multiplicateur associé à une baisse est négatif.
2. Un taux d'évolution est toujours inférieur ou égal à 100 %.
3. Si CM est un coefficient multiplicateur alors le taux d'évolution est :

$$CM - 1$$

4. Pour déterminer le coefficient multiplicateur global, il suffit d'additionner les coefficients multiplicateurs intermédiaires.

33 Recopier et compléter les phrases suivantes.

1. L'écart type mesure la dispersion autour de …
2. … mesure la dispersion autour de la médiane.
3. Plus l'écart type est petit, plus …
4. On peut résumer une série à l'aide du couple …

Travailler les capacités du chapitre

Capacité 1 Mettre en relation effectifs, proportions et pourcentages

34 Dans une composition florale, 60 % des fleurs sont des roses. Il y a en tout 15 roses. De combien de fleurs le bouquet est-il composé ?

35 On donne ci-dessous la description du nombre de places des parkings A, B et C disponibles suivant le type de véhicule.

Parking	A	B	C	Total
Moto	12	28	10	50
Voiture	100	200	100	400
Total	112	228	110	450

1. Déterminer la proportion de places disponibles pour les motos dans le parking A.
2. Déterminer la proportion de places disponibles pour les motos sur l'ensemble des parkings.
3. Déterminer la proportion de places de voitures dans le parking A parmi toutes les places de parking destinées aux voitures.

36 On considère la série statistique suivante.

4 ; 6 ; 4 ; 2 ; 2 ; 4 ; 4 ; 6 ; 4 ; 2 ; 4 ; 2 ; 2 ; 2 ; 6 ; 8

1. Préciser l'effectif total.
2. Construire le tableau d'effectifs, puis compléter par la ligne des fréquences.
3. Donner la proportion de valeurs supérieures à 5.

Capacité 2 Manipuler deux valeurs successives et leur taux d'évolution

37 **Calculer le pourcentage d'évolution**

1. Un prix baisse de 210 € à 136,5 €.
2. Le ticket de métro passe de 1,2 € à 1,26 €.

38 Un article coûte 50 € et subit une baisse de 1 €. Déterminer le taux d'évolution du prix.

39 **QCM**

1. Le coefficient multiplicateur associé à une hausse de 1 % est : **a.** 0,1 **b.** 1,01 **c.** 1,1
2. Le coefficient multiplicateur associé à une baisse de 60 % est : **a.** 0,4 **b.** 0,6 **c.** 1,4
3. Un capital de 1 500 € baisse de 10 %. Il vaut alors : **a.** 150 € **b.** 1 490 € **c.** 1 350 €

40 Le *Black Friday* a réussi sa traversée de l'Atlantique. Il prend de plus en plus d'ampleur en France.

1. Déterminer le taux d'évolution du panier moyen d'un acheteur français entre 2016 et 2017.

La panier moyen lors du *Black Friday*

2. En 2017, la part des ventes dédiées à l'équipement électronique était de 19 % des ventes totales. Elle a baissé d'environ 44 % par rapport à l'année 2016. Quelle était la part des ventes dédiées à l'équipement électronique en 2016 ?

Source : Black-Friday.sale

Capacité 3 Comparer deux séries statistiques

41 On considère les séries S_1 et S_2 suivantes.

S_1 : 90 ; 100 ; 100 ; 110 S_2 : 95 ; 95 ; 105 ; 105

1. Calculer, à la main, la moyenne de la série 1 puis celle de la série 2.

Peut-on les différencier à l'aide de cet indicateur ?

2. a. Quelle semble être la série la plus dispersée ?

b. Calculer, à la main, l'écart type de la série 1 puis celui de la série 2. Comparer finalement les deux séries.

42 Dans un questionnaire, on demande aux personnes interrogées une valeur numérique sur leur degré de satisfaction, qui est un nombre entier entre 0 (pas du tout satisfait) et 10 (totalement satisfait). On note σ l'écart type de la série des réponses obtenues. Pour chaque valeur de σ associer une situation.

① $1 \leqslant \sigma \leqslant 2$ ② $\sigma \geqslant 6$ ③ $\sigma = 0$

1. Les personnes sondées sont unanimement d'accord.

2. Les personnes sondées sont partagées.

3. Les personnes sondées sont globalement d'accord.

43 On considère la série définie par le graphique des effectifs ci-dessous.

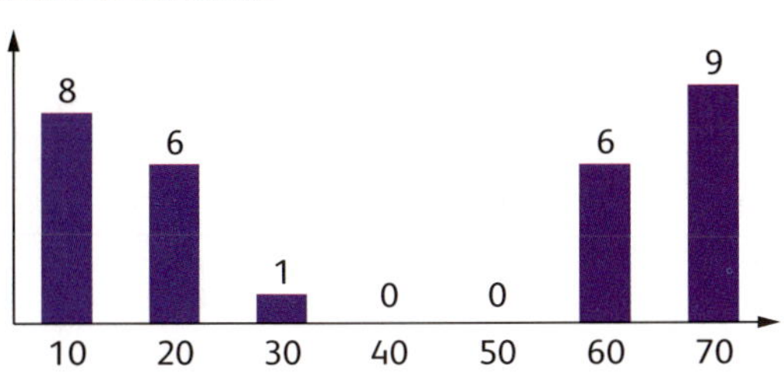

1. Calculer la moyenne $\overline{x}$ de cette série. Est-elle représentative de la série ?

2. À l'aide d'une calculatrice, vérifier que l'écart type σ de cette série est environ égal à 26.

3. Quelle proportion des valeurs appartiennent à :

$$[\overline{x} - \sigma ; \overline{x} + \sigma]$$

Capacité 4 Manipuler les pourcentages de pourcentages

44 Calculer si possible la proportion demandée.

1. Dans un magazine de 80 pages, 25 % sont dédiées à la publicité et 5 % de celles-ci sont pour des parfums. Quelle proportion des pages du magazine sont des publicités pour un parfum ?

2. Pendant une manifestation, la proportion de femmes chez les partisans du OUI était de 25 % et de 40 % chez les partisans du NON. Quelle était la proportion de femmes dans la manifestation ?

3. Les médicaments déclarés « rendre un service médical faible » sont remboursés à 15 % par la Sécurité sociale. Une mutuelle rembourse 40 % du reste. Quelle est la part à la charge du malade ?

45 Dans une salle des fêtes, certaines personnes sont déguisées (proportion p) et parmi elles il y a des femmes (proportion p'). On note p'' la proportion de femmes déguisées dans la salle des fêtes.

Déterminer dans chaque cas la proportion manquante et interpréter la valeur obtenue.

1. $p = 70\,\%$ et $p' = 30\,\%$

2. $p' = 20\,\%$ et $p'' = 10\,\%$

3. $p = 60\,\%$ et $p'' = 48\,\%$

46 Un fabricant de mobilier vend des meubles pour le salon ou pour la cuisine. 60 % de ses ventes de l'année dernière concernaient le salon. De plus, 20 % des meubles de salon vendus et 30 % de ceux de cuisine étaient en chêne massif.

Quelle est la proportion de meubles en chêne vendus l'année dernière ?

Capacité 5 Calculer un taux d'évolution global et réciproque

47 Recopier et compléter le tableau suivant.

1re évolution	2e évolution	Évolution globale
+50 %	+20 %	
−20 %	−30 %	
+15 %	−60 %	

48 Recopier et compléter le tableau suivant.

1re évolution	2e évolution	Évolution globale
+20 %		+8 %
−10 %		−32,5 %
−5 %	+5 %	

49 Déterminer le taux d'évolution réciproque d'une baisse de 20 %.

exercices Entraînement

1 Proportions

50 Une ville est divisée en 4 arrondissements. Aux dernières élections municipales, la liste A a obtenu les votes suivants.

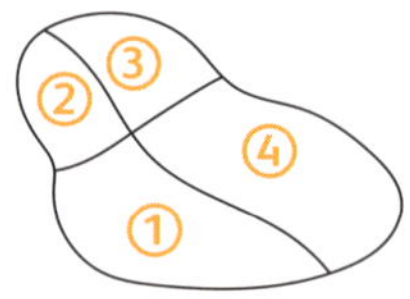

① Nombres de votants : 40 000
Nombre de voix pour la liste A : 18 000
② Nombres de votants : 10 000
45 % des voix pour la liste A.
③ Nombres de voix pour la liste A : 15 300
51 % des voix pour la liste A.
④ Nombres de votants : 20 000
60 % des voix pour la liste A.

1. a. Compléter le tableau ci-dessous.

Arrondissement	①	②	③	④
Proportion de votes pour la liste A dans l'arrondissement				

b. La liste A a-t-elle été élue à la majorité absolue ?
2. a. Déterminer le nombre total de votants.
b. Compléter le tableau ci-dessous.

Arrondissement	①	②	③	④
Proportion de votes pour la liste A dans la ville par arrondissement				

c. Finalement la liste A a-t-elle été élue à la majorité absolue ?
3. Le taux d'abstention était de 25 %. Combien la ville compte-t-elle d'électeurs potentiels ?

51 On considère la figure ci-contre.

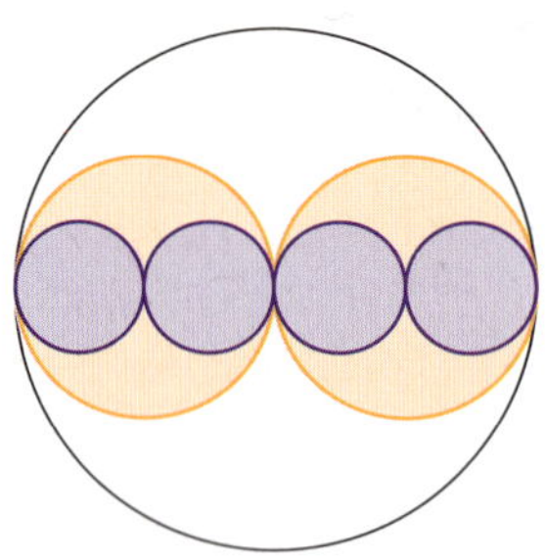

1. À quelle fraction d'un disque orange correspondent deux disques violets ?
2. En déduire la fraction du grand disque que représentent deux disques oranges.
3. À quelle fraction du grand disque correspondent les quatre petits disques violets ?

52 On donne, ci-dessous, la composition des classes d'un lycée en 2017.

Classe	2^{de}	1re	Tle	BTS
Effectif	235	184	200	36

1. a. Calculer l'effectif total.
b. Compléter le tableau par la ligne de fréquences exprimées en pourcentage.
2. On considère que la totalité des BTS sont majeurs et que 6 % des élèves de Terminale sont majeurs.
a. Déterminer la proportion d'élèves majeurs dans le lycée.
b. On sait que 75 % des élèves majeurs du lycée ont le permis de conduire et, parmi eux, 75 % ont une voiture.
Jusqu'à combien de voitures d'élèves peuvent être garées devant le lycée ?

53 Émeline s'interroge sur la constitution des paquets de ses bonbons préférés. Elle pense que les couleurs sont équitablement réparties. Elle ouvre un paquet et en prend deux petites poignées.

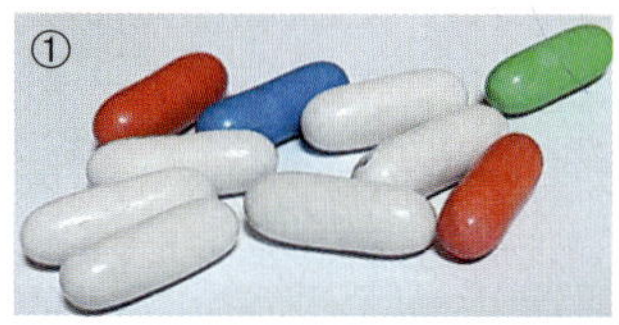

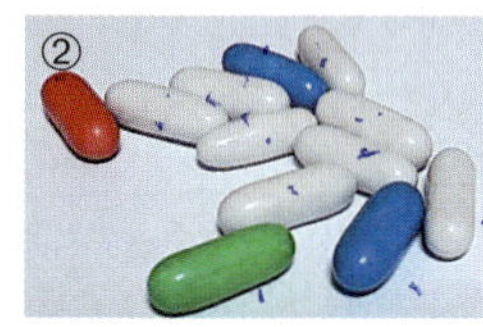

1. Quelle est la proportion de chaque couleur dans le premier échantillon ? Dans le second ?
2. Peut-on additionner la proportion de bonbons blancs dans chaque échantillon pour déterminer leur proportion dans l'ensemble ?
3. Quelle est la proportion de chaque couleur dans l'ensemble des deux échantillons ?
4. Peut-elle conclure ?

54 **Vrai ou faux**
On donne ci-dessous les proportions de mentions par spécialité (en %) au Baccalauréat 2017.

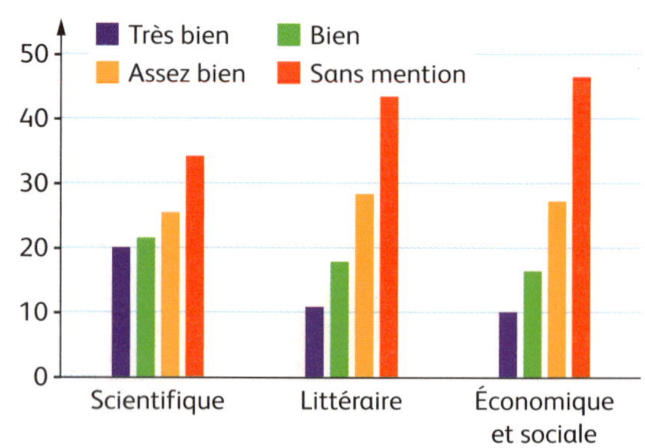

Indiquer si les affirmations suivantes sont vraies ou fausses. Justifier votre réponse.
1. Le taux de mention *Bien* en série littéraire dépasse 20 %.
2. Le taux de mention *Assez bien* appartient à l'intervalle $[20;30]$ pour chaque série.
3. Il y a eu plus d'élèves reçus *Sans mention* pour le Bac ES que pour le Bac S.
4. Pour chaque série, le taux de réussite à l'épreuve du Bac est inférieur à 50 %.

55 « Il abandonna son roman sur son lit. Il alla à son lavabo ; il mouilla un gant qu'il passa sur son front, sur son cou. »

Extrait de *La disparition*, de Georges Perec.

1. Parmi les 88 lettres qui constituent cet extrait, déterminer la fréquence d'apparition de la lettre i, puis celle de la lettre e.

2. Voici les fréquences d'apparitions des voyelles dans la langue française.

Lettre	a	e	i	o	u	y
Fréquence (%)	7,1	12,1	6,6	5	4,5	0,5

a. Parmi les voyelles, quelle est la fréquence d'utilisation de la lettre e dans la langue française ?

b. Comment s'interprète le titre du livre ?

c. Du fait de cette spécificité, quelle voyelle devrait voir sa fréquence augmenter ? Justifier la réponse.

56 Un contrôleur d'une fabrique de roulements à billes doit présenter le taux de rejet dû à une nuisance sonore trop importante.

On donne ci-dessous les mesures, en dB, effectuées sur un échantillon de taille 20.

35,2 ; 33,2 ; 40,5 ; 31,0 ; 29,9 ; 29,4 ; 33,2 ; 31,2
34,5 ; 41,1 ; 36,8 ; 37,8 ; 37,6 ; 28,5 ; 36,5 ; 31,8
40,0 ; 39,7 ; 31,4 ; 34,7

1. a. Recopier et remplir le tableau ci-dessous.

Mesure	$[25;30[$	$[30;35[$	…
Fréquence (%)			

b. Un roulement à billes est rejeté s'il émet un son d'intensité supérieure ou égale à 40 dB.

Quelle est la proportion rejetée ?

2. L'entreprise est composée de trois sites de production A, B et C.

Le site A représente 70 % de la production de l'entreprise. Sur sa production, la fréquence de roulements rejetés est de 2 %.

Le site B représente 10 % de la production de l'entreprise. Sur sa production, la fréquence de roulements rejetés est de 10 %.

Dans la production du site C, la fréquence de roulements rejetés est de 4 %.

a. Recopier et compléter le tableau des proportions ci-dessous.

Site	Non rejetés	Rejetés	Total
A			
B			
C			
Total			100 %

b. Le directeur de l'entreprise souhaite que le taux de rejet soit inférieur à 3 % sur l'ensemble des sites de production. L'objectif est-il atteint ?

57 **Effet de structure**

Dans un lycée, le proviseur analyse les résultats au Baccalauréat des deux classes de Terminales.

	Tle 1		Tle 2	
	Eff.	Reçus	Eff.	Reçus
Garçons	20	40 %	8	75 %
Filles	5	20 %	25	68 %

Il affirme : « En Terminale, les garçons réussissent mieux que les filles. »

Son adjoint l'interrompt pour rectifier : « Pas du tout ! Les filles ont un meilleur taux de réussite que les garçons. »

Qui a raison ?

58 ALGO

1. On considère l'algorithme suivant où L désigne une liste de valeurs de taille N et R un entier.

```
R ← 0
Pour k allant de 0 à N − 1 Faire
    Si L[k] < 100 Alors
        R ← R + 1
    Fin Si
Fin Pour
```

Info

$L[0]$ désigne la 1re valeur de la liste L, $L[1]$ la deuxième …

a. Tester l'algorithme pour la liste suivante.

$L = [101;105;99;100;98]$ et $N = 5$

b. Que contient la variable R à la fin de l'exécution du programme ?

2. Une entreprise fabrique des fromages. Ceux-ci ne peuvent être commercialisés si leur masse est inférieure ou égale à 98 g.

a. Quelles lignes de l'algorithme précédent faut-il modifier ou ajouter pour que R contienne la proportion, en pourcentage, de fromages commercialisables ?

b. Donner alors la valeur contenue dans R avec la liste et la valeur de N de la question **1. a.**

59 Dans un village, un opérateur de téléphonie propose d'améliorer la réception en installant une antenne relais. La municipalité a demandé l'avis des habitants.

Avis sur l'installation d'une antenne relais

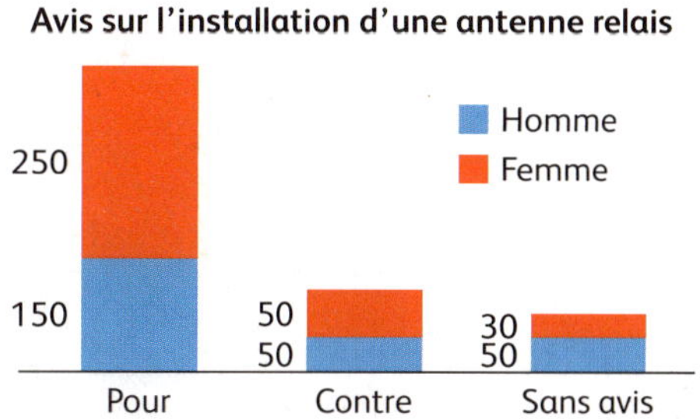

Dans quelle catégorie (hommes ou femmes), le « contre » est-il le plus représenté ? Justifier.

2 Évolutions

60 On donne le graphique ci-dessous.

Évolution du prix moyen du baril en euro pour 2017

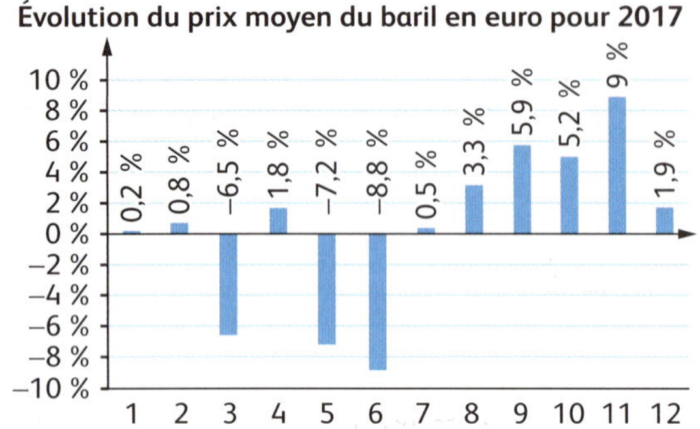

Source : Insee

1. Pour l'année 2017, déterminer le taux d'évolution global du prix moyen du baril.

2. Quelle devrait être l'évolution globale sur l'année 2018 pour compenser l'évolution observée en 2017 ?

Analyse d'un énoncé

61 Exercice commenté

On augmente la largeur d'un rectangle de 20 % et on diminue sa longueur de 20 %.

Que peut-on dire de l'évolution de son aire ?

On exprime les évolutions à l'aide des coefficients multiplicateurs en les associant à la longueur L et la largeur l.

Exprimer l'aire avant augmentation, puis après et en déduire l'évolution en observant le coefficient multiplicateur.

62 Application immédiate

À l'aide d'un grillage, Émeric construit un enclos rectangulaire pour son hamster. Il décide d'augmenter la longueur de l'enclos de 10 %. Quelle doit être l'évolution de la largeur sachant qu'il souhaite conserver la même aire ?

63 Le réseau routier français est composé d'un réseau national structurant permettant de relier les pôles urbains (routes nationales et autoroutes) et d'un réseau capillaire reliant les villes et les villages (routes départementales et communales).

La feuille de calculs ci-dessous donne les longueurs en kilomètre des routes nationales et du réseau secondaire français.

	A	B	C	D	E	F
1		1995	2000	2005	2010	2015
2	Nationales	28 097	26 126	10 336	9 754	9 633
3	Evolution (%)		-7,0%			
4	Réseau secondaire	926 035	953 204	970 029	1 028 971	1 067 514
5	Evolution (%)		2,9%	1,8%	6,1%	3,7%

1. a. Quelle formule, saisie en C3 et recopiée vers la droite, permet de compléter le tableau ?

b. Quelle valeur obtient-on dans la cellule D3 ?

c. En 2005, la gestion d'une grande partie des routes nationales a été décentralisée au profit des départements. L'impact semble-t-il se ressentir dans l'évolution du réseau secondaire ? Expliquer.

2. a. Pour les mêmes dates, le réseau autoroutier a augmenté de 18 %, puis 10,6 %, puis 5,5 % et 1,8 %. Déterminer l'évolution globale des longueurs des autoroutes entre 1995 et 2015.

b. Est-elle comparable à celle du réseau secondaire entre 1995 et 2015 ?

64 **1.** En 1990, le volume du trafic motorisé en France était de 420 milliards de kilomètres (Mkm) parcourus. En 2016, il valait 600 Mkm.

De quel pourcentage a-t-il augmenté ?

2. On donne le graphique ci-dessous.

Nombre de personnes décédées par accident de voiture entre 1990 et 2016

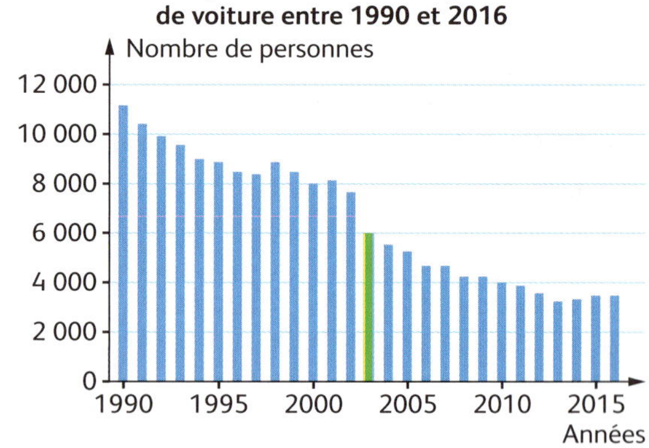

Source : ONISR - Soes, Mémento des transports

a. Que représente ce graphique ?

b. En quoi sa lecture est-elle paradoxale compte tenu de la question **1.** ? Expliquer ce phénomène.

3. On donne les évolutions en % du nombre de tués en voiture ci-dessous par rapport à l'année précédente.

Année	2000	2001	2002	2003	2004	2005
Taux	−4,8	+1	−6,2	−20,9	−7,7	−4,9

a. Déterminer le taux d'évolution global entre 1999 et 2003, puis entre 2003 et 2005.

b. Les premiers radars automatiques ont été installés en 2003. Quel effet semblent-ils avoir eu ?

65 Offres commerciales

1. Pour un même produit, le service clientèle étudie deux promotions possibles ci-contre. Laquelle est la plus avantageuse pour le consommateur ?

2. Lors de l'achat d'un téléviseur, on propose deux offres à un consommateur :
- une remise de 10 % sur le prix HT.
- une remise de 10 % sur le prix TTC.

Quelle offre est la plus avantageuse pour le consommateur ?

66 PYTHON

Pour faire ses exercices sur les taux d'évolutions plus rapidement, Lara a écrit ce programme Python.

```
""" Calcule le coefficient mult global
Les taux intermédiaires sont exprimés en %
"""
nb_evol = 1
while nb_evol!=0:
    nb_evol = int(input("nb d'évolutions"))
    CM_global = 1.0
    for i in range(nb_evol):
        t_inter = float(input("taux interm."))
        CM_global*=1+t_inter/100
    print("le CMg est ",CM_global)
```

1. a. Quel est le type de la variable nb_evol ?
b. Quel est le type de la variable CM_global ?
2. a. Indiquer ce que l'utilisateur doit saisir pour déterminer le coefficient multiplicateur global associé à une hausse de 20 % suivi d'une hausse de 30 %.
b. Comment sort-on de la boucle principale ?
3. Modifier le programme pour qu'il affiche le taux d'évolution global exprimé en pourcentage.

67 Vrai ou faux

1. Indiquer si les affirmations sur la cote de popularité de François Hollande sont vraies ou fausses. Justifier.

Source : Le Monde

a. Le taux d'évolution de la cote de popularité entre les mois de mai 2012 et juin 2012 est de −2 %.
b. Entre mai 2012 et avril 2013, la cote de popularité a chuté de 59 %.
c. La baisse de popularité entre juin et août 2012 est aussi rapide que celle observée entre septembre 2012 et janvier 2013.
2. En supposant qu'à partir du 19 avril 2013 la cote de popularité augmente de 10 % chaque mois, déterminer le nombre minimum de mois qu'il faudra attendre pour retrouver la cote de popularité du 27 mai 2012.

68

On donne ci-dessous les taux d'évolution du nombre de conduites en état alcoolique condamnées par la justice française entre 2000 et 2003.

Année	2000/2001	2001/2002	2002/2003
Taux	−4,2 %	−3,5 %	9,7 %

Source : Insee

1. a. Déterminer le taux d'évolution global du nombre d'infractions entre 2000 et 2003.
b. Quel a été le taux d'évolution entre 2003 et 2004 sachant qu'en 2004 le nombre de condamnations pour cette infraction était sensiblement égal à celui de 2000 ?
2. On donne ci-dessous le nombre de condamnations pour la même infraction entre 2014 et 2016.

Année	2014	2015	2016
Effectif	100 519	97 450	93 536

a. Un journaliste a le choix entre les graphiques ci-dessous.

Nombre de condamnations pour conduite en alcoolémie (2014 à 2016)

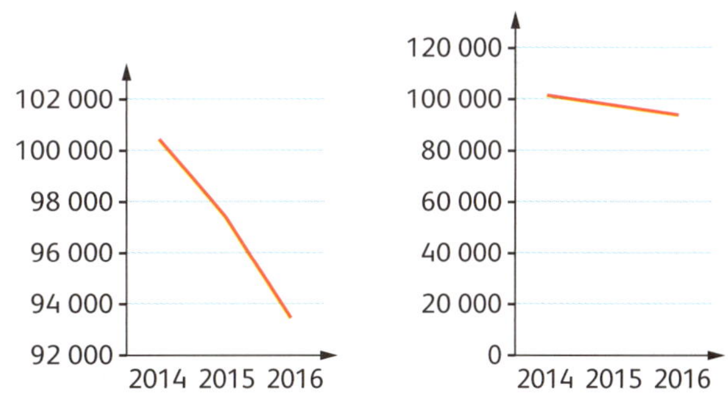

Pour chaque graphique, imaginer un commentaire que pourrait ajouter le journaliste s'il le choisissait.
b. Commenter la photo ci-dessous du président J.F. Kennedy publiée en 1962.

Source : americanrhotoric.com

3 Résumés statistiques

69 Sans calculer, associer une série à chaque couple (moyenne ; écart type). Justifier.

- (5,5 ; 3,05)
- (5,5 ; 1,2)
- (5,5 ; 1,8)

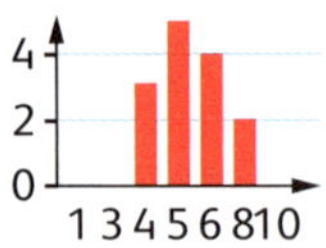

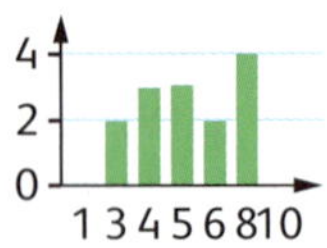

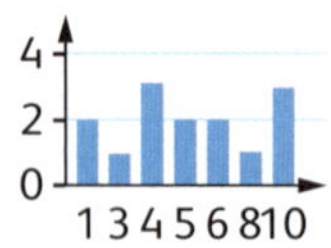

70 Lors d'un devoir surveillé, l'alarme à incendie se déclenche 15 minutes avant la fin de l'épreuve. Après correction, l'enseignant obtient les résultats :

Note	2	3	5	6	7	8
Eff.	4	5	6	10	3	2

1. Calculer la moyenne et l'écart type de cette série.
2. Pour compenser, l'enseignant hésite entre ajouter 2 points à toutes les notes ou les augmenter de 25 %. Sans refaire les calculs, quel serait l'effet de ces compensations sur chaque indicateur ?

71 **Représentation graphique de l'écart type**
On considère la série 9 ; 11 ; 16.
1. Calculer mentalement la moyenne m de la série.
2. On place, sur un axe gradué, les points dont les abscisses sont les valeurs de la série ainsi que m.

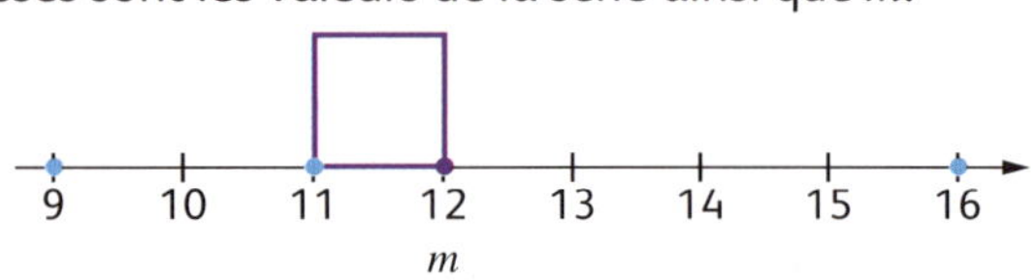

a. On construit un carré dont deux sommets consécutifs sont les points d'abscisse 11 et m. Exprimer l'aire du carré. Que représente-t-elle ?
b. Reproduire et compléter le graphique avec les carrés manquants au calcul de la variance V de cette série. Quelle figure peut-on construire pour représenter V ?
c. Comment peut-on alors visualiser l'écart type ?

72 **Effet de structure**
En 2016, une entreprise employait deux cadres et six ouvriers.

Catégorie	Cadre	Ouvrier
Salaire (2016)	6 000 €	1 400 €

1. Calculer le salaire moyen d'un employé.
2. Les résultats de l'entreprise étant bons, le chef d'entreprise décide d'augmenter tous les salaires de 10 % et d'engager cinq ouvriers supplémentaires.
Un employé affirme : « Malgré nos augmentations, le salaire moyen de l'entreprise a baissé. »
S'est-il trompé ? Justifier.

73 **1.** Un régleur tourneur a reçu comme instruction d'affiner les réglages de son tour s'il observe, dans un échantillon de 20 pièces usinées choisies aléatoirement, l'un des cas suivants.
- Moins de 68 % des pièces ont un diamètre qui appartient à l'intervalle $[\overline{x}-\sigma\,;\overline{x}+\sigma]$.
- Plus de 60 % des diamètres sont supérieurs au diamètre moyen de l'échantillon.

À 17 h, il relève les diamètres (en cm) suivant.
23,5 ; 23,8 ; 24,7 ; 25,1 ; 25,1 ; 25,1 ; 25,2 ; 25,2 ; 25,3 ; 25,3 ; 25,4 ; 25,4 ; 25,4 ; 25,5 ; 25,8 ; 25,9 ; 26,0 ; 26,0 ; 26,3 ; 27,1
Avec sa calculatrice, il obtient :

```
x̄    =25.365
Σx   =507.3
Σx²  =12879.33
σx   =0.76372442
sx   =0.78356472
n    =20
```

Ce régleur doit-il modifier les réglages de sa machine ?
2. Une erreur de calibrage du pied à coulisse modifie la série. Chaque mesure doit être amputée de 0,1 cm. Cela modifie-t-il la décision du régleur ? Justifier.

74 Deux machines fabriquent des cylindres métalliques de diamètre théorique de 20 mm. On a prélevé 40 pièces de chaque machine et mesuré leur diamètre.

Machine A
20,1 ; 20,2 ; 20 ; 20 ; 19,9 ; 20,2 ; 20 ; 20,1 ; 20,4 ; 20,1 ; 19,8 ; 20,2 ; 19,9 ; 20 ; 20 ; 20 ; 20,5 ; 20 ; 19,7 ; 20 ; 19,6 ; 20 ; 20,1 ; 20 ; 20 ; 20 ; 20,1 ; 20 ; 19,9 ; 20,4 ; 20 ; 20,5 ; 20,4 ; 20,6 ; 20,1 ; 20 ; 19,9 ; 19,8 ; 20 ; 20,1

1. Déterminer le couple (moyenne ; écart type) et (médiane ; écart interquartile) de la série A.
2. Pour la machine B on obtient les indicateurs :
$$\overline{x_B}=20{,}06\ ;\ \sigma_B=0{,}55$$
On donne également les diagrammes en boite suivant où la série A est en rouge et la B en gris.
Comparer les deux échantillons à l'aide des deux couples d'indicateurs. Quelle machine semble la plus fiable ?

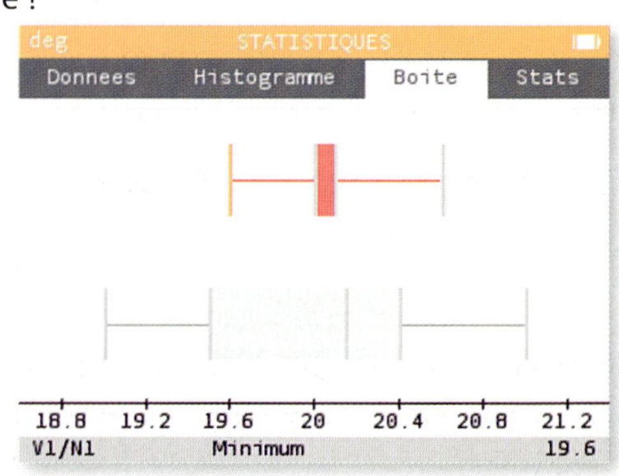

75 **Croire en son potentiel…**

Ce trimestre, Justin a une moyenne de 12 en mathématiques. Il affirme que s'il obtient un 20 à son prochain devoir, il aura une moyenne de 13.
Combien de devoirs a-t-il déjà rendus ?

76 ALGO On considère la liste L de valeurs ordonnées suivantes : 10 ; 10 ; 10 ; 12 ; 14 ; 15 ; 18 ; 18 ; 19
On note $L[0]$ la 1re valeur de L, $L[1]$ la 2e …

1. Que vaut k pour que $L[k]$ contienne la médiane ?

2. Compléter l'algorithme ci-dessous pour que la variable M contienne la moyenne des valeurs de L.

```
M ← 0
Pour I Allant de 0 à … Faire
    M ← …
Fin Pour
M ← …
```

3. Écrire l'algorithme permettant de calculer la variance des valeurs de cette liste.

77 **Exercice guidé**

Un professeur compare les notes de sa classe de Seconde A avec celle d'un collègue.

Note	2	3	4	5	6	7	8
2de A	2	3	2	2	0	3	0
Note	9	10	11	12	13	14	15
2de A	1	2	0	0	2	1	0
Note	16	17	18	19	20		
2de A	3	3	2	0	2		

1. Déterminer les indicateurs statistiques.

2. En lisant les indicateurs statistiques de la 2de B que son collègue lui envoie, le professeur n'est pas satisfait de sa classe. Expliquer pourquoi ?

2de B : $\bar{x} = 10{,}4 ; \sigma = 3 ; M_e = 9{,}5 ; Q_3 - Q_1 = 8$

Pistes de résolution

1. On détermine les couples d'indicateurs classiques.
2. On commence par comparer les indicateurs de position des deux séries puis ceux de dispersion.

78 Dans un quartier, on a relevé les surfaces habitables de tous les appartements.

Appartements de 1 à 3 pièces

Surface (m²)	[0 ; 20[	[20 ; 40[	[40 ; 60[	[60 ; 100]
Nombre	18	25	45	19

Appartements de 4 à 5 pièces

Surface (m²)	[40 ; 60[	[60 ; 80[	[80 ; 100[	[100 ; 140]
Nombre	18	25	45	19

1. Calculer la moyenne et l'écart type de chaque série.

2. Quelle semble être la série la plus dispersée autour de sa moyenne ?

79 On donne le graphique suivant.

Production des équipes A et B

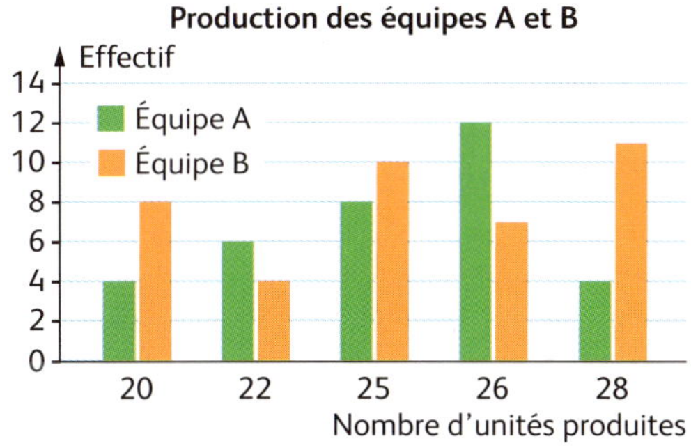

1. Déterminer les indicateurs statistiques de ces séries.

2. Une production importante doit être confiée à une des deux équipes. Laquelle choisir ? Argumenter.

80 **Coefficient de variation d'une série**

On donne ci-dessous les dépenses, en million d'euros, de la France et de la Suisse en matière d'éducation.

	2012	2013	2014	2015
France	113 974	116 451	118 496	120 128
Suisse	25 724	25 665	26 550	30 710

Source : Eurostat

1. a. Calculer la moyenne et l'écart type des dépenses pour chacun des pays pour les années 2012 à 2015.

b. Sur ces quatre années, peut-on considérer que l'écart type mesure une dispersion similaire des dépenses autour de la moyenne pour ces deux pays ?

2. Exprimer la proportion que représente l'écart type par rapport à sa moyenne. Dans quel pays les dépenses sont-elles finalement plus hétérogènes ?

Info

Le coefficient de variation d'une série statistique quantitative est le rapport $\frac{\sigma}{\bar{x}}$. Exprimé en pourcentage, il permet de comparer la dispersion de deux séries dont les grandeurs sont différentes.

81 La fonction `rejet` ci-contre a pour paramètres une liste L et deux nombres m et s.

```
def rejet(L,s,m):
    r=0
    for valeur in L:
        if valeur<m-2*s:
            r+=1
        elif valeur>m+2*s:
            r+=1
    return r
```

1. a. Que retourne la fonction si m vaut 40, s vaut 3 et L contient :

33 ; 37 ; 40 ; 41 ; 42 ; 41 ; 40 ; 45 ; 39 ; 48

b. Modifier le programme pour qu'il renvoie la proportion de r dans L (utiliser la fonction `len(L)` qui renvoie la taille de la liste L).

2. Le périmètre crânien d'un nourrisson est « normalement » compris dans la zone $[m - 2\sigma ; m + 2\sigma]$.
À 3 mois, $m = 40$ cm et $\sigma = 3$ cm.
En dehors de cette zone, l'enfant peut souffrir de microcéphalie ou de macrocéphalie. Quelle proportion d'enfants sont à surveiller dans la liste L ?

82 Évolutions et aires

On considère un rectangle (en vert) de longueur L et de largeur l au départ entières et comprises entre 1 et 10 cm.

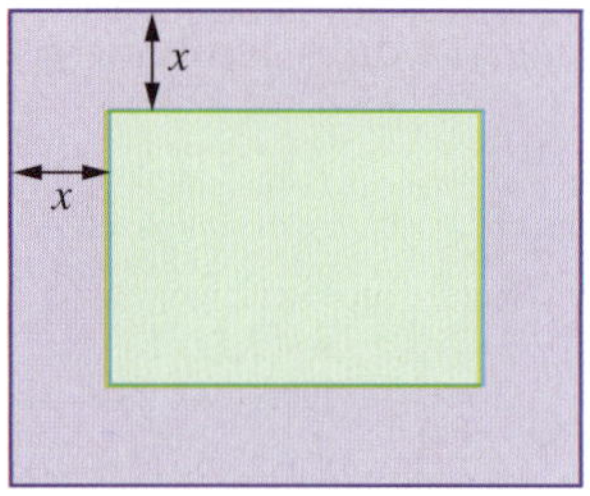

Le problème consiste à trouver tous les rectangles verts tels que si on augmente son périmètre de 20 % (en ajoutant la même valeur x à sa longueur et à sa largeur) alors son aire augmentera d'au moins 110 %.

1. Construire un exemple et vérifier si la longueur et la largeur satisfont les contraintes du problème.

2. a. Exprimer x en fonction de L et l pour que le périmètre du grand rectangle augmente de 20 % par rapport au rectangle vert.

b. Montrer alors que le taux d'évolution (en pourcentage) entre l'aire du rectangle vert et le grand rectangle est égal à :

$$11 \times \frac{(L+l)^2}{L \times l}$$

c. Compléter le programme Python pour qu'il affiche les solutions du problème.

```
for l in range(    ):
    for L in range(    ):
        aire = L*l #aire rectangle vert
        x=
        aire2 = (L+x)*(l+x) #aire grand rectangle
        evol =
        if evol     :
            print(l,L,evol)
```

d. Le programme affiche les lignes suivantes.

```
>>>
1 8 111.375
1 9 122.22222222222223
1 10 133.1
```

Retrouver la valeur exacte du nombre situé à la deuxième ligne.

83 « Homme moyen »

Dans la recherche de la normalité, Adolphe Quételet s'est interrogé sur la définition de « l'homme moyen ». Il prend le parti de dire que l'homme dont les proportions seraient déterminées par la moyenne des proportions des autres hommes serait une référence à la beauté.

« Si l'homme moyen était parfaitement déterminé, on pourrait, comme je l'ai fait observer déjà, le considérer comme le type du beau ; et tout ce qui s'éloignerait le plus de ressembler à ses proportions ou à sa manière d'être constituerait les difformités et les maladies ; ce qui serait dissemblable, non seulement sous le rapport des proportions et de la forme, mais ce qui sortirait encore des limites observées, serait monstruosité. »

Adolphe Quételet – 1835

1. a. Indiquer, selon vous, ce que sont les critères de beauté de nos jours.

b. Compte tenu de la population mondiale actuelle, donner un ou plusieurs arguments contre l'utilisation de l'homme moyen comme « canon de beauté ».

2. On considère les quatre triangles rectangles ci-dessous.

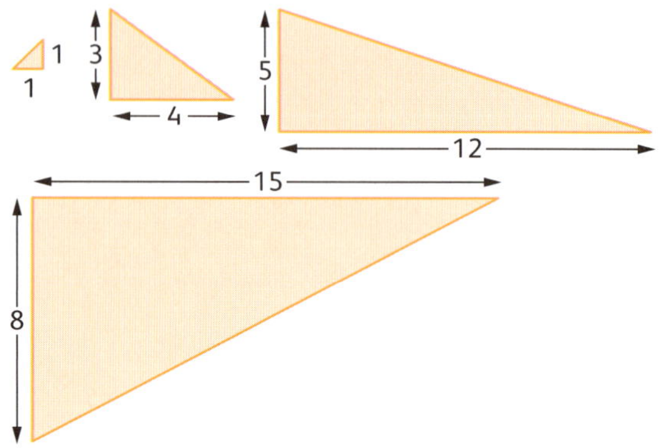

a. Déterminer les longueurs du triangle moyen en calculant la moyenne des côtés horizontaux, verticaux puis des hypoténuses.

b. Le triangle moyen obtenu est-il rectangle ?

c. La question **2.** peut-elle donner un argument pour ou contre la théorie de Quételet ?

Info

Adolphe Quételet est un astronome, mathématicien, naturaliste et statisticien belge, peu connu du grand public. Précurseur de la démographie, il est à l'origine de plusieurs concepts qui ont influencé la société.

84 Harmonisation des notes

À un examen, plusieurs jurys interrogent des groupes de six candidats. Pour harmoniser les notations, chaque jury doit procéder à une péréquation. C'est-à-dire qu'il doit transformer les notes pour que leur moyenne soit égale à 10 et leur écart type à 3. Le jury 1 a obtenu les notes 10 ; 15 ; 8 ; 5 ; 6 et 7.

1. Calculer la moyenne et l'écart type arrondi à 0,1 près des notes du jury 1.

2. Démontrer que si toutes les notes d'un groupe augmentent d'une valeur b alors la variance est invariante.

3. Soit V la variance d'une série. On admet que si chaque valeur de la série est multipliée par a puis augmentée de b alors la nouvelle variance est égale à a^2V. Aider le jury 1 à réaliser sa péréquation en multipliant chaque note par a ($a > 0$) et en lui ajoutant b (a et b étant à déterminer).

4. Vérifier que la nouvelle série obtenue satisfait les conditions.

85 Lissage par la moyenne

On considère la série des valeurs en euro d'une action boursière, obtenues par intervalles de 20 minutes.

t	Rang	Valeur	t	Rang	Valeur
0	0	15,2	120	6	14,6
20	1	14,8	140	7	14,0
40	2	15,0	160	8	14,3
60	3	14,6	180	9	13,8
80	4	14,9	200	10	14,2
100	5	14,0	220	11	13,9

On obtient la représentation graphique de la série (en bleu) suivante.

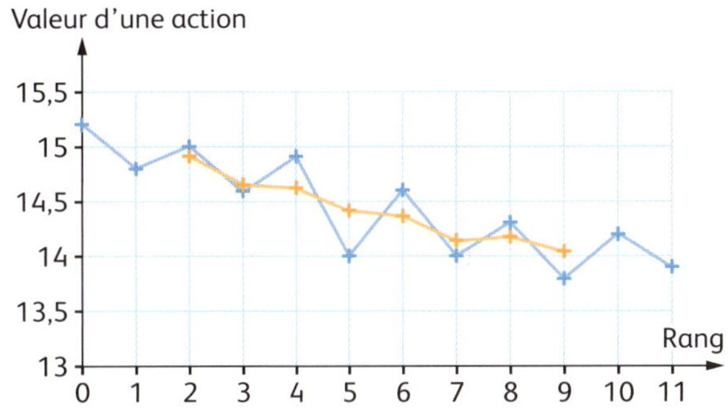

1. Peut-on dire que cette série est décroissante ?

2. Le lissage par la moyenne consiste à remplacer une valeur de la série par la moyenne des cinq valeurs dont elle est le centre.

On obtient ainsi la courbe orange.

a. Par quelle valeur remplace-t-on la valeur de rang 2 ?

b. Compléter les parties floutées du programme Python ci-dessous pour qu'il affiche les huit valeurs permettant de construire la courbe orange.

c.

```
#initialisation des variables
L = [15.2,14.8,15,14.6,14.9,14,
14.6,14,14.3,13.8,14.2,13.9]

#construction des fonctions
def moyenne(a,b,c,d,e):
    return

#corps du programme
for i in range(2,10):
    print(moyenne(L[i-2],
```

Info

Le nombre de valeurs intervenant dans le calcul de la moyenne s'appelle l'**ordre de la moyenne mobile**.
Il est plus pratique d'utiliser un ordre impair, ainsi la moyenne mobile remplace la valeur centrale.

86 Élasticité-prix de la demande

La variation du prix d'un produit influence souvent la demande de ce produit par les consommateurs. En économie, c'est « l'élasticité » qui mesure cette influence.

Plus précisément, lorsqu'un prix p passe d'une valeur p_1 à une valeur p_2 et que la demande d passe alors d'une quantité d_1 à une quantité d_2, l'élasticité-prix de la demande, notée e, est le quotient de la variation relative de la demande par la variation relative du prix.

$$e = \frac{\frac{d_2 - d_1}{d_1}}{\frac{p_2 - p_1}{p_1}}$$

L'élasticité e donne l'évolution de la demande lorsque le prix augmente de 1 %.

Partie A. Signe de l'élasticité-prix de la demande

1. Recopier et remplacer les pointillés par « augmente » ou « diminue » dans les phrases suivantes.

a. On suppose que l'élasticité-prix de la demande est positive. Dans ce cas-là, lorsque le prix augmente, la demande …

b. On suppose que l'élasticité-prix de la demande est négative. Dans ce cas-là, lorsque le prix augmente, la demande …

2. Conjecturer le signe de l'élasticité-prix :

a. d'un bien de première nécessité, indispensable et sans produit de substitution, comme le pain.

b. d'un bien de moindre nécessité, comme les vêtements ou les sorties au cinéma.

c. d'un bien de luxe, comme un parfum ou une voiture de sport.

d. d'un bien dont il est difficile de se passer, mais qui a des substituts, comme l'essence.

Partie B. Étude de quelques cas

1. Un producteur de fraises françaises constate que, lorsque le prix d'une barquette de 500 g passe de 5 € à 6 €, ses ventes, initialement de 30 tonnes, diminuent de 25 %.

a. Calculer la variation relative du prix lorsqu'il passe de 5 € à 6 €.

b. En déduire l'élasticité-du prix de la demande des fraises.

c. Calculer le chiffre d'affaires du producteur lorsque le prix de la barquette est de 5 €, puis de 6 €. L'augmentation du prix de la barquette de fraises est-elle judicieuse ?

2. Le tableau ci-dessous recense le prix moyen d'un litre d'essence SP98 et la dépense annuelle des ménages correspondante.

	2011	2012
Prix moyen d'un litre de SP98 (en euro)	1,55	1,63
Dépense des ménages en SP98 (en million d'euros)	14 808	14 566

a. Calculer l'élasticité-prix de la dépense en essence SP98 entre 2010 et 2011.

b. Interpréter le résultat obtenu.

COUPS DE POUCE 90

Maîtriser l'essentiel

87 Compréhension d'énoncé

On considère l'énoncé suivant.

On donne ci-dessous les résultats des garçons de 50 pays de l'OCDE dans le test PISA « résoudre collaborativement un problème ».

Notes	[370 ; 400[	[400 ; 430[	[430 ; 460[
Effectif	1	10	10
Notes	[460 ; 490[	[490 ; 520[	[520 ; 550[
Effectif	14	10	5

I. Calculer la moyenne et l'écart type de cette série.

II. On résume les résultats des filles dans cette épreuve par les indicateurs $\overline{x} \approx 502{,}7$ et $\sigma \approx 42{,}6$.

On donne de plus les diagrammes en boite suivants.

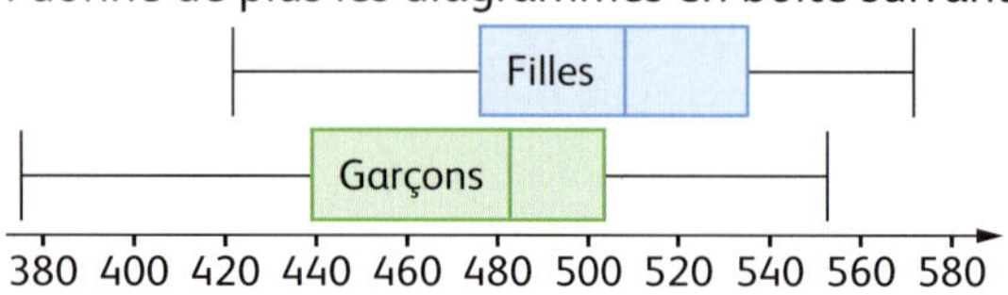

Comparer les deux séries.

Répondre aux questions suivantes.

1. Pour chaque mot surligné, indiquer une méthode.
2. Répondre aux questions de l'exercice.

88

	4				2		1	9
			3	5	1		8	
3	1			9	4	7		
	9	4						7
2						8	9	
		9		2			4	1
4	2		1		9			
1	6		8					

1. Reproduire la grille de Sudoku ci-dessus.
2. Pour chaque question, inscrire le chiffre indiqué à la position $(x ; y)$ où x correspond au numéro de la colonne et y celui de la ligne.

a. Une valeur augmente de 20 % et vaut 74,4. Inscrire le chiffre des dizaines de la valeur de départ en $(9 ; 2)$.

b. Une valeur augmente de 25 % suivie d'une baisse de 25 %. Inscrire le chiffre des centièmes du taux d'évolution global (en %) en $(4 ; 7)$.

c. Calculer le taux réciproque d'une baisse de 15 %. Inscrire le chiffre des unités en $(8 ; 9)$.

3. Terminer le Sudoku.

Aller plus loin

89 Une société qui produit des croisillons en plastique pour faciliter la pose de carrelage s'est dotée, il y a cinq ans, d'une machine permettant de les emballer dans des sachets de 100 pièces.

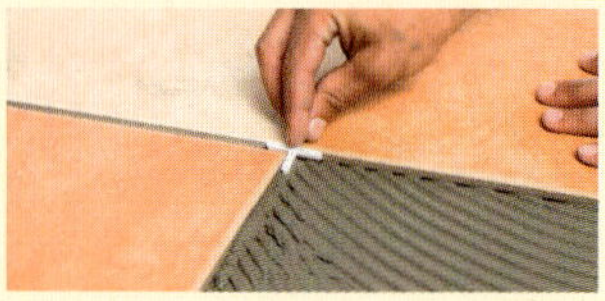

La première année, dans un prélèvement de 600 sachets, on a compté le nombre de croisillons contenus dans chacun d'eux. On a obtenu les résultats suivants.

Nombre de croisillons	97	98	99	100	101	102
Effectif	12	30	120	240	180	18

1. a. Déterminer la proportion de sachets n'appartenant pas à l'intervalle $I = [\overline{x} - 2\sigma ; \overline{x} + 2\sigma]$.

b. Le nombre de croisillons doit appartenir à I pour au moins 95 % des sachets. Est-ce le cas ?

2. Cinq ans plus tard, un nouveau prélèvement donne les résultats suivants.

$$Me = 99 \ ; \ Q_3 - Q_1 = 4$$

La précision de la machine distribuant les pièces s'est-elle améliorée ?

90 PRISE D'INITIATIVES Une entreprise emploie 160 personnes réparties en deux catégories de salariés : employés et cadres. En quinze ans, les salaires annuels moyens dans l'entreprise ont évolué comme indiqué dans le tableau.

	2005	2019	Évolution
Salaire moyen des employés	14 700	17 100	+16 %
Salaire moyen des cadres	32 000	37 700	+18 %

De 2005 à 2019, le nombre total de salariés n'a pas varié et le salaire moyen global dans l'entreprise a diminué, pour passer de 22 485 € à 21 477,5 € annuels.

Comment expliquer, à l'aide d'une argumentation chiffrée, cette évolution qui peut sembler paradoxale ?

91 1. Lors d'une hausse de 20 %, une production est augmentée de 10 tonnes.

Déterminer la production avant et après évolution.

2. Lors d'une baisse de 10 %, une production diminue de 20 tonnes.

Déterminer la production avant et après évolution.

3. Une production augmente de 20 % en deux ans. Elle a augmenté de 10 % sur la première année. Déterminer le taux d'évolution sur la deuxième année.

TP Pratiquer l'algorithmique et programmer

Indicateurs statistiques et programmation

L'objectif de ce TP est d'utiliser le langage de programmation Python pour déterminer certains indicateurs statistiques d'une série.

Objectif PYTHON
Manipuler les listes.

Partie A Manipuler les listes

Le type le plus adapté pour stocker une série statistique est le type List.

1. Saisir le code ci-contre dont l'objectif est de créer une série de valeurs aléatoires.
2. Modifier le programme pour que :
   - la série contienne 50 valeurs.
   - les valeurs de la série soient des nombres entiers aléatoires compris entre 50 et 150.
3. La fonction sort() associée aux listes permet de classer une liste dans l'ordre croissant.
   Elle s'utilise ainsi nomListe.sort().
   Dans la partie #corps du programme, saisir le code permettant de ranger la série dans l'ordre croissant et d'afficher la série ordonnée.

```
#importation des bibliothèques
from random import randint

#création des variables globales
serie=[]

#création de la liste
for i in range(30):
    serie=serie+[randint(1,100)]

#corps du programme :
print(serie)
```

Partie B Afficher les extremums de la série

La ligne de programme suivante permet d'afficher la 5e valeur de la série : print(serie[4])

1. À quoi correspond alors serie[0] ?
2. Dans la partie #corps du programme, créer deux variables min et max qui contiennent le minimum et le maximum de la série.
3. Pour rendre lisible le travail, ajouter la ligne :
   print("Le minimum de la série est",min)
   Faire de même pour le maximum.

Partie C Déterminer la médiane de la série

1. Dans cette série de 50 valeurs, comment déterminer la médiane ?
2. Créer une variable mediane qui contient la médiane de cette série.
   Afficher la valeur de la mediane dans la console en utilisant la fonction print().

Partie D Déterminer la moyenne de la série

1. Créer une variable somme initialisée à 0.
   Puis à l'aide d'une boucle for, additionner toutes les valeurs de la série.

```
somme ← 0
Pour k allant de 0 à 49 Faire
    somme ← somme + liste[k]
Fin Pour
```

2. Créer une variable moyenne qui contient la moyenne de la série et l'afficher dans la console.

Partie E Déterminer l'écart type de la série

1. Saisir les lignes de code ci-dessous.

```
somme_ecart=0
for valeur in serie:
    somme_ecart+=(valeur-moyenne)**2
```

a. Expliquer la ligne for valeur in serie.
b. Par quelle instruction peut-on remplacer += ?
c. Interpréter le contenu de la variable somme_ecart ?
d. Modifier le programme pour qu'il calcule la variance de la série.

2. On rappelle que pour utiliser la fonction racine carrée en Python, on peut importer la fonction sqrt de la bibliothèque math.
a. Construire une variable ecart_type qui contient l'écart type de la série.
b. Terminer le programme pour qu'il donne la proportion de valeurs, en pourcentage, appartenant à l'intervalle :
[moyenne-ecart_type ;moyenne+ecart_type]

TP Utiliser les outils numériques TABLEUR

Indice de Gini

Dans un article de 2018, on peut lire sur le site *inegalites.fr* le titre suivant.

« Les inégalités de niveau de vie, en voie de stabilisation ? »

On souhaite comprendre les indicateurs permettant de mesurer ces inégalités.

Objectif
Utiliser un tableur pour construire un indicateur graphique.

Ouvrir ou recopier la feuille de calculs

Le tableau ci-contre fait état de la répartition du niveau de vie en France pour les années 2003 et 2011.

Le niveau de vie est égal au revenu disponible du ménage divisé par le nombre d'unités de consommation (uc).

- 1 uc au premier adulte du ménage.
- 0,5 uc aux autres personnes de 14 ans ou plus.
- 0,3 uc aux enfants de moins de 14 ans.

En 2016, les individus dont le niveau de vie est inférieur au 1er décile, disposent d'un niveau de vie moyen de 8 380 €.

	A	B	C
1	**Niveau de vie moyen par décile**		
2			**En euros**
3		**2003**	**2016**
4	Niveau de vie < 1er décile (A)	8 230	8 380
5	Niveau de vie entre le 1er et le 2ème déciles	11 550	12 550
6	Niveau de vie entre le 2ème et le 3ème déciles	13 730	15 060
7	Niveau de vie entre le 3ème et le 4ème déciles	15 630	17 300
8	Niveau de vie entre le 4ème et le 5ème déciles	17 500	19 430
9	Niveau de vie entre le 5ème et le 6ème déciles	19 540	21 690
10	Niveau de vie entre le 6ème et le 7ème déciles	21 950	24 290
11	Niveau de vie entre le 7ème et le 8ème déciles	25 170	27 650
12	Niveau de vie entre le 8ème et le 9ème déciles	30 330	33 220
13	Niveau de vie > 9ème décile (B)	49 890	56 230
14	Ensemble	21 350	23 580
15	**Rapport (B)/(A)**		

Partie A Calcul d'un niveau de vie

En 2016, un couple et deux enfants, âgés de 8 ans et 15 ans, dispose d'un revenu mensuel de 2 300 €. Calculer le niveau de vie annuel de ce ménage.

Partie B 1re mesure d'inégalité

1. Interpréter la valeur de la cellule C8 ?
2. Quelle formule peut être saisie en B15 et en C15 ?
3. Comparer la répartition du niveau de vie en France en 2003 et en 2011 à l'aide des valeurs obtenues.

Partie C 2e mesure d'inégalité

On appelle **courbe de Lorenz** la courbe qui s'obtient en reliant les points ayant pour abscisses les fréquences cumulées de la population et pour ordonnées les fréquences cumulées du niveau de vie.

1. Dans une France où les biens seraient équitablement répartis, combien 10 % de la population détiendrait-elle de parts de niveau de vie ?
Compléter la colonne D.
2. Compléter les colonnes E et F en détaillant une formule possible pour les cellules E4 et F4.
3. Combien les 10 % de la population la moins riche détiennent-ils de parts du niveau de vie en 2016 ?
4. Construire la courbe de Lorenz du niveau de vie de la France égalitaire et de la France de 2016.

	A	B	C	D	E	F
1				France égalitaire	France 2016	
2	Décile	Niveau de vie en €	Part cumulée en % de la population	part cumulée en % du niveau de vie	niveau de vie moyen cumulé en €	part cumulée en % du niveau de vie
3			0,00%	0,00%	0	0,00%
4	D1	8 380	10,00%			
5	D2	12 550	20,00%			
6	D3	15 060	30,00%			
7	D4	17 300	40,00%			
8	D5	19 430	50,00%			
9	D6	21 690	60,00%			
10	D7	24 290	70,00%			
11	D8	27 650	80,00%			
12	D9	33 220	90,00%			
13	D10	56 230	100,00%			

Indice de Gini γ

L'aire entre la courbe rouge et la courbe bleue s'appelle la « surface de concentration ». On donne :

$$\gamma = \frac{\text{surface de concentration}}{\text{surface sous la courbe rouge}}$$

5. Comment varie γ lorsque la courbe bleue :
a. se rapproche de la courbe rouge ?
b. s'éloigne de la courbe rouge ?
Donner un encadrement de γ.
6. L'indice de Gini du niveau de vie en France s'élevait à environ 0,28 pour l'année 2016 contre 0,27 en 2003. Le titre de l'article peut-il être remis en question ?

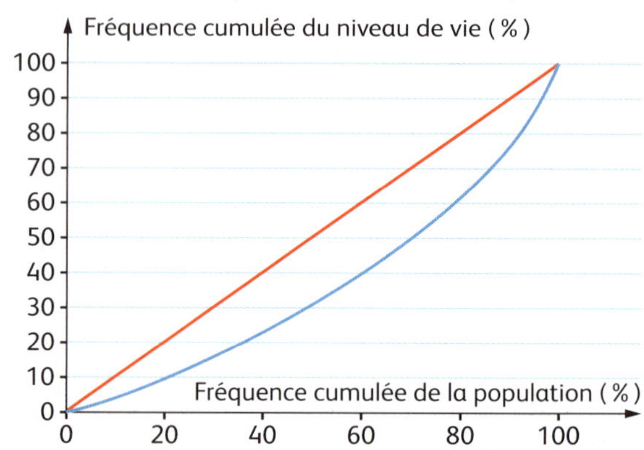

TP Mener une recherche

Compétence | Chercher et communiquer

TP1 Variance et polynôme

On considère la série de valeurs 1 ; 2 ; 6.

1. Calculer la moyenne $\overline{x}$ et la variance V de cette série.

2. On considère la fonction f qui, à tout réel x, associe la moyenne des carrés des écarts entre x et les valeurs de la série.

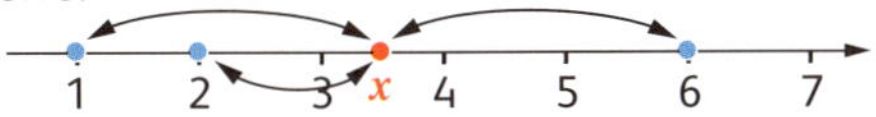

a. Donner une expression de $f(x)$ en fonction de x.

b. Montrer que $f(x)=(x-3)^2+\frac{14}{3}$.

3. On donne ci-contre la représentation graphique de la fonction f obtenue avec une calculatrice.

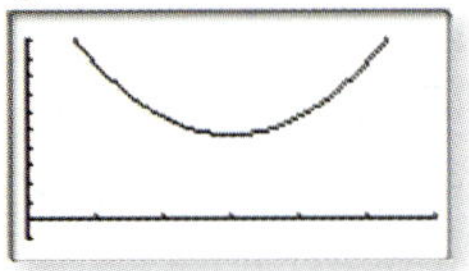

a. Montrer que pour tout nombre réel h :

$$f(3+h)=f(3-h)$$

b. Quelle conséquence graphique peut-on tirer de la question **a.** ?

c. En déduire le tableau de variations de la fonction f sur $\mathbb{R}$.

d. Que semble représenter la moyenne $\overline{x}$ et la variance V pour la fonction f ?

4. On admet que toute fonction de la forme x^2+bx+c a une courbe superposable à celle de la fonction carré. Démontrer, à la main ou en s'aidant d'un logiciel de calcul formel, que la moyenne de deux nombres réels x_1 et x_2 minimise la fonction f mesurant la moyenne des carrés des écarts à la moyenne.
On s'inspirera des questions précédentes pour la démonstration.

TP2 *Big data* et sport : les penaltys

L'arrivée des statistiques dans le sport a révolutionné les performances des athlètes, les tactiques des entraîneurs, les retransmissions d'événements sportifs… Des sociétés se sont emparées des *big data* (mégadonnées en français) et vendent leurs produits au meilleur prix.
Un site de pari sportif a demandé à l'une de ces sociétés de lui fournir un résumé statistique de chaque tireur de penaltys de ligue 1 pour une mise en ligne sur leur plateforme Internet.
Les infographistes ont donné la maquette ci-dessous pour présenter les données.

Zone de frappe

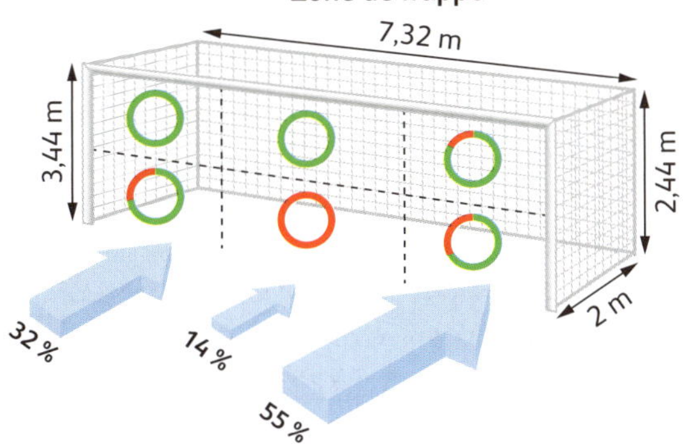

Légende
Zone de tirs :
Gauche - Centre - Droite
Proportion de tirs réussis (vert) ou loupés (rouge) dans un secteur

Ainsi que les informations suivantes.

Taux de réussite du tireur

Position moyenne des tirs :
(3,22 ; 1,51)
25 % des tirs ont une hauteur inférieure à : 1,1 m

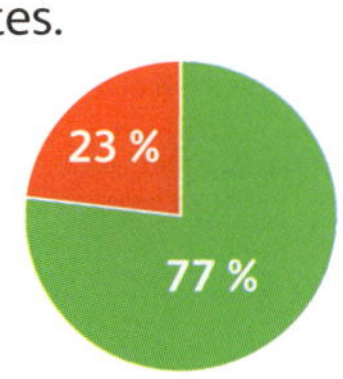

Proportion de tirs en pourcentage sur l'ensemble.

Tirs (R)	Gauche	Centre	Droite	Total
Haut	18 (18)	9 (9)	27 (23)	54 (50)
Bas	14 (9)	5 (0)	27 (18)	46 (27)
Total	32 (27)	14 (9)	54 (41)	100 (77)

(R) Proportion de tirs réussis sur l'ensemble.

On demande à un stagiaire de tester cette maquette sur un tireur du championnat.
On dote une cage de football d'un repère dont l'origine est le coin inférieur gauche et l'unité le mètre.
On donne ci-dessous l'ensemble des penaltys de ce joueur sous la forme d'un nuage de points.
Un point représente la position du ballon lorsqu'il entre dans la cage.
Il est vert si le but est marqué et rouge sinon.

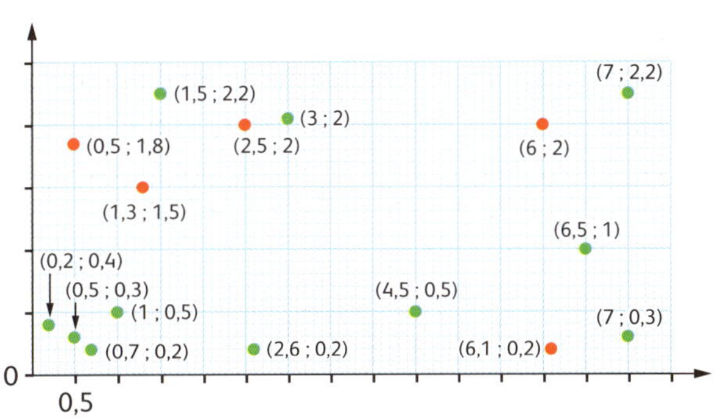

À l'écrit ou à l'oral, produire en binôme ou en groupe une présentation des statistiques de ce tireur de penaltys en utilisant la maquette.

Je **révise** en autonomie

Je cible mes révisions

VIDÉOS des capacités

Pour chaque capacité, suivre le parcours de révision pour travailler les méthodes et s'entraîner.

Parcours de révision	Réviser en autonomie	S'entraîner
Capacité 1 Mettre en relation effectifs, proportions et pourcentages	Méthode, p. 307	Exercices 2 et 34
Capacité 2 Manipuler deux valeurs successives et leur taux d'évolution	Méthode, p. 309	Exercices 5 et 37
Capacité 3 Comparer deux séries statistiques	Méthode, p. 311	Exercices 7 et 42
Capacité 4 Manipuler les pourcentages de pourcentages	Méthode, p. 312	Exercices 9 et 44
Capacité 5 Calculer un taux d'évolution global et réciproque	Méthode, p. 313	Exercices 11 et 47

Je me teste

Voir corrigés

Pour chaque question, déterminer la (ou les) réponse(s) correcte(s).

On donne ci-dessous le nombre de buts marqués dans les dernières confrontations entre l'Olympique de Marseille et le Paris-Saint-Germain entre 2008 et 2018. La plage B4:H4 est formatée en pourcentage.

	A	B	C	D	E	F	G	H	I
1	Nb. de buts	0	1	2	3	4	5	6	Total
2	Effectif	2	1	4	9	2	0	3	
3	E.C.C.	2	3	7	16	18	18	21	
4	Fréquence								

Capacité 1

1. La formule qui a pu être saisie en C3, pour qu'elle soit recopiée vers la droite, est :

a. =B2+C2
b. =SOMME(B2:C2)
c. =B3+C2
d. =SOMME($B$2:C2)

2. La formule qui peut être saisie en B4, pour qu'elle soit recopiée vers la droite, est :

a. =B2/I2
b. = $B$2/I2
c. B2/$I$2
d. = B2/$I$2

Capacité 2

Pendant la saison 2016/2017, l'affluence de spectateurs au parc des Princes a été de 858 030 et de 891 669 pendant la saison 2017/2018.

3. Le taux d'évolution entre les deux saisons est :

a. +3,9 %
b. −3,7 %
c. 33 639
d. +1,04 %

Capacité 3

4. La moyenne du nombre de buts marqués entre 2008 et 2018 est :

a. 3
b. 1,62
c. 2,95
d. autre réponse

5. Sur la même période, les rencontres de deux autres équipes donnent une moyenne de buts marqués égale à 4 avec un écart type égal à 1.
On peut dire de leurs rencontres, qu'elles :

a. sont plus spectaculaires.
b. ont un nombre de buts plus homogènes qu'un « classico » (OM – PSG).
c. ne font jamais de matchs nuls.
d. marquent au moins 4 buts par matchs.

Capacité 4

6. En 2018, parmi les abonnés d'un stade de ligue 1, 31,4 % supportent une équipe du sud de la France. Sachant que les abonnés de l'OM représentent 15 % de l'ensemble des abonnés, quelle proportion représentent-ils parmi les abonnés d'un club du sud de la France de :

a. 47,8 %
b. 4,71 %
c. 0,464
d. autre réponse

Capacité 5

7. Entre mars et mai 2018, l'affluence du stade Vélodrome à Marseille subit les évolutions −34,7 % puis +30,2 % puis +0,7 % et +9,1 %.
L'évolution globale est :

a. +5,3 %
b. +1,325 %
c. +0,94 %
d. autre réponse

Je fais des exercices bilans

Bilan 1 15min **Vrai ou faux ?**

Katrina 2005 (catégorie 5)

L'échelle de Saffir-Simpson est l'échelle de classification de l'intensité des événements météorologiques se formant dans le bassin cyclonique de l'océan Atlantique. Elle s'échelonne entre les dépressions tropicales jusqu'aux cyclones de catégorie 5.

L'année 2005 fut une année record, le tableau ci-dessous en répertorie le nombre d'événements.

Catégorie	D	T	1	2	3	4	5
Effectif	3	13	7	1	2	1	4

D : Dépression tropicale T : Tempête tropicale

Indiquer si l'affirmation est vraie ou fausse. Justifier.

1. On peut calculer la moyenne des intensités des événements de l'année 2005.

2. Plus de la moitié des événements n'ont pas été classés comme étant un cyclone en 2005.

Les dommages structurels (habitations, routes…) subissent des dégâts à partir de la catégorie 3.

3. Plus de 20 % des événements ont endommagé des structures en 2005.

4. Environ 53 % des cyclones n'ont pas endommagé les structures.

Bilan 2 25min

Une entreprise aimerait évaluer l'impact d'un réglage sur une production. Le contrôle de fabrication a relevé le nombre de pièces défectueuses avant, puis après le réglage. On donne les observations faites sur cent jours.

Avant réglage

Nombre de pièces défectueuses	0	1	2	3	4	5
Nombre de jours	10	43	38	5	3	1

Après réglage

Nombre de pièces défectueuses	0	1	2	3	4	5
Nombre de jours	45	17	12	8	7	11

Rédiger un rapport permettant d'évaluer les conséquences (positives ou négatives) de ce nouveau réglage.

Bilan 3 20min **Une dernière place à prendre**

On donne deux graphiques en fin d'exercice résumant des résultats scolaires sur l'année de Léo-Paul.

1. Donner une valeur approchée de la moyenne et de l'écart type de cette série à 10^{-1} près.

2. Déterminer la médiane et l'écart interquartile.

3. Au regard de toutes ces données, un choix de spécialité mathématiques semble-t-il judicieux en classe de Première ?

4. Léo-Paul compare ses résultats avec un autre élève souhaitant choisir la même spécialité.

Voici les indicateurs résumant l'année du second élève :

$$\bar{x} \approx 11{,}1 ; \sigma \approx 5 ; Me = 10{,}5 ; Q_3 - Q_1 = 9$$

Quels éléments peut-il trouver pour se rassurer ?

Résultats en mathématiques

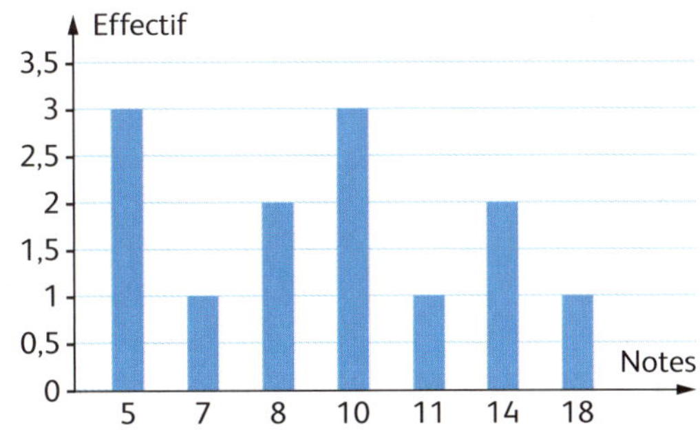

Relevé de notes chronologique

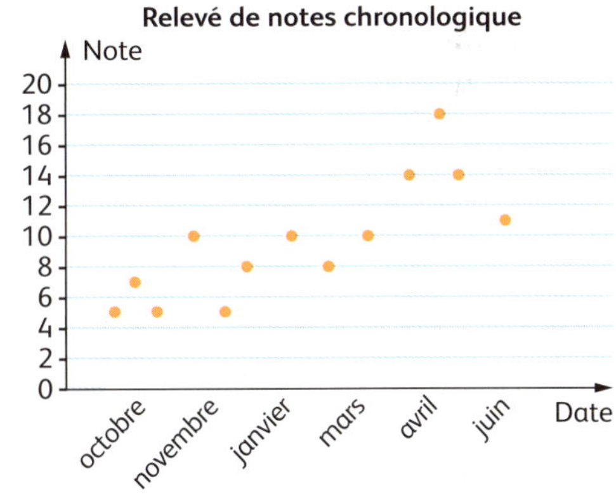

Bilan 4 20min **Dépôt de brevet**

Jusqu'en 2015, l'entreprise PSA a été le leader français dans l'innovation et dans le nombre de dépôts de brevets. On donne ci-dessous l'évolution du nombre de dépôts de brevets entre 2013 et 2017.

Année	2013/14	2014/15	2015/16	2016/17
Évolution (%)	−22,9 %	−4,8 %	−8,1 %	+9,8 %

1. Déterminer le taux d'évolution global du nombre de brevets déposés entre 2013 et 2017.
Arrondir au centième.

2. Quelle devrait être l'évolution entre 2017 et 2018 pour que le nombre de brevets déposés par PSA soit globalement le même qu'en 2013 ?

3. En 2017, le nombre de brevets déposés étaient de 1 110. Déterminer le nombre de dépôts en 2013.

4. On considère le programme ci-dessous.

```
t_moyen=1
while t_moyen**4>0.7406:
    t_moyen+=-0.001
```

À la fin de son exécution, t_moyen contient la valeur 0,927. Que représente-t-elle dans le contexte ?

CHAPITRE

12 Probabilités sur un ensemble fini

Les capacités du chapitre

1. Dénombrer à l'aide de tableaux et d'arbres
2. Établir une loi de probabilité, calculer des probabilités
3. Construire un modèle à partir de fréquences observées
4. Utiliser des modèles de référence pour calculer des probabilités

Au fil du temps

Les probabilités sont nées avec l'étude des jeux de hasard. Au XVIe siècle, J. Cardan publie *Liber de ludo aleae*, ou *Livre des jeux de hasard*. C'est B. Pascal (1623-1662) qui introduit en premier le concept de probabilité dans sa correspondance avec P. de Fermat. Le premier traité de probabilités est publié en 1657 par C. Huygens. Aux XVIIIe et XIXe siècles, les mathématiciens étudiant les probabilités sont nombreux et leurs travaux féconds (De Moivre, Leibniz, Bayes, Markov, Tchebychev…). C'est en 1933 que A. Kolmogorov, mathématicien soviétique, formalise la théorie moderne des probabilités.

Des maths partout !

Les probabilités sont utilisées dans de très nombreux domaines scientifiques et techniques, comme les mathématiques financières et boursières. Selon Louis Bachelier (1870-1946), « le marché n'obéit qu'à une seule loi : la loi du hasard ».

Salle des marchés, au Japon

Ressources du chapitre disponibles ici : www.lycee.hachette-education.com/declic/2de

Partir d'un bon pied

A Diaporama pour tester les bases

ACTIVITÉS MENTALES RAPIDES

B Effectifs et fréquences

Le diagramme ci-contre donne la répartition des 35 membres d'un club de tennis âgés au plus de 18 ans en fonction de leur âge.

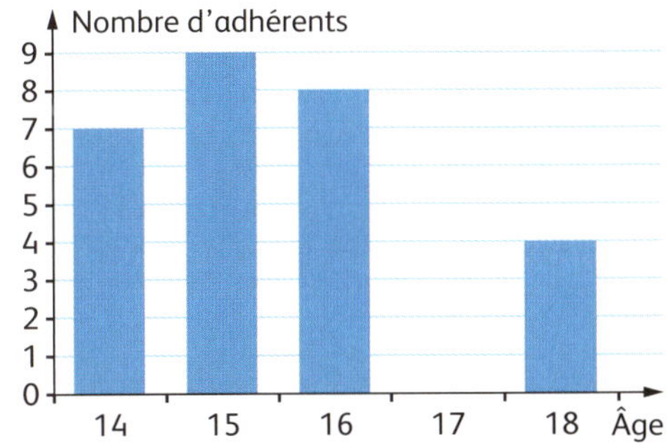

La barre du nombre d'adhérents de 17 ans a été effacée.

1. Combien d'adhérents ont 17 ans ?
2. Calculer la fréquence, sous forme décimale arrondie au centième, des adhérents qui ont 16 ans.
3. Recopier et compléter le tableau ci-contre. Les fréquences seront données sous forme décimale à 0,01 près.

Âge	14	15	16	17	18
Fréquence					

4. Calculer la fréquence d'adhérents ayant au moins 16 ans.
5. Calculer la fréquence d'adhérents qui ne sont pas majeurs.

C Fréquences et probabilités

Quand on lance une punaise, elle tombe sur la pointe ou sur le dos
On a lancé 900 fois une punaise et on a représenté les fréquences de l'issue « sur la pointe » dans le graphique ci-dessous.

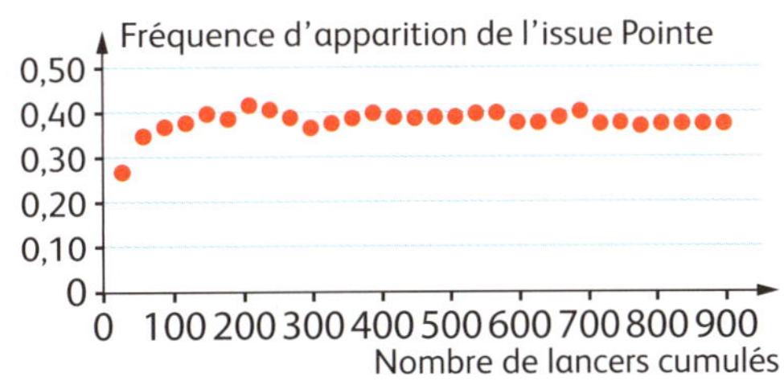

1. Décrire l'allure du nuage de points entre 0 et 300 lancers, puis entre 600 et 900 lancers.
2. D'après le graphique, estimer la probabilité de l'événement : « La punaise tombe sur la pointe. »

D Probabilités dans un contexte simple

Un jeu de 32 cartes est composé de quatre couleurs : cœur, carreau, trèfle et pique. On pioche une carte au hasard. Calculer la probabilité d'obtenir :

1. un carreau
2. une carte rouge
3. un as
4. le roi de trèfle

Activités

1 Vocabulaire des événements

Objectif
Remobiliser ou introduire le vocabulaire lié aux probabilités.

Un dé dodécaédrique est un dé à douze faces.
On lance un tel dé dont les faces sont numérotées de 1 à 12.
On s'intéresse au numéro qui apparaît sur la face supérieure.

Un dé dodécaédrique dont le résultat est 11.

1 Donner l'ensemble Ω de toutes les issues possibles.

2 Donner la liste des issues qui forment les événements suivants et préciser le nombre d'issues qu'ils contiennent.
a. A : « Obtenir un numéro pair. »
b. B : « Obtenir un numéro multiple de trois. »
c. C : « Obtenir un numéro pair et multiple de trois. »
→ *L'ensemble* C *est formé des éléments qui appartiennent à la fois à* A *et à* B. *Il s'agit de l'intersection de* A *et* B, *on note* $C = A \cap B$.
d. D : « Obtenir un numéro au moins pair ou multiple de trois. »
→ *L'ensemble* D *est formé des éléments qui appartiennent à* A *ou à* B. *Il s'agit de la réunion de* A *et* B, *on note :* $C = A \cup B$
e. E : « Obtenir un numéro qui n'est pas un multiple de trois. »
→ *L'ensemble* E *est formé des éléments qui n'appartiennent pas à* B. *Il s'agit du complémentaire de* B *(ou contraire de* B*), on note* $E = \overline{B}$.

Info
En mathématique, « ou » ne signifie pas « ou bien » :
« x appartient à A ou à B » autorise que x appartienne à la fois à A et à B.
C'est un « ou inclusif ».

3 On considère les événements F « obtenir un numéro impair » et G « obtenir un multiple de deux ».
Déterminer puis dénombrer les issues réalisant chacun des événements suivants.
a. $F \cap G$ **b.** $F \cup G$ **c.** $\overline{F} \cap \overline{G}$ **d.** $\overline{F} \cup \overline{G}$

2 Calculer une probabilité

Objectif
Calculer la probabilité d'un événement à partir d'événements élémentaires.

Une étude sur l'activité principale pratiquée le mercredi après-midi par 150 élèves montre que 72 d'entre eux font leurs devoirs (D), 24 font du football (F), 9 de la natation (N), 6 du tennis (T), 18 vont au cinéma (C) et 12 vont à un cours de musique (M). Les autres déclarent ne rien faire (R). Chaque élève ne déclare qu'une seule activité (ou l'absence d'activité). On choisit un des 150 élèves au hasard. On s'intéresse à son activité principale du mercredi.

1 Recopier et compléter le tableau ci-dessous afin d'obtenir la loi de probabilité de cette expérience.

Activité A	D	F	N	T	C	M	R
Probabilité $P(A)$							

2 **a.** Combien d'élèves déclarent-ils faire du sport ?
En déduire la probabilité p_1 qu'un élève choisi au hasard fasse du sport.
b. Calculer $P(F)+P(N)+P(T)$. Quel résultat retrouve-t-on ?

3 **a.** Combien d'élèves déclarent-ils avoir une activité culturelle (cinéma ou musique) ? En déduire la probabilité p_2 qu'un élève choisi au hasard pratique une activité culturelle.
b. Calculer $P(C)+P(M)$. Quel résultat retrouve-t-on ?

4 En s'inspirant des questions **2** et **3**, calculer de deux manières différentes la probabilité p_3 qu'un élève choisi au hasard déclare que les devoirs ne constituent pas son activité principale.

3 Un pari du chevalier de Méré

TRAVAIL DE GROUPE

Objectif
Utiliser le dénombrement pour résoudre un problème historique de probabilités.

À la cour de Louis XIV, les paris sur les jeux de hasard étaient très répandus. Antoine Gombaud, surnommé le « chevalier de Méré », s'intéressa aux calculs de probabilités encore balbutiants à cette époque.
Un de ses paris était le suivant : « Si on lance un dé à six faces quatre fois, il y a plus de chances qu'on obtienne au moins une fois un six plutôt qu'on n'en obtienne pas. »

1 On effectue deux lancers du dé. L'expérience est représentée ci-contre de manière incomplète. On note A l'événement « Obtenir au moins un six sur les deux lancers ».
a. Combien l'univers de cette expérience possède-t-il d'issues ?
b. Décrire par une phrase l'événement complémentaire $\overline{A}$ de A.
c. Combien d'issues réalisent l'événement $\overline{A}$?
d. En déduire combien d'issues réalisent l'événement A.

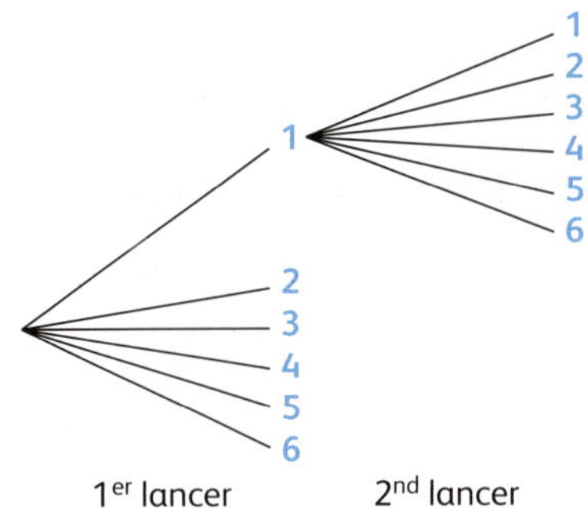

2 Reprendre la question **1** dans le cas où on lance le dé quatre fois.
Une représentation de cette expérience à l'aide d'un arbre à quatre niveaux n'est pas demandée.

3 Commenter le pari du chevalier de Méré. Avait-il raison ?

4 Probabilité d'une intersection et d'une réunion

Objectif
Établir le lien entre probabilité de l'intersection et de la réunion de deux événements.

Une enquête auprès d'adolescents a été effectuée concernant les médias qu'ils utilisent pour s'informer de l'actualité : la télévision, la radio ou leur Smartphone. Les réponses sont représentées à l'aide du diagramme ci-dessous.

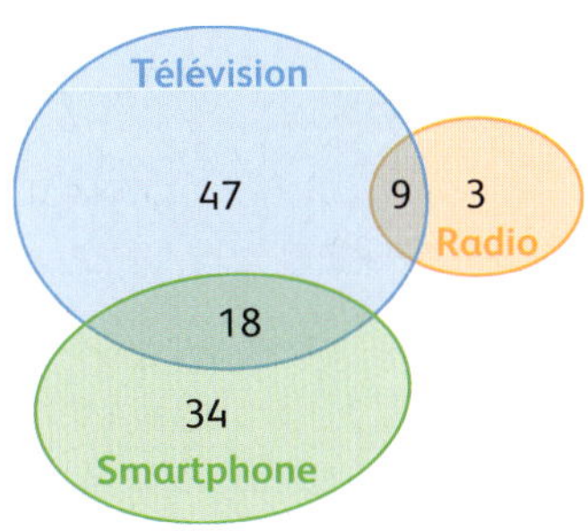

1 Combien d'adolescents ont-ils été interrogés pour cette enquête ?

2 On choisit au hasard un adolescent interrogé lors de l'enquête.
On note les événements : T « l'adolescent s'informe avec la télévision », R « l'adolescent s'informe avec la radio » et S « l'adolescent s'informe avec son Smartphone ». Calculer la probabilité de chacun des événements T, R et S notés respectivement $P(T), P(R)$ et $P(S)$.

3 **a.** Décrire par une phrase l'événement $T \cup S$ et calculer sa probabilité.
b. Décrire par une phrase l'événement $T \cap S$ et calculer sa probabilité.
c. Comparer les probabilités $P(T)+P(S)$ et $P(T \cup S)+P(T \cap S)$.

4 **a.** Décrire par une phrase les événements $T \cup R$ et $T \cap R$.
b. Comparer les probabilités $P(T)+P(R)$ et $P(T \cup R)+P(T \cap R)$.

5 **a.** Quelle particularité les événements S et R ont-ils ?
En déduire la probabilité de l'événement $S \cap R$.
b. Décrire par une phrase l'événement $S \cup R$ et calculer sa probabilité.
c. Quelle égalité obtient-on entre les probabilités $P(S)$, $P(R)$ et $P(S \cup R)$?

rs

ulaire des événements

a Univers, issues et événements

Définition • Une **expérience aléatoire** est une expérience dont on connaît tous les résultats possibles sans savoir à l'avance celui que l'on obtiendra.

• Un résultat possible d'une expérience aléatoire s'appelle une **issue**.

• L'ensemble de toutes les issues possibles d'une expérience aléatoire s'appelle l'**univers**. On le note souvent Ω (*oméga*).

• Un **événement** est une partie (ou sous-ensemble) de l'univers.

• Un **événement élémentaire** est un événement formé d'une seule issue.

• Lorsque le résultat de l'expérience aléatoire appartient à un événement, on dit que cet **événement** est **réalisé**.

Exemple
Le lancer d'un dé à six faces est une expérience aléatoire.
• L'univers est l'ensemble :
$$\Omega=\{1;2;3;4;5;6\}$$
• A « obtenir un résultat pair » est un événement, et on écrit :
$$A=\{2;4;6\}$$
Si on effectue le lancer et que le résultat est 4, l'événement A est réalisé ; si le résultat est 1, A n'est pas réalisé.

Remarque
• Un **événement impossible** est un événement qui ne peut pas se réaliser.
Il ne contient aucune issue.
On le note $\varnothing$.
• Un **événement certain** est un événement qui est toujours réalisé.
Il contient tous les éléments de l'univers.

Définition Soient A et B deux événements.

• A et B sont **complémentaires** lorsque A est formé de tous les éléments de l'univers qui ne sont pas dans B.
On dit aussi que B est l'événement **contraire** de A, on le note $\overline{A}$.

• A et B sont **incompatibles** (ou **disjoints**) lorsqu'ils n'ont aucune issue en commun : ils ne peuvent pas se réaliser simultanément.

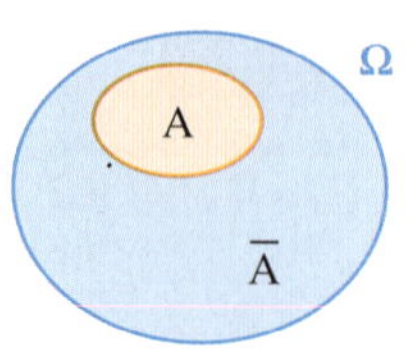

A et son contraire $\overline{A}$

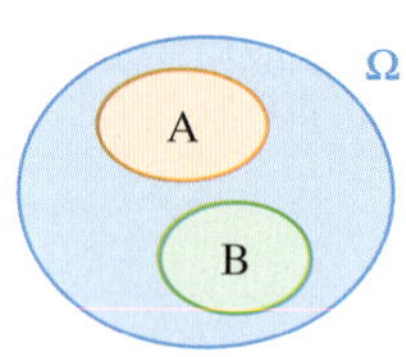

A et B incompatibles

Exemple
Dans le lancer d'un dé à six faces :
• les événements $C=\{1;2\}$ et $D=\{3;4;5;6\}$ sont complémentaires. On dit aussi que D est le contraire de C. On écrit :
$$D=\overline{C}$$
• les événements $E=\{3;5\}$ et $F=\{1;6\}$ sont incompatibles : ils n'ont aucune issue commune.
Ils ne peuvent pas être réalisés simultanément lors d'un même lancer.

b Intersection et réunion de deux événements

Définition Soient A et B deux événements.

• **L'intersection** de A et de B, notée $A\cap B$, est l'événement formé des issues qui appartiennent à la fois à **A et à B**.

• **La réunion** de A et B, notée $A\cup B$, est l'événement formé des issues qui appartiennent à **A ou à B**.

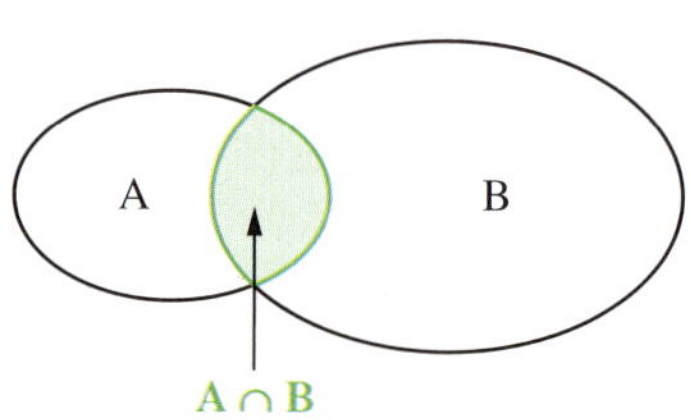

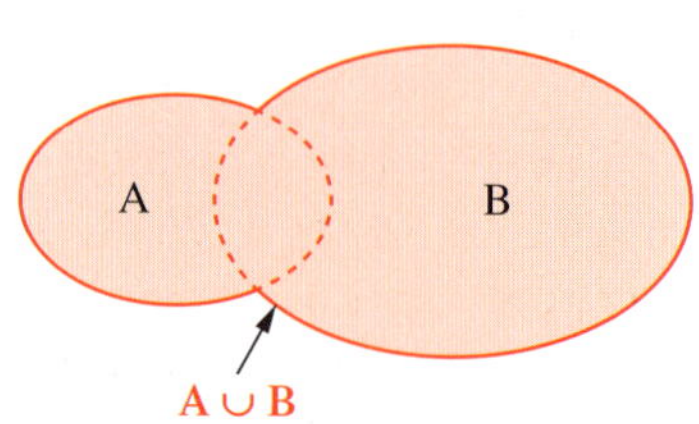

Exemple
Dans le lancer d'un dé à six faces, soient $G=\{1;2;3\}$ et $H=\{3;4\}$:
• $F\cap G=\{3\}$
• $F\cup G=\{1;2;3;4\}$

Remarque
Si A et B sont incompatibles alors $A\cap B=\varnothing$.

VIDÉO Capacité 1

méthode

CAPACITÉ 1 Dénombrer à l'aide de tableaux et d'arbres

Énoncé Dans un sac, on dépose quatre cartes, chacune étant marquée par une des lettres B, A, N et C.
On tire au hasard, successivement et sans remise, deux cartes du sac. On forme ainsi un « mot » de deux lettres (ayant un sens ou non, par exemple « NB ») en utilisant les lettres dans l'ordre d'apparition.

1. À l'aide d'un arbre à deux niveaux, déterminer combien de mots sont possibles au total.
En déduire l'univers Ω de tous les mots possibles.

2. On considère les événements A « le mot contient la lettre A » et B « le mot se termine par la lettre B ».
À l'aide de l'arbre, déterminer combien chacun des événements A et B compte d'éléments, puis écrire ces deux événements sous forme d'ensembles.

3. a. Décrire par une phrase l'intersection des événements A et B, notée $A \cap B$.

b. Combien d'éléments l'événement $A \cap B$ contient-il ?

4. a. Décrire par une phrase la réunion des événements A et B, notée $A \cup B$.

b. Combien d'éléments l'événement $A \cup B$ contient-il ?

5. a. Décrire par une phrase l'événement $\overline{A}$.

b. Combien d'éléments l'événement $\overline{A}$ contient-il ?

Solution

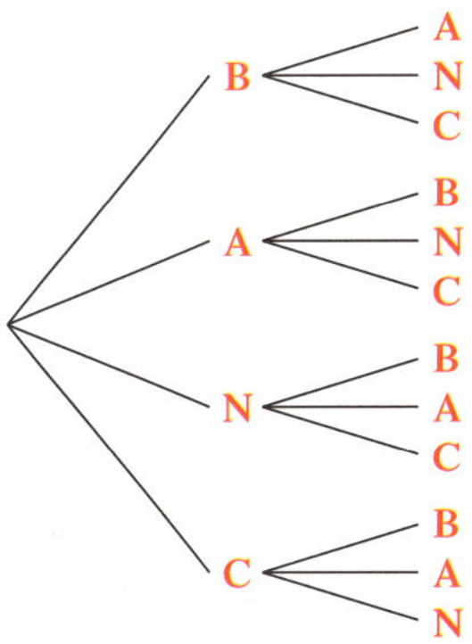

1. L'arbre ci-contre traduit l'expérience. Il est à deux niveaux.
- Le premier niveau correspond au premier tirage, qui a quatre issues.
- Le second niveau correspond au second tirage qui n'a, à chaque fois, que trois issues : la première lettre obtenue n'est pas remise.

L'arbre permet, par principe **multiplicatif**, d'identifier $4 \times 3 = 12$ mots.
Ainsi, $\Omega = \{BA, BN, BC, AB, AN, AC, NB, NA, NC, CB, CA, CN\}$.

2. En utilisant l'arbre, on trouve six mots contenant la lettre A et trois mots se terminant par la lettre B.
On a $A = \{BA, AB, AN, AC, NA, CA\}$ et $B = \{AB, NB, CB\}$.

3. a. $A \cap B$: « Le mot contient la lettre A et se termine par la lettre B. »

b. $A \cap B = \{AB\}$ donc $A \cap B$ contient un seul élément.

4. a. $A \cup B$: « Le mot contient la lettre A ou se termine par la lettre B. »

b. $A \cup B = \{BA, AB, AN, AC, NA, CA, NB, CB\}$
$A \cup B$ contient huit éléments.

5. a. $\overline{A}$: « Le mot ne contient pas la lettre A. »

b. L'univers contient 12 mots et l'événement A en contient six. L'événement $\overline{A}$ contient $12 - 6 = 6$ mots. On a $\overline{A} = \{BN, BC, NB, NC, CB, CN\}$.

Point méthode

3. a. L'intersection $A \cap B$ contient les issues qui appartiennent à la fois à A et B.

4. a. La réunion $A \cup B$ contient les issues qui appartiennent au moins à A ou B.

J'applique

1 On lance deux fois de suite une pièce équilibrée. On note P l'issue Pile et F l'issue Face.
L'issue Pile au premier lancer et Face au second est notée PF.

1. À l'aide d'un arbre ou d'un tableau à double entrée, déterminer combien d'éléments possède l'univers Ω de cette expérience aléatoire.

2. On considère les événements A « on obtient une seule fois Pile » et B « on obtient Face au second lancer ».
Combien A et B possèdent-ils d'éléments ? Écrire A et B sous forme d'ensemble.

3. a. Décrire par une phrase les événements $A \cap B$, $A \cup B$, $\overline{A}$ et $\overline{B}$.

b. Combien d'éléments possèdent-ils ? Les préciser.

2 Un guide propose des circuits de visite de trois quartiers de Paris : Montmartre (M), l'île de la Cité (C) et Saint-Germain-des-Prés (S).
Le guide choisit l'ordre des quartiers au hasard.

1. À l'aide d'un arbre, déterminer le nombre total de circuits possibles.

2. On considère les événements A « le circuit commence par Montmartre » et B « le circuit se termine par Saint-Germain-des-Prés ».

a. Combien chacun des événements A et B possède-t-il d'éléments ? Lesquels ?

b. Décrire par une phrase chaque événement suivant et donner le nombre de circuits associés.
- $\overline{A}$
- $A \cap B$
- $A \cup B$

rs

ilités sur un ensemble fini

probabilité sur un ensemble fini

Définition On considère une expérience aléatoire dont l'univers Ω est fini et est formé de n issues : $\Omega = \{e_1 ; e_2 ; e_3 ; \ldots ; e_n\}$.

Définir une **loi de probabilité** sur Ω c'est associer à chaque événement élémentaire $\{e_i\}$ sa probabilité p_i.

Issue e_i	e_1	e_2	…	e_n
Probabilité p_i	p_1	p_2	…	p_n

On a $0 \leqslant p_i \leqslant 1$ et $p_1 + p_2 + \ldots + p_n = 1$.

Propriété La probabilité d'un événement A, notée $P(\mathrm{A})$, est égale à la somme des probabilités des événements élémentaires qui constituent A.

Exemple
Un sac contient dix jetons indiscernables au toucher. Trois jetons portent le n° 1, deux portent le n° 2 et les autres portent le n° 3. On tire un jeton au hasard et on note son numéro.
La loi de probabilité est :

Issue	1	2	3
Probabilité	$\frac{3}{10}$	$\frac{2}{10}$	$\frac{5}{10}$

Soit A l'événement : « l'issue est impaire ». La probabilité de A est :

$$P(\mathrm{A}) = P(\{1\}) + P(\{3\}) = \frac{3}{10} + \frac{5}{10} = \frac{8}{10} = 0{,}8$$

b Situation d'équiprobabilité

Lorsque tous les événements élémentaires formant l'univers Ω ont la **même probabilité**, on dit qu'on est en **situation d'équiprobabilité** sur Ω.

Propriété En situation d'équiprobabilité sur un univers Ω, la probabilité d'un événement A est donnée par $P(\mathrm{A}) = \dfrac{\text{nombre d'issues réalisant A}}{\text{nombre total d'issues de } \Omega}$.

Démo

Démonstration

- Si A contient une seule issue, c'est un événement élémentaire ; en notant sa probabilité p, comme il y a n événements élémentaires de même probabilité p et que la somme des probabilités de tous les événements élémentaires vaut 1, on a : $n \times p = 1$ et donc $p = \dfrac{1}{n}$.
- Si A contient k issues $(k \geqslant 2)$, on a $P(\mathrm{A}) = \underbrace{\dfrac{1}{n} + \dfrac{1}{n} + \ldots + \dfrac{1}{n}}_{k \text{ fois}} = \dfrac{k}{n}$.

Exemple
Dans l'exemple ci-dessus, puisque les jetons sont « indiscernables au toucher », tous ont la même probabilité d'être tirés : $\dfrac{1}{10}$.
On est en situation d'équiprobabilité.
Les expressions comme « indiscernables au toucher », « dé équilibré », « pièce équilibrée » sont des indications de situations d'équiprobabilité.

c Calculs de probabilités

Propriété Si A et B sont deux événements **incompatibles**, on a alors :

$$P(\mathrm{A} \cup \mathrm{B}) = P(\mathrm{A}) + P(\mathrm{B})$$

Démo

Démonstration
A et B sont incompatibles, ils n'ont donc aucune issue commune et $\mathrm{A} \cup \mathrm{B}$ est formé de toutes les issues de A réunies à toutes les issues de B.
Donc $P(\mathrm{A} \cup \mathrm{B})$ est égal à la somme des probabilités des événements élémentaires contenus dans A, c'est-à-dire $P(\mathrm{A})$, avec les probabilités des événements élémentaires contenus dans B, c'est-à-dire $P(\mathrm{B})$.
Ainsi, $P(\mathrm{A} \cup \mathrm{B}) = P(\mathrm{A}) + P(\mathrm{B})$.

Propriété Pour tous événements A et B, on a :

$$P(\mathrm{A} \cup \mathrm{B}) + P(\mathrm{A} \cap \mathrm{B}) = P(\mathrm{A}) + P(\mathrm{B})$$

On a donc : $P(\mathrm{A} \cup \mathrm{B}) = P(\mathrm{A}) + P(\mathrm{B}) - P(\mathrm{A} \cap \mathrm{B})$.

Voir exercice Démo n° 60

Propriété Soit A un événement quelconque et $\overline{\mathrm{A}}$ son **événement complémentaire** (ou événement **contraire**).
On a $P(\mathrm{A}) + P(\overline{\mathrm{A}}) = 1$, ou encore $P(\overline{\mathrm{A}}) = 1 - P(\mathrm{A})$.

Exemple
On lance un dé équilibré numéroté de 1 à 6. Soient les événements A « obtenir un résultat pair » et B « obtenir un résultat inférieur ou égal à 4 ».

- A et B ne sont pas incompatibles et $\mathrm{A} \cap \mathrm{B} = \{2\}$, donc :
$$P(\mathrm{A} \cup \mathrm{B}) = P(\mathrm{A}) + P(\mathrm{B}) - P(\mathrm{A} \cap \mathrm{B}) = \frac{1}{2} + \frac{4}{6} - \frac{1}{2} = \frac{4}{6} = \frac{2}{3}$$
- La probabilité de ne pas obtenir un résultat inférieur ou égal à 4 est :
$$P(\overline{\mathrm{B}}) = 1 - P(\mathrm{B}) = 1 - \frac{4}{6} = \frac{2}{6} = \frac{1}{3}$$

Voir démonstration p. 345

VIDÉO
Capacité 2

méthode

CAPACITÉ 2 Établir une loi de probabilité, calculer des probabilités

Énoncé On fait tourner la roue représentée ci-contre, formée de sept secteurs numérotés de 1 à 7 et colorés en rouge, bleu, orange et vert.

On admet que la probabilité que la roue s'arrête sur un secteur est proportionnelle à la mesure de l'angle du secteur.

1. a. Montrer que la probabilité p_1 que la roue s'arrête sur le secteur 1 est égale à 0,125.

b. Établir la loi de probabilité associée à cette expérience aléatoire.

2. Soient A l'événement « la roue s'arrête sur un secteur rouge » et B l'événement « la roue s'arrête sur un secteur à numéro pair ».

a. Calculer la probabilité de chacun des événements A et B.

b. Commenter l'affirmation suivante : « On a plus de chances de tomber sur un secteur rouge que sur un secteur à numéro pair. »

c. Justifier que les événements A et B sont incompatibles.

d. Traduire par une phrase l'événement $A \cup B$ et calculer sa probabilité.

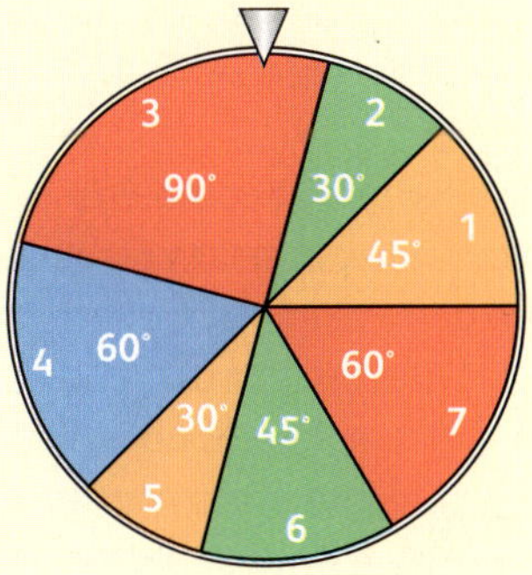

Solution

1. a. La somme de tous les angles vaut 360° et la probabilité que la roue s'arrête sur le secteur 1 est proportionnelle à la mesure de son angle.

Donc $p_1 = \frac{45}{360} = \frac{1}{8} = 0{,}125$.

b. Chaque secteur représente une issue. On calcule la probabilité de chaque événement élémentaire comme pour la question **1. a.**

On obtient le tableau suivant.

Secteur	1	2	3	4	5	6	7
Probabilité	$\frac{1}{8}$	$\frac{1}{12}$	$\frac{1}{4}$	$\frac{1}{6}$	$\frac{1}{12}$	$\frac{1}{8}$	$\frac{1}{6}$

Point méthode

1. b. Pour établir une loi de probabilité, il faut déterminer tous les événements élémentaires $\{e_i\}$ et calculer la probabilité p_i de chacun.

2. a. Les secteurs rouges sont les secteurs 3 et 7. Ainsi, on a :

$$P(A) = P(\{3\}) + P(\{7\}) = \frac{1}{4} + \frac{1}{6} = \frac{5}{12}$$

Les secteurs pairs sont les secteurs 2 ; 4 ; 6. Ainsi, on a :

$$P(B) = P(\{2\}) + P(\{4\}) + P(\{6\}) = \frac{1}{12} + \frac{1}{6} + \frac{1}{8} = \frac{3}{8}$$

b. On a $\frac{5}{12} > \frac{3}{8}$ donc l'affirmation est vraie.

c. Aucun secteur n'est à la fois rouge et pair, donc les événements A et B sont incompatibles.

d. $A \cup B$: « La roue s'arrête sur un secteur rouge ou sur un secteur pair. »

A et B étant incompatibles, on a $P(A \cup B) = P(A) + P(B) = \frac{5}{12} + \frac{3}{8} = \frac{19}{24}$.

Point méthode

2. a. Pour calculer la probabilité d'un événement A, il faut déterminer tous les événements élémentaires qu'il contient et calculer la somme de leurs probabilités.

J'applique

3 On lance un dé truqué dont les faces sont numérotées de 1 à 6. La probabilité d'obtenir 1 est égale à 0,2 et celle d'obtenir 6 est égale à 0,4. Les autres faces ont la même probabilité d'apparition p.

1. Établir la loi de probabilité de cette expérience.

2. a. Calculer la probabilité d'obtenir un nombre pair.

b. Calculer la probabilité d'obtenir un nombre premier.

c. Calculer la probabilité d'obtenir un nombre supérieur ou égal à 4.

4 La loi de probabilité d'une expérience aléatoire est donnée par le tableau ci-dessous.

Issue	4	5	6	7	8	9
Probabilité	0,15	p	$3p$	$2p$	0,05	$2p$

1. Calculer p.

2. Calculer la probabilité d'une issue multiple de trois.

3. A-t-on autant de chance d'avoir une issue paire qu'une issue impaire ? Justifier.

méthode

CAPACITÉ 3 Construire un modèle à partir de fréquences observées

Énoncé Un concessionnaire automobile fait le bilan de ses ventes du mois précédent. Sur les 250 véhicules vendus au total, 40 % étaient d'occasion, 48 % étaient des véhicules essence et 30 % étaient des véhicules diesel. Parmi les véhicules neufs, 26 % étaient des véhicules diesel et un tiers des véhicules hybrides.

Le comptable sélectionne au hasard la facture d'un véhicule vendu le mois précédent. On considère les événements H « la facture correspond à un véhicule hybride » et N « la facture correspond à un véhicule neuf ».

1. Recopier et compléter le tableau d'effectifs ci-contre.

2. Justifier que l'on est en situation d'équiprobabilité. En déduire la probabilité des événements H et N.

3. a. Décrire par une phrase l'événement $H \cap N$.

b. Calculer la probabilité. $P(H \cap N)$.

4. a. Décrire par une phrase l'événement $H \cup N$.

b. Calculer la probabilité. $P(H \cup N)$.

	Neuf	Occasion	Total
Diesel			
Essence			
Hybride			
Total			250

5. En supposant que les ventes du mois en cours soient similaires à celles du précédent, le concessionnaire affirme qu'il aura deux fois plus de chances de vendre des véhicules non hybrides que des véhicules d'occasion. A-t-il raison ?

Solution

1. $250 \times 0{,}40 = 100$; $250 \times 0{,}48 = 120$; $250 \times 0{,}30 = 75$

Donc 100 véhicules d'occasion, 120 véhicules essence et 75 véhicules diesel ont été vendus au total.

De plus $(250 - 100) \times 0{,}26 = 39$ donc parmi les véhicules neufs, 39 étaient des diesel. Enfin $\frac{1}{3} \times 150 = 50$ donc parmi les véhicules neufs, 50 étaient des hybrides.

	Neuf	Occasion	Total
Diesel	39	36	75
Essence	61	59	120
Hybride	50	5	55
Total	150	100	250

2. On « choisit au hasard » la facture donc toutes ont la même probabilité $\frac{1}{250}$ d'être choisies. On est en situation d'équiprobabilité.

- $P(H) = \dfrac{\text{nombre de véhicules hybrides}}{\text{nombre total de véhicules vendus}} = \dfrac{55}{250} = 0{,}22$
- $P(N) = \dfrac{\text{nombre de véhicules neufs}}{\text{nombre total de véhicules vendus}} = \dfrac{150}{250} = 0{,}6$

3. a. $H \cap N$: « La facture est celle d'un véhicule hybride et neuf. »

b. $P(H \cap N) = \dfrac{\text{nombre de véhicules hybrides et neufs}}{\text{nombre total de véhicules vendus}} = \dfrac{50}{250} = 0{,}2$

4. a. $H \cup N$: « La facture est celle d'un véhicule hybride ou neuf. »

b. $P(H \cup N) = P(H) + P(N) - P(H \cap N) = 0{,}22 + 0{,}6 - 0{,}2 = 0{,}62$

5. $P(\overline{H}) = 1 - P(H) = 1 - 0{,}22 = 0{,}78$; $P(\overline{N}) = 1 - P(N) = 1 - 0{,}6 = 0{,}4$

Or, $2 \times 0{,}4 = 0{,}8 > 0{,}78$. Le concessionnaire a donc tort.

Point méthode

2. Pour calculer la probabilité d'un événement en situation d'équiprobabilité, on applique :

$$p(A) = \dfrac{\text{nombre d'issues réalisant } A}{\text{nombre total d'issues de } \Omega}$$

Point méthode

Pour tous évènements A et B, on a :

4. b. $P(A \cup B) = P(A) + P(B) - P(A \cap B)$

5. $P(\overline{A}) = 1 - P(A)$

J'applique

5 Une étude sur un test de dépistage d'une maladie est effectuée sur un échantillon de 1 000 personnes. Le test est positif dans 2 % des cas.

De plus, 95 % des personnes ayant un test négatif ne sont en effet pas malades.

Et 10 % des personnes ayant un test positif ne sont en fait pas malades (ce sont des « faux positifs »). On choisit au hasard le test d'une personne de l'échantillon et on note P « le test de la personne est positif » et M « la personne est malade ».

1. Recopier et compléter le tableau ci-dessous.

	M	$\overline{M}$	Total
P			
$\overline{P}$			
Total			1 000

2. Calculer les probabilités des événements P et M.

3. Décrire par une phrase les événements $P \cap M$ et $P \cup M$ puis calculer leurs probabilités.

CAPACITÉ 4 Utiliser des modèles de référence pour calculer des probabilités

Énoncé Une urne contient trois boules rouges R_1, R_2, R_3 et une boule verte V_1.
On tire au hasard, successivement et avec remise, deux boules de l'urne.

1. a. Quelle est l'expérience aléatoire décrite dans l'énoncé ?
b. Peut-on affirmer que l'on est en situation d'équiprobabilité ? Pourquoi ?
2. À l'aide d'un arbre, déterminer le nombre de tirages possibles.
3. On considère les événements A « la première boule est rouge » et B « la seconde boule porte le numéro 2 ».
Calculer la probabilité de chaque événement A et B.
4. a. Calculer la probabilité de l'événement C « obtenir deux boules rouges ».
b. Traduire par une phrase l'événement $\overline{C}$ et calculer sa probabilité.

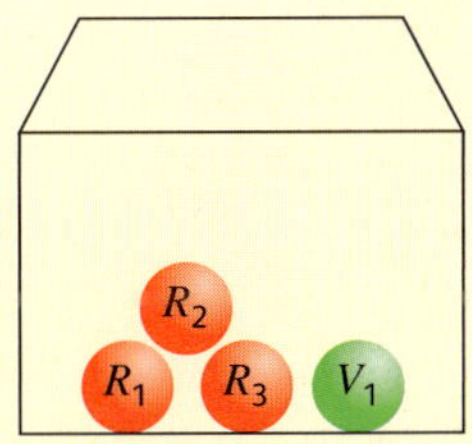

Solution

1. a. L'expérience aléatoire est celle d'un tirage au sort dans une urne.
Après avoir tiré une boule au hasard lors du premier tirage, on en tire une seconde après avoir remis la première dans l'urne.
b. À chaque tirage, toutes les boules ont les mêmes chances d'être tirées au sort. On est donc dans une situation d'équiprobabilité.
2. L'arbre est à deux niveaux.
- Le premier niveau correspond au premier tirage, qui a quatre issues.
- Le second niveau correspond au second tirage qui a également quatre issues puisque la première boule obtenue est remise.

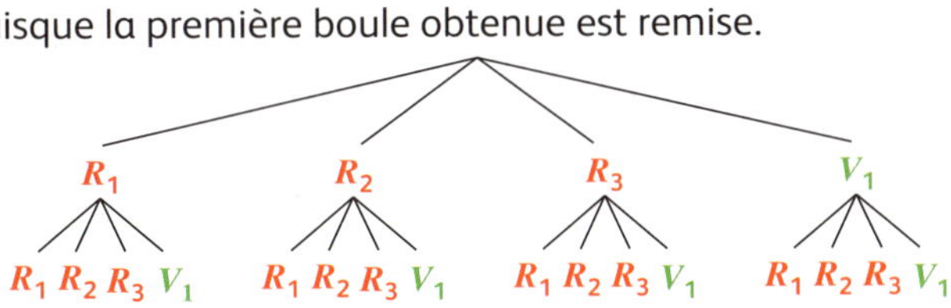

L'arbre construit permet, par principe **multiplicatif**, d'identifier $4 \times 4 = 16$ tirages.
3. Par lecture de l'arbre, on constate qu'il y a 12 tirages où la première boule tirée est rouge sur les 16 tirages possibles.
Comme on est dans une situation d'équiprobabilité, on a $P(\mathrm{A}) = \frac{12}{16} = \frac{3}{4}$.
De même, sur les 16 tirages possibles, il y en a 4 où la seconde boule porte un numéro pair. Donc on a $P(\mathrm{B}) = \frac{4}{16} = \frac{1}{4}$.
4. a. Sur les 16 tirages possibles, il y en a 9 pour lesquels les deux boules sont rouges, donc on a $P(\mathrm{C}) = \frac{9}{16}$.
b. $\overline{\mathrm{C}}$: « Les deux boules tirées ne sont pas rouges. »
Cela signifie qu'elles peuvent être toutes les deux vertes, mais aussi de couleurs différentes. On a alors $P(\overline{\mathrm{C}}) = 1 - P(\mathrm{C}) = 1 - \frac{9}{16} = \frac{7}{16}$.

Point méthode
3. En situation d'équiprobabilité, la probabilité d'un évènement A est : $p(\mathrm{A}) = \dfrac{\text{nombre d'issues réalisant A}}{\text{nombre total d'issues de } \Omega}$

Point méthode
4. b. Pour tout évènement A : $P(\overline{\mathrm{A}}) = 1 - P(\mathrm{A})$

J'applique

6 On lance à deux reprises un dé tétraédrique équilibré dont les faces sont numérotées de 1 à 4.
On forme avec les deux résultats obtenus, dans l'ordre d'apparition, un nombre à deux chiffres.
1. Quelle est la probabilité de chaque issue à chacun des tirages ?
Que peut-on en conclure ?
2. À l'aide d'un arbre ou d'un tableau à double entrée, déterminer combien de nombres on peut obtenir au total.
3. On considère les événements A « le nombre est un multiple de 11 » et B « le nombre est impair ».
a. Traduire par une phrase l'événement $\mathrm{A} \cap \mathrm{B}$.
b. Calculer la probabilité de l'événement $\mathrm{A} \cup \mathrm{B}$.

Je **fais** le **point**

Je revois mon cours

Loi de probabilité et situation d'équiprobabilité

L'univers : $\Omega = \{e_1 ; e_2 ; e_3 ; \ldots ; e_n\}$ est composé de toutes les issues d'une expérience aléatoire.

Une loi de probabilité sur Ω : associe à chaque événement élémentaire $\{e_i\}$ sa probabilité p_i.

Issue	e_1	e_2	...	e_n
Probabilité	p_1	p_2	...	p_n

Avec $0 \leqslant p_i \leqslant 1$ et $p_1 + p_2 + \ldots + p_n = 1$.

Situation d'équiprobabilité : toutes les probabilités p_i sont égales à $\frac{1}{n}$.

Événement et événement complémentaire (ou contraire)

Événement A : c'est un **sous-ensemble** de l'univers Ω.

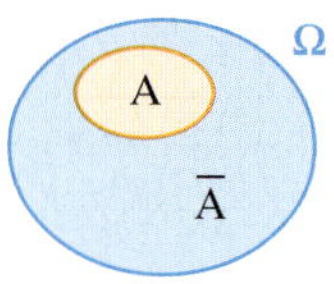

Événement complémentaire $\overline{A}$ de A **(ou contraire)** : c'est le sous-ensemble formé des issues de l'univers Ω **qui ne sont pas** dans A.

Probabilité d'un événement

La **probabilité** $P(A)$ d'un évènement A est égale à la somme des probabilités de chaque événement élémentaire de A.

Si $A = \{a ; b ; c\}$ alors :

$$P(A) = P(\{a\}) + P(\{b\}) + P(\{c\})$$

En situation **d'équiprobabilité**, on a :

$$P(A) = \frac{\text{nombre d'issues réalisant A}}{\text{nombre total d'issues de } \Omega}$$

La probabilité de **l'évènement contraire** de A est :

$$P(\overline{A}) = 1 - P(A)$$

Intersection de deux événements

Elle est formée des issues qui appartiennent **à la fois à A et B**.

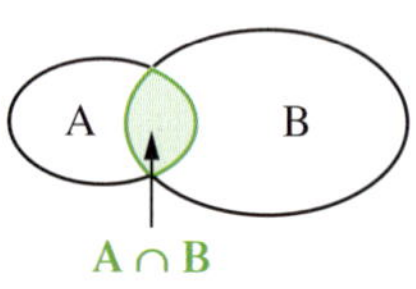

Lorsque $A \cap B = \varnothing$:

A et B sont **incompatibles** (ou **disjoints**).

Dans ce cas :

$$P(A \cap B) = 0$$

Réunion de deux événements

Elle est formée des issues qui appartiennent **à A ou B**.

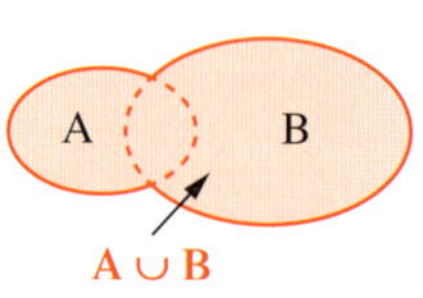

$$P(A \cup B) = P(A) + P(B) - P(A \cap B)$$

Lorsque A et B sont **incompatibles** :

$$P(A \cup B) = P(A) + P(B)$$

Je m'exerce à démontrer

Démo pas à pas

Résultat à démontrer ▶ La probabilité de tout événement A et celle de son événement complémentaire $\overline{A}$ vérifient : $P(A)+P(\overline{A})=1$

Analyse des termes j'étudie l'énoncé

- Que signifie « événement complémentaire de A » ?

  C'est l'ensemble formé de tous les éléments de l'univers Ω qui ne sont pas dans l'ensemble A.

On parle aussi d'événement contraire.

- Comment montrer l'égalité $P(A)+P(\overline{A})=1$?

Dans le lancer d'un dé, si A est « avoir un nombre pair » alors $\overline{A}$ est « avoir un nombre impair ». Donc $P(A)+P(\overline{A})=\frac{1}{2}+\frac{1}{2}=1$.

Ceci est un exemple, pas la démonstration d'une propriété générale.

$A+\overline{A}=\Omega$ donc $P(A)+P(\overline{A})=1$.

Une idée, mais incomplet ! Attention aux notations

D'après la propriété du cours :
$P(A)+P(\overline{A})=P(A\cup\overline{A})+P(A\cap\overline{A})$
Il faut chercher l'intersection et la réunion de A et $\overline{A}$.

Oui ! Propriété fondamentale à appliquer.

De l'hypothèse vers la conclusion j'organise mon raisonnement

- Je sais que… $\overline{A}$ est le complémentaire de A.

$$P(A)+P(\overline{A})=P(A\cup\overline{A})+P(A\cap\overline{A})$$

- Je veux montrer que $P(A)+P(\overline{A})=1$.

$P(A\cup B)+P(A\cap B)=P(A)+P(B)$

Je sais que A et $\overline{A}$ n'ont pas d'intersection et ont pour réunion Ω.

Rédaction

$\overline{A}$ est le complémentaire de A. Donc $A\cup\overline{A}=\Omega$ et $A\cap\overline{A}=\varnothing$.

De plus, $P(A)+P(\overline{A})=P(A\cup\overline{A})+P(A\cap\overline{A})$.

Ainsi, $P(A)+P(\overline{A})=P(\Omega)+P(\varnothing)=1+0=1$.

Démo à moi de jouer

Résultat à démontrer ▶ Soient A et B deux événements tels que : $P(B)=0{,}2$; $P(A\cup B)=0{,}4$ et $P(A\cap B)=0{,}1$. Montrer que $P(\overline{A})=0{,}7$.

Examiner la copie ci-dessous et proposer une démonstration correcte du résultat demandé.

$0{,}4+0{,}1=x+0{,}2$ donc $x=0{,}3$. Donc $P(A)=0{,}3$.

$0{,}3+0{,}7=1$ donc on a bien $P(\overline{A})=0{,}7$.

Je **fais** le **point**

J'évalue mes connaissances

VERSION INTERACTIVE ET CORRIGÉE

Voir corrigés

QCM

Pour chacune des questions, indiquer la (ou les) bonne(s) réponse(s).

On lance un dé à six faces numérotées de 1 à 6 dont la loi de probabilité est donnée par le tableau ci-contre.

1	2	3	4	5	6
0,1	0,2	x	0,3	0,1	0,05

	a	b	c
1. La valeur de x est :	$\frac{1}{6}$	0,25	0,3
2. L'événement « obtenir un résultat pair » :	est $\{2;4;6\}$	a pour probabilité $\frac{1}{2}$	est moins probable que son événement contraire
3. L'événement « obtenir un multiple de 3 » est :	$\{1;3;6\}$	$\{3;6\}$	moins probable que l'événement « obtenir un diviseur de 3 »
4. L'événement « obtenir au plus 2 » :	est l'événement contraire de « obtenir au moins 2 »	est l'événement contraire de « obtenir au moins 3 »	a pour probabilité 0,3
5. Les événements « obtenir 4 » et « obtenir un résultat impair » :	sont incompatibles	sont équiprobables	ont pour réunion l'univers
6. L'intersection des événements A « obtenir un résultat pair » et B « obtenir au moins 4 » :	est notée $A \cup B$	a deux issues	a pour probabilité 0,45
7. La réunion des événements A « obtenir un résultat pair » et B « obtenir au moins 4 » :	est notée $A \cup B$	a pour probabilité $P(A)+P(B)$	a pour probabilité 0,65
8. La réunion des événements A « obtenir 4 » et B « obtenir un nombre divisible par 3 » :	est $\varnothing$	a pour probabilité $P(A)+P(B)$	a pour probabilité 0,5

vrai ou faux ?

Indiquer pour chaque affirmation si elle est vraie ou fausse. Justifier.

Partie A.

On tire au hasard une carte dans un jeu de 32 cartes. On considère les événements A « obtenir un roi » et B « obtenir un cœur ».

a. Les événements A et B sont incompatibles.

b. Les événements A et B ont la même probabilité.

c. L'événement $A \cap B$ est « obtenir le roi de cœur ».

d. La probabilité de l'événement $A \cup B$ est $\frac{12}{32}$.

e. La probabilité de l'événement $\overline{A}$ est $\frac{7}{8}$.

f. Si on tire une seconde carte sans avoir remis la première dans le jeu, il y a 61 tirages possibles sur l'ensemble des deux tirages.

Partie B.

Dans un sac, on place cinq cartes dont chacune porte une des lettres P, R, O, B et A.

On tire au hasard, successivement et sans remise, deux cartes du sac.

On s'intéresse au « mot » formé par les deux lettres tirées (qu'il ait du sens ou non).

a. L'univers de cette expérience contient 25 mots.

b. La probabilité de l'événement A « le mot commence par une voyelle » est égale à 0,4.

c. La probabilité de l'événement B « le mot contient la lettre B » est égale à 0,2.

d. Les événements A et B ci-dessus sont incompatibles.

d. La probabilité de $A \cup B$ est égale à 0,75.

f. L'événement complémentaire de A est « le mot se termine par une voyelle ».

g. L'événement complémentaire de B a pour probabilité 0,6.

Automatismes et calculs

Compétence Calculer

7 Calculer les opérations suivantes.

1. $50+50\times2$ 2. $50-50\times2$ 3. $0\times1\times2\times3$

8 Simplifier les fractions suivantes.

1. $\frac{1}{2}+\frac{3}{4}$ 2. $\frac{1}{3}+2$ 3. $2\times\frac{7}{5}$

9 Simplifier les fractions suivantes.

1. $\frac{2}{5}-\frac{3}{2}$ 2. $\frac{1}{8}+\frac{1}{4}+\frac{1}{2}$ 3. $\frac{-3}{5}\times\frac{2}{5}$

10 Simplifier les puissances suivantes.

1. $2^3\times2^5$ 2. $\frac{3^4\times3^2}{3^8}$ 3. $\frac{5^4\times5^2}{(5^{-3})^2}$

11 Effectuer les calculs suivants.

1. -2^2 2. $(-2)^2$ 3. $0{,}5^2$ 4. $0{,}1^3$

12 Simplifier les fractions suivantes.

1. $-\frac{3^2}{4}$ 2. $-\left(\frac{3}{4}\right)^2$ 3. $\left(-\frac{3}{4}\right)^2$ 4. $\frac{3}{(-4)^2}$

13 Effectuer les calculs suivants.

1. $(4-5)^2+(3-2)^2$
2. $(8-4)^2+(-3+1)^2$
3. $\sqrt{(-1+1)^2+(3+4)^2}$

14 Effectuer les calculs suivants.

1. $\sqrt{0}$ 2. $\sqrt{25}$ 3. $\sqrt{121}$ 4. $\sqrt{144}$

15 Écrire sous la forme $a\sqrt{b}$ où b est un entier le plus petit possible.

1. $\sqrt{50}$ 2. $\sqrt{12}$ 3. $\sqrt{27}$ 4. $\sqrt{8}$

16 Développer les expressions suivantes.

1. $(2x+5)(x-3)$
2. $(2x-1)^2$
3. $(x-5)(x+5)$

17 Factoriser les expressions suivantes.

1. $4x^2-3x$ 2. $(x-1)^2-5x(x-1)$
3. x^2-121 4. $25x^2-36$

18 Résoudre les équations suivantes.

1. $2x-5=7$ 2. $3x+4=5x-2$

19 Résoudre les équations suivantes.

1. $(5-3x)(1+x)=0$ 2. $2x(x+3)=0$

20 Résoudre les inéquations suivantes.

1. $5x-1\geqslant3x+9$ 2. $x+6<3x+12$

21 À l'aide d'un tableau de signes, résoudre les inéquations suivantes.

1. $(2x-6)(5-x)\leqslant0$ 2. $2x(3x-5)>0$

22 On considère la fonction affine f définie par :

$$f(x)=-2x+3$$

1. Quel est l'ensemble de définition de f ?
2. Calculer les images par f de -1 et de 1.
3. Calculer les antécédents par f de -1 et de 1.
4. Déterminer les variations de f sur son ensemble de définition.

23 Effectuer les calculs suivants.

1. 25 % de 16 2. 30 % de 180
3. 10 % de 24 4. 50 % de 0,4

24 1. Un article affiché au prix de 20 euros en magasin augmente de 10 %.
Quel est son prix après augmentation ?
2. Un pull affiché 35 euros est soldé à −20 %.
Quel est son prix après la réduction ?

25 Une température de 20 °C augmente de 10 % puis diminue ensuite de 10 %.
Quelle est la température après les deux variations ?

26 Lors d'une enquête réalisée auprès de 75 adolescents, 21 d'entre eux déclarent regarder la télévision moins d'une heure par jour ; 36 entre une et deux heures ; 12 entre deux et trois heures ; les autres plus de trois heures.

1. Calculer le pourcentage d'élèves qui regardent la télévision moins d'une heure par jour.
2. Calculer le pourcentage d'élèves qui regardent la télévision plus de trois heures par jour.
3. Calculer le pourcentage d'élèves qui regardent la télévision au plus trois heures par jour.

27 On donne la série de nombres suivante.

1 ; 4 ; 5 ; 7 ; 8 ; 17

1. Donner la moyenne de la série.
2. Donner la médiane de la série.

28 Un fabricant de pâtes prélève un échantillon dans sa production de paquets de spaghettis de 500 grammes. Voici les résultats obtenus ci-dessous.

Masses (en g)	496	498	500	502	504	506
Effectifs	87	95	102	104	75	55

1. Calculer le poids moyen d'un paquet de pâtes de l'échantillon.
2. Calculer le poids médian d'un paquet de pâtes de l'échantillon.

exercices Application

Exercices INTERACTIFS kwyk

Connaître le cours

29 Deux diaporamas pour faire le point sur le cours.

ACTIVITÉS MENTALES RAPIDES

30 Dans une classe de Seconde, quelques élèves portent des lunettes et d'autres des lentilles de contact. On considère les événements F « l'élève est une fille », L « l'élève porte des lunettes » et C « l'élève porte des lentilles de contact ».
Décrire par une phrase les événements suivants.
a. $\overline{F}$ b. $F \cap C$ c. $F \cup L$ d. $\overline{F} \cap \overline{L}$ e. $F \cup \overline{C}$ f. $\overline{F} \cup \overline{L}$

31 Un sac contient trois jetons numérotés de 1 à 3. On tire au hasard, successivement et sans remise, deux jetons afin de former un nombre à deux chiffres.
1. Déterminer l'univers de cette expérience.
2. Soient les événements A « le nombre obtenu commence par 2 » et B « le nombre obtenu est impair ».
Écrire sous forme d'ensemble les événements suivants.
a. A b. B c. $\overline{A}$ d. $A \cap B$ e. $A \cup B$

32 La loi de probabilité d'une expérience aléatoire est donnée dans le tableau ci-dessous.

Issue	1	2	3	4
Probabilité	0,5	0,3	0,15	x

1. Calculer x.
2. Calculer la probabilité d'avoir une issue au moins égale à 2.

33 Dans un groupe de cinquante personnes, dix-huit sont âgées de 16 ans, douze de 17 ans, quinze de 18 ans et les autres de 19 ans.
On choisit une personne du groupe au hasard.
1. Établir la loi de probabilité de cette expérience.
2. Calculer la probabilité que la personne choisie ait 16 ans ou soit majeure.

34 On lance un dé cubique numéroté de 1 à 6.
On considère les événements A « le résultat est pair » et B « le résultat est au moins égal à trois ».
1. Calculer les probabilités de A et de B.
2. Décrire par une phrase l'événement $A \cap B$.
3. Décrire par une phrase l'événement $A \cup B$ et calculer sa probabilité.

Démo
35 Soient A et B deux événements incompatibles.
1. Que signifie le terme « incompatible » ?
2. Déterminer la probabilité de $A \cap B$, notée $P(A \cap B)$.
3. Démontrer que $P(A \cup B) = P(A) + P(B)$.

Travailler les capacités du chapitre

Capacité 1 Dénombrer à l'aide de tableaux et d'arbres

36 QCM
Compétence Communiquer
Pour chacune des questions suivantes, indiquer la seule bonne réponse. Justifier.
On tire une carte dans un jeu de 32 cartes.
On considère les événements A « la carte tirée est un carreau » et B « la carte tirée est un as ».
1. L'univers de cette expérience comporte :
a. 4 issues. b. 8 issues. c. 32 issues.
2. L'événement A comporte :
a. 4 issues. b. 8 issues. c. 32 issues.
3. L'événement « la carte tirée est l'as de carreau » correspond à l'événement :
a. $A \cap B$ b. $A \cup B$ c. $\overline{A} \cup \overline{B}$
4. L'événement $A \cap \overline{B}$ contient :
a. le roi de cœur. b. l'as de carreau.
c. la dame de carreau.

37 **Différents tirages**
On dispose de trois cartes : l'une marquée de la lettre M, une autre de la lettre O, la troisième de la lettre T.
Dans chaque cas, déterminer combien d'éléments possède l'univers de l'expérience aléatoire décrite.
On pourra s'aider d'arbres.
1. On tire au hasard une carte.
2. On tire au hasard, successivement et sans remise, deux cartes.
3. On tire au hasard, successivement et avec remise, deux cartes.

38 On a placé dans une urne des jetons de couleur et numérotés, indiscernables au toucher. Le tableau ci-dessous donne la répartition des jetons selon la couleur et le numéro qu'ils portent.

	Rouge	Vert	Bleu
Numéro 1	5	1	6
Numéro 2	4	5	2
Numéro 3	6	3	4

On prélève un jeton au hasard.
On considère les événements A « le jeton est rouge » et B « le jeton porte un numéro impair ».
1. Décrire par une phrase les événements $A \cap B$, $A \cup B$ et $\overline{A}$.
2. Combien d'éléments comptent les événements A, B, $A \cap B$, $A \cup B$ et $\overline{A}$.

Capacité 2 — Établir une loi de probabilité, calculer des probabilités

39 Vrai ou faux ?

Préciser si les affirmations suivantes sont vraies ou fausses.

On considère une expérience aléatoire dont l'univers est noté Ω. Soit A un événement de Ω.

1. $0 \leqslant P(A) \leqslant 1$ **2.** $P(A) < P(\Omega)$ **3.** $P(\Omega) = 1$

4. La somme des probabilités des événements élémentaires qui forment A est égale à 1.

40 Les tableaux ci-dessous définissent-ils une loi de probabilité ? Justifier.

1.

1	2	3	4	5
0,4	0,3	0,25	0,1	–0,05

2.

–1	0	5	10	120
0,15	0,2	0,25	0,3	0,1

Capacité 3 — Construire un modèle à partir de fréquences observées

41 Pierre arrive à vélo à un feu tricolore dont chaque cycle complet (vert ; orange ; rouge) dure 90 secondes. Le feu vert dure 50 secondes et le feu orange 5 secondes. On s'intéresse à la couleur du feu tricolore au moment où Pierre arrive.

1. Établir la loi de probabilité de cette expérience.

2. En France, le Code de la route indique que l'on doit s'arrêter lorsque le feu est orange ou rouge.
Calculer la probabilité que Pierre doive s'arrêter en arrivant au feu.

42 Un centre d'appel a effectué une enquête pour connaître le temps d'attente moyen d'un client avant sa prise en charge.
Les résultats sont donnés ci-après.

Temps d'attente	Moins de 5 min	Entre 5 et 15 min	Plus de 15 min
Fréquence	0,65	0,30	0,05

On considère un client tiré au hasard ayant contacté le centre d'appel.
Calculer la probabilité de chaque événement suivant.
A : « Le client attend plus de cinq minutes. »
B : « Le client n'attend pas plus de quinze minutes. »

43 Voici un sondage effectué auprès de tous les élèves d'un lycée. La question était : « Combien de SMS recevez-vous en moyenne chaque jour ? »

Nombre de SMS	$[0;5[$	$[5;10[$	$[10;20[$	$[20;50]$
Fréquence	0,15	0,3	0,35	0,2

On choisit un élève au hasard.

1. Calculer la probabilité p_1 que l'élève reçoive entre 10 et 50 SMS le jour de l'enquête.

2. Calculer la probabilité p_2 que l'élève reçoive moins de 10 SMS ou plus de 20 SMS le jour de l'enquête.

Capacité 4 — Utiliser des modèles de référence pour calculer des probabilités

44 Une urne A contient trois boules noires numérotées de 1 à 3. Une urne B contient deux boules blanches numérotées 1 et 2. Toutes les boules sont indiscernables au toucher.
On tire au hasard une lettre du mot AMI. Si c'est une voyelle, on prélève au hasard une boule dans l'urne A, sinon on prélève au hasard une boule dans l'urne B.
On constitue ainsi un couple formé d'une lettre et d'un chiffre

1. Combien l'univers de cette expérience aléatoire possède-t-il d'éléments ? *On pourra s'aider d'un arbre.*

2. On considère les événements E « la lettre tirée est une voyelle » et F « le numéro sorti est 2 ».
Calculer la probabilité des événements suivants.

a. $\overline{E}$ **b.** $\overline{F}$ **c.** $E \cap F$ **d.** $E \cup F$

45 On lance trois fois de suite une pièce équilibrée. On note P l'issue Pile et F l'issue Face.

1. Combien l'univers de cette expérience aléatoire possède-t-il d'éléments ? *On pourra s'aider d'un arbre.*

2. On considère les événements A « obtenir deux fois face » et B « obtenir Pile au premier lancé ».
Calculer la probabilité des événements suivants.

a. A **b.** B **c.** $A \cup B$ **d.** $\overline{A}$

46 On lance deux fois de suite un dé tétraédrique équilibré, dont les faces sont numérotées de 1 à 4.
On note la somme des résultats obtenus.

1. Recopier et compléter le tableau ci-dessous afin de déterminer l'univers de cette expérience aléatoire.

1er dé / 2nd dé	1	2	3	4
1				
2				
3				
4				

2. Établir la loi de probabilité de cette expérience.

3. On considère les événements suivants.
- A : « La somme est impaire. »
- B : « La somme est un multiple de trois. »
- C : « La somme est au plus égale à 4. »

Calculer la probabilité des événements suivants.

a. A **b.** B **c.** C
d. $A \cap B$ **e.** $\overline{C}$ **f.** $\overline{B} \cap C$

exercices Entraînement

1 Vocabulaire des événements

47 Vrai ou faux ? Compétence Communiquer

On lance un dé à six faces deux fois de suite et on note, dans l'ordre, les deux chiffres obtenus.
Pour chacune des affirmations suivantes, préciser si elle est vraie ou fausse. Justifier.

1. L'univers associé à cette expérience aléatoire comporte $6 \times 6 = 36$ issues.

2. L'événement « obtenir un double 6 » est un événement élémentaire.

3. L'événement contraire de l'événement « obtenir un double 6 » est « n'obtenir aucun 6 ».

4. Les événements « obtenir 6 en premier » et « obtenir 6 en second » sont incompatibles.

48 On considère un dé cubique numéroté de 1 à 6.
Dans chacun des cas suivants, déterminer l'univers de l'expérience aléatoire décrite.

1. On lance le dé et on note le résultat obtenu.

2. On lance deux fois de suite le dé et on note la somme des résultats obtenus.

3. On lance deux fois de suite le dé et on note l'écart entre le résultat le plus grand et le résultat le plus petit.

4. On lance deux fois de suite le dé et on note le maximum des résultats obtenus.

49 Le digicode d'une porte d'entrée est composé de quatre chiffres allant de 0 à 9. On saisit au hasard un code à quatre chiffres sur ce digicode.

1. Combien d'issues possède cette expérience ?

2. On considère les événements suivants.
- A : « Le code saisi commence par 5. »
- B : « Le code saisi ne contient pas de 0. »

Donner deux issues correspondant aux événements suivants.

a. A **b.** B **c.** $\overline{A}$ **d.** $\overline{B}$
e. $A \cap B$ **f.** $A \cup B$ **g.** $\overline{A} \cap \overline{B}$ **h.** $\overline{A \cap B}$

50 Utilisation d'un diagramme

On considère le diagramme suivant où Ω est l'univers d'une expérience aléatoire. A et B sont deux événements et chaque nombre indique le nombre d'issues pour la zone du diagramme correspondante.

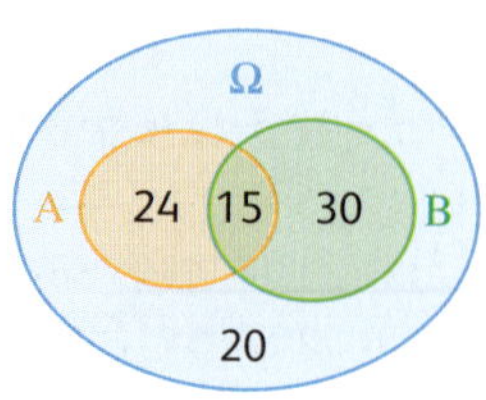

1. Combien d'issues l'univers Ω possède-t-il ?

2. Combien d'issues possèdent les éléments suivants ?

a. A **b.** B **c.** $\overline{A}$ **d.** $\overline{B}$
e. $A \cap B$ **f.** $A \cup B$ **g.** $\overline{A \cap B}$ **h.** $\overline{A \cup B}$

51 Le tableau ci-dessous donne la répartition des élèves d'une classe de Seconde.

	Filles	Garçons
Externes	5	7
Demi-pensionnaires	11	12

On choisit au hasard un élève de la classe et on s'intéresse aux événements suivants.
- G : « L'élève est un garçon. »
- E : « L'élève est externe. »

Combien d'éléments possède chacun des événements suivants ?

1. $G \cap E$ **2.** $G \cup E$ **3.** $\overline{G} \cap \overline{E}$ **4.** $G \cup \overline{G}$

52 Un sac possède deux jetons noirs N_1 et N_2 et un jeton blanc B tous indiscernables au toucher.
On tire au hasard, successivement et avec remise, deux jetons du sac.

1. À l'aide d'un arbre, déterminer combien d'éléments possède l'univers de cette expérience aléatoire.

2. On considère les événements A « le premier jeton est blanc » et B « le deuxième jeton est noir ».

a. Écrire A et B sous forme d'ensemble.
Combien d'éléments chacun possèdent-ils ?

b. A et B sont-ils incompatibles ?

c. Écrire sous forme d'ensemble les événements :
- $\overline{A}$ • $\overline{B}$ • $A \cup B$ • $\overline{A} \cap B$

53 Dans sa valise, Benjamin possède toutes les affaires suivantes.
- Deux pantalons, un noir (noté P_N) et un bleu (noté P_B).
- Trois chemises, une blanche (notée C_B), une noire (notée C_N) et une à carreau (notée C_C).
- Deux vestes, une noire (notée V_N) et une marron (notée V_M).

Une tenue est formée d'un pantalon, d'une chemise et d'une veste.
Benjamin compose une tenue au hasard.

1. À l'aide d'un arbre, dénombrer le nombre total de tenues possibles.

2. On considère les événements :
- A : « La tenue ne comporte pas de noir. »
- B : « La tenue comporte la veste marron. »

a. Écrire sous forme d'ensemble les événements A et B.

b. Décrire par une phrase, l'événement $\overline{A}$.

c. Quelles sont les issues qui réalisent $\overline{A}$?

3. a. Décrire par une phrase l'événement $A \cap B$.

b. Écrire cet événement sous forme d'ensemble.

c. Décrire par une phrase l'événement $A \cup B$.

d. Écrire cet événement sous forme d'ensemble.

4. a. Décrire par une phrase l'événement $A \cap \overline{B}$.

b. Que peut-on dire des événements A et $\overline{B}$? Justifier.

2 Probabilités sur un ensemble fini

54 TABLEUR **Fréquences et probabilités**

1. À l'aide de la calculatrice, simuler dix tirages successifs avec remise d'un jeton dans un sac qui en contient huit numérotés de 1 à 8 et noter le nombre de fois où le n° 5 apparaît.

TI

Math PROB 5 : NbrAleatEnt(
Saisir : borninf : 1
bornsup : 8
n : *ne rien inscrire*

Casio

OPTN PROB RAND Int
Saisir : 1,8

2. Calculer la fréquence d'apparition du jeton n° 5 sur les dix tirages.

3. À l'aide d'un tableur dont une capture d'écran est donnée ci-contre, on souhaite simuler cent tirages successifs.

	A	B	C	D
1	2		Nombre de lancés	100
2	8		Nombre de 5 :	18
3	7		Fréquence du 5:	0,18

a. Entrer dans la cellule A1 l'instruction =ALEA.ENTRE.BORNES(1;8) et utiliser la poignée de recopie pour obtenir cent valeurs.

b. Obtenir le nombre de lancers simulés en tapant dans la cellule D1 l'instruction =NB(A:A).
Afin d'obtenir le nombre de 5 obtenus, entrer dans la cellule D2 l'instruction =NB.SI(A:A;5).

c. Dans la cellule D3, afficher la fréquence du n° 5.

d. Réaliser une simulation de 1 000, puis de 10 000 tirages. Qu'observe-t-on pour la fréquence du n° 5 ?

4. Quelle est la probabilité d'obtenir le jeton n° 5 lorsque l'on effectue un tirage ? Comparer cette probabilité à la valeur obtenue à la question **3. d.**

55 Le tableau ci-dessous donne la loi de probabilité du lancer d'un dé numéroté de 1 à 6.

Issue	1	2	3	4	5	6
Probabilité	$\frac{1}{4}$	$\frac{1}{10}$	x	$\frac{3}{8}$	$\frac{1}{5}$	$2x$

1. a. Le dé utilisé est-il équilibré ? Pourquoi ?
b. Calculer x.
2. Calculer la probabilité des événements suivants.
a. A : « Obtenir un résultat pair. »
b. B : « Obtenir au moins 2. »
c. C : « Ne pas obtenir plus de 3. »

56 Chaque lettre du mot MATHEMATIQUES est écrite sur une carte (sans accent pour les E). On choisit une carte au hasard et on lit la lettre obtenue.
1. Établir la loi de probabilité de cette expérience.
2. Calculer la probabilité d'obtenir une voyelle.
3. Calculer la probabilité d'obtenir une lettre qui n'apparaît qu'une fois dans le mot MATHEMATIQUES.

57 ALGO PYTHON Un jeu consiste à lancer deux dés tétraédriques équilibrés numérotés de 1 à 4. On gagne si la somme des deux dés est égale à 2. On donne ci-dessous l'algorithme du jeu écrit en langage naturel et en langage Python.

Langage naturel

```
A ← entier.alea(1;4)
B ← entier.alea(1;4)
S ← A + B
Afficher(A,B,S)
Si S = 2   Alors
    Afficher « Gagné »
Sinon
    Afficher « Perdu »
Fin Si
```

Python

```python
from random import *
a=randint(1,4)
b=randint(1,4)
s=a+b
print(a,b,s)
if s==2:
    print('Gagné')
else:
    print('Perdu')
```

Voir Chap. Algo.

1. a. Programmer puis exécuter cet algorithme dix fois.
b. Noter le nombre d'affichages « Gagné ».
c. Calculer la fréquence obtenue pour « Gagné ».
2. a. À l'aide d'un tableau à double entrée, déterminer la probabilité de gagner lorsqu'on lance les deux dés.
b. Comparer la probabilité obtenue à la fréquence obtenue à la question **1. c.**
c. Que pourrait-on faire pour obtenir une fréquence proche de la probabilité ?

58 Reprendre les questions de l'exercice précédent et modifier l'algorithme en considérant que l'on gagne lorsque la somme est égale à cinq.

59 Un jeu consiste à tirer un premier jeton dans une urne qui en contient dix numérotés de 1 à 10. On tire ensuite un second jeton dans une autre urne qui en contient quatre numérotés de 1 à 4. La partie est gagnée lorsque le numéro du premier jeton est strictement inférieur au numéro du second jeton.

1. a. Simuler 1 000 parties à l'aide d'un tableur en reproduisant la copie d'écran ci-dessous.

	A	B	C	D	E	F
1	Jeton 1	Jeton 2	RESULTAT		Nombre de parties:	1000
2	4	4	PERDU		Nombre de "GAGNE":	146
3	3	3	PERDU		Fréquence de "GAGNE":	0,146
4	3	4	GAGNE			

Voir exercice n° 54

• Pour obtenir le résultat d'une partie, on saisit en C2 l'instruction =SI(A2<B2;"GAGNE";"PERDU").
• Pour obtenir le nombre de parties gagnées en F2, saisir =NB.SI.ENS(C:C;"GAGNE").

b. À l'aide de la touche F9, simuler plusieurs séries de 1 000 parties.
c. Conjecturer une valeur approchée de la probabilité de gagner à ce jeu.
2. À l'aide d'un tableau à double entrée, calculer la valeur exacte de la probabilité de gagner.

exercices Entraînement

Démo
60 Démonstration d'une propriété du cours

On rappelle qu'il a déjà été démontré dans le cours que si A et B sont deux événements incompatibles alors $P(A \cup B) = P(A) + P(B)$.

Soient A et B deux événements non incompatibles.

L'objectif de l'exercice est de démontrer la propriété :

$$P(A \cup B) + P(A \cap B) = P(A) + P(B)$$

On note A_1 l'événement formé des issues de A qui ne sont pas dans B.

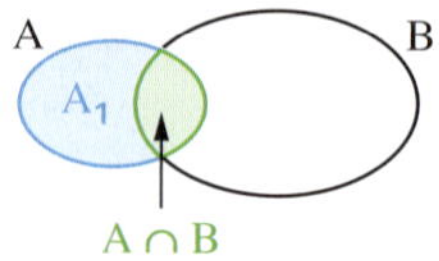

1. a. Que peut-on dire des événements A_1 et $A \cap B$? En déduire la probabilité de la réunion de A_1 et $A \cap B$.

b. Quelle est la réunion des événements A_1 et $A \cap B$? En déduire l'égalité $P(A \cap B) = P(A) - P(A_1)$.

2. a. Que peut-on dire des événements A_1 et B ? En déduire la probabilité de la réunion de A_1 et B.

b. Justifier que $P(A_1 \cup B) = P(A \cup B)$.

3. Démontrer que $P(A \cup B) + P(A \cap B) = P(A) + P(B)$.

61 Vrai ou faux ? LOGIQUE

Soit Ω l'univers d'une expérience aléatoire. On considère A et B deux événements. Préciser si chacune des affirmations suivantes est vraie ou fausse. Justifier.

1. $0 \leqslant P(A) + P(B) \leqslant 1$ **2.** $P(A \cap B) \leqslant P(A \cup B)$

3. $P(A) \leqslant P(A \cup B)$ **4.** $P(A \cap B) \leqslant P(A) + P(B)$

Dans les exercices **62** à **66**, A et B désignent deux événements d'un univers associé à une expérience aléatoire.

62 On sait que :

$$P(A) = 0{,}1 \; ; \; P(\overline{B}) = 0{,}6 \; ; \; P(A \cup B) = 0{,}35$$

Calculer $P(B)$ et $P(A \cap B)$.

63 On sait que :

$$P(A) = 0{,}2 \; ; \; P(B) = 0{,}5 \; ; \; P(A \cap B) = 0{,}1$$

Calculer $P(\overline{A \cup B})$.

64 On sait que :

$$P(\overline{A}) = 0{,}6 \; ; \; P(\overline{B}) = 0{,}7 \; ; \; P(A \cup B) = 0{,}55$$

Calculer $P(\overline{A \cap B})$.

65 On sait que :

$$P(\overline{A}) + P(\overline{B}) = 0{,}9 \; ; \; P(A \cup B) = 0{,}75$$

Calculer $P(A \cap B)$.

66 On sait que :

$$P(A \cup B) = P(\overline{A \cap B}) = 0{,}85 \; ; \; P(A) = 2 \times P(B)$$

Calculer $P(A)$ et $P(B)$.

67 Exercice guidé

Un jeu de 32 cartes possède quatre couleurs :

cœur ; carreau ; trèfle ; pique

On tire successivement et avec remise deux cartes.

On note, dans l'ordre, la couleur obtenue à chaque tirage. Ainsi le tirage trèfle-cœur sera différent du tirage cœur-trèfle.

1. Dénombrer les issues de cette expérience aléatoire.

2. Calculer la probabilité d'avoir deux trèfles.

3. Calculer la probabilité d'avoir deux cartes de même couleur.

4. Calculer la probabilité d'avoir au moins un carreau.

5. Calculer la probabilité d'avoir au plus un pique.

> **Pistes de résolution** **1.** On peut s'aider d'un arbre en s'intéressant, pour chaque tirage, à la couleur que l'on peut obtenir.
> **4.** « au moins un carreau » est le contraire de « aucun carreau ».
> **5.** On peut s'inspirer de la piste de résolution de la question **4.**

68 Le tableau ci-dessous donne la répartition des élèves d'une classe de Seconde en fonction du sexe et de la seconde langue vivante étudiée.

	Fille	Garçon	Total
Espagnol	14	11	25
Allemand	2	4	6
Italien	2	1	3
Total	18	16	34

On choisit au hasard un élève de la classe.

On considère les événements F « l'élève est une fille » et E « l'élève étudie l'espagnol ».

1. a. Justifier qu'on est en situation d'équiprobabilité.

b. En déduire les probabilités $P(F)$ et $P(E)$.

2. Décrire par une phrase et calculer la probabilité de chaque élément suivant.

a. $F \cap E$ **b.** $F \cup E$ **c.** $\overline{E}$

69 On tire au hasard une carte dans un jeu de 32 cartes. On considère les événements suivants.

- A : « La carte prélevée est un as. »
- T : « La carte prélevée est un trèfle. »

1. Calculer les probabilités $P(A)$ et $P(T)$.

2. a. Décrire par une phrase les événements $A \cap T$ puis $A \cup T$.

b. Calculer les probabilités $P(A \cap T)$ puis $P(A \cup T)$.

3. Décrire par une phrase l'événement $\overline{A}$ et calculer sa probabilité.

Analyse d'un énoncé

70 Exercice commenté

Un sondage est effectué auprès des 924 élèves d'un lycée pour connaître le nombre de sports qu'ils pratiquent.

Nombre de sport	0	1	2	3 et plus
Filles	48	235	135	34
Garçons	35	248	168	21

On choisit un élève du lycée au hasard.
On considère les événements suivants.

- F « L'élève est une fille. »
- A « L'élève pratique au plus un sport. »
- B « L'élève pratique au moins un sport. »

1. Calculer les probabilités de F, A et B.

2. Calculer la probabilité que l'élève choisi soit une fille ou pratique au moins un sport.

➋ Le terme « ou » montre que l'on doit calculer la probabilité d'une réunion.

3. On choisit un élève parmi les garçons.
Calculer la probabilité de l'événement contraire $\overline{\text{A}}$.

➋ On choisit au hasard parmi les garçons uniquement. Pour calculer la probabilité d'un événement contraire, on applique la formule du cours.

71 Application immédiate

Une entreprise effectue un sondage auprès de ses 270 salariés pour connaître leur moyen de transport pour se rendre sur leur lieu de travail.

	Voiture	Bus	Vélo
Femme	82	39	6
Homme	114	24	5

On choisit un salarié au hasard.
On considère les évènements suivants.

- F « Le salarié est une femme. »
- A « Le salarié utilise sa voiture. »
- B « Le salarié utilise un vélo. »

1. Calculer les probabilités de F, A et B.

2. Calculer la probabilité que le salarié soit une femme ou que le salarié utilise sa voiture.

3. Le salarié vient en bus. Calculer la probabilité que ce soit une femme.

72 Un samedi, Zoé souhaite rendre visite à ses grands-parents, à sa meilleure amie et à sa sœur. Elle décide d'organiser au hasard l'ordre de ses visites.

1. Déterminer le nombre de circuits possibles.

2. On considère les événements :

- E : « Le circuit commence par sa sœur. »
- F : « Le circuit se termine par ses grands-parents. »

a. Calculer la probabilité des événements E et F.

b. Calculer la probabilité que la visite commence avec sa sœur et se termine avec ses grands-parents.

c. Calculer la probabilité que la visite commence avec sa meilleure amie ou se termine avec sa sœur.

3. Calculer la probabilité que ses visites débutent ou se terminent avec sa sœur.

73 Lors d'un goûter, des amis sont regroupés autour de trois galettes : deux à la frangipane et une briochée. Chaque galette possède une seule fève et chacune est découpée en dix parts égales.

1. Recopier et compléter le tableau suivant avec le nombre de parts correspondantes dans chaque cas.

	Frangipane	Brioche	Total
Avec fève			
Sans fève			
Total			

2. La première personne choisit une part au hasard. On considère les événements F « la part est à la frangipane » et S « la part est sans fève ».

a. Calculer la probabilité que la part choisie soit à la frangipane et sans fève.

b. Décrire par une phrase l'événement $\overline{\text{F}} \cup \overline{\text{S}}$ et calculer sa probabilité.

c. A-t-on l'égalité $P\left(\overline{\text{F} \cup \text{S}}\right) = P\left(\overline{\text{F}} \cup \overline{\text{S}}\right)$?

3. La première personne a choisi une part à la brioche et n'a pas eu de fève.
Une deuxième personne choisit une part.
Calculer la probabilité que la part possède une fève.

74 La Française des Jeux propose le jeu à gratter Banco. Le tableau des gains, pour 1 500 000 tickets vendus, est le suivant.

Nombre de tickets gagnants	Gain en euro
2	1 000
50	100
500	21
15 000	11
30 000	6
61 658	3
151 250	2
95 026	1

On achète un ticket au hasard.
Les probabilités seront arrondies au millième.

1. Quelle est la probabilité de gagner ?

2. Quelle est la probabilité de gagner 1 € ou 2 € ?

3. Quelle est la probabilité de ne pas gagner 1 000 € ?

4. Léa déclare : « J'ai gagné plus de 20 € ! »
Quelle est la probabilité qu'elle ait gagné 1 000 € ?

75 **Jeu de fléchettes**

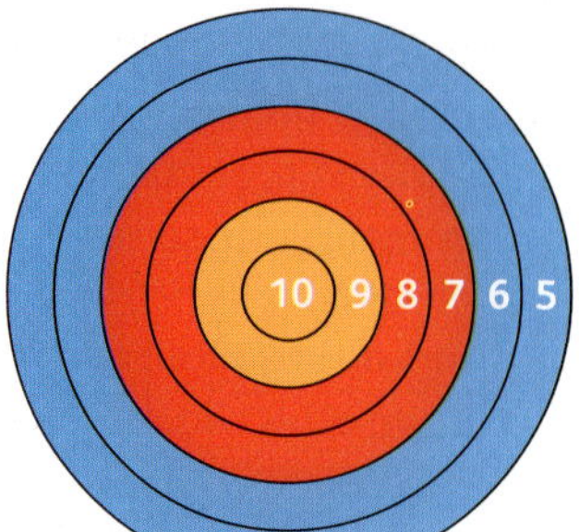

On considère la cible ci-contre formée de six zones concentriques de trois couleurs.
La zone 10 est un disque de rayon 4 cm.
On passe d'une zone à la suivante en augmentant le rayon de 4 cm.
La cible complète a donc pour rayon 24 cm.
Un joueur lance une fléchette sur la cible.
On admet qu'il atteint la cible et que la probabilité d'atteindre une zone est proportionnelle à son aire.

1. a. Calculer l'aire de la cible.
b. Calculer l'aire de la zone 10 puis celle de la zone 9.
2. On s'intéresse au numéro de la zone atteinte par la fléchette.
a. Établir la loi de probabilité de cette expérience.
b. Est-on en situation d'équiprobabilité ?
c. Calculer la probabilité d'être en zone paire.
3. On s'intéresse à la couleur touchée par la fléchette.
a. Calculer la probabilité d'être en zone orange.
b. Les trois couleurs ont-elles les mêmes probabilités d'être atteintes ? Justifier.

76 Compétence Modéliser **En lien avec la SVT**

Les différents groupes sanguins sont classés selon la présence ou non d'antigènes A ou B à la surface des globules rouges. Ainsi, les globules rouges du groupe A (resp. B) possèdent des antigènes A (resp. B), ceux du groupe AB possèdent les deux antigènes A et B, alors que ceux du groupe O ne possèdent aucun antigène du type A ni du type B.

	Groupe A	Groupe B	Groupe AB	Groupe O
Globule rouge	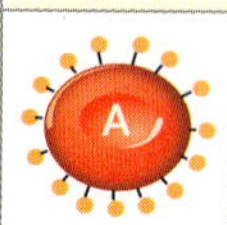	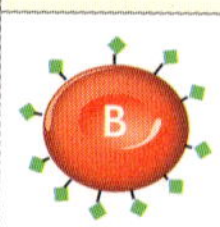	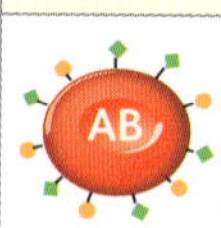	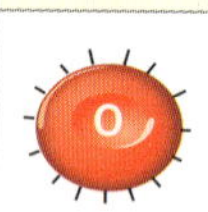

On donne dans le tableau ci-dessous la répartition en France des différents groupes sanguins.

Groupe sanguin	A	B	AB	O
Fréquence (en %)	45	9	3	43

On interroge une personne au hasard.
1. Quelle est la probabilité que les globules rouges de cette personne ne possèdent que des antigènes A ?
2. Quelle est la probabilité que les globules rouges de cette personne possèdent des antigènes A ?
3. Quelle est la probabilité que les globules rouges de cette personne possèdent des antigènes A ou B ?

77 Un magasin informatique propose à ses clients qui achètent un ordinateur de souscrire une extension de garantie. Celle-ci couvre les réparations en cas de panne matérielle durant trois ans.
Une enquête est effectuée auprès de 2 000 clients ayant acheté un ordinateur il y a trois ans. Elle montre que 30 % d'entre eux avaient souscrit l'extension de garantie. De plus, 150 ordinateurs, dont 20 % bénéficiaient de l'extension de garantie, ont subi une panne. Enfin, 40 ordinateurs, dont 70 % sans extension de garantie, ont subi plus de deux pannes.

1. Recopier et compléter le tableau ci-dessous.

	Avec extension	Sans extension	Total
Aucune panne			
Une panne			
Plus de deux pannes			
Total			2 000

2. On choisit un client au hasard parmi les 2 000 considérés.
On note respectivement E, A, B et C les événements :
- « Le client avait pris une extension de garantie. »
- « L'ordinateur du client n'a subi aucune panne. »
- « L'ordinateur du client a subi une panne. »
- « L'ordinateur du client a subi plus de deux pannes. »

Les probabilités seront données sous forme décimales arrondies à 10^{-2}.
a. Calculer les probabilités de E, A, B et C.
b. Calculer la probabilité de l'événement $C \cup \overline{E}$ et interpréter le résultat dans le contexte de l'exercice.
3. a. Quelle est la probabilité qu'un ordinateur bénéficiant d'une extension de garantie n'ait subi aucune panne ?
b. Quelle est la probabilité qu'un ordinateur n'ayant subi aucune panne bénéficie d'une extension de garantie ?

78 Un restaurant propose un menu comprenant une entrée, un plat et un dessert. Le client a le choix entre :
- deux entrées (salade ou charcuterie).
- trois plats (bœuf, volaille ou pizza végétarienne).
- deux desserts (tarte ou glace).

On choisit un menu au hasard.
1. Combien de menus différents sont-ils possibles ?
2. Calculer la probabilité que le menu ne contienne aucune viande.
3. Calculer la probabilité que le menu ne contienne ni bœuf ni volaille.
4. On choisit un menu avec charcuterie.
Calculer la probabilité que le plat soit une pizza.

79 PYTHON **Modéliser un jeu avec Python**

Une urne contient quatre boules indiscernables au toucher : une rouge (notée R_1) et trois noires (notées de N_2 à N_4). On tire une boule au hasard.

- Si elle est rouge alors, dans un sac rouge on tire un jeton qui indique la somme remportée : un jeton (noté J_1) indique cinq euros, deux jetons (notés J_2 et J_3) indiquent zéro euro.
- Si elle est noire alors, dans un sac noir on tire un jeton qui indique la somme remportée : un jeton (noté J_1) indique deux euros, deux jetons (notés de J_2 et J_3) indiquent zéro euro.

Une partie coûte un euro.

1. a. Quels sont les gains algébriques possibles de ce jeu ?

Info

Le gain algébrique d'un jeu est la somme totale, éventuellement négative, que le jeu apporte au joueur, en comptant sa mise (le prix payé pour jouer).

b. Construire un arbre traduisant la situation.

c. Calculer la probabilité de remporter la somme maximale.

2. On souhaite automatiser une partie de ce jeu à l'aide d'un algorithme.

a. Recopier et compléter l'algorithme suivant afin de simuler une partie.

b. Programmer cet algorithme sur ordinateur ou sur calculatrice en langage Python.

```
P ← 1
B=entier.alea(1 ;4)
Si B = 1 Alors
    J=entier.alea(1 ;3)
    Si J = 1 Alors G ← ...
    Sinon G ← ...
    Fin Si
Sinon
    J=entier.alea(1 ;3)
    Si J = 1 Alors G ← ...
    Sinon G ← ...
    Fin Si
Afficher (G)
```

Voir Chap. Algo. p. 386

c. Simuler dix parties à l'aide de l'algorithme.

d. Calculer la fréquence du gain maximal obtenu sur les dix parties. Comparer le résultat à celui de la question **1. c.**

80 Un sac contient 20 jetons blancs, 10 jetons noirs et un certain nombre de jetons rouges. Tous les jetons sont indiscernables au toucher.

On choisit au hasard un jeton.

On considère les événements :

- B : « Le jeton est blanc. »
- N : « Le jeton est noir. »
- R : « Le jeton est rouge. »

1. Dans cette question, le sac contient 40 jetons rouges.

Calculer les probabilités de B, N et R.

2. Dans cette question, le nombre de jetons rouges est inconnu, on le note n où $n \in \mathbb{N}$.

a. Exprimer, en fonction de n, les probabilités de B, N et R.

b. Calculer n pour que $P(R) = 0{,}75$.

c. Déterminer le nombre minimal de jetons rouges qu'il faut dans le sac afin d'avoir $P(R) \geqslant 0{,}99$.

d. Déterminer le nombre maximal de jetons qu'il faut dans le sac afin d'avoir plus de trois chances sur quatre que le jeton tiré ne soit pas rouge.

81 On dispose d'un cube en bois que l'on peint en rouge. On le découpe ensuite en petits dés cubiques en partageant chaque arête en trois parties égales.

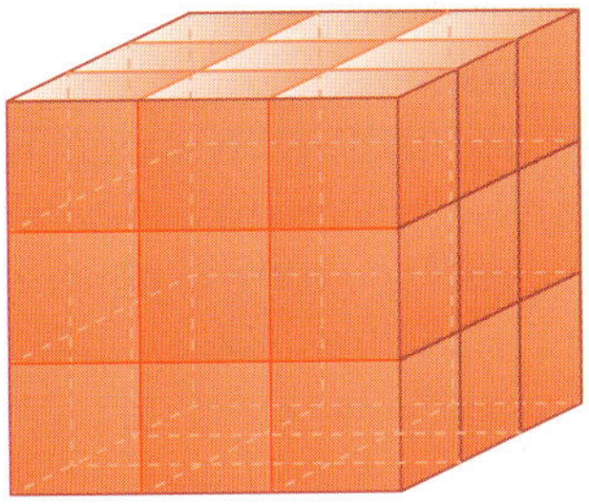

1. Combien de petits dés cubiques sont fabriqués ?

2. Combien de faces peintes en rouge ces petits dés cubiques peuvent-ils posséder ?

3. On dépose les petits dés cubiques dans un sac et on en tire un au hasard.

Calculer la probabilité des événements suivants.

a. A : « Le dé tiré n'a aucune face rouge. »

b. B : « Le dé tiré a une seule face rouge. »

c. C : « Le dé tiré a au moins une face rouge. »

82 PRISE D'INITIATIVES **Compétence** Chercher

Une entreprise a mis en place un test afin d'éviter de mettre en vente des pièces métalliques qui ne sont pas conformes aux normes. En étudiant un lot de 500 pièces, on a trouvé que :

- 20 n'étaient pas conformes.
- 10 n'ont pas été mises en vente.
- 475 étaient conformes et ont été vendues.

On choisit une pièce au hasard dans ce lot.

Quelle est la probabilité que cette pièce soit non conforme et vendue ou conforme et non mise en vente ?

83 PRISE D'INITIATIVES **Compétence** Chercher

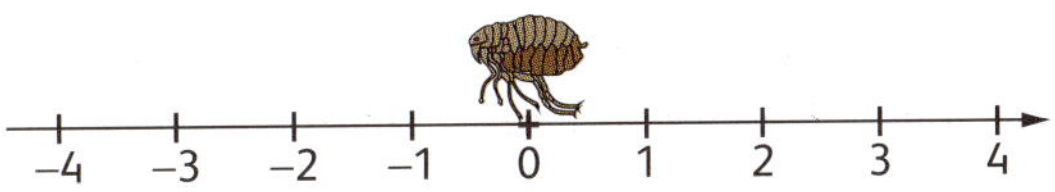

Une puce est placée en 0 sur la droite graduée.

À chaque bond, elle saute d'une unité à droite ou à gauche de manière aléatoire.

1. La puce effectue trois sauts.

a. Calculer la probabilité qu'elle finisse en +1.

b. Montrer qu'elle ne peut pas finir en +2.

2. La puce effectue quatre sauts.

Calculer la probabilité qu'elle effectue au plus trois fois des bonds à droite.

COUPS DE POUCE 91

Maîtriser l'essentiel

84 Compréhension d'énoncé

On considère l'énoncé suivant.

Une urne contient deux boules jaunes J_1 et J_2 et deux boules rouges R_1 et R_2.
On tire, successivement et sans remise, deux boules et on note dans l'ordre les boules obtenues.
On note les événements :
- A : « La première boule tirée est jaune. »
- B : « La seconde boule porte un numéro 2. »

I. Donner l'univers Ω de cette expérience aléatoire.
II. Écrire sous forme d'ensembles les événements :

$$A\,;B\,;\overline{A}\,;\overline{B}\,;A\cap B\,;A\cup B$$

1. En quoi l'expérience aléatoire consiste-t-elle dans cet exercice ? Quelle est la forme d'une issue de cette expérience aléatoire ?
2. Un événement est une partie de l'univers.
Que signifie « écrire un événement sous forme d'ensemble » ?
3. Résoudre l'énoncé.

85 On lance un dé truqué à six faces dont la loi de probabilité est donnée ci-dessous.

1	2	3	4	5	6
0,1	0,1	0,2	0,1	0,2	p

1. Calculer la probabilité p_1 d'obtenir 6 au lancer.
2. Calculer la probabilité p_2 d'obtenir un résultat inférieur ou égal à 3.

86 Dans une urne, il y a dix boules rouges, cinq boules vertes, quatre boules bleues et une boule noire.
On tire au hasard une boule et on note sa couleur.
1. Établir la loi de probabilité de cette expérience.
2. Calculer la probabilité de ne pas avoir de boule noire.

87 On choisit au hasard une famille parmi les familles de deux enfants, en admettant qu'il y a autant de chances que chaque enfant soit un garçon (G) ou une fille (F). L'issue FG par exemple, indique une famille dont le premier enfant est une fille et dont le deuxième enfant est un garçon.
1. À l'aide d'un arbre, décrire toutes les compositions possibles de familles.
2. On note les événements A « le premier enfant est une fille » et B « la famille a un seul garçon ».
Calculer les probabilités suivantes puis interpréter les résultats dans le contexte de l'exercice.

$$P(A)\,;P(B)\,;P(A\cap B)\,;P(A\cup B)\,;P(\overline{B})$$

Aller plus loin

88 On lance deux dés tétraédriques équilibrés et numérotés de 1 à 4.
On note le minimum des deux résultats obtenus.
1. Établir la loi de probabilité de cette expérience aléatoire.
2. Arnaud affirme : « Il y a autant de chances d'avoir un résultat pair qu'un résultat impair. »
Sophie lui répond : « Non, il y a plus de chances d'avoir un résultat pair. »
Qui a raison ? Justifier.

89 Lors d'un contrôle, Philippe doit répondre à trois questions d'un Vrai-Faux sans justifier sa réponse.
À chaque question, il décide de répondre au hasard.
Pour chaque question, on note les événements C « il répond correctement » et F « il répond faux ».
1. Construire un arbre traduisant la situation.
2. a. Calculer la probabilité que Philippe réponde correctement aux trois questions.
b. Calculer la probabilité qu'il réponde correctement à au moins une question.
3. Une réponse correcte rapporte un point, une réponse fausse ne rapporte aucun point.
Calculer la probabilité que Philippe ait obtenu deux points à ce Vrai-faux.

90 Sur la table du réveillon, Adrien doit poser trois verres devant une assiette : un verre à eau, un verre à vin et une flûte à champagne.
Il décide de poser les verres au hasard.
1. Préciser l'univers associé à cette expérience aléatoire et le nombre total d'issues possibles.
2. a. Calculer la probabilité qu'il pose les verres dans l'ordre d'usage, avec de gauche à droite : la flûte, le verre à vin et le verre à eau.
b. Calculer les probabilités des événements A : « le verre à vin est au milieu » et B : « le verre à eau est à une extrémité ».
3. Calculer la probabilité des événements suivants et interpréter les résultats dans le contexte de l'exercice.
a. $A\cup B$ **b.** $\overline{A}\cap\overline{B}$ **c.** $A\cap\overline{B}$
4. Calculer la probabilité que le verre à vin ne soit pas à sa bonne place.

91 PRISE D'INITIATIVES On lance une pièce de monnaie équilibrée trois fois de suite.
1. Calculer la probabilité de ne jamais obtenir Pile.
2. Combien de fois faut-il lancer la pièce pour que la probabilité de ne jamais obtenir Pile soit inférieure à 0,001 ?

TP Pratiquer l'algorithmique et programmer

La planche de Galton

Sur une planche verticale, on a planté de manière régulière trois rangées de clous comme le montre le schéma ci-contre.
On lâche une bille au-dessus du clou du premier niveau.
À chaque fois que la bille arrive sur un clou, elle a autant de chance de descendre à gauche qu'à droite.
À l'arrivée, la bille tombe dans une des cases numérotées de 0 à 3.

Info
Francis Galton (1822-1911) est un scientifique anglais qui a notamment travaillé sur l'identification des individus par leurs empreintes digitales.

Objectif PYTHON
Importation de la bibliothèque `random`.
Utilisation d'une fonction.
Utilisation de boucles.

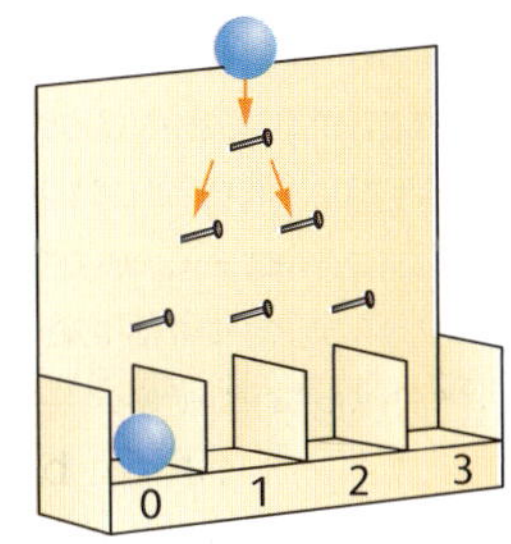

Partie A Dans quelle case tombe la bille ?

On souhaite automatiser le lancer d'une bille et l'identification de la case dans laquelle elle tombe. Pour cela, on créé une fonction `résultat` rédigée en langage Python.
L'algorithme est donné ci-dessous.

```
1 from random import *
2
3 def résultat():
4     R=0
5     for i in range(1,4):
6         k=randint(0,1)
7         R=R+k
8     return(R)
```

1. Expliquer les instructions des lignes 5 et 6 dans le contexte de l'exercice.

2. Le tableau ci-contre correspond à un lancer de la bille à l'aide de l'algorithme ci-contre.

i	1	2	3
k	0	1	0

a. « Expliquer » le parcours de la bille décrit par le tableau ci-dessus.
b. Dans quelle case la bille tombe-t-elle ?

3. a. Décrire un parcours qui permet à la bille d'arriver dans la case numéro 2.
b. Recopier et compléter le tableau ci-contre qui traduit ce parcours à l'aide de l'algorithme.

i	1	2	3
k			

Partie B Simulation de 1 000 lancers

On souhaite simuler 1 000 lancers de la bille sur la planche de Galton.
En complétant l'algorithme de la partie A, on souhaite connaître le nombre et la fréquence d'obtention de chaque résultat 0 ; 1 ; 2 ; 3.

1. Recopier et compléter l'algorithme ci-contre afin de connaître les effectifs (notés respectivement `n0`, `n1`, `n2` et `n3`) puis les fréquences de chaque résultat.
2. a. Programmer la totalité de l'algorithme en Python, puis effectuer une simulation de 1 000 lancers de la bille.
b. Estimer la probabilité de chaque résultat.

```
(n0,n1,n2,n3)=(0,0,0,0)
for i in range (1,1001):
    R=résultat()
    if R==0:
        n0=n0+1
    elif R==1:
        n1=n1+1
    elif R==2:
        n2=n2+1
    else:
        n3=n3+1
print("Fréquence de 0:",n0/1000)
print("Fréquence de 1:",n1/1000)
print("Fréquence de 2:",n2/1000)
print("Fréquence de 3:",n3/1000)
```

Partie C Probabilité de chaque résultat

1. a. À l'aide d'un arbre, décrire tous les chemins possibles de la bille.
b. Calculer la probabilité de chaque résultat et les comparer avec celles estimées à la fin de la partie B.

Partie D Pour aller plus loin

On utilise une planche de Galton à cinq niveaux.

1. Calculer la probabilité que la bille tombe dans la case numéro 0.
2. Modifier l'algorithme de la partie A pour qu'il affiche « Gagné » si la bille tombe dans la case numéro 5 et « Perdu » si la bille tombe dans une autre case.

TP Utiliser les outils numériques

Le problème du « grand-duc de Toscane »

Au XVIIe siècle, en Toscane, le jeu « passe dix » consistait à lancer trois dés et à additionner les résultats : on gagnait si l'on obtenait plus de 10.
À ce jeu, les joueurs constataient qu'on obtenait plus souvent la somme 10 que la somme 9 alors qu'à partir de trois entiers compris entre 1 et 6, il y avait autant de façons d'obtenir ces deux sommes.
Comment expliquer ce paradoxe ?
On considère les événements :
- A : « La somme est égale à 9. »
- B : « La somme est égale à 10. »

Objectif TABLEUR
Simuler un lancer simultané de trois dés.

Partie A Une première approche

1. Pour obtenir une somme égale à 9 avec trois entiers compris entre 1 et 6, il y a six façons.
Par exemple $6+2+1$ en est une.
Donner les cinq autres façons.

2. Pour obtenir une somme égale à 10 avec trois entiers compris entre 1 et 6, il y a également six façons. Lesquelles ?

3. Que semble-t-on pouvoir conjecturer pour les probabilités des événements A et B ?

Partie B Simulation à l'aide d'un tableur

À l'aide d'un tableur, on souhaite simuler un très grand nombre de lancers de trois dés et calculer les fréquences des sommes égales à 9 et à 10.

=ALEA.ENTRE.BORNES(1;6)

	A	B	C	D	E	F	G
1	Dé 1	Dé 2	Dé 3	Somme		Nombre N de lancés	9649
2	4	4	5	13			
3	6	2	5	13		Sommes égale à 9	1066
4	6	2	1	9		Sommes égale à 10	1145
5	1	5	5	11			
6	2	1	6	9		Fréquence de la somme 9	0,11
7	6	5	2	13		Fréquence de la somme 10	0,119

1. a. Reproduire la feuille de calcul précédente.
- Pour obtenir le nombre N de lancers, on utilise en G1 la fonction =NB(plage).
- Pour obtenir le nombre de sommes égales à 9, on utilise en G3 la fonction =NB.SI(plage;critère).

b. Quelle formule est entrée en G6 pour obtenir la fréquence de la somme 9 ?
- =1066/9649 • =G3/G1 • =G1/G3

2. Comparer les fréquences des sommes égales à 9 et à 10.

3. a. À l'aide de la touche F9, simuler plusieurs séries de N lancers.

b. Que peut-on conjecturer pour les probabilités des événements A et B ?
Est-ce cohérent avec la conjecture de la partie A ?

Partie C Modélisation du problème

1. On lance les trois dés et on s'intéresse au résultat de chaque dé.
Chaque dé possédant six issues, combien l'univers de cette expérience aléatoire possède-t-il d'issues ?

2. On suppose que le premier dé affiche 6.
Le « sous-arbre » ci-contre décrit les seules possibilités pour les deuxième et troisième dés donnant une somme égale à 9.

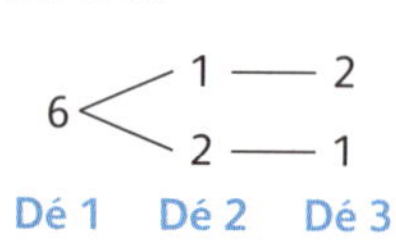

Construire cinq sous-arbres similaires indiquant toutes les possibilités pour obtenir une somme égale à 9 à partir du résultat du premier dé.

3. De la même manière, construire les six sous-arbres qui permettent d'obtenir une somme égale à 10.

4. En déduire les probabilités des événements A et B.
Comparer ces probabilités.

Partie D Réponse au problème historique

Comment expliquer le problème des joueurs toscans ? Quelle erreur était commise dans leur raisonnement ?

TP Mener une recherche

Compétence Rechercher

TP1 Déterminer un nombre minimal de jetons

On considère, dans les deux parties de ce travail, un sac qui contient n jetons blancs et 15 jetons rouges.

Partie A. Un seul tirage

On tire au hasard un jeton dans le sac.

On considère l'événement R « le jeton est rouge ».

1. Exprimer, en fonction de n, la probabilité de l'événement R.
2. À l'aide d'une équation, calculer le nombre de jetons blancs qu'il doit y avoir dans le sac pour que la probabilité de l'événement R soit égale à 0,3.
3. Calculer le nombre minimal de jetons blancs qu'il doit y avoir dans le sac afin d'avoir moins d'une chance sur quatre d'obtenir un jeton rouge.

Partie B. Deux tirages avec remise

On tire successivement et avec remise deux jetons dans le sac. On considère l'événement R_2 « les deux jetons sont rouges ».

1. a. Déterminer le nombre total de tirages possibles lorsqu'on effectue deux tirages successifs avec remise.
b. Combien y a-t-il de jetons rouges au premier tirage ? Au second tirage ?
c. En déduire que la probabilité de l'événement R_2 est $P(R_2)=\dfrac{225}{(n+15)^2}$.

2. À l'aide d'un tableur, dont une capture d'écran est fournie, on cherche à déterminer le nombre minimal n de jetons blancs qu'il doit y avoir dans le sac afin d'avoir moins d'une chance sur quatre d'obtenir deux jetons rouges.

	A	B
1	n	p(R2)
2	0	1,000

a. Quelle formule doit être saisie en B2 puis recopiée vers le bas à l'aide de la poignée de recopie pour obtenir les probabilités $P(R_2)$?
b. Quelle est la plus petite valeur de n qui permet de répondre au problème ?

3. a. Montrer que chercher le nombre n défini à la question 2. revient à résoudre l'inéquation :

$$(n+15)^2>900$$

b. Résoudre cette inéquation.
c. La réponse à la question 2. b. est-elle confirmée ?

TP2 Cas d'une situation non équiprobable

On choisit au hasard une famille de trois enfants (sans naissances multiples).

Partie A. Modélisation simplifiée du problème

On admet dans cette partie qu'il y a autant de chances que chaque enfant soit un garçon (G) ou une fille (F).
L'issue FFG par exemple, indique une famille dont les deux premiers enfants sont des filles et dont le troisième enfant est un garçon.

1. À l'aide d'un arbre, indiquer combien de compositions de familles sont possibles.
2. a. Combien y a-t-il de compositions de familles avec aucun garçon ?
b. En déduire la probabilité qu'une famille ne comporte aucun garçon.
c. Compléter, en justifiant, le tableau ci-dessous.

Nombre de garçons	0	1	2	3
Probabilité				

3. Une famille de trois enfants a-t-elle plus de chances d'avoir plus d'un garçon que moins de deux garçons ?

Partie B. Modélisation à partir de données réelles

En France, la probabilité qu'une naissance soit celle d'un garçon est en réalité environ égale à 0,51.
À l'aide d'un tableur, on souhaite simuler la fréquence de garçons dans 20 000 familles de trois enfants.

1. Reproduire la copie d'écran ci-dessous.

	A	B	C	D	E	F	G
1	1er enfant	2ème enfant	3ème enfant	Nombre de garçons		Nombre de familles	20000
2	1	1	0	2		Avec 0 garçon	2349
3	0	0	1	1		Avec 1 garçon	7240
4	0	1	0	1		Avec 2 garçons	7731
5	1	1	0	2		Avec 3 garçons	2680
6	1	0	0	1			
7	1	1	0	2		Fréquences 0 garçon	0,117
8	1	0	1	2		Fréquences 1 garçon	0,362
9	1	1	0	2		Fréquences 2 garçons	0,387
10	1	0	1	2		Fréquences 3 garçons	0,134

On obtient la naissance d'un garçon avec une probabilité de 0,51 en tapant dans la cellule A2 la formule :

=ENT(ALEA()+0,51)

Dans les cellules G1 et G2, utiliser respectivement les fonctions =NB(plage) et =NB.SI(plage;critère).

2. Quelle formule est entrée en G7 et recopiée vers le bas avec la poignée de recopie ?
a. =G2/20000 b. =G2/G1 c. =G2/$G$1

À l'oral ou à l'écrit, expliquer s'il est plus probable pour une famille de trois enfants d'avoir plus d'un garçon que moins de deux garçons. Argumenter en vous appuyant sur les résultats de la question 1.

Je **révise** en autonomie

Je cible mes révisions

VIDÉOS des capacités

Pour chaque capacité, suivre le parcours de révision pour travailler les méthodes et s'entraîner.

Parcours de révision	Réviser en autonomie	S'entraîner
Capacité 1 Dénombrer à l'aide de tableaux et d'arbres	Méthode, p. 339	Exercices 37 et 51
Capacité 2 Établir une loi de probabilité, calculer des probabilités	Méthode, p. 341	Exercices 40 et 55
Capacité 3 Construire un modèle à partir de fréquences observées	Méthode, p. 342	Exercices 41 et 42
Capacité 4 Utiliser des modèles de référence pour calculer des probabilités	Méthode, p. 343	Exercices 44 et 69

Je me teste

Voir corrigés

Pour chaque question, déterminer la (ou les) réponse(s) correcte(s).

Capacité 1

Un sac contient trois billes rouges R_1, R_2, R_3 et deux billes vertes V_1 et V_2.
On tire successivement et sans remise deux billes dans le sac et on note les billes obtenues.
On considère les événements :
A : « La première bille tirée est rouge. »
B : « On obtient au moins une bille verte. »

1. Le nombre d'issues de l'univers de cette expérience aléatoire est :
a. 5 **b.** 20 **c.** 25

2. L'événement complémentaire de B est :
a. « On obtient au plus une bille verte. »
b. « On obtient aucune bille verte. »
c. formé de six issues.

3. L'événement $A \cap B$ est :
a. égal à $\{R_1V_1\}$.
b. défini par « la première bille est rouge et la seconde est verte ».
c. formé de six issues.

Capacité 2

On lance un dé à huit faces et on note le résultat obtenu. La loi de probabilité est donnée dans le tableau ci-dessous.

Issue	1	2	3	4	5	6	7	8
Probabilité	0,1	0,1	0,1	0,1	0,1	0,1	0,1	p

4. On peut affirmer que :
a. il s'agit d'une situation d'équiprobabilité.
b. la probabilité d'obtenir 8 est le double de la probabilité d'obtenir 4.
c. la probabilité d'obtenir une issue divisible par 4 est égale à celle d'obtenir une issue impaire.

5. Soit A l'événement « obtenir au moins 5 » alors :
a. la probabilité de A est égale à 0,5.
b. la probabilité du contraire de A est 1 – 0,6.
c. A et son complémentaire $\overline{A}$ sont incompatibles.

Capacité 3

Le tableau ci-dessous donne la répartition des résultats au baccalauréat des élèves de Terminale dans un lycée en 2019.

Refusé	Admis sans mention	Admis AB	Admis B	Admis TB
9 %	56 %	28 %	5 %	2 %

On rencontre au hasard un élève de ce lycée ayant passé le baccalauréat en 2019.

6. La probabilité que l'élève ait été reçu au baccalauréat en 2019 est égale à :
a. 0,56 **b.** $1-0,09$ **c.** $0,56+0,28+0,05+0,02$

7. La probabilité que l'élève ait été reçu avec mention au baccalauréat en 2019 est égale à :
a. $1-0,56$ **b.** $0,09+0,56$ **c.** 0,35

Capacité 4

On donne la répartition de réussite au baccalauréat dans une classe de Terminale en 2019 dans le même lycée que ci-dessus.

	Admis	Refusé
Fille	15	2
Garçon	17	1

On choisit au hasard un élève de la classe.
On note F : « l'élève est une fille » et A « l'élève est admis ».

8. La probabilité que l'élève soit un garçon admis est :
a. $\frac{17}{35}$ **b.** $\frac{17}{32}$ **c.** $P(\overline{F} \cup A)$

9. La probabilité que l'élève soit une fille ou soit refusé est :
a. $\frac{2}{35}$ **b.** $\frac{18}{35}$ **c.** $\frac{20}{35}$

10. La probabilité que l'élève ne soit pas une fille admise est :
a. $P(\overline{F \cap A})$ **b.** $P(\overline{F} \cap \overline{A})$ **c.** $\frac{5}{7}$

Je fais des exercices bilans

Bilan 1 15min **Activités sportives**

À la salle de sport, Stéphane pratique trois activités : la musculation (M), le CrossFit (C) et la corde à sauter (S). Il décide d'organiser sa séance en choisissant l'ordre des activités au hasard.

1. a. Construire un arbre permettant de décrire toutes les façons d'organiser sa séance de sport.

b. De combien de façons peut-il organiser sa séance ?

2. On considère les événements suivants.

- A : « La séance commence par le CrossFit. »
- B : « La corde à sauter est avant la musculation. »

a. Écrire A et B sous forme d'ensemble.

b. Décrire par une phrase l'événement $A \cap B$ et indiquer le nombre d'issues que possède $A \cap B$.

c. Décrire par une phrase l'événement $A \cup B$ et indiquer le nombre d'issues que possède $A \cup B$.

d. Décrire par une phrase l'événement $\overline{B}$ et indiquer le nombre d'issues que possède $\overline{B}$.

Bilan 2 20min **Lancer de deux dés**

On lance deux dés tétraédriques équilibrés numérotés de 1 à 4. On s'intéresse à l'écart entre le plus grand résultat et le plus petit.

1. Reproduire et compléter le tableau suivant afin de connaître tous les écarts possibles.

1er dé / 2nd dé	1	2	3	4
1	0	1	...	...
2	1	...	...	...
3	...	...	...	...
4	...	...	...	...

2. Établir la loi de probabilité de cette expérience aléatoire.

3. a. Calculer la probabilité que l'écart entre les deux résultats obtenus ne soit pas nul.

b. Calculer la probabilité que l'écart entre les deux résultats obtenus soit au moins égal à 2.

c. Calculer la probabilité que l'écart entre les deux résultats obtenus soit un nombre premier.

4. Calculer la probabilité que l'écart entre les deux résultats obtenus soit divisible par 2 et que le premier dé affiche un résultat supérieur au deuxième dé.

5. Calculer la probabilité que l'écart soit un nombre impair ou égal à 2.

Bilan 3 10min **Gagner au loto**

Un loto est organisé. On tire au hasard un jeton dans une urne qui en contient 100, tous indiscernables au toucher et numérotés de 0 à 99. Pour jouer, on utilise une grille composée de trois lignes. Il y a 5 numéros par ligne et tous les numéros de la grille sont différents.

1. Quelle est la probabilité p_1 que le premier numéro tiré soit sur la grille ?

2. Le premier jeton tiré n'est pas sur la grille. Quelle est la probabilité p_2 que le second jeton tiré soit sur la grille ?

3. Le premier jeton tiré est sur la grille. Quelle est la probabilité p_3 que le second jeton tiré soit sur la grille ?

Bilan 4 25min **Jeu de cartes**

On tire au hasard une carte dans un jeu de 32 cartes. On considère les événements suivants.

- T : « La carte est un trèfle. »
- C : « La carte est un carreau. »
- F : « La carte est une figure. »

1. Calculer la probabilité des T, C et F.

2. a. Décrire par une phrase l'événement $T \cap F$ et calculer sa probabilité.

b. Décrire par une phrase l'événement $T \cup F$ et calculer sa probabilité.

3. a. Que peut-on dire des événements T et C ?

b. Calculer la probabilité de $T \cup C$.

4. Calculer la probabilité que la carte choisie ne soit pas une figure.

5. Calculer la probabilité que la carte ne soit pas un carreau ou ne soit pas une figure.

Bilan 5 25min **Choix d'une formule**

Dans un club de remise en forme, les 600 adhérents peuvent choisir entre trois formules :

- la formule sportive (notée S).
- la formule relaxation (notée R).
- la formule liberté (notée L) permettant d'accéder à toutes les installations.

Le club comporte 64 % de femmes qui choisissent, pour 50 % d'entre elles, la formule relaxation et pour 37,5 % d'entre elles, la formule liberté.

De plus, 25 % des hommes choisissent la formule relaxation et pour la moitié des hommes, le choix se porte sur la formule sportive.

1. Reproduire et compléter le tableau suivant.

Formule	S	R	L	Total
Femme				
Homme				
Total				600

Un adhérent est choisi au hasard.

2. Calculer la probabilité que l'adhérent soit un homme ayant choisi la formule relaxation.

3. Calculer la probabilité qu'un adhérent soit une femme ou ait choisi la formule sportive.

4. Calculer la probabilité qu'un adhérent n'ait pas choisi la formule liberté.

5. Un client ayant la formule liberté est sélectionné. Calculer la probabilité que ce soit une femme

CHAPITRE

13 Échantillonnage

Les capacités du chapitre

- CAPACITÉ 1 : Simuler l'échantillonnage et observer la loi des grands nombres
- CAPACITÉ 2 : Simuler l'échantillonnage et apprécier sa fluctuation

Au fil du temps

L'échantillonnage et l'estimation sont des branches de la statistique « inférentielle », dont l'objectif est de tirer des informations d'un tout à partir de l'étude d'une partie, avec le maximum de vraisemblance. C'est une discipline moderne, dont les précurseurs sont T. Bayes et P.-S. Laplace au XVIIIe siècle, E. Fischer, W. Gosset et J. Neyman aux XIXe et XXe siècles.

La théorie de l'échantillonnage, motivée au départ par les progrès recherchés dans les domaines industriels et agronomiques, est basée sur un résultat fondamental en probabilités, appelé « loi des grands nombres » que M. Serres et N. Farouki ont clairement résumé en une formule : « Le hasard est capricieux, mais seulement au coup par coup. »

Des maths partout !

« L'échantillonnage » est l'étude d'une partie contenue dans un tout. L'échantillonnage statistique étudié dans ce chapitre intervient dans de nombreux domaines de l'activité humaine. En effet, dès que l'on procède par sondage ou par estimation, on a recours à l'échantillonnage.

Color run, Paris

Ressources du chapitre disponibles ici : www.lycee.hachette-education.com/declic/2de

Partir d'un bon pied

A Diaporama pour tester les bases

ACTIVITÉS MENTALES RAPIDES

B Simuler l'aléatoire à l'aide d'un tableur

On ouvre une feuille de calcul d'un tableur et on entre dans les cellules A1 et A2 les formules suivantes.

- En A1 : =ALEA.ENTRE.BORNES(0;1)
- En A2 : =SI(ALEA()<0,4;0;1)

Les affirmations suivantes sont-elles vraies ou fausses ?

1. ALEA() renvoie 0 ou 1 avec une probabilité de 0,5.
2. La cellule A1 contient 0 ou 1 avec une probabilité de 0,5.
3. ALEA.ENTRE.BORNES(1;6) permet de simuler le lancer d'un dé cubique équilibré.
4. ALEA() fournit un nombre aléatoire de l'intervalle $[0;1[$.
5. A2 contient 0 ou 1, avec la probabilité 0,4 de contenir 0.
6. A2 contient 0 ou 1, avec la probabilité 0,6 de contenir 0.

C Distinguer probabilité et fréquence

On sait qu'une pièce de monnaie est équilibrée. On a lancé 100 fois cette pièce et on a obtenu exactement 39 fois Pile. Préciser si les affirmations suivantes sont vraies ou fausses.

1. La pièce étant bien équilibrée, on a également obtenu exactement 39 fois Face.
2. La probabilité d'obtenir Pile avec cette pièce est égale à 0,39.
3. La probabilité d'obtenir Pile avec cette pièce est égale à 0,5.
4. La fréquence d'apparition de Pile au cours de cette expérience est 0,39.
5. La situation décrite est impossible : on obtient obligatoirement 50 fois Pile et 50 fois Face.

D Centre, rayon et amplitude d'un intervalle

Gautier affirme qu'il peut utiliser le vocabulaire de la géométrie du disque pour décrire un intervalle.

« Par exemple, l'intervalle $[4;10]$ a pour centre 7 et pour rayon 3 : tous les nombres de cet intervalle sont à une distance inférieure ou égale à 3 du nombre 7. »

1. Illustrer par un schéma le raisonnement de Gautier.
2. Déterminer le centre et le rayon de l'intervalle $[0{,}3;0{,}5]$.
3. Déterminer l'intervalle de centre 5 et de rayon 2. Quelle est son amplitude ?
4. Par quelle formule peut-on calculer le centre de $[a;b]$ où a et b sont des réels tels que $a<b$?

Activités

1 Examiner des expériences répétées

Objectif
Comprendre la notion de répétitions d'expériences aléatoires.

1 Dans une urne, il y a deux boules vertes et une boule bleue.
a. On tire une boule au hasard.
Quelle est la probabilité qu'elle soit verte ?
b. On suppose que la première boule tirée est bleue. Sans la remettre dans l'urne, on tire une seconde boule. Quelle est la probabilité qu'elle soit verte ?
c. Reprendre la question **b.** dans le cas où la première boule tirée est verte.
d. Le résultat du premier tirage influence-t-il le résultat du second ?
e. Comment peut-on modifier l'expérience pour que le résultat du premier tirage n'influence pas celui du second ?

2 La population française métropolitaine en 2019 est estimée à 64 812 milliers d'individus dont 33 451 milliers de femmes (estimation de l'INED).
a. On choisit une personne au hasard dans cette population.
Quelle est la probabilité p qu'elle soit une femme ?
b. Un organisme de sondage choisit 1 000 personnes au hasard dans la population française, sans choisir deux fois la même personne.
Peut-on dire que ce choix est la répétition de la même expérience aléatoire ?
c. On suppose que les 500 premières personnes choisies sont des femmes. Quelle est la probabilité q que la 501e personne choisie soit également une femme ?
d. Comparer les valeurs des probabilités p et q.

Bilan
Quand la population est suffisamment importante, on assimile des **tirages « sans remise »** à des **tirages indépendants**, l'erreur commise étant négligeable.

2 Simuler le hasard

Objectif
Observer la fluctuation d'échantillonnage et la loi des grands nombres.

On lance trois dés cubiques bien équilibrés et on calcule la somme des résultats obtenus.
On s'intéresse à la probabilité de l'événement S : « la somme est égale à 9 ».

1 On choisit d'effectuer 100 simulations de l'expérience à l'aide d'une feuille de calcul comme dans l'exemple donné ci-contre.

	A	B	C	D	E	F
1	**N° lancer**	**Dé 1**	**Dé 2**	**Dé 3**	**Somme**	**S ?**
2	1	1	5	6	12	0
3	2	5	2	1	8	0
4	3	4	1	4	9	1

a. Mettre en place la feuille de calcul et simuler l'expérience en écrivant des formules en B2, C2, D2 et E2 à l'aide des instructions ALEA.ENTRE.BORNES et SOMME, à recopier vers le bas.
b. Écrire une formule en F2 utilisant l'instruction SI de façon à afficher 1 si l'événement S est réalisé et 0 sinon.
Puis la recopier vers le bas.
c. Entrer une formule en G2 de façon à obtenir le nombre de fois où l'événement S est réalisé sur l'ensemble des 100 lancers simulés.
2 **a.** Calculer en H1 la fréquence f de réalisation de l'événement S sur l'ensemble des 100 lancers.
b. Appuyer sur la touche F9 pour renouveler la simulation. Que peut-on dire pour la fréquence f ?
3 **a.** Actualiser la feuille de calcul de façon à simuler 1 000 fois l'expérience aléatoire.
b. Que peut-on dire pour la fréquence f lorsqu'on appuie sur F9 ?
c. Proposer une démarche pour estimer la probabilité de S.

Info
C'est à Jacques Bernoulli que l'on doit la démonstration rigoureuse, pour le jeu de Pile ou Face, que la fréquence d'apparition d'un événement tend vers sa probabilité (dans *Ars conjectandi* – 1713), résultat appelé « loi des grands nombres ».

3 Tirage d'un jeton dans un sac

PYTHON

Objectif
Utiliser un programme Python pour réaliser une simulation.
Observer l'écart entre une probabilité et une fréquence observée.

On dispose d'un sac contenant des jetons, dont 40 % sont rouges.
La probabilité de choisir au hasard un jeton rouge est alors égale à $p = 0{,}4$.
On prélève au hasard et avec remise 100 jetons, en notant leur couleur, et on note f la fréquence observée de jetons rouges sur l'échantillon obtenu. On souhaite observer l'écart entre les nombres f et p.

1 L'instruction `random()` renvoie un réel pseudo-aléatoire de $[0\,;1[$.
a. Justifier que la fonction `simul(p)` ci-contre permet de simuler le choix au hasard d'un jeton dans le sac et préciser ce qu'elle renvoie quand le jeton est rouge et ce qu'elle renvoie quand il ne l'est pas.
b. Expliquer pourquoi la fonction `fréquence(p)` renvoie la fréquence observée de jetons rouges sur un échantillon de taille 100.

```
from random import*
from pylab import*
def simul(p):
    x=random()
    if x<p:
        return 1
    else:
        return 0
def fréquence(p):
    nb=0
    for i in range(100):
        nb=nb+simul(p)
    return nb/100
```

2 On souhaite représenter graphiquement la fréquence f observée sur 50 échantillons de taille 100. On exécute pour cela la fonction `graph(0.4)` ci-dessous et on a obtenu le graphique ci-contre.

```
def graph(p):
    for i in range(50):
        plot(i,fréquence(p),'+',color='red')
    axis([0,50,0,1])
    plot([0,50],[0.5,0.5],color='green')
    plot([0,50],[0.3,0.3],color='green')
    show()
graph(0.4)
```

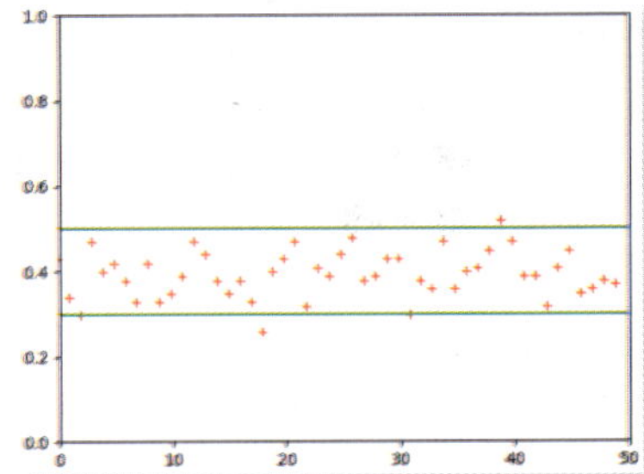

a. Avec la précision permise par le graphique, quel est l'écart maximal entre les fréquences f et la probabilité p pour les échantillons obtenus ?
b. On souhaite visualiser en rouge les échantillons pour lesquels l'écart entre f et p est strictement supérieur à 0,1 et en vert les autres échantillons. Modifier pour cela la fonction `graph(p)`, puis la programmer.
c. La proportion d'échantillons pour lesquels l'écart entre f et p est strictement supérieur à 0,1 est-elle importante ?

4 Un taux anormal de leucémie ?

TRAVAIL DE GROUPE

Objectif
Mettre en place et utiliser une simulation d'échantillons.

Population des garçons de moins de 15 ans à Woburn selon le recensement de 1970 : $n = 5\,969$
Nombre de cas de leucémie infantile observé chez les garçons à Woburn entre 1969 et 1979 : 9
Fréquence des leucémies aux États-Unis (garçons) $p = 0{,}00052$

À Woburn, une petite ville industrielle des États-Unis, dans les années 1970, la communauté locale s'émeut d'un grand nombre de leucémies infantiles, survenant en particulier chez les garçons. Les familles se lancent alors dans l'exploration des causes et constatent la présence de décharges et de friches industrielles, ainsi que l'existence de polluants. Dans un premier temps, les experts gouvernementaux concluent qu'il n'y a rien d'étrange. Mais les familles s'obstinent et saisissent leurs propres experts.
Les données statistiques concernant les garçons de moins de 15 ans, pour la période 1969-1979, sont données dans le tableau ci-dessus.

Mettre en place une simulation d'échantillons de taille $n = 5\,969$ pour la proportion $p = 0{,}00052$ (tableur ou Python) et observer les écarts entre p et la fréquence observée de cas de leucémie sur ceux-ci.
Peut-on penser que le hasard seul explique le nombre de leucémies observées chez les jeunes garçons de Woburn ?

Info
Ce taux anormalement élevé de leucémies est officiellement confirmé en avril 1980. Les soupçons se portent sur la qualité de l'eau de la nappe phréatique qui alimente la ville. On découvre ainsi le syndrome du trichloréthylène.

Cours

1 Fluctuation d'échantillonnage

a Échantillons et fréquence observée

On considère une expérience aléatoire à deux issues. Par convention :
- l'une de ces issues est appelée « succès », de probabilité p ;
- l'autre est appelée « échec », de probabilité $1-p$.

Définition Soit un entier naturel n non nul.

On répète n fois l'expérience aléatoire **de façon indépendante**, c'est-à-dire sans que les résultats obtenus au fur et à mesure n'influent sur les résultats suivants.

La liste des résultats obtenus est appelée **échantillon de taille n**.

Exemple

On tire cinq fois de suite une pièce de monnaie.
À chaque lancer, les deux issues possibles sont Pile (P) et Face (F).
Le résultat « PFPPF » constitue un échantillon de taille 5 pour cette expérience aléatoire à 2 issues.
Si on choisit Pile comme succès, le nombre de succès obtenus sur cet échantillon est égal à 3. Donc la fréquence de succès observée est :

$$\frac{3}{5}=0{,}6$$

Définition Soit un entier naturel n non nul.

La **fréquence de succès observée** f sur un échantillon de taille n comportant k succès se calcule par la formule :

$$f=\frac{k}{n}$$

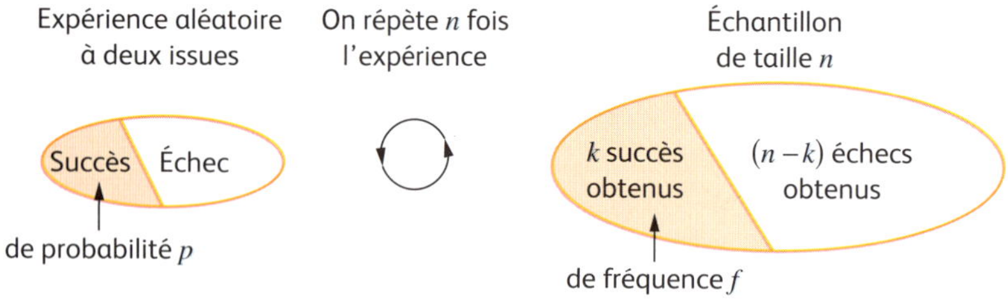

b Fluctuation expérimentale d'échantillonnage et lois des grands nombres

On a recueilli expérimentalement les fréquences de succès associées à 50 échantillons de taille $n=100$, puis $n=1000$ pour $p=0{,}4$.
Chaque point représente la fréquence observée dans un échantillon.

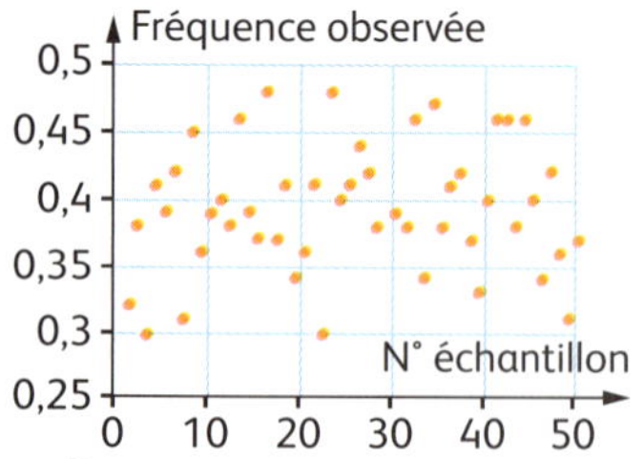

① Échantillons de taille $n = 100$

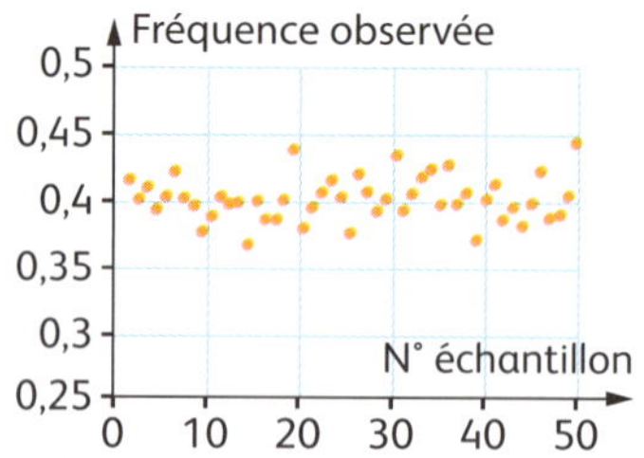

② Échantillons de taille $n = 1\,000$

On constate que les fréquences de succès observées sur plusieurs échantillons de taille fixée « fluctuent » autour de la probabilité $p=0{,}4$. C'est ce qu'on appelle la **fluctuation d'échantillonnage**.
Lorsque la taille n augmente, il semble que cette fluctuation diminue : les fréquences deviennent proches de p.

Lois des grands nombres

Lorsque la taille n de l'échantillon devient grande, sauf exception, les fréquences de succès f observées sont moins dispersées et demeurent proches de la probabilité p.

Commentaire

« Sauf exception » signifie que dans la très grande majorité des cas, on observe expérimentalement que la fréquence f devient très proche de p.
Il peut néanmoins arriver d'obtenir un échantillon constitué de n succès, ou inversement de n échecs : la fréquence f de succès est alors éloignée de p. Mais ce cas de figure est peu fréquent.

VIDÉO Capacité 1

méthode

CAPACITÉ 1 Simuler l'échantillonnage et observer la loi des grands nombres

Énoncé On souhaite observer par simulation sur tableur le phénomène de fluctuation d'échantillonnage. On s'intéresse au lancer d'un dé équilibré à quatre faces.

1. On souhaite simuler 50 échantillons composés chacun de 100 lancers de ce dé. Pour cela, on élabore la feuille de calcul ci-contre dans laquelle les échantillons Ech 1, Ech 2, …, Ech 50 sont disposés en colonne.

a. Compléter les cellules de la colonne A et de la ligne 1.

b. Pour chaque lancer, on note 1 quand la face 1 apparaît et 0 sinon. Compléter puis saisir dans la cellule B2 la formule =SI(ALEA()<0,25 ;… ;…) afin de simuler le premier lancer de l'échantillon 1.
Compléter alors la colonne B puis l'étendre aux colonnes suivantes afin d'obtenir 50 échantillons de 100 lancers.

c. Quelles formules peut-on saisir dans les cellules B103 et B104 afin de calculer le nombre puis la fréquence d'apparition de la face 1 dans chacun de ces échantillons ? Étendre ces formules aux colonnes suivantes.

d. Générer le graphique ci-contre représentant en abscisse le numéro de l'échantillon et en ordonnée la fréquence d'apparition de la face 1 dans cet échantillon.

2. On souhaite maintenant observer l'influence de la taille de l'échantillon sur les fluctuations. Pour cela, modifier la feuille de calcul précédente afin de simuler 50 échantillons de taille 400.
En quoi la fluctuation observée diffère-t-elle de celle de la question **1.** ?

	A	B	C	D	E
1		Ech 1	Ech 2	Ech 3	Ech 4
2	Lancer n°1	0	1	0	0
3	Lancer n°2	1	1	1	1
4	Lancer n°3	0	1	1	0
5	Lancer n°4	0	0	0	0
	…				
103	Nombre d'apparitions de la face 1	26	30	24	31
104	Fréquence associée	0,26	0,3	0,24	0,31

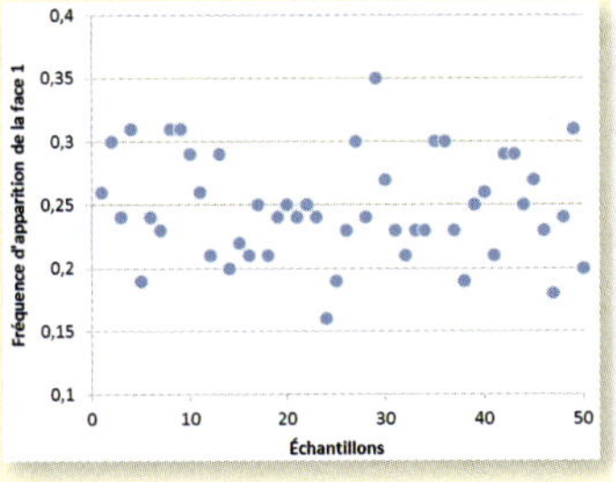

Solution

1. a. Il suffit de saisir « Lancer n° 1 » dans la cellule A2 avant de l'étendre vers le bas jusqu'à la cellule A101. De même pour la ligne 1.

b. Dans la cellule B2, on saisit =SI(ALEA()<0,25;1;0).

c. On peut saisir = NB.SI(B2:B103;1) ou encore =SOMME(B2:B103) dans la cellule B104 et = B104/100 dans la cellule B105.

d. On sélectionne les cellules B104 à AY104 puis on choisit *Insérer, Graphique, Nuage de points* et on met en forme.
En appuyant sur la touche F9, on effectue de nouvelles simulations (cela revient à refaire tous les lancers de dé). On observe alors les fluctuations des fréquences d'apparition de la face 1.

2. Les fréquences simulées sont visiblement plus resserrées autour de la proportion théorique $p = 0,25$.
On observe ainsi expérimentalement la loi des grands nombres.

Point méthode

- **1. b.** ALEA permet de générer un nombre aléatoire de l'intervalle $[0;1[$ qui a 25 % de chance d'être inférieur à 0,25. SI affiche alors 1 avec une probabilité de 0,25 et 0 sinon.
- **1. c.** NB.SI(plage;critère) permet de rechercher le nombre de cellules de la plage vérifiant le critère donné.
SOMME(plage) additionne tous les nombres de la plage.

J'applique

1 PYTHON

On lance une pièce équilibrée.

1. Justifier que l'algorithme ci-contre permet de simuler n fois l'expérience aléatoire et d'afficher la fréquence de Pile observée.

```
Nb ← 0
Pour i allant de 1 à n Faire
    x ← Aléa()
    Si x < 0,5 Alors
        Nb ← Nb + 1
    Fin Si
Fin Pour
Afficher Nb/n
```

2. Créer et programmer en Python une fonction freq(n) traduisant cet algorithme.

3. Exécuter la fonction freq pour $n = 100$ plusieurs fois de suite.
Que constate-t-on ?

4. Exécuter la fonction freq pour $n = 1000$ plusieurs fois de suite.
Que constate-t-on ?
Comparer avec les résultats obtenus en **3.**

Cours

2 Principe de l'estimation d'une probabilité ou d'une proportion

a Estimation d'une probabilité

On considère une expérience aléatoire et un événement A de probabilité inconnue p.

En procédant à des simulations de l'expérience et en considérant les deux issues :

- succès : « l'événement A est réalisé »,
- échec : « l'événement A n'est pas réalisé »,

on constitue des échantillons de taille n, sur lesquels on peut calculer la fréquence de succès observée f.

D'après la loi des grands nombres, sauf exception, lorsque la taille n de l'échantillon est grande, la fréquence f est très proche de la probabilité p.

Principe de l'estimation

On constitue des échantillons de taille n « grande ».

Les fréquences observées de succès f donnent des valeurs approchées de la probabilité inconnue p.

Exemple

Une urne contient cinq boules numérotées de 1 à 5. On tire successivement et avec remise deux boules. On s'intéresse à l'événement A : « On a tiré au moins une fois la boule numérotée 1. »

La fonction simul(n) permet de simuler n fois l'expérience et renvoie la fréquence observée de A.

```
from random import*
def simul(n):
    Nb=0
    urne=[1,2,3,4,5]
    for i in range(n):
        x=choice(urne)
        y=choice(urne)
        if x==1 or y==1:
            Nb=Nb+1
    return Nb/n
```

En exécutant plusieurs fois la fonction print(simul(1000)), on obtient les résultats ci-contre. Ainsi $P(A) \approx 0{,}36$.

```
>>>
0.354
>>>
0.367
>>>
0.358
```

b Estimation d'une proportion

On s'intéresse à une population P composée d'individus susceptibles de revêtir ou non un caractère donné.

Choisir successivement et de manière indépendante n individus dans cette population revient à constituer un échantillon de taille n.

La proportion d'individus présentant le caractère étudié est notée :

- p dans l'ensemble de la population.
- f dans l'échantillon, que l'on nomme fréquence observée.

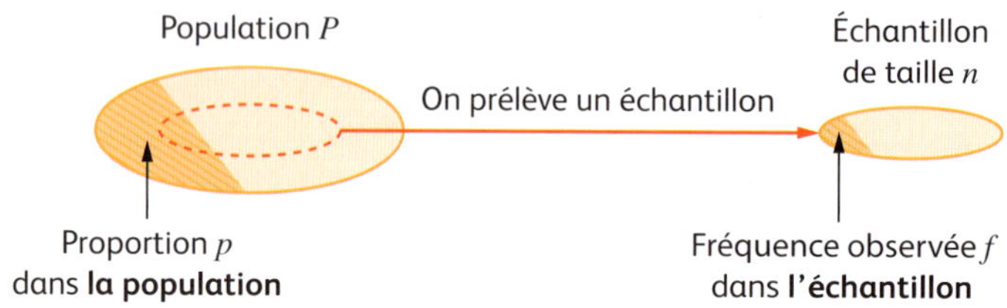

Info

Dans le diagramme ci-contre, les zones hachurées représentent les individus présentant le caractère étudié. En pratique, lors de la constitution d'un échantillon, on prélève souvent les n individus *simultanément* (et non successivement avec remise). Ceci a peu d'incidence dans une population suffisamment importante.

D'après la loi des grands nombres, sauf exception, lorsque la taille n de l'échantillon est grande, la fréquence f est très proche de la proportion p.

Principe de l'estimation

On constitue des échantillons de taille n « grande ».

Les fréquences observées du caractère étudié f donnent des valeurs approchées de la proportion inconnue p.

c Précision de l'estimation

Lorsqu'on approche la probabilité ou la proportion p par la fréquence observée f, l'erreur commise est égale à $|f-p|$.

Cette erreur est, sauf exception, d'autant plus petite que l'échantillon sur lequel est calculée la fréquence f est de taille n grande.

Un résultat mathématique permet d'affirmer que dans une très grande majorité des cas, on a :

$$|f-p| \leqslant \frac{1}{\sqrt{n}}$$

méthode

CAPACITÉ 2 PYTHON Simuler l'échantillonnage et apprécier sa fluctuation

Énoncé On souhaite observer à l'aide d'un programme Python le phénomène de fluctuation d'échantillonnage et en apprécier l'étendue.

On reprend l'exemple du lancer d'un dé équilibré à quatre faces et on s'intéresse à la sortie de la face 1.

1. Quelle est la probabilité p de sortie de la face 1 ?

2. On considère la fonction `échantillon(n)` ci-contre qui prend en argument la taille n de l'échantillon simulé. Que renvoie-t-elle ?

```
from random import*
def échantillon(n):
    Nombre=0
    for i in range(n):
        x=random()
        if x<0.25:
            Nombre=Nombre+1
    return Nombre
```

3. On souhaite observer graphiquement la fluctuation d'échantillonnage pour N échantillons de taille n et visualiser ceux pour lesquels l'écart entre la fréquence f et la probabilité p est inférieur ou égal à $\frac{1}{\sqrt{n}}$.

On propose pour cela la fonction `graphique(n,N)` ci-contre.

```
from pylab import*
def graphique(n,N):
    for i in range(N):
        f=échantillon(n)/n
        if abs(f-0.25)<=1/sqrt(n):
            plot(i,f,'+',color='green')
        else:
            plot(i,f,'+',color='red')
    plot([0,N],[0.25,0.25],color='black')
    axis([0,N,0,1])
    show()
```

a. L'exécuter pour $n=100$ et $N=1000$.

b. Que permet de visualiser le graphique obtenu ?

4. En modifiant la fonction `graphique(n,N)`, créer une fonction `écart(n,N)` qui renvoie la proportion des cas où l'écart entre f et p est inférieur ou égal à $\frac{1}{\sqrt{n}}$ lors de la simulation de N échantillons de taille n.

Solution

1. Le dé à quatre faces étant équilibré, on a : $p=\frac{1}{4}=0{,}25$.

2. La variable Nombre est initialisée à 0. Puis elle augmente de 1 à chaque fois que le réel x est inférieur à 0,25, cas qui modélise la sortie de la face 1. On en déduit que la fonction `échantillon(n)` renvoie le nombre de fois où la face 1 sort dans un échantillon simulé de taille n.

> **Point méthode**
> **2., 3. b.** et **4.** Pour comprendre le fonctionnement d'une fonction, on met en relation les variables, leurs valeurs prises au fur et à mesure et le contexte de l'exercice.

3. a. On obtient le graphique ci-contre.

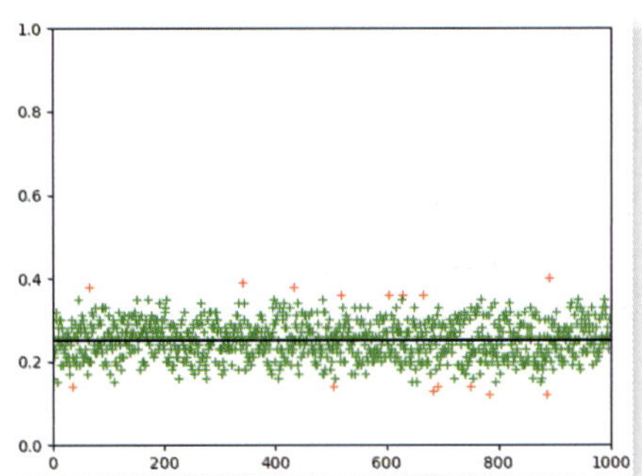

b. Le graphique permet de visualiser la fluctuation d'échantillonnage des fréquences observées f autour de $p=0{,}25$.

Sur celui-ci, seuls 15 échantillons sont représentés en rouge sur les 1 000 échantillons, lorsque l'écart entre la fréquence f observée et 0,25 est supérieur à $\frac{1}{\sqrt{100}}=0{,}1$ ici.

On observe donc que dans la très grande majorité des cas (985 sur 1 000), l'écart entre f et p est inférieur ou égal à $\frac{1}{\sqrt{n}}$.

4. On propose la fonction ci-dessous.

```
def écart(n,N):
    Compt=0
    for i in range(N):
        f=échantillon(n)/n
        if abs(f-0.25)<=1/sqrt(n):
            Compt=Compt+1
    return Compt/N
```

J'applique

2 PYTHON On reprend l'exercice ci-dessus dans le cas d'un dé cubique bien équilibré et on s'intéresse à l'événement A : « on obtient la face 1 ».

Modifier les fonctions `échantillon(n)`, `graphique(n,N)` et `écart(n,N)` de façon à observer et mesurer la fluctuation d'échantillonnage.

Je fais le point

Je revois mon cours

Échantillon de taille

On considère une expérience aléatoire à deux issues (succès et échec).
On note p la probabilité du succès.

- Un **échantillon de taille** n est une liste des résultats successifs obtenus lorsqu'on répète n fois cette expérience de façon indépendante.
- Si on a obtenu k succès, la **fréquence de succès observée** f est définie par :

$$f = \frac{k}{n}$$

- Lorsqu'on constitue des échantillons de taille n, **les fréquences** f **de succès observées fluctuent autour de la probabilité** p.

Loi des grands nombres

Plus la taille n de l'échantillon augmente, moins la fréquence f de succès observée fluctue autour de la probabilité p : sauf exception, la fréquence f devient proche de p.

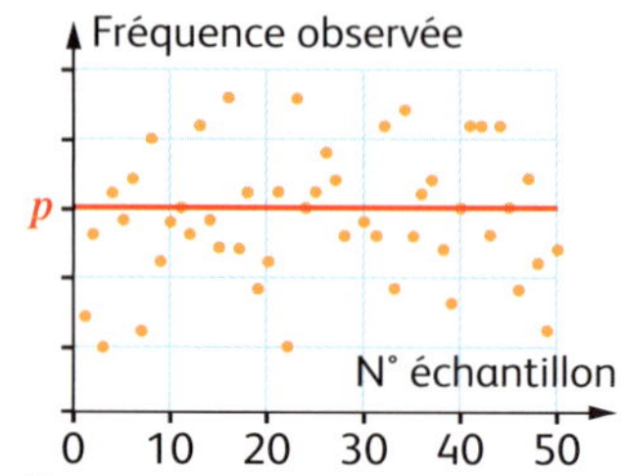

① Échantillons de taille $n = 100$

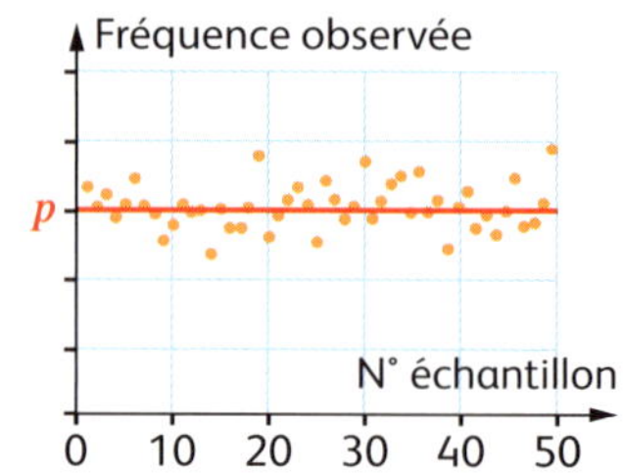

② Échantillons de taille $n = 1\,000$

Principe d'une estimation

Pour une probabilité p inconnue d'un événement A lors d'une expérience aléatoire

On constitue des échantillons de taille n « grande ».
Les fréquences observées f de réalisation de A sur les échantillons donnent une valeur approchée de p.

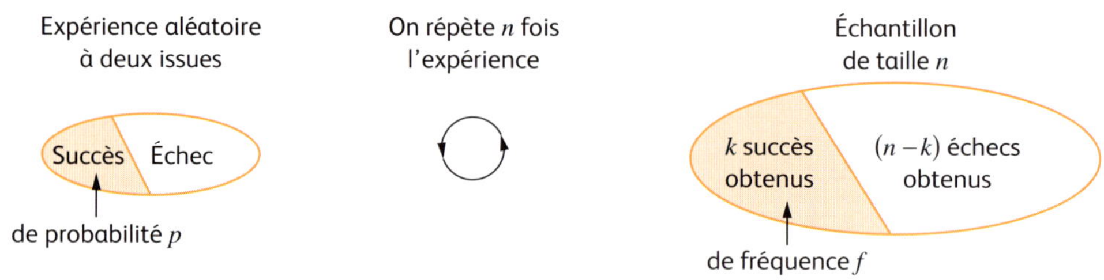

Pour une proportion p inconnue d'un caractère dans une population

On constitue des échantillons de taille n « grande ».
Les fréquences observées f du caractère sur les échantillons donnent une valeur approchée de p.

Simulations sous Python

- On commence par importer le module *Random* :

```
from random import*
```

- `random()` renvoie un réel pseudo-aléatoire de l'intervalle $[0\,;1[$.
- `randint(a,b)` renvoie un entier pseudo-aléatoire entre a et b (inclus).
- `choice(L)` renvoie un élément de la liste L de façon aléatoire.
- `L.count(x)` compte le nombre d'éléments égaux à x dans la liste L.

Représentations sous Python

- On commence par importer le module *Pylab* :

```
from pylab import*
```

- `plot(x,y,'+',color='red')` pour représenter le point de coordonnées $(x\,;y)$ par une croix +, de couleur rouge.
- `axis([Xmin,Xmax,Ymin,Ymax])` pour paramétrer la fenêtre graphique.
- `show()` pour afficher la fenêtre graphique.

Je m'exerce à réaliser une simulation

Démo pas à pas

Expérience à simuler

« Obtenir exactement deux fois Pile sur trois lancers. »

- On lance trois fois de suite une pièce de monnaie équilibrée et on s'intéresse à l'événement « obtenir exactement deux Pile ».
- Réaliser la simulation d'un échantillon de taille n et afficher la fréquence f de succès observée.

Analyse des termes — je les traduis mathématiquement

- « trois fois de suite une pièce équilibrée » : cela signifie qu'à chaque lancer, la probabilité de Pile ou de Face est égale à 0,5.
- L'événement « obtenir exactement deux Pile » :

On doit compter le nombre de Pile obtenus sur l'ensemble des trois lancers. Exact !

Le nombre de Pile obtenus augmente de 1 dès qu'on a obtenu un Pile. Encore mieux !

- La fréquence observée sur l'échantillon de taille n est égale à $\frac{k}{n}$, où k est le nombre de fois où il y a eu un succès.

De la situation vers la simulation — je raisonne

- Je sais que …
  il y a succès lorsque le nombre de Pile est égal à 2.
- Je veux calculer… le nombre total de succès.

Comment calculer un nombre total de succès ?

Au fur et à mesure, on ajoute 1 à chaque succès réalisé

Programmation

```
from random import*
def fréquence(n):
    NbSuccès=0
    for i in range(n):
        NbPile=0
        for k in range(3):
            if random()<0.5:
                NbPile=NbPile+1
        if NbPile==2:
            NbSuccès=NbSuccès+1
    return NbSuccès/n
```

On nomme les variables de façon à faciliter la lecture, ici NbSuccès et NbPile.

Démo à moi de jouer

Expérience à simuler

« Obtenir exactement deux Pile sur quatre lancers. »

On lance quatre fois de suite une pièce de monnaie bien équilibrée et on s'intéresse à l'événement :
« Obtenir exactement deux fois Pile. »

Réaliser la simulation d'un échantillon de taille n et afficher la fréquence de succès observée f.

Je fais le point

J'évalue mes connaissances

VERSION INTERACTIVE ET CORRIGÉE

Voir corrigés

QCM

Pour chacune des questions, indiquer la (ou les) bonne(s) réponse(s).

	a	b	c
1. On effectue 20 parties de Pile ou Face avec une pièce non truquée. Obtenir 20 fois Face est :	impossible	vraisemblable	improbable
2. Sur tableur, la fonction ALEA() renvoie :	un nombre aléatoire de $[-1;1]$	soit 0, soit 1	un nombre aléatoire de $[0;1[$
3. Sur tableur, la fonction ALEA.ENTRE.BORNES(1;4) permet de simuler le lancer :	d'une pièce équilibrée	d'un dé équilibré	d'un dé tétraédrique équilibré
4. Sur tableur, pour obtenir 1 avec une probabilité p et 0 avec une probabilité $1-p$, on peut utiliser :	=SI(ALEA()<p;1;0)	=SI(ALEA()<p;0;1)	=ALEA(p;1-p)

5. On lance un dé cubique équilibré et on s'intéresse à la sortie de la face 1. Pour simuler cette expérience en Python, on peut utiliser :	`x=random()`
	`if x<1/6:`
	`  return 1`
	`else:`
	`  return 0`
		`x=randint(1,6)`
		`if x==1:`
		`  return 1`
		`else:`
		`  return 0`
			`Dé=[1,2,3,4,5,6]`
			`x=choice(Dé)`
			`if x==1:`
			`  return 1`
			`else:`
			`  return 0`

6. On lance un dé cubique équilibré. Pour simuler n lancers en Python et compter la fréquence f des cas où la face 1 a été obtenue, on peut utiliser :	`for i in range(n):`
	`  Nb=0`
	`  if random()<1/6:`
	`    Nb=Nb+1`
	`f=Nb/n`
		`Nb=0`
		`for i in range(n):`
		`  x=randint(1,6)`
		`  if x==1:`
		`    Nb=Nb+1`
		`f=Nb/n`
			`Nb=0`
			`for i in range(n):`
			`  if random()<1/6:`
			`    Nb=Nb+1`
			`f=Nb/n`

vrai ou faux ?

Indiquer pour chaque affirmation si elle est vraie ou fausse. Justifier.

Partie A.

Soit une expérience aléatoire à deux issues (succès et échec) ; on note p la probabilité de « succès ».
Soit n un entier naturel non nul.

1. Dans un échantillon de taille n, la fréquence de succès observée est égale à p.

2. Lorsqu'on constitue des échantillons de taille n, la fréquence de succès observée f fluctue autour de p.

3. Plus la taille de l'échantillon n est grande, plus la fréquence de succès observée f fluctue autour de p.

4. Lorsque la taille de l'échantillon n est grande, la fréquence de succès observée f est toujours très proche de p.

5. Pour mesurer l'étendue de la fluctuation de la fréquence observée f autour de p, on calcule les écarts :

$$|f-p|$$

6. Lorsque la taille de l'échantillon n est grande, le nombre $|f-p|$ est, dans la majorité des cas, proche de 0, où f est la fréquence de succès observée.

Partie B.

1. Pour déterminer la probabilité inconnue p d'un événement A, on réalise la simulation de l'expérience aléatoire un grand nombre de fois.
La probabilité p est égale à la fréquence observée des cas où l'événement A est réalisé.

2. Pour déterminer la proportion inconnue p d'un caractère dans une population, on y prélève un échantillon de taille suffisamment grande.
Sauf exception, la proportion p est assez proche de la fréquence observée du caractère sur cet échantillon.

automatismes et calculs

Compétence Calculer

3 Calculer les nombres suivants.

1. $A=\frac{3}{4}\times 3-2$
2. $B=\left(\frac{2}{3}\right)^2-\frac{5}{4}\times\frac{1}{9}$
3. $C=\frac{2}{5}-\frac{1}{3}+2$
4. $D=\left(\frac{7}{4}-\frac{3}{5}\right)\times 2$

4 Écrire les nombres suivants sous la forme $a\sqrt{b}$ avec $a\in\mathbb{Z}$ et $b\in\mathbb{N}$ le plus petit possible.

1. $5\sqrt{2}+\sqrt{18}-3\sqrt{8}$
2. $2\sqrt{75}-2\sqrt{27}$

5 Développer et réduire les expressions suivantes.

1. $A=4(2x+1)-9x$
2. $B=3-(x-2)^2$
3. $C=2(x-2)(2x+3)$

6 Factoriser les expressions suivantes.

1. $A=(2x-3)^2-16$
2. $B=(2x+1)(x-3)+2(2x+1)(x+5)$
3. $C=(x-1)^2-4x^2$

7 Résoudre dans $\mathbb{R}$ les équations suivantes.

1. $4x-3=-2x+1$
2. $(x+1)(x^2-9)=0$
3. $-2x+\frac{1}{3}=5$
4. $\frac{2x-6}{x^2+2}=0$

8 Soit f la fonction définie sur $\mathbb{R}$ par :

$$f(x)=x^2+x-1$$

Calculer les images par f des nombres suivants.

$$2\,;-1\,;\frac{1}{2}\,;\sqrt{2}\text{ et }-\sqrt{3}$$

9 Soit f la fonction définie sur $\mathbb{R}$ par :

$$f(x)=2x^2+7x-15$$

1. Montrer que $f(x)=(2x-3)(x+5)$.
2. Résoudre l'équation $f(x)=0$.
3. Dresser le tableau de signes de la fonction f.

10 Résoudre dans $\mathbb{R}$ les inéquations suivantes.

1. $-x+7>2x+3$
2. $x-5\leqslant 3x+3$

11 Résoudre les équations et inéquations suivantes.

1. $2x^2-30=0$
2. $3x^2+1=0$
3. $3x^2\leqslant 12$
4. $5x^2>75$

12 Résoudre les équations et inéquations suivantes.

1. $\frac{1}{x}=3$
2. $\frac{3}{x}>15$
3. $\frac{4}{x}\leqslant 16$

13 Résoudre les équations et inéquations suivantes.

1. $x^3=27$
2. $x^3>-64$
3. $x^3\leqslant 0{,}001$
4. $\sqrt{x}=3$
5. $\sqrt{x}>5$
6. $\sqrt{x}<10$

14 On considère deux évènements A et B d'une expérience aléatoire. On sait que :

$$P(\mathrm{A})=0{,}4\,;\,P(\mathrm{B})=0{,}5\text{ et }P(\mathrm{A}\cap\mathrm{B})=0{,}3$$

Calculer $P(\overline{\mathrm{A}})$; $P(\mathrm{A}\cup\mathrm{B})$ et $P(\overline{\mathrm{A}}\cap\overline{\mathrm{B}})$.

15 On lance une pièce de monnaie bien équilibrée.

1. On lance cette pièce deux fois de suite.
Calculer la probabilité des événements suivants.
a. On a obtenu Pile, puis Face.
b. On a obtenu des côtés différents.
2. On lance cette pièce trois fois de suite.
Calculer la probabilité des événements suivants.
a. On a obtenu trois Face.
b. On a obtenu exactement deux Pile.
c. On a obtenu au moins une Face.

16 Une urne contient trois boules indiscernables au toucher, dont deux sont rouges. On prélève successivement et avec remise deux boules dans l'urne.

1. Construire un arbre représentant la situation.
2. Déterminer la probabilité des événements suivants.
a. A : « On a choisi deux boules rouges. »
b. B : « On n'a choisi aucune boule rouge. »
c. C : « On a choisi au moins une boule rouge. »

17 Reprendre l'exercice précédent dans le cas où on prélève sans remise deux boules dans l'urne.

18 On considère une expérience aléatoire à deux issues (succès et échec) dont la probabilité p de succès est 0,4, et on a réalisé 20 échantillons de taille 100.
On donne ci-dessous la liste des fréquences f de succès observées sur ces 20 échantillons.

0,33	0,36	0,40	0,33	0,41
0,31	0,36	0,37	0,38	0,42
0,45	0,39	0,38	0,36	0,40
0,41	0,39	0,40	0,39	0,32

Calculer la proportion des cas pour lesquels l'écart entre p et la fréquence f est inférieur ou égal à 0,1.

19 On reprend la situation de l'exercice précédent avec $p=0{,}7$ et la liste des fréquences de succès observées suivante sur 20 échantillons de taille 400.

0,685	0,677	0,695	0,725	0,740
0,677	0,690	0,708	0,718	0,695
0,707	0,710	0,718	0,710	0,720
0,705	0,723	0,670	0,685	0,710

Calculer la proportion des cas pour lesquels l'écart entre p et la fréquence f est inférieur ou égal à 0,05.

Exercices Application

Exercices INTERACTIFS kwyk

Connaître le cours

20 Deux diaporamas pour faire le point sur le cours.

ACTIVITÉS MENTALES RAPIDES

21 **Vrai ou faux ?**

On considère une expérience à deux issues (succès et échec) et on note p la probabilité d'un succès.

Soit n un entier naturel non nul.

Pour chaque affirmation, préciser si elle est vraie ou fausse.

1. Un échantillon de taille n est la liste de n succès.
2. Sur un échantillon de taille n, la fréquence observée de succès n'est jamais égale à p.
3. L'écart entre la probabilité p et la fréquence observée de succès ne dépend que de la taille n de l'échantillon.
4. La fréquence observée de succès est toujours très proche de la probabilité p.

22 PYTHON On considère une expérience aléatoire à deux issues (succès et échec) et on note p la probabilité d'un succès.

Soit un entier naturel n non nul.

On considère la fonction échantillon(p,n) suivante.

```
from random import*
def échantillon(p,n):
    L=[]
    for i in range(n):
        if random()<p:
            L.append(1)
        else:
            L.append(0)
    return L
```

1. Programmer et exécuter la fonction échantillon(p,n) pour :
   a. $n = 10$ et $p = 0{,}5$ b. $n = 20$ et $p = 0{,}6$
2. Que permet de faire l'instruction L.append(1) ?
3. Que permet de faire la fonction échantillon(p,n) ?
4. En utilisant la fonction échantillon(p,n), programmer une fonction NombreSuccès(p,n) qui renvoie le nombre de succès observé sur un échantillon simulé de taille n.

La tester sur plusieurs valeurs de n et p.

On pourra utiliser l'instruction sum(L) *qui renvoie la somme des éléments d'une liste* L.

23 PYTHON On reprend la situation de l'exercice précédent.

Créer une fonction FréquenceSuccès(p,n) qui renvoie la fréquence de succès observée sur un échantillon simulé de taille n.

Travailler les capacités du chapitre

Capacité 1 — Simuler l'échantillonnage et observer la loi des grands nombres

24 La proportion de Français dont le groupe sanguin est « O+ » est de 36 %.

1. Dans une cellule d'une feuille de calcul, on saisit la formule =SI(ALEA()<0,36;1;0). Que permet-elle de simuler ?
2. Sur tableur, simuler le prélèvement d'un échantillon de 100 personnes puis calculer la fréquence de personnes de groupe « O+ » dans cet échantillon.
3. Compléter cette feuille afin de visualiser les fluctuations d'échantillonnage sur 50 échantillons de taille 100, puis de taille 1 000.

25 PYTHON On lance une pièce équilibrée.

Soit un entier naturel n non nul.

On souhaite simuler n fois cette expérience aléatoire et calculer la fréquence de Pile obtenus sur cet échantillon.

1. Un premier élève propose la fonction fréquence1(n) suivante.

```
from random import*
def fréquence1(n):
    L=[]
    pièce=['P','F']
    for i in range(n):
        x=choice(pièce)
        L.append(x)
    Nombre_de_P=L.count('P')
    return Nombre_de_P/n
```

Expliquer son fonctionnement.

Info Python

L'instruction choice(L) permet de choisir un élément de la liste L de façon aléatoire ; l'instruction L.append(x) permet d'ajouter x à la liste L ; l'instruction L.count(x) renvoie le nombre d'éléments égaux à x dans la liste L.

2. Un deuxième élève propose la fonction fréquence2(n) suivante.

```
from random import*
def fréquence2(n):
    Nombre_de_P=0
    for i in range(n):
        x=random()
        if x<0.5:
            Nombre_de_P=Nombre_de_P+1
    return Nombre_de_P/n
```

Justifier que cette fonction répond également au problème.

3. Programmer la fonction `fréquence2(n)`, puis représenter graphiquement les fréquences observées sur 50 échantillons de taille 100 à l'aide du programme suivant.

```
from pylab import*
for i in range(50):
    f=fréquence2(100)
    plot(i,f,'+',color='green')
axis([0,50,0,1])
show()
```

Autour de quelle valeur fluctuent les fréquences observées ?

4. Représenter graphiquement les fréquences observées sur 50 échantillons de taille 1 000 en s'aidant du programme précédent. Comparer avec le graphique obtenu à la question 3.

26 On dispose d'un dé cubique équilibré et on s'intéresse à la sortie de la face 1.

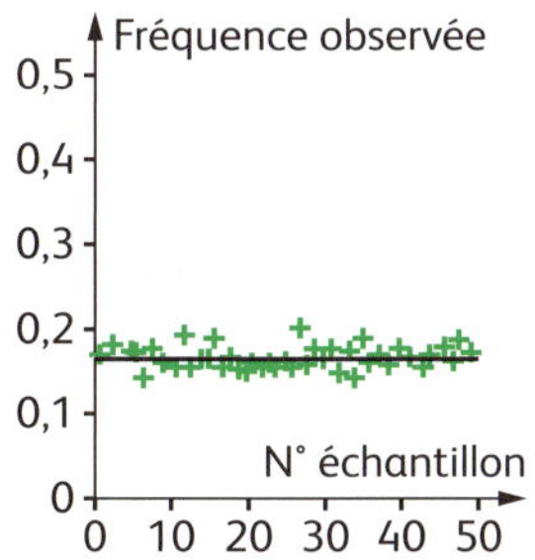

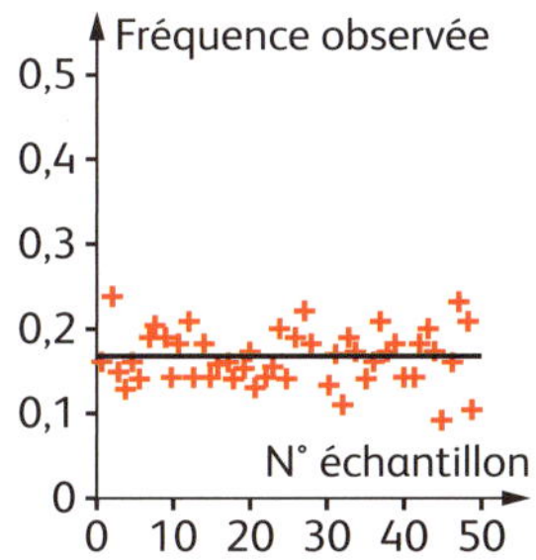

On a constitué 50 échantillons de taille 1 000 et 50 échantillons de taille 100 et on a représenté ci-dessus les fréquences observées de sortie de la face 1.
Associer à chaque graphique la taille des échantillons constitués en argumentant.

27 PYTHON Lors d'une tombola, on prélève au hasard un ticket dans un sac contenant 200 tickets. Dix d'entre eux sont gagnants.

1. Quelle est la probabilité p de choisir un ticket gagnant ?

2. Soit un entier naturel n non nul. On souhaite réaliser un échantillon de taille n et calculer la fréquence de tickets gagnants sur celui-ci. Compléter pour cela la fonction `fréquence(n)` incomplète suivante.

```
from random import*
def fréquence(n):
    Nb_gagnant=0
    for i in range(n):
        x=random()
        if x<...:
            Nb_gagnant=...
    return ...
```

3. En s'aidant de la démarche de l'exercice **25** (question 3.), représenter graphiquement les fréquences observées sur 100 échantillons de taille 80, puis de taille 500.
Qu'observe-t-on ?

CAPACITÉ 2 Simuler l'échantillonnage et apprécier sa fluctuation

28 PYTHON On tire au hasard une boule dans une urne contenant 60 % de boules rouges.
Soit un entier naturel n non nul.
On réalise des échantillons de taille n et on calcule la fréquence f observée de boules rouges tirées sur ceux-ci. On souhaite mesurer la fluctuation d'échantillonnage de f autour de $p = 0{,}6$.

1. On considère la fonction `écart(n)` suivante.

```
from random import*
def écart(n):
    NbSuccès=0
    for i in range(n):
        if random()<0.6:
            NbSuccès=NbSuccès+1
    f=NbSuccès/n
    return abs(f-0.6)
```

Justifier que cette fonction renvoie l'écart entre la fréquence observée f de boules rouges et la probabilité p sur un échantillon de taille n.

2. On a exécuté 10 fois la fonction `écart(100)` et 10 fois la fonction `écart(400)`. Les résultats obtenus sont listés ci-dessous.
Liste ① : 0,07 ; 0,07 ; 0,04 ; 0,01 ; 0,08 ; 0,05 ; 0,01 ; 0,05 ; 0,01 ; 0,05
Liste ② : 0,007 ; 0,045 ; 0,001 ; 0,015 ; 0,030 ; 0,025 ; 0,008 ; 0,012 ; 0,012 ; 0,013
Associer chaque liste à la fonction Python exécutée, en argumentant.

3. On souhaite réaliser N échantillons de taille n et compter la proportion des cas où l'écart entre la fréquence observée f de boules rouges et la probabilité p est inférieure ou égale à $\frac{1}{\sqrt{n}}$.
Justifier que la fonction `proportion(N,n)` suivante répond à ce problème.

```
def proportion(N,n):
    Compt=0
    for i in range(N):
        e=écart(n)
        if e<=1/sqrt(n):
            Compt=Compt+1
    return Compt/N
```

29 PYTHON On reprend les données de l'exercice précédent.

1. Programmer les fonctions `écart(n)` et `proportion(N,n)`, puis exécuter `proportion(N,n)` plusieurs fois dans chacun des cas suivants.
a. $N = 50$ et $n = 100$ b. $N = 50$ et $n = 1000$

2. La fréquence observée f devient-elle très proche de la probabilité p dans la majorité des cas ?
On pourra tester d'autres valeurs de N et de n.

Exercices Entraînement

1 Fluctuation d'échantillonnage

30 PYTHON D'après le ministère des Sports, en 2018, 66 % des Français de plus de 15 ans ont eu au moins une activité sportive dans l'année.
Soit un entier naturel n non nul.
On souhaite observer la fluctuation d'échantillonnage de la fréquence de sportifs lorsqu'on prélève des échantillons de taille n dans la population française âgée de plus de 15 ans.
1. On considère la fonction fréquence(n) incomplète suivante qui constitue un échantillon de taille n et qui renvoie la fréquence observée de sportifs sur celui-ci.

```
def fréquence(n):
    Nombre=0
    for i in range(n):
        if random()<0.66:
            Nombre=...
    return ...
```

La compléter.
2. On a exécuté 80 fois les fonctions fréquence(100) et fréquence(400), et on a représenté graphiquement ci-dessous les fréquences observées, ainsi que la droite d'équation $y=0{,}66$.

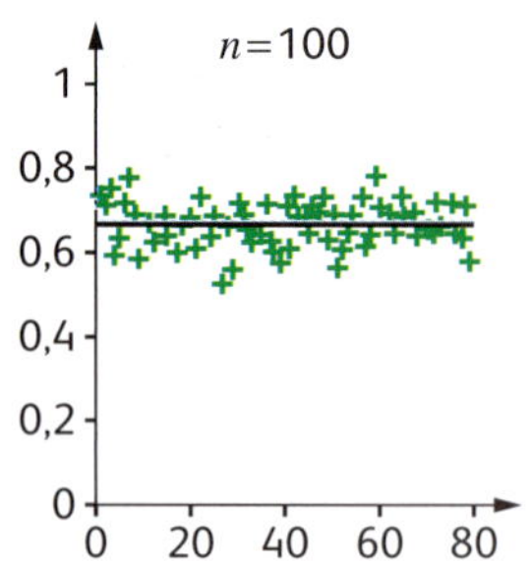

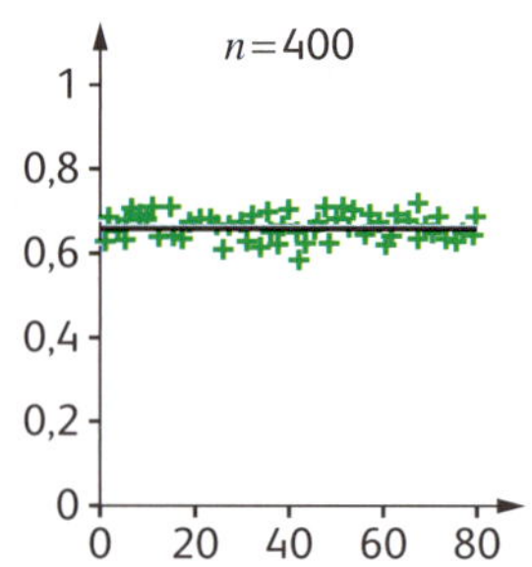

a. Que permettent d'illustrer ces graphiques ?
b. Comparer ces graphiques et expliquer les éventuelles différences.
3. Soit un entier naturel N non nul.
Pour mesurer la fluctuation de la fréquence sur N échantillons de taille n autour de $p=0{,}66$, on considère la fonction calcul(n,N).

```
def calcul(n,N):
    Compt=0
    for i in range(N):
        f=fréquence(n)
        if abs(f-0.66)<=1/sqrt(n):
            Compt=Compt+1
    return Compt/N
```

a. Que renvoie cette fonction ?
b. Programmer et exécuter la fonction calcul(n,N) pour plusieurs valeurs de n et N.
c. Peut-on affirmer que la fréquence observée de sportifs sur des échantillons de taille grande est, dans la majorité des cas, proche de la proportion $p=0{,}66$?

31 Gautier a réalisé un fichier permettant de visualiser la fluctuation d'échantillonnage de la fréquence pour des échantillons de taille n et une proportion p de $[0;1]$ où n et p sont réglables avec le curseur.

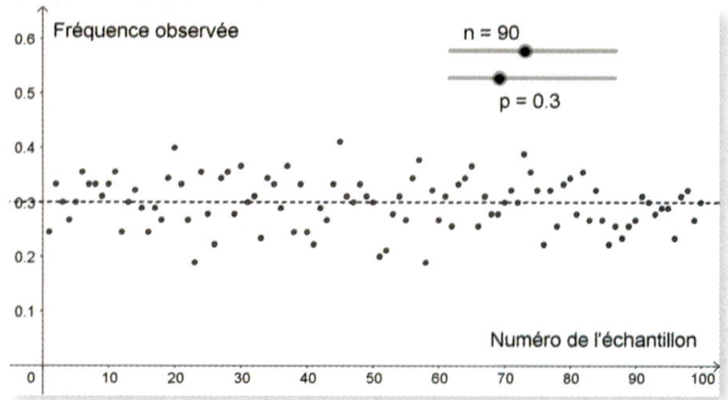

1. Gautier fixe le curseur p à 0,3 et augmente progressivement n. Quel phénomène va-t-il observer ?
2. Pour quelques valeurs de n, Gautier a relevé l'écart maximal entre les fréquences simulées.

n	50	100	150	200
Écart max.	0,36	0,25	0,21	0,17

Comment décrire le sens de variation de cet écart maximal en fonction de la taille n ?

32 On considère une expérience aléatoire à deux issues (succès et échec) dont la probabilité p de succès est 0,8 et on a réalisé 20 échantillons de taille 1 000. On donne ci-dessous la liste des fréquences f de succès observées sur ces 20 échantillons.

0,804	0,809	0,797	0,82	0,804
0,795	0,788	0,802	0,788	0,796
0,804	0,791	0,786	0,798	0,824
0,795	0,806	0,803	0,818	0,809

1. Calculer la proportion des cas pour lesquels l'écart entre p et la fréquence f est inférieur ou égal à 0,03.
2. Quel est l'écart maximal entre p et la fréquence observée f ?

33 PRISE D'INITIATIVES **Discrimination raciale ?**
Au Texas, en 1976, Rodrigo Partida a été condamné à huit ans de prison.
79 % de la population du comté où a été prononcé ce verdict est d'origine mexicaine. Or sur les 870 Américains convoqués pour être jurés au cours d'une certaine période, seuls 339 l'étaient.
R. Partida a contesté son jugement en affirmant que la désignation des jurés était discriminante à l'égard des Américains d'origine mexicaine.
Peut-on penser que le choix des jurés n'est influencé par aucune considération ethnique ?

2 Principe de l'estimation d'une probabilité ou d'une proportion

34 PYTHON **Gagner au Loto® ?**

Le jeu de Loto® consiste à tirer au hasard, successivement et sans remise, cinq boules parmi 49 boules numérotées de 1 à 49 (tirage A), puis une boule parmi 10 boules numérotées de 1 à 10 (tirage B). Monsieur X mise toujours sur les mêmes numéros au tirage A, qu'on va supposer être 1-2-3-4-5.

L'objectif est d'estimer la probabilité que Monsieur X gagne au tirage A.

1. On souhaite simuler le tirage A et obtenir la liste des numéros tirés, du plus petit au plus grand à l'aide de la fonction `tirageA()` suivante.

```
from random import*
def tirageA():
    urne=list(range(1,50))
    L=[]
    for i in range(5):
        x=choice(urne)
        L.append(x)
        urne.remove(x)
    return L.sort()
```

Expliquer la démarche, puis programmer et exécuter plusieurs fois `tirageA()`.

Info Python

L'instruction `choice(liste)` renvoie un élément de la liste de façon aléatoire.
L'instruction `L.append(x)` permet d'ajouter x à la liste L.
L'instruction `L.remove(x)` retire la valeur x à la liste L.
L'instruction `L.sort()` trie dans l'ordre croissant la liste L.

2. La fonction `GagnéPerdu()` suivante permet de simuler un tirage du Loto® et teste si Monsieur X a gagné ou non.

```
def GagnéPerdu():
    L=tirageA()
    Mise=[1,2,3,4,5]
    if L==Mise:
        return 1
    else:
        return 0
```

a. En utilisant cette fonction, simuler deux millions de tirages et calculer le nombre de fois où Monsieur X a gagné sur ces simulations.

b. Estimer la probabilité que Monsieur X gagne au tirage A du Loto®, en expliquant la démarche.

Info

Il existe 1 906 884 tirages A différents. En prenant en compte le tirage B, cela fait près de 20 millions de combinaisons du Loto® différentes.

35 PYTHON **Atteindre une cible**

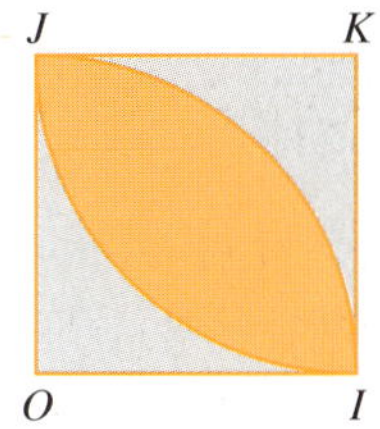

Dans un jeu vidéo, l'ordinateur choisit au hasard un point M à l'intérieur du carré $OIKJ$ ci-contre, de côté 1.

Si le point M se trouve à l'intérieur de l'œil orange central, le joueur gagne des points de vie supplémentaires.

Cet œil est délimité par deux arcs de cercle, l'un de centre O et l'autre de centre K, chacun de rayon 1.

On souhaite savoir si un joueur a plus d'une chance sur deux de gagner des points de vie supplémentaires de cette façon.

1. On munit le plan du repère orthonormé $(O\,;I\,;J)$.

a. Justifier qu'un point $M(x\,;y)$ est à l'intérieur de l'œil central si, et seulement si, $OM^2 \leqslant 1$ et $KM^2 \leqslant 1$.

b. On considère les fonctions `OM2(x,y)` et `KM2(x,y)` suivantes.

```
def OM2(x,y):
    return x**2+y**2
def KM2(x,y):
    return (x-1)**2+(y-1)**2
```

Que permettent-elles de faire lorsque $(x\,;y)$ sont les coordonnées d'un point M ?

2. Soit un entier naturel n non nul.

On souhaite simuler n fois l'expérience aléatoire et calculer la fréquence des cas où le joueur gagne des points de vie supplémentaires.

On propose pour cela la fonction `simul(n)` suivante.

```
def simul(n):
    NbSuccès=0
    for i in range(n):
        x=random()
        y=random()
        if OM2(x,y)<=1 and KM2(x,y)<=1:
            NbSuccès=NbSuccès+1
    return NbSuccès/n
```

Expliquer la démarche.

3. On a exécuté 200 fois la fonction `simul(100)` et on a représenté graphiquement ci-dessous les fréquences observées, ainsi que la droite d'équation $y = 0{,}5$.

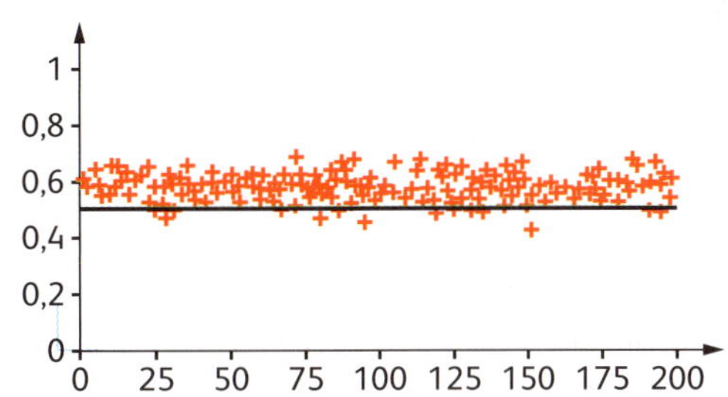

Peut-on penser qu'un joueur a plus d'une chance sur deux de gagner des points de vie supplémentaires ? Argumenter.

exercices Accompagnement personnalisé

COUPS DE POUCE 38, 39

Maîtriser l'essentiel

36 Compréhension d'énoncé

Lire l'énoncé suivant.

On considère le jeu suivant : on lance plusieurs fois un dé cubique équilibré. Si on obtient la face 6 en quatre coups au plus, on gagne.

I. On souhaite simuler une partie de ce jeu. On considère pour cela la fonction simul() ci-dessous.

```
1 from random import*
2 def simul():
3     Nb6=0
4     for i in range(4):
5         if random()<1/6:
6             Nb6=Nb6+1
7     if Nb6>=1:
8         return 1
9     else:
10        return 0
```

a. Quelles instructions permettent de simuler le lancer du dé et de savoir si on a obtenu la face 6 ?

b. Quel est le rôle de la variable Nb6 ?

c. Quelle instruction permet de savoir si le joueur a gagné ?

d. Que renvoie la fonction simul() ?

II. On a simulé 50 fois 100 parties, puis 50 fois 1 000 parties. On a représenté ci-dessous les fréquences observées de gain dans chaque cas.

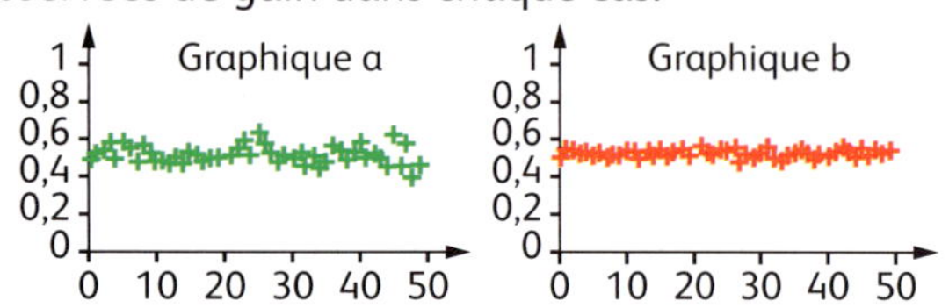

Quel graphique correspond à la simulation de 50 fois 1 000 parties ? Expliquer.

Répondre aux questions suivantes.

1. a. Lorsqu'on lance un dé cubique équilibré, quelle est la probabilité d'obtenir la face 6 ?

b. À quelle condition la variable Nb6 est-elle augmentée de 1 (ligne 6 du programme) ?

c. À quelle condition la fonction simul() renvoie-t-elle la valeur 1 (ligne 8) ? Et la valeur 0 (ligne 10) ?

2. Résoudre l'exercice proposé.

37 Une urne contient des boules, dont certaines sont rouges. Soit un entier naturel n non nul. On prélève un échantillon de taille n grande. Préciser, dans chaque cas, autour de quelle valeur, la fréquence observée de boules rouges pourrait se trouver.

1. L'urne contient 500 boules, dont 50 rouges.

2. L'urne contient 50 boules rouges, 10 vertes et 150 bleues.

Aller plus loin

38 PRISE D'INITIATIVES **Le jeu du franc-carreau**

On dispose d'un damier constitué de carreaux de 5 cm de côté et d'une pièce de rayon 1 cm.

Le jeu du *franc-carreau* consiste à lancer la pièce au hasard sur le damier. Si le centre de la pièce est à l'extérieur du damier, alors le lancer ne compte pas et on rejoue. Lorsque la pièce ne chevauche pas les lignes du quadrillage et seulement dans ce cas, on dit qu'elle est à « franc-carreau ».

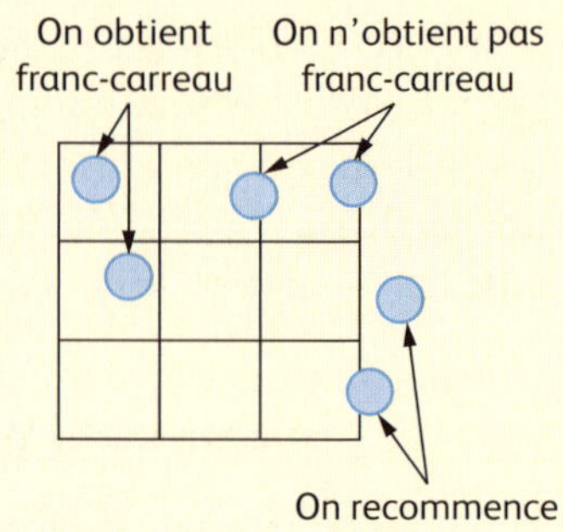

En utilisant une simulation à l'aide de fonctions Python, estimer la probabilité d'obtenir un franc-carreau.

39 PRISE D'INITIATIVES **L'aléatoire dans l'art**

De nombreux artistes, depuis les années 1950, utilisent des éléments aléatoires dans leurs créations.

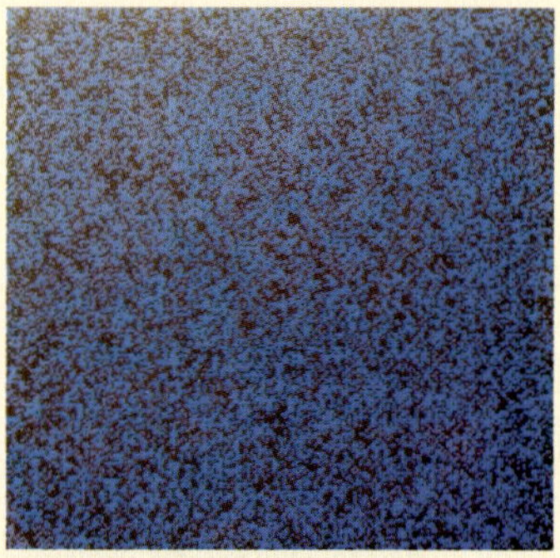

(gauche) François Morellet, *Répartition aléatoire de 40 000 carrés suivant les chiffres pairs et impairs d'un annuaire du téléphone, 50 % noir, 50 % bleu nuit*, 1961
(droite) Répartition aléatoire, 30 % or, 70 % argent.

1. Comment pourrait-on expliquer la manière dont le tableau de gauche (François Morellet) a été conçu ?

2. Un riche amateur d'art a commandé à un artiste un tableau qui correspond au titre suivant : *Répartition aléatoire, 30 % or, 70 % argent*. Celui-ci propose le tableau de droite ci-dessus. Peut-on penser que la commande est respectée ? Argumenter.

40 PYTHON

On reprend la situation de l'exercice 36.

1. Programmer une fonction échantillon(n) qui renvoie la fréquence observée de gain lorsqu'on simule n parties du jeu.

2. Programmer une fonction graphique(n,N) qui représente graphiquement les fréquences observées de gain sur N simulations de n parties du jeu.

Paradoxe de Penney

Objectif PYTHON
Tester une intuition.

En 1969, Walter Penney a soumis le problème suivant dans le *Journal of Recreational Mathematics* : "Although in a sequence of coin flips, any given consecutive set of, say, three flips is equally likely to be one of the eight possible [...] one sequence of three is not necessarily likely to appear first as another set of three."

L'objectif de ce TP est de donner une traduction à cet extrait.
Deux joueurs s'affrontent dans un jeu où on lance successivement une pièce de monnaie jusqu'à ce que l'une des combinaisons choisies par les joueurs apparaisse.
Le joueur A parie sur la combinaison "PPF" et le joueur B parie sur la combinaison "FPP".

Info
C'est en sortant du lycée, à l'âge de 16 ans, que Walter Penney a énoncé ce paradoxe qui porte son nom.

Partie A Émettre une hypothèse

1. Construire un arbre de probabilité représentant trois lancers consécutifs d'une pièce.

2. Quelle hypothèse peut-on formuler quant à la victoire de l'un des joueurs ?

Partie B Tester une hypothèse

On souhaite observer un grand nombre de parties pour vérifier l'hypothèse émise dans la Partie A.

1. On considère la fonction jet ci-dessous.

```
from random import randint
joueurA = 'PPF'
joueurB = 'FPP'

def jet():
    if randint(0,1)==0:
        return 'F'
    else:
        return 'P'
```

a. Quel est le type de la variable joueurA ?
b. Tester la fonction jet. Quel est son but ?
2. Construire une boucle permettant de simuler les trois premiers lancers.
Affecter le résultat à la variable lancers.

Info
L'opérateur + permet de concaténer deux chaines de caractère. Par exemple 'F'+'P' donne 'FP'.

3. Chaque nouveau jet est ajouté à lancers mais on ne souhaite en conserver que les trois derniers résultats. Tester l'instruction suivante.

```
mot='bonjour'
mot=mot[1::]
```

Quel est son but ?
4. On considère la fonction partie qui renvoie A si le joueur A gagne et B si le joueur B gagne.

```
def partie():
    fin=False
    lancers =''
    for i in range(3):
        lancers+=jet()
    while not fin:
        #print(lancers)
        if lancers==joueurA:
            fin=True
            return 'A'
        elif lancers==joueurB:

            return 'B'
        else:

```

Compléter la fonction et tester plusieurs parties.
5. Simuler 10 000 parties et indiquer la fréquence de victoires du joueur A et celle du joueur B.
6. L'observation des 10 000 échantillons permet-elle de valider ou, au contraire, de rejeter l'hypothèse formulée dans la Partie A ?

Partie C Trouver une explication

Pour simplifier, on observe la confrontation de deux joueurs sur deux lancers de pièces. Le joueur 1 mise sur l'issue PF et le joueur 2 mise sur l'issue FF.
1. a. Construire un arbre de probabilité modélisant ces deux lancers de pièce.
b. Entourer les issues qui terminent la partie.
2. En prolongeant les branches restantes, expliquer pourquoi l'un des joueurs ne peut plus gagner.
3. Donner une traduction de l'extrait du texte de Walter Penney publié dans le journal.

Je révise en autonomie

Je cible mes révisions

VIDÉOS des capacités

Pour chaque capacité, suivre le parcours de révision pour travailler les méthodes et s'entraîner.

Parcours de révision	Réviser en autonomie	S'entraîner
CAPACITÉ 1 Simuler l'échantillonnage et observer la loi des grands nombres	Méthode, p. 367	Exercices 1 et 27
CAPACITÉ 2 Simuler l'échantillonnage et apprécier sa fluctuation	Méthode, p. 369	Exercices 2 et 28

Je me teste

Voir corrigés

Pour chaque question, déterminer la (ou les) réponse(s) correcte(s).

CAPACITÉ 1

On considère une expérience aléatoire à deux issues (succès et échec) et deux entiers n et N strictement positifs.

Pour les questions **1.** à **4.**, on considère la fonction `fréquence(n)` suivante.

```
1 from random import*
2 def fréquence(n):
3     Nb=0
4     for i in range(n):
5         if random()<0.6:
6             Nb=Nb+1
7     return Nb/n
```

1. La ligne 5 du programme permet de simuler :

a. l'expérience aléatoire dans le cas où la probabilité de succès est 0,6.

b. le tirage d'une boule dans une urne, contenant 200 boules dont 120 rouges.

c. le lancer d'un dé cubique pipé où la probabilité de la face 1 est 6 fois plus grande que la probabilité des autres faces.

2. La variable `Nb` :

a. est augmentée de 1 à chaque succès obtenu dans un échantillon de taille n.

b. est égale au nombre de succès observés dans un échantillon de taille n à la fin de l'exécution de la fonction `fréquence(n)`.

c. est égale à la fréquence de succès observés dans un échantillon de taille n à la fin de l'exécution de la fonction `fréquence(n)`.

3. On exécute la fonction `fréquence(100)` dix fois. Alors :

a. on obtient 10 fois le même résultat.

b. on obtient 10 résultats tous différents.

c. les résultats ne sont, sauf exception, pas trop éloignés de 0,6.

4. On exécute la fonction `fréquence(100)`, puis la fonction `fréquence(1000)`. Alors :

a. on est sûr que le premier résultat sera plus proche de 0,6 que le second résultat.

b. sauf exception, le second résultat sera plus proche de 0,6 que le premier résultat.

CAPACITÉ 2

Pour les questions **5.** et **6.**, on considère la fonction `proportion(n,N)` suivante.

```
8  def proportion(n,N):
9      Nb=0
10     for i in range(N):
11         f=fréquence(n)
12         if abs(f-0.6)<=1/sqrt(n):
13             Nb=Nb+1
14     return Nb/N
```

5. En ligne 13 :

a. on compte, sur N cas, au fur et à mesure le nombre de fois où $|f-0{,}6| \leqslant \frac{1}{\sqrt{n}}$.

b. on compte, sur N cas, au fur et à mesure le nombre de fois où la variable f est proche de 0,6 à $\frac{1}{\sqrt{n}}$ près.

6. La fonction `proportion(n,N)` renvoie :

a. le nombre de cas, sur N échantillons de taille n, où la fréquence de succès est proche de 0,6 à $\frac{1}{\sqrt{n}}$ près.

b. la proportion, sur N échantillons de taille n, de cas où la fréquence de succès est proche de 0,6 à $\frac{1}{\sqrt{n}}$ près.

c. la proportion, sur n échantillons de taille N, de cas où la fréquence de succès est proche de 0,6 à $\frac{1}{\sqrt{n}}$ près.

Je fais des exercices bilans

Bilan 1 20 min **Somme de deux dés**

On lance deux dés tétraédriques (c'est-à-dire à quatre faces) équilibrés et on ajoute les résultats obtenus.
On note S l'événement « la somme est strictement supérieure à 5 ». On souhaite simuler un grand nombre de fois l'expérience et mesurer la fluctuation de la fréquence observée des cas où l'événement S est réalisé autour de la probabilité de S.

1. Montrer que $p=\frac{3}{8}$.

2. Justifier que la fonction simul() ci-contre permet de simuler une fois l'expérience et préciser ce qu'elle renvoie.

```
from random import*
def simul():
    dé1=randint(1,4)
    dé2=randint(1,4)
    if dé1+dé2>5:
        return 1
    else:
        return 0
```

3. Soient deux entiers naturels n et N non nuls.
On définit ci-dessous la fonction fréquence(n) qui renvoie la fréquence f observée de réalisation de S sur un échantillon de taille n. On souhaite calculer, sur N échantillons de taille n, la proportion des cas où la fréquence observée de réalisation de S est proche de p à $\frac{1}{\sqrt{n}}$.
Compléter pour cela la fonction mesure_écart(N,n).

```
def fréquence(n):
    L=[]
    for i in range(n):
        L.append(simul())
    return sum(L)/n
def mesure_écart(N,n):
    Nb=0
    for i in range(N):
        f=fréquence(n)
        if ...<=1/sqrt(n):
            Nb=...
    return ...
```

Bilan 2 10 min **Choix d'un modèle**

Dans une urne opaque, on sait qu'il y a un très grand nombre de billes rouges, bleues ou jaunes. On tire une bille de l'urne, on note sa couleur et on la remet dans l'urne. On ne connaît pas la loi de probabilité, mais on a réalisé l'expérience un très grand nombre de fois.

	Nombre d'expériences réalisées			
	1 000	2 000	5 000	10 000
Nombre de billes rouges obtenues	344	653	1 658	3 322
Nombre de billes bleues obtenues	484	1 007	2 546	5 005
Nombre de billes jaunes obtenues	172	340	796	1 663

On propose trois lois de probabilité.

Couleur	Rouge	Bleue	Jaune
Loi ①	$\frac{1}{3}$	$\frac{1}{3}$	$\frac{1}{3}$
Loi ②	0,3	0,5	0,2
Loi ③	$\frac{1}{3}$	$\frac{1}{2}$	$\frac{1}{6}$

Justifier qu'une seule de ces trois lois est compatible avec l'expérience aléatoire.

Bilan 3 20 min **Utiliser une simulation**

Lorsqu'on lance deux pièces de monnaie équilibrées, on peut obtenir : soit deux côtés Pile, soit deux côtés Face, soit un côté Pile et un côté Face.
Un élève affirme qu'en effectuant un très grand nombre de fois l'expérience, la fréquence de « obtenir deux côtés Face » deviendra proche de $\frac{1}{3}$.

1. On considère la fonction simul() ci-contre.
Que permet de faire cette fonction par rapport à l'expérience étudiée ? Préciser ce qu'elle renvoie.

```
from random import*
def simul():
    piece=['P','F']
    x=choice(piece)
    y=choice(piece)
    if x=='F' and y=='F':
        return 1
    else:
        return 0
```

2. Soit un entier naturel n non nul.
On souhaite simuler n fois l'expérience et calculer la fréquence observée du résultat « obtenir deux Faces » sur l'échantillon obtenu.
On propose pour cela la fonction fréquence(n) incomplète suivante.
La compléter.

```
def fréquence(n):
    Nb=0
    for i in range(...):
        Nb=Nb+...
    return ...
```

3. On a exécuté 50 fois la fonction fréquence(100) et on a représenté graphiquement ci-dessous les fréquences observées et la droite d'équation $y=\frac{1}{3}$.

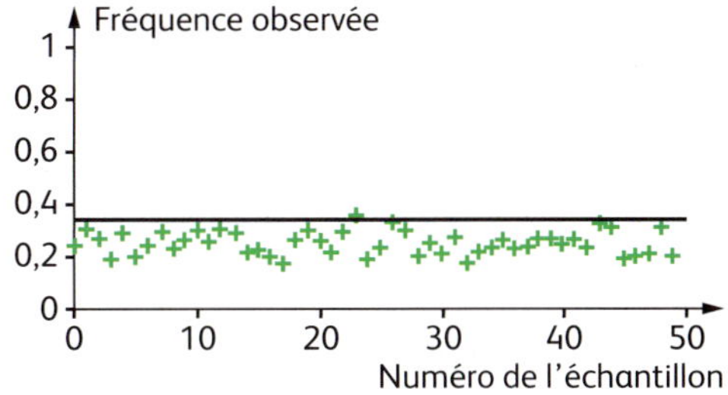

Que peut-on penser de l'affirmation de l'élève ?

4. À l'aide d'un arbre, calculer la probabilité d'obtenir deux Faces lorsqu'on lance deux pièces de monnaie bien équilibrées. Corriger l'affirmation de l'élève.

Algorithmique et programmation

Les capacités du chapitre

- Capacité 1 : Concevoir une séquence d'instructions conditionnelles
- Capacité 2 : Lire, comprendre, modifier ou compléter un algorithme ou un programme
- Capacité 3 : Concevoir une séquence d'instructions itératives

Au fil du temps

Le mathématicien anglais Alan Turing (1912-1954) est considéré comme l'un des pères fondateurs de l'informatique moderne. Après avoir grandement contribué à casser les codes de la machine *Enigma*, qui cryptait les messages de l'armée nazie, il a posé les bases du fonctionnement des tout premiers ordinateurs.

Adolescents connectés

Des maths partout !

La plupart des appareils électroniques qui nous entourent utilisent des programmes informatiques : des cartes à puce aux Smartphones, tablettes, montres connectées et même certains appareils électroménagers, trottinettes électriques et autres véhicules autonomes.

Ressources du chapitre disponibles ici : www.lycee.hachette-education.com/declic/2de

Partir d'un bon pied

A Diaporama pour tester les bases

ACTIVITÉS MENTALES RAPIDES

B Enchaînement d'opérations élémentaires

On considère les opérations suivantes.

A : « ajouter 3 » C : « élever au carré »

B : « multiplier par 2 » D : « prendre l'opposé »

1. a. Quelle est l'image de 2 par l'enchaînement « A suivi de B » ? Et celle de -5 ?

b. Mêmes questions pour l'enchaînement « B suivi de A ».

c. Mêmes questions pour l'enchaînement « A suivi de C, suivi de D ».

d. Un nombre a pour image -1 après avoir exécuté l'enchaînement A suivi de B suivi de A. Quel est ce nombre ?

2. On considère un nombre x.

Exprimer, en fonction de x, son image par :

a. l'enchaînement « A suivi de B ».

b. l'enchaînement « B suivi de A, suivi de C ».

c. l'enchaînement « C suivi de D, suivi de A ».

C Programmes en géométrie

On considère les trois scripts réalisés avec Scratch et les trois figures suivantes. Associer les scripts aux figures correspondantes. Justifier.

Script ①

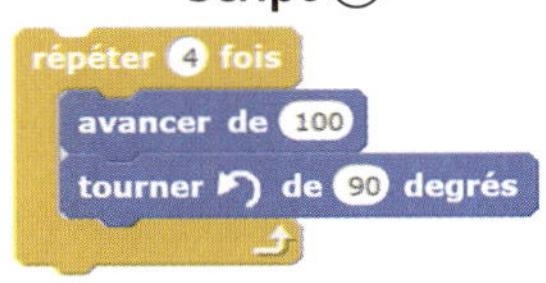

Script ②

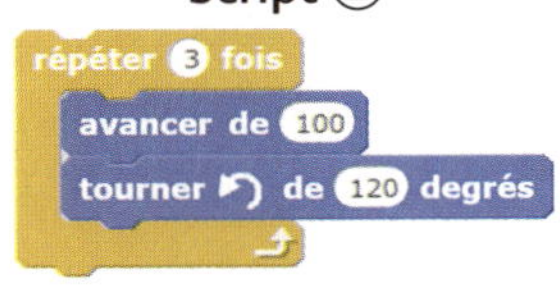

Script ③

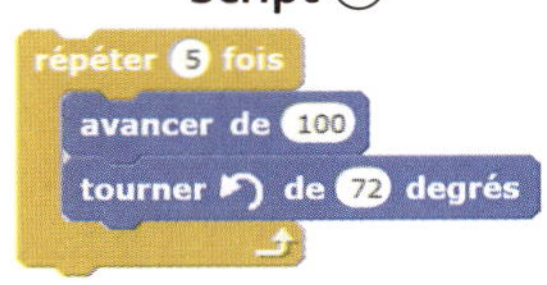

Figure ⓐ

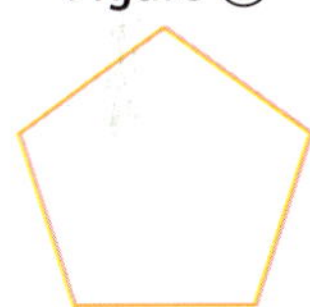

Figure ⓑ

Figure ⓒ

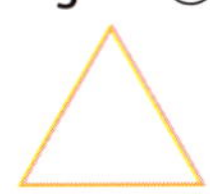

D Compléter un programme

On lance deux dés cubiques et on ajoute les résultats obtenus. Compléter le programme Scratch ci-dessous de façon à simuler cette expérience.

Activités

1 Variables et affectations

PYTHON

Objectif
Découvrir la syntaxe du langage Python.

Partie A. Étude d'un programme de calcul

On propose ci-dessous une version d'un même programme réalisé avec Scratch et en Python.

Ce programme utilise quatre variables : x, Etape 1, Etape 2 et Résultat.

D'après un sujet du diplôme national du brevet.

Pour chaque question, indiquer la bonne réponse.

1 La variable x contient :
a. un nombre
b. un texte
c. une image

2 L'instruction *dire* du langage Scratch se traduit en Python par :
a. int( )
b. input( )
c. print( )

3 Julie a fait fonctionner ce programme en choisissant le nombre 5. Ce qui est affiché à la fin est « On obtient … » :
a. 20
b. 15
c. 25

```
x=int(input("Choisis un nombre"))
print("Multiplie par 6")
Etape1=6*x
print("Ajoute 10")
Etape2=Etape1+10
print("Divise par 2")
Resultat=Etape2/2
print("On obtient ",Resultat)
```

4 Julie a fait fonctionner ce programme, il affiche « On obtient 8 ». Quel nombre Julie a-t-elle choisi au départ ?
a. 28 **b.** 2 **c.** autre solution

5 Si on appelle x le nombre choisi au départ, l'expression obtenue à la fin du programme est :
a. $3x+5$ **b.** $6x+5$ **c.** $3x+10$

Partie B. Un second programme de calcul

1 Maxime a écrit en Python le programme ci-dessous.

```
x=int(input("Choisis un nombre"))
x=x+2
x=x*5
print("On obtient ",x)
```

a. Exécuter à la main ce programme lorsque Maxime saisit la valeur 5.
b. Exprimer, à l'aide de x, l'expression obtenue à la fin du programme.
c. Peut-on choisir un nombre pour lequel le résultat obtenu par Maxime est le même que celui obtenu par Julie ?

Info

Le créateur du langage Python, Guido van Rossum, fan de la série *Monty Python's Flying Circus* a décidé de s'inspirer de ce nom pour baptiser son projet.

Info Python

L'instruction input( ) renvoie une variable de type « chaîne de caractères ». Celle-ci est ici convertie en un entier grâce à l'instruction int( ).

2 Écrire un programme de calcul

Éloïse doit programmer le calcul qui à tout nombre entier x choisi par l'utilisateur calcule le nombre $-2(x+4)$.

a. Combien d'opérations au minimum ce programme doit-il effectuer ?
b. Écrire un programme Python qui réalise ce calcul.

3 Instruction conditionnelle

PYTHON

Objectif
Comprendre l'affectation d'une variable et la manipulation d'une instruction conditionnelle.

On considère l'algorithme de calcul ci-contre où x désigne un nombre réel saisi par l'utilisateur.

$x \leftarrow 4 \times x$
$x \leftarrow x + 5$

1 Vérifier que lorsque l'on choisit 2 pour valeur de x au départ, la variable x contient la valeur 13 à la fin de l'algorithme.

2 Quel nombre faut-il choisir au départ pour obtenir -3 au terme de l'algorithme ?

3 Soit le programme suivant écrit en Scratch et en Python.

Scratch

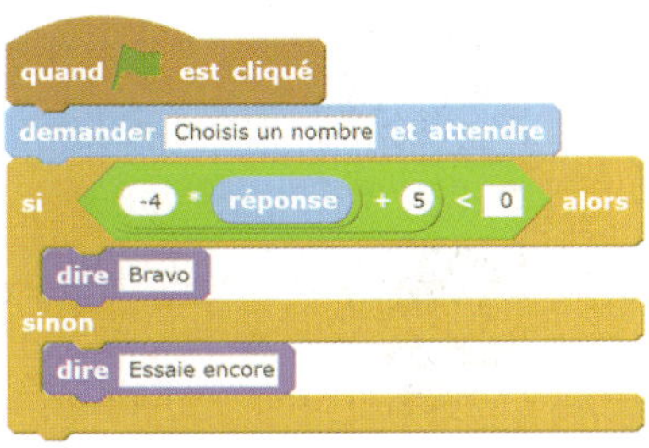

Python

```
x=float(input(
"Choisis un nombre"))

if -4*x+5<0:
    print("Bravo")
else:
    print("Essaie encore")
```

a. Salomé exécute ce programme. Quelle sera la réponse affichée si elle choisit le nombre 12 ?
b. Résoudre l'inéquation $-4x+5<0$. À quelle condition, portant sur le nombre choisi, est-on certain que la réponse du script sera « Bravo » ?

4 Proposer un programme écrit en langage Python qui demande un nombre et affiche son signe « positif » ou « négatif ».

4 Boucles et fonctions

PYTHON

Objectif
Découvrir la syntaxe d'une boucle en langage Python.

Le programme suivant, écrit dans les deux langages Scratch et Python, permet de dessiner une étoile.

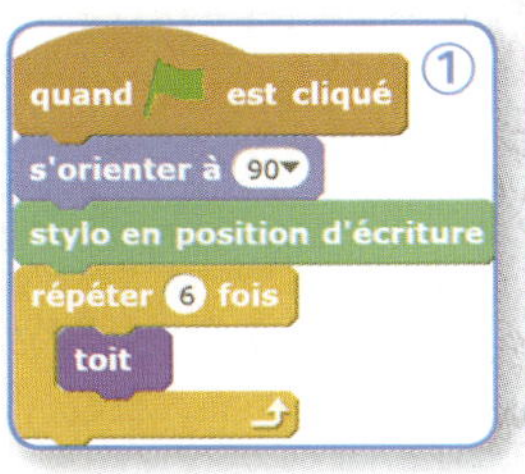

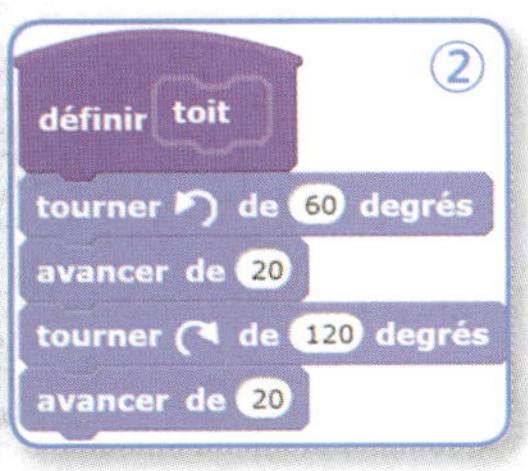


```
from turtle import*
def toit():          ⓐ
    left(60)
    forward(20)
    right(120)
    forward(20)

setheading(0)        ⓑ
down()
for i in range(6):
    toit()

mainloop()
```

Scratch

Python

1 Associer chaque partie du programme Scratch (① ou ②) à une partie du programme Python (ⓐ ou ⓑ).

2 Que permet de tracer la fonction toit ( ) ?

3 Tracer le dessin obtenu si on ne répète que deux fois la fonction toit ( ).

4 Modifier le programme Python en ajoutant une ligne à la fonction toit ( ) et en modifiant le nombre de répétitions de telle sorte qu'il dessine la forme *Zig Zag* ci-contre.

5 Écrire un programme Python reproduisant la figure ci-dessous.

Cours

1 Variable et affectation

Définition Une **variable** est un *casier* de mémoire qui contient une information d'un certain **type**. Elle est désignée par un **nom**.

Type dans les algorithmes	Type en langage Python
• Nombre entier • Nombre réel • Booléen • Chaîne de caractères • Liste	• int : nombre entier • float : nombre réel • boolean : booléen • str : chaîne de caractères (*string* en anglais) • list : liste d'éléments

Remarque

Un booléen est une variable ne pouvant prendre que deux états notés Vrai (True ou 1) et Faux (False ou 0).

Définition L'**affectation** d'une variable est l'instruction permettant de « remplir » le *casier* correspondant.

Algorithmes	Langage Python
$X \leftarrow 5$	$X = 5$

Info

George Boole (1815-1864) est le créateur de l'algèbre binaire manipulant des éléments ne pouvant prendre que deux valeurs : 0 ou 1.

Remarque

En Python, la fonction input permet à l'utilisateur d'affecter une valeur à une variable pendant l'exécution du programme.

2 Structure conditionnelle

a Instruction conditionnelle *Si… Alors… Sinon*

Dans un algorithme, il peut être nécessaire d'exécuter un bloc d'instructions uniquement lorsque certaines conditions sont satisfaites.

Syntaxe

Si *condition 1* **Alors**
| bloc 1 d'instructions à exécuter *si condition 1 vraie*
Sinon Si *condition 2* **Alors**
| bloc 2 d'instructions à exécuter *si condition 2 vraie*
Sinon
| bloc 3 d'instructions à exécuter dans les autres cas
Fin Si

Exemple

L'algorithme suivant indique à l'utilisateur s'il est majeur ou mineur, *âge* étant un entier saisi par l'utilisateur.

Si âge ⩾ 18 **Alors**
| Afficher « Vous êtes majeur. »
Sinon
| Afficher « Vous êtes mineur. »
Fin Si

Remarques

- Un seul bloc d'instructions est exécuté, les autres sont ignorés.
- Les blocs *Sinon* et *Sinon Si* sont facultatifs.

b Syntaxe en langage calculatrice et Python

Casio	TI	Python

"AGE"?→A↵
If A≥18↵
Then ↵
"vous etes majeur"↵
Else ↵
"vous etes mineur"↵
IfEnd↵
	:Input "AGE?",A
	:If A≥18
	:Then
	:Disp "VOUS ETES MAJEUR"
	:Else
	:Disp "VOUS ETES MINEUR"
	:End
		age=int(input("Quel est votre âge ?"))
		
		if age>=18:
		    print("Vous êtes majeur.")
		else:
		    print("Vous êtes mineur.")

• Les retours à la ligne sont obligatoires après les mots-clés **Then** et **Else**. • Pour conclure la structure conditionnelle, on utilise la commande **IfEnd** (Casio) ou **End** (TI).		• Les double-points : marquent le début des blocs d'instructions. Ils sont **indentés** (le texte est décalé). C'est cette indentation qui indique le début et la fin de chaque bloc et en particulier, la fin de la structure conditionnelle.

Méthode

CAPACITÉ 1 Concevoir une séquence d'instructions conditionnelles

Énoncé Une compagnie de transports en commun propose à ses usagers deux modes de tarification.

Tarif A : 1,50 € le trajet.

Tarif B : 20 € par mois, puis 0,80 € le trajet.

1. L'algorithme ci-contre permet d'indiquer le tarif le plus avantageux suivant le nombre de trajets n effectués dans le mois, n étant un entier entré par l'utilisateur.

Compléter cet algorithme en précisant la signification des variables A et B.

2. Programmer cet algorithme dans le langage de votre choix, puis le tester pour différentes valeurs de n.

3. À partir de combien de trajets le tarif B est-il plus intéressant ? Justifier.

```
A ← 1,5×n
B ← …
Si … Alors
| Afficher « Le tarif A est le plus intéressant. »
Sinon
| Afficher « Le tarif B est le plus intéressant. »
Fin Si
```

Solution

1. n représente le nombre de trajets effectués dans le mois. La variable A (resp. B) représente le prix d'achat pour n trajets mensuels au tarif A (resp. au tarif B). On complète l'affectation $B \leftarrow 20+0{,}80\times n$.

2. Voici les programmes dans les langages Casio, TI et Python.

Casio

```
"NB TRAJETS"?→N↵
1.5N→A↵
20+0.8N→B↵
If A≤B↵
Then ↵
"tarif A +interess"↵
Else ↵
"tarif B +interess"↵
IfEnd↵
```

TI

```
:Input "NB TRAJE
TS",N
:1.5N→A
:20+0.8N→B
:If A≤B
:Then
:Disp "TARIF A +
INTERESSANT"
:Else
:Disp "TARIF B +
INTERESSANT"
:End
```

Python

```python
n=int(input("Nombre de trajets ?"))
A=1.5*n
B=20+0.8*n
if A<=B:
    print("Le tarif A est le plus intéressant.")
else:
    print("Le tarif B est le plus intéressant.")
```

3. Pour n trajets effectués, le prix de revient avec le tarif A (resp. B) est $1{,}5n$ (resp. $0{,}8n+20$). Le tarif B est plus intéressant que le A si et seulement si :

$$1{,}5n \geqslant 0{,}8n+20 \Leftrightarrow 0{,}7n \geqslant 20 \Leftrightarrow n \geqslant \frac{20}{0{,}7} \Leftrightarrow n \geqslant 29 \text{ (car } n \text{ est un entier).}$$

À partir de 29 tickets, le tarif B est plus intéressant que le tarif A.

Point méthode

1. Il est parfois nécessaire de connaître le type d'une variable. Ici n est de type *nombre entier*, A et B sont de type *nombre réel*.

Point méthode

2. Les erreurs de syntaxes sont courantes et sont indiquées lors de l'exécution du programme. Attention, l'absence d'erreurs de syntaxe ne garantit pas que le programme est correct. Il est utile de le tester pour plusieurs valeurs de n.

J'applique

1 Un imprimeur élabore des cartes de visite et propose à ses clients une facturation dégressive.

Le tarif est de 0,2 € par carte de visite jusqu'à la centième unité, puis de 0,15 € par carte supplémentaire.

1. Calculer le prix facturé pour 50 cartes de visite commandées, puis celui pour 150 cartes commandées.

2. Le programme Python ci-dessous affiche le tarif facturé pour x cartes de visite commandées.

Compléter ce programme, puis le tester.

```python
x=int(input("Nombre de cartes commandées ?"))

if ... :
    tarif=0.2*x
else:
    tarif= ...

print(tarif)
```

2 Élara a une liste de 10 triangles dont elle doit déterminer s'ils sont rectangles à partir des longueurs de leurs trois côtés. Elle décide d'utiliser le langage Python pour arriver à ses fins.

1. Le triangle dont les côtés mesurent $a=5$, $b=9$ et $c=8$ est-il rectangle ?

2. a. Combien de variables sont nécessaires à l'écriture de ce programme ? De quel type sont-elles ?

b. Lorsque le triangle est rectangle, Élara souhaite que a soit l'hypoténuse. Compléter le programme Python ci-dessous pour que a contienne la plus grande valeur.

NumWorks

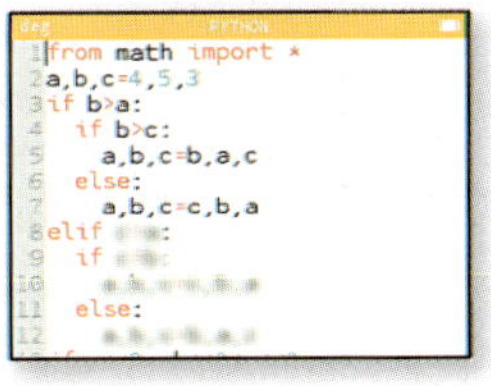

Cours

3 Fonctions

La notion de fonction est très importante en informatique, elle permet de structurer un programme en le décomposant en sous-programmes.

a Qu'est-ce qu'une fonction ?

Définition Une **fonction** est une succession d'instructions regroupées dans un bloc que l'on désigne par un nom.

Intérêt des fonctions

• **Lisibilité** : elles rendent le programme principal plus lisible.

• **Répétabilité** : elles permettent d'éviter la redondance du programme. Il est assez courant d'avoir à répéter des blocs d'instructions, on les regroupe alors dans une fonction.

• **Flexibilité** : il est plus rapide de modifier une fonction que de modifier l'ensemble des parties du programme où elle est utilisée.

Remarque

Le schéma ci-dessous illustre la différence entre l'exécution d'un programme sans fonction (à gauche) et d'un programme avec fonction (à droite), où les instructions 2 et 3 sont regroupées dans une fonction a.

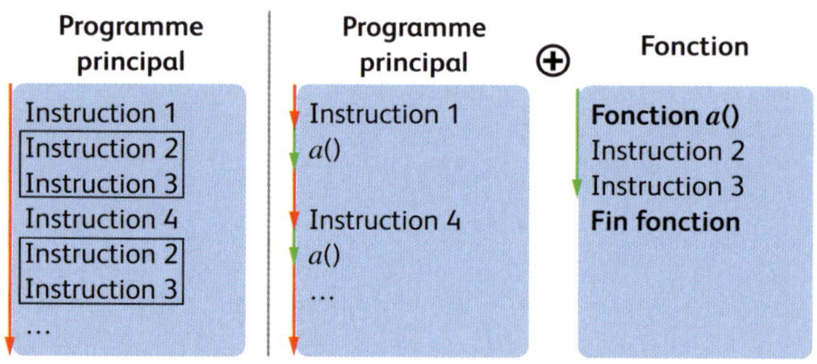

b Construire une fonction en Python

Le langage Python permet aux programmeurs d'enrichir les bibliothèques de fonctions prédéfinies en créant leurs propres fonctions.

Structure générale d'une fonction en langage Python

```
def nomFonction(paramètres):
    #bloc d'instructions
    ...
    return ...
```

def est le mot clé permettant la construction d'une fonction.

return est le mot clé qui permet à la fonction de renvoyer un contenu. Il n'est pas obligatoire.

Les paramètres (ou *arguments*) sont des variables nécessaires à sa bonne exécution. Certaines fonctions n'admettent aucun paramètre.

Remarques

• On choisit un nom de fonction en rapport avec ce qu'elle fait pour rendre le programme principal plus intelligible.

• Sous Python, on retrouve le double-point « **:** » et l'indentation, indiquant le début et la fin de la fonction.

• De nombreuses bibliothèques de fonctions sont disponibles. Il faut au préalable les importer avec le mot clé import.

Exemple

```
from math import sqrt # Importe la fonction racine carrée.
from random import * # Importe toutes les fonctions de random.
import pylab as pl # Définit un raccourci pour utiliser pylab.
```

Exemple

On considère l'algorithme suivant calculant plusieurs volumes de pyramides à base carrée.
Soient c, h et v des variables réelles.

Sans fonction

$c \leftarrow 2$
$h \leftarrow 5$
$v \leftarrow (1/3)*c**2*h$
Afficher(v)
$c \leftarrow 0.5$
$h \leftarrow 10$
$v \leftarrow (1/3)*c**2*h$
Afficher(v)

Avec fonction

Fonction volume qui prend en paramètre les variables c et h.

Fonction volume(c, h)
| return (1/3)*c**2*h
Fin Fonction

Programme principal

Afficher(volume(2,5))
Afficher(volume(0.5,10))

Exemple

L'algorithme ci-dessus en Python devient :

```
def volume(c , h):
    return (1/3)*c**2*h

print(volume(2,5))
print(volume(0.5,10))
```

Info Python

« c**2 » signifie c^2 en langage Python.

Info Python

La commande help(fonction) permet de donner une documentation sur la fonction saisie.

Méthode

VIDÉO Capacité 2

Capacité 2 Lire, comprendre, modifier ou compléter un algorithme ou un programme

Énoncé Dans le plan muni d'un repère orthonormé, on considère les points $A(x_A\,;y_A)$ et $B(x_B\,;y_B)$.

1. a. Exprimer le carré AB^2 de la distance AB en fonction des coordonnées x_A, y_A, x_B et y_B.

b. Programmer en langage Python une fonction carre_dist qui prend comme paramètres les coordonnées des points A et B et qui renvoie le carré de la distance AB.

2. Trois points A, B et C étant définis par leurs coordonnées, on se demande si le triangle ABC est isocèle. On souhaite résoudre ce problème en faisant appel à la fonction carre_dist et en utilisant la fonction est_isocele incomplètement reproduite ci-dessous. La compléter.

```
Fonction est_isocele(xA,yA,xB,yB,xC,yC)
    Si carre_dist(xA,yA,xB,yB) = ... Alors Afficher(« le triangle est isocèle en A ») Fin Si
    Si carre_dist(xA,yA,xB,yB) = ... Alors Afficher(« le triangle est isocèle en B ») Fin Si
    Si ... = ... Alors Afficher(« le triangle est isocèle en C ») Fin Si
Fin Fonction
```

3. Programmer en langage Python la fonction est_isocele, puis déterminer si le triangle ABC est isocèle ou non, dans chacun des cas suivants.

a. $A(-6\,;9)\,;B(3\,;11)\,;C(1\,;2)$ **b.** $A(4\,;-1)\,;B(2\,;5)\,;C(-1\,;3)$

Solution

1. a. $AB^2=(x_B-x_A)^2+(y_B-y_A)^2$

Voir Chap. 6 p. 164

b.
```python
def carre_dist(xA,yA,xB,yB):
    return(xB-xA)**2+(yB-yA)**2
```

2. On obtient :

```
Fonction est_isocele(xA,yA,xB,yB,xC,yC)
    Si carre_dist(xA,yA,xB,yB) = carre_dist(xA,yA,xC,yC) Alors
        Afficher(« le triangle est isocèle en A ») Fin Si
    Si carre_dist(xA,yA,xB,yB) = carre_dist(xB,yB,xC,yC) Alors
        Afficher(« le triangle est isocèle en B ») Fin Si
    Si carre_dist(xA,yA,xC,yC) = carre_dist(xB,yB,xC,yC) Alors
        Afficher(« le triangle est isocèle en C ») Fin Si
Fin Fonction
```

3. Cette fonction se traduit en langage Python par :

```python
def est_isocele(xA,yA,xB,yB,xC,yC):
    if carre_dist(xA,yA,xB,yB)==carre_dist(xA,yA,xC,yC):
        print("Le triangle ABC est isocèle en A.")
    if carre_dist(xA,yA,xB,yB)==carre_dist(xB,yB,xC,yC):
        print("Le triangle ABC est isocèle en B.")
    if carre_dist(xA,yA,xC,yC)==carre_dist(xB,yB,xC,yC):
        print("Le triangle ABC est isocèle en C.")
```

a. Le triangle ABC est isocèle en B.

b. L'exécution du programme n'affiche rien : ce triangle n'est pas isocèle.

Point méthode

2. Pour nommer une fonction, il est intéressant d'utiliser un nom qui explicite ses caractéristiques. Ici, on a choisi l'adjectif isocèle et les coordonnées des sommets du triangle examiné, qui sont les paramètres utilisés par la fonction.

J'applique

3 La fonction ci-contre est écrite en Python.

1. Que renvoie-t-elle lorsque x vaut 3 ?

2. On saisit f(1) dans la console. Qu'obtient-on ?

```python
def f(x):
    if x>2:
        return x**2
    else:
        return 2*x
```

4 **1.** Compléter la fonction ci-contre pour qu'elle renvoie le maximum des trois valeurs passées en argument.

2. Tester la fonction avec les arguments a=3, b=3 et c=3.

```python
def max(a,b,c):
    if a>b:
        if a>c:
            return a
        else:
            ...
```

Cours

4 Structures itératives : boucles

Les structures d'instructions itératives permettent de répéter un nombre fini de fois un même bloc d'instructions, on parle de **boucles**.

a Boucle bornée (Boucle *Pour* ou *for*)

Lorsque le nombre de répétitions est connu à l'avance, on parle de boucle *bornée* ou encore de boucle *Pour* (*for*).

Syntaxe

Pour *i* allant de n_1 à n_2 **Faire**
| *bloc d'instructions*
Fin Pour

Le **compteur** *i* prend successivement toutes les valeurs entières de n_1 à n_2 : il est automatiquement **incrémenté** d'une unité à chaque passage dans la boucle.

Pour chaque valeur prise par *i*, le bloc d'instructions est exécuté.

Exemple

On dispose initialement de 100 € d'épargne. On verse 10 € le premier mois et ensuite chaque mois 10 € de plus que le mois précédent. On calcule l'épargne disponible au bout de 24 mois.

epargne ← 100
Pour i allant de 1 à 24 Faire
| versement ← 10×*i*
| epargne ← epargne+versement
Fin Pour

Syntaxe en langages calculatrice et Python

Casio	TI	Python

<pre>100→E↵
For 1→I To 24↵
10I→V↵
E+V→E↵
Next↵
E◢</pre>
	<pre>:100→E
	:For(I,1,24)
	:10I→V
	:E+V→E
	:End
	:Disp E</pre>
		<pre>epargne=100
		for i in range(1,25):
		    versement=10*i
		    epargne=epargne+versement
		
		print(epargne)</pre>

Sur Casio, la boucle *For* se termine par l'instruction *Next*. On remarquera la syntaxe particulière pour la définition et l'initialisation du compteur.		range(1,N+1) est la liste des entiers consécutifs de 1 à N inclus. Ainsi, range(1,25) est la liste des entiers de 1 à 24 inclus.

b Boucle non bornée (Boucle *Tant que* ou *while*)

Lorsque le nombre de répétitions est *a priori* inconnu, mais que l'on connaît un test d'arrêt, on parle de boucle *non bornée* ou encore de boucle *Tant que* (*while*).

Syntaxe

Tant que *condition* **Faire**
| *bloc d'instructions*
Fin Tant que

Si la *condition* est *vraie*, le bloc d'instructions est exécuté puis la *condition* est réévaluée. Si elle est *fausse*, on sort de la boucle.

Exemple

On reprend l'exemple précédent et on souhaite déterminer à partir de quel mois l'épargne atteindra ou dépassera 1 000 €.

epargne ← 100
i ← 0
Tant que epargne<1 000
| i ← i+1
| versement ← 10×*i*
| epargne ← epargne+versement
Fin Tant que

Syntaxe en langages calculatrices et Python

Casio	TI	Python

<pre>100→E↵
0→I↵
While E<1000↵
I+1→I↵
10I→V↵
E+V→E↵
WhileEnd↵
I◢</pre>
	<pre>:100→E
	:0→I
	:While E<1000
	:I+1→I
	:10I→V
	:E+V→E
	:End
	:Disp I</pre>
		<pre>epargne=100
		i=0 #compteur initialisé
		while epargne<1000:
		    i=i+1 #compteur incrémenté
		    versement=10*i
		    epargne=epargne+versement
		
		print(i)</pre>

Il faut ici définir et initialiser le compteur *i*. On incrémente ce compteur à chaque passage dans la boucle.		

Remarque

De nombreux bugs informatiques sont liés à des boucles non bornées. En effet lorsque la condition de sortie est mal définie et n'est jamais atteinte, le programme ne peut sortir de la boucle et exécute une boucle infinie. Dans ce cas, il faut forcer le programme à cesser son exécution.

méthode

VIDÉO Capacité 3

Capacité 3 Concevoir une séquence d'instructions itératives

Énoncé Tom dispose de 30 jetons. Il en pose un sur la 1re case d'un échiquier, puis deux sur la 2e, trois sur la 3e et ainsi de suite.

1. a. On souhaite appliquer l'algorithme ① ci-contre avec $n=3$.
Compléter un tableau d'état des variables au fur et à mesure de l'exécution de l'algorithme.
Quelle est la valeur finale de la variable S ?

b. Comment utiliser cet algorithme dans le contexte de l'exercice ?

2. En construisant un tableau similaire au précédent, appliquer l'algorithme ②.
Quelle est la valeur finale de la variable k ?
Que représente-t-elle dans le contexte de l'exercice ?

```
S ← 0
Pour k variant de 1 à n Faire
  | S ← S + k
Fin Pour
```
①

```
S ← 0
k ← 0
Tant que S ⩽ 30 Faire
  | k ← k + 1
  | S ← S + k
Fin Tant que
```
②

Solution

1. a. D'après le tableau d'état des variables, la valeur finale de S est 6.

Étapes	Valeurs de n	Valeurs de k	Valeurs de S
Initialisation	3	-	0
1er passage	3	1	0+1=**1**
2e passage	3	2	1+2=**3**
Dernier passage	3	3	**3+3=6**

b. Cet algorithme calcule la somme des entiers consécutifs de 1 à n. Ainsi, S contient au final la valeur $1+2+3+\cdots+n$. Il s'agit du nombre total de jetons posés sur les n premières cases de l'échiquier.

2. D'après le tableau d'état des variables, la valeur finale de k est 8.

Étapes	Valeurs de k	Valeurs de S	Test $S \leqslant 30$
Initialisation	0	0	Vrai
1er passage	1	0+1=**1**	Vrai
2e passage	2	1+2=**3**	Vrai
⋮	⋮	⋮	⋮
7e passage	7	21+7=**28**	Vrai
8e passage	8	28+8=**36**	Faux : sortie de boucle

Lorsque l'on dispose de trente jetons, on ne peut empiler des jetons de cette manière que sur les 8 premières cases de l'échiquier.

Point méthode

1. a. On applique pas à pas les instructions de l'algorithme en indiquant, à chaque étape, la valeur courante de chacune des variables de l'algorithme.
Ce tableau permet de bien comprendre le fonctionnement de l'algorithme et comment il agit sur chacune des variables mises en jeu.

Point méthode

2. Dans le cas des boucles *Tant que*, on peut indiquer, dans une colonne, le résultat (Vrai ou Faux) du test apparaissant dans la condition (ici $S \leqslant 30$). Cela permettra de connaître le moment où on sort de la boucle *Tant que*.

J'applique

5 Modifier, programmer puis exécuter l'algorithme ② de l'exercice ci-dessus afin de déterminer le plus petit entier n pour lequel la somme $S=1+2+3+\cdots+n$ dépasse 1 000.

6 Une fourmilière compte 200 fourmis. Chaque année, cette population augmente de 5 %.
On souhaite étudier son évolution sur 10 ans. Pour cela, on élabore l'algorithme incomplet ci-dessous.

```
pop ← …
Pour i variant de 1 à … Faire
  | augmentation ← …
  | pop ← pop+…
Fin Pour
Afficher pop
```

1. Compléter puis programmer cet algorithme dans un langage au choix.

2. Modifier puis programmer cet algorithme afin qu'il affiche le nombre d'années nécessaires pour que cette fourmilière dépasse 1 000 fourmis.

7 On considère le programme Python ci-contre.

```
def f(X):
    return 2*X-3

for x in range(-2 , 3):
    print(x,f(x))
```

1. a. Exécuter le programme à la main.

b. Quel est son objectif ?

2. Soit la fonction f définie par $f(x)=-x^2+2$ sur $\mathrm{I}=[-5;5]$. Modifier le programme pour qu'il affiche le tableau de valeurs de f pour tous les entiers de I.

Exercices Application

Exercices INTERACTIFS kwyk

1 Variable et affectation

8 Vrai ou faux ?

On considère l'algorithme ci-contre.
La variable x contient un réel.
Préciser si les affirmations suivantes sont vraies ou fausses.

$a \leftarrow x+1$
$b \leftarrow a^2$
$c \leftarrow 3b$

1. Si la variable x contient 2 avant l'exécution de l'algorithme, alors la variable c contiendra 27.
2. Si la variable x contient -3 avant l'exécution de l'algorithme, alors la variable c contiendra -12.
3. La variable c contient toujours un réel positif.

9 On considère le programme de calcul suivant.
« Choisir un nombre X, prendre son double, soustraire 1, puis élever au carré. »
Parmi les algorithmes ci-dessous, indiquer ceux pour lesquels la variable X contient le résultat du programme de calcul à la fin de leur exécution.

① $A \leftarrow 2X$; $B \leftarrow A-1$; $X \leftarrow B^2$

② $X \leftarrow 2X$; $X \leftarrow 2X-1$; $X \leftarrow (2X-1)^2$

③ $X \leftarrow 2X$; $X \leftarrow X-1$; $X \leftarrow X^2$

10 On considère un algorithme dont on donne la traduction en langage calculatrice.

Casio

```
?→X↵
X+3→A↵
A²+X→B↵
B◢
```

TI

```
:Prompt X
:X+3→A
:A²+X→B
:Disp B
```

1. a. Identifier les différentes variables du programme.
b. Quelle variable est saisie par l'utilisateur ? Quelle variable est affichée par le programme ?
2. Qu'affiche le programme lorsque l'on entre pour valeur de X la valeur 1 ? La valeur -5 ?
3. Les valeurs saisies et affichées peuvent-elles être égales ? Justifier.

11 La fonction type de Python indique le type d'une variable. On rappelle que int correspond au type nombre entier, float à un nombre réel et bool à un booléen. On considère les variables ci-dessous.

```
from math import sqrt
a=sqrt(2) #racine carrée de 2
b=1
c=2.0
```

Associer chacune des opérations à son type.

a-c •	• int
b+c •	• float
a<c •	• bool

12 Affecter un contenu à la variable a pour que, dans chaque cas, le booléen soit vrai (*True*). La bibliothèque *math* est supposée importée.

1. `a<=pi`
2. `int(a*100)/100==0.33`
3. `a in range(5)`
4. `a in"declic"`
5. `sqrt(a)*sqrt(2.0)==2*sqrt(10)`

Info Python
L'opération x in s renvoie vrai si x est un élément de s et faux sinon. Elle est donc de type booléen.

13 Pour chacune des situations ci-dessous qu'on aimerait simuler par la programmation, inventer au moins deux variables qui pourraient être utiles à leur réalisation. Leur choisir un nom et indiquer leur type et leur rôle dans le programme.
Par exemple, on souhaite créer un jeu pour réviser les tables de multiplication. Les variables nb1 et reponse, de type int, pourraient servir à stocker le premier facteur et le produit.

1. Lancer deux dés.
2. Définir les attributs d'un personnage dans un jeu vidéo.
3. Calculer l'évolution d'un prix.
4. Déterminer le nombre d'apparition d'une lettre dans un texte.

2 Structure conditionnelle

14 Dans l'algorithme ci-contre, N désigne un entier.
Pour chaque question, indiquer l'unique bonne réponse.

Si $N \geqslant 10$ Alors $X \leftarrow 2N$
Sinon $X \leftarrow N+3$
Fin Si

1. Si N vaut 5, alors X vaut :
a. 10 b. 8 c. 5
2. Si N vaut 10, alors X vaut :
a. 20 b. 13 c. 10
3. Si N vaut 15, alors X vaut :
a. 30 b. 18 c. 15

15 PYTHON ALGO L'envoi d'une lettre suivie de moins de 100 g par la Poste vers la France métropolitaine est soumis aux tarifs ci-dessous (valables au 1er janvier 2018).

Masse M (en g)	$M \leqslant 20$	$20 < M \leqslant 100$
Prix (en €)	1,20	2,00

1. Quel est le tarif d'une lettre suivie de 15 g ? Et celui d'une lettre suivie de 20 g ?
2. Écrire un algorithme qui calcule le tarif T d'une lettre suivie de masse M.

3. Programmer cet algorithme, puis tester le programme pour $M=15$, $M=20$ et $M=50$.

16 Soient a, b et c trois variables réelles.
Écrire un algorithme qui affecte à une variable max, le maximum des variables a, b et c.

3 Fonctions

17 On considère la fonction mystere suivante, écrite en langage Python.

```
def mystere(x,y):
    if x<10:
        return 3*x+y
    else:
        return x+y
```

1. Préciser les paramètres de cette fonction.
2. Quel nombre les commandes suivantes renvoient-elles ?
a. mystere(3,4) **b.** mystere(12,5)
c. mystere(-3,11)

18 On cherche à construire une fonction max qui prend en paramètre trois nombres réels a, b et c, et qui renvoie le maximum de ces trois nombres.

```
def max(a , b , c):
    if ... :
        return a
    elif ... :
```

1. En s'inspirant de l'exercice **16**, compléter la fonction Python ci-dessous.
2. De la même façon, écrire une fonction min qui renvoie le minimum de a, b et c.
3. PYTHON Tester ces deux fonctions sur des exemples variés.

19 En France au 1er janvier 2018, le taux courant de T.V.A. appliqué sur la majorité des biens est de 20 %.
1. Un article coûte 72 € hors taxe. Quel est son prix toutes taxes comprises (T.T.C.) ?
2. La variable h contient un réel positif correspondant au prix hors taxe d'un bien.
Parmi les instructions suivantes, lesquelles permettent de calculer le prix p T.T.C. ?
a. $p \leftarrow 0{,}2 \times h$ **b.** $p \leftarrow 1{,}2h$
c. $p \leftarrow h + 20/100 \times h$ **d.** $p \leftarrow 1{,}02 \times h$
3. On considère la fonction Python ci-contre.

```
def prix(v , taux_rec):
    if taux_rec:
        h=v/1.2
        return h
    else:
        p=v*1.2
        return p
```

a. Déterminer ce que renvoient les instructions suivantes.
- prix(50,False)
- prix(86.4,True)

b. Expliquer le rôle de cette fonction.

20 On considère la fonction f définie sur $\mathbb{R}$ par :

$$f(x)=\begin{cases}-2x+1 & \text{si } x<2\\ 3x-9 & \text{si } x\geqslant 2\end{cases}$$

1. Calculer $f(-1)$, $f(2)$ et $f(5)$.
2. Programmer la fonction f avec Python et vérifier les réponses de la question **1.**

4 Structures itératives : boucles

21 On considère l'algorithme ci-contre. La variable N contient un entier naturel.

$S \leftarrow 0$
Pour i allant de 1 à N Faire
  $S \leftarrow S+10$
Fin Pour

1. On choisit $N=3$ avant d'exécuter l'algorithme.
a. Recopier et compléter le tableau suivant de suivi des variables.

N	3	3	3	3
S	0	...	...	...
i		1	2	3

b. En déduire la valeur finale de S.
2. Donner la valeur finale de S lorsque :
a. $N=4$ **b.** $N=5$ **c.** $N=6$ **d.** $N=10$

22 Une population de bactéries, initialement composée de 100 bactéries, double tous les jours.
1. Combien y a-t-il de bactéries au bout d'un jour ? De deux jours ? De trois jours ?
2. Soit un entier naturel N.
Compléter l'algorithme et le programme Python suivants, de façon à ce que la variable *pop* contienne le nombre de bactéries au bout de N jours.

pop $\leftarrow 100$
Pour i allant de 1 à ... Faire
  pop $\leftarrow$ *pop* $\times$ ...
Fin Pour

```
N=int(input())
pop=100
for i in range(...):
    pop=pop*...
print(pop)
```

Info Python
range(N) contient la liste des entiers de 0 à $N-1$.

3. Programmer puis estimer la taille de la population au bout d'une semaine et au bout de 30 jours.

23 On considère la fonction ci-dessous.

```
def eff_lettre(lettre, texte):
    eff=0
    for char in texte:
        if char==lettre:
            eff+=1
    return eff
```

Info Python
L'instruction for char in texte peut-être interprété par « pour tous les caractères dans le texte ».

1. Indiquer ce que renvoie la fonction dans les situations suivantes.
- eff_lettre('o',"coucou")
- eff_lettre('A',"Attention je travaille")

2. Modifier le programme pour que la fonction compte le nombre d'occurrences d'une lettre indépendamment du fait qu'elle soit en minuscule ou en majuscule.
3. Modifier la fonction pour qu'elle renvoie la fréquence décimale de la lettre entrée en paramètre.

exercices Entraînement

Thème 1 Fonctions et calcul

24 QCM

On considère l'algorithme ci-contre où x est une variable réelle.

$a \leftarrow x+2$
$b \leftarrow a^2-4$

1. Si la variable x contient -2, alors la variable b contient finalement :

a. 0 **b.** -4 **c.** 12

2. Quelle valeur peut contenir x pour que b contienne finalement la valeur 0 ?

a. 0 **b.** -2 **c.** -4

3. L'expression algébrique de la fonction f définie par cet algorithme est :

a. $f(x)=x^2-2$ **b.** $f(x)=(x+2)^2-4$

c. $f(x)=x^2+4x$

25 À la naissance d'Alban, sa grand-mère dépose sur un compte bancaire 100 € et décide d'y verser 100 € à chaque anniversaire auxquels elle ajoute le double de l'âge d'Alban, en euro.

1. Quelle somme totale sera disponible au premier anniversaire d'Alban ? Aux deux ans d'Alban ?

2. Alban a écrit un programme sur sa calculatrice, mais celui-ci comporte une erreur. La retrouver et la corriger.

Casio

```
100→S↵
?→A↵
For 1→I To A↵
100+2×I→S↵
Next↵
S◢
```

TI

```
:100→S
:Prompt A
:For(I,1,A)
:100+2*I→S
:End
:Disp S
```

3. a. En utilisant le programme corrigé, déterminer à partir de quel âge Alban pourra acheter la guitare de ses rêves d'une valeur de 1 999 € en utilisant l'argent versé par sa grand-mère.

b. Comment modifier le programme pour qu'il affiche directement la réponse ?

26 PYTHON On considère la fonction f définie par :

$$f(x)=100\,000\times x^2$$

1. Calculer à la main l'image de 0, de 0,25 et de 0,1 par la fonction f.

2. La fonction f est programmée ci-contre en Python.

```
def f(x):
    return 100000*x**2
```

a. Que devrait produire l'exécution du code suivant ?

```
print("f(0) =",f(0))
print("f(0,25) =",f(0.25))
print("f(0,1) =",f(0.1))
```

b. L'affichage obtenu est le suivant.
Qu'y a-t-il de surprenant ?

```
f(0) = 0
f(0,25) = 6250.0
f(0,1) = 1000.0000000000002
```

3. On souhaite utiliser l'écriture fractionnaire de 0,25 et de 0,1 pour calculer l'image de ces nombres par la fonction f.

On utilise pour cela la bibliothèque `fractions` permettant de manipuler les fractions.

Vérifier que l'utilisation de l'écriture fractionnaire permet de s'affranchir du problème observé à la question **2.**

Info python

① Pour importer la bibliothèque `fractions` :

```
from fractions import*
```

② Pour écrire la fraction $\frac{1}{50}$ saisir :

```
Fraction(1,50)
```

Au même titre que $\frac{1}{3}$ n'a pas d'écriture décimale finie en base décimale, 0,1 ne peut être écrit en valeur exacte en binaire (base utilisée par les ordinateurs).
C'est la cause de l'erreur observée dans l'exercice.

27 Un récipient est formé d'un cube de 10 cm d'arête et d'un parallélépipède rectangle de base carrée de 5 cm de côté et de 10 cm de hauteur.

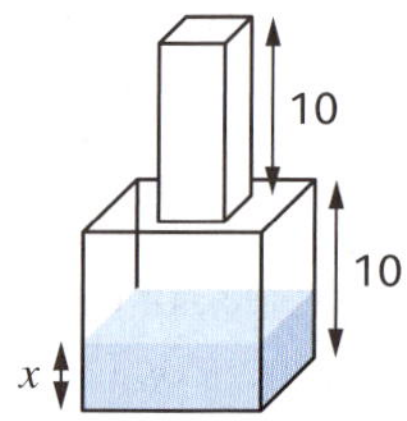

On le remplit de liquide.

On appelle x la hauteur de liquide dans le récipient, en cm.

1. a. À quel intervalle x appartient-il ?

b. Exprimer le volume $V(x)$ de liquide contenu dans le récipient en fonction de la hauteur x :

$$V(x)=\begin{cases}\dots & \text{si } 0\leqslant x\leqslant 10\\ \dots & \text{si } \dots\end{cases}$$

c. Utiliser la fonction V pour calculer le volume maximal que peut contenir ce récipient.

2. a. Écrire en langage Python la fonction V.

Elle prendra en argument la variable réelle x et renverra le volume de liquide correspondant.

b. On exécute le programme ci-contre, où V est la fonction définie en **2. a.**

```
h=0
while V(h)<=625:
    h=h+0.5
```

Quel est son objectif ?

3. En fin d'exécution, la variable h contient la valeur 6,5.

Quelle interprétation peut-on faire de ce nombre dans le contexte de l'exercice ?

28 On considère la fonction f définie sur $[-10;10]$ par :

$$f(x)=\begin{cases}x^2+1 & \text{si } x<3\\ \sqrt{97+x} & \text{si } x\geqslant 3\end{cases}$$

1. Construire la fonction f en Python.

2. Afficher un tableau de valeurs de f pour les entiers de $[-10;10]$.

Thème 2 Géométrie

29 PYTHON La fonction `triequi` suivante permet de tracer un triangle équilatéral de côté L pixels.

```
from turtle import*
def triequi(L):
    for i in range(3):
        forward(L)
        left(120)
```

Voir activité 3

La figure ci-après est constituée à gauche d'un triangle équilatéral de côté 200 pixels, puis chaque triangle suivant a pour longueur des côtés la moitié de celle de son voisin de gauche.

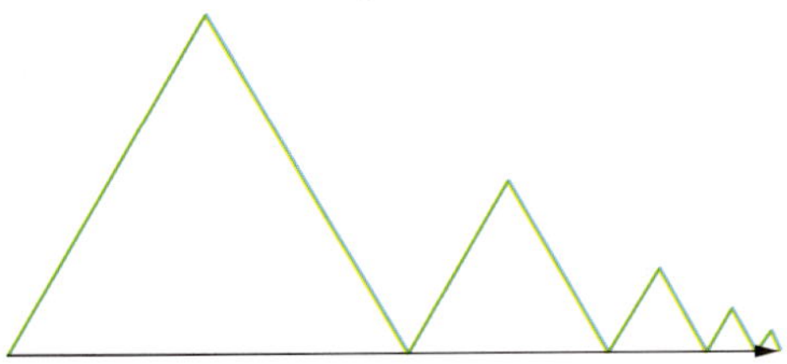

1. Construire un programme Python utilisant la fonction `triequi` et permettant de réaliser cette figure.
2. On poursuit la construction en ajoutant, au fur et à mesure à droite, un triangle de moitié de taille.
Construire une fonction Python prenant en paramètre le nombre de triangles à construire en tout et réalisant la construction correspondante.

30 **1.** On considère un polygone régulier à n côtés.
Déterminer la valeur de l'angle α en fonction de n.

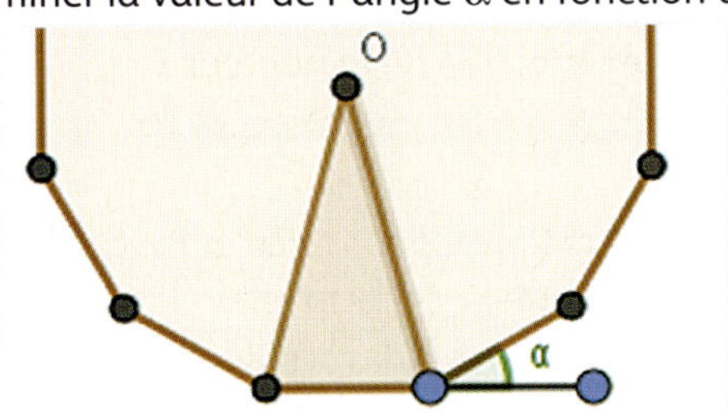

2. PYTHON Écrire, en Python et à l'aide de sa bibliothèque turtle, la fonction `polyg_regulier` chargée de dessiner un polygone régulier de longueur de côté c et de n côté.
c et n sont des paramètres de la fonction.
Exemples d'exécution :

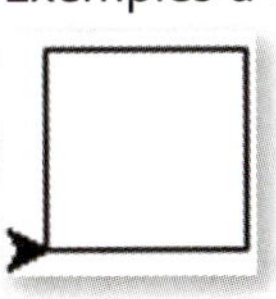

`polyg_regulier(50,4)`

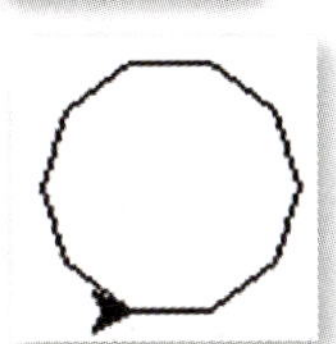

`Polyg_regulier(20,14)`

Voir activité 3

31 Dans un repère du plan, on considère trois points A, B et C, d'abscisses différentes.
1. Dans cette question seulement, on suppose :
$$A(1;2)\ ;\ B(5;4) \text{ et } C(9;6)$$
Déterminer par le calcul si les points A, B et C sont alignés.
2. Les points A, B et C ont maintenant pour coordonnées respectives $(x_A\,;y_A)$, $(x_B\,;y_B)$ et $(x_C\,;y_C)$.
En langage Python, cela revient à assimiler chaque point à la liste de ses coordonnées.
Ainsi, x_A sera obtenu par `A[0]` et y_A par `A[1]`.
a. Si on déclare sous Python les variables ci-contre.
À quoi correspond `B[1]` ?

```
A=[1,2]
B=[5,4]
C=[9,6]
```

b. Quelles instructions doit-on saisir pour obtenir l'ordonnée du point A ?
L'abscisse du point C ?
3. On souhaite que la fonction Python `align` ci-contre détermine si les points A, B et C sont alignés ou non et renvoie `True` s'ils sont alignés et `False` sinon.

```
def align(A, B, C):
    m1=(B[1]-A[1])/(B[0]-A[0])
    m2=...
    if ...:
        return True
    else :
        ...
```

a. Interpréter la valeur de la variable `m1` dans le contexte de l'exercice.
b. Compléter la fonction `align`.
4. PYTHON Programmer et tester le programme avec différentes valeurs pour les coordonnées des points A, B et C.

32 Les pyramides mayas peuvent être approximativement considérées comme un empilement de pavés droits à base carrée.

La pyramide de Kukulcán, située au Mexique, comporte neuf étages d'une même hauteur de 2,7 m. L'étage inférieur a une base carrée de côté 55,3 m, puis chaque étage a une base dont le côté est diminué de 2,8 m par rapport au précédent. Cette pyramide est surmontée d'un 10e étage de 17,2 m de large et de 6 m de haut.
1. Réaliser, à main levée, un schéma de la vue de face de la pyramide. Quelle est sa hauteur totale ?
2. Quel est le volume du 1er étage de la pyramide, c'est-à-dire celui qui repose au sol ? Celui du 2e étage ? En déduire celui des deux étages.
3. a. PYTHON Écrire une fonction en Python qui calcule le volume d'un pavé droit dont les dimensions sont passées en paramètre.
b. À l'aide d'une boucle, déterminer le volume de la pyramide.

Thème 3 Probabilités et statistiques

33 Obtenir le six, c'est gagné !

On lance un dé cubique équilibré, au plus six fois de suite. Dès que le joueur obtient un 6, il est gagnant et le jeu s'arrête. Si aucun 6 n'apparaît au cours des six lancers, le joueur est perdant.

On souhaite estimer la probabilité de gagner en simulant un grand nombre de parties.

1. On commence par simuler une partie.

a. Expliquer pourquoi il suffit de lancer six fois le dé et de compter le nombre de 6 obtenus sur ces lancers pour savoir si le joueur a gagné.

b. Compléter l'algorithme suivant afin de simuler une partie du jeu.

```
N ← 0
Pour i allant de 1 à 6
        Dé ← Entier_aléatoire(1 ; 6)
        Si ... Alors N ← N + 1
        Fin Si
Fin Pour
Si ... Alors
        Afficher (« Le joueur a gagné. »)
Sinon
        Afficher (« Le joueur a perdu. »)
Fin Si
```

c. Programmer une fonction Python qui simule une partie et qui renvoie *True* si le joueur gagne, et *False* sinon.

Info

Pour avoir accès aux fonctions liées à la simulation en Python, il faut importer la bibliothèque `random`.
L'instruction `randInt(1,6)` permet de générer un entier aléatoire entre 1 et 6.

2. Adapter la démarche précédente de façon à simuler n parties, où n est un entier naturel non nul.

3. PYTHON Programmer et estimer la probabilité de gagner à ce jeu.

34 PYTHON Points au hasard sur un segment

Sur un segment de longueur 1, on choisit au hasard deux points A et B. On considère l'événement D : « la distance AB est supérieure à 0,5 ». L'objectif de l'exercice est d'obtenir une estimation de la probabilité de D, $p(D)$.

1. Expliquer ce que permet de faire la fonction `simul` suivante, écrite en Python.

```python
from random import *
def simul():
    A=random()
    B=random()
    if max(A,B)-min(A,B)>0.5:
        return 1
    else:
        return 0
```

2. Pour un entier N, on souhaite simuler N fois l'expérience et obtenir la fréquence d'apparition de l'événement D sur l'échantillon obtenu.

Élaborer une démarche, puis écrire un programme en Python qui utilise la fonction `simul`.

3. Estimer la valeur de la probabilité $p(D)$.

35 Viser une cible

Sur une planche carrée de côté 2 m, on colorie un disque comme sur la figure ci-contre.

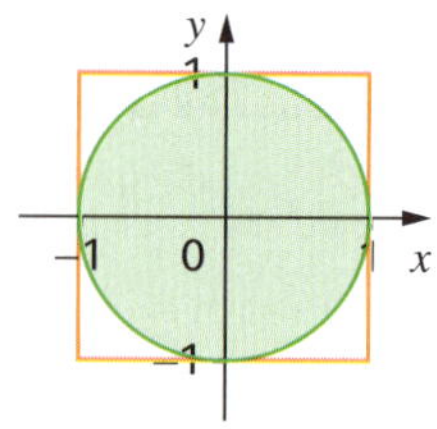

Cette planche devient la cible sur laquelle Medhi envoie des fléchettes au hasard (on suppose qu'il ne rate jamais la planche).

On souhaite estimer la probabilité que Medhi atteigne la zone colorée.

1. On propose le programme Python ci-dessous.

```python
from random import*
from matplotlib.pyplot import*

axis([-1,1,-1,1])
axis("equal")

for i in range(5000):
    x=uniform(-1,1)
    y=uniform(-1,1)
    if x**2+y**2<=1:
        plot(x,y,'.g')
    else:
        plot(x,y,'.r')

show()
close()
```

Voici la fenêtre graphique obtenue lorsqu'on exécute ce programme.

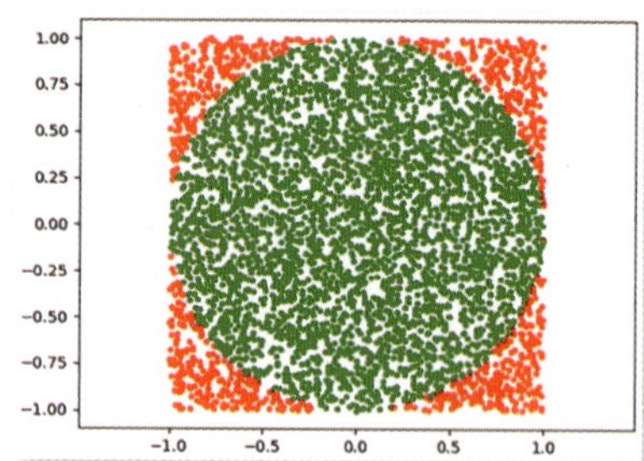

Que fait ce programme ? Le mettre en relation avec le contexte de l'exercice.

2. En adaptant la démarche précédente, construire une fonction `lancers` qui simule N lancers aléatoires vers la cible et retourne la fréquence d'atteinte de la zone colorée parmi ces N parties, N étant un entier naturel non nul.

3. a. PYTHON Estimer la probabilité que Medhi atteigne la zone colorée.

b. Multiplier cette estimation par 4.

Quelle valeur « connue » obtient-on ? Justifier.

36 PYTHON À l'aide d'un programme Python, simuler le déplacement d'une personne marchant 10 pas en titubant de manière aléatoire d'un pas sur la gauche ou d'un pas sur la droite.

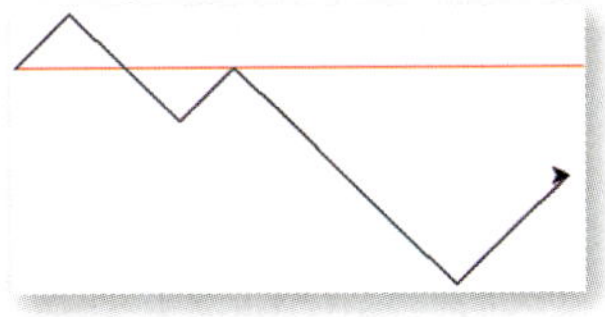

37 Manipuler des listes de nombres

On considère la liste de nombres suivante.

`ma_liste=[4,3.52,7.5,11,9.5]`

1. Pour chacune des commandes Python suivantes, indiquer ce qu'elle affiche.

a. `print(ma_liste[0])` **b.** `print(ma_liste[2])`
c. `print(ma_liste[5])` **d.** `print(len(ma_liste))`

2. On considère la fonction `mystere` suivante qui prend pour paramètre une liste (non vide) de nombres.

```
def mystere(liste):
    longueur=len(liste)
    m=liste[0]
    for i in range(1,longueur):
        if liste[i]>m:
            m=liste[i]
    return m
```

a. PYTHON Programmer cette fonction et l'appliquer pour les listes suivantes : `[3]`, `[4,7]`, `[6.2,1.2,1.3]` et la liste ma_liste.

b. Que fait cette fonction `mystere` ? Expliquer son fonctionnement. *Pour cela, on pourra l'appliquer pas à pas sur un exemple.*

3. Écrire une fonction qui prend en paramètre une liste de nombres et qui retourne son élément minimum.

38 Le jeu du pendu

Pour son projet informatique, Morgane a programmé un « jeu de pendu » en Python. On étudie ici quelques fonctions intervenant dans le code de son programme.

1. On souhaite écrire une fonction qui compte le nombre d'occurrences d'une lettre dans un mot donné, c'est-à-dire le nombre de fois où cette lettre apparaît.

```
mot_a_deviner="difficile"
def occurrence(lettre_proposee,mot):
    compteur=0
    for caractere in mot:
        if caractere==lettre_proposee:
            compteur= ...
    return ...
```

Par exemple `occurrence("f",mot_a_deviner)` doit retourner 2. Compléter les éléments manquants de cette fonction, puis la programmer et la tester.

2. En utilisant la fonction `occurrence`, écrire une fonction `appartient` qui admet deux arguments : un caractère (lettre_proposee) et une chaîne de caractères (mot), et qui indique si la lettre proposée appartient ou non au mot.

39 Générateur de mot de passe aléatoire

Pour faciliter la mémorisation de ses mots de passe, Lola souhaite utiliser des syllabes. Sachant qu'il faut souvent utiliser des caractères spéciaux et des chiffres, elle crée trois listes en Python.

```
syllabe = ["mO","dE","sU","tA","bU","nA","tI","sI"]
caracteres = ['{','}','[',']','_']
chiffres = ['0','1','2','3','4','5','6','7','8','9']
```

1. En partant d'une chaîne de caractères mdp vide tester les instructions ci-contre.

```
mdp=""
mdp+=syllabe[2]
mdp+=chiffres[3]
mdp+=caracteres[4]
```

Que contient alors la variable mdp ?
À quoi correspond l'instruction `+=` sur une chaîne de caractères ?

2. Quelques fois, elle ne souhaite pas intégrer de caractères spéciaux ou de chiffres.
Construire une fonction `motdepasse` qui lui permet de choisir le nombre d'éléments à intégrer dans le mot de passe, de choisir si les caractères spéciaux ou les chiffres sont présents.
Elle souhaite de plus que le chiffre soit placé à la fin de son mot de passe et que le caractère spécial soit au début.
Exemples d'exécution :

```
>>> motdepasse(5,False,False)
'tAbUbUsUdE'
>>> motdepasse(4,True,False)
'}tImOnA'
>>> motdepasse(3,False, True)
'sUnA0'
```

40 Dans un jeu vidéo, une balle se déplace et rebondit dans un cadre de 800 pixels par 500 pixels. À chaque rafraîchissement de l'écran, la balle se déplace suivant un vecteur $\vec{v}\begin{pmatrix} v_x \\ v_y \end{pmatrix}$.

La balle a un rayon de 10 pixels et on note x_B et y_B l'abscisse et l'ordonnée du centre de la balle représentée dans le repère ci-dessous.

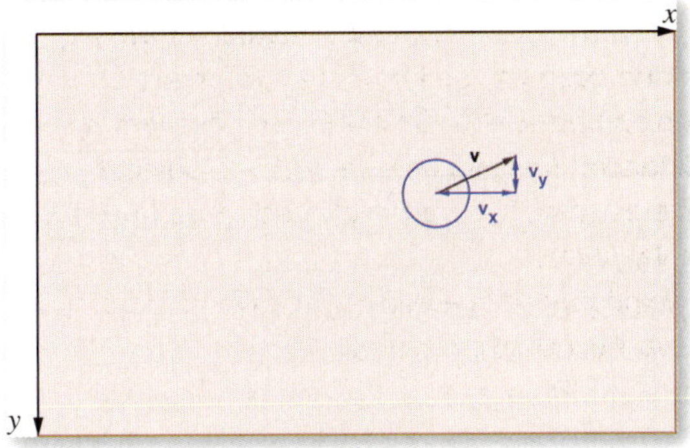

Compléter la fonction `hitbox` qui gère les rebonds.

```
def hitbox():
    global vx, vy #pour modifier une variable
    if yB>490 or yB<10:
```

TP Pratiquer l'algorithmique et programmer

TP1 Une rencontre improbable ?

Objectif PYTHON
Manipuler la boucle *Pour*.
Utiliser la bibliothèque random.

Romeo et Juliette se sont donné rendez-vous dans le jardin des Capulet.
On suppose que chacun arrive au hasard entre 22 h et 23 h, mais que le premier arrivé n'attend pas l'autre plus de 10 minutes.
Quelle est la probabilité p que Roméo et Juliette se rencontrent ?
Pour répondre à cette question, on va simuler un grand nombre de fois l'expérience et calculer la fréquence des rencontres.

Partie A Simulation « à la main »

On modélise les heures d'arrivée de Roméo et de Juliette, en nombre de minutes écoulées après 22 h, par le choix au hasard d'un réel de $[0;60]$.

1. On a saisi les instructions suivantes : le premier réel obtenu correspond à l'heure d'arrivée de Juliette, le second à celle de Roméo.

Casio

```
Ran# ×60
            35.58998476
Ran# ×60
            0.159047658
```

TI

```
NbrAléat*60
         47.88420605
NbrAléat*60
         57.11389996
```

Préciser dans chaque cas si la rencontre a lieu, puis proposer un critère sur les heures d'arrivée de Roméo et Juliette pour déterminer si la rencontre a lieu ou non.

2. Réaliser plusieurs simulations à l'aide de la calculatrice.

Aide calculatrice
Casio OPTN PROB RAND RAN#
TI MATH PRB 1 : NbrAléat

Partie B À l'aide d'un algorithme ALGO PYTHON

1. On souhaite simuler N rendez-vous et compter le nombre de rencontres sur l'échantillon obtenu.
Compléter l'algorithme incomplet suivant de façon à résoudre ce problème.

```
NbRencontres ← 0
Pour i allant de 1 à N faire
        Juliette ← 60 × alea
        Romeo ← 60 × alea
        Si … alors
           NbRencontres ← NbRencontres + 1
        Fin Si
Fin Pour
```

2. Programmer cet algorithme en langage Python ou calculatrice, pour simuler 1 000 rendez-vous.

Aide Python
Pour avoir accès aux fonctions liées à la simulation, il faut importer la bibliothèque `random`.
L'instruction `random()` permet de générer un réel aléatoire entre 0 et 1.

3. Estimer la probabilité p que Roméo et Juliette se rencontrent.

Partie C Pour aller plus loin…

Chaque rendez-vous peut être associé au point de coordonnées $(x\,;y)$ où x et y sont les heures d'arrivée respectives de Juliette et de Roméo, en nombre de minutes écoulées depuis 22 h.
On a effectué 5 000 simulations et représenté ci-contre chaque rendez-vous, en vert si la rencontre a lieu et en rouge sinon.

1. On admet que la probabilité p est égale au quotient de l'aire du domaine vert par l'aire du grand carré construit sur $[0;60]$.
Justifier que la probabilité p vaut $\dfrac{11}{36}$.

2. Comparer avec le résultat obtenu en partie B.

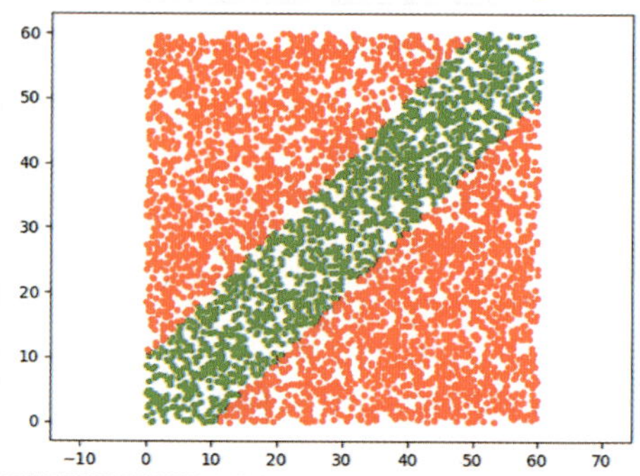

TP2 Créer et utiliser une interface graphique

Objectif PYTHON
Utiliser la bibliothèque : matplotlib.pyplot
Manipuler la boucle *Pour*.

La bibliothèque matplotlib.pyplot permet de créer une fenêtre graphique munie d'un repère orthogonal.

Info Python

Si on considère plusieurs points dont on liste les abscisses dans liste_x et les ordonnées dans liste_y (dans le même ordre), l'instruction plot(liste_x,liste_y) permet de relier ces points par des segments.

Partie A Paramétrage et premiers tracés dans une fenêtre graphique

1. a. Recopier et exécuter le programme suivant.

```
1 from matplotlib.pyplot import*
2 axis([0,6,0,5])
3 liste_x=[0,3,6]
4 liste_y=[5,0,5]
5 plot(liste_x,liste_y)
6 show()
```

b. Que permet l'instruction écrite en ligne 2 ?

c. Définir les points reliés par des segments. Mettre en relation avec les listes liste_x et liste_y.

Info Python

show() permet d'afficher la fenêtre graphique. Cette instruction est à placer **en fin de programme**.

2. On peut paramétrer l'instruction plot en choisissant la couleur des segments tracés (color) ou leur épaisseur (lw).

a. On considère le programme suivant.

```
from matplotlib.pyplot import*
liste1_x=[0,5]
liste1_y=[5,0]
plot(liste1_x,liste1_y,color="blue",lw=2)
liste2_x=[0,5]
liste2_y=[0,5]
plot(liste2_x,liste2_y,color="red",lw=4)
show()
```

Que fait-il ?

b. Le programmer et vérifier.

Partie B Tracer une suite de segments

On considère les figures et les programmes en Python suivants. Sans programmer sur ordinateur, associer les figures à leur programme.
Justifier, puis vérifier à l'aide de l'ordinateur.

ⓐ
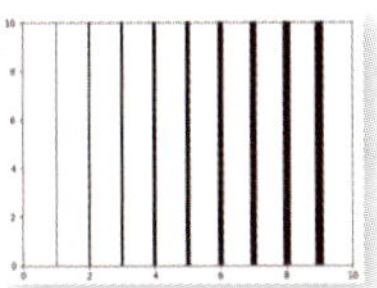

ⓑ
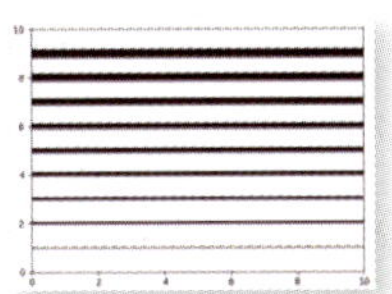

ⓒ
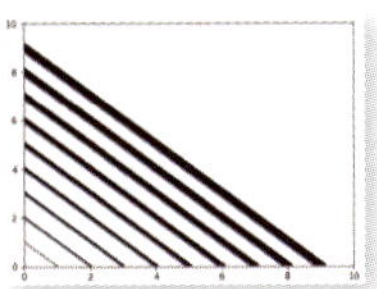

ⓓ
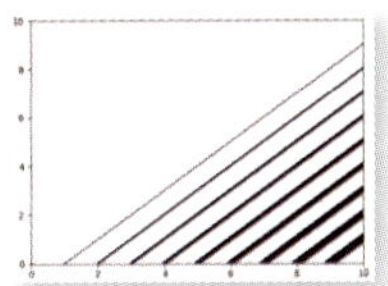

①
```
for i in range(10):
    liste_x=[i,0]
    liste_y=[0,i]
    plot(liste_x,liste_y,color="k",lw=i)
show()
```

②
```
for i in range(10):
    liste_x=[i,i]
    liste_y=[0,10]
    plot(liste_x,liste_y,color="k",lw=i)
show()
```

③
```
for i in range(10):
    liste_x=[i,10]
    liste_y=[0,10-i]
    plot(liste_x,liste_y,color="k",lw=i)
show()
```

④
```
for i in range(10):
    liste_x=[0,10]
    liste_y=[i,i]
    plot(liste_x,liste_y,color="k",lw=i)
show()
```

Partie C Sans aide

Réaliser les figures données ci-dessous à l'aide de programmes Python.

1.
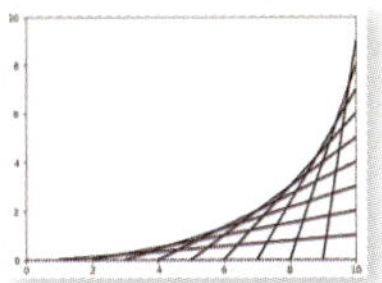

2.
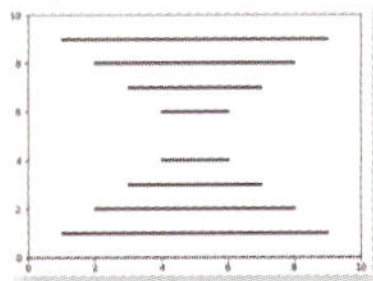

3.
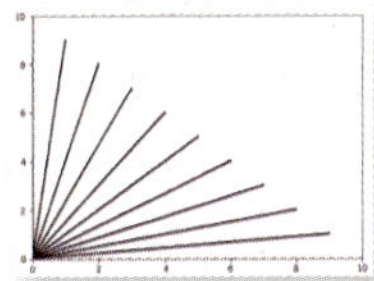

4.
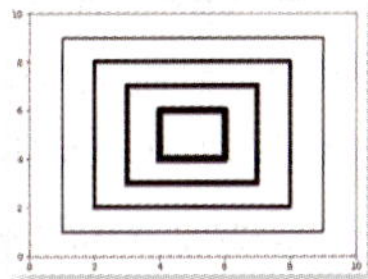

Corrigés

Chapitre 1

Méthode

2 a. Centre $=7{,}5$; $|x-7{,}5|<2{,}5$
b. Centre $=1$; $|x-1|\leqslant 2{,}5$
c. Centre $=-2$; $|x+2|<0{,}25$

4 1. L'hypoténuse : $BC=\sqrt{4^2+7^2}=\sqrt{65}\approx 8{,}0622$, donc $8{,}062<BC<8{,}063$.
2. $\tan\widehat{ABC}=\dfrac{4}{7}$ donc $\widehat{ABC}\approx 29{,}75°$, soit 29,7 à 1° près.
$\tan\widehat{ACB}=\dfrac{7}{4}$ donc $\widehat{ACB}\approx 60{,}25°$ soit 60,3 à 1° près.

8 $258\times\dfrac{77}{100}\approx 198{,}66$, donc 199 élèves par excès.

11 1. $8x+9>-5 \Leftrightarrow 8x>-14 \Leftrightarrow x>-\dfrac{14}{8} \Leftrightarrow x\in\left]-\dfrac{14}{8};+\infty\right[$

2. $4-12{,}5x<-3{,}7 \Leftrightarrow -12{,}5x<-7{,}7 \Leftrightarrow x>\dfrac{77}{125}$
$\Leftrightarrow x\in\left]\dfrac{77}{125};+\infty\right[$

3. $9+\dfrac{2}{3}x\leqslant\dfrac{20}{7} \Leftrightarrow \dfrac{2}{3}x\leqslant\dfrac{20}{7}-9 \Leftrightarrow x\leqslant-\dfrac{43}{7}\times\dfrac{3}{2} \Leftrightarrow x\leqslant-\dfrac{129}{14}$
$\Leftrightarrow x\in\left]-\infty;-\dfrac{129}{14}\right]$

4. $11>4-2{,}5x \Leftrightarrow 7>-2{,}5x \Leftrightarrow \dfrac{7}{-2{,}5}<x \Leftrightarrow -\dfrac{14}{5}<x$
$\Leftrightarrow x\in\left]-\dfrac{14}{5};+\infty\right[$

J'évalue mes connaissances

QCM

1. c	2. a et c	3. a et c	4. b	5. a
6. b	7. b	8. c	9. a, b et c	

vrai ou faux ?

1. a. Vrai, car $7x-5>0 \Leftrightarrow x>\dfrac{5}{7}$.
b. Vrai
c. Faux
2. a. Faux, car $f\left(\sqrt{3}-1\right)=4\left(\sqrt{3}-1\right)^2+8\left(\sqrt{3}-1\right)-7$
$=4\left(4-2\sqrt{3}\right)+8\sqrt{3}-15=1$
$f\left(\sqrt{3}+1\right)=4\left(\sqrt{3}+1\right)^2+8\left(\sqrt{3}+1\right)-7$
$=4\left(4+2\sqrt{3}\right)+8\sqrt{3}+1=17+16\sqrt{3}$
b. Faux, car $f\left(\dfrac{1}{2}\right)=4\times\left(\dfrac{1}{2}\right)^2+8\times\dfrac{1}{2}-7=1+4-7=-2$.
c. Faux, car $f\left(\dfrac{1}{3}\right)=\dfrac{4}{9}+\dfrac{8}{3}-7=-\dfrac{35}{9}\approx-3{,}888$.
d. Vrai, car $f(0)=-7$.
3. a. Faux
b. Vrai
c. Faux, c'est un parallélogramme, mais pas forcément un rectangle.
d. Faux, l'aire grisée $=x^2+(10-x)(4-x)=2x^2-14x+40$ et l'aire de $ABC=20$.

Exercices Application

48 $x_A=-0{,}125$; $x_B=-0{,}05$; $x_C=0{,}2$; $x_D=0{,}3$

53 1. $x\in]0;+\infty[$ 2. $x\in[10;+\infty[$ 3. $y\in]-5;7]$

63 1. $f(x)\geqslant 0 \Leftrightarrow x\in[-5{,}8;3{,}35]\cup[7;+\infty[$
2. $f(x)\geqslant 0 \Leftrightarrow x\in[0;1{,}2]\cup[4{,}1;6{,}2]$

66 On cherche x le montant des frais, pour avoir $y\geqslant 320$: $320\leqslant 53{,}8x+69{,}7 \Leftrightarrow x\geqslant 4{,}65$ soit 4 650 €.

67 a. $7x+14<0 \Leftrightarrow 7x<-14 \Leftrightarrow x<-2$
Donc pour $x\in\mathbb{R}$ les solutions sont $]-\infty;-2[$; pour $x\in\mathbb{N}$ l'inéquation n'admet pas de solution.
b. $13-2{,}5x\geqslant 0 \Leftrightarrow -2{,}5x\geqslant-13 \Leftrightarrow x\leqslant\dfrac{13}{2{,}5}=5{,}2$
Donc pour $x\in\mathbb{R}$ les solutions sont $]-\infty;5{,}2]$; pour $x\in\mathbb{N}$, les solutions sont $\{0;1;2;3;4;5\}$

Exercices Entraînement

78 1. $9<x<11 \Leftrightarrow |x-10|<1$
2. $78<x<86 \Leftrightarrow |x-82|<4$
3. $\dfrac{4}{5}\leqslant y\leqslant\dfrac{6}{5} \Leftrightarrow |y-1|\leqslant\dfrac{1}{5}$

86 1. $1<\dfrac{4}{3}=1+\dfrac{1}{3}<2$ 2. $1<\dfrac{8}{5}=1+\dfrac{3}{5}<2$
3. $5<\dfrac{37}{7}=5+\dfrac{2}{7}<6$ 4. $5<\dfrac{48}{9}=5+\dfrac{4}{9}<6$
5. $11<\dfrac{123}{11}=11+\dfrac{2}{11}<12$

93 `L=[-10;-6;-2;6]`

101 1. $1{,}020304E-04=0{,}00010203$
2. $4{,}546E-03=0{,}00454600$
3. $8{,}6071E-04=0{,}00086071$
4. $7{,}0045E-02=0{,}07004500$

112 1. $98-5x>-65 \Leftrightarrow -5x>-65-98 \Leftrightarrow x<\dfrac{-163}{-5}$
$\Leftrightarrow x<32{,}6 \Leftrightarrow x\in]-\infty;32{,}6[$
2. $\dfrac{2}{3}-\dfrac{5}{9}x\leqslant\dfrac{3}{4} \Leftrightarrow -\dfrac{5}{9}x\leqslant\dfrac{3}{4}-\dfrac{2}{3} \Leftrightarrow x\geqslant-\dfrac{9}{5}\times\dfrac{1}{12} \Leftrightarrow x\geqslant-\dfrac{3}{20}$
$\Leftrightarrow x\in\left[-\dfrac{3}{20};+\infty\right[$
3. $\dfrac{1-x}{4}-x>-17 \Leftrightarrow 1-x<-68 \Leftrightarrow -x<-69 \Leftrightarrow x>69$
$\Leftrightarrow x\in]69;+\infty[$

121 1. $13x+\dfrac{2}{3}>0 \Leftrightarrow x>\dfrac{1}{13}\times\dfrac{-2}{3} \Leftrightarrow x>-\dfrac{2}{39}$

x	$-\infty$		$-\dfrac{2}{39}$		$+\infty$
Signe de $13x+\dfrac{2}{3}$		$-$	0	$+$	

2. $\dfrac{5}{6}-8x>0 \Leftrightarrow x<\dfrac{5}{42}$

x	$-\infty$		$\dfrac{5}{42}$		$+\infty$
Signe de $5-8x$		$+$	0	$-$	

3. $\sqrt{3}x+\sqrt{2}>0 \Leftrightarrow x>-\dfrac{\sqrt{2}}{\sqrt{3}}$

x	$-\infty$		$-\dfrac{\sqrt{2}}{\sqrt{3}}$		$+\infty$
Signe de $\sqrt{3}x+\sqrt{2}$		$-$	0	$+$	

Je me teste

CAPACITÉ 1
1. a. Vrai b. Faux c. Vrai d. Vrai
2. a. Vrai b. Vrai c. Vrai d. Vrai

CAPACITÉ 2
3. a. Vrai b. Vrai c. Faux d. Vrai
4. a. Vrai b. Faux c. Faux d. Faux

CAPACITÉ 3
5. a. Faux b. Vrai c. Faux d. Vrai
6. a. Vrai b. Faux c. Vrai d. Vrai

CAPACITÉ 4
7. a. Vrai b. Vrai c. Faux d. Vrai

CAPACITÉ 5
8. a. Vrai b. Faux c. Vrai d. Vrai

Je fais des exercices bilans

Bilan 7

1. a. $|x-2| \leqslant 0{,}1$
b. $x \in]-3{,}5\,;-1[$
c. $x \in [1{,}732\,;1{,}733]$

2. a.

b.

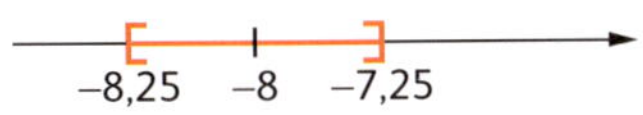

c.

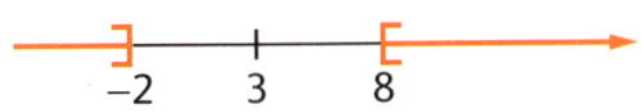

Chapitre 2

Méthode

2 Soient n et m deux multiples de a. On pose :
$n = k \times a$ et $m = p \times a$ où k et p sont des entiers relatifs.
Alors $n - m = k \times a - p \times a = (k-p) \times a$.
Comme $(k-p)$ est un entier, la différence $(n-m)$ est un multiple de a.

5 1. a. Si l'entier n était impair, alors le carré n^2 serait impair. Or n^2 est pair. Il n'est donc pas possible que l'entier n soit impair.
b. Comme n n'est pas impair, l'entier n est pair.
2. Si l'entier n était pair, alors le carré n^2 serait pair aussi. Or n^2 est impair. Il n'est donc pas possible que n soit pair.
On en déduit que l'entier n est impair.

11 $f(-4) = 3 + \dfrac{2}{-4+1} = 3 - \dfrac{2}{3} = \dfrac{9}{3} - \dfrac{2}{3} = \dfrac{7}{3}$

$f(4) = 3 + \dfrac{2}{4+1} = 3 + \dfrac{2}{5} = \dfrac{15}{5} + \dfrac{2}{5} = \dfrac{17}{5}$

$f(3) = 3 + \dfrac{2}{3+1} = 3 + \dfrac{2}{4} = 3 + \dfrac{1}{2} = \dfrac{6}{2} + \dfrac{1}{2} = \dfrac{7}{2}$

$f(9) = 3 + \dfrac{2}{9+1} = 3 + \dfrac{2}{10} = 3 + \dfrac{1}{5} = \dfrac{15}{5} + \dfrac{1}{5} = \dfrac{16}{5}$

14 Soit un cube $ABCDEFGH$ ci-contre.

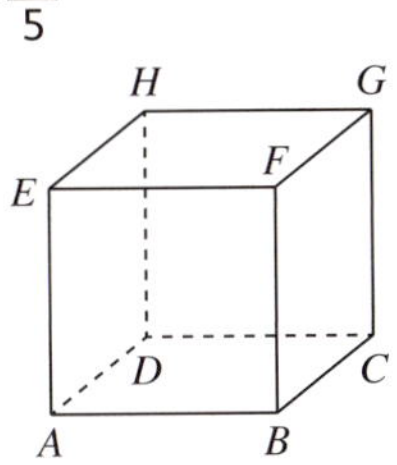

a. La longueur de la diagonale d'une face est $AC = \sqrt{AB^2 + BC^2}$ d'après le théorème de Pythagore.
Donc $AC = \sqrt{a^2 + a^2} = \sqrt{a^2 \times 2}$, soit :
$$AC = \sqrt{a^2} \times \sqrt{2} = a\sqrt{2}$$
b. La longueur des grandes diagonales du cube est $AG = \sqrt{AC^2 + CG^2}$ d'après le théorème de Pythagore.
Donc $AG = \sqrt{2a^2 + a^2} = \sqrt{3a^2} = a\sqrt{3}$.

J'évalue mes connaissances

QCM

1. a et b 2. b et c 3. a et c 4. a et c
5. a et c 6. b et c 7. b et c 8. b et c
9. a 10. a, b et c 11. c

Vrai ou faux ?

Partie A.
1. Vrai 2. Vrai 3. Vrai 4. Faux
5. Vrai 6. Faux 7. Faux 8. Vrai

Partie B.
1. Vrai 2. Vrai 3. Vrai 4. Faux
5. Faux 6. Faux 7. Vrai

Exercices Application

45 Lorsqu'on choisit trois entiers consécutifs, l'un (au moins) est pair, c'est-à-dire divisible par 2, et l'un est divisible par 3. Leur produit est donc divisible par $2 \times 3 = 6$.

48 1. 15^2, carré d'un entier impair, est impair.
31^2, carré d'un entier impair, est impair.
46^2, carré d'un entier pair, est pair.
25×13, produit de deux entiers impairs, est impair.
24×17, produit d'un entier pair et d'un entier impair, est pair.
2. On retrouve les résultats précédents en effectuant les calculs à la calculatrice.

52 $\dfrac{420}{165} = \dfrac{2\times2\times3\times5\times7}{3\times5\times11} = \dfrac{2\times2\times7}{11} = \dfrac{28}{11}$

$\dfrac{140}{462} = \dfrac{2\times2\times5\times7}{2\times3\times7\times11} = \dfrac{2\times5}{3\times11} = \dfrac{10}{33}$

$\dfrac{385}{840} = \dfrac{5\times7\times11}{2\times2\times2\times3\times5\times7} = \dfrac{11}{2\times2\times2\times3} = \dfrac{11}{24}$

$\dfrac{1680}{195} = \dfrac{2\times2\times2\times2\times3\times5\times7}{3\times5\times13} = \dfrac{2\times2\times2\times2\times7}{13} = \dfrac{112}{13}$

59 • $f(\sqrt{2}) = (3\sqrt{2}-5)^2 = (3\sqrt{2})^2 - 2\times3\sqrt{2}\times5 + 5^2$
Donc $f(\sqrt{2}) = 9\times2 - 30\sqrt{2} + 25 = 43 - 30\sqrt{2}$.
• $f(-\sqrt{3}) = (-3\sqrt{3}-5)^2$
Donc $f(-\sqrt{3}) = (-3\sqrt{3})^2 - 2\times(-3\sqrt{3})\times5 + 5^2$.
Donc $f(-\sqrt{3}) = 9\times3 + 30\sqrt{3} + 25 = 52 + 30\sqrt{3}$.
• $f(\sqrt{7}) = (3\sqrt{7}-5)^2 = (3\sqrt{7})^2 - 2\times3\sqrt{7}\times5 + 5^2$
Donc $f(\sqrt{7}) = 9\times7 - 30\sqrt{7} + 25 = 88 - 30\sqrt{7}$.

Exercices Entraînement

62 1. a. Soit d un diviseur de N. Tout diviseur de d est aussi un diviseur de N. On en déduit que si d admet un diviseur premier autre que 2 ou 3, N admettrait un diviseur premier autre que 2 ou 3, ce qui est impossible compte tenu de sa décomposition en produit de facteurs premiers (qui est unique à l'ordre près). Donc la décomposition en produits de facteurs premiers ne comporte pas d'autres facteurs premiers que 2 ou 3.
b. En utilisant la décomposition en produit de facteurs premiers de N, ses diviseurs positifs sont les entiers de la forme $2^i \times 3^j$, où $i \in \{0;1;2\}$ et $j \in \{0;1\}$. Les diviseurs positifs de N sont donc obtenus en calculant les produits en bout de branche.
On en déduit les diviseurs positifs de N sont : 1 ; 3 ; 2 ; 6 ; 4 et 12. Soit dans l'ordre croissant : 1 ; 2 ; 3 ; 4 ; 6 et 12.
Il y en a en tout $3 \times 2 = 6$.

2. • $45=3^2\times5$. Donc 45 admet exactement $3\times2=6$ diviseurs positifs. Il s'agit de 1 ; 3 ; 5 ; 9 ; 15 et 45.
• $50=2\times5^2$. Donc 50 admet exactement $2\times3=6$ diviseurs positifs. Il s'agit de 1 ; 2 ; 5 ; 10 ; 25 et 50.
• $70=2\times5\times7$. Donc 70 admet exactement $2\times2\times2=8$ diviseurs positifs. Il s'agit de 1 ; 2 ; 5 ; 7 ; 10 ; 14 ; 35 et 70.
• $147=3\times7^2$. Donc 147 admet exactement $2\times3=6$ diviseurs positifs. Il s'agit de 1 ; 3 : 7 ; 21 ; 49 et 147.

76 **1.** On suppose que a est pair et b est impair.
a. $2a$ est pair et $3b$ est impair. Donc $(2a+3b)$ est impair.
b. a^2 est pair et b^2 est impair. Donc a^2-b^2 est impair.
c. $9a$ est pair et $4b$ est pair. Donc $(9a+4b)$ est pair.
2. On suppose que a et b sont impairs.
a. $2a$ est pair et $3b$ est impair. Donc $(2a+3b)$ est impair.
b. a^2 est impair et b^2 est impair. Donc a^2-b^2 est pair.
c. $9a$ est impair et $4b$ est pair. Donc $(9a+4b)$ est impair.

Je me teste

Capacité 1 : **1.** c et d **2.** a, c et d **3.** a, b et d **4.** b et c **5.** c

Capacité 2 : **6.** a **7.** a et c

Capacité 3 : **8.** c **9.** b **10.** a **11.** c

Capacité 4 : **12.** a **13.** c **14.** b **15.** a **16.** a et b

Je fais des exercices bilans

Bilan 2

1. On obtient le tableau suivant.

n	Diviseurs stricts	Somme des diviseurs stricts	Conclusion
2	1	1	Déficient
3	1	1	Déficient
4	1 ; 2	3	Déficient
5	1	1	Déficient
6	1 ; 2 ; 3	6	Parfait
7	1	1	Déficient
8	1 ; 2 ; 4	7	Déficient
9	1 ; 3	4	Déficient
10	1 ; 2 ; 5	8	Déficient
11	1	1	Déficient
12	1 ; 2 ; 3 ; 4 ; 6	16	Abondant

2. $28=2^2\times7$. Les diviseurs propres de 28 sont : 1 ; 2 ; 4 ; 7 et 14. Or $1+2+4+7+14=28$. Donc 28 est parfait.
3. Comme p est premier, les diviseurs positifs de p sont 1 et p. La somme des diviseurs propres est donc égale à 1.
Comme $p\geqslant2$, p est strictement supérieur à la somme de ses diviseurs propres. Donc p est déficient.

Bilan 6

1. a. d est un diviseur de p et de q, donc de $5q$. Donc d est un diviseur de $(p-5q)$.
b. $p-5q=(5n+21)-5(n+4)=1$. Donc d est un diviseur de 1. Les seuls diviseurs de 1 sont -1 et 1.
Donc $d=1$ ou $d=-1$.
c. Les seuls diviseurs communs entre le numérateur p et le dénominateur q sont 1 et -1. Donc la fraction $\frac{p}{q}$ est écrite sous forme irréductible pour tout entier $n\neq-4$.

2. Soit d un diviseur commun de $(3n+11)$ et de $(n+4)$.
Alors d est un diviseur de $(3n+11)-3(n+4)=-1$. On en déduit que les seuls diviseurs communs de $(3n+11)$ et de $(n+4)$ sont 1 et -1, ou encore que la fraction $\frac{3n+11}{n+4}$ est écrite sous forme irréductible pour tout entier $n\neq-4$.

Chapitre 3

Méthode

1 **a.** $A=8x^2-9x$
b. $B=-5x^2+2x$
c. $C=(2x^2-7x+6)-2x^2+6=-7x+12$

10 On a $A-B=(a^2+1)-(a^2+2a+1)=-2a$.
Si $a<0$, alors $A-B>0$ et donc $A>B$.
Si $a>0$, alors $A-B<0$ et donc $A<B$.
Enfin, si $a=0$, alors $A=B$.

19 **b.** $5-\frac{3x+1}{x(x-2)}=\frac{5x(x-2)-(3x+1)}{x(x-2)}=\frac{5x^2-13x-1}{x(x-2)}$

c. $\frac{4}{x+4}+\frac{x+2}{2x-5}=\frac{4(2x-5)}{(x+4)(2x-5)}+\frac{(x+4)(x+2)}{(x+4)(2x-5)}$
$=\frac{x^2+14x-12}{(x+4)(2x-5)}$

21 **1.** $AC=\sqrt{x^2-4}$
2. Cette formule est valable pour tout réel $x>2$.
3. L'aire du triangle ABC est égale à $A_{ABC}=\sqrt{x^2-4}$ et son périmètre à $x+2+\sqrt{x^2-4}$.

J'évalue mes connaissances

QCM

1. b **2.** c **3.** c **4.** b **5.** a
6. b **7.** c **8.** c **9.** b et c **10.** a et b
11. b **12.** a

vrai ou faux ?

Partie A.
1. Vrai
2. Vrai
3. Faux, on a $f(0)=B(0)=-5$.
4. Vrai, $B(x)=-5\Leftrightarrow x(4x+1)=0\Leftrightarrow x=0$ ou $x=-\frac{1}{4}$
5. Vrai, $f(x)=0\Leftrightarrow A(x)=0\Leftrightarrow x-1=0$ ou $4x+5=0$.

Partie B.
1. Faux, les valeurs interdites sont -1 et $-\frac{1}{3}$.
2. Vrai.
$(E)\Leftrightarrow\frac{2}{3x+1}-\frac{4}{x+1}=0\Leftrightarrow\frac{2(x+1)}{(x+1)(3x+1)}-\frac{4(3x+1)}{(x+1)(3x+1)}=0$
$\Leftrightarrow\frac{2x+2-12x-4}{(x+1)(3x+1)}=0\Leftrightarrow\frac{-10x-2}{(x+1)(3x+1)}=0$
3. Faux, seul le nombre $-\frac{1}{5}$ est solution de l'équation.

Exercices Application

52 **a.** $-3x^2-32x-142$ **b.** $10z^2-6z$
c. $60t^2+28t-8$ **d.** $2u+47$

64 **a.** $(x+3)(x+11)$ **b.** $(2x-3)(x+2)$
c. $(3y-5)(3y-3)$ **d.** $x^2(8x^2-6x+4)$

73 a. $S=\{-6;6\}$ b. $S=\left\{-\frac{1}{2};\frac{1}{2}\right\}$

c. $S=\{-2;2\}$ d. $S=\left\{0;\frac{3}{5}\right\}$

81 Pour tous réels x, y, $A-B=x^2-2xy+y^2=(x-y)^2$. Ainsi, $A-B\geqslant 0$ d'où $A\geqslant B$. $A=B$ si et seulement si $x=y$.

85 1. Forme développée : $f(x)=2x^2-9x+4$.
2. Forme factorisée : $f(x)=(2x-1)(x-4)$.
3. a. On a, par la forme développée, $f(0)=4$ donc la courbe $\mathscr{C}$ coupe l'axe des ordonnées au point de coordonnées $(0;4)$.
b. Par la forme développée, on a $f(x)=4\Leftrightarrow 2x^2-9x=0$ $\Leftrightarrow x(2x-9)=0$. Donc 4 admet 0 et $\frac{9}{2}$ comme antécédents par f.
c. Par la forme factorisée, on a $f(4)=0$.
d. Par la forme factorisée $f(x)=0\Leftrightarrow(2x-1)(x-4)=0$. Cette équation admet donc 4 et $\frac{1}{2}$ comme solutions.

89 1. $-\frac{1}{2}$ est valeur interdite de ce quotient.
2. $\frac{3x}{2x+1}+x=\frac{3x}{2x+1}+\frac{x(2x+1)}{2x+1}=\frac{2x^2+4x}{2x+1}$
3. $S=\{0;-2\}$

94 1. $\frac{3\pi}{2}+2x$ 2. $\frac{\pi x}{2}+6$

Exercices Entraînement

100 1. $E=(3x-7)(3x+7)-(3x-7)(2x-1)=(3x-7)(x+8)$
2. $F=3(2x-7)+(2x-7)(1-5x)=(2x-7)(4-5x)$

108 a. Valeur interdite : -1. $\frac{x+3}{x+1}$.
b. Valeur interdite : $\frac{2}{3}$. $\frac{-15x+8}{3x-2}$.
c. Valeurs interdites : -1 et $\frac{2}{3}$. $\frac{10x}{(x+1)(3x-2)}$.
d. Valeurs interdites : $\frac{1}{2}$ et $\frac{4}{3}$. $\frac{13-16x}{(4-3x)(2x-1)}$.

118 Soient $a,b\in\,]0;+\infty[$. On a
$B-A=\frac{a+b}{ab}-\frac{1}{a+b}=\frac{(a+b)^2-ab}{ab(a+b)}=\frac{a^2+b^2+ab}{ab(a+b)}$ donc $B-A>0$ d'où $B\geqslant A$.

145 1. a. $m=n\times M$ b. $M=\frac{m}{n}$
2. a. $n=\frac{pV}{RT}$ b. $\frac{n}{V}=\frac{p}{RT}$

Je me teste

Capacité 1 – Capacité 3 1. d 2. b 3. b 4. b et c
5. b et c 6. c

Capacité 2 7. b, c et d 8. b et c

Capacité 4 9. a 10. b 11. b et c

Capacité 5 12. b et c 13. b et d

Je fais des exercices bilans

Bilan 1
1. $A=4x^2-12x+9-(2x^2-x-3)=2x^2-11x+12$
$B=9x^2-1+6x-2=9x^2+6x-3$
2. $B(x)=(3x-1)(3x+3)$ $C(x)=(2x+5)^2$
$D(x)=(2x+8)(2x-6)$

Bilan 2
1. $x-10=-x+6\Leftrightarrow 2x=16\Leftrightarrow x=8$. $S=\{8\}$
2. $S=\left\{-\frac{1}{2};2\right\}$
3. $(x+1)(2x-5)=0$. $S=\left\{-1;\frac{5}{2}\right\}$
4. $(2x)^2-(4x+3)^2=0\Leftrightarrow(-2x-3)(6x+3)=0$. $S=\left\{-2;-\frac{3}{2}\right\}$

Chapitre 4

Méthode

1 1. Dans le triangle ABC rectangle en B d'après le théorème de Pythagore on a : $AC^2=AB^2+BC^2$, $AC^2=8^2+4^2=80$.
Donc $AC=\sqrt{80}=\sqrt{16\times 5}=4\sqrt{5}$.
2. $\tan\widehat{C}=\frac{AB}{BC}$, $\tan\widehat{C}=\frac{8}{4}=2$; $\widehat{A}=\tan^{-1}(2)\approx 63{,}4°$

4 1.

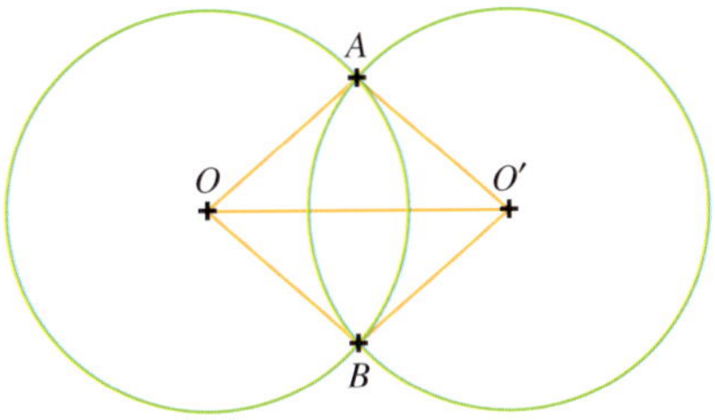

2. a. $OO'A$ semble être isocèle en A.
b. $OA=O'A$ car les deux cercles ont le même rayon. On en déduit que le triangle $OO'A$ est isocèle en A.
3. De même on montre que le triangle $OO'B$ est isocèle en B.
De plus, on a donc $OA=OA'=OB=OB'$.
Le quadrilatère $OAO'B$ est donc un losange.
Ces diagonales $[OO']$ et $[AB]$ sont donc perpendiculaires.

J'évalue mes connaissances

QCM

1. b et c 2. a et b 3. b et c 4. b 5. c
6. b 7. a 8. a 9. b

Vrai ou faux ?

Partie A.
1. Vrai 2. Faux 3. Vrai 4. Vrai

Partie B.
1. Faux 2. Faux 3. Vrai 4. Faux
5. Vrai 6. Faux 7. Vrai 8. Faux

Exercices Application

36 1. Puisque ABC est inscrit dans un cercle de diamètre $[AB]$, alors il est rectangle en A.
On a donc $\sin\alpha=\frac{AC}{AB}$; $\sin 30=\frac{x}{8}$ donc $x=8\times\sin 30=4$ cm.
2. Dans le triangle ABC rectangle en B, $\tan\beta=\frac{AB}{BC}$; $\tan 45=\frac{x}{3}$ donc $x=3\times\tan 45=3$ cm.

38 Dans le triangle ABC rectangle en B, $\cos\widehat{A}=\frac{AB}{AC}$; $\cos\alpha=\frac{6}{12}$ donc $\alpha=\cos^{-1}\left(\frac{1}{2}\right)=60°$.

Corrigés

45 **1.** Dans le triangle ABC, les trois médiatrices sont concourantes, or E est le centre du cercle circonscrit car il est le point d'intersection des médiatrices des segments $[AB]$ et $[AC]$. La médiatrice de $[BC]$ passe donc forcément par E.
2. De même, on montre que dans le triangle BCD la médiatrice de $[BC]$ passe par le centre de cercle circonscrit F.
3. On en déduit que (EF) est la médiatrice du segment $[BC]$, donc que (EF) et (BC) sont perpendiculaires.

47 Puisque E (resp. F) appartient au segment $[AC]$ (resp. $[BC]$) alors : $CE+EA=CA$ (resp. $BF+FC=BC$).
On sait que $AE<BF$ donc $AE+EC<BF+EC$. Or $EC=FC$ donc $AE+EC<BF+FC$ soit $AC<BC$.

Exercices Entraînement

51 Puisque $ABCD$ est un parallélogramme alors ses diagonales $[AC]$ et $[BD]$ se coupent en leur milieu. De même dans le parallélogramme $BFDE$ les diagonales $[BD]$ et $[EF]$ se coupent en leur milieu.
On en déduit que $[AC]$ et $[EF]$ ont le même milieu donc le quadrilatère $AECF$ a ses diagonales qui se coupent en leur milieu, c'est donc un parallélogramme.

65 **1.**

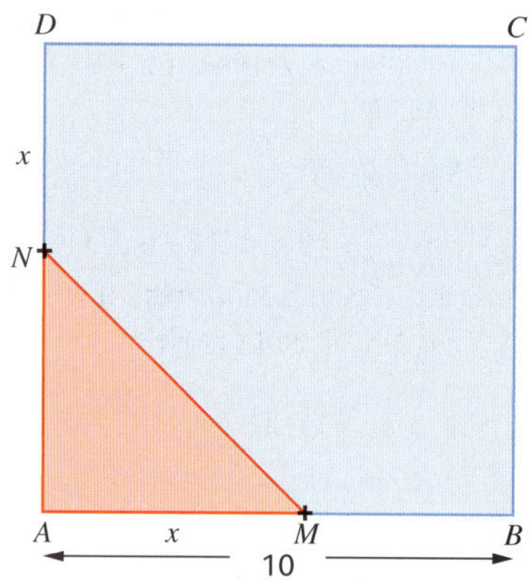

2. $x \in [0;10]$

3. $\mathscr{A}(x)=\dfrac{AM\times AN}{2}=\dfrac{x(10-x)}{2}=\dfrac{10x-x^2}{2}$
$=\dfrac{10x}{2}-\dfrac{x^2}{2}=5x-\dfrac{x^2}{2}$

4. Le maximum semble être atteint pour $x=5$.

70 Puisque $ABCD$ est un losange alors ses diagonales se coupent en leur milieu et sont perpendiculaires. On en déduit que (AC) est la médiatrice de $[BD]$. Or chaque point M de la médiatrice de $[BD]$ est équidistant de ses extrémités B et D, on en déduit que $BM=DM$.

80 **1.** $BC=4\,\text{cm}$ donc c'est un diamètre de Γ. Puisque BCD est inscrit dans le cercle de diamètre $[BC]$ alors il est rectangle en D.
2. Le projeté orthogonale de C sur (BD) est D, donc la distance entre C et (BD) est CD. Or $\cos\widehat{C}=\dfrac{CD}{BC}$, donc $CD=BC\times\cos\alpha$.
$CD=4\times\cos 30{,}7\approx 3{,}44\,\text{cm}$

Je me teste

Capacité 1 : **1.** a et b **2.** b et c **3.** b
Capacité 2 : **4.** a et c **5.** a et c **6.** b **7.** c **8.** b
Capacité 3 : **9.** b **10.** b **11.** b

Je fais des exercices bilans

Bilan 1
1. Puisque le triangle ABD est inscrit dans le cercle de diamètre $[AB]$ alors il est rectangle en D.
2. D'après le théorème de Pythagore, $AB^2=AD^2+BD^2$; $AB^2=\left(3\sqrt{2}\right)^2+\left(4\sqrt{2}\right)^2$; $AB^2=50$; $AB=5\sqrt{2}$.
3. a. ABD rectangle en D, $\tan\widehat{A}=\dfrac{BD}{AB}$, $\widehat{A}=\tan^{-1}\dfrac{4}{3}\approx 53{,}1°$.
b. Puisque l'angle inscrit $\widehat{BAD}$ intercepte le même arc que l'angle au centre $\widehat{BCD}$ alors : $\widehat{BCD}=2\times\widehat{BAD}\approx 106{,}2°$.
4. B, A, E et B, D, F forme une configuration de Thalès et (EF) est parallèle à (AD) alors d'après la propriété de Thalès, $\dfrac{BA}{BE}=\dfrac{BD}{BF}=\dfrac{AD}{EF}$, donc $\dfrac{5\sqrt{2}}{7\sqrt{2}}=\dfrac{4\sqrt{2}}{4\sqrt{2}+FD}$, $5\left(4\sqrt{2}+FD\right)=28\sqrt{2}$, $FD=\dfrac{8}{5}\sqrt{2}$.
5. Les droites parallèles (EF) et (AD) et la sécante (EA) génèrent des angles correspondants égaux, donc $\widehat{AEF}=\widehat{BAD}=53{,}1°$.
6. Soit H le projeté orthogonal de F sur (AB).
Dans le triangle BHF rectangle en H, $\sin\widehat{B}=\dfrac{HF}{BF}$,
$HF\approx\dfrac{28}{5}\sqrt{2}\sin(90-53{,}1)\approx 4{,}8\,\text{cm}$.

Chapitre 5

Méthode

2

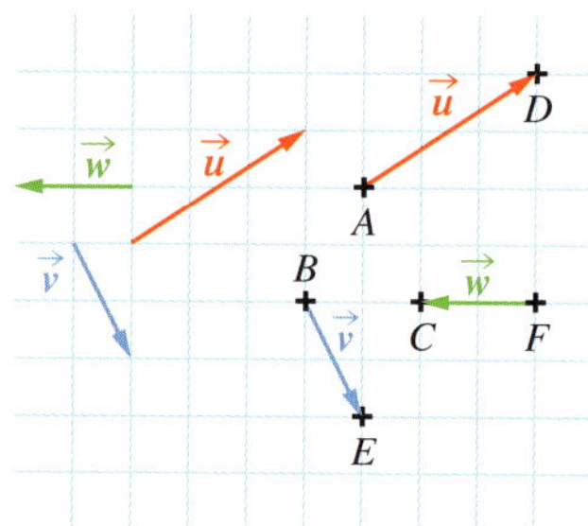

6 **1.** et **2.**

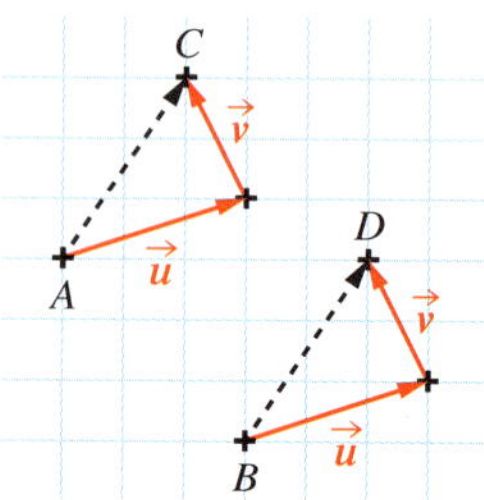

3. a. $\overrightarrow{AC}=\overrightarrow{BD}$
b. $ABDC$ est un parallélogramme.

10 $\vec{u_1}\begin{pmatrix}3\\3\end{pmatrix}$; $\vec{u_2}\begin{pmatrix}2\\-1\end{pmatrix}$; $\vec{u_3}\begin{pmatrix}-1\\-3\end{pmatrix}$; $\vec{u_4}\begin{pmatrix}2\\-3\end{pmatrix}$; $\vec{u_5}\begin{pmatrix}3\\1\end{pmatrix}$

14 **1. a.** $\overrightarrow{AB}\begin{pmatrix}6\\-2\end{pmatrix}$
b. $\overrightarrow{AC}\begin{pmatrix}4\\2\end{pmatrix}$
c. $\overrightarrow{AB}+\overrightarrow{AC}$ a pour coordonnées $\begin{pmatrix}10\\0\end{pmatrix}$.
2. a. $\overrightarrow{AE}\begin{pmatrix}x_E+1\\y_E-3\end{pmatrix}$ **b.** $E(9;3)$

15 **1.** Les équations $2\times k=-7$ et $-5\times k=17{,}5$ ont la même solution $k=-3{,}5$ donc $\vec{u}$ et $\vec{v}$ sont colinéaires.
2. Les équations $2\times k=1{,}6$ et $-5\times k=4$ ont des solutions différentes : 0,8 et –0,8, donc $\vec{u}$ et $\vec{w}$ ne sont pas colinéaires.

J'évalue mes connaissances

QCM

1. a **2.** b **3.** a et c **4.** b et c **5.** b
6. a **7.** b **8.** a **9.** b **10.** b

vrai ou faux ?

Partie A.

1. Faux, car ils sont opposés.
2. Vrai, car leurs directions sont parallèles.
3. Vrai, car en disposant « bout à bout » $\vec{v}$ et $\vec{t}$, on obtient $\vec{w}$.
4. Faux, car $\vec{w}=-\frac{1}{2}\vec{z}$.

Partie B.

1. Vrai, car $\overrightarrow{AB}$ et $\overrightarrow{DC}$ ont les mêmes coordonnées $\begin{pmatrix}3\\11\end{pmatrix}$.
2. Vrai, car $\overrightarrow{BN}$ et $\overrightarrow{AD}$ sont colinéaires.
3. Faux, car $\overrightarrow{CM}=\frac{1}{2}\overrightarrow{CD}$
4. Vrai, car $\begin{pmatrix}x_M-11\\y_M-8\end{pmatrix}=\frac{1}{2}\begin{pmatrix}-3\\-11\end{pmatrix}$.
5. Vrai, car $\begin{pmatrix}x_N+15\\y_N-2\end{pmatrix}=3\begin{pmatrix}26\\6\end{pmatrix}$.
6. Faux, car $\overrightarrow{AN}$ et $\overrightarrow{AM}$ ne sont pas colinéaires.

Exercices Application

40 **1.** $\overrightarrow{AB}+\overrightarrow{BC}=\overrightarrow{AC}$ **2.** $\overrightarrow{RT}+\overrightarrow{TP}=\overrightarrow{RP}$
3. $\overrightarrow{CP}+\overrightarrow{PF}=\overrightarrow{CF}$ **4.** $\overrightarrow{LK}+\overrightarrow{KG}=\overrightarrow{LG}$

46

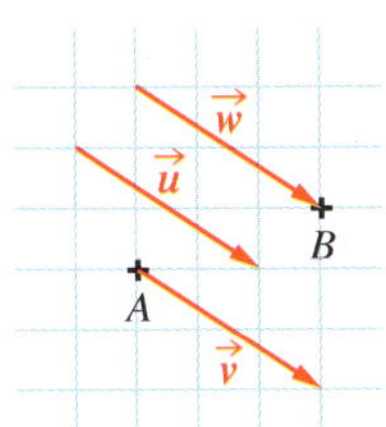

48

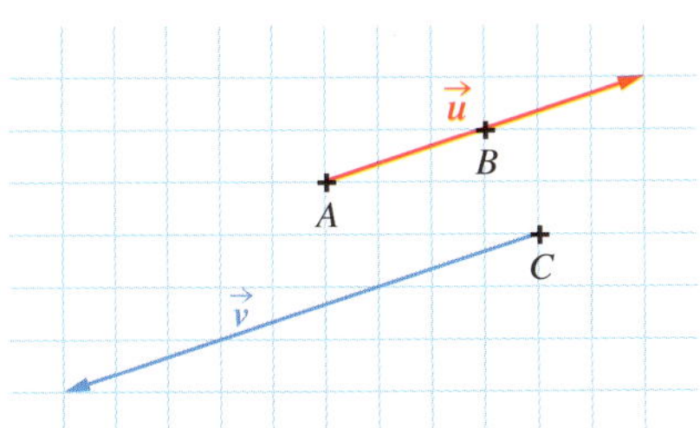

50

1.

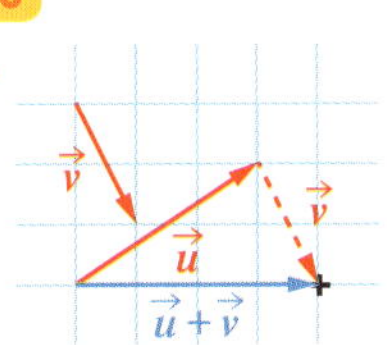

2.

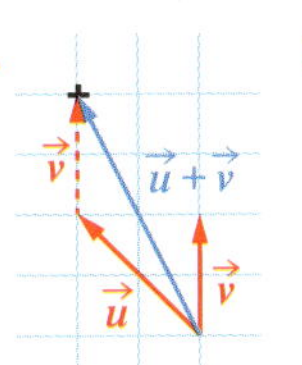

3.

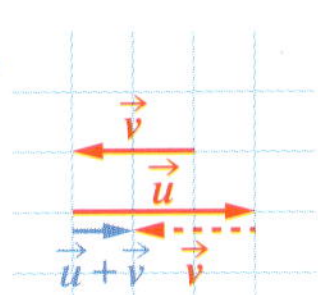

55 **1.**

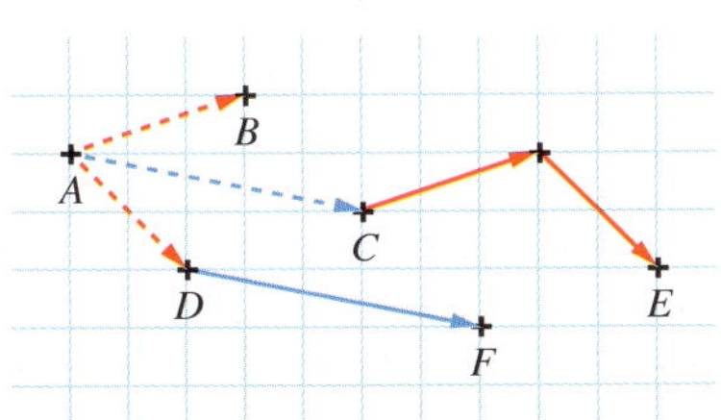

2. $\overrightarrow{CE}=\overrightarrow{AB}+\overrightarrow{AD}=\overrightarrow{AB}+\overrightarrow{BC}=\overrightarrow{AC}$
3. $\overrightarrow{CE}=\overrightarrow{AC}=\overrightarrow{DF}$ donc $ECDF$ est un parallélogramme, ainsi $\overrightarrow{FE}=\overrightarrow{DC}$.

57

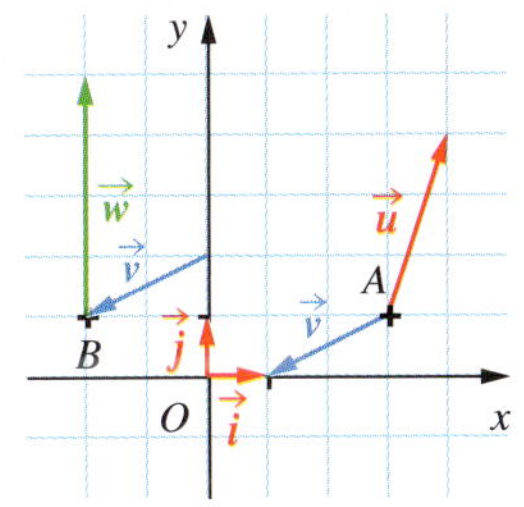

60 **1.** $\vec{u}\begin{pmatrix}3\\1\end{pmatrix}$; $\vec{v}\begin{pmatrix}2\\-4\end{pmatrix}$ et $\vec{w}\begin{pmatrix}-1\\1\end{pmatrix}$
2. $\vec{u}\begin{pmatrix}1\\3\end{pmatrix}$; $\vec{v}\begin{pmatrix}3\\-1\end{pmatrix}$ et $\vec{w}\begin{pmatrix}3\\1\end{pmatrix}$

68 $\overrightarrow{AB}\begin{pmatrix}-4\\1\end{pmatrix}$; $\overrightarrow{CD}\begin{pmatrix}-1\\3\end{pmatrix}$; $\overrightarrow{BC}\begin{pmatrix}5\\-8\end{pmatrix}$; $\overrightarrow{AD}\begin{pmatrix}0\\-4\end{pmatrix}$

75 **1.** $\begin{pmatrix}6\\-15\end{pmatrix}$ **2.** $\begin{pmatrix}-5\\-15\end{pmatrix}$ **3.** $\begin{pmatrix}0\\-3\end{pmatrix}$ **4.** $\begin{pmatrix}4\\32\end{pmatrix}$

81 **1.** $\overrightarrow{AB}\begin{pmatrix}15\\3\end{pmatrix}$ et $\overrightarrow{AC}\begin{pmatrix}5\\1\end{pmatrix}$
2. Les équations $5\times k=15$ et $1\times k=3$ ont la même solution $k=3$. Donc $\overrightarrow{AB}$ et $\overrightarrow{AC}$ sont colinéaires. $\overrightarrow{AB}=3\overrightarrow{AC}$.
3. A, B et C sont alignés.

83 **1.** $\overrightarrow{AB}\begin{pmatrix}-9\\6\end{pmatrix}$ et $\overrightarrow{CD}\begin{pmatrix}-3\\2\end{pmatrix}$
2. Les équations $-3\times k=-9$ et $2\times k=6$ ont la même solution $k=3$. Donc $\overrightarrow{AB}$ et $\overrightarrow{CD}$ sont colinéaires. $\overrightarrow{AB}=3\overrightarrow{CD}$.
3. Les droites (AB) et (CD) sont parallèles.

Exercices Entraînement

92 **1.**

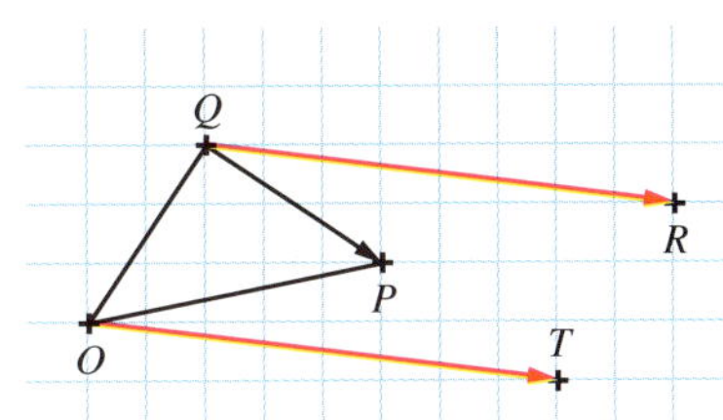

2. P est le milieu de $[OR]$. $\overrightarrow{PT}=\overrightarrow{QP}$ donc P est aussi le milieu de $[QT]$. Ainsi $QRTO$ est un parallélogramme. Donc $\overrightarrow{OT}=\overrightarrow{QR}$.

101 **1. a.**

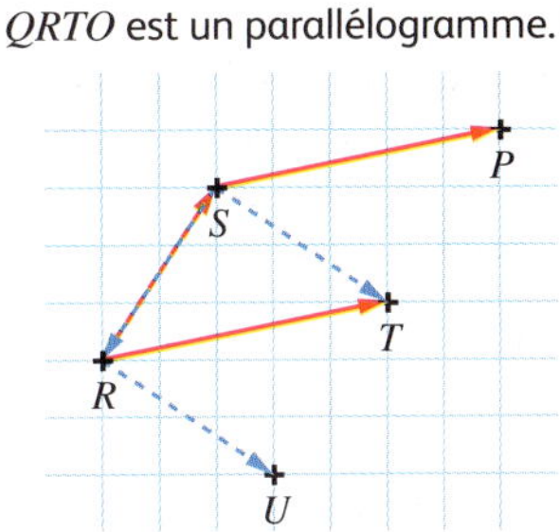

b. $\overrightarrow{TP}=\overrightarrow{TR}+\overrightarrow{RP}=\overrightarrow{TR}+\overrightarrow{RS}+\overrightarrow{RT}=\overrightarrow{RS}$
2. b. $\overrightarrow{RU}=\overrightarrow{RS}+\overrightarrow{SU}=\overrightarrow{RS}+\overrightarrow{SR}+\overrightarrow{ST}=\overrightarrow{ST}$
c. $RSTU$ est un parallélogramme.
3. $\overrightarrow{TP}=\overrightarrow{RS}$, $\overrightarrow{RS}=\overrightarrow{UT}$ donc $\overrightarrow{UT}=\overrightarrow{TP}$ et T est le milieu de $[UP]$.

109 **1. a.** $\overrightarrow{RT}=\overrightarrow{RS}+\overrightarrow{ST}$
b. $\overrightarrow{RS}=5\overrightarrow{RT}=5\overrightarrow{RS}+5\overrightarrow{ST}$
Donc $-4\overrightarrow{RS}=5\overrightarrow{ST}$ soit $\overrightarrow{RS}=-\frac{5}{4}\overrightarrow{ST}$
2. $\overrightarrow{TS}=4\overrightarrow{RT}$

Corrigés

130 1. $\overrightarrow{AC}=\vec{u}$ donc $\begin{cases}x_C-5=5\\y_C-3=-2\end{cases}$ donc $C(10;1)$.

2. $\overrightarrow{BD}=\vec{u}$ donc $\begin{cases}x_D+2=5\\y_D-5=-2\end{cases}$ donc $D(3;3)$.

Je me teste

Capacité 1	1. a et b	2. b	3. a, b et c
Capacité 2	4. a	5. c	6. b
Capacité 3	7. c	8. b	
Capacité 4	9. b	10. c	
Capacité 5	11. a	12. a	

Je fais des exercices bilans

Bilan 3

1.

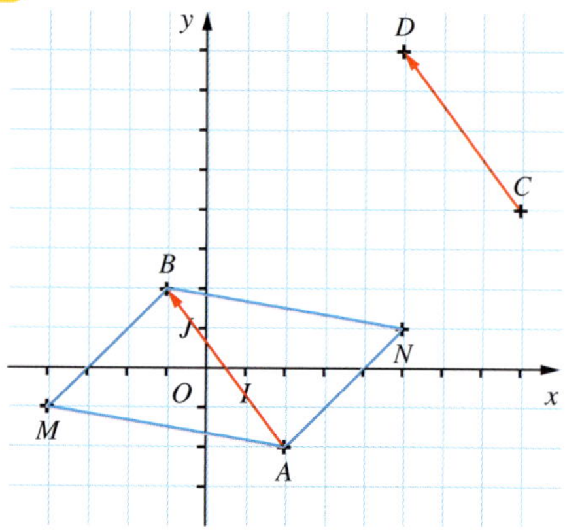

2. a. $\overrightarrow{AB}\begin{pmatrix}-3\\4\end{pmatrix}$ b. On a $\begin{cases}x_D-8=-3\\y_D-4=4\end{cases}$ donc $D(5;8)$.

c. $ABDC$ est un parallélogramme.

3. a. $\overrightarrow{AN}=\frac{1}{2}\overrightarrow{AC}$ b. On a $\begin{cases}x_N-2=3\\y_N+2=3\end{cases}$ donc $N(5;1)$.

4. On a $\begin{cases}x_M+1=-3\\y_M-2=-3\end{cases}$ donc $M(-4;-1)$.

5. Après calculs : $\overrightarrow{BM}\begin{pmatrix}-3\\-3\end{pmatrix}$ et $\overrightarrow{NA}\begin{pmatrix}-3\\-3\end{pmatrix}$. Donc $\overrightarrow{BM}=\overrightarrow{NA}$, ainsi $AMBN$ est un parallélogramme.

Chapitre 6

Méthode

2 On calcule les carrés des longueurs AB^2 ; AC^2 et BC^2.

$AB^2=(4-0)^2+(5-(-3))^2=16+64=80$

$AC^2=(12-0)^2+(1-(-3))^2=144+16=160$

$BC^2=(12-4)^2+(1-5)^2=64+16=80$

Ainsi $AC^2=AB^2+BC^2$ et $AB=BC$.

D'après le théorème de Pythagore, le triangle ABC est isocèle et rectangle en B.

3 1. Le point I a pour coordonnées $\left(\frac{(-5)+(-2)}{2};\frac{5+(-3)}{2}\right)$, soit $(-3,5;1)$; de même le point J a pour coordonnées $(-1;2)$.

2. $AC^2=(3-(-5))^2+((-1)-5)^2=64+36=100$.

Donc $AC=\sqrt{100}=10$. L'affirmation est vraie.

3. $AB^2=(-2-(-5))^2+(-3-5)^2=9+64=73$

$BC^2=(3-(-2))^2+(-1-(-3))^2=25+4=29$

Donc $AB^2+BC^2\neq AC^2$. D'après le théorème de Pythagore, le triangle ABC n'est pas rectangle.

4. • 1re méthode : I est le milieu de $[AB]$ et J est le milieu de $[AC]$. D'après le théorème de Thalès (droite des milieux), $IJ=\frac{1}{2}BC$, c'est-à-dire $BC=2IJ$.

• 2e méthode : $IJ^2=(-1-(-3,5))^2+(2-1)^2=7,25$.

Donc $IJ=\sqrt{7,25}$.

Ainsi $2IJ=\sqrt{4}\times\sqrt{7,25}=\sqrt{4\times7,25}=\sqrt{29}$. Or $BC=\sqrt{29}$.

Donc $BC=2IJ$.

4 1. $\overrightarrow{AC}\begin{pmatrix}4\\-5\end{pmatrix}$ et $\overrightarrow{AE}\begin{pmatrix}12\\-15\end{pmatrix}$.

Donc $\det\left(\overrightarrow{AC},\overrightarrow{AE}\right)=4\times(-15)-(-5)\times12=0$.

Donc les points A, C et E sont alignés.

2. $\overrightarrow{AB}\begin{pmatrix}11\\-3\end{pmatrix}$ et $\overrightarrow{CD}\begin{pmatrix}4\\-1\end{pmatrix}$.

Donc $\det\left(\overrightarrow{AB},\overrightarrow{CD}\right)=11\times(-1)-(-3)\times4=1$ (non nul).

Donc les droites (AB) et (CD) ne sont pas parallèles.

J'évalue mes connaissances

QCM

1. c	2. a	3. b	4. a et b
5. a, b et c	6. a et b	7. a	8. a

vrai ou faux ?

Partie A.

1. Faux	2. Vrai	3. Vrai
4. Vrai	5. Vrai	6. Vrai

Partie B.

1. Vrai	2. Vrai	3. Vrai	4. Vrai
5. Vrai	6. Faux	7. Faux	8. Faux

Exercices Application

32 1. b 2. b 3. a 4. a

37 1. $AB=\sqrt{(5-0)^2+(6-2)^2}=\sqrt{25+16}=\sqrt{41}$

2. $AB=\sqrt{(3-(-2))^2+(-3-8)^2}=\sqrt{25+121}=\sqrt{146}$

48 1. $\overrightarrow{AB}\begin{pmatrix}-8\\8\end{pmatrix}$ et $\overrightarrow{AC}\begin{pmatrix}11\\y-1\end{pmatrix}$. Donc $\det\left(\overrightarrow{AB},\overrightarrow{AC}\right)=-8y-80$.

Les points A, B et C sont alignés si, et seulement si, $y=-10$.

2. $\overrightarrow{AB}\begin{pmatrix}-4\\-2\end{pmatrix}$ et $\overrightarrow{AC}\begin{pmatrix}x-5\\5\end{pmatrix}$ Donc $\det\left(\overrightarrow{AB},\overrightarrow{AC}\right)=2x-30$.

Les points A, B et C sont alignés si, et seulement si, $x=15$.

3. $\overrightarrow{AB}\begin{pmatrix}10\\-4\end{pmatrix}$ et $\overrightarrow{AC}\begin{pmatrix}x+8\\-12\end{pmatrix}$. Donc $\det\left(\overrightarrow{AB},\overrightarrow{AC}\right)=4x-88$.

Les points A, B et C sont alignés si, et seulement si,, $x=22$.

Exercices Entraînement

56 1. a.

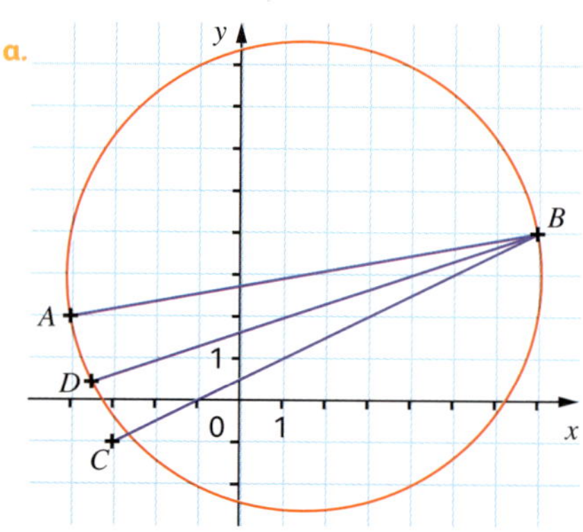

b. Il semble que le triangle ABC soit isocèle en B.
c. On obtient $AB=\sqrt{125}$ et $BC=\sqrt{125}$.
Donc le triangle ABC est isocèle en B.
2. a. Les coordonnées de D sont
$\left(\frac{-4+(-3)}{2};\frac{2+(-1)}{2}\right)=(-3{,}5;0{,}5)$.
b. L'aire de ABC est $\frac{AC\times BD}{2}$. Or $AC=\sqrt{10}$ et $BD=\sqrt{122{,}5}$
Donc l'aire du triangle ABC est $\frac{\sqrt{10}\times\sqrt{122{,}5}}{2}=17{,}5$.
3. Le triangle ABD est rectangle en D, car ABC est isocèle en B. Donc le centre du cercle circonscrit au triangle ABD est le milieu de l'hypoténuse $[AB]$.
Ses coordonnées sont $\left(\frac{-4+7}{2};\frac{2+4}{2}\right)=(1{,}5;3)$.

69 **1.** Voir ci-contre.

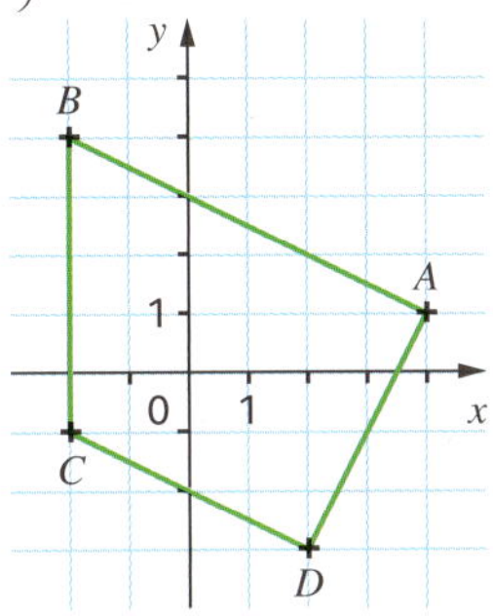

2. Il semble que le quadrilatère $ABCD$ soit un trapèze.
Or $\overrightarrow{AB}\begin{pmatrix}-6\\3\end{pmatrix}$ et $\overrightarrow{CD}\begin{pmatrix}4\\-2\end{pmatrix}$.
Donc $\det(\overrightarrow{AB},\overrightarrow{CD})$
$=(-6)\times(-2)-3\times4=0$.
Les vecteurs $\overrightarrow{AB}$ et $\overrightarrow{CD}$ sont colinéaires, donc $ABCD$ est un trapèze.
3. $AB=\sqrt{45}$; $AD=\sqrt{20}$ et $CD=\sqrt{20}$
4. $BD=\sqrt{65}$. Donc $BD^2=AB^2+AD^2$. D'après le théorème de Pythagore, le triangle ABD est rectangle en A.
5. L'aire de $ABCD$ est $\frac{AB+CD}{2}\times AD=\frac{\sqrt{45}+\sqrt{20}}{2}\times\sqrt{20}=25$.

Je me teste

CAPACITÉ 1 **1.** b **2.** c **3.** a et b
CAPACITÉ 2 **4.** a et b **5.** a **6.** c **7.** a et d **8.** a
CAPACITÉ 3 **9.** b et c **10.** a et c **11.** a et b
12. c et d **13.** a, b et d **14.** a et b

Je fais des exercices bilans

Bilan 5

1. a. $\overrightarrow{AB}\begin{pmatrix}3-6\\7-(-2)\end{pmatrix}=\begin{pmatrix}-3\\9\end{pmatrix}$.
b. En notant $(x\,;y)$ les coordonnées de M, on a $\overrightarrow{AM}\begin{pmatrix}x-6\\y+2\end{pmatrix}$.
Donc on résout : $\begin{cases}x-6=-\frac{1}{3}\times(-3)\\y+2=-\frac{1}{3}\times9\end{cases}$
Donc $\begin{cases}x=6+1=7\\y=-2-3=-5\end{cases}$. D'où M a pour coordonnées $(7;-5)$.
2. En notant $(x\,;y)$ les coordonnées de N, on a $\overrightarrow{CN}\begin{pmatrix}x-9\\y-1\end{pmatrix}$.
Donc on résout : $\begin{cases}x-9=\frac{1}{4}\times(3-9)\\y-1=\frac{1}{4}\times(7-1)\end{cases}$
Donc : $\begin{cases}x=9-1{,}5=7{,}5\\y=1+1{,}5=2{,}5\end{cases}$
D'où N a pour coordonnées $(7{,}5;2{,}5)$.
3. En notant $(x\,;y)$ les coordonnées de P, on a $\overrightarrow{AP}\begin{pmatrix}x-6\\y+2\end{pmatrix}$.
Donc on résout : $\begin{cases}x-6=-3\times(9-6)\\y+2=-3\times(1+2)\end{cases}$
Donc : $\begin{cases}x=6-9=-3\\y=-2-9=-11\end{cases}$
D'où P a pour coordonnées $(-3;-11)$.
4. On a $\overrightarrow{AN}\begin{pmatrix}1{,}5\\4{,}5\end{pmatrix}$; $\overrightarrow{BP}\begin{pmatrix}-6\\-18\end{pmatrix}$ et $\overrightarrow{CM}\begin{pmatrix}-2\\-6\end{pmatrix}$.
Ces vecteurs sont colinéaires.
Donc les droites (AN), (BP) et (CM) sont parallèles.

Chapitre 7

Méthode

2 **1.** Soit $M(x\,;y)$ quelconque sur la droite. Les vecteurs $\overrightarrow{TM}\begin{pmatrix}x+10\\y-5\end{pmatrix}$ et $\vec{u}\begin{pmatrix}5\\-1\end{pmatrix}$ sont colinéaires. Ainsi $\det(\overrightarrow{MT}\,;\vec{u})=0$ et on obtient $x+5y-15=0$.
2. De la même manière, on obtient :
$$x+5y-15=0$$
3. Les droites sont confondues. On en déduit que T, F et G sont alignés.

5 **1.** $(AB): y=-\frac{1}{3}x+6$
2. L'ordonnée à l'origine est 6, donc on se place au point $C(0;6)$.
Le coefficient directeur est $-\frac{1}{3}$. Le vecteur $\vec{u}\begin{pmatrix}1\\-\frac{1}{3}\end{pmatrix}$ est un vecteur directeur, donc également $\vec{v}\begin{pmatrix}3\\-1\end{pmatrix}$.
On construit un représentant de $\vec{v}$ d'origine C.

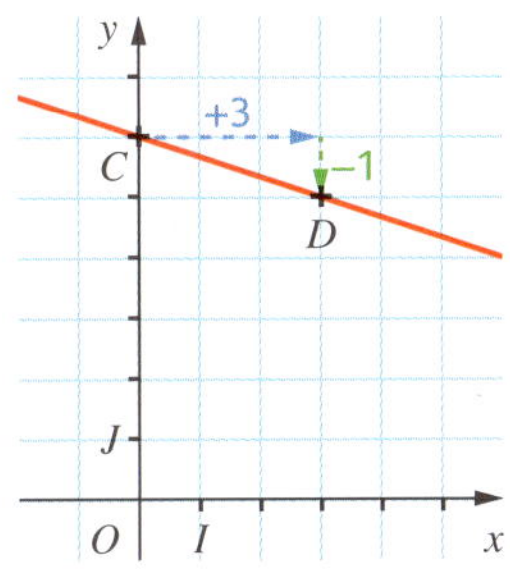

L'extrémité D obtenue permet de tracer la droite cherchée.

6 **1.** $2\times3-4\times1\neq0$ donc les droites sont sécantes.
2. $\begin{cases}2x+y+1=0\\4x+3y-11=0\end{cases}\Leftrightarrow\begin{cases}y=-2x-1\\4x+3(-2x-1)-11=0\end{cases}$
$\Leftrightarrow\begin{cases}y=-2x-1\\4x-6x-3-11=0\end{cases}\Leftrightarrow\begin{cases}x=-7\\y=13\end{cases}$
Les droites sont sécantes en $P(-7;13)$.

J'évalue mes connaissances

QCM

1. a et c **2.** b et c **3.** b **4.** c **5.** a et b
6. b **7.** b **8.** b **9.** a **10.** b et c

vrai ou faux ?

Partie A.
1. Vrai, car $\overrightarrow{AB}\begin{pmatrix}-3\\-1\end{pmatrix}$ est un vecteur directeur, donc $\vec{u}\begin{pmatrix}3\\1\end{pmatrix}$ aussi car ils sont colinéaires.
2. Faux, car $2\times2+5\times5-3=26\neq0$.
3. Vrai, car son équation réduite est $y=-3{,}5$.
4. Faux, car les coordonnées de D ne vérifient pas l'équation.
5. Vrai, car les coordonnées de chaque point C et D vérifient l'équation proposée.
6. Vrai, car $2\times4-(-3)\times(-5)=-7\neq0$ donc le système admet un unique couple solution et le couple proposé vérifie chacune des équations du système.

Partie B.
1. Vrai, car d_1 est parallèle à l'axe des ordonnées et coupe l'axe des abscisses en 3.

2. Vrai, car par lecture graphique le coefficient directeur est $\frac{\Delta y}{\Delta x} = \frac{1}{2}$ et l'ordonnée à l'origine est 2.

3. Vrai, car $\frac{\Delta y}{\Delta x} = \frac{-3}{2} = -1{,}5$.

Exercices Application

39 **1.** $2x + y - 10 = 0$ **2.** $x + 2 = 0$

41 **1.** $7x + 3y - 17 = 0$ **2.** $x - 4y + 3 = 0$

48 **1.** $M(3{,}5\,;3{,}5)$

2. Construction de d : Pour $x = -1$ on a $y = 2$ et pour $x = 2$ on a $y = 3$.
On constate que M est sur la droite d.

3. $-3{,}5 + 3 \times 3{,}5 - 7 = 0$ donc $M \in d$.

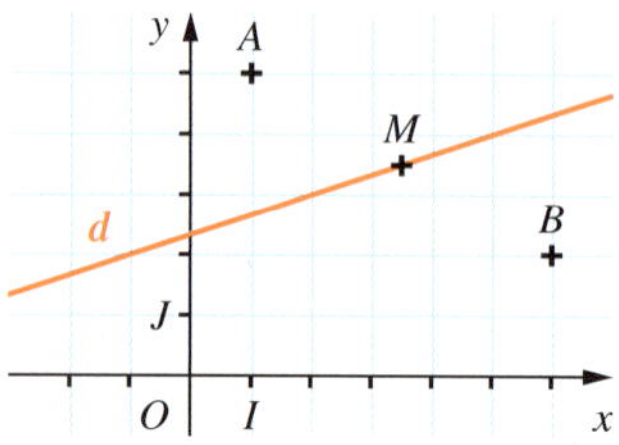

53 **1.** $-2 \times 4 - 1 \times 3 = -11 \neq 0$ donc les droites sont sécantes.
2. Le point d'intersection a pour coordonnées $(2\,;3)$.

54 **1.** Les droites ont des coefficients directeurs différents donc les droites sont sécantes.
2. Le point d'intersection a pour coordonnées $(4\,;2)$.

Exercices Entraînement

58 $\vec{u_1}\begin{pmatrix}2\\-3\end{pmatrix}$, $\vec{u_2}\begin{pmatrix}6\\2\end{pmatrix}$, $\vec{u_3}\begin{pmatrix}1\\3\end{pmatrix}$, $\vec{u_4}\begin{pmatrix}2\\0\end{pmatrix}$ et $\vec{u_5}\begin{pmatrix}0\\6\end{pmatrix}$.

68 $\overrightarrow{AB}\begin{pmatrix}-5\\-3\end{pmatrix}$ et $\overrightarrow{AC}\begin{pmatrix}5\\t-2\end{pmatrix}$ sont colinéaires donc $\det\left(\overrightarrow{AB}, \overrightarrow{AC}\right) = 0$ soit $-5(t-2) + 15 = 0$, ainsi $t = 5$.

92 **1.** On a $y = -5x + p$. Or $y_A = -5x_A + p$, soit $p = 18$.
La droite a pour équation réduite $y = -5x + 18$. Pour la tracer, on place A et on construit le vecteur directeur $\vec{u}\begin{pmatrix}1\\-5\end{pmatrix}$.
L'extrémité obtenue permet de tracer la droite. Voir fig. 1.
2. On a $y = 3x + p$. Or $y_A = 3x_A + p$, soit $p = 4$.
La droite a pour équation réduite $y = 3x + 4$.
Pour la tracer, on place A et on construit le vecteur directeur $\vec{u}\begin{pmatrix}1\\3\end{pmatrix}$. L'extrémité obtenue permet de tracer la droite. Voir fig. 2.

Fig. 1

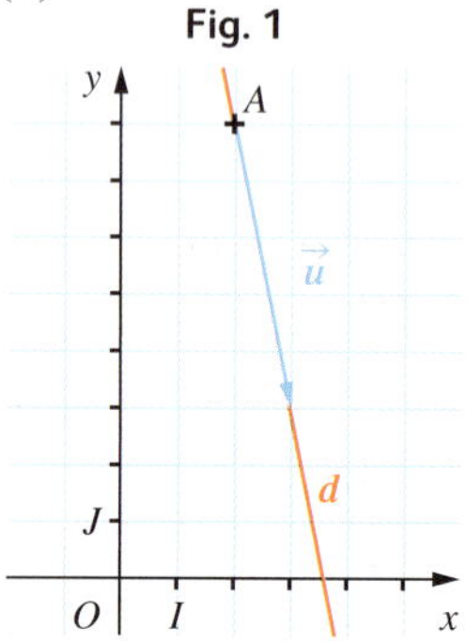

Fig. 2

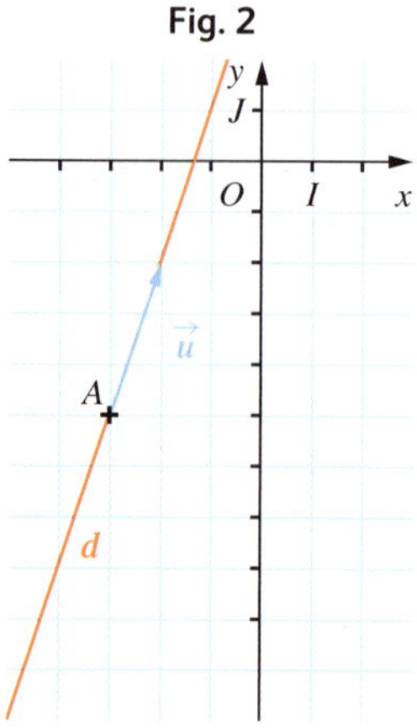

110 **1.** $\begin{cases} x - 3y = 8 \\ 2x + 5y = 5 \end{cases} \Leftrightarrow \begin{cases} x = 3y + 8 \\ 2(3x + 8) + 5y = 5 \end{cases} \Leftrightarrow \begin{cases} x = 5 \\ y = -1 \end{cases}$

2. $\begin{cases} 3x + 4y = 10 \\ 5x + y = -6 \end{cases} \Leftrightarrow \begin{cases} y = -5x - 6 \\ 3x + 4(-5x - 6) = 10 \end{cases} \Leftrightarrow \begin{cases} x = -2 \\ y = 4 \end{cases}$

112 **1.** $\begin{cases} 3x + 5y = 31 \\ 5x + 4y = 43 \end{cases} \Leftrightarrow \begin{cases} 15x + 25y = 155 \\ -15x - 12y = -129 \end{cases} \Leftrightarrow \begin{cases} x = 7 \\ y = 2 \end{cases}$

2. $\begin{cases} 8x - 5y = -6 \\ 4x + 2y = 24 \end{cases} \Leftrightarrow \begin{cases} 8x - 5y = -6 \\ -8x - 4y = -48 \end{cases} \Leftrightarrow \begin{cases} x = 3 \\ y = 6 \end{cases}$

Je me teste

Capacité 1 — **1.** d **2.** a **3.** b et d

Capacité 2 — **4.** c **5.** d **6.** c **7.** e **8.** a

Capacité 3 — **9.** b et c **10.** c **11.** b et c

Je fais des exercices bilans

Bilan 5

1. $(MN) : y = -1{,}78x + 2677{,}86$

2. Pour $x = 500$, on a $y = -1{,}78 \times 500 + 2677{,}86 = 1787{,}86$.
Pour un modèle à 500 euros, l'entreprise vend environ 1 788 chaises.

3. On cherche x tel que $-1{,}78x + 2677{,}86 > 1000$.
On obtient $x < 942{,}62$. Le prix ne doit pas dépasser 942,61 €.

Chapitre 8

Méthode

3 **1.** Pour $x = 3$, on a $y = 2 \times 3 - 5 = 1$. C'est le point $A(3\,;1)$. Pour $x = -1$, on a $y = 2 \times (-1) - 5 = -7$. C'est le point $B(-1\,;-7)$.
2. Pour $y = 3$, on a $2x - 5 = 3$, c'est-à-dire $x = 4$. C'est le point $C(4\,;3)$. Pour $y = -2$, on a $2x - 5 = -2$, c'est-à-dire $x = \frac{3}{2}$. C'est le point $D\left(\frac{3}{2}\,;-2\right)$.
3. Voir ci-contre.

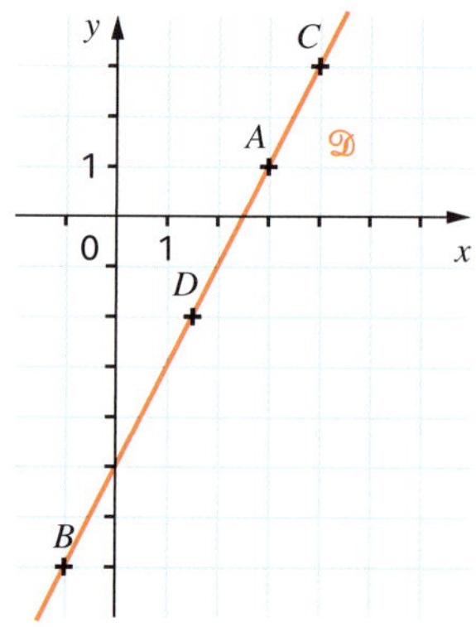

5 **1.** $S = \{-\sqrt{3}\,;\sqrt{3}\}$ **2.** $S = \varnothing$ **3.** $S = \{0\}$
4. $S = \{-2\,;2\}$ **5.** $S = \left\{\frac{1}{2}\,;\frac{5}{2}\right\}$ **6.** $S = \{3 - \sqrt{2}\,;3 + \sqrt{2}\}$

11 **1.** Comme $0 < 3 < 7$, on a $\frac{1}{3} > \frac{1}{7}$.
2. Comme $-0{,}02 < -0{,}001 < 0$, on a $-\frac{1}{0{,}02} > -\frac{1}{0{,}001}$.
3. Comme $0 < 10^2 < 10^3$, on a $10^{-2} > 10^{-3}$.
4. Comme $13 > 0 > -5$, on a $\frac{1}{13} > -\frac{1}{5}$.

17 **1.** Le point M peut varier de A à B, donc la longueur AM peut varier de 0 à $AB = 10$. Ainsi $0 \leqslant x \leqslant 10$.
2. $f(x) = \frac{1}{2}AM \times AN = \frac{1}{2}x \times (10 - x) = \frac{1}{2}(10x - x^2)$
3. On obtient :

x	0	0,1	0,2	…	9,9	10
$f(x)$	0	0,495	0,98	…	0,495	0

4. Il semble que $AM = 2$ ou $AM = 8$ pour que l'aire de AMN soit égale à 8.

19 **a.** La courbe $\mathscr{C}_f$ paraît symétrique par rapport à l'axe des ordonnées. Il semble donc que f soit paire.
b. La courbe $\mathscr{C}_g$ n'est symétrique ni par rapport à l'axe des ordonnées, ni par rapport à l'origine du repère. Donc g n'est ni paire, ni impaire.

c. La fonction h semble paire.
d. La fonction k semble impaire.

J'évalue mes connaissances

QCM

1. b 2. b 3. a et c 4. a 5. b et c
6. b 7. c 8. b et c 9. c 10. a et c

vrai ou faux ?

Partie A.
1. Faux 2. Faux 3. Faux 4. Vrai
5. Vrai 6. Vrai 7. Vrai 8. Faux

Partie B.
1. Faux 2. Faux 3. Faux 4. Vrai 5. Vrai
6. Faux 7. Vrai 8. Vrai 9. Vrai 10. Faux

Exercices Application

49 1. L'inverse de -2 est $-\frac{1}{2}$; l'inverse de $\frac{2}{3}$ est $\frac{3}{2}$; l'inverse de $-\frac{3}{4}$ est $-\frac{4}{3}$.
2. L'antécédent de 10^{-6} par la fonction inverse est 10^6 ; celui de $\frac{5}{3}$ est $\frac{3}{5}$; celui de $-\frac{1}{\sqrt{2}}$ est $-\sqrt{2}$.

53 1. La fonction f est définie sur $[-3;3]$ par $f(x)=4x^2-1$.
2. a. $f(-1)=3$. Donc le point $(-1;-5)$ n'appartient pas à $\mathscr{C}_f$.
b. $f\left(\frac{1}{2}\right)=0$. Donc le point $\left(\frac{1}{2};0\right)$ appartient à la courbe $\mathscr{C}_f$.
c. $f\left(\frac{3}{2}\right)=8$. Donc le point $\left(\frac{3}{2};\frac{5}{4}\right)$ n'appartient pas à $\mathscr{C}_f$.
d. $f(\sqrt{2})=7$. Donc le point $(\sqrt{2};7)$ appartient à $\mathscr{C}_f$.
3. a. f est paire car pour tout réel x, $f(-x)=f(x)$.
b. La courbe $\mathscr{C}_f$ est symétrique par rapport à l'axe des ordonnées.

58 a. $S=\{256\}$ b. $S=\varnothing$ c. $S=[0;81[$

60 1. $A<B$ 2. $A>B$ 3. $A=B$ 4. $A<B$

65 1. Si $0\leqslant x\leqslant 5$, $V(x)=100x$;
si $5\leqslant x\leqslant 15$, $V(x)=500+25(x-5)=375+25x$.
2. La contenance maximale du récipient est 750 cm³. Pour le remplir à la moitié de sa contenance, il faut que $x=3{,}75$ cm.
3. Pour remplir le récipient aux trois quarts, il faut que $x=7{,}5$ cm.

66 • Pour tout réel x, $f(-x)=\frac{1}{(-x)^2+1}=\frac{1}{x^2+1}=f(x)$.
Donc la fonction f est paire sur $\mathbb{R}$.
• Pour tout réel x, $g(-x)=\sqrt{(-x)^2+1}-2=\sqrt{x^2+1}-2=g(x)$.
Donc la fonction g est paire sur $\mathbb{R}$.

Exercices Entraînement

70 1. $f(2)=12$; $f(-5)=-23$ et $f(10)=52$.
2. L'antécédent de 0 par f est $-\frac{2}{5}$; l'antécédent de -7 par f est $-\frac{9}{5}$; l'antécédent de 3 par f est $\frac{1}{5}$.
3. Les points de coordonnées $(2;12)$, $(-5;-23)$, $(10;52)$, $\left(-\frac{2}{5};0\right)$, $\left(-\frac{9}{5};-7\right)$ et $\left(\frac{1}{5};3\right)$ appartiennent à la courbe $\mathscr{C}_f$.
4. $f(1)=7$.
Donc le point $(1;7)$ appartient à la courbe $\mathscr{C}_f$.

83 1. Faux 2. Faux 3. Faux 4. Vrai 5. Faux

97 1. La fonction racine carrée conserve l'ordre. Donc comme $4<7<9$, on a $\sqrt{4}<\sqrt{7}<\sqrt{9}$, c'est-à-dire $2<\sqrt{7}<3$.
2. $5<\sqrt{27}<6$; $6<\sqrt{40}<7$; $10<\sqrt{110}<11$

Je me teste

Capacité 1 : 1. b 2. b et c
Capacité 2 : 3. b 4. b 5. c 6. c
Capacité 3 : 7. c 8. a, c et d 9. d
Capacité 4 : 10. a et b 11. b 12. c
Capacité 5 : 13. a, b et c

Je fais des exercices bilans

Bilan 1
1. a. $k=2$ b. $k=6$ c. $k=-1$
2. a. Pour tout réel x, $f(-x)=(-x)^2+k=x^2+k=f(x)$.
Donc la fonction f est paire.
b. La courbe $\mathscr{C}_f$ est symétrique par rapport à l'axe des ordonnées.

Chapitre 9

Méthode

1 1. $f(x)=0 \Leftrightarrow x=-3$ donc $S=\{-3\}$.
$f(x)=1 \Leftrightarrow x=-2$ donc $S=\{-2\}$.
$f(x)=2 \Leftrightarrow x=1$ donc $S=\{1\}$.
2. $f(x)<2 \Leftrightarrow x\in[-3;1[$ donc $S=[-3;1[$.
$f(x)\geqslant 1 \Leftrightarrow x\in[-2;+\infty[$ donc $S=[-2;+\infty[$.

4 1. $S=\{-5;-2;5\}$ 2. $S=\{-4;3\}$
3. $S=]-5;-2]\cup[5;7]$ 4. $S=[-1;3]$
5. $S=\{-2;3\}$ 6. $S=]-2;3[$

6 1. $f(0{,}5)$ est strictement négatif et $f(-1)$ est strictement positif.
2. $S=\left\{-3;\frac{1}{3};6\right\}$
3. $S=\left]-3;\frac{1}{3}\right[\cup]6;+\infty[$

7 1. a. Vrai b. Vrai c. Faux d. Faux
2. f est positive sur les intervalles $[-5;1]$ et $[4;5]$.
f est négative sur l'intervalle $[1;4]$.
3.

x	-5		1		4		5
Signe de f		$+$	0	$-$	0	$+$	

9 1.

x	$-\infty$		-4		3		$+\infty$
Signe de $-2x+6$		$+$		$+$	0	$-$	
Signe de $3x+12$		$-$	0	$+$		$+$	
Signe du produit $(-2x+6)(3x+12)$		$-$	0	$+$	0	$-$	

2. $S=[-4;3]$ 3. $S=]-\infty;-4[\cup]3;+\infty[$

12 1. Pour $x\neq 3$, $\frac{2x+1}{3-x}-5=\frac{2x+1-5(-x+3)}{3-x}=\frac{7x-14}{3-x}$.
D'où l'équivalence des deux inéquations.

x	$-\infty$	2		3	$+\infty$
Signe de $7x-14$	$-$	0	$+$		$+$
Signe de $-x+3$	$+$		$+$	0	$-$
Signe du quotient	$-$	0	$+$	‖	$-$

2. L'ensemble des solutions de l'inéquation est $S=[2;3[$.

J'évalue mes connaissances

QCM

1. b **2.** c **3.** a et c **4.** b **5.** a et c **6.** b **7.** c **8.** a **9.** a **10.** b

vrai ou faux ?

Partie A.
1. Vrai **2.** Faux, les signes sont inversés.
3. Faux, les bornes 0,8 et 3 doivent être incluses.

Partie B.
1. Vrai, le carré d'un réel est toujours positif.
2. Faux, $-0{,}5$ est solution de la deuxième inéquation mais pas de la première. Elles ne sont donc pas équivalentes.

Partie C.
1. Vrai
2. Vrai

Exercices Application

36 **1. a.** $S=\{-2;4\}$ **b.** $S=\{-3;6\}$
c. $S=]0;2[$ **d.** $S=[-3;-2]\cup[4;6]$
2. L'équation $f(x)=-1$ admet deux solutions x_1 et x_2 vérifiant $-1<x_1<0$ et $3<x_2<4$.
3.

x	-3		1		3,5		6
Signe de f		$+$	0	$-$	0	$+$	

39

1.

x	$-\infty$	5	$+\infty$
Signe de $2x-10$	$-$	0	$+$

2.

x	$-\infty$	3	$+\infty$
Signe de $-3x+9$	$+$	0	$-$

3.

x	$-\infty$	0	$+\infty$
Signe de $-5x$	$+$	0	$-$

4.

x	$-\infty$	3	$+\infty$
Signe de $3-x$	$+$	0	$-$

5.

x	$-\infty$	-8	$+\infty$
Signe de $0{,}5x+4$	$-$	0	$+$

6.

x	$-\infty$	$-\frac{3}{2}$	$+\infty$
Signe de $\frac{2}{3}x+1$	$-$	0	$+$

7.

x	$-\infty$	-10	$+\infty$
Signe de $-2-\frac{1}{5}x$	$+$	0	$-$

8.

x	$-\infty$	0	$+\infty$
Signe de $\frac{3}{4}x$	$-$	0	$+$

45 **1.** $S=[4;7[$ **2.** $S=\left]-3;\frac{1}{2}\right]\cup[9;+\infty[$

48 **1.** On représente les deux courbes sur la calculatrice. On conjecture alors que $\frac{1}{x}\leqslant g(x)\Leftrightarrow x\in[-1;0[\cup[1;+\infty[$.
2. Pour tout réel $x\neq 0$, $f(x)-g(x)=\frac{1}{x}-x=\frac{1-x^2}{x}=\frac{(1-x)(1+x)}{x}$ d'où l'équivalence des inéquations. On conclut grâce à un tableau de signes.

Exercices Entraînement

49 **1.** $D_f=[-3;7]$
2. a. $S=\{-2;0{,}2;5\}$ **b.** $S=\{-2{,}6;1;4{,}3\}$ **c.** $S=\{-1;6\}$
3. $k=4$ **4.** $m\in]-1;3[$

53 **1.** Tableau de signes complété :

x	$-\infty$		-4		1		$+\infty$
Signe de $2x-2$		$-$		$-$	0	$+$	
Signe de $3x+12$		$-$	0	$+$		$+$	
Signe de $(2x-2)(3x+12)$		$+$	0	$-$	0	$+$	

2. Par exemple, l'inéquation $(2x-2)(3x+12)<0$ a pour ensemble solution $S=]-4;1[$.

64 **1.** Stratégie ① : $3x^2-x(3x+1)>x+8\Leftrightarrow -x>x+8$ $\Leftrightarrow -2x>8\Leftrightarrow x<-4$. Donc $S=]-\infty;-4[$.
2. Stratégie ② : $x(2x-1)-(3x+2)(2x-1)\geqslant 0$ $\Leftrightarrow (2x-1)(-2x-2)\geqslant 0$. Donc $S=\left[-1;\frac{1}{2}\right]$.

70 **1.** Stratégie ③ : $\frac{2x+3}{x+1}\leqslant\frac{1+5x}{2x+2}\Leftrightarrow\frac{5-x}{2x+2}\leqslant 0$.
Donc $S=\left]-\infty;-\frac{1}{2}\right[\cup[5;+\infty[$.
2. Stratégie ③ : $1\geqslant\frac{2x+10}{3-x}\Leftrightarrow\frac{3x+7}{x-3}\geqslant 0$.
Donc $S=\left]-\infty;-\frac{7}{3}\right]\cup]3;+\infty[$.

Je me teste

Capacité 1 : **1.** d **2.** a et c **3.** c **4.** b
Capacité 2 : **5.** a et c **6.** a et c **7.** b
Capacité 3 : **8.** c **9.** a et c **10.** c
11. c **12.** b **13.** b et c

Je fais des exercices bilans

Bilan 3
1. Cette équation équivaut à :
$-2x-15<x+3\Leftrightarrow -3x<18\Leftrightarrow x>-6$. Donc $S=]-6;+\infty[$.
2. $(2x+1)^2-3x(2x+1)>0\Leftrightarrow(2x+1)(-x+1)>0$.
Par un tableau de signes, on a donc $S=\left]-\frac{1}{2};1\right[$.
3. $4x^2\leqslant(2x+3)^2\Leftrightarrow 4x^2\leqslant 4x^2+12x+9\Leftrightarrow 12x\geqslant -9$.
Donc $S=\left[-\frac{3}{4};+\infty\right[$.

Chapitre 10

Méthode

1 **1.** La fonction f est définie sur l'intervalle $[-2;5]$.
2. $f(1)=0$ et $f(5)=-1$.
3. La fonction f est décroissante sur $[-2;1]$ et sur $[3;5]$; elle est croissante sur $[1;3]$.

2 **1.** On propose la courbe ci-contre.

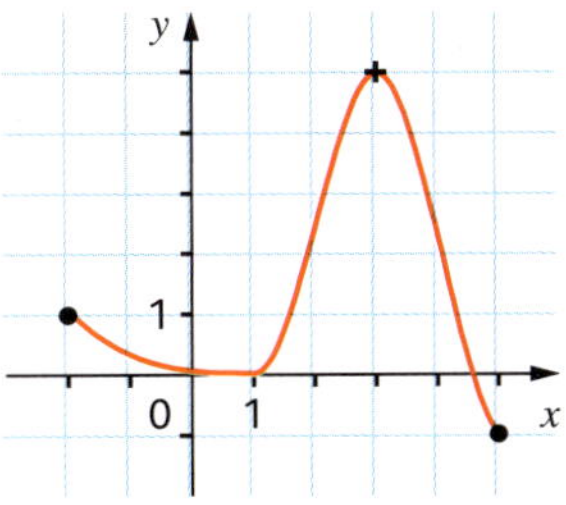

2. Le maximum de f sur l'intervalle $[-2;5]$ est 5 ; il est atteint en 3.
Le minimum de f sur l'intervalle $[-2;5]$ est -1 ; il est atteint en 5.

4 **1.** La fonction g est croissante sur $\mathbb{R}$, car $a=3>0$.
2. La fonction h est décroissante sur $\mathbb{R}$, car $a=-\frac{2}{3}<0$.
3. La fonction k est croissante sur $\mathbb{R}$.
4. La fonction m est décroissante sur $\mathbb{R}$.

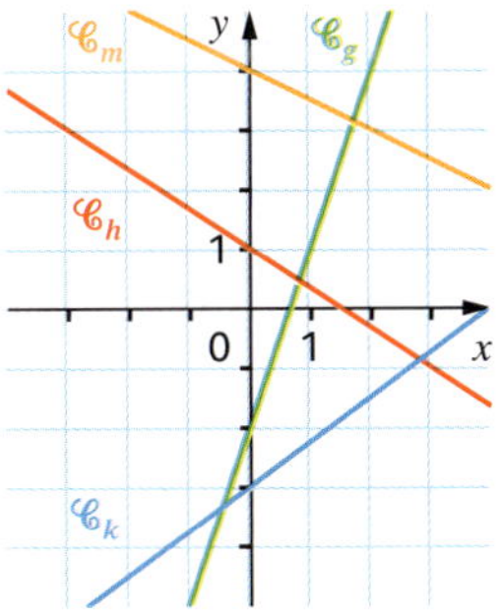

8 On obtient la courbe ci-contre.
D'où le tableau de variations suivant.

x	-1		1		2		3
$f(x)$	4	↘	0	↗	4	↘	0

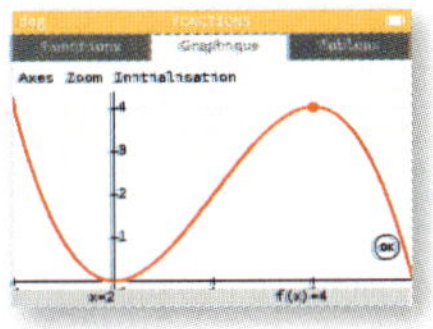

J'évalue mes connaissances

QCM

1. b et c **2.** b **3.** c **4.** a
5. a et c **6.** b et c **7.** c

vrai ou faux ?

Partie A.
1. Faux **2.** Faux **3.** Vrai **4.** Faux
5. Faux **6.** Faux **7.** Faux **8.** Vrai

Partie B.
1. Faux **2.** Vrai **3.** Faux **4.** Faux **5.** Faux

Exercices Application

42 On obtient :

x	-5		-3		3		5
$f(x)$	-1	↗	3	↘	-2	↗	2

46 **1.** La fonction f est définie sur $[-1;5]$.
2. Le maximum de f sur $[-1;5]$ est 3 ; il est atteint en 0.
3. Le minimum de f sur $[-1;5]$ est -2 ; il est atteint en 2.

52 **1.** La fonction f est croissante sur $[-2;1]$ avec $f(-2)=5\times(-2)+4=-6$ et $f(1)=5\times1+4=9$. D'où le tableau de variations de f.

x	-2		1
$f(x)$	-6	↗	9

2. La fonction g est décroissante sur $[-3;7]$ avec $g(-3)=3-0{,}25\times(-3)=3{,}75$ et $g(7)=3-0{,}25\times7=1{,}25$.

x	-3		7
$g(x)$	3,75	↘	1,25

56 **1.** Il semble que la fonction f soit décroissante sur $[2;5]$.
2. Soient a et b deux réels de $[2;5]$ tels que $a<b$. Alors $\frac{1}{a}>\frac{1}{b}$, puis en ajoutant 3 : $\frac{1}{a}+3>\frac{1}{b}+3$. Ainsi $f(a)>f(b)$.
Donc la fonction f est décroissante sur $[2;5]$.
3. Le maximum de f sur $[2;5]$ est $f(2)=\frac{1}{2}+3=\frac{7}{2}$.
Le minimum de f sur $[2;5]$ est $f(5)=\frac{1}{5}+3=\frac{16}{5}$.

Exercices Entraînement

64 **1. a.** On ne peut pas comparer de façon certaine les images $f(0)$ et $f(2)$.
b. Comme $f(3)=-3$, on est sûr que $f(-1)>f(3)$.
c. On ne peut pas comparer de façon certaine $f(2)$ et $f(\pi)$.
2. L'équation $f(x)=0$ admet une unique solution ; celle-ci appartient à l'intervalle $[1;3]$.
3. Sur $[-2;12]$, le minimum de f est -4 et le maximum de f est 5. Donc pour tout réel x de $[-2;12]$, on a $-4\leqslant f(x)\leqslant 5$.

74 **1.** Comme f est décroissante, $f(0)>f(3)$. Donc $f(0)>0$.
2. On ne peut pas être certain du signe de $f(\pi)$.
3. Comme f est décroissante, $f(-2)>f(3)$. Donc $f(-2)>0$.
4. On ne peut pas être certain du signe de $f(10)$.

78 **1.** La fonction cube est croissante sur $[0;+\infty[$.
2. Le volume V d'une boule de rayon R est $V=\frac{4\pi}{3}R^3$. Comme $\frac{4\pi}{3}>0$, la fonction $R\mapsto V$ est croissante sur l'intervalle $[0;+\infty[$.
3. a. Le volume de la boule est compris entre $\frac{4\pi}{3}\times10^3$ et $\frac{4\pi}{3}\times15^3$ cm³, soit entre $\frac{4\,000\pi}{3}$ et $4\,500\pi$ cm³.
b. On tabule à la calculatrice la fonction $R\mapsto V$ avec un pas de 1. On en déduit que la boule de volume 1 000 cm³ a un rayon compris entre 6 et 7 cm.

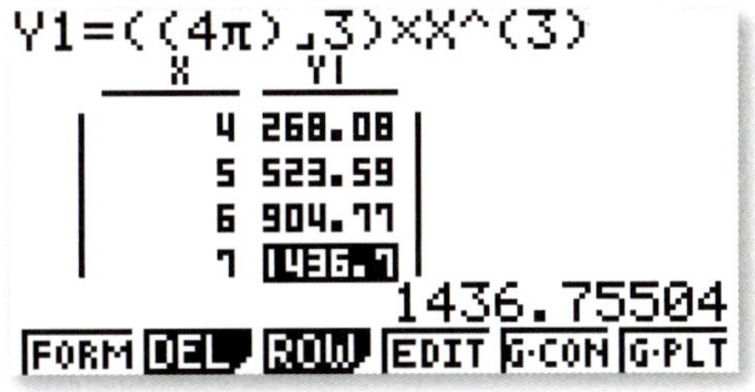

Je me teste

Capacité 1 **1.** b **2.** a et c
Capacité 2 **3.** b et c **4.** a et c
Capacité 3 **5.** a, b et d **6.** c **7.** b
Capacité 4 **8.** b et d **9.** b et c

Je fais des exercices bilans

Bilan 2
1. Le tableau de variations de f est le suivant.

x	-6		-2		4		5
$f(x)$	4	↘	-1	↗	6	↘	3

2. Une courbe représentative possible de f est donnée ci-après.

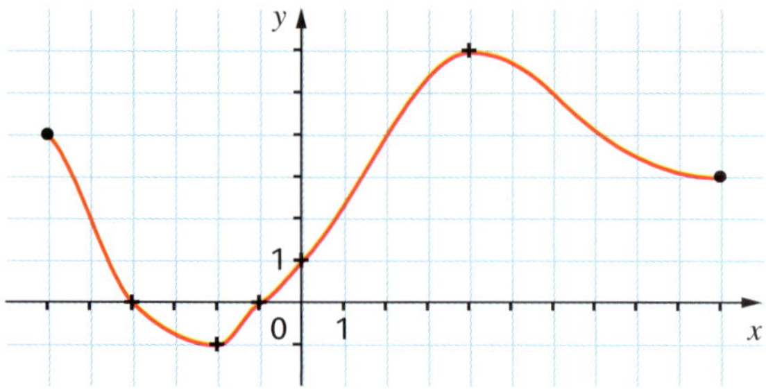

Bilan 3

1. La fonction h est décroissante sur $[-5;-3]$ et sur $[1;4]$; elle est croissante sur $[-3;1]$.
2. a. $h(4)=2$.
b. -2 admet deux antécédents par h.
3. a. Pour tout réel x de $[-3;1]$, on a $-3 \leqslant h(x) \leqslant 4$.
b. Pour tout réel x de $[-5;4]$, on a $-3 \leqslant h(x) \leqslant 4$.

Chapitre 11

Méthode

2 Soit p le nombre de personnes actives au 3ᵉ trimestre 2018. $0{,}088 \times p = 2{,}6$, $p = \frac{2{,}6}{0{,}088} \approx 29{,}5$. Le nombre de personnes actives s'élevait à environ 29,5 millions.

5 **1.** La case est grisée car on ne peut pas calculer l'évolution entre 2015 et 2016.
2.

	2016	2017	2018	2019
C.A.	104	95	100,7	104
Évolution en %		–8,7	+6	+3,3

7 **1.** $(\bar{x}=0{,}26 ; \sigma \approx 0{,}19)$ et $(m_e=0{,}15, Q_3-Q_1=0{,}4)$
2. $(\bar{x}\approx 14{,}1 ; \sigma \approx 4{,}3)$ et $(m_e=12, Q_3-Q_1=10)$

9 **1.** $\frac{12}{30}=0{,}4$; 40 % des élèves de la classe sont des garçons.
2. 1ʳᵉ méthode : $0{,}25\times 12=3$ donc il y a 3 garçons de la classe dans le CVL. $\frac{3}{30}=0{,}1$ donc 10 % des élèves sont des garçons participants au CVL.
2ᵉ méthode : $0{,}25\times 0{,}4=0{,}1$ donc 10 % …

11 **1.** $CM=1{,}1\times 0{,}7=0{,}77$. $0{,}77-1=-0{,}23$; baisse de 23 %.
2. $CM=1{,}25\times 1{,}3=1{,}625$; hausse de 62,5 %.
3. $CM=0{,}95\times 0{,}98=0{,}931$; baisse de 6,9 %.
4. $CM=1{,}01\times 0{,}99\times 1{,}06\approx 1{,}06$; hausse d'environ 6 %.

J'évalue mes connaissances

QCM

1. c **2.** b **3.** a et b **4.** a **5.** c

vrai ou faux ?

Partie A.
1. Faux **2.** Faux **3.** Vrai **4.** Faux **5.** Faux **6.** Faux **7.** Faux

Partie B.
1. Faux, $M_e=7$.
2. Vrai, car $Q_1=5$ et $Q_3=8$.
3. Faux, il y a 20 valeurs dans la série.
4. Faux, car l'écart-type de la série vaut environ 1,7, il est donc plus petit que celui de l'autre échantillon.

Exercices Application

34 Soit n le nombre de fleurs. On a $0{,}6\times n=15$ donc $n=\frac{15}{0{,}6}=25$. Il y a donc 25 fleurs dans le bouquet.

37 **1.** –35 % **2.** +5 %

42 ① avec 3, ② avec 2 et ③ avec 1.

44 **1.** $0{,}25\times 0{,}05=0{,}0125$; la proportion de pages de publicité dédiées au parfum dans le magazine est 1,25 %.
2. On ne peut pas savoir.
3. La mutuelle rembourse 40 % de 85 % soit $0{,}4\times 0{,}85=0{,}34$ c'est-à-dire 34 % du prix. Or $0{,}15+0{,}34=0{,}49$; il reste 51 % du prix à la charge de l'assuré.

47

1ʳᵉ évolution	2ᵉ évolution	Évolution globale
+50 %	+20 %	+80 %
–20 %	–30 %	–44 %
+15 %	–60 %	–54 %

Exercices Entraînement

52 **1. a.** $\text{Eff}_T=655$
b.

Classe	2ᵈᵉ	1ʳᵉ	Tle	BTS
Fréquence (%)	35,9	28,1	30,5	5,5

2. a. $0{,}06\times 200=12$; il y a $36+12=48$ élèves majeurs dans ce lycée. Or $\frac{48}{655}\approx 0{,}073$ soit environ 7,3 % des élèves du lycée sont majeurs.
b. $0{,}75\times 0{,}75=0{,}5625$ donc 56,25 % des élèves majeurs ont une voiture. Or $48\times 0{,}5625=27$, il peut y avoir 27 voitures.

53 **1.** ① blanc : 60 % ; bleu : 10 % ; vert : 10 % et rouge : 20 %.
② blanc : 66,7 % ; bleu : 10 % ; vert : 10 % et rouge : 20 %.
2. Non, car les proportions portent sur des ensembles différents.
3. blanc : 63,7 % ; bleu : 13,6 % ; vert : 9,1 % et rouge : 13,6 %.
4. Non, même si les résultats semblent contredire son hypothèse, les échantillons sont trop petits pour dégager une tendance. Si on lance un dé à quatre faces 10 fois, il est possible d'obtenir 6 fois la face 1… Même avec un dé équilibré.

60 **1.** $CM_g=1{,}002\times 1{,}008\times\ldots\times 1{,}019\approx 1{,}045$
On en déduit que le taux d'évolution globale est environ +4,5 %.
2. Ce taux correspond au taux réciproque de celui de l'année 2017. Or $\frac{1}{1{,}045}\approx 0{,}957$ soit une baisse d'environ 4,3 %.

79 **1.**

	$\bar{x}$	σ	m_e	e	Q_1	Q_3
A	24,6	2,4	25	8	22	26
B	24,7	2,9	25	8	22	28

2. Les deux équipes semblent assez proches en termes de productivité. Leur production moyenne et médiane sont quasiment identiques. Seuls les paramètres de dispersion diffèrent. L'écart interquartile et l'écart-type de la série B sont plus grands que ceux de l'équipe A. On peut donc qualifier la production de l'équipe A de plus homogène que celle de l'équipe B. On peut confier la production à l'équipe A.

Je me teste

CAPACITÉ 1 **1.** c et d **2.** d CAPACITÉ 2 **3.** a

CAPACITÉ 3 **4.** c **5.** a* et b CAPACITÉ 4 **6.** a CAPACITÉ 5 **7.** d

** Si l'on considère que le spectacle est lié au nombre de buts.*

Je fais des exercices bilans

Bilan 1

1. Faux, car le caractère étudié n'est pas quantitatif mais qualitatif. D et T ne sont pas des valeurs.
2. Faux, il y a 31 événements, or 15 ont été classés comme « cyclone » ce qui ne représente pas plus de la moitié.
3. Vrai, il y a eu 7 cyclones de catégorie supérieure ou égale à 3 sur les 31. Or $\frac{7}{31} \approx 22{,}6\,\%$, donc la fréquence de tels événements est supérieure à 20 %.
4. Vrai, car parmi les 15 cyclones, 8 n'ont pas endommagé les structures. Or $\frac{8}{15} \approx 0{,}53$.

Chapitre 12

Méthode

2 **1.**

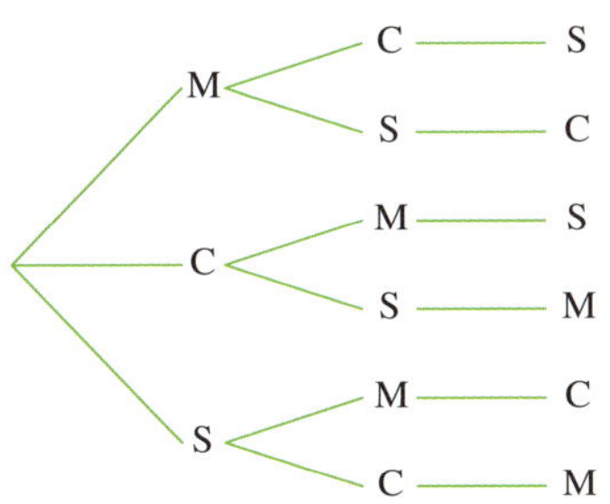

Au total, il y a $3 \times 2 \times 1 = 6$ circuits possibles.
2. a. L'évènement A contient 2 éléments : MCS et MSC.
L'évènement B contient 2 éléments : MCS et CMS.
b. • $\overline{\text{A}}$: « Le circuit ne commence pas par Montmartre ». Il y a 4 circuits : CMS, CSM, SMC et SCM.
• $\text{A} \cap \text{B}$: « Le circuit commence par Montmartre et se termine par Saint-Germain-des-Prés ». Il y a un seul circuit : MCS.
• $\text{A} \cup \text{B}$: « Le circuit commence par Montmartre ou se termine par Saint-Germain-des-Prés ». Il y a trois circuits : MCS, MSC et CMS.

4 **1.** $p = 0{,}1$ **2.** $0{,}3 + 0{,}2 = 0{,}5$
3. Oui, car $0{,}15 + 0{,}3 + 0{,}05 = 0{,}1 + 0{,}2 + 0{,}2 = 0{,}5$.

J'évalue mes connaissances

QCM

1. b **2.** a **3.** b et c **4.** b et c **5.** a **6.** b **7.** a et c **8.** b

vrai ou faux ?

Partie A.
a. Faux, car les évènements A et B peuvent se produire en même temps lorsqu'on obtient le roi de cœur.
b. Faux, car $P(\text{A}) = \frac{4}{32} = \frac{1}{8} = 0{,}125$ et $P(\text{B}) = \frac{8}{32} = \frac{1}{4} = 0{,}25$.
c. Vrai, car $\text{A} \cap \text{B}$ signifie que la carte tirée est un roi et un cœur.
d. Faux, car $P(\text{A} \cup \text{B}) = P(\text{A}) + P(\text{B}) - P(\text{A} \cap \text{B}) = \frac{11}{32}$.
e. Vrai, car $P(\overline{\text{A}}) = 1 - P(\text{A}) = 1 - \frac{1}{8} = \frac{7}{8}$.
f. Faux, car au 1er tirage il y a 32 possibilités et au second tirage il y en a 31.
Donc d'après le principe multiplicatif, il y a $32 \times 31 = 992$ tirages possibles.

Partie B.
a. Faux, car au 1er tirage il y a 5 possibilités et au second tirage il y en a seulement 4.
Donc d'après le principe multiplicatif, il y a $5 \times 4 = 20$ mots possibles dans l'univers.
b. Vrai, car sur 20 mots, il y en a huit qui commencent par une voyelle : AP, AR, AO, AB, OP, OR, OB et OA. Or $\frac{8}{20} = 0{,}4$.
c. Faux, car sur 20 mots, il y en a huit qui contiennent la lettre B : PB, RB, OB, BP, BR, BO, BA et AB. Or $\frac{8}{20} = 0{,}4$.
d. Faux, ils peuvent se produire en même temps avec le mot OB par exemple.
e. Faux, $p(\text{A} \cup \text{B}) = p(\text{A}) + p(\text{B}) - p(\text{A} \cap \text{B}) = 0{,}7$.
f. Faux, le complémentaire est : « Le mot ne commence pas par une voyelle. »
g. Vrai, car $P(\overline{\text{B}}) = 1 - P(\text{B}) = 1 - 0{,}4 = 0{,}6$.

Exercices Application

37 **1.** L'univers possède trois éléments. $\Omega = \{M\,;O\,;T\}$
2. L'univers possède $3 \times 2 = 6$ éléments :
$$\Omega = \{MO\,;MT\,;OM\,;OT\,;TM\,;TO\}$$
3. L'univers possède $3 \times 3 = 9$ éléments :
$$\Omega = \{MM\,;MO\,;MT\,;OM\,;OO\,;OT\,;TM\,;TO\,;TT\}$$

40 **1.** Non, car sur la deuxième ligne, les valeurs peuvent correspondre à des probabilités sauf –0,05 qui est négative.
2. Oui, car les valeurs de la deuxième ligne peuvent correspondre à des probabilités et leur somme est égale à 1.

41 **1.**

Issue	Vert	Orange	Rouge
Probabilité	$\frac{50}{90} = \frac{5}{9}$	$\frac{5}{90} = \frac{1}{18}$	$\frac{90-50-5}{90} = \frac{35}{90} = \frac{7}{18}$

2. $\frac{1}{18} + \frac{7}{18} = \frac{8}{18} = \frac{4}{9}$

42 $P(\text{A}) = 0{,}30 + 0{,}05 = 0{,}35$; $P(\text{B}) = 0{,}65 + 0{,}30 = 0{,}95$

44 **1.**

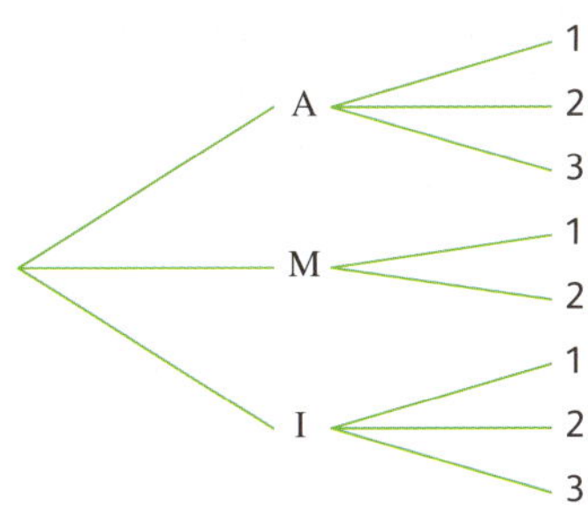

L'univers possède 8 éléments :
$\Omega = \{A1; A2; A3; M1; M2; I1; I2; I3\}$
2. a. $P(\overline{\text{E}}) = \frac{2}{8} = \frac{1}{4}$ **b.** $P(\overline{\text{F}}) = \frac{5}{8}$
c. $P(\text{E} \cap \text{F}) = \frac{2}{8} = \frac{1}{4}$ **d.** $P(\text{E} \cup \text{F}) = \frac{7}{8}$

Corrigés

exercices Entraînement

51 1. $G \cap E$ possède 7 éléments.
2. $G \cup E$ possède 24 éléments.
3. $\overline{G} \cap \overline{E}$ possède 11 éléments.
4. $G \cup \overline{G}$ possède 35 éléments.

55 1. a. Non, car les probabilités sont différentes.
b. $\frac{1}{4}+\frac{1}{10}+x+\frac{3}{8}+\frac{1}{5}+2x=1 \Leftrightarrow x=\frac{1}{40}$
2. a. $P(A)=\frac{1}{10}+\frac{3}{8}+\frac{1}{20}=\frac{21}{40}$
b. $P(B)=1-\frac{1}{4}=\frac{3}{4}$
c. $P(C)=\frac{1}{4}+\frac{1}{10}+\frac{1}{40}=\frac{3}{8}$

69 1. $P(A)=\frac{4}{32}=\frac{1}{8}$; $P(T)=\frac{8}{32}=\frac{1}{4}$.
2. a. $A \cap T$: « La carte tirée est un as et un trèfle. » et $A \cup T$: « La carte tirée est un as ou un trèfle. »
b. $P(A \cap T)=\frac{1}{32}$ et $P(A \cup T)=P(A)+P(T)-P(A \cap T)=\frac{11}{32}$
3. $\overline{A}$: « La carte n'est pas un as » et $P(\overline{A})=1-\frac{1}{8}=\frac{7}{8}$.

Je me teste

Capacité 1 — 1. b — 2. b et c — 3. b et c
Capacité 2 — 4. c — 5. c
Capacité 3 — 6. b et c — 7. c
Capacité 4 — 8. a — 9. b — 10. a

Je fais des exercices bilans

Bilan 1

1. a.

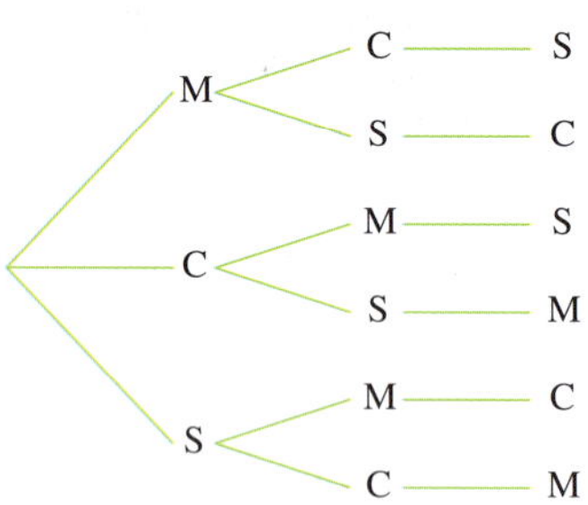

b. Il peut organiser sa séance de 6 manières.
2. a. $A=\{CMS\,;CSM\}$; $B=\{CMS\,;CSM\,;SCM\}$
b. $A \cap B$: « La séance commence par le Cross-fit et la corde à sauter est avant la musculation. »
Ainsi $A \cap B=\{CSM\}$. Il y a une issue.
c. $A \cup B$: « La séance commence par le Cross-fit ou la corde à sauter est avant la musculation », ainsi $A \cup B=\{CMS\,;CSM\,;CMS\,;SCM\}$. Il y a 4 issues.
d. $\overline{B}$: « La corde à sauter n'est pas avant la musculation. »
Ainsi $\overline{B}=\{MCS\,;MSC\}$. Il y a 2 issues.

Chapitre 13

méthode

1 1. La variable Nb est initialisée à 0, puis elle est augmentée de 1 lorsque $x<0{,}5$, ce qui modélise la réalisation d'un succès « Pile est obtenu ». Donc cette variable compte, au fur et à mesure, le nombre de succès réalisés, c'est-à-dire le nombre de Pile obtenus.
L'algorithme affiche bien la fréquence $\frac{\text{Nb}}{n}$ de succès, c'est-à-dire la fréquence de Pile obtenus sur l'échantillon de taille n.
2. On propose la fonction suivante.

```
from random import*
def freq(n):
    Nb=0
    for i in range(n):
        x=random()
        if x<0.5:
            Nb=Nb+1
    print(Nb/n)
```

3. En exécutant plusieurs fois `freq(100)`, on observe la fluctuation d'échantillonnage des fréquences autour de la probabilité de Pile égale à 0,5.
4. En exécutant plusieurs fois `freq(1000)`, on observe la fluctuation d'échantillonnage des fréquences autour de la probabilité de Pile égale à 0,5, mais avec une amplitude moindre que les résultats de la question 3.

2 Il suffit de modifier la probabilité 0,25 par $\frac{1}{6}$:

```
from random import*
def échantillon(n):
    Nombre=0
    for i in range(n):
        x=random()
        if x<1/6:
            Nombre=Nombre+1
    return Nombre
```

```
from pylab import*
def graphique(n,N):
    for i in range(N):
        f=échantillon(n)/n
        if abs(f-1/6)<=1/sqrt(n):
            plot(i,f,'+',color='green')
        else:
            plot(i,f,'+',color='red')
    axis([0,N,0,1])
    show()
```

```
def écart(n,N):
    Compt=0
    for i in range(N):
        f=échantillon(n)/n
        if abs(f-1/6)<=1/sqrt(n):
            Compt=Compt+1
    return Compt/N
```

J'évalue mes connaissances

QCM

1. c — 2. c — 3. c — 4. a — 5. a, b et c — 6. b et c

vrai ou faux ?

Partie A.
1. Faux — 2. Vrai — 3. Faux — 4. Faux — 5. Vrai — 6. Vrai

Partie B.
1. Faux — 2. Vrai

exercices Application

27 1. $p=\frac{10}{200}=0{,}05$

2. On propose :

```
from random import*
def fréquence(n):
    Nb_gagnant=0
    for i in range(n):
        x=random()
        if x<0.05:
            Nb_gagnant=Nb_gagnant+1
    return Nb_gagnant/n
```

3. • Pour les 100 échantillons de taille 80 :

```
from pylab import*
for i in range(100):
    f=fréquence(80)
    plot(i,f,'+',color='green')
axis([0,100,0,1])
show()
```

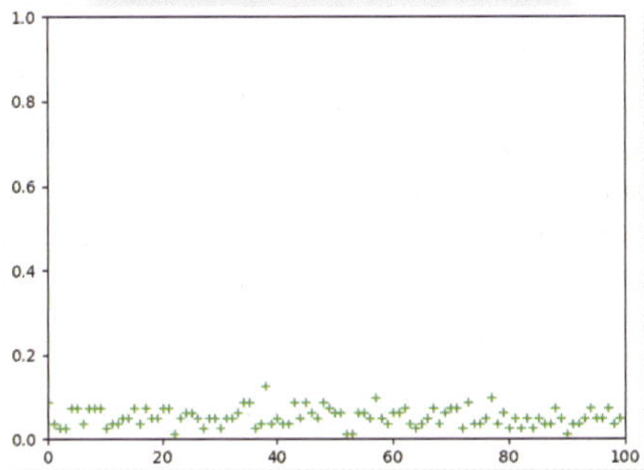

• Pour les 100 échantillons de taille 500 :

```
from pylab import*
for i in range(100):
    f=fréquence(500)
    plot(i,f,'+',color='red')
axis([0,100,0,1])
show()
```

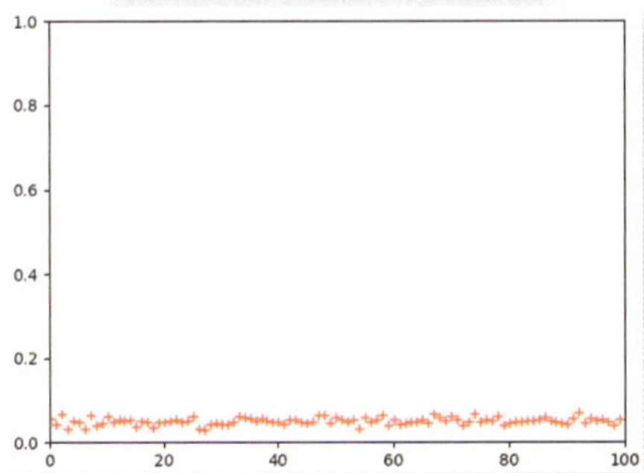

On observe la loi des grands nombres : plus la taille de l'échantillon est grande, moins la fréquence de succès fluctue autour de la probabilité 0,05.

28 **1.** La variable NbSuccès est initialisée à 0, puis elle est augmentée de 1 lorsque random()<0,6 , ce qui modélise la réalisation d'un succès.

Donc cette variable compte, au fur et à mesure, le nombre de succès réalisés.

La variable f=NbSuccès/n est donc la fréquence de succès observée.

Le nombre $|f-p|$ est bien l'écart entre la fréquence f et la probabilité p.

2. Les valeurs de la liste ② sont plus proches de 0 que celles de la liste ①.

Elles correspondent donc à la valeur de n la plus grande, soit $n=400$.

3. La variable Compt est initialisée à 0, puis elle est augmentée de 1 lorsque $e \leqslant \frac{1}{\sqrt{n}}$, c'est-à-dire lorsque l'écart entre la fréquence f et la probabilité p est inférieur ou égal à $\frac{1}{\sqrt{n}}$. La fonction répond donc bien au problème posé.

Exercices Entraînement

32 **1.** Comme $0,8-0,03=0,77$ et $0,8+0,03=0,83$, les 20 valeurs sont telles que l'écart entre f et p est inférieur ou égal à 0,03, soit 100 % des valeurs.

2. L'écart maximal entre f et p observé est égal à 0,024.

35 **1. a.** Le point M est à l'intérieur de l'œil central si, et seulement si, $OM \leqslant 1$ et $KM \leqslant 1$, soit : $OM^2 \leqslant 1$ et $KM^2 \leqslant 1$.

b. La fonction OM2 renvoie le carré de la distance OM ; la fonction KM2 renvoie le carré de la distance KM.

2. La variable NbSuccès est initialisée à 0, puis est augmentée de 1 à chaque fois que $OM^2 \leqslant 1$ et $KM^2 \leqslant 1$, c'est-à-dire lorsque le point $M(x\,;y)$ se trouve à l'intérieur de l'œil central. Cette variable donne donc le nombre de fois où le joueur gagne sur la simulation de taille n. La fonction simul(n) renvoie le nombre NbSuccès/n, qui est bien la fréquence de cas où le joueur gagne sur la simulation de taille n.

3. On observe que dans la très grande majorité des cas, la fréquence observée est supérieure à 0,5. On en déduit que le joueur a plus d'une chance sur deux de gagner des points de vie supplémentaires.

Je me teste

CAPACITÉ 1 **1.** a et b **2.** a et b **3.** c **4.** b

CAPACITÉ 2 **5.** a et b **6.** b

Je fais des exercices bilans

Bilan 2

Lorsque le nombre d'expériences réalisées est grand (10 000), on observe que la fréquence de boules rouges est proche de 0,332, celle de boules bleues est proche de 0,5 et celle de boules jaunes est proche de 0,167. Seule la loi ③ est donc compatible avec les fréquences observées.

Bilan 3

1. La fonction permet de simuler deux fois le lancer d'une pièce de monnaie. Elle renvoie 1 lorsqu'on a obtenu deux Face, 0 sinon.

2. On propose :

```
def fréquence(n):
    Nb=0
    for i in range(n):
        Nb=Nb+simul()
    return Nb/n
```

3. On observe que dans la très grande majorité des cas, la fréquence observée est inférieure à $\frac{1}{3}$. Ce qui est contradictoire avec la loi des grands nombres si la probabilité de « obtenir deux Face » était égale à $\frac{1}{3}$. On en déduit que l'affirmation de l'élève est fausse.

4. On obtient l'arbre ci-dessous.

On en déduit que la probabilité d'obtenir deux Face est égal à $\frac{1}{4}$.

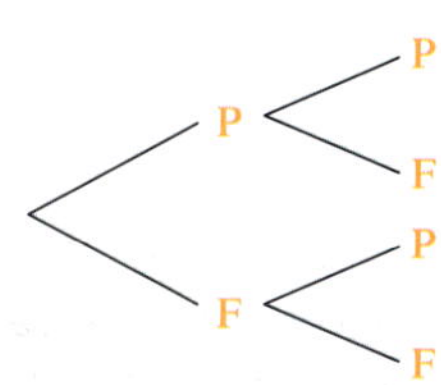

Index

C – D

E

F – H

I – L – M – N – O

P – Q – R

S – T – V

Achevé d'imprimer en Italie par STIGE
Dépôt légal : Août 2019 - Collection n°64 - Édition 04
53/8061/9